DIE ZEIT

J.B.METZLER

D1618217

DIE ZEIT

# Literatur-Lexikon

Autoren und Begriffe
in sechs Bänden

Mit dem Besten aus der ZEIT

**Band 2**
**Autoren:** Dostoevskij – Kästner

Verlag J. B. Metzler
Stuttgart · Weimar

Bibliografische Information der Deutschen
Nationalbibliothek
Die Deutsche Nationalbibliothek verzeichnet diese
Publikation in der Deutschen Nationalbibliografie;
detaillierte bibliografische Daten sind im Internet
über http://dnb.d-nb.de abrufbar.

Gedruckt auf chlorfrei gebleichtem, säurefreiem
und alterungsbeständigem Papier

ISBN 978-3-476-02287-5

Dieses Werk einschließlich aller seiner Teile ist
urheberrechtlich geschützt. Jede Verwertung
außerhalb der engen Grenzen des Urheberrechts-
gesetzes ist ohne Zustimmung des Verlages
unzulässig und strafbar. Das gilt insbesondere für
Vervielfältigungen, Übersetzungen, Mikroverfil-
mungen und die Einspeicherung und Verarbeitung
in elektronischen Systemen.

© 2008 J. B. Metzler'sche Verlagsbuchhandlung und
Carl Ernst Poeschel Verlag GmbH in Stuttgart
© 2008 Zeitverlag Gerd Bucerius GmbH & Co KG,
Hamburg

www.metzlerverlag.de
info@metzlerverlag.de

Einbandgestaltung: Melanie Weiß – die
Abbildungen zeigen Voltaire, Doris Lessing
(© Interfoto), Thomas Mann (© Interfoto),
James Baldwin, Arundhati Roy (© Interfoto)
Satz: Typomedia GmbH, Scharnhausen
Druck und Bindung: CPI - Ebner & Spiegel, Ulm
Printed in Germany

September 2008

Verlag J. B. Metzler Stuttgart · Weimar

# Inhalt

## Dostoevskij, Fedor

Geb. 11. 11. 1821 in Moskau;
gest. 9. 2. 1881 in St. Petersburg

Michail Dostoevskij, der Vater des Schriftstellers, war adelig – ein Vorfahre war 1506 mit einem Gut Dostoevo belehnt worden – aber ohne Landbesitz. Er hatte eine Frau aus dem Kaufmannstand geheiratet. Den Traum von einem standesgemäßen Leben auf einem eigenen Gut versuchte er, sich durch die Arbeit als Arzt am Marijnskij Armen-Krankenhaus in Moskau zu erfüllen. In dessen unmittelbarer Umgebung wurde Fedor Dostoevskij als zweites von sieben Kindern geboren. Als er 13 Jahre als war, kaufte der Vater ein Gut im Gouvernement Tula. Drei Jahre später starb die Mutter an Schwindsucht, fünf Jahre später der Vater – er wurde von den leibeigenen Bauern erschlagen (Sigmund Freud hat dem Umstand, dass der Vater, zu dem D. ein gespanntes Verhältnis hatte, ermordet wurde, einen Essay gewidmet). D. besuchte zu der Zeit schon seit einem Jahr die St. Petersburger Schule für Pioniere, eine Art Fachhochschule der Militärakademie, in der Techniker und Ingenieure ausgebildet wurden. Nach drei Jahren schloss er die Ausbildung zum technischen Zeichner ab und nahm 1843 eine Tätigkeit im Kriegsministerium auf.

Schon während des Studiums hatte er sich mehr für Literatur als für Kriegstechnik interessiert, er hatte viel gelesen und sein literarisches Talent beim Schreiben von Dramen erprobt. Ab 1843 kamen Übersetzungen aus dem Französischen und eigene Prosatexte hinzu. 1844 entschloss er sich, die Schriftstellerei zu seinem Hauptberuf zu machen; also suchte er Anschluss an die entsprechenden Kreise: Er lernte Ivan Turgenev, den Altmeister des noch jungen Realismus, und die einflussreichen »linken« Redakteure Nikolaj Nekrasov und Vissarion Belinskij kennen. Als diese noch vor der Veröffentlichung Kenntnis vom Manuskript von D.s Roman *Bednye ljudi* (1846; *Arme Leute*, 1887) erhielten, reagierten sie euphorisch. Der Inbegriff einer engagierten realistischen Literatur schien gefunden zu sein. Das Thema (Leid und Armut, aber innere Größe) war en vogue, die Figuren waren in sich stimmig, ihre Sprache charakterisierte sie. Der Erfolg war überwältigend. Aber schon D.s zweites Buch *Dvojnik* (1846; *Der Doppelgänger*, 1889) stieß auf Vorbehalte: Es ist die Geschichte Goljadkins, eines kleinen Beamten, der erlebt, wie ein junger Kollege Karriere macht und das Mädchen gewinnt, das er eigentlich liebt, und darüber psychisch krank wird: Er sieht seine eigenen Stärken als einen Doppelgänger seiner selbst, bei ihm selbst verbleiben nur Schwäche und Unfähigkeit. Diese Art psychologischer Konflikte war der zeitgenössischen Kritik noch fremd – sie sicherte D. jedoch eine dauerhafte Aufmerksamkeit im 20. Jahrhundert.

Der 1848 erschienene Roman *Belye noči* (*Weiße Nächte*, 1888) trägt den Untertitel: *Sentimental'nyj roman. Iz vospominanij mečtatelja* (Sentimentaler Roman. Aus den Erinnerungen eines Träumers). Hier entwickelt D. zum ersten Mal den Typus des lebensunfähigen Menschen, der nicht vorrangig durch seine soziale Stellung (wie der Beamte Goljadkin), sondern durch die der modernen Großstadt Petersburg angepasste Lebensweise den Kontakt zum eigentlichen Leben verliert. Petersburg lässt nur ein Scheinleben zu, nur Träume vom Leben.

Durch die Unruhen des Jahres 1848, die viele Länder Europas erfasst hatten, war die zaristische Geheimpolizei noch aufmerksamer geworden. In der Wohnung des jungen Beamten Michail Petraševskij hatte sich seit längerem eine Gruppe versammelt, die umstürzlerische politische Theorien diskutierte und über Russlands Zukunft debattierte. Man las verbotene Texte, darunter Fourier, Proudhon und die sog. Utopisten (Saint-Simon u. a.). Der Kern der Gruppe plante, eine geheime Druckerei einzurichten, um bestimmte Texte und Flugblätter zu vervielfältigen. D., politisch wenig erfahren und geneigt, Fragen sehr radikal

zu stellen und bis zum bitteren Ende zu diskutieren, war regelmäßig bei den Treffen dabei, und so wurde auch er am 23. April 1849 verhaftet. Die Untersuchungshaft dauerte bis September, der anschließende Prozess endete für 15 der 28 Verhafteten, unter ihnen D., mit der Verurteilung zum Tode. Die Hinrichtung erwies sich als makabres Spiel, in letzter Sekunde wurde ein Begnadigungsschreiben des Zaren verlesen: Die Todesstrafe wurde in vier Jahre Zuchthaus und vier Jahre Wehrdienst umgewandelt. D. erlebte im sibirischen Straflager alle Erniedrigungen der Katorga: Fußketten, mangelnde Hygiene, Übergriffe der gewöhnlichen Kriminellen. Auf dem Weg nach Omsk hatte ihm die Frau eines 1826 ebenfalls nach Sibirien deportieren Dekabristen das Neue Testament in russischer Sprache zugesteckt – es war seine einzige Lektüre in der Strafkolonie, sie bewirkte eine intensive Auseinandersetzung mit den anthropologischen und philosophischen Grundpositionen des Christentums und insbesondere mit der Person Jesu und seiner Deutung als Messias (Christus). Als D. die sozialistische Idee eines Paradieses auf Erden als Selbstbetrug verwarf, setzte er nicht einfach eine christliche Utopie an deren Stelle. Über Gott äußerte er sich immer ungewiss, nicht so über Jesus, der ihm den Gott geoffenbart hatte: An Christus wollte er selbst dann glauben, wenn dies mit seinem Wahrheitsbegriff nicht in Einklang zu bringen war.

Hatte während der vier Katorgajahre niemand darauf Rücksicht genommen, dass D. Schriftsteller war, so verschaffte ihm während der Dienstzeit beim Militär in Semipalatinsk, die er 1854 antrat, der Bezirksstaatsanwalt von Vrangel, der einige seiner Werke kannte, kleine Vergünstigungen. Eine bestand darin, dass er bald zum Fähnrich befördert wurde. D. verliebte sich in eine verheiratete Frau, und nachdem deren Mann gestorben war, heiratete er sie im Februar 1857, obwohl er mit seinem kargen Sold – und überdies seit einigen Jahren von einer Epilepsie gezeichnet – eine Familie kaum ernähren konnte. Fortan begleiteten ihn Geldsorgen, denen er durch fleißiges Publizieren zu entgehen suchte. Er schrieb einige eher komische Prosatexte, so *Selo Stepančikovo i ego*

*obitateli: iz zapisok neizvestnogo* (1859; *Das Gut Stepančikovo und seine Bewohner. Aus den Aufzeichnungen eines Unbekannten*, 1890), eine längere Novelle um einen Möchtegernschriftsteller, der seine Umgebung tyrannisiert. Sie wurden zwar gedruckt, von der Kritik aber wenig beachtet.

Im August 1859 konnte D. Sibirien endlich verlassen, durfte aber noch nicht in eine der Hauptstädte ziehen. Er ließ sich zunächst in Tver' nieder und bemühte sich um eine Übersiedlungsmöglichkeit nach St. Petersburg. Als ihm diese nach einigen Monaten durch den Zaren selbst gewährt wurde – Alexander II. war nicht nur neu im Amt, er war auch belesen –, versuchte D., an alte Erfolge anzuknüpfen. Er orientierte sich auf dem Zeitschriftenmarkt und gründete, nicht zuletzt aus finanziellen Erwägungen, zusammen mit seinem Bruder Michail 1861 die Zeitschrift *Vremja* (Die Zeit). Darin veröffentlichte er den Roman *Unižennye i oskorblennye* (1861; *Erniedrigte und Beleidigte*, 1885), mit dem er das Thema der »armen Leute« wieder aufnahm. Ganz anders gerieten die *Zapiski iz mertvogo doma* (1860–62; *Aufzeichnungen aus einem Totenhaus*, 1886), in denen D. seine Lagererfahrungen fiktional verarbeitete. In dieser dokumentarischen Prosa erfuhren die meisten Leser zum erstenmal von den Lebens- und Arbeitsbedingungen im Zuchthaus. D. weckt Verständnis für Schicksale, er schildert die Lagerinsassen mit menschlichem Respekt, er spricht von ihrer leider fehlgeleiteten Stärke. Die *Zapiski* stellen den Anfang der modernen russischen Gefängnisliteratur dar.

Im Juli 1862 reiste D. (ohne Familie) für zehn Wochen nach Westeuropa – der schriftstellerische Ertrag der Reise waren die *Zimnie zametki o letnich vpečatlenijach* (1863; *Winterliche Aufzeichnungen über sommerliche Eindrücke*, 1958), die ab Februar 1863 in *Vremja* erschienen. Während er das ideelle Europa, das der Bücher und Bilder, weiterhin sehr schätzte, war D. von den realen Lebensverhältnissen eher abgestoßen. Der bürgerliche Lebensstil mit seinen Zwängen und der Dominanz des Ökonomischen behagte ihm nicht, und entsprechend spöttisch fallen die Schilderungen der Lebensart einzelner europäischer Völker aus. Seine Enttäuschung war aber sicher nicht nur das Produkt der Reise, vielmehr sah D. in Europa auch seine früheren Vorbehalte bestätigt. Die Sibirienerfahrung hatte eine Abkehr von den linken Europäern bewirkt, die er im Petraševskij-Kreis noch bewundert hatte. Andererseits hatte er das russische Volk mit seinen Stärken und Schwächen in den Gefängnissen und Kasernen erlebt, was ihn davor bewahrte, sich in das Lager derjenigen zu verirren, die die im Volk bewahrten Traditionen als Wegweisung für die gesellschaftliche Zukunft Russlands ansahen. In dem damals in Russland lebhaft ausgefochtenen Streit zwischen Westlern und Slavophilen versuchte D. deshalb, eine vermittelnde Position einzunehmen. Sie bestimmt auch die politische Richtung seiner Zeitschrift. *Vremja* musste ihr Erscheinen aber 1863 einstellen, weil ein Artikel im Zusammenhang mit dem polnischen Aufstand missverstanden wurde. Die Brüder D. beantragten sofort die Lizenz für die Nachfolgezeitschrift *Èpocha* (Die Epoche).

Bis diese erteilt wurde, reiste D. erneut ins Ausland, dieses Mal, um eine junge Frau zu treffen, die er schon drei Jahre kannte: Apollinarija (Polina) Suslova. Die emanzipierte ledige Frau willigte ein, mit ihm nach Deutschland, in die Schweiz und nach Italien zu reisen. Auf dieser Reise verfiel D. jedoch dem Roulettespiel, weshalb Polina ihn in Turin verließ. Er selbst kehrte nach Petersburg zu seiner schwerkranken Frau zurück. Selbst krank schrieb er die *Zapiski iz podpolja* (*Aufzeichnungen aus einem Kellerloch*, 1962), die 1864 in der neuen Zeitschrift erschienen. Held der Erzählung ist ein ressentimentbeladener Intellektueller, der in seiner Souterrainwohnung, abgeschnitten von der Welt, in einem großen Monolog vor sich hin philosophiert und dabei unwillentlich die intellektuellen Moden, besonders die materialistischen Ideen seiner Zeit, als Produkt seiner Rechthaberei bloßstellt. Viele Leser waren verärgert, D. aber hatte das Erfolgsrezept für seine kommenden Romane gefunden: aktuelle Debatten und gängige Überlegungen zu Lebenskonzepten

seiner Helden anzustellen und zu erproben, welche Handlungsoptionen sich daraus ergeben. Die Helden »brüten« ihre Ideen »aus« und setzen sie in Tat um. Dabei ist weniger die Handlung auf Wahrscheinlichkeit hin gestaltet als die jeweilige innere Disposition der Figuren. In diesem Kontext sprach D. selbst von einem »realeren Realismus«.

Im Frühjahr 1864 starb D.s Frau, wenig später sein Bruder. Der emotional eher labile Schriftsteller geriet in größere finanzielle Schwierigkeiten und musste sich von der Zeitschrift trennen. Mittellos und tief verschuldet verkaufte er das Recht an einem noch zu schreibenden Roman und brach zu Polina nach Paris auf. Sie kam ihm nach Wiesbaden entgegen, wo ihn erneut die Spielsucht packte. Polina reiste wieder ab, und D. kehrte nach Russland zurück.

In Eile schrieb er den Roman *Prestuplenie i nakazanie* (1866; *Schuld und Sühne*, 1960, später *Verbrechen und Strafe*), der im *Russkij vestnik* in Fortsetzungen erschien und ein großer Erfolg wurde. Da die Notizhefte erhalten sind, lässt sich gut nachvollziehen, wie D. an dem Problem der Erzählinstanz gearbeitet hat und welche Bedeutung er ihr beimaß. Der Roman handelt im Kern von einem Bewusstsein: Ein Jurastudent will eine selbstentworfene Theorie durch einen Mord verifizieren, doch entgleitet ihm die Ausführung, so dass er einen zweiten Mord begeht. Dem Vertreter der Justiz gelingt es nicht, ihm die Morde zu beweisen, er selbst aber wird sich gewahr, dass er mit den Morden auf dem Gewissen nicht leben kann und nimmt die Bestrafung an. D. lässt den Helden den Roman nicht selbst erzählen, der Erzähler hat aber Zugang zum Bewusstsein des Helden, so dass der Leser auch eigentlich unrealistische Situationen (etwa dass ein Mörder und eine Prostituierte gemeinsam in der Bibel lesen, was schon von Vladimir Nabokov spöttisch kommentiert wurde) als stimmig annimmt. Der Held Raskol'nikov (*raskol* = Kirchenspaltung) ist ein Gespaltener: in seinem Selbstwert gespalten, ob er ein Übermensch ist oder nur eine Laus, sozial abgespalten, weil er fern der Familie und ohne wirkliche Freunde in einem kleinen

Zimmer eingeschlossen ist, als Intellektueller vom Volk abgetrennt, als Atheist von Gott. Auch der Begriff ›Prestuplenie‹ (Übertretung) des Titels ist vielschichtig: Im Töten überschreitet Raskol'nikov nicht nur eine gesetzliche, sondern auch eine ethische Grenze, und in seiner Theorie vom Übermenschen versucht er, die Gattungsgrenze zu überschreiten. Da dies in der herkömmlichen Übersetzung des Titels »Schuld und Sühne« nicht deutlich wird, ist die neuere Variante »Verbrechen und Strafe« vorzuziehen.

Um seinen Vertrag von 1864 einzulösen, diktierte D. im Oktober 1866 in nur 26 Tagen einer 20-jährigen Stenographin, Anna Snitkina, den Roman *Igrok* (*Der Spieler. Aus den Erinnerungen eines jungen Mannes*, 1890), in dem er seine Spielsucht zum Thema macht. Aus der Zusammenarbeit mit Anna wurde gegenseitige Zuneigung, und D. heiratete sie vier Monate später. Sie brachte etwas Ruhe in sein Leben und kümmerte sich um die Finanzen. Zunächst gingen die beiden jedoch auf eine vierjährige Auslandsreise, die fast bis zum Schluss von Spielexzessen überschattet war. Die demütigenden Erfahrungen des Schuldners bestimmten D.s Europawahrnehmung immer mehr und ließen ihn Russland und das Russische eher verklären. Er wandte sich stärker als früher der Orthodoxie als einem speziell russischen Gottesglauben zu. Dieser Idee gab er in den folgenden Romanen jeweils einen prominenten Platz. Während des Aufenthalts in Florenz schloss er den Roman *Idiot* (*Der Idiot*, 1889) ab, der 1868 bis 1869 in Fortsetzungen erschien. Nach dem Doppelmörder Raskol'nikov hatte er einen Roman mit einer durchweg positiven Hauptfigur gestalten wollen und schuf dazu die paradoxe Gestalt des auf seine Art »weisen Idioten«, den armen Fürsten Lev (Löwe) Myškin (Myš = Maus).

In Dresden begann er einen weiteren Roman, der das Thema des Nihilismus und Terrorismus aufgreift: *Besy* (*Die Dämonen*, 1888). Er schloss ihn nach der Rückkehr nach Petersburg im Juli 1871 ab. *Besy* beschreibt Aktivitäten einer Gruppe skrupelloser Revolutionäre in einer Provinzstadt. Drahtzieher ist Petr Verchovenskij, der Sohn eines liberalen Privatgelehrten und Hauslehrers (der Nihilismus also ein Kind des Liberalismus), der den Sohn einer Gutsbesitzerin erzogen hat. Dieser, den Petr zum Führer der Gruppe machen will, bleibt bis zum Ende des Romans geheimnisvoll: Er ist schön, begabt und willensstark, aber ohne Ideal und ohne Ziel. Seine Ideen gibt er vielmehr anderen als *idée fixe* ein, selbst stellt Experimente an, um herauszufinden, ob es nicht doch etwas gibt, was ihn wirklich zu bewegen imstande ist. Dazu heiratet er eine Behinderte und verführt sogar ein Kind (das Kapitel, das das Geständnis dieser Tat enthält, wurde zunächst durch die Zensur getilgt). Die Revolutionäre begehen mehrere Morde bzw. geben sie in Auftrag, Teile der Stadt brennen ab. Der Terrorismus erscheint als eine Form der Besessenheit; als Motto vorangestellt ist die biblische Erzählung von den Teufeln, die in eine Schweineherde fahren (Lukas 8, 32-36). Die Veröffentlichung des Romans besorgte seine Frau; D. nahm trotz politischer Bedenken das Angebot an, in der Redaktion des sehr konservativen *Graždanin* (*Der Bürger*) zu arbeiten. Hier publizierte er ab 1873 über 15 Monate eine Feuilletonserie unter dem Titel *Dnevnik pisatelja* (*Tagebuch eines Schriftstellers*, 1921–23), in der er viele Gedanken in essayistischer Form formulierte, die auch von den Figuren der fiktionalen Texte geäußert werden. Von 1877 bis 1883 führte er den *Dnevnik* in eigener Regie als eigenständige Monatsschrift weiter. Dort erschienen auch einige kleinere Erzählungen. Sein Privatleben hatte sich spätestens seit der Rückkehr nach Russland stabilisiert, aus der Ehe gingen vier Kinder hervor. D. arbeitete in den 1870er Jahren viel, zumal noch viele Schulden abzubauen waren, seine Gesundheit aber verschlechterte sich. Zur Epilepsie kam ein Lungenleiden hinzu, das ihn zu mehreren Kuraufenthalten in Bad Ems zwang.

Der vierte große Roman der nachsibirischen Schaffensphase wurde D.s bekanntestes Werk: *Brat'ja Karamazovy* (*Die Brüder Karamazov*, 1884). Von Monat zu Monat warteten 1879 und 1880 mehr Leser auf die jeweils neue Folge des Romans in *Russkij vestnik*. Der Gutsbesitzer Karamazov hat drei legitime und einen illegitimen Sohn, Smerdjakov, der mit im Hause lebt. Die drei Brüder treffen sich nach längerer Zeit wieder einmal zu Hause, und während dieser Zeit wird der Vater ermordet. Dmitrij, der Älteste, wird am stärksten verdächtigt, weil er mit dem Vater um die Gunst der schönen Grušenka rivalisierte. In Dmitrij hat sich vor allem die Leidenschaft des Vaters weitervererbt, in Ivan dessen Rationalität, in Aleša, dem Jüngsten, das Streben nach Gutem. Aleša ist Novize in einem Kloster geworden, wo er sich einen geistlichen Vater gesucht hat. Die komplexe Sinnstruktur des Romans ruht auf einer klaren Kriminalhandlung und einer symmetrisch strukturierten Figurenkonstellation, die auch Doppelgänger-Konstrukte einschließt.

Als Werk im Werk lässt D. Ivan Karamazov seinem Bruder Aleša das Sujet einer Dichtung erzählen: *Die Legende vom Großinquisitor.* Sie wurde später auch als eigenständiges Werk gedruckt und kommentiert. Der Roman machte den Autor zu einer moralischen Institution in Russland. So lag es nahe, dass man ihn einlud, bei der Enthüllung des Moskauer Puškin-Denkmals Anfang Juni 1880 als einer der Festredner aufzutreten. D. brachte in seiner Rede die wichtigsten Themen, mit denen er sich in den vergangenen Jahren beschäftigt hatte, gleichsam auf einen Punkt: Religion und Gesellschaft, das Wesen des russischen Volkes, seine Geschichte und seine Bestimmung. Puškin erklärt er zum Inbegriff des echten Russen, da er Ost und West, Seele und Rationalität in seinem Werk versöhnt habe. Die Rede rief im Publikum euphorische Reaktionen hervor; die weiteren Redner verzichteten auf ihre Beiträge, da alles gesagt sei. Sechs Monate später verschlimmerte sich D.s Gesundheitszustand rapide, er starb am Morgen des 9. Februar 1881, nachdem seine Frau ihm aus dem Matthäusevangelium vorgelesen hatte, aus jener Bibel, die ihn seit dem Strafantritt in Sibirien immer begleitet hatte.

D.s Aktualität hat auch im 20. Jahrhundert kaum nachgelassen. Vor allem nach den beiden Weltkriegen las man ihn in Westeuropa als Autor, der die Gefährdungen der Moderne dauerhaft gültig gestaltet habe. In der Sowjet-

union war er zunächst verpönt. Erst im Zweiten Weltkrieg druckte man seine abfälligen Bemerkungen über die Deutschen nach, dann auch die Romane. Nur die *Besy* mussten bis zur Perestrojka weggeschlossen bleiben.

Werkausgabe: Gesammelte Werke. 20 Bde. Hg. G. Dudek/M. Wegner. Berlin 1985.

*Norbert Franz*

## Doulatābādi, Maḥmud
Geb. 1940 in Doulatābād/Iran

Maḥmud Doulatābādi wuchs als eines von zehn Kindern in dem in Chorassan gelegenen Dorf auf, dessen Namen er trägt. Von frühester Jugend an musste er arbeiten – als Schafhirte, Feld- und Bauarbeiter, in der Flickschusterei seines Vaters, in einem Fahrradgeschäft, einer Baumwollmühle, bei einem Friseur. Schließlich fand er eine Stelle als Setzer in einer Teheraner Druckerei. Seine Versuche, für Zeitungen zu arbeiten, scheiterten an mangelhafter Beherrschung der Orthographie. Bei einem Theater verdiente er sich sein Geld zunächst als Kassierer, dann als Souffleur, nebenbei besuchte er die Schauspielakademie. Einige Jahre war er als Schauspieler tätig; unter dem Schahregime wurde er 1975 aus politischen Gründen von der Bühne weg verhaftet. Seit 1961 veröffentlichte er Kurzgeschichten, später Romane; er lebt als freier Schriftsteller in Teheran.

D. ist der wohl erfolgreichste Erzähler der iranischen Gegenwartsliteratur. So beliebt er schon früh beim Publikum war, so sehr missfiel sein Werk den Herrschenden. Ein erheblicher Teil seiner Texte ist in viele Sprachen übersetzt. Sein literarisches Handwerkszeug erwarb er sich autodidaktisch, sein Stilempfinden schulte er an den Werken der Klassiker sowie an mündlichen Überlieferungen, wie er sie bereits als Kind auf dem Land kennengelernt hatte. Sein umfangreiches Œuvre schildert vorzugsweise in realistischer Erzähl- und linearer Darstellungsweise im Geiste der großen Romanciers des 19. Jahrhunderts in epischer Breite und unter eingehender Wiedergabe vieler Details das iranische Landleben um die Mitte des 20. Jahrhunderts. Der Autor lässt seine Leser an allen Gefühlsregungen und Gedanken seiner Gestalten teilhaben; ausführlich und metaphernreich beschreibt er ihre Wertvorstellungen, ihre Sitten und Gebräuche, ihren Glauben und Aberglauben. Nicht immer gelingt es ihm dabei, Klischees zu vermeiden. Trotzdem schuf er ein in sich stimmiges Gesamtwerk, das den einfachen Menschen seiner engeren Heimat und ihrer vom Verschwinden bedrohten Lebensweise ein Denkmal gesetzt hat.

Insofern kann der Titel einer Sammlung früher Erzählungen *Kārnāme-ye sepanğ* (1989/90; Zeugnis des Vorübergehenden) als programmatisch für D.s Schaffen angesehen werden. Damit repräsentiert er den Hauptstrom der persischen fiktionalen Literatur vom Anfang der 1950er bis zum Ende der 1970er Jahre. Seine eigentliche Laufbahn als Autor begann mit der Sammlung von Kurzgeschichten *Lāyehā-ye biyābāni* (1965; Wüstenschichten), von denen drei auch in deutscher Übersetzung vorliegen. Es folgten die Romane *Ousāne-ye Bābā Souḥān* (1968; *Die alte Erde*, 2000) und *Safar* (1969; *Die Reise*, 1992). Im Jahr der »Islamischen Revolution« legte D. den literarisch überzeugendsten seiner Romane, *Ğā-ye ḫāli-ye Soluč* (1979; *Der leere Platz von Ssolutsch*, 1991), vor.

Als sein Hauptwerk ist der in seiner Heimat in mehr als 100.000 Exemplaren verkaufte zehnbändige Roman *Kelidar* (1979–84; z. T. als *Kelidar*, 1999) anzusehen, der den Namen eines Berges aus der Heimat des Autors trägt. Er schildert das Leben kurdischer Nomaden, deren Versuch, einen Platz in der modernen Gesellschaft zu finden und sesshaft zu werden, scheitert – an den gesellschaftlichen und klimatischen Verhältnissen, aber auch an ihrer eigenen Unfähigkeit, sich anzupassen.

*Kurt Scharf*

## Dove, Rita
Geb. 28. 8. 1952 in Akron, Ohio

Rita Dove, die seit 1977 zahlreiche Gedichtbände veröffentlicht hat und von 1993 bis 1995 als U.S. Poet Laureate fungierte, gehört zu einer jungen Generation afro-amerikanischer Autorinnen, innerhalb derer sie jedoch als neue Stimme gefeiert wird. Denn ihre kontrollierten, modernistisch anmutenden Texte entsprechen nicht dem landläufigen Begriff von »black poetry«, einer Lyrik, die – offen strukturiert und primär mit Rassenkonflikten und Problemen eines schwarzen Selbstverständnisses befasst – ihre Effekte vornehmlich auf der politisch-inhaltlichen Textebene entfaltet. D.s Gedichte dagegen wirken über eine komplexe Bildlichkeit, die in eine stringente Syntax eingebettet ist. Die Autorin lehnt nicht nur die Politik eines schwarzen Nationalismus ab (vgl. »Upon Meeting Don L. Lee in a Dream« in: *The Yellow House on the Corner*, 1980), sondern auch jede Kultivierung dessen, was von Schwarzen wie Weißen als vermeintlich authentische »black identity« projiziert wird. Ähnlich urteilt D. über ihr feministisches Bewusstsein: Sie sei Feministin, aber sie schreibe nicht als solche: »Als Autorin bin ich eben zufällig auch Schwarze und Frau.« Die damit verbundenen Wahrnehmungen, behauptet D., seien nicht Zeichen politischer Parteinahme, sondern schlicht »Perspektiven, mit denen ich innig vertraut bin«.

Was D.s Texte dennoch klar in die Tradition afro-amerikanischer Literatur stellt, die intensive Auseinandersetzung mit individueller und kollektiver historischer Erfahrung. In dem Band *Yellow House* beispielsweise setzt sie sich mit der Person des eigenen Vaters ebenso auseinander wie mit der Sklaverei, deren Schrecken oftmals jedoch nicht explizit gemacht, sondern durch das modernistische Verfahren der Integration von Originalzitaten suggeriert wird. Die Sammlung *Thomas and Beulah* (1986; *Die morgenländische Tänzerin*, 1988), für die D. als erste Afro-Amerikanerin nach Gwendolyn Brooks mit dem Pulitzer Preis für Lyrik ausgezeichnet wurde, reinszeniert die Lebensgeschichte der eigenen Großeltern vor dem Hintergrund eines historischen Panoramas, das von der Migration der Schwarzen aus dem ländlichen Süden bis zur schwarzen Bürgerrechtsbewegung der 1950er und 60er Jahre reicht. Dabei halten D.s präzise Ästhetik und Indirektheit eine prekäre Balance zwischen Individuell-Biographischem und Kollektiv-Historischem. D.s stilistische Kontrolle vermeidet bewusst, die historisch öffentliche Person (vgl. »Banneker« in *Museum*, 1983; dt. Auswahl aus *Yellow House* und *Museum. Die gläserne Stirn der Gegenwart*, 1989) zur Allegorie afro-amerikanischer Identität, die eigene Erfahrung (vgl. »Genetic Expedition« und andere Gedichte über Mutterschaft in *Grace Notes*, 1989, und *Mother Love*, 1995) zur Metapher schwarzer Weiblichkeit gerinnen zu lassen. Geschichte, so unterstreicht D. in *Museum*, ist immer auch ein Prozess von Erinnerungsarbeit und das Produkt individueller Vorstellungskraft: »Why do I remember the sky / above the forbidden beach«, beginnt das Gedicht »Crab Boil« (*Grace Notes*, 1989), ein Text über Rassentrennung, »why only blue and the scratch, / shell on tin, of their distress? / The rest // imagination supplies«. Entsprechend entstehen Historizität und die Erfahrung marginaler Existenz bei D. immer wieder neu, als Prozess aus Vergangenem und Gegenwärtigem, als Dialog eigener und fremder Kulturen, wobei auch die ebenso zentrale wie kodifiziert-konventionelle Leidens- und Opfermetaphorik schwarzer Literatur transformiert wird. Und selbst dort, wo Erinnerungen die Gegenwart überschatten und wenig Zukunft bleibt, wie in »Old Folks Home, Jerusalem«, triumphiert das Verbindende über den Schmerz: »Alle, die hier warten«, so lautet die letzte Zeile der *Grace Notes*, »waren einmal verliebt«. Neben den lyrischen Texten erschienen Kurzgeschichten (u. a. *Fifth Sunday*, 1985), der Roman *Through the Ivory Gate* (1992), das Versdrama *The Darker Face of Earth* (1994) sowie kritische Aufsätze.

*Sabine Sielke*

## Doyle, [Sir] Arthur Conan
Geb. 22. 5. 1859 in Edinburgh;
gest. 7. 7. 1930 in Crowborough, Sussex

Als Arthur Conan Doyle 1887 in *A Study in Scarlet* (*Späte Rache*, 1894, später *Studie in Scharlachrot*) erstmals seinen Meisterdetektiv Sherlock Holmes ermitteln ließ, konnte er wohl kaum ahnen, dass dies die Geburtsstunde einer der erfolgreichsten literarischen Gestalten aller Zeiten sein sollte. Dies umso weniger, da die Erzählung zunächst bei Verlegern, aber auch nach ihrer Publikation bei Lesern, eher auf Zurückhaltung gestoßen war. Die Reaktionen änderten sich jedoch schlagartig nach der dritten Geschichte, »A Scandal in Bohemia« (1891; »Eine Skandalgeschichte im Fürstentum O.«, 1894), der ersten, die im Londoner *Strand Magazine* erschien. D. und seine literarische Schöpfung wurden gleichsam über Nacht berühmt und verhalfen der Zeitschrift in der Folge zu einem riesigen Erfolg. Den

Lesern hatten es v. a. zwei Elemente in D.s Geschichten angetan: zum einen der schillernde und exzentrische Protagonist, zum anderen die Struktur der Krimis als Rätselspiel, das die Leser zum Mitmachen animierte. Beide Komponenten hatte D. vor dem Hintergrund von Edgar Allan Poes Dupin-Kurzgeschichten entwickelt. So ist sein Detektivgespann, das neben Holmes aus dem etwas naiven Ich-Erzähler Dr. James Watson besteht, eine konsequente Übersetzung der Poeschen Figuren ins spätviktorianische England. Holmes ist ein den Ergebnissen der Naturwissenschaften verpflichteter Detektiv, dessen Ermittlungserfolge auf scharfer Beobachtung und szientistisch verbürgten Analysen von am Tatort zurückgelassenen Spuren basieren. Auf diese Weise spiegeln und verstärken D.s Geschichten den Wissenschaftsoptimismus des ausgehenden 19. Jahrhunderts und den Aufstieg des Positivismus zum Leitparadigma jeglicher Welterkennung. Es ist daher durchaus kein Zufall, dass D. im Hauptberuf Arzt war und dass mit Prof. Joseph Bell einer von D.s akademischen Lehrern zur realen Vorlage für Holmes wurde. Um die Detektivfigur rankt sich denn auch bis heute ein (oft wenig ernsthaftes) Forschungs-spiel, das immer wieder seinen Ausgang bei der Vermutung nimmt, Holmes habe tatsäch-lich existiert. »Vielleicht ist das größte aller Sherlock Holmes-Rätsel jenes: Daß wir, sobald wir von ihm reden, unvermeidbar der Vorstel-lung anheim fallen, er existiere wirklich«, be-schrieb T.S. Eliot dieses Phänomen. Selbst ehrwürdige britische Institutionen beteiligten sich (durchaus in ernsterer Absicht) auf ihre Art an der ›Holmesmania‹: So sendete die *BBC* 1954 zum angeblichen 100. Geburtstag des Detektivs eine Sondersendung, und die *Ency-clopaedia Britannica* widmete ihm als einer der wenigen literarischen Figuren einen eige-nen Eintrag, der zudem in der Länge etwa je-nem zu seinem Schöpfer D. entspricht. D. selbst war vom Erfolg seiner Erfindung zuneh-mend abgeschreckt; er fürchtete nicht zu Un-recht, dass die Kriminalgeschichten seine an-deren Werke (vornehmlich historische Ro-mane) in den Hintergrund drängten. Daher beging D. 1893 gleichsam selbst einen ›Mord‹: Der Autor ließ Holmes zusammen mit seinem Gegenspieler Prof. Moriaty in »The Adventure of the Final Problem« (»Sein letzter Fall«, 1894) die Reichenbach-Fälle hinabstürzen. Doch massiver Leserprotest (und ein üppiges Honorar) veranlassten ihn 1903, Holmes wie-der auferstehen zu lassen. – D.s erzählerische Meisterleistung besteht darin, im Text viele richtige Spuren zu legen, die am Ende Be-standteil der Lösung sind, aber aufgrund ihrer Kontextualisierung durch den Erzähler Wat-son zunächst überzeugend in einen falschen Zusammenhang eingeordnet werden können. Stets hat der Leser das Gefühl, dass er auch selbst hätte auf die Lösung kommen können, obgleich das Sprachspiel durch D. derart kom-plex gestaltet wird, dass dies fast unmöglich ist. An Dramatik und Dynamik gewinnen D.s Krimis jeweils, indem die Auflösung des ers-ten Verbrechens mit dem Kampf gegen eine weitere, unmittelbar bevorstehende Straftat

gekoppelt ist. Mit seinen insgesamt 56 Holmes-Erzählungen legte D. ein Gattungsmodell vor, das lange Zeit prägend war; v. a. beeinflusste es auch die Gestalt der Detektivromane, die im sogenannten »Goldenen Zeitalter« (1920–40) zur Leitform der Krimiliteratur wurden (v. a. bei Agatha Christie).

1902 wurde D. anlässlich der Krönung von Edward VII geadelt, freilich nicht für seine li-terarischen Errungenschaften auf dem Gebiet der *crime fiction*, sondern für ein umfang-reiches Werk über den Burenkrieg (erschienen 1900) und seine Leistungen als Arzt in einem Feldhospital während dieses Krieges. Eine ent-scheidende Wandlung erfuhr D.s Schaffen durch persönliche Schicksalsschläge nach dem Ersten Weltkrieg: Nach dem Tod seines Sohnes Kingsley, seines Bruders Innes und seines Schwagers E. William Hornung wandte er sich zunehmend dem Spiritismus zu und publi-zierte in seinem letzten Lebensjahrzehnt hauptsächlich zu diesem Themengebiet. Seine Beerdigung wurde 1930 auch eher zu einem Fest für Spiritisten als zu einer Trauerveran-staltung. Am 13. 7. 1930 fanden sich gar Tau-sende von Besuchern in der Royal Albert Hall ein, um mit D.s Geist während einer Séance Kontakt aufzunehmen. Sein spiritistisches Werk, aber auch seine historischen Romane sind heute weitgehend vergessen; die Holmes-Erzählungen dagegen finden immer noch ein Millionenpublikum.

Werkausgaben: The Crowborough Edition of the Works. Garden City/New York 1930. – The Annotated Sherlock Holmes. Hg. W.S. Baring-Gould. London 1992.

*Sascha Feuchert*

## Drawert, Kurt
Geb. 15. 3. 1956 in Henningsdorf/
Brandenburg

Es ist »das Gefühl, über keine taugliche Sprache zu verfügen«, das D. »zur Literatur gebracht« hat. »Das Nichtsprechenkönnen als Kind und Jugendlicher, das untaugliche Spre-chen, die Ahnung von Mitteilung und das

Fehlen der passenden Worte«, ist eine Grunderfahrung für D., der nach einer gültigen Sprache, einer Sprache und einem Sprechen sucht, das nicht von außen bestimmt ist. Bereits der Titel seines ersten Gedichtbandes *Zweite Inventur* (1987) fragt auch in der Korrespondenz zu Günter Eichs Gedicht »Inventur« nach der Haltbarkeit von Begriffen, der Bedeutung von Vertrautem, dem, was Halt stiften könnte, aber bedroht ist. »Ich bin was ich in meiner Sprache bin«, heißt es in dem Gedicht »Zwischenzeitlich« aus dem Jahr 1983, in dem radikal die Einheit zwischen Wort und Sinn eingeklagt wird.

D. verlebt seine Kindheit in Borgsdorf und Hohen-Neuendorf, 1967 zieht die Familie nach Dresden um. Er lernt Elektroniker und holt das Abitur auf der Abendschule nach, jobbt als Hilfsarbeiter bei der Post, in einer Konditorei und schließlich mehrere Jahre bei der »Sächsischen Landesbibliothek«. Von 1982 bis 1985 studiert er am Literaturinstitut in Leipzig.

Von dem Wunsch, aus herrschenden Sprachzuständen zu fliehen, sich aus einer verwalteten Sprache zu befreien, handelt D.s Buch *Spiegelland. Ein deutscher Monolog* (1992). Sehr früh erfährt dort der Erzähler, der in der DDR aufwächst, Sprache als Disziplinierungsinstrument, wird er mit Strafarbeiten, die Spracharbeiten sind, gemaßregelt, weil er sich den herrschenden Sprachregeln widersetzt. Dieses Ausscheren aus den gesellschaftlichen Sprachübereinkünften ist ein Reflex auf die Differenz zwischen Name und Bedeutung. Als das Kind anfängt, ein Bewusstsein für die Sprache zu entwickeln, erscheint ihm die von den Erwachsenen gebrauchte Sprache als ein verlogenes Instrument der Verständigung. Es verweigert sich den vorgeschriebenen Begriffen mit allen Möglichkeiten, die ihm zur Verfügung stehen. Gegen die Eltern, die es in der Grammatik des Verstehens unterweisen, die das Kind lehren wollen, die Wirklichkeit so zu sehen, wie sie nach ihren Vorstellungen zu sehen ist, kann es nur durch Verstummen rebellieren. Mit der Flucht in die Sprachlosigkeit verweigert sich das Kind gegenüber einer verfälschten Sprache, die von den Vätern und Großvätern verwendet wird, und schert aus einem durch die Sprache vorgeprägten Weg in die Welt aus. Weil die verordnete Sprache keine eigenen Möglichkeiten des Sprechens zulässt, sondern nur Übernahmen fertigen Sprechens, verzichtet das Kind durch Sprachverweigerung auf Kommunikation.

Aus den Verletzungen und Disziplinierungsversuchen durch Sprache erwächst eine gesteigerte Sensibilität für Sprache, die sich in der Sehnsucht nach einer Sprache manifestiert, von der keine Gewalt ausgeht. Dieser Suche ist die Hoffnung eingeschrieben, einen Ort zu finden, an dem Sprechen möglich wäre, aber die Suche danach wird behindert durch die Sprachaltlast, die der Ich-Erzähler mit sich herumträgt. Immer wieder wechselt D. in dem Text die Perspektiven, bewegt er sich in verschiedenen Zeiträumen, die auch unterschiedlich besetzte Sprachräume sind. Die frühen Erfahrungen des Kindes in der DDR werden gebrochen durch Erinnerungen eines jungen Mannes, der nach der Wende aus dem Westen in die DDR zurückkommt, wobei die dabei hergestellten Kontakte zum Vater, zum Großvater und zu früheren Jugendfreunden wiederum Auslöser für Geschichten sind, die in die Kindheit zurückführen. Momente von Sprachgewalt, Sprachlosigkeit, Lüge, verabredetem Sprechen und Schweigen sind wesentliche Momente nicht nur in D.s Roman, der in der Beschreibung herrschender Sprachregeln ein Bild der DDR-Gesellschaft entwirft.

D.s Nachdenken über die DDR ist radikal und kompromisslos, doch trotz der Intensität, mit der er die Befindlichkeit von Personen in gesellschaftlichen Zusammenhängen befragt, stellt er diese Menschen nicht bloß, sondern nimmt sie mit den Verletzungen und Demütigungen, die sie erfahren haben, in Schutz.

1993, im selben Jahr, in dem D. den Ingeborg-Bachmann-Preis erhält, zieht er von Leipzig in die Nähe von Bremen, seit 1996 lebt er in Darmstadt. In dem Gedicht »... zum deutschen Liedgut«, aus dem Gedichtband *Wo es war* (1996), spricht D. davon, dass er »ganz von selber gegangen ist« und resümiert am Schluss: »Wir hatten kein brauchbares Land«.

Das Urteil, das D. ausspricht, ist entschieden – »Im Nebel ist alles verschwunden« –, es ist frei von jeglicher Sentimentalität und konstatiert nüchtern, was verloren ist. Aber der unbestechliche Ton, mit dem D. Bilanz zieht und zurückblickt auf das verschwundene Land, findet sich auch in den Gedichten wieder, in denen von Ortlosigkeit als zentraler Erfahrung auch nach 1989 die Rede ist. Das lyrische Ich kommt »nirgendwo her« wie es in dem Gedicht »Geständnis« heißt. Wenn auch das Land der Herkunft begraben liegt »und modert« (»Tauben in ortloser Landschaft«), es hat sich in die Biographie des Sprechenden eingegraben und ist aus dem Gedächtnis nicht zu löschen. Der, der da wie in »Mit Heine« geglaubt hat, er »wär es los«, muss erfahren, dass ihm »sein Name eingebrannt ist.« Das erhoffte Vergessen scheitert, weil sich das Land in den Erinnerungen behauptet, sich in der Sprache festgesetzt hat, aus der es für das Ich keine Flucht geben kann. Dieses ständig scheiternde Fliehen verhindert auch ankommen, wie es in »Ortswechsel« heißt: »Nirgendwo bin ich angekommen. / Nirgendwo war ich zuhaus.« In »Die Abschaffung der Wirklichkeit. Eine Rede«, die D. aus Anlass der Verleihung des Uwe-Johnson-Preises 1994 gehalten hat, wird Heimatlosigkeit zum beide Autoren verbindenden Sehnsuchtsmoment.

D.s Ort des Sprechens zeichnet sich durch Hoffnungslosigkeit aus. Wie sie durch die reale Existenz entfremdet wird, nicht zu halten ist, dieser Erfahrung ist D. in einem allein mit »TEXT« überschriebenen kurzen Prosastück nachgegangen, das sich in *Rückseiten der Herrlichkeit* (2001) findet und von einem Besuch in Auschwitz handelt. Angesichts des Unvorstellbaren stellt sich für D. die Frage, wie in Worte zu fassen ist, wofür der Name Auschwitz steht. D. verweigert im Erzählen die Möglichkeit des Darüber-Sprechens. Für ihn ist es allein im Eingestehen des Scheiterns möglich, vom Unaussprechlichen zu handeln. »TEXT« muss sich als Text verweigern, also eine Zumutung für den Leser sein. Bewusst nimmt D. in dieser Prosaarbeit Sprache zurück und geht dadurch bis an die Grenze des Mitteilbaren. Erst durch diese Erzählhaltung schafft er es aber, sich je-

nem zur Chiffre für Hoffnungslosigkeit stehenden Ort zu nähern.

In dem Gedichtband *Frühjahrskollektion* (2002) lädt D. dazu ein, einen Laufsteg zu betreten, bei dem es sich aber nicht um jene Bühne der Modebranche handelt, auf der die neuesten Trends der Haute Couture gezeigt werden. D.s ultimatives Prêt-à-porter ist aus dem harten Stoff Wirklichkeit gearbeitet, der schwer wiegt. Denn auch die Lightprodukte, die wie in dem Gedicht »Leicht« scheinbar schwerelos daherkommen, erweisen sich als Leerformeln, sie sind Ballast eines Wirklichkeitsmaterials, das niederdrückt. Die Gedichte D.s sind aufgeladen mit Bedeutungen, wobei der Autor Unausweichliches mit Sarkasmen und Ironie umspielt. Gerade die grazile Leichtigkeit des Tons, der in den lyrischen Texten angeschlagen wird, macht umso nachhaltiger die Differenz zu den Themen deutlich, von denen in den Gedichten die Rede ist. Wer sich in die lyrischen Gebilde begibt, wird von ihnen zwar mit Leichtigkeit umfangen, doch alles Luftig-leichte verliert sich, je länger und ausdauernder man sich in den Texten bewegt. – D. wandelt in den Gedichten dieses Bandes in vergessenen Gegenden. Er nähert sich ihnen, um einem längst verlorenen Glanz nachzuspüren, der sich allerdings nicht mehr finden lässt. Sein Suchen ist vergeblich, es kommt nicht an. Die Bilder des Gegenwärtigen legen sich über das Vergangene, verhüllen es und lassen es unsichtbar werden.

Neben der Sprache wird in den Gedichten dieses Bandes Zeit als Chiffre aufgerufen, ist vom »Abgang« oder »Abtritt«, also vom Verlassen des Lebenslaufstegs die Rede. Angesichts der Gewissheit vom Ende wird jede Pose lächerlich, erscheint jede ausgestellte Garderobe überflüssig, weil sie das allmähliche Vergehen nur unzureichend verdecken kann. Der Blick nach vorn spielt mit dem letzten Übertritt, und der Blick zurück weiß um die Unwiederbringlichkeit des Vergangenen. Diese hoffnungslos erscheinende Positionierung des Sprechens in einer nach vorn wie nach hinten verstellten Realität verhilft D. zu einer rigorosen Beschreibung des Gegenwärtigen, zu einer Weltsicht, in der es nichts zu beschönigen gibt.

Er erinnert an die Hoffnung auf die »ganze strahlende Zukunft« in dem Moment, da das glorreich Versprochene als Abfall auf Entsorgung wartet. In diesen sehr existentiellen Gedichten, die immer wieder um ein Ich kreisen, das sich selbst nicht zu finden vermag, ist es die an den Rändern aufgerufene und ins Zentrum des Gedichts drängende Wirklichkeit, an der sich das lyrische Ich stößt, weil es den einen Platz nicht finden kann, der Heimat genannt werden dürfte.

Als Resümee steht am Schluss die bedrückende Einsicht, dass auf dem Diesseitslaufsteg keinem Schritt Zukunft nachhallt: »Alles, // alles blieb aus, was man / als Zeichen des Himmels / im Reiche der Finsternis / vorfinden könnte.«

*Michael Opitz*

### Drewitz, Ingeborg
Geb. 10. 1. 1923 in Berlin;
gest. 26. 11. 1986 in Berlin

»Damals in den trümmerübersäten Straßen, im Niemandsland der toten Häuser, der ersoffenen S-Bahn-Schächte, der Volkssturmkolonnen, die in die Lager getrieben wurden, … die entsetzliche Wahrheit der Ermordung der Juden und der Brutalität der nazistischen Kriegsführung … der Wunsch, nein, der Zwang zu schreiben, diesen Widersinn zu entlarven und hinter dem Schmerz den Anfang zu finden.« So beschreibt D. rückblickend ihre Situation als angehende Schriftstellerin im Berlin von 1945. Bis zu ihrem Tod lebte sie in dieser Stadt, die die wichtigsten Schauplätze und Protagonisten für ihre literarischen Werke lieferte.

1941, wenige Monate vor dem Einfall der deutschen Truppen in Russland, macht sie ihr Abitur. Sie wird in den Arbeitsdienst eingezogen und kann erst 1942 mit dem Studium beginnen, ohne dass sie deshalb vom Kriegshilfsdienst oder von der Fabrikarbeit befreit wird. Doppelt- und Dreifachbelastung bleiben überhaupt das treffendste Kennzeichen für das gesamte Schaffen von D. Das Unmögliche möglich machen, könnte man wie ein Motto über ihr Leben schreiben: Von 1942 bis 1945, als sich Berlin nach und nach in ein Trümmerfeld verwandelt, bahnt sie sich ihren Weg durch die zerstörte Stadt zu immer neuen Notbehelfen der Universität; sie schafft es, trotz der Gefahren an Texte von Karl Marx heranzukommen; sie promoviert in Germanistik am 20. 4. 1945, nur wenige Tage vor der Kapitulation.

Schon im September 1945 erhält sie ihren ersten Autorenvertrag, der die Währungsreform nicht überdauern soll. In diesen Jahren schreibt sie ihre ersten literarischen Werke. Es sind Dramen, die in Zusammenarbeit mit kleinen Theatergruppen im Nachkriegs-Berlin entstehen. Zu Veröffentlichungen kommt es erst später. Die Not der ersten Nachkriegsjahre lassen keinen Raum dafür. Wiederaufbau, Familie und Alltag nehmen sie ganz in Anspruch. Sie heiratet 1946, bekommt drei Töchter, zum Schreiben bleiben kaum zwei Stunden am Tag. Die 1950er Jahre bringen dann die ersten Veröffentlichungen, die ersten Anerkennungen, die ersten Preise, doch auch die ersten Ablehnungen. Ihr wichtigstes Thema ist zunächst die Vergangenheitsbewältigung, die Aufarbeitung und Bewusstmachung der Nazizeit. Für ihr KZ-Drama *Alle Tore waren bewacht* (1951) erhält sie im Jahr der Uraufführung 1955 die Jochen-Klepper-Plakette, wird aber zugleich von der Kritik als »Nestbeschmutzerin« angegriffen. Die bittere Einsicht, dass sich die Vergangenheit nur mühsam aufarbeiten und schon gar nicht wegarbeiten lässt, führt sie immer wieder dazu, die 1930er und 40er Jahre in ihre Hörspiele, Erzählungen und Romane einfließen zu lassen. Noch 1978 beschreibt sie in ihrem Roman *Gestern war Heute* die Stationen einer Frau, deren Lebensdaten unverkennbar autobiographische Züge tragen. Eine Familiengeschichte, in der es um die »Gegenwärtigkeit der Vergangenheit, auch um die Vergänglichkeit der Gegenwart geht«, sagt D.

Das Literarische ist für D. nur eine der möglichen Formen, um aktiv zum Zeitgeschehen Stellung zu beziehen. Neben der Ermahnung zu einem kritischen Geschichtsbewusstsein, für das auch ihre historischen Arbeiten über ›Berliner Salons‹ (1965) und *Bettine von Arnim. Romantik, Revolution, Utopie* (1969) Zeugnis ablegen, tritt sie immer häufiger mit einer Vielzahl von Essays, Reden und Porträts für die Probleme der neuen Generation ein. Angestrengt reist sie durch die Bundesrepublik, um an Podiumsdiskussionen, Fernsehsendungen, Literaturveranstaltungen, Demonstrationen und Friedenskundgebungen teilzunehmen.

Als langjähriges Mitglied in Berufsverbänden, wie des PEN-Zentrums der Bundesrepublik oder des Verbandes deutscher Schriftsteller, versucht sie, den Kollegen zu helfen, die politischen Repressionen ausgesetzt sind: »Engagiert leben – für mich bedeutet das: Zielvorstellungen von einem möglichen besseren Zusammenleben der Menschen haben, die emanzipatorischen Strukturen der Demokratie nicht verhärten lassen, den emanzipatorischen Sozialismus gegen die hierarchische Technokratie verteidigen.«

Das vielfältige Engagement von D. ist von Konsequenz und Optimismus getragen, so dass es den Leser durchaus verwundern kann, wenn die existentielle Grundsituation des Menschen unserer Zeit in ihren Werken immer wieder als ein gefährlicher Gang über eine brüchige Eisfläche erscheint: Gesellschaftlicher Egoismus, Verkrustung politischer Strukturen, die zerstörerische Macht von Vorurteilen, die Unmöglichkeit, die Liebe über den Alltag zu retten, all das veranschaulicht D. in der literarischen Metapher des Eises. Sich einsetzen für die humanitären Ziele der Gegenwart ist für D. wie auch für die Frauengestalten ihrer Romane dauernder Ansporn. Erreichen lässt sich davon letzten Endes nur ein kleiner Bruchteil. Die Protagonistin in dem Roman *Wer verteidigt Katrin Lambert* (1974) überlässt sich resignierend dem Eis, gegen das sie ihr Leben lang angekämpft hat, und kommt darin um. Die Rechtsanwältin dagegen in *Eis auf der Elbe* (1982) wird trotz der Einsicht in die Vergeblichkeit menschlicher Hoffnungen auch weiterhin für den Kampf gesellschaftlicher Randgruppen eintreten. In dieser Überzeugung verschmelzen literarischer Anspruch und gelebte Realität. Ihr letzter Roman *Einge-*

schlossen erscheint in ihrem Todesjahr 1986. Hier konfrontiert sie die mythologische Gestalt des Prometheus mit Jesus. Der einstige Kommunist und später nach Amerika ausgewanderte Physiker P. war an der Entwicklung der Atombombe beteiligt. Sein Gegenüber J. entstammt kleinbürgerlichen Verhältnissen und war in den 1960er Jahren ein revolutionärer Studentenführer. Unter dem Eindruck zunehmender Gewaltaktionen bricht er sein Studium ab und wird Sozialarbeiter. Anhand dieser beiden gegensätzlichen Charaktere zeigt D. exemplarisch Grundmodelle menschlichen Handelns zweier Generationen auf, deren Scheitern sich bereits dadurch manifestiert, dass sie sich in einer geschlossenen Anstalt begegnen.

D. erlag am 26. 11. 1986 einem Krebsleiden. Dass ihre Literatur und ihr politisches Engagement über ihren Tod hinaus Anerkennung finden, beweisen zwei Preise, die nach ihr benannt worden sind. Seit 1987 vergibt die Humanistische Union Berlin den »Ingeborg-Drewitz-Preis« an »Menschen, die sich in besonderer Weise für die Menschenwürde engagiert haben«. In Würdigung ihres Einsatzes in der Straffälligenarbeit, der 1979 in ihrem Briefwechsel *Mit Sätzen Mauern eindrücken* ihren Niederschlag fand, entstand der »Ingeborg-Drewitz-Literaturpreis für Gefangene«, der in unregelmäßigen Abständen verliehen wird. Die Benennung der »Ingeborg-Drewitz-Allee« im Regierungsviertel direkt neben dem Kanzlergarten ist der offizielle Ritterschlag für ihre vorbildschaffende Arbeit.

*Birgit Schütte-Weißenborn*

## Drieu La Rochelle, Pierre
Geb. 3. 1. 1893 in Paris;
gest. 16. 3. 1945 in Paris

Pierre Drieu La Rochelle ist einer der umstrittensten französischen Schriftsteller des 20. Jahrhunderts. In seinen autobiographisch geprägten Erzählungen und Romanen, aber auch in seinen zeitkritischen Essays, erweist er sich zwar als brillanter Stilist, sein Eintreten für den Faschismus und seine aktive Kollaboration mit den deutschen Besatzern diskreditieren ihn jedoch ebenso wie einige eindeutig antisemitische und misogyne Passagen in seinen Texten. D. entstammt dem Pariser Kleinbürgertum und entwickelt bereits während seiner Jugend über die Lektüre Friedrich Nietzsches eine Verachtung für dieses Milieu, das in der dritten Republik nachhaltig aufgewertet wurde und über die Bildungsinstitutionen in bedeutende Funktionen aufrücken konnte. Nachdem er 1913 das Abschlussexamen der École libre des sciences politiques nicht besteht und ihm die klassischen Laufbahnen somit verschlossen bleiben, verstärken sich seine Vorbehalte gegenüber dem politischen System. Den Ersten Weltkrieg sieht er, wie viele seiner Generation, als Möglichkeit, dieser Situation zu entkommen und seine Konzeptionen des Heldentums, die bislang an den egalitären Konzeptionen der Demokratie scheitern mussten, in den Schützengräben zu verwirklichen. Bei Verdun wird er verletzt, danach wendet er sich zunächst der Lyrik zu und veröffentlicht mehrere Gedichtbände (*Interrogation*, 1917, und *Fond de cantine*, 1920), die bereits seine sprachliche Sensibilität offenbaren. In den 1920er Jahren entwickelt er insbesondere in seinen Essays, die seinen politischen Weg von der Linken zur rechtspopulistischen Action française spiegeln, eine stilistische Meisterschaft, die auch von seinen politischen Gegnern gewürdigt wird. In dem Aufsatz *Mesure de la France* (1922) liefert er nicht nur ein eindrucksvolles Gesellschaftstableau, sondern exponiert bereits seine Theorie einer Dekadenz Europas, dessen größtenteils bürgerlich geprägte Werte er für obsolet erklärt. Schwankt er in dieser Zeit noch zwischen kommunistischen und faschistischen Idealen, so verstärkt sich in den 1930er Jahren durch die Bekanntschaft mit Jacques Doriot, dem Gründer der faschistischen Partei Frankreichs (Parti populaire français), das Engagement für die Rechtsextremisten. Im Faschismus sieht D. fortan die Möglichkeit, das politische Egalitätsprinzip zu bekämpfen und dem gesellschaftlichen Verfall Einhalt zu gebieten.

Seine Begeisterung für Führergestalten zeichnet sich bereits zu diesem Zeitpunkt ab und wird auch in den beiden bedeutendsten Romanen *Rêveuse bourgeoise* (1937; Verträumte Bourgeoisie, 1969) und *Gilles* (1939; *Die Unzulänglichen*, 1969) deutlich zum Ausdruck gebracht. In beiden Texten greifen individuell-autobiographische und kollektiv-zeitkritische Aspekte eng ineinander. *Gilles* ist eine breitangelegte Chronik, in deren Zentrum der Unteroffizier Gilles Gambier steht. Insbesondere der erste Abschnitt des vierteiligen Romans versammelt einige Hauptmotive des erzählerischen Werks: Gilles Gambier kommt 1917 während eines Fronturlaubs nach Paris und erhofft sich im Nachtleben der Hauptstadt eine Erfüllung seiner sexuellen Phantasien. In Paris lernt er Myriam kennen, eine Tochter aus reichem Hause, die er wegen ihres Geldes heiratet. Über persönliche Beziehungen erhält er eine Stelle im diplomatischen Dienst, kehrt jedoch an die Front zurück, da er in den geregelten bürgerlichen Verhältnissen keine Erfüllung findet. Das zögernde und widersprüchliche Verhalten der Romanfigur, die beständig einen Ausgleich zwischen zügelloser Sexualität und moralischem Rigorismus, zwischen Genuss und Askese sucht, ist als Grundmuster auch in zahlreichen Kurzerzählungen greifbar, so etwa in den zehn Novellen, die unter dem Titel *Journal d'un homme trompé* (1934; Tagebuch eines betrogenen Mannes) erscheinen. Dabei wird die Zwangsvorstellung der Impotenz zum Leitmotiv, das neben seiner konkreten sexuellen Bedeutung metaphorisch auch für die Ohnmacht der demokratisch organisierten bürgerlichen Gesellschaft gegenüber den autoritären Regimes kommunistischer und faschistischer Prägung steht. Auf diese Weise ergeben sich zahlreiche Parallelen zwischen dem Scheitern der Liebe und der Dekadenz der demokratischen Gesellschaft.

In den Kriegsjahren wird D. auf Betreiben von Hitlers Botschafter im besetzten Paris, Otto Abetz, mit der Schriftleitung der prestigeträchtigen *Nouvelle Revue Française* (NRF) betraut. Die Bedeutung der NRF für den französischen Literaturbetrieb kann kaum überschätzt werden. D.s Rolle an der Spitze der

Zeitschrift ist umstritten. Sicher ist jedoch, dass die deutschen Besatzer über ihn das literarische Leben kontrollierten und kritische Stimmen ausgrenzen konnten. In dieser Zeit beginnt D. ein Tagebuch (*Journal 1939–1945*, 1992), das als bedrückendes Zeugnis seines Antisemitismus, aber auch als Abrechnung mit der von ihm gehassten Demokratie gelten muss. Kurz vor Kriegsende begeht er Selbstmord, um einer Verhaftung zu entgehen.

*Florian Henke*

### Droste-Hülshoff, Annette von

Geb. 10. 1. 1797 auf Schloss Hülshoff bei Münster; gest. 24. 5. 1848 in Meersburg

Als der Lärm und die Wirren der 1848er Revolution auch in das stille Meersburg am Bodensee dringen, ringt auf der Burg ein schriftstellerndes Freifräulein aus Westfalen mit dem Tode, die ihr Leben und Wirken der alten Ordnung verschrieben hatte und die in den demokratischen Parolen von »Völkerfreiheit! Preßfreiheit!« nur den »allgemeinen Typhus der Demoralisation« ihrer Zeit erkennen konnte. Wenige Jahre zuvor hatte sie mit einer »Kriminalgeschichte« aus dem Paderbornischen – *Die Judenbuche* (1842), die einzige von ihr vollendete Prosaarbeit, – und mit einer Gedichtsammlung (1844) immerhin literarische Achtungserfolge erzielt. Ihr Tod im Mai 1848 fand nur ein sehr bescheidenes publizistisches Echo, und in den Jahren nach der unrühmlich gescheiterten Revolution war sie so gut wie vergessen. Dies änderte sich erst in den 1870er und 80er Jahren, als man sowohl im Gefolge des sich erneuernden Katholizismus als auch des westfälischen Regionalismus nach literarischen Gewährsleuten Ausschau hielt – und mit der D. als »westfälischer« bzw. »katholischer Dichterin« fündig wurde. Die daraus erwach-

senen »Vereinnahmungen« der D. verstellten allerdings auf lange Zeit ein angemessenes Verständnis von Autorin und Werk. Dem 20. Jahrhundert galt die D. von Beginn an als »Deutschlands größte Dichterin«, und dieser Rang ist bis heute unbestritten.

Die literarische Entwicklung der D. ist erstaunlich: Eine adlige Gelegenheitsschriftstellerin der Biedermeierzeit, die in den überaus engen Grenzen lebte, die ihr – der unverheiratet gebliebenen »Tante Nette« – von der Familie gezogen waren, gut katholisch, »stockwestfälisch« und ein »loyales Aristokratenblut« (wie sie selber einmal schreibt), ein kurzsichtiges, stets kränkelndes und bald ältlich wirkendes Münsteraner Freifräulein, das mit ebenso metaphorisch kühnen wie gedankentiefen Gedichten und mit einer bis dato unerhört realistischen und semantisch hochkomplexen »Kriminalgeschichte« (ihrer *Judenbuche*) zur Weltliteratur vorstieß! Doch allzuoft wurde und wird hier vorschnell zum schöpferischen »Geheimnis« mystifiziert, was der literarischen Produktivität der D. an lebensgeschichtlichen und geistigen Voraussetzungen zugrunde lag.

Schon die Briefe der jungen D. zeigen eine überaus phantasiebegabte, freiheitsdurstige Frau in der konfliktreichen Auseinandersetzung mit den gesellschaftlichen Konventionen ihrer Zeit, ihres Standes und vor allem ihres Geschlechts. »Es war nicht gut mit ihr fertig zu werden«, schreibt ihr Onkel Werner von Haxthausen 1819 über sie, sie sei »eigensinnig und gebieterisch, fast männlich« und habe »mehr Verstand als Gemüt«. Eine an sich harmlose Liebesaffäre wurde dann zu einer Lebenszäsur und zum lebenslangen Trauma: Die D., eben 23 Jahre, wollte unter zwei Verehrern den zu ihr passenden wählen (statt über sich bestimmen zu lassen) und wurde durch eine Intrige bloßgestellt. Die Folge waren ein gesellschaftlicher Eklat und familiäre Sanktionen, unter denen das Selbstbewusstsein der jungen D. zusammenbrach und die sie sogar an Selbstmord denken ließen. Fortan gab die D. alle Emanzipationsansprüche auf, beugte sich den gesellschaftlichen Konventionen und zog sich in eine für die Biedermeierzeit typische Resignationshaltung zurück – vermutlich eine der Ursachen ihrer häufigen Erkrankungen.

Dass der Name D.s – nach einem immerhin vielversprechenden Frühwerk (*Ledwina*, *Gedichte*) – sich nicht im Dunkel vergessener Literaturgeschichte des 19. Jahrhunderts verlor, hat zwei Ursachen, die eng miteinander verknüpft sind. Zum einen fand die D., nach jahrelangem inneren Ringen, zu einer exemplarischen religiösen Deutung ihrer gescheiterten persönlichen Selbstverwirklichung, die sie in ihrem literarischen Werk immer wieder neu ausleuchtete und die geistesgeschichtlich in den Kontext der Restauration gehört. Im Kern geht es dabei um eine religiös begründete Absage an den Emanzipationsgedanken der Aufklärung als folgenschwerer »Wiederholung« der Ursünde der *superbia*, des Hochmutes, »sein zu wollen wie Gott«. Und zum zweiten und vielleicht wichtiger noch: Die D. fand – auf der festen Grundlage ihres »restaurativen« Weltbildes – eine Ersatzwirklichkeit für ihre längst begrabenen Jugendhoffnungen auf ein freies und selbstbestimmtes Leben: im Phantasie-Freiraum ihres literarischen Schaffens, in ihrer Kunst.

Das bekannte Gedicht »Am Turme« (1841) belegt in prägnanter Metaphorik (dem heimlich im Winde gelösten Haar), wie klar der Dichterin selbst dieser Zusammenhang von biographischer Resignation und poetischem Ersatzleben war. Auch das nicht minder bedeutende Gedicht »Das Spiegelbild« (1842) führt eindrucksvoll vor Augen, wie genau sich die D. im »Spiegel« ihres Werkes reflektiert und welch gestochen scharfes Bild der eigenen Seelendynamik, des Widerstreites zwischen ihrem bewussten Ich und unbewussten Wünschen und Trieben, sie dabei gewinnt: »Es ist gewiss, du bist nicht ich / Ein fremdes Dasein … / Voll Kräfte, die mir nicht bewusst / Voll fremden Leides, fremder Lust / Gnade mir Gott, wenn in der Brust / Mir schlummernd deine Seele ruht!« Zu solch lyrischer Kraft und poetischer Produktivität wie in den hier genannten Gedichten oder etwa auch in ihren *Heidebildern* bedurfte es bei der D. aber immer auch des Anstoßes durch einen literarischen Mentor. Und ihr wichtigster war zweifellos Levin Schücking, der von Oktober 1841 bis Ostern 1842 Bibliothekar auf der Meersburg ist. Um diese »Dichterliebe« sind viele Legenden gewoben worden. Legt man die Briefe der D. zugrunde, so erhält man das ebenso authentische wie menschlich ergreifende Bild einer erst langsam erwachenden, dann immer dringlicheren Liebe des schon älteren Fräuleins zu einem schriftstellerisch ambitionierten (innerlich aber weit distanzierteren) jungen Mann, und das Bild einer Liebe, die für die D. nur unter dem Tarnmantel der Freundschaft und der mütterlicher Zuwendung gelebt werden konnte: »Mich dünkt«, schreibt sie z. B. am 5. 5. 1842 an Levin, »könnte ich dich alle Tage nur zwei Minuten sehen – o Gott, nur ein Augenblick – dann würde ich jetzt singen dass die Lachse aus dem Bodensee sprängen, und die Möwen sich mir auf die Schulter setzten!« Schücking drängte die D. auch, ihre *Judenbuche* zum Abschluss zu bringen. In der Geschichte von der verfehlten Selbstverwirklichung des Friedrich Mergel, seiner Schuld und seiner grausigen Sühne mag die D. ein weiteres Mal ihre biographischen Versagungen, ihre Emanzipationswünsche und ihr Schuldbewusstsein literarisch projiziert haben. Vor allem aber gelang es ihr hier, ihren Detailrealismus und ihren psychologischen Scharfblick mit religiöser Allegorik zu einer spannungsreichen Synthese zu verschmelzen, die bis auf den heutigen Tag den Leser in ihren Bann zieht.

Ihre späten Lebensjahre sah die D. – trotz vielfacher Krankheit und familiärer Einengung – im Zeichen der »Gnade«, wie dies am schönsten vielleicht ihr Gedicht »Mondesaufgang« (1844) bekundet. Erst durch ihre literarische Produktivität (die hier in der Mond-Metapher gespiegelt ist) konnte sie sich seelisch entspannen, und das ihr daraus erwachsene dichterische Selbstbewusstsein hat die D. Frieden schließen lassen mit sich selbst und ihre letzten Jahre in ein »mildes Licht« getaucht: »O Mond, du bist mir wie ein später Freund / Der seine Jugend dem Verarmten eint / Um seine sterbenden Erinnerungen / Des Lebens sanften Widerschein geschlungen

/ ... Bist, was dem kranken Sänger sein Gedicht / Ein fremdes, aber o! ein mildes Licht.«

Werkausgabe: Historisch-kritische Ausgabe. Werke. Briefwechsel. Hg. von Winfried Woesler. 24 Bde. Tübingen 1978 ff.

*Ronald Schneider*

## Dryden, John
Geb. 19. 8. 1631 in Aldwinkle, Northamptonshire; gest. 1. 5. 1700 in London

Der Versdichter, Dramatiker und Literaturkritiker John Dryden dominierte die erste Phase des Klassizismus, die Restaurationszeit (1660–1700), wie Alexander Pope die zweite (1700–40) und Samuel Johnson die dritte (1740–80). Der Sohn eines Landadligen verlebte seine Jugend unter Oliver Cromwell (Interregnum), dem seine Eltern und er selbst huldigten. An der Westminster School und in Cambridge studierte er Sprachen und Dichtung der klassischen Antike. Literarisch trat er 1659 hervor mit einer Verselegie auf den Tod Cromwells, *Heroic Stanzas*, in der er ganz im Sinne der puritanischen Herrscherdoktrin Cromwells Regierungsanspruch aus dessen Tugenden, Fähigkeiten und Erfolgen rechtfertigte. Im Restaurationsjahr 1660, nach der Rückkehr des Königs (Charles II), wechselte er mit einem Lobgedicht (»panegyric«) auf dessen »happy restoration and return« wie viele andere die Seite. Auch wenn D. sich von den absolutistischen Tendenzen der Stuarts (»the divine right of kings«) ebenso wie von der reinen Parlamentsherrschaft distanzierte und den König wieder an die Respektierung weltlicher Gesetze und Berater band, empfahl er sich bei Hofe, nicht zuletzt durch die stimmige Bildlichkeit und hohe dichterische Qualität seiner beiden royalistischen Lobgedichte auf des Königs Rückkehr und spätere Krönung (1661). Die Entwicklung des nun 29-jährigen D. vom Bewunderer der *Metaphysical Poetry* zum Dichter des Klassizismus hatte sich damals schon vollzogen. Der noch heute gebräuchliche Terminus *metaphysical* war ursprünglich das von D. geprägte Schimpfwort

wider diese ›unnatürlichen‹ Dichter von John Donne bis Abraham Cowley.

In seinen literaturkritischen Schriften behauptete D., dass er in seiner ästhetischen Konversion weniger von den französischen Klassizisten der François-de-Malherbe-Nachfolge geleitet war als von den englischen Frühklassizisten der Ben-Jonson-Nachfolge (*Cavalier Poets*), insbesondere John Denham und Edmund Waller. Der Klassizismus in Kunst und Literatur war das ästhetische Pendant zum Rationalismus in der Philosophie, gemäß einer zyklischen Geschichtsauffassung, welche nach einem ersten Aufstieg zum Licht der Vernunft zur Zeit des römischen Kaisers Augustus (und einem Niedergang ins ›finstere Mittelalter‹) einen Wiederaufstieg zum Licht der Vernunft in eigener Zeit annahm (*Enlightenment*), also ein zweites *Augustan Age*. Die Regeln der Poetik von Horaz (und dann von Nicolas Boileau und Pope) galten als Regeln der Vernunft, in der augusteischen Antike entdeckt, in der augusteischen Moderne wiederentdeckt. Ein freier Engländer beuge sich in Ästhetik wie Politik nur der Vernunft, nicht wie ein sklavischer Franzose dem absolutistischen Diktat eines Boileau oder Ludwigs XIV. Diese Konstruktion nationaler Identität erklärt D.s wegweisende Wiederanbindung des (liberalen) englischen Klassizismus an die vorklassizistische Tradition von Chaucer bis Shakespeare. Bezeichnend ist, dass D. nicht nur elegante moderne Nachdichtungen von Poeten der klassischen Antike wie Homer, Vergil, Ovid, Horaz, Juvenal fertigte, sondern auch ›vergilisierte‹ Nachdichtungen Chaucers. Gelegentliche Regelverstöße dienten der Demonstration englischer Freiheit: kühne Bilder bis an die Grenze des barocken *concetto*, Paradoxa und Gedankensprünge, Reimunreinheiten und Dreifachreime (*heroic triplets*) statt Paarreime (*heroic couplets*). Als Meister parteiischer ›epideiktischer‹ Dichtung (hohes Lob im Panegyrikos und harscher Tadel in der Satire) zögerte D. auch nicht, neben Lobpreisung seines gottgesalbten Königs und dessen Mission, England die Herrschaft über die Meere und den Welthandel zu verschaffen (*Annus Mirabilis* 1666), auch Tadel gegen absolutistische Tendenzen der Stuarts sowie die erotischen Exzesse der Restaurationszeit auszusprechen. 1668 zum Hofdichter (*Poet Laureate*) ernannt, sah er sich doppelt als Ratgeber des Königs verpflichtet.

In der *Exclusion Crisis* 1679–81 versuchte der Führer der parlamentarischen Partei, der erste Graf von Shaftesbury, mit Hilfe eines unehelichen Sohnes von Charles II, dem Herzog von Monmouth, des Königs jüngeren römisch-katholischen Bruder James von der Thronnachfolge auszuschließen. Es bildeten sich die modernen Parteien, Whigs (die Parlamentspartei der zumeist puritanischen Nachfolger der Cromwellanhänger) und Tories (die Königspartei der zumeist anglikanischen oder katholischen Stuartanhänger). In seiner langen satirisch-allegorischen Verserzählung *Absalom and Achitophel* (1681) schildert der Tory D. die Ereignisse in biblischer Parallele: Des promiskuitiven König Davids (Charles II) unehelicher Sohn Absalom (Monmouth) rebelliert mit Hilfe des falschen Ratgebers Achitophel (Shaftesbury) gegen seinen Vater, gestützt von Höflingen wie Zimri (Buckingham) und dem Pöbel von Jerusalem (London). Bei allem beißenden Spott auf die Whigs, und insbesondere Shaftesbury, sparte D. nicht mit Kritik an des Königs Eigenschuld. Als die Whigs nach Shaftesburys Freispruch eine Medaille mit Shaftesburys Kopf und der Aufschrift »laetamur« prägten (was einer Königskrönung vorbehalten war), veröffentlichte D. seine Satire *The Medal* (1682), in der er ganz im Sinne des alten Königsmythos Shaftesburys »gewöhnliche Eunuchenvisage« gegen das »wahre Antlitz von Majestät« stellte. Hier reichte die Satire, die nach klassizistischer Theorie vernunftbasiert-allgemeinbezüglich sein sollte, an die Grenze ästhetisch wie juristisch verbotener persönlicher Verunglimpfung. Dies gilt auch für D.s Satire auf seinen whiggistischen Dichterrivalen Thomas Shadwell, sein schärfster Konkurrent als Bühnenautor und 1688 sein Nachfolger als *Poet Laureate* (*MacFlecknoe*, 1682). Es ist eine menippeische (burlesk-groteske) Verssatire in welcher der irische Poetaster Flecknoe, Kaiser des Reichs des Unsinns und der Langeweile, seinen würdigen Sohn Shadwell zu seinem

Thronfolger proklamiert und zum neuen Kaiser krönt. Was bei aller Krudität das Werk als allgemeingültige Satire rettet, ist sein Charakter einer negativen Poetik, wie D.s lobhudelnde Elegie auf den Tod der (unbedeutenden) royalistischen Dichterin Anne Killigrew (1685) eine positive Poetik war. Dies, und die Technik der ironischen Deflation des Heroischen (*bathos* oder *mock-heroic*), machte *MacFlecknoe* zu einer Vorlage für spätere klassizistische Satiriker, Pope und D.s Cousin Jonathan Swift, beide ebenfalls Tories. Als nach dem Tode von Charles II 1685 dessen jüngerer römisch-katholischer Bruder als James II den Thron bestieg, wurde auch D., der noch 1682 in dem Lehrgedicht *Religio Laici* die anglikanische Kirche verteidigt hatte, römischer Katholik und rechtfertigte nunmehr seine neue Kirche in der allegorischen Tierfabel *The Hind and the Panther* (1687). Doch ausgewogene (*genus deliberativum*) statt epideiktischer Rhetorik (*genus demonstrativum*) war nicht D.s Stärke, obwohl vernunftkontrollierte klassizistische Dichtung nicht persönlich oder gar lyrisch zu sein hatte. Zu seiner Höhe als Versdichter fand D. dann zurück, als 1688 König James II nach der Geburt und katholischen Taufe seines Thronfolgers James (später ›The Old Pretender‹ ›James III‹) in der *Glorious Revolution* entthront wurde. Das ›Söhnchen‹ drohte die Hoffnung der Whigs auf die Thronfolge von James' ältester (protestantischer) Tochter Mary zunichte zu machen, und sie verbreiteten das Gerücht einer unehelichen Geburt. In dem mit anti-whiggistischer Satire durchsetzten Lobgedicht *Britannia Rediviva* (1688) huldigte D. dem zukünftigen legitimen König, dessen Christusähnlichkeit und »wahres Antlitz von Majestät« schon in der Wiege zu erkennen sei. Nach der Revolution und Thronbesteigung von Mary and William of Orange blieb D. ›Jacobite‹ den Stuarts als Thronprätendenten treu, ja unterstützte sie versteckt in allegorisch lesbaren Werken wie der Oper *King Arthur* (1691, Musik von Henry Purcell). Aus dieser Zeit stammen auch D.s beide meisterhaften Cäcilienoden über die Macht der Musik (22. November 1687 und 1697).

Gleichzeitig mit D.s Hofkarriere als Vers-

dichter begann seine Hofkarriere als Dramenautor. Nach Cromwells puritanischem Theaterverbot 1642–59 wurden Dramenauffüh-
rungen 1660 unter striktem Patronat der
Krone wieder gefördert, wobei die Theater bewusst an die höfischen Maskenspiel-Bühnen
der frühen Stuart-Zeit anschlossen. Doch die
Stücke der Shakespearezeit erwiesen sich als
zu ›wild‹, ›regellos‹ und ›unvernünftig‹. Sie be-
durften klassizistischer Glättung und Regulie-
rung, ›Shakespeare Improved‹, eine Mode der
Restaurationszeit, der D. mit Adaptionen von
*The Tempest* (1667) und *Troilus and Cressida*
(1679) huldigte. Eigenständige Dramen waren
typische Restaurationskomödien wie *The Wild
Gallant* (1663), Tragödien wie *All for Love*
(1678; *Alles für Liebe*, 1978), Tragikomödien
wie *Don Sebastian* (1689), Opern wie *King Arthur* (1691) und heroische Versdramen wie
*The Conquest of Granada* (1670–71). Während
Letztere nur in der italienischen Heroenoper
Georg Friedrich Händels und Giovanni Bat-
tista Bononcinis überlebten, blieben die vielen
anderen Stücke durch das ganze 18. Jahrhundert hindurch Vorbilder klassizistischen
Dramenschaffens (Joseph Addison, William
Congreve, David Garrick, Oliver Goldsmith,
Richard Brinsley Sheridan usw.).

Im dialogischen *Essay of Dramatic Poesy*
(1668) rechtfertigte D. seine Modifikation des
französischen Theatervorbilds durch das englische Theater der Shakespearezeit mit oben
genanntem Argument, dass nicht jede französische Regel dem englischen Test der Vernunft
standhalte. So weichte er die Regel der drei
dramatischen Einheiten auf und ließ wider die
Dekorumsregel die Tragikomödie als Natur
und Vernunft entsprechend zu. So rechtfertigte
er im Vorwort zu *Albion and Albanius* (1685)
die Phantastik der Opernhandlung mit dem
Argument, Natur und Vernunft seien in der
allegorischen Lehre gewahrt. Überhaupt halfen D.s zahlreiche und einflussreiche literaturkritischen Schriften, z. B. der bahnbrechende
*Discourse concerning the Original and Progress
of Satire* (1693), einen dynamischen englischen
Klassizismus zu etablieren, der den Ansatz zu
seiner Überwindung in sich selbst trug. Diesem bedeutenden kulturellen Beitrag wie auch

der bleibenden Auseinandersetzung mit seinen Maßstäben verdankt D. die Bezeichnung
›Vater der Literaturkritik‹.

Werkausgabe: The California Edition of the Works
of John Dryden. 20 Bde. Hg. H.T. Swedenberg et al.
Berkeley/ Los Angeles 1956–89.

*Rolf Lessenich*

## Dschāmi, Moulānā Nuroddin Abdorrahmān

Geb. 1414 in Ḥarğerd bei Dschām in
Chorassan/Iran; gest. 1492 in Herat

Er gilt als der letzte große klassische Dichter der persischen Literatur. Sein vollständiger
Name lautet Moulānā Nur'od-Dīn ʿAbdo'r-
Raḥmān ebn-e Aḥmad Ğāmī. Der erste Teil ist
ein Ehrentitel (unser Lehrer), der letzte eine
Herkunftsbezeichnung, dazwischen der eigentliche Name und der Vatersname. Die
meiste Zeit seines Lebens verbrachte D. in Herat (im heutigen Afghanistan). Er erhielt eine
gründliche Ausbildung in allen Wissenschafts-
zweigen seiner Zeit. In jugendlichem Alter
lernte er den Scheich des Naqšibandi-Ordens
Ḥʷāğe Moḥammad Pārsā kennen. Die Begegnung beeinflusste ihn so nachhaltig, dass er
sich dieser Gemeinschaft muslimischer Mystiker anschloss und später selbst deren Oberhaupt wurde. Der Sufismus bestimmte sein
weiteres Leben und Schaffen. Seine dichterische Begabung und Gelehrsamkeit machten
ihn berühmt und trugen ihm Einladungen an
Fürstenhöfe ein, doch zog er es vor, bescheiden als Derwisch zu leben. Zwar findet sich in
seinem Werk auch Fürstenlob, doch war sein
Anliegen die Integration der Mystik in den orthodoxen Islam und ihre Versöhnung mit dem
bestehenden politischen System. So verbindet
er denn auch das Lob des Herrschers mit dem
seines Ordensscheichs.

Sein Stil ist hochpoetisch, aber frei von
allzu gekünstelten Sprachspielen, und er wendet sich nicht nur an den literarisch gebildeten
Eingeweihten – womit er einer Tendenz entge-
gensteht, die zu seiner Zeit einsetzte und die
Dichtung persischer Sprache der folgenden

Jahrhunderte beherrschte. Seine literarische Produktion steht ganz in der Tradition der Klassiker und wirkt in gewisser Weise epigonal, doch ist sie von Tiefe, Umfang und Vielfalt her erstaunlich. Sie umfasst über 40 (nach anderer Zählung 81 oder sogar 99) Werke. Unter ihnen ist *Haft ourang* (Sieben Throne bzw. Die sieben Sterne des Großen Bären), ein sieben Epen in der Form von Maṣnawis (Sinngedichte mit Doppelversen, deren Halbverse sich paarweise reimen) umfassendes Sammelwerk, besonders bekannt. Der Titel dürfte in Anlehnung an Neẓāmis *Haft peykar* (Sieben Bilder) entstanden sein, inhaltlich orientiert es sich an dessen Gesamtwerk. *Haft ourang* enthält die wohl auf eine griechische Vorlage zurückgehende Allegorie »Salāmān o Absāl« (Salāmān und Absāl), in welcher der Frauenverächter D. sexuelle Enthaltsamkeit predigt, und unter anderem die Geschichte von Joseph und der Frau des Potiphar »Jusof o Zoleyḫā« (Joseph und Suleika) sowie »Leyli o Maǧnun« (Laila und der Besessene), die romantische Liebesgeschichte des jungen Qais, bald nur noch »der Besessene« genannt, und der von ihm angebetenen Lailā. Beide gehören verfeindeten arabischen Stämmen an, weshalb ihre Liebe keine Erfüllung findet und sie schließlich vor Kummer sterben.

Für das Prosawerk *Bahārestān* (Frühlingsgarten), das D. als Lehrbuch für seinen Sohn schrieb, nahm er sich Saʿdis *Golestān* (Rosengarten) zum Vorbild. Seine drei Diwane (Gedichtsammlungen) mit kürzeren Gedichten (v. a. Kassiden und Ghaselen) übernehmen viele Anregungen von den bereits genannten sowie weiteren persischen Klassikern wie Anwari und Hafis. Die ebenfalls in Prosa abgefasste Sammlung von Heiligenbiographien *Nahafāto'l-ons* (Hauch der Vertrautheit) erinnert an ʿAṭṭars *Taẕkerāto'l oulijāʾ* (Biographien der geistlichen Führer).

*Kurt Scharf*

## Du Fu
Geb. 712 in China; gest. 770

Du Fu gilt neben Li Bai (701–762) als der bedeutendste Dichter chinesischer Sprache. Mit ihm erlangt das klassische chinesische Gedicht einen nach ihm nie mehr erreichten Höhepunkt. D. ist ein Meister der Form und der Sprache; kein anderer hat die Möglichkeiten des Chinesischen so ausgelotet wie er. Dass seine Meisterschaft in Übersetzungen verlorengehen muss, hat mit der klassischen Poetik des Mittelalters zu tun. Diese war zur Tang-Zeit (618–907) in der Praxis gemeinschaftlichen Dichtens erarbeitet worden. Sie sah formal eine feste Abfolge von Tonhöhen, von Zeichenzahl und von Reimen vor. Inhaltlich hatte ein klassischer Vierzeiler bzw. Achtzeiler zu fünf oder sieben Zeichen pro Vers einem bestimmten Aufbau zu folgen, der auf ein Bild ein Gegenbild forderte, um beide in einem Schlussbild miteinander zu versöhnen. Während es den Zeitgenossen oft noch gelingt, den Menschen in einen harmonischen Zusammenhang mit Himmel und Erde zu stellen, vermag D. den kosmologischen Zirkel immer weniger zu schließen. Dies liegt an D.s Lebensumständen, die durch Armut, Flucht und Verbannung gekennzeichnet sind. Obwohl D. einer alten aristokratischen Familie entstammte und wohl nahe der damaligen Hauptstadt, dem heutigen Xi'an, geboren sein dürfte, gehörte er einem minderbemittelten Gesellschaftszweig an. Sein Leben ist daher durch Reisen auf der Suche nach einem Amt bzw. nach Unterhalt geprägt. Da er immer wieder in Konflikt mit den Behörden geriet, hat er mit seiner Familie oft nur durch die Unterstützung von Freunden bzw. Patronen überleben können. Das gilt insbesondere für die schwierigen Jahre nach dem Krieg von 755, als Aufständische die Macht im Reich an sich zu reißen versuchten. Zu den Beschwernissen der Flucht traten Krankheiten jeglicher Art. Die Kriegsjahre fasst D. beispielhaft in den berühmten Vers »Das Reich zerstört, Berg und Strom noch da.« Hier zeigt sich am prägnantesten der Gegensatz von Mensch und Natur, die nicht mehr mit Hilfe des kosmologischen Zirkels miteinander versöhnt werden können.

D. entwirft sich in seinen Gedichten als den großen Heimatlosen, den großen Reisenden, den großen Kranken. Der Schiffbruch wird zur Metapher seines Lebens und Schreibens. Das hat unmittelbare Auswirkungen auf seine Sprache. Sowohl als Bauer als auch als Angehöriger des Militärs hat er einen Alltag kennengelernt, der für die Aristokratie eher untypisch war. Dieser Alltag wird der besondere Gegenstand seines poetischen Schaffens. Er beginnt nicht nur, durch die Beschreibung des täglichen Lebens die Lyrik zu prosaisieren, auch seine Sprache wird umso dunkler, je komplexer sie wird. Berühmt ist sein Zyklus »Qiuxing ba shou« (»Acht Gedichte über die Herbststimmung«), den er am Ende seines Lebens verfasste und der seinen Lesern bis heute Rätsel aufgibt.

D. wird als der erste weltliche Dichter in China bezeichnet. Damit ist zweierlei gemeint: Zum einen fehlt ihm der religiöse Hintergrund, der für seine Zeitgenossen so wichtig war, zum anderen stehen bei ihm die kleinen, unscheinbaren Dinge im Mittelpunkt des Dichtens. Die Tang-Zeit ist erfüllt von Wunderglauben aller Art, man sehnte sich nach jenseitigen Welten – besonders die Dichter wollten sich dort mit den Unsterblichen treffen. Dieses Ansinnen ist D. ganz fremd. Der Himmelsflug wird daher bei ihm durch ein Bewusstsein für die menschlichen Nöte ersetzt. Mit ihm schreibt zum erstenmal in China ein Dichter über die eigenen Kinder und die eigene Frau. D. gibt auch immer wieder Auskünfte über seine Befindlichkeit, die eher durch Klagen als durch die damals übliche Abgeklärtheit geprägt sind. So lautet ein berühmtes Eingangsverspaar: »Klagend im Krieg, viele neue Geister [d. h. Tote], / Singend in Trauer ein alter Mann.« Das Persönliche drängt so sehr in den Vordergrund, dass die Gedichte auch eine Quelle zur Erschließung der Biographie werden können. Die Präferenz des Hier und Jetzt in seinem Werk hat dazu beigetragen, dass D. nach seinem Tod im heutigen Changsha nahezu vergessen wurde. Erst die Song-Dynastie (960–1279) mit ihrer Beto-nung des diesseitigen Lebens hat ihn wiederentdeckt, und erst in neuerer Zeit ist das Ungewöhnliche in seinem Werk zum Gegenstand der Forschung und auch der Bewunderung geworden – eine seinem Genius gerecht werdende literaturwissenschaftliche Auseinandersetzung mit seinem Werk, vor allem seinen bewussten Verstößen gegen die literarischen Normen seiner Zeit, die es ihm ermöglichten, die Gattungen, die Prosodie und die sprachlichen Ausdrucksmittel zu erweitern, steht aber immer noch aus.

Werkausgabe: Tu Fu's Gedichte. Übers. E. Ritter v. Zach. Cambridge, Mass. 1952.

*Wolfgang Kubin*

## Dumas, Alexandre (fils)
Geb. 27. 7. 1824 in Paris; gest. 27. 11. 1895 in Marly-le-Roi (bei Paris)

Der natürliche Sohn des Romanciers Alexandre Dumas (père) und der Schneiderin Catherine Labay verdankt seiner Herkunft zumindest zwei prägende Momente: Die Vertrautheit mit Literatur, die für ihn Schauplatz einer Rivalität mit dem berühmten Vater und einer persönlichen wie künstlerischen Abgrenzung wird, und die soziale Marginalisierung als uneheliches Kind und Farbiger (die Urgroßmutter väterlicherseits stammte aus Haiti). So widmet sich sein Roman- und Theaterwerk im Unterschied zu den historischen Romanen des Vaters der unmittelbaren Gegenwartsgesellschaft und ihrer Unmoral, wobei ein Hauptaugenmerk auf der Bedeutung familiärer Verpflichtung sowie der Situation der gesellschaftlich Ausgegrenzten liegt. 1831 vom Vater legitimiert, wohnt er ab 1843 bei ihm und erlebt die wechselnden Liebschaften des an der Schwelle zur Berühmtheit stehenden Dumas père mit. Er selbst schreibt ebenfalls, zunächst mit geringem Erfolg. Das ändert sich, als er eine Liaison mit Alphonsine Duplessis, der »Kameliendame«, eingeht, die nach ihrem Tod infolge der Tuberkulose 1847 zum Vorbild des erfolgreichen Romans *La dame aux camélias* (1848; *Die Kameliendame*, 1946) wird.

Eine sogleich für das Theater adaptierte Fassung stößt zunächst auf Ablehnung durch die Zensur, kann aber infolge der Intervention des befreundeten Duc de Marny, der durch den Staatsstreich von 1851 Innenminister wird, publiziert werden und gerät zum literarischen Ereignis. Francesco Maria Piave verarbeitet das Stück zum Libretto für Verdis *La Traviata* (1853). Gegenstand ist die ›ehrbare Dirne‹, die sich in dem dramatisch ausgeklügelten, auf emotionale Ergriffenheit und Pathos ausgerichteten Verlauf des Stücks der herrschenden gesellschaftlichen Norm unterordnet und am Ende gerade dadurch aus ihrer Sünderrolle erhebt. *La dame aux camélias* eröffnet eine Reihe bürgerlicher Sittendramen und ist Hauptwerk dieses für das 19. Jahrhundert in Frankreich typischen Genres; angesichts ihres Erfolgs richtet sich Dumas ganz auf das Boulevardtheater aus und wird zu einem der wichtigsten Theaterautoren des Zweiten Kaiserreichs und der Dritten Republik. Seine Poetik beruht auf Wirklichkeitsbezug (»Le réel dans le fond«), Glaubwürdigkeit (»Le possible dans le fait«) und einer mit großem Geschick auf Rührung abzielenden Dramaturgie (»L'ingénieux dans le moyen«), die weniger psychologischer Komplexität als einer thesenhaft dargebotenen moralischen Botschaft verpflichtet ist.

Die Forderung nach sittlicher Strenge – die D. selbst auch nach seiner Eheschließung 1860 und der Geburt zweier Töchter nicht von Liebesaffären abhielt – kehrt in den meisten der folgenden, z. T. autobiographisch inspirierten Werke wieder. In *Diane de Lys* (1853; *Diane de Lys*, um 1856) erschießt der Ehemann der Titelfigur deren Geliebten, eine durch das Stück moralisch gebilligte Lösung, die die grundsätzliche Unantastbarkeit der Ehe betont. Das Thema wird aufgegriffen in *La Femme de Claude* (1873; Die Frau Claudes), dessen Protagonistin des Ehebruchs (und, zum Zwecke der erhöhten Motivierung, aber auf Kosten der psychologischen Glaubwürdigkeit, auch des Landesverrats) schuldig ist und von ihrem Ehemann ermordet wird. Die Rechtmäßigkeit eines solchen Vorgehens hatte D. bereits ein Jahr zuvor in einem antifeministischen Traktat

(*L'homme-femme*, 1872; Mann und Frau) betont. Dass im umgekehrten Falle hingegen eine weniger rigide Lösung möglich ist, zeigt *La princesse Georges* (1871), wo die Titelheldin dem untreuen Ehemann ihr Pardon gewährt. Thematisch und in der moralischen These vergleichbar ist der letzte Roman *Affaire Clémenceau: mémoire de l'accusé* (1866; *Der Fall Clémenceau*, 1890), der autobiographische Elemente, insbesondere D.' erste Liebesbeziehung, fiktionalisiert.

Nach heutigem Verständnis weniger fragwürdig zeigt sich das biographisch motivierte Plädoyer für die familiäre Bindung in den Stücken *Le fils naturel* (1858; *Der natürliche Sohn*, um 1880) und *Un père prodigue* (1859; *Vater und Sohn*, 1889) sowie die literarische Analyse der Pariser Halbwelt und ihrer Intrigen in *Le demi-monde* (1855; *Demi-monde*, 1875), eine Komödie, mit der D. erstmals in der renommierten Comédie Française reüssierte. Ihr damaliger Erfolg ist nicht zuletzt dem frivolen Interesse des Publikums an der Darstellung eben jener Halbwelt zu verdanken, die durch das Stück eigentlich desavouiert werden sollte. Der anhaltende Erfolg und das dramaturgische Genie D.', das er mitunter in den Dienst befreundeter Autor/innen wie George Sand stellte und das seinen Werken trotz ihrer häufig nur noch mit historischem Interesse genießbaren moralischen Aussagen bis heute Popularität sichert, führen 1874 zu seiner Aufnahme in die Académie française, eine Würde, die seinem Vater zeitlebens verwehrt blieb.

*Frank Reiser*

## Dumas, Alexandre (père; eigtl. Alexandre Davy de la Pailleterie)

Geb. 24. 7. 1802 in Villers-Cotterêts; gest. 5. 12. 1870 Puys bei Dieppe

Wer kennt sie nicht, die verwegenen drei Musketiere, die die Rechte der Königin gegen den skrupellosen Kardinal Richelieu verteidigen, den Grafen von Monte Christo, der erbarmungslose Rache gegen seine Feinde übt, oder den Mann mit der eisernen Maske, hinter der sich der Bruder des Sonnenkönigs verbirgt? Vielleicht ist auch deutschen Rezipienten der Chevalier de Maison Rouge geläufig, der die Königin Marie Antoinette aus den Fängen der Jakobiner zu befreien sucht, möglicherweise auch Margarethe von Valois, die vor dem Hintergrund der Bartholomäusnacht zum Spielball gegenläufiger Interessen wird, oder eventuell den Wunderheiler Joseph Balsamo, genannt Cagliostro, der die ohnehin erschütterte Autorität der Monarchie in der vorrevolutionären Gesellschaft Frankreichs mit Hypnose und politischen Ränken ins Wanken bringen will. Nur wenige Zeitgenossen aber verbinden diese Figuren mit dem Schriftsteller Alexandre Dumas, und noch weniger kennen dessen Leben, das es selbst einmal verdiente, zum Sujet eines Romans zu werden.

So sehr haben sich die genannten Figuren im Lauf der Zeit, zunächst in D.' eigenen dramatischen Adaptationen, dann aber vor allem in immer neuen Verfilmungen von Hollywood bis zum französischen Prestigekino von ihren literarischen Vorbildern entfernt, dass sie den Ruhm ihres in Literaturgeschichte und Literaturkanon vernachlässigten Schöpfers weit überragen. Wie kaum ein anderer Schriftsteller belegt D., dass die biographische Verbindung von Werk und Autor eine bloße Abstraktion ist, die die Autonomie von Romanfiguren ebenso außer Acht lässt wie die Magie und Faszination historischer Bilderbögen. Ähnlich wie der ungleich bekanntere Jules Verne ist D. ein Schöpfer von Mythen, die seit dem 19. Jahrhundert mit der Fama klassischer Göttersagen in Wettstreit treten und dabei eben die Empfänglichkeit der modernen Kultur für derartige Erzählungen unter Beweis stellen. Ist Verne jedoch der Erzähler einer hochtechnisierten und eben deshalb auch bedrohlichen Zukunft, tritt D. eher als Schöpfer von Geschichtsromanen hervor, in denen das epochemachende Ereignis der Französischen Revolution ebenso festgehalten ist wie die so-

ziale Mobilität der bürgerlichen Gesellschaft. Deren Parvenüs, Karrieremacher und Glücksritter, die schon für Honoré de Balzac zu einem Faszinosum geworden waren, bevölkern D.' Romane nicht weniger als die kleinen Helden der Geschichte, die edlen und selbstlosen Streiter für Gerechtigkeit.

D. selbst ist Kind der Revolution; Themen seiner Romane sind die Vorgeschichte (*Mémoires d'un médecin. Joseph Balsamo*, 1846–52; *Cagliostro*, 1929; *Le collier de la reine*, 1849; *Das Halsband der Königin*, 1990; *La tulipe noire*, 1850; *Die schwarze Tulpe*, 1912, 5 Bde.), Verwerfungen (*Le chevalier de Maison-Rouge*, 1846; *Der Chevalier von Maison-Rouge*, ca. 1920; *Ange Pitou*, 1851; *Ange Pitou*, 1930; *La comtesse de Charny*, 1852–55; *Die Gräfin Charny*, ca. 1920) und Folgen der Französischen Revolution (*Les mohicans de Paris*, 1854–59; *Die Mohikaner von Paris*, 1908; *La San Felice et Emma Lyonna*, 1864–65; *Lady Hamilton*, 1928). Sein Vater ist der Sohn des Marquis de la Pailleterie und der schwarzen Sklavin Marie-Césette Dumas aus Santo Domingo. Unter dem jungen Bonaparte bringt er es zum General der Revolutionsarmee, er nimmt an den Feldzügen in Italien und Ägypten teil. Unstimmigkeiten mit dem späteren Kaiser setzen seiner Karriere jedoch ein jähes Ende. Eine zweijährige Kerkerhaft zieht seine Gesundheit so in Mitleidenschaft, dass er 1806 verstirbt und eine mittellose Familie zurücklässt. Schon früh muss D. deshalb seine autodidaktisch erworbenen Fähigkeiten unter Beweis stellen; als Sohn eines Mulatten muss er überdies sein Leben lang den Blicken einer französischen Gesellschaft standhalten, in der Kastengeist und Standesdünkel auch nach dem Fall des Ancien Régimes noch immer an der Tagesordnung sind. Nach einer oberflächlichen Ausbildung wird D. Notariatsschreiber, bis er durch Protektion ein Verwaltungsamt, später eine Bibliothekarstelle beim Herzog von Orléans, dem späteren Bürgerkönig Louis-Philippe, erhält. Während der Revolution von 1830 ist er Offizier der Nationalgarde und hält trotz seiner Sympathie mit dem neuen Regime auch später an seinen republikanischen Idealen fest. So unterstützt er 1859 den Feldzug, den Giuseppe Garibaldi und dessen Rothemden zur Unabhängigkeit Italiens führen. Mit der Tageszeitung *Indipendente* (1860–64) ergreift D. auf publizistischem Weg Partei für das Risorgimento; zudem gibt er Erinnerungen des italienischen Freiheitskämpfers heraus, den er auch als seinen persönlichen Freund betrachtet (*Mémoires de Garibaldi*, 1860). Berühmtheit bei der Pariser Gesellschaft erlangt er ebenso durch pompöse Empfänge. Diese und zahlreiche andere Tätigkeiten spielen für den überaus fleißigen Romancier, Dramatiker, Novellisten und Reiseschriftsteller (u. a. *Une année à Florence*, 1840, 2 Bde.; *Excursions sur les bords du Rhin*, 1841, 3 Bde.; *De Paris à Cadix*, 1848, 5 Bde.; *Le véloce ou Tanger, Alger et Tunis*, 1848, 4 Bde.; *Le Caucase*, 1859; *De Paris à Astrakan*, 1860, 3 Bde.) zwar eine nicht zu unterschätzende Rolle, seinen literarischen Interessen sind sie dennoch eher untergeordnet. Schon früh macht er die Bekanntschaft des großen Tragödiendichters François-Joseph Talma und junger Poeten wie Victor Hugo, die an der Spitze der romantischen Bewegung das französische Theater revolutionieren. Ein Jahr bevor die Romantiker mit Hugos Drama *Hernani* in der Comédie Française die Schlacht gegen die aristokratische Geschmackskultur eröffnen, beendet D. 1829 mit seinem Stück *Henri III et sa cour* die Vorherrschaft der klassizistischen Tragödie, was in der Literaturgeschichte bisher kaum vermerkt worden ist. Sein untrügliches Gespür für historische Stoffe, das ihn neben Sir Walter Scott überdies zu einem Hauptvertreter des literarischen Historismus macht, setzt sich zunächst in einer Vielzahl weiterer Dramen um. Besondere Bekanntheit erreichen Kostümstücke wie *Napoléon Bonaparte* (1831; *Gedenkbuch für die Veteranen der französischen Kaiserzeit*, 1844), *Antony* (1831) oder *Kean ou Désordre et génie* (1836; *Kean oder Unordnung und Genie*, 1954). Mit ihnen kündigen sich bereits wesentliche Motive an, die in der Moderne nicht nur für die Populärliteratur bedeutsam sein werden: die Gewalt der Leidenschaften und die Gewalt, die diese auslösen, die bürgerliche Ehe, deren Zwänge man bestenfalls zu dritt zu ertragen imstande ist, Glanz

und Elend historischer Gestalten, in denen sich die große Geschichte verdichtet und an denen sich die Geschichte der kleinen Leute misst, und die Disharmonien zwischen irdischer Gerechtigkeit und Weltgericht. Auch wenn D.' Begeisterung für das Theater zeit seines Lebens anhält, entfalten sich diese und ähnliche Sujets besonders in den historischen Bilderbögen, die D. mit seinen Romanen, Novellen und Studien von der römischen Antike über Mittelalter und Renaissance bis zur Dynastie der Bourbonen, zur Französischen Revolution und zur Epoche zwischen Napoleon Bonaparte und Napoleon III. schlägt. Überwiegen in der Behandlung der Geschichte bis zur frühen Neuzeit noch nichtfiktionale Arbeiten, wie etwa *L'histoire des peintres* (1845) über die italienischen und flämischen Meister der Malerei oder *Jehanne la Pucelle* (1842), eine Biographie über Johanna von Orleans, so tritt zunächst mit den sog. Valois-Romanen über die Religionskriege zwischen Katholiken und Hugenotten (*La reine Margot*, 1845; *Die Königin Margot*, 1957; *La dame de Monsoreau*, 1845; *Les quarante-cinq*, 1847) das Tableau einer historischen Komödie in den Vordergrund, das zu Recht gelungensten seiner Romane einschließt und noch die Bilderwelt der Pariser Oper inspiriert. Zu den ca. 300 Romanen des Autors gehören so vielübersetzte und vielfach bearbeitete Bestseller wie *Les trois mousquetaires* (1844; *Die drei Musketiere*, 1988), *Vingt ans après* (1845; *Zwanzig Jahre später*, 1973), *Le vicomte de Bragelonne ou Dix ans plus tard* (1848–50; *Der Mann mit der eisernen Maske*, 1998) und *Le comte de Monte-Cristo* (1845/46; *Der Graf von Monte Cristo*, 1977). Angesichts der großen Erfolge schon zu seinen Lebzeiten haben ihm literarische Zeitgenossen und später auch Literaturwissenschaftler jegliche Schöpferkraft und Eigenleistung abgesprochen. Insbesondere seine Romanfabrik, die er bis 1852 mit seinem Partner, dem Historiker Auguste Maquet (1813–88), und anderen bekannten wie ungenannten Koautoren betrieb, veranlasst den weniger erfolgreichen Feuilletonisten Eugène de Mirecourt bereits 1845 zu heftiger Polemik. D.' Kritiker vergessen dabei jedoch nicht nur, dass diese Form literarischer Produktion letztlich zum Massenerfolg seiner zumeist in Feuilletons erschienenen Romane beiträgt. Der bunte Episodenreichtum seiner Mantel- und Degengeschichten orientiert sich eben nicht an einer gehobenen Sprach- und Erzählkunst, sondern an jener bis *Tirant lo blanc* (1490) und *Amadís de Gaula* (1508) zurückreichenden Tradition der Abenteuerromane, die noch den peruanischen Schriftsteller Mario Vargas Llosa begeistern. Der Maßstab der Kritik müsste sich also an diesem Typus von Literatur, an jenen »Tausendundeine Nacht«-Geschichten des Westens orientieren, die in den Unterhaltungsromanen des 19. Jahrhunderts mit Eugène Sue und D. größte Triumphe feiern. Als D. 1870 trotz seiner beachtlichen Einkünfte nach Jahren ständiger Flucht vor seinen Gläubigern völlig verarmt stirbt, scheint auch die Mitwelt ihn vergessen zu haben. Heute aber wird nicht nur seiner Romanfiguren gedacht, sondern auch dem Schöpfer großartiger Mythen. Ihm ist die gleiche Ehre zuteil geworden wie vormals Victor Hugo und Émile Zola: Seine sterblichen Überreste wurden am 20. November 2002 in das Pariser Panthéon überführt.

*Kian-Harald Karimi*

### Duras, Marguerite (eigtl. Donnadieu)

Geb. 4. 4. 1914 in Gia Dinh/Indochina; gest. 3. 3. 1996 in Paris

Sie war die Pythia der französischen Literatur, »Marguerite«, »M. D.«, »die Duras«, Kultfigur und Legende schon zu Lebzeiten. Geboren wurde Duras in Indochina als jüngstes Kind eines französischen Lehrerehepaares. Nach dem Tod des Vaters (1921) lebte sie mit ihren beiden Brüdern und der hartnäckig um ihre Parzelle Land kämpfenden Mutter in schwierigen wirtschaftlichen Verhältnissen. Zwar führte sie ihr Weg schon bald nach Paris, wo die Wohnung in der Rue Saint-Benoît Sammelpunkt für Schriftstellerfreunde (und in den 1940er Jahren für die Résistance) wurde, doch die Küstenlandschaft, die Flüsse, die Menschen Indochinas blieben für sie die unerschöpfliche Quelle ihrer poetischen Inspiration. Für immer sang sie, um es mit Grillparzer zu sagen, »des Meeres und der Liebe Wellen«, anfangs eher realistisch, später suggestiv verknappt, im Bühnenstück *Savannah Bay* (1982; *Savannah Bay*, 1985) exemplarisch verbunden mit der Not des Vergessens und der Qual der Erinnerung, herausgestoßen in suggestiven Ellipsen, die seit *Moderato cantabile* (1958; *Moderato cantabile*, 1959) ihr Markenzeichen wurden.

Obwohl es nicht ihr erster Roman war (vgl. *Les impudents*, 1943; Die Schamlosen, und *La vie tranquille*, 1944; *Ein ruhiges Leben*, 1962), begann ihr früher Ruhm mit dem Goncourt-verdächtigen *Un barrage contre le Pacifique* (1950; *Heiße Küste*, 1962), dessen zunächst ganz konkret zu lesender Titel auch als Metapher für ihr gesamtes, dem Strömen des (weiblichen) Unbewussten ausgesetztes Schaffen gelten kann. Den Prix Goncourt erhielt D. erst 30 Jahre später für *L'Amant* (1984; *Der Liebhaber*, 1985). Jetzt schließt sich der Kreis: Die dumpfe Schwüle Indochinas, der »Wahnsinn« der Mutter, die inzestuöse Nähe (à la Musil) zum »kleinen Bruder« (vgl. auch *Agatha*, 1981; dt. 1982), das Grauen vor dem gewalttätigen älteren Bruder (Thema schon in *Des journées entières dans les arbres*, 1954; *Ganze Tage in den Bäumen*, 1966) sind weiterhin gegenwärtig. Der spendable chinesische Liebhaber, Teil der ›autobiographischen‹ Legende, fasziniert und erregt die kindlich frühreife Geliebte ebenso wie eine breite, mit Sinnlichkeit, Gefühlen und neuartigem Pathos gleichermaßen bediente Leserschaft. Zuvor schon war aus dem Komplex Indochina der große Roman *Le Vice-Consul* (1965; *Der Vize-Konsul*, 1967) erwachsen, der das sprachlose Leiden, den herzzerreißenden Singsang der eingeborenen Bettlerin und das ganz andersartige Unglück der unangepassten Europäerin

Anne-Marie Stretter sowie des verstörten Vizekonsuls von Lahore meisterhaft ineinanderkomponiert. In Filmen wie INDIA SONG (1974) und SON NOM DE VENISE DANS CALCUTTA DÉSERT (1976) inszenierte D. selbst diese ihre archetypischen Ursprungswelten. Zur Indochina-Thematik trat, angeregt durch das Schicksal des damaligen Ehemannes Robert Antelme, der in deutschen Konzentrationslagern an den Rand des Todes geriet (daran erinnert *La douleur*, 1985; *Der Schmerz*, 1986), die Erfahrung der absoluten Verfolgung, die Not der Opfer, das düstere Faszinosum der Täter, der Folter. D. nahm für sich die Metapher jüdischen Außenseitertums in Anspruch und gestaltete sie auf vielfache Weise: in *Détruire dit-elle* (1969; *Zerstören, sagt sie*, 1984) als Antwort auf die Studentenrevolte, in *Abahn Sabana David* (1970; *Abahn Sabana David*, 1986) unter Einbeziehung der Kommunismus-Kritik, schließlich tragisch-intim in den drei *Aurélia-Steiner*-Stücken (1979; *Aurelia Steiner*, 1992). Bei D., anders als bei Sartre, wird ein unmittelbares historisches Engagement stets gefiltert durch die grenzüberschreitende Sehnsuchts- und Schmerzerfahrung des Individuums (so schon im Drehbuch zum Resnais-Film HIROSHIMA MON AMOUR, 1959; dt. 1961). Aus dem Postulat von fälligen Tabuverletzungen im zwischenmenschlichen Raum erwuchsen neuartige ›Dreiecksgeschichten‹ des Begehrens. *Le ravissement de Lol V. Stein* (1964; *Die Verzückung der Lol V. Stein*, 1966, enthusiastisch begrüßt von Jacques Lacan) mit dem Leidensvoyeurismus der Verstoßenen liefert hierfür das deutlichste Beispiel.

In ihrer Missachtung gesellschaftlicher Gebote und Verbote sind die fragilen Frauengestalten der D. von ungewohnter Kühnheit und Heftigkeit. Dennoch ist die Autorin keine kämpferische Feministin. Nicht nur in ihrer Literatur, auch in ihrem Leben gibt es neben den ergebenen ›Freundinnen‹ Männergestalten von entscheidender Bedeutung: Robert Antelme, den Ehemann der frühen Jahre, Verfasser der KZ-Erinnerungen *L'espèce humaine*, Dionys Mascolo, den Vater ihres Sohnes Jean, Yann Andréa, den Gefährten der Depressionen, des Alkoholismus, des späten Ruhms

(vgl. *Yann Andréa Steiner*, 1992). – Der Mythos um»die Duras« macht eine gerechte Beurteilung ihres Werks nicht leicht. Doch trotz ihres Hangs zur Selbstinszenierung, trotz der nicht selten zum Kitsch tendierenden bedeutungsschwangeren Ellipsen und Wiederholungen, die Patrick Rambaud 1988 zu respektlosen Parodien inspirierten, bleibt sie eine bedeutende und unabhängige Schriftstellerin (vergeblich umworben vom Nouveau Roman), deren unverwechselbare Leidensmelodie man nicht vergessen kann. Freilich: ihr Werk auf eine Stufe mit dem Marcel Prousts zu stellen, wie es Claude Roy tut, ist mit Sicherheit nicht angemessen.

*Brigitta Coenen-Mennemeier*

## Durrell, Lawrence
Geb. 27. 2. 1912 in Jullundur, Indien; gest. 7. 11. 1990 in Sommières, Frankreich

Lawrence Durrells biographische Eckdaten sind auch für sein Œuvre bezeichnend. Es situiert sich inmitten solcher Paradigmen des 20. Jahrhunderts wie Relativität und Psychoanalyse und generiert sich aus der Suche des Heimatlosen nach einer Wahlheimat. Bis zum zwölften Lebensjahr lebte er in der anglo-indischen Kolonialwelt, die sich von Rudyard Kipling repräsentiert sah; wie dessen Kim erwarb er dort eine Tendenz zum *going native*, eine später in Geheimdienstaktivitäten und einem Spionagethriller für Jugendliche nützliche Angleichungsfähigkeit. Auch die spielerische Identifikation mit der irischen Herkunft der Mutter diente ihm lebenslang zur Distanzierung vom britischen Establishment. Mit elf Jahren zur Ausbildung nach England geschickt, blieb ihm eine englische Identität zeitlebens fremd: Der zur Poesie neigende, freilich auch boxende Junge wurde weder im englischen Schulsystem noch in wechselnden Familienresidenzen heimisch. Er verweigerte sich denn auch dem vom Vater vorgesehenen Schritt zur Universität; im Gegenzug kultivierte er ein lebenslanges autodidaktisches

Interesse an Theorien und Praktiken aus den verschiedensten Kulturkreisen, das sich massiv in seinen Werken niederschlug. Es sind jedoch keine intellektuellen Texte: Der sinnenfrohe D., nach Jobs als Jazzpianist und erster Heirat bald aus der sterilen Enge Englands entflohen, lebte in verschiedenen Kulturkreisen und studierte ihre Traditionen nicht nur mit dem Kopf. Aufenthalte in Jugoslawien und Argentinien – *British Council* und *Diplomatic Corps* sind aus D.s Leben nicht wegzudenken – waren dabei deutlich weniger fruchtbar als seine Kindheit in Sichtweite des Himalaja und die Gegend, die den Rahmen seiner Suche nach der Wahlheimat liefert: der Mittelmeerraum von Ägypten bis zur Provence.

Die Texte, die sich am direktesten aus seinem Leben am und im Mittelmeer speisen (v.a. auf den griechischen Inseln), sind Klassiker eines inzwischen auch von der Forschung geschätzten Genres. Es sind reise- oder auch ›landschafts‹-literarische Texte, in der Regel einem Landstrich gewidmet und auf längeren Aufenthalten beruhend: So widmet sich *Prospero's Cell* (1945) Korfu, *Reflections on a Marine Venus* (1953) Rhodos und *Bitter Lemons* (1957) Zypern. Charakteristisch ist dabei nicht nur die lyrische Kraft der Prosa (*Prospero's Cell* beginnt mit:»Somewhere between Calabria and Corfu the blue really begins«), sondern auch die eher mythische als theoretische Generalisierung der diesen Büchern zugrundeliegenden Obsession: Das Rhodos-Buch beginnt mit der Definition der *Islomania*, der Passion für Inseln, die den Abkömmling von Atlantis markiere. Diese Bücher kennzeichnen D. als mediterranen ›Atlantier‹ und als Dichter, zeugen aber auch von seiner intimen Kenntnis der Sprachen und politischen Verhältnisse: In der Mischung von Mythologie, Poetizität und ›Welthaltigkeit‹ sind sie für D. charakteristisch. Die Passion für die Mittelmeerinseln ist aber nicht nur Textgenerator, sondern generiert sich ihrerseits aus literarischen Obsessionen. Dies veranschaulicht der Beginn des Gedichts »On Ithaca Standing« (1937):»Tread softly, for here you stand / On miracle ground, boy.« Eher dem Neu- als dem Altgriechischen zugewandt, würdigt D.

mit diesem Gefühl doch die ins Mythische reichende Geschichte seiner Schauplätze, indem er die mythische Vorzeit und die Gegenwart zusammen sieht. Als synoptisches Ergebnis wird z. B. Korfu zum unikalen Meta-Symbol, zu einem unverwechselbaren und zeitlosen Assoziationskomplex, in dem etwa Homers Nausikaa und Shakespeares Prospero koexistieren. Wie das Mittelmeer von diesen Inseln, so ist D.s poetisches Universum von solchermaßen eher ›heraldischen‹ als nur symbolischen Bedeutungskomplexen übersät: *heraldic universe* ist ein Schlüsselbegriff seiner poetologischen Selbstreflexion.

»To live in poetry, but by prose«: Der geborene Dichter war in vielerlei Genres und Künsten (auch in Musik und Malerei) produktiv. Insbesondere außerhalb Englands wurde er weniger durch seine Gedichtsammlungen, Prosagedichte und Versdramen, die literaturkritischen Essays oder die Humoresken über den diplomatischen Dienst bekannt, sondern neben der Reiseprosa v.a. durch sein Romanwerk. Eine Reihe früher Versuche gipfelte in *The Black Book* (1938), das unter dem Einfluss Henry Millers mit England abrechnet; den Erfolg brachte erst *Justine* als erster Band des *Alexandria Quartet* (1957–60; *Das Alexandria Quartett*, 1977). D. hatte während des Zweiten Weltkriegs in Nordägypten gelebt; aber nicht nur die Kenntnis der Lokalität und ihre atmosphärische Darstellung machten diese Tetralogie – die neben *Justine* aus den Bänden *Balthazar*, *Mountolive* und *Clea* besteht – nobelpreisverdächtig. Berühmt ist sie v.a. dafür, nicht chronologisch aufgebaut zu sein, sondern vierdimensional: Drei räumlich verschobene Erzählperspektiven werden durch eine vierte, chronologisch weiterführende, ergänzt. D. versteht die Relativitätstheorie gut genug, um hier nicht neu physikalische Dimensionen auf sein Romanuniversum zu übertragen, sondern auch die Aufgehobenheit der Zeit im Raum: So fügt sich der Symbolkomplex Alexandria in das überzeitliche *heraldic universe*. Die Perspektivenvielfalt dient aber v.a. der Stereoskopierung der Wahrnehmung: Relativiert wird so die Wahrheit über das instabile Beziehungsgeflecht eines Kreises von Freunden,

Liebenden und Bekannten, das den typischen Gegenstand D.scher Romane bildet. – Weder Individuum noch Paar, Nuklear- oder Großfamilie, sondern wiederum eine solche Figurengruppe steht im Zentrum des hauptsächlich in der Provence um die Zeit des Zweiten Weltkriegs angesiedelten *Avignon Quintet* (1974–85; *Das Avignon-Quintett*, 1977–89). Diesmal dient die Zahl Fünf bzw. die Quinkunx-Figur (die Fünfpunktanordnung des Würfels) als Organisationsprinzip auf mehreren Ebenen von Form (z. B. Pentalogie), Stoff (z. B. bei der Suche nach dem verlorenen Schatz des Templerordens) und metaphysischer Reflexion (z. B. Gnosis und Yoga). Orientierte sich das *Quartet* an den Paradigmen der Moderne, kommen in D.s letztem Romanwerk auch stärker postmoderne Vorlieben zum Zuge; so verbindet sich D.s Interesse an der Auflösung des Individuums mit einer metafiktionalen Verknüpfung verschiedener Erzählerfiguren und ihrer Realitätsebenen.

Bei allem Spiel mit der Form dürfte jedoch D.s Erzählprosa abgesehen vom Lokalkolorit hauptsächlich durch die Menschenschilderung und die Auslotung anthropologischer Themen interessant bleiben. Neben den Problemen von Psyche und Identität sind dies z. B. die modernen Formen der Liebe und die Randgebiete der Sexualität: Eros und Thanatos werden hier in verschiedenen metaphysischen, aber auch intertextuellen Deutungskontexten durchgespielt (mit *Justine* wird z. B. auf de Sade angespielt). D.s Anthropologie schließt somit die mythopoëische Dimension ein; ein Statement aus dem *Alexandria Quartet* reflektiert Leben, Werk und Credo D.s: »The history of literature is the history of laughter and pain [...] laugh till you hurt, and hurt till you laugh.«

*Kay Himberg*

## Dürrenmatt, Friedrich

Geb. 5. 1. 1921 in Konolfingen bei Bern; gest. 14. 12. 1990 Neuchâtel

Er habe überhaupt »keine Biographie«, behauptet er hartnäckig: »ich schreibe nicht, damit Sie auf mich schließen, sondern damit Sie auf die Welt schließen«. In der Tat scheint D. den Standort seines Landes auch zu seinem persönlichen Platz gemacht zu haben: neutral, aus der Distanz beobachtend, und, wie er selbst einmal sagte, »hinter dem Mond«. Ab 1952 wohnt D. in Neuchâtel, hoch über dem See, zunächst in einem Haus, dann schon bald in zwei stattlichen Eigenheimen mit Swimmingpool; alles gut bewacht von zwei mächtigen, aber harmlosen Hunden. Von da aus verfolgt er kritisch das Weltgeschehen, das für ihn auch

das gesamte kosmische Geschehen einschließt, und schleudert sporadisch seine einfallsreichen, aber stets bösen Beschimpfungen in Form von Theaterstücken, Romanen, Hörspielen und Erzählungen unter die Leute, um sie aus ihrem Alltag aufzuschrecken: ein militanter Neutralist. Sein Werk sucht nicht den Ausdruck der Persönlichkeit, insofern ergibt sich aus ihm tatsächlich keine Biographie; sein Werk versucht vielmehr, der vor sich hinwurstelnden Welt den Spiegel vorzuhalten, und zwar den der grotesken Verzerrung, um sie so kenntlich zu machen, nämlich als eine nicht wahrgenommene Chance. Um diese Thematik kreist sein Gesamtwerk. Die Astronomie, eines seiner wichtigsten Hobbys, beweist nur, dass der Kosmos aus lauter Katastrophen besteht: als Supernovae verglühen die Sonnen, die Materie verschwindet in den schwarzen Löchern des Alls, das Leben ist nur ein vorübergehender Zufall. Und wenn schon der Kosmos nur aus Chaos besteht, vermag D. nicht einzusehen, warum die Menschen mit ihrer schönen Erde nicht behutsamer umgehen, warum sie nicht, wie der Engel, der nach Babylon kommt, den blauen Planeten als die große Ausnahme, als das Kleinod unter den kosmischen Wüsteneien erkennen und annehmen. Statt dessen versuchen sie immer wieder und immer erfolgloser, die Welt zu verbessern, zu verändern. Aber irgendein läppischer Zufall macht alles menschliche Planen zunichte und die Planenden zu (komischen) Narren, und am Ende jagt doch nur eine Katastrophe die andere, oder dramaturgisch mit D.s Werk gesagt: folgt eine schlimmstmögliche Wendung der anderen.

Zweifellos steht das Frühwerk, das Gesamtwerk bestimmend, unter dem Eindruck der gerade vergangenen faschistischen Barbarei als ›Ergebnis‹ einer sich human und zivilisiert dünkenden Kulturnation. Und diese hinterließ nichts anderes als die Atombombe, die nun endgültig für den globalen Kollaps sorgen kann. Mit ihr sind für D. die ›Geschichten‹ der einzelnen Länder, der einzelnen Menschen vorbei. Die Atombombe lässt niemanden mehr aus; die ehemalige Geschichte der Vaterländer wird zur Weltgeschichte (an sich), wie es *Die Physiker* (1961) vorführen. »Was alle angeht, können nur alle lösen«, lautet der bekannte Satz, den D. diesem Stück beigab. Deshalb spielen fast alle Stücke D.s auch im globalen Rahmen und mit kosmischen Ausblicken; sei es der *Meteor* (1964/ 65), der in Gestalt eines rüpelhaften, gotteslästernden Nobelpreisträgers der Literatur einfällt und durch seine Auferstehung zum ewigen Leben das Leben um sich vernichtet, oder sei es die »Weltparabel« in *Porträt eines Planeten* (1967), das die Weltgeschichte mitleidlos als Schlachthaus »entlarvt«, mit dem Fazit: »hops geht sie ohnehin«, die Erde, weil ihr kosmisches Ende schon vorprogrammiert ist. Sein Fazit war: Wenn wir nur überleben können, indem der Status quo erhalten bleibt, ist jeder Versuch, an ihm noch etwas ändern oder gar ›die Welt‹ verbessern zu wollen, heller Wahnsinn und nur die Vorbereitung der nächsten schlimmstmöglichen Wendung, die Übernahme des Weltlaufs durch Irre, wie etwa durch die groteske Figur der Mathilde von Zahnd in den *Physikern*. Der Zusammenbruch der DDR und das sich vor D.s Tod abzeichnende Ende der Sowjetunion

konnten ihn in seiner Überzeugung nicht erschüttern. Im Gegenteil meinte er in einem seiner letzten Interviews: Die Weltlage sei viel grotesker, als er sie sich in seinen Werken habe ausdenken können, die Wirklichkeit führe ein unüberbietbares Schmierentheater auf. So bleiben auch seine letzten Buchpublikationen, voran *Die Stoffe* (I–III, 1981; IV–IX, 1990), von der Ost-West-Konfrontation bestimmt, wenn sie nicht ohnehin in kosmische Dimensionen ausbrechen und weiterhin die Macht des Zufalls beschwören. D. forderte als (einzig möglichen) Gegenpol den »mutigen Menschen«, der die Welt aushält, wie sie ist. Er nur noch im »Kleinen« wirken, wie der König Augias in der Komödie *Herkules und der Stall des Augias* (als Hörspiel 1954, als Drama 1962), der auf dem Mist, der die Welt bedeutet, einen Garten »Eden« für sich selbst angelegt hat, indem er den Mist als Humus nutzt. Der mutige Mensch geht freilich im Spätwerk D.s immer mehr verloren und wird durch bitterböses Gelächter, das Mensch und Weltlauf gilt, ersetzt.

Dass D. das Leben eines »mutigen Menschen« gelebt hat, darf angenommen werden, zumal es nach entbehrungsreichen Anfängen ein gutes Leben geworden war, abgerungen einer Welt, die D. verachtet hat (das ist das Paradoxon seines Lebens). Nach literarischen und philosophischen Studien in Bern und Zürich ab 1945, wo er nur die Literaturwissenschaft hassen lernt und sich zum Hobby-Philosophen ausbildet (Søren Kierkegaard, Arthur Schopenhauer, Friedrich Nietzsche), wagt er sich schnell auf den Literaturmarkt, um Geld zu verdienen. Die geschickte Verbindung von Trivialgenres, philosophischem Tiefsinn, der manchmal auch recht flach ist, und Einfallsreichtum bringt rasch den Durchbruch, der mit seinem wohl besten Stück, *Der Besuch der alten Dame*, bereits 1955 zum Weltruhm führt. Von da an ist D. ein Mythos, dessen bewusste Herausforderungen immer neu für Schlagzeilen sorgen, aber auch zu zahlreichen Preisen und Ehrungen führen: u. a. dem Schillerpreis der Stadt Mannheim 1959, dem Großen Literaturpreis des Kantons Bern 1969, der Buber-Rosenzweig-Medaille 1977 und Ehrendoktoraten der Temple University, Philadelphia 1969, der Universität Nizza, der Hebräischen Universität Jerusalem 1977. Durch sie fühlt er sich freilich nicht belästigt, wie der Literat seiner Komödie *Der Meteor*, Wolfgang Schwitter:»Ein Schriftsteller, den unsere heutige Gesellschaft an den Busen drückt, ist für alle Zeiten korrumpiert«. D. verhindert die Korruption durch sporadisch erneuerte Invektiven gegen Kollegen und vor allem Kritiker, die er inzwischen in seinen Werken selbst abkanzelt (so z. B. in der *Dichterdämmerung* von 1980, in der sich Joachim Kaiser, Marcel Reich-Ranicki, Hellmuth Karasek etc. wiederfinden können). Er nannte 1970 Hans Habes Kritik an Harry Buckwitz, der am Züricher Schauspielhaus arbeitete, eine »Schweinerei« und den Autor selbst einen »einzigen Faschisten«, was prompt zu einer Verleumdungsklage durch Habe führte. Oder er hielt öffentlich – 1980 in einem Interview mit dem *Playboy* – Carl Zuckmayers Werk für »Scheiße«, Günter Grass für »zu wenig intelligent, um so dicke Bücher zu schreiben«, Max Frisch für einen »Autor der Fehlleistungen« und 1985 – in einem *Stern*-Interview – Adolf Muschg für besonders langweilig. Aber seine Skandale sind stets Skandale, die sein Werk betreffen, nie seine Person, und sie sind immer so inszeniert, dass D., dessen letzte Werke nur noch mäßigen Erfolg hatten, wieder in Erinnerung gerät: ein böser Autor, der aus der Schweizer Distanz schoss und es sich ansonsten gut sein ließ; trotz Diabetes und zweier Herzinfarkte bleibt er zeitlebens ein gewaltiger Rotweintrinker, guter Esser – sein bester Freund war der Hotelier und Koch Hans Liechti – und selbst ein guter Koch. »Die Kochkunst, richtig ausgebildet, ist die einzige Fähigkeit des Menschen, von der sich nur Gutes sagen läßt, und darf poetisch nicht mißbraucht werden«. Beim Essen und Trinken verstand der Autor, der nur Komödien schrieb, keinen Spaß.

D. stammt aus protestantischem Pfarrhaus, das prägend wird für die immer wieder antönende religiöse Thematik seines Werks (das Leben und die Erde als »Gnade«, die verkannt wird). Er heiratet 1947, in Zeiten wirtschaftlicher Unsicherheit, die Schauspielerin Lotti Geißler, mit der er drei Kinder hat. Gelegen-

heitsarbeiten im Kabarett prägen die späteren Komödien; den Griff zum Trivialgenre (Kriminalromane, Anlage der Stückfiguren als Comics – z. B. die »alte Dame«) erzwingt der notwendige Gelderwerb. Der frühe Erfolg macht den Rückzug möglich. In Zeiten, als alle sich engagieren (ab 1967), arbeitet D. am Theater (erst Basel 1968/1969, dann Zürich 1970). Danach zieht er sich wieder enttäuscht zurück: er hält jedes Engagement für verfehlt. 1981 lässt er sich – zum Anlass seines 60. Geburtstags – mit einer 30-bändigen Werkausgabe als Klassiker ehren. 1982 stirbt die geliebte Frau Lotti; 1985 heiratet er die Filmemacherin Charlotte Kerr, die einen Vierstunden-Film über ihn (das heißt über seine Rollen) gedreht hatte (außer in die Ess- und Trinkkultur gibt es keine privaten Einblicke). Seine Komödientheorie ist auch das Fazit seines Lebens. Es wäre schauerlich, Kunst und Leben miteinander zu verwechseln (wie der Herr Traps in der *Panne*, 1956), in einer Zeit, in der Kreons Sekretäre den Fall Antigone erledigen, kann es kein verantwortliches und verantwortungsbewusstes Handeln im Großen mehr geben. Wer es dennoch versucht, macht sich zum Narren. Welt und Leben sind, gerade wenn sie sich tragisch ernstnehmen, eine Komödie: zum Totlachen.

Werkausgaben: Werkausgabe in 37 Bänden. Zürich 1998; Gespräche 1961–1990. 4 Bde. Hg. von Heinz Ludwig Arnold. Zürich 1996.

*Jan Knopf*

# E

### Ebner-Eschenbach, Marie von
Geb. 13. 9. 1830 in Zdislavic/Mähren;
gest. 12. 3. 1916 in Wien

Die junge, attraktive Komtess Marie soll eine glänzende Reiterin und Tänzerin gewesen sein: standesgemäß. Als unstandesgemäß, »unglückliche Kuriosität«, aber betrachtete ihre Familie (von Dubsky, mährischer Hochadel) das poetische Treiben der Tochter, ihr frühes dichterisches Schaffen. Neben Lyrik und Erzähltexten entstanden vor allem Lust- und Trauerspiele, die den Einfluss des Burgtheaters und der Dramen Friedrich Schillers verrieten. Man wandte sich schließlich 1847 an den bedeutendsten zeitgenössischen Dichter in Wien, Franz Grillparzer, und legte ihm einen Stoß von Dichtungen der Tochter vor, wohl in der Hoffnung, Maries Beschäftigung mit der Poesie durch das vernichtende Urteil eines Berufenen ein Ende zu setzen. Der jedoch fand in den Texten »unverkennbare Spuren von Talent«, »Gewalt des Ausdrucks« und überhaupt eine »Anlage, die Interesse weckt und deren Kultivierung zu unterlassen wohl kaum in der eigenen Willkür der Besitzerin stehen dürfte«.

E.s Ehrgeiz blieb vorerst noch dem Theater zugewandt, für das sie nach eigener Aussage der »Shakespeare des 19. Jahrhunderts« werden wollte. Es glückte ihr auch, einige dramatische Produktionen auf die Bühne zu bringen, jedoch mit nur geringem Erfolg. Enttäuscht nahm sie Abschied vom dramatischen Genre, um sich auf das erzählerische zu konzentrieren. Hier gelang ihr in der Tat der Durchbruch, wenngleich verhältnismäßig spät: mit dem »kleinen Roman« *Lotti, die Uhrmacherin* (1880). Gleichzeitig veröffentlichte sie auch die seither oft aufgelegten *Aphorismen*. Nun kam der Ruhm. An Ehrungen fehlte es ihr seither nicht (z. B. Ehrendoktor der Universität Wien). Bis heute gilt sie neben Annette von Droste-Hülshoff und Ricarda Huch als eine der drei großen Autorinnen deutscher Sprache im 19. und an der Wende zum 20. Jahrhundert.

Seit den 1870er Jahren entwickelte sich eine Eigentümlichkeit ihres Schaffens, die einer jüngeren Kollegin, Gertrud Fussenegger, Anlass gab, in einer Festrede (1967) den Entwicklungsgang zweier dichterischer Figuren E.s bis in die Gegenwart des Kalten Kriegs zu verlängern: »Das Gemeindekind Pavel kommandiert als Funktionär in der Kolchose, die treue Magd Božena trägt als erfolgreiche Vorarbeiterin am ersten Mai die rote Fahne.« Ist diese Aktualisierung zwar keine Sympathiewerbung, so verdeutlicht sie doch komprimiert die Grundfrage, die E.s Werk stellt: Božena, Titelfigur der gleichnamigen Erzählung (1876), und Pavel, Held der Erzählung *Das Gemeindekind* (1887), gehören der untersten Schicht des Volkes an. Weshalb rückte die Dichterin aus dem Hochadel am liebsten Gestalten aus der Masse der Unteren in den Mittelpunkt ihrer Kunst? Und das nicht nur in den beiden umfangreichsten ihrer Erzählungen, sondern auch in sozialkritischen Novellen und Novelletten, wie z. B. *Die Großmutter* (1875) und *Er laßt die Hand küssen* (1886), die allerdings anders als die Tiergeschichte *Krambambuli* (1883) kaum dem Lektürekanon breiterer Leserschichten gehörten. Und wes-

halb wählte ausgerechnet sie solche Motive wie den politischen Umsturz, historische Revolutionen?

Selber erkannte E. der großen wie der kleinen Erzählung die Aufgabe zu, Menschenschicksale in Form der »Lebensgeschichte« vorzuführen: »Was ich mit jeder meiner Arbeiten will: möglichst einfach die Lebensgeschichte oder ein Stück Lebensgeschichte eines Menschen erzählen, dessen Geschichte mir besonderes Interesse eingeflößt hat.« Ihr Werk erweist, wie die Dichterin zunehmend in Konflikt mit den herrschenden Auffassungen ihrer Zeit geriet. Dem zerfallenden Liberalismus, dem Nationalismus und aufkommenden Antisemitismus in Österreich setzte sie beharrlich das humanistische Ideal der Klassik entgegen, dem Patriarchalismus ihre Auffassung der gebildeten, autonom über sich verfügenden Frau. Sie wirkte als Mitglied im »Verein zur Abwehr des Antisemitismus« zusammen mit ihrer Verwandten, Bertha von Suttner, die den Verein mit gegründet hatte. Im selben Maße, wie im späteren 19. Jahrhundert die Demokratie und die Arbeiterbewegung erstarkten, prägten diese das erzählerische Werk E.s, wie es auch ihr politisches Credo bezeugt: »ihr Geringen, ihr seid die Wichtigen, ohne eure Mitwirkung kann nichts Großes sich mehr vollziehen – von euch geht aus, was Fluch oder Segen der Zukunft sein wird«. Es erklärt, weshalb sie nicht zögerte, immer wieder »die Lebensgeschichte oder ein Stück Lebensgeschichte« auch von »Geringen« wiederzugeben.

Werkausgaben: Kritische Texte und Deutungen (= Werke. Kritische Ausgabe). Hg. von Karl Konrad Polheim. Bisher 4 Bde. Bonn 1978–1989; Tagebücher. 6 Bde. Tübingen 1989–1997; Gesammelte Werke. Hg. von Johannes Klein. 3 Bde. München 1956–1958.

*Heidi Beutin*

## Eça de Queirós, José Maria

Geb. 25. 11. 1845 in Póvoa de Varzim/ Portugal; gest. 16. 8. 1900 in Paris

José Maria Eça de Queirós wurde als vorehelicher Sohn des Juristen José Maria de Almeida Teixeira de Queirós und der Offizierstochter Carolina Augusta Pereira de Eça geboren. Einer farbigen Amme anvertraut, lebte er zunächst bei den Großeltern väterlicherseits auf dem Land. 1855 kam er nach Porto, wo seine Eltern wohnten, die nach dem Tod der Großmutter mütterlicherseits, die sich der Eheschließung widersetzt hatte, geheiratet hatten. Dort lebte E. Q. bis 1861 in einem Internat, danach studierte er bis 1866 in Coimbra Jura. Während dieser Zeit fand er über das Theater den Weg zur Literatur. Er veröffentlichte seine ersten Texte in der *Gazeta de Portugal*, schrieb aber bald auch für andere Zeitungen, unter anderem den Bericht »De Porto Said a Suez« (1869; Von Port Said nach Suez) über eine Orientreise, die er aus Anlass der Eröffnung des Suezkanals unternommen hatte. Der Bericht erschien zunächst im *Diário de Notícias* und wurde postum zusammen mit »Notas de viagem« (Reisenotizen) und »Folhas soltas« (Lose Blätter) in *O Egipto* (1926; Ägypten) erneut veröffentlicht. 1867 ließ E. Q. sich in Lissabon als Rechtsanwalt nieder, war jedoch in diesem Beruf nicht sehr erfolgreich. Dagegen fanden seine literarischen Arbeiten bald große Anerkennung. 1870 trat er in den Staatsdienst und wurde 1872 Diplomat: Er vertrat sein Land in Havanna, Newcastle (ab 1874), Bristol (ab 1878) und von 1888 bis zu seinem Tod 1900 in Paris. Die Heirat mit Emília de Castro Pamplona, der Tochter eines begüterten Freundes, befreite ihn 1886 von seinen finanziellen Schwierigkeiten und brachte ihm ein Gut im Norden Portugals ein, das er in seinem subtil ironischen Alterswerk *A cidade e as serras* (1901; *Stadt und Gebirg*, 1963) literarisch verewigt hat. Heute befindet sich dort eine der Pflege seines Andenkens und seines Werks gewidmete Stiftung.

E. Q. gilt zwar als Schöpfer und wichtigster Vertreter des portugiesischen Naturalismus, begann sein Schaffen jedoch um 1865 mit Texten anderer Art. Unter dem Einfluss von Gérard de Nerval, Edgar Allan Poe, E.T.A. Hoffmann und Heinrich Heine, vor allem aber von Victor Hugo, schrieb er kürzere Erzählungen, die nach seinem Tod zusammen mit essayistischen Betrachtungen und Opernkritiken unter dem Titel *Prosas Bárbaras* (1903, vollständig erst 1969) zusammengefasst wurden und die als blasphemische Vorreden zu einer satanischen Bibel erscheinen, in der sich Religiöses zu einer dunklen Naturmystik pervertiert wiederfindet (Orlando Grossegesse). Zur selben Zeit verfasste er auch die imaginäre Reportage »O Mistério da Estrada de Sintra« (1870; Das Mysterium der Straße nach Sintra). Den Ruf als portugiesischer Zola hat er hauptsächlich dem im Lissabonner Casino gehaltenen Vortrag »O realismo como expressão de arte« (1871; Der Realismus als künstlerischer Ausdruck) sowie seinen beiden ersten Romanen *O crime do Padre Amaro* (1875; *Das Verbrechen des Paters Amaro*, 1930) und *O primo Basílio* (1878; *Vetter Basilio*, 1957) zu verdanken, in denen er mit sarkastischem Humor die katholische Kirche sowie die herrschende Gesellschaftsschicht kritisiert, der er selbst entstammte. 1880 erschien mit *O Mandarim* (*Der Mandarim*, 1919) ein Roman, in dem »der Teufel auftaucht, wenngleich er einen Gehrock trägt, und in dem es noch Gespenster gibt, wenngleich mit besten psychologischen Absichten«, wie E.Q. selbst ironisch bemerkt, der hier das phantastische Element seiner früheren Erzählungen wieder aufgreift.

Weitere wichtige Werke sind *A capital* (verfasst zwischen 1878 und 1880, veröffentlicht 1925; *Die Hauptstadt*, 1959), ein Roman, der sich an Balzacs *Illusions perdues* anlehnt und Teil eines geplanten Zyklus »Cenas de vida portuguesa« (Szenen aus dem portugiesischen Leben) werden sollte, sowie *A relíquia* (1887; *Die Reliquie*, 1918), die Memoiren eines Komturs des Christusritterordens, in denen E.Q. in pikareskem Ton und ungewöhnlich scharfer Form die Bigotterie einer Kirche kritisiert, die sich im Besitz der absoluten Wahrheit wähnt und für allein seligmachend hält. Als sein Hauptwerk gilt der umfangreiche Roman *Os Maias* (1888; *Die Maias*, 1983). In dieser Schilderung des Untergangs einer Familie der Oberschicht präsentiert E.Q. die bereits in *A capital* entwickelten Thesen vom Dilettantismus und der Dekadenz seines Heimatlandes in künstlerisch reiferer Form. Während seiner letzten zwölf Lebensjahre schrieb E.Q. Einzeltexte, die

er später zu dem Briefroman *A correspondência de Fradique Mendes* (1900; Die Korrespondenz des Fradique Mendes) zusammenfasste – Autobiographie seines literarischen Alter ego und Dialog zwischen diesem und dem von ihm geschaffenen idealen Dandy, dem satanischen Dichter Carlos Fradique Mendes.

*Kurt Scharf*

## Eco, Umberto
Geb. 5. 1. 1932 in Alessandria (Piemont)

Umberto Eco, international renommierter Professor für Semiotik (Lehre von den Zeichen) an der Universität Bologna und aufmerksamer Beobachter des Zeitgeschehens, vermag auch die Zeichen der Zeit zu deuten und befriedigt durch seine mit historischen Szenarien und Gegenwartsbezügen spielenden Romane das Interesse des Lesepublikums an historischen Stoffen, an Geschichte(n) und Erzählung(en).

Einem Millionenpublikum bekannt wurde E. mit seinem 1980 erschienenen ersten Roman *Il nome della rosa* (1980; *Der Name der Rose*, 1982), der im 14. Jahrhundert in einem italienischen Kloster spielt. Promoviert in mittelalterlicher Philosophie (mit einer Dissertation über die Ästhetik des Thomas von Aquin), ist E. mit der Welt des Mittelalters vertraut, die die Bühne für eine Detektivgeschichte abgibt. Ein an Sherlock Holmes erinnernder ehemaliger Inquisitor wird im Lauf der Handlung mit einer Reihe von mysteriösen Morden konfrontiert, die er auf dem Wege kriminalistischer Spurensuche und im belehrenden Dialog mit seinem jungen Gehilfen nach und nach aufklärt. Im Mittelpunkt der Detektivarbeit steht ein verschollenes, vermeintlich subversives Buch (der zweite Band der Poetik des Aristoteles, in der das Lachen zum ästhetischen und ethischen Prinzip erhoben sein soll), dessen einziges Exemplar von einem selbsternannten Glaubens- und Ordnungshüter versteckt gehalten und schließlich durch die in der Klosterbibliothek ausbrechende Feuersbrunst vernichtet wird. Um die Kriminalgeschichte herum spinnt E. ein weitverzweigtes Netz von literarischen Anspielungen und philosophischen Erörterungen. Aufgrund seiner Intertextualität und Ironie ist *Il nome della rosa* als Beispiel postmoderner Literatur gelesen worden (vgl. E.s *Nachschrift zum »Namen der Rose«*, 1984). Dabei stehen der Beziehungsreichtum und die doppelbödige Erzählweise dieser ernsthaften Literatur keineswegs im Widerspruch zu ihrem Unterhaltungswert, so dass *Il nome della rosa* nicht nur zum literarischen Welterfolg, sondern als Film sogar zum Kinohit wurde.

E.s zweiter Roman *Il pendolo di Foucault* (1988; *Das Foucaultsche Pendel*, 1989) spielt im Italien der 1970er und 80er Jahre, das sich nach Terroranschlägen in einem für Sektierertum und Paranoia anfälligen sozialen Klima befindet. Der Roman handelt von den Obsessionen dreier Verlagsmitarbeiter, die in ihrer Beschäftigung mit alten Manuskripten einen geheimen Plan des Templer-Ordens zur Erlangung der Weltherrschaft rekonstruieren. Aus dem esoterischen Puzzle wird blutige Realität, als Okkultisten mit terroristischen Mitteln in den Besitz des vermeintlichen Geheimplans zu gelangen versuchen und einen der Verlagsmitarbeiter rituell hinrichten, und zwar im Pariser Conservatoire des Arts et Métiers, wo das Foucaultsche Pendel hängt. Auch hier spielt E. mit verschiedenen literarischen Genres (Krimi, Abenteuerroman, Schauerroman) und scheut dabei nicht den Grenzübertritt in Bereiche der Trivialliteratur. Seine enzyklopädischen Neigungen werden auch in *L'isola del giorno prima* (1994; *Die Insel des vorigen Tages*, 1995) deutlich. In dieser an *Robinson Crusoe* erinnernden Melange aus Abenteuer- und Bildungsroman erzählt E. die Geschichte des Piemonteser Roberto de La Grive, der 1643 auf der Suche nach der Datumsgrenze im Pazifischen Ozean Schiffbruch erleidet. Er rettet sich auf ein Schiffswrack, wo er einen mit Gelehrsamkeit und Forschergeist gesegneten Jesuitenpater antrifft, dem eine Exkursion auf dem Meeresboden zum Verhängnis wird. In Einsamkeit blickt Roberto auf sein abenteuerreiches Leben zurück und gibt sich ebenso abenteuerlichen Phantasien hin.

Nicht weniger abenteuerlich ist das Leben des pikaresken Helden des vierten Romans *Baudolino* (2000; *Baudolino*, 2001). Der Bauernsohn Baudolino wird von Kaiser Friedrich Barbarossa adoptiert und begleitet diesen auf Feldzügen durch Oberitalien und auf einem Kreuzzug ins Morgenland, bei dem der Kaiser auf mysteriöse Weise ums Leben kommt. Baudolino und seine Gefährten gelangen in ein legendäres Reich, treffen Monster und Fabelwesen, ehe sie in das von christlichen Kreuzfahrern gerade geplünderte Konstantinopel zurückkehren. Auch dieses Werk bedient einerseits die unterhaltsame Ebene des Abenteuerromans und wartet andererseits mit philosophischen Diskursen auf. Mythen und Legenden (die Weisen aus dem Morgenland, der Heilige Gral) sind ebenso kolportiert, wie kriminalistische Fährten gelegt und theologische Streitgespräche inszeniert werden. Mit *La misteriosa fiamma della regina Loana* (2004; *Die geheimnisvolle Flamme der Königin Loana*, 2004) wendet sich E. wieder den neueren italienischen Historie zu. Der Ich-Erzähler und Antiquar Giambattista Bodoni erwacht aus einem in Folge eines Unfalls erlittenen Koma mit partiellem Gedächtnisverlust. Bodonis – mitunter auch für die Leserschaft – langwierige Bemühungen, sein Leben mit Hilfe von Gegenständen aus der Kindheit und Jugend zu rekonstruieren, geben E. Gelegenheit, diverse, vor allem triviale Texte in die Erzählung einzubauen. Die Leser/innen begegnen Comic-Figuren wie der Königin Loana und anderen bekannteren Personen der populären Kultur wie Cyrano de Bergerac oder Lili Marleen. Neben schriftlichen Dokumenten und Bildmaterialien präsentiert der Erzähler auch Jugenderinnerungen aus der Zeit des Faschismus, aus Kriegs- und Nachkriegszeit.

Bei aller Unterschiedlichkeit der geographischen und historischen Verortung ihrer Schauplätze weisen E.s Romane doch eine Reihe von Gemeinsamkeiten auf. Der Plot fin-

det sich eingebettet in Rahmenhandlungen bzw. -erzählungen, bei denen es zumeist um die Authentizität von Texten, um die Herkunft und Glaubwürdigkeit von Dokumenten geht. So wird dann auch das Verhältnis von Fiktion und (historischer) Wirklichkeit thematisiert sowie die Rolle des Autors bzw. Erzählers. Die Handlung hat meist einen offenen Ausgang. Über die Identität und den Verbleib von Personen lässt E. seine Leserinnen und Leser gern im Unklaren. Als Semiotiker liebt er das Spiel mit Zeichen, Metaphern, Anspielungen und Verweisen. Mit der Verwischung von Grenzen zwischen Genres und Textsorten, der Infragestellung der Unterschiede von ›ernster‹ und ›unterhaltsamer‹ Literatur erweist sich E. als Repräsentant einer literarischen und kulturellen Postmoderne.

Nicht nur die Binnenstruktur seiner Romane ist intertextuell konstruiert, sondern in gewisser Weise auch das umfassende und enzyklopädisch anmutende Gesamtwerk E.s. So finden sich etwa in seinen einschlägigen kultur- und literaturtheoretischen Büchern (dt. *Das offene Kunstwerk*, 1973; *Lector in fabula*, 1987) Analysen und Programme der literarischen Verfahren, die er in seinen Romanen selbst anwendet. Andererseits bezieht E. sich auch auf seine eigenen literarischen Texte, um an ihrem Beispiel literarische Verfahren zu erläutern (dt. *Die Grenzen der Interpretation*, 1992). So knüpft er aus Zeichen und Texten ein dichtes Gewebe, einen sich ständig erweiternden Inter-Text, auf den ein Zitat aus *La misteriosa fiamma della regina Loana* zutrifft: »Es ist Literatur, und die kann ich frequentieren, auch wenn sie mir von perversen Nacktheiten und androgynen Ambiguitäten erzählt. Von Dingen, die weit genug von meiner Erfahrung entfernt sind, daß ich ihrer Verführung nachgeben darf. Es ist Wort, nicht Fleisch.«

Die angesprochene Distanz zu den Dingen, E.s enzyklopädische Kompetenz und seine Begabung, alles zum Text werden zu lassen, werden auch in seinen zahlreichen Essays und Glossen offenkundig, die deutsch unter so bezeichnenden Titeln wie *Über Gott und die Welt* (1985) oder *Über Spiegel und andere Phänomene* (1988) erschienen sind. Mit Standard-

werken der modernen Semiotik (dt. *Einführung in die Semiotik*, 1972; *Zeichen*, 1977; *Semiotik und Philosophie der Sprache*, 1985; *Semiotik. Entwurf einer Theorie der Zeichen*, 1987), mit einer Lust an literarischen Streifzügen (dt. *Im Wald der Fiktionen*, 1994) und einem Auge für das Schöne in Literatur und Kultur (dt. *Die Geschichte der Schönheit*, 2004), mit zahllosen Kommentaren und Glossen zum Zeitgeschehen und nicht zuletzt mit seinen Romanen hat sich E. als einer der international und medial präsentesten Intellektuellen etabliert.

*Heinz-Günter Vester*

## Edda
Um 1270

Der Name »Edda« bezieht sich üblicherweise auf die *Ältere* oder *Lieder-E.*, eine Sammlung anonym überlieferter altnordischer Gedichte. Die Haupthandschrift, der *Codex Regius*, wird auf etwa 1270 datiert, die einzelnen Lieder dagegen sind vermutlich in einem Zeitraum vom 10. bis zum frühen 13. Jahrhundert entstanden. Einzelne Autoren lassen sich nicht identifizieren. Als »eddisch« werden zudem einige nicht im *Codex Regius* überlieferte Lieder bezeichnet, weil sie inhaltlich oder stilistisch ähnliche Eigenschaften aufweisen bzw. in einem der eddischen Versmaße verfasst sind. Als eddische Hauptversmaße gelten das *fornyrðislag* (»Versmaß für alte Überlieferungen«) für die epischen Lieder und der *ljóðaháttr* (»strophisches Versmaß«) für die Wissens-, Lehr- und Zauberdichtung.

Die *Lieder-E.* umfasst einen Götterlieder- und einen Heldenliederteil. Die Götterlieder bilden gemeinsam eine der wichtigsten Quellen zur altnordischen Mythologie. Das erste Lied, die »Völuspá« (»Die Weissagung der Seherin«), zeigt in einem visionären Überblick Entstehen und Vergehen der Welt. Die folgenden Texte konzentrieren sich auf mythologische Erzählungen, bei denen verschiedene Götter im Mittelpunkt stehen. In den »Hávamál« (»Die Sprüche des Hohen«) fungiert

Odin nicht nur als Sprecher von Lebensweisheiten und Verhaltensregeln, es werden auch einige seiner Abenteuer beschrieben. Die »Vafþrúðnismál« (»Das Wafthrudnirlied«) und die »Grímnismál« (»Das Grimnirlied«) zeigen Odin in Situationen, in denen er mythisches Wissen preisgibt. In den »Hárbarðsljóð« (»Das Lied von Hárbarðr«), der »Hymiskviða« (»Das Lied von Hymir«), der »Þrymskviða« (»Das Lied von Thrymr«) und den »Alvíssmál« (»Das Lied von Alvíss (dem Allwissenden)«) dagegen spielt Thor die Hauptrolle. Weitere Lieder berichten von den Göttern Freyr, Freyja und Loki. Der Heldenliederteil behandelt zunächst Ereignisse aus dem Leben des Helgi Hundingsbani (»Helgi Hundingstöter«). Durch seine Heldentaten und besonders durch seine Liebesbeziehung zur Walküre Sigrun ergeben sich Parallelen zwischen ihm und Helgi Hjörvarðsson (Helgi Hjörwardssohn), dem Protagonisten eines weiteren Heldenlieds. Anschließend wird der Nibelungenstoff um Sigurd (Siegfried), Gudrun (Kriemhild), Gunnar (Gunther) und Högni (Hagen) in einer Fülle kürzerer Lieder und Prosaeinschüben erzählt. Die Geschichten um Helgi Hundingsbani werden mit der Nibelungensage verbunden, indem Helgi zu einem Halbbruder Sigurds gemacht wird. Das Manuskript weist im Heldenliederteil eine Lücke auf; an dieser Stelle sind eines oder mehrere Lieder verlorengegangen.

Als E. wird außerdem die sogenannte *Snorra E.* (»E. des Snorri«) verkürzend bezeichnet, die um 1220 von dem Isländer Snorri Sturluson (1178/79–1241) verfasst wurde und einen Überblick über die altnordische Mythologie gibt sowie eine Anleitung für junge Dichter darstellt. Nach einem kurzen Prolog beschreibt der erste Teil, die »Gylfaginning« (»Gylfis Täuschung«), ausführlich die Entstehung der Welt und der verschiedenen Geschlechter, nennt die wichtigsten Götter und ihre Abenteuer, um dann mit dem Bericht vom Untergang der Welt zu schließen. Der folgende Abschnitt, die »Skáldskaparmál« (»Lehre von der Dichtersprache«), beginnt ebenfalls mit mythologischen Erzählungen, wechselt dann aber zur Form eines Lehrgesprächs, in dem ein

Lehrmeister seinem Schüler den Gebrauch der skaldischen Stilmittel und Versmaße erklärt. Den Abschluss bildet das exemplarische Gedicht »Háttatal« (»Verzeichnis der Versformen«), in dem in 102 Strophen ebenso viele verschiedene Versmaße verwendet werden.

Der Titel »Edda« findet sich nur in einigen Handschriften der *Snorra E.*, die in ihrer Darstellung der Mythologie mehrfach Strophen der *Lieder-E.* zitiert. Die Forschung des 17. Jahrhunderts vermutete daher, es müsse eine ältere Fassung der E. gegeben haben, die Snorri als Vorlage diente. Mit dem Erwerb des *Codex Regius* durch den isländischen Bischof Brynjólfur Sveinsson (1605–75) schien diese Vorlage gefunden zu sein. In dem Bedürfnis, einen Autor der *Lieder-E.* zu identifizieren, schrieb man die Urheberschaft der Liedersammlung dem Isländer Sæmundr Sigfússon hinn fróði (Sæmundr der Weise, 1056–1133) zu (daher auch die Bezeichnung *Sæmundar-E.* – E. des Sæmundr). Heute herrscht Einigkeit darüber, dass die E. eine Sammlung anonymer (da lange Zeit mündlich überlieferter) Einzelwerke darstellt. Die Bedeutung des Wortes »Edda« ist nicht eindeutig geklärt; im Isländischen bedeutet es soviel wie »Urgroßmutter«, es wurden aber auch Herleitungen aus dem Wort *óðr* (»Dichtkunst«) und aus einer Verballhornung von lateinisch *edo* (»ich gebe heraus«) vorgeschlagen.

Ausgaben: Die Götter- und Heldenlieder der Älteren Edda. Übers. A. Krause. Stuttgart 2004. – Die Edda des Snorri Sturluson. Übers. A. Krause. Stuttgart 1997.

*Simone Horst*

## Edschmid, Kasimir
Geb. 5. 10. 1890 in Darmstadt;
gest. 31. 8. 1966 in Vulpera (Schweiz)

»Auf ekstatischer Suche« nach anderen Ausdrucksmöglichkeiten der Literatur beschritt E. als Vorläufer und späterer Wortführer des Expressionismus mit hämmernd-aggressiven Wortkaskaden in Prosa, Essays und Manifesten neue Wege. Zur Zeit des Ersten

Weltkriegs erschienen in Buchform die zuvor in René Schickeles *Weißen Blättern* (1913) veröffentlichten ersten Novellen (*Die sechs Mündungen, Das rasende Leben, Timur,* 1915/1916). Sie veranschaulichten E.s rauschhaft übersteigerten, visionären Stil, der eine realistische Darstellung oder psychologische Charakterentwicklung weitgehend ignorierte. Statt dessen sollte durch Auslotung aller Höhen und Tiefen menschlicher Erfahrung bis zu kosmischer Weite und Beschwörung erotischer und brutaler Exzesse ein neues Weltbild geschaffen werden, das auf historischen Vorbildern fußend (Georg Büchner, Jung-Deutschland, Sturm und Drang), zur flammenden Universalrevolution aufrufen wollte. In Vorträgen und Essays (*Über den Expressionismus in der Literatur und die neue Dichtung,* 1919; *Die doppelköpfige Nymphe,* 1920; *Das Bücher-Dekameron,* 1923) fasste er die Absicht dieser neuen Kunstrichtung und die Kritik an ungeistiger Tradition zusammen, die sich jenseits von fieberhaft-dämonisierter Sprache auf Völkerverständigung, Antikriegsgesinnung und Anprangerung der hirnlosen Obrigkeit richtete. Da der Roman *Die achatnen Kugeln* (1920) wegen des überspannten Verbalstils und verschleierter Handlung seine Wirkung verfehlte, bemühte sich E. im Folgenden um größeren Realitätsbezug, wodurch eine breitere Aufnahme seiner Werke ermöglicht wurde, die nicht zuletzt durch den ersten deutschen Sportroman (*Sport um Gagaly,* 1927), durch Darstellung von Emigranten- und Industrieschicksalen (*Deutsches Schicksal,* 1932; *Der Zauberfaden,* 1949; Neufass. 1953) besonders lebendige biographische Romane über Lord Byron, Georg Büchner und Simon Bolivar gefestigt wurde. Seine kulturgeschichtlich vorbildlichen Reisebücher aus Europa, Afrika und Südamerika kennzeichnen sein journalistisch geschultes, »virtuoses Erzähltalent« (Kurt Pinthus). Die schriftstellerische Tätigkeit des Studienratssohns war vorgezeichnet durch intensives Studium der Romanistik an fünf europäischen Universitäten, fremdsprachliches Talent und ausgedehnte Reisen (Europa, Naher Osten, Afrika und Südamerika), was seine Ausbildung zum weltoffenen Journalisten ent-

scheidend förderte. Das urbane und liberale Gepräge seines Schaffens schlug sich auch im Prosawerk und seiner Tätigkeit als Herausgeber der Zeitschrift *Tribüne für Kunst und Zeit* (1918– 1922) nieder, wodurch er maßgeblich dazu beitrug, das oft beengend-provinzielle Weltbild der Kaiserzeit für eine breite Leserschaft zu grenzüberschreitenden Horizonten zu erweitern. Dieser auch bis 1933 blühenden und hoffnungsvollen Entwicklung wurde durch das nach der Machtübernahme von den Nazis verfügte Rede- und Schreibverbot ein jähes Ende gesetzt.

*Lothar Zeidler*

## Ehrenburg (Ėrenburg), Il'ja
Geb. 26. 1. 1891 in Kiew;
gest. 31. 8. 1967 in Moskau

Il'ja Ehrenburg verfügte zeit seines Lebens über die Fähigkeit, rigoroser als jeder andere Schriftsteller Spielräume auszumessen, aber dennoch in der Nähe der Mächtigen zu bleiben. Das sorgte für viele Irritationen, die im Grunde bis heute zu spüren sind. E. entstammte einer jüdischen Familie. Die Thematisierung jüdischer Schicksale in seinen Werken bzw. ein entsprechendes politisch-publizistisches Engagement finden darin eine biographische Erklärung.

E. beginnt seinen schriftstellerischen Weg noch vor dem Ersten Weltkrieg mit spätsymbolistischer Lyrik. Lyrik publiziert er bis 1959, sie bleibt aber wenig bekannt. In den 1920er Jahren wird er zu einem äußerst produktiven Romanschriftsteller und erwirbt sich beispielsweise die erste allgemeine Anerkennung mit dem Schelmenroman *Neobyčajnye pochoždenija Chulio Churenito i ego učeniki* (1921; *Die ungewöhnlichen Abenteuer des Julio Jurenito und seiner Jünger,* 1923). Der Titel geht in barocker Manier über viele Zeilen – nicht nur wird E. selbst als handelnde Person unter sechs weiteren genannt, sondern auch die Schauplätze zwischen Paris, dem Senegal, Mexiko, Moskau und anderswo finden Erwähnung sowie die Themen »über Tabakspfeifen, den Tod, die Liebe, die Freiheit, das Schachspiel, den jüdischen Volksstamm, die Verfassung und vieles andere«. Seit dem ersten Exil 1908 in Paris führte E.s Lebensweg immer wieder nach Westeuropa, insbesondere nach Frankreich. Zwischen 1921 und 1924 lebte E. in Berlin. Auch nahm er später als Kriegskorrespondent der Zeitung *Izvestija* am Spanischen Bürgerkrieg teil. Dieses Wechselleben war angesichts der sowjetischen Visapolitik einerseits ein deutliches Privileg, stärkte andererseits aber wiederum seine privilegierte Stellung. So war er etwa mit westeuropäischen linken Intellektuellen wie den Brüdern Malraux oder Picasso persönlich enger bekannt und wurde auch dadurch unantastbar. ›Staatsnähe‹ erreichte er allerdings erst mit dem Aufbauroman *Den' vtoroj* (1933; *Der zweite Tag*, 1933) über die sozialistische Umgestaltung Sibiriens, den er immerhin ein Jahr vor der offziellen Verkündung des Dogmas vom ›Sozialistischen Realismus‹ in Paris publizierte. In den 1920er Jahren schrieb er dagegen experimentelle Prosa, auch das im Stil der Zeit, wie z. B. die Sammlung von Erzählungen *Trinadcat' trubok* (1923; *Dreizehn Pfeifen*, 1926). 1928 kam ebenfalls in Paris sein zweiter Schelmenroman *Burnaja žizn' Lazika Rojtšvaneca* (1928; *Das bewegte Leben des Lasik Roitschwantz*, 1928) heraus, der das Motiv des ebenso ruhe- wie heimatlosen »ewigen Juden« aufnimmt und satirisch auf die Situation nach Krieg und Revolution zwischen Kiew, Moskau, Königsberg, Berlin, Paris, London und Palästina projiziert. Der Roman wurde in der Sowjetunion zu Lebzeiten E.s aus seinem offiziellen Werkverzeichnis gestrichen und erschien in Moskau erst 1976. In gewisser Weise ebenso übergangen, obwohl doch immerhin im Land publiziert, wurde auch sein Roman *Zagovor ravnych* (1928; *Die Verschwörung der Gleichen*, 1928), eine Allegorie auf den roten Terror nach der Oktoberrevolution im Gewand eines historischen Romans über die Französische Revolution. So gesehen, war der Roman *Den' vtoroj* von 1933 die obligate Buße gegenüber der Partei, ein Verfahren, das E. wiederholt verwendet hat.

Einen großen Teil seiner Energie widmete E. journalistischen Arbeiten, wenn sich nicht überhaupt sagen lässt, E. sei eher Journalist denn Schriftsteller gewesen, da ihm der Situationsbezug stets ein stärkeres Anliegen war als die ästhetische Kraft des künstlerischen Ausdrucks. Vermutlich haben nur zwei Werke aus seiner Feder historischen Bestand, wenn auch aus unterschiedlichen Gründen: sein Kurzroman *Ottepel'* (1954; *Tauwetter*, 1957) und seine Memoiren *Gody, ljudi, žizn'* (1961–65; *Menschen, Jahre, Leben*, 1962–65), die in sechs Bänden in Moskau veröffentlicht wurden. Im Hinblick auf die sowjetische Innen- bzw. Kulturpolitik waren diese sechs Bücher ein letztes Zeugnis des Tauwetters nach Stalins Tod. E. hatte der Epoche mit seinem Kurzroman den Namen verliehen, und zwar vor der offiziellen Entstalinisierung, die erst durch die Geheimrede Chruschtschows auf dem 20. Parteitag im Jahre 1956 eingeleitet wurde. Chruschtschow selbst gefiel aus Gründen der Staatsräson weder die Bezeichnung der Epoche noch ihre (voreilige) Setzung durch die Literatur. Dem Wortlaut des Kurzromans nach meint die Metapher das Ende der stalinistischen Eiszeit, das mit Hilfe einer quasi romantischen Thematisierung der Gefühle literarisch dargestellt wird. Gefühle als Äußerungen privater Konflikte etwa um Liebe und Tod hatten in der vom Sozrealismus bestimmten Sowjetliteratur keinen Platz, ebenso spielte deren Handlung in der Regel – wie E. schon 1953 in einem Aufsatz sarkastisch feststellt – »an einem hübschen Sommertag«, »einem duftigen Maiabend« oder »einem klaren anregenden Herbstmorgen«. In E.s *Ottepel'* herrscht programmatisch schlechtes Wetter. Nachdem der Roman heftig kritisiert worden war, fühlte sich E. gezwungen, seinem *Ottepel'* einen zweiten Teil anzufügen, der die literarisch-politische Provokation in einem positiven Ende auflöste. Seitdem wurde und wird das Publikationsdatum mit 1956 (seltener 1954–56) angegeben. Es ist dies das Merkmal einer weiterwirkenden Desinformation, denn E. hatte Mitte der 1960er Jahre aus seiner Werkausgabe in neun Bänden den zweiten Teil in einem Akt der Selbstreinigung ausdrücklich ausgeschlossen.

Seine Memoiren schließlich sind als historische Quelle sicher nur von begrenztem Wert, aber sie setzten im Abschwung der Entstalinisierung nach Chruschtschows Sturz ein Zeichen und vermitteln eindringlich die beklemmende Atmosphäre der Stalinzeit mitsamt der grotesken Vergötzung des Diktators. E. nennt auch verschiedene Namen, die eigentlich seit den 1930er Jahren nicht mehr erwähnt werden durften. Dennoch waren viele Leser enttäuscht, sie hatten von E. deutlichere Aussagen erwartet. Die Memoiren umfassen die Jahre bis 1965 und sind das Zeugnis einer ›Abrechnungsliteratur‹, die alsbald unterdrückt wurde und sich erst nach 1985 wirklich ihren Weg bahnen konnte. Ab 1941 war E. einer der extremsten und wirkungsmächtigsten Vertreter der sowjetischen Propaganda gegen Deutschland. Seine Artikel erschienen in allen führenden sowjetischen Blättern, darunter auch in der Armeezeitung *Krasnaja zvezda* (Roter Stern). Der Ruf eines hasserfüllten Propagandisten hängt ihm in Deutschland wohl noch an. Was E. im Einzelnen auch immer geschrieben haben mag, es gehört in die Situation eines mörderischen Vernichtungskrieges und seiner Folgen. Jedenfalls wurden E.s Hasstiraden noch im Mai 1945 offiziell gestoppt. Die Sowjetunion verfolgte in Deutschland nun andere Ziele, und E. hatte sich wieder einmal zu weit vorgewagt.

Werkausgabe: Ausgewählte Werke in Einzelausgaben. 11 Bde. Berlin 1930–33.

*Ulrich Steltner*

### Ehrenstein, Albert
Geb. 23. 12. 1886 in Wien;
gest. 8. 4. 1950 in New York

*Tubutsch* ist der Titel des ersten Buches, mit dem der 24-jährige Dr. phil. E. 1911 im talentsüchtigen Wiener Literaturbetrieb begeisterte Aufnahme findet. Es ist unbestritten auch das einzige Werk seiner im Wesentlichen das expressionistische Jahrzehnt umfassenden Publikationszeit, das unbeschadet der Wandlungen des Zeitgeschmacks, für die gerade der

Expressionismus Symptom ist, künstlerischen Rang behaupten kann. In der bitter-ironischen Selbstreflexion eines mit sich und der Welt zerfallenen Ich, das Wirklichkeit nur mehr in einer sinnlosen Folge skurriler bis grotesker Impressionen erfährt, und dessen Selbstvergewisserung allein noch der Name Karl Tubutsch garantiert, gelingt E. ein ebenso nuanciertes wie eindringliches Bild moderner Entfremdungszustände. Die hier gewonnene poetische Dichte erreichen die späteren Erzählungen und Prosaskizzen (*Der Selbstmord eines Katers*, 1912; *Nicht da, nicht dort*, 1916), die mehr oder weniger alle dieses Grundmuster der Welt- und Selbstentfremdung variieren, nicht wieder.

Tubutsch ist aber auch die Maske des Menschen E., der mit dem Doppelmakel, arm und jüdisch geboren, im antisemitischen Wien schon früh sein Anderssein, seine Nichtzugehörigkeit erfährt. Diese frühe Erfahrung der Desintegration, das Verwiesensein auf das eigene Ich, das Leiden an und der Hass gegen eine sich versagende Welt prägen sein Lebensgefühl und gehen in die mit Leidenschaft betriebene Teilnahme am literarischen Leben ein, dem er sich, nirgendwo lange sesshaft, als Lektor, Kritiker und schließlich freier Schriftsteller verschreibt. Davon zeugen auch die Thematik und Stimmung seiner ab 1910 in verschiedenen expressionistischen Periodika – u. a. in Herwarth Waldens *Sturm* – veröffentlichten Gedichte, die sein erster Lyrikband *Die weiße Zeit* (1914) versammelt. Sind ichzentrierte Expression, kühne Bildlichkeit und »wilder« Ton auch gängige Zeit- und Stiltypen, so radikalisiert E. diese in der verzweifelten Klage und Anklage eines stets und hoffnungslos am Widerstand der Welt scheiternden Ichs jenseits bloßer Salonsentimentalität zu den »bittersten Gedichten deutscher Sprache« (Kurt Pinthus).

Die Erfahrung des Ersten Weltkriegs verändert seine Lyrik; das Ich der früheren Stimmungs- und Erlebnislyrik öffnet sich einem mitmenschlichen Wir, der individuelle Weltschmerz wird zu einem universellen (*Der Mensch schreit*, 1916). Mit wachsender Skepsis gegenüber der Wirksamkeit des poetischen

Worts in einem fortwütenden »Barbaropa« werden seine Gedichte erbitterter und politisch entschiedener, das expressionistische Bruderschaftspathos schlägt um in die Utopie der sozialistischen Revolution (*Die rote Zeit*, 1917; *Den ermordeten Brüdern*, 1919).

Der Zusammenbruch der Novemberrevolution (1918), von der er sich eine Zeitenwende erhofft hat, bedeutet auch das Ende seines produktivsten Jahrzehnts. In den 1920er Jahren zieht er sich aus dem literarischen Tagesgeschehen zurück und kehrt Europa in Reisen wie in den Nachdichtungen chinesischer Lyrik und Prosa den Rücken. 1932 emigriert er in die Schweiz, von dort 1941 in die USA, wo er, isoliert und längst vergessen, 1950 in einem Armenhospital stirbt.

*Hans Jansen/Red.*

## Eich, Günter
Geb. 1. 2. 1907 in Lebus an der Oder;
gest. 20. 12. 1972 in Salzburg

»Günter Eich ist ein Meister der Tarnung« (Walter Jens), »ein Dichter, einer der wenigen, die das hohe Wort zu Recht tragen« (Karl Korn), »ein stiller Anarchist« (Peter Bichsel). E. gilt als einer der bedeutendsten deutschen Lyriker der Nachkriegszeit und als Schöpfer des poetischen Hörspiels. Sein Werk ist nicht umfangreich: ein halbes Dutzend Gedichtbände, knapp dreißig Hörspiele, zwei Marionettenspiele, zwei schmale Prosabände, ein paar Kurzgeschichten, wenige Miszellen: Das ist die Ausbeute einer mehr als vierzigjährigen schriftstellerischen Tätigkeit. Das ist gleichzeitig ein Hinweis auf das Charakteristische seiner Arbeit. Zeitlebens ging es ihm nicht um das Beschreiben der Welt, sondern um die Erfahrung der Wirklichkeit durch die Poesie. Er war nicht eloquent, er schilderte nicht bildhaft, wortreich, sondern lakonisch, knapp, verschwiegen. »Ich bin Schriftsteller, das ist nicht nur ein Beruf, sondern die Entscheidung, die Welt als Sprache zu sehen .... Ich schreibe Gedichte, um mich in der Wirklichkeit zu orientieren. Ich betrachte sie als trigo-

nometrische Punkte oder als Bojen, die in einer unbekannten Fläche den Kurs markieren. Erst durch das Schreiben erlangen für mich die Dinge Wirklichkeit. Sie ist nicht meine Voraussetzung, sondern mein Ziel. Ich muß sie erst herstellen.«

Dieses Bekenntnis trug E. 1956 vor, als er sich das einzige Mal in seinem Leben in eine poetologische Diskussion einließ. Spätere Fragen nach den Impulsen für seine Arbeit beantwortete er mit dem für einen Schriftsteller immerhin verblüffenden Satz: »Eigentlich schreibe ich, weil ich gar nicht schreiben kann« – der Bitte nach einer Interpretation eigener Texte begegnete er: »Ich lehne es immer und überall ab, mich zu mir und meinen Sachen zu äußern.« E. hatte eine auffallende Scheu, ja Scham, über sich selbst, seine Biographie, seine Dichtung zu sprechen. Und wenn er es dennoch tat, dann lakonisch, distanziert, auf äußere Daten reduziert. Er stellte mehr Fragen, als dass er Antworten parat gehabt hätte.

Mit elf Jahren zog E. mit seiner Familie aus dem ländlichen Oderbruch nach Berlin. 1925 begann er, dort Volkswirtschaft und Sinologie zu studieren; in Paris setzte er diese Studien fort. Die ausgefallene Fächerkombination erklärte er mit dem Hinweis, dass er ein Studium gewählt habe, das keine gesellschaftliche Nützlichkeit erkennen lasse. Offensichtlich wollte schon der junge E. seine Tätigkeit der leichten Verwertbarkeit entziehen. Dieses Bestreben sollte sich als Konstante durch sein gesamtes Werk ziehen: »Seid unnütz«, fordert er seine Zeitgenossen in dem berühmten Hörspiel *Träume* (1950) auf; und: »Späne sind mir wichtiger als das Brett«, formuliert er 1968 in seinen *Maulwürfen*.

Mit 21 Jahren veröffentlicht E. unter dem Pseudonym Erich Günter erste Gedichte in der von Willi Fehse und Klaus Mann herausgegebenen *Anthologie jüngster Lyrik*. Es sind spätexpressionistische, naturmagische Gedichte, die auf einen empfindsamen, melancholischen Autor schließen lassen: »O ich bin von der Zeit angefressen und bin in gleicher Langeweile vom zehnten bis zum achtzigsten Jahre«, so schrieb E. 1928. Danach hat man von dem Lyriker E. nichts mehr gehört. Er taucht erst 1945 wieder auf.

Sein Studium gibt E. 1932 ohne Abschluss auf; er beschließt, Berufsschriftsteller zu werden. Er arbeitet für den Berliner Rundfunk, gemeinsam mit Martin Raschke verfasst er die *Monatsbilder des Königswusterhäuser Landboten*, Kalendergeschichten und Hörfeatures, Umarbeitungen von literarischen Vorlagen, Spiele, die offenbar harmlos waren und ihn mit dem neuen Medium vertraut machten, auch wenn sie keinen eigenständigen literarischen Rang geltend machen können. Den Krieg überlebt E. als Soldat. Auch über diese Zeit hat er öffentlich geschwiegen. Er gerät in amerikanische Gefangenschaft. Und hier in Sinzig am Rhein, zwischen Stacheldraht und Latrine, schreibt er wieder Gedichte, Verse von verzweifelter Ironie, erniedrigter Menschlichkeit ohne jede Larmoyanz. Gedichte, die offenbar so sehr den Nerv der Sensiblen ihrer Zeit trafen, dass sie eine Gattung begründeten, die sogenannte »Kahlschlagpoesie«. Das berühmteste Gedicht aus dieser Zeit heißt *Inventur*: »Dies ist meine Mütze/dies ist mein Mantel hier mein Rasierzeug / im Beutel aus Leinen/Konservenbüchse: / Mein Teller, mein Becher / ich hab' in das Weißblech / den Namen geritzt.« Durch die Kargheit seiner nur noch aufzählenden Sprache wurde dieses Gedicht zum Inbegriff für dichterischen Neubeginn und Sprachreinigung nach 1945.

Aus der historischen Distanz der 1980er Jahre wird eine andere Charakteristik E.s bereits hier deutlich: In den Gedichten aus der Gefangenschaft, die 1948 in dem Band *Abgelegene Gehöfte* erscheinen, experimentiert E. mit den verschiedensten poetischen Formen, er schreibt Prosagedichte wie Volksliedverse, er benutzt literarische Vorlagen, die an Heinrich Heine und Friedrich Hölderlin erinnern, und füllt sie mit neuen, erlebten Inhalten; ironisch verknüpft er romantische, lyrische Versatzstücke – »es flüstert verworren der Rhein« – mit seiner verlausten, unappetitlichen Realität: »Über stinkendem Graben / Papier voll Blut und Urin / umschwirrt von funkelnden Fliegen / hocke ich in den Knien / …/ Irr mir im Ohre schallen / Verse von Hölderlin / In

schneeiger Reinheit spiegeln / Wolken sich im Urin.« Dieses Auseinanderbrechen von Zusammenhängen als Prinzip, dieses Neuverknüpfen von Unerwartetem und Disparatem wird E. vor allem in seinen späten Prosa-Texten, den *Maulwürfen*, wieder aufnehmen und damit in neue poetische Bereiche vordringen. Nach seiner Entlassung aus der amerikanischen Kriegsgefangenschaft widmet er sich neben den Gedichten vor allem dem Hörspiel. Die Erstsendung seiner *Träume* wird zur »Geburtsstunde des poetischen Hörspiels« (Heinz Schwitzke). Jeweils zum Ende der vier Träume appelliert der Autor an seine Hörer: »Nein, schlaft nicht, während die Ordner der Welt geschäftig sind! Seid mißtrauisch gegen ihre Macht, die sie vorgeben für euch erwerben zu müssen! Wacht darüber, daß eure Herzen nicht leer sind, wenn mit der Leere eurer Herzen gerechnet wird! Tut das Unnütze, singt Lieder, die man aus eurem Mund nicht erwartet! Seid unbequem, seid Sand, nicht das Öl im Getriebe der Welt!«

Die Erfahrungen des Dritten Reichs sind noch frisch, und Dichter wie E. warnen eindringlich davor, sie zu verdrängen. Karl Korn urteilte damals: »Traumdeutung ist Günter Eichs Gedicht, und man kann zu seinem Ruhme wohl nicht mehr sagen, als daß er unser aller Träume dichtet.« Gemeint waren wohl vor allem die kollektiven Alpträume. E.s Hörspiele beginnen harmlos, in alltäglichen Situationen. Im Laufe der Handlung aber geht die Sicherheit verloren, eine ungeahnte Wirklichkeit überlagert die sichtbare Realität. Die Hörspiele verlassen die eingeübten Pfade, verunsichern, wollen aufmerksam, wachsam stimmen, Misstrauen erwecken gegen die scheinbare Sicherheit der wahrnehmbaren Gegenwart. Es ist eine Zeit, in der E. gegen die Erkenntnis der »verwalteten Welt« (Korn) den totalen Ideologieverdacht anmeldet, in der jeder Meinung misstraut, jeden Standpunkt als Möglichkeit von Machtmissbrauch ablehnt. Gegen Ende seines Lebens hat E. die Unmittelbarkeit, das Pathos seiner berühmten Verse nicht mehr gemocht. An den Inhalten aber hat er stets festgehalten: er fühlte sich verantwortlich: »Alles was geschieht, geht dich an.«

Er wollte seine Arbeit als Herausforderung der Macht und der Mächtigen verstanden wissen:»Wenn unsere Arbeit nicht als Kritik verstanden werden kann, als Gegnerschaft und Widerstand, als unbequeme Frage und als Herausforderung der Macht, dann schreiben wir umsonst.« Er wehrt sich gegen alle Institutionen, auch gegen die Natur:»Nachrichten, die für mich bestimmt sind / weitergetrommelt von Regen zu Regen – von Schiefer- zu Ziegeldach / eingeschleppt wie eine Krankheit / Schmuggelgut, dem überbracht / der es nicht haben will / … / Bestürzt vernehme ich / die Botschaften der Verzweiflung / die Botschaften der Armut / und die Botschaften des Vorwurfs / Es kränkt mich, daß sie an mich gerichtet sind / denn ich fühle mich ohne Schuld« (*Botschaften des Regens*, 1955).

Zwischen 1955 und 1968 liegt eine Phase, in der E. an den Rand des Verstummens geriet. 1962 war er nach Japan gereist. Die Steingärten, Meditationsstätten der berühmten Tempel wurden für den abendlandmüden deutschen Dichter zur existentiellen Erfahrung des Ganz-Anderen, des Sprachlosen. Er war an einem schöpferischen Endpunkt angelangt. Seine Gedichte, Einzeiler häufig, konzentrierte, komplizierte Aphorismen betrauern das Vergebliche der»bösen Hoffnung«. Sie erschienen in dem Band *Anlässe und Steingärten* (1966). Es wurde still um E., der 1953 die Schriftstellerin Ilse Aichinger geheiratet hatte und nun mit ihr und den Kindern Clemens und Miriam in Groß-Gmain bei Salzburg abgeschieden lebte. Er war berühmt. Man hatte ihm schon 1950 den ersten Preis der Gruppe 47 verliehen, er war Träger des Hörspielpreises der Kriegsblinden und nahm 1959 den Georg-Büchner-Preis der Deutschen Akademie für Sprache und Dichtung entgegen. Endlich, 1967, sorgt er noch einmal für literarischen Wirbel. Auf der letzten Tagung der Gruppe 47, zu deren Gründungsmitgliedern er zählte, trug er seine neuen, irritierenden Prosatexte vor, die er *Maulwürfe* nannte, Tiere, mit denen er sich listig vergleichen wollte. E. reflektiert Literatur in seiner Literatur, er montiert Heterogenes, Aphorismen und Banalitäten, Redewendungen, Nonsens, Sprachklischees und politische Slogans. Eine anarchische Literatur, ein Anarchist in der Literatur.»Wäre ich kein negativer Schriftsteller, möchte ich ein negativer Tischler sein. Die Arbeit ist nicht weniger geworden, seitdem der liebe Valentin den Hobel hingelegt hat. Staatsmänner haben ihn übernommen. Aber es lebe die Anarchie! Mit diesem Hochruf gehe ich in die nächste Runde. Späne sind mir wichtiger als das Brett.« 1970 erscheint der zweite Band *Ein Tibeter in meinem Büro. 49 Maulwürfe*. Schließlich veröffentlicht E. einen letzten schmalen Gedichtband, *Nach Seumes Papieren* (1972), und ein Hörspiel, *Zeit und Kartoffeln* (1973). E. ist schwer krank. Er wird immer dünner, filigraner. Der Mann, der das Mitleiden, das Mitfühlen, die Mitverantwortung ins Zentrum seiner literarischen Arbeit gestellt hatte, litt jahrelang sichtbar dem Tode zu. Walter Jens übermittelt ein letztes Gespräch mit dem Freund aus dem November 1971:»Wir sprachen über seine Gedichte, da hielt er plötzlich inne und fragte: Findet ihr nicht auch, daß sie immer trauriger werden? Immer kürzer, immer trauriger? Im Grunde sei er des Schreibens längst leid; was zu sagen sei, sei jetzt gesagt.«

Werkausgabe: Gesammelte Werke. Hg. von Ilse Aichinger u. a. 4 Bde. Frankfurt a. M. 1973.

*Susanne Müller-Hanpft/Red.*

## Eichendorff, Joseph von
Geb. 10. 3. 1788 auf Schloss Lubowitz
bei Ratibor/Oberschlesien;
gest. 26. 11. 1857 in Neiße

»Es ist ein wunderbares Lied in dem Waldesrauschen unserer heimatlichen Berge; wo du auch seist, es findet dich doch einmal wieder, und wärs durchs offene Fenster im Traume, keinen Dichter noch ließ seine Heimat los.« E. selbst sah in seiner Heimatverbundenheit den Schlüssel zu seinem Werk. Die Erfahrung heimatlicher Natur, die er in Worte fassen und besingen will, wird zum auslösenden Moment dichterischen Schaffens. Nicht nur seine Wanderlieder und Naturgedichte gelten schlesischen Bergen und Wäldern, auch in der zur Zeit der Französischen Revolution angesiedelten Erzählung *Das Schloß Dürande* (1837) orientiert er sich bei der Beschreibung der Provence, in der unterhaltungsbetonten Liebesgeschichte *Die Entführung* (1839) bei der Gestaltung der Loire-Gegend am Vorbild schlesischer Landschaften. In abwechslungsreicher Mittelgebirgslandschaft, auf einem Schloss über der Oder wächst E. als Sohn eines preußischen Offiziers und reichen Landedelmanns geborgen und sorgenfrei heran, ohne von der 1789 mit dem Sturm auf die Bastille begonnenen Zeit politischen Umbruchs und bürgerlich-revolutionärer Bewegungen etwas zu spüren. Das fromme, katholische Elternhaus legt in ihm die Grundlagen für einen unerschütterlichen christlichen Glauben, aus dem er zeit seines Lebens Kraft schöpfen wird. Nach dem Studium der Rechtswissenschaft (u. a. in Heidelberg, wo er mit Achim von Arnim und Clemens Brentano zusammentrifft) absolviert E. mit Auszeichnung das Examen in Wien; nachdem er sich als Patriot an den Befreiungskriegen gegen Napoleon beteiligt hat, geht er in den Verwaltungsdienst, wird Schulrat in Danzig und 1831 schließlich Regierungsrat im Berliner Kulturministerium. E. kommt seinen Beamtenpflichten korrekt nach, fühlt sich aber mehr zum Dichter berufen, sucht der Gleichförmigkeit des Dienstes durch eine Flucht in die Poesie zu entkommen. Durch das Elternhaus und seine Hofmeister ist E. früh an die Literatur herangeführt worden; als Zehnjähriger schreibt er ein erstes, in der Römerzeit angesiedeltes Trauerspiel, als Student und als Beamter sucht er den engen Kontakt zu den romantischen Schriftstellerkollegen. Der Wunsch nach Ausbruch aus dem Alltag, die Sehnsucht nach der Ferne, der Rückzug in eine harmonische Natur artikulieren sich bereits in den frühen Gedichten, mit denen E. das Lebensgefühl des zeitgenössischen Publikums trifft: »Ach wer da mitreisen könnte – In der prächtigen Sommernacht.«

Viele seiner Wanderlieder werden wie echte Volkslieder aufgenommen (*Wem Gott will rechte Gunst erweisen*). Formale Neuerungen zeichnen die Lyrik, die neben Johann Wolfgang Goethe erkennbar Matthias Claudius zum Vorbild hat, nicht aus, stattdessen geht es E. um Empfindungsreichtum: »Die Poesie liegt in einer fortwährend begeisterten Anschauung der Welt und der menschlichen Dinge.« Mit seinen die Heimat verklärenden Bildern, Landschaften, Figuren, Stimmungen wird E. zum typischen Vertreter der deutschen Romantik: Ritter und Einsiedler, Waldmädchen und Wanderburschen, Liebe vor besonnten Bergen und Burgen, Waldeinsamkeit im Abendrot. Da E. zudem über einen »ausgeprägten Sinn für Melodik und Rhythmus« verfügt, gehören Texte von ihm bis heute zu den am häufigsten vertonten deutschen Liedern (*In einem kühlen Grunde*).

Stärker als durch seine lyrischen versucht der junge E. durch seine Prosadichtungen aus der Gegenwart mit »ihren tausend verdrießlichen und eigentlich für alle Welt unersprießlichen Geschäften« zu fliehen. So sind die frühen Novellen (*Zauberei im Herbste*, 1808/09; *Das Marmorbild*, 1819) noch stark durch märchenhafte und phantastische Elemente geprägt. In seiner wichtigsten Novelle, *Aus dem Leben eines Taugenichts* (1826), wird die reale Welt idyllisch überzeichnet. In diesem meistgelesenen, prototypischen romantischen Text steht der seinen Stimmungen folgende Mensch im Mittelpunkt, der ziellos Wandernde, der nach »Gottes Wundern« und seinem Glück Suchende, der auf Schönheit und nicht auf Nutzen bedacht ist. Durch idyllische Bilder einer harmonischen Einheit von Mensch und Natur kritisiert E. als Humanist eine philisterhafte, von zweckorientiertem Handeln bestimmte Welt. Die späten Dichtungen offenbaren jedoch zunehmend eine konservative Weltsicht. In der Lyrik verliert sich die Fröhlichkeit des Sänger- und Wanderlebens, balladenhafte Romanzen, religiöse, manchmal melancholische Gedichte folgen; in den *Zeitliedern* erweist sich E. als eher grollender Beobachter seiner Zeit, der in Satiren mit revolutionären Ereignissen und Bestrebungen scharf zu Gericht geht (*Auch ich war in Arkadien*, 1834; *Libertas und ihre Freier*, 1849/64). Als E. 1844 auf eigenen Wunsch aus dem Staatsdienst ausscheidet, ist der Höhepunkt seines literarischen Schaffens längst überschritten, doch mit Dichtungen, die ihm selbst und seinen Lesern »einen Spaziergang in amtsfreien Stunden ins Freie hinaus« bieten, bleibt er einer der volkstümlichsten Autoren seiner Epoche, der, bei aller Betonung des Subjektiven, doch Angst behielt vor dem Aufgehen im Irrationalen: »Du sollst mich nicht fangen, duftschwere Zaubernacht.«

Werkausgabe: Sämtliche Werke. Historisch-kritische Ausgabe. Hg. von Wilhelm Kosch und August Sauer. Fortgeführt von Hermann Kunisch und Helmut Koopmann. Geplant auf 25 Bände. Regensburg 1908 ff. Stuttgart 1975 ff.

*Horst Heidtmann*

## Einstein, Carl
Geb. 26. 4. 1885 in Neuwied;
gest. 3. 7. 1940 in Lestelle-Bétharram/
Basses Pyrenées

Von den deutschen Truppen gehetzt, nahm er sich am 3. 7. 1940 in Südfrankreich das Leben. Die Flucht über die Pyrenäen war ihm nicht möglich, weil er sich 1936 in Spanien am Kampf gegen die Franco-Truppen beteiligt und damit die persönliche Konsequenz aus einem furiosen Pamphlet gegen den bindungslosen Intellektuellen und Avantgardisten gezogen hatte, der er selbst war (*Die Fabrikation der Fiktionen*, 1973 aus dem Nachlass veröffentlicht). 1912 setzte die in Expressionistenkreisen bestaunte Buchausgabe seines (Anti-)Romans *Bebuquin oder die Dilettanten des Wunders* zusammen mit programmatischen Artikeln gegen die realistische Erzählkunst der avantgardistischen Epik neue Maßstäbe. Mit dem Bildband *Negerplastik* (1915), der gegen den Kulturdünkel der Kolonialmächte die Verwandtschaft kubistischer und »primitiver« Gestaltungsformen aufzeigte, avancierte er zu einem international angesehenen Kunsttheoretiker der Moderne.

Der Erste Weltkrieg forderte den bis dahin vorrangig mit erkenntnistheoretischen und ästhetischen Problemen befassten Schüler des Philosophen Ernst Mach und des Kunsttheoretikers Conrad Fiedler zu politischem Engagement heraus. Die ästhetische und die politische Revolution galten ihm bald als zwei Seiten des gleichen Anliegens. In der Befreiung der modernen Kunst von der gegenständlichen Welt sah er eine Entsprechung zur politischen Befreiung von der bestehenden sozialen Wirklichkeit.

Nicht zuletzt der spektakuläre Gotteslästerungsprozess, in den er zu Beginn der 1920er Jahre mit seinem Drama *Die schlimme Botschaft* (1921) verwickelt wurde und die damit einhergehende Hetzkampagne der antisemitischen Presse veranlassten ihn zur frühzeitigen Emigration. Obwohl der gegenüber dem Leser stets rücksichtslose Autor 1926 mit dem Band 16 der Propyläen-Kunstgeschichte, *Die Kunst des 20. Jahrhunderts* (3. Auflage 1931), einen überraschenden Publikumserfolg verbuchen konnte, siedelte er 1928 resigniert nach Paris um und damit in das Land, in dem er schon lange seine geistige Heimat sah. In den französischen Surrealistenkreisen fand E. vielfach Bestätigungen und Anregungen bei der psychoanalytischen und ethnologischen Ausarbeitung seiner ästhetischen Theorie. Sie ist geprägt von einem tiefen Unbehagen an der modernen Kultur, deren pluralistische Zersplitterung in »die Subjektivismen der tausend Meinungen« keinen Sinn und keine Einheit mehr erkennen lasse. Zwar habe sie sich dagegen mit der wissenschaftlichen, technischen und ökonomischen Vernunft einen neuen Kollektivmythos geschaffen, doch auf Kosten der irrationalen Schichten der menschlichen Natur. Zur Überwindung des vereinzelten und rationalisierten Ich propagierte er eine »halluszinative« Kunst, die aus archaischen Strömen des kollektiven Unbewussten schöpft. Mit diesem Konzept, das vor allem die Monographie über Georges Braque von 1934 (*L'Œuvre de Georges Braque*) ausformulierte, konnte E. an die vernunft- und zivilisationskritischen Motive seines frühen Werkes anknüpfen. Schon der *Bebuquin* hatte der Mechanik kausalen Denkens eine alogische Phantastik entgegengesetzt, die das von der Vernunft Ausgegrenzte begehrte: das »Wunder«.

E. war sein Leben lang auf der Suche nach einem neuen, Einheit und verbindliche Orientierung stiftenden Mythos, der ihm das ersetzen konnte, was er mit seinem verzweifelten Hass auf die strenge jüdische Gläubigkeit seines Vaters verloren hatte. Die überraschenden Diskontinuitäten und spannungsvollen Widersprüche seines Denkens, die seinem Programm einer permanenten Revolte entsprachen und ihn nie in einer endgültigen Position verharren ließen, machen die Vitalität seiner Schriften aus. Mit einer zerrissenen Persönlichkeit und einem fragmentarisch zersplitterten Werk ist er stets ein Repräsentant jener modernen Spaltungen geblieben, die er zu überwinden suchte.

Werkausgabe: Werke. Berliner Ausgabe. 5 Bde. Hg. von Herrmann Haarmann und Klaus Siebenhaar. Berlin 1994 ff.

*Thomas Anz*

### Ekelöf, Gunnar

Geb. 15. 9. 1907 in Stockholm;
gest. 16. 3. 1968 in Sigtuna

»In Wirklichkeit bist du niemand.« Diese Zeile aus dem Gedicht »Tag och skriv« (Nimm und schreibe) repräsentiert in höchster Verdichtung sowohl das vorherrschende Lebensgefühl Ekelöfs als auch das Leitthema seiner künstlerisch-intellektuellen Produktion. Als biographische Wurzel einer lebenslangen Auseinandersetzung mit der Identitätsproblematik kann E.s nachhaltig gestörte Beziehung zu seiner Mutter angesehen werden, deren Gefühlskälte und Gleichgültigkeit er häufig thematisierte. Die traumatische Erfahrung frühkindlicher Isolation entwickelte sich zum problematischen Ich-Bewusstsein eines Autors, der im Streben nach dichterischer Selbstentgrenzung ein innovatorisches Potential entfaltete, das ihn zum bedeutendsten Lyriker der schwedischen Moderne machte. Verantwortlich für die Trennung von Ich und Welt, Sub-

jekt und Objekt waren nicht zuletzt die erstarrten Kategorien der konventionellen Sprache, und so versuchte E., das »andere«, das Sein jenseits der Gegensätze, durch ständige Auflösungen und Neuformationen des sprachlichen Mediums zu realisieren: Zertrümmerung von Wort und Syntax, paradoxale Gedankenlyrik oder die Überführung der Textstruktur in eine musikalische Form dienten als wechselnde und einander ergänzende Instrumente dazu, die Sprache transparent zu machen, ihr das abzugewinnen, was hinter der Fassade der Distinktionen und des festgefügten Regelwerks verborgen war.

E.s Debütwerk *sent på jorden* (1932; *Spät auf Erden*, 2003) – nach verbreiteter Auffassung die erste surrealistische Gedichtsammlung in Schweden – stieß bei Erscheinen auf Unverständnis, Ablehnung, sogar Empörung. Bereits hier wurde in Anlehnung an Verfahrensweisen der Art Concret die Formbarkeit (»zerbeißt die buchstäbler zwischen den zähnen«) und musikalische Transposition des sprachlichen Rohmaterials demonstriert. Der öffentliche Durchbruch gelang E. mit dem zweiten Gedichtband *Dedikation* (1934; Widmung), von dessen z. T. visionärem Charakter er sich jedoch später distanzierte und dem er als seinen ›persönlichen Durchbruch‹ die darauffolgende Sammlung *Färjesång* (1941; *Fährgesang*, 2003) entgegensetzte. Sowohl im Denken als auch in der Rezeption E.s nimmt *Färjesång*, gekennzeichnet durch das Zurücktreten des subjektiv-gefühlvollen Tones zugunsten einer analytisch-intellektuellen Prägung, eine zentrale Stellung ein. Ein imponierendes Spektrum geistesgeschichtlicher Zeugnisse von fernöstlicher Weisheit über Neuplatonismus und die Mystik der Weltreligionen bis hin zu Swedenborg, Nietzsche und Freud wird hier gegen die Vorstellung des abgegrenzten Ichs und die dualistische Denkweise des Westens ins Feld geführt.

Eine eher pessimistische Grundstimmung sowie der Ansatz eines politischen Engagements (Kritik des schwedischen Volksheim-Modells) kennzeichnen die Sammlung *Non serviam* (1945; *Non serviam*, 2003), während *Strountes* (1955; *Unfug*, 2001), *Opus incertum*

(1959; *Opus incertum*, 2001) und *En natt i Otočac* (1961; *Die Nacht von Otočac*, 2001) dem poetischen Experiment durch die Einbeziehung des Banalen und Grotesken eine neue Komponente hinzufügen. Zwar lässt das Spiel mit dem sprachlichen Rohmaterial die direkte Aussage z. T. in den Hintergrund treten, doch ermöglicht es – wie etwa die Anwendung des musikalischen Formprinzips in *En Mölnaelegie* (1960; *Eine Mölna-Elegie*, 2001) – durch die Bloßstellung und Modifikation des Aussagemediums eine indirekte, in der Negation verborgene Annäherung an das Unsagbare. In der mythisch-allegorischen Bildersprache der zwischen 1965 und 1967 erschienenen ›Diwan-Trilogie‹ wiederholt der Dichter gegen Ende seines Lebens noch einmal sein persönliches Credo, dass nämlich der paradoxe Sinn des menschlichen Daseins als zielloses Umherwandern in der Sinnlosigkeit zu begreifen und poetisch darzustellen sei.

Betrachtet man E.s Stellung und Wirkung im Rahmen der Literaturgeschichte des 20. Jahrhunderts, so erscheint er in der Doppelrolle des Anregers und Außenseiters. Während sein über die Grenzen Schwedens weit hinausreichender Einfluss auf die experimentelle Weiterentwicklung der lyrischen Form- und Sprachkunst unbestreitbar ist, erwies sich seine Demontage neuzeitlicher Ich-Rationalität in ihrer Kombination aus existentieller Radikalität, intellektueller Konsequenz und künstlerischem Erfindungsreichtum als nahezu singuläres Phänomen.

Werkausgaben: Spät auf Erden. Gedichte 1932–51. Ausw. u. Übers. K.-J. Liedtke. Münster 2003. – Unfoug. Gedichte 1955–1962. Ausw. u. Übers. K.-J. Liedtke. Münster 2003. – Dîwan über den Fürsten von Emgión. Das Buch Fatumeh. Führer in die Unterwelt. Übers. K.-J. Liedtke. Münster 1991–95.

*Ulrike-Christine Sander*

### Ekman, Kerstin
Geb. 27. 8. 1933 in Risinge/Schweden

Kerstin Ekman, die zu den großen Erzählerinnen der schwedischen Gegenwartsliteratur gehört, war eine namhafte Kriminalautorin, bevor sie sich der gehobenen Literatur zuwandte. Zwischen 1959 und 1963 entstanden sechs Kriminalromane, deren Erfolge ihr den Titel einer »Königin des Kriminalromans« eintrugen. – Mit *Pukehornet* (1967; *Winter der Lügen*, 1997) begann sie, das Unterhaltungsgenre zu verlassen, ohne jedoch bestimmte Erzähltechniken des Kriminalromans aufzugeben. Die fesselnde Erzählweise und die Fähigkeit, mit wenigen Formulierungen eine Stimmung ins Unheimliche zu wenden, gehören dazu ebenso, wie die implizite Aufforderung an den Leser, detektivischen Scharfsinn bei der Suche nach verborgenen Zusammenhängen aufzubringen.

In den Romanen der folgenden Jahre entwirft E. häufig breit angelegte Gesellschaftsgemälde, in denen das Zeitkolorit einer bestimmten Epoche eingefangen ist. Ihr Element ist der figuren- und handlungsreiche Kollektivroman mit zahlreichen Seitensträngen und Nebenhandlungen. Kennzeichen ihrer nuancenreichen Natur- und Milieuschilderungen ist der mit einer profunden Sachkenntnis verbundene Detailrealismus innerhalb eines umfassenden poetischen Universums. Als realistische Erzählerin und Erneuerin des historischen Romans in den 1970er Jahren verfasst sie Schriften mit zivilisationskritischem Ansatz. Auf der Grundlage sorgfältiger Recherchen auf den Gebieten der Arbeiterbewegung, Kultur- und Frauengeschichte skizziert sie in den vier Bänden über ihren Heimatort Katrineholm die Entwicklung einer kleinstädtischen Gesellschaft, durch deren problematische Strukturen die Krise der Gegenwart wie vorprogrammiert erscheint.

In ihren Romanen geht es aber auch um die Auseinandersetzung mit verschiedenen Weltanschauungen, philosophischen Denkmodellen und wissenschaftlichen Theorien, ohne dass die Autorin selbst Stellung bezieht, da sie den Pluralismus der Gesichtspunkte als einzig mögliche Darstellungsweise für die Komplexität der Wirklichkeit akzeptiert. In der Verarbeitung von Motiven aus Literatur und Mythos entwickelt sie eine sehr persönliche Symbolsprache, die unter der dramatischen Oberfläche der Erzählungen einen bedeutungsvollen Subtext etabliert, der sich in archetypischen Bildern sowie einer umfassenden Namensymbolik verrät. Landschaftlicher Hintergrund für eine Reihe von Romanen bildet die Natur der einsamen Moor- und Waldgebiete Nordschwedens mit den speziellen Problemen der Region. Norrland ist z. b. die Kulisse von *Mörker och blåbäsrris* (1972; Dunkel und Blaubeerreisig), einem Roman über die Eifersucht, ebenso von *Rövarna i Skuleskogen* (1988; *Skord von Skuleskogen*, 1995), einem Abenteuer- und Schelmenroman mit der Zentralgestalt eines Trolls, sowie von *Händelser vid vatten* (1993; Geheimnisse am Wasser, 1995).

Das Hauptanliegen der Autorin aber ist die Gestaltung von weiblichen Erfahrungen, die in der offiziellen Geschichtsschreibung kaum registriert wurden. Die bereits genannte Tetralogie mit den Bänden *Häxringarna* (1974; *Hexenringe*, 1996), *Springkällan* (1976; *Springquelle*, 1989), *Änglahuset* (1979; *Das Engelhaus*, 1990) und *En stad av ljus* (1983; *Stadt aus Licht*, 1992) über die Urbanisierung und Industrialisierung der kleinen Ortschaft Katrineholm am Ende des letzten Jahrhunderts ist dem äußeren Plan nach eine Stadtgeschichte, der inneren Struktur nach handelt sie jedoch vom Machtkampf der Geschlechter. Die mit unterschiedlichen Erzähltechniken gestalteten Romane stellen durch ihre Bindung an die weibliche Perspektive eine alternative Geschichtsschreibung dar. Sie zeigen auch, wie zwischen den seit jeher von der aktiven Mitwirkung an historischen Entwicklungen ausgeschlossenen Frauen der sozialen Unterschicht eine unerschütterliche Solidarität besteht, die sich erst in der Gegenwart verliert. Der letzte Band, der die Geschichte in der aktuellen Gegenwart enden lässt, besteht aus einem komplizierten, nicht-chronologischen Textarrangement. Er demonstriert, wie es der Ich-Erzählerin gelingt, durch das Aufzeichnen ihrer Erinnerungen und die Beschäftigung mit den Bedingungen des Schreibens ihre eigene Identität zu finden.

Ein reger Textdialog besteht zwischen E.s Romanen und den Werken zeitgenössischer Autoren wie z. B. Lars Gyllensten (geb. 1921) und Sven Delblanc (geb. 1931). Auch ihr Roman, *Gör mig levande igen* (1996; Mach mich wieder lebendig), betont durch seinen engen Bezug zu Eyvind Johnsons (1900–1975) *Krilon-Suite* (1941–43) den intertextuellen Charakter ihrer Dichtung. E. wurde 1978 in die Schwedische Akademie gewählt, in der sie bald als favorisierte Vortragsrednerin figurierte. 1989 vollzog sie den in der Geschichte der Akademie erstmaligen Schritt eines freiwilligen Austritts, weil sich das Kollegium nicht zu einer solidarischen Haltung gegenüber dem Schriftsteller Salman Rushdie (geb. 1947) entschließen konnte.

*Ortrun Rehm*

## Eliade, Mircea

Geb. 9. 3. 1907 in Bukarest;
gest. 22. 4. 1986 in Chicago, Illinois

Der Romancier, Mythenforscher und Religionshistoriker Mircea Eliade hat die rumänische Literatur mit seiner unkonventionellen, phantastischen Prosa bereichert. Seine zahlreichen Essays, Novellen und Romane, die neben einer Vielzahl an wissenschaftlichen Abhandlungen über die Religionen und Kulturen der Welt veröffentlicht hat, entführen den Leser in eine wirklichkeitsfremde Welt, die befreit ist von Raum und Zeit, in der der Alltag Mythen der Menschheit widerspiegelt und die Helden ihre Archetypen sind. Überzeugt von der Idee, die Kultur brauche den Mythos zum Überleben, kultiviert er seine wissenschaftlichen Thesen in den literarischen Werken.

Als Sohn des Offiziers Gheorghe Ieremia und seiner Frau Ioana wird E. 1907 in Bukarest geboren. Von 1913 bis 1917 besucht er dort die Grundschule und ab 1917 das Gymnasium Spiru Haret. E. debütiert bereits in der fünften Klasse mit der phantastischen Erzählung »Cum am descoperit piatra filozofală« (»Wie ich den philosophischen Stein entdeckte«), mit der er 1921 an einem Wettbewerb der Zeitschrift *Ziarului stinţelor populare* teilnimmt. 1925 schließt er das Gymnasium mit dem Abitur ab und beginnt das Studium der

Philosophie an der Bukarester Universität, wo er sich bald mit der Spiritualität des Orients auseinandersetzt. 1926 gründet er die Zeitschrift *Revista universitară*, die jedoch nach drei Ausgaben eingestellt wird. E. reist durch Italien, um unter anderem Alfredo Panzini und Giovanni Gentile zu treffen. In Rom bereitet er seine Diplomarbeit über die italienische Philosophie von Marsiglio Ficino bis Giordano Bruno vor. 1928 reist er nach Indien, wo er bis 1932 bleibt und Sanskrit lernt und sich mit hinduistischen Praktiken und Gebräuchen beschäftigt. 1929 beendet er seinen Roman *Isabel și apele diavolului* (1930; *Isabel und die Wasser des Teufels*); erste Publikationen über die indische Religion und Philosophie in der Bukarester Zeitschrift *Revista de filosofie* und der römischen Zeitschrift *Ricerche religiose* folgen. 1932 erlangt er den Doktorgrad in Philosophie.

Inspiriert durch seine Erfahrungen in Indien, entsteht 1933 der Roman *Maitreyi* (*Das Mädchen Maitreyi*, 1948). Die sich anschließende Schaffensperiode ist durch ein Erzählen nach angelsächsischem Vorbild bestimmt; die Vorliebe für die Spiritualität Indiens, gepaart mit einer hitzigen Erotik, spiegelt sich in dieser Prosa wieder. Zurück in Rumänien wird er als Assistent an die Fakultät für Literatur und Philosophie der Bukarester Universität berufen. Während der Bukarester Zeit (bis 1939) veröffentlicht er zahlreiche Romane und Essays, u. a. *Domnișoara Christina* (1936; *Fräulein Christine*, 1980), *Șarpele* (1937; *Andronic und die Schlange*, 1949), »Oceanografie« (1934) und »Fragmentarium« (1939). Daneben beteiligt er sich an der Gruppierung Criterion, legt zudem die Basis für den rumänischen Existentialismus (*trăirismul*) und verlegt die Zeitschrift *Zamolxis*. Erneut verbringt er längere Zeit im Ausland: 1940 ist er als Kulturattaché in London und von 1941 bis 1944 in Lissabon tätig. 1945 etabliert sich E. vorerst in Paris. Er publiziert u. a. *Traité d'histoire des religions* (1949; *Die Religionen und das Heilige. Elemente der Religionsgeschichte*, 1954) sowie *Le mythe de l'éternel retour* (1949; *Der Mythos der ewigen Wiederkehr*, 1954) und referiert bei verschiedenen Kongressen in Italien, Deutschland und Schweden. Internationale Anerkennung bringen ihm v. a. seine Werke *Le chamanisme et les techniques archaïques de l'extase* (1951; *Schamanismus und archaische Ekstasetechnik*, 1957), *Images et symboles* (1952; *Ewige Bilder und Sinnbilder*, 1958) und *Le yoga* (1954; *Yoga*, 1988). 1956 erhält er einen Ruf der Chicagoer Universität als visiting professor im Bereich der Religionswissenschaften. Ab 1957 hat er die Professur für Religionsgeschichte an dieser Universität inne, 1985 wird der Lehrstuhl nach ihm benannt. Er ist zunächst Mitglied, dann Präsident der American Society for Study of Religions, außerdem Ehrendoktor mehrerer Universitäten, u. a. der Pariser Universität. 1961 gründet er zusammen mit

Ernst Jünger in Stuttgart die Zeitschrift *Antaios*. Der Band *Nuvele* (1963, Novellen) und die Erzählung »Pe strada Mîntuleasa« (1968, »Auf der Mîntuleasa-Straße«, 1972) markieren eine Erweiterung der bisherigen Prosa: Das Auftauchen des Sakralen, des Mythos, im Profanen wird zum Leitmotiv; das Erzählen sichert das Überleben des Mythos im Alltäglichen und bietet dem Individuum Schutz vor dem »Terror der Geschichte« (»teroarea istoriei«). Eine Zusammenfassung seiner Thesen über die Religionen und Mythen findet sich in der *Histoire des croyances des idées religieuses I-II* (1976–78; *Geschichte der religiösen Ideen*, 1978).

Werkausgabe: Gesammelte Werke in Einzelausgaben. 4 Bde. Frankfurt a. M. 1984–87.

*Sorina Becheru*

### Eliot, George [Mary Ann, später Marian, Evans]

Geb. 22. 11. 1819 in South Farm, Arbury, Warwickshire;
gest. 22. 12. 1880 in London

Im heutigen England ist George Eliot, Pseudonym für Mary Ann Evans, eine nationale Institution. Die vermutlich intelligenteste und gebildetste Frau des 19. Jahrhunderts genießt eine Wertschätzung, die im respektvollen Ton der Kritik, einer ins Unüberschaubare gewachsenen Flut von substantiellen Veröffentlichungen über sie und einer intensiven Erinnerungspflege im Rahmen der George Eliot Fellowship deutlich wird. E.s *Middlemarch* (1871–72; *Middlemarch*, 1872–73), so lautete das treffsichere Urteil von Virginia Woolf (1919), ist einer der wenigen englischen Romane, die für Erwachsene geschrieben worden seien. – Leben und Werk von E. stehen auffällig im Zeichen einer Horizonterweiterung und der Modernisierungserfahrung. Als Tochter eines Gutsverwalters wächst sie in der englischen Provinz (Warwickshire) auf, deren vom Dissentertum, insbesondere von der religiösen Erweckungsbewegung des Methodismus beeinflusste bäuerliche Kultur für sie als prägendes soziales Umfeld und als oft nostalgisch beschworener Erinnerungsraum lebenslang von großer Bedeutung ist. An der Mrs. Wallington's School in Nuneaton gerät sie unter den Einfluss der evangelikal gesinnten Lehrerin Miss Lewis. Kontinuierlich arbeitet sie an ihrer Bildung, lernt unter der Anleitung von Privatlehrern Italienisch, Deutsch, Griechisch und Latein. Noch während sie für ihren verwitweten Vater den Haushalt führt, erleidet sie, wie andere viktorianische Intellektuelle auch, den Verlust ihres Jugendglaubens, was, in Verbindung mit der formal illegitimen Beziehung zu dem verheirateten Wissenschaftler George Henry Lewes, zu einer lebenslangen Entfremdung von ihrer Familie führt. Der Säkularisierungsprozess greift also in dramatischer Weise in ihr Leben ebenso ein wie die Erfahrung der damaligen rechtlichen und sozialen Benachteiligung der Frau. E. kompensiert diese Erfahrungen in typisch viktorianischer Weise mit dem Konstrukt einer moralischen Weltanschauung, die auf übersinnliche Rechtfertigung verzichtet, und

mit zahlreichen Reisen auf den europäischen Kontinent (Deutschland, Frankreich, Italien, Spanien). Die Provinzlerin E. eignet sich einen umfassenden europäischen Horizont an, der u. a. an der Polyphonie ihrer Motti und literarischen Anspielungen ablesbar ist, und sie gewinnt als Schriftstellerin und Denkerin eine wahrhaft europäische Statur.

Man kann in E.s Leben drei Phasen unterscheiden: erstens die evangelikal geprägte Jugend in der Provinz (bis 1842), zweitens eine unruhige Zeit der Suche als Übersetzerin und De-facto-Herausgeberin der progressiven Zeitschrift *Westminster Review* (1851) mit vielen Kontakten zur Intellektuellenszene Londons (John Chapman, Herbert Spencer und andere) und schließlich ab 1854 die glückliche Verbindung mit Lewes, die auch ihre schriftstellerische Tätigkeit auslöst und sie ideologisch zwar nicht zurück zur christlichen Orthodoxie, aber doch in die Nähe eines unorthodoxen, rebellischen Konservatismus bringt. Was gelegentlich als proteische, standpunktlose Wandlungsfähigkeit erscheinen mag, hat indes seine Wurzel und seinen Ort in einer humanistischen Philosophie der Liebe (Sympathie) und der Mitmenschlichkeit, die Weltanschauung, ästhetische Theorie (Realismus) und Lebenspraxis E.s gleichermaßen bestimmt und umgreift. Diese ethische Position entsteht nicht zuletzt unter dem Einfluss der friedenerisch-humanistischen Interpretation der christlichen Theologie durch David Friedrich Strauss und Ludwig Feuerbach. 1846 erscheint E.s englische Übersetzung von Strauss' *Das Leben Jesu* (1835), 1854 publiziert sie ihre Übertragung von Feuerbachs *Das Wesen des Christentums* (1840). Laut Strauss sind die Berichte der Evangelisten nicht historisch, sondern mythische Konstruktionen, und Feuerbach deutet die biblischen Gottesvorstellungen materialistisch und anthropologisch im Sinne eines emanzipatorischen Humanismus als menschliche Werke, in denen der Mensch seine Selbsterkenntnis reflektiert. Anders als der Hegelsche Idealismus versteht Feuerbach den Menschen als natürliches, bedürftiges, leibliches, auf andere Menschen angewiesenes Sinnenwesen. Höchstes Prinzip der »Philoso-

phie der Zukunft« ist für Feuerbach das Prinzip der liebenden»Mitmenschlichkeit«. Ähnlich wie in Auguste Comtes positivistischer
Philosophie, der sich E. ebenfalls verpflichtet
fühlte, wird bei Feuerbach ein Pathos der
Liebe und der Humanität verkündet. E. stand
in den 1840er und frühen 1850er Jahren also
im Bannkreis des deutschen Linkshegelianis-
mus. Während aber Feuerbach nach der Marx-
Lektüre 1868 zum Marxisten konvertierte,
wandte sich E. von freidenkerisch-antichristli-
chen Haltungen ab und gelangte zu einer
überaus komplexen, ja widersprüchlichen Position, die konservative und liberale Strömungen, statisches und evolutionäres Ge-
schichtsdenken, moralischen Idealismus und
empirischen Realismus miteinander verband.
Wie Comte und Feuerbach verwandelt ihr
Humanismus das Christentum in eine moralische, gemeinschaftsstiftende Kraft.

Diese Voraussetzungen bestimmen die
Ausrichtung ihrer Romanpoetik. Im Mittelpunkt steht der liebende und verstehende
Blick auf die um ihre Existenz ringende
Menschheit, seien es nun Landarbeiter, Bauern, Handwerker und Milchmädchen wie in
den frühen Erzählungen oder heroische, sozial
und intellektuell hochstehende Figuren, die
der einfühlenden Sympathie bedürfen. E.s
moralischer Imperativ schließt einen bloß ästhetischen oder naturalistischen Blickwinkel
aus. Angeregt von dem konservativen Kultur-
soziologen Wilhelm Riehl, dessen Werk sie
eine grundlegende Rezension widmet (»The
Natural History of German Life«, 1856), will
sie in ihren Romanen das komplexe Netz der
vielfältigen Beziehungen der sozialen Klassen
und ihre Abhängigkeit von Traditionen und
äußeren Bedingungen untersuchen. Wenn
ihre quasi-soziologischen Romanfiktionen
brauchbare Erkenntnisse liefern sollen, dann
ist die realistische Methode unabdingbar, die
Bauern nicht in idyllische Operettenfiguren
verwandeln darf. Ziel humanistischer, moralisch verantwortlicher Kunst muss die Bildung
und Erziehung des Lesers sein – und diese
wird am greifbarsten an der erkennbaren Ausweitung seiner Sympathien (»the extension of
our sympathies«). Multiperspektivik und auk-

toriale Erzählstimme spielen in diesem ästhetischen Programm eines moralisch im-
prägnierten Realismus deshalb eine Schlüsselrolle. Ersterer fällt die Aufgabe zu, ein möglichst vielstimmiges, objektives Bild der
Gesellschaft zu erstellen und erzählerischen
Egoismus bzw. Narzissmus zu vermeiden. Das
erzählerische Medium vermittelt zwischen realer Welt und Fiktionswelt, erklärt und bewertet die Figuren im Medium einer Sprache, die,
unendlich variabel, zahlreiche Gefühlsnuan-
cen und Haltungen von der herablassenden
oder mitfühlenden Ironie bis zu satirischem
Ingrimm oder philosophischer Gelassenheit
und nostalgischer Ergriffenheit zulässt. Das
auch für den Hegelianismus charakteristische
Erbe von abstraktem Philosophieren und Leben, Theorie und Praxis haucht bei E. der auktorialen Erzähltradition neues Leben ein und
führt ihr neue Funktionen zu, die mit der
Kommunikation von Einsichten, Moral und
Sympathie zu tun haben. Dabei ist E. doktri-
näre Rabiatheit fremd. Oft entstammen die
deutenden, gelegentlich aphoristischen Verall-
gemeinerungen der Weltklugheit der Moralistik, oft illusionskritischem *common sense*, gelegentlich aber auch anspruchsvollen Spezial-
diskursen wie der Zeichentheorie.

E.s erste Erzählungen und Romane –
*Scenes of Clerical Life* (1857; *Bilder aus dem
kirchlichen Leben Englands*, 1885), *Adam Bede*
(1859; *Adam Bede*, 1860), *The Mill on the Floss*
(1860; *Die Mühle am Floss*, 1861), *Silas Marner*
(1861; *Silas Marner*, 1861) – wurzeln tief in
ihren persönlichen Erfahrungen und der Pro-
vinzkultur der Midlands. Durchweg retro-
spektiv angelegt und etwa ein halbes Jahrhundert zurückversetzt, fangen sie jenen Augenblick des Übergangs von der traditionellen zur
modernen Gesellschaft ein, den die Erzählstimme mit einer Mischung aus realistischer
sozialkritischer Betrachtung und Nostalgie
zur Anschauung bringt und deutet. So gehen
Idyllekritik und Idylle, kultursoziologische
Analyse nach dem Vorbild Riehls und Romanze in diesen auch sprachlich (Dialektwör-
ter) regional eingefärbten Erzählungen eine
komplexe, auch widersprüchliche Verbindung
ein, zumal die realistische Faktizität zahlloser

konkreter Einzelbeobachtungen über das But-
tern, Mähen, Kartoffelernten, Weben und
Schreinern zugleich nach dem Muster mora-
lischer Fabeln angeordnet wird. Bei aller Indi-
vidualisierung und Kontingenz sorgt eine moralische Nemesis dafür, dass eine moralische
Fehlhaltung wie z. B. Eitelkeit (Hetty in *Adam
Bede*) bestraft und sozial verantwortliches
Handeln (Adam Bede, Dinah Morris) belohnt
wird. ›Commonplace‹ ist das Stichwort der
*Scenes of Clerical Life*, mit denen E., durch den
Zuspruch von Lewes ermutigt, ihre Karriere
als Künstlerin beginnt. Nicht die romantischen
Verlogenheiten der »silly lady novelists« (E.)
sind ihr Anliegen, sondern, fern aller Theologie, die menschlichen, alltäglichen Realitäten
des Pfarrerstandes. Liebe unter den Bedingungen gesellschaftlicher Realität im 19. Jahrhundert, das große Thema des Romans und
der Erzählungen von *Scenes of Clerical Life*,
bestimmt auch die Anlage der weiteren Romane von E. Dabei ist streng zwischen erotischer und moralischer Liebe zu trennen. Die
Leidenschaft der naiv-narzisstischen eitlen
Hetty für den abenteuernden Aristokraten Arthur Donnithorne endet in der Katastrophe
des Kindsmords und der Verbannung, während die moralisch integren Figuren, der
Schreiner Adam Bede und die methodistische
Predigerin Dinah Morris zueinanderfinden.
Was den enormen Erfolg von *Adam Bede* ausgelöst hat, dürfte aber weniger dieser Plot sein
als der retrospektiv-nostalgische Blick zurück
auf das Landleben von Hayslope, der trotz des
Bemühens um Idyllekritik etwa in die Darstellung der Poyser-Familie eingeschrieben ist.
Erlösung durch liebende Hinwendung zum
Mitmenschen ist das Handlungsmuster, dem
auch der Plot von *Silas Marner* gehorcht. Der
isolierte, von der abergläubischen, vor-moder-
nen Dorfgemeinschaft kritisch beäugte Weber
Silas gewinnt sein durch üble Nachrede verlorenes Glück zurück, als er das von Godfrey
verleugnete Kind Eppie findet und aufzieht.
Entgegen kulturkonservativen Deutungen (Q.
D. Leavis) wird man sagen müssen, dass E. gerade im ›sozialhistorischen‹ Eingangskapitel
die Dorfgemeinschaft keineswegs zum Muster
heilen organischen Soziallebens stilisiert, son-

dern eine für sie typische ambivalente Position
bezieht. Die Doppelstrategie von realistischer
Mimesis und Mythisierung, sozialkritischer
Diagnose und Wunschprojektion bestimmt in
besonderem Maß ihren vielleicht persönlichs-
ten Roman, *The Mill on the Floss*. Die Ironien
und Widersprüche des Modernisierungspro-
zesses, v.a. seine Kosten, sind am Schicksal der
Familie Tulliver ablesbar. Der altmodische, in-
kompetente Müller Tulliver gerät im hoff-
nungslosen Prozess gegen den smarten Rechtsanwalt Wakem zur tragikomischen Figur, der
gleichwohl die Liebe der Tochter Maggie gilt.
Maggies Schicksal spiegelt die Leiden begabter
junger Frauen, denen in einer rückwärtsgewandten provinziellen Gesellschaft der Bruder
(Tom) vorgezogen wird. Verstrickt in die Leidenschaft für Stephen Guest, ihre Loyalität
zum Jugendfreund Philip Wakem und die
Liebe zum selbstgerechten Bruder, ›erlöst‹ sie
der Tod im Wasser, der gleichzeitig die ersehnte Vereinigung mit dem Bruder bringt.
Auch wenn dieses Schlussmotiv des gemeinsamen Todes in der Flut etwas aufgesetzt wirkt
und offensichtlich auch auf persönliche Har-
moniebedürfnisse der Autorin (wegen der ab-
lehnenden Haltung ihres eigenen Bruders)
antwortet, widerspricht das Schema des tragi-
komisch-tragischen Untergangs nicht der
Ambivalenz der Moderne-Deutung des Romans.
   Sieht man von dem 1866 erschienenen politischen Roman *Felix Holt, The Radical* (*Felix
Holt, der Radikale*, 1867) ab, der u. a. das korrupte Wahlsystem aufs Korn nimmt, lässt sich
bei den jetzt folgenden Romanen und Texten
eine deutliche Ausweitung, ja Europäisierung
der Perspektive ausmachen. Der im Florenz
der Renaissance spielende Roman *Romola*
(1862–63; *Romola*, 1863), von der Kritik als
Fehlschlag eingestuft, weil er mit ermüdender
Akribie im Englischen vergangene italienische
Sprache und Kultur fingiert, knüpft gleichwohl
in ahistorischer und herausfordernder Weise
an die Liebesthematik an. Romola, die Protagonistin, löst sich gleich von drei Vaterfiguren:
ihrem eigenen Vater, dem gelehrten Bardo, der
ihre weibliche Rolle traditionalistisch deutet;
dem treulosen Ehemann Tito, der sich mora-

lisch und politisch kompromittiert, und dem geistlichen Vorbild Savonarola. Romola lebt emanzipatorischen Humanismus, wenn sie am Ende mit der Geliebten ihres toten Mannes und deren Kindern eine Kommune bildet. Etwas resignativ fällt der Schluss in ihrem Meisterwerk *Middlemarch* aus, wenn die idealistische Heldin Dorothea ihre Ambitionen nur im Rahmen einer Ehe und von Privatkontakten verfolgen kann. In diesem Roman schaffen Kontrast und Parallelismus sinnfällige Unterschiede zwischen Egoismus (Rosamond) und Altruismus (Dorothea), moralisch gefestigter (Mary Garth) und erotisch motivierter (Lydgate) Liebe. Die europäische Perspektive ist in die reiche Intertextualität des Romans (z. B. Motti) ebenso eingegangen wie in die anglo-europäische Identität zentraler Figuren und die Ausweitung des Schauplatzes auf Rom. Wenn es ein zentrales Thema gibt, das alle Teile zusammenbindet, dann ist es, entsprechend dem zentralen Ereignis der Reform Bill von 1832, die Reform. Immer noch angetrieben vom Anliegen, die Möglichkeiten der Sympathiestiftung, des moralisch gelungenen und misslungenen Lebens im Roman sichtbar zu machen, betritt E. in ihrem letzten Roman, *Daniel Deronda* (1874–76; *Daniel Deronda*, 1876), inhaltlich und formal (Rückblenden) noch einmal völlig neues Terrain. Ihre Sozialkritik speist sich hier aus einem moralischen Impuls, der fast utopische Qualitäten erreicht und entsprechend kontrastive Strukturen nach sich zieht. Denn offenkundig ist, trotz mancher Parallelen in der Frauenfrage, das Bild einer kalten, von materiellen Erwägungen bestimmten englischen Oberschicht (Grandcourt-Handlung) analog zur utopischen Sozialkritik kontrastiv auf das idealisierte Bild jüdischer Kultur (Mordecai, Daniel Deronda) bezogen. In bahnbrechender Weise bürdet die Viktorianerin und Intellektuelle E. dem Roman noch einmal die ethische Aufgabe auf, tiefverwurzelte Vorurteile abzubauen und den Horizont des Sympathiewürdigen auszuweiten.

Werkausgabe: The Clarendon Edition of the Novels. Hg. G.S. Haight. Oxford 1980ff.

*Hans Ulrich Seeber*

## Eliot, T[homas] S[tearns]
Geb. 26. 9. 1888 in St. Louis, Missouri; gest. 4. 1. 1965 in London, England

Mit dem Tod von T.S. Eliot im Jahr 1965 ging in der Literatur- und Kulturgeschichte des 20. Jahrhunderts eine Ära zu Ende, die sich untrennbar mit seinem Namen verbindet. E.s herausragende Position unter den Dichtern seiner Epoche erklärt sich nicht zuletzt aus dem paradoxen Tatbestand, dass er mit seinem Gedicht *The Waste Land* (1922; *Das wüste Land*, 1927) nicht nur ein genialer Zeitdiagnostiker war, der das Zerbrechen traditioneller Werte auf allen Ebenen der Kultur und des Lebens in der Zeit nach dem Ersten Weltkrieg in einer innovativen sprachkünstlerischen Form mit größter Eindringlichkeit zum Ausdruck brachte, sondern dass er sich – auch schon in diesem Werk – gleichzeitig als Sinnsuchender und Bewahrer des kulturellen Erbes zeigte. Diese Doppelgesichtigkeit seines Werks machte E. auch nach dem Zweiten Weltkrieg zu einem Autor, dem man sich angesichts eines extremen Ordnungs- und Werteverfalls zuwenden konnte. In der Entwicklung E.s nach *The Waste Land* fand man den paradigmatischen Fall eines Autors, der konsequent von der Diagnose des Sinnverlusts zur neuen Sinnfindung voranschritt. Bei der intensiven Rezeption E.s spielte auch die Tatsache eine große Rolle, dass der Dichter komplementär zu seinem Werk in Essays und Rezensionen eine Poetik entwickelte, die einerseits als Schlüssel zu seinen Dichtungen aufgefasst werden konnte, andererseits aufgrund ihres universellen Anspruchs aber auch als Poetik des 20. Jahrhunderts gelten konnte. Seine *Selected Essays* (1932; *Ausgewählte Essays*, 1950) – und nicht die Schriften seines wesentlich betriebsameren und avantgardistischeren Freundes Ezra Pound – wurden zum Manifest des Modernismus, das über seine poetologische Relevanz hinaus eine umfassende Neubeurteilung der Literatur und Kultur Euro-

pas und speziell des Kanons weltliterarischer Werke darstellte.

Das besondere kulturgeschichtliche Interesse E.s hängt unter anderem damit zusammen, dass er Amerikaner und Brite in einem war. Wenn er 1927 auch die britische Staatsbürgerschaft annahm und zum Anglo-Katholizismus konvertierte, blieb seine amerikanische Vergangenheit in seiner Persönlichkeit und seinem Werk stets präsent. Das betrifft seine Heimatstadt St. Louis und die im Bewusstsein seiner Familie lebendige Herkunft aus Massachusetts einschließlich ihres puritanischen Erbes. E. studierte ›naturgemäß‹ in Neuengland, an der Harvard University, wo er in George Santayana und Irving Babbit herausragende Lehrer hatte. Seine philosophischen Studien vertiefte er während eines Studienjahres an der Sorbonne, wo er Vorlesungen von Henri Bergson hörte. In Harvard wurde er mit einer Arbeit über die subjektbezogene (neuidealistische) Philosophie Francis Herbert Bradleys promoviert. Nach seiner Übersiedelung nach England kam E. rasch in den avantgardistischen Kreis um Ezra Pound, der in E.s Gedichten eine außerordentliche Modernität erkannte und ihm den Weg für die Veröffentlichung von »The Love Song of J. Alfred Prufrock« in Harriet Monroes Zeitschrift *Poetry* bereitete. Zur Sicherung des Lebensunterhalts ging E. nach der Heirat mit Vivienne Haigh-Wood (einer psychisch instabilen Frau, die später im Wahnsinn endete, wofür E. sich mitverantwortlich fühlte) verschiedenen Tätigkeiten nach, z. B. als Bankangestellter und Herausgeber der Zeitschriften *The Egoist* und *The Criterion*, bis er 1925 zum Verlag Faber & Faber kam, dessen Leiter er schließlich wurde. Anders als bei seinen Dichterkollegen Wallace Stevens, der Jurist war, und William Carlos Williams, der eine Arztpraxis hatte, bestand bei E. eine sehr enge Beziehung zwischen seiner beruflichen Tätigkeit im Verlag und seiner Laufbahn als Dichter.

E.s literaturgeschichtliche Bedeutung liegt in der Hauptsache in seinem lyrischen Werk begründet, obwohl er seit den 1930er Jahren auch auf dem Gebiet des Dramas in beachtlicher Weise als Neuerer hervortrat. Seine frühe Lyrik bis zu *The Waste Land* ist als Reaktion auf den Werteverfall und die Disharmonie der großstädtisch geprägten modernen Welt zu verstehen. E.s erster Gedichtband, *Prufrock and Other Observations* (1917), ist mit dem ironisch-sardonischen Ton und der vielfach zynischen Selbstbeobachtung und Selbstkritik seiner Rollensprecher dem französischen Symbolisten Jules Laforgue verpflichtet. Die Skepsis dem Ich gegenüber äußert sich in dem dramatischen Monolog »The Lovesong of J. Alfred Prufrock« in Ichspaltung. Die einleitenden Verse – »Let us go then, you and I [...]«  – lassen sich eher als Anrede des Ich an ein *alter ego* denn als die konventionelle Anrede an die Geliebte (*invitatio*) auffassen. Der Sprecher ist ein desillusionierter Junggeselle, der, angewidert von der Schalheit und Sinnlosigkeit des großstädtischen Lebens und den Prätentionen seiner Kulturträger, sich selbst immer wieder bohrende Fragen stellt, aber doch in Mut- und Antriebslosigkeit verharrt und nicht aus dem Ritual gesellschaftlicher Nichtigkeiten – »I have measured out my life with coffee spoons« – ausbrechen und zu einer entschiedenen existenzbegründenden Handlung finden kann. Vergleichbar ist der von Henry James beeinflusste Monolog »Portrait of a Lady«, dessen Sprecher sich über seine unbefriedigende Beziehung zu einer hochgebildeten, wenn auch vitalitätsschwachen Frau äußert. Kulturkritisch pointiert auch das gelangweilt-geistreiche Aneinandervorbeireden der Gesprächspartner in »Conversation galante«. Gedichte wie »Preludes«, »Rhapsody on a Windy Night« und »Morning at the Window« stellen die sterile, überkultivierte vornehme Welt, sondern Hässlichkeit und Elend der städtischen Milieus und eine entsprechend einsamen, entfremdeten und sinnlosen menschlichen Existenz vor. Ein positiv dargestellter Charakter in E.s erstem Band ist Mr. Apollinax, der Dionysisches und Appollinisches verbindet, vermutlich ein Porträt Bertrand Russells, bei dem E. 1914 an der Harvard University studiert hatte.

In *Poems* (1920) lässt E. auf Figuren wie den triebschwachen Ästheten Prufrock aus seinem ersten Band den ganz und gar nicht hypertroph-intellektuellen, sondern vielmehr erdverbundenen Charakter Apeneck Sweeney folgen, dessen vulgäre Sinnlichkeit in »Sweeney among the Nightingales« unangefochten bleibt von der ominösen Stimmung des Gedichts, das auf Verrat und Mord hindeutet und durch den Bezug auf den griechischen Mythos (Agamemnon, Philomela) ins Tragische weist. Die Lösung von dem im ersten Band dominierenden amerikanischen Milieu zeigt sich u. a. in der kosmopoliten Orientierung eines Gedichts wie »Burbank with a Baedeker: Bleistein with a Cigar«, das eine Liebesaffäre in Venedig in Versen mit höchstem Anspielungsreichtum darstellt. Das bedeutendste Gedicht dieses Bandes ist »Gerontion«, ein auf Samuel Beckett vorweisender Monolog eines physisch und emotional reduzierten Greises, der in einem verfallenen Haus, dem Symbol des geistigen, religiösen und kulturellen Ruins, dahinvegetiert und vergeblich auf Regen wartet.

Als Schlusspunkt von E.s frühem lyrischem Werk steht The Waste Land, das Themen, Motive und Techniken der früheren Gedichte in einer großen innovativen Komposition zusammenführt. Für die vorliegende Gestalt des Werks ist Ezra Pound zu einem großen Teil mitverantwortlich, der den ursprünglich wesentlich längeren Text drastisch kürzte. Wichtige formale Eigenschaften des Gedichts sind u. a. die Montagetechnik, der Gebrauch frei wechselnder Rhythmen, die vielen Anspielungen, das Verfahren der Zitat-Collage, die Leitmotiv- und Symbolisierungstechnik und die Kennzeichnung der dargestellten Welt als sinnentleert, orientierungslos, dehumanisiert und dem Tod anheimgefallen. In der Zusammenstellung fragmentarischer und diskontinuierlicher Einzelteile wurde vielfach eine formale Entsprechung zur Disharmonie und Heterogenität der Nachkriegswelt gesehen. Beispielgebend für die Literatur des Modernismus ist die Verwendung von Mythen (wie dem des blinden Sehers Tiresias oder auch von Vegetationsmythen, zu denen die Gralssuche als Fruchtbarkeitsritus gehört) als kohärenzbildende Motive. Die Zitat-Collage

am Schluss des Gedichts, wo sich in nur acht Versen acht Zitate aus den unterschiedlichsten Kontexten finden (Gralssage, Kindervers, Dante, lateinischer Cantus, Tennyson, Nerval, Kyd, indische Veden), ist indes nicht als Symptom des Kulturverfalls zu sehen, sondern als Versuch, Kulturfragmente zusammenzuführen. Ein Zeichen des Verlangens nach Sinngebung ist im Bezug auf die indische Philosophie im letzten Teil des Gedichts zu sehen, das mit dem indischen Wort für Frieden (»shantih«) schließt.

E.s Werk nach The Waste Land ist bestimmt von der Suche nach einer neuen Ordnung, für die Philosophie und Religion maßgeblich werden. Ein Werk des Übergangs ist in diesem Kontext »The Hollow Men« (1925), das zwar eine völlig negative, paralysierte, sinnentleerte, vom Tod bestimmte Existenzform präsentiert, aber Ansätze zu chorischem und liturgischem Sprechen enthält, die allerdings scheitern. »Ash-Wednesday« (1930), E.s erstes größeres Werk nach The Waste Land, markiert dagegen einen, wenn auch mühsamen, Übergang zu einer religiösen Meditationsform, die von der Selbsterforschung bis zum Gebet führt. E. rückt hier von der weitgehend unpersönlichen Dichtungskonzeption seiner Frühphase und von der Montagetechnik ab. Eine weitgehend konsistente lyrische Stimme wird hörbar. Eine neue Stiltendenz, die zuvor in »The Hollow Men« nur ansatzweise zu beobachtende Neigung zur abstrakten Diktion und zum Paradoxon, verstärkt sich. Diese Tendenz wird in Four Quartets (1943; Vier Quartette, 1948) dominant, E.s letztem großen lyrischem Werk, der bedeutendsten religiösen Dichtung des 20. Jahrhunderts. Four Quartets ist eine in Analogie zu musikalischen Strukturierungsmethoden komponierte Meditation, die zwischen mehr gedanklichen, begrifflich-abstrakten und mehr erlebnishaft-konkreten und symbolisch konzipierten Passagen wechselnd, von verschiedenen Standpunkten her das Problem behandelt, wie der in der Zeit verhaftete Mensch der Erfahrung von Zeitlosigkeit teilhaftig werden kann. In der poetischen Verwendung von Begriff und logischem Urteil ist

E. Wallace Stevens verwandt. Kein Lyriker des 20. Jahrhunderts hat das Paradox mit so intensiver Wirkung gebraucht wie E.

E.s erstes Drama, *Murder in the Cathedral* (1935; *Mord im Dom*, 1946), zeigt sein Bemühen, sein religiöses Anliegen einem größeren Publikum zu präsentieren. Das Werk ist weniger als historisches Drama konzipiert, in dem es um den geschichtlich belegten Konflikt zwischen Staatsräson und religiösem Auftrag geht, der in der Ermordung des englischen Bischofs Thomas à Becket gipfelte, sondern als Exempel eines Märtyrerschicksals, in dem das Wesen des Märtyrertums und seine Bedeutung für die Gemeinschaft der Gläubigen aufgezeigt werden sollen. Das Werk greift Techniken des antiken Theaters (Chor) und des mittelalterlichen Dramas (Allegorisch-Didaktisches, Psychomachie) auf. Ein besonderer Effekt resultiert aus der Gegenüberstellung der intensiven poetischen und liturgischen Verssprache mit der Prosa der Mörder, die E. sich in zynischer Argumentation direkt ans Publikum wenden lässt, wodurch dieses unmittelbar zu einer intellektuellen und moralischen Auseinandersetzung mit dem Stück aufgefordert wird. Als poetisches Drama ist auch *The Family Reunion* (1939; *Der Familientag*, 1949), das, Eugene O'Neills *Mourning Becomes Electra* verwandt, den Orest-Mythos zur Gestaltung einer christlichen Schuldproblematik in einer Familie verwendet. Dramatische Kühnheit liegt darin, dass E. in einem modernen Familienbeziehungsdrama die Erynnien auftreten lässt und den Verwandten die Rolle des Chors zuweist. Auf den Alkestis-Mythos greift die nicht sehr komödienhafte Salon-Komödie *The Cocktail Party* (1949; *Die Cocktail Party*, 1950) zurück. Bei der Enthüllung des Zerwürfnisses zweier Ehepaare und ihrer Hinwendung zum christlichen Glauben ist hier ein ominöser Psychotherapeut, Sir Henry Harcourt-Reilly, von entscheidender Bedeutung. Eine der Frauenfiguren, Celia Coplestone, führt die Rolle von Lord Harry in *The Family Reunion* fort, der am Ende des Stücks beschließt, die Familie zu verlassen und Missionar zu werden. Celia findet den Märtyrertod in Afrika. In seiner Entwicklung als Dramatiker bewegt sich E. immer mehr vom poetischen Drama weg. Der Bezug auf antike Mythen bleibt in seinen beiden letzten Dramen, den Gesellschaftsstücken *The Confidential Clerk* (1953; *Der Privatsekretär*, 1954) und *The Elder Statesman* (1958; *Ein verdienter Staatsmann*, 1959) erhalten, verliert aber seine funktionale Notwendigkeit.

E., neben Ezra Pound der bedeutendste *poeta doctus* des 20. Jahrhunderts, machte mehr noch als sein Dichterkollege auch als Kritiker Epoche. Die wichtigsten Bestandteile seiner Dichtungstheorie sind die Forderung nach der Unpersönlichkeit der Kunst, die er in seinem lebenslangen Leitbild Dante verwirklicht sieht, das intertextualistische Postulat eines Kanons der Weltliteratur, der sich durch jedes neu hinzugekommene Werk verändert (»Tradition and the Individual Talent«, 1919), die von der symbolistischen Ästhetik und der Erkenntnistheorie Francis Herbert Bradleys beeinflusste Auffassung von der gegenständlichen Entsprechung (»objective correlative«), die der Dichter jeweils für seine Emotion finden müsse (»Hamlet«, 1919), und schließlich die Forderung nach der Einheit von Denken und Fühlen, die er bei den englischen Barockdichtern, besonders bei John Donne, exemplarisch realisiert findet und die seit John Milton in einem gravierenden Traditionsbruch (»dissociation of sensibility«) verlorengegangen sei (»The Metaphysical Poets«, 1921).

Werkausgaben: Werke. Frankfurt 1966 ff. – Collected Plays. London 1962. – Selected Essays. London 1963. – Collected Poems, 1909–1935. London 1936.

*Wolfgang G. Müller*

## Ellison, Ralph [Waldo]

Geb. 1. 3. 1914 in Oklahoma City, Oklahoma; gest. 16. 4. 1994 in New York

Als Verfasser eines unbestritten großen Wurfs – des Romans *Invisible Man* (1952; *Unsichtbar*, 1954; *Der unsichtbare Mann*, 1995) – in der amerikanischen Literatur glänzend etabliert, blieb Ralph Ellison vor dem zeitgeschichtlichen Hintergrund der McCarthy-Ära, der Bürgerrechtskämpfe und der aus ihnen erwachsenden militanten Bewegungen unter den Afro-Amerikanern ein kontrovers beurteilter Künstler und Kulturkritiker. Unter den kulturell offenen Bedingungen des Mittleren Westens aufgewachsen, hatte sich der junge E. intensiv für schwarze Musik, Sprache und mündliche Tradition interessiert und eine Ausbildung zuerst als Musiker und später auch als Bildhauer angestrebt. Zur Förderung dieser Pläne ging er 1936 nach New York und lernte dort Richard Wright kennen, der ihn zu Beiträgen für die Zeitschrift *New Masses* (dem Hauptforum der Kommunistischen Partei der USA) anregte. Mit der Veröffentlichung erster Buchbesprechungen und Kurzgeschichten verschrieb E. sich rasch dem neuen Metier, das er nach vorübergehender Beschäftigung im Federal Writers' Project (einem Künstlerförderprogramm des New Deal) und nach knapp zwei Jahren bei der Handelsmarine ab 1945 in New York konsequent weiterverfolgte.

E.s literarische Gesellenstücke bestanden aus einer Reihe von Kurzgeschichten im Fahrwasser einer proletarischen Kunstideologie und in Wrights Nachfolge. Unter ihnen sticht »Flying Home« (1944) hervor, wo im Motiv des Fliegens Echos der Racheimpulse von Wrights Figur des Bigger Thomas aus *Native Son* mit in der schwarzen Folklore artikulierten Ausbruchsphantasien verschmelzen. Wie E. im Rückblick verschiedentlich selbst beschrieb, schälte sich aus tastenden Romanprojekten (darunter auch ein Kriegsroman) nach 1945 allmählich die Erzählstimme und Tonlage der namenlosen Titelfigur von *Invisible Man* heraus. Der Roman zeigt neben einer hochgradigen Sättigung mit Elementen der mündlichen Tradition, der kollektiven Erinnerung und spezifischer Praktiken der schwarzen Kultur auch E.s Hochschätzung für Autoren wie Herman Melville, Mark Twain, Ernest Hemingway, T.S. Eliot, James Joyce, Fedor Dostoevskij und André Malraux. Über den Grundmustern des pikaresken Romans (mit seiner unvorhersehbaren Reihe von Stationen) und des ironisch auf den Kopf gestellten Bildungsromans (der hier nicht auf den Zuwachs von Wissen, sondern auf den Abbau illusionärer Erwartungen hinausläuft) vereinigt E. eklektisch angeeignete Erzähltechniken und Bewusstseinslagen unterschiedlichster Herkunft. Was diese disparaten Impulse bündelt, ist die zunehmend reflektiertere Stimme des namenlosen Ich-Erzählers.

Der Roman ist gerahmt von einem Prolog und einem Epilog, die teils reale, teils traumatische Bilder und Überlegungen des Ich-Erzählers verbinden. Die Odyssee des am Ende in einem New Yorker Kohlenkeller wortwörtlich unsichtbar gewordenen Erzählers beginnt im tiefen Süden der USA mit der alptraumartigen Initiation der »Battle Royal«, einem entwürdigenden Preisboxen schwarzer Jugendlicher vor weißen Honoratioren, und wird in der rituellen Graduiertenfeier der Highschool mit dem Erzähler als Festredner fortgesetzt. Mit einem hinterhältigen Empfehlungsschreiben belohnt, das alle Adressaten auffordert, »[to] Keep This Nigger-Boy Running«, geht der Protagonist auf ein schwarzes College, das deutlich an das von Booker T. Washington gegründete Tuskegee Institute in Alabama erinnert. Als der naive Erzähler bei einer Rundfahrt den reichen Mäzen Norton mit dem Skandalfall des schwarzen Farmers Trueblood bekanntmacht (der seine eigene Tochter im Schlaf geschwängert hat) und den vom Inzest persönlich Betroffenen auch noch einer Schar angetrunkener, nervenkranker schwarzer Veteranen im Freudenhaus aussetzt, wird er von Bledsoe, dem Präsidenten des Colleges, suspendiert und mit »Empfehlungsbriefen« nach New York abgeschoben. Er erfährt schließlich, dass die Briefe all seine Aufstiegsträume zunichte machen, begehrt gegen die kaschierte Botmäßigkeit der Bledsoes auf und sucht sich Arbeit in der »Liberty Paints« Farbenfabrik. Spannungen zwischen einem schwarzen Maschinisten, der weißen Firmenleitung und der Gewerkschaft führen jedoch zu einer Explosion, bei der sich der Erzähler im Krankenhaus wiederfindet. Als Opfer einer Elektroschocktherapie entgeht er mit knapper Not einer geplanten Lobotomie. In Harlem findet der Erzähler vorübergehend Ruhe in der mütterlichen Betreuung durch seine Vermieterin

Mary. Bei Streifzügen durch die Stadt wird er eines Tages Zeuge der Zwangsräumung der Wohnung eines alten Paars und macht sich durch eine improvisierte ironische Ansprache spontan zum Motor des erfolgreichen Widerstands von Nachbarn und Passanten. Dies trägt ihm das Angebot eines »Brother Jack« ein, für die Organisation der »Brotherhood«, einer fiktionalen Version der Kommunistischen Partei, zu arbeiten. Zuerst misstrauisch, bald aber auch geschmeichelt und fasziniert, avanciert er schnell zum Wortführer seiner Gruppe. Interne Auseinandersetzungen über Taktik und Ideologie führen indes zu seiner Relegierung. Als der Erzähler beim Begräbnis des von einem weißen Polizisten erschossenen schwarzen Jugendleiters Tod Clifton die Wut der Menge schürt, unterbindet die Partei jedoch die Massendemonstration und sagt sich abrupt von ihm los. Auf Harlems Straßen springt »Ras the Exhorter« in die Lücke und entfesselt als »Ras the Destroyer« einen Volksaufstand (wie E. ihn im Jahr 1943 erlebt hatte). Der Erzähler stolpert indessen in die Rolle eines gewissen Rinehart, eines ortsbekannten Überlebensvirtuosen der Straße. Unfähig, sich dem Aufstand anzuschließen, flieht der Erzähler weiter, tritt dem rasenden Ras vergeblich entgegen und rettet sich vor aggressiven Passanten schließlich durch eine Luke in einen Kohlenkeller.

Auf allen Stationen dieser Odyssee durch die Großstadt dringt – so E. – die »ganze ungeschriebene Geschichte des schwarzen Volkes« in den turbulenten Handlungsstrom und das polyphone Stimmengeflecht des Romans mit ein: am deutlichsten in der Figur Truebloods, der sein Unglück akzeptiert und sich zum mustergültigen Blues-Sänger läutert, oder im Straßenverkäufer Pete Wheatstraw, in dessen Sprachspielen, Reimen und Selbstinszenierungen die Kreativität der mündlichen Tradition und die Überlebenskünste des schwarzen Tricksters verkörpert sind. In solchen Figuren und in den Handlungssequenzen, die den jugendlichen Erzähler in typischen Situationen in der eigenen Gruppe und in der Konfrontation mit der dominanten Gesellschaft zeigen, liegen die Hauptstärken des Romans.

In der Überfrachtung symbolträchtiger Materialien (etwa der Knebelung im Krankenhaus, der Farbmetaphorik im Liberty Paints-Kapitel, der ständig mitgeführten Aktentasche, deren Inhalt der Erzähler nicht loswerden kann) und in der ausufernden, den Gedankenstrom des Erzählers nachzeichnenden Darstellung der qualvollen Auflösung seiner Brotherhood-Verbindung weist der Roman aber auch exzessive Züge auf, die den Verdacht erzähltechnischer Selbstverliebtheit nahelegen.

Die Odyssee des Erzählers von *Invisible Man* endet sozial in der radikalen Ausgrenzung aus den sich ihm bietenden Formen von Gemeinschaft. Konzeptuell landet der Erzähler durch die Zurückweisung aller Rollenangebote und Wertnormen auf der *tabula rasa* eines Bewusstseins, das sich selbst neu setzt und in der Kunst eine Welt »unendlicher Möglichkeiten« (Epilog) beschwört. Diese Positionierung berührt sich nicht zufällig mit existentialistischen Vorstellungen von einem der Welt zugrundeliegenden Chaos, dem der Mensch erst einen Sinn zuweisen muss. E. hat mit solchen Philosophemen nicht nur den Helden seines Romans neu ›ermächtigt‹, sondern auch seine eigenen Ansichten zur Verantwortung des schwarzen Künstlers in Amerika formuliert. Zu militanten schwarzen Bewegungen und kulturnationalistischen Positionen wahrte er allerdings immer Distanz, was ihm von den 1960er Jahren an auch deutliche Kritik eintrug. Doch hat er nie gezögert, seine Überzeugungen in Ansprachen, Interviews und Aufsätzen darzulegen, die zuerst als *Shadow and Act* (1964) gesammelt erschienen und später von einem zweiten Band, *Going to the Territories* (1986), ergänzt wurden. Die frühere Sammlung enthält einige seiner eindrucksvollsten Erinnerungen an die Jugend in Oklahoma, an Musiker und andere Vertreter der afro-amerikanischen Kultur, deren zentrale Bedeutung für die Ausbildung der amerikanischen Kultur insgesamt er beharrlich unterstrich. E. erweist sich als brillanter Essayist, als subtiler Analytiker amerikanischer Kultur und Gesellschaft und als vorzüglicher Kenner schwarzer Musik.

E.s relativ schmales Erzählwerk wurde

postum durch die Veröffentlichung eines zweiten Romans ergänzt (*Juneteenth*, 1999; *Juneteenth*, 2000), den der Autor trotz vorveröffentlichter Bruchstücke und legendärer Nachrichten über seine unablässige Arbeit an ihm bis zu seinem Tod 1994 nicht abzuschließen vermochte. Der Titel bezeichnet die afro-amerikanische Gedenkfeier am 19. Juni jeden Jahres für die Emanzipation der Schwarzen in Texas im Jahre 1865. Die Handlung kreist um die Wiederbegegnung des Baptisten-Wanderpredigers (und ehemaligen Jazzmusikers) Alonzo Hickman und dessen weißen Adoptivsohn Bliss, der sich zum Senator Adam Sunraider gemausert hat, und versucht, in den Erinnerungen der beiden Männer den »reichen Schatz idiomatischer, bildhafter und rhetorisch vertrackter Sprache« aus der kollektiven Erfahrung nicht nur schwarzer Amerikaner im Mittleren Westen und im Süden Gestalt annehmen zu lassen. Neben einigen virtuos dramatisierten Szenen (besonders aus der gemeinsamen frühen Wanderzeit) ist die Erzählkonstruktion aber zu statisch und stützt sich auf ermüdend wirkende, faulknerisch hypertrophe Selbstreflexionen der Protagonisten. E.s Zögern bei der Fertigstellung des Buches erscheint verständlich: *Juneteenth* wird interessantes Terrain für Spezialisten und Archivare abgeben, aber die herausragende Stellung von *Invisible Man* als einem modernistisch reflektierten, reich kodierten Kompendium der Gesellschafts- und Selbsterfahrung des Afro-Amerikaners zur Mitte des 20. Jahrhunderts nicht in Frage stellen können.

Werkausgabe: The Collected Essays of Ralph Ellison. Hg. J.F. Callahan. New York 1995.

*Klaus Ensslen*

## Elsner, Gisela

Geb. 2. 5. 1937 in Nürnberg;
gest. 13. 5. 1992 in München

Ein Film entriss die Schriftstellerin E. der Vergessenheit:»Die Unberührbare«, geschrieben und inszeniert von Oskar Roehler, ihrem Sohn. Die Hauptfigur Hanna Flanders, eindrucksvoll dargestellt von Hannelore Elsner, ist bis ins Detail dem äußeren Erscheinungsbild E.s nachempfunden. Die ausladende Perücke und das dick aufgetragene Make-up, ihre gesamte hochstilisierte Aufmachung ist erstarrte Maske, ein Panzer, der sie vor Verletzungen nicht mehr schützt: eine gescheiterte Schriftstellerin, isoliert, vereinsamt und verarmt, nur noch ein Schatten jener attraktiven und intelligenten Frau, die einstmals ein Star des Literaturbetriebs war und nun ihr Elend durch Alkohol und Drogen betäubt. »Die Unberührbare« zeigt eine verlorene Existenz, die – geprägt von der großbürgerlichen Herkunft ebenso wie vom politischen Dogmatismus – Respekt und Würde, Haltung zu bewahren versucht. Die letzten Lebensstationen, Episoden, die sich zu einem Kreuzweg verdichten, sind eine Reise in den Tod.

Der Auftakt zu E.s literarischer Karriere war fulminant: Ihr Debüt, der Roman *Die Riesenzwerge* (1964), wurde mit dem Prix Formentor ausgezeichnet und erschien zeitgleich in 14 Ländern. Als Hans Magnus Enzensberger Bruchstücke aus dem noch unfertigen Manuskript in einer Anthologie vorstellte, charakterisierte er die Autorin als »Humorist des Monströsen, das im Gewöhnlichen zum Vorschein kommt«. Die Groteske um den kleinen, hässlichen Lothar Leinlein und seinen Vater, Oberlehrer Leinlein, kannibalistischer Vielfraß, zielt auf die Dekuvrierung des Kleinbürgertums. Die Kritik sah eine Autorin am Werk, die mit kaltem Hass ihren »Beitrag« (so der Untertitel) zur Kritik der Wohlstandsgesellschaft leistete. Der Stil verweigerte den Lesegenuss: weit verschachtelte Sätze ohne Pointe und Wortwitz, grammatikalisch korrekt, monoton im Sprachrhythmus. Der Duktus, aus dem jede Dynamik ausgetrieben wurde, entspricht den leblosen Zombies des Romans: »Ihre Gebärden sind riesenhaft, ihre Äußerungen winzig.«

Die groteske Welt der Riesenzwerge wollte als kritisches Spiegelbild der Gesellschaft gelesen werden. E.s Buch steht nicht isoliert in der deutschen Literatur jener Jahre, sondern erinnert an Texte von Günter Grass, Peter Weiss oder Jakov Lind. Unverkennbar auch der Einfluss Kafkas, von dem E. sich später distanzierte: Diese Schreibweise verhindere das Aufdecken von Wirklichkeitsbezügen. Auf die *Riesenzwerge* folgte vier Jahre später *Der Nachwuchs*: Der ebenso fette wie abstoßende Nöll sitzt untätig in der Wohnung seiner Ernährer, lediglich damit beschäftigt, seinen unförmigen Körper zu betrachten. Doch das Riesenbaby überwindet seine Dumpfheit, verlässt das Haus und nimmt zum Schluss eine Arbeit an. Diese Wendung wirkte aufgesetzt: Die Parabel sperrte sich gegen die Intention der Autorin, Wege zur gesellschaftlichen Veränderung aufzuzeigen.

In den folgenden Romanen wird die Groteske immer stärker zurückgedrängt zugunsten satirischer Kritik, die auch Karikaturen nicht scheut. *Das Berührungsverbot* (1970) greift das Thema der sexuellen Revolution auf; *Der Punktsieg* (1977) nimmt den neuen Unternehmertyp aufs Korn. In beiden Fällen geht es darum, sich progressiv dünkender Ideologien zu entlarven. Die vivisektorische Observation der Bourgeoisie machte E. zu ihrem Literaturprogramm. Mit den Mitteln des psychologischen Realismus zeichnete sie in dem Roman *Abseits* (1982) ein exemplarisches Frauenschicksal: Lilo Besslein, knapp dreißig Jahre und mit einem Angestellten verheiratet, verfällt in ihrem Hausfrauendasein der Lethargie, wagt angstbesetzt einen Ausbruchsversuch, wird tablettenabhängig (damit stellt sich eine »der gewöhnlichen Angst übergeordnete Angst« ein) und weiß am Ende keinen Ausweg mehr: Sie nimmt Zyankali. Im Roman wird direkt verwiesen auf *Madame Bovary*; E. hat Flauberts Geschichte aus der französischen Provinz des 19. Jahrhunderts in eine moderne Schlafstadt der Gegenwart übersetzt. Gestanzte, oft penetrant wiederholte Versatzstücke bestimmen den Stil: E. benutzt eine unliterarische Sprache, der jede Individualität ausgetrieben ist, um die triste, normierte Vorstadtrealität zu erfassen.

*Abseits* provozierte die Kritik zu wütenden Verrissen. War E.s Debüt *Die Riesenzwerge* emphatisch begrüßt worden, hieß es bereits zu dem Nachfolgeband *Der Nachwuchs*, die Autorin sei nur noch eine Epigonin ihrer selbst.

Mit dem Roman *Die Zähmung* (1984), der Geschichte der Domestizierung eines Ehemannes, wagte sie noch einmal den Rückgriff auf die grotesken Erzählmuster der frühen Erfolge; der Untertitel »Chronik einer Ehe« könnte auch unter dem Roman *Das Windei* (1987) stehen: Das Leben der Eheleute Wurbs, stupid anpassungsbereite Häuslebauer, wird genutzt, um in einem Rundumschlag alle Zeitgeist-Erscheinungen von der Ökologiebewegung bis zur Fitnesswelle zu geißeln. Es war ihr letzter Roman bei Rowohlt: Ihr Hausverlag kündigte ihr den Verlagsvertrag.

»Ich werde immer unerbittlicher«, verkündete E. 1987 in der DKP-Zeitung *UZ – Unsere Zeit*. Während der reale Sozialismus erste Auflösungserscheinungen zeigte, bezog sie immer vehementer die Position des dogmatischen Marxismus. Aus Protest gegen die »grünlich gefärbten sozialdemokratisch aufgetakelten Ziele der DKP-Führung und der sogenannten Erneuerer« verließ E. im Juni 1989 die Partei, trat vier Monate später wieder ein und wurde in den Parteivorstand gewählt. »Einer meiner größten Irrtümer, für die ich böse büßen muß«, meinte sie in einem Brief kurz vor ihrem Tod. »Jetzt habe ich überhaupt keine Verbindungen mehr zur DKP, der meine Radikalität ebenso suspekt war wie meine Verzweiflung.« Auf die sich häufenden Misserfolge und die zunehmende Isolation reagierte sie mit Verschwörungstheorien und Verfolgungswahn, bis sie ihrem Leben ein Ende setzte.

Der Filmerfolg ermöglichte die Edition ihrer Korrespondenz mit Klaus Roehler, erschienen 2001 unter dem Titel *Wespen im Schnee*. Briefe vornehmlich aus den Jahren 1954 bis 1960, der Zeit des ersten Verliebtseins (sie ist noch Schülerin, er Student mit literarischen Ambitionen), der gegen den Widerstand ihrer Eltern gelebten Beziehung und der durch ein ungewolltes Kind erzwungenen Ehe. Die Verklemmungen der Pubertät werden verstärkt durch das repressive Klima der 1950er Jahre. Ein von den Eltern bestellter Arzt diagnostiziert eine »innerseelische Zerrissenheit«, beschwört die »Gefahr einer schizophrenen Entwicklung« und warnt, die junge Frau sei nicht »ehefähig« – es müsse mit Fehlgeburten oder

»schwer geschädigten Kindern, vielleicht idiotischen Charakters« gerechnet werden. Der lebenslange Hass E.s auf die Welt der Spießer und Alt-Nazis wird verständlich angesichts der Drangsalierung, der sie in Kindheit und Jugend ausgesetzt war. Sie lebte in einem »Tempel der Angst«, litt unter Alpträumen, von denen sie Klaus Roehler berichtet: »So eine Art Mondlandschaft, alles mit Schnee bedeckt – und ungeheuer viele Zäune zwischen Dir und mir und als ich Dich dann schließlich erreicht hatte, kamen wahnsinnig viele Wespen – man stelle sich vor: Wespen im Schnee – und sie haben uns gänzlich zerstochen. Wir sind immer nur gelaufen, um nicht gestochen zu werden, und es war sehr kalt.«

*Michael Töteberg*

### Éluard, Eugène Émile Grindel (genannt Paul)

Geb. 14. 12. 1895 in Saint-Denis/
Frankreich; gest. 18. 11. 1952 in
Charenton-le-Pont

Vor dem Hintergrund der Avantgarden des frühen 20. Jahrhunderts, insbesondere des Dadaismus, unter dessen Einfluss *Le devoir et l'inquiétude* (1917; *Pflicht und Unruhe*, 1949) entsteht, findet Paul Éluard in den 1920er Jahren zu den Surrealisten um André Breton und Louis Aragon, als deren bedeutendster Dichter er in den 1930er Jahren gilt. Ähnlich wie Jean Cocteau gerät er in den Bann des durch Georges Braque und Pablo Picasso aufkommenden Kubismus, dem er für seine Dichtung die versetzten, an das Unbewusste appellierenden Strukturen abgewinnt. Die großen Themen von É.s Dichtung sind jedoch die Liebe und der Mensch. Insofern darf É.s Dichtung als Liebeslyrik verstanden werden, der im 20. Jahrhundert kaum etwas Vergleichbares zur Seite gestellt werden kann. Da die Liebe sich nicht selbst genügt, setzt sie immer den anderen voraus, dem ihre Anrufung gilt. In diesem Zusammenhang gewinnen die partiellen Momente der Konkretion der Liebenden und insbesondere der Blick, der sinnbildlich

die Erkenntnis des anderen und des eigenen Selbst vergegenwärtigt, an Bedeutung (vgl. *Les yeux fertiles*, 1936; *Fruchtbare Augen*, z. T. 1949, 1956). Sofern sie für die Hoffnung auf Freiheit und Erfüllung einsteht, wohnt der Liebe in É.s Dichtung auch ein politisches Moment inne. Diese Doppelheit zeigt etwa das Gedicht »Couvre-feu« (1942; »Sperrstunde«, 1946). Seinem politischen Engagement verlieh É., der zweimal der Kommunistischen Partei beitrat, in den *Poèmes politiques* (1948; *Politische Gedichte*, 1949) Ausdruck. Zu den wichtigsten Gedichten dieser Anthologie zählen »La victoire de Guernica« (1938; »Der Sieg von Guernica«, 1949), in dem É. die Bombardierung von Guernica (1936) während des Spanischen Bürgerkriegs verurteilt, und »Liberté« (1942; »Freiheit«, 1946), das er in der Zeit seiner Zugehörigkeit zur Résistance verfasste.

É. sucht in seiner Dichtung, durch die bewusste Verstreuung und Entzweiung gewohnter Wortfügungen und Sinnzusammenhänge, die Andersartigkeit des Traumgeschehens nachzubilden: Durch die gänzlich unvermittelte Übersetzung aus seinem gewohnten Sinnverstehen in andere, entfernte Kontexte kann aus dem allgemein kommunizierten Wort(verständnis) eine innere, unerkannte Bedeutung hervortreten. Dieses Verfahren nennt er eine »Strategie der Verschiebung«, die an die Technik der Montage erinnert und sowohl synchron die Ortsveränderung des Wortes als auch diachron die Reise des Wortes und des Dichters meint. Durch den nach der Beziehung von Mensch und Welt fragenden Bezug seiner Dichtung setzt sich É. entschieden von den exklusiven kunsttheoretischen Forderungen der Moderne ab, wie die gegen Paul Valéry gewandten *Notes sur la poésie* (1936; »Noten zur Dichtung«, 1988) zeigen: Auf die hermetische Sterilität des Symbolismus, der keinen Verweis mehr auf die sinnfällige Wirklichkeit anstrebt, sondern sich als »ein internes Sich-Spiegeln der Worte selbst« (Stéphane Mallarmé) in die dichterische Sprache zurückzieht, antwortet er in *Cours naturel* (1938; z. T. 1949, 1956), dass: »[…] alles, was der menschliche Geist ersinnen und erschaffen kann, derselben Quelle entspringt, von gleichem Stoff ist wie sein Fleisch, wie sein Blut und die Welt, die ihn umfängt.« Dichtung ist nicht Gegenstand und Bestimmung einzelner, sondern im Sinne des Unanimismus (vgl. Jules Romains: *La vie unanime*, 1908; *Das einstimmige Leben*) Weltdichtung, die die Differenz von Kunst und Leben, wie sie die Moderne bestimmt hat, in einem neuen, tieferen und allseitigen sozialen Zusammenhang hinter sich zu lassen sucht:»Die Menschen sind gemacht um eins zu sein / Um sich zu verstehen um sich zu lieben […].« Insofern bedeutet Dichtung ein kreatives Geschehen als Inspiration für andere, wodurch sich das dichterische Wort vervielfältigt und ins Leben selbst eingeht. Zu den wichtigsten der zahlreichen Gedichtbände É.s zählen *Répétitions* (1922; *Wiederholungen*, 1962), *Capitale de la doleur* (1926; *Hauptstadt der Schmerzen*, 1959), *L'amour la poésie* (1929; *Die Liebe, Die Dichtung*, z. T. 1949, 1956), *La vie immédiate* (1932; *Das unmittelbare Leben*, z. T. 1949, 1956), *La rose publique* (1934; *Die öffentliche Rose*, z. T. 1949, 1956), *Poésie et verité* (1942; *Dichtung und Wahrheit*, 1946), *Corps mémorable* (1947; *Unvergeßlicher Leib*, 1963), *Poésie ininterrompue* (Bd. 1, 1946; Bd. 2, 1953; *Immerwährende Dichtung*, 1956), *Le phénix* (1951; *Der Phönix*, 1956) und *Sens de tous les instants* (1960; *Der Sinn aller Augenblicke*).

Werkausgaben: Gedichte. Singen 1946. – Gedichte. Neuwied 1949. – Vom Horizont eines Menschen zum Horizont aller Menschen. Berlin 1956. – Ausgewählte Gedichte. Neuwied 1963.

*Sebastian Hartwig*

### Elytis, Odysseas (eigtl. Odysseas Alepoudelis)
Geb. 2. 11. 1911 in Iraklion, Kreta/Griechenland; gest. 15. 3. 1996 in Athen

Odysseas Elytis, von griechischen Kritikern bisweilen»Dichter der Ägäis« genannt, trug entscheidend zur Erneuerung der griechischen Lyrik bei. Ebenso wie seinen Dichterkollegen Giorgos Seferis beschäftigte E. die »Suche nach dem wahren Gesicht Griechenlands«, wie er selbst in einem Interview bemerkte. Anders jedoch als bei Seferis behält E.' Dichtung auch in ihren dunkelsten Momenten einen affirmativen Ton und stellt somit einen radikalen Bruch mit der überwiegend melancholischen Poesie der 1920er Jahre dar. Den Nobelpreis erhielt E. 1979 als eine Geste der Anerkennung seiner poetischen Leistung, die darin besteht, so die Schwedische Akademie, »aus der Tiefe der griechischen Tradition schöpfend [...] den Kampf des modernen Menschen um die Freiheit und das kreative Wirken« dargestellt zu haben. In der Tat strebt E.' Dichtung, wie sich schon in seiner ersten Gedichtsammlung *Prosanatolismi* (1940;»Orientierungen«, Teilübers. in: *Ausgewählte Gedichte*, 1979) mit ihren schönheitstrunkenen Ägäis-Bildern abzeichnet, nach der absoluten Befreiung des Menschen durch die erfrischende Kraft der poetischen Sprache und die Vereinigung von Körper, Seele und Natur.

Als Sohn einer aus Lesbos stammenden Fabrikantenfamilie gehörte E. der Bourgeoisie an und hatte die Möglichkeit, viel zu reisen. Während seiner Zeit in Paris (1948–52 und 1969–71) stand er in engem Kontakt zu Dichtern und Künstlern, die sein Werk nachhaltig beeinflusst haben: André Breton, Paul Éluard, Pablo Picasso. Der Einfluss des Surrealismus, den E. in seinen Essays vehement verteidigte, ist besonders in seinen ersten Sammlungen an der gewagten Metaphorik und an neuartigen, vom Rationalismus befreiten Bildfügungen erkennbar. Die Erfahrung des griechisch-italienischen Krieges (1940–41), an dem er als Leutnant teilgenommen hatte, hat ihre Spuren in dem Gedicht *Asma iroiko ke penthimo gia ton chameno anthypolochago tis Alvanias* (1945;»Helden- und Klagegesang auf den in Albanien gefallenen Leutnant«, Teilübers. in: *Ausgewählte Gedichte*, 1979) hinterlassen; damit beginnt eine zweite Periode in E.' Dichtung, die durch die Erfahrung des Todes und die Auseinandersetzung mit der Geschichte gekennzeichnet ist.

Zwei Hauptstränge lassen sich in E.' Dichtung erkennen: einerseits eine extrovertierte Lyrik, die das Private und das Öffentliche mit einschließt, indem sie die Geschichte sowie Gegenwartsprobleme poetisch verarbeitet – Hauptbeispiele dafür sind das Langgedicht *To Axion Esti* (1959; *Gepriesen sei*, 1969) und *Maria Nepheli* (1976; *Maria Nepheli, ein szenisches Gedicht*, 1981) –, andererseits eine private Lyrik in introvertiertem, kryptischem Ton, gestaltet in kleinen Kompositionen, z. B. in der Sammlung *To fotodentro ke i dekati tetarti omorfia* (1971; »Der Lichtbaum und die vierzehnte Schönheit«, Teilübers. in: *Neue Gedichte*, 1984). *To Axion Esti*, eine komplexe, vielschichtige, verschiedene Töne, Formen und Gattungen umfassende Komposition, markiert einen Höhepunkt von E.' Dichtung. Hier werden Mythos und Geschichte, Natur und Religion, Antike und Byzanz, das moderne Griechenland in verschiedenen Momenten seines Schicksals (Türkenzeit und Befreiungskrieg, Weltkrieg und Bürgerkrieg) und der Kosmos miteinander verknüpft. Sowohl der Titel als auch die Struktur sind der orthodoxen Tradition entnommen.

Mit den Worten »Axion Esti« fängt das Preislied auf die Gottesmutter an; diesem Preislied entspricht auch die formale Dreiteilung des Gedichts: »Genesis«, »Passion«, »Lobgesang«. In *To Axion Esti* werden die orthodoxe Tradition und die Kirchensprache zum ersten Mal zu einem nicht-religiösen Zweck angewandt: Auch hier geht es dem Dichter, der eine messianische Rolle annimmt, darum, den Triumph der Sprache über die dunklen Mächte der Verwüstung, ihre Fähigkeit, die Welt neu zu schaffen, zu verkünden. Die Aufgabe des Dichters als eines Auserwählten besteht darin, mit seinen Waffen gegen den Tod und um die Befreiung der Welt zu kämpfen, wie man in einigen Versen aus »Genesis« lesen kann: »›Dein Auftrag‹ – sprach sie – ›diese Welt / und ist dir ins Herz geschrieben / Erkenne sie, müh' dich / und kämpfe‹ sprach sie / ›Jeder hat seine Waffen‹ sprach sie«.

Mit dem Tod setzt sich E. in seinen späteren Werken intensiv auseinander. Während aber in *Imerologio enos atheatou Apriliou* (1984; *Tagebuch eines nichtgesehenen April*, 1991) das Gefühl der Schwermut vorherrscht, wird in *Ta elegia tis Oxopetras* (1991; *Elegien*

*der Oxopetra*, 2001), E.' reifstem Werk, die Möglichkeit der Rückkehr sowie die Existenz des Unendlichen bejaht. In dieser Sammlung zeigt sich am deutlichsten der Einfluss Rainer Maria Rilkes und der deutschen Romantik (Friedrich Hölderlin, Novalis). Der romantischen Dimension von E.' Inspiration entspricht unter anderem das Bild des Dichters als Magier, Seher und Befreier, das er in seinen Gedichten zeichnet, wodurch seine Lyrik vom modernistischen Skeptizismus bezüglich der Rolle der Poesie entschieden abweicht.

*Sophia Voulgari/Athanasios Anastasiadis*

## Emecheta, Buchi
Geb. 21. 7. 1944 in Yaba, Nigeria

Buchi Emecheta schreibt direkt und ohne Larmoyanz über den alltäglichen Lebenskampf schwarzer Frauen. Als *womanist* tritt sie für die Emanzipation der Frau ein, die weder als anti-afrikanisch noch pro-westlich missverstanden werden darf, denn sie fordert die Gleichberechtigung und Unabhängigkeit der Frau als Mutter und Vermittlerin kulturellen Wissens. Sie bedient sich einer einfachen Sprache und eines realistischen Erzählstils, bringt aber dennoch komplexe Perspektiven und Situationen von Frauen zur Anschauung, weil sie Widersprüche innerhalb und zwischen Charakteren aufzeigt. – Ihre ersten Romane, *In the Ditch* (1972) und *Second Class Citizen* (1974), vereint als *Adah's Story* (1983; *Die Geschichte der Adah*, 1987), speisen sich stark aus ihrer eigenen Erfahrung als moderne Afrikanerin zwischen zwei Kulturen. – Die früh verwaiste E. wurde durch die Erzählungen ihrer Großmutter und von der Missionsschule geprägt. E. wurde jung verheiratet und folgte mit ihren zwei Kindern 1962 ihrem Mann nach London, wo er erfolglos studierte. Er sah sie lediglich als Besitz und Mutter seiner Kinder und verbrannte ihr erstes Manuskript, worauf sie sich 1966 von ihm trennte. In ihrem eigenen Leben wie mit ihren Büchern beweist sie immer wieder die Kraft afrikanischer Frauen, erfolgreich widrigen Umständen zu trotzen.

Die alleinerziehende Mutter war beruflich in der sozialen Jugend- und Gemeindearbeit tätig, absolvierte an der Universität in London ein Soziologiestudium, engagierte sich seit 1979 im *Home Secretary's Advisory Council on Race* und gründete einen Verlag. Sie verfasste Jugendbücher, entwarf Fernsehspiele, schrieb ihre Autobiographie *Head Above Water* (1994) und zahlreiche Romane, für die sie auch in Preisverleihungen Anerkennung fand. Außerdem hat sie seit 1972 Lehrtätigkeiten an Universitäten in Großbritannien, Nigeria und den USA wahrgenommen. – Die Romane *The Bride Price* (1976), *The Slave Girl* (1977; *Sklavenmädchen*, 1997), *The Joys of Motherhood* (1979; *Zwanzig Säcke Muschelgeld*, 1983) und *Double Yoke* (1982) thematisieren eindringlich die Schwierigkeiten schwarzer Frauen, ihre Rollen in der patriarchalen Kultur der Ibo, die in großer Distanz zur Modernisierung Nigerias steht, zu spielen oder hinter sich zu lassen, um persönliche Erfüllung zu finden. *Gwendolen* (1989) ist ein Gegenpart zu *Kehinde* (1994; *Kehinde*, 1996): Die junge Jamaikanerin Gwendolen wird vom Onkel und vom Vater sexuell missbraucht, aber es scheint ihr zu gelingen, in ihrer Rolle als Mutter im abweisenden England Anschluss an die verlorene afrikanische Kultur zu finden. Umgekehrt versucht die in England erfolgreiche Immigrantin Kehinde, in ihrem Urspungsland Nigeria wieder heimisch zu werden, kann sich jedoch nicht mehr der Polygamie unterordnen, weshalb sie nach England zurückkehrt. Einen größeren politischen Rahmen setzen sich die Romane *Destination Biafra* (1982) mit der realistischen Thematisierung des nigerianischen Bürgerkriegs und *The Rape of Shavi* (1983) in der modernen allegorischen Version kolonialer Zerstörung einer abgeschlossenen afrikanischen Kultur durch Europäer.

*Michael Meyer*

## Emerson, Ralph Waldo

Geb. 25. 5. 1803 in Boston, Massachusetts; gest. 27. 4. 1882 in Concord, Massachusetts

Andere Menschen sind optische Linsen, durch die wir uns selbst besser ›lesen‹ können; der Wert großer Persönlichkeiten bemisst sich nach der schöpferischen Energie, die sie in uns freisetzen. Als Ralph Waldo Emerson diese Gedanken in der Einleitung zu *Representative Men* (1850; *Repräsentanten des Menschengeschlechts*, 1895) formuliert, ist er selbst bereits in die Liga derer aufgerückt, die er in seinem Essayzyklus porträtiert. Als führender Kopf der Transzendentalisten – einer Bewegung, die in den 1840er Jahren entscheidende Impulse zu jener ersten kulturellen Blüte liefert, die als »American Renaissance« in die Literaturgeschichte eingegangen ist – nimmt E. um die Jahrhundertmitte die Stellung eines *Praeceptor Americae* ein, mit einer weit über seine Heimat Neuengland hinausgehenden Ausstrahlung. Diese Ausstrahlung hält bis in unsere Tage an. Ob man (wie 1981 der Präsident der Yale University) E. für nahezu alles verantwortlich macht, was an der politischen Kultur der USA faul ist; ob man mit Harold Bloom in ihm den ›Erfinder‹ der ›amerikanischen Religion‹ sieht oder mit Richard Poirier meint, die amerikanische Literatur und E. seien in vielfacher Hinsicht identisch, an seiner zentralen Stellung in der amerikanischen Ideengeschichte besteht kein Zweifel. Hochgradig eklektizistisch, an die einheimischen theologischen Traditionen des Puritanismus und Unitarismus ebenso anknüpfend wie an den deutschen Idealismus, die englische Romantik, die mittelalterliche Mystik und fernöstliche Religionen, spielt er zugleich eine Vorreiterrolle für die amerikanische wie die internationale Moderne. Der Pragmatismus eines William James oder James Dewey und dessen neopragmatistische Variationen bei Richard Rorty, Giles Gunn und Richard Poirier sind ihm ebenso verpflichtet wie die Musik von Charles Ives, die Lyrik Walt Whitmans und der »projective verse« Charles Olsons. Unübersehbar, obgleich immer noch nicht genügend gewürdigt, ist seine Wirkung außerhalb der USA. Der Amerikaner, den Friedrich Nietzsche gegen Ende seiner 3. *Unzeitgemäßen Betrachtung* (»Vom Nutzen und Nachteil der Historie für das Leben«) als Gewährsmann für den Anbruch einer neuen Zeit zitiert, ist kein anderer als E.

Die Anfänge waren nicht vielversprechend. Einige Jahre versucht er sich als Lehrer, lässt sich dann an der Harvard Divinity School zum Pfarrer ausbilden, legt sein Amt jedoch 1832 nieder, weil er das Ritual des Abendmahls nicht mehr verantworten kann. Im Anschluss an eine Europareise, auf der er Thomas Carlyle, William Wordsworth, Samuel Taylor Coleridge und andere führende Literaten Englands trifft, bezieht er ein Haus in Concord, Massachusetts, und baut sich, zum Teil abgesichert durch eine Erbschaft von seiner verstorbenen ersten Frau, eine Karriere als freier Schriftsteller und Redner auf. 1836 gelingt der Durchbruch mit der Veröffentlichung von *Nature (Natur, 1922)*, dem (wie es vielen erschien) Manifest des Transzendentalismus; im nächsten Jahr, 1837, folgt mit »The American Scholar« die Rede, die Oliver Wendell Holmes im Rückblick die ›geistige Unabhängigkeitserklärung‹ der Vereinigten Staaten nennt, und 1838 schließlich die vor den Absolventen der theologischen Fakultät der Harvard University gehaltene »Divinity School Address«. Mit ihr löst er eine Kontroverse aus, die ihm neben einer Art Hausverbot in Harvard den Ruf des Wortführers einer neuen, einen geistigen Aufbruch anstrebenden Generation einbringt. Um 1840 ist der Transzendentalismus in aller Munde. Dazu trägt neben den Reden und Schriften des Meisters die Schar ›verwandter Geister‹ bei, mit denen er Concord in eine Art Weimar der USA verwandelt. Zu den wichtigsten Gemeinschaftsprojekten, die in seinem Hause durchgeführt werden, gehört *The Dial*, die 1840 gegründete, zunächst von Margaret Fuller und seit 1842 von E. selbst edierte Hauszeitschrift der Transzendentalisten.

E. ist kein Philosoph im traditionellen Sinn. In einer schonungslosen Selbstanalyse bescheinigt er sich einen eher schwachen Intellekt und sieht seine eigentliche Stärke in ei-

ner ausgeprägten ›moralischen Imagination‹. Seine Prosa ist die eines verhinderten Dichters (er hat im Übrigen auch einige hervorragende Gedichte veröffentlicht). Hinter den Porträts von *Representative Men* steht das Beispiel Plutarchs, dessen Parallelviten und *Moralia* in ihrer Kombination von Biographie, Anekdote und Sentenz genau jene Verbindung von Anschauung und Belehrung, Poesie und Reflexion präfigurieren, die als Markenzeichen von E.s Denk- und Schreibstil gelten kann. Nicht um die systematische Entwicklung von Argumenten geht es, schon gar nicht um den Entwurf eines philosophischen Systems, sondern um die Vermittlung von Denkanstößen über die Phantasie und das moralische Empfinden. Transzendentalismus wird von E. einmal lapidar als »Idealismus für das Jahr 1842« definiert, aber der Leser ist gut beraten, sich weniger an Immanuel Kant oder Johann Gottlieb Fichte als an Michel de Montaigne zu orientieren, dem in *Representative Men* behandelten Begründer des Essays. Ein Essay ist dem ursprünglichen Wortsinn nach der in hohem Maße vom Temperament des Verfassers geprägte ›Versuch‹, ein Problem ›anzudenken‹, Fragen zu stellen und Antworten nur insoweit bereitzuhalten, als sie den Leser zum Weiterdenken anzuregen vermögen.

Der Text als Versuch und Provisorium entspricht Kernvorstellungen E.schen Denkens. Die in »Self-Reliance« entwickelte Begründung des Individualismus fasst das Ich als wesensmäßig prozesshaft und unabgeschlossen. Selbstvertrauen, das entschiedene Bestehen auf dem Vorrang des eigenen Ich, ist nicht zu verwechseln mit engherzigem Egoismus; im Postulat der »self-reliance« geht es vielmehr um die Freisetzung dessen, was als göttliches Prinzip in uns hineinragt und uns übersteigt. Ein E.-Essay ist folglich zugleich autobiographisch-subjektivistisch und unpersönlich. Seine vornehmste Aufgabe liegt darin, die durch Traditionen, Konventionen und Institutionen befestigten Denkgewohnheiten aufzubrechen und den vitalen Kern des Ich, die Seele, zum Wachstum anzuregen. Ein solcher Text kann im günstigsten Fall beanspruchen, ›natürlich‹ zu sein. Die Natur hat für den Transzendentalisten Modellcharakter insofern, als sie uns täglich das Gesetz steter Erneuerung und endlosen Wachstums vor Augen führt. E.s Naturbegeisterung ist wie die seines Schülers Henry David Thoreau ganz und gar unsentimental, sie ist nicht einmal romantisch oder idealistisch im Sinne einer metaphysischen Verankerung des Subjekts. Wohl erscheint die Natur als das sichtbare Gewand Gottes, aber dieser Gott ist weder der des Alten oder Neuen Testaments noch der der Pantheisten, er ist vielmehr selbst reine Bewegung. Indem das Ich sich an der ›Methode der Natur‹ orientiert, wird es durch und durch dynamisiert, mit Energie geladen. Damit entzieht es sich zwangsläufig dem begrifflich-systematischen Zugriff. Das Gefühl, das den Leser bei der Lektüre eines E.-Essays beschleichen mag – dass man nichts in der Hand hat –, entspricht einem Schreiben, das Ich und Welt als Energiequellen nutzbar zu machen sucht. Solche Texte vermitteln eine Ahnung von der Freiheit desjenigen, der, gerade weil er nichts in der Hand hat, sich den Kraftströmen überlassen kann, die allenthalben darauf warten, ihn zu tragen.

Der sprichwörtliche Eklektizismus des E.schen Transzendentalismus ebenso wie das Insistieren auf der ›Unendlichkeit des privaten Individuums‹ sind im Gedanken der »self-reliance« zu einer stimmigen Denkhaltung gebündelt, die über den einzelnen hinaus in Gesellschaft, Kirche, Kultur und Dichtung ausstrahlt. Ob E. von den Sozialreformern handelt (»New England Reformers«), von den Pfarrern (»Divinity School Address«), den Intellektuellen (»The American Scholar«) oder den Dichtern (»The Poet«), stets geht es ihm um den Beitrag, den sie zur Selbstbefreiung des Einzelnen wie des Ganzen leisten können. Dabei verschiebt sich im Laufe der Jahre der Akzent von einer idealistischen, am Bild des ›ganzen Menschen‹ ausgerichteten Rhetorik

zu einer mehr lebenspraktisch-pragmatischen Orientierung, die selbst in den Niederungen der Massengesellschaft eine ›Tendenz‹ zum Besseren ausmacht. Hier liegt ein wesentlicher Unterschied zu Thoreau und ein Grund für die Entfremdung, die zwischen Lehrer und Schüler eintrat. Während Thoreau beispielsweise ein Phänomen wie den kalifornischen Goldrausch angewidert als Symptom einer gefallenen Welt verdammt, sieht E. noch in den krassesten Auswüchsen von Materialismus und Massendemokratie eine bessere Welt im Werden – Indizien für den Expansionsdrang der Seele, den es zu reinigen und zu verfeinern, nicht aber abzuwürgen oder zu leugnen gilt. Die später immer wieder geäußerte Kritik, E. habe sich damit zum Apologeten von Kapitalismus und Expansionismus gemacht, trifft insofern zu, als er in der Tat der Entwicklung der USA wie der Zivilisation im Allgemeinen aufgeschlossen gegenüberstand; diese Kritik verkennt jedoch die Feinheiten eines Argumentationsstils, der den Status quo nicht als solchen bejaht, sondern als Emergenzphänomen, als Vorschein einer wahrhaft Neuen Welt. Im Übrigen stand solche Subtilität tagespolitischem Engagement nicht im Wege, auch wenn E. keinen Wert darauf legte, seinen Einsatz etwa für die Sache der Abolitionisten zu dokumentieren und erst die neuere Forschung das ganze Ausmaß seiner vielfältigen Aktivitäten gegen die Sklaverei rekonstruiert hat. E.s Pragmatismus läuft nicht auf eine Absage an frühere idealistische Positionen und schon gar nicht auf Resignation hinaus. Die Wegstrecke, die er von den Vorträgen und Essays der 1830er Jahre über die Essayzyklen von 1841 und 1844 bis hin zu *The Conduct of Life* (1860; *Die Führung des Lebens*, 1862) und *Society and Solitude* (1870; *Gesellschaft und Einsamkeit*, 1875) zurücklegt, wird angemessener beschrieben als konsequente Umsetzung der praktischen Möglichkeiten, die im Ideal des ganzen und seiner selbst gewissen Menschen liegen, oder umgekehrt als Verschiebung des Blicks von der Kontemplation des Ideals und dem Hoffen auf den visionären Augenblick hin zu jenen Aspekten der Lebenswelt, in der sich Impulse zur Verwirklichung des Ideals andeuten. Diese Impulse gilt es zu verstärken, die Alltagswirklichkeit als ›Magazin‹ zu erkennen, das ungeahnte Ressourcen enthält.

In diesem Sinne werden auch die in *Representative Men* versammelten Heroen und Genies nicht idolisiert, sondern instrumentalisiert. Thomas Carlyle, auf dessen *On Heroes, Hero-Worship and the Heroic in History* (1840) E. mit seinem Essayzyklus gleichsam antwortet, war irritiert von der Hemdsärmeligkeit, mit der der amerikanische Freund mit Koryphäen wie Platon, William Shakespeare und Johann Wolfgang Goethe umspringt. Jeder wird zunächst aufs Podest gehoben und in seinen Vorzügen gepriesen, um schließlich demontiert zu werden angesichts der Spanne, um die er hinter seinen Möglichkeiten zurückblieb. Der Rhythmus von Aufbau und Demontage entspricht einem Verständnis von menschlicher Größe, dem es weniger um Heldenkult als vielmehr um den Nutzen geht, den die Großen für uns haben. Dieser Nutzen aber kann uns nur dann voll zugute kommen, wenn wir, nachdem wir sie ›ausgeschöpft‹ haben, über sie hinweggehen und zu dem finden, was an heroischem Potential in uns selbst liegt. So müssen nicht nur der verhasst-bewunderte Napoleon, sondern auch der geliebte Platon und Montaigne vom Sockel gestürzt werden. Sie wären uns sonst im Wege. Damit wird schließlich eine weitere Besonderheit von *Representative Men* plausibel, die Carlyle verwunderte: Die Sammlung enthält keinen Amerikaner. Walt Whitman meinte in einem Beitrag zum Geburtstag des »Weisen von Concord« (zwei Jahre vor dessen Tod), das beste an E.s Vermächtnis sei, dass es den Riesen hervorbringe, der sich selbst vernichte. Die Größe des Lehrers bemisst sich nach seiner Fähigkeit, sich selbst überflüssig zu machen. E. war stolz darauf, keine Schule begründet und keine Jüngerschar hinterlassen zu haben. Niemand hätte den Platz des repräsentativen Amerikaners mehr verdient als er selbst, gerade darum aber glänzt er durch Abwesenheit.

Werkausgaben: Collected Poems and Translations. Hg. H. Bloom. New York 1994. – Collected Works. Hg. R.E. Spiller u. a. Cambridge, MA, 1971 ff. – Complete Works. Hg. E.W. Emerson. 12 Bde. Boston 1903–1904.

*Dieter Schulz*

## Eminescu, Mihai

Geb. 15. 1. 1850 (oder 20. 12. 1849) in Botoşani (oder Ipoteşti, Botoşani)/ Rumänien; gest. 15. 6. 1889 in Bukarest

Mihai Eminescu gilt vorrangig als rumänischer Volkspoet, dessen Dichtung wie keine andere sowohl den einfachen Leser als auch den leidenschaftlichen Literaturkenner anzusprechen vermag. E., der als der rumänische Goethe oder Shakespeare bezeichnet wurde, ist jedoch nicht nur der herausragende Dichter, der die rumänische Sprache durch seine Lyrik zu einer Hochsprache stilisierte, sondern auch ein erfolgreicher Prosaist und Journalist.

Das Geburtsdatum E.s – geboren als Mihail Eminovici – ist umstritten: Offiziell wird das Datum angegeben, das auf dem von seinen Eltern unterschriebenen Taufschein vermerkt ist, nicht der 20. 12. 1849 – das Datum, das aus einem Eintrag des Vaters hervorgehen soll. Auch ist unklar, ob E. im heimatlichen Ipoteşti oder im nahegelegenen Botoşani zur Welt kam. 1860 jedenfalls beendet er die Grundschule in Cernăuţi und wechselt auf das dortige Gymnasium. Die Schule reizt ihn nicht, oft nimmt er Reißaus; wiederholte Versuche, das Gymnasium zu beenden, scheitern. Ab Oktober 1864 arbeitet er als Kopist beim Ständigen Ausschuss des Bezirks Botoşani, doch behält er diese Tätigkeit nicht lange bei. Fasziniert von der durch das Land reisenden Theatergruppe Tardini, verlässt er im Frühjahr 1865 seinen Arbeitsplatz und schließt sich bis Herbst 1865 der Gruppe an. Danach lebt E. erneut in Cernăuţi, um wieder die Schule zu besuchen; er wohnt bei dem von ihm sehr geschätzten Lehrer Aron Pumnul, der 1866 verstirbt.

Das Werk E.s gliedert sich in drei Schaffensperioden. Die erste beginnt mit der Veröffentlichung des Gedichts »la mormîntul lui Aron Pumnul« (1866; »Am Grabe des Aron Pumnul«). Am 25. 2. 1866 debütiert er in einer

Zeitschrift aus Pesta namens *Familia* mit dem Gedicht »de-aş avea« (1866; »Hätte ich«). Die Zeitschrift wird von Iosif Vulcan geleitet, der den Namen Eminovici aus patriotischen Gründen in Eminscu ändert. Während E. ab Herbst 1866 als Souffleur in Bukarest arbeitet, veröffentlicht er weiter in *Familia*. Die frühe Lyrik E.s ist stark an der konventionellen Poetik Alexandris orientiert und stellt einen Bezug zu den Idealen der Paşoptişti her – Paradebeispiel hierfür ist das Gedicht »La Heliade« (1866). Bereits in der frühen Lyrik macht sich jedoch auch ein ganz eigener Stil E.s bemerkbar; während sein Denken noch in der Ideologie der Paşoptisten verhaftet ist, trägt seine Poesie bereits romantische Züge. 1869 wird E. von seinem Vater nach Wien geschickt, um dort die Universität zu besuchen – wobei die schulischen Verhältnisse noch immer ungeklärt bleiben. Als außerordentlicher Student bleibt er von 1869 bis 1872 in Wien, wo er Titu Maiorescu kennenlernt, dessen Einfluss seine zweite Schaffensperiode prägt. Durch ihn nähert er sich dem Kreis der Junimisten, bezeichnet sich jedoch nie selbst als der Gruppe zugehörig. Viele Veröffentlichungen dieser Zeit erscheinen in der *Convorbiri Literare*, wie z. B. »Venere si Madonă« (1870; Venus und Madonna), das einen Wechsel in der Entwicklung seiner Lyrik markiert.

E. entfernt sich von der traditionellen rumänischen Lyrik und begründet seinen eigenen romantisch-melancholischen Stil, der stark von deutschen Philosophen, insbesondere von Arthur Schopenhauer, geprägt ist und sich durch eine Mischung aus romantischen und modernen Elementen auszeichnet. Leitmotive sind u. a. das menschliche Schicksal, die Art und Weise der menschlichen Existenz sowie Weltentstehung und Weltuntergang. 1872 kehrt E. nach Rumänien zurück, doch schon kurz darauf wird er von Maiorescu an die Berliner Universität geschickt. Dort bleibt er bis 1874, kommt aber ohne den erhofften universitären Abschluss zurück. Während eines Aufenthalts in Iaşi arbeitet er als Bibliothekar und Schulinspektor. Er lernt Ion Creanga sowie seine große Liebe Veronica Micle kennen. Die dritte Schaffensperiode –

beginnend mit der Tätigkeit als Redakteur beim *Curierul de Iaşi* (1876) sowie, neben Ion Slavici und I.L. Caragiale, bei der Zeitung *Timpul* (1877) – widmet er dem Journalismus. Weiterhin veröffentlicht er aber literarische Werke, u. a. »Lacul« (1876; »Der See«) und »Melancolie« (1876; »Melancholie«). »Luceafarul« (1883; »Der Abendstern«), das wohl bekannteste seiner Werke, erscheint 1883, im Jahr seiner geistigen Erkrankung, die E. zu mehreren Aufenthalten in Heilanstalten zwingt. »Luceafarul« ist die Quintessenz seines lyrischen und philosophischen Denkens. Darin wird eine nicht überwindbare Diskrepanz zwischen dem Genius und seinem Medium etabliert. Die Ablehnung einer Synthese des Vergänglichen mit dem Ewigen führt zur Absage an die Gemeinschaft der menschlichen (sterblichen) Welt mit dem unendlichen Kosmos. 1889 stirbt E. an den Folgen seiner Erkrankung und wird auf dem Belu Friedhof in Bukarest begraben.

Werkausgabe: Gedichte. Bukarest 1903.

*Sorina Becheru*

### Enchi Fumiko
Geb. 2. 10. 1905 in Tōkyō;
gest. 14. 1. 1986 in Tōkyō

In der japanischen Literatur des 20. Jahrhunderts nimmt Enchi einen gesicherten Rang als bedeutende Erzählerin ein. Ihr sechs Jahrzehnte überspannendes Schaffen erstreckt sich über sämtliche Genres; auch für das Theater hat sie zahlreiche Stücke verfasst. Größere Anerkennung wurde ihr jedoch erst seit den 1950er Jahren für ihre Romane und Erzählungen zuteil, in denen sie, orientiert am japanischen und am europäischen Ästhetizismus, dekorativ ausgestaltete Geschichten von Frauen und Männern schildert. Als wohlbehütete Tochter aus gutem Hause entwickelte E. schon früh literarische Ambitionen. Die unter dem Eindruck des europäischen Dramas entstandene Bewegung zur Erneuerung des japanischen Theaters war das Forum ihres frühen gestalterischen Tatendrangs, und 1928 wurde ihr erstes Stück in Tōkyō aufgeführt. In diesen Jahren kam sie mit der sogenannten Proletarierliteratur in Kontakt, und mit Hirabayashi Taiko (1905–1972), einer bedeutenden Vertreterin der marxistisch inspirierten Literatur, verband sie eine lebenslange Freundschaft. Literarisch jedoch hebt sich ihr Schaffen denkbar stark von der zeitweise vorherrschenden spröden, von sozialkritischem Sendungsbewusstsein getragenen Literatur der linken Literaturbewegung ab. Ihre 1930 geschlossene Ehe mit dem Zeitungsjournalisten E. Yoshimatsu war unglücklich, wurde jedoch bis zu seinem Tod 1972 aufrechterhalten. Erst mit der Veröffentlichung ihres zwischen 1949 und 1957 erschienenen Fortsetzungswerks *Onnazaka* (*Die Wartejahre*, 1985) gelang ihr der Durchbruch als Erzählerin. Die zentralen Figuren in vielen Werken dieser Autorin sind intelligente und willensstarke Frauen, die sich den traditionellen Rollenerwartungen äußerlich völlig anpassen; dies kann bis zur scheinbaren Selbstaufgabe gehen wie in der Erzählung »Kikuguruma« (Der Chrysanthemenwagen), wo die Frau in die Ehe mit einem geistig zurückgebliebenen Mann einwilligt. Doch ihre unterdrückte Energie und Leidenschaft finden ihr Ventil in der Kunst oder in einer geheimnisvollen medialen und schamaninnenhaften Macht, die sie über ihre Mitmenschen ausübt.

In ihrem 1958 publizierten *Onnamen* (*Frauen, Masken*, 1984) verlieh sie dieser Frauenfigur besonders überzeugende Gestalt in Form der schönen Dichterin Mieko. Der Roman enthält zahllose Anspielungen auf altjapanische Mythen und Werke der klassischen japanischen Tradition. Viele ihrer Werke sind auf mehreren Ebenen angelegt – sie spielen in der Gegenwart, doch die Figuren leben oftmals intensiver noch in einer Welt der Phantasie, beispielsweise in literarischen Texten, die sie bearbeiten oder übersetzen, und ihre Erfüllung finden sie in der Welt des Traums. Dennoch wäre es zu kurz gegriffen, wollte man E. literarischen Eskapismus vorwerfen. Wenn sie in z. T. bizarren, aber psychologisch überaus glaubwürdigen Texten das Machtgefälle zwischen den Geschlechtern, die Rivalität unter

Frauen, aber auch Themen wie die Sexualität als fundamentale Quelle der menschlichen Lebenskraft und die Einsamkeit des Alters entfaltet, sind ihre Schilderungen gleichwohl von einem Gespür für die historische Gebundenheit der Figuren und deren begrenzte Handlungsmöglichkeiten getragen. Dennoch lässt ihre Literatur Raum für kontroverse Deutungen. Als Autorin in der Tradition der großen ›dämonischen‹ ästhetizistischen Erzähler wie Tanizaki Jun'ichirô (1886–1965), jedoch mit unverwechselbar eigener Thematik und Erzählweise, ist E.s literarische Bedeutung unumstritten. Zahlreichen Kolleginnen, darunter Setouchi Harumi (auch: Jakuchō, geb. 1922) und Kōno Taeko (geb. 1926), hat sie als Vorbild und Inspiration gedient.

*Irmela Hijiya-Kirschnereit*

### Ende, Michael
Geb. 12. 11. 1929 in Garmisch-Partenkirchen; gest. 28. 8. 1995 in Stuttgart

»Man darf von jeder Tür aus in den literarischen Salon treten: aus der Gefängnistür, aus der Irrenhaustür oder aus der Bordelltür. Nur aus einer Tür darf man nicht kommen, aus der Kinderzimmertür.« So resümierte E. nicht ohne Bitterkeit die eher geringe Beachtung, die seinem Werk im öffentlichen Diskurs über deutsche Literatur zukam. Er polemisierte andernorts gegen die »Zivilisationswüste«, Produkt von Aufklärung und Moderne, als eine Welt der Zweckrationalität. Laut E. wird in dieser Welt spielerische Phantasie und Emotionalität allenfalls noch Kindern zugestanden. E. artikuliert ein in der westlichen Industriegesellschaft verbreitetes kulturelles Unbehagen, das den Wunsch nach positiven Utopien beständig wachsen lässt. Wie zuletzt die Autoren der Romantik Märchenliteratur nicht als eigene Gattung für Kinder aufgefasst haben, richtet sich auch E. nicht ausschließlich an Kinder, sondern an »das Kind im Menschen«. Für E. hat in der heutigen Zeit die welterklärende Funktion des Märchens wie des Mythos eine fundamentale Bedeutung für Bewusstseinsbildung und Heimischwerden des Menschen in der Welt. Einer Welt, die im Zuge der einseitigen Herrschaft der Zweckrationalität keine für sie gültigen Mythen mehr besitzt. Dichtung soll »Innenwelt in Außenwelt und Außenwelt in Innenwelt« verwandeln. Die von E. geschaffenen »Grauen Herren« oder das am »Nichts« erkrankte »Phantàsien« repräsentieren in »Innenbilder« verwandelte gegenwärtige Welterfahrung. Dagegen macht E. postmaterialistische Werte wie Selbstverwirlichung, Solidarität, Meinungsfreiheit und die Erhaltung kultureller und natürlicher Substanz geltend. Der große internationale Erfolg seiner Bücher beruht nicht zuletzt darauf, dass sie einem immer häufiger verspürten Wertevakuum begegnen.

E. wächst als Sohn des surrealistischen Kunstmalers Edgar Ende in der Münchner Bohème auf und wählt von Anfang an die künstlerische Laufbahn. Eine begonnene Schauspielkarriere bricht E. ab, um als Dramatiker tätig zu werden, wobei er sich in der Auseinandersetzung mit der Brechtschen Theaterkonzeption verliert und sich zuletzt ganz von ihr abwendet. Dennoch bleibt E. dem Theater treu, er schrieb mehrere Bühnenwerke und zu seiner Erzählliteratur gibt es meist auch Bühnenfassungen. Mit den beiden *Jim Knopf*-Büchern (1960/61), deren Manuskript eher zufällig neben der Beschäftigung mit dem Theater entstanden ist, beginnt E.s Karriere als freier Schriftsteller. Schon hier zeigt sich die außerordentliche Intensität seiner Bilderwelt. Die Abenteuerreise von Jim Knopf und seinem Freund Lukas, dem Lokomotivführer, führt durch reale und phantastische Welten, in denen neben märchenhaften Gestalten auch die Technik, die Dampflokomotive Emma, ihren Platz hat. E. zieht sich 1970 aus Deutschland zurück, um in Genzano bei Rom inmitten von Weinbergen und Olivenhainen ein »Aussteiger«-Dasein zu führen. Hier entstehen neben Kindergeschichten, lyrischen und drama-

tischen Texten auch seine beiden großen Märchenromane *Momo* (1973) und *Die unendliche Geschichte* (1979). Nach dem Tod seiner ersten Frau, der Schauspielerin Ingeborg Hoffmann, kehrt E. 1985 nach Deutschland zurück. *Momo oder die seltsame Geschichte von den Zeit-Dieben und von dem Kind, das den Menschen die gestohlene Zeit zurückbrachte* zeigt deutlich den kritisch-utopischen Ansatz E.s. *Momo* agiert als kindliche Retterfigur gegen die »Grauen Herren«, Symbole moderner Übel wie Hast, Nervosität und Unstetigkeit. Die Tatsache, dass Momo mit Hilfe einer übersinnlichen Instanz, Meister Hora, handelt, legt nahe, dass dieser Märchenroman, wie alle Geschichten E.s, keine Lösungsmodelle anbieten will, sondern eine gleichnishafte Lektüre verlangt.

Die *Unendliche Geschichte*, der in den 1980er Jahren geradezu zum Kultbuch avancierte Bestseller, wurde zur Grundlage für eines der größten deutschen Filmprojekte der letzten Jahrzehnte, das E. selbst in seiner endgültigen Form nicht billigte. In diesem Buch zeigt sich in besonderem Maße E.s Nähe zu okkulten Traditionen und zur Sprachmagie. Der Akt der Namengebung wird zum existenzgebenden Faktor. Kraft seiner Phantasie rettet Bastian das am »Nichts« erkrankte Phantàsien. Indem er der Herrscherin Phantàsiens einen neuen Namen gibt, wird er selbst in die Welt der künstlerischen Fiktion hineingezogen, womit die *Unendliche Geschichte* in der Gegenüberstellung von realer und fiktiver Welt ihre eigenen Gestaltungsprinzipien reflektiert. E. aktualisiert eine romantische Kritik an der Aufklärung, den Verlust von Traum und Phantasie, und macht sie in einer organisch wuchernden Bilderwelt sinnlich erfahrbar. Wie Bastian gerät auch der Leser in den Sog der Geschichte, seine eigene innere Bilderwelt wird angeregt und verschafft ihm ein Leseerlebnis von eigener Faszination. Ebenso zielt die Anthologie *Der Spiegel im Spiegel. Ein Labyrinth* (1984) auf das Bild jenseits des Bildes. Mit surrealistischen Traumbildern wird hier eine therapeutische Wirkung auf den Leser beabsichtigt. E. will »den Menschen in der Welt wieder heimisch machen« und setzt dafür nicht nur ein Konglomerat von Versatzstücken einer breit gefächerten Kulturgeschichte ein, sondern schafft mit seiner Bilderwelt tatsächlich so etwas wie »moderne« Mythen. Auch in seinem Bühnenwerk *Der satanarchäolügenialkohöllische Wunschpunsch* (1989) wird ein Kontakt zur Welt der Phantasie und der Legende hergestellt. Der heilige Silvester hilft in einer spannenden und recht turbulenten Komödienhandlung mit, die reale Welt vor dem Sieg des Bösen zu retten. Eine Fundgrube für anregende, denkwürdige und vor allem über den Menschen Ende aussagekräftige Texte ist *Michael Endes Zettelkasten. Skizzen und Notizen* (1994).

In seinem Nachruf im August 1995 wird E. die Berufsbezeichnung »Traumsteller« zugeschrieben. Mag sein, dass seine literarische Welt in vielerlei Hinsicht eine Traumwelt ist. Den Bezug zur Realität und ein gehöriges kritisches Potential verliert sie dabei aber nie.

*Simone Duelli-Meßmer*

## Endler, Adolf
Geb. 20. 9. 1930 in Düsseldorf

In E.s Gedicht »Resumé« (1997) aus dem Band *Der Pudding der Apokalypse* (1999) heißt es: »Bis heute kein einziger *Seepapagei* in meinen vielen Gedichten / (Stattdessen schon wieder'n Dutzend Fadennudeln im Bart); / Auch dem *Sabberlatz* nicht das ärmste Denkmal gesetzt in Vers oder Prosa, / So wenig wie der *Elbe-Schiffahrt* oder der *Karpfenernte* bei Peitz. // *Geschiebemergel* dagegen ja!, fast zu häufig die Rede von diesem.« Der Dichter, der hier Bilanz zieht und sich durch einen nicht zu übersehenden Wortwitz auszeichnet, war in seinen ersten Lyrik-Texten entschieden agitatorischer aufgelegt. E., Sohn eines deutschböhmischen Handelskaufmanns und einer belgischen Mutter, wuchs nach der Scheidung der Eltern bei seiner Mutter auf. Als Vierzehnjähriger erlebt E. das Ende des Krieges; die frühen Erlebnisse im Krieg, die Konfrontation mit dem Tod haben ihn in seiner antinazistischen Grundhaltung geprägt. E. verließ

1955 die Bundesrepublik, in der er wegen »Staatsgefährdung« angeklagt worden war, weil er sich für die in der DDR veranstalteten Weltfestspiele der Jugend engagiert hatte, und siedelte in die, wie er es in einem Gedichtnachtrag zu dem Gedicht »Ichkannnixdafür« (1981) festhält, »kunstfreundlichere DDR über«. Von 1955 bis 1957 studierte er am Literaturinstitut Johannes R. Becher in Leipzig.

In seinem Debütband *Erwacht ohne Furcht* (1960) bezieht E. deutlich Position für das in der DDR begonnene Aufbauwerk und lässt es an mitreißendem Schwung in seinen »knäbischen Agitprop-Gedichten« (Endler) nicht fehlen. Dominant ist in den Gedichten eine Gegenüberstellung der beiden politischen Systeme in Ost und West. In dem Gedicht »Einem jungen Dichter« fordert er die Jugend auf, sich auf die Großbaustellen zu begeben und sich nicht melancholischem Sinnieren hinzugeben: »Anderswo treibt man Kanäle ins Land, / Verse wie Spaten. / Du aber hebst drei Körner Sand, / die siehst du fallen wie gebannt.« Wie der junge Volker Braun fühlt sich auch E. der Sache des sozialistischen Aufbaus verbunden, wovon auch sein ebenfalls 1960 erschienener Gedichtband *Weg in die Wische* zeugt. Auch E. war unter denen, die sich 1959 in die Wische aufgemacht haben, um das sumpfige Gebiet in der Nähe von Magdeburg trockenzulegen.

Von den frühen Gedichten lässt E. bei der Zusammenstellung der Sammelbände *Verwirrte klare Botschaften* (1979 in Reinbek) und *Akte Endler. Gedichte aus 25 Jahren* (1981 in Leipzig) nur wenige noch gelten und spricht von einem »Bruch des Verfassers mit einem zu großen Teilen allzu epigonalen ›Frühwerk‹«. Gern würde er seinen Eintritt in die Literaturszene auf das Jahr 1966, es ist das Erscheinungsjahr der zusammen mit Karl Mickel herausgegebenen Lyrikanthologie *In diesem besseren Land. Gedichte der Deutschen Demokratischen Republik seit 1945*, »oder noch besser, um 1971, oder, das wäre am allerbesten, etwa 1976« datieren, wie er anlässlich einer von ihm erbetenen Auskunft bemerkt.

In den Gedichten, die 1974 in dem Lyrikband *Das Sandkorn* erscheinen, ist E. im Unterschied zu seinen frühen Gedichten deutlich distanzierter und kritischer gegenüber den gesellschaftlichen Verhältnissen in der DDR. Der euphorische Ton, der seine frühen Gedichte auszeichnet, ist zurückgenommen, Skepsis gegenüber den Entwicklungen in beiden deutschen Staaten wird deutlich. In dem Gedicht »Einem ungebrochenen Rezensenten« (1963) heißt es: »Ich, leider Mensch, bin ratlos: Mein Gefühl: / Wird dutzend Mal am Tag gebrochen.« Für den Unbehausten wird ein in den Rieselfeldern gefundenes Autowrack, umgeben von Urin und Kot, zum magischen Gefährt, mit dem das Lyrische Ich »ohne Paß« der bedrängend-miefigen Wirklichkeit entfliehen kann. Es entschwindet ins Phantasiereich: »Weit fort vom Druck der Ämter wie vom Liebeskummer / In einem Wagen, Freund, der niemals bricht, / Zu Ländern namenlos wir Namenlosen«. Für das 1968 geschriebene Titelgedicht des Bandes hat die Staatssicherheit 1980 ein Gutachten in Auftrag gegeben, in dem es heißt: »›Das Sandkorn‹ – Endlers umfassende feindliche Stellungnahme in Lyrikform ... ist Symbol für den Skrupel, Zweifel, Gewissensrest der Verantwortlichen und überhaupt für alle Mitglieder der sozialistischen Gesellschaft.«

E. gehört zu den Unterzeichnern der Biermann-Petition und wird 1979 aus dem Schriftstellerverband der DDR ausgeschlossen. Die 1981 erschienene Lyriksammlung *Akte Endler. Gedichte aus 25 Jahren* bleibt bis zum Erscheinen einer erweiterten Ausgabe 1988 eine der wenigen Buchpublikation E.s in der DDR. Seit Anfang der 1980er Jahre ist E. an den Wohnungslesungen im Prenzlauer Berg beteiligt und gilt als Mentor von jungen Autoren, die wie er ihre Texte hauptsächlich in den inoffiziellen Untergrundzeitschriften veröffentlichen. Desillusioniert von der sozialistischen Realpolitik entwickelt sich E. zu einem großen Spötter und Humoristen, der die gesellschaftlichen Entwicklungen in Ost und West kritisch-distanziert beobachtet und in seinen Texten genüsslich bloßstellt. Einer sich närrisch gebenden Welt nähert sich E. mit den Mitteln des Humors. Listenreich und mit feinem Gespür für das Absurde bedient sich E. in seinen Texten der Satire, entwickelt er besonders in seiner Prosa eine Schreibweise, die deutliche Anleihen an Texte der Avantgarde aufweist – E.s Prosa-Texte blieben in der DDR zum größeren Teil unpubliziert.

Unter dem Arbeitstitel *Nebbich* ist nach Auskunft des Autors ein auf zwischen neun und dreizehn Bände geplantes Prosawerk im Entstehen, von dem es seit dem Erscheinen von *Nadelkissen* (1979) immer wieder umfangreiche Proben gibt. Dazu zählen *Neue Nachrichten von Nebbich* (1980) und *Ohne Nennung von Gründen* (1985), die vor der 1987 entstandenen Collage *Schichtenflotz. Papiere aus dem Seesack eines Hundertjährigen* (1987) erschienen sind. E.s Erzähler Bobbi Bergermann stellt darin Dokumente, Zeitungsnotizen und Fiktionales zu einem surrealen Textkonvolut zusammen. Es handelt sich um Berichte aus einem »verderbten Pseudo-Ländchen«, wie E. seine Rede zur Verleihung des Peter-Huchel-Preises 2000 nannte. Ein treffender Kommentar auf das von der politischen Landkarte verschwundene Land ist auch der 1990 publizierte Band *Vorbildlich schleimlösend. Nachrichten aus einer Hauptstadt 1972–2008*. In barocker Üppigkeit greift E. auf unterschiedlichste Nachrichten zurück, die er zu einem Endlos-Text verknüpft. Was an Erzählmaterial gefunden wird, fügt er zu einem monumentalen Gebilde, in dem sich ein Schelm bereit findet, mit geballter Komik Vergangenes zu kommentieren. Nichts vor dem Allesverwerter sicher – E. bedient sich in anderen Texten, verwendet Zitate und fertigt aus seinen Fundstücken eine Textcollage, ohne bei diesem Verfahren die Beziehung zum Gemeinten, der Realität, zu verlieren. Im Gegenteil, er stellt das gesellschaftliche Sein, das sich permanent um Objektivität und Logik bemüht, ohne den selbst formulierten Anspruchen genügen zu können, durch seine surrealen Draufsichten bloß und ermöglicht dem Leser überraschende Einsichten in die ideologisch durchsetzten Alltagsphänomene, die dadurch nur lächerlich wirken.

Großes Amüsement begleitet auch die Lektüre von *Tarzan am Prenzlauer Berg. Sudelblätter 1981– 1983* (1994), die auf ein von E. geführtes Tagebuch zurückgehen. Aus der Per spektive des Dissidenten vermittelt E. einen Eindruck vom Leben in der DDR, korrigiert es mit skurrilem Witz, wo es notwendig ist, entlarvtes es und empört sich über Dahergesagtes, wenn es erforderlich scheint. Das Buch ist auch ein Versuch, der durch die Enttarnung von Sascha Anderson und Reiner Schedlinski als Mitarbeiter der Staatssicherheit in Misskredit geratenen Gruppe von Dichtern des Prenzlauer Bergs Gerechtigkeit widerfahren zu lassen.

E., der fleißige Notizensammler, ist ein Ruheloser, über den Karl Mickel in dem Gedicht »Porträt A. E.« sagt: »Nirgends ist er zu Haus. / Wo ein Bleistiftstummel ist und Papier / zieht er die Schuh aus«. Fremd blieben ihm offensichtlich auch Teile der USA. In dem Buch *Warnung vor Utah* (1996), einer Zusammenstellung von Reisenotizen, die mehr aus dem Kopf und weniger vor Ort entstanden sind, erzählt er auch davon, wie der Kettenraucher im Land der unbegrenzten Möglichkeiten beim Frönen seiner Sucht in Grenzbereiche des Erlaubten gerät. Der Autor meldet in letzter Sekunde an, dass nicht vergessen werden solle, dass er auch als fleißiger Essayist und Nachdichter tätig gewesen sei!

*Michael Opitz*

## Endō Shūsaku
Geb. 27. 3. 1923 in Tōkyō;
gest. 29. 9. 1996 in Tōkyō

In seinem umfangreichen erzählerischen und essayistischen Werk verbindet Endō Shūsaku, einer der produktivsten und meistübersetzten japanischen Autoren der Nachkriegszeit, unterhaltsame und spannend aufbereitete historische und zeitgenössische Stoffe mit ethischen und religiösen Fragen. Oft als »japanischer Graham Greene« tituliert, gelang es ihm, eine breite Leserschaft für seine Themen zu interessieren und öffentliche Diskussionen über Fragen kultureller Identität, persönlicher Verantwortung und Schuld sowie der Verantwortlichkeit des Gemeinwesens anzuregen.

Aufgewachsen in der von Japan besetzten Mandschurei, kehrt er mit Mutter und älterem Bruder nach anhaltendem familiären Zwist 1933 nach Japan zurück. Bereits als Kind erfährt er sich als Außenseiter: in der kulturell und sprachlich fremden kontinentalen Umgebung und später, nach seiner katholischen Taufe im Alter von 12 Jahren, als Angehöriger einer religiösen Minderheit, die in jenen Jahren zudem den Makel der Feindreligion trägt. 1950 gehört E. zu den ersten Japanern, die nach dem Krieg für ein Auslandsstudium ausgewählt werden. Die zweieinhalb Jahre in Lyon in der eurozentrisch-engen Welt der katholischen Gemeinde vertiefen seinen inneren Konflikt. Der Kontrast zwischen dem strengen, fordernden Gott der Europäer und des Alten Testaments und dem Bild des mütterlichen, barmherzigen, verzeihenden Christus, der seiner Vorstellung nach japanischem religiösen Empfinden viel eher entgegenkommt, prägt fortan viele seiner Erzählungen und Romane. Ein thematischer Schwerpunkt seines literarischen Schaffens liegt im Bereich der Frühgeschichte des japanischen Christentums zur Zeit der ersten Kontakte mit Europa und großer missionarischer Erfolge bis zur grausamen Christenverfolgung in den knapp 100 Jahren von 1553 bis etwa 1639.

Sein wohl bekanntestes Werk, der Roman *Chinmoku* (1966; *Schweigen*, 1977) handelt vom Leiden der japanischen Christen und den inneren Konflikten der portugiesischen Missionare angesichts der grausamen Folter, der zum Christentum übergetretene Landbevölkerung ausgesetzt war. Hat Pater Rubino, der heimlich als Seelsorger eingereist ist, seinen Glauben aus Schwäche oder aus Liebe zu den japanischen Christen, deren Leben er damit rettete, verraten? Obgleich der Autor hier und in vielen weiteren Werken, etwa dem Theaterstück *Ōgon no kuni* (1966; *Das goldene Land*) oder dem Roman *Samurai* (1980; *Der Samurai*, 1987), detailgetreu und gründlich recherchierte Schicksale historischer Persönlichkeiten schildert, geht es ihm weniger um den historischen Stoff als vielmehr um Grundprobleme wie den Zweifel am Glauben, das »Schweigen Gottes« und die divergierenden

Einstellungen zu Sünde, Tod und Gott, an denen die Kluft zwischen Japanern und Jesuitenpriestern und damit zwischen Orient und Okzident zutage tritt. Zentrale Metapher und Schlüsselbegriff zum Verständnis des auch in essayistischen Werken thematisierten Ost-West-Konflikts ist »dieser Sumpf namens Japan«, eine Umgebung, die das Fremde in sich aufsauge und Identitäten zerstöre. In *Fukai kawa* (1993; *Wiedergeburt am Ganges*, 1995), seinem letzten Roman, der wie viele andere auch verfilmt wurde, scheint in der Geschichte von fünf Japanern, die unabhängig voneinander und aus unterschiedlichen Motiven an den Ganges reisen, der Kulturkonflikt Japan – Europa zugunsten einer Selbstfindung im alles umfassenden Asien aufgehoben.

E.s Sympathie als Erzähler gilt Schwachen und Gescheiterten, die er auf vielfältige Weise porträtiert. Der liebenswerte, leicht vertrottelte Ausländer Gaston Bonaparte, die Hauptfigur des Romans *O-baka-san* (1959; *Der wunderbare Träumer*, 1993), wird mit humoristischem Strich gezeichnet. Sich selbst hat der Autor in vielen Erzählungen und Romanen porträtiert, darin auf den verbreiteten und besonders beliebten Lesemodus des *shishōsetsu*, des autobiographischen Genres des sogenannten Ich-Romans, setzend. So trägt die Hauptfigur in Erzählungen wie *Yonjussai no otoko* (1964; Ein Mann von vierzig Jahren), *Gojussai no otoko* (1976; Ein Mann von fünfzig Jahren) und *Rokujussai no otoko* (1983; Ein Mann von sechzig Jahren) wie auch der Protagonist in seinem Roman *Skyandaru* (1986; *Sünde*, 1990) denselben auffälligen Namen Suguro und weist zahlreiche Übereinstimmungen mit der Vita des Autors auf, die zu spielerischer Überprüfung bei der Lektüre einladen. In *Skyandaru* geht es um die dunklen Seiten der Persönlichkeit eines bekannten Schriftstellers.

Dass E. mit seinen Fragen nach persönlicher und überpersönlicher Verantwortung auch zur kritischen Auseinandersetzung mit der nationalen Vergangenheit beiträgt, belegt ein Roman wie *Umi to dokuyaku* (1958; *Meer und Gift*, 1976), der von Vivisektionen an amerikanischen Kriegsgefangenen in einer japanischen Klinik während des Zweiten Weltkriegs handelt und die Gewissenskonflikte eines japanischen Assistenzarztes nachzeichnet. Auch im Bereich der Lebensberatung wurde E. zu einer Autorität mit Büchern über den Umgang mit Krankheit und Sterben und kritischen Reportagen zum Gesundheitswesen. Eindrucksvoll am Schaffen E.s ist die Konsequenz und Beharrlichkeit, mit der er den Kulturkonflikt und Fragen der Selbstfindung in historischen und zeitgenössischen Stoffen erzählerisch gestaltet hat.

*Irmela Hijiya-Kirschnereit*

## Enquist, Per Olov
Geb. 23. 9. 1934 in Hjoggböle/Schweden

»Bei jemandem, der sich so frei zur Wahrheit verhält wie Enquist, kann man nie sicher sein.« Diese Äußerung Ulf Lundbergs bezeichnet die Grundproblematik des Verhältnisses von dokumentarischer Wahrheit und Fiktion, das Per Olov Enquists gesamtes Schaffen durchzieht und das er selbst einmal mit dem Begriff »Kompostästhetik« umschrieben hat.

E. gilt als einer der international bedeutendsten schwedischen Schriftsteller und Dramatiker der Gegenwart. Nach seinem Studium der Literaturwissenschaft in Uppsala war er zunächst als (Sport-) Journalist und Theater- und Literaturkritiker bei mehreren schwedischen Zeitungen, später auch als Übersetzer von Theaterstücken und als Regisseur tätig. Neben seiner Schriftstellertätigkeit hat er sich kulturpolitisch – als Mitglied des Staatlichen Kulturrates, im Rundfunkrat und im Vorstand des schwedischen Schriftstellerverbandes – engagiert. Er verbrachte längere Zeit in (West-) Berlin, Los Angeles, Paris und Kopenhagen, lebt aber seit 1993 in Waxholm in Schweden.

1961 debütierte E. als Schriftsteller mit dem Roman *Kristallögat* (1961; Das Kristallauge), erlangte jedoch den internationalen Durchbruch erst mit seinem dritten Roman *Magnetisörens femte vinter* (1964; *Der fünfte Winter des Magnetiseurs*, 1966), dessen Hauptfigur Friedrich Meisner an dem deutschen, als Scharlatan und Wunderheiler bekannten Magnetiseur F.A. Mesmer (1734–1815) orientiert ist. Bereits hier zeichnen sich E.s Leitthematik, die fließenden Grenzen zwischen historischer Wahrheit und im Erinnerungsprozess bzw. Schreibentwurf erdichteter Selbstinszenierung, und die Besonderheit seines literarischen Stils ab, der als ›dokumentarische Fiktion‹ charakterisiert worden ist und sich grob in zwei Arten einteilen lässt: in auf die Erzählerfigur und ihre psychische Befindlichkeit bezogene und oft autobiographisch gefärbte Fiktionen, zu denen z. B. die Romane *Musikanternas uttåg* (1978; *Auszug der Musikanten*, 1982), *Nedstörtad Ängel* (1985; *Gestürzter Engel*, 1987) und *Kapten Nemos bibliotek* (1991; *Kapitän Nemos Bibliothek*, 1994) zählen, und in historische Dokumentar-Fiktionen, die sich um reale Persönlichkeiten entfalten und die Romane umfassen wie *Magnetisörens femte vinter*, *Hess* (1966; Hess), *Livläkarens besök* (1999; *Der Besuch des Leibarztes*, 2001), *Lewis resa* (2001; *Lewis Reise*, 2003) und *Boken om Blanche och Marie* (2004; *Das Buch von Blanche und Marie*, 2005).

Die für E.s Werk charakteristische Montagetechnik aus real existierenden und fiktionalen historischen Dokumenten, aus fingierten Szenarien, autobiographischen Erinnerungen sowie Überlegungen, Deutungen und Kommentaren der Erzählerfigur dient nicht nur als kritische und hinterfragende Form der Wirklichkeitsdarstellung, indem sie die Unmöglichkeit von selbstverständlichem und wahrheitsabbildendem Erzählen thematisiert. Sie bewirkt in hohem Maße auch die manipulative Irreführung und Verwirrung des Lesers durch Widersprüche, offengelassene Fragen und Verwischung der Grenzen zwischen Realität und Fiktion sowie teilweise zwischen Erzähler und Romanfigur. Oftmals spielt die Erzählerfigur dabei die Rolle eines Reporters, Forschers, Kompilators oder Schriftstellers, der der (pseudo-)dokumentarischen Untersuchungsform des Romans eigene Schwierigkeiten seiner Deutungs- und Erinnerungsarbeit, der Wahrheitstreue und Identitätsfindung hinzufügt und damit das Schreibprojekt selbst thematisiert und hinterfragt.

Meist arbeitet E. mit einer begrenzten Anzahl von narrativen Bausteinen – Symbolen, Leitmotiven, Figuren, autobiographischen Episoden –, die mehrfach sowohl im Romanverlauf wie auch in den verschiedenen Romanen eingesetzt, dadurch variiert und mit neuen Assoziationen belegt werden. Kennzeichnend sind dadurch wiederholte Bilder und Versatzstücke, die als Leitmotive innerhalb des Romangefüges die montierten Textfragmente verknüpfen, aber auch Sinnverschiebungen bewirken und einem absoluten Wahrheitsanspruch entgegenarbeiten, und die – in Form von autobiographischen Elementen und Selbstzitaten – aus dem Gesamtwerk des Autors eine Art fiktiver Autobiographie werden lassen. »Das Dasein als Zitat« (E.) kann somit als ästhetisches Programm des Autors gelten, das die wechselseitige Bedingung von Text und Kontext, von Fiktion und Autobiographik inszeniert.

So entspinnt sich etwa die Handlung in *Kapten Nemos bibliotek* aus einem realen Zeitungsbericht über die Vertauschung zweier gleichzeitig geborener Kinder; sie wird aber in erster Linie zur Veranschaulichung der psychischen Störung und Persönlichkeitsspaltung der erzählenden Hauptfigur eingesetzt, wobei die autobiographisch anmutenden Kindheitserinnerungen, die auch in anderen Romanen des Autors wieder auftauchen, das Erzähler-Ich in die Nähe des Autors selbst rücken. In E.s wohl bekanntestem und erfolgreichstem Roman, *Livläkarens besök*, der das Wirken des deutschen Arztes Johann Friedrich Struensee (1737–72) am Hof des geisteskranken dänischen Königs Christian VII. und sein Liebesverhältnis zur Königin Caroline Mathilde thematisiert, sowie in *Lewis resa*, der die Geschichte der Pfingstbewegung in Schweden zum Thema hat, tritt die problematische Erzählerfigur größtenteils zugunsten einer stringenten Komposition der Geschehnisse zurück. Dagegen hat der Ich-Erzähler in *Boken om Blanche och Marie* wieder eine stärkere Rolle in seiner sich als schwierig erweisenden Deutung der fragmenthaften Tagebücher Blanche Wittmans, der Vorführpatientin und Geliebten des Hysteriearztes Jean Martin Charcot (1825–93), und ihrer engen Freundschaft zu der Physikerin und mehrfachen Nobelpreisträgerin Marie Curie (1867–1934). E. liefert hier in der Figur Blanches eine interessante Verknüpfung von hysterischer Theatralik der Patientin Charcots mit dem Thema des – als Folge radioaktiver Strahlung – amputierten Körpers, die symbolhaft für das gleichsam ›amputierte‹ fragmentarische Quellenmaterial und das theatralische Schreibprojekt des Erzählers selbst stehen. Die enge Vermengung historischer Fakten mit den fiktiven Ergänzungen – den ›Prothesen‹ – durch die Forscher- und Erzählerfigur zeigt die Grenzen des Dokumentarismus auf und stellt eine Herausforderung an den Leser dar, der aus den Versatzstücken sein eigenes zusammenhängendes Textkorpus schaffen muss.

Über sein umfangreiches Romanwerk hinaus hat sich E. auch als Dramatiker einen bedeutenden Namen gemacht und mehrere quasidokumentarische Theaterstücke und Drehbücher verfasst, die eine um skandinavische Schriftsteller wie Hans Christian Andersen, Selma Lagerlöf, August Strindberg oder Knut Hamsun entworfene Handlung in Szene setzen und von denen *Tribadernas natt* (1975; *Die Nacht der Tribaden*, 1977), *Bildmakarna* (1998; *Die Bildermacher*, 1998) sowie das Drehbuch zu Jan Troells Film HAMSUN (1996) die bekanntesten sind. Auch Reportagen- und Essaysammlungen (z. B. *Kartritarna*, 1992; *Die Kartenzeichner*, 1997) sowie ein Kinderbuch (*De tre grottornas berg*, 2003; *Großvater und die Wölfe*, 2003) gehören zu E.s umfassendem Werk, das ihm zahlreiche schwedische und deutsche Auszeichnungen eingebracht hat.

*Hanna Eglinger*

## Enzensberger, Hans Magnus
Geb. 11. 11. 1929 in Kaufbeuren

»Endlich, endlich ist unter uns der zornige junge Mann erschienen«, rief Alfred Andersch nach der Lektüre des ersten Gedichtbandes von E. aus. Das Klischee vom »zornigen jungen Mann« sollte zu einem Markenzeichen eines Autors werden, der sich gegen jede literarische und politische Festlegung wehrt. Die Einschätzung Anderschs, E. habe mit *verteidigung der wölfe* (1957) etwas geschrieben, »was es in Deutschland seit Brecht nicht mehr gegeben hat: das große politische Gedicht«, trifft durchaus zu. In Metaphorik und Sprachspiel zunächst noch an Gottfried Benn anknüpfend, beziehen sich E.s Gedichte (es folgen *landessprache*, 1960; *blindenschrift*, 1964) zunehmend auf politische Sachverhalte, in der dialektischen Argumentation und den syntaktischen Techniken des Verkürzens, Schachtelns und Fügens Brecht ähnlich. Im restaurativen Klima der 1950er Jahre ist die Literaturkritik tief verschreckt von der politischen Präsenz dieser Gedichte. Hans Egon Holthusen nennt E. einen »Bürgerschreck«, »rabiaten Randalierer« und »schäumenden Haßprediger«.

Bevor E. als Lyriker in Erscheinung trat, promovierte er 1955 mit einer Untersuchung zu Clemens Brentanos Poetik. Seine Kindheit verbrachte E. in Nürnberg, nach dem Krieg besuchte er die Oberschule in Nördlingen; von 1949 bis 1954 studierte er in Erlangen, Hamburg, Freiburg/Br. und Paris Literaturwissenschaften, Sprachen und Philosophie. Bei der Redaktion Radio-Essay (Alfred Andersch) in Stuttgart erntete er zwischen 1955 und 1957 als Kritiker erste Lorbeeren: Für den Rundfunk verfasste er Beiträge, die später als Aufsatzsammlungen Furore machten. In seinem Essay *Die Sprache des »Spiegel«* untersucht E. »Moral und Masche eines deutschen Nachrichtenmagazins«. Typisch für diesen streitbaren Autor ist, dass er die *Spiegel*-Analysen – wenn auch der brisantesten Stellen beraubt – in eben jener Zeitschrift abdrucken ließ. Sein Interesse gilt (in Anlehnung und Weiterentwicklung von Theodor W. Adornos Begriff der »Kulturindustrie«) den Vorgängen in der »Bewußtseinsindustrie«, die nicht nur traditionell künstlerisch-kulturelle, sondern auch Bereiche des Tourismus, der Mode usw. umfasst. Der Essayband *Einzelheiten* (1962), in dem sich auch E.s grundlegende Darstellung zum Zusammenhang von »Poesie und Politik« findet, gilt als wichtigste theoretische Arbeit des Autors. Wie sein romantisches Vorbild Clemens Brentano ist auch E.»polyglott, gewandt, ein poeta doctus par excellence, nicht ohne modische Attitüde« (Hans Schwab-Felisch), er beherrscht sieben Sprachen nahezu perfekt, übersetzte und edierte Autoren wie César Vallejo, Pablo Neruda oder William Carlos Williams. Bis auf den großen Roman hat er alle literarischen Genres erfolgreich erprobt. Das schöpferische Interesse des Autors verschiebt sich zur Mitte der 1960er Jahre weiter von der Literatur zur Politik; er ist damit nicht nur Weggefährte, sondern auch Vorreiter und Prophet einer Politisierung, wie sie mit der Studentenbewegung, den anti-amerikanischen Protesten gegen den Vietnam-Krieg usw. zum Ausdruck kommt. Sein Essayband mit dem bezeichnenden Titel *Politik und Verbrechen* (1964) beschäftigt sich denn auch – ebenso analytisch wie politisch, juristisch und militärisch beschlagen – mit der Grauzone einer menschenfeindlichen, verbrecherischen Politik. Mit Gründung seiner Zeitschrift *Kursbuch* (1965) lässt sich E. in West-Berlin nieder, widmet sich ganz der politischen Publizistik sowie der Herausgabe politischer Recherchen. Das programmatisch offene *Kursbuch* verlagert, parallel zur Radikalisierung der jungen Generation vor allem an den Universitäten, seinen Schwerpunkt immer weiter von der Literatur zur Politik; es avanciert dabei zur wichtigsten Zeitschrift der Neuen Linken. Heft 15/1968 gewinnt Berühmtheit durch die Proklamierung des »Tods der Literatur« (Walter Boehlich), der bürgerlichen, wohlgemerkt. Von einem Cuba-Aufenthalt (1968/69) bringt E. das Dokumentar-Theaterstück *Das Verhör von Habana* (1970) mit. E.s Rolle besteht darin, Tonbandmaterial über die Schweinebucht-Invasion von 1962 zu montieren, zu übersetzen, auszuwählen.

Die Spannweite seiner Werke ist groß: Prägen dieses Stück die Agitprop-Ziele der Neuen Linken, so sind E.s Neuübersetzung und Nachdichtung von Molières *Der Menschenfeind* (1979), das vom Diderot-Stück *Ist es gut?*

Ist es böse? angeregte Spiel *Der Menschenfreund* (1984) sowie *Delirium. Ein Dichter-Spektakel* (1994) und *Voltaires Neffe. Eine Fälschung in Diderots Manier* (1997) im traditionell-harmlosen Konversationston gehalten. Auch das Schauspiel *Die Tochter der Luft* (1992) ist kein originäres Bühnenstück E.s, sondern eine von der konventionellen Rhetorik befreite Neuübersetzung des gleichnamigen Calderon-Stückes. Zur Überraschung des Publikums veröffentlicht  E., der im *Kursbuch* der Literatur die gesellschaftliche Notwendigkeit absprach und ihr Harmlosigkeit bescheinigte, 1971 einen Lyrikband *(Gedichte 1955– 1970)*, der neben alten auch dreißig neue Gedichte präsentiert. Lakonisch und bissig nimmt er darin Abschied von den Illusionen an der »Kulturrevolution« der späten 1960er Jahre. Sind diese Gedichte noch in der einfachen Sprechweise des Agitprop gekennzeichnet, so kehrt E. mit der Balladendichtung *Mausoleum* (1975), dem Versepos vom *Untergang der Titanic* (1978) und dem Gedichtband *Die Furien des Verschwindens* (1980) nach langen Jahren der politisch-intentionalen Literatur und Publizistik zu den leisen Tönen literarischer Mitteilungsformen zurück. Auch hier erweist sich das literarische Gespür des Autors als trendsetzend und vorausschauend. Denn die apokalyptischen Visionen und die ästhetische Lust am Untergang, die sich in den 1980er Jahren in der Öffentlichkeit verbreiten, nimmt E. gerade in der *Titanic*-Dichtung ironisch vorweg. Seit 1974 fungiert er nur noch als Mitarbeiter des *Kursbuchs*. Nunmehr in München lebend, gründet er 1980 die auf ein arriviert-linkes Publikum zielende Zeitschrift *TransAtlantik*. Auch dieses Blatt kündet – mit Hochglanzästhetik und dem ständigen »Journal des Luxus und der Moden« – vom kommenden »Zeitgeist« einer Phase des modischen Schicks und der Entpolitisierung eines großen Teils der ehemals kritischen Intelligenz. Den Beobachter dieses »literarisch Reisenden«, der stets auf der Suche nach Neuem ist, wundert es nicht, dass E. dieses politisch allzu seichte Projekt schnell wieder aufgab, um sich einem neuen zuzuwenden: Der *Anderen Bibliothek*, in der er seit Januar 1985 seine Lieblingsbücher der Weltliteratur herausgibt, manche literarische Entdeckungen macht und Autoren-Karrieren (z. B. von W. G. Sebald, Christoph Ransmayr und Irene Dische) fördert. Die von E. in den *Politischen Brosamen* (1982) vorherrschende Essay-Struktur, die aus subjektiver Perspektive vorgibt, sich an Details abzuarbeiten und doch das allgemeine Ganze im Blick hat, wird mit *Ach Europa!* (1987) und *Mittelmaß und Wahn* (1988) zur Meisterschaft (und Masche) gebracht. In den *Wahrnehmungen aus sieben Ländern* und *Gesammelten Zerstreuungen* (so die Untertitel) wird das Erzählte aber allzu häufig zur anekdotischen Geschichte alltäglicher Beobachtungen. Mit seinen Essaybänden und politischen Einwürfen *Die Große Wanderung* (1992), *Aussichten auf den Bürgerkrieg* (1993), *Zickzack* (1997) sowie *Nomaden im Regal* (2003) kehrt E. endgültig vom zornigen Aufklärer zum ironischen Romantiker früher Jahre zurück. *Der Zorn altert, die Ironie ist unsterblich*, heißt denn auch treffend ein zum 70. Geburtstag des Autors herauskommender Gratulationsband. In seinen Gedichtbänden *Zukunftsmusik* (1991), *Kiosk* (1995), *Leichter als Luft* (1999) und *Die Geschichte der Wolken* (2003) meditiert E. über symptomatische Einzelheiten und ökologische Perspektiven der global vernetzten Welt, thematisiert er das Dichten selbst, verweigert er sich jedem programmatischen Statement. Im vorgerückten Alter noch einmal Vater geworden, interessiert er sich auch zunehmend für pädagogisch unkorrekte und unkonventionelle Kinderbücher (*Esterhazy. Eine Hasengeschichte*, 1993; *Der Zahlenteufel. Ein Kopfkissenbuch für alle, die Angst vor der Mathematik haben*, 1997; *Wo warst du, Robert?*, 1998, sowie unter dem Pseudonym Andreas Thalmayr *Lyrik nervt!*, 2004) und für interdisziplinäre Seitenblicke zwischen Poesie und Prosa (*Die Elixiere der Wissenschaft*, 2002). Zu den unzähligen Würdigungen eines schillernden Œuvres zählen der Büchner-Preis (1963), der Hein-

rich-Böll-Preis (1985), der Heinrich-Heine-Preis (1998), der Ludwig-Börne-Preis (2002) sowie der »Premio Pasolini« für Poesie (1982) und die Ernennung zum Mitglied des Ordens »Pour le mérite« (2000).

*Frank Dietschreit*

### Erasmus von Rotterdam (nannte sich seit 1496 Erasmus Desiderius)
Geb. 28. 10. 1466 oder [wahrscheinlich] 1469 in Rotterdam;
gest. 12. 7. 1536 in Basel

Wegen seiner frühaufklärerischen und toleranten Philosophie gilt Erasmus von Rotterdam als der »größte Humanist Europas«. Doch sind seine Texte auch unter literarischen Gesichtspunkten bemerkenswert. Außer theologischen Traktaten und pädagogischen Schriften schrieb E. Gedichte, Briefe und Pamphlete; er übersetzte und edierte weltliche und christliche Werke aus Antike und Mittelalter. E. publizierte ausschließlich in Lateinisch, setzte sich aber von Beginn an sehr dafür ein, dass seine Texte so bald wie möglich in Volkssprachen übersetzt wurden. Wegen seines brillanten Stils war er berühmt, wegen seiner stupenden Gelehrsamkeit bewundert und wegen seines beißenden Spotts gefürchtet. Sein unstetes Leben führte ihn durch halb Europa: »Dort ist meine Heimat, wo ich meine Bibliothek habe.«

E. wurde als illegitimer Sohn eines Priesters und einer Arzttochter geboren, ein Makel, der ihn zeitlebens nicht loslassen sollte. Bereits in frühester Jugend schrieb er – antike Muster imitierend – lateinische Gedichte von erstaunlicher Stilsicherheit (*Carmina selecta – Auswahl aus den Gedichten*, 1975). Nach seinem Eintritt in das Augustinerkloster Steyn bei Gouda erschloss er das Programm der »bonae literae« (Wiederbelebung der Reinheit und Raffinesse des literarischen Lateins) für sich und begann eine lebhafte Korrespondenz mit den großen Gelehrten, den weltlichen und geistlichen Fürsten sowie den wichtigsten Theologen seiner Zeit. Zu seinen Briefpartnern gehörten Kaiser und Könige, Päpste und Kardinäle sowie die bekanntesten Vertreter des europäischen Geisteslebens: Luther, Zwingli, Melanchthon, Paracelsus, Ulrich von Hutten und Thomas Morus. Zu Letzterem, den E. während seines ersten Aufenthalts in England um 1500 kennenlernte, entwickelte sich eine innige Freundschaft. Die – teilweise von E. selbst schon publizierten – Briefwechsel bilden eine reichhaltige Geschichtsquelle der Epoche (*Erasmus von Rotterdam Briefe*, 1995).

1492 zum Priester geweiht, verfasste er poetische und sprachdidaktische Arbeiten, insbesondere die Abhandlung *De conscribendis epistolis* (1522; *Anleitung zum Briefeschreiben*, 1980), die bis 1600 etwa 80 Auflagen erfuhr und eine starke Wirkung auf die brieftheoretische Literatur der Neuzeit ausübte.

1500 veröffentlichte E. als erste größere Buchpublikation seine *Adagia (Adagiorum collectanea*, später: *Adagiorum chiliades (Adagia selecta); Mehrere tausend Sprichwörter und sprichwörtliche Redensarten. Auswahl*, 1972), eine aus antiken Schriften sowie der Bibel zusammengetragene und kenntnisreich kommentierte Sammlung von Sprichwörtern, Redensarten und Schlüsselbegriffen. Die *Adagia* begründeten seinen Ruhm im gebildeten Europa. In ihre überarbeiteten Neuauflagen fügte E. später theoretische Exkurse ein, die mit ihrer pointierten Rhetorik und ihrem geistreichen Zugriff auf die Schatzkammern der Antike Essays avant la lettre sind. Nachdem er in einer Löwener Klosterbibliothek die bibelkritischen *Annotationen* des Laurentius Valla entdeckt hatte, schrieb er 1503 das *Enchiridion militis christiani (Handbüchlein eines christlichen Streiters*, 1958), in dem er Grundzüge einer christlichen Ethik (»Philosophia Christi«) entwickelte. 1506 bis 1509 konnte E. sich seinen Traum erfüllen, nach Italien zu reisen. Für ihn bedeutsam wurde vor allem der Aufenthalt in Venedig, wo er bei Aldus Manutius, seinerzeit einer der renommiertesten Drucker Europas, eine erweiterte Edition seiner *Agadia* vorbereitete. 1509 bis 1514 arbeitete er in England, hauptsächlich in Cambridge. In dieser Zeit entstand die Schrift, die bis heute als sein Opus magnum gilt: die *Laus stultitiae* (1511;

*Lob der Torheit*, 1975). Diese im literarischen Genus des antiken *Enkomions* (Preisgesang) angelegte Streitschrift widmete er seinem Freund Thomas Morus, auf dessen Namen auch der ursprünglich griechische Titel *Moriae encomium* anspielt. Im monologischen Selbstlob der Torheit (sie hält es mit dem Sprichwort:»Lobe dich ruhig selbst, wenn es kein anderer für dich tun will.«) stellt er die Missstände seiner Zeit – von den Umgangsformen und Alltagsüberzeugungen bis zu den Spitzfindigkeiten scholastischer Theologie, den Auswüchsen bornierter Gelehrsamkeit und der Engstirnigkeit geistlicher wie weltlicher Herrschaft – mit viel Sarkasmus, in prägnanten Bildern und in einer ungemein plastischen Sprache bloß. Wie alle satirischen Schriften E.’ fand auch die *Laus stultitiae* nicht nur begeisterte Anhänger, sondern auch erbitterte Gegner. Dies gilt auch für das vor Invektiven strotzende Pamphlet *Julius exclusus e coelis* (1518; *Julius vor der verschlossenen Himmelstür, ein Dialog*, 1969) gegen den gerade verstorbenen Papst Julius II. Nach seiner fünften und letzten Englandreise gab E. den Fürstenspiegel *Institutio principis christiani* (1516; *Die Erziehung des christlichen Fürsten*, 1969), das *Novum instrumentum* (1516) sowie die *Querela pacis* (1516; *Die Klage des Friedens*, 1969) in Druck. 1518 versuchte er sich in einer für ihn neuen literarischen Gattung: dem fiktiven Gespräch. In den *Colloquia familiaria* (1518; *Vertraute Gespräche*, 1967) entwickelte er seine Vorstellungen vom christlichen Leben in Frieden, Schlichtheit und wohlwollender Anteilnahme.

Mit dem Jahr 1519 begann die Korrespondenz mit Luther und anderen Reformern – und damit eine für E. unerfreuliche Zeit. Der Konfessionsstreit polarisierte Europa. E.’ Versuche, auf beide Seiten mäßigend einzuwirken, blieben erfolglos. Wider Willen in den Kirchenstreit hineingezogen, schlug sein zu Beginn fast freundschaftlicher Umgang mit

Hutten und Luther in vehemente Ablehnung um. Der Streit zwischen den Kontrahenten wurde öffentlich mit Pamphleten und Gegenschriften ausgetragen. Dennoch blieb E.' Streitlust ungebrochen. Mit dem 1528 veröffentlichten *Dialogus cui titulus Ciceronianus sive De optimo dicendi genere* (1528; *Der Ciceronianer oder Der beste Stil. Ein Dialog*, 1972) demonstrierte er einmal mehr seine Meisterschaft als Ironiker und Spötter. Dabei zielte er besonders auf jene Gelehrten, die allein das stilistische Vorbild Ciceros gelten lassen und dieses – wie E. ihnen vorwirft – sklavisch nachahmen, ohne sein Niveau gedanklich und rhetorisch selbst zu erreichen. Unermüdlich gab E. bis zu seinem Tod weiterhin klassische Texte heraus und verfasste eigene Schriften unter anderem über Erziehungsfragen, den Türkenkrieg, die Einheit der Kirche und die Vorbereitung auf den Tod.

Werkausgabe: Ausgewählte Schriften. 8 Bde. Hg. W. Welzig. Darmstadt 1967ff.

*Barbara Lersch-Schumacher*

### Erb, Elke
Geb. 18. 2. 1938 in Scherbach/Eifel

Die Tochter des marxistischen Historikers und Literaturwissenschaftlers Ewald Erb siedelt mit ihren Eltern 1949 in die DDR um. Sie studiert nach der Oberschule und nach dem praktischen Pflichtjahr (in der Landwirtschaft im »FDJ-Aufgebot Wische« 1958/59) Pädagogik für Deutsch und Russisch an der Martin-Luther-Universität Halle. 1963 macht sie ihr Lehrerexamen und arbeitet anschließend zwei Jahre im Mitteldeutschen Verlag als Lektorin. Danach verfasst sie als freie Lektorin Gutachten zur russischen Gegenwartsliteratur und übersetzt aus dem Russischen, Polnischen, Französischen, Italienischen und Georgischen.

Die seit 1966 freie Schriftstellerin debütiert mit Puppen- und Märchenspielen (*Das bucklige Pferdchen*, 1972, *Die goldenen Äpfel*, 1973), in denen auch der Einfluss der russischen Literatur (Jerschow, Djokic) erkennbar

ist. E. leistet mit ihren Nachdichtungen (Gogol) und Übersetzungen (Blok, Pasternak, Zwetajewa, Achmatowa, Jessenin, Pugatschow, Rosow, Teofilow, Godunow) Wesentliches für die Wirkung der Lyrik und Literatur der russischen Moderne in Deutschland. Auch als Herausgeberin hat E. ihr Verständnis der Weltliteratur als Austausch und Kennenlernen fremder Literaturen zum Ausdruck gebracht (Tumanjan, Droste-Hülshoff, Peter Altenberg), wobei sie die Idee des Austauschs später auch auf zeitgenössische Autoren überträgt. Kennzeichnend für diese »wandlose Werkstatt« sind Freundschaften mit Schriftstellern und poetische Dichterporträts (Inge Müller, Kito Lorenc, Adolf Endler, Peter Huchel). Diese Idealvorstellung der poetischen Verbundenheit ist zugleich auch ein Merkmal der »sächsischen Dichterschule« (Adolf Endler), der sie angehört: So hat E. Bände von Sarah Kirsch herausgegeben (z. B. *Musik auf dem Wasser*, 1977). Angeregt von der Idee der poetischen Kommunikation spricht sie in ihren Gedichten Dichterfreunde direkt an oder antwortet auf deren Gedichte. Diese intertextuelle Vernetzung, die als eine lyrische Korrespondenz zu verstehen ist, dehnt sie auch auf andere Autoren aus, insbesondere in fiktiven Dialogen mit Friederike Mayröcker (*Unschuld, du Licht meiner Augen*, 1994; Erich-Fried-Preis 1995).

Die Gedichte und die lyrischen Prosa-Impressionen von E., der »Initiatorin und Protagonistin des miniaturhaften Prosa-Gedichts im Sinn Baudelaires und Rimbauds« (Adolf Endler), kennzeichnen der subjektive Blick auf den Alltag sowie der Einblick in persönliche Innen- und Wohnräume. So legt die Autorin in ihrem ersten Gedicht- und Prosaband *Gutachten* (1975, veränderte Fassung unter den Titel *Einer schreit: Nicht!*, 1976) scheinbar private Wahrnehmungen vor, die sich zu komplexen Assoziationsketten verdichten. In immer wieder neuen poetischen Formen, die in den 1980ern radikaler ins Experimentelle drängen (*Winkelzüge oder Nicht vermutete, aufschlussreiche Verhältnisse* 1991), stellt sie Blicke auf Alltagsgegenstände und Landschaften in den Vordergrund, wobei sie immerzu auf das Besondere des Alltags aufmerksam macht. Ihre »Gedichte werden verstanden als analytische Parabeln auf das Myzel unseres Alltags im Denken und Fühlen« (Ulrike Draesner). Gegen Ende der 1970er Jahre erweitert E. ihr Themenrepertoire auf die Bereiche der Sprache in Phonetik, Semantik und Syntax. Folgerichtig setzt sie sich immer stärker mit den Sprachexperimenten der Dadaisten wie Hans Arp auseinander, was sich auch im veränderten Schriftbild äußert. In *Der Faden der Geduld* (1978) radikalisiert E. die Alltagsbeobachtungen, indem sie nunmehr die Zeichenhaftigkeit der Wörter in den Mittelpunkt rückt und Wirklichkeitswelten als universellen, selbstbezüglichen Intertext begreift (»Sind Worte unter sich, entscheiden *sie*«). Kontiguität wird konstitutiv für den Ausdruck von Subjektivität in ihren Gedichten und ermöglicht aufgrund der konstruierten Deutungsoffenheit dem Leser selbst auch die Freiheit zum Assoziieren. Mit diesem Prinzip der Dialogizität beeinflusst sie auch den Kreis jener Prenzlauer-Berg-Autoren wie Bert Papenfuß-Gorek, zu dem sie über Adolf Endler, mit dem sie von 1967 bis 1978 verheiratet war, Zugang findet. Dort ist sie Mentorin und Ratgeberin, arbeitet an Samisdat-Zeitschriften mit und gibt zusammen mit Sascha Anderson die kulturpolitisch umstrittene Anthologie *Berührung ist nur eine Randerscheinung* (1985) heraus, in der die Literatur der »mittleren Generation« und »Hineingeborenen« (Uwe Kolbe) vorgestellt wird.

Die Sprachdekonstruktionen in der Auseinandersetzung mit Zitaten, Sprichwörtern, Floskeln usw. nehmen in den Texten der 1980er Jahre derart komplexe Formen an, dass E. sich gezwungen fühlt, ihre Gedichte im Sinne einer gelehrten Poesie zu erläutern, wobei die Kommentare einerseits Orientierung für die hermetisch-subjektivistische Lyrik bieten und andererseits eine neue Form der lyrischen Prosaminiatur generieren, in der sich Lyrik und Wissenschaftssprache wechselseitig durchdringen. E. bezeichnet diese Art als »prozessuales Schreiben«, weil sie ihre Gedanken beim Schreiben reflektiert, das Handwerkliche im Text wiederum in poetischen Umschreibungen erläuternd umkreist und zugleich auch die Entstehungsbedingungen offenlegt, um gemäß ihrem Vorbild Annette von Droste-Hülshoff den Zusammenhang zwischen Werk und Autobiographie zu unterstreichen. Denn sie unterscheidet mit der ihr wichtig gewordenen neuen Textgattung des Arbeits- und Gedichtbuches (*Kastanienallee*, 1988; Peter-Huchel-Preis), in dem sie ihre Texte und Poetik diskutiert und auslegt, nicht zwischen »Textleben« und »Lebenstexten«. Wie sehr diese Mitteilungen als konstitutives Element ihrer Poesie zu betrachten sind, wird an den theoretischen Überlegungen (*Der wilde Forst, der tiefe Wald*, 1995) und an der Kombination von Gedichten und Tagebuchaufzeichnungen deutlich (*Mensch sein, nicht*, 1998).

Damit reagiert E. auch auf die ihr Schaffen begleitenden Vorwürfe der privatistischen selbstbezüglichen Lyrik, des Hermetismus (»Reservat der poésie pure«, Volker Braun) und der Unverständlichkeit. Doch bereits in ihren ersten Gedichten in den 1960er Jahren in Anthologien (*Auswahl 68*, *Saison für Lyrik*) und vor allem in ihren Kommentaren zur »Forum«-Debatte (1966) unterstreicht sie die Notwendigkeit der ihrem Werk fortan eingeschriebenen Dialogfähigkeit von Poesie, welche sich nicht in semantischer Verständlichkeit erschöpfen dürfe. Im Gegensatz zu dem von ihr sogenannten »Salon der Sprache« erwartet sie von der Poesie eine ununterbrochene und wiederholte Bedeutungsentgrenzung auf produktiver wie auf rezeptiver Ebene, um Verstehen als Prozess und nicht als Ergebnis begreifbar zu machen und semantische Festlegungen zu meiden. Für E. wird Poesie damit zu einem Kommunikationsmedium auf unterschiedlichen Ebenen: autobiographisch im Sinne einer existentiellen Therapie und Selbsterklärung (prozessuales Dichten), literatursoziologisch in Dichterfreundschaften und als Vermittlerin (russischer Literatur, Übersetzerin, Mitarbeit in der Subkultur des Prenzlauer Berges), literarisch in intertextuellen Verzweigungen und rezeptionsästhetisch im dialogischen Prinzip.

*Claude D. Conter*

## Erdrich, Louise [Karen]
Geb. 6. 7. 1954 in Little Falls, Minnesota

Louise Erdrich ist neben dem großen Autoren-Dreigestirn, N. Scott Momaday (Kiowa), Leslie Marmon Silko (Laguna Pueblo) und James Welch (Blackfoot), die heute wohl bekannteste indianische Schriftstellerin der USA. Mit Lyrikbänden (*Jacklight*, 1984 – *Baptism of Desire*, 1989), vielen in Zeitschriften veröffentlichten Kurzgeschichten, Rezensionen und Essays, Kinderbüchern (*Grandmother's Pigeon*, 1996; *Das Taubengeheimnis*, 1999 – *The Birchbark House*, 1999), einem autobiographischen Buch über Schwangerschaft (*The Blue Jay's Dance: A Birth Year*, 1995) und besonders mit ihren Romanen hat sie ein beachtliches Œuvre vorgelegt, das sich auch außerhalb eines akademischen Lesepublikums großer Beliebtheit erfreut.

E. ist die Tochter einer Anishnabe (Chippewa), Rita Joanne Gourneau, und eines Deutschamerikaners, Ralph Louis. Ihr Großvater mütterlicherseits diente Ende des 19. Jhs. als Vorsitzender des Turtle Mountain Chippewa Stammes, dem die Autorin als eingeschriebenes Mitglied angehört. Sie wuchs außerhalb des Reservats in Wahpeton, im südöstlichen North Dakota auf, wo ihre Eltern als Lehrer im Dienste des BIA (Bureau of Indian Affairs) tätig waren. Sie studierte am renommierten Dartmouth College in New Hampshire, erlangte dort 1976 ihren B.A. in Literatur, und graduierte drei Jahre später mit einem M.A. von der Johns Hopkins University, Maryland. 1981 heiratete sie ihren Mentor Michael Dorris, der als Professor für Native American Studies am Dartmouth College lehrte. Immer wieder betonten E. und Dorris in Interviews, dass sie ihre Werke gemeinsam schreiben, doch lediglich *The Crown of Columbus* (1991; *Die Krone des Kolumbus*, 1991), rechtzeitig zum Kolumbusjahr erschienen, wurde unter beider Namen veröffentlicht. Innerhalb einer konstruiert wirkenden Handlung, die zunächst dem Muster des satirisch-burlesken Universitätsromans folgt, ist die Suche nach einer von Kolumbus versteckten Krone angelegt, welche das indianisch-weiße Protagonistenpaar aus Dartmouth schließlich vor der Habgier eines Bilderbuchschurken retten kann. Zu Recht gilt dieser Roman als der schwächste aus E.s Hand. Das genaue Ausmaß, in welchem Dorris am Entstehen anderer Texte beteiligt war, ist bis heute umstritten. (Von Dorris, der sich 1997 das Leben nahm, liegen rund 20 Bücher zur Anthropologie, Soziologie und Literatur(wissenschaft) vor, darunter auch sein bekanntester Roman, *Yellow Raft on Blue Water* (1988), sowie sein vielbeachtetes Werk über pränatale Alkoholschäden bei indianischen Kindern, *The Broken Cord* (1989).

Für ihr literarisches Schaffen erhielt E. mehr Preise und Ehrungen als jeder andere indianische Schriftsteller der Gegenwart. Schon als Studentin gewann sie Literaturpreise, und bereits 1981 war sie als Dichterin Stipendiatin des Dartmouth College. Der Durchbruch kam als 1984 ihr erster Gedichtband und ihr erster Roman, *Love Medicine* (1984; *Liebeszauber*, 1989; erweiterte Fassung 1993; dt. 1999), erschienen. Für Letzteren erhielt sie unter anderem den National Book Critics Circle Award 1985 für das beste fiktionale Werk und von der American Academy und dem Institute of Arts and Letters den Sue Kaufman Preis für den besten Erstlingsroman.

Ihr Lyrikband *Jacklight* besteht aus vier Gedichtzyklen, die thematisch E.s indianischer Familie, den grausamen Erfahrungen des Internatsschulsystems, dem Überleben trotz aller Widrigkeiten und ihrer deutsch-amerikanischen Abstammung gewidmet sind. Mit dem Schlachter Otto Kröger und den beiden Frauen Marie Kroll und Marie Kröger schuf E. lyrische Gestalten, die sich teils düster und bedrohlich, teils warm und bergend dem Leser mit der »Größe teutonischer Mythen« (C. Wright) einprägen. Kritiker heben hervor, dass E. in alltäglichen Situationen mythische Elemente durchscheinen lässt, welche sie sowohl aus ihrem indianischen Erbe als auch aus den Erzählungen ihrer deutschen Immigranten-Vorfahren bezieht.

In der Beschränkung auf ihren eigenen geographischen und ethnokulturellen Erfahrungshorizont liegt ein Teil ihres Erfolgs, denn es gelingt ihr auch in ihren Romanen, im Begrenzten und Alläglichen Universelles sichtbar zu machen, wobei ihr Realismus immer wieder magisch transzendiert wird. Der historische Rahmen ihrer Romane erstreckt sich von der zweiten Hälfte des 19. Jahrhunderts bis in unsere Tage. Die Romanhandlungen sind auf das Gebiet des Turtle Mountain Chippewa Reservats und auf angrenzende reale sowie einige fiktive Städte konzentriert. Dort interagieren Charaktere, welche indianischer oder euro-amerikanischer Herkunft sind oder ihrer Abstammung nach beiden ethnischen Gruppen angehören, darunter vereinzelt auch ›echte‹ Métis, also Angehörige jener Misch-Ethnie, die schon im 19. Jahrhundert das Gebiet des Red River beiderseits der kanadisch-amerikanischen Grenze bewohnten. Zunächst waren die Romane als Tetralogie geplant, und E. veröffentlichte in rascher Folge die ersten drei dieser Serie: *Love Medicine* sowie *The Beet Queen* (1986; *Die Rübenkönigin*, 1991) und *Tracks* (1988; *Spuren*, 1992). Statt eines von Lesern und Kritikern erwarteten vierten Romans, der angeblich den Titel »The American Horse« tragen sollte, veröffentlichte E. nach sechsjähriger Pause drei weitere Romane, von denen wiederum zwei ebenfalls in North Dakota und den umliegenden Prärien angesiedelt sind und abermals Charaktere der bereits eingeführten Familien Lamartine, Lazarre, Kashpaw, Adare, Nanapush, Morrissey u. a. in Erscheinung treten lassen: *The Bingo Palace* (1994; *Der Bingo-Palast*, 1995) und *Tales of Burning Love* (1996; *Geschichten von brennender Liebe*, 1998). Dagegen führt die Handlung von *The Antelope Wife* (1998; *Die Antilopenfrau*, 2001) im urbanen Rahmen von Minneapolis-St. Paul und den Prärien eine ganz neue Gruppe überwiegend indianischer Figuren ein und verarbeitet noch stärker mythische und traumartige Begebenheiten.

Im Gegensatz zu vielen früheren Werken der zeitgenössischen indianischen Literatur Nordamerikas geht es in E.s Werken weder um eine platte Anklage der Weißen als Eroberer und Kolonisatoren, noch um Wehklagen über erlittene Verluste. Diese tragischen Realitäten sind zwar präsent, aber sie bilden eine Folie, vor deren Hintergrund das Leben von Indianern, Métis, armen Weißen und anderen Marginalisierten komplex, realistisch und mit Empathie gestaltet wird. Unter E.s skurrilen, lebenslustigen, verlogenen, heroischen, profitgierigen, selbstlosen, schelmischen und allzu menschlichen Gestalten finden sich heuchelnde ›Heilige‹ ebenso wie ledige Mütter vieler Kinder von unterschiedlichen Vätern, Opportunisten ebenso wie Traditionalisten, eifrige Katholiken ebenso wie Medizinleute mit magischen Fähigkeiten. Im Gegensatz zur westlichen Gattungstradition stehen nicht Aufstieg und möglicher Fall des Individuums im Mittelpunkt, sondern Wohlergehen, Leiden und letztlich das Überleben des Stammeskollektivs als komplexes Geflecht von Menschen und Geschichten, welches mehrere Generationen umfasst und Verstorbene ebenso einschließt wie noch nicht Geborene. Selbst der scheinbar fehlgeschlagene ›Liebeszauber‹ des jungen Pikaro Lipsha erweist sich aus der Perspektive des Stammes als erfolgreich, verbindet er doch den dabei Getöteten spirituell mit beiden geliebten Frauen, überwindet deren Eifersucht und lässt die Seniorinnen Lulu und Marie zum Machtzentrum der sozialen und kulturellen Gemeinschaft werden, da sie die ›Geschichten‹ der anderen kennen. E.s Fiktionen zeigen, dass in oralen Kulturen Klatsch das wichtigste soziale Regulativ darstellt, mittels dessen psychosoziale und ethische Wertungen, Verbindungen und Verpflichtungen installiert und aufrecht erhalten werden. In E.s Texten geht es in anderen indianischen Romanen um Identitätsfindungen, aber nicht in essentialistisch-starrer Festschreibung auf vermeintlich authentisch Indianisches oder ›echt Deutsches‹, sondern um fließende, sich wandelnde Identitäten, die charakteristisch sowohl für traditionelle ›Trickster‹-Gestalten als auch postmoderne ›Schelme‹ sein können.

Das Geflecht der Stammesgemeinschaft konstituiert sich narratologisch ebenfalls kollektiv. In *Love Medicine* werden beispielsweise die 18 Einzelkapitel (der 1993 erweiterten Fassung) von sieben verschiedenen Romangestalten erzählt, in *Tracks* sind es zwei oft widerstreitende Stimmen, und auch die anderen Romane kennen keine zentrale Erzählstimme, sondern sind polyphon. Selbst Handlungsstränge konstituieren sich aus einem Netzwerk unterschiedlicher, achronologischer Geschichten und Episoden. Geschehnisse werden realistisch wiedergegeben, aber die geschilderte Wirklichkeit ist keine materialistische, in der abendländische Vorstellungen von Kausalität herrschen, sondern eine indianische, das Materielle tranzendierende Realität, die literaturgeschichtlich dem magischen Realismus nahesteht.

Der kollektive Charakter von E.s Erzählungen und deren mythische Dimensionierung ebenso wie ihre Beschränkung auf eine bestimmte fiktionale Region und deren Familien sind in der Kritik zu Recht immer wieder mit William Faulkners Yoknapatawpha County verglichen worden. Deutlich sind auch Parallelen zum Schaffen anderer zeitgenössischer Schriftstellerinnen ethnischer Minderheiten, die ihrerseits an ›Familiensagas‹ Überleben gestalten: Maxine Hong Kingston, Amy Tan, Ana Castillo, Alice Walker, Gloria Naylor und nicht zuletzt Toni Morrison.

*Hartmut Lutz*

## Ernaux, Annie
Geb. 1. 9. 1940 in Lillebonne bei Le Havre

»[…] etwas zwischen der Literatur, der Soziologie und der Geschichte […]« Mit diesen Worten, die ihrem ganzen Werk gelten könnten, beschreibt Annie Ernaux das literarische Vorhaben, das sie mit dem Roman *Une femme* (1987; *Das Leben einer Frau*, 1993) verfolgt. Ihr schriftstellerisches Schaffen ist stark von dem Bourdieuschen Grundgedanken geprägt, wonach Literatur – wie alle anderen kulturellen Praktiken – dem Machterhalt der

herrschende Schicht dient. Ihr autobiographisches Werk ist für E. ein Mittel, ihre persönliche Entwicklung nachzuvollziehen, der sie durch ihre soziologische Herangehensweise einen exemplarischen Charakter verleiht. In ihrem dritten Roman *La femme gelée* (1981) wird die Auswegslosigkeit weiblichen Daseins am Beispiel einer berufstätigen, verheirateten Frau geschildert, die allmählich zum Opfer des patriarchalischen Systems wird. Anders jedoch als in Simone de Beauvoirs Roman *La femme rompue*, auf den sie sich ausdrücklich bezieht, macht E. für diese Situation die bürgerliche Gesellschaft verantwortlich.

Für ihren ebenfalls autobiographischen Roman *La place* (1983; *Das bessere Leben*, 1986) bekam sie 1983 den Prix Renaudot. Anlässlich des Tods ihres Vaters unternimmt sie den Versuch, ihn sowohl als ihren Vater als auch als Vertreter der Arbeiterklasse zu beschreiben. In einem sehr nüchternen Ton berichtet sie von der durch ihren eigenen sozialen Aufstieg eingetretenen Kommunikationslosigkeit mit ihren Eltern und verurteilt dabei die Werte der Bourgeoisie, die sie eine Zeit lang jedoch ihrem Vater vorgezogen hat. Die Geschichte ihrer Mutter wird in *Une femme* aus der Retrospektive, deren (Alzheimersche) Krankheit bis zu ihrem Tode in *Je ne suis pas sortie de ma nuit* (1997) beschrieben. Sie, die rhetorisch Überlegene, verleiht ihrer Mutter die Würde und Anerkennung, die dieser aufgrund ihrer sozialen Zugehörigkeit vorenthalten wurden, obwohl sie wiederum dafür sorgte, dass ihre Tochter in das sog. Bildungsbürgertum aufstieg. Um Objektivität bemüht, wählt E. bewusst einen schlichten, nüchternen Ton ohne jede Form der Beschönigung oder der Emphase.

Der autobiographische Bericht *Passion simple* (1991; *Eine vollkommene Leidenschaft*, 1993), der ihre leidenschaftliche Beziehung zu einem jüngeren Mann und das dadurch entstandene Abhängigkeitsverhältnis schildert, sorgte für Aufmerksamkeit, da diese Art von Erforschung der weiblichen Libido die Leser zum Teil in die Situation von Voyeuren versetzt. Ihr *Journal du dehors* (1993), eine Art »Ethnotext«, beschreibt auf eine impressionistische Weise das Leben in den Villes nouvelles. – In den mehr als fünfundzwanzig Jahren ihres schriftstellerischen Daseins entwickelte sich das Schreiben E.s von einer eher soziologischen Orientierung zu einer persönlich-intimen Art der Autobiographie. Das mag die Erklärung dafür sein, dass ihre späten Werke weniger begeistert aufgenommen wurden.

*Colette Sarrey-Strack*

## Ernst, Paul

Geb. 7. 3. 1866 in Elbingerode im Harz; gest. 13. 5. 1933 in St. Georgen an der Stiefing (Österreich).

E.s Leben und Werk machen ihn zu einer exemplarischen Gestalt der Zeit- und Geistesgeschichte seiner Epoche. Er begann 1885 ein Theologiestudium in Göttingen, später wechselte er nach Tübingen. In Berlin war er mit den Brüdern Julius und Heinrich Hart, den deutschen Vorkämpfern des Naturalismus, und mit dem Dichter und sozialistischen Theoretiker Bruno Wille befreundet. E. wendet sich, v. a. unter dem Einfluss der Schriften Leo Tolstois, dem sein erster Aufsatz 1888 in der *Vossischen Zeitung* gilt, dem Sozialismus zu. Er wird sozialdemokratischer Journalist bei der »Berliner Volksbühne«, Versammlungsredner der Arbeiter-Vereine und korrespondiert mit Friedrich Engels. 1892 promoviert E. in Bern mit einer volkswirtschaftlichen Dissertation und arbeitet mit an Rudolf Meyers *Der Kapitalismus fin de siècle*. Von 1895 bis 1897 dauert der Umgang mit den Naturalisten Arno Holz und Johannes Schlaf in Berlin sowie seine enge Freundschaft mit Richard Dehmel und dem Philosophen und Soziologen Georg Simmel.

Entscheidend wird das Jahr 1898: In seinem Kurzroman *Wie die Flügel brechen* stellt E. seinen Bruch mit Naturalismus wie Sozialismus (»Wozu war denn das alles?«) literarisch dar. Auf dem Nullpunkt gänzlicher Orientierungslosigkeit (»Ein Ziel hatte er immer haben wollen, aber was war denn ein Ziel? Er wußte ja gar nicht mehr, was ein Ziel war. Das hatte er ja vergessen«) erfolgt eine Rückbesin-

nung auf die klassische Tradition der strengen Form (vgl. die spätere Essaysammlung *Der Weg zur Form*, 1906). – E.s Italienreise von 1900 (seine Beschäftigung mit der italienischen Landschaft und mit Giotto, mit der italienischen Novellistik – er übersetzt *Altitaliänische Novellen* in zwei Bänden, 1902) sowie sein Umzug von Berlin nach Weimar (1903) sind Ausdruck dieses Neuklassizismus. In Weimar bildet er das neuklassische Triumvirat zusammen mit Wilhelm von Scholz und Samuel Lublinski.

Die theoretische Konzeption der Neuklassik erscheint als konsequente Um- und Neubesetzung vorheriger Positionen: An die Stelle des Subjektiven und Psychologischen der Gestaltung treten objektive Ideen und Werte (parallel zur Psychologismuskritik in der Logik und Philosophie um 1900, z. B. bei Edmund Husserl); an die Stelle der Evokation depressiver Stimmungen die eines erhebenden Glücks, an die Stelle der »hysterischen Nerven-Kunst« des fin de siècle bzw. des naturalistischen Romans setzt E. sein Konzept einer »gottlosen Tragödie«. Sie soll nicht »Furcht und Mitleid« hervorrufen, sondern »höchste Lebensfreude, Glück, Stolz und Herrscherbewußtsein«. Hier dokumentiert sich der entscheidende Einfluss Friedrich Nietzsches; mit ihm hatte sich E. bereits ab 1890, damals vom marxistischen Standpunkt aus, befasst; vgl. den Essay *Friedrich Nietzsche* (1900). »Gott ist tot«: Die Tragödie soll deshalb die reinste und konkreteste Darstellung der völligen Gottlosigkeit mit Hilfe der abstraktesten Formbewegung sein, um der unbarmherzigen Tatsächlichkeit der gottlosen Welt ästhetisch standzuhalten.

Die wichtigsten Dramen E.s, die diesem Konzept genügen sollen, sind *Canossa* (1907), *Brunhild* (1908), *Ariadne auf Naxos* (1911) und *Preußengeist* (1914), die als Bühnenwerke wenig Anklang finden, wohl aber bei Philosophen wie Vaihinger, Simmel und Lukács. 1905/06 wird E. erster Dramaturg am neueröffneten Düsseldorfer Schauspielhaus und Herausgeber der Theaterzeitschrift *Die Masken*. Seine Aufführungspläne (Alfieri, Calderon, Hans Sachs, französische Klassiker) scheitern. 1910 beginnt die Freundschaft mit Georg Lukács.

Nach dem Ersten Weltkrieg zieht sich E. zunächst in den Harz, dann nach Oberbayern, von 1925 bis zu seinem Tode schließlich auf ein südsteirisches Schloss zurück – ohne Radio, ohne Telefon, ohne Zeitungen – ersichtlich erschöpft und enttäuscht von den Prozessen der permanenten Desillusionierung. Er konstatiert die »Selbstzerstörung der bürgerlichen Gesellschaft« und den »Zusammenbruch der führenden Schichten und ihrer Idee«. Seine Zeitdiagnose dokumentieren die Aufsatzsammlungen *Der Zusammenbruch des Deutschen Idealismus* (1916–18) und *Der Zusammenbruch des Marxismus* (1919). Seit 1916 erscheinen die *Gesammelten Werke* (bis 1922 12 Bände), 1920 die *Komödianten- und Spitzbubengeschichten*, 1921 die bereits 1912 begonnenen und von nicht wenigen für das beste Werk E.s erachteten philosophisch-poetischen *Erdachten Gespräche* (u. a. mit den Stücken *Das Glück, Religion und Moral, Don Juans Dämonie, Über das Tragische, Das Handeln des Dichters, Idealismus und Positivismus, Die Mechanisierung des Geistes*). In die späte Schaffensphase fallen die erfolgreichen Romane *Der Schatz im Morgenbrotstal* (1926) und *Das Glück von Lautenthal* (1930). Sie dementieren in der Praxis die frühere rigorose Literaturtheorie ihres Verfassers. E. schreibt schließlich biographische Werke: *Jugenderinnerungen* (1929/30) und *Jünglingsjahre* (1931). 1927 beginnt die zweite Ausgabe der *Gesammelten Werke* (zunächst 19 Bände). Spät wieder religiös geworden, verfasst er den Gedichtkreis *Beten und Arbeiten* (1932) und resignative Alterslyrik (»Die Welt ist so, dass ich nicht leben kann«; »Ich bin ein alter Mann und müder Mann«; »Noch hab ich Nichts, das ich gesollt, geschafft.«). In diese letzte Schaffensperiode fällt auch das monumentale *Kaiserbuch* (1923–1928), ein sechsbändiges »Versepos der Deutschen«: Unzeitgemäß ist es gegen die moderne Wirklichkeit gerichtet, aber inwiefern es z. B. durch Elemente des Historischen Materialismus mitgeprägt wird, das ist erst noch zu entdecken. Die Wertschätzung für E. wuchs gegen Ende seines Lebens. 1931/32 stellten Artur Hübner, Paul Kluckhohn, Werner Sombart und Walter Vogel mit Unterstützung von über einhundert Ordinarien der Geisteswissenschaften einen Antrag an die Schwedische Akademie in Stockholm, den Nobelpreis für Literatur an E. zu verleihen. Darüber hinaus war und blieb E. eindeutig ein Gegner des Nationalsozialismus, sowie jeglichen Rassismus und Antisemitismus, so sehr man ihn später von dieser Seite hat vereinnahmen wollen, so sehr manche seiner Stoffe hierfür prädestiniert schienen.

E.s literarische und theoretische Kritik der Moderne ist aktuell, auch wenn sein Werk fremdartig in der Landschaft des 20. Jahrhunderts steht: Alle hohen und gültigen Formen und Ordnungen des traditionellen und bürgerlichen Lebens sieht er zerfallen. Die große sozialistische Alternative erlitt in unseren Tagen jenen »Zusammenbruch des Marxismus«, den er seit 1919 prognostizierte. Die Restitution alter Formensprache – z. B. der Klassik – stößt, so zeigt sein *Weg zur Form*, notwendig an Grenzen. Alle nachmodernen Entwicklungen drohen restaurativ und epigonal hinter die Moderne zurückzufallen. Als Theologe, als Marxist und Naturalist, als formstrenger Neuklassiker und in resignativ-nachdenklicher Zurückgezogenheit von der Moderne hat E. die Problematik im vollen, an Friedrich Nietzsche geschulten Bewusstsein von der Bedeutung des »Todes Gottes« immer neu bearbeitet. Zu Recht sagt deshalb sein Freund und späterer Gegner Georg Lukács über ihn: »Der Kern vom Lebenswerk Paul Ernsts ist die Ethik des Dichterischen.«

Werkausgabe: Reck, Alexander (Hg.): Briefwechsel Paul Ernst – Will Vesper 1919–1933. Würzburg 2003.

*Thomas Rentsch*

## Esterházy, Péter
Geb. 14. 10. 1950 in Budapest

»Das Wort hat keine Bedeutung, es gibt nur Wortgebrauch«, erklärte Péter Esterházy und schuf als führender Vertreter der ungarischen Postmoderne literarische Werke, die vor allem ihren eigenen Wortgebrauch, ihre sprachliche und erzählerische Vorbestimmtheit reflektieren. Die Literatur bildet für E. eine textuelle Welt, in der bereits alles vorgeformt zu finden ist.

Der postmoderne Schriftsteller kann das nicht außer Acht lassen, er soll den Leser vielmehr durch Berufung auf die literarische und kulturelle Tradition, durch ironische, gar parodistische Verwendung gängiger Erzählformen und -muster sowie sprachlicher Schemata in die neue Literatur einführen. Ab der zweiten Hälfte der 1970er Jahre wurde E. in atemberaubend kurzer Zeit zur bestimmenden, ja sogar zur Kultfigur einer neuen Schriftstellergeneration, die die herkömmliche realitätsbezogene, mimetische Erzählpraxis in Ungarn ablöste. Es trug zum ungewöhnlich großen Medieninteresse an seiner Person und zum Erfolg seiner Werke bei, dass E. einer ehemals gräflichen Familie ent-

stammt, die zu den ältesten und vermögendsten der ungarischen Aristokratie gehörte. Sein Großvater war noch Großgrundbesitzer und 1917/18 Ministerpräsident Ungarns. Nach der Machtergreifung der Kommunisten 1948 wurde die Familie enteignet und 1951 in ein entlegenes Dorf deportiert, wo sie um ihr Überleben kämpfen musste. Als die Repressionen der Diktatur nachließen, konnte E. von 1969 bis 1974 Mathematik an der Naturwissenschaftlichen Fakultät der Universität Budapest studieren. Seit 1978 ist er freiberuflicher Schriftsteller, er wurde mit zahlreichen Preisen, darunter der Österreichische Staatspreis (1999) und der Friedenspreis des Deutschen Buchhandels (2004), ausgezeichnet.

E. war von Anfang an vollkommen frei sowohl vom Beschwören der ruhmvollen Vergangenheit als auch von Groll auf die Kommunisten. Er wurde zum Dekonstrukteur überlebter nationaler Traditionen und sozialistischer Denkmuster und zugleich zum Schöpfer neuer Formen, die sowohl Traditionalismus als auch Utopismus hinter sich ließen. Ins Zentrum seiner Welt stellte E. das ironisch reflektierte Spiel mit der Sprache. Das erzählende Ich wird von Anfang an relativiert oder vervielfacht. Es löst sich in verschiedenen Erzähl- und Redeweisen auf, die spielerisch-ironisch aufeinander bezogen werden. Die beiden ersten Werke *Fancsikó és Pinta* (1976; *Fancsikó und Pinta*, 2002) und *Pápai vizeken ne kalózkodj!* (1977; *Lass das Kapern auf päpstlichen Gewässern!*) enthalten lose zusammenhängende, kurze Prosatexte, deren feine und bunte Pointen, flimmernde Selbstironie und raffinierte Stilisierung den autobiographisch inspirierten Lebensstoff nur vage durchscheinen lassen. Mit *Termelési-regény* (1977; Produktionsroman) gelang E. der Durchbruch. Das großangelegte, vielschichtige Werk besteht aus zwei Teilen: dem eigentlichen Roman und den ihm beigefügten Kommentaren, deren Umfang das Dreifache des Haupttextes ausmacht. Der eigentliche ›Produktionsroman‹ ist eine Parodie auf die bevorzugte Gattung des sozialistischen Realismus, eine Satire auf ihren schematischen Pseudo-Heroismus. Die Kommentare enthalten gleichsam den Roman zu diesem absurden ›Produktionsroman‹, gewissermaßen dessen Autobiographie.

Ab 1981 begann E. eine Reihe von Prosatexten mit dem gemeinsamen Untertitel »Bevezetés a szépirodalomba« (Einführung in die schöne Literatur) zu veröffentlichen. Als erstes dieser Werke erschien *Függő* (1981, Abhängig), in dem der Erzähler in indirekter Rede in einem einzigen, 185 Seiten langen Satz die Erzählung eines gewissen K. über dessen Sommerferien zitiert. 1982 folgte der »Zwillingsroman« *Ki szavatol a lady biztonságárt?* (*Wer haftet für die Sicherheit der Lady?*, 1986), der aus zwei selbständigen Teilen besteht. »Daisy«, der kürzere erste, ist ein derbes, zeitloses Satyrspiel, das in einem Transvestitenlokal spielt, dessen Herr mit dem deutschen Titel »Kurfürst« angesprochen wird. Aus den verschiedenen Sprachschichten, aus Archaismen, Vulgaritäten, Trivialitäten, Wortspielen, Affektationen und Stilisierungen wird hier ein Text gebildet, der die Welt als Jahrmarkt der Eitelkeit und Unzucht erscheinen lässt. Im zweiten Teil, »Ágnes«, wird in der Geschichte eines »Lektorenberichtschreibers«, der über die Schilderungen des Stipendiumsaufenthalts eines »ostfranzösischen« Autors in einer fremden Stadt berichten soll, ironisch eine Welt dargestellt, in der alles in eine westliche und eine östliche Hälfte geteilt ist. Der Prosatext *Fuharosok* (1983; *Fuhrleute*, 1988) ist als »Roman« bezeichnet, obwohl er in seiner Erstveröffentlichung nur 50 kleinformatige, licht gedruckte und versartig umbrochene Seiten umfasste. In einer unbestimmten, allerdings prämodernen Zeit kommen barbarische Fuhrleute in einem Gasthaus an, wo sie ihre »Rechte« geltend machen und die Töchter der »Mutter«, darunter die noch jungfräuliche Zsófi, vergewaltigen. Seiner äußeren Form nach ist *Kis magyar pornográfia*, 1984 (*Kleine ungarische Pornographie*, 1985) eine Sammlung von Aphorismen, Anekdoten, Tagebuchaufzeichnungen und novellistischen Etüden. E. scheint hier über politische Perversionen der Rákosi-Zeit und sonstige in Ungarn verübte Gemeinheiten wie über obszöne, pornographische Vorfälle jovial zu schwatzen und zu fabulieren. *A szív segédigéi* (1985; *Die Hilfsverben des Herzens*, 1985) ist eine Art Tagebuch über das Sterben der Mutter des Autors, in dem Hilfsverben – die vom Autors verwendeten ebenso wie diejenigen in literarischen Zitaten und Anspielungen – das vom Tod unterdrückte Sprechvermögen, ja sogar das Erzählen selbst neu beleben.

Das Riesenwerk *Bevezetés a szépirodalomba* (1986; *Einführung in die schöne Literatur*, 2006) versammelt auf 725 großformatigen Seiten als Teile eines einzigen postmodernen Textkorpus mehr oder weniger chronologisch alle Schriften, die E. seit *Termelési-regény* verfasst und publiziert hatte – ergänzt um zahlreiche visuelle Elemente: Abbildungen begleiten oder unterbrechen Texte, Variationen von

Druckbild und Umbruch tragen zu der erwünschten komplexen Rezeption bei. In *Tizenhét hattyúk* (1987; Siebzehn Schwäne) erzählt eine arme Waise der Gegenwart ihre tragische Lebens- und Liebesgeschichte in der archaischen Sprache des 16. und 17. Jahrhunderts. Die beinahe sakral anmutende Ausdrucksweise wird zur sprachlichen Metapher der natürlichen Reinheit und der elementaren Gefühle der Erzählerin.

Neben Sammlungen von Essays und publizistischen Schriften – *A kitömött hattyú* (1988; Der ausgestopfte Schwan), *Az elefántcsonttoronyból* (1991; Aus dem Elfenbeinturm), *A halacska csodálatos élete* (1991; Das wunderbare Lebens des Fischchens), *Egy kékharisnya följegyzéseiből* (1994; Aus den Aufzeichnungen eines Blaustrumpfes) –, aus denen eine deutsche Auswahl 1999 unter dem Titel *Thomas Mann mampft Kebab am Fuß des Holstentores* erschien, publizierte E. in den Jahren der politischen Wende weitere Prosatexte: *Hrabal könyve* (1990; *Das Buch Hrabals*, 1991) und *Hahn-Hahn grófnő pillantása* (1991; *Donau abwärts*, 1992; *Egy nő* (1993; *Eine Frau*, 1996).

Nach einer relativ langen Publikationspause erschien 2000 der autobiographisch inspirierte, monumentale, sogleich als Meisterwerk gepriesene Familienroman *Harmonia caelestis* (*Harmonia caelestis*, 2001). Wie frühere Werke besteht auch dieser Roman aus zwei Teilen. »Numerierte Sätze aus dem Leben der Familie Esterházy« enthält 371 Texteinheiten. Die kleinen Erzählkeime, akzidentielle anekdotisch-novellistische Textfragmente, sind dadurch miteinander verbunden, dass ihre sehr verschiedenen, in der zeitlichen Festlegung und im Charakter weit auseinanderliegenden Protagonisten vom unbestimmbaren Ich-Erzähler immer wieder »mein Vater« genannt werden. Dieser Vater – gemeint ist ein gentlich das »Esterházytum«, eine Art nationale und familiäre Erinnerung – hat unendlich viele Gesichter und Identitäten. »Die Bekenntnisse einer Familie Esterházy« ist dagegen beinahe ein regelrechter Familienroman, dessen Hauptfigur der wirkliche Vater des Autors ist. »Graf« Mátyás Esterházy ist noch als Erbe des mächtigen und reichen Aristokratenhauses geboren, muss jedoch bald erleben, wie Macht und Größe mit der historischen Wende zunichte gemacht werden. Die fragmentarische und assoziative, oft anekdotische Erzählweise verweist auf den ersten Teil zurück. Erst nach der Fertigstellung des Romans stellte sich aufgrund von Akten der Geheimpolizei heraus, dass der Vater, der in der Familienchronik trotz all seiner Fehlbarkeit als ehrwürdiges Vorbild dargestellt wird, ein Geheimagent war. *Javított kiadás* (2002; *Verbesserte Ausgabe*, 2003), eine Nachschrift zu *Harmonia caelestis*, ist ein bestürzendes Tagebuch über diese Entdeckung, dem auch Abschriften der – allerdings recht harmlosen – Agentenberichte des Vater beigefügt sind.

*Miklós Györffy*

## Euripides
Geb. 485/80 v. Chr. auf Salamis;
gest. 406 v. Chr. in Pella/Makedonien

Als den tragischen Dichter par excellence (*tragikótatos*) bezeichnet Aristoteles in der *Poetik* (1453 a29) den jüngsten der drei großen attischen Tragiker und verleiht damit der Wertschätzung, die Euripides im 4. Jh. genoss, einen emphatischen Ausdruck. Ganz anders war es zu Lebzeiten des Dichters. Im Gegensatz zu Aischylos und Sophokles war E. nach seinem Debüt beim Wettkampf der Tragiker im Jahre 455 nicht vom Erfolg verwöhnt. Nur viermal belegte er den ersten Platz beim Agon, der fünfte Sieg wurde ihm postum zugesprochen. Der mangelnde Erfolg als Dramatiker und die Verzweiflung über die moralisch-politische Situation in Athen dürften den Anstoß gegeben haben, dass E. auf Einladung des makedonischen Königs Archelaos 408 Athen verließ, um nicht mehr in die Heimat zurückzukehren. Durch die Gunst der Überlieferung sind von dem wohl 90 Titel umfassenden Werk 19 Stücke erhalten – darunter der *Rhesos*, der mit größter Wahrscheinlichkeit nicht von E., sondern aus dem 4. Jh. v. Chr. stammt. Für *Alkestis* (438), *Medea* (431), *Hippolytos* (428),

*Troerinnen* (415), *Helena* (412) und *Orestes* (408) steht das Jahr der Aufführung fest, die *Bakchen* und die *Iphigenie in Aulis* wurden erst nach dem Tod des Dichters aufgeführt. Auf der Basis der metrischen Analyse lässt sich jedoch auch für die übrigen Stücke eine relative Chronologie aufstellen: So fallen die *Herakliden* in die Zeit von *Medea* und *Hippolytos* (431–428). *Andromache, Hekabe* und *Hiketiden* gehören in die 20er Jahre. Zwischen 420 und 416 müssen *Der rasende Herakles* und *Elektra* entstanden sein. Nach den *Troerinnen* und vor dem *Orestes* dürften *Ion, Taurische Iphigenie* und die *Phönizierinnen* zur Aufführung gelangt sein. Zum Spätwerk gehört wohl auch das Satyrspiel *Kyklops* (*Der Kyklop*).

Die wichtigste Quelle für die Interpretation der Tragödien des E. sind die Komödien des Aristophanes, der E. vorwirft, dass er ständig das Decorum der Tragödie verletze. Er bringe von schändlichen Leidenschaften getriebene Frauen auf die Bühne und verderbe damit sein Publikum. Ferner siedle er seine Stücke im Milieu von einfachen Leuten an und lasse sie über Allerweltsdinge räsonieren. Schließlich komme es ihm mehr auf die Form als auf den Inhalt an, da er banale Stoffe in eine hochlyrische und pathetische Form kleide. Mit diesen Kritikpunkten trifft Aristophanes in der Tat drei Bereiche, die für E. bezeichnend sind: die Dominanz der weiblichen Rollen, die Verbürgerlichung der Gattung der Tragödie und – vor allem im Spätwerk – die formalen Spielereien. Man findet im Werk des E. Frauengestalten, die die männlichen Charaktere zu Nebenrollen degradieren: die liebende Alkestis, die sich für ihren Gatten opfert und freiwillig für ihn in den Tod geht; Phaidra, die von leidenschaftlicher Liebe zu ihrem Stiefsohn Hippolytos gepackt ist und die als Spielball göttlicher Mächte einen aussichtslosen Kampf gegen die schamlosen Gefühle ausficht; die vom maßlosen Hass auf den treulosen Gatten getriebene

Medea, die die Ermordung der eigenen Kinder als letztes Mittel sieht, um sich an Iason zu rächen; die unter dem Krieg leidenden Kassandra, Polyxena und Iphigenie (in Aulis), die ihr Schicksal akzeptieren, ja, ihm sogar einen Sinn abgewinnen; die verzweifelte Mutter Hekabe, die an ihrem Leid zerbricht und durch die Grausamkeit der anderen selbst zur grausamen Bestie wird; schließlich die arrogante Helena, ihre naive Tochter Hermione und die von abgrundtiefem Hass getriebene Elektra. Die Auslotung der Möglichkeiten der weiblichen Psyche und die Darstellung der weiblichen Leidenschaft machten E. zu dem Autor, der für den an der Pathologie des Affekts besonders interessierten Seneca – vor allem in seiner *Phaedra* und *Medea* – das geeignete Vorbild war.

Die Verbürgerlichung der erhabenen Gattung Tragödie lässt sich vor allem im Spätwerk nachweisen. Das auffallendste Beispiel ist die *Elektra*: Die Tochter Agamemnons ist in der Tragödie des E. mit einem verarmten Landadligen verheiratet. Sie wird im Eröffnungsteil des Stücks als treusorgende Hausfrau dargestellt, die die Arbeiten einer Magd verrichten muss. Ganz in ihrer Rolle als Hausfrau aufgehend, ist ihr Hauptanliegen, den beiden Fremden – Orestes und Pylades, die sich noch nicht zu erkennen gegeben haben – trotz ihrer Armut ein anständiges Begrüßungsmahl vorzusetzen. Umso größer ist der Kontrast zur zweiten Hälfte der Tragödie, in der Elektra zur hasserfüllten, unerbittlichen Rächerin wird.

Der dritte Vorwurf, den Aristophanes E. macht, richtet sich gegen die Bühnenwirksamkeit seiner Stücke. Nur um beim Publikum Eindruck zu machen, habe E. sich ›von den höchsten Werten der tragischen Dichtkunst abgewandt‹ (*Frösche*, Vv. 1494f.). Mit diesem Vorwurf weist Aristophanes auf die Diskrepanz zwischen Inhalt und Form hin, die vor allem die manierierten Soloarien im Spätwerk des E. aufweisen. In diesen Kompositionen bricht E. mit den Normen und Regeln der bisherigen musikalischen Praxis, indem er Glanzstücke für Solisten schreibt, in denen es mehr auf den Klang und die musikalische Ausgestaltung (z. B. durch Koloraturen, Rhythmenwechsel und Wechsel der Tonart) als auf den Inhalt ankam.

Die Theologie der Euripideischen Tragödien beleuchtet diesen Bruch mit der Tradition noch deutlicher. War der Mensch bei Aischylos noch Teil einer großen sinnerfüllten Weltordnung, deren Gesetze er durch den leidvollen Weg des *páthei máthos* (›durch Leiden lernen‹) erfahren konnte, ist er bei E. Spielball der Götter, die zu weit von der menschlichen Erfahrung entfernt sind, als dass man sie verstehen könnte. Dementsprechend gibt es im Gegensatz zur Aischyleischen Theologie bei E. auch nicht die göttliche Gnade der Erkenntnis. Der Mensch kann in seinem Leid keinen Sinn mehr sehen. Die Struktur des *Hippolytos* spiegelt diese theologische Konzeption wider: Das Stück wird eingerahmt durch zwei Götterszenen. Im Prolog (Vv. 1–57) kündigt die Liebesgöttin Aphrodite an, dass sie an Hippolytos grausame Rache nehmen wolle, da er mit seiner einseitigen Verehrung der jungfräulichen Jagdgöttin Artemis sie in ihrer Ehre verletze. Deshalb habe sie sich vor geraumer Zeit nach ihrem Plan (V. 28) die Stiefmutter des Hippolytos, Phaidra, in den Jüngling verliebt. Phaidra wird zum Werkzeug im Racheplan der Göttin: Obwohl sie bisher untadelig in ihrem Lebenswandel gewesen ist, wird sie zusammen mit Hippolytos ins Verderben gerissen (Vv. 47f.). Nachdem der Racheplan der Göttin seine grausame Erfüllung gefunden hat, erscheint am Schluss der Tragödie Artemis vor dem sterbenden Hippolytos und seinem Vater Theseus. Sie verkündet, dass sie Hippolytos nicht ungerächt sterben lasse, sondern den, der Aphrodite am liebsten sei (Adonis), mit ihren Pfeilen niederstrecken werde (Vv. 1420–1422). Beide Göttinnen sind also letztlich trotz der gegensätzlichen Positionen, die sie vertreten, ähnlich in der Grausamkeit, mit der sie ihre Ehre verteidigen. Die Menschen werden zu bloßen Schachfiguren auf dem göttlichen Spielbrett. Ihre Pläne und ihr Handeln sind zum Scheitern verurteilt, sie schlagen in das Gegenteil der eigentlichen Absicht um.

In keiner anderen Tragödie wird diese Ferne von Gott und Mensch deutlicher als in den *Bakchen*. Der König von Theben, Pentheus, der den Kult des Gottes Dionysos bekämpft, wird von dem Gott für diese Feindschaft auf grausame Art bestraft. Seine Mutter Agaue zerreißt ihren Sohn in der Wahnvorstellung, sie töte einen Löwen. Dionysos erscheint in dieser Situation höchsten menschlichen Leids, um wie die Göttinnen im *Hippolytos* den verzweifelten Menschen zu verkünden, dass der Grund für die Strafe in der Verachtung liege, die man ihm in seiner Heimatstadt Theben entgegengebracht habe. Kadmos, der Großvater des Pentheus, gibt zwar zu, dass sein Enkel mit der Leugnung der Göttlichkeit des Dionysos Unrecht auf sich geladen habe. Er fordert aber, dass die Götter in ihren Emotionen nicht den Menschen gleichen dürften (V. 1348). Doch der Gott lässt sich bei E. auf keine Diskussion über die Berechtigung und den Sinn der Strafe ein. Wie Aphrodite und Artemis geht es Dionysos um die Wiederherstellung seiner Ehre. Der Mensch sieht sich dem göttlichen Walten ausgeliefert, ohne einen Sinn darin erkennen zu können.

Die politische Dimension der Tragödien des E. wird vor allem in den Stücken aus der Zeit des Peloponnesischen Kriegs (431–404) deutlich. Viele Stücke dieser Krisenzeit spiegeln die Ängste wider, die das Leben der Bürger bestimmten: Wie Aischylos in den *Persern* führt E. in den *Troerinnen* (415), entstanden in einer Zeit höchster militärischer Euphorie, als ob er die Katastrophe des athenischen Heeres vorausahnte, die Folgen einer Niederlage aus der Sicht der Unterlegenen vor. Der Sturz aus den Höhen der Macht wird an den Mitgliedern des trojanischen Herrscherhauses exemplarisch vorgeführt. Doch auch der Sieger wird sich seines Erfolges nicht erfreuen können: Zu Beginn wird ein Gespräch zwischen Poseidon und Athena vorausgesagt, dass die Griechen, da sie sich im Siegesrausch zu Freveln hinreißen ließen, auf der Heimfahrt von Unwettern heimgesucht werden. Kassandra sieht – wie im Aischyleischen *Agamemnon* (Vv. 1072ff.) – in einer Vision das Unheil voraus, dass sie über den siegreichen Heerführer Agamemnon bringen wird (Vv. 307ff.). In einer sinnentleerten Welt sind Sieger wie Besiegte Opfer.

Die innenpolitische Krise Athens wird in den *Phönizierinnen* (411), vor allem aber im

*Orestes* (408) deutlich: Orest, Pylades und Elektra bilden, wie es damals in der erbitterten Auseinandersetzung zwischen den politischen Parteien üblich war, einen Geheimbund (*hetairía*). Um ihre Pläne durchzusetzen, schrecken sie vor nichts zurück: Edle Worte im Munde führend, bedrohen sie Helena und ihre naive Cousine Hermione mit dem Tode. Obwohl Menelaos, ein skrupelloser Machtpolitiker, nachzugeben bereit ist, um das Leben seiner Tochter zu retten, wollen sie den Palast in Brand stecken. In der Eskalation der Gewalt verlieren sie ihr eigentliches Ziel, ihr Leben zu retten, aus den Augen. Gewalt und Hass verselbständigen sich, sie entgleiten dem planenden Zugriff menschlicher Vernunft, so wie dies der Historiker Thukydides in seiner *Pathologie* (III 82), der Beschreibung der Folgen des Parteienzwists auf der Insel Kerkyra, mit Scharfblick analysiert. Im *Orestes* würde wie in der Realität das Handeln der Menschen zum völligen Chaos führen, erschiene nicht im letzten Augenblick der Gott Apollon, um durch sein Machtwort alles zu bereinigen. Doch gerade durch den nicht aus der Handlung motivierten Kunstgriff des *deus ex machina*, der das Geschehen, das das vom Mythos vorgeschriebene Ende zu verfehlen droht, auf die vorbestimmte Bahn zurücklenkt, gibt der Tragiker zu erkennen, dass eine Lösung wie im *Orestes* nur im dramatischen Spiel möglich ist, nicht jedoch in der Realität, wo kein rettender Gott eingreift, um die Folgen des menschlichen Handelns zu entwirren. In der Realität herrschen – ganz der Analyse des Thukydides entsprechend – Intrigen, Lug und Trug vor; Geiselnahme, Mord und Totschlag sind die Regel.

Neben der Intrige ist ein weiteres wesentliches Element vor allem des Euripideischen Spätwerks die *anagnórisis* (Wiedererkennung). Der *locus classicus* dieses Strukturelements ist die Wiedererkennung von Elektra und Orest in den *Choephoren* des Aischylos. E. entwickelt das Schema – zwei lange Zeit voneinander getrennte Personen finden sich oft mit Hilfe von Wiedererkennungszeichen (*gnórísmata*) wieder – in der *Iphigenie bei den Taurern*, *Helena* und *Ion* zu immer überraschenderen Wendungen. Die verwirrendste Spielart der

Anagnorisis liegt in der *Helena* vor. E. verwendet in der Tragödie eine auf den Chorlyriker Stesichoros zurückgehende Variante des Mythos, nach der Helena von Paris nicht tatsächlich nach Troja entführt wurde. Vielmehr entrückte Zeus seine Tochter nach Ägypten, wo sie unter der Obhut des Königs Proteus zehn Jahre verbrachte. Der trojanische Krieg wurde demnach nicht ihretwegen, sondern um ein Phantom ausgetragen. Auf der Rückfahrt von Troja wird Menelaos nach Ägypten verschlagen. Dort trifft er auf die echte Helena, schenkt ihr jedoch, da er fest davon überzeugt ist, seine Frau auf dem Schiff von Troja mit sich zu führen, keinen Glauben. Die Wiedererkennung von Helena und Menelaos scheint zu scheitern. Doch im letzten Augenblick meldet ein Matrose, dass sich die Helena auf dem Schiff plötzlich in Luft aufgelöst habe. Erst jetzt – nach dem Verschwinden des Trugbildes – kommt es zur beiderseitigen Anagnorisis. Die Anagnorisis-Tragödien sind geprägt von einer gegenläufigen Spannung von heiteren, spielerischen Elementen und einem durchaus ernsten Grundtenor. Paradigmatisch wird im Bild des Mythos dargestellt, wie das Leben der Menschen unwägbaren Zufällen unterworfen oder dem Eingreifen undurchschaubarer Mächte ausgesetzt ist und wie die Menschen aufgrund ihrer intellektuellen Kurzsichtigkeit und ihres vorschnellen Handelns imstande wären, göttliche Pläne zu durchkreuzen, wie aber auf der anderen Seite die Götter wegen der großen Ferne von den Menschen nicht in der Lage sind, deren Gefühle und Regungen zu berücksichtigen. Die Erkenntnisfähigkeit des Menschen und die Erkennbarkeit der Welt sind Probleme, die in Athen gegen Ende des 5. Jh.s unter dem Einfluss der Sophisten heftig diskutiert wurden. Die Anagnorisis-Szenen der Euripideischen Tragödien könnte man also geradezu als dramatische Spiegelungen dieser theoretischen Diskussion auffassen.

Die Nähe zu Gedanken der Sophistik und die zum Nachdenken anregende Konzeption seiner Stücke verbinden E. eng mit seinem Zeitgenossen Sokrates. In den *Fröschen* wirft Aristophanes dem Tragödiendichter wie dem Philosophen vor, durch das Hinterfragen der traditionellen Werte und Normen am Ruin der tragischen Dichtkunst und am Zusammenbruch der gesamten demokratischen Polis Schuld zu haben (Vv. 1491–1499). Doch auf die Verurteilung des E. im Jahre 405 folgte schon bald die erste große Renaissance des Tragikers: Auf der Bühne des 4. und 3. Jh.s waren die Stücke des E. ständig zu sehen. Seine Stoffe und Handlungskonstellationen, insbesondere die Verbindung von Anagnorisis und Intrige, beeinflussten die Komödie des 4. Jh.s in entscheidendem Maße und durch die Vermittlung der Römer Plautus und Terenz das europäische Lustspiel insgesamt. Die psychologischen Dimensionen vor allem der Euripideischen Frauengestalten beeinflussten durch die Vermittlung Senecas die europäische Tragödie vor allem der französischen Klassik (Corneille, Racine). Im 20. Jh. erlebte E. nach der eher frostigen Aufnahme im vergangenen Jh. – man denke nur an seine Verurteilung in Nietzsches *Geburt der Tragödie* – eine weitere Renaissance: Unter dem Eindruck der zwei Weltkriege sind Kriegsstücke wie die *Troerinnen* und die *Hekabe* von höchster Aktualität.

Werkausgabe: Ausgewählte Tragödien. 2 Bde. Hg. B. Zimmermann. Zürich/Düsseldorf 1996 [gr.-dt.].

*Bernhard Zimmermann*

## Evans, Mary Ann
↗ Eliot, George

## Evtušenko, Evgenij
Geb. am 18. 7. 1933 in Zima, Gebiet Irkutsk/Sibirien

Evgenij Evtušenko wurde als Sohn des Geologen Aleksandr Gagnus geboren, seit der Scheidung der Eltern trägt er den Namen der Mutter. 1933 zog die Familie nach Moskau. Während des Krieges wurde E., wie viele Hauptstädter, evakuiert, war von 1941 bis 1944 in Sibirien. Ende der 1940er Jahre wurden seine Gedichte erstmals gedruckt. 1951 begann er ein Studium am Literaturinstitut in Moskau.

1952 erschien sein erster Gedichtband *Razvedčiki grjaduščego* (Kundschafter der Zukunft): schwülstige Jubelverse im Geist der Stalin-Zeit.

Aufsehen erregte 1955 die Verserzählung *Stancija Zima* (Bahnstation Zima). Ihr junger Held, das Alter ego des Autors, gehört zu der Generation, die in der Umbruchzeit nach Stalins Tod eine moralische Orientierung und Antwort auf aktuelle Fragen sucht. Wo sind die revolutionären Ideale geblieben, warum herrschen Unwahrhaftigkeit, Kleinbürgergeist, Bürokratie? E.s von pathetischem Zukunftsoptimismus erfüllte Antworten blieben im Rahmen der herrschenden Ideologie, doch das nachdrückliche Verlangen nach Erneuerung und Glaubwürdigkeit ließ aufhorchen. 1956 leitete Chruschtschow mit seiner Geheimrede auf dem XX. Parteitag der KPdSU die Entstalinisierung ein. E.s Popularität, die nicht zuletzt auf seinen Liebesgedichten und Gedichten über den Krieg beruhte, wuchs dank der antistalinistischen Kritik, die er fortan neben der allfälligen Kritik an Bürokratie, Spießertum und Denkschablonen zu äußern wagte. Eindrucksvoll waren seine Dichterlesungen in Stadien und Hallen und auf öffentlichen Plätzen. Tausende von Menschen wurden zu Begeisterungsstürmen hingerissen, Dichter wie E., Andrej Voznesenskij und Robert Roždestvenskij wurden zu Idolen. Ihre Bühnenlyrik (*estradnaja poezija*) avancierte zu einer literarischen Strömung von außerordentlicher Popularität. E.s Sprache ist bilderreich, mit vielen Klang- und Wortspielen; imperativische Sätze und elliptische Konstruktionen verstärken das Pathos, das oft noch durch treppenförmige Zeilen verdeutlicht wird.

Besonderes Aufsehen erregte E. mit den Gedichten *Babij jar* (1961; Babij jar) und *Nasledniki Stalina* (1962; Stalins Erben). In der Schlucht Babij jar in der Nähe von Kiew hatten die Deutschen 1941 etwa 40.000 Juden ermordet. Selbstverständlich wurde der Nazi-Verbrechen und der Leiden der Bevölkerung gedacht, doch die Ermordung der Juden blieb weitgehend unerwähnt. E.s *Babij jar* brach ein vom Antisemitismus der Stalin-Zeit herrührendes Tabu und brachte den Antisemitismus

in Russland zur Sprache. Das Gedicht *Nasledniki Stalina* erschien mit Billigung Chruschtschows, der 1961 die Entfernung Stalins aus dem Mausoleum gefordert hatte und den innerparteilichen Widerstand überwinden musste. Das Gedicht machte E. international bekannt und trug ihm den Ruf ein, Sprachrohr der »Liberalen« zu sein. Dementsprechend war das Echo, das er auf seinen Reisen nach Westeuropa und Amerika fand. E. gefiel sich in der Rolle eines Reisediplomaten, eines »Botschafters der friedlichen Koexistenz«, der die Völkerverständigung zwischen Ost und West voranbringt. Im Überschwang sagte er manches, was von der Parteilinie abwich, in England veröffentlichte er eine Autobiographie, in Paris trug er sein von der Zensur verbotenes Gedicht *Mertvaja ruka* (Die tote Hand) vor, das *Nasledniki Stalina* an Schärfe noch übertraf. Parteikritik und Maßregelungen ließen nicht auf sich warten. E. resignierte, übte öffentlich Selbstkritik und schrieb Linientreues wie die Verserzählung *Bratskaja GES* (1967; Das Wasserkraftwerk Bratsk). Auf diese Weise wechselte er fortan häufig zwischen Nonkonformem, das seinen Ruf als »Liberaler« aufrechterhielt, und ausgemachter Parteiliteratur, die ihn als Sowjetbarden genehm machte.

Seine Neigung, den Werken durch geschichtsphilosophische Aspekte höhere Gültigkeit zu verschaffen, bot angepasster Rhetorik ein weites Feld, doch waren E.s Aussagen vordergründig und naiv. Das verdarb seinen Roman *Jagodnye mesta* (1981; *Wo die Beeren reifen*, 1982), und es machte sein Poem *Mama i nejtronnaja bomba* (1982; *Mama und die Neutronenbombe*, 1984) zur Abrüstung und Friedensbewegung im sowjetischen Sinne definierte, zur Propagandaschrift. E. verfocht die jeweils neue Parteilinie, wie unter Chruschtschow und unter Breschnew so auch unter Gorbatschow, der ihn in den Präsidialrat berief. Politische Statements gab er auch nach dem Ende des Sowjetregimes ab, aber dem Dichter fehlte nun eine Idee, für die er mit der Majakovskij-Gebärde, mit der er sein Leben lang gedichtet und posiert hat.

*Eckhard Thiele*

## Ezzo
im 11. Jahrhundert

In der mittelalterlichen Literaturgeschichte finden sich bisweilen eigenartige Konstellationen: Ausgerechnet das älteste mittelhochdeutsche Lied übermittelt – in einer noch über ein Jahrhundert andauernden überwiegend anonymen Literaturlandschaft – in der Prologstrophe relativ ausführliche Auskünfte: Zunächst wird E., der älteste mittelhochdeutsche Autorname, genannt, außerdem – auch dies singulär – sein Auftraggeber, der Bamberger Bischof Gunther (1057–65), vor seiner Berufung zum Bischof Kanzler von Italien und als Literaturliebhaber bezeugt: wird er doch in einem Brief seines Domscholasticus Meinhart wegen seiner Vorliebe für *fabulæ curiales* (höfische Geschichten) getadelt. Weiter erscheint hier der älteste Komponist eines deutschen Liedes, Wille, in dem man den späteren Abt des Bamberger Klosters Michelsberg sieht. Schließlich kann dem Prolog, je nach Deutung, auch der Anlass der Abfassung und die Entstehungszeit entnommen werden, allerdings dies nicht mit letzter Sicherheit.

E. lebte um die Mitte des 11. Jahrhunderts in Bamberg, wo uns sein Name auch in mehreren Urkunden begegnet. Seinen Status verrät genauer eine um 1130 verfasste lat. Biographie des Passauer Bischofs Altmann (gest. 1091), die *Vita Altmanni*, in der E. als *canonicus* (Mitglied eines Domkapitels) und *scholasticus* (Lehrer an einer Domschule) bezeichnet wird, der eine auf einer Pilgerfahrt nach Palästina (1064/5, an der auch Gunther von Bamberg teilnahm) gesungene bekannte *cantilena de miraculis Christi* in seiner Muttersprache verfasst habe (*patria lingua nobiliter composuit*). Als Anlass für E.s erhaltenes Lied, ein in Abschnitte von 6 bis 12 paargereimten Vierzeilern eingeteilter Hymnus, sieht man aufgrund einer Angabe E.s (*duo îlten si sich alle munechen* – da beeilten sich alle, nach der Mönchsregel zu leben) eine Reform des Domkapitels in Bamberg, die auf 1061 angesetzt wird. Dafür könnte E.s Lied als Festkantate gedacht gewesen sein. Das Lied ist in zwei Fassungen mit bemerkenswerten Unterschieden überliefert. Eine Straßburger lateinische Handschrift (S) enthält eine (unvollständige) siebenteilige Fassung, eine Vorauer Handschrift mit frühmittelhochdeutschen Werken (V) eine Fassung von 34 Abschnitten. Letztere enthält die informative Prologstrophe.

E.s Gesang ist nicht nur das älteste mhd. geistliche Lied, es ist auch eines der meistdiskutierten in der Forschung des 19. und 20. Jahrhunderts. Streitpunkte sind u. a. die ursprüngliche Fassung und die Frage, ob der erhaltene Text mit dem in der *Vita Altmanni* erwähnten Pilgerlied identisch sei. Nicht genügend ins Kalkül einbezogen wurden bei der Diskussion die aufschlussreichen Unterschiede zwischen beiden Fassungen, die sich jeweils an ein anderes Publikum wenden: S aristokratisch an *herron*, dagegen V demokratisch an *alle*. Die Fassung S nennt als Programm *von dem angenge/ von alem manchunne* (von dem Anfang der Menschheit) und von der Weisheit der Bücher der Genesis und des Buchs der Könige im AT, das ungefähr auch erfüllt wird. Die Erweiterung in der Fassung V ist eigens in einer Zusatzstrophe angekündigt: Programm ist nun ein (lapidarer) Überblick über Christi Leben und seine Heilstaten. Da von Christi Wundern indes nur am Rande die Rede ist, kann sich die Notiz in der *Vita Altmanni* kaum auf die erhaltenen Texte beziehen. E. könnte demnach mindestens noch ein weiteres, verlorenes (Pilger-)Lied verfasst haben.

Werkausgabe: Kleinere deutsche Gedichte des 11. u. 12. Jahrhunderts. Nach der Auswahl von Albert Waag neu Hg. von Werner Schröder. Tübingen 1972, S. 1–26 (ATB 71/72).

*Günther Schweikle*

# F

## Faik, Sait (Abasıyanık)

Geb. 22. 11. 1906 in Adapazarı, Sakarya/
Türkei; gest. 11. 5. 1954 in Istanbul

Die Erzählungen Sait Faiks sind Skizzen,
Impressionen von Menschen in Bewegung;
ihre Geschichten werden oft nur angedeutet,
bevor der Autor sich einem anderen Bild zuwendet, sei es im Gewimmel der Boulevards
und Gassen Istanbuls, an der See oder auf dem
Land; sei es in der Türkei, der Schweiz, in
Frankreich oder auf einer Seereise durch das
Mittelmeer. Er schildert das Milieu von Kon-
suln und dem Großbürgertum mit der gleichen Anteilnahme, mit der er sich Fischer-
kneipen, Friseurläden oder einen Melonen-
verkäufer am Straßenrand widmet. An die
Stelle des sozialen Realismus, dem sich viele
Autoren seiner Zeit verschrieben haben, setzt
er das Beobachten, ohne moralisch zu werten.

Geboren wurde F. als Sohn eines wohlhabenden Holzhändlers; der Vater hatte ihn zu
seinem Nachfolger bestimmt, ließ noch zu,
dass er sich nach dem Gymnasialabschluss an
der Literaturwissenschaftlichen Fakultät der
Universität in Istanbul einschrieb, schickte ihn
dann aber 1930 nach Lausanne zum Studium
der Wirtschaftswissenschaften. Dort blieb F.
nur kurz, er reiste weiter nach Grenoble, um
seine Französischkenntnisse zu verbessern. In
dieser Zeit schrieb er Kurzgeschichten mit einer ironischen Liebe zum Detail. Etwa vier
Jahre verbrachte er in Frankreich, kehrte 1935
in die Türkei zurück, lebte von nun an in Istanbul und hat bis an sein Lebensende mehrfach
Reisen nach Frankreich, vor allem nach Paris,
unternommen.

Deutlich wird an F.s ersten Texten, die in
dem Band *Semaver* (1936; *Der Samowar*, 1996)
erschienen sind, ein Spielen mit dem Sujet und
der Sprache, ein Flimmern und Flirren von
einem Gegenstand zum anderen, jedoch auch
die Sehnsucht, einen inneren Ort der Ruhe zu
finden. Als sein dritter Band mit Erzählungen,
*Şahmerdan* (1940; Der Fallhammer), publiziert wurde, erreichte er einen Grad an Popularität, der ihn in seinem Beschluss bestärkte,
sich ganz dem Schreiben zu widmen. 1944
wurde sein erster Roman *Medarı Maişet Mo-
toru* (*Ein Lastkahn namens Leben*, 1991) publiziert. Es handelt sich jedoch weniger um einen
Roman im klassischen Sinne als um ein Experiment mit der Romanform, eine Kette ineinander verschachtelter Erzählungen mit ständigem Perspektivenwechsel. Ein weiterer Roman, *Kayıp Aranıyor* (*Verschollene gesucht*,
1993), kam 1953 heraus; es ist die Geschichte
einer jungen Journalistin, die an der Intensität
ihres Gefühlslebens scheitert, als ihr Ehemann
sie betrügt.

Viele der späten Erzählungen F.s sind sur-
realistisch grundiert; und je mehr er sich dem
Tod nähert – vermutlich Ende der 1940er
Jahre wurde bei ihm eine Leberzirrhose diagnostiziert –, umso düsterer wird seine Sicht,
umso abstrakter werden die Schauplätze; manches bleibt in einer kaum mehr durchsichtigen
Schwebe, und die innere Einsamkeit wird ihm
zur »Bitternis einer Honigmelone«. Er stirbt
im Haus seiner Mutter auf der Insel Burgaz;
heute ist das Haus Museum und sein Name
mit einem Preis verknüpft, der als der angese-
henste Literaturpreis der Türkei gilt und seit
1964 vergeben wird.

*Monika Carbe*

### Fallada, Hans (d. i. Rudolf Ditzen)
Geb. 21. 7. 1893 in Greifswald;
gest. 5. 2. 1947 in Berlin

Sein Leben würde Stoff für einige Romane bieten, wenn es darum ginge, die vielfältigen seelischen Brechungen zu zeichnen, denen ein im Schoß des Wilhelminismus aufgewachsener, für die Wahrheit empfänglicher Charakter unterworfen ist, der den Ersten Weltkrieg, die Weimarer Republik, das Dritte Reich und den ersten Arbeiter- und Bauernstaat auf deutschem Boden erlebt hat, zeit seines Lebens – entgegen dem Willen des Vaters und der Mutter – sich nicht anzupassen wusste, »nichts taugte« und doch von keinem größeren Wunsch beseelt war, als sich im kleinen, bescheidenen Glück zurechtzufinden. Am Anfang dieses Lebens steht der verträumt-verschüchtert im Matrosenanzug Seiner Majestät in die Kamera blickende Sechsjährige, schwarze Schnürstiefelchen an den Beinen und den kleinen Bruder mit drolligem Holzpferdchen an der Hand; an dessen Ende ein Berliner Medizinprofessor, der angesichts des vom Tod Gezeichneten zu seinen Studenten gesagt haben soll: »Das, meine Herren, was Sie hier sehen, ist der Ihnen allen bekannte Schriftsteller Hans Fallada, oder vielmehr das, was die Sucht nach dem Rauschgift aus ihm gemacht hat: Ein Appendix!«

Er wächst auf als ältester Sohn eines wilhelminischen Beamten, der sich bedächtig,  fleißig, umsichtig in den Kopf gesetzt hat, es zu etwas zu bringen, und das auch tatsächlich schafft: Der Vater wird 1908 zum hochangesehenen Reichsgerichtsrat ernannt und 1918 als Träger des Königlichen Kronenordens Zweiter Klasse in den Ruhestand versetzt. Die Familie zieht im Schatten dieser Karriere mit – über Berlin nach Leipzig. Die Erwartungen des Vaters ruhen auf seinem Ältesten, der aber ist kränklich, schwach, lernt schlecht, wird von seinen Lehrern als unbegabt abgeur-

teilt, weint in der Schule bei jeder Gelegenheit, ist den Torturen seiner Klassenkameraden nicht gewachsen, gilt als Pechvogel und Versager. Kurz vor der Aufnahmeprüfung in die Untersekunda des Leipziger Carola-Gymnasiums, die ihm die Wiederholung eines ganzen Schuljahrs ersparen und die väterliche Anerkennung einbringen soll, verunglückt er am 17. April 1909 mit seinem Fahrrad. Er gerät unter einen Schlächterwagen, wird von den Pferdehufen und den eisenbeschlagenen Rädern schwer verletzt, muss ein Vierteljahr in der Klinik zubringen und verliert ein ganzes Schuljahr. Er liest die französischen und russischen Realisten des 19. Jahrhunderts, die er in der Bibliothek seines lesefreudigen Vaters findet, heimlich aber auch Friedrich Nietzsches *Zarathustra* und Oscar Wildes *Das Bildnis des Dorian Gray*, deren nihilistische, dekadente Prophetie jetzt ganz in seine Stimmung passt: »Das Kostüm des 19. Jahrhunderts ist abscheulich – so düster und deprimierend. Die Sünde ist das einzige farbige Element, das unserer Zeit geblieben ist.« Der ihn behandelnde Arzt stellt Anzeichen einer manifesten Hysterie fest, er ist leicht erregbar, es geht ihm körperlich schlecht. 1910 und 1911 kommt es an seinem Gymnasium zu drei aufsehenerregenden Schülerselbstmorden – Rudolf Ditzen ist noch nicht dabei, aber die Zerstörungslust arbeitet bereits in ihm. Er schließt sich der Wandervogelbewegung an, sucht darin einen Ausweg, aber während eines fünfwöchigen Ausflugs nach Holland macht er sich bei seinen Kameraden lächerlich, kommt mit einer schweren Typhusinfektion nach Hause. Während er sich erholt, beginnt er plötzlich, anonym obszöne Briefe an die Tochter eines Kollegen seines Vaters zu schreiben, wird nach einer Weile prompt überführt, sein Selbstmord – er hat sich heimlich einen Revolver verschafft – kann gerade noch verhindert werden. Die Verständnisfähigkeit der Familie ist am Ende; für ihr öffentliches Ansehen ist der Sohn untragbar geworden. Er selbst will jetzt Schriftsteller werden, soll aber nach wie vor Jura studieren – wie der Vater. Ungeschützt wird der von tiefen Konflikten gepeinigte Siebzehnjährige nach Rudolstadt in Pension gegeben. Dort besucht er wieder das Gymnasium, gibt sich aber nach wie vor überreizt, weltmüde, vereinsamt. Am 17. Oktober 1911 nimmt die »Gymnasiasten-Tragödie von Rudolstadt« ihren Lauf. Unter ungeklärten Umständen erschießt Rudolf Ditzen seinen Schulfreund von Necker am frühen Morgen und verletzt sich selbst mit zwei weiteren Schüssen schwer. Noch im Krankenhaus wird er verhaftet und unter Mordanklage gestellt. Als man zu Hause davon erfährt, äußert die Mutter erleichtert: »Gott sei Dank, wenigstens nichts Sexuelles.« Der Untersuchungsrichter erkennt schließlich auf versuchten Doppelselbstmord und billigt dem Angeklagten verminderte Zurechnungsfähigkeit zu. Die bürgerliche Welt hat Rudolf Ditzen endgültig ausgeschlossen, weil »er unfähig ist, die sittliche Zulässigkeit des eigenen Verhaltens zu beurteilen und nach dieser Einsicht zu handeln« (§ 51 Strafgesetzbuch). Er wird in die geschlossene Anstalt Tannenfeld bei Jena eingewiesen und macht Bekanntschaft mit der Psychiatrie seiner Zeit, mit Streckbett, Isolationshaft, starken Beruhigungsmitteln. Seine hochgebildete, von den üblichen Berührungsängsten erstaunlich freie Tante Ada versucht, ihn durch Sprach- und Literaturunterricht abzulenken und als Übersetzer zu protegieren. Im Spätjahr 1913 wird er entlassen, tritt eine Stelle als Gutseleve an, zeichnet sich aus durch Fleiß und Korrektheit. Bei Kriegsausbruch 1914 meldet er sich zum Stolz seines Vaters als Freiwilliger, wird aber schon nach wenigen Tagen wieder entlassen. Ein unruhiges Wanderleben als kleiner Angestellter auf pommerschen, mecklenburgischen und westpreußischen Gütern beginnt; er mausert sich zum tüchtigen, kenntnisreichen Spezialisten für Kartoffelanbau, der in diesen Jahren kriegswichtig ist – entsprechend viel Geld ist dabei zu verdienen. Zwischendurch schlägt Rudolf Ditzen immer wieder über die Stränge, fährt in die Metropole Berlin, pumpt sich mit Alkohol und Morphium voll, bis er kein Geld mehr hat. Die Dosierungen, die er braucht, werden immer größer – 1917 muss er sich erstmals einer Entziehungskur unterziehen. 1918 kommt es zur Nagelprobe zwischen Kartoffelanbau und Literatur: Rudolf Ditzen

schreibt, unterstützt durch ein kleines Stipendium seines Vaters, an dem Roman *Der junge Goedeschal*, mit dem er die Leiden seiner Jugend endlich loswerden will. Er steht unter Hochdruck, weil er seine Glaubwürdigkeit der Familie gegenüber ein letztes Mal aufs Spiel gesetzt hat: »Mein erster Roman war bis zu einem bestimmten Termin fertigzustellen – all dies verlangte höchste seelische wie physische Leistungsfähigkeit, die Morphium allein vermitteln konnte … Morphium war mir immer nur ein Mittel, das Arbeit zu jeder Stunde ermöglichte, intensivste Arbeit.« Der Roman, in dem er ungeniert und exzessiv seine Jugenderfahrungen verarbeitet hat, erscheint 1920 im Rowohlt-Verlag. Der Vater verlangt, dass dies pseudonym geschieht, weil er nicht erneut ins Gerede kommen will. Rudolf Ditzen wird künftig alle seine Bücher unter dem Namen »Hans Fallada« veröffentlichen.

Das Buch wird ein Misserfolg; weitere Sanatorienaufenthalte sind zu verzeichnen; mal als Buchhalter, mal als Rendant zieht er unruhig von Gut zu Gut, die Abhängigkeit von Alkohol und Morphium bleibt; einmal schießt er in äußerster Erregung mit dem Revolver um sich. Während sein zweites Buch *Anton und Gerda* (1923) – wieder bei Rowohlt, wieder ein Misserfolg – erscheint, unterschlägt er Geld, wird rechtskräftig verurteilt; zwei Jahre später unterschlägt er nochmals, die zweieinhalbjährige Gefängnisstrafe sitzt er in Neumünster ab. Im Februar 1928 wird er nach Hamburg entlassen, lebt »ganz unten« vom Adressenschreiben und begegnet »Suse«, Anna Margarethe Issel, die er 1929 heiratet und die von nun an sein Leben, wenigstens nach außen hin, in eine gewisse Ordnung bringt – wozu er mit seiner Pedanterie beiträgt. Anfang 1930 stellt ihn Ernst Rowohlt in seiner Berliner Verlagsabteilung an der Rezensionsabteilung an – er leistet gute Arbeit und schreibt nebenbei wie besessen. Während seiner kurzen Tätigkeit als Annoncenwerber und Lokalreporter beim *General-Anzeiger von Neumünster* hat er Material über die Landvolkbewegung und einen Prozess gesammelt, bei dem die Ereignisse während einer Landvolkdemonstration verhandelt wurden. Er hat alles aus erster Hand, die Erregung ist noch greifbar. Als sein Roman *Bauern, Bonzen und Bomben* 1931 erscheint, wird er von der Kritik als bedeutender realistischer Roman einer ziellos treibenden Republik bezeichnet. Deutlich ist zwischen den Zeilen das »Deutschland erwache!« der Nationalsozialisten zu lesen, aber auch die Kritik an der bürgerlichen Zurückhaltung der Sozialdemokratie. Rudolf Ditzen hat mit diesem Buch der unruhigen, angsterfüllten Zeitstimmung die Zunge gelöst.

Er geriet in die Verlagskrise bei Rowohlt, schied als Angestellter aus, schrieb aber weiter: 1932 erschien *Kleiner Mann – was nun?*, der Roman, der das Elend der Arbeitslosigkeit während der Weltwirtschaftskrise mit der Standfestigkeit des kleinen, privaten Glücks konfrontierte und den Schriftsteller F. weltberühmt machte. Von den Erlösen konnte er sich ein kleines Anwesen im mecklenburgischen Carwitz kaufen – inzwischen waren zwei Kinder zur Welt gekommen. Bilder auf dem Kutschbock, mit den Kindern am Seeufer, am Gartentisch bei Kaffee und Kuchen herrschen nun vor.

Der Schein trügt. Inzwischen sind die Nationalsozialisten an der Macht, F. wird denunziert – als 1934 *Wer einmal aus dem Blechnapf frißt* herauskommt, dem im selben Jahr *Wir hatten mal ein Kind*, sein »persönlichstes« Buch, folgt, fallen die neuen Literaturpäpste Will Vesper und Hellmuth Langenbucher über ihn her. Er denkt nicht daran, ins Exil zu gehen, er will mit seiner Familie überleben, arrangiert sich, ist zynisch, aber doch kompromissbereit, mogelt sich durch, schottet sich ab – alle Haltungen sind ihm möglich, während er Kinderbücher und Märchen schreibt (*Hoppelpoppel – wo bist du?*, 1936; *Geschichten aus der Murkelei*, 1938), sich mit Drehbüchern und Filmvorlagen versucht (*Der eiserne Gustav*, 1938 – für Emil Jannings; *Ein Mann will hinauf*, 1941 – für die Wien Film AG) oder sich erinnert (*Damals bei uns daheim*, 1942). Als 1937 mit *Wolf unter Wölfen* der große Zeitroman der Weltwirtschaftskrise von 1923 erscheint, ist Reichspropagandaminister Joseph Goebbels sogar so angetan, dass er das Buch durch Veit Harlan verfilmen lassen möchte.

Rudolf Ditzen spritzt indessen weiter Morphium, trinkt, ist hinter den Frauen her. 1944 wird die Ehe mit Suse geschieden; gleichzeitig läuft eine Anklage wegen versuchten Mordes, weil er bei einer letzten Auseinandersetzung mit seiner Frau den Küchentisch geschossen hat. Wieder rettet ihn die amtlich bescheinigte Unzurechnungsfähigkeit. Während er erneut eine Entziehungskur macht, schreibt er in kaum mehr als zwei Wochen *Der Trinker* (1944), ein hastiges Dokument des menschlichen, seines eigenen Zerfalls. Am 1. 2. 1945 heiratet er Ursula Losch, die er im Sommer zuvor kennengelernt hat, lebenslustig, leichtfertig, Morphinistin und Alkoholikerin wie er. In Feldberg erlebt er mit Ursula das Kriegsende, wird von der sowjetischen Militäradministration als Bürgermeister eingesetzt. Der aus dem sowjetischen Exil zurückgekehrte Johannes R. Becher fordert ihn zur Mitarbeit an der *Täglichen Rundschau* und beim »Kulturbund zur demokratischen Erneuerung Deutschlands« auf. Becher setzt große Hoffnungen auf Rudolf Ditzen, die Chronik Deutschlands während des Dritten Reichs zu schreiben; er versorgt ihn, der vor Schulden nicht ein noch aus weiß, in Berlin mit Wohnung und Geld, das sofort in die gewohnten Bahnen rinnt – es wird in Schnaps, Zigaretten und Morphium umgesetzt –, an einen humanitären Aufschwung, eine demokratischvolkssozialistische Erneuerung glaubt er nicht mehr. Der körperliche Verfall des »alt gewordenen Gymnasiasten« (Erich Kästner) ist nicht aufzuhalten. Im Auftrag der DEFA-Filmgesellschaft schreibt Rudolf Ditzen noch gegen Ende 1946 in wenigen Wochen ein dokumentarisches Buch über den kleinbürgerlich-proletarischen Widerstand im Dritten Reich: *Jeder stirbt für sich allein*.

F. war über viele Jahrzehnte ein populärer Autor. Die Neuauflagen von *Kleiner Mann – was nun?* (im Juni 1950 als erster Titel der neuen Reihe Rowohlts Rotations-Romane, der Geburtsstunde des modernen Taschenbuchs) und *Wer einmal aus dem Blechnapf frisst* waren große Verkaufserfolge, seine Buchtitel geflügelte Worte in aller Munde. Zu dieser steigenden Popularität trugen die Verfilmungen seiner Romane erheblich bei (u. a. *Jeder stirbt für sich allein*, 1962; *Wer einmal aus dem Blechnapf frißt*, 1962; *Wolf unter Wölfen*, 1965; *Kleiner Mann – was nun?*, 1967; *Ein Mann will nach oben*, 1978; *Der eiserne Gustav*, 1979). Heute zählt er fast schon zu den großen Vergessenen. Unverdrossene, jährlich etwa 13000, pilgern zum neu eingerichteten F.-Museum (seit 2001) in Carwitz, F.s letztem, inzwischen grundsaniertem Wohnsitz; seit 1991 gibt es eine rührige F.-Gesellschaft. Sie widmet sich dem Ziel,»die kulturelle Lebensleistung Hans Falladas lebendig zu erhalten, sich mit seinem Schaffen kritisch auseinanderzusetzen, das Werk dadurch zu pflegen und der Öffentlichkeit zugänglich zu machen, die Verbreitung des Gedankenguts durch Lesungen, literarische Kolloquien, Publikationen, Ausstellungen etc. zu fördern«. So steht es zuletzt um einen der bemerkenswertesten, erfolgreichsten, verzweifelt-konsequenten Romanautoren des frühen und mittleren 20. Jahrhunderts, auf den der jüngst (2003) veröffentlichte Briefwechsel mit seinem Sohn ein neues Licht wirft.

*Bernd Lutz*

## Farah, Nuruddin
Geb. 24. 11. 1945 in Baidoa, Somalia

In der englischsprachigen Welt gelang Nuruddin Farah der Durchbruch mit *A Naked Needle* (1976; *Wie eine nackte Nadel*, 1983), nach dem Erstlingswerk *From a Crooked Rib* (1970; *Aus einer gekrümmten Rippe*, 1994) sein zweiter Roman. Einige Tendenzen der frühen Leserreaktionen sollten für F.s zukünftige Rezeption bestimmend werden. Im Hinblick auf den Erstling rühmte man die einfühlsame Darstellung eines weiblichen Bewusstseins, im Hinblick auf den zweiten Roman die Parallelen zur Joyceschen Erzählweise, außerdem das ausgeprägte transnationale Interesse in der Darstellung der Beziehung zwischen einem Afrikaner und einer Engländerin. – In der persönlichen Begegnung liebt der Autor die Selbststilisierung als Nomade, der

nur mit Lederjacke und Schreibmaschine die Welt bereist. Der erklärte Pan-Afrikanist betrachtet sich nicht als Exilanten, wiewohl ihn sein Lebensweg von Gambia über Nord-Nigeria bis nach Südafrika geführt hat. Seine kosmopolitische Ausrichtung geht auf früheste multikulturelle Erfahrungen zurück. Als Jugendlicher sieht er sich neben der somalischen auch der amharischen, der arabischen, der italienischen und der englischen Kultur ausgesetzt – einer vielsprachigen Multikulturalität, die in seine Texte eingeht. Bedingt durch die Geschichte des Ogaden, erlebt der junge F. Italiener, Briten und Äthiopier als Besatzer. Er teilt anfangs die Befreiungseuphorie unter Siyad Barre, erlebt dann aber, wie dieser seine Weltanschauung der Ideologie der am Horn von Afrika jeweils dominanten Schutzmacht im Ost-West-Konflikt anpasst und um des Machterhalts willen zu Repression, Unterdrückung und Diktatur Zuflucht nimmt. Die Tage seiner Mitarbeit im Bildungsministerium sind gezählt.

Mit dem ersten Band seiner Trilogie *Variations on the Theme of an African Dictatorship – Sweet and Sour Milk* (1979; *Sweet and Sour Milk*, 1996), *Sardines* (1981; *Sardines*, 1980), *Close Sesame* (1983) – geht F. auf Konfrontationskurs zum Regime in Somalia, nimmt Verfemung und Verfolgung in Kauf und flieht nach Chandigarh (Indien), wo er ein Philosophiestudium absolviert. Damit ist der kulturübergreifende Ansatz seines Schreibens vorprogrammiert. Auch die Nähe zur Universität wird er nie wieder ganz aufgeben, ob es sich um Mogadischu, London, Essex, Bayreuth oder Kapstadt handelt. Mit *Close Sesame* hatte F. – wie mit manchen späteren Werken – dauerhafte Publikationsprobleme, es ist aber nicht von ungefähr ihm selber sein liebstes Buch. Er verbindet darin auf komplexe Weise konkrete historische Bezüge mit religiösen Fragestellungen eines höchst differenzierten Islam, stellt den Freiheitskampf in den widersprüchlichen Kontext von aufkeimendem Nationalgefühl und widerspenstiger Clan-Zugehörigkeit, zeigt ein Generationen umfassendes psychologisches Sensorium und beweist poetische Subtilität, ohne einer vorschnellen Eindeutigkeit der inhaltlichen Analyse Vorschub zu leisten. Märtyrer und Tyrannen-Mörder wetteifern darum, das Bild vom Volkshelden zu bestimmen, und doch bleiben Revolver und Rosenkranz unauflösbar miteinander verbunden. *Maps* (1986; *Maps*, 1992) ist erzählerisch ähnlich verrätselt. Am Beispiel der problematischen Beziehung von Askar und Misra wird der äthiopisch-somalische Ogaden-Konflikt beleuchtet, wobei pikanterweise Äthiopien all jene Vielvölkerstaaten Afrikas repräsentiert, die der Kolonialismus mit seinen künstlichen Grenzziehungen hinterlassen hat, obwohl es selbst nie gänzlich kolonisiert war, Somalia hingegen den Sonderfall der kulturellen Homogenität verkörpert, aber – wie ganz Afrika – politisch zerstückelt wurde. Mythisch anmutende Überhöhung geht einher mit forciertem Perspektivenwechsel und dem gelegentlichen Gebrauch der Erzählweise in der zweiten Person. *Gifts* (1993; *Duniyas Gaben*, 2001) veranschaulicht F.s Schreibweise besonders deutlich. Weibliche Emanzipation vor dem Hintergrund eines wohlmeinenden Triumvirats, indigene mythische Anleihen und eine Befürwortung des Islam, bodenständige Sprichwörter und poetische Metaphorik, lokale Anschaulichkeit und globale Botschaft verbinden sich zu einem leicht überschaubaren Ganzen. Individueller Freigebigkeit in der Haupthandlung wird in einem zweiten Erzählstrang von Zeitungsausschnitten und Artikeln der Widersinn von ›Entwicklungshilfe‹ gegenübergestellt und der Verzicht auf diese eigennützige Einmischung der Geberländer verfochten, die letztlich nur die Verlängerung von internen Auseinandersetzungen nach sich zieht. In *Secrets* (1998; *Geheimnisse*, 2001) kehrt F. zurück zu einer überwältigenden Stofffülle. Zwischen triebhafter Hexe und weisem Alten hin und her gerissen, will der Computerfachmann Kalaman Licht in das Dunkel seines Ursprungs bringen. Das aufgedeckte Geheimnis des Titels verdeutlicht die Parallele zwischen der gewaltsamen Zeugung des Helden und den Geburtswehen seines Landes. Im Rahmen einer intriganten Großfamilie, die ein weiser Großvater kaum im Zaum halten kann, sucht der Roman vitale Sexualität in all ihren Spielarten zu fei-

ern und sein imaginiertes Somalia in den Spannungsbogen von bewundernswertem weiblichem Stehvermögen und fataler männlicher Mordlust zu stellen.

*Peter Stummer*

## Farah, Forūġ

Geb. 5. 1. 1935 in Teheran/Iran;
gest. 14. 2. 1967 in Teheran/Iran

Forūġ Farrohzād gilt als die bedeutendste moderne Lyrikerin Irans. Sie entstammte der wohlhabenden Mittelschicht, die durch die Reform- und Säkularisierungsbemühungen der Pahlavi-Herrscher gefördert wurde. Ihr Vater, ein Oberst, vermittelte seinen sechs Kindern den Zugang zu höherer Bildung, führte im Hause jedoch ein strenges, autoritäres Regime, das mit dem starken Willen seiner Tochter häufig kollidierte. Nach dem Abschluss der neunten Klasse an einer höheren Mädchenschule wechselte sie an eine Malakademie, wo sie Modedesign und Malerei studierte. Bereits in dieser Zeit verfasste sie erste Verse, die jedoch unveröffentlicht blieben. Im Alter von 16 Jahren bestand sie gegen den Wunsch der Eltern auf ihrer Heirat, wodurch sie ihr strenges Elternhaus verlassen konnte. Der Ehemann gestattete ihr gewisse Freiheiten, sie durfte z. B. allein reisen oder Verhandlungen mit ihrem Herausgeber führen. Dies brachte den Bruch mit den konventionellen Regeln des bürgerlichen Lebens; F. fühlte sich zunehmend eingeengt durch die Erwartungen, die als Ehefrau und Mutter an sie gestellt wurden. 1955 ließ sie sich scheiden und verlor auch den Kontakt zum einzigen Sohn, was sie ihr Leben lang nicht verschmerzen konnte. Großes Aufsehen erregte sie mit ihrem im gleichen Jahr erschienenen Gedichtband *Asir* (Gefangen), weil sie darin als Frau erstmals unverblümt und anschaulich ihre Gefühle, Erfahrungen und Liebeserlebnisse darstellte. 1956 erschien der Gedichtband *Diwar* (Die Mauer), dem 1957 die Sammlung *Osjan* (Auflehnung) folgte. Hier setzte sie sich mit der Missbilligung auseinander, die ihr die patriarchalische Gesellschaft wegen ihres ungezwungenen Lebensstils entgegenbrachte, während sie nach Ruhe, Zuneigung und seelischer Ausgeglichenheit in ihrem Leben suchte.

Nach einem längeren Aufenthalt in England, bei dem sie sich mit der Filmarbeit vertraut machte, arbeitete sie bei verschiedenen Dokumentarfilmproduktionen in Iran mit, und drehte schließlich in einer Gemeinschaftsarbeit den bei den Dokumentarfilmtagen von Oberhausen im Jahre 1964 preisgekrönten Film Das Haus ist schwarz über eine Leprakolonie in Iran. Die Sammlung *Tawallod-e digar* (Wiedergeburt), die 1964 erschien, bedeutete für sie den eigentlichen Beginn ihrer dichterischen Arbeit. Ohne ihre persönliche, freimütige Sicht aufzugeben, äußerte sie sich darin (sowie in einigen postum veröffentlichten Gedichten) deutlicher zu politischen und sozialen Fragen ihrer Zeit, formulierte ihre Hoffnungen und Wünsche für die Zukunft. Formal löste sie sich endgültig von den traditionellen Formen der persischen Lyrik, dem festgelegten Versmaß und dem Reim. Sie bediente sich einer kraftvollen Sprache, die von dem im Alltag gebräuchlichen Teheraner Dialekt bis zum gehobenen Sprachstil reichte. Die iranische Literaturkritikerin Milani teilt F.s Schaffen in drei Etappen ein: in ihrer ersten Sammlung schreibt sie, ihrer Zeit vorauseilend, unverschleiert aus der Perspektive einer Frau, dieser folgt ein »feministischer Aufschrei« und in ihrem letzten Werk wächst sie über ihre Bitterkeit und ihren Zorn, ein Opfer der Männergesellschaft zu sein, hinaus. F. starb an den Folgen eines Verkehrsunfalls.

Werkausgabe: Jene Tage. Ausgewählte Gedichte. Übertr. u. mit Nachwort v. K. Scharf. Frankfurt/M. 1993.

*Monika Matzke*

### Fassbinder, Rainer Werner
Geb. 31. 5. 1945 in Bad Wörishofen; gest. 10. 6. 1982 in München

F.s Debüt 1968/68 kam zur rechten Zeit: Die alte Repräsentationskultur wurde in Frage gestellt. Der Autodidakt, der vom Kellertheater kam und an der Filmhochschule abgelehnt worden war, eroberte den verunsicherten Kulturbetrieb im Handstreich. Obwohl der antiautoritäre Gestus im Auftreten unverkennbar war, teilte F. nie die Illusionen der Studentenbewegung: Dem Fortschrittsoptimismus der Linken misstraute er, sein pessimistisches Weltbild bewahrte ihn vor der damals grassierenden Revolutionsromantik. Dank seiner atemberaubenden Produktivität besetzte er rasch ästhetische Positionen und konnte auch Misserfolge ohne Schaden verkraften.

Die kurzatmige Produktionsweise – F. schuf in 15 Jahren 40 Filme, 15 Theaterstücke und 4 Hörspiele – hat sich unmittelbar in die Ästhetik eingegraben. F. schrieb Stücke wie Drehbücher immer mit Blick auf die Realisation. Vieles wirkt roh zusammengezimmert, Vorlagen für die eigene Inszenierung. Kennzeichnend ist sein Eklektizismus: Hemmungen, fremde Stile zu kopieren, die Werke anderer zu plündern, hatte F. nie. »Bastarde der Form« nannte ein Kritiker die frühen Theaterarbeiten. Kino-Zitate und literarische Versatzstücke werden mit Wirklichkeitspartikeln collagiert, Szenen und Dialoge nach einfachen Montageverfahren strukturiert. »Alles in Einzelteile zerlegen und neu zusammensetzen, das müßte schön sein«, umriss der junge F. sein ästhetisches Programm. Seine ersten Filme verweigern sich den Kino-Konventionen: Der Realismus wird aufgebrochen durch extreme Stilisierung; der Rhythmus der Montage, die Spielweise der Darsteller – die ihre Rolle nicht ausfüllen, sondern geliehene Gesten zitieren – und vor allem die starre Kamera lassen Kinoillusion nicht aufkommen. Komponierte F. Filmbilder wie theatralische Tableaus, so sind seine experimentellen Theaterarbeiten von einer Filmdramaturgie geprägt. Die choreographische Struktur, das Zitieren religiöser Rituale und die Verweigerung psychologischer Einfühlung nehmen Tendenzen des zeitgenössischen Theaters auf: F. übernahm so konträre Konzepte wie die Ästhetiken von Brecht und Antonin Artaud und zwang sie zusammen, manchmal mit Brachialgewalt. Wie produktiv F. das Verfahren »auseinandernehmen und neu zusammensetzen« zu handhaben verstand, zeigt seine Aneignung des realistischen Volksstücks, das Ende der 1960er Jahre eine Renaissance erlebte. Im Februar 1968 brachte er (erstmals nach 40 Jahren) Marieluise Fleißers *Pioniere in Ingolstadt* wieder auf die Bühne; zwei Monate später wartete er mit einem eigenen Stück im Fleißer-Stil auf: *Katzelmacher*. Die Dialogsprache, ein Gemisch aus Leerformeln, Ressentiments und Gefühlskitsch, zeichnet sich durch lakonische Kürze aus. Gegenüber dem Theaterstück stellte der Film *Katzelmacher* (1969) eine weitere Stufe der Reduktion dar. Rituale des Alltags werden vorgeführt, modellhaft wird die Brutalität sozialer Mechanismen ausgestellt. Die Jagd auf einen Außenseiter wird völlig undramatisch, als Aneinanderreihung von Momentaufnahmen, geschildert: eine leidenschaftslose Bestandsaufnahme deformierten Bewusstseins. In der provozierenden Monotonie der Inszenierung findet das dumpfe Dasein seine Entsprechung: Alle Szenen sind frontal aufgenommen, es gibt weder Schwenk noch Zoom und nur eine einzige, sich wiederholende Kamerafahrt.

Der Name seiner Bühne – Spielstätte war eine Schwabinger Kneipe – war Programm: »antiteater«. Die bundesdeutsche Theatergeschichte wurde bis Ende der 1970er Jahre, als sich verschiedene freie Gruppen bildeten, fast ausschließlich vom subventionierten Stadt- und Staatstheater geschrieben. Das »antiteater«, eine Künstlerkommune mit F. als bestimmender Figur, entwickelte aus der Verbindung von aufklärerischem Impetus und experimenteller Ästhetik einen neuen Stücktypus. Vier Theatertexte F.s, zwischen 1969 und 1971 entstanden, weisen in Schreibtechnik und Inszenierungspraxis weitgehend Übereinstimmung auf: *Preparadise sorry now* (1969) (der Titel nimmt polemisch Bezug auf die Produktion *Paradise now* des Living Theatre), *Anarchie in Bayern* (1969), *Werwolf* (1969) und *Blut am Hals der Katze* (1971). Es sind Lehrstücke, die an einem Modell – sei es der Historie, einer Science-fiction-Serie oder einer Illustrierten-Reportage entnommen – alltägliche Gewalt-Verhältnisse in kurzen Spots grell ausgeleuch-

tet. Von Charakteren kann keine Rede sein, die Rollen sind nur angedeutet; die szenische Situation wird knapp angerissen, quasi anzitiert, denn die Textfragmente sind derart formuliert, dass sie der Zuschauer zu einer Geschichte auffüllen kann. Konstruktion und Kombination deuten auf das Baukastenprinzip, wobei die Einzelteile verschiedenen »Materialgruppen« zuzuordnen sind. Die Dramaturgie weist eine durchlässige Struktur auf; in der Vorbemerkung zu *Preparadise sorry now* heißt es: »Das Stück kann man sich zusammensetzen, wie man es für richtig hält.« Die Textsegmente werden jedoch nicht additiv gereiht, sondern verfolgen in Form einer Schachtelmontage Eskalationsprozesse.

Eine Avantgarde-Bühne kann nicht alt werden. Gleichzeitig mit dem Ende des »antiteaters« vollzog F. einen Paradigmen-Wechsel: Waren seine ersten zehn Filme – von *Liebe ist kälter als der Tod* (1969) bis *Warnung vor einer heiligen Nutte* (1970) – hermetische Selbstspiegelungen, so orientierte er sich nun an den Hollywood-Melodramen Douglas Sirks. Mit bewusst einfach erzählten Geschichten und ohne Scheu vor großen Gefühlen wandte er sich an ein breites Publikum, ohne seine Eigenart zu verleugnen. Für den Neuansatz stehen *Händler der vier Jahreszeiten* (1971) und *Angst essen Seele auf* (1973), die deutlich den Einfluss von Sirk verraten. Auch auf dem Theater ist der Stilwechsel unverkennbar. In *Bremer Freiheit* (1971) verarbeitete er einen historischen Kriminalfall zu einem effektsicheren Bilderbogen. Das Stück weder psychologisches Kammerspiel noch schwarze Komödie, lässt sich charakterisieren als holzschnittartige Moritat: Der Untertitel »Ein bürgerliches Trauerspiel« ist polemisch besetzt: F. erzählt von einer Frau, in ihren Anspruch auf Liebe und Glück von der damaligen Gesellschaft nicht anders durchzusetzen vermochte als durch Mord. Das Melodrama *Die bitteren Tränen der Petra von Kant* (1971) fiel bei der Uraufführung durch; lediglich Botho Strauß, damals noch Kritiker, lobte die »sehr künstliche Nachempfindung einer echten Kitsch-Geschichte«. F.s eigene Verfilmung (1972), die auch dem Theaterstück zum Durchbruch verhalf, verrät nicht bloß durch die Widmung, dass das Stück ein homosexuelles Dreiecksverhältnis übersetzt in eine lesbische Beziehung.

Das Konzept »antiteater« ließ sich nicht in den etablierten Theaterbetrieb integrieren: Sowohl am Schauspiel Bochum wie am Frankfurter Theater am Turm, wo er kurzzeitig Intendanten-Positionen innehatte, scheiterte F. Er rächte sich auf seine Art und hinterließ den Frankfurtern ein Erbe, das lange in der Stadt rumorte und trotz mehrerer Anläufe nicht zur Aufführung kam: *Der Müll, die Stadt und der Tod* (entstanden 1975, im folgenden Jahr verfilmt von Daniel Schmid unter dem Titel *Schatten der Engel*). Kein anderes deutsches Stück hat Artauds Forderung, das Theater müsse wie die Pest sein, seine Aufgabe sei die kollektive Entleerung von Abszessen, so erfüllt wie dieses bizarre Großstadt-Märchen, angesiedelt im Dschungel von Korruption und Kapital. F. erzählt eine Passionsgeschichte: vom Aufstieg und Fall der Hure Roma B. und ihrem Zuhälter Franz. Anstoß erregte die Figur des (namenlosen) reichen Juden: ein skrupelloser Bodenspekulant, der geschützt von einem verlogenen Philosemitismus, seine Geschäfte betreibt. Der Antisemitismus-Vorwurf – nach der Publikation 1976 zuerst von Joachim Fest erhoben; der Suhrkamp Verlag zog das Buch *Stücke 3* zurück und ließ es einstampfen – ist nicht haltbar: Die Sympathie des Autors für Minderheiten und Außenseiter ist unverkennbar. F. nahm sich das Recht, ungeschützt und ohne Rücksichten Tabus anzugreifen; schrieb Botho Strauß früher einmal, dieser Autor umkreise mit seinen Theaterstücken »eine Wundzone sozial-psychologischer Desintegration«, so stieß er hier mitten hinein. Die Leitmotive seines Werks – Angst, Gewalt und Sexualität – verbinden sich zu einer eigentümlichen Kreuzung von Mysterienspiel und Parabel: eine expressionistisch gestimmte, durch rüde Obszönität gesteigerte Anklage gegen »die Kälte der Städte«. Die Mischung von Verweisen auf die Frankfurter Realität, Versatzstücken aus der Trivialliteratur und Klassiker-Zitaten, lyrisch-pathetischen Einsprengseln und parodistischen Stilbrüchen, bedenklichen Typisierungen und privaten Obsessionen, gerade dieses Konglomerat erschien den Kritikern gefährlich. So unfertig und unreflektiert das Stück auch erscheint, es hat eine Debatte ausgelöst, die weit über das Theater hinausführte. Die Reaktionen verstörten F.; *Der Müll, die Stadt und der Tod* blieb sein letztes Theaterstück. Zehn Jahre nach der Entstehung sollte es posthum in Frankfurt uraufgeführt werden: Demonstrationen vor dem Theater und eine Bühnenbesetzung verhinderten die Premiere.

F. hatte entscheidenden Anteil am deutschen Autorenfilm; seine Produktivität forcierte die Entwicklung und verhalf ihm auch international zum Durchbruch. Experimentierfreudig und undogmatisch, schuf er in der Auseinandersetzung mit traditionellen und modernen Filmästhetiken einen unverwechselbar eigenen Stil, der nicht frei von Manierismen ist. Er drehte für das Fernsehen, u. a. die das Genre Familienserie umfunktionierende Serie *Acht Stunden sind kein Tag* (1972) und träumte von einem deutschen Hollywoodfilm, worunter er vor allem Professionalität und ein auf Emotionen zielendes Erzählkino verstand. Am überzeugendsten hat er dies Konzept umgesetzt in drei Filmen, die Zeitgeschichte anhand von Frauenschicksalen erzählen: *Die Ehe der Maria Braun* (1978), *Lola* (1981) und *Die Sehnsucht der Veronika Voss* (1981). Sein Werk umfasst radikale Selbstbefragungen (*Satansbraten*, 1976; *In einem Jahr mit 13 Monden*, 1978), sozialkritische Melodramen und mit politischer Angriffslust formulierte Attacken auf die bundesdeutsche Gesellschaft (Beitrag zu dem Kollektivfilm *Deutschland im Herbst*, 1978; *Die dritte Generation*, 1979), mit hohem Budget ausgestattete und zynischem Kalkül inszenierte Kommerzfilme (*Lili Marleen*, 1980) und avantgardistische Low-Budget-Produktionen, wie seinen einzigen Dokumentarfilm *Theater in Trance* (1981) mit Texten von Artaud.

Drei ebenso eigenwillige wie umstrittene Literaturverfilmungen stehen zentral in F.s Werk: *Fontane Effi Briest* (1974), *Berlin Alexanderplatz* (1980; nach Alfred Döblin) und *Querelle* (1982; nach Jean Genet). Hier wird die literarische Vorlage nicht als Stoff ausgebeutet: Es handelt sich eher um filmische Reflexionen, in künstlichen Studiolandschaften, mit eingesprochenen Off-Kommentaren und Inserts realisiert. F. vertrat die Auffassung, dass eine wirkliche Literaturverfilmung sich als »Beschäftigung mit bereits formulierter Kunst« zu erkennen geben muss.

Werkausgaben:»Sämtliche Stücke«. Frankfurt a. M. 1991;»Fassbinders Filme«, Werkausgabe in 13 Bänden. Frankfurt a. M. 1990 f. (bisher erschienen: Bd. 1–5;»Die Anarchie der Phantasie. Gespräche und Interviews«. Frankfurt a. M. 1986;»Filme befreien den Kopf. Essays und Arbeitsnotizen«. Frankfurt a. M. 1981.

*Michael Töteberg*

### Faulkner, William (eigtl. Falkner)

Geb. 25. 9. 1897 in New Albany, Mississippi;
gest. 6. 7. 1962 in Byhalia, Mississippi

William Faulkner steht wie kein zweiter amerikanischer Schriftsteller für den Übergang des amerikanischen Romans in die literarische Moderne. Sein Werk kombiniert die thematische Vielfalt des realistisch-naturalistischen Sittengemäldes mit symbolistischen Darstellungsmitteln und experimentellen Erzählstrategien. Im Gegensatz zu den mythopoetischen Ansätzen vieler europäischer Modernisten bleiben F.s Texte jedoch thematisch streng wirklichkeitsbezogen – sie sind durch und durch »Southern« und beschäftigen sich eingehend mit den Traditionen, Ideologien,

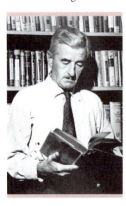

Sprachgebräuchen und Lebensbedingungen seiner Heimatregion, dem Norden des Staates Mississippi, an die sich der Schauplatz von F.s berühmtesten Romanen, das fiktive »Yoknapatawpha County«, eng anlehnt. Diese Region fungiert in insgesamt 15 von F.s Romanen als geographisch und geschichtlich präzise ausgearbeiteter, beziehungsreicher Mikrokosmos, in dem immer wieder dieselben Familien in Erscheinung treten. Deren ineinander verwobene Schicksale nimmt F. zum Ausgangspunkt für seine Auseinandersetzung mit der gesellschaftlichen Wirklichkeit des Südens, die er in all ihren sozialen Facetten (von der Pflanzeraristokratie bis zu den gesellschaftlichen Randgruppen) und mit historischer Tiefenschärfe (der zeitliche Rahmen reicht von 1800 bis in F.s Gegenwart) beschreibt. Dabei wird das historisch und kulturell Partikulare immer wieder symbolisch überhöht und mit der Aura des Universalen umgeben: Ganz im Sinne der modernistischen Forderung an den Schriftsteller, sich nicht an der Oberfläche des Kontingenten aufzuhalten, sondern zur überhistorischen »human condition« vorzustoßen, lässt F. hinter den Einzelschicksalen seiner Figuren das Pathos des Zeitlosen aufblitzen, wenn er etwa in *The Sound and the Fury* (1929; *Schall und Wahn*, 1956) das Heulen eines geistesbehinderten Jungen als »the grave hopeless sound of all misery under the sun« beschreibt oder in *The Hamlet* (1940; *Das Dorf*, 1957) die Zweige eines Pfirsichbaumes mit den Haaren »of a drowned woman sleeping on the uttermost floor of the windless and tideless sea« vergleicht.

Während solche imagistischen Bildlichkeiten bereits den dem Bildungsroman und der Familiensaga verpflichteten realistischen Rahmen von F.s Repräsentationen des Südens leicht unscharf werden lassen, sind die experimentellen Textoberflächen seiner Romane realistischem Schreiben geradezu entgegengesetzt und weisen weit in die Moderne. In der Tat sind F.s darstellerische Mittel derart radikalisiert, dass die Geschehnisse in »Yoknapatawpha County« nur in den synoptischen Darstellungen der zahlreichen Lesehilfen zu seinem Werk kohärent und durchsichtig erscheinen. Der Leser des typischen F.-Romans hat alle Mühe, in dem Gewirr von halbseitigen, spärlich interpunktierten und rhizomartigen Nebensätzen den Hauptsatz im Auge zu behalten. Des Weiteren erhält F.s Prosa durch ihren lyrischen und hypnotischen Ton sowie ihre sich rankenden Symbolketten eine gebrochene Qualität, welche die oft schockierenden Geschnisse in F.s Texten verschlüsselt und verfremdet, so dass selbst die grausamen Ereignisse in seinem sensationalistischsten Roman *Sanctuary* (1931; *Die Freistatt*, 1951) – die brutale Vergewaltigung von Temple Drake und die Ermordung ihres schwachsinnigen Beschützers – mit ästhetisierender Distanz beschrieben werden. Eine häufige, die Direktheit der Handlung abfedernde Verfremdungstechnik F.s ist die Verlangsamung der Erzählgeschwindigkeit durch das Gesamtbild verzerrende Detailvergrößerungen, wodurch der Leser das Geschehen wie durch ein Teleskop betrachtet und zunächst zwar den Eindruck bekommt, näher am Objekt zu sein, aber durch die Fokussierung auf Nebensächlichkeiten eher von der Handlung abgelenkt wird. Eine weitere, für F. typische Verfremdungstechnik ist die Auflösung des Handlungsablaufs in inkohärente Teilerzählungen, rhapsodische Impressionen und opake Bilder, so dass der Leser nur einen fragmentarischen Eindruck des Geschehens bekommt. Die verschiedenen Erzähler werden zudem oft durch negative Sympathielenkung diskreditiert und hinsichtlich ihrer Wirklichkeitsdarstellung als unzuverlässig charakterisiert.

In *The Sound and the Fury* etwa lässt F. die Geschichte vom Niedergang der Compson Familie von vier sehr unterschiedlichen, teilweise widersprüchlichen Perspektiven erzählen. Der erste Teil des Romans besteht aus den Wahrnehmungen des geistig behinderten Benjy Compson, der weder kohärent denken noch sprechen kann. Seine Erzählung ist eine chronologisch und kausal ungeordnete Assoziation von Sinneseindrücken und Gesprächsfetzen, die einen Zeitraum von rund 30 Jahren umfassen und einander so überlagern und durchdringen, dass sie vom Leser nur schwer in eine logische Ordnung zu bringen sind. Der zweite Teil besteht aus einem kaum weniger strukturlosen Bewusstseinsstrom von Benjys Bruder, des Intellektuellen Quentin Compson, und ist ein manisch-nervöses Gewirr von Rückblenden und Reflexionen am Tag seines Selbstmordes. Die letzten beiden Teile des Romans, ein innerer Monolog des ältesten Bruders Jason Compson sowie ein traditionell realisti-

sches Schlusskapitel mit der schwarzen Bediensteten Dilsey als narrativem Zentrum, sind in verständlicheren, konventionelleren Formen des Erzählens gehalten, werfen aber durch den Perspektivenwechsel wiederum neue Fragen auf, anstatt die ersten beiden Teile des Romans zu erhellen. Wie bei vielen von F.s Romanen wird der Erzählstrom der Figuren durch deren Faszination mit einer abwesenden Person angetrieben, hier der mysteriösen Caddy Compson, der Schwester von Benjy, Quentin und Jason Compson, die sich nach einer behüteten Kindheit im Schoße ihrer Familie als promiskuöser Teenager entpuppt, kurz vor ihrer Ehe mit einem reichen Bankier durch einen ihrer Liebhaber schwanger wird und, von Familie und frischgebackenem Ehemann verstoßen, ihre Heimat für immer verlässt. Das Schicksal Caddys nimmt in *The Sound and the Fury* zwar die Hauptrolle ein, wird dem Leser aber nur durch die gebrochenen und subjektiv gefärbten Perspektiven ihrer Brüder vermittelt, die alle in einem obsessiven Verhältnis zu ihr stehen und deshalb wenig glaubwürdig erscheinen: Der behinderte Benjy ist von Caddys Geruch angezogen, von ihrer mütterlichen Wärme abhängig und nach ihrem Weggang nicht mehr zu trösten. Quentin hat nie verwunden, dass seine Schwester ein eigenes Sexualleben entwickelt hat und leidet an inzestuöser Eifersucht. Der gefühllose Pragmatiker Jason ist verbittert, weil ihm Caddys Ehemann eine lukrative Stelle in seiner Bank versprach, dieses Versprechen aber nach ihrer Untreue nicht mehr einlöste. Da Caddy nur im Bewusstsein ihrer Brüder gespiegelt zu sehen ist, bleibt sie rätselhaft, ihr Charakter ein liebevoll gezeichnetes Fragment, dessen feine Konturen F. durch narrative Brüche und widersprüchliche Aussagen geschickt verschleiert und damit den Leser zugleich frustriert und fesselt.

Wegen solcher Techniken der Wahrnehmungserschwerung gilt *The Sound and the Fury* neben *Absalom, Absalom!* (1936; *Absalom, Absalom!*, 1938) als F.s schwierigster, aber auch faszinierendster Roman, der den Exegesetrieb der Literaturkritik immer wieder angekurbelt hat. Trotz des einhelligen Kritikerlobs blieben die Verkaufszahlen jedoch zunächst zu unwesentlich, als dass F. von den Tantiemen hätte leben können. Obwohl er danach in rascher Folge seine berühmtesten Romane veröffentlichte (*As I Lay Dying*, 1930; *Als ich im Sterben lag*, 1961 – *Light in August*, 1932; *Licht im August*, 1935 – *Absalom, Absalom!*, 1936 – *The Hamlet*, 1940 – *Go Down, Moses*, 1942; *Das verworfene Erbe. Chronik einer Familie*, 1953), musste er sich unter anderem als Drehbuchschreiber in Hollywood verdingen, um finanziellem Schiffbruch zu entgehen. 1931 veröffentlichte er gar mit dem erklärten Ziel, kommerziell erfolgreicher zu werden, den als »potboiler« konzipierten Roman *Sanctuary*, dessen skandalöser Inhalt ihn dann auch einem breiteren Publikum bekannt machte, ohne jedoch seine Geldschwierigkeiten zu lösen. Dies änderte sich erst, als Malcolm Cowley 1946 einen Querschnitt durch F.s Werk unter dem Titel *The Portable Faulkner* herausgab und damit dessen literarischen Ruhm förderte, der 1949 in der Verleihung des Nobelpreises für Literatur kulminierte. Danach lebte F. bis zu seinem Tode im Jahre 1962, von wenigen öffentlichen Auftritten abgesehen, als kauziger, Interviews verweigernder literarischer Star zurückgezogen auf seiner Farm in Mississippi. Spätestens seit der Verleihung des Nobelpreises ist sein Platz im Kanon der wichtigsten amerikanischen Romanciers unumstritten.

Charakteristisch für F.s Werk ist ein deutlicher melancholischer Grundton. Seine Romane sind Allegorien menschlichen Leidens, vertreten eine unromantische Weltsicht und ein durchgehend nüchternes Menschenbild. In ihren schwermütigen Erzählhaltungen zeigt sich eine Ästhetik des Erhabenen, die sich in der Faszination mit dem Tod und den Abgründen der menschlichen Existenz ausdrückt. Komik wird folglich höchstens in der Form des Tragikomischen oder Grotesken zugelassen, wie etwa in *As I Lay Dying*, der absurden Geschichte einer »poor white«-Familie, die mit dem Sarg der Mutter auf dem Dach des Wagens nach Jefferson pilgert, um sie im dortigen Familiengrab zu beerdigen. F.s Fabeln sind fast ohne Ausnahme Tragödien,

durchzogen von Blut und Schmutz, sexueller Gewalt und Mord, und ihre Helden sind meist Antihelden mit neurotischem Gefühlsleben. Ein zentrales Thema F.s, das immer wieder die tragische Grundhaltung seiner Romane trägt, ist der Niedergang des alten Südens und die Trostlosigkeit des in der »Reconstruction«-Ära materiell und moralisch verarmten »New South«. Am Beispiel von traditionsreichen, im Zerfall begriffenen Familien wie den Compsons (*The Sound and the Fury* – *Absalom, Absalom!*), den Sartoris (*Sartoris*, 1929; *Sartoris*, 1961 – *The Unvanquished*, 1938; *Die Unbesiegten*, 1954) oder den McCaslins (*Go Down, Moses*), die er mit »white trash«-Farmpächtern (den Bundrens in *As I Lay Dying*) und sozialen Aufsteigern (den Snopes' in *The Hamlet* – *The Town*, 1957; *Die Stadt*, 1958 – *The Mansion*, 1959; *Das Haus*, 1960) kontrastiert, thematisiert F. den Übergang der durch die Pflanzeraristokratie dominierten Südstaatengesellschaft in die industrielle Moderne. Diesen Übergang parallelisiert er häufig mit der schmerzhaften Initiation ins Erwachsenenalter von Sprösslingen auseinanderbrechender Aristokratenfamilien, die sich von der glorreichen Vergangenheit des *ante bellum*-Südens, welche sie durch verklärte Familienlegenden kennengelernt haben, zugleich angezogen und abgestoßen fühlen. Geprägt durch die hehren Werte und romantischen Moralvorstellungen des 19. Jahrhunderts und beeindruckt vom heroisch überhöhten Glanz ihrer Vorfahren, kommen sie nur schwer mit den Bedingungen des 20. Jahrhunderts und vor allem den regionalen Realitäten des »New South« zurecht. Quentin Compson etwa (*The Sound and the Fury* – *Absalom, Absalom!*) ist zwar als Intellektueller und Harvard-Student gedanklich beweglich und damit auch lernfähig, trägt aber eine tiefgehende unbewusste Prägung durch das rückwärtsgewandte moralische Erbe der *ante bellum*-Südstaatenkultur mit sich. Sein ausgeprägter Puritanismus und die zarte, feinsinnige Disposition des »Southern Gentleman« machen ihn für seine prosaische Lebenswelt untauglich, und er zerbricht an der Promiskuität seiner Schwester, dem Zynismus seines alkoholkranken Vaters und der kapitalistisch-pragmatischen Gefühllosigkeit von Bruder und Schwager.

Die Erkenntnis von F.s Helden, dass das Leben keine Komödie der moralischen Läuterung, sondern eine »blind tragedy of human events« ist, wird oft mit der epiphanischen Entdeckung der »wahren Natur« der Frau verknüpft, die trotz feiner Umgangsformen gerade nicht dem romantischen Ideal der »Southern Belle« entspricht, sondern unter ihrer mütterlichen und liebevollen Oberfläche dunklere, zerstörerische Züge trägt. Viele von F.s Protagonistinnen sind abgründige, »hungrige, grabschende Seelen«, wie F. sie in »Verse Old and Nascent« selbst nennt. Als erdgebundene, naiv-sinnliche Landpomeranzen (Lena Grove in *Light in August*; Dewey Dell in *As I Lay Dying*), hysterische, unmütterliche Hypochonderinnen (Mrs. Compson in *The Sound and the Fury*), dämonische, skrupellose Verführerinnen (Temple Drake in *Sanctuary*) oder einzelgängerische, nymphomanische Matronen (Joanna Burden in *Light in August*) verkörpern sie das destruktive, ordnungszersetzende Potential der Natur und führen – ohne böse Absicht, aber mit instinktiver »affinity for evil« – die Handlung zur Katastrophe. F. ist für seine weiblichen Figuren immer wieder heftig kritisiert worden – Leslie Fiedler etwa bezeichnete ihn als »village misogynist swapping yarns with the boys at the bar« und als verkappten Puritaner, der die billigsten Klischees seiner konservativ-frauenfeindlichen Heimat noch schrill übertreffe. Solche Kritik tendiert jedoch dazu, die Vieldeutigkeit von F.s Texten auf eine eindimensionale, weltanschaulich klar fassbare Autorintention zu reduzieren. Dabei wird gerade eines der Hauptmerkmale von F.s Romanwerk übersehen, nämlich das Bedeutungsschillern seiner multiperspektivischen Texte, welches allzu einheitliche Schlüsse über die in den Romanen vertretenen Welthaltungen immer wieder unterläuft. Durch die Bedeutungsoffenheit in F.s Texten werden festgefügte Wertehierarchien oder Klassifizierungen infragegestellt und konventionelle Denkschemata bezüglich Rassen-, Klassen- oder Geschlechter-Oppositionen aufgebrochen. Am deutlichsten zeigt sich dies in F.s Behandlung der Rassenproblematik des Südens in *Light in August*, in welchem die Diskursivität von ethnischen Kategorien demonstriert wird. F.s Modernität zeigt sich schließlich auch in seiner tiefgehenden Erkenntnisskepsis, die in seiner Auseinandersetzung mit Problemen der Historiographie in *Absalom, Absalom!* am stärksten zum Ausdruck kommt. Die Figuren dieses Romans scheinen in ihren eigenen Interessen und Welterklärungshoffnungen gefangen und verstricken sich in den Netzen ihrer Vergangenheit, ohne ein objektivierbares Bild der ›wahren‹ Geschichte zu erlangen.

F.s Umgang mit epistemologischen und ethischen Themen ist jedoch weder resignativ noch postmodern verspielt, sondern trägt die Signatur einer melancholisch-hoffnungsvollen Moderne, die der als unergründlich verstandenen Realität über hochkomplexe und vieldeutige Texte letztlich eben doch noch beizukommen versucht und die sich angesichts eines schmerzlich verspürten Sinnverlusts immer noch einen Rest metaphysischen Optimismus bewahrt, nämlich in der Überzeugung – wie F. in seiner Nobelpreisrede betonte –, dass der Mensch trotz seiner Animalität eine zum Guten tendierende Seele besitze, »a soul, a spirit capable of compassion and sacrifice and endurance«, und deshalb überlebensfähig sei.

Günter Leypoldt

## Federman, Raymond
Geb. 15. 5. 1928 in Paris

Raymond Federmans Schreiben kreist um eine obsessiv in den Text drängende Vorstellung der Leere. Löcher, Lücken, Abgründe, leere Räume, Schränke, vier ominöse Chiffren X-X-X-X, die offenkundig Absenz symbolisieren, sind nur einige der Bilder, die in den Texten ständig wiederkehren. Die Biographie des Autors vermag Auskunft über diese Bilddominanz zu geben. In Paris geboren, verliert F. 1942 seine Eltern und seine beiden Schwestern. Sie werden von den Nazis nach Auschwitz deportiert und dort ermordet. F. wird von seiner Mutter in einem Kleiderschrank versteckt, überlebt durch Zufall den Holocaust, taucht in Südfrankreich unter und emigriert 1947 in die USA, wo er sich zunächst als Gelegenheitsarbeiter und Jazzmusiker durchschlägt, um dann als Soldat im Koreakrieg seinen Lebensunterhalt zu verdienen. Später studiert er und wird schließlich mit einer Arbeit über Samuel Beckett (*Journey to Chaos*, 1965) promoviert, dem F. als Freund und Mentor bis zu dessen Tod verbunden bleiben sollte. Mit den Begriffen des Emigranten, des Wanderers und des Schriftstellers hat F. die Schritte seiner Entwicklung zu markieren versucht.

Schlüsseltext ist *The Voice in the Closet* (1979; *Die Stimme im Schrank*, 1989), dem zwei Romane vorausgegangen waren und drei weitere folgen sollten. Es handelt sich dabei um ein kühnes sprachliches Experiment, das auf dem autobiographischen Schrankerlebnis, das F. als ›Urverlust‹ bezeichnet hat, basiert. Dieses wird jedoch nicht linear nacherzählt, denn die Erinnerung an das traumatisierende Ereignis verbietet ein geordnetes Erzählen. Der Text setzt sich vielmehr aus einem polyphonen Gewirr von Stimmen zusammen, in dem sich kurze Rückblicke mit imaginativen Projektionen in die Leere des Raums verschränken. Um die narrative Unordnung wenigstens optisch einigermaßen in Ordnung zu halten, wird der Text in rigide Quadrate gezwängt, die die Enge des Schranks als Ort des Überlebens symbolisieren.

Weit weniger direkt kommt in den beiden vorausgehenden Romanen *Double or Nothing* (1971; *Alles oder Nichts*, 1986) und *Take It or Leave It* (1976; *Take It or Leave It. Eine übertriebene Geschichte aus zweiter Hand, im Stehen oder Sitzen laut zu lesen*, 1998) das Trauma der Vergangenheit zur Sprache. Sie umkreisen es eher spielerisch, erzählen mit vielen Abschweifungen, narrativen Verwicklungen und metafiktionalen Einschüben von der Emigration, vom Überleben in der Fremde, von einer Reise quer durch den nordamerikanischen Kontinent, die freilich nie ein Ziel erreicht. Die Chiffren X-X-X-X, die als zeichenhafte Entsprechung der vier ausgelöschten Familien-

mitglieder fungieren, drängen unablässig in den Text; assoziativ generiert ein Lexem immer wieder eine ganze Kette anderer, viel schrecklicherer Vorstellungen. Das Armeelager evoziert das Bild vom Vernichtungslager; »camp« produziert fast automatisch das Reimwort »lamp«, und die Lampenschirme werden zu Synonymen für die Verarbeitungsprozesse in den KZs. Die typographisch verrückten Zeichenfolgen, die vielen leeren Stellen im Text, die eher an Sinnzerstäubung als an Sinnfindung denken lassen, repräsentieren für F. eine weit angemessenere Darstellungsweise von etwas kaum Darstellbarem als die herkömmliche, chronologisch geordnete Form des Erzählens.

Mit den in den 1980er und 1990er Jahren erschienenen Romanen *The Twofold Vibration* (1982; *Die Nacht zum 21. Jahrhundert*, 1988), *To Whom It May Concern* (1990; *Betrifft: Sarahs Cousin*, 1991) und dem in französischer Sprache abgefassten *La fourrure de ma tante Rachel* (1996; *Der Pelz meiner Tante Rachel*, 1996) scheint F. sich – der allgemeinen Literaturentwicklung folgend – nach einer Phase der postmodernen Innovation in geordnetere Bahnen des Erzählens zurückzugeben. Die typographische *tour de force* der frühen Romane fehlt hier; auch werden die Erzählsequenzen länger, die Zusammenhänge deutlicher markiert. Unter der Textoberfläche geht jedoch die Auseinandersetzung konkurrierender Erzählinstanzen weiter, so dass eine endgültige Festschreibung von Sinn ausbleibt und immer nur vorläufige Bedeutungszusammenhänge entstehen, die im gleichen Atemzug schon wieder dementiert werden.

Ausnahmslos kreisen die Romane F.s um einige wenige autobiographische Fakten, die mit dem ›Urverlust‹ im Schrank zu tun haben, versuchen, diesen Verlust imaginativ in Gewinn umzuwandeln, und entwerfen das Erzähler-Ich bei jedem Versuch immer wieder neu. Der Ausfall der Erinnerungsträger (X-X-X-X) zwingt regelrecht dazu, die traditionelle Autobiographie in eine unabschließbare Autographie zu verwandeln, die das schreibende Ich sich fortwährend neu erschafft und so die Leere aufzufüllen versucht. Die Holocaust-

Thematik, verbunden mit einer darstellerischen Radikalität und narrativen Selbstreflexivität, hat F. in Europa (und ganz besonders in Deutschland) zu seiner literarischen Reputation verholfen.

*Joseph C. Schöpp*

## Fels, Ludwig
Geb. 27. 11. 1946 in Treuchtlingen/ Fränkische Alb

»Ich habe den Unterschied zwischen Ehrentribüne und Stehplatz bemerkt, darum gibt es auch nicht die geringste Möglichkeit, meine Gedichte mit ›Kunst‹ zu verwechseln.« Als F. 1973 seinen ersten Gedichtband *Anläufe* vorlegte, war er seit zehn Jahren Hilfsarbeiter, ein Underdog der Gesellschaft, der seinen Zorn, seine ohnmächtige Wut auf Unterdrückung und Ausbeutung herausschrie. Hier meldete sich ein echter Proletarier zu Wort, der Schreiben als Akt der Notwehr betrieb:»Ich will raus. / Zur Zeit / bau ich aus der Schreibmaschine eine Axt.« Der Hass auf alle Privilegierten, die Intellektuellen eingeschlossen, war keine Pose: eine authentische Stimme aus einer Gesellschaftsschicht, die sich ansonsten nicht zu artikulieren vermag. In der politisierten Atmosphäre jener Jahre fand sie Gehör, wobei F. stets darauf bedacht war, nicht eingemeindet zu werden: Gegen das Etikett ›Arbeiterdichter‹ wehrte er sich; aus dem»Werkkreis Literatur der Arbeitswelt«, einem von linken Organisationen getragenen Netzwerk, trat er nach kurzer Zeit wieder aus. Obwohl in seinen Gedichten und Prosatexten viele Themen und Haltungen anklingen, die dem Zeitgeist jener Jahre des Aufbruchs verpflichtet sind, verfiel F. nicht der damals grassierenden Revolutionsromantik. Politisch disziplinieren ließ sich dieser Autor nicht; seine radikale Subjektivität, die zwischen aggressiven Tiraden und totaler Verzweiflung schwankt, unterwarf er keiner selbstkritischen Kontrolle. F. glättete seine Widersprüche nicht, er scheute auch Klischees und Sentimentalitäten nicht. Er schrieb nicht für die Literaturkritik, konnte aber natürlich

nicht dem Dilemma entkommen, dass seine Gedichte sehr wohl mit Kunst verwechselt wurden: Der Gedichtband *Anläufe* erschien im Luchterhand-Verlag und wurde im Feuilleton besprochen.

F.’ erster Roman *Die Sünden der Armut* (1975), eigentlich eine Erzählung, ist eine bedrückende Studie über das Leben der sozial Deklassierten, denen jede Aufstiegschance verbaut ist. Über den Protagonisten Ernst Krauter heißt es:»Seine Herkunft war ein Startloch mit Fußangeln.« Die Perspektivlosigkeit des Romans – mehrere Ausbruchsversuche scheitern, das Ende ist offen – ist keineswegs gleichzusetzen mit Fatalismus: Sein zähes, trotz aller Demütigungen ungebrochenes Aufbegehren ist die einzige Kraft, auf die sich Krauter besinnen kann. Die Prügel, die er bezogen hat, haben ihn nicht auf den Boden geworfen: Der Wille zur Selbstbehauptung ist zu mächtig, als dass er sich resignierend mit dem Elend abfinden könnte. Der Roman verarbeitet autobiographische Erfahrungen, aber der Erzähler ist nicht identisch mit dem Protagonisten. Die literarische Konstruktion ist bewusst gestaltet, wird jedoch aus der erlebten Wirklichkeit gespeist:»Erlebnisrealismus«, diesen Begriff prägte Heinrich Vormweg für den Schreibansatz von F.

Georg Bleistein, Held des (auch verfilmten) Romans *Ein Unding der Liebe* (1981), ist eine verwandte Figur: Auch ihm wird eine Zukunft verweigert. Der uneheliche Sohn einer Alkoholikerin und Prostituierten ist ein unförmiges Zweizentner-Riesenbaby, der als Küchenhilfe arbeitet und vergeblich versucht, die Mutter aus ihrem Leben zu holen. Am Ende ist er auf der Flucht, ohne jedes Ziel. Auf einer Parkbank blickt er in den Himmel:»Die Erde war der fernste Stern.« Hinter aller Radikalität, mit der F. die Gesellschaft attackiert, verbirgt sich eine neue Romantik. Wie ein Blues, der wenig variierend einen Verlust beklagt, liest sich der Roman. Immer wieder fixiert F. die Seelenlage seines Helden. »Er hatte nichts zu verschenken, nichts zu gewinnen, er mußte versuchen, sich selbst kein Verlust zu sein.« In dem Fettkloß steckt ein verletzlicher und von der Umwelt drangsalierter Mensch, auf den alle einprügeln und der von sich weiß: »Ich bin gut in mir.« Ihm geht alles durch die Haut. Aus heißer Sehnsucht, die Kälte zu brechen, schwitzt er Eisträume aus: »Er wünschte sich eine mörderische Kälte in den Kopf. Eis statt Blut, Tränen hart wie Kiesel.« Empfindsamkeit und Neoromantik, in der deutschen Gegenwartsliteratur gewöhnlich den Intellektuellen, seltener den Angestellten und Mittelschichten zugestanden, sind bei F. im proletarischen Milieu beheimatet. Seiner Figur gesteht F. ein Bewusstsein und eine Sprachkompetenz zu, die von einem realistischen Schreibkonzept nicht mehr gedeckt ist. Eingestreute Gedichte und Prosaskizzen erweitern nicht immer den Romanhorizont, sondern erweisen sich manchmal als metaphernreiche Stimmungsmalerei. Die Kritik war beeindruckt von der Sprachgewalt des Autors, bemängelte aber zugleich, dass eine unkontrollierte Bilderflut die Wirkung des großangelegten Romans schwächt.

Der Roman *Rosen für Afrika* (1987) erzählt die Geschichte des Gelegenheitsarbeiters Paul Valla, dessen Lebenstraum »Afrika« heißt, was meint: Flucht aus dem Alltag, Fernweh, Urwald, ungezügelte Triebe, eine andere Gesellschaft, ein anderes Leben. Afrika ist überall, es kann »unter dem Wasser und über allen Wolken liegen«, entscheidend ist nur: Die Menschen, vor allem Valla selbst, sind dort anders. Nicht die Story beeindruckt, sondern die Sprache, mit der F. Gefühle in Bilder fasst. Der harte Schlagabtausch zwischen dem Protagonisten und seinem Freund Zuzzi, einem ungleichen Paar, drängt zum Dialog, die Stimmungen zu einer stark lyrisch grundierten Prosa. Vallas wüste Vitalität kann auf dieser Erde keine Erfüllung finden, doch in seinen Wachträumen und Aufbruchsphantasien formuliert sich eine Utopie jenseits politisch-sozialer Programme. F. schont seine Figuren nicht, denn er liebt sie.

Aus dem Hilfsarbeiter F. wurde in den 1980er Jahren ein produktiver Schriftsteller, der mit zahlreichen Literaturpreisen und Stipendien ausgezeichnet wurde. Die selbstkritische Reflexion seiner Arbeit stürzte ihn, der nicht nur am Schreibtisch »pathetisch randalieren« wollte, immer wieder in Identitätszweifel. Das Konzept ›Erlebnisrealismus‹ führte zu einer rücksichtslosen Ausdeutung der eigenen Person und ihrer Biographie; die Schriftsteller-Rolle wollte dieser Autor nicht akzeptieren. »Ich will leben«, heißt es in »Morgengebet«, einem Text aus dem Prosaband *Betonmärchen* (1983). »Papier ist so ziemlich das dümmste Leichentuch, das man sich überwerfen kann.« Neben Lyrik und Prosa schrieb er Hörspiele und Theatertexte, deren Bühnenmetaphorik und expressionistisches Pathos weit über den Realismus hinausdrängen. Nach der Uraufführung wurden die Stücke – erwähnenswert vor allem *Lämmermann* (1983) und *Der Affenmörder* (1985) – nur zögernd von den Bühnen nachgespielt; ein wirklicher Durchbruch blieb dem Dramatiker F. versagt. Das deklamatorische Pathos wich einer meditativen Haltung in *Der Himmel war eine große Gegenwart* (1990). Das Buch handelt vom Sterben seiner Mutter: Eine »nachgetragene Liebe« bricht sich in widersprüchlichen Empfindungen Bahn – Schuldgefühle, zärtliche und obszöne Passagen, wütende Ausbrüche und unprätentiös beschriebene Erinnerungen.

F. hat wie kein anderer Autor seiner Generation Schmerz und Ekel, Zorn und Verzweiflung artikuliert. In den 1990er Jahren schrieb er seine Literatur, die ihm eigene Mixtur aus überbordender Sentimentalität und brutaler Pornographie, fort. Den Roman *Bleeding Heart* (1993) empfanden viele Kritiker als reine Tortur: eine ebenso verstörende wie anstößige Sprachorgie von sexueller Gewalt, Verzweiflung und Leidensdruck, die ins Delirium mündet. Die nachfolgenden Romane *Mister Joe* (1997) und *Krums Versuchung* (2003) fanden kaum noch Beachtung.

*Michael Töteberg*

## Ferdousi (Firdausi, Firdowsi)

Geb. zwischen 932 und 940 in Tus, Chorassan/Iran; gest. zwischen 1020 und 1026 in Tus, Chorassan/Iran

Abo'l Qāsem Manṣur (?), der Verfasser des iranischen Nationalepos, genannt Ferdousi

(Der Paradiesische) gehörte der Schicht der Dehqāne an, der kleinen Grundherren, die, sich der vorislamischen Vergangenheit Irans bewusst, die nationalen Traditionen voller Stolz pflegten. Sein Landbesitz sicherte ihm eine bescheidene Lebensgrundlage, die jedoch weder Zuwendungen großer Fürsten überflüssig machte noch ihn daran hinderte, über Armut zu klagen.

Sein Hauptwerk, das Šāhnāme (Königsbuch), begann er zu schreiben, als er Mitte dreißig war, und er arbeitete etwa 35 Jahre bis zum 25. Februar 1010 daran, wie er selbst festhielt. Begonnen hatte er es zur Zeit der Samaniden (819–999), der ersten nationalen iranischen Dynastie nach der Islamisierung, der die Verherrlichung der iranischen Vergangenheit am Herzen lag. Sie entsprach ebenfalls dem Geschmack des Landadels, dessen Loyalität sich der turksprachige neue Herrscher Chorassans Maḥmud von Ghazna nach der Niederlage der Samaniden versichern wollte; so ließ er den Dichter zunächst weiterarbeiten und machte ihm Hoffnungen auf eine entsprechende Belohnung. Als das Werk vollendet war, hatten sich die politischen Verhältnisse gewandelt. Eine nationale iranische Dichtung mit antiarabischen und antitürkischen Untertönen war an einem Hof, der die Annäherung an die arabischen, sunnitischen Kalifen von Bagdad suchte und die persische Kanzleisprache gerade durch das Arabische ersetzt hatte, nicht länger erwünscht.

So fiel die von F. erhoffte Belohnung trotz der in das Werk eingearbeiteten Lobgesänge auf Maḥmud weitaus bescheidener aus, als er erwartet hatte. Dies erklärt die Entstehung der Legende, er sei vom Herrscher mit einem Lohn von nur 20.000 Silberdirhem statt des erhofften Goldes abgespeist worden und habe diese unter einem Bierverkäufer, einem Badediener und dem Boten des Monarchen aufgeteilt. Mit einem Schmähgedicht habe er sich gerächt und daraufhin vor dem Zorn des Herrschers fliehen müssen. Erst in hohem Alter habe er in seine Heimat zurückkehren können. Zu spät habe der Fürst seinen Geiz bereut und ihm eine angemessene Belohnung geschickt; als diese in die Stadt gebracht worden

sei, sei der Leichnam des Dichters gerade durch ein anderes Stadttor hinausgetragen worden. Heinrich Heine behandelt dieses Thema in seinem Zyklus Der Dichter Firdusi im Romanzero (1851). Der Konflikt mag durch die Tatsache verschärft worden sein, dass der Herrscher ein strenger Sunnit war, während der Dichter der schiitischen Glaubensrichtung anhing, weswegen ihm auch ein Begräbnis auf dem Friedhof der Stadt verweigert wurde und er auf seinem eigenen Anwesen außerhalb der Gemeinde bestattet werden musste.

Im Gegensatz zu diesem persönlichen Misserfolg war das Šāhnāme außerordentlich erfolgreich. Nicht nur von seinesgleichen wurde es geschätzt, sondern vom gesamten Volk der iranisch-afghanisch-tadschikischen Kulturgemeinschaft, ja darüber hinaus auch in den angrenzenden Ländern des indischen Subkontinents, in Russland und in der Türkei. Zahlreiche Geschichtenerzähler lernten es auswendig und trugen es jahrhundertelang auf den Basaren und in den Kaffeehäusern des Orients vor. Noch der Träger des Friedenspreises des deutschen Buchhandels 2005, Orhan Pamuk, greift in seinem Roman Kar (2002; Schnee, 2005) ein Thema aus dem Epos auf. So nimmt es nicht wunder, dass dieses Werk alle anderen Dichtungen seiner Zeit mit ähnlichem Stoff verdrängt hat. Fast als einziges hat es die Vernichtung des Mongolensturms überlebt.

Es umfasst zwischen 50 000 und 60 000 jeweils aus vier Brachien bestehenden, Motaqāreb genannten Versen mit Endreimen. Die Form wird vom Verfasser so streng durchgehalten, dass Verstöße dagegen der kritischen philologischen Forschung als Unechtheitskriterium gelten. Der genaue Umfang des Werks lässt sich nicht bestimmen, denn die einzelnen überlieferten Handschriften weichen stark voneinander ab. Iranische Kopisten nahmen oft Auslassungen vor oder fügten Verse anderer Dichter hinzu.

Das Werk behandelt in drei deutlich voneinander unterscheidbaren Teilen die Geschichte Irans von den mythischen Anfängen der Menschheit bis zur arabischen Eroberung. Es beruht auf mündlich tradierten Heldensagen, der Überlieferung zoroastrischer Priester und einer Königschronik aus der Zeit der Sassaniden (247 v. Chr.–226 n. Chr.). F. lagen wohl neupersische Übertragungen mittelpersischer Texte in Prosa sowie andere Versuche vor, den Stoff dichterisch zu gestalten. Aus einem davon, dem Epos des Daqiqi (gest. zwischen 976 und 981), hat er etwa tausend Verse in sein Werk übernommen. Gerade am Kontrast zu diesen wird seine einzigartige dichterische Begabung deutlich.

*Kurt Scharf*

## Fernández de Lizardi, José Joaquín

Geb. 15. 11. 1776 in Mexiko-Stadt;
gest. 21. 6. 1827 in Mexiko-Stadt

Der Mexikaner José Joaquín Fernández de Lizardi gilt als einer der herausragenden Autoren der lateinamerikanischen Unabhängigkeitsbewegung und als Verfasser des ersten genuin hispanoamerikanischen Romans. Der Sohn eines Arztes machte sich zunächst als Journalist einen Namen. Nach dem Beginn der ersten Unabhängigkeitsbestrebungen unter Miguel Hidalgo (1811) gründete F.d.L. 1812 die Zeitschrift *El Pensador Mexicano* (1812–14), deren Titel ihm von da an auch als Pseudonym diente. In einer Vielzahl von Publikationen unterstützte der »mexikanische Denker« die Idee der Unabhängigkeit; mehrfach musste er wegen seiner regimekritischen Artikel ins Gefängnis. Unter dem Eindruck zunehmender Repression wandte er sich der Literatur zu; bezeichnenderweise schrieb er seine drei Romane unter der Zensur. Nach der Erlangung der Unabhängigkeit Mexikos 1824 leitete F.d.L. die regierungsamtliche Zeitung *La Gaceta del Gobierno* (Regierungsbulletin) und gründete 1826, kurz vor seinem Tod, mittlerweile völlig verarmt, den *Correo Semanario* (Wochenmagazin).

In die Literaturgeschichte ging F.d.L. vor allem mit seinem Roman *El Periquillo Sarniento* (1819–31) ein, der sich, in der Tradition eines Pikaromans (Schelmenroman) ge-

schrieben, kritisch mit den Verhältnissen der Kolonialzeit auseinandersetzt und ein Sittengemälde der mexikanischen Gesellschaft am Vorabend der Unabhängigkeit entwirft. Bereits der Titel verweist in ironischer Weise als eine Art ›sprechender Name‹ auf das Wesen des quijotesken Protagonisten Pedro Sarmiento: So wird aus dem Namen Pedro *Periquillo*, ein alles nachplappernder Papagei, während Sar*niento* »räudig« konnotiert und auf die spätere Marginalisierung des Helden hindeutet. Der ›räudige Papagei‹ erweist sich als Mensch ohne Eigenschaften, der sich in der Gesellschaft treiben lässt und keinerlei moralische Prinzipien entwickelt. Pedro bricht sein Theologiestudium ab, verschwendet das väterliche Erbe, wird zum Dieb, landet im Gefängnis, versucht sich in verschiedenen Berufen, nimmt schließlich an einer Reise nach Manila teil, während der er nach einem Schiffbruch auf einer Insel landet. Die Begegnung mit den Inselbewohnern nutzt der Autor im Stil des aufklärerischen Diskurses zu einer kritischen Reflexion über die unterschiedlichen Gesellschaftssysteme und zum Entwurf einer politischen Utopie. Als der nach Mexiko zurückgekehrte Pikaro schließlich Zeuge der Hinrichtung eines Freundes wird, schwört er seinem liederlichen Lebenswandel ab. Geläutert führt er, nun als Don Pedro Sar*miento*, ehrbares Leben, an dessen Ende er seine Erinnerung zur Ermahnung seiner Kinder niederschreibt.

Auch mit den folgenden Romanen *La Quijota y su prima* (1819/20; Die Quijota und ihre Cousine) und *Vida y hechos del famoso caballero Don Catrín de la Fachenda* (um 1820, erschienen postum 1832; Leben und Taten des berühmten Ritters Don Catrín de la Fachenda) knüpft F.d.L. an das Pikaro-Schema an. In dem deutlich von Jean-Jacques Rousseaus *Émile* inspirierten Roman über die *Quijota* greift F.d.L. das Thema der Erziehung, das er bereits im *Periquillo* als ursächlich für den Werdegang des Pikaro entwickelt hat, auf und führt es am Beispiel zweier Cousinen aus. *Don Catrín de la Fachenda* schildert den Lebensweg eines ungeläuterten Taugenichts. Wie Periquillo verkörpert auch Don Catrín (»Don Angeber«)

einen durch die kolonialen Verhältnisse zum Müßiggang verführten Kreolen. Im Unterschied zum *Periquillo* ist dieser letzte Roman straffer komponiert, da F.d.L. darin weitgehend auf moralisierende Einschübe verzichtet.

F.d.L.s Œuvre umfasst darüber hinaus neben einer Vielzahl an journalistischen Arbeiten auch Gedichte sowie einige Theaterstücke, die aber zu seinen Lebzeiten nie gespielt wurden. Mit *Noches tristes* (1818; Traurige Nächte) verfasste er zudem einen Prosatext in Dialogform, der stark an die *Noches lúgubres* (1778–90; Schaurige Nächte) von José Cadalso angelehnt ist.

*Monika Wehrheim*

## Ferré, Rosario
Geb. 28. 9. 1942 in Ponce/Puerto Rico

Rosario Ferré stammt aus einer angesehenen ehemaligen Großgrundbesitzer- und Politikerfamilie, einer der mächtigsten der Karibikinsel: Ihr Vater war Gouverneur von Puerto Rico, ihr Großvater, ein Franzose, war mit Ferdinand Lesseps nach Amerika gekommen und, als dessen Panama-Kanal-Projekt scheiterte, dort geblieben. Aufgrund dieser ›Vorbelastung‹ schien Rosario für das Dasein einer eleganten Dame der High Society bestimmt: In einer katholischen Klosterschule erzogen, heiratete sie mit 19 und schenkte drei Kindern das Leben; daneben beendete sie ihre Studien der englischen, französischen und spanischsprachigen Literatur, die sie am Wellesley College in Boston begonnen hatte, an der Universidad de Puerto Rico. Doch schon früh gab sie diese Sicherheiten zugunsten einer literarischen Karriere auf: Nach dem Tod ihrer Mutter, von der sie genug geerbt hatte, um sich selbständig zu machen, fing sie an zu schreiben. Im selben Jahr ließ sie sich nach zehnjähriger Ehe scheiden und brach endgültig mit ihrer bürgerlichen Umgebung. Seitdem gilt sie als enfant terrible der puertorikanischen Literatur, insbesondere weil sie sich weit auf ›schlüpfriges‹ Terrain vorgewagt und mit ihrer

bewusst obszönen Schreibweise, vor allem im frühen Werk der 1970er Jahre, den verlogenen Moralkodex des Establishments herausgefordert und entmystifiziert hat. Dazu meint die Autorin selbst: »Meine Absicht war es gewesen, diese Waffe der sexuell erniedrigenden und peinlichen Beleidigung, die man Jahrhunderte lang gegen uns Frauen geschwungen hatte, gegen die Gesellschaft zu kehren, gegen ihre längst überholten, unannehmbaren Vorurteile. War die Obszönität traditionellerweise verwendet worden, um die Frau zu degradieren und zu erniedrigen, so sagte ich mir, müßte sie doppelt wirksam sein, um sie zu erlösen.«

Für F. stellt der Feminismus, laut eigener Aussage, die »wichtigste Revolution des 20. Jahrhunderts« dar, »Ausgangspunkt zur Befreiung des Menschen ganz allgemein«, wobei sie speziell Erotik als Mittel zur Befreiung ansieht. So zeichnet sich auch ihr literarisches Werk durch die bewusste karikatureske Wiederaufnahme etablierter Diskurse aus, das Neu- und Umschreiben von in Märchen, Filmen etc. enthaltenen Mythen des Weiblichen; prototypisch dafür ihre Erzählung »La Bella Durmiente« (»Dornröschen«) in *Papeles de Pandora* (1976; Pandoras Rollen). Gleichzeitig versucht sie – immer vor dem Hintergrund des historischen puertorikanischen Kontextes, des Übergangs von der Feudalgesellschaft der Zuckerinsel zur Transkulturierung durch ökonomische und politische Zugehörigkeit zu den USA – die geschlechtliche Natur gesellschaftlicher Umgangsformen bloßzulegen, etwa in der Erzählung »Cuando las mujeres quieren a los hombres« (1976; »Wenn die Frauen die Männer lieben«, 1991). Sie basiert auf einer historischen Gestalt, der Prostituierten Isabel Luberza, die mit ihrem Gewerbe einen enormen Reichtum angehäuft hatte und zur Entstehungszeit der Erzählung gerade ermordet worden war. F. spaltet sie in zwei Persönlichkeiten auf, die elegante Dame und die schwarze Hure, die im Verlauf des Textes jedoch miteinander verschmelzen. Den theoretischen Hintergrund ihres Schreibens entfaltet die Autorin in den feministischen Essays von *Sitio a Eros* (1980; Auf Eros' Spuren), in denen sie historische Gestalten wie Mary Shelley, George Sand, Flora Tristán, Jean Rhys, Anaïs Nin, Tina Modotti, Alexandra Kollontai, Sylvia Plath, Virginia Woolf u.a als exemplarische weibliche Lebensmodelle darstellt, sowie in *El árbol y sus sombras* (1989; Der Baum und seine Schatten; über Sor Juana, Elena Poniatowska, Clara Lair, Julia de Burgos, Roland Barthes, Benito Pérez Galdós, César Vallejo und José Lezama Lima). In ihren späteren Werken wendet sie sich einerseits wieder Fabeln und Legenden ihrer Heimat Puerto Rico zu (*Sonatinas*, 1989; Sonatinen, teilweise in: *Das halbe Hühnchen auf dem Weg zum Palast*, 1990), andererseits schildert sie in *Maldito amor* (1985; *Kristallzucker*, 1992) die untergegangene Welt der Zuckerbarone auf Puerto Rico mit ihren Konflikten. Die Gedichte von *Fábulas de la garza desangrada* (1982; Fabeln des verbluteten Reihers) hingegen setzen sich in eher intellektueller Diktion mit ikonenhaften Frauengestalten der abendländischen Mythologie auseinander (Antigone, Ariadne, Francesca, Laura, Desdemona, Herodias, Magdalena etc.). Mit *Batalla de las Vírgenes* (1995; Schlacht der Jungfrauen) betritt F. schließlich das Neuland der religiösen Satire. Sie gründete und leitete zwischen 1972 und 1976 die Avantgardezeitschrift *Zona de carga y descarga*. Für ihr Werk hat sie verschiedene renommierte Literaturpreise sowie die Ehrendoktorwürde der Brown University erhalten.

*Erna Pfeiffer*

### Ferreira, António

Geb. 1528 in Lissabon;
gest. 1569 in Lissabon

Der portugiesische Renaissancedichter und Dramaturg António Ferreira studierte in Coimbra sowohl an der Universität als auch am Colégio das Artes, wo neben anderen der große Humanist Diogo de Teive und der Schotte George Buchanan seine Lehrer waren. 1556, ein Jahr nach Erlangen des Bakkalaureats in kanonischem Recht und der Doktorwürde der Universität, kehrte F. nach Lissabon

zurück. In der portugiesischen Hauptstadt lernte er im Kreis der Humanisten auch sein Vorbild Francisco de Sá de Miranda kennen. Nach vorübergehender Lehrtätigkeit und seiner Ernennung 1567 zum Mitglied des obersten Gerichtshofes des Landes verstarb F. im Alter von 49 Jahren an der Pest.

F. war ein glühender Verfechter der portugiesischen Sache. So schrieb er, für einen Dichter seiner Zeit durchaus ungewöhnlich, ausschließlich in Portugiesisch und widmete sich neben allgemein humanistischem Gedankengut auch verstärkt nationalen Stoffen und Themen. F.s erstes und einziges zu Lebzeiten veröffentlichtes Werk ist die 1552 in Prosa verfasste *Comédia do Fanchono ou de Bristo* (1562; *Bristo*, 1782). Mit *Comédia do Cioso* (1622; Komödie des Eifersüchtigen) folgte ein weiteres Stück desselben Genres. F.s Dichtung wurde von seinem Sohn Miguel Leite Faria postum unter dem Titel *Poemas Lusitanos* (1598; Lusitanische Gedichte) veröffentlicht. Der auf lateinischen und italienischen Modellen basierende Band enthält Sonette – die beeindruckendsten thematisieren den Tod seiner ersten Frau – sowie Oden, Epigramme, Epitaphe, Episteln, Eklogen und Elegien. In den Sonetten folgt F. in Motiven und Stil – nicht aber im Reimschema – weitgehend dem Vorbild Petrarcas, während in den Eklogen der Einfluss Vergils und in den Oden, Elegien und Episteln der Einfluss von Horaz sichtbar ist. Speziell die Oden und die an verschiedene hochgestellte Persönlichkeiten gerichteten Episteln sind von besonderer Bedeutung. In ihnen kommen F.s ethische Überzeugungen und seine humanistische Weltanschauung zum Ausdruck. Der Autor vertritt den Vorrang der menschlichen Vernunft vor der »rohen Kraft«, der *vita contemplativa* vor der *vita activa*, und bedeutet selbst dem König, dass seine Macht endlich ist.

Neben der Dichtung enthält *Poemas Lusitanos* auch die um 1558 geschriebene und in Coimbra zur Aufführung gebrachte Tragödie *Castro* (*A Castro*, 1988). Eine frühere Version des Dramas, deren einzig bekanntes Exemplar sich in der British Library befindet, wurde 1587 anonym von Manuel de Lira veröffentlicht. *Castro* ist die erste Bühnenfassung eines in der Folgezeit in der portugiesischen Literaturgeschichte immer wieder aufgenommenen Stoffes. Erzählt wird die unglückselige Geschichte von Inês de Castro, der Geliebten Peters I. von Portugal. F. folgt in seinem Stück, das in Aufbau und Technik weitgehend an die Stilmittel des humanistischen Schultheaters anschließt und auch zumeist die aristotelischen Regeln der Einheit von Handlung, Zeit und Ort wahrt, im großen und ganzen dem in den Chroniken des Fernão Lopes bzw. in *Trovas à Morte de D. Inês de Castro* von Garcia de Resende vorgegebenen Handlungsrahmen. Allein durch die Einführung des ernsten Dramas in Portugal sowie die Aufnahme eines nationalgeschichtlichen Stoffes statt der Bearbeitung von klassischen Vorbildern gebührt F. jedoch ein besonderer Platz in der portugiesischen Literaturgeschichte.

*Markus Lasch*

## Feuchtwanger, Lion

Geb. 7. 7. 1884 in München;
gest. 21. 12. 1958 in Los Angeles, Kalifornien

»Der Schriftsteller L. F. konnte in der Stunde bis zu 7 Seiten Schreibmaschine schreiben, bis zu 30 Zeilen schriftstellern und bis zu 4 Zeilen dichten. Während der Stunde Dichtens nahm er um 325 Gramm ab.« Dieser selbstironische Blick auf die eigene Produktionsweise als Arbeit statt als »geniales Schaffen« kennzeichnet die sachliche, aus dem Geist des bürgerlichen Humanismus stammende, aufklärerische Haltung, die das Gesamtwerk F.s durchzieht. Zu einem der auflagenstärksten deutschsprachigen Schriftsteller überhaupt konnte er freilich nur werden, weil es ihm gelang, sachliche Seriosität mit äußerer Spannung, historische Gehalte mit bunter, gelegentlich bewusst Kolportageelemente nutzender Erzählweise zu verschmelzen. Nach einer germanistischen Doktorarbeit über Heinrich Heine löste F. sich vom jüdisch-großbürgerlichen Elternhaus und begann seine literarische Karriere in der Münchner Bohème der Jahrhundertwende. Doch l'art pour l'art und ästhetische Antibürgerlichkeit der frühen Arbeiten (*Kleine Dramen*, 2 Bde, 1905/06, und der Roman *Der tönerne Gott*, 1911) zerbrachen am Schock des Ersten Weltkriegs, an dem F., schwächlich, kurzsichtig und stets kränkelnd, aktiv nicht teilnehmen musste. Unter dem Eindruck der Münchner Räterepublik und deren blutiger Niederschlagung fand er im Konflikt zwischen Geist und Macht, Aufklärung und Barbarei, Betrachten und Handeln sein neben der Judenproblematik wichtigstes Thema. 1919 machte er die Bekanntschaft Bertolt Brechts und wurde dessen großer Förderer. Zwischen den ungleichen Autoren entwickelte sich eine lebenslange, ebenso streit- wie fruchtbare Zusammenarbeit, der mehrere gemeinsame Stücke entsprangen. Während F. wichtige Anstöße zu Bertolt Brechts »Epischem Theater« gab, drängte Brecht seinerseits den zur Kontemplation neigenden Freund zu einer Politisierung seiner Werke, zum gesellschaftskritischen Realismus.

Als 1925, F. war inzwischen aus dem antisemitisch gestimmten München in die liberale Atmosphäre der Metropole Berlin ausgewichen, sein Roman *Jud Süß* erschien, der drei Jahre lang keinen Verleger gefunden hatte, wurde aus dem bekannten, aber kaum berühmten Dramatiker und Kritiker F. über Nacht ein internationaler Bestsellerautor. Der ökonomische Erfolg, der ihm manch spöttisch-neidischen Seitenblick weniger erfolgreicher Kollegen eintrug, blieb ihm treu und F. war auf entwaffnende Weise stolz auf diesen Erfolg. Besonders im angelsächsischen Sprachraum, wo Unterhaltsamkeit nicht als literarisches Defizit gilt (als Lob für einen neuen Roman galt dort lange die Floskel: »It's nearly like Feuchtwanger«), und in der UdSSR, deren Realismuskonzept F. entgegenkam, erzielte er Rekordauflagen. »Der kleine Meister«, wie ihn Thomas Mann nannte, wurde zum großen Meister des historischen Romans. Er belebte das heruntergekommene Genre neu, indem er mit stupendem historischen Wissen, exakten Recherchen und großer Kompositionskraft

Erfahrungen und Probleme seiner Gegenwart im Gewand unterschiedlicher Epochen reflektierte. Selbst sein bedeutender zeitgeschichtlicher Roman *Erfolg* (1930), nach dessen Erscheinen F. zum Nobelpreis vorgeschlagen wurde, fingierte die Distanz eines historischen Romans. Die scharfe Analyse des aufkommenden Nationalsozialismus sowie die satirische Demaskierung Hitlers und seiner Helfer trugen mit dazu bei, dass F. bei der Machtübernahme der Nationalsozialisten schleunigst emigrieren musste. Er ließ sich im südfranzösischen Sanary nieder, verfasste Romane, welche die Weltöffentlichkeit auf die Vorgänge in Deutschland hinwiesen (*Die Geschwister Oppermann*, 1933; *Der falsche Nero*, 1936; *Exil*, 1939), bemühte sich aktiv um das Zustandekommen der antifaschistischen Volksfront (1936, unter Léon Blum) und bereiste 1937/38 die UdSSR. Seine Annäherung an den Sozialismus, ein historischer Kompromiss des linksliberalen Bürgertums zur Abwehr des Faschismus, provozierte in konservativen Kreisen das Bild F.s als Stalinist: ein törichtes Etikett, das nach 1945 dafür verantwortlich war, dass er in der Bundesrepublik lange verdrängt und vergessen blieb, während die DDR ihn von Anfang an als Wegbereiter einer sozialistischen Literatur feierte und pflegte.

1940 wurde F. von der Vichy-Regierung interniert; in letzter Sekunde bewahrte ihn eine abenteuerliche Flucht in die USA vor der Auslieferung an die Gestapo. Sein auf diesem Hintergrund verfasster Erlebnisbericht *Der Teufel in Frankreich* (1942) zeigt einen vernunftgläubigen Stoiker, der selbst in scheinbar ausweglosen Situationen nie seine freundliche Gelassenheit verliert. In den USA kaufte er sich, auflagen- und tantiemenstark wie kaum ein Exilautor, bekannt jedoch auch für seine finanzielle Hilfsbereitschaft, eine Villa in Pacific Palisades. Dort entstanden, nach Vollendung der *Josephus*-Trilogie (1951), in der die jüdische Problematik voll entfaltet wurde, die großen Altersromane: Die sogenannte Revolutions-Trilogie, aus der besonders der *Goya*-Roman (1951) herausragt, sowie *Die Jüdin von Toledo* (1955) und *Jefta und seine Tochter* (1957). Im Roman *Die Füchse im Weinberg*

(1950) lässt F. Benjamin Franklin Sätze sagen, die recht unmittelbar als F.s eigene Utopie gelten können. Die Utopie eines Mannes, den Unvernunft und Ungerechtigkeit von München nach Berlin, von Berlin nach Frankreich und von Frankreich in die USA gejagt hatten (deren Staatsbürgerschaft er bezeichnenderweise wegen des Verdachts »unamerikanischer Umtriebe« nie erhielt): »Ich träume von einer Zeit, da nicht nur die Liebe zur Freiheit, sondern auch ein tiefes Gefühl für die Menschenrechte in allen Nationen der Erde lebt. Ich träume von einem Zeitalter, da Leute wie wir, wohin immer auf dem Planeten wir unsere Schritte lenken mögen, sagen dürfen: Hier bin ich zu Hause.«

Werkausgabe: Gesammelte Werke in Einzelausgaben. 16 Bde. Berlin/Weimar 1955–1989.

*Klaus Modick/Red.*

### Fichte, Hubert
Geb. 21. 3. 1935 in Perleberg/Westpriegnitz; gest. 8. 3. 1986 in Hamburg

Hat er je darüber gesprochen oder geschrieben, den Wörtern verfallen, Namen nachhorchend? Für den *einen* Fichte unserer Geistesgeschichte, den Philosophen Johann Gottlieb Fichte, war das Ich absolut, nicht nur Bewusstsein von sich selbst, sondern auch Tat, denn es setzte erst sich und dann die Welt (das Nicht-Ich); für *den anderen*, den 1935 in Perleberg geborenen, in Hamburg und Oberbayern aufgewachsenen Schriftsteller F. war das Ich das Nicht-Ich, nämlich »das Donnerwort, das Zentnerwort, das Echowort: die Lüge«. Die mitteleuropäische, die eurozentrische Identitäts-Lüge. Identität erschien F. etwas höchst Fragliches, etwas Unfestes, Wandelbares, ein Schichtengemisch, in dem Archaisches und Gegenwärtiges synkretistisch sich überlagerte wie in den afro-amerikanischen religiösen Kulten der Karibik und Südamerikas. Identität, als Welt-Vertrauen, war ihm eine überall zu erforschende Sehnsucht, kein Zustand; das Ich, sagte Arthur Rimbaud – ein Unruhe-Poet wie F. – ist ein Anderer.

Uneheliches Kind einer Souffleuse, die sich als Schauspielerin träumte, in der Nazi-Nomenklatur »Halbjude«, nach der Bombardierung Hamburgs als Protestant in bayrisch-katholischer Umgebung, einem Waisenhaus, aufgewachsen, Homosexueller: Das sind existentielle Erfahrungen der Ausgeschlossenheit, der Fremde, der Bedrohung, der Nicht-Identität mit den Anderen (der »Mehrheit«, der »Normalität«), welche F. früh geprägt haben; sein ganzes vielgestaltiges, offenes, ausgreifendes Œuvre hält daran fest, lässt sich davon bewegen und erregen. Eine vergleichbar intensive, sich selber reflektierende Sensibilität, eine ähnliche Zärtlichkeit für das Fremde und im Umgang mit ihm findet sich in der ganzen deutschen Gegenwartsliteratur nicht.

Seit er in die Welt kam, war F. in ihr nicht heimisch: deshalb hat er sie bereist, durchforscht, erfahren. Physische und psychische Erfahrung, durch die Eindrücke im Selbst gefiltert, gebrochen und analytisch zerlegt, ohne Sentimentalität, aber mit aller Empfindlich- und genauester Empfindungsfähigkeit: das macht F.s Romane, ethnopoetische Studien, seine Interviews und Essays zu einzigartigen Zeugnissen einer sowohl autobiographischen als auch ins Universale ausfahrenden Poesie und Sprachkunst, Wort-Imagination und Beschwörung des Fremden (weit ab oder ganz nahe).

Denn ob der Kinderschauspieler, der Landwirt in Schweden und der Schäfer in der Provence, der Stipendiat der Villa Massimo oder der Reporter und Reisende in Afrika, der Karibik, in Nord- und Südamerika sich in die Wirklichkeit einfädelte, ob unter die Gammler, Ausgeflippten des St.-Pauli-Lokals »Palette« oder unter die Teilnehmer eines Voodoo-Kults in Haiti: F.s Wahrnehmung war von der stets gleichen Vorurteilslosigkeit, Sensibilität und Genauigkeit. Im Fremden war er heimisch.

Kindheit und Jugend, aus der Perspektive von Kindern und Halbwüchsigen gesehen: das hat er in seinen Debüt-Erzählungen *Der Aufbruch nach Turku* (1963) und dem ersten Roman *Das Waisenhaus* (1965) vorgelegt; gerade das *Waisenhaus* gehört zu den ungewöhn-lichsten Büchern der deutschen Nachkriegsliteratur. *Detlevs Imitationen ›Grünspan‹* (1971), zuvor das Porträt der Hamburger Szenenkneipe *Palette* und ihres Stammpersonals (1970) und danach die *Interviews aus dem Palais d'Amour* (1972) – später zum Interview-Roman *Wolli Indienfahrer* umgearbeitet – und abgeschlossen im *Versuch über die Pubertät* (1974): In diesen Arbeiten schießt F.s Hamburger Ethnopoesie, gewonnen an den Rändern der Gesellschaft, in der Subkultur und in tabuisierten Sprach- und erotischen Erlebniswelten zu einer Tetralogie zusammen, welche das autobiographische Ich, seine Ängste und Sehnsüchte, seine Neugier und seine Analytik zum Prisma macht, die intimsten und die allgemeinsten Erfahrungen zu zerlegen.

Schon der *Versuch über die Pubertät* verlässt die Hamburger Welt, indem F. seine Erfahrungen mit religiösen Riten und Festen in Bahia und auf Haiti mit den Riten der Pubertät in Mitteleuropa verspiegelt. Seine zusammen mit der Fotografin Leonore Mau unternommenen Reisen zu den Orten ekstatischer Lebens- und Todeserfahrungen, in der Karibik und Lateinamerika, führten zu großangelegten Studien (*Xango*, 1976; *Petersilie*, 1981 und *Lazarus und die Waschmaschine*, 1985), in denen Protokolle in Litaneien, Stenogramme in Gedichte transzendieren. Eine »Ethnopoesie« des Fremden legte da F. vor, die Erkenntnisse, Erfahrungen, Beobachtung und Beschreibung jedoch nicht an die eigene Metapher, das mitgebrachte Bild verrät. »Wäre nicht eine andere Welterfahrung denkbar? Nicht Touropa, Spartakus Guide und Marcel Mauss – die Magazinierungen von Erlebnissen, das Präparieren von Erfahrungstrophäen – sondern Warten, in der Mitte einer Welt und ihres Geschehens, bis das Fremde auf einen zukommt und sich erschließt?«

Das große Projekt seiner letzten Jahre, eine auf 17 Bände geplante *Geschichte der Empfindlichkeit* (inzwischen liegen 14 Bände vor), ist Fragment geblieben; aber die »geschlossene Form«, auf die unsere tonangebenden Kritiker immer pochen, auf die das Publikum so scharf ist, war ohnehin nie F.s Sache. Seine Prosa zersplittert oder überschreitet die Grenzen zwischen Erzählung und Essay, Beschreibung und Ritus, zwischen Blick und Gedanke. Gisela Lindemann hat, aufgrund des optischen Eindrucks seiner Bücher, vom »Dichter als Setzer« gesprochen: Ein Satz, zwei Sätze = eine Zeile, Leerzeilen zwischen den einzelnen »takes«.

Man könnte aber auch an einen Mosaikarbeiter denken, der winzige Steinchen zusammen mit größeren neben- und hintereinandersetzt: Wortkonzentrate, Blitzlichter auf Momente der Welt oder: Skalpell-Schnitte in ihren weichen Leib: F. seziert, imaginiert, halluziniert. Das Geheimnis seiner Prosa sind die Leerstellen zwischen seinen lapidaren Sätzen und überscharfen Bildern. In diesen Dunkelfeldern, im Dazwischen (wo Davor und Danach sich vermischen) versteckt sich seine poetische Kraft; es ist eine sehr diskrete, zarte, aber auch robuste Kraft: das Andere wahrzunehmen und das Nicht-Ich sich vorstellen zu können. Denn erst wenn wir wissen, wer die anderen sind, wissen wir auch, wer wir selbst sind.

*Wolfram Schütte*

### Fielding, Henry

Geb. 22. 4. 1707 in Sharpham Park, Somerset; gest. 8. 10. 1754 in Lissabon

Das Leben Henry Fieldings, der als Dramatiker, Essayist und v.a. als Romanschriftsteller zu den einflussreichsten Autoren des 18. Jahrhunderts zählt, ist zunehmend die Geschichte seines literarischen Erfolgs. Als Sohn eines Leutnants genoss er in Eton die standesgemäße Erziehung nach aristokratischen Idealen, studierte in Leyden (Holland) Jura und begeisterte sich für die klassische Literatur. Nachdem er mit 19 Jahren vergeblich versucht hatte, mit einer reichen Witwe durchzubrennen, gab er sich in London, mit ruinösen Folgen für seine Gesundheit, den Ver-

gnügungen der Hauptstadt hin und widmete ab 1729 sein ganzes Interesse dem Theater. Er schrieb mehr als zwei Dutzend Dramen, vorwiegend satirische Farcen und burleske Komödien, übernahm zeitweise das Management des Londoner Haymarket Theatre und war mit seinen bissigen Anspielungen auf das Whig-Kabinett Robert Walpoles ein maßgeblicher Anlass für die Einführung der Bühnenzensur 1737. Dieser radikale Einschnitt in der Geschichte des englischen Theaters beendete abrupt F.s Karriere als Dramatiker und stürzte ihn zeitweise in bittere Armut. Der inzwischen mit Charlotte Cradock, dem Vorbild für seine Heldinnen Sophia und Amelia, verheiratete Autor nahm sein Jurastudium wieder auf und erhielt 1740 die Zulassung als Anwalt, übte die Anwaltstätigkeit wegen zunehmender Gichtanfälle aber kaum aus. Er entdeckte sein Talent als Erzähler und erschloss mit seinen satirischen und komischen Romanen einen immer größeren Leserkreis. F. machte sich auch als engagierter gesellschaftskritischer Essayist einen Namen und war Herausgeber von vier Zeitschriften, *The Champion* 1739–41, *The True Patriot* 1745–46, *The Jacobite's Journal* 1747–48 und *The Covent Garden Journal* 1752. Seit 1748 war er Friedensrichter für Westminster, später auch für Middlesex, prangerte vehement soziale Missstände an und trat für Reformen im Rechts- und Polizeiwesen ein. Als sich sein Gesundheitszustand verschlechterte, suchte er mit seiner Familie in Portugal Linderung; er starb 1754 in Lissabon.

F.s Karriere als Dramatiker begann bereits 1728, als sein erstes Stück, *Love in Several Masques*, erfolgreich am Drury Lane Theatre aufgeführt wurde. Er adaptierte in der Folge zwei Stücke Molières für die englische Bühne und setzte in unterschiedlichen Komödienformen die schäbige Welt der Buchhändler und Lohnschreiberlinge (*The Author's Farce*, 1730) ebenso dem Spott aus wie Politik und Justizwesen (*Rape upon Rape; or, The Justice Caught in His Own Trap*, 1730). Am bekanntesten ist seine auch heute noch aufgeführte Burleske *Tom Thumb: A Tragedy* (seit 1731 mit dem Titel *The Tragedy of Tragedies*; *Die Tragödie der Tragödien oder Leben und Tod Tom Däumlings des Großen*, 1973), die in holprigen Blankversen den Däumling der Volkserzählung zum großspurigen Helden erhebt und so die heroische Tragödie persifliert. F.s politische Satiren auf Walpole, *Pasquin* (1736), ein metadramatisch mit der Konvention der fiktiven Theaterprobe spielendes Stück, und *The Historical Register for 1736* (1737) waren seine letzten Stücke vor dem *Licensing Act*.

F.s überragende literaturgeschichtliche Leistung liegt freilich auf dem Gebiet des Romans, der sich damals als realistische Erzählgattung herausbildete. Auslöser war seine kritische Haltung gegenüber der pathetisch moralisierenden Weltsicht Samuel Richardsons, der 1740–41 mit seinem Briefroman *Pamela, or, Virtue Rewarded* einen internationalen Erfolg erzielt hatte. F. antwortete parodistisch mit der kurzen, aber deftigen Satire *An Apology for the Life of Mrs. Shamela Andrews*, die vorgibt, die »notorischen Falschheiten« des Prätexts richtigzustellen und die kalkulierende Heuchelei einer nur scheinbar auf Tugend bedachten Heldin offenzulegen. Bereits diese Prosaburleske, die Richardsons puritanische Moral und seine oft künstlichen Stilmittel der Lächerlichkeit preisgibt, enthält mit der derbkolloquialen Umgangssprache der Figuren und der Übernahme dramatischer Techniken zentrale Merkmale seines späteren Romanschaffens. Mit seiner zweiten *Pamela*-Parodie, dem Roman *Joseph Andrews* (1742; *Die Geschichte von den Abenteuern Joseph Andrews*, 1765), untermauerte F. seinen Anspruch, in England einen neuen Fiktionstyp begründet zu haben. Das anfängliche Konzept, über die lächerliche Verkehrung der Geschlechterrollen einen komischen Gegenroman zu Richardsons empfindsamer Weltdeutung vorzulegen und Pamelas Bruder Joseph – analog auch zum biblischen Joseph – immun gegen weibliche Verführungskünste zu machen, wird nur im ersten und letzten der vier Bücher aufrecht erhalten. Die parodistische Intertextualität macht bald einer autonomen realistischen Fiktion Platz, die auf die satirische Bloßstellung menschlicher Sitten zielt. F. nimmt Merkmale des pikaresken Erzählens auf und stellt dem jugendlichen, erst allmählich Welterfahrung gewinnenden Diener Joseph eine cervanteske Vaterfigur an die Seite, den in skurriler Weise weltfremden, naiven, aber durch und durch liebenswerten Pfarrer Abraham Adams. Zu den beiden männlichen Protagonisten stößt die von Joseph geliebte Zofe Fanny, und die drei erleben auf der Reise durch die südenglische Provinz eine Reihe von Abenteuern, die ihnen z. T. recht schmerzhaft den materialistischen und selbstsüchtigen Habitus von Landadel und Bürgertum vor Augen führt. Der auktoriale Erzähler, F.s nachhaltigster Beitrag zur Struktur der neuen Erzählgattung, entschärft freilich mit seinen ironischen Kommentaren die negativen Erlebnisse und führt die Gesellschaftssatire in einer großen Enthüllungsszene zum glücklichen Ende. – F. hat im Vorwort zu *Joseph Andrews* einen wichtigen Theoriebeitrag zur Struktur des Romans und zur Funktion der Komik geleistet. Darin wertet er die neue, realistische Erzählgattung (*novel*) zum »komischen epischen Prosagedicht« auf, indem er sie einerseits am klassischen Epos ausrichtet, andererseits – freilich mit verwirrender Begrifflichkeit – von der phantastischen, damals als trivial geringgeschätzten Prosaromanze (*romance*) abgrenzt. Ebenso bedeutsam ist sein Beitrag zur Theorie des Komischen, dem er wirkungspoetisch die Aufdeckung menschlicher Affektationen, v.a. von Eitelkeit und Heuchelei, zuschreibt. F.s Konzept einer satirischen Dekuvrierkomik verabsolutiert allerdings die gesellschaftskritische Zielsetzung; es lässt die Episoden liebenswerter Lächerlichkeit ebenso unerwähnt wie die humorvolle Vermittlungsleistung des Erzählers. Die Diskrepanz zwischen komischer Theorie und praktischer Umsetzung im Roman manifestiert sich besonders an der Konzeption des Landpfarrers Adams, F.s englischem Don Quijote, dessen benevolenter Humor die Tradition des satirischen Verlachens sprengt und eine neue, empfindsame Charakterkomik begründet.

Im Jahr 1743 veröffentlichte F. zwei längere Prosasatiren, mit denen er den Bezirk des Lächerlichen weiter auslotete. Neben *A Journey from this World to the Next* (*Reise nach der andren Welt*, 1759), einer phantastischen Fabel nach Lukianschem Vorbild, in der die aus dem Körper tretende Seele des Ich-Erzählers eine Reise ins Elysium antritt und dort berühmten Persönlichkeiten der älteren und jüngsten Vergangenheit begegnet, erregte v.a. die Schurkenbiographie *The Life of Jonathan Wild the Great* (*Die Lebensgeschichte Mr. Jonathan Wilds des Großen*, 1790) Aufsehen. Wie vor ihm John Gay in *The Beggar's Opera* (1728) stellt auch F. das moralische Normen- und Wertesystem ironisch auf den Kopf, wobei er, wie die durchgängige Konfrontation des guten mit dem großen, d. h. dem genialen Menschen zeigt, auf das Exemplarische des Falls abzielt. Der Große bringt skrupellos Unheil über die Gesellschaft und beutet sie aus, während der Gute, im Gegensatz dazu, Ungemach von ihr fernzuhalten sucht. Auf dieser moralphilosophischen Grundlage insinuiert der Roman eine sarkastische Analogie zwischen zwei Vertretern des Großen aus höchst unterschiedlichen Lebensbereichen, nämlich zwischen dem gefürchteten und schließlich gehängten Verbrecher Jonathan Wild und dem Premierminister Robert Walpole. Damit setzte F. die politische Satire seiner Dramen in narrativer Form fort und zeigte an der *mock-* bzw. antiheroischen Attitüde seines Erzählers, dass er sich weiterhin den aufklärerischen Idealen Alexander Popes und Jonathan Swifts verpflichtet fühlte. In den beiden folgenden Romanen macht die vorwiegend satirische Zielsetzung freilich einer komischen Platz: F. konzentriert sich auf die Spannung zwischen Individuum und Gesellschaft und reflektiert dabei immer wieder die Darstellungsprozesse des realistischen Romans.

F.s Meisterwerk, der 1749 veröffentlichte Roman *The History of Tom Jones, a Foundling* (*Die Geschichte des Tom Jones, eines Findlings*, 1771), vertieft die in *Joseph Andrews* entwickelten narrativen und komischen Strukturen und wird so zum Paradigma der neuen Erzählgattung. Die oft gepriesene Handlungsstruktur geht vom Geheimnis um die Geburt des Allerweltshelden Tom Jones aus und verknüpft es mit seiner aus Statusgründen unrealisierbaren Liebe zu Sophia, der Tochter des polternden Landjunkers Western. Daraus entwickelt sich stimmig die nach und nach von insgesamt fünf Parteien angetretene, mit pikaresken Abenteuern gespickte und durch Nebenhandlungsstränge komplizierte Reise nach London, wo die Konfusionen nach Komödienmanier erst im letzten Augenblick gelöst werden. Der nach dem Muster des Erziehungsromans geschilderte Reifeprozess des Helden spielt sich in einem vielschichtigen gesellschaftlichen Panorama ab, das an drei zentralen Schauplätzen, auf dem Land, auf der nach London führenden Landstraße und zuletzt in der Metropole selbst, entwickelt wird. F.s komischer Romanklassiker, 1963 von Tony Richardson erfolgreich verfilmt, weist vielfältige Analogien zum antiken Epos auf und erreicht mit seinen 18 Büchern auch quantitativ epische Breite. Die nach dem Kontrastprinzip angelegte Figurengestaltung will letztlich Aufklärung über die Prinzipien der »menschlichen Natur« vermitteln. Obwohl die heuchlerische Doppelmoral weiter Gesellschaftskreise wiederum mit den Mitteln der Demaskierungskomik offengelegt wird, bleibt F.s Bild einer von der wankelmütigen Fortuna regierten Welt weitgehend optimistisch. Dies erreicht er nicht zuletzt durch den humorvollen Erzähler, der sich über seine Kommentare kontinuierlich in das Geschehen einmischt und es im ironischen Spiel mit klassischer Bildung parodistisch unterminiert. Der derartig dramatisierte Erzähler zeigt darüber hinaus ein selbstreflexives Bewusstsein, wenn er in einen Dialog mit dem Leser eintritt und ihm die Gesetzmäßigkeiten der fiktionalen Vermittlung erläutert.

F.s letzter Roman, *Amelia* (1752), fällt düsterer aus und weist Anzeichen eines Spätwerks auf. Es ist die Geschichte einer Ehe zwischen der schönen und tugendsamen Amelia und Captain Booth, ihrem zwar gutmütigen, aber labilen und leichtsinnigen Gatten. Die narrative Struktur der vom Zufall beherrschten Abenteuerhandlung orientiert sich wiederum am antiken Epos; im Gegensatz zu den *Ilias*-Anklängen des *Tom Jones* dominiert jetzt aber der ironische Kontrast zu *Odyssee* und *Äneis*. Eine korrupte und depravierte Gesellschaft bringt die Liebe der beiden Gatten an den

Rand der Katastrophe, doch F.s grundsätzlicher Glaube an das Gute im Menschen stellt auch diesmal sicher, dass Lüge, Hinterlist und Gemeinheit nicht obsiegen. Booth ist am Romananfang unschuldig in Haft, trifft im Gefängnis seine Jugendfreundin Miss Matthews, verfällt ihren Verführungskünsten und wird Opfer ihrer Intrigen, als er sich reumütig von ihr zu lösen sucht. Die treu zu ihm stehende, unter dem Einfluss Richardsons stark idealisierte Amelia muss sich dagegen den Nachstellungen eines lüsternen Lords und eines zwielichtigen Obersts erwehren. Sie erwirkt schließlich über den väterlichen Freund Dr. Harrison, der als weitere moralische Instanz neben dem Erzähler fungiert, Booths Rettung und sichert so die Harmonie ihrer Ehe. Die Handlungsabfolge bestätigt damit die in der Widmung zum Ausdruck gebrachte Darstellungsintention, der Tugend zum Sieg verhelfen und beklagenswerte Übel privater wie öffentlicher Natur exponieren zu wollen. Der heitere Optimismus, den F.s frühere Erzählungen ausstrahlen, wird freilich von einem bisweilen sentimentalen und pathetischen Moralismus zurückgedrängt, und so tritt – womöglich bedingt durch F.s desillusionierende Tätigkeit als Friedensrichter – die Kritik an den sozialen Ungerechtigkeiten schärfer zutage. Dies fällt besonders bei der Schilderung der Gefängnisszenen und des schäbigen Milieus der Londoner Unterschicht auf, wo F. Dickenssche Erzählcharakteristika vorwegnimmt.

Machten sich Defoe und Richardson um die ernsthafte Spielart des realistischen Romans verdient, indem sie die Welt als individuelle Erfahrung bzw. als emotionale Introspektion deuteten, so wurde F. zum Begründer der komischen Erzähltradition. Die seinen Werken zugrunde liegende *Englishness* ist charakteristisch für den Süden Englands und erfasst die ländliche Region ebenso wie die Metropole London, den Adel ebenso wie das niedere Bürgertum. F. lässt Sein und Schein jener Gesellschaft schockartig aufeinanderprallen und schafft über die Trennung von Zentralfigur und Erzähler die für das Lachen nötige Distanz. Die häufig eingestreuten romantheoretischen Erörterungen zeigen, dass er damit ein anspruchsvolles Ziel verfolgte, nämlich den neuen realistischen Erzählstil zur epischen Kunstform aufzuwerten. F.s in Komik umgesetzter pragmatischer Optimismus fand viele Nachahmer, von Jane Austen, Charles Dickens und William Makepeace Thackeray bis hin zu Kingsley Amis und David Lodge.

Werkausgaben: The Wesleyan Edition of the Works. Hg. W.B. Coley/F. Bowers. Oxford 1967ff. – Sämtliche Romane in vier Bänden. Hg. N. Miller. München 1965/66.

*Dieter A. Berger*

## Firdausi
↗ Ferdousi Abu'l-Qasem Monsur ben Hasan

## Fischart, Johann, gen. Mentzer
Geb. 1546 oder 1547 in Straßburg; gest. wahrscheinlich 1590, wohl in Forbach bei Saarbrücken

F. lebte in der Epoche, die geprägt ist durch die Auseinandersetzung zwischen Reformation und Gegenreformation: Er wurde in der Zeit des Schmalkaldischen Kriegs geboren und starb, als sich die Fronten des Dreißigjährigen Kriegs bereits abzuzeichnen begannen. Sein literarisches Werk, die Hinterlassenschaft eines Autors, der in den Kämpfen seiner Gegenwart enthusiastisch Partei ergriff, vereinigt in sich denkbar große Widersprüche.

Zwei Uhr morgens am 20. Juni 1576: 54 Bürger, darunter 24 Ruderer, brechen zu Schiff von Zürich auf. Sie befördern in einem mächtigen Eisentopf, der in einer Tonne mit erhitztem Sand eingebettet ist, kochendheiß eingefüllten Hirsebrei auf dem Wasser nach Straßburg. Noch warm muss er dort ankommen, damit ihn die Ratsherren verzehren können. Die nicht ungefährliche Fahrt geht die Limmat und Aare hinab in den Rhein und weiter rheinabwärts, bis man bei Sonnenuntergang desselben Tags tatsächlich am Zielort anlangt. Ein Wagestück, das bei den Zeitgenossen bedeutendes Aufsehen erregte und in mehreren Dichtungen gefeiert wurde. Die merkwürdigste darunter, von Heinrich Kurz als »die beste Erzählung« des 16. Jahrhunderts gerühmt, stammt von F.: *Das Glückhafft Schiff von Zürich* (1576). Er versteht die Unternehmung als entmythologisierte Argonautenfahrt, als Sinnbild »handfester Arbeitsamkeit«, womit er ein Lob der Arbeit verknüpft: »Dann nichts ist also schwer und scharff / Das nicht die arbeit underwarff / ... / Die Arbeit hat die Berg durchgraben / ... / Hats Land mit Stätten wonhaft gmacht / Und die Ström zwischen Damm gebracht.« Das Schiff bildet für ihn den Gegensatz zu magisch-märchenhaften Praktiken älterer Zeiten, z. B. zum Flügelpferd der Antike, und er korrigiert die Phantasien der Poeten, indem er nüchtern aussagt: »Arbeit und fleis / das sind die flügel / So füren uber Stram (Strom) und hügel.« Es gibt kaum eine europäische Dichtung der Zeit, die sich verständiger ausnähme und Landschaft, Menschen, menschliches Tun heiterer im Licht des Tags vorführte, kaum eine, die auf vergleichbar engem Raum (858 Verse) so komprimiert das stadtbürgerliche Lebensgefühl der Renaissance ausdrückte. Sie bietet eine Schau idealer Tugenden und Motive, allesamt schön überglänzt vom Morgenrot des anbrechenden neuen Zeitalters: Freiheit, Einigkeit, Freundschaft, gute Nachbarschaft, Treue, Frieden. Es fehlt nicht die Verehrung der »Erfahrung« und »Vernunft«, womit schon jetzt, wie auch im Denken der Reformatoren, eines Thomas Müntzer oder eines Martin Luther, jener Kult der Vernunft seine Anfänge nimmt, der seinen Höhepunkt zweihundert Jahre später in der europäischen Aufklärung und während der Französischen Revolution erreicht.

Und doch sorgt derselbe Verfasser 1581/82 für die Verbreitung von zwei der unvernünftigsten, düstersten Erzeugnisse der Weltliteratur: Er übersetzt des Franzosen Jean Bodin Schrift *De Daemonomania Magorum* (*Vom ausgelasnen wütigen Teuffelsheer*) und gibt den *Malleus maleficarum* (*Hexenhammer*) der deutschen Inquisitoren Heinrich Krämer (H. Institoris) und Jakob Sprenger, zuerst erschienen 1487, neu heraus, beides Dokumente des Hexenwahns. F. fördert so in eigener Person den Justizmord an Hunderttausenden von Menschen, meistens Frauen.

Dabei war er einer der gebildetsten deutschen Autoren seiner Zeit: Als Sohn eines wohlhabenden Straßburger Gewürzhändlers besuchte er das berühmte Gymnasium seiner Vaterstadt. Später unterrichtete ihn ein Verwandter in Worms, der Dichter Kaspar Scheidt, der den *Grobianus* von Friedrich Dedekind übersetzte (1551); dieser war für F. »Der best Reimist zu unser Zeit«. Reisen führten ihn in mehrere Länder Westeuropas, wo er mit Hugenotten und hugenottischem Schrifttum bekannt wurde. Er studierte die Rechte in Siena und wurde 1574 in Basel zum Dr. jur. promoviert. Seit 1570 hatte F. in Straßburg die Stelle eines Mitarbeiters und Korrektors bei seinem Schwager, dem Drucker Jobin, inne. Mit dem Maler und Graphiker Tobias Stimmer arbeitete er ebenfalls zusammen. Seit 1581 war er als Jurist am Reichskammergericht in Speyer tätig, seit 1583 als Amtmann in Forbach, wo zu seinen Obliegenheiten auch die Führung von Hexenprozessen gehörte. Im selben Jahr 1583 heiratete er Anna Elisabeth, die Tochter des Elsässer Schriftstellers Bernhart Hertzog, des Autors der Schwanksammlung *Schiltwacht* (1560).

Die Probleme, die sein Werk der Literaturgeschichtsschreibung aufgibt, sind heute nicht vollständig gelöst. Er verfasste etwa achtzig Schriften, von denen keine einzige dem – allerdings erst wesentlich später eingebürgerten – Kriterium der Originalität gerecht wird. Sie erweisen sich sämtlich als Bearbeitungen von Vorlagen anderer, selbst *das Glückhafft Schiff* und vor allem die umfänglichste von F.s Dichtungen: *Geschichtklitterung* (1575), für die sich dieser Kurztitel eingebürgert hat (nach dem Stichwort, welches erstmals im Titel der 2. Auflage von 1582 erschien). Es ist eine stark erweiterte Version des *Gargantua* von François Rabelais (1532 ff.).

Die wichtigsten Texte F.s zeugen von großer sprachlicher Kühnheit. Daher schwankte das Urteil der nachfolgenden Generationen je nachdem, ob die mangelnde Originalität F.s mehr ins Gewicht fiel oder seine außergewöhnliche Sprachkunst. Die neuere Forschung bewertet die Letztere deutlich höher. Am bequemsten lesbar, außer dem *Glückhafften Schiff*, ist heute noch das komische Tierepos *Flöh Haz, Weiber Traz* (1573); der Titel wäre etwa wiederzugeben: *Der Angriff der Flöhe und die Verteidigung der Frauen.* Die – z. T. unerquicklichen – Streitschriften hingegen haben mit dem Ende der Glaubenskämpfe ihre Aktualität eingebüßt. In ihnen verfocht F. die Sache der Reformation, insbesondere des Calvinismus, und klagte die katholische, vor allem die spanische Hegemonialpolitik des »Landaußmetzigens« und des »Weltgeitz« an, also des Völkermords und Weltherrschaftsstrebens.

Werkausgaben: Sämtliche Werke. Hg. von Hans-Gert Roloff u. a. (bisher 2 Bde.). Stuttgart-Bad Cannstatt 1993/2002; Dichtungen. Hg. von Karl Goedeke. Leipzig 1880.

*Wolfgang Beutin*

## Fitzgerald, F[rancis] Scott
Geb. 24. 9. 1896 in St. Paul, Minnesota; gest. 21. 12. 1940 in Hollywood, Kalifornien

F. Scott Fitzgerald zählt heute zu den wichtigsten amerikanischen Schriftstellern des 20. Jahrhunderts: Sein Roman *The Great Gatsby* (1925; *Der große Gatsby*, 1928) ist eines der unumstritten Meisterwerke, das die Literatur der Vereinigten Staaten hervorgebracht hat. Das künstlerische Schaffen F.s wurde je-

doch nicht immer so hochgeschätzt. Als er 1940 finanziell ruiniert und trunksüchtig in Hollywood an Herzversagen starb, war er ein fast in Vergessenheit geratener Schriftsteller, auf den eher herablassende Nachrufe geschrieben wurden. Ein genauer Blick auf die schwankende Einschätzung der literarischen Fähigkeiten des Bestsellerautors liefert indes einen Schlüssel zum Verständnis für den späteren Aufstieg zum Klassiker der Moderne. Zu F.s Lebzeiten wurden Leben und Werk in verkürzender Art und Weise gleichgesetzt und seine Texte als Inbegriff autobiographischer Authentizität (miss)verstanden. F. galt als der herausragende Chronist des von ihm so benannten Jazz Age und wurde so zunächst als dessen Wunderkind, später als dessen Sündenbock betrachtet. Doch diese von F. selbst geförderte Deutung wird heute als einseitig und letztlich irreführend gesehen. Der Wert der Romane und Erzählungen liegt gerade nicht in einem simplen, kausalen Bezug von Lebens- und Schreibstil, sondern in ihrem markanten, wenngleich nicht immer bemerkten Bruch. Sie zeigen einerseits die verführerische Faszination auf, welche die Aura der Reichen und Schönen ausübt, gehen aber andererseits auch auf spürbare Distanz zum leeren Treiben der Geld-Boheme. In F.s vieldeutigen Texten bleibt es in der Schwebe, ob die selbsternannte »Lost Generation« in ihrem Tun bewundert oder bedauert, verklärt oder verpönt wird. Es ist dieser Aspekt seines literarischen Schaffens, der es als einen Ausdruck moderner Offenheit und Ambivalenz auszeichnet.

F.s Leben lieferte in der Tat vielfach den Stoff, aus dem die Träume in seinen Werken gemacht sind, und damit aber auch die Ursache für die darin verborgenen zwiespältigen und widersprüchlichen Haltungen. 1896 als Sohn einer irischen Kaufmannsfamilie im Mittleren Westen geboren, wurden ihm schon im Elternhaus gegensätzliche Einstellungen nahegelegt. Die Mutter stammte von geschäftstüchtigen katholischen Immigranten ab, der Vater von einer alteingesessenen Familie, die besonders stolz darauf war, als entfernten Verwandten den Komponisten der amerikanischen Nationalhymne, Francis Key Scott, vorweisen zu können, der dann auch als Namenspate für F. herangezogen wurde. F. trat früh mit Schuldramen literarisch hervor. Erste Anerkennung erlangte er damit am Newman Internat in Hackensack, New Jersey, später dann an der Universität in Princeton. Trotz dieser frühen Erfolge gelang es F. nicht, seine Unsicherheit bezüglich seiner gesellschaftlichen Stellung und seines literarischen Könnens zu überwinden. Hinzu kam, dass sein Selbstwertgefühl in Princeton auch von Misserfolgen unterminiert wurde: Bei keinem seiner Stücke konnte F. selbst mitwirken, da seine Studienleistungen unzureichend waren. F. verließ die Universität ohne Abschluss, meldete sich freiwillig zur Armee, begann seinen ersten Roman und arbeitete schließlich nach Kriegsende – ohne in Europa gewesen zu sein – als Werbetexter in New York. Mit seinem mehrfach überarbeiteten Erstlingsroman *This Side of Paradise* (1920; *Diesseits vom Paradies*, 1988), gelang ihm der ersehnte literarische und finanzielle Durchbruch. In der Woche nach der Veröffentlichung heiratete er Zelda Sayre, die er zu Armeezeiten in Alabama kennengelernt hatte. Das Paar stürzte sich ins Partyleben der mondänen Konsumkultur und wurde bald »Prinz und Prinzessin« (Ring Lardner) der Schönen und Reichen der Ostküste. Früh zeichneten sich Probleme in der Partnerschaft ab, die allerdings durch das hektische Treiben in den »roaring twenties« überdeckt wurden. Auslandsreisen brachten F. ins Umfeld neureicher Amerikaner in Europa wie auch in Kontakt mit wichtigen Kollegen und Konkurrenten des Literaturbetriebs, wie etwa Gertrude Stein, Ernest Hemingway oder auch John Dos Passos. Mit der Weltwirtschaftskrise wendete sich F.s bis dahin erfolgreiche Karriere: Sein »Insiderwissen« und seine Themen waren nun nicht mehr gefragt. In der Folge trank F. immer häufiger und unkontrollierter, Zelda kam nach Nervenzusammenbrüchen ab 1934 in ständige psychiatrische Betreuung, und ihre Tochter Frances wurde in die Obhut von Freunden und Internaten gegeben. Die Finanzierung des verschwenderischen Lebensstils war nun ebenfalls kaum noch möglich. Verdiente F. durch seine Werke im Jahre 1931 noch eine für die Zeit sehr beachtliche Summe von $ 40 000, so waren es 1939 gerade noch $ 33. Zwar versuchte sich F. in den späten 1930ern als Drehbuchautor in Hollywood, doch scheiterte er kläglich. Im Bewusstsein, versagt zu haben, starb F. dort nach mehreren Herzattacken im Jahre 1940. Es fällt auf den ersten Blick schwer, F.s Schaffen nicht mit den blasierten Attitüden des Lebemannes und den Problemen einer glamourösen Partnerschaft zu assoziieren und es darauf zu reduzieren. Doch finden sich in seinen Erzählungen und Essays zahlreiche Hinweise auf eine bewusste Reflexion über das eigene zwiespältige Tun. Als Erklärung seiner widersprüchlichen Haltung, die er als Repräsentant und Kritiker eines gedankenlosen Materialismus gleichzeitig an den Tag legte, kann etwa sein oft zitierter Aperçu verstanden werden, wonach der Test höchster Intelligenz darin bestehe, im Kopf zwei grundsätzlich verschiedene Konzepte im Widerstreit zu halten und dennoch im Leben funktionieren zu können.

F.s Lebensgeschichte gibt also durchaus den Stoff ab, aus dem die Handlungen, Themen und Motive seiner Texte entstanden sind. Allerdings sind sie dort literarisch umgestaltet und verdichtet, so dass wenige direkte autobiographische Bezüge bleiben. Sein erster Roman, *This Side of Paradise*, berichtet von den Studienjahren des romantischen Helden Amory Blaines und dessen fehlgeschlagenem Versuch, in den moralischen Wirren der Zeit zu einer Persönlichkeit zu reifen. Der zweite Roman, *The Beautiful and Damned* (1922; *Die Schönen und Verdammten*, 1998), behandelt auf satirische Weise den sozialen und moralischen Niedergang eines genusssüchtigen Boheme-Paares. F.s Meisterwerk *The Great Gatsby* ist eine vielschichtige Parabel über den modernen »self-made man« und den Erfolgsmythos des amerikanischen Traums. Der Roman erzählt die Geschichte der unglücklichen, obsessiven Liebe von James Gatz alias Jay Gatsby, der durch Reichtum seine ehemalige Jugendliebe Daisy Fay beeindrucken und zurückgewinnen will. Doch das Unterfangen scheitert. Gatsby geht dabei durch eigenes Verschulden – sein Reichtum beruht zum Teil auf kriminellen Machenschaften – und durch unglückliche Zufälle zugrunde. Die Geschichte vom Glanz und Elend des Reichseins erhält ihre Vieldeutigkeit durch die Präsenz eines Ich-Erzählers, des Außenstehenden Nick Carraway, der ein zwar einfühlsamer, sympathischer, aber letztlich auch unzuverlässiger Berichterstatter ist. Seine ambivalente Einstellung zu Gatsby und seine Versuche, den amerikanischen Erfolgsmythos trotz aller Beweise seines Niedergangs doch noch zu retten, lassen hinter der romantischen Verklärung von Liebe und Sehnsucht lediglich eine rückwärtsgewandte Geschichte voller Lügen und Halbwahrheiten hervortreten. Der Text erscheint als ein Mosaik von Versatzstücken: Die Handlungen, Gesten und Posen der Reichen sind ebenso wie die Anekdoten und Vermutungen des Erzählers fast ausschließlich aus zweiter Hand. Durch die Fassade falschen Reichtums lässt F. so die Leere und Dekadenz der Epoche schimmern. Zwei Romane aus den 30ern setzen diese Themen fort und bestätigen F.s Meisterschaft. *Tender Is the Night* (1934; *Zärtlich ist die Nacht*, 1952), setzt sich mit den Umständen und Folgen psychiatrischer Behandlung sowie dem Scheitern von Exilamerikanern in der Alten Welt auseinander. *The Last Tycoon* (1941; *Der letzte Taikun*, 1962), ist eine fragmentarisch gebliebene, postum veröffentlichte Abrechnung mit der Scheinwelt Hollywoods und den Geschäftspraktiken in der Traumfabrik. F.s reifste literarische Aufarbeitung seines Scheiterns ist die 1931 veröffentlichte Erzählung»Babylon Revisited« (»Wiedersehen mit Babylon«, 1954), die wohl mit Abstand beste von insgesamt 180 Kurzgeschichten, die F. überwiegend zum Gelderwerb schrieb und in populären Zeitschriften veröffentlichte. Der Text ist als eine kompakte Parabel gebaut. Der Exilamerikaner Charlie Wales kehrt im Anschluss an den Börsenzusammenbruch nach Paris zurück und versucht dort gutzumachen, was in den vorangegangenen,»wilden« Jahren schiefgelaufen ist. F. lässt hier bewusst offen, ob Charlie durch Reue und Sühne eine zweite Chance erhalten wird und ob er diese dann auch wirklich zu nutzen weiß.

Obgleich also F.s Leben und Werk zunächst untrennbar verknüpft scheinen, können und müssen sie dennoch in der Bewertung klar geschieden werden. Die Leistung des Autors F. in seinen besten Texten ist es, die große Faszination der Welt der Reichen und Schönen glaubwürdig dargestellt, aber auch ihre Unwahrhaftigkeit und Substanzlosigkeit vor Augen geführt zu haben. Der ihm eigene Stil speist sich direkt aus diesem doppelten Ansatz. Obschon seine Texte formal und thematisch zunächst als aus den glitzernden Oberflächen des Verdinglichten und Uneigentlichen zusammengesetzt erscheinen, gelingt es F., aus diesen trivialen Gesten und Chiffren ein dichtes Geflecht zu erstellen, das seinen Werken eine vieldeutige Tiefe verleiht. Die durch Querverweise und leitmotivisch wiederkehrende Metaphern bewirkte Verdichtung des Geschehens ebenso wie die durch Brüche in der Erzählhaltung erzielte Bedeutungsoffenheit sind der eigentliche Ursprung der unabschließbaren und selbstkritischen Modernität von F.s Werk. Heute steht deshalb zu Recht weniger die glamouröse Selbstinszenierung des Lebemanns, als die Leistung des umsichtigen Künstlers im Vordergrund, die wie kein zweiter mit Scharfblick das verführerische und zerstörerische Blendwerk des amerikanischen Erfolgsmythos in Szene gesetzt hat.

*Gerd Hurm*

## Flake, Otto

Geb. 29. 10. 1880 in Metz;
gest. 10. 11. 1963 in Baden-Baden

»Flakes dichterischer Dämon hat helle Augen und eine klare Stirn: das mag manche befremden, die den Dichter immer als den Dunklen sehen wollen, den geheimnisvoll Verworrenen, den Mystagogen. Seine Romane sind Tagbücher, Werke für Menschen, die Wachheit lieben, ihre Mahnung ist Verantwortlichkeit, Ethos …« Stefan Zweig, Wegbegleiter in den 1920er Jahren, hat F.s Anliegen zutreffend beschrieben. Schriftsteller wollte er sein, kein

Dichter. Um Selbstbehauptung, Souveränität, ging es ihm. Seine beharrliche Ablehnung einer außerhalb des Menschen angesiedelten, übergeordneten Sinngebung hat Ludwig Marcuse 1927 zu der Äußerung geführt: »Flake: das ist für uns die Frage nach der Möglichkeit des skeptischen, pessimistischen Revolutionärs, des Aktiven ohne Glauben.« In seinen Schriften hat F. immer wieder versucht, sich und den Menschen zu zeigen, wie man sich in der ›transzendentalen Obdachlosigkeit‹ (Georg Lukács) einzurichten vermag, wie man ohne die Hilfe, aber auch ohne die Angst vor Göttern leben kann. »Der schönste aller Wahlsprüche drückt aus, worauf es ankommt; er heißt: *Fluctuat nec mergitur.* Die Götter leben von der Feigheit der Menschen und sind deshalb Dämonen.« Dieser Wahlspruch im Wappen der Stadt Paris steht auch über dem Leben von F.s gelungenster Romangestalt, dem *Fortunat* (1946/47). Mit diesem Roman hat F. ein anschauliches Bild des 19. Jahrhunderts geschaffen, und zugleich in der Figur des Jakob, später Jacques Kestenholz, die Vision eines zusammenwachsenden Europas.

Im Elsass aufgewachsen, »zwischen den Kulturen«, bemühte er sich zeitlebens um eine Deutschland und Frankreich verbindende europäische Sehweise. Sein fünfbändiger Roman-Zyklus um *Ruland*, eine Art fiktive Autobiographie, belegt dies nachdrücklich, vom *Freitagskind* (1913), später *Eine Kindheit*, bis zum *Freund aller Welt* (1928). Aber auch seine Übersetzungen (Balzac, Stendhal etc.), seine kulturgeschichtlichen Werke über den *Marquis de Sade* (1930), *Die französische Revolution* (1932) und seine zahlreichen Essays und Artikel zeigen seine unentwegte Vermittlertätigkeit.

Nach einer langen Reihe von Wanderjahren (Berlin, Leipzig, Konstantinopel, Brüssel, Zürich), nach dem erstaunlichen Romanexperiment *Die Stadt des Hirns* (1919) und dem Schlüsselroman der Züricher Dadaisten-Szene *Nein und Ja* (1920), lässt F. sich, längst Hausautor beim angesehenen S. Fischer Verlag und Mitarbeiter von so bedeutenden Zeitungen wie dem *Berliner Tageblatt*, der *Frankfurter*

*Zeitung*, der *Vossischen Zeitung* und von Zeitschriften wie der *Weltbühne*, der *Neuen Rundschau*, dem *Neuen Merkur* 1928 in Baden-Baden nieder. »In den frühen Jahren war ich links vom Rhein zu Hause, in den späteren rechts – beide Seiten des Stromes schließen und wölben sich zum Lebensraum am Oberrhein.«

Er wurde dort zum Chronisten dieser Region, die er wie nur wenige künstlerisch und geistig durchdrang. In seinen Romanen und Biographien, in seinen Essays und Skizzen ist sie stets mehr als nur Hintergrund, vor dem sich Geschichten aus Vergangenheit und Gegenwart abspielen, sie ist Thema. *Hortense oder Die Rückkehr nach Baden-Baden* (1933) ist das erste in der langen Reihe der im Badischen verankerten Bücher. *Die junge Monthiver* (1934), *Anselm und Verena* (1935), *Scherzo* (1936), *Die Sanduhr* (1950), *Schloß Ortenau* (1955) und andere setzen sie fort, darunter sein *Türkenlouis* (1937) und seine *Kaspar Hauser*-Studie (1950).

Rund einhundert Bücher weist F.s Bibliographie auf. Dennoch gehört F. eher zu den weniger gefragten Autoren der deutschen Literaturgeschichte. Sein aufgeklärter Individualismus, seine kompromisslose Sachlichkeit, seine Lakonie, vor dem Zweiten Weltkrieg geschätzt, fanden in den Jahren danach kaum noch Beachtung. Die großen Auflagen, seine Bücher später erzielten, können das nicht verdecken. F. fühlte sich denn auch unverstanden: »Es besteht ein Unterschied zwischen der Kühle, die nicht schwingt, und der, die diese Bezeichnung nicht verdient, weil sie in Wahrheit Haltung, Form, Geschlossenheit ist.«

»Eine Art *Extra dry* der Prosa« hat Max Rychner diesen Stilwillen F.s genannt. In seiner Autobiographie *Es wird Abend* (1960) hat F. ihn perfektioniert. Oder wie Peter de Mendelssohn sagt: »Flakes Sätze gehen nervig, geschmeidig diszipliniert, und der Zucht dessen, was er zu sagen hat, entspricht die Anmut, mit der er es sagt.« Dass F. neben seiner stilistischen Brillanz äußerst aufschlussreiche politische wie kulturkritische Schriften verfasst hat, die man als weitsichtige und scharfe Probleme der damaligen Zeit genau umreißende Analysen nutzbar machen könnte, ist bislang nur wenig vermerkt worden. Auch den hohen Rang seiner Bildungsromane gilt es erneut zu entdecken. Sie belegen, laut Stefan Zweig, wie F.s ganzes Werk, »daß Kunst auch Klugheit sein kann und Klugheit eine Kraft«.

Michael Farin

## Flaubert, Gustave

Geb. 12. 12. 1821 in Rouen/Frankreich; gest. 8. 5. 1880 in Croisset bei Rouen

Gustave Flaubert entstammte einer bürgerlichen Familie. Sein Vater war ein angesehener Chirurg und arbeitete als Chefarzt im Hôtel-Dieu in Rouen. Der junge F. begeisterte sich früh für die Literatur und schrieb seit seinem dreizehnten Lebensjahr. 1836 lernte er die 26-jährige, verheiratete Elisa Schlésinger kennen. Auf die zu ihr entflammte Liebesleidenschaft spielt er in dem autobiographischen »roman intime« *Les mémoires d'un fou* (1837/38; *Erinnerungen eines Narren*, 1907) an, der die Keimzelle des Romans *L'éducation sentimentale* darstellt. Sein Studium der Rechtswissenschaften in Paris (1840–43) musste F. wegen eines beginnenden Nervenleidens abbrechen. 1846 zog er sich auf das Landgut seiner Eltern in Croisset bei Rouen zurück und widmete sich ganz dem Schreiben. Er unternahm zwei ausgedehnte Reisen, die ihn 1849 bis 1851 nach Ägypten, in den Vorderen Orient, nach Griechenland und Italien und 1858 nach Tunis führten. F.s Frühwerk, das in Thematik und Darstellung noch in der Nachfolge der Romantik steht, umfasst Erzählungen und einen ersten Roman *Novembre* (1910; *November*, 1917), der vom Scheitern eines Lebensentwurfs handelt.

Ab 1849 entwickelte F. konsequent eine neue objektiv-unpersönliche Erzählweise, die mit genauer Stilisierung einhergeht und die er in dem Roman *Madame Bovary. Mœurs de province* (1857; *Madame Bovary. Sitten aus der Provinz*, 1892) zum ersten Mal konsequent umsetzt. Das Werk, das als entscheidender Wendepunkt hin zum modernen Roman gilt, erzählt vom Schicksal einer jungen Frau, die

an dem Missverhältnis von schwärmerischer Illusion und nüchterner Umwelt zugrunde geht. Emma Bovary, die dem romanhaften Traum eines nur durch die Liebe bestimmten glanzvollen Lebens nachhängt und ihrer banalen Realität als Frau des Landarztes Charles Bovary entkommen will, sucht ihr Glück im Ehebruch. Sie muss erkennen, dass sie von ihren Liebhabern nur ausgenutzt wird, und sucht ihre Enttäuschung durch einen aufwendigen Lebensstil zu kompensieren. Als sich herausstellt, dass sie ihren Mann ruiniert hat, begeht sie Selbstmord. Die kritische Pointe des Romans ist, dass Emma an den Widersprüchen der bürgerlichen Moral scheitert, die auf der einen Seite ein illusionäres (Ehe-)Leben in Liebe, Hingabe und Treue propagiert, auf der anderen Seite einfordert, dass man sich mit den trivialen Realitäten abzufinden habe. Die desillusionierende Tendenz des Romans zeigt sich auf besondere Weise am männlichen Umfeld Emmas. Protagonisten sind neben ihrem gutgläubigen, ahnungslosen und passiven Mann der Angestellte Léon Dupuis, der von der Liebesbeziehung zu ihr zunehmend überfordert ist, der zynische und gefühllose Verführer Rodolphe, der sie sitzenlässt, und – im weiteren Umkreis – der Apotheker Homais, ein schamloser Opportunist. Die zeitgenössische Kritik fiel heftig aus; F. wurde der Verletzung der öffentlichen Moral angeklagt. Er hatte auf das wertende Urteil des Autors in Form einer Erzählerstimme verzichtet, so konnte der Roman zur Empörung seiner Zeitgenossen sowohl als Verurteilung als auch als Rechtfertigung Emma Bovarys gelesen werden. Die radikal innovative Gestaltung von Wirklichkeit überforderte einen großen Teil der Öffentlichkeit.

Mit F. wurde der Roman zu einem Darstellungsmedium für genaue Realitätsbeobachtungen, er folgt somit den Prämissen der exakten Wissenschaften. Doch sollte der Roman nicht nur genaue Beobachtungen wiedergeben, sondern auch

höchsten Formansprüchen genügen. In diesem Punkt konvergieren F.s Auffassungen von Literatur mit der Kunstauffassung des *L'art pour l'art* und des »Parnasse«. F.s Verzicht auf kausale oder finale Verknüpfungen gestattet es dem Lesepublikum, den Figuren bei ihrem Handeln unvoreingenommen zuzuschauen.

Während es etwa Honoré de Balzac um die Erkenntnis der Prinzipien ging, die der Realität zugrunde liegen, oder Zola sein Schreiben mit dem Ziel der Verbesserung der Gesellschaft verknüpfte, konzentrierte sich F. darauf, die beobachtbare Wirklichkeit darzustellen, insbesondere hinsichtlich der moralischen und weltanschaulichen Überzeugungen der Bourgeoisie, die sich als nicht resistent erweist gegen illusionäre Idealität und die Zwänge der banalen Alltagswelt. Diese Gestaltung, die den Roman zu einem Mittel objektivierender Darstellung äußerer Verhältnisse und seelischer Vorgänge machte, stellt eine der wesentlichen Errungenschaften F.s dar, die von Romanciers des 19. und des 20. Jahrhunderts (Zola, die Autoren des *Nouveau roman*) aufgegriffen wurde.

Mit dieser neuen Erzählweise, die unerbittliche Naturtreue der Darstellung – auch noch der intimsten Momente – mit einer gefeilten Sprache verbindet, wird F., dessen Prozess mit einem Freispruch endete, zu einem der wichtigsten Vertreter, wenn nicht zum Begründer des literarischen Realismus in Frankreich. Er selbst wies diese Einordnung allerdings zurück, denn in den 1850er Jahren war die Bezeichnung ›Realismus‹ in erster Linie thematisch bestimmt – als Darstellung des Lebens der Unterschichten. F. hingegen beschäftigte sich mit der Darstellung des Bürgertums. Jules de Gaultier erkannte, dass die Haltung Emmas, die sich der Anpassung an die Realität verweigert und sich in literarische Illusionen flüchtet, im 19. Jahrhundert weit verbreitet war, und prägte für diese realitätsnegierende Lebenseinstellung den Begriff »Bovarysme« (1892).

Der historische Roman *Salammbô* (1862; *Salammbo*, 1908) zeichnet sich ebenso wie *Madame Bovary* durch eine entpersönlichte, auf präziser Detailschilderung beruhende Darstellungsweise aus, die auf genauer (kunst-) geschichtlicher und sogar archäologischer Dokumentation beruht. F. brach eigens nach Tunesien auf, um dort den Schauplatz des Romans in Augenschein zu nehmen. Die heroisch-pathetische Handlung – der Aufstand und der Untergang eines Söldnerheeres im antiken Karthago – wird in eindrucksvollen Schlachtdarstellungen erzählt, die die Grausamkeit und die Sinnlosigkeit des Geschehens deutlich erkennbar machen.

1863 – auf der Höhe seines literarischen Ruhmes – schrieb F. das Theaterstück *Le château des cœurs* (1863; *Die geraubten Herzen*, 1923), das er bis zu seinem Tod vergeblich an einem Pariser Theater unterzubringen versuchte. Während *Salammbô* den literarischen Ruhm des Autors vergrößerte, blieb dem Roman *L'éducation sentimentale. Historie d'un jeune homme* (1869; *Lehrjahre des Gefühls. Geschichte eines jungen Mannes*, 1904), an dem F. seit den 1840er Jahren schrieb, der Erfolg versagt. F. schildert darin die politische und private Desillusionierung einer ganzen Generation von jungen Bürgerlichen, deren Hoffnungen und politische Ideale im Zuge der Umwälzungen nach dem Scheitern der Revolution von 1848 und beim Übergang zum zweiten Kaiserreich verlorengingen: Frédéric Moreau beginnt mit hochfliegenden Plänen ein Jurastudium in Paris, verfällt aber mehr und mehr der Passivität und willensschwachen Mittelmäßigkeit. Die Konsequenzen zeigen sich zunächst im Gefühlsleben des Protagonisten: Er verliebt sich die mit einem Kunsthändler verheiratete Mme Arnoux, die ihn jedoch zurückweist. Er verspricht darauf seiner Jugendliebe Louise in seiner Heimatstadt Nogent-sur-Seine die Ehe; wird in Paris jedoch zu einem Bohemien, der nicht nur mit der Kurtisane Rosanette, sondern auch mit der einflussreichen Mme Dambreuse intime Beziehungen pflegt und Louise darüber vergisst. Parallel zum Verfall jeder Illusion im Zwischenmenschlichen schwinden auch die politischen Illusionen der revolutionären Aufbruchsstimmung, die 1848 den Kreis seiner Freunde erfasst. Das Scheitern des Aufstands treibt sie in die politische Resignation oder in den Opportunismus. Hier kommt der zum Desillusionsroman gewandelte Entwicklungsroman zu seinem Zielpunkt: Frédéric lebt von nun an mit dem Gefühl, seine Chancen verpasst zu haben, und führt genau das langweilige, angepasste und mittelmäßige bürgerliche Leben, das er zuvor verachtet hatte. Wie schon bei *Madame Bovary* schließt die entpersönlichte Darstellungsweise den direkt in die Handlung eingreifenden (auktorialen) Erzähler aus. Die Wirklichkeit wird aus der Perspektive verschiedener Figuren, die sich im Dialog oder mit dem Mittel der erlebten Rede äußern, in Form von einzelnen Fragmenten dargestellt, aus deren teilweiser Überschneidung sich nicht nur das Wirklichkeitsbild ergibt, sondern auch Erkenntnisse darüber gewinnen lassen, welchen Blick die Protagonisten auf die Welt werfen und inwieweit sie sie durchschauen. Auf indirekte Weise wird damit der Bewusstseinshorizont der Romanfiguren darstellbar. Schließt die unpersönliche Erzählhaltung auf der einen Seite Urteile, Wertungen und Schlussfolgerungen aus, so ergeben sich durch diese raffinierte Figurendarstellung Möglichkeiten der Kommentierung, Distanzierung und Ironie, die dem Leser allerdings nicht explizit vorgegeben werden, sondern vielmehr am Verhalten und Denken der Figuren abgelesen werden können.

1873 vollendete F. das Theaterstück *Le candidat* (1874; *Der Landtagskandidat*, 1923), das im Theater Vaudeville ein solcher Misserfolg wurde, dass F. es nach der vierten Aufführung zurückzog. Im Folgejahr erschien nach langen Vorarbeiten die endgültige Fassung des religiösen (Lese-)Dramas *La tentation de Saint-Antoine* (1874; *Die Versuchung des heiligen Antonius*, 1874), das F. schon 1848 begonnen hatte. Angeregt wurde er zu diesem Werk durch ein Gemälde von Pieter Brueghel dem Älteren, das ihn bei seiner Reise nach Genf 1845 tief beeindruckt hatte. Der heilige Antonius wird in sieben Szenen von mythologischen Figuren aus verschiedenen kulturellen und literarischen Traditionen heimgesucht. Das Werk wurde gut verkauft, von der Presse jedoch eher zurückhaltend besprochen. 1875 verschlechterten sich F.s finanzielle Verhältnisse, da er sein gesamtes Vermögen aufwenden musste, um die Bankrottschulden seiner

Nichte Caroline zu begleichen. In dieser Zeit verfasste er die *Trois contes* (1877; *Drei Erzählungen*, 1908): »Un cœur simple«, »La légende de Saint Julien l'Hospitalier« und »Hérodias«, (»Ein schwaches Herz«, »Die Legende vom heiligen Julian, dem Hospitalisten«, »Die Rache der Toten«), die einen religiös-thematischen Bogen über drei Zeitalter hinweg spannen.

In dem unvollendet gebliebenen Roman *Bouvard et Pécuchet* (1881, *Bouvard und Pécuchet*, 1922), der auf umfangreichen Studien in verschiedenen wissenschaftlichen Fachgebieten beruht, karikiert F. die borniete positivistische Wissenschaftsgläubigkeit und den naiven Fortschrittsoptimismus. Die beiden Titelhelden, zwei kleine Angestellte, begegnen sich zufällig in Paris und entdecken, dass sie gleichermaßen vom Landleben träumen. Als Bouvard eine ansehnliche Erbschaft macht, beschließen die beiden, ihren Traum Wirklichkeit werden zu lassen. Sie kaufen ein Anwesen in Chavignolles im Calvados und versuchen, es auf der Grundlage ausgedehntester Lektüre nach allen Regeln der Kunst zu einem Mustergut umzuformen. Doch alle ihre mit großem Aufwand betriebenen Vorhaben scheitern an ihrer Unerfahrenheit und bringen sie nah an den finanziellen Ruin. In ihrem unstillbaren Wissensdurst wenden sich die »Aussteiger« (Brunhilde Wehinger) anderen Fachgebieten zu und versuchen sich unter anderem als Chemiker, Biologen, Mediziner, Naturforscher, Stadtplaner, Archäologen und Spiritisten. Nach und nach begeistern sie sich für jede Richtung menschlichen Forschungsdrangs, lesen hierzu die wichtigsten Autoren, geben aber beim ersten Rückschlag ebenso schnell wieder auf, wie sie sich dem jeweiligen Gebiet zugewandt haben. Sie versuchen sich auch als Historiker, planen eine Schule zu eröffnen, und entscheiden sich dazu, es als Schriftsteller zu versuchen: Ihre Bemühungen gipfeln in dem Vorhaben, eine Enzyklopädie ihres angehäuften Wissens zu verfassen, die – so F.s Planung – dem Roman als zweiter Band angefügt werden sollte. Es handelt sich um das *Dictionnaire des idées reçues* (1911, vollst. 1966; *Das Wörterbuch der Gemeinplätze*,

1968), an dem F. seit den 1840er Jahren arbeitete und in dem er Denkklischees und stereotype Überzeugungen seiner Zeitgenossen pointiert aufs Korn nimmt. Dieses Werk, das als Versuch der Romanfiguren lanciert werden sollte, das aktuelle Wissen zu versammeln, machte nicht nur sie zu lächerlichen Gestalten, sondern war auch eine brisante Spitze F.s gegen den Bildungsstand der Zeitgenossen. Insofern handelt es sich bei dem unvollendet gebliebenen Projekt nicht um einen Vorläufer des absurden Genres, sondern um einen Text, der auf der Linie der bourgeoisie-kritischen Romane *Madame Bovary* und *L'éducation sentimentale* liegt.

Wichtige Einsichten über die Kunstauffassung und das Selbstbild F.s lassen sich den Tagebüchern und seinem umfangreichen Briefwechsel etwa mit Louise Colet, George Sand, Ivan Turgenev, Guy de Maupassant, Laure de Maupassant, Émile Zola und mit den Brüdern Edmond und Jules de Goncourt entnehmen. Über seine Reisen informieren die Reiseberichte wie z. B. *Voyage d'Égypte. 1849–1851* (1912; *Reise in den Orient. Ägypten, Nubien, Palästina, Syrien, Libanon*, 1996).

Werkausgaben: Tagebücher. 3 Bde. Hg. E. W. Fischer. Potsdam 1919/20. – Gesammelte Werke. 6 Bde. Hg. W. Weigand. München 1923. – Briefe. Hg. H. Scheffel. Stuttgart 1977.

*Rolf Lohse*

### Fleißer, Marieluise
Geb. 23. 11. 1901 in Ingolstadt;
gest. 1. 2. 1974 in Ingolstadt

Ihr Leben und Schreiben war von der bayrischen Heimatstadt geprägt, ihren Ruhm in jungen Jahren errang sie in der Metropole der Weimarer Republik, in Berlin. Die Werke, die sie bekannt machten, die Dramen *Fegefeuer in Ingolstadt* (1926 uraufgeführt) und *Pioniere in Ingolstadt* (1928), tragen den Stempel der Herkunft schon im Titel. »Sie hat einfach die Überzeugung, daß man in der Provinz Erfahrungen macht, die es mit dem großen Leben der Metropole aufnehmen können«, schrieb

Walter Benjamin 1929. Ingolstadt als Lebensform – das bedeutet für das Kind des Eisenwarenhändlers Fleißer eine Erziehung, die durch bayrisch-provinziellen Katholizismus und durch eine materiell behütete, kleinbürgerliche Familie geprägt ist, in der die »Besonderheit« des Mädchens, der Hang zu Büchern, durchaus akzeptiert wird. 14-jährig kommt sie in ein klösterliches Internat in Regensburg, wo sie 1919 das Abitur macht. Anschließend schreibt sie sich als Studentin der Theaterwissenschaft in München ein. Sie wohnt in Schwabing, doch ein unbeschwertes Bohèmeleben will ihr nicht gelingen; die Großstadt wird weniger als Befreiung aus kleinstädtischer Enge, denn als Ort der Fremdheit und Kälte im mitmenschlichen Umgang erfahren. Die Suche nach Schutz und Geborgenheit konkurriert noch mit der Lust auf Abenteuer: Die biographisch getönten Erzählungen der F. aus den 1920er Jahren geben darüber Auskunft. Über Lion Feuchtwanger, dem sie ihre ersten literarischen Versuche zeigt, lernt die Studentin Bertolt Brecht kennen. Er erkennt die spezifische Begabung der F., das »Geschehen als Ausdruck« zu geben und das bayrische Idiom als Sozialcharakteristik zu verwenden. Für F. wird die Begegnung mit dem jungen Brecht lebensbestimmend – noch als sie in den 1970er Jahren ihre Texte für die Werkausgabe (1972) überarbeitet, richtet sie sich nach seinen vermeintlichen Ansprüchen. 1924 jedenfalls bricht sie auf sein Anraten und nach seinem Vorbild ihr Studium ohne Examen ab, will sich als Autorin behaupten – und muss aus Geldmangel (es ist die Zeit der Inflation) vorläufig zurück ins väterliche Haus, während Brecht nach Berlin übersiedelt. Als er sich dort für das erste Drama der F., *Fegefeuer in Ingolstadt* (urspr. *Die Fußwaschung*), einsetzt und die Vorstellung der »Jungen Bühne«, dem Experimentiertheater, durchsetzt, reist sie nach Berlin, erlebt die Probenarbeit Brechts, nimmt seine Änderungsvorschläge an. Der Erfolg gibt ihr Recht: Sowohl der Kritiker Alfred Kerr als auch Herbert Ihering – sonst durchweg Antipoden – sind sich in ihrer Begeisterung für die junge Dramatikerin einig. Im Spiegel des Geschlechterverhältnisses entfaltet der Text ein Panorama der kleinbürgerlichen Gesellschaft zwischen den Kriegen, die keine Außenseiter duldet. Sprachlosigkeit angesichts der eigenen Empfindungen drückt sich in Sprachklischees aus, die erwachende Sexualität Jugendlicher in religiöser Verblendung. Die Sprache der F. offenbart ein Talent, unbeeinflusst von literarischen Vorbildern eigene Erfahrung in einer authentischen Form zu verallgemeinern.

Im Sommer 1926 ermuntert Brecht sie zu einem neuen Stück, nachdem sie ihm von der Anwesenheit preußischer Pioniere in ihrer Heimatstadt und den Auswirkungen auf das soziale Leben, von den kurzfristigen Liebesabenteuern, erzählt hat. Ihr ist der Kern des Sujets, die Wirkung der Militärordnung auf männliches Verhalten, eigentlich fremd, und sie arbeitet an den *Pionieren in Ingolstadt* (1929) weitgehend nach den dramaturgischen Vorstellungen Brechts, verdichtet den Stoff zu einer Sozialstudie mit modellhaften Situationen, während ihre ureigenste Stärke in der Schilderung der von Trostlosigkeit und verzweifelter Anstrengung gekennzeichneten Begegnung zwischen Mann und Frau liegt. Nach einer wenig beachteten Uraufführung in Dresden verschärft Brecht die sexuell anstößigen Dialoge und Handlungselemente des Stücks, so dass sich selbst das libertine Berliner Publikum verunsichert fühlt, die rechte Presse von nationaler Schande spricht (Verunglimpfung des Militärs), die eigentlich abgeschaffte Zensur wieder in Kraft tritt und der Ingolstädter Bürgermeister sich über die öffentliche Verhöhnung seiner Heimatstadt beklagt. Die 28-jährige Autorin findet sich plötzlich in einem öffentlichen Kampffeld, auf dem sie sich nicht bewegen kann. Sie hatte sich kaum mehr mit dem Stück identifiziert und es Brecht, der immer wieder Änderungen verlangt hatte, gleichsam überlassen. Der Skandal aber ist ausschließlich mit ihrem Namen verbunden. Brecht, der kaum begreift, warum sie darunter so leidet, steht ihr nicht bei, hat er doch sein eigenes Ziel – die Provokation des Publikums, der Kritik und der Zensur – erreicht.

Dass die F. in dieser Situation die Beziehung zu Brecht abbrach, zeigt, wie wenig sie seinem Ideal der Härte und der Anpassung an die »Kälte der Welt« gerecht werden konnte und wollte, zeigt aber auch ihre Stärke: keine andere der zahlreichen Frauen, die mit Brecht lebten und arbeiteten, hat sich je aus eigenem Entschluss von ihm getrennt.

Doch das Bedürfnis nach Schutz setzt sich durch: F. geht eine Verbindung mit dem nordisch-völkisch orientierten Dichter und Journalisten Hellmut Draws-Tychsen ein und gerät in der literarischen Szene Berlins ins rechte Lager, ohne sich über die Tragweite dieses Schritts im Klaren zu sein. In dem Stückfragment *Der Tiefseefisch* (1930) schildert sie durchsichtig, wie eine hilflose Dichterin zwischen dem exzentrischen Odenschmied seinen Mannen und dem neusachlichen Schriftsteller mit seiner »Literaturwerkstatt« bis zur Selbstaufgabe getrieben wird. Brecht hat ihr die Veröffentlichung dieses Textes untersagt, sie hat sich, solange er lebte, daran gehalten.

Obwohl die Beziehung zu Draws-Tychsen sie an den Rand der psychischen Zerrüttung bringt, ist es auch eine Zeit neuer Erfahrungen (erste Reisen ins Ausland) und literarischer Produktivität. F.s Selbstverständnis, »aus dem Unbewußten heraus« zu schreiben, stand konträr zum Brechtschen Literaturbegriff, während es den Vorstellungen Draws-Tychsens durchaus entsprach. F. hat in Brecht das Genie bewundert und geliebt, nicht sein literarisches Programm, das er sie zu verpflichten suchte. Die *Draws-Geschichten*, die um 1930 entstehen, sind für das Verhältnis von Leben und Schreiben der F. aufschlussreich. Gequält von Geldnot und der hochfahrenden Art ihres Verlobten, beschreibt sie mit souveräner Heiterkeit und einem genauen Blick für die Schwäche ihres Partners, dem sie sich gleichwohl unterwirft, die bizarren Situationen, die er immer wieder heraufbeschwor. Nachdem er durchgesetzt hat, dass sie ihren Verlag Ullstein verlässt und damit einen Vertrag löst, der ihr eine gewisse materielle Sicherheit garantiert hat, schreibt sie als Auftragsarbeit für den neuen Verlag Kiepenheuer ihren einzigen Roman, dessen Titelfigur *Mehlreisende Frieda Geyer* (1931) erfolgreich um ihre ökonomische Unabhängigkeit und sexuelle Emanzipation kämpft. Ort der Handlung: eine bayrische Provinzstadt, der männliche Partner: ein Sportschwimmer und Tabakhändlersohn – erkennbar ein Porträt des ehemaligen Verlobten und künftigen Ehemanns der F., Bepp Haindl. Wiederum fällt der Gegensatz zwischen überlegener literarischer Übersetzung der eigenen Erfahrungen (die F. war aus der Verlobung mit Haindl immer wieder in die intellektuelle Szene der Großstadt ausgebrochen) und der demütigenden Realität der Ehe (1935 bis 1958) auf. Als sie 1933 keine Chance mehr sieht, weiter zu veröffentlichen, fühlt sie sich – bei den Nazis als »Asphaltliteratin« und »Sexualbolschewistin« verrufen – gezwungen, in ihre Heimatstadt zurückzukehren. Dort als Nestbeschmutzerin erst recht gemieden, flieht sie 1935 aus dem Elternhaus in die Vernunftehe mit ihrem Freund von einst und bleibt so vor den schlimmsten Übergriffen bewahrt. Von allen Kontakten mit den ehemaligen Dichterkollegen isoliert, lebt sie von nun als Ehe- und Geschäftsfrau, jeder intellektuellen und kreativen Tätigkeit entfremdet, – zwischen 1938 und 1945 arbeitet sie mit langen Unterbrechungen an einem Historiendrama über Karl Stuart – so dass sie am literarischen Neubeginn nach 1945 nicht teilhat. Wieder ist es Brecht, der ihr 1950 hilft, das gegen Ende des Krieges entstandene Volksstück *Der starke Stamm* in München zur Aufführung zu bringen. Die Wiederaufnahme ihrer literarischen Produktion ist ihr jedoch erst nach dem Tod ihres Mannes möglich. Sie schreibt Prosa, welche die Zeit ihres Verstummens und die Rekonstruktion ihrer Beziehung zu Brecht zum Thema hat. Im Schatten der Wiederentdeckung des kritischen Volkstheaters in den 1960er Jahren erlangt sie überraschend einen späten Ruhm. Die jungen bayrischen Autoren Rainer Werner Fassbinder, Franz Xaver Kroetz und Martin Sperr sehen die F.schen Dramen mit ihrem stilisierten Dialekt als Vorbild und Anregung, sorgen für die Neuentdeckung ihres Werks. Als die F. 1974 stirbt, ist sie eine wieder gespielte und gelesene Autorin, die sowohl im Rahmen des erwachten Interesses an der Kultur der Weimarer Republik sowie an einer weiblichen Ästhetik aufmerksam zur Kenntnis genommen wird.

Werkausgabe: Gesammelte Werke in 4 Bänden. Hg. von Günther Rühle. Frankfurt a. M. 1994; Briefwechsel 1925–1974. Hg. von Günther Rühle. Frankfurt a. M. 2001.

*Genia Schulz/Red.*

### Fleming, Paul
Geb. 5. 10. 1609 in Hartenstein/Sachsen; gest. 2. 4. 1640 in Hamburg

In den Jahren von 1633 bis 1639 reiste eine holsteinische Gesandtschaft nach Russland und Persien, um eine neue Handelsroute zu erschließen und Schleswig-Holstein in den profitablen Orienthandel einzuschalten. Berühmt wurde das im übrigen ergebnislose Unternehmen durch die Reisebeschreibung von Adam Olearius (*Offt begehrte Beschreibung Der Newen Orientalischen Reise*, 1647; erweiterte Ausgabe 1656). Unter den Teilnehmern wird unter den »Hoff-Junckern und Trucksessen« F. aufgeführt, den »Mars«, »der Unhold aller Kunst«, so schreibt er selber, aus seiner Heimat vertrieben habe. Die Reise hat ihre Spuren in seinem Werk hinterlassen, nicht nur, dass sie Anlass zu zahlreichen Gedichten auf Landschaften, Städte, Flüsse, Freunde und die ferne(n) Geliebte(n) gegeben hat, sondern auch in der Art, dass diese Ausnahmesituation, die Abtrennung vom literarischen Betrieb und seinen Konventionen F. geholfen haben mag, den eigenen Ton zu finden. Die Sehnsucht des »halb-verlorenen Sohns« nach seiner idealisierten Heimat ist die andere Seite dieser Trennung.

F. stammte aus einem protestantischen Pfarrhaus und erhielt dank der Unterstützung einer gräflichen Patin eine seiner Begabung angemessene Ausbildung. 1622 kam er nach Leipzig, besuchte zunächst die Thomasschule, dann ab 1628 die Universität, wo er nach der obligatorischen Ausbildung in der Artistenfakultät mit dem Studium der Medizin begann und am 2. Mai 1633 vorläufig mit dem Magistergrad abschloss: »Apollo war mir günstig /

der Musicant' und Artzt«, schreibt er, der seit 1630 mit religiösen, patriotischen und erotischen Dichtungen in deutscher und lateinischer Sprache hervorgetreten war.

Mit der Reise verliert die patriotische Thematik allmählich an Bedeutung. Die Reise und die Reisegesellschaft selbst werden zum Thema. F. evoziert mit Hilfe eines verschwenderischen mythologischen Apparats die exotischen Schauplätze, besingt die gesellschaftlichen Anlässe und Gelegenheiten und ruft die überstandenen Gefahren zurück – Stürme, Schiffbrüche, Tatarenüberfälle, Hunger und Durst. Andererseits führen lange Zwischenaufenthalte an verschiedenen Orten zu zahlreichen sozialen Kontakten, so zur Familie des Kaufmanns Heinrich Niehusen, der drei Töchter hatte, »welche unverheirathet bei Flemings Anwesenheit in Reval seine Dichtergabe viel in Anspruch nahmen« (so der F.-Herausgeber J. M. Lappenberg).

Der Grundton der Liebesdichtung ist petrarkistisch, doch behauptet sich neben den traditionellen Motiven der klagenden Liebe, neben Selbstverlust, Todessehnsucht und dem ganzen antithetischen und hyperbolischen Arsenal der überlieferten Liebessprache ein anderes Thema, das der Treue. Dabei klingt in dem schlichteren Ton der Lieder (»Oden« in barocker Terminologie) das Volks- und Gesellschaftslied an *(Ein getreues Hertze wissen / hat deß höchsten Schatzes Preiß)*, während Sonett und Alexandriner die angemessenen Formen darstellen, um die Antinomien der petrarkistischen Liebesauffassung auszudrücken. Das Gegenbild des von widerstreitenden Affekten hin und her gerissenen petrarkistischen Liebhabers, wie er in einem Teil der Liebesgedichte gezeichnet ist, zeigen die weltanschaulich-philosophischen Sonette *(An Sich, Grabschrifft)* und einige der großen Alexandrinergedichte *(In grooß Neugart der Reussen)*, die ein Tugendprogramm auf der Basis des Neostoizismus formulieren.

F. kam nicht mehr dazu, eine Ausgabe seiner Gedichte zu veranstalten. Unmittelbar nach der Rückkehr von der »Orientalischen Reise« und seiner Verlobung mit Anna Niehusen in Reval (8. Juli 1639) reiste er nach Lei-

den, wo er am 23. Februar 1640 mit einer Disputation *De Lue Venerea* zum Doktor der Medizin promovierte. Auf der Rückreise nach Reval starb er am 2. April 1640 in Hamburg. In der »Grabschrifft / so er ihm selbst gemacht … auf seinem Todtbette drey Tage vor seinem seel: Absterben«, formuliert er voller Selbstbewusstsein die Gültigkeit und Leistung des eigenen Lebens, das durch die Dichtung der Unsterblichkeit versichert ist: »Man wird mich nennen hören / Biß daß die letzte Glut diß alles wird verstören.«

Werkausgaben: Teutsche Poemata [1646]. Neudruck Hildesheim 1969; Lateinische Gedichte. Hg. von J. M. Lappenberg. Stuttgart 1863. Neudruck Amsterdam 1969; Deutsche Gedichte. Hg. von J. M. Lappenberg. Stuttgart 1865 (Neudruck Darmstadt 1965).

*Volker Meid*

### Fo, Dario
Geb. 24. 3. 1926 in Sangiano/Varese

Der Nobelpreisträger für Literatur 1997 gilt als der vielseitigste Künstler Italiens. Dario Fo ist zugleich Autor, Regisseur, Sänger, Erzähler, Bühnenbildner und nicht zuletzt Schauspieler. Sein Werk ist sowohl den traditionellen Formen des Volkstheaters (Farce, Commedia dell'arte, Mysterienspiel, Puppen- und Marionettenspiel) als auch dem Absurden Theater eines Eugène Ionesco und Samuel Beckett und der epischen Dramatik Bertolt Brechts verpflichtet. Innovativ ist vor allem das Experimentieren mit diesen Genres. Ihre virtuose Vermischung macht F.s künstlerische Modernität aus. Er setzt die Tradition volkstümlicher Theaterkunst fort, weil sie ihm als respektlose Untergrundkultur erlaubt, anspielungsreich zeitgenössische Missstände bloßzustellen und an den Grundfesten etablierter Machtstrukturen zu rütteln. Zugleich ist sie die alternative Antwort auf eine bürgerliche

Theater- und Kulturpolitik. F. sieht sich selbst in der Tradition des *giullare*, des von Ort zu Ort ziehenden mittelalterlichen Gauklers und Spielmanns, der in meist subversiven Aufführungen Klerus und Adel grotesk-provokativ aufs Korn nahm. Die Rede *Contra jogulatores obloquentes* (*Gegen die widersprechenden Spielleute*) zur Verleihung des Nobelpreises widmete er unter anderem dem Possenreißer aus Padua Angelo Beolco (ca. 1496–1542), genannt »Il Ruzzante«. Ihm verdankt F. neben einem widerspruchsvollen Geist, der eine durch die heftigsten Auseinandersetzungen hindurch unverminderte Anziehungskraft ausübt, auch die eigentümliche Ausdrucksweise des *grammelot*.

Mit dieser Gaukler-Sprache, »bestehend aus in Intonation und Rhythmus wort- und satzähnlichen Geräuschen einer mit Dialekten durchsetzten undefinierbaren Sprache, deren Bedeutung sich durch Gestik und Mimik erschließt« (Heinz Thomas/Hermann H. Wetzel), meistert F. seine unterschiedlichen Stoffe mit großer Virtuosität. So etwa in dem wohl bekanntesten Stück *Mistero Buffo* (1969; *Mistero Buffo*, 1969). In einer Folge szenischer Variationen in neun Bildern inszeniert er unter anderem die Methodik seiner Dramaturgie (1. Bild) und die Geburt des Spielmannes (6. Bild).

Vom Theater fasziniert, brach F. sowohl ein Studium an der Akademie der Schönen Künste in Brera als auch das der Architektur ab. Er begann – von seiner Zeit als freier Mitarbeiter beim italienischen Fernsehen abgesehen – als Laienschauspieler und Verfasser von Theaterstücken und rief verschiedene Theatergruppen ins Leben, um seine Vorstellungen eines volkstümlichen, politischen Theaters zu realisieren. Nutzen und Vergnügen sollten dabei eine dialektische Einheit eingehen. Zunächst gründete er 1958 mit seiner Frau Franca Rame die Compagnia Fo-Rame. 1960 machte er mit einem Stück über die Manipu-

lationen der kulturellen Industrie, *Gli arcangeli non giocano a flipper* (*Erzengel spielen nicht Flipper*), auf sich aufmerksam. 1968 erfolgte die Fusion mit dem Teatro d'Ottobre zum Theaterkollektiv Nuova Scena. In Zusammenarbeit mit der ARCI (Associazione ricreativa culturale italiana), der Kulturorganisation der damaligen Kommunistischen Partei Italiens (PCI), bot sich nun ein Forum für die Umsetzung eines Agitprop-Theaters. Die enge Verflechtung von Kunst und Gesellschaft sollte explizit thematisiert und diskutiert werden. Die ACRI verfügte über ein weitverstreutes Netzwerk von Zirkeln, Gewerkschafts- und Kulturhäusern, die es dem Stückeschreiber erlaubten, ein breites Arbeiterpublikum zu erreichen. Als Bühnenautor stellte F. seine Kunst in den Dienst der proletarischen Massenbewegungen. Diese Zielvorgabe geht aus dem Statut der neugebildeten Theatergruppe hervor: »Wir sind ein Kollektiv, das sich in den Dienst der revolutionären Bewegung stellt, nicht in der Absicht, den bürgerlichen Staat zu reformieren, sondern um einen Beitrag zu leisten zu dem revolutionären Prozess, der mit der Machtergreifung der Arbeiterklasse enden wird.« Ideologische Zerwürfnisse führten nach nur zwei Jahren zum Bruch. Auslöser war das Stück *L'operaio conosce 300 parole, il padrone 1000, per questo lui è il padrone* (1970; *Der Arbeiter kennt nur 300 Worte, der Unternehmer 1000; deshalb ist er der Unternehmer*), in dem F. die Kulturpolitik der PCI kritisiert. F., der jede politische Vereinnahmung ablehnt, gelang es 1974, die Palazzina Liberty in Mailand als festen Aufführungsort für seine Stücke, aber auch für Diskussionsabende und andere Veranstaltungen zu erstreiten. Mit der Zeit hat das in den 1960er und 70er Jahren begründete politische Theater allerdings an Appellfunktion, nicht aber an Brisanz verloren.

F. sah sich immer als Anwalt der Machtlosen, der die Mächtigen auf jede nur erdenkliche Art attackiert. Die Schwedische Akademie der Künste würdigte ihn denn auch als »seriösen und vielseitigen Satiriker«, der »in der Nachfolge der mittelalterlichen Gaukler die Macht gegeißelt und die Würde der

Schwachen und Gedemütigten wiederaufgerichtet hat«.

In programmatischen Texten hat F. immer wieder den poetologisch-politischen Standpunkt seiner Kunst unterstrichen und verteidigt. Des Öfteren fiel der lehrhaften, ideologischen Moral die Ästhetik zum Opfer. Bei allem Ernst der dramatisierten Ereignisse – ob es sich um den rätselhaften Tod eines Anarchisten in einem der bekanntesten Stücke, *Morte accidentale di un anarchico* (1971; *Zufälliger Tod eines Anarchisten*, 1978), oder die Inszenierung des zivilen Ungehorsams von aufgebrachten Arbeiterfrauen während der Wirtschaftskrise in *Non si paga! Non si paga!* (1974; *Bezahlt wird nicht!*, 1977) handelt –, der Hauptakzent der Aufführungen liegt auf der Unterhaltung. Nur das satirische Lachen vermeidet die Katharsis und ermöglicht dem Zuschauer eine kritisch-analysierende Haltung gegenüber politisch-gesellschaftlichen Sachverhalten. Nach F.s eigener Aussage »fürchtet die Macht nichts mehr als das Lachen, das Lächeln, den Spott. Sie sind ein Anzeichen für kritischen Sinn, Phantasie, Intelligenz und das Gegenteil von Fanatismus« (*Manuale minimo dell'attore*, 1987; *Kleines Handbuch des Schauspielers*, 1989). Das Publikum muss eine eigene Standortbestimmung vornehmen, seine Rolle als Adressat von Informationen im Rahmen der Aufführungen von politisch, sozial oder religiös brisanten Themen begreifen und eigenständig vor dem Hintergrund einer sich stetig wandelnden, veränderbaren und zu verbessernden Gesellschaft reflektieren. Mit der Durchbrechung der »vierten Wand« nimmt F. dem Publikum den Illusionscharakter der dargestellten Ereignisse und stellt immer wieder die Verbindung zur zeitgenössischen Realität her. Die dabei verwendeten Methoden reichen von einem an das Publikum gerichteten Prolog über dessen direkte Verwicklung in das Geschehen mitten in der Aufführung bis zu einer nach dem Ende des Stückes angesetzten öffentlichen Diskussion.

In den Stücken steht meist ein Ereignis der Vergangenheit im Dienst gegenwartsbezogener Gesellschaftskritik. Gerade dieser doppelten, einerseits historisch vermittelten, andererseits aber auch stets aktualisierbaren Perspektive verdanken die meisten Stücke F.s ihre spektakuläre Theaterwirksamkeit. In *Morte accidentale di un anarchico* rekurrierte F. auf den Fall Salsedo in New York aus dem Jahr 1921, um den tödlichen Sturz des italienischen Anarchisten Giuseppe Pinelli aus einem Fenster der Mailänder Quästur distanziert und parabelhaft darstellen zu können. In *Tutti uniti! Tutti insieme! Ma scusa, quello non è il padrone?* (1970; *Einer für alle, alle für einen!*; *Verzeihung, wer ist hier eigentlich der Boß?*, 1978) ermöglichte die von Brecht adaptierte Verfremdungstechnik, das Geschehen nicht nur als historisches Lehrstück über den Zusammenhang von Faschismus und Kapitalismus zu inszenieren, sondern darüber hinaus den Zusammenhang von Macht, Gewalt und Missbrauch in ihrem Verweisungscharakter auf gegenwartsbezogene Vorgänge transparent zu machen. In einem seiner umstrittensten Stücke, *L'anomalo bicefalo* (2004; *Der abnormale Doppelhirnige*), das ihm eine der zahlreichen Verleumdungsklagen seines Lebens einbrachte, greift er wieder auf politische Realien zurück, nennt aber diesmal die Protagonisten direkt beim Namen: Premierminister Silvio Berlusconi und Präsident Vladimir Putin werden in die surreale, absurd anmutende Geschichte einer Gehirntransplantation verwickelt.

F.s Texte sind keine autonomen, d. h. von Autor und Leser unabhängigen Kunstwerke. Gemäß seiner programmatischen Absicht sollten sie sowohl vor dem Hintergrund ihres jeweiligen historisch-politisch-gesellschaftlichen Kontextes als auch in ihrer Funktion im Zuschauer-Darsteller-Verhältnis rezipiert und diskutiert werden. Diese Tatsache bringt es notwendigerweise mit sich, dass die Texte auch in ihrer gedruckten Fassung niemals endgültig abgeschlossen sind. Ihr Ende ist insofern offen, als aufgrund neuer Erkenntnisse Inhalte umgeschrieben, d. h. der neuen politisch-sozialen Lage angepasst werden müssen. Dem Zuschauer soll dadurch das allgemeine Problem des Verhältnisses von Literatur und Gesellschaft sowie seine eigene Rolle als Rezipient von politischen Informationen und als kreativer Mitgestalter bewusst werden.

*Sandro Moraldo*

## Fonseca, José Rubem
Geb. 11. 5. 1925 in Juiz de Fora/Brasilien

Rubem Fonseca ist einer der erfolgreichsten brasilianischen Erzähler der Gegenwart; sein Hauptthema ist das Leben in der brasilianischen Großstadt, das von Übervölkerung, wirtschaftlicher und gesellschaftlicher Ausgrenzung eines großen Teils ihrer Bewohner, Auflehnung und Gewalt geprägt ist. Seine Erzählungen und Romane verbinden Kriminalgeschichten mit politischen Inhalten, Gesellschaftskritik und außergewöhnlicher literarischer Brillanz. Während der Militärdiktatur waren seine Werke verboten.

F. zog mit seinen Eltern nach Rio de Janeiro, als er sieben Jahre alt war, und er ist dieser Stadt treu geblieben. Seine schöpferische Phantasie erhielt erste Anregungen durch die vielen Stunden, die er als Kind im Kino verbrachte. Später prägten ihn die Erfahrungen bei der Polizei von Rio. F. war ein auffallend guter Absolvent der Polizeischule, besonders tat er sich im Fach Psychologie hervor. Über die kriminalistische und juristische Seite der Fälle hinaus interessierten ihn die menschlichen Tragödien, die sich darin offenbarten. Ein Stipendium für einen Fortbildungsaufenthalt in den USA nutzte er zu einem Studium der Betriebswirtschaft an der Universität New York, was es ihm ermöglichte, nach seiner Rückkehr nach Rio zum Direktor der dortigen Elektrizitätswerke aufzusteigen. Mit 38 Jahren kündigte er und beschloss, sich ganz der Literatur zu widmen.

1963 erschien sein erstes Buch mit Erzählungen *Os prisioneiros* (1963; Die Gefangenen), zwei Jahre später folgte ein weiterer Sammelband mit Erzählungen *A coleira do cão* (1965; Das Halsband des Hundes), für den er vom brasilianischen PEN-Club ausgezeichnet wurde – der erste von einem Dutzend brasilianischer Preise, hinzu kamen im Lauf der Zeit noch der Prêmio Goethe, verliehen vom Goethe-Institut Rio de Janeiro, der Prêmio Luis de Camões, der sog. »Nobelpreis für die Literatur portugiesischer Sprache«, und der mexikanische Juan-Rulfo-Preis für lateinamerikanische und karibische Literatur. In der Folge der Verleihung des Prêmio Goethe hielt F. sich 1986 mit einem Künstlerstipendium des DAAD ein Jahr lang in Westberlin auf. Er hat Deutschland danach noch mehrfach besucht, unter anderem 1989 und 1993 zu Tagungen im Berliner Haus der Kulturen der Welt.

Das von F. überwiegend gepflegte Genre ist die kürzere Erzählung, er publizierte mehr als ein Dutzend Erzählungsbände. Sein Werk umfasst jedoch auch verschiedene Romane und Kurzromane. Mehrere dieser Werke sind verfilmt worden, und da sein Interesse am Film nie erlahmt ist, hat er auch selbst Drehbücher verfasst. Die meisten seiner Publikationen sind in zahlreiche Sprachen übersetzt, auf deutsch liegen seine Romane *Bufo & Spallanzani* (1986; *Bufo & Spallanzani*, 1987), *Vastas emoções e pensamentos imperfeitos* (1988; *Grenzenlose Gefühle, unvollendete Gedanken*, 1991) und *Agosto* (1990; *Mord im August*, 1994), die Sammelbände mit Erzählungen *Der Abkassierer* (1989) und *Das vierte Siegel* (1989) sowie viele einzelne kürzere Texte in Zeitschriften und Anthologien vor. Auch wenn sich die Bücher in Stil und Stoff unterscheiden, bleibt F. seinem Hauptthema stets treu.

*A grande arte* (1983; *High Art*, 1986), der Roman, für den F. unter anderem den Prêmio Goethe erhielt, führt die Hauptfigur der Geschichte, einen wenig erfolgreichen Detektiv, der unfreiwillig an der Ermordung einer im Kampf gegen die Drogenmafia eingesetzten Ermittlerin beteiligt ist, in den brasilianischen Urwald an die bolivianische Grenze. In *Bufo & Spallanzani* zeichnet F. virtuos und witzig – anhand der Flucht des Frauenhelden und berühmten Schriftstellers Gustavo Flávio vor dem eifersüchtigen Ehemann seiner ermordeten Geliebten in ein Urwaldhotel – ein satirisches Bild der brasilianischen Bourgeoisie. *Agosto* ist ein Politthriller, in dem sich Fakten aus der neueren Geschichte Brasiliens und eine Darstellung der Hintergründe des Suizids des brasilianischen Präsidenten Getúlio Vargas 1954 mit phantasievoller Fiktion mischen. In allen Werken F.s findet sich aber eine Darstellungsweise, die mit einem aggressiven Realismus nicht nur die brutale Oberfläche der brasilianischen Megalopolen schildert, sondern tiefe Einblicke in das Seelenleben der Menschen gewährt, die dort leben, und ihre Motive, ihre psychischen Strukturen, ihr Leiden und ihre Hilflosigkeit aufdeckt. F. zeigt das Zerbröckeln der herkömmlichen Moral und die Orientierungslosigkeit der sich selbst überlassenen Opfer einer Gesellschaft, in der Solidarität und Nächstenliebe als Werte ausgedient haben und in der lediglich Leistung und wirtschaftlicher Erfolg zählen.

*Kurt Scharf*

## Fontane, Theodor
Geb. 30. 12. 1819 in Neuruppin;
gest. 20. 9. 1898 in Berlin

Es gab ein geflügeltes Wort unter Theaterleuten, das F. immer wieder zitierte und das ihm zum Trostsatz wurde: »Um neun ist alles aus.« Um neun Uhr abends ging am 20. September 1898 das »künstlerisch abgerundete« Leben F.s zu Ende. – »Man fährt bei solch autobiographischer Arbeit entweder, wie Lübke es tut, in einem offenen Wagen durch eine freie, weit sich dehnende Landschaft, oder man fährt umgekehrt durch eine Reihe langer Tunnels mit intermittierenden Ausblicken auf im Licht aufleuchtende Einzelpunkte.« So F. in einer Besprechung der *Lebenserinnerungen* seines Freundes, des Kunsthistorikers Wilhelm Lübke. Eine freie, weit sich dehnende Landschaft finden wir bei F. erst in den letzten zwei Jahrzehnten, nach dem Erscheinen seines ersten Romans *Vor dem Sturm* (1878). Das Konzept dazu trug er überlange in sich herum, und keine Unterbrechungen durch andere Aufgaben konnten ihm die Überzeugung nehmen, dass dieser Roman geschrieben werden würde, »weil ich diese Arbeit als ein eigentlichstes Stück Leben von mir ansehe.« Die Kriegsbücher hielten ihn auf, aber sie waren

ihm »keine Herzenssache«. »Wird das Buch (*Der Deutsche Krieg von 1866*) geschrieben – gut, wird es nicht geschrieben – auch gut; es geht der Welt dadurch von meinem Eigensten, von meiner Natur … nichts verloren; der Roman aber darf nicht ungeschrieben bleiben. Die Welt würde es freilich verschmerzen können, aber ich nicht. So liegt die Sache. Ich möchte das Kriegsbuch schreiben, weil der Roman … doch unter allen Umständen geschrieben würde« (an Wilhelm Hertz, 11. 8. 1866). *Vor dem Sturm* war der Beginn für den Romancier, den Heinrich Mann als den Begründer des modernen deutschen Romans bezeichnete und den er als seinen und seines Bruders Vorgänger ansah.

Es gab genügend »lange Tunnel« im Leben F.s. Zuerst den wirklich so genannten »Tunnel über der Spree«, den Berliner literarischen Sonntagsverein, dem sich F., durch Bernhard von Lepel eingeführt, 1844 anschloss. »Ein Tunnel ist kein Loch, er ist ein Durchgang«, meinte ein Mitglied, eine Verbindung also, die zu einem Ziel führt. Hier in diesem Berliner »Tunnel« wurde F., der mit seiner Balladendichtung dem herrschenden Geschmack entgegenkam, eine Anerkennung zuteil wie kein zweites Mal, so sehr er sich sein Leben lang danach sehnte. »Dort machte man einen kleinen Gott aus mir«, schrieb er fünfzig Jahre später. Dieser Balladenruhm gründete sich vor allem auf seine altenglischen und schottischen Balladen, die auch vielfach vertont wurden. Er ist F. zeit seines Lebens geblieben, später zu seinem Leidwesen, weil er auf Kosten seiner Romane ging. Und doch: Im Alter (mehrere seiner Romane waren schon erschienen) kehrte er noch einmal »zu den Göttern oder Hämmeln« seiner Jugend zurück, so dass er »mit fünfundsechzig wieder bei fünfundzwanzig … angelangt« ist: »Die Schlange, die sich in den Schwanz beißt, der Ring, der sich schließt« (an Emilie Zöllner, 18. 8. 1885). Aber es ist kein Zurückgehen etwa

auf die alte Heldenballade; jetzt dringt die zeitgenössische Wirklichkeit in die Ballade ein, und neue Töne werden hörbar, und mit der Spruchdichtung seines Alters findet F. einen neuen, ihm gemäßen Ausdruck lyrischer Empfindung. Der »Tunnel über der Spree« legte für F. auch das Fundament seiner Freundschaften, von denen viele bis in sein Alter erhalten blieben und denen er im Tunnelkapitel seiner Autobiographie *Von Zwanzig bis Dreißig* (1898) viele Seiten widmet.

Vom Berliner »Tunnel über der Spree« war der Weg nicht weit zum Londoner Tunnel unter der Themse, dem technischen Wunder jener Zeit und Symbol des Fortschritts. »Seit Jahren blickt' ich auf England wie die Juden in Ägypten auf Kanaan«, schrieb der Vierundzwanzigjährige in das Tagebuch seiner ersten Englandreise (1844), und in der Tat wurde ihm England das gelobte Land. Der zweiwöchigen Reise nach London folgten acht Jahre später ein halbjähriger Aufenthalt dort und dem wieder ein noch längerer von 1855 bis 1858. Hier war er nun, um »jenes eine große Kapitel England« zu studieren. Er hatte die politische Notwendigkeit eines solchen Studiums seiner Dienststelle, der Zentralstelle für Pressangelegenheiten, nachdrücklich ans Herz gelegt und sich als den jungen Deutschen, »der Lust, ja die Begeisterung zu diesem Studium hat«, dringend zur Berücksichtigung empfohlen. Die Jahre dort waren nicht leicht und seine Arbeit als Korrespondent aufreibend. Und doch wurde England für seine Entwicklung in persönlicher und literarischer Hinsicht von ausschlaggebender Bedeutung. Immer hatte F. unter seiner kümmerlichen Schulbildung gelitten, denn schon mit sechzehn Jahren hieß es, den väterlichen Beruf des Apothekers zu erlernen. In diese vier Lehrjahre von 1836 bis 1840 fallen F.s dichterische Anfänge. Erst in der Weltstadt London wurde ihm die Möglichkeit gegeben, seinen Horizont zu erweitern und sich zu entfalten. In *Meine Kinderjahre* (1894) gedenkt er daher dankbar seines Vaters, der ihm zu dem zweiten Aufenthalt in London verholfen hatte, der dann den dritten nach sich zog: »Und so fügte sich's denn, daß er, der in guten Tagen, in diesem und jenem,

wohl manches versäumt hatte, schließlich doch der Begründer des bescheidenen Glückes wurde, das dieses Leben für mich hatte.«

Von der Schottlandreise (1858) führte den gebürtigen Neuruppiner, den Märker hugenottischer Abstammung, der Weg zur literarischen Erfassung der Heimat: Die Arbeit an den *Wanderungen durch die Mark Brandenburg* (von 1862 bis 1882) schloss sich unmittelbar an seine Bücher über England und Schottland an. Zweck dieses Werks war es, die Schauplätze, auf denen sich das politische Leben Preußens und der Mark abgesponnen hatte, »auf denen die Träger eben dieses politischen Lebens tätig waren«, zu beleben und die »Lokalität« wie die Prinzessin im Märchen zu erlösen. Wandernd, plaudernd, reisenovellistisch ging er vor. Als »historische Landschaft« charakterisierte ein Rezensent dieses Werk, das in unserer Gegenwart erneute Bedeutung erlangt hat.

Die *Wanderungen* entstanden aus innerem Bedürfnis und stellten sich als folgerichtige schriftstellerische Entwicklung dar. Anders stand es mit den Kriegsberichten, die auf äußere Anstöße hin entstanden: die drei Bismarckschen Kriege von 1864, 1866 und 1870/71. Eine ungeheure Fleißarbeit am Schreibtisch und Reisen auf die Kriegsschauplätze waren nötig. Recherchieren kann gefährlich sein: Der als Spion verdächtigte Dichter wurde vor dem Denkmal der Jungfrau von Orléans in Domremy am 5. Oktober 1870 gefangen genommen. Mehrere Wochen saß F. auf der Isle d'Oléron gefangen. »Oh, Jeanne d'Arc! il faut que je paye cher pour vous«, schreibt er von dort an seine Frau. Wir lesen darüber in *Kriegsgefangen. Erlebtes 1870* (1871). Über ein Jahrzehnt hat F. an den Kriegsbüchern gearbeitet. Anerkennung haben sie ihm nicht gebracht, nur Enttäuschung. Erst jetzt wird ihnen eine positive Einschätzung zuteil. Das Ende dieser Arbeit fiel in das Krisenjahr 1876, als F. noch einmal seiner Frau Emilie zuliebe den Versuch machte, sein Leben wirtschaftlich abzusichern. Im März 1876 wird er zum Ersten Sekretär der Königlichen Akademie der Künste in Berlin berufen. Ende Mai bittet er bereits wieder um seine

Entlassung. Schon die berufliche Bindung in den 1850er Jahren war für ihn oft unerquicklich gewesen. Die zehn Jahre als Korrespondent des englischen Artikels in der konservativ-preußischen *Kreuzzeitung* (von 1860 bis 1870) waren erträglich, weil man ihm genug Zeit für seine Wanderungen ließ; aber auch diese Stellung gab er auf, um einen lockeren Vertrag mit der *Vossischen Zeitung* zu schließen, für die er fast zwanzig Jahre lang Theaterrezensionen schrieb, eine Arbeit, die seinem kritischen Blick entgegenkam. Der erneute Versuch, eine feste Anstellung zu erlangen, das Interludium einer Sekretariatsstelle an der Königlichen Akademie der Künste (1876), endete mit Demütigungen und allseitiger Verstimmung. Er war schließlich froh, seinen Kopf aus »dieser dreimal geknoteten Sekretärschlinge herausgezogen zu haben« und wählte für den Rest seines Lebens, trotz »Abgrund und Gefahren«, die freie Schriftstellerexistenz: »Mir ist die Freiheit Nachtigall, den andern Leuten das Gehalt« (an Mathilde von Rohr, 17. 6. 1876). Die beiden letzten Jahrzehnte seines Lebens verliefen ebenmäßig, mit Ausnahme einer mehrmonatigen, schweren psychischen Krise (1892). In der Zurückgezogenheit seines Arbeitszimmers entstanden nach dem Erscheinen von *Vor dem Sturm* (1878) hintereinander seine Romane und Novellen. Zu den Höhepunkten gehören *Irrungen, Wirrungen* (1888), *Unwiederbringlich* (1892), *Frau Jenny Treibel* (1893), *Effi Briest* (1895) und *Der Stechlin* (1899). Die Entwicklung Berlins zur Weltstadt löste seine schöpferischen Energien aus. Äußere Unterbrechungen boten die Sommerfrischen, die durch die Begegnung mit neuen Menschen stimulierend wirkten: »Ich betrachte das Leben, und ganz besonders das Gesellschaftliche darin, wie ein Theaterstück und folge jeder Szene mit einem künstlerischen Interesse wie von meinem Parkettplatz No. 23 aus« (an Georg Friedlaender, 5. 7. 1886). Ein solcher zweiter Parkettplatz wurde ihm vor allem Krummhübel in der Nähe seines Schmiedeberger Altersfreundes Georg Friedlaender. Dem geselligen Beisammensein schloss sich ein lebhafter Briefwechsel an, und diese uns erhaltenen Briefe F.s stellen eine

reiche Quelle für die letzten fünfzehn Jahre seines Lebens dar. Sie spiegeln vor allem seine immer kritischer werdenden Anschauungen über die Entwicklung in Preußen-Deutschland wieder. Auch hier schließt sich ein Kreis. Seit dem Briefwechsel mit dem Jugendfreund Bernhard von Lepel, aus dem das politische Engagement des jungen F. in den Revolutionsjahren 1848/49 deutlich hervorgeht, haben wir nur selten solche Töne gehört, wie in diesen letzten zwei Jahrzehnten. Eine lebhafte Auseinandersetzung mit seiner Zeit charakterisiert den jungen wie den alten F. Alles geht ein in sein Romanwerk, das, wie Heinrich Mann schreibt, »das gültige, bleibende Dokument einer Gesellschaft, eines Zeitalters« wurde. Hier in seinen Romanen zeigt sich F.s Kritik an der Gesellschaft seiner Zeit subtiler als in seinen Briefen durch die Dialektik seiner Gespräche. Das Plaudern, der Dialog beherrscht seine Romane und verleiht ihnen ihren besonderen Reiz. Aus dem »strengen Zeitgenossen« wird der »versöhnliche Dichter« (Richard Brinkmann).

F. war von einer nervösen Labilität und stark von Stimmungen abhängig. Durchdrungen von einem starken Selbstbewusstsein, war er in hohem Grade empfindlich; »Empfindling« nannte er sich selbst einmal. Jahrzehntelang stand er unter wirtschaftlichem Druck. Immer wieder raffte er sich auf, »das Leben zu zwingen«. Seine Romane verraten jedoch wenig von den Spannungen seines Wesens und Lebens, die ein weiser Humor verdeckt. Sie sind, wie Hans-Heinrich Reuter sagt, »das harmonische Ergebnis einer glücklich bewältigten Synthese von Lebensanschauung und Kunstverstand. »Das Endresultat«, schreibt F., sein Leben überblickend, »ist immer eine Art dankbares Staunen … Es ist alles leidlich geglückt, und man hat mehr als ein bevorzugtes Leben geführt aber, zurückblickend, komme ich mir doch vor wie der *Reiter über den Bodensee*, der gleichnamige Schwabschen Gedicht, und ein leises Grauen packt einen noch nachträglich«, schrieb er am 23. August 1891 an seine Frau.

Werkausgabe: Sämtliche Werke: Hg. von Kurt Schreinert und Edgar Gross. 24 Bde. München 1959–1975.

*Charlotte Jolles/Red.*

## Ford, Richard
Geb. 16. 2. 1944 in Jackson, Mississippi

Richard Ford gelang mit seinem Roman *Independence Day* (1995; *Unabhängigkeitstag*, 1995), was vor ihm noch keinem anderen Schriftsteller gelungen war: Er erhielt für denselben Text die zwei bedeutendsten amerikanischen Literaturauszeichnungen, den Pulitzer- und den PEN/Faulkner-Preis. Damit wurde auch für ein breiteres Publikum die überragende Wertschätzung deutlich, die F. in der Fachwelt schon seit längerem genoss. Der große Zuspruch, den F.s Werk erfährt, ist wohl vor allem auf die spezifische Art zurückzuführen, mit der er umsichtig moderne und postmoderne literarische Impulse in seinem

Schreiben vereint. Da ist zum einen seine neorealistische Liebe zum trivialen Detail, seine Betonung der Wichtigkeit des unscheinbaren Augenblicks und seine mit minimalistischer Akribie betriebene Wiedergabe skurriler, sinnentleerter Wendungen der amerikanischen Alltagssprache. Da ist zum anderen aber auch die reflexive Doppelbödigkeit seines literarischen Schaffens, in der die lyrische Verdichtung der Sprache den Kunst- und Konstruktcharakter der Texte unweigerlich vor Augen führt. F.s Prosa, so ein Kritiker, »ist so einfach und durchsichtig, daß sie beinahe schon wieder hermetisch ist«. Diese Doppelsinnigkeit seines minimalistischen Realismus bereitet Lesern und Kritikern zuweilen große Schwierigkeiten bei der Einschätzung seiner Aussageabsicht. Der neue, andere Blick auf Dinge, den F. als Lernprozess im Zentrum seiner Literatur sieht, lässt sich nur indirekt aus der verzerrten Sinnsuche seiner Erzählerfiguren ableiten. Da F. in seinen Geschichten aber nicht auf Distanz zu seinen Protagonisten geht, ist es ganz Sache des Lesers, trotz aller perspektivischen Verkürzung aus den Widersprüchen von Ereignis und Reaktion, Tat und Reflexion eine Weltdeutung und Sinnstiftung herzuleiten.

Nicht viel wies in der Kindheit und Jugend darauf hin, dass der in Jackson, Mississippi, und Little Rock, Arkansas, aufgewachsene F. eines Tages Schriftsteller werden sollte. Seine Eltern verdienten sich ihr Geld als Händler und Hoteliers, wie auch F. am College zunächst eine Ausbildung im Hotelfach ablegen wollte. An der Michigan State University in East Lansing fand F. jedoch Zugang zur Schriftstellerei. Er studierte daraufhin Literatur an der Universität in Irvine, Kalifornien, und arbeitete danach an mehreren Orten als Reporter, Redakteur und Hochschuldozent. Mit seiner Frau Kristina Hensley, die er in Michigan kennengelernt und 1967 geheiratet hatte, lebte F. im Anschluss an die Collegezeit in nicht weniger als 14 verschiedenen Bundesstaaten. Auf Anraten Kristinas, die selbst erfolgreich als Dozentin und Stadtplanerin in New York und New Orleans tätig war, konzentrierte sich F. 1981 ausschließlich auf die Schriftstellerei.

Bereits die frühen Werke F.s, sein Erstlingsroman *A Piece of My Heart* (1976; *Ein Stück meines Herzens*, 1989) sowie die 1982 entstandene Kurzgeschichte »Rock Springs« – veröffentlicht im gleichnamigen Sammelband *Rock Springs* (1987; *Rock Springs*, 1989) – weisen den spezifischen Grundzug seines Schaffens auf. Sie schildern aus der Perspektive liebenswerter Außenseiter und Versager einen Alltag, der in seiner Banalität aus den Fugen geraten zu sein scheint. Die große Sehnsucht seiner Figuren nach Normalität stellt sich dabei als der eigentliche Irrsinn heraus. In »Rock Springs« beispielsweise stiehlt der Erzähler Earl für seine Flucht vor der Polizei einen auffälligen, »preiselbeerroten Mercedes«. Diese sichtbar missglückte Wahl sucht er gutbürgerlich damit zu rechtfertigen, dass der Wagen »für eine lange Fahrt bequem wäre« und »nicht so viel verbrauche«. Der Durchbruch bei Publikum und Kritik gelang F. mit den Fortsetzungsromanen *The Sportswriter* (1986; *Der Sportreporter*, 1989) und *Independence Day*. Beide spielen im fiktiven Städtchen Haddam, New Jersey, und schildern außergewöhnlichalltägliche Geschehnisse aus dem Blickwinkel des Erzählers Frank Bascombe. In *The Sportswriter* berichtet der Sportjournalist Bascombe, der eine literarische Karriere aufgegeben hat, von den kleinen und großen Ereignissen eines Osterwochenendes, wobei die Gedanken hauptsächlich um seine gescheiterte Ehe sowie um den Tod eines seiner Söhne kreisen. Trost spendet er sich paradoxerweise damit, dass die Konzentration auf den Sport keine Transzendenz, keine literarischen Lügen zulässt. Im Folgeroman *Independence Day* arbeitet Bascombe als Immobilienmakler. Er schönt die Wirklichkeit in seinen ›Verkaufsfiktionen‹ frei nach der Wahrheitsmaxime der Branche: »Erstens die Lüge, zweitens die Lüge und drittens die Lüge«. Das Geschehen ist auf wenige Tage vor den Unabhängigkeitsfeiern am 4. Juli konzentriert. Bascombe begibt sich mit seinem Sohn Paul auf eine Ausflugsfahrt zu Sportmuseen der Umgebung, die dem von einer Jugendstrafe bedrohten Sohn eine neue Sicht der Dinge vermitteln soll. Ironischerweise endet die als Odyssee gestaltete Fahrt mit einer schwerwiegenden Augenverletzung Pauls. Auf die Form einer »road novel« zurückgreifend, nutzt F. die Fahrt, um ein Panorama der grotesk anmutenden Gewohnheiten der amerikanischen Gesellschaft der 1980er Jahre auszubreiten. Bascombe dient ihm dabei als kongenialer Berichterstatter und ›Küchenphilosoph‹, dessen Beobachtungsgabe und Reflexionsbemühungen eine komplexe narrative Oberfläche schaffen. Doppelbödig ist dabei auch Bascombes Suche nach moralischer und politischer Orientierung. Die im Wahlkampf 1988 angesiedelten Ereignisse wirken gerade in ihrem scheinbar unpolitischen Charakter zutiefst politisch: Am höchsten nationalen Feiertag, dem Jahrestag der amerikanischen Revolution, »spricht man nicht über Politik«. Mit *Wildlife* (1990; *Wildlife*, 1991) und der Novellensammlung *Women with Men* (1997) hat F. weitere Werke vorgelegt, die ihren eigentümlichen Reiz aus der liebevoll vermittelten, perspektivisch verkürzten Wahrnehmung eines belanglosen Alltags ziehen. Der große Anklang, jedoch auch die zuweilen verständnislose Ablehnung, die F.s Werk finden, rühren wohl daher, dass F. entgegen zeitgenössischen Strömungen die Perspektive angelsächsischer Männer aus der Mittelschicht ins Zentrum seiner Literatur stellt. Es gilt freilich für F. hervorzuheben, dass die besondere Leistung seiner Texte gerade nicht in der unterschwelligen, selbstironischen Identifizierung mit dieser Perspektive liegt, sondern in ihrer subtilen Brechung. Die scheinbar akribische, positivistische Abbildung der amerikanischen Lebenswirklichkeit in F.s Werken, die an Ernest Hemingway und Raymond Carver erinnert, bietet keinen Zugang zu unverstellten und allgemeinverbindlichen Wahrheiten.

*Gerd Hurm*

### Forster, E[dward] M[organ]
Geb. 1. 1. 1879 in London;
gest. 7. 6. 1970 in Cambridge

Mit dem Erscheinen von Lionel Trillings Monographie (1944) begannen E.M. Forsters internationale Aufwertung als Romanschriftsteller und Literaturkritiker und seine Aufnahme in ein universitäres Curriculum. Bis dahin war F.s Bekanntheit auf den englischen Kulturkreis beschränkt. Sein liberaler Humanismus und sein stilistisches *understatement* verkörpern eine positive *Englishness*. Wie F.s demokratischer Individualismus in seinen nicht-fiktionalen literaturkritischen und journalistischen Arbeiten (*Abinger Harvest* 1936; *Two Cheers for Democracy*, 1951) und in seinem letzten und bekanntesten Roman, *A Passage to India* (1924; *Auf der Suche nach Indien*, 1960), zeigt, ist das Private stets auch das Öffentliche. F.s erzählerisches Werk ist nicht ›modern‹ im Sinne der Innovation der Erzähltechnik anderer Autoren der Zeit. In seinem größten kritischen Erfolg, *Aspects of the Novel* (1927; *Ansichten des Romans*, 1949), einer Gattungspoetik, die aus Vorlesungen in

Cambridge hervorging, wird zwar Erzählperspektive nicht zum Thema, aber seine witzige Distinktion von *story* und *plot* sowie seine Unterscheidung zwischen *flat* und *round characters* wurden epochemachend. Mit der intertextuellen Aufnahme von *A Passage to India* in Tom Stoppards *Indian Ink* (1995) wurde die Wende in der Einschätzung F.s endgültig vollzogen. Neuere Ansätze deuten sein Werk als Diskurs über das Verstehen schlechthin. Heute gilt F. durch seine erst postum veröffentlichten Werke zum Thema Homosexualität, den Roman *Maurice* (1971; *Maurice* 1988) und den Erzählband *The Life to Come* (1972), als politisch korrekt. Seine Verbindung zu D.H. Lawrence trägt zu dieser Umdeutung bei. F. ist aber im Gegensatz zu Lawrence kein Primitivist, sondern Anhänger des Hellenismus eines Matthew Arnold. F.s Erzählwerk wird heute in die Nähe des mythenparodistischen Darstellungsverfahrens von James Joyce und T.S. Eliot gerückt. Insbesondere in den Kurzgeschichten, die F. nur in zwei schmalen Bänden publizierte – *The Celestial Omnibus* (1911) und *The Eternal Moment* (1928; *Der ewige Augenblick*, 1953) –, zeigt sich die Bedeutung des mythologischen Bezugsrahmens für F.s Erzählkunst.

Aus F.s Biographie werden drei zentrale Züge seines erzählerischen Werkes einsichtig: (a) seine Vorliebe für die klassische Mythologie, (b) sein interkulturelles Verständnis und (c) seine Wahrnehmung und Darstellung von Bildstrukturen. F. war einziges Kind eines Londoner Architekten walisischer Herkunft und der einer Malerfamilie entstammenden Mutter. Aufgrund des frühen Todes des Vaters wurde er von Mutter und Tanten erzogen. Seine Schulzeit als Tagesschüler in der renommierten Tonbridge School erzeugte bei ihm eine tiefe Skepsis gegenüber dem englischen *public school*-Wesen. Nach F.s Meinung werden die Absolventen dieser Schulen, die Angehörigen der *middle class*, »with well-developed bodies, fairly developed minds and undeveloped hearts« ins Leben entlassen. Die Gefühllosigkeit der englischen Mittelschicht wird in den meisten seiner literarischen Werke zum entscheidenden Kritikpunkt. Während seines Studiums der klassischen Philologie und Ge-

schichte am King's College in Cambridge begegnete er Mitgliedern der späteren »Bloomsbury Group«. Nach dem Studium bereiste er Italien und Griechenland und schrieb für die liberale *Independent Review*. Von den über 90 Jahren seines Lebens widmete er nur die Spanne von 20 Jahren dem Schreiben schöngeistiger Literatur. Innerhalb dieser 20 Jahre findet sich zwischen der Veröffentlichung des Kurzgeschichtenbandes *The Celestial Omnibus* und *A Passage to India* eine elf Jahre dauernde Phase des Schweigens. Seinen literarischen Durchbruch erlebte er mit *Howards End* (1910; *Howards End*, 1949). Wie in seinem ersten Roman, *Where Angels Fear to Tread* (1905; *Engel und Narren*, 1948), wird auch darin der Kontrast zwischen der englischen *middle class* und anderen Lebensweisen thematisiert. Es folgten die Romane *The Longest Journey* (1907) und *A Room with a View* (1908; *Zimmer mit Aussicht*, 1986). Nach 1924 beschäftigte er sich 46 Jahre mit anderem, wie z. B. Vorlesungen in Cambridge und Literaturkritik, und kämpfte als aktives Mitglied des PEN-Clubs gegen die Zensur. 1934 wurde er Präsident des National Council for Civil Liberties. Für Benjamin Brittens Oper *Billy Budd* (nach Melville) schrieb F. 1949 das Libretto. Im gleichen Jahr schlug er als überzeugter radikaler Demokrat seine Erhebung in den Adelsstand aus. Seine Sammlung von Essays, Rezensionen und Radiomanuskripten erschien 1951 unter dem bezeichnenden Titel *Two Cheers for Democracy*. Ab 1945 lebte er bis zu seinem Tod als Honorary Fellow in King's College.

Prägende biographische Fakten sind sicherlich neben Cambridge die Auslandsaufenthalte, die seinen Blick für Kulturvergleiche schärften. Außer Italien, Griechenland und Deutschland, wo er 1905 einige Monate als Privatlehrer bei der Gräfin von Arnim arbeitete, war es v. a. die Begegnung mit Indien, die ihn prägte. In Cambridge war F. bereits 1905 Tutor und enger Freund eines Inders, Syed Ross Masood, gewesen. Seine anti-imperialistische Grundhaltung entwickelte er bei der Beobachtung des Anglo-Inders bei einem ersten Indienaufenthalt (1912). Seinen zweiten Aufenthalt in Indien (1921–22) verbrachte er als Privatsekretär eines Maharadschas. In dieser Zeit nahm F. die Arbeit an *A Passage to India*, seinem größten Erfolg, wieder auf. Der Zusammenprall verschiedener Kulturen und Lebensweisen sowie die Verachtung der englischen *middle class* für jede andere Kultur sind zentrale Themen seiner Romane und Kurzgeschichten. Ohne optimistisch zu sein, sind seine Werke dennoch selten bitter satirisch, eher versöhnlich und tolerant in der Grundabsicht, auch wenn die Möglichkeit der Versöhnung der Gegensätze und des gegenseitigen Verständnisses durch den Handlungsausgang oft in Zweifel gezogen ist. Die Versöhnung zwischen dem Inder Aziz und dem Engländer Fielding bleibt in *A Passage to India* in weite Ferne gerückt. Das Grundprinzip seiner Werke ist die dichotomische Struktur von Schauplätzen, sozialen Schichten, Geschlechtern und historischen Zuständen. *Howards End* thematisiert in einer topographischen und zugleich historischen Dimension den Gegensatz zwischen der philiströsen englischen Kaufmannsschicht der Wilcoxes und der Bildungsschicht der deutschstämmigen Schlegels unter dem Motto »Only connect«. Wie auch in seinem ersten Roman wird die Unmöglichkeit der Kommunikation zwischen den Gegensätzen zum Thema. Bei F. wird stets die Existenz des Mythischen, Irrationalen, Transzendentalen angenommen, seien es die Marabar Caves in Indien, die irrationale Erotik der jungen englischen Witwe Lilia in Italien oder die mythische Panfigur in »The Story of a Panic«. Der Mythos, das kulturelle Gedächtnis, ist ein Schlüssel zur Struktur seiner Werke. Mythos ist bei F., anders als etwa bei Joyce im *Ulysses* (1922), wo die Beziehung zwischen Text und Prätext implizit bleibt, nicht allein auf das Kommunikationssystem zwischen Autor und Leser begrenzt, sondern wird auch in den Figuren selbst erlebt und thematisiert. Der Mythos ruft die Gegenwelt auf. Griechenland, Indien, Italien stehen für die Figuren und den Leser für eine andere, exotischere, ekstatischere Welt, die der Langeweile und der Banalität des Lebens der englischen *middle class* entgegengestellt wird. F. unterscheidet dabei kaum zwischen der Figuren- und der Erzählerperspektive, wenn er die Welt der Sinnlichkeit und des Gefühls im krassen Gegensatz zur englischen sinnen- und kunstfeindlichen Welt darstellt. Archetypische Symbole wie Baum, Höhle und Berg, Haus, Garten und Wasser sind ambivalent gebraucht und spielen auf Tod und Erlösung an. Mit seinen Archetypen und Symbolen gestaltet F. einen Kontrast zwischen der realen, prosaischen Welt der englischen Moderne und der Realität des ganz anderen, der poetischen und religiösen Imagination. Der Grundtenor seiner Werke mit ihrer tiefempfundenen Kritik an der englischen Mittelschicht ist die Melancholie.

Werkausgabe: The Abinger Edition. Hg. O. Stallybrass. London 1972ff.

*Therese Fischer-Seidel*

### Forster, Johann Georg Adam

Geb. 27. 11. 1754 in Nassenhuben bei Danzig; gest. 10. 1. 1794 in Paris

»Ich bin dreiunddreißig Jahre alt, ich bin gesund, und mein Äußeres hat, ohne mir zu schmeicheln, nichts Abstoßendes. Ich habe die zweite Reise Cooks um die Welt mitgemacht und sie beschrieben. Mit allen Zweigen der Naturgeschichte, einschließlich Physik und Chemie, habe ich mich beschäftigt. Ich zeichne Pflanzen und Tiere ziemlich gut. Ich habe einige Kenntnisse in der Philosophie, den schönen Wissenschaften und Künsten. Aber die Geographie, die Geschichte, die Politik, die öffentlichen Angelegenheiten haben für mich immer Reiz gehabt, und ihnen habe ich alle meine Mußestunden gewidmet. Ich schreibe Latein und verstehe auch ein wenig das Griechische. Ich spreche und schreibe mit Leichtigkeit Französisch, Englisch und Deutsch; ich lese ohne Schwierigkeiten das Holländische und Italienische, mit ein wenig Übung könnte ich mich in der Kenntnis des Spanischen, Portugiesischen und Schwedischen vervollkommnen, da die Anfangsgründe dieser Sprachen mir bekannt sind. Ich verstehe auch ein wenig Polnisch und Russisch, daher scheint es mir, daß man mich vorteilhaft in

Verhandlungen und Korrespondenzen, die darauf Bezug haben, verwenden könnte.« Bis auf die Charakterisierung seines Äußeren, das seine Frau als außerordentlich »unschön« bezeichnete, hat F. in dieser Selbsteinschätzung von 1787 bei der Aufzählung seiner intellektuellen Vorzüge eher untertrieben als hochgestapelt. Er gehörte zu den wenigen universal gebildeten Männern seiner Zeit, deren Wissen nicht nur angelesen, sondern das Ergebnis umfassender eigener Erfahrung war. Bereits als zehnjähriger Knabe hatte er zusammen mit seinem Vater Johann Reinhold, einem hochgebildeten und erfahrungshungrigen Mann, im Auftrag von Katharina II. eine Russlandreise unternommen, die ihn fast ein Jahr lang über viertausend Kilometer quer durch das damalige Russische Reich führte. Als Gehilfe des Vaters bei Bodenuntersuchungen und kartographischen Aufnahmen erwarb sich F. das praktische und theoretische Rüstzeug für seine späteren naturwissenschaftlichen und ethnologischen Untersuchungen. Die finanziellen und beruflichen Hoffnungen, die der Vater an die Reise geknüpft hatte, realisierten sich jedoch nicht, so dass Vater und Sohn schließlich 1766 nach England fuhren, um dort, in der Heimat ihrer Vorfahren, eine neue berufliche Existenz aufzubauen. Die Mutter und die sechs jüngeren Geschwister blieben vorerst zurück. F. musste den Vater bis an die Grenze der Belastbarkeit unterstützen. Bereits mit 13 Jahren trat er mit einer Übersetzung von Michail Wassiljewitsch Lomonossows *Kurzer russischer Geschichte* ins Englische hervor und half dem Vater mit seinen Einnahmen, die Familie, die 1767 nach England nachgekommen war, über Wasser zu halten. Obwohl der Vater die Grundlagen von 17 Sprachen beherrschte und ein bedeutender Naturwissenschaftler war, gelang es ihm nicht, eine angemessene und einträgliche Position in England zu erhalten. Sein Sohn Georg sollte später ganz ähnliche Erfahrungen machen. Erst das Angebot des berühmten Weltreisenden James Cook an Johann Reinhold Forster, als Naturforscher an seiner zweiten Expedition in die Südsee teilzunehmen, veränderte die desolate Situation der Familie. Wiederum

nahm der Vater den Sohn als Gehilfen mit. Diese Reise, die größte bis dahin durchgeführte Expeditionssegelfahrt, dauerte drei Jahre (von 1772 bis 1775) und führte über das Kap der Guten Hoffnung durch den Pazifischen Ozean bis hin nach Neuseeland, Tahiti und den Tonga-Inseln. Sie wurde für F. zu einem entscheidenden Bildungserlebnis. Anstelle des Vaters, der sich mit der englischen Admiralität überworfen hatte, erhielt F. die Gelegenheit, einen Bericht über die Reise zu verfassen (*A voyage towards the South Pole and round the world*, 1777, dt. 1778/1780). Mit diesem Werk begann, wie Alexander von Humboldt später in seinem *Kosmos* anmerkte, »eine neue Ära wissenschaftlicher Reisen, deren Zweck vergleichende Völker- und Länderkunde ist«. Die Anerkennung der Zeitgenossen war enthusiastisch. Sie galt nicht nur dem universalen Gelehrten und Wissenschaftler, sondern auch dem Schriftsteller F., dessen weltbürgerliche Gesinnung und dessen geistvoller Stil von Johann Wolfgang Goethe, Friedrich Schiller, Johann Gottfried Herder, Georg Lichtenberg, Martin Wieland und anderen Schriftstellern in Deutschland lebhaft bewundert wurde.

Während es F. gelang, dem Vater eine Stelle in Halle als Professor der Naturkunde und Mineralogie zu beschaffen, wo dieser bis zu seinem Tode wirkte, waren F.s eigene Bemühungen um eine Stelle weniger erfolgreich. Die Professur am Collegium Carolinum in Kassel war schlecht bezahlt, ebenso die Professur, die er in Wilna erhielt. Sie bot ihm jedoch die Möglichkeit, Therese Heyne, die Tochter des berühmten Altphilologen aus Göttingen, zu heiraten (1786). Therese, die später nach dem frühen Tod F.s unter dem Namen ihres zweiten Mannes Huber eine eigene schriftstellerische Karriere begann, schätzte F. zwar, liebte ihn aber nicht und hatte während der Ehe zwei leidenschaftliche Beziehungen zu anderen Männern, die F. freundschaftlich ans Haus zu binden suchte. Ein Angebot der russischen Regierung, die wissenschaftliche Leitung einer vierjährigen Weltumsegelung mit Forschungen auf der Südsee und im nördlichen Pazifik zu übernehmen, riss F. aus der Wilnaer Misere heraus. Zusammen mit Therese kehrte er nach

Deutschland zurück, um die Reise vorzubereiten und seine Frau und die 1786 in Wilna geborene Tochter in der Obhut der Schwiegereltern in Göttingen zu lassen. Die russische Expedition zerschlug sich jedoch, und so musste F. froh sein, als ihn 1788 der Kurfürst als Universitätsbibliothekar nach Mainz berief.

Hier nun begann jene neue Etappe in F.s Leben, die ihn, den hochgelobten und vielbewunderten Gelehrten und Schriftsteller, politisch isolieren sollte. Zunächst war F. wie viele seiner Zeitgenossen von dem Ausbruch der Revolution im Nachbarland begeistert. Zusammen mit dem jungen Alexander von Humboldt machte er sich auf eine Reise nach England, die ihn auf dem Rückweg auch durch Frankreich führte. Seine Fragment gebliebene Reisebeschreibung *Ansichten vom Niederrhein* (1791–94), von Georg Christoph Lichtenberg für »eins der ersten Werke in unserer Sprache« gehalten und als »Buch über den Menschen« gelesen, gab der Gattung wesentliche Impulse. Die darin vorherrschende Sympathie mit den Idealen der Französischen Revolution machte den Autor jedoch verdächtig. Sein praktisches Engagement während der Revolution in Mainz schließlich machte ihn in Deutschland zur unerwünschten Person: »Sie können einen Menschen nicht begreifen, der zu seiner Zeit auch handeln kann, und finden mich verabscheuenswert, wenn ich nach den Grundsätzen wirklich zu Werke gehe, die sie auf dem Papier ihres Beifalls würdigen.« F. gehörte zu denjenigen Mainzer Intellektuellen, welche die französischen Revolutionstruppen, die am 21. Oktober 1792 in Mainz einmarschierten, nicht als Eroberer, sondern als Befreier begrüßten. In der »Gesellschaft der Freunde der Freiheit und Gleichheit« spielte er zusammen mit anderen Professoren der Mainzer Universität eine führende Rolle. Mit volkstümlich gehaltenen Flugschriften, brillanten Reden und der Zeitung *Der Volksfreund* (1793) versuchte er, die Bevölkerung für die Revolution zu gewinnen: »Ich habe mich für eine Sache entschieden, der ich meine Privatruhe, meine Studien, mein häusliches Glück, vielleicht meine Gesundheit, mein ganzes Vermögen, vielleicht mein Leben aufopfern muß.« Als Abgeordneter des Rheinisch-Deutschen Nationalkonvents, dem ersten modernen Parlament auf deutschem Boden, ging F. nach Paris, um das Anschlussgesuch der gerade ausgerufenen Mainzer Republik zu überbringen. Wenige Tage später begann die mehrmonatige Belagerung von Mainz durch die preußischen Truppen, die schließlich zur Rückeroberung durch die Koalitionstruppen führte. Damit war F. die Rückkehr nach Mainz abgeschnitten. Krank und verarmt arbeitete er im Pariser Exil an seiner *Darstellung der Revolution in Mainz* und seinen *Parisischen Umrissen* (beide Fragment geblieben), die von Friedrich Schlegel als das »einzige verständliche und verständige Wort über jene große Epoche« bezeichnet wurden. Friedrich Schlegel war übrigens der einzige, der F. nicht wie einen »toten Hund« (Friedrich Engels) behandelte, sondern in einem mutigen Essay als »vortrefflichen gesellschaftlichen Schriftsteller« würdigte.

Werkausgabe: Werke in 4 Bänden. Hg. von Gerhard Steiner. Frankfurt a. M. 1970; Georg Forsters Werke. 18 Bde. Hg. von der Akademie der Wissenschaften Berlin 1982 ff.

*Inge Stephan*

### Fowles, John [Robert]
Geb. 31. 3. 1926 in Leigh-on-Sea, Essex; gest. 5. 11. 2005 in Lyme Regis, Dorset

»I am not to be understood even by myself«, konstatiert die Protagonistin Sarah Woodruff in John Fowles' metafiktionalem historischen Roman The French Lieutenant's Woman (1969; *Die Geliebte des französischen Leutnants*, 1974). Mit diesen wenigen Worten fasst sie treffend das fast allen literarischen Texten von F. zugrundeliegende ›Programm‹ zusammen. F. Romane und Kurzgeschichten verbinden traditionelles, am Realismus orientiertes Erzählen mit didaktischen Passagen, mythologische Modelle mit *mises en abyme*, eine ausgeprägte Intertextualität mit metafiktionalen Elementen sowie eine an D.H. Lawrence erinnernde Betonung von Natur und Körperlichkeit mit voyeuristischen Aspekten.

Nicht selten erscheinen sie als konservative *romans à thèse*, die einem existentialistischen Humanismus das Wort zu reden scheinen, erweisen sich jedoch, z. B. indem dem Leser verschiedene Romanenden vorgeschlagen und er in Analogie zu den Protagonisten durch mehrdeutige (Text-)Labyrinthe geschickt wird, als polyvalente ›negative‹ Bildungsromane mit philosophischen, feministischen, sozial- und medienkritischen Dimensionen. An die Stelle einer fixierten inhaltlichen ›Botschaft‹ setzen F.' literarische Texte den Schaffens-, Befreiungs- und Individuationsprozess des Protagonisten wie auch des Lesers. Zwischen den antagonistischen Polen von »the few« und »the many«, den »aristoi« und den »hoi polloi« (Heraklit) sowie von Männlichkeit (»stasis«) und Weiblichkeit (»kinesis«) arbeiten die Texte – häufig mit den Mitteln einer Dreieckskonstellation – an der Befreiung des Individuums in einer von positiv gewerteter Rätselhaftigkeit geprägten Welt.

Als Metafiktionen mit texttheoretischen Einsprengseln unterminieren die Romane vermeintliche Sicherheiten, verhalten sich die meist konservativ anmutenden didaktischen Passagen antithetisch zu der von den Texten in ihrer Gesamtheit verkörperten Vieldeutigkeit und läuft die Literarizität nicht selten den auf der Handlungsebene transportierten ideologischen Implikationen entgegen. Verdeutlichen lässt sich dies anhand von F.' in sich widersprüchlicher Visualitätskritik genauso wie durch seine umstrittene Funktionalisierung weiblicher Charaktere. Zwar erweisen sich F.' männliche Protagonisten in der Regel als limitiert, sieht sich der Autor selbst als »feminist«, doch wird die Identität der Frauenfiguren, deren Rolle häufig darin besteht, die Individuation der männlichen Protagonisten zu ermöglichen, vom Text häufig ausgeblendet. Durch diese gleich auf mehreren Ebenen erfolgenden Revokationen ›verstehen‹ sich F.' Romane trotz ihrer zahlreichen konservativen Elemente und ihres Ziels, dem Leser zu einer allumfassenden Sicht der Dinge (»whole sight«) zu verhelfen, letztlich genauso wenig wie die bereits zitierte Sarah Woodruff. Und dies zum Gewinn des Lesers, den F. mit seinen *heuristic novels* als

eigenverantwortlichen, die Gesellschaft verändernden Menschen für ein Leben ›im Jetzt‹ zu befreien sucht.

Aus F.' Biographie sind sein frühes Interesse für die Natur, die Internatsjahre in Bedford (1939–41, 1942–44), der Aufenthalt im ländlichen Devon (1941–42), die Heirat mit Elizabeth Whitton (1954) sowie der 1966/68 erfolgte Umzug nach Lyme Regis von Bedeutung. Auf F.' Militärzeit (1945–47) folgte der Ausbruch aus der Konformität der englischen Mittelklasse, die Beschäftigung mit dem Existentialismus am New College, Oxford (1947–50) sowie Aufenthalte als Dozent in Poitiers (1950–51) und Spetsai (1951–53). Gleichzeitig entstanden die ersten der 1973 in *Poems* publizierten Gedichte. Nachdem F. an mehreren englischen Schulen unterrichtet hatte, gestattete ihm der Erfolg von *The Collector* (1963; *Der Sammler*, 1964), einer häufig als Thriller missverstandenen »parable«, sich ganz dem Schreiben zu widmen.

In *The Magus* (1977 [1965]; *Der Magus*, 1980 [1969]) präsentiert er nicht nur ein offenes Ende, sondern schickt den Leser auch durch ein literarisches Labyrinth mythologischer Anspielungen und wechselnder Realitäten, das dem auf der Handlungsebene dargestellten Metatheater des »magus« Conchis gleicht. In *The French Lieutenant's Woman* wird die durch geschickte Perspektivierung enigmatisch bleibende Sarah Woodruff zur ›Geburtshelferin‹ des Viktorianers Charles Smithson. In diesem über weite Strecken ›viktorianisch geschriebenen‹, diese Konventionen jedoch gleichzeitig parodierenden und explizit hinterfragenden Bestseller finden sich neben drei Enden metafiktionale Reflexionen sowie das plötzliche Auftauchen einer Erzählerpersona, die starke Ähnlichkeit mit F. aufweist. Dessen Kurzgeschichtensammlung *The Ebony Tower* (1974; *Der Ebenholzturm*, 1984) zeichnet sich u. a. durch ihre kunstgeschichtliche und intertextuelle Dimension aus, während der 700 Seiten starke Roman *Daniel Martin* (1977) medientheoretische und autobiographische Aspekte privilegiert. In dem umstrittenen, stark metafiktionalen und bisweilen komischen *Mantissa* (1982) stehen die Rolle der Muse

Erato bzw. die Analogie zwischen künstlerischem Schaffensprozess und Sexualität (»*procreation*«) genauso im Vordergrund wie die vermeintlich»onanistic pleasures of writing fiction« (James R. Aubrey). *A Maggot* (1985) kombiniert in einem historischen, den Detektivroman evozierenden Rahmen unter Anleihen bei Daniel Defoe, George Lyttelton, Henry Fielding und anderen eine Mischung aus traditionellen, metafiktionalen und teilweise phantastischen Elementen. Atmosphärisch dichte Beschreibungen wechseln mit langen Dialog- bzw. Verhörpassagen, Briefen, Faksimile-Abdrucken (*The Gentleman's Magazine*, 1736) und nur scheinbar authentischem Material (*The Western Gazette*). Der unterschiedliche Realitätsauffassungen kontrastierende, nicht aber auflösende und mit einem Aufsatz von F. schließende Roman zeichnet die Transformation und Vision seiner Protagonistin Rebecca Hocknell nach, die ihrerseits die Mutter von Ann Lee (Gründerin der Shakers) ist. Weitere Romanprojekte wie *In Hellugalia* oder *Tesserae* hat F. nicht zum Abschluss gebracht.

F.' nicht-literarisches Schaffen reicht von philosophischen Betrachtungen, die *The Aristos* (1968 [1964]) als »a self-portrait in ideas« in aphoristischer Form zusammenfasst, über Rezensionen, Aufsätze zu Kunst und Literatur, Kommentare zu Bildbänden (*Shipwreck*, 1974; *Lyme Regis Camera*, 1990), Herausgeberschaften (*Monumenta Britannica*, 1980/82), Übersetzungen und Adaptionen von Theaterstücken (*Cinderella*, 1974; *Ourika*, 1977; *Dom Juan*, 1981; *Lorenzaccio*, 1981) bis zu Reflexionen über die für sein Werk zentrale Bedeutung der Natur (*The Tree*, 1979). Diese steht für »isolated discovery and experience« sowie metaphorisch für das Schaffen literarischer Welten. Eine Sammlung bereits veröffentlichter nicht-fiktionaler Texte erschien 1998 unter dem Titel *Wormholes*. Die dort eingenommenen Positionen decken sich weitgehend mit den F.' Romanen zugrundeliegenden Überzeugungen und haben im Laufe seines Schaffens nur geringe Modifikationen erfahren. Sie weisen provokative und idiosynkratische Elemente auf und zeugen von F.' Anliegen, auf die Gesellschaft einzuwirken. Dem entspricht, dass F. trotz seiner zurückgezogenen Lebensweise immer wieder Stellung zu sozialen, politischen und ökologischen Problemen bezogen und sich entsprechend engagiert hat.

*Stefan Horlacher*

## Frame, Janet
Geb. 28. 8. 1924 in Dunedin, Neuseeland; gest. 29. 1. 2004 in Dunedin, Neuseeland

Janet Frame lebt mit ihrer Familie in einer ländlichen Gegend an der Ostküste der neuseeländischen Südinsel, bevor sie das University of Otago Teachers Training College in Dunedin besucht. Sie ist nur für kurze Zeit Lehrerin, danach als Gesellschafterin tätig. 1947 lässt sie sich ins Seacliff Mental Hospital einweisen, die Diagnose lautet Schizophrenie. Sie verbringt immer wieder längere Zeit in psychiatrischen Kliniken. Erst bei einem Englandaufenthalt in den 1950er Jahren wird ihr klar, dass die klinischen Behandlungsmethoden ihre Labilität eher verstärkt haben. ›Krankheit und Gesundheit‹ ist das erste wichtige Thema in ihren Büchern. Engagiert stellt F. immer wieder die Fragen, ob der Einzelne oder die Gesellschaft ›krank‹ ist und wer die Normen für ›Krankheit‹ und ›Gesundheit‹ setzt. F.s literarisches Schaffen eröffnet der preisgekrönte Kurzgeschichtenband *The Lagoon: Stories* (1951; *Die Lagune. Kleine Geschichten*, 1962). Die beiden Jahre, in denen sie bei Frank Sargeson lebt (1954–55), sind für ihre schriftstellerische Tätigkeit und ihre psychische Stabilität von großer Bedeutung. Dort entsteht ihr erster Roman *Owls Do Cry* (1957; *Wenn Eulen schrein*, 1961). 1956 geht F. als Stipendiatin nach Europa. In dieser Zeit veröffentlicht sie drei Romane und zwei Kurzgeschichtenbände. Seit 1965 wieder in Neuseeland, geht F. wiederholt für längere Zeit in die USA, dem Schauplatz mehrerer ihrer Romane. Seit den 1980er Jahren findet sie zunehmend Anerkennung, zunächst beim nationalen, dann beim internationalen Publikum. Ihre dreiteilige Autobiographie, *To the Is-Land*

(1982), *An Angel at My Table* (1984), *The Envoy from Mirror City* (1985), später unter dem Titel *An Angel at My Table* (*Ein Engel an meiner Tafel*, 1993) einbändig veröffentlicht, wird 1990 erfolgreich verfilmt. F. ist mit ihren 11 Romanen, ca. 80 Kurzgeschichten, einem Lyrikband, drei Autobiographien und einem Kinderbuch nicht nur eine der produktivsten, sondern auch die prominenteste Autorin Neuseelands.

Lange Zeit haben Literaturkritiker auf F.s Werk eher zögernd und ratlos reagiert. Ihre Romane wurden global als feministisch, von Freud oder Jung beeinflusst, marxistisch oder postmodern gekennzeichnet. Einig war man sich lediglich darin, dass F.s Bücher schlechterdings unlesbar seien. Ähnlich äußerte sich die Forschung, wenn sie die Widersprüche und Zweideutigkeiten in F.s Texten als Krankheitssymptome deutete. Dies galt in besonderem Maße für F.s Autobiographie, die vielfach als ›Tatsachenbericht‹ gelesen wurde. Übersehen wurde dabei, dass F. wie andere postmoderne Autorinnen die Gattung der traditionellen (männlichen) Autobiographie, in der eine lineare, ›wahre‹ Lebensgeschichte erzählt wird, dekonstruiert. In F.s Autobiographie vermischen sich Realität und Traum, Gegenwart und mythische Zeit; das Leben der Erzählerin wird mit Hilfe von komplementären Motiven interpretiert (u. a. als Schiffbruch und Heimkehr, Orientierungslosigkeit und Selbstfindung, Wahnsinn und Gesundheit, Kreativität und Konformität); ihr Lebensweg verläuft nicht logisch-linear, sondern – wie oft in postmodernen feministischen Romanen – kreisförmig, Ausdruck einer typisch weiblichen Welt- und Selbsterfahrung.

Das zweite wichtige Thema F.s ist eine Neubewertung des Zentrum-Peripherie-Verhältnisses zwischen Großbritannien und seinen ehemaligen Kolonien, das sie v. a. in frühen Romanen wie *The Edge of the Alphabet* (1962; *Am Rande des Alphabets*, 1963) und in ihrem Lyrikband *The Pocket Mirror* (1967) erörtert. Ihre Protagonisten sind oft gesellschaftliche Außenseiter und Reisende zwischen Großbritannien und den Kolonien, die erst nach einem längeren Lernprozess erkennen, dass ihre Heimat schon längst nicht mehr Großbritannien, sondern Neuseeland ist. Dieser »Abschied von Europa« als Kulturzentrum ist nach dem Zweiten Weltkrieg ein typischer Topos postkolonialer Literaturen. F. propagiert stattdessen einen Kanon der Weltliteratur als die Quelle, aus der die Literatur aller Länder gespeist wird. Eine solche Sicht ermöglicht es ihr, in ihren Veröffentlichungen wie in einer Collage z. B. südamerikanischen magischen Realismus, französischen Surrealismus, Märchen der Brüder Grimm oder Dantes *Divina Commedia* zu einem harmonischen Ganzen zu verbinden. Das dritte, wohl wichtigste Thema in F.s Romanen ist die Bedrohung der Welt. In drei Dystopien, *Scented Gardens for the Blind* (1963), *Intensive Care* (1970) und *The Carpathians* (1988), beschwört F. Katastrophen von kosmischen Ausmaßen herauf. Dabei vertritt sie eine feministische Weltsicht. Besonders in *Scented Gardens* betont sie, dass männlich-dualistisches Denken die Gesellschaft des 20. Jahrhunderts an den Rand eines Atomkriegs gebracht habe. Die weiblichen Figuren der Romane, allen voran die angeblich autistische Milly Galbraith in *Intensive Care*, entwickeln daher Gegenwelten zur phallozentrisch organisierten sozialen Ordnung. Millys Verhalten und die neue weibliche Sprache, die sie in ihrem Tagebuch erfindet, stehen im Einklang mit dem Postulat einer subversiven *écriture féminine*, wie sie Hélène Cixous vertritt. Das Ziel sowohl von Cixous als auch von F. ist dabei die Entwicklung einer weiblichen Ästhetik jenseits des herrschenden Diskurses und des Logozentrismus. Dieser sprachtheoretische Aspekt bei F. ist bislang nur unzureichend kommentiert worden.

*Marion Spies*

## France, Anatole
## (eigtl. Anatole François Thibault)
Geb. 16. 4. 1844 in Paris;
gest. 12. 10. 1924 in Saint-Cyr-sur-Loire

Die Diskrepanz zwischen seinem enormen Ansehen zu Lebzeiten und der eher bescheidenen Wirkung auf die Nachwelt ist bei dem Mitglied der Académie française und Nobelpreisträger von 1921 groß. Als Sohn eines Buchhändlers entdeckte Anatole France, der sich in eine von François Rabelais über Voltaire reichende Traditionslinie der gleichermaßen gelehrten wie ironisch gefärbten Literatur stellte, früh seine Liebe zu dieser Literatur. Er wurde Verlagslektor, später Bibliothekar beim Senat und Literaturkritiker. Seine Aufgeschlossenheit gegenüber avantgardistischen Stilen, etwa dem Stéphane Mallarmés, war begrenzt, fühlte er sich doch einer klassischen Ästhetik der »clarté française« verpflichtet, einem rhetorischen Stilideal der Eleganz und Rationalität.

F.' dichterische Anfänge standen unter dem Einfluss des Parnasse, einer gegen den Gefühlsüberschwang und Subjektivismus der Romantik gerichteten Bewegung. Aus Nationalstolz auf Frankreichs Kulturleistungen hatte er den Landesnamen als Pseudonym gewählt. F.' Erzählhaltung ist in der Regel eine skeptizistisch-epikureische, die keine Wahrheiten verkündet, sondern Freiheit und Toleranz als liberale Werte nahelegt. In der Dreyfus-Affäre, die die öffentliche Meinung Frankreichs zwischen 1894 und 1906 in Anhänger der Menschenrechte und Nationalisten spaltete, bezog F. für den Angeklagten Position. Neben dem radikaleren Émile Zola wurde er zum renommiertesten engagierten Schriftsteller der Dritten Republik. Er sympathisierte zunehmend mit dem Sozialismus und wurde zum Zeitkritiker der Finanzmacht sowie repressiver Tendenzen des Klerus, des Militärs und der Justiz; hierfür ist aus den über 100 Erzählungen des Autors die Titelnovelle der Sammlung *Crainquebille* (1901; *Crainquebille*, 1903), die später für die Bühne bearbeitet wurde, das bekannteste Beispiel.

F. führte oft gewitzte Protagonisten vor, die sich vom gesunden Menschenverstand leiten lassen, etwa in seinem ersten Erfolgsroman *Le crime de Sylvestre Bonnard* (1881; *Die Schuld des Professors Bonnard*, 1885). Dieser ist wie der Großteil seiner Werke von einer episodenhaften Struktur, aus der erzählerische Pointen hervorstechen. F.' Bearbeitungen historischer Stoffe gehen minutiöse, oft über mehrere Jahrzehnte betriebene Recherchen voraus. In *La vie de Jeanne d'Arc* (1908; *Das Leben der heiligen Johanna*, 1926) wertete er historische Dokumente mit dem Wissen seiner Epoche aus und reduzierte den Mythos auf eine Folge rational erklärbarer Ereignisse, was auf katholisch-nationalistischer Seite als Sakrileg gewertet wurde. Der Revolutionsroman *Les dieux ont soif* (1912; *Die Götter dürsten*, 1912) schildert atmosphärisch dicht den totalitären und vernichtenden Charakter der Jakobinerherrschaft. Von geschichtsphilosophischer Tragweite ist *L'île des pingouins* (1908; *Die Insel der Pinguine*, 1908), eine Satire über die Staatsentwicklung, an deren Anfang die Christianisierung und an deren Ende die Zerstörung des Gemeinwesens durch Gewalt steht. Mit Ironie, die bisweilen zur Selbstgefälligkeit gerät und oft in versöhnlichem Humor übergeht, entlarvt F. menschliche Unzulänglichkeiten. Durch Elemente der Legende und des Märchens führt er – vielfach parodistisch – Wunderbares und Übernatürliches ein. Der im weitesten Sinne lehrhafte und bildungsbürgerlich traditionsbewusste Charakter seiner Texte stand der Rezeption F.', der nach einer heftigen Polemik der Surrealisten zum Feindbild der Avantgarden wurde, im 20. Jahrhundert entgegen. Seine Stärken, originelle Perspektivierungen des Erzählens und die treffsichere zeitkritische Betrachtung, gilt es – jenseits des ästhetisch-ideologischen Verdikts – neu zu entdecken.

*Michaela Weiß*

### Francke, August Hermann
Geb. 22. 3. 1663 in Leipzig;
gest. 8. 6. 1727 in Halle/Saale

F. war Professor der Theologie und der alten Sprachen, er war Seelsorger und Pädagoge, erfolgreicher Unternehmer wie Begründer einer weltweit wirkenden religiösen Organisation. Daneben war F. auch Schriftsteller, Verleger und Buchhändler, wobei diese Tätigkeiten nur aus dem Kontext des übrigen Werks zu verstehen sind. Die Geschichte der deutschen Autobiographie beeinflusste F. mit seinem *Lebenslauff* (1690/91). In der Tradition der religiös-bekenntnishaften *Confessiones* (397) von Aurelius Augustinus, entwickelt sich seine *Autobiographie* aus den geistlichen Stunden- und Tagebüchern der Zeit und nimmt Anleihen bei den seinerzeit aktuellen Gelehrtenautobiographien. Sein *Lebenslauff* ist ein spezifischer Ausdruck einer sich damals ausbreitenden neuen Frömmigkeitsbewegung, die mit »Exempel mehr zu moviren« hoffte als mit bloßer Belehrung. Sie nutzte dazu das didaktische Instrument der Beschreibung eines mustergültigen Lebenslaufs, um »mit dem Atheismo lucti-renden Menschen« biographisch den Weg zu einer neuen innerlichen Bindung an Gott zu weisen, so F. 1692 in einem Brief an den Begründer dieser Frömmigkeitsbewegung Philipp Jacob Spener, der zugleich sein Mentor war. Diese von Kritikern abwertend als »Pietismus« apostrophierte Richtung des deutschen Protestantismus wandte sich gegen die Veräußerlichungen der orthodoxen lutherischen Staatskirche. Statt dessen forderte sie einen neuen individualistisch-subjektiven Glauben, der auf göttlicher Gnade und Wiedergeburt bzw., bei F., Bekehrung beruhte und der seinen Ausdruck in gottgefälligen praktischen Werken finden sollte.

F.s Mutter Anna, geb. Gloxin, war Bürgermeisterstochter, sein Vater, der Jurist Hans F., wirkte ab 1666 als Hof- und Justizrat in Gotha an den Reformen Ernsts des Frommen von Sachsen-Gotha-Altenburg mit, wo F. selbst für ein Jahr das nach Reformgrundsätzen gestaltete berühmte Gothaer Gymnasium besuchte. Biographisch bedeutsam war für ihn der religiöse Hintergrund des Elternhauses, literarische Einflüsse übten englische Erbauungsliteratur und Johann Arndts *Vier Bücher vom Wahren Christentum* (1605–10) aus. Nach dem frühen Tod des Vaters studierte F. mit Unterbrechungen in Erfurt, Kiel, Hamburg und Leipzig, ermöglicht durch ein Familienstipendium, das ihn inhaltlich an die Theologie band. Es führte ihn 1687 auch nach Lüneburg, den Ort seines Bekehrungserlebnisses, welches ihn, so zumindest seine (vier Jahre später verfasste) autobiographische Deutung, lebenslang prägte. Neben der Theologie stand das Hebräische im Vordergrund seiner Studien, über dessen Grammatik F. auch seine 1685 publizierte Dissertation anfertigte. 1694 heiratete F. Anna Magdalena von Wurmb; mit ihr hatte er zwei Kinder.

Als prominenter Verfechter der ›pietistischen‹ Frömmigkeitsbewegung geriet F. schon früh mit der herrschenden Orthodoxie in Leipzig, Erfurt und Halle in Streit. Verteidigt u. a. vom Frühaufklärer Christian Thomasius konnte sich F. ab 1692 sowohl als Professor für Griechisch und orientalische Sprachen (später auch für Theologie) an der neu begründeten Universität Halle wie zugleich als Pfarrer in der St.-Georgen-Gemeinde in Glaucha (nahe Halle) etablieren. Die starke Verwahrlosung dieses Ortes wurde zum Ausgangspunkt für F.s äußerst erfolgreiches seelsorgerisches und (sozial-)pädagogisches Lebensprojekt, die später sog. F.schen Stiftungen (die seit 1992 als Stiftung öffentlichen Rechts wieder bestehen und Kulturarbeit im Geiste F.s leisten). Pietistisches Gedankengut mit pädagogischen Reformgedanken verschränkend, begründete Francke hier 1698 beginnend mit einer Armenschule für Waisen eine Schulstadt. Hinzu kamen zahlreiche Nebeneinrichtungen und Unternehmungen zur Verbreitung seiner Lehre und zur Finanzierung seiner Vorhaben. Dazu gehörten auch eine Druckerei, eine Buchhandlung und ein Verlag, der wissenschaftliche Literatur und erbauliche Schriften in hohen Auflagen verbreitete, sowie die 1710 begründete von Cansteinsche Bibelanstalt. Die Stiftungen entfalteten reiche Wirksamkeit: Halle wurde zu einem Weltzentrum des Pietismus, das Waisenhaus ebenso zu einem Muster für die Armenfürsorge wie die übrigen Einrichtungen der Schulstadt zu Vorbildern. Die Einbeziehung realistischer Lerngegenstände in Halle beeinflusste die Gründung der ersten Realschule in Berlin durch den F.-Schüler Johann Julius Hecker. Auf diesen geht auch das 1763 erlassene preußische Generallandschulreglement zurück, die grundlegende Richtlinie für das niedere Schulwesen Preußens. Noch unter dem Einfluss F.s hatte Friedrich Wilhelm I. schon 1717 für Preußen die allgemeine Schulpflicht dekretiert.

Bedeutende schriftliche Dokumente F.s sind neben ca. 40000 Briefen, zahlreichen publizierten Predigten, erbaulichen und wissenschaftlichen Schriften die ebenfalls Lebensbeispiel gebenden *Segensvollen Fußstapfen des noch lebenden und waltenden Liebreichen und getreuen Gottes* ... (1702– 09), die Reformschrift *Der Große Aufsatz* (1701/ 04) sowie die pädagogische Schrift *Kurtzer und Einfältiger Unterricht* ... (1702). Insgesamt erzielten seine Schriften eine Auflage von ca. 500000.

Das Urteil über F.s Werk ist gespalten. Durchgängig wird sein breites und wegweisend-reformerisches Wirken im Sozialen und im Pädagogischen anerkannt. Schon zu seiner Zeit wurde, z. B. von Thomasius, jedoch die Neigung zur Bevormundung der Menschen gerügt, die z. B. zur Frömmelei führe. Die starke Hinwendung zur Innerlichkeit im Pietismus leistete, wenn auch wohl unbeabsichtigt, einen Beitrag zur Herausbildung des modernen individualistisch-subjektiven Blicks in Kultur und Gesellschaft.

Werkausgabe: Werke in Auswahl. Hg. von Erhard Peschke. Berlin 1969.

*Alfons Backes-Haase*

## Frank, Leonhard
Geb. 4. 9. 1882 in Würzburg;
gest. 18. 8. 1961 in München

Er war und blieb zeit seines Lebens ein »einfacher Autor« und »ewiger Autodidakt«, ein deutscher Dichter aus der Provinz und ein kosmopolitischer Europäer. Aufgewachsen ist er, viertes Kind eines Würzburger Schreinergesellen, in ärmlichsten Verhältnissen. Nach Volksschulbesuch, Schlosserlehre, mehrfachem Berufswechsel als Fabrikarbeiter, Klinikdiener, Anstreicher und Chauffeur stürzte er sich, sechzehnjährig und von der Idee besessen, Maler zu werden, in das Schwabinger Leben der Künstler und Bohemiens, das er als seine »Universität« bezeichnete. Eine Sammlung von Farblithographien (*Fremde Mädchen am Meer und eine Kreuzigung*, 1913) ist indes seine einzige Veröffentlichung als bildender Künstler geblieben.

Nach seinem Umzug nach Berlin (1910) begann er zu schreiben, zunächst von den Verletzungen der Kindheit durch Elternhaus und Schultyrannen – so in den Romanen *Die Räuberbande* (1914), mit dem F. sofort bekannt wurde, und *Die Ursache* (1915), einer leidenschaftlichen Anklage gegen die Todesstrafe. Fast alle zeit- und gesellschaftskritischen Werke F.s spielen vor dem Hintergrund seiner Heimatstadt Würzburg, und fast alle Individuationsprobleme besitzen autobiographischen Charakter, festgemacht an der Romanfigur Michael Vierkant. Aus der Antithese vom Glauben an den »guten Menschen« und der Ablehnung der realen Gesellschaft resultiert bei F. die Forderung nach einer besseren Welt, wie sie in der Natur als einer Instanz und eines Symbols menschlicher Ordnungen und menschlichen Verhaltens durchscheint.

Als überzeugter Pazifist und aus Protest gegen das patriotische Kriegsgeheul ging F. 1915 freiwillig in die Schweiz ins Exil (bis 1918), wo sein Novellenzyklus *Der Mensch ist gut* (1917) entstand, ein Manifest gegen Krieg und Tod, in dem auch die Revolution in Deutschland vorausgesagt wird. Das in Deutschland verbotene Buch, das die Sozialdemokraten in über 500000 Exemplaren auf Zeitungspapier drucken und an die Front schicken ließen, zählte nach Einschätzung der Literaturkritik zu den geistigen Wegbereitern der Revolution von 1918/19.

Der in F.s Romanen zentrale Konflikt zwischen Individuum und Gesellschaft äußert sich in verschiedenen Formen und Bereichen als Kritik an der bürgerlichen Gesellschaft, die mit ihren erstarrten Normen die Ausbildung von Individualität behindert. Als Erziehungskritik erscheint sie in der ganz in der Tradition des Schülerromans stehenden *Räuberbande*, dessen jugendliche Helden den in Elternhaus und Schule erfahrenen Zwängen ein von Wild-westromantik geprägtes Freiheitsideal entgegensetzen. Ichfindung ist demnach nur in der romantischen Sehnsucht nach der Ferne zu erreichen, wer im Prozess der Verbürgerlichung die Sehnsucht hinter sich lässt, wird zur gesellschaftlichen angepassten »Ich-Leiche«.

*Der Bürger* (1924) formuliert Gesellschaftskritik ebenfalls primär als Erziehungskritik, das Recht auf ein eigenständiges Wachstum der Subjektivität einklagend sowie das auf ein »reines Ich«, das nicht »versunken und verschüttet und ertötet ist im Bürger des zwanzigsten Jahrhunderts«. Kritik an der Justiz artikuliert F. in seinem von der psychoanalytischen Theorie Freuds, mit der sich F. in seinen Münchener Bohemejahren auseinandersetzte, beeinflussten Roman *Die Ursache* (1915), in welchem er bei der juristischen Bewertung einer Unrechtstat sowie bei der Ermittlung des Strafmaßes für die Ausleuchtung der für ein Verbrechen maßgeblichen psychosozialen Ursachen plädiert. In *Karl und Anna* (1927) verwirklicht sich die Liebe als ein anerkanntes Recht der Individualität gegen das positive Recht, hat die Legitimität echter Liebe Vorrang vor der Legalität des Eherechts. Fortgesetzt wird diese Rechtskritik in dem Roman *Bruder und Schwester* (1929), in dem am Beispiel des Inzests die Verletzung gesellschaftlicher Tabus als ein Akt der Freiheit, als legitime Opposition gegen das »naturwidrige« positive Recht gezeigt wird. Bedingung für die ungehinderte Entfaltung von Individualität und damit für eine Besserung der Gesellschaft ist deren strukturelle Veränderung, die sich für F. weniger in der von Karl Marx postulierten Nivellierung der gesellschaftlichen Klassen mittels Revolution als vielmehr in der »Anarchie der Liebe« als einem individuell geführten Kampf gegen eine »in der Lüge erstarrten« Zivilisation erreichen lässt. Der Mensch ist gut, solange er sich in Aufruhr und in der Veränderung befindet.

1933 ging F., jetzt leidenschaftlich für einen Sozialismus mit menschlichem Antlitz eintretend, als einer der ersten deutschen Schriftsteller ins Exil, nachdem seine Bücher verbrannt worden waren; die offizielle Ausbürgerung erfolgte 1934. Er emigrierte über Zürich und London nach Paris und floh von dort nach dem Einmarsch der deutschen Truppen über Portugal in die USA, wo er sich den Lebensunterhalt zunächst als Drehbuchautor in Hollywood, dann als freier Schriftsteller in New York verdiente. 1950 kehrte er als einer der ersten deutschen Emigranten nach Deutschland zurück. In seiner Heimatstadt Würzburg wurde er nicht sehr freudig empfangen, sah die doch in *Die Jünger Jesu* (1949), einer Abrechnung mit den überlebenden Nazis, eine Verunglimpfung eines Teils ihrer Bürgerschaft. In dem autobiographischen Roman *Links wo das Herz ist* (1952), seinen in der dritten Person geschriebenen Memoiren, gibt er »die Fiktion zugunsten seiner Lebenswahrheit« auf: die Romanfigur Michael Vierkant ist jetzt mit dem Autor F. völlig identisch. Über sein Leben, das in den späten 1950er Jahren in Ost und West eine öffentliche Würdigung erfuhr, ist darin u. a. vermerkt: »Sein Leben war das eines kämpfenden deutschen Romanschriftstellers in der geschichtlich stürmischen Hälfte des zwanzigsten Jahrhunderts. Seine Bücher sind Bildnisse seines Innern«.

*Josef Hoben*

## Frauenlob
## (d. i. Heinrich von Meißen)
Geb. um 1250; gest. 29. 11. 1318 in Mainz

In der Fortsetzung der sog. Martinschronik (einer Kaiser-Papst-Geschichte des Martin von Troppau, 2. Hälfte 13. Jh.) durch den bischöflichen Notar Matthias von Neuenburg (bezeugt in Straßburg und Basel in der 1. Hälfte des 14. Jahrhunderts) wird berichtet, der Dichter F., gestorben am 29. 11. 1318, sei von Frauen zu seiner Grabstätte im Kreuzgang des Mainzer Doms getragen worden. Der mittelalterliche, 1774 zerstörte Grabstein wurde nach einigen Jahren durch eine heute noch zu sehende (ungenaue) Nachbildung ersetzt. Auf einem zweiten, ebenfalls erst aus dem 18. Jahrhundert stammenden Stein ist die in der Chronik geschilderte Szene des Grabgeleites abgebildet. – F. wurde von den Meistersingern nicht nur zu deren Zwölf Alten Meistern gezählt, er galt ihnen auch als der Begründer ihrer Kunst, der die ältesten Meistersingerschulen ins Leben gerufen habe. – Aus dem Beinamen »von Meißen« wird abgeleitet, dass der Dichter aus diesem Gebiet stammte; auch seine Sprache weist ins Mitteldeutsche. Den schon im Mittelalter gebräuchlichen »Künstlernamen« (Große Heidelberger Liederhandschrift: *Meister Heinrich Vrowenlop*) verdankt er seinem Eintreten für den Begriff ›frouwe‹ als Ehrentitel des weiblichen Geschlechts im Streit mit seinen Sängerkollegen Regenbogen und Rumelant, welche für den Vorrang des Begriffes »wip« eintraten (eine Begriffsopposition, die schon Walther von der Vogelweide in die Dichtungsdiskussion eingebracht hatte). Diese Kontroverse lässt sich in Grundzügen aus der Überlieferung herausarbeiten. An Hand der Apostrophierungen in seiner Preislyrik lässt sich in großen Zügen ein für mittelalterliche Berufssänger typisches Wanderleben verfolgen: So erscheinen als Gönner Erzbischof Giselbert von Bremen, Graf Otto von Ravensberg, Fürst Wizlav von Rügen. Er dichtete Totenklagen auf König Rudolf (gestorben 1291), Herzog Heinrich von Breslau (gestorben 1290) und auf König Wenzel II. von Böhmen (gestorben 1305, Letztere bezeugt allerdings nur in Ottokars Österreichischer Reimchronik). Eine besondere Beziehung scheint zum Leibarzt König Rudolfs, Peter von Aspelt, bestanden zu haben, der später zum Erzbischof von Mainz aufstieg: Damit könnte F.s Aufenthalt in Mainz in seinen letzten Jahren zusammenhängen. Nach weiteren Strophen hat F. an der Schwertleite König Wenzels II. (1292) teilgenommen; er besang Hoffeste des Herzogs Heinrich von Breslau und Rudolfs von Habsburg, kannte Kärnten und die Mark Brandenburg. Er war also in einem Großteil des damaligen deutschen Sprachgebiets als Hofsänger unterwegs, wobei sich gewisse Schwerpunkte seines Wirkens im östlichen Süd- und Mitteldeutschland herauskristallisieren. Er dichtete, wie andere Lyriker vor ihm, überwiegend für ein höfisches Publikum, obwohl ihn später dann die handwerklichen

Meistersinger zu einem der ihren machten. Neben zahlreichen Spruchstrophen (über 400) verfasste er drei lyrische Prunkgedichte, sog. Leichs (einen Marien-, Kreuz- und Minneleich), weiter Minnelieder und Rätselgedichte im sog. »geblümten« Stil, einer maniert metaphernreichen Sprachkunst. Recht selbstbewusst stellt er sich über die Klassiker Walther von der Vogelweide und Reinmar. Konrad von Würzburg preist er in einer Totenklage. Seine Nachwirkung, vor allem bei den späteren Vertretern des geblümten Stils und bei den Meistersingern, war groß: davon zeugen im 14. Jahrhundert etwa das Lob Johanns von Neumarkt, des Kanzlers am Hofe Karls IV., der ihn als »vulgaris eloquencie princeps« (als Fürsten der volkssprachlichen Redekunst) preist, ferner seine Registrierung im Grundbuch des Meistersangs, der Kolmarer Handschrift. Der Chronist des Meistersangs, Cyriacus Spangenberg, rühmt ihn noch um 1600 als einen Sänger, dessen Bestreben der Preis der Frauen gewesen sei.

Werkausgabe: Stackmann, Karl/Bertau, Karl (Hg.): Frauenlob (Heinrich von Meißen). Leichs, Sangsprüche, Lieder. 2 Bde. Göttingen 1981.

*Günther Schweikle/Red.*

## Freiligrath, Ferdinand
Geb. 17. 6. 1810 in Detmold;
gest. 18. 3. 1876 in Cannstatt

Wilde Exotik, revolutionäre Empörung, nationale Begeisterung – exemplarisch abzulesen an Gedichttiteln wie *Löwenritt*, *Reveille*, *Hurrah, Germania!* – sind die drei zentralen Stichworte zu F.s Lebenshaltung und zugleich charakteristisch für die drei wichtigsten Phasen seiner literarischen Produktivität. Gemeinsam ist ihnen nicht nur Leidenschaft- und Begeisterung, sondern auch eine besondere, je unterschiedlich akzentuierte Affinität zu Deutschland: Ferne und Heimat, Freiheit und Gleichheit, Krieg und Einheit.

Bekannt und berühmt wurde der junge kaufmännische Angestellte F. durch seine »Wüsten- und Löwenpoesie« (*Gedichte*, 1838).

Beeinflusst vom englischen und französischen Exotismus, besonders von Victor Hugos Orientpoesie (*Aus dem Morgenland*, 1829; dt. 1841), entstand ein neuer Ton in der deutschen Lyrik: ferne Natur und fremde Völker, wilde Abenteuer und exotische Szenen voller Theatralik und mit einem Übermaß an Metaphern; alexandrinisches Versmaß und ausgefallene Fremdwortreime, Langzeile und »Dampfschiffrhythmus« (Bettine von Arnim) verleihen den Gedichten Pathos und Eindringlichkeit, die den Bedürfnissen der begeisterten Leser entsprachen. F.s Fernweh ist sowohl im Kontext der zu jener Zeit weitverbreiteten Mode des Reisens und der Lektüre von Reiseliteratur zu sehen als auch im Kontrast zu den bedrückenden, rückständigen deutschen Verhältnissen bzw. zu dem von F. selbst in Amsterdam erlebten »modernen Getreibe« des Handelskapitalismus.

F. sieht rückblickend nicht zu Unrecht in dieser Lyrik eine Zivilisationskritik, eine »Opposition gegen die zahme Dichtung wie gegen die zahme Sozietät« (Brief vom 9. 7. 1852). Zugleich aber stand er in den 1930er Jahren in entschiedener Opposition zur politischen Prosa-Literatur der Jungdeutschen und deren Emanzipationstendenz – er stimmte sogar Wolfgang Menzels Heine-Denunziation zu; eine literarisch-politische Haltung, die Anfang der 1940er Jahre mit F.s die Reaktion verherrlichendem und zugleich Überparteilichkeit beanspruchendem Gedicht *Aus Spanien* (1841) und Georg Herweghs scharfer Erwiderung *Die Partei* ihren Höhepunkt erreichte und 1842 zu einer Pension seitens des preußischen Königs Friedrich Wilhelm IV. führte.

F.s bekannte Verse: »Der Dichter steht auf einer höhern Warte, / als auf den Zinnen der Partei«, verloren jedoch in den folgenden Jahren auch für ihn selbst ihre Gültigkeit. Beeinflusst von Hoffmann von Fallersleben wandte er sich zusehends gegen das soziale Elend und die sich wieder verschärfende politische Unterdrückung, mit der er seine ersten persönlichen Erfahrungen machte, als die Zensur 1843 zwei seiner Gedichte verbot. Im Frühjahr 1844 ging F. nach Belgien ins Exil und verzichtete auf den preußischen »Ehrensold«. In sei-

nem literarischen Schaffen markiert der noch sehr heterogene Gedichtband *Ein Glaubensbekenntnis* (1844) diese Bruchstelle – von nun an tritt er, wie es im Vorwort heißt, »auf die Seite derer, die mit Stirn und Brust der Reaktion sich entgegenstemmen!« In der Schweiz, der nächsten Station des Exils (1845), engagierte sich F., befreundet mit dem freiheitlich gesinnten Gottfried Keller, gleichermaßen gegen Adel und Bürgertum und beschwört in dem schmalen Gedichtband *Ça ira* (1846) die Revolution, nun mit derselben Begeisterung und Phantasie wie einst die exotischen Abenteuer. Das Gedicht *Wie man's macht!* provozierte deshalb auch den Widerspruch der Freunde Karl Marx und Friedrich Engels: »Man muß gestehen, nirgends machen sich die Revolutionen mit größerer Heiterkeit und Ungezwungenheit als im Kopf unseres Freiligrath«. Gleichwohl ist der Maschinist im Gedicht *Von unten auf!* eine der ersten selbstbewussten Proletariergestalten in der deutschen Literatur.

Aus finanziellen Gründen ging F. 1846 als Kaufmann nach England, bevor er im Mai 1848 nach Köln zurückkehrte und aktiv an der Revolution teilnahm; er wird Mitglied im Volksverein und im Bund der Kommunisten. Während der Zusammenarbeit mit Karl Marx, Friedrich Engels und Georg Weerth an der *Neuen Rheinischen Zeitung* (1848/49) war F.s Lyrik durch die Verbindung von Emotionalität und konkreten Revolutionsereignissen besonders massenwirksam. Sein Gedicht an die Märzgefallenen, *Die Toten an die Lebenden*, z. B. fand als Flugblatt reißenden Absatz, brachte ihm aber auch einen Prozess wegen »Aufreizung zum Umsturz« ein. Er nennt sich jetzt selbst »Trompeter der Revolution« (*Trotz alledem!*, *Reveille*).

Bis zu seiner Emigration nach England (1851) setzte F. seine politischen Aktivitäten im Rheinland fort. Nach der Niederlage der Revolution erlosch jedoch allmählich seine revolutionäre Begeisterung und damit die spezifische Voraussetzung seiner politischen Lyrik. Ohne die Basis theoretischer Kenntnisse – »Ich sollte mich eigentlich gar nicht an Reflexionen geben« – entfremdete er sich zusehends von seinen politischen Freunden. 1859 kam es zum Bruch mit Karl Marx und Friedrich Engels, 1867 zur Amnestie und Rückkehr nach Deutschland. Neben einer Vielzahl von Übersetzungen und Gelegenheitsgedichten stimmte er nun mit patriotischer Lyrik in die Kriegsbegeisterung und den Einheitsjubel ein (*Hurrah, Germania!*, 1870), warnte jedoch zugleich in seinen Briefen vor nationalistischen Übertreibungen.

Die poetischen Mittel seiner Lyrik jedoch – Prosa zu schreiben, hatte er nach einigen Versuchen schnell aufgegeben – sind seit den Anfängen unverändert. Auch jetzt dominieren Pathos und Rhetorik, extreme Situationen und starke Kontraste: das der Reaktion entgegengeschleuderte *Trotz alledem!* von 1848 setzt sich – bis in den Sprachduktus vergleichbar – in dem gegen Frankreich gerichteten *So wird es geschehn!* von 1870 fort; aus dem »Trompeter der Revolution« wurde das Kriegssymbol *Die Trompete von Vionville*.

Werkausgaben: »Trotz alledem und alledem«. Ferdinand Freiligraths Briefe an Karl Heinzen 1845 bis 1848. Hg. von Gerhard K. Friesen. Bielefeld 1998; Freiligraths Werke. Hg. von Werner Ilberg. Berlin/Weimar ⁴1980; Gedichte. Hg. von Dietrich Bode. Stuttgart 1964; Werke. Hg. von J. Schwering (Nachdruck der Ausg. von 1909). Hildesheim 1974.

*Florian Vaßen*

## Freytag, Gustav

Geb. 13. 7. 1816 in Kreuzburg/Schlesien; gest. 30. 4. 1895 in Wiesbaden

»Freier Schriftsteller« war wohl kaum das Berufsziel des schlesischen Erfolgsautors. Obwohl der »Hausdichter des deutschen Bürgertums« rückblickend die Atmosphäre eines gebildeten Elternhauses für seine »faßliche Darstellung der Menschenwelt«, die deutsch-polnische Grenzgebietslage seines Heimatortes für seine bürgerlich-nationale Gesinnung und die Aufführungen des Provinztheaters für seine dramatische Gestaltungsfähigkeit verantwortlich machte, strebte der kleinstädtische Arztsohn zunächst eine Universitätskarriere an.

Der ursprünglich an klassischer Philologie interessierte F. promovierte schließlich bei dem Altphilologen Karl Lachmann in Berlin mit einer Dissertation über die Anfänge des Dramas (1838). Mit Hilfe seines Lehrers A.H. Hoffmann von Fallersleben gelang es dem erst Dreiundzwanzigjährigen, der »vor allem Andern die Sorge für [seinen] künftigen Beruf hinter [sich] haben wollte« (*Erinnerungen*), sich als Privatdozent (1839 bis 1844) für deutsche Sprache und Literatur mit einer Abhandlung über die mittelalterliche Dichterin Hrotsvit von Gandersheim (1839) an der Universität Breslau zu habilitieren. Sein akademisches Lehramt ermöglichte dem sozialen Problemen gegenüber aufgeschlossenen Liberalen – er war Gründungsmitglied eines karitativen Vereins für die notleidenden Weber – die Fortsetzung seiner poetischen Versuche, die ihm in der Studentenschaft Popularität eintrugen. Dass »Volkstümlichkeit« von Anfang an ein wichtiges Kriterium seiner Dichtung war, beweisen der frühe Gedichtband *In Breslau* (1845) und sein freundschaftliches Verhältnis zu dem Dorfgeschichten-Autor Berthold Auerbach. Durch sein vom königlichen Theater in Berlin prämiiertes Lustspiel *Die Brautfahrt, oder Kunz von der Rose ‹n›* (1844) avancierte F. zum gefragten Dramatiker. Er wurde deshalb später in die Berliner »Schillerpreiscommission« berufen und schrieb – des häufigen Redigierens ihm zugesandter Arbeiten müde –, gleichsam als »Lehrbuch« für Anfänger, seine an Antike und Klassik orientierte *Technik des Dramas* (1863). F. stellt 1844 seine Vorlesungen aufgrund fachlicher Differenzen mit der Fakultät ein. Seine handwerkliche Dichterauffassung und Kontakte zum Dresdner Theaterkreis um Eduard Devrient ermöglichten ihm, sich eine neue Existenz als Berufsschriftsteller aufzubauen. Die heute vergessenen zeitkritischen Stücke (*Die Valentine*, 1847, u.a.) spiegeln bereits F.s nationalliberale Ansichten gegen Kleinstaaterei und philiströs-restaurative Enge wider, die sich vor dem Hintergrund der Barrikadenkämpfe der 48er Revolution zu einer von »Straßendemokratie« abgegrenzten politischen Haltung verfestigen. Seine »Agitation« in einem Leipziger Handwerkerverein wird durch die Zusammenarbeit mit dem Literaturhistoriker Julian Schmidt bis 1871 in der von ihnen übernommenen Wochenschrift *Die Grenzboten* erfolgreich fortgesetzt. Nicht nur politische Bildung im nationalliberalen, preußischkleindeutschen Sinne strebte das einflussreiche Blatt an, sondern auch die Verwirklichung einer neuen »volkserzieherischen« literarischen Absicht: Realismus als Lebens- und Darstellungsprinzip. Ein neues politisches Forum fand F. zwischen 1871 und 1873 in der eben gegründeten Zeitschrift *Im neuen Reich*, die der Historiker Alfred Dove in F.s Leipziger Stammverlag Salomon Hirzel herausgab. In dem Lustspiel *Die Journalisten* (1854) verarbeitete F. mit seinem mitunter übertriebenen Humor (Theodor Fontane) unmittelbare Wirklichkeitserfahrungen, genauso wie in dem Gelehrtenroman *Die verlorene Handschrift* (1864) und besonders in dem oberflächlich als Kaufmannsroman bezeichneten gründerzeitlichen Sozialprogramm *Soll und Haben* (1855), die beide an F.s Breslauer Zeit erinnern. Der als zeithistorische Quelle immer noch lesenswerte Bildungsroman *Soll und Haben* galt auch formal und nicht nur inhaltlich als das »Musterbeispiel« des bürgerlich-programmatischen Realismus, weil sein dramatischer Aufbau dem von F. entwickelten Romankonzept entsprach und insofern auch für spätere Romane eine Vorbildfunktion besaß (Hans Mayer: *Von Lessing bis Thomas Mann*). Beweise der Akribie und des ungeheuren Fleißes, den schon Zeitgenossen wie Conrad Alberti rühmten, sind die kulturgeschichtlich auch heute noch interessanten *Bilder aus der deutschen Vergangenheit* (1859–1867), eine wissenschaftlich fundierte Textsammlung auf der Grundlage seiner historischen Quellen- und Flugschriftensammlung (Stadt- und Universitätsbibliothek Frankfurt a. M.). Gewissermaßen als deren Fortsetzung kann F.s vielgelobte Biographie des badischen liberalen Politikers *Karl Mathy* (1869) gelten. Ebenso wie sein Spätwerk, der an Walter Scott angelehnte historische Romanzyklus *Die Ahnen* (1873–1881), verdeutlichen gerade diese Werke F.s patriotische Absicht, historisches Bewusstsein als vaterländische Geschichte zu vermitteln. Dass seine literarische und journalistische Tätigkeit nach 1848 letztlich im Dienste der Politik Preußens und der späteren Reichsgründung stand, beweist nicht nur der ideologische Gehalt seiner Werke, die Adel und Proletariat diffamieren und allein das Bürgertum heroisch als Stütze des Staates preisen, sondern auch sein Einsatz im liberalen Nationalverein, den Herzog Ernst II. von Sachsen-Coburg-Gotha 1853 als Sammelbecken der deutschen Einheitsbewegung gegründet hatte. Gotha, Zufluchtsort der Liberalen, wurde daher in der Reaktionszeit zum Hauptaufenthalt des Dichters und begründete die Freundschaft mit dem kunstsinnigen Fürsten, der ihm 1854 als Schutz vor den Nachstellungen der preußischen Polizei den Hofratstitel verliehen hatte und dem F. aus Dank *Soll und Haben* widmete. Herzog Ernst II. veranlasste ihn, von 1867 bis 1870 als Abgeordneter der Nationalliberalen Partei im konstituierenden Reichstag des Norddeutschen Bundes in Berlin mitzuwirken. Ihm gestand er, wie wenig er sich selbst als Politiker betrachtete: »In der Politik ist zweifelhaft, was ich leiste und nütze, in meinem Fach weiß ich es.« Wie gradlinig der Gedanke des Liberalismus die Weltanschauung des Bildungsbürgers F. bestimmte, zeigte sich sowohl in der Ablehnung radikaler Forderungen der Revolutionäre von 1848/49 als auch in der restaurativen Vision eines großdeutschen Kaiserreichs.

Immer wieder diskutiert wurde in der Forschung F.s angeblicher Antisemitismus, der in den 1970er Jahren nach einer heftigen Pressekontroverse die von Rainer Werner Fassbinder geplante Fernsehverfilmung von *Soll und Haben* nicht zustande kommen ließ. F.s Ehe mit der Jüdin Anna Strakosch, seine Mitgliedschaft im 1890 gegründeten »Verein zur Abwehr des Antisemitismus« und Aufsätze wie *Der Streit über das Judentum* (1869, gegen Richard Wagner) und *Ueber den Antisemitismus* (1893) bekräftigen, dass die liberal denkende F. tatsächlich den assimilierten jüdischen Bürger ohne Einschränkung tolerierte.

Werkausgabe: Gesammelte Werke. Hg. von Hanns Martin Elster. 12 Bde. Leipzig 1926.

*Gabriele Büchler-Hauschild*

## Fried, Erich

Geb. 6. 5. 1921 in Wien;
gest. 22. 11. 1988 in Baden-Baden

»Ich schreibe Gedichte, wie ein Karnickel Junge kriegt«, äußerte F. zu Beginn der 1980er Jahre einmal über die unheimlich anmutende Fülle seines lyrischen Schaffens, und man stelle sich ihn vor, den kleinen, humorigen Mann mit den vielen, liebenswert skurrilen, unbürgerlichen Zügen, wie er dabei spitzbübisch durch seine schwarz geränderte Brille blinzelt und anschließend, seinen geschnitzten Gehstock in der einen Hand haltend, mit der anderen Hand das volle, immer leicht verwilderte Haar von der Stirn seines riesig wirkenden Kopfes streicht. Und doch verbirgt sich hinter F.s ironischer Selbstcharakteristik der bittere Ernst einer Lebensbewältigung, die »Schreibenmüssen« heißt, schreiben gegen erlebtes und erlittenes Unrecht, gelegentlich zornig schreiben gegen die menschenfeindlichen Heucheleien der großen und kleinen Politik, und zuletzt auch schreiben, so ließe sich in einem F.-nahen Duktus sagen, um der Verzweiflung der Hoffnung die Hoffnung wiederzugeben.

Schon früh spürte F., einziges Kind einer jüdischen Familie aus Wien, die sozialen Spannungen in der österreichischen Metropole. Aus der Nähe erlebt der Heranwachsende den »Blutigen Freitag« von 1927, den Bürgerkrieg von 1934 und einen immer stärker werdenden Antisemitismus. Als kurz nach dem Anschluss Österreichs (13. 3. 1938) die Eltern verhaftet werden und der Vater an den Folgen eines Gestapo-Verhörs stirbt, flieht der 17-jährige Gymnasiast – mit dem festen Vorsatz, »Schriftsteller zu werden« und »gegen Faschismus, Rassismus und Austreibung unschuldiger Menschen« zu schreiben – nach England. In London schließt sich F. den vorwiegend von Kommunisten getragenen Exilorganisationen an, von deren parteigebundenem Kern er sich

aber Anfang 1944 wieder trennt. Zu wichtigen Freunden der Emigration werden ihm u. a. die österreichischen Schriftsteller Hans Flesch (-Brunningen), Theodor Kramer und Hans Schmeier (Freitod 1943) sowie der Breslauer Literaturwissenschaftler Werner Milch. Nur notdürftig sichern Gelegenheitsjobs die Existenz des Flüchtlings ab, 1944 erscheint sein antifaschistisches Erstlingswerk, die *Deutschland*-Gedichte.

Nach dem Zusammenbruch des nationalsozialistischen Regimes entscheidet sich F., in London zu bleiben, wo er bis zuletzt mit seinen sechs Kindern und der dritten Ehefrau Catherine lebte. Seine literarischen Arbeiten wenden sich zunächst »trotz aller Zeitverbundenheit den längerwährenden Grundthemen der Dichtung« zu (Nachwort zu *Gedichte*, 1958). Durch Vermittlung Werner Milchs korrespondiert er mit Elisabeth Langgässer in Berlin, ein Briefwechsel entsteht mit dem Hamburger Verleger Eugen Claassen. Nach der Mitarbeit bei den in London redigierten Alliierten-Zeitschriften *Neue Auslese* und *Blick in die Welt* wird F. ab 1952 festangestellter Kommentator bei der deutschen Abteilung der BBC (bis 1968, als er den Sender aufgrund politischer Differenzen verlässt). Seitdem lebte er als freier Schriftsteller, mit häufigeren Aufenthalten in Deutschland, Österreich und der Schweiz.

Zur ersten Wiederbegegnung mit dem Kontinent kommt es 1953 während einer Reise nach Berlin; Wien, seine Heimatstadt, sieht er erst 1962 wieder. In der Zwischenzeit hat sich F. einen Namen als Übersetzer (u. a. v. Dylan Thomas, William Shakespeare) gemacht, 1956/57 erscheint er als England-Korrespondent im Impressum der von Alfred Andersch herausgegebenen Zeitschrift *Texte und Zeichen*. Hans Magnus Enzensberger und Ernst Jandl besuchen ihn in London. Zunehmende Kontakte und Reisen nach Deutschland führen schließlich zur Annäherung an die außerparlamentarische Opposition (Beiträge für die Zeitschrift *konkret*, Freundschaft mit Rudi Dutschke) und zur Teilnahme an den Tagungen der Gruppe 47 (Debüt 1963), wo er später »als Linksaußen abgestempelt« wird (Helmut Heißenbüttel).

Heftige Kontroversen (nicht nur literaturkritische) lösen F.s *Vietnam*-Gedichte (1966) in der Mitte der 1960er Jahre aus. Ebenso wie das anschließende Engagement gegen Israels Palästinenserpolitik und gegen die ›Sympathisanten‹-Hetze der Baader-Meinhof-Hysterie in den 1970er Jahren tragen sie ihm (ähnlich wie Heinrich Böll) massive Anfeindungen und das schräge Etikett eines wildgewordenen Polit-Dichters (u. a. »dichtender Verschwörungsneurotiker«; *Die Zeit*, 1977) ein. In den Reihen der CDU möchte man seine Gedichte »lieber verbrannt sehen« (Bernd Neumann, 1977), die CSU streicht sie aus bayrischen Schullesebüchern (1978). Auf den viel und oft falsch zitierten Text *Auf den Tod des Generalbundesanwalts Siegfried Buback* anspielend, spricht der damalige Justizminister Hans Jochen Vogel während einer Anti-Terror-Debatte des Deutschen Bundestags 1978 von einem »Schriftsteller, der sich des Ermordeten eilends bemächtigte, um ihn in kümmerlichen Versen zu diffamieren«. Oberflächlichen Vorwürfen solcher Art entzieht sich das komplexe, selbstkritische (von ernstem bis kaustischem Sprachspiel geprägte) Gesamtwerk F.s (»Hauptaufgabe der Kunst ist Kampf gegen Entfremdung«), für das eine Abwehr simplifizierender, politischer Feindbilder geradezu charakteristisch ist. Ein späteres (wiederum umstrittenes) Beispiel für seine Verständigungsbemühungen mit Menschen »auf der anderen Seite« ist seine einfühlsame Auseinandersetzung mit dem Neonazi Michael Kühnen (1984). Bis zuletzt und trotz seines Krebsleidens ein unermüdlicher Dichter auf Reisen, Verfasser von über dreißig Lyrikbänden und mehreren Prosasammlungen, Bühnen-, Roman- und Hörspielautor, unbequemer Journalist, anerkannter Übersetzer sowie Träger verschiedener internationaler Literaturpreise, ist F. einer der auffälligsten und engagiertesten Schriftsteller der deutschsprachigen Nachkriegsliteratur. In der Urkunde zur Verleihung des Georg-Büchner-Preises heißt es: »Die Deutsche Akademie für Sprache und Dichtung verleiht den Georg-Büchner-Preis 1987 F., der in seinen poetischen Werken wie in seinen Übersetzungen die deutsche Sprache aus Verdunkelungen und aus dem Geschwätz zu einer unmißverständlichen Triftigkeit führt. Sie würdigt den in jeder Hinsicht mutigen Schriftsteller, der es nicht aufgibt, gegen die Übermacht der Mißstände unserer Welt zu schreiben, bei dem Sprache und Handeln, Wort und Sache eine maßgebliche Einheit werden«. Nach einer dritten Krebsoperation verstarb F. in Baden-Baden und wurde am 9. 12. 1988 auf dem Londoner Friedhof Kensal Green beigesetzt.

Werkausgabe: Gesammelte Werke. Hg. von Volker Kaukoreit und Klaus Wagenbach. 4 Bde. Berlin 1993.

*Volker Kaukoreit/Red.*

### Friedell, Egon
Geb. 21. 1. 1878 in Wien;
gest. 16. 3. 1938 in Wien

»Manche, die ihn kannten, sagen: Bei ihm wußte man nie, woran man war«, notiert Dora Zeemann. Diese Irritation über den Menschen F. färbt auch die Urteile über den Autor. Denn wie durch sein Leben geht durchs Werk eine Selbstironie, die es jedem Interpreten schwer macht, F.s Bedeutung zu vermitteln. Nicht leichter wird die Annäherung durch die Selbstinszenierungen, Alkoholexzesse und Bonmots, hinter denen er sich zeit seines Lebens verschanzte. Mystifikation treibt schon F.s Name: Er war das dritte Kind des großbürgerlich-jüdischen Ehepaars Friedmann. Kurz nach seiner Geburt trennten sich die Eltern; 1889 starb der Vater: F. kam für fünf Jahre in die Obhut einer Frankfurter Tante. Noch während der Schulzeit (Abitur 1899) kehrte er heim nach Wien und schloss sich bald dem Literatenzirkel um Peter Altenberg an. 1897 konvertierte F. zum Protestantismus; sein Pseudonym – anfangs ›Fridell‹ geschrieben – erscheint erstmals 1904. Im selben Jahr promovierte er, über Novalis, zum Doktor der Philosophie.

Sein Erbteil erlaubte es ihm, dem Schreiben und der Schauspielerei – in der er sich seit 1905 versuchte – recht ungebunden nachzuge-

hen. 1908 macht ihn die Titelrolle der szenischen Groteske *Goethe*, die er bis 1938 viele
hundert Male spielte, berühmt. *Goethe* war
seine erste Gemeinschaftsarbeit mit Alfred
Polgar; ihr folgten bis 1910 sieben weitere Stücke, deren Witz und Bosheit bis heute nicht
veraltet sind. Vom Fronteinsatz entbunden,
aber durch den Krieg ums Vermögen gebracht,
musste F. 1917 die Belieferung verschiedenster
Journale, zumal mit Theaterkritiken, sehr
ernsthaft angehen. Diese nie gekannte Abhängigkeit von der Presse bedrückte ihn keineswegs. Von 1921 bis 1925 schufen er und Polgar, jeweils zu Fasching, bis ins Layout genau
parodierte Ausgaben der größten Wiener Zeitungen. Die Komik, Präzision und formale
Vielfalt der *Böse Buben*-Blätter haben ihre Anlässe ohne Schaden überlebt; sie dürfen getrost
zum Kanon der deutschsprachigen Satire des
20. Jahrhunderts gezählt werden. Nachdem
die *Polfried AG* 1924 die *Stunde*, F.s Hausblatt,
erledigt hatte, folgte umgehend seine Entlassung aus der Redaktion. – Weil Max Reinhardt
ihn bald danach als Dramaturgen und Darsteller ans Theater in der Josefstadt engagierte,
bekam F. die materielle Sicherheit, mit der
Niederschrift seines Hauptwerks zu beginnen,
der dreibändigen *Kulturgeschichte der Neuzeit*
(1931). Vorgearbeitet hatte er diesem Werk
seit Jahrzehnten; auch in etlichen Glossen und
Essays, die er nun, kaum revidiert, dem rasch
wachsenden Buch einverleibte. Schon der erste
Band, 1927 erschienen, hatte großen Erfolg.
Der ästhetische Reiz der *Kulturgeschichte* ist
tatsächlich beträchtlich. Konzipiert wie eine
Biographie populären Charakters; durchsetzt
mit ebenso großartig gefundenen wie erzählten Anekdoten; geschrieben in einem durchweg makellosen Deutsch, dessen ruhiger
Rhythmus die 1300 Seiten mühelos trägt,
zeugt sie von einer stets persönlichen, bis-
weilen poetischen Durchdringung des Stoffs.
Doch nicht viel weniger Teil am Erfolg hatte
F.s Geschichtsphilosophie. Sie tradiert und
verbindet die universalistische Methode Jacob
Burckhardts und Friedrich Nietzsches historischen Nihilismus, den magischen Idealismus
Novalis' und Thomas Carlyles Heroenkult.
Mächtig und sehr zeitgemäß fließt Oswald

Spenglers pseudobiologische Theorie vom
Verfall der Kulturen ein. Das Ergebnis ist bedenklich. F. malt die Neuzeit als ungeheure
Nacht, verfinstert von ratlosen, gottlosen Massen, erhellt allein durch die Leitsterne der
Epochen, die Helden, Genies: Der starke Mann
als Prisma des Zeitgeists, die Weltgeschichte
als gigantisches Bühnenstück. Um seine Nähe
zur nationalsozialistischen Ideologie wusste F.
genau. Er habe, schreibt er 1935, zwar »den
Nationalsozialismus verkündet, aber den *richtigen*, den es auch heute noch nicht gibt«. Allerdings versuchten die Nazis nicht, ihn zu
vereinnahmen. Den satirischen Blick F.s und
seinen tiefen Mystizismus – der christlich,
nicht völkisch ist – konnten auch »Trottel« (F.)
nicht überlesen. Ein Arrangement mit dem
Land, aus dem er bis 1935 genug Tantiemen
bezogen hatte, um sich ein Haus in Kufstein zu
bauen, traf er nie, denn: »Es ist dort das Reich
des Antichrist angebrochen.« 1938 wurde die
*Neuzeit* in Deutschland verboten. Trotz wachsender finanzieller Probleme und einer Diabe-
teserkrankung arbeitete F. mit der üblichen
Zügigkeit an seiner *Kulturgeschichte des Alter-
tums* (posthum 1940). In ihr wird F.s Methode
völlig romanhaft: Er *dichtet* seinen Traum von
der Antike und sucht, mit phantastischem
Spürsinn, alle Belege zusammen, die dazu passen. Aber er konnte sein reifstes Werk nicht
vollenden. – Je wahrscheinlicher Hitlers Triumphzug nach Wien wurde, desto ernsthafter
erwog F. den Freitod. Emigrieren wollte er
nicht. Einen Tag, nachdem der deutsche Staat
sich um Österreich vergrößert hatte, standen
SA-Männer vor seiner Tür: »Wohnt da der Jud
Friedell?« Er zögerte nicht, warnte die Passanten drei Stockwerke tiefer und sprang aus
dem Fenster.

Die Genrebildchen vom gelehrten Clown
und philosophischen Trunkenbold haben
lange ernsthafte Rezeption F.s verhindert.
Dank Heribert Illig, der in den 1980er Jahren
die Schriften F.s neu ediert hat, ist inzwischen
hinter den Mystifikationen ein extrem verletzlicher Mensch und brillanter Schriftsteller
sichtbar geworden.

*Kay Sokolowsky*

## Friedrich von Hausen
In der zweiten Hälfte des
12. Jahrhunderts

Das *Chronicon Hanoniense*, die Geschichte der Grafen von Hennegau (verfasst Anfang des 13. Jahrhunderts von deren Kanzler, Gislebert von Mons), berichtet, F., ein »vir probus et nobilis« (ein »tüchtiger und edler Mann«), sei am 6. Mai 1190 bei der Verfolgung feindlicher Türken bei Philomelium (heute Akschehir, Anatolien) vom Pferd gestürzt und gestorben – wenige Tage vor einem Sieg des sonst nicht gerade erfolgreichen Heeres der deutschen Kreuzritter unter Friedrich I. Barbarossa (und wenige Wochen vor dem Tod des Kaisers). Dieser »miles strenuus et famosus« (»tapfere und berühmte Ritter«) wird allgemein als der Minnesänger angesehen, von dem die Große Heidelberger und die Weingartner Liederhandschrift rund zwanzig Minnelieder bewahren. Die vorangestellte Miniatur zeigt jeweils einen Kreuzfahrer zu Schiff. Es gibt allerdings nirgends eine direkt bezeugte Verbindung zwischen dem Ritter und dem Minnesänger. – Als Heimat des staufischen Ministerialen F. gilt Rheinhausen bei Mannheim. Dies war umstritten, bis die um 1300 anzusetzende Abschrift eines um 1200 revidierten, 200 Jahre älteren lateinischen Sachwörterbuches (als *Summarium Heinrici* bezeichnet) vor einigen Jahren in die Forschungsdiskussion eingebracht wurde: Die Bemerkung zum Stichwort »Neckar«: »apud husen castrum quondam Waltheri rhenum influit« (»bei Hausen, einstmals Burg Walthers, mündet er [der Neckar] in den Rhein«) verweist auf den Vater F.s, einen staufischen Freiherrn, der zwischen 1140 und 1173 in Urkunden der Erzbischöfe von Mainz und Trier, des Bischofs von Worms und des Abtes von Lorch als Zeuge fungiert – übrigens zusammen mit einem Bligger von Steinach und dessen gleichnamigem Sohn, welcher der Dichter sein könnte, den Gottfried von Straßburg als Verfasser einer nicht erhaltenen epischen Dichtung rühmt. Walther von Hausen begegnet überdies in einer Totenklage des frühhöfischen Spruchdichters Spervogel. – F. wird (zusammen mit seinem Vater) erstmals 1171 fassbar in einer Urkunde des Erzbischofs Christian von Mainz. Allein tritt er 1172 in einer Urkunde für das Zisterzienserkloster Wernersweiler bei Zweibrücken auf, dann 1175 in Urkunden wiederum des Mainzer Erzbischofs, ausgestellt bei Pavia während des 5. Italienzuges Friedrichs I. Nach einer Zeugnislücke von elf Jahren (bis 1186) erscheint F. im Gefolge des Kaisersohnes und Mitregenten für Italien, des späteren Heinrich VI. in oberitalienischen Urkunden. Im Dezember 1187 war er bei der Begegnung Friedrichs I. mit dem französischen König Philipp August zugegen. 1188 geleitete er als Gesandter des Kaisers den Grafen Balduin von Hennegau (den Schwiegervater des französischen Königs) zum Hoftag nach Worms. – In diesen spärlichen Zeugnissen lässt sich das Leben eines staufischen Adligen erahnen, der als Sohn eines Freiherrn in die Dienste verschiedener Würdenträger trat und schließlich sogar zur kaiserlichen »familia« gehörte. So karg aber diese Zeugnisse für das Leben eines bedeutenden Ministerialen sind, so aufschlussreich (und reichhaltig) sind sie für das Leben eines Minnesängers, dessen Herkunft, Stand und Lebensumkreis selten belegt sind. In der Forschung wird der Dichter F. als das Haupt eines Kreises von Minnesängern am staufischen Hof gesehen, zu dem vor allem der nachmalige Kaiser Heinrich VI., Bligger von Steinach und Ulrich von Gutenburg gezählt werden. Dieser sogenannte rheinische Minnesang entwickelte gegenüber dem frühhöfischen, sogenannten donauländischen Minnesang eines Kürenberg oder Meinloh von Sevelingen anstelle von Paarreimstrophen (meist Langzeilen) die Stollenstrophe, schuf eine Liebeslyrik, in der Mann und Frau nicht mehr, wie im frühen Minnesang, als natürliche Partner auftreten, der Mann sich vielmehr der am Feudalsystem orientierten Ideologie der Hohen Minne unterwirft, bereit, als Dienstmann sich einer meist abweisenden Minneherrin zu ergeben. Diese Entwicklung könnte sowohl durch die Vermittlung der aus Burgund stammenden Kaiserin Beatrix (die von französischen Dichtern als Mäzenin gerühmt wird), als auch durch persönliche Begegnungen mit französisch-provenzalischen Dichtern (während verschiedener politischer Missionen) begünstigt worden sein. F. hat wohl diesen Typus der Hohen Minnelyrik als erster voll ausgebildet. Seine Lieder lassen sich in drei Gruppen gliedern: 1. Lieder der Hohen Minne, die besonders von der »huote«, der gesellschaftlichen Beaufsichtigung der Dame, handeln; 2. Sehnsuchtslieder aus der Ferne, entstanden wohl im Zusammenhang mit den Italienzügen; und 3. Kreuzzugslieder, die unter dem Eindruck des bevorstehenden dritten Kreuzzuges (1189) gedichtet sind, und die um das Problem der Unvereinbarkeit von Pflichten gegenüber einer Minneherrin und Gott kreisen (vgl. als bekanntestes Lied *Min herze und min lip, diu wellent scheiden*). F.s Lyrik ist gekennzeichnet durch eine bis dahin unbekannte Gedanklichkeit, die auch ein komplexeres Verhältnis von Sprache und Vers bewirkte. Er gilt als geistesverwandter Vorläufer Reinmars.

Werkausgaben: Des Minnesangs Frühling. 38., erneut revid. Aufl. Stuttgart 1988, S. 73–96; Schweikle, Günther (Hg.): Friedrich von Hausen. Lieder. Mhd/Nhd. Stuttgart 1984.

*Günther Schweikle*

## Fries, Fritz Rudolf
Geb. 19. 5. 1935 in Bilbao (Spanien)

Das Ende der DDR veranlasste F. zu dem melancholisch-ironischen Ausruf: »Denn ach, wie viele Möglichkeiten bot doch das *ancien régime* zur Subtilität, zur poetischen Metapher und zum Untertauchen.« Der Erzähler F. hat diese Möglichkeiten, inspiriert durch sein Leben in zwei Kulturen, von Kindesbeinen an genutzt und ein umfangreiches phantastisch-realistisches Prosawerk geschaffen, das die DDR-Literatur bereichert hat, ohne doch für dieselbe typisch zu sein. Freilich hat F. zu DDR-Zeiten noch in ganz anderer Weise ›subtil‹ und undercover gewirkt, wie 1996 bekannt wurde: Er war von Mitte der 1970er bis Mitte der 80er Jahre sog. Inoffizieller Mitarbeiter (IM) des Ministeriums für Staatssicherheit der

DDR und zeigte sich in dieser Funktion zeitweise durchaus kooperationsbereit.

Im baskischen Bilbao als Sohn eines deutschen Kaufmanns und Enkel einer spanischen Großmutter, die kein Deutsch sprach, geboren und aufgewachsen, war F. das Spanische ebenso vertraut wie die Vatersprache. 1942 übersiedelte die Familie nach Leipzig, der Vater wurde eingezogen, so dass F. auch noch von den Kriegs- und Nachkriegswirren in Deutschland geprägt wurde. Von 1953 bis 1958 studierte der kleinwüchsige junge Mann Romanistik und Anglistik in Leipzig und arbeitete danach als freier Übersetzer und Dolmetscher. Von 1960 an war er Assistent bei dem bedeutenden Romanisten Werner Krauss an der Sektion für Deutsch-Französische Aufklärung bei der Akademie der Wissenschaften zu Berlin. Als der erste Roman *Der Weg nach Oobliadooh* 1965 fertig war und F. keine Druckmöglichkeit in der DDR sah, nahm Uwe Johnson, ein Freund seit gemeinsamen Leipziger Tagen, den Text mit nach Westberlin und schrieb ein positives Gutachten für den Suhrkamp Verlag. 1966 erschien das Buch in Frankfurt a. M., was zur Folge hatte, dass F.' Assistentenvertrag bei der Akademie aufgelöst wurde. F. wurde zum freien Schriftsteller wider den Willen, der sich vor allem mit literarischen Übersetzungen aus dem Spanischen ernährte. – *Der Weg nach Oobliadooh* ist ein Schelmenroman in der klassischen spanischen Tradition, der kraft seiner gesamten Anlage gegen den sozialistischen Bildungs- und Erziehungsroman polemisiert und damit auch zu einer Parodie auf die propagierte »Ankunftsliteratur« gerät. F.' unheroische Helden, der Schriftsteller Arlecq und der Zahnarzt Paasch, träumen von einem Nirgendwo-Land, das die Welt des Jazz, das Westberlin und am Ende ein Irrenhaus sein kann – nur nicht die DDR. Dass F. mit seinem Erstling in seiner Heimat keinen Erfolg hatte, vielmehr gemaßregelt wurde, hatte spürbare Konsequenzen für sein Schreiben. 1967 arbeitete er zunächst an einer fiktiven Chronik *Verlegung eines mittleren Reiches* über das Leben in einem Dorf, das zwar von fremden Truppen besetzt, aber als einziges nach einer Atomkriegskatastrophe unverstrahlt geblieben ist – ein dystopisches Arrangement, das allzu viele Bezüge zur Welt des realen Sozialismus aufwies. Erst 1984 schrieb F. dieses Buch zu Ende und konnte es dann auch veröffentlichen. Die Prosabände *Der Fernsehkrieg* (1969) und *See-Stücke* (1973), die F.' Profil als DDR-Autor begründeten, sind demgegenüber in ihrer zurückgenommenen, objektivierenden, phantasieärmeren Erzählweise deutlich schwächer. Erst die drei späteren Romane *Das Luft-Schiff* (1974), *Alexanders neue Welten. Ein akademischer Kolportageroman* (1982) und *Die Väter im Kino* (1990) knüpfen wieder an F.' Anfänge an. Sie erzählen Realistisch-Alltägliches aus der zeitgenössischen DDR oder ihrer Vorgeschichte, konterkarieren und unterwandern diese Ebene aber regelmäßig durch phantastische, verrückte Gegengeschichten, womit sie erfolgreich gegen die verordnete DDR-Kultur der Monosemie angehen. Dabei begegnet immer wieder das Fliegen, oder der Traum davon als zentrale Metapher. Freilich ist F. an einer moralischen oder gar politischen Verwertbarkeit seiner Literatur nicht interessiert und versteht sich als geheimen »antikassandrischen« Gegenpol zu Christa Wolf. Aus seinen nicht zu überschätzenden Übersetzungen aus dem Spanischen ragen die von Julio Cortázar (u. a. *Rayuela*, 1983) sowie von César Vallejo, Nicolás Guillén und Federico García Lorca hervor.

Nach der Wende veröffentlichte F. den »Staats- und Kriminalroman« *Die Nonnen von Bratislava* (1994), mit dem er seine Serie von Schelmenromanen fortsetzte. Zwei Helden wie schon im *Oobliadooh*-Roman, der eine der wieder auferstandene Begründer des klassischen Pikaro-Romans Aleman, der andere ein ›abgewickelter‹ DDRGeisteswissenschaftler, durchstreifen die Nach-Wende-Zeit mal nostalgisch, mal die Ostalgie verspottend, aber F.' Witz ist, im Vergleich zu seinen früheren Romanen, stumpf geworden. Von zeitgeschichtlichem Interesse sind seine beiden autobiographischen Bücher *Im Jahr des Hahns* (1996) – Tagebücher, die u. a. die Enthüllung von F.' IM-Tätigkeit durch Joachim Walther kommentieren – und der Erinnerungsband

*Diogenes auf der Parkbank* (2002). – F. lebt in Petershagen bei Berlin (daher sein IM-Deckname »Pedro Hagen«), wovon viele seiner Gelegenheitsgedichte (*Herbsttage in Niederbarnim*, 1988) erzählen.

*Wolfgang Emmerich*

## Frisch, Max

Geb. 15. 5. 1911 in Zürich;
gest. am 4. 4. 1991 in Zürich

An einer Stelle der Erzählung *Montauk* (1975), in der er ausschließlich biographische Fakten verarbeitet, äußert sich F. auf folgende Weise über sein Verhältnis zu Frauen:»Ich erfinde für jede Partnerin eine andere Not mit mir. Zum Beispiel, daß sie die Stärkere ist oder daß ich der Stärkere bin. Sie selbst verhalten sich danach, jedenfalls in meiner Gegenwart … Ob es mich peinigt oder beseligt, was ich um die geliebte Frau herum erfinde, ist gleichgültig; es muß nur überzeugen. Es sind nicht die Frauen, die mich hinters Licht führen; das tue ich selber.« Dergleichen mag mancher missbilligen: Fehlt es F. an Lebensernst, gibt er sich als Spieler auf der Klaviatur fremder Existenzen aus, auch auf der seines eigenen Inneren? Jedenfalls zeigt sich hier eine komplizierte Persönlichkeit. Ein Mensch mit dem Bedürfnis nach Ich-Veränderung und Daseinsvariation im Leben wie auch durch die bloße Erfindung tritt uns entgegen, und wer sich schon einmal mit ihm beschäftigt hat, wird fragen, ob sich in dieser psychischen Disposition der Grund für seinen unruhigen Lebensgang, sein Verlangen nach beruflichem Wandel, seine stets neue Darstellung des menschlichen Fluchttriebs findet. Hängen Leben und Werk so eng zusammen? Machte F. einerseits aus seiner Existenz Dichtung, bilden seine poetischen Werke andererseits das Porträt seiner Biographie?

Den Roman *Stiller* (1954), der seinem Autor nach und nach den Durchbruch als Erzähler brachte, lässt F. mit dem Satz »Ich bin nicht Stiller« beginnen: Ein Mensch kann sich mit seiner Vergangenheit nicht identifizieren und will daher auch äußerlich als ein anderer erscheinen. Der Roman *Mein Name sei Gantenbein* (1964) gibt bereits durch seinen Titel zu verstehen, dass nicht von Fakten, sondern von Vorstellungen die Rede ist: Ein Ich erzählt nicht von seinem wirklichen Leben, sondern von seinen Lebensmöglichkeiten, die allesamt unrealisiert bleiben, aber in ihrem Zusammenspiel ahnen lassen, was es mit dem redenden Ich auf sich haben könnte. Wer ist dieser Erzähler? Eine erfundene Figur oder der Autor selber? – Das ist nicht zu entscheiden, wir erfahren buchstäblich nichts von der Identität dieses Erzähler-Ichs. Drei Jahre später erschien das Theaterstück *Biografie: Ein Spiel* (1967), in dem der Protagonist sogar Gelegenheit erhält, seine Vergangenheit zu verändern, sich über alle Lebensfakten hinwegzusetzen und sich in dieser Welt neu und anders zu etablieren. Schon in seinem ersten Theaterstück *Santa Cruz* (geschrieben 1944, uraufgeführt 1947) begegnen wir der Konstellation, dass zwei Männer jeweils von dem Leben träumen, das der andere führt:»Solange ich lebe«, sagt der eine über den anderen,»begleitet ihn meine Sehnsucht ... Ich möchte ihn noch einmal kennenlernen, ihn, der mein anderes Leben führt.« Abermals gefragt: Kommt hier die oft beschworene Identitätsproblematik des modernen Menschen zum Ausdruck oder lediglich die des problematischen Individuums Max F.? – In *Montauk* lesen wir den Satz:»My greatest fear: Repetition«. Das klingt nun wahrhaftig wie ein persönliches Bekenntnis. Doch selbst in diesem Fall kann man nicht sicher sein, dass es sich nicht doch um pure Literatur handelt, denn wir haben die (allerdings nicht ganz wörtliche) Übersetzung eines Satzes aus *Stiller* vor uns:»Meine Angst: die Wiederholung –!«

Es lässt sich wohl tatsächlich nicht leugnen, dass bei F. Lebensgang und intellektuelle Entwicklung, Werkgeschichte und persönliche Daseinserfahrung eng miteinander verknüpft waren. Kaum häufiger als bei anderen Autoren lassen sich biographische Fakten als Textdetails wiederfinden – wenn man von *Montauk* absieht. Aber klarer als bei den meisten Dichtern lässt sich zeigen, dass die Lebensge-

schichte in derselben persönlichen Disposition fundiert war wie die Entwicklung des poetischen Werks. F.s beruflicher Werdegang, der ihn über die Matura zum Germanistik-Studium (1931 bis 1933), von dessen vorzeitiger Beendigung zum Journalismus, von dort zum Zweitstudium als Architekt (1936 bis 1941), schließlich zum Angestellten und endlich zum selbständigen Architekten (1942) führte, bevor der Dichter 1954 das eigene Büro aufgab und es mit dem freien Schriftstellerleben versuchte, weist ebenso auf ein Bedürfnis nach Verwandlung hin wie der häufige Ortswechsel. In Zürich geboren und dort zunächst wohnhaft, kaufte F. später eine Wohnung in Berlin, dann auch eine in Zürich; in Berzona baute er ein Haus, nachdem er von 1960 bis 1965 in Rom gelebt hatte, wohnte jedoch nicht nur dort, sondern auch in Zürich, später häufig in New York, wo er ebenfalls eine Wohnung erwarb. Die meisten Ortswechsel markierten innere Krisen und deren Lösungen. Seit 1942 mit Constanze von Meyenburg, einer Kollegin, verheiratet, trennte er sich von seiner Frau 1954, zur Zeit der Auflösung des Architektenbüros, und zog nach Männedorf bei Zürich. Es war zudem das Jahr, in dem *Stiller* erschien. 1959 lebte F. in Zürich mit Ingeborg Bachmann zusammen, dann wieder getrennt: erst die Übersiedlung nach Rom brachte eine vorübergehende Beruhigung in diese verzehrende Beziehung. Als 1964 *Mein Name sei Gantenbein* erschien, ließen sich die Spuren dieses Erlebnisses wohl noch erkennen, aber das Erlebnis selbst war bewältigt. F. lebte inzwischen mit Marianne Oellers, die er 1968 heiratete und für die er das Haus in Berzona (Tessin) baute:»Jetzt möchte ich ein Haus haben mit Dir«, heißt es in *Montauk*, jenem Werk, das am Ende dieser Beziehung steht und in dem von diesem Ende die Rede ist. Dabei konfrontiert F. seine Vergangenheit, gerade auch die wesentlichen Begegnungen, mit der Wochenendbeziehung zu einer Verlagsmitarbeiterin namens Alice Locke-Carey, die in der Erzählung Lynn genannt wird; allein, auch hieraus ergab sich, gänzlich unvermutet, eine Lebensveränderung: Nach vielen Jahren sah F. die junge Mitarbeiterin wieder und lebte fortan längere Zeit mit ihr zusammen. Manchmal, so will es scheinen, nimmt nicht nur die Biographie auf die Poesie, sondern – umgekehrt – auch das Werk auf das Leben seines Verfassers Einfluss.

Dabei hatte F. schon 1937 einen ernsthaften Versuch unternommen, sein Leben aus dem Zusammenhang mit der Literatur zu lösen. Wiewohl er zu diesem Zeitpunkt außer einigen Kurzgeschichten mit dem Roman *Jürg Reinhart* (1934) und der Erzählung *Antwort aus der Stille* (1937) bereits zwei umfänglichere Prosaarbeiten vorgelegt hatte, glaubte er nicht an sein literarisches Talent: »Mit 25 Jahren war ich fertig mit der Schriftstellerei: Ich wußte, daß es mir im letzten Grund nicht reicht, und verbrannte alles Papier, das beschriebene und das leere dazu, fertig mit falschen Hoffnungen.« Solches Misstrauen hatte zur Folge, dass F. zunächst nichts Poetisches produzierte, sondern ein Tagebuch. Die *Blätter aus dem Brotsack* (1940) bilden die Aufzeichnungen eines vom Krieg verschonten eidgenössischen Soldaten. Diese Form hat nachgewirkt. 1950 erschien das *Tagebuch 1946–1949*, ein allerdings schon als literarisch zu klassifizierender Text, der keineswegs nur Zeit- und Lebensbeobachtungen, sondern auch Reflexionen und poetische Passagen bündelt. Und das 1972 publizierte *Tagebuch 1966–1971* besitzt eine noch weitaus artistischere Form. F. montiert vier in unterschiedlichen Schrifttypen gesetzte Textarten miteinander: Nachrichten, persönliche, literarische und fiktive Aufzeichnungen. Dergleichen war das Ergebnis der längst wieder aufgenommenen, rein poetischen Produktion.

Sieht man nun von dem an *Jürg Reinhart* anknüpfenden Roman *J'adore ce qui me brûle oder Die Schwierigen* (1943) ab, so versuchte es F. nach der literarischen Selbstverbrennung zunächst mit dem Theater. In rascher Folge erschienen und wurden aufgeführt *Nun singen sie wieder* (1945), *Die Chinesische Mauer* (1947), *Als der Krieg zu Ende war* (1949), *Graf*

*Öderland* (1951), Dramen, in denen F. sein Augenmerk erstmals auf gesellschaftliche Tatbestände richtete. Dies ist – wenn auch nicht allein – dem Einfluss Bertolt Brechts zuzuschreiben, mit dem F. seit dem Herbst 1947 in engem Kontakt stand. Die dramaturgischen Wirkungen dieser Begegnung machten sich jedoch erst später bemerkbar, in den nachgerade zur Pflichtlektüre für deutsche Schüler avancierten Stücken *Biedermann und die Brandstifter* (1958) und *Andorra* (1961). Nichts hat F.s Erfolg bei Lesern und Käufern von Büchern und bei jenen, die literarische Preise zu vergeben haben, so befördert wie diese beiden Stücke.

Dabei wurde F. schon vorher von der Kritik höchst wohlwollend behandelt und mit Preisen reichlich geehrt. Außer dem Nobelpreis, für den er wohl alljährlich vorgeschlagen wurde, fehlt kaum ein wichtiger Preis oder eine große Ehrung. Unter ihnen findet man den Charles-Veillon-Preis (für *Homo faber*, 1957) ebenso wie den Georg-Büchner-Preis (1958), den Schillerpreis des Landes Baden-Württemberg (1965) ebenso wie den Friedenspreis des deutschen Buchhandels (1976), zum Dr. h. c. ernannte ihn die Philipps-Universität Marburg bereits 1962, und 1982 tat die City University New York dasselbe. In den 1960er Jahren der wohl prominenteste Autor deutscher Sprache, ist F. danach stärker in den Hintergrund getreten. Sein spätes Drama *Triptychon* (1978) wurde – auch wegen entsprechender Bestimmungen des Autors – kaum aufgeführt. Seine gesellschaftskritische Stimme, die sich noch 1971 in *Wilhelm Tell für die Schule* und 1974 im *Dienstbüchlein* artikulierte und in der Schweiz auf bieder-zornige Ablehnung stieß, erhob sich kaum noch, und die beiden Erzählungen *Der Mensch erscheint im Holozän* (1979) und *Blaubart* (1982) fanden nicht jene Resonanz, auf die Arbeiten des Autors F. früher zählen konnten. Allerdings wurde *Blaubart* 1983 von Krzystof Zanussi verfilmt. Gegen Ende des Streifens findet sich ein Gag, den der Regisseur zwar von Hitchcock entliehen hat, der aber gut auf F. passt, auf den Dichter also, dessen Leben seine Kunst und dessen Kunst sein Leben prägte: Für einen

Augenblick kann man F. leibhaftig im Publikum des Blaubart-Prozesses sehen. So wurde denn der Dichter schließlich zu einem Kunstelement seines eigenen Werkes. Dergleichen belegt wohl noch deutlicher als die Verleihung des Heine-Preises durch die Stadt Düsseldorf im Jahre 1989, dass F. am Ende seines Lebens zu einem Klassiker geworden ist.

Werkausgabe: Gesammelte Werke in zeitlicher Folge (1931–1985). Hg. von Hans Mayer unter Mitwirkung von Walter Schmitz. 7 Bde. Frankfurt a. M. 1998.

*Jürgen H. Petersen*

## Frischlin, Nicodemus

Geb. 22. 9. 1547 in Balingen;
gest. 29. 11. 1590 in Hohenurach

Daniel Friedrich Schubart hat, aus vergleichbarer Erfahrung, den streitbaren Humanisten und Poeten einen »Bruder meines Geistes« genannt und ihm nachgerühmt:»Die Wahrheit schien ein Schwert in deinem Mund, ein Wetterstrahl!« Die Zwänge der feudalen Kleinstaaterei und die Zustände an den Universitäten des 16. Jahrhunderts haben das Leben F.s überschattet und schließlich frühzeitig zugrundegerichtet. Sein Leben und Werk machten ihn in der späthumanistischen Gelehrtenrepublik zu einem Außenseiter und zeigen manche weit in die Barockzeit vorausweisende Züge. Dass das Interesse an dem gelehrten Dichter stets eher seinem Leben als seinen Schriften galt, ist nicht zuletzt auf das Fehlen zugänglicher Textausgaben zurückzuführen; sein zeitgenössisches, sozial breit gestreutes Publikum hat ihn als einen hochbegabten Komödiendichter, einen überlegenen Spötter mit derbem Wortwitz und grobianischer Sprachkraft, einen glänzenden Redner und Stilisten sowie einen geistvollen und anregenden akademischen Lehrer im Gedächtnis behalten. Das weit verstreute poetische Werk in nahezu allen damals gepflegten Gattungen und Genres wird an Umfang übertroffen durch die Ergebnisse gelehrter Tätigkeit, die ihm u. a. einen Platz in der Rezeptionsge-

schichte der lateinischen Grammatik sichern. Bedeutsam für die Entwicklung des Dramas im 16. und 17. Jahrhundert sind seine Komödien und Tragödien, die sich durch dramaturgische Neuerungen, bühnenwirksame Figuren und volkstümliche Sprache auszeichnen. Nach geradlinigem Bildungsgang und Ernennung zum außerordentlichen Professor der Poetik an der Tübinger Universität (1568) scheint ihm eine glänzende akademische und künstlerische Karriere eröffnet. Seine in der Tradition des lutherischen Schuldramas stehenden Komödien *Rebecca* (1576) und *Susanna* (1577) bringen ihm den Titel eines »Poeta laureatus« und ein Adelsprädikat als »comes palatinus« (Pfalzgraf) ein; der Ausstellung eines bürgerlichen Frauenideals dient auch sein einziges gedrucktes deutsches Drama *Fraw Wendelgard* (1579). Die aristophanische Komödie *Priscianus vapulans (Der geprügelte Priscianus*, 1578) streitet mit satirischer Schärfe gegen den Verfall der klassischen Bildung; *Phasma (Die Erscheinung*, 1580) wünscht alle nicht lutherischrechtgläubigen Konfessionen zum Teufel, nicht ohne durch Mehrdeutigkeiten und unterschwellige Ironie den Autor selbst dem Verdacht der Behörden auszusetzen. Das berühmteste und gelungenste Stück, *Julius Redivivus (Der wiedererstandene Julius*, 1582) verfolgt eine kulturpatriotische Zielsetzung: die Deutschen haben in der Kriegskunst wie in der Gelehrsamkeit das Erbe antiker römischer Größe angetreten; Caesar und Cicero repräsentieren den Freundschaftsbund zwischen Macht und Geist, den sich der Autor zwischen dem Landesfürsten und humanistischen Gelehrten erträumte. Der Widerspruch zwischen heroisierendem Fürstenlob und gesellschaftskritischen Tendenzen durchzieht das Leben und Werk F.s; sein Schicksal war es, zwischen erbosten Adelscliquen und universitären Konkurrenten zerrieben zu werden. Anstoß dazu gab vor allem seine *Oratio de vita rustica (Rede über das Landleben)*, in der die Ausbeutung der Bauern angeprangert war und nach deren Druck im Jahre 1580 F. aus dem Lande Württemberg verbannt wurde. Nach jahrelangem Wanderleben versucht er in Frankfurt a. M. eine Existenzgründung als Buchdrucker, die von seinen Feinden verhindert wird. Sein scharfsichtiger und beißender Spott auf die Borniertheit der politischen und wissenschaftlichen Zustände wäre, vervielfältigt durch die im *Julius Redivivus* hochgelobte Kunst des Buchdrucks, für sie zu gefährlich geworden. Unter erbärmlichen Verhältnissen auf der Burg Hohenurach (Schwäbische Alb) eingekerkert, stürzt er bei einem Fluchtversuch zu Tode,»ohne sonderliche Ceremonien begraben«. Während die Speyerer Schulordnung von 1594 ihn einen»bei allen gelerten hochberumten« Dichter nennt, höhnt ihm die Zunft in Gestalt seines Tübinger Professorenkollegen und Lehrers Martin Crusius (in der Übersetzung seines Biographen David Friedrich Strauß) nach:»Frischlinus lieget hier, vom Falle bös verstaucht: Er war ein guter Kopf, doch hat er ihn mißbraucht.«

Werkausgabe: Sämtliche Werke. Bd. 1. Hg. von Adalbert von Elschenbroich, bearb. von Lothar Mundt. Berlin/ Bern/Frankfurt a. M. u. a. 1992.

*Jürgen Schutte*

## Frischmuth, Barbara
Geb. 5. 7. 1941 in Altaussee/Steiermark

Die Biographie F.s ist mit ihren Romanen und Erzählungen eng verflochten durch ihre polyglotte Begabung und die Versuche, sich mit Hilfe fremder Sprachen Lebensformen zu erschließen, die aus anerzogenen Orientierungen herausführen. Sie studierte Türkisch und Ungarisch an der Universität Graz; nach Aufenthalten in der Türkei und in Ungarn (von 1961 bis 1963) folgte ein Orientalistikstudium in Wien, wo sie heute als freie Schriftstellerin lebt. Ihr erstes Buch, *Die Klosterschule* (1968), resümiert die Erfahrungen der Autorin in der geschlossenen Welt eines katholischen Mädchenpensionats. In diesem Text montiert sie eine Folge von Sprachwendungen, die sie unmittelbar der überstrengen Internatswelt entlehnt hat. Sie erweckt den Eindruck, dass sich das Leben nach den Regeln und dem Sprachgebrauch der Kaserne abspielt. Indem sie die Welt von Befehl und Ge-

horsam bis zur Parodie hin übertreibt, entlarvt sie die überlebte, aber noch mächtige Struktur des »autoritären Charakters« (Theodor W. Adorno). Sie entzieht ihrem authentischen Sprachmaterial die scheinbare Logik, indem sie es in zusammenhangslose Zitate auflöst, und macht damit den paranoiden Grundzug einer Welt deutlich, die auf Dressur und Unterdrückung hin angelegt ist. Bei diesem dichterischen Verfahren hat sich F. von dem amerikanischen Sprachwissenschaftler Benjamin Lee Whorf inspirieren lassen, der erstmals in seinem Buch *Sprache, Denken, Wirklichkeit* (deutsch 1963) nachgewiesen hat, dass von der Sprache her Denken und Weltinterpretation des Sprechenden weitgehend entschlüsselt werden können. In ihren Kinderbüchern eignet sie sich eine fiktive Kindheit an, die an die Stelle der tristen realen treten soll. Die Erzählsammlung *Haschen nach Wind* (1974) zeigt Frauen in ausweglosen Verstrickungen, in die sie durch verfehlte Erziehung geraten sind. In der Romantrilogie *Die Mystifikationen der Sophie Silber, Amy oder Die Metamorphose* und *Kai und die Liebe zu den Modellen* (1976–79) übersetzt F. das ausgegrenzt Irreale in die Wirklichkeit zurück und zeichnet Bilder einer labilen Versöhnung von Sinnlichkeit und Rationalität. Ihr Türkei-Buch *Das Verschwinden des Schattens in der Sonne* (1973) kulminiert in der Zerschlagung erotischen Glücks durch die Übergriffe der Militärdiktatur und endet, wie die meisten ihrer Geschichten, im Gefühl der Vergeblichkeit, Enttäuschung und im Missverständnis. Es sind »Sackgassengeschichten«, die, wie ein Kritiker (Reinhard Urbach) formuliert, nicht aus Problemen heraus-, sondern erst einmal in diese hineinhelfen. Ihre folgenden Texte werden durch das Thema »Frau mit Kind« erweitert (z. B. *Die Ferienfamilie*, 1981). Das Kind steht für die Utopie des möglichen Neubeginns. Gleichzeitig bedeutet es Natur, denn das Kind ist zuerst Erfahrung vor der Sprachwerdung. Die Fortsetzung des Themas Natur erfolgt durch die Verlängerung der Kette Frau-Kind durch ein neues Glied Tier. (*Ida, die Pferde – und Ob*, 1989). Die Frage, wie nun mit der Natur umzugehen sei, bleibt offen.

*MACHTNIX oder Der Lauf, den die Welt nahm* (1993) ist ein Märchen, in dem die Figuren einen Krieg beenden (durchaus mit zeitgeschichtlichen Bezügen) und die Apokalypse abwenden wollen. Die dreizehn Erzählungen in dem Band *Hexenherz* (1994) demonstrieren, wie Frauen eines solchen Herzens bedürfen, um sich in schwierigen Situationen zu behaupten. Der Roman *Die Schrift des Freundes* (1998) greift das Thema der Migration und das Schicksal der Aleviten in der Türkei auf, für deren Rechte sich F. engagiert. In *Fingerkraut und Feenhandschuh. Ein literarisches Gartentagebuch* (1999) werden die Veränderungsprozesse beim Menschen in seinem Umgang mit der Natur protokolliert: Garten und Gärtner verändern sich wechselseitig.

F. hat über ein Dutzend Hörspiele für österreichische und deutsche Rundfunkanstalten geschrieben und immer wieder neue Kinderbücher herausgebracht, die zu Toleranz und zum Verstehen des Fremden beitragen sollen, oder *Alice im Wunderland* (2000) nacherzählt. Ihre Münchner Poetik-Vorlesungen *Traum der Literatur – Literatur des Traums* (1991 publiziert) geben Auskunft über ihr Literaturverständnis. Dazu zählen auch ihre drei Reden, die unter dem Titel *Das Heimliche und das Unheimliche* (1999) veröffentlicht wurden: »Sich im anderen zu erkennen ist eine Übung, die den Blick auf unser Alltäglichstes wieder mit Staunen füllt.«

*Helmut Bachmaier*

## Fritz, Walter Helmut
Geb. 26. 8. 1929 in Karlsruhe

Zum 50. Geburtstag sind seine *Gesammelten Gedichte* erschienen, seine Gedichte finden sich in vielen Anthologien und Lesebüchern, dennoch ist der Schriftsteller F., der bisher mehr als fünfundzwanzig Bücher, vor allem Lyrik und Prosagedichte, veröffentlichte, einer breiteren Öffentlichkeit nach wie vor unbekannt. Das rührt nicht nur von der eher scheuen, jedem literarischen Betrieb abholden Art dieses im wahren Sinne noblen Autors

(u. a. Mitglied der Akademie der Wissenschaften und Literatur in Mainz, der Bayerischen Akademie für Sprache und Dichtung, des PEN), sondern auch von der Thematik und Tonlage seiner Lyrik her. Bereits die Titel verraten etwas von der spezifischen Prägung dieses poetischen Werks: *Veränderte Jahre* (1963), *Die Zuverlässigkeit der Unruhe* (1966), *Aus der Nähe* (1972), *Schwierige Überfahrt* (1976), *Sehnsucht* (1978), *Wunschtraum Alptraum* (1981), *Immer einfacher immer schwieriger* (1987) – jeweils Gedichte und Prosagedichte –, dazu die Prosawerke *Umwege* (1964), *Zwischenbemerkungen* (1964), *Abweichung* (1965), *Die Verwechslung* (1970), *Die Beschaffenheit solcher Tage* (1972), *Bevor uns Hören und Sehen vergeht* (1975), *Cornelias Traum und andere Aufzeichnungen* (1985), *Zeit des Sehens* (1989) – außerdem die Essays und Übersetzungen des Germanisten und Romanisten (u. a. Bosquet, Jaccottet, Follain, Ménard), Hörspiele und literaturwissenschaftlichen Arbeiten (F. war bis 1964 Gymnasiallehrer, dann freier Schriftsteller und Dozent).

Das Gedicht besteht aus »Arbeit, Liebe, Wörtern, Gegenwart« und einer »Allergie gegenüber großen Worten«; der Satz von William Carlos Williams, auf den sich F. auch sonst beruft, »Das Gedicht hat seinen Ursprung in halblauten Worten«, könnte ebenso von ihm selber stammen. Sensibilität für alle Lebensvorgänge, Hellhörigkeit für die Beschädigungen und Ängste des Alltags, eine Aura der »Gelassenheit, der Intelligenz und der Hellsicht«, so wie er sie an Follain rühmt, das Einswerden von BILD und INBILD prägen die Gedichte vor F. Er muss als einer der Meister des Prosagedichts der Moderne gelten; gerade das Prosagedicht in seiner formalen wie oftmals bei F. philosophisch reflektierten Thematik kommt der Schreibweise des Lyrikers entgegen, dessen Gedicht wesentlich durch den Zeilenstil, einen manchmal an Bert Brecht und vor allem Günter Eich erinnernden Lakonismus und neuerdings wieder eine schwebende Eleganz des Wortes geprägt ist. »Der Beginn aller Schrecken ist Liebe«, so heißt es in einer für F. typischen und an Robert Walser erinnernden Prosaskizze, zwischen Traumnotat, Meditationstext, Prosagedicht und Kurzgeschichte oszillierend; der Titel *Instabil* beschreibt recht genau die Bewusstseinslage der Figuren wie die Intention des Autors: »Ich bin zu instabil, dachte sie. Sie wiederholte sich das Wort während des Tages immer wieder.« Instabilität als Voraussetzung für Kreativität und Phantasie, dem entspricht ein anderer Leitsatz in dem Prosatext *Hab keine Angst*: »Schließlich wird man wieder zum Kind. Darauf läuft es hinaus.« In einem der schlichten, aber dennoch höchst kunstvollen, ausgewogenen Zeilengedichte reflektiert das lyrische Subjekt über die *Geschichte des Wartens*, so recht ein Thema des Dichters: »Niemand hat die Geschichte / des Wartens geschrieben. / Vielleicht ist niemand / arglos genug, / sie zu beginnen. / Sie wäre länger als / alle andern Geschichten. / Wahrscheinlich käme er / an kein Ende.«

Mit dem literarischen Porträt- und Votivgedicht ist eine andere lyrische Domäne von F. genannt; die Spannweite reicht von Columbus über Pascal, Montaigne und Gauguin bis zu den Modernen, Cesare Pavese, Albert Camus oder Marie Luise Kaschnitz, deren Schriftstellerethos sich F. in mancherlei Beziehung verwandt weiß. In der Sammlung *Unaufhaltbar* (1988) findet sich das Epitaph- und Trauergedicht auf den befreundeten Schriftsteller Hans Jürgen Fröhlich, das so endet: »… Die ungeheure Arbeit des Lebens, / des Todes … das Erschrecken / über Verluste, die Nachtseite / des Daseins …/ oder das Starren gegen die Wand …«. Dies ist die für F. Dichtung typische Tonlage, dem entspricht sein auch theoretisch-essayistisch immer wieder artikuliertes Poesieverständnis. Poesie als eine Chiffre »für die Suche nach unserem Leben … Erkenntnis … die auf keine andere Weise zu gewinnen ist«; »Sie ist Nahrung; das Dach überm Kopf … Atem, Handlung, Erneuerung.«

F. hat, so will es scheinen, noch viel mit dem gemein, was wir unter einem Dichter, zumal einem Lyriker, verstehen. Die Vielfalt seiner Themen und Formen lässt dennoch immer die »poetische Mitte« erkennen. Sein Naturverständnis hat mitunter franziskanische Züge. Eines seiner schönsten Gedichte in diesem Zusammenhang ist *Der indianische*

Freund sagt. Es variiert das schlichte Zeilengedicht *Der japanische Mönch sagt*, und eine Poesie, wie der Autor immer wieder betont, scheinbar »ohne Aufwand«, aber geschult durch ein besonders poetisches Gedächtnis und ein Leben in und mit der Dichtung, das neue Wege und Denkmodelle wagt, keineswegs Tendenzen der Beharrung zeigt. Für sein Schaffen werden die folgenden Sätze aus einem Essay auch weiterhin richtungsweisend sein: »Die Ungeduld gegenüber Konventionen …; die Einsicht, daß wir noch immer an einem Anfang stehen in der Bemühung, richtig miteinander zu leben; … zu beachten, wie Sinn entsteht, wenn man miteinander an etwas arbeitet.«

*Mit einer Feder des Ikarus* (1989) heißt ganz treffend eine Sammlung seiner poetischen Arbeiten; Gedichte, Prosagedichte, dieses Genre schreibt F. als einer der wenigen Gegenwartslyriker produktiv fort, dazu Prosa, Reflexionstexte, Aphorismen. Es folgen 1992 *Die Schlüssel sind vertauscht*, wiederum Gedichte und Prosagedichte aus den Jahren 1987 bis 1991. Die *Gesammelten Gedichte* (von 1979–1994) erscheinen 1994, es ist zugleich der 2. Band der »Werkausgabe«. Die Sammlung zeigt nicht nur die Vielfältigkeit der Themen, Motive und Formen, sie zeigt auch, dass W.H. F. zu den kurzlebigen Moden und Trends überdauernden bedeutenden Lyrikern der zweiten Hälfte des 20. Jahrhunderts gezählt werden muss. Insofern gehört er tatsächlich zum und ins »Jahrhundertgedächtnis«.

*Karl Hotz*

### Frost, Robert [Lee]
Geb. 26. 3. 1874 in San Francisco,
Kalifornien;
gest. 29. 1. 1963 in Boston, Massachusetts

In dem Gedicht, das Robert Frosts letzten Sammelband *In the Clearing* (1962) beschließt, beschreibt der Sprecher seine Situation lakonisch als »in winter in the woods alone«. Diese existentielle Einsamkeit (die nach H.H. Waggoner ein strategischer Rückzug ist, um das

Überleben zu ermöglichen) steht in deutlichem Gegensatz zu F.s äußerem persönlichen Erfolg. Als John F. Kennedy am 20. Januar 1960 in sein Amt eingeführt wurde, war auch F. auf Einladung des Präsidenten anwesend. Die prosaischen Zeilen, die er für diese Gelegenheit verfasst hatte, konnte er, durch die helle Sonne geblendet, nicht vorlesen, doch rezitierte er, wie vorgesehen, »The Gift Outright«. Angeblich auf Wunsch von Kennedy gab er der Schlusszeile dieses Gedichts, das er zuerst am 5. Dezember 1941, am Vorabend von Pearl Harbor, öffentlich vorgetragen hatte, eine positivere Wendung: Amerikas Verwirklichung wird nicht nur als möglich angesehen, sondern jetzt als real vorausgesetzt.

Kennedys Einladung demonstriert vortrefflich F.s öffentliches Ansehen: Er war in jener Zeit, wie selbst T.S. Eliot 1957 sagte, der herausragendste und bedeutendste lebende amerikanische Dichter. Seine Karriere begann spät mit seinem zweiten Gedichtband *North of Boston*, den er als 40-Jähriger 1914 in London veröffentlichte. Literaturpreise, Ehrendoktorwürden, die Ernennung zum Berater der Kongressbibliothek, die Ehrung durch den amerikanischen Senat anlässlich seines 75. Geburtstages, aber auch der Umfang, der ihm in Anthologien wie Louis Untermeyers populärer Sammlung *Modern American Poetry* eingeräumt wurde, bezeugen seine Reputation und Beliebtheit. Allerdings hatte F. auch Gegner. Linke Kritiker wie Granville Hicks nahmen Anstoß an seiner konservativen Haltung – F. wandte sich demonstrativ gegen die in den 1930er Jahren geforderte Politisierung der Dichtung – und warfen ihm vor, die zeitgenössische Realität zu vernachlässigen. Mit Carl Sandburg stand F. darüber hinaus in einer persönlichen Rivalität, die einerseits auf unterschiedlichen Auffassungen über den Freivers, andererseits auf einer tiefen Abneigung gegen Sandburgs öffentliche Gedichtrezitationen zur Gitarre und seine publikumswirksame Erscheinung basierte.

F. kultivierte die Rolle als »Yankee farmerpoet«. Obwohl in San Francisco geboren, ist er als Dichter des ländlichen Neuengland bekannt geworden, der die Leute »nördlich von Boston« beschreibt. Gelegenheitsarbeiten, ›Gastspiele‹ am Dartmouth College und der Harvard University, die Heirat mit Elinor White, einer Schulfreundin, die Geburt der Kinder sowie eine Farm in Derry, New Hampshire, bestimmten sein Leben, bevor er 1912 mit seiner Familie nach England übersiedelte. Dort lernte er die »Georgians« kennen, darunter Lascelles Abercrombie und Edward Thomas, den er besonders schätzte, sowie Ezra Pound, und publizierte *A Boy's Will* (1913) und *North of Boston*. Die überwiegend positiven Kritiken charakterisierten F. übereinstimmend als »pastoral poet«, eine Bezeichnung, die F.s Selbsteinschätzung entspricht, wenn er später auch hervorhob, dass das ländliche Leben nur als Hintergrund für die Darstellung von Menschen diene. Nach seiner Rückkehr in die USA nahm er die Farmarbeit wieder auf, wurde aber durch den Erfolg seiner Bücher sowie durch öffentliche Lesungen, Vorträge und Lehraufträge an Universitäten finanziell immer unabhängiger. F.s Familienleben hingegen verlief dunkler; sein äußerer Erfolg wurde überschattet durch den Tod seiner Frau (1938), den Selbstmord seines Sohnes (1940) und den psychischen Zusammenbruch einer Tochter. F.s Biographen haben ihn als Dichter und Menschen recht unterschiedlich gewürdigt. Wird zunächst F.s Rolle als »farmer-poet«, der Lebensweisheiten von sich gibt, herausgestellt, so betont Lawrance Thompson in seiner monumentalen Biographie auch F.s dunkle Seiten; eine neuere Studie, Jay Parinis Biographie, versucht F.s Leben als ein komplexes Wechselspiel zwischen Himmel und Erde, wie es in seinem Gedicht »Birches« dargestellt wird, zu verstehen.

F.s Hinwendung zum einfachen Menschen, der nicht wie bei Sandburg als Teil einer übergeordneten Einheit begriffen wird, sondern als Individuum ausgeprägt persönliche Züge trägt, findet ihre Entsprechung in

seiner Vorliebe für die gesprochene Sprache, die für ihn einen spezifischen »sound of sense« besitzt, der ihr über die Wortbedeutung hinaus Sinn verleiht. Bekannt geworden ist F.s Ablehnung des *free verse*, den er mit Tennis spielen ohne Netz verglich; er bevorzugte regelmäßige Metren, insbesondere den jambischen Pentameter, doch erst die Überlagerung des regelmäßigen Metrums mit der gesprochenen Sprache und dem »sound of sense« erzeugen für ihn jene Freiheit der Variation, die auf Ordnung basiert. In dem Spannungsverhältnis zwischen Freiheit und Ordnung betonte F. freilich den Pol Ordnung; Form sei notwendig, um Chaos und Unordnung zu bändigen: Das Gedicht fungiere als »a momentary stay against confusion« – man beachte die negativen Konnotationen von F.s Definition.

F.s Werk zeigt einige wenige Grundtypen: Naturgedichte wie »Stopping by Woods on a Snowy Evening« (1923), dramatische Erzählgedichte wie »Home Burial« (1914) sowie Gedankenlyrik wie »The Gift Outright« (1942). Zwei Gedichte sind typisch für die Spannweite seiner emotionalen Befindlichkeit, die von der weisen Abgeklärtheit bis zur existentiellen Skepsis reicht: Das frühe »The Pasture« (1914), das den Gesamtausgaben als Prolog dient, zeigt den Sprecher als einen einfachen Farmer, der den Leser freundlich auffordert, ihn bei seinen Routinearbeiten zu begleiten; spätere Gedichte vertiefen den Eindruck eines in sich ruhenden Sprechers, der angesichts einfacher Begebenheiten Lebenswahrheiten formuliert. Hier schlägt sich F.s Überzeugung nieder, dass das Gedicht in Entzücken beginnt und in Weisheit endet und zu einer Klärung des Lebens beiträgt. Skeptisch zeigt sich der Sprecher dagegen in einem Sonett wie »Design« (1922), das von einer Naturimpression ausgehend die zentrale Frage nach dem »design«, nach den Gesetzmäßigkeiten der chaotischen Welt stellt. In diesem Fall bleiben die Fragen unbeantwortet, doch wird die Skepsis, ob es eine dunkle Ordnung oder überhaupt eine Ordnung gibt, in der Form des Sonetts für einen Augenblick abgewehrt.

Werkausgaben: Collected Poems, Prose, and Plays. Hg. R. Poirier/M. Richardson. New York 1995. –

Gedichte, englisch – deutsch. Ebenhausen 1963. – Gesammelte Gedichte. Mannheim 1952.

*Volker Bischoff*

## Fuchs, Günter Bruno

Geb. 3. 7. 1928 in Berlin;
gest. 19. 4. 1977 in Berlin

In dem Gedicht »Geschichtenerzählen« heißt es am Schluss: »Nun, wie gefällt Ihnen das?/ Bitte bitte, hören Sie auf! –/ Ich glaube,/ Sie erzählen mir da lauter Geschichten.« Ebenso wie das Erzählen von dem fiktiven Leser im Gedicht ungläubig abgewehrt wird, so verständnislos zeigte sich oft die zeitgenössische Öffentlichkeit gegenüber dem Werk von F. Schlagwörter wie »Hinterhof-Sänger«, um die scheinbaren Idyllen im Berliner Zille-Milieu zu klassifizieren, »Nonsens-Poet«, um den sprachspielenden Clown in der Scheerbart-Nachfolge in den Griff zu bekommen und nicht zuletzt die oft behauptete »Trinkerlogik«, um sich belustigt zu distanzieren von dem in der Kneipenszene Berlins beheimateten Dichter: Solche Etikettierungen belegen das Abgrenzen einer bürgerlichen Gesellschaft gegenüber einem, der sich zum Außenseiter stilisieren ließ und die Rolle des Bohemien oder des Narren akzeptieren musste.

Dabei verlief die Biographie von F. zunächst eher unspektakulär. Als Junge aus kleinbürgerlichen Verhältnissen in Berlin wuchs F. bei der Großmutter auf. Sechzehnjährig wurde er als Luftwaffenhelfer eingezogen und geriet in Kriegsgefangenschaft. Nachdem er Ende 1945 nach Berlin zurückgekehrt war, suchte er in den verschiedensten Berufen sein Auskommen, um daneben an der Hochschule für Bildende Künste zu studieren. Eine Anstellung 1948 als Schulhelfer im Ostteil der Stadt führte nach zwei Jahren zur Kündigung. Wiederum übte er unterschiedliche Berufe im Ruhrgebiet aus, bevor er 1952 in Reutlingen Zeichenlehrer an einer Privatschule wurde. In diese Zeit fallen die ersten künstlerischen Kontakte als Mitherausgeber von Zeitschriften wie *Visum* und *Telegramm*. Kinderbücher, Kurzprosa, Funkarbeiten und Graphiken bilden ein literarisches Frühwerk, das bis zur Rückkehr nach Berlin 1957 zu datieren ist.

Erst in den Berliner Jahren bis zu seinem Tod 1977 entstand in unzähligen Holzschnitten, Gedichten und Kurzprosaformen wie Märchen, Legenden und Kalendergeschichten, was Walter Höllerer die »Gegenwelt« von F. nannte, die dieser auch selbst zu verkörpern schien. F., der Lyriker und Prosaist, der Graphiker und Galerist, grenzte sich bewusst vom etablierten Literatur- und Kunstbetrieb ab. Als die abstrakte Malerei höchste Anerkennung fand, begründete er 1959 die alternative Galerie »Die Zinke« in Berlin mit und ›erzählte‹ naiv und kindlich in Holzschnitten seine Bildergeschichten. Viele seiner Texte und Graphiken erschienen abseits herkömmlicher Verlagsstrukturen in der von ihm 1963 mitinitiierten Gruppe der »Rixdorfer Drucke« oder wurden beim befreundeten Künstler V. O. Stomps in der Eremitenpresse gedruckt. In seinen Texten spiegeln die Kinder, Zigeuner, Zirkusleute, Flüchtlinge und Vögel diese kompromisslose, nonkonformistische Haltung wider. Eichendorffs Geschichte *Aus dem Leben eines Taugenichts* (1972) wird in zwölf Kürzesttexten und acht Holzschnitten noch einmal neu erzählt; programmatisch lautet der Titel eines Sammelbandes von Prosa, Gedichten und Bildern: *Die Ankunft des Großen Unordentlichen in einer ordentlichen Zeit* (1978). Eine neue unordentliche Realität mit einem phantastischen, lustig-verspielten Inventar wird vor dem Leser ausgebreitet.

Die skurrilen, kauzigen Außenseiter und die herumwandernden Clochards, die für »GBF« – wie man ihn oft nannte – so typisch sind, stehen in der Tradition von Figuren wie der des heiligen Franziskus (*Die Wiederkehr des heiligen Franz*, 1954). Auch sie haben auf Reichtum, Macht und Gunst verzichtet, um schließlich in einer spontanen Menschlichkeit mit der Schöpfungsordnung zu leben. Die Natur kann unverletzt aufleuchten, im Gespräch mit den Tieren, im noch zwecklosen Spiel der Kinder, in der konkreten Hilfsbereitschaft. Für kurze Zeit wird der paradiesische Urzustand vergegenwärtigt und zur eingelösten Utopie, bevor die allzu reale Welt, angefüllt mit Poli-

zisten, Bürgermeistern, Militärs und verbohrten Erwachsenen wieder ihr Recht durchsetzt. Mit dem Erzählen selbst, dem F. eine Wirklichkeit schaffende Kraft zumisst, kann der Zerstörung für einige Momente widerstanden werden.

Doch neben dieser Poetik der »messianischen Heiterkeit« (Elisabeth Borchers) steht gleichermaßen die resignative, melancholische Verunsicherung und Angst. Häufig erkennen die Sonderlinge in den Texten, dass diese Welt sich ihnen entzieht. Mit dem literarischen Perspektivenwechsel zum »Kinderblick« (Maria Lypp) muss man sich ständig vergewissern: »Überhaupt, angesichts der Fülle von Dingen stellte ich jedesmal die beharrliche Doppelfrage: Was ist denn das, was ich da sehe, was ist denn das? – und erhielt fesselnde Antworten, kurze und längere« (*Bericht eines Bremer Stadtmusikanten*, 1968). Die Auskünfte, die sich zwar im lustigen Treiben zeigen, wenn Häuser hüpfen und turnen, Schornsteine einen Kopfstand machen, hungrige Schneemänner an die Tür klopfen oder der Mond ein Telegramm schickt, sie bilden jedoch eine – im Wortsinn – verrückte Welt, eine, die flieht und weiterrückt, indem man sich umdreht: »Ich lehne mich ans Geländer. Die Nacht ist verschrieben an Schornsteine, Dächer und Fassaden der Stadt. Eine flüchtende Schar, die nicht ertappt werden will. Nur wenn du hinschaust, stehen sie reglos und täuschen Müdigkeit vor. Sobald du dich abkehrst, laufen sie wieder in Windeseile von dannen« (*Krümelnehmer oder 34 Kapitel aus dem Leben des Tierstimmen-Imitators Ewald K.*, 1963).

In immer neuen Variationen stellte F. der Logik der ordentlichen Gesellschaft seine mit Witz und spielerischer Freude vorgetragene »vermeintliche Trinkerlogik« entgegen, bescheiden leise mit einem »Vielleicht«, wie in dem Gedicht *Geburtstag* (»Vielleicht freust du dich/ über diesen Gesang ...«), um so zwar höflich aber entschieden Widerstand anzumelden.

Werkausgabe: Werke in 3 Bänden. Hg. von Wilfried Ihrig. München 1990–1995.

*Hans-Ulrich Wagner/Red.*

## Fuentes, Carlos

Geb. 11. 11. 1928 in Panama-Stadt

»Einsamkeit ist eine Abwesenheit von Zeit«, schreibt der mexikanische Autor Carlos Fuentes in seinem Roman *Gringo viejo* (1985; *Der alte Gringo*, 1986). Zeit wird damit an die Überwindung der äußeren und inneren, politischen, kulturellen und individuellen Grenzen sowie an den Bruch mit den aus ihnen entstehenden Traditionen gebunden. Die Kontinuität des Bruchs, die Octavio Paz als Kennzeichen der Moderne bezeichnet hat, wird somit bei F. zum zentralen Erzählmotiv und Grund für historische Reflexion. Nicht von ungefähr hat er Mitte der 1980er Jahre seine veröffentlichten und geplanten Texte unter dem Oberbegriff »Das Alter der Zeit« selbst neu zusammengestellt. Diese Neuordnung soll den Zugang zu einem in Umfang, Thematik und Vielschichtigkeit kaum noch zu überblickenden Œuvre ermöglichen, das F. den Ruf eines »Schreibroboters« eingetragen hat. Der Begriff der Zeit wirkt als Klammer für seine literarischen und kritischen Schriften: linear-historische und zyklische, politische und mythische, revolutionäre und versteinerte Zeit, Vergangenheit und Zukunft verzahnt er miteinander und veranschaulicht so die Gleichzeitigkeit des Ungleichzeitigen in der mexikanischen Gegenwart und Vergangenheit.

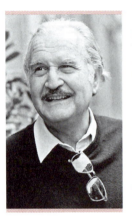

In dem Essayband *En esto creo* (2002; *Woran ich glaube*, 2004) widmet er Honoré de Balzac einen ausführlichen Eintrag: wie Balzacs *Comédie humaine* ist F.' enzyklopädisches Werk der Versuch, ein umfassendes literarisches Panorama seiner Zeit zu schaffen. Dabei versucht er sich in nahezu jedem Genre: vom historischen über den Gesellschafts- bis zum Großstadtroman; von der Erzählung bis zur Novelle; vom Theater bis zum Drehbuch; vom journalistischen Artikel über den Essay

bis zur Geschichtsschreibung. Trotz dieser Vielschichtigkeit lassen sich Konstanten in seinem Werk ausmachen, die dem Leser als Anhaltspunkte für dessen Verständnis dienen können: Masken, Spiegel, Fenster, Grenze, Zeit sind die zentralen Metaphern und Begriffe. Bereits im Erstlingswerk, dem Erzählungsband *Los días enmascarados* (1954; *Verhüllte Tage*, 1988), lassen sich einige der Themen erkennen, die sich hinter diesen Metaphern verbergen. Die fünf letzten, namenlosen Tage des aztekischen Kalenders, auf die der Titel anspielt, sind bar jeglicher Aktivität und bilden einen zerbrechlichen Vorhang zwischen Altem und Neuem, sind Brücke und Grenze, Fenster in eine andere Zeit und Spiegel verdrängter Wirklichkeit. Die Erzählungen beschreiben die Konfrontation mit der mythischen Zeit indianischer Vergangenheit, die lediglich verdrängt wurde. Das rächt sich, denn das Individuum ist der Gefangene seiner verdrängten Geschichte. Der Spiegel steht für die Erkenntnis der anderen Realität hinter der Maske einer fragilen Eindeutigkeit momentaner Existenz.

F.' erster Roman *La región más transparente* (1958; *Landschaft in klarem Licht*, 1974) behandelt das Thema Großstadterfahrung. Der Roman steht mit seinen formalen Experimenten (v.a. der Montage) in der von der klassischen Moderne (Joyce, Döblin, Dos Passos) begründeten Genretradition. Zugleich bildet er mit Juan Rulfos *Pedro Páramo* formal und inhaltlich eine Antwort auf den in Mexiko lange Zeit vorherrschenden Revolutionsroman. Die Großstadt ist der eigentliche Protagonist des Romans. Sie bildet den Raum für die Kritik an der forcierten Modernisierung Mexikos seit 1940, am Fortschrittsglauben der neuen, geschichts- und gesichtslosen Bourgeoisie, die mit ihrer Skrupellosigkeit und Geldgier die sozialen Ziele der Revolution verraten hat. Die später publizierten Erzählungen in *Agua quemada* (1981; *Verbranntes Wasser*, 1987) fügen sich in das Kaleidoskop der Metropole Mexiko-Stadt aus dem Roman unmittelbar ein. Der an Orson Welles' Film Citizen Cane gemahnende Roman *La muerte de Artemio Cruz* (1962; *Nichts als das Leben*, 1964) ist eine erneute Auseinandersetzung mit der neuen Bourgeoisie des Landes. Er beschreibt die Agonie des Parvenüs, Großgrundbesitzers, Politikers, Industriemagnaten und Zeitungsverlegers Artemio Cruz, der auf dem Sterbebett sein Leben Revue passieren lässt und vergeblich versucht, ihm einen Sinn zu verleihen. F. konzentriert sich hier auf die Psyche der Hauptfigur, deren gewaltsamen Aufstieg und ihre Einsamkeit.

Ende der 1960er Jahre tritt F. erstmals mit Essays und Theaterstücken hervor. Während Letzteren wegen ihrer auf Mexiko beschränkten Thematik und mangelnder dramatischer Entwicklung nur mäßiger Erfolg beschieden ist, beeinflussen die Essays kulturpolitische und literaturkritische Debatten in Lateinamerika und den USA. Das gilt besonders für *La nueva novela hispanoamericana* (1969; *Der neue hispanoamerikanische Roman*), ein Buch, das mit den Arbeiten von Julio Cortázar, José Donoso und Mario Vargas Llosa zu den wichtigsten programmatischen Begründungen des Romans der sogenannten »Boom«-Literatur gehört. F. publiziert darüber hinaus Essays zur Zeitgeschichte sowie zu Fragen kultureller Identität, die auf Octavio Paz' Ideen zur Identitätsfrage zurückgreifen.

1975 erscheint F.' Opus magnum *Terra nostra* (*Terra nostra*, 1979). Der im weitesten Sinne historische Roman beschreibt die Geschichte, aber auch die gescheiterten utopischen Entwürfe der alten und neuen Welt von der Eroberung Amerikas und der Errichtung des Palastes El Escorial unter Philipp II. bis zur apokalyptischen Zukunftsvision eines dahinsiechenden Paris im Jahr 1999. *Terra nostra* stellt eine düstere, zutiefst pessimistische Vision des Aufeinandertreffens zweier Welten dar, in der Geschichte als Wiederholung der immer gleichen, blutigen Prinzipien erscheint. Das Scheitern der Utopien im Roman ist kein Fatalismus, sondern die Einforderung unmittelbaren politischen Handelns. Die Funktion von Literatur wiederum besteht darin, Geschichte aufzuschreiben, damit sie sich nicht wiederholt. Der Roman steht wie der spätere *Cristóbal Nonato* (1987; *Christoph, ungeborn*, 1991) mit seinem multiperspekti-

vischen Erzählen und einer technisch ambitionierten Konzeption in der Tradition totalisierender Weltentwürfe, die in der lateinamerikanischen Prosa jener Zeit häufig sind. *Gringo viejo* nimmt das Thema der mexikanischen Revolution wieder auf. Aber jetzt geht es um die Entwurzelung der Menschen durch jegliche Revolution, die ihnen Traum(a) und Schicksal ist. Der Roman thematisiert wie später *La frontera de cristal* (1995; *Die gläserne Grenze*, 1998) die Grenze zwischen den USA und Mexiko. Sie steht nicht nur für die Ausbeutung Lateinamerikas, sondern auch für zwei Lebensweisen, die sich unversöhnlich und verständnislos gegenüberstehen. Der alte Gringo ist Intellektueller und Handelnder zugleich, vereint in sich Kritik und Aktion. Dieses Ideal beansprucht der Autor auch für sich und setzt es in seiner Funktion als Vermittler zwischen Mexiko und den USA ein, wobei seine Kritik beiden Ländern gilt, wie aus den Essays der 1980er und 90er Jahre ersichtlich wird. Diese Funktion als Vermittler zwischen den Welten hat F. als öffentlicher Person mindestens ebenso viel Gewicht verliehen wie als Schriftsteller.

In dem Panorama des 20. Jahrhunderts *Los años con Laura Díaz* (1999; *Die Jahre mit Laura Diaz*, 2000) entwirft F. ein stimmiges Bild mexikanischer Geschichte, vor allem derjenigen der Intellektuellen und ihrer Rolle innerhalb der weltweiten Auseinandersetzungen zwischen Linken und Rechten. Mexiko erscheint als einer der bedeutendsten Orte des antifaschistischen Exils sowie als Fluchtort US-amerikanischer Künstler und Intellektueller zur Zeit McCarthys. Letztlich geht es dem Autor um die Darstellung der Funktion der Intellektuellen und der Kunst in und für die Geschichte. Der Roman ähnelt thematisch Peter Weiss' großangelegter *Ästhetik des Widerstands*, ohne dass F. eine solche Ästhetik entfalten würde. Im Unterschied zu Weiss sieht er die Funktion der Kunst lediglich in einer Reflexion über Geschichte und in der Aufrechterhaltung der Erinnerung. Kunst steht über den historischen Ereignissen und richtet sich gegen den Lauf der Zeit. Auch der Roman *El instinto de Inez* (2001; *Das gläserne Siegel*, 2001) ist eine Reflexion über die Kunst. Hier spielen Maske und Spiegel erneut eine große Rolle für die Selbsterkenntnis des Protagonisten und sein Spiel mit Persönlichkeitsbildern, die seine wahre Identität verschleiern sollen. Das Buch kreist um die Macht und Ohnmacht eines Dirigenten im Kampf der Geschlechter. Auch in diesem Roman wird Kunst als Möglichkeit proklamiert, seinen eigenen Tod zu überleben. Dies scheint ein wesentliches Element des Alterswerkes von F. zu sein.

F.' literarische Produktion lässt, trotz eines gewissen Hangs zum Enzyklopädischen und der Vielfalt der Themen, Konstanten erkennen, die sich in den eingangs genannten Metaphern manifestieren, aber nicht erschöpfen. Zwar kreisen auch seine neueren Bücher noch um mexikanische und lateinamerikanische Identität, aber das Gewicht verschiebt sich von einer Perspektive, in der die indianische, mythische Vergangenheit als Belastung erscheint und kulturelle Modernisierung als Befreiung von ihr, zu einer der kulturellen Diversität und der Utopie einer multikulturellen Gesellschaft. Daneben steht gleichberechtigt das Interesse an der Funktion des Kunstwerks. F. geht es in seiner Poetik um eine Kritik des Lesens sowie um die Unterscheidung von Schein und Wirklichkeit, die an Cervantes' *Don Quijote* anknüpft. In *Nuevo tiempo mexicano* (1994; Neue mexikanische Zeit) definiert er das Kunstwerk als Erschaffung und Entdeckung einer Welt, deren Mysterium sich niemals völlig offenbart. Es wird aus der Geschichte geboren, erschafft aber auch gleichzeitig Geschichte, ausgehend von seiner eigenen. Damit ist ein poetologisches Programm bezeichnet, das im simultanen Prozess des Entzifferns und Verbergens sowohl die Schichten der Realität als auch der Sprache besteht. Der Leser wiederum ist aufgefordert, diesen Prozess nachzuvollziehen, die Masken der Welt des Textes und des Textes der Welt im Spiegel der Lektüre zu entziffern.

*Friedhelm Schmidt-Welle*

## Fugard, Athol

Geb. 11. 6. 1932 in Middelburg/Südafrika

Athol Fugard ist zweifelsohne der wichtigste Dramatiker, den Südafrika hervorgebracht hat. In seiner 40-jährigen Karriere hat er als Autor, Regisseur und Schauspieler die Entwicklung des südafrikanischen Dramas entscheidend geprägt und einen Ruf als einer der wichtigsten Theaterautoren der englischsprachigen Welt erlangt. Zu seinem Erfolg haben die Glanzleistungen von Schauspielern wie Yvonne Bryceland, Zakes Mokae, John Kani und Winston Ntshona maßgeblich beigetragen. Mit seinen Stücken hat F. den gesellschaftlichen Wandel seines Landes durch die schwierigen Jahrzehnte der Apartheid kritisch begleitet, aber auch die existentielle Einsamkeit des Menschen eindringlich in Szene gesetzt. Als regionaler Autor, dessen Werk fest in der Kultur des östlichen Kaps um Port Elizabeth, wo er heute noch lebt, verwurzelt ist, er zugleich seinen Themen immer wieder eine Aussagekraft verleihen können, die weit über Südafrika hinaus verstanden wurde. – Nach dem Studium in Kapstadt begab sich F. auf Reisen – er trampte in den Sudan und heuerte auf einem Frachter an, der ihn rund um die Welt brachte (vgl. *The Captain's Tiger*, 1997). Bis auf Anstellungen beim Rundfunk und beim Gericht in Johannesburg (das ihm die Augen für die Lage der Schwarzen öffnete), sollte sein weiteres Leben ganz im Zeichen des Theaters stehen. Er heiratete eine Schauspielerin, gründete eine Theaterwerkstatt und erarbeite 1958 im Ghetto von Sophiatown sein erstes Stück, *No-Good Friday*, wie etliche seiner frühen Stücke, zusammen mit schwarzen Schauspielern, also gegen die Bestimmungen der Apartheid.

Den Durchbruch schaffte F. 1961 mit *The Blood Knot* (*Mit Haut und Haar*, 1963), einer erschütternden Analyse der psychischen Folgen der Rassentrennung anhand der Erfahrungen zweier »farbiger« Brüder, deren ganzes Leben und deren Persönlichkeit von der Unterschiedlichkeit ihrer Hautfarbe (Morris ist hell-, Zach dunkelhäutig) bestimmt wird. Die außerordentliche Sparsamkeit der theatra-

lischen Mittel nach der Art des »armen Theaters« von Jerzy Grotowski und der Stücke von Samuel Beckett, die Beschränkung auf zwei, drei Schauspieler und die Konzentration auf die Problematik konfliktreicher persönlicher Beziehungen gehörten künftig zu den Merkmalen von F.s Theaterarbeit. Drei weitere Stücke wurden in den 1960er Jahren nach ähnlichen Prinzipien konzipiert; alle drei verdanken ihre Wirkung F.s schonungsloser Analyse zerrütteter Familienverhältnisse, seiner Schilderung regional bedingter Charaktereigenschaften sowie der für ihn typischen Erprobung der südafrikanischen Variante des Englischen. *Hallo and Goodbye* (1965; *Hallo und Adieu*, 1966) schildert den verbitterten Kampf von Bruder und Schwester aus dem Milieu der ›armen Weißen‹ um das vermeintliche Erbe des Vaters, deckt die Gründe für ihr gescheitertes Leben auf und entlässt sie in eine aussichtslose Zukunft. Auch in der düsteren Komödie *People are Living There* (1969; *Da leben Leute*, 1981), die in einer verkommenen Johannesburger Pension spielt, geht es um die Familienverhältnisse armer Weißer, ihre Betrügereien und die Trostlosigkeit ihrer Liebschaften. *Boesman and Lena* (1969; *Buschmann und Lena*, 1975) hingegen wendet sich den Farbigen zu. Das Stück bietet eine Analyse des Verhältnisses von Mann und Frau am Beispiel von zwei Obdachlosen, die im Wattenmeer vor Port Elizabeth eine Notunterkunft zusammenbauen und sich während der Nacht mit den erbärmlichen Resten ihres Lebens auseinandersetzen, wobei Boesman als Tyrann erscheint und Lena sich endlich zu einem Selbstwertgefühl durchringt. Trotz seines offensichtlichen Mitleids mit den Opfern des Apartheidsystems, das hier wie auch in anderen Stücken zum Ausdruck kommt, ist F. nicht selten wegen einer Denkhaltung kritisiert worden, die zwar Unrecht beschreibt, aber deren Ursachen weder benennt noch kritisch durchleuchtet.

Die Aufführungen am Londoner Royal Court Theatre (1974) von *Sizwe Bansi Is Dead* (1972; *Sizwe Bansi ist tot*, 1977), *The Island* (1973; *Die Insel*, 1976) – beide Stücke entstanden in Zusammenarbeit mit John Kani und W.

Ntshona als improvisierte Werkstattprojekte – und *Statements after an Arrest under the Immorality Act* (1972; *Aussagen nach einer Verhaftung aufgrund des Gesetzes gegen Unsittlichkeit*, 1975) begründeten F.s internationalen Ruhm. Sie zeigten ihn auch vorwiegend als politischen Dramatiker, der es verstand, die Unterdrückung der schwarzen Mehrheit seines Landes in eindrucksvolle Bilder zu fassen. *Sizwe Bansi* demonstriert die Auswirkungen der Passgesetze auf das Leben eines schwarzen Arbeiters, der nur überleben kann, indem er die Identität eines Toten annimmt (bei Aufführungen in schwarzen *Townships* löste das Stück oft lange Diskussionen mit dem Publikum aus); *The Island* thematisiert den Gegensatz von Tyrannei und Freiheit anhand des Schicksals zweier politischer Gefangener, welche die *Antigone* von Sophokles im Gefängnis auf Robben Island aufführen sollen; während *Statements* die wahre Geschichte einer weißen Bibliothekarin und eines farbigen Lehrers erzählt, die aufgrund ihrer gegen die Immoralitätsgesetze verstoßenden Liebesbeziehung verhaftet wurden.

In den 1980er Jahren verfasste F. zwei seiner größten Erfolge. ›*Master Harold*‹ ... *and the Boys* (1982; *»Master Harold« ... und die Boys*, 1984) ist ein autobiographisches Werk mit Bekenntnischarakter, das die Beziehung des jungen F. zu den Bediensteten (den »Boys«) im Café seiner Mutter beschreibt und seine Initiation in die Gepflogenheiten einer Rassengesellschaft schonungslos aufdeckt. Die Premiere fand, wie häufig bei seinen späteren Stücken, im Yale Repertory Theater (USA) statt; anschließend wurde das Stück in Südafrika verboten. *The Road to Mecca* (1984) nimmt das Leben der Bildhauerin Helen Martins zum Anlass für ein ergreifendes Bekenntnis zur Kreativität des Künstlers. Zum Spätwerk F.s gehören *My Children! My Africa!* (1989), ein Stück über die politische Gewalt im Spätstadium der Apartheidsgesellschaft; *Play-*

*land* (1992), ein Stück über die Problematik von Vergangenheitsbewältigung und Versöhnung zwischen den Rassen anhand der Konfrontation eines weißen Soldaten, der sich an Kriegsgreueln beteiligt hat, und eines schwarzen Nachtwächters, der den Vergewaltiger seiner Braut ermordet hat; und *Valley Song* (1996), ein Stück über die ganz persönlichen Schwierigkeiten der Anpassung an eine veränderte Gesellschaftsordnung. F.s z. T. etwas konfusen Versuche, sich nach dem Ende der Apartheid als Autor zurechtzufinden, sind nicht auf einhellige Zustimmung gestoßen.

Werkausgabe: Township Plays – Port Elizabeth Plays – Interior Plays. Hg. D. Walder. 3 Bde. Oxford 2000.

*Geoffrey V. Davis*

### Fühmann, Franz
Geb. 15. 1. 1922 in Rochlitz/Rokytnice (ČSR); gest. 8. 7. 1984 in Berlin

Insistierende Selbsterkundung kennzeichnet den Grund der Existenz des Ostberliner Schriftstellers, Journalisten und Kulturpolitikers; sein Schreiben beharrt auf dem Geltungsrecht einer Literatur, die ihr »mythisches Element« nicht preisgibt, historisch unabgegoltenen Fragen in veränderter Gegenwart nachzuspüren. Die Erprobung dieser gleichermaßen ethischen wie ästhetischen Maxime durchmisst vom epischen Gedicht über die Mythenadaption bis hin zu operativen Genres ein breites Gattungsspektrum. Sie findet ihren wahren Ausdruck jedoch erst in einer für den Autor typischen Synthese von Erzählung und Essay: So erkundet der Episodenzyklus *Das Judenauto* (1962, rev. Urfass. 1979) die Korrumpierung eines kleinbürgerlichen und in vielfacher Hinsicht generationstypischen Bewusstseins durch den Faschismus und die »Wandlung« des Erzählers / Autors zum entschiedenen Antifaschisten und Marxisten, der in russischer Kriegsgefangenschaft (bis 1949), auf der Antifa-Schule, mit der »Wahrheit über Auschwitz« konfrontiert, sich der Einsicht in die eigene Schuldverstrickung nicht länger

verschließen kann und im Sozialismus die Chance zur Verwirklichung der politischen und »menschlichen Emanzipation« (Karl Marx) sieht. So meldet gut zehn Jahre später das Tagebuch einer Ungarnreise, *Zweiundzwanzig Tage oder Die Hälfte des Lebens* (1973), in Gegenwartsbeobachtungen, Reflexionen, Aphorismen und Traumsequenzen den erneuten und diesmal von »affirmativer Pathetik« weit entfernten Anspruch F.s an, den zutage getretenen und existentiell erfahrenen Widersprüchen (»jene Erschütterung vom August 1968«) und kulturpolitischen Defiziten der ihm im geographischen wie politischen Sinne zur Wahlheimat gewordenen DDR ebensowenig wie seinen eigenen auszuweichen. Vielmehr sieht er es als seine Aufgabe, sich »im Prozeß des Schreibens Klarheit zu verschaffen«, und, wie es das mutige Referat auf dem VII. Schriftstellerkongreß der DDR im gleichen Jahr sozusagen als Schreibanweisung formuliert, Literatur in Ideologie nicht aufgehen zu lassen, da auch der Mensch in ihr sich nicht erschöpfe. Mit dem Essay *Der Sturz des Engels* (1982), in dem F.s Lebens- und Leseerfahrung mit Georg Trakls als dekadent verpönten Gedichten zur Verteidigung der relativen Eigenständigkeit von Literatur gegenüber der Doktrin geraten, mischt F. sich noch einmal vor seinem Tod in die Literaturdebatte der DDR ein und erreicht – wie zuvor schon mit seinen E. T. A.-Hoffmann-Studien – eine Revision der dogmatisch erstarrten literaturwissenschaftlichen Positionen der sozialistischen Erbeauffassung. Jungen Autor(inn)en der DDR gilt F. schon fast als eine »mythische« Vorbildfigur in seiner Suche nach »Wahrheit und Würde« und dem Bekenntnis zu »Scham und Schuld« seiner Generation.

Werkausgabe: Ausgewählte Werke in Einzelbänden. Rostock 1977 ff.

*Cornelia Berens/Red.*

# G

## Gadda, Carlo Emilio

Geb. 14. 11. 1893 in Mailand;
gest. 21. 5. 1973 in Rom

Der Ingenieur Carlo Emilio Gadda hat seine literarischen Werke nicht in der Folge ihres Entstehens, sondern nach einer eigenen, nicht nachvollziehbaren Logik veröffentlicht, so dass sie nicht die Etappen der Entwicklung des Autors zeigen; ihre Abfolge spiegelt vielmehr G.s Vorstellung wider, dass das Individuum nicht als Einheit, sondern als »Gesamtheit von Ergebnissen« betrachtet werden soll. G. fasst die Welt als absurdes Chaos auf: »Das Leben ist ein Sich-Unterscheiden und Sich-Brechen von Motiven in Motiven, in unendlichen Situationen, die sich jeweils in einem Augenblick herausschälen.«

G.s Familie gehörte der Mailänder Bourgeoise an, lebte aber aufgrund des Missgeschicks des Vaters bei der Verwaltung des Familienvermögens in beschränkten Verhältnissen. Dieser Umstand führte zusammen mit G.s Empfindlichkeit und seiner Schwierigkeit, Beziehungen einzugehen, zu seiner Isolation bereits während seiner Jugendzeit. Seinem Einzelgängertum entspricht die Rezeption seines Werks, das in der italienischen Literaturgeschichte als schwer einzuordnen gilt und dementsprechend als Einzelfall behandelt wird. Trotz seiner literarischen Neigungen gab G. dem Wunsch der Mutter nach und studierte Ingenieurwesen. Während des Ersten Weltkriegs unterbrach er das Studium und kämpfte bei den Alpenjägern; unter anderem erlebte er die Niederlage von Caporetto. G.s Erwartung eines gut organisierten und heldenhaften Kampfes wurde bitter enttäuscht, vor allem der Tod seines Bruders und die eigene Gefan-

genschaft in Deutschland führten zu Angst und Niedergeschlagenheit. Von diesen Erfahrungen berichtet G. ausführlich in seinem *Giornale di guerra e di prigionia* (Tagebuch des Kriegs und der Gefangenschaft), das er erst 1965 veröffentlichte. Nach dem Krieg schloss G. sein Ingenieurstudium ab und schrieb sich für Philosophie ein. Danach war er 20 Jahre lang in verschiedenen italienischen Städten und zwei Jahre lang in Argentinien als Ingenieur tätig. Sein Beruf hinderte ihn nicht daran, seine schriftstellerischen Versuche fortzusetzen; über die Überfahrt und die Zeit in Südamerika berichtet er in seiner ersten Veröffentlichung *La Madonna dei filosofi* (1931; *Die Madonna der Philosophen*, 1931), der 1934 *Il castello di Udine* (*Das Schloß in Udine*, 1965) folgte. In die 1930er Jahre fällt auch der Beginn seiner Mitarbeit bei der Zeitschrift *Solaria* und die Abfassung zweier kleinerer Werke: *Racconto italiano di ignoto del Novecento* (1983; Italienische Erzählung eines Unbekannten des 20. Jahrhunderts) und *La meccanica* (1970; *Die Liebe zur Mechanik*, 1993). 1940 zog G. nach Florenz und später nach Rom; dort lernte er andere Schriftsteller und Kritiker (Eugenio Montale, Elio Vittorini, Franco Contini, Carlo Bo u. a.) kennen. Da er den Ingenieurberuf bereits aufgegeben hatte, konnte er sich, abgesehen von einer kurzen Zeit als Journalist und Mitarbeiter des staatlichen Senders RAI, ausschließlich der schriftstellerischen Tätigkeit widmen.

In *L'Adalgisa* (1944; *Adalgisa*, 1989) zeigt sich G. als Karikaturist und stellt die mailändische Bourgeoise zwischen den beiden Weltkriegen bloß. Die zehn Skizzen der Gesellschaft sind nur z. T. miteinander verbunden, bleiben eher als einzelne, unabhängige Darstellungen nebeneinander stehen. Die moralische Entrüstung gegenüber der Gesellschaft spiegelt sich in einer Erzählweise, die ihm Vergleiche mit Joyce, insbesondere hinsichtlich der Ausdrucksfähigkeit und -kraft seiner Sprache, eingebracht hat. So sind seine Texte sprachliche Kunstwerke, in denen sich mehrere Dialekte, technischer Jargon, Umgangssprache usw. vermischen. *Quer pasticciaccio brutto de via Merulana* (1957; *Die gräßliche Bescherung in der Via Merulana*, 1961) etwa ist in der Hochsprache und in drei unterschiedlichen Dialekten verfasst. Zu dem Roman wurde G. von einem Verbrechen inspiriert, über das er in der Zeitung las. Die Aufklärung des Mordes und des Raubes durch den Inspektor Francesco Ingravallo ist allerdings zum Scheitern verurteilt; der Täter wird nicht entdeckt, vielmehr sind alle Personen der Handlung – nach G.s Prinzip der »allgemeinen Schuld« – materiell oder auch nur geistig an der Bluttat beteiligt. Der Roman fand nur wenige Leser, und noch geringer war die Zahl derer, die das Buch schätzten.

Stark autobiographisch ist der früher entstandene Roman *La cognizione del dolore* (1963; *Die Erkenntnis des Schmerzes*, 1964), in dem der Autor sich mit den Ursachen des Bösen auseinandersetzt und die Tragödie eines Individuums, eines zweiten G., skizziert, der aufgrund der ungünstigen familiären Verhältnisse, des Krieges, des Verlusts des Bruders usw. eine unerbittliche Abwehrhaltung gegenüber seinen Mitmenschen und der Gesellschaft annimmt. G.s Isolation und Verbitterung, seine Verachtung für die Menschen und sein Misstrauen gegenüber der Geschichte sind nicht nur hier, sondern auch in den späteren Romanen in dem Eindruck des Unvollendeten und der Verzerrung der Ereignisse wiederzufinden. Vielfach variiert wird das Thema des Muttermordes behandelt: Während das Verbrechen in *Novella seconda* (1971; *Zweite Novelle*) nur vermutet wird, glaubt die Mutter in *La cognizione del dolore* wegen der körperlichen Ähnlichkeit des Mörders mit ihrem Sohn, von diesem getötet zu werden. In *Quer pasticciaccio* schließlich wird das Verbrechen möglicherweise vollzogen – wenn die Mörderin der Getöteten tatsächlich deren Adoptivtochter sein sollte.

G.s antifaschistische Haltung, die in all seinen Büchern zum Ausdruck kommt, wird besonders in *Eros e Priapo* (1967; Eros und Priapos) deutlich. Neben den Romanen schrieb G. auch Erzählungen, die unter dem Titel *I racconti. Accoppiamenti giudiziosi. 1924–1958* (1963; *List und Tücke*, 1988) gesammelt wurden, sowie Essays, *I viaggi la morte* (1958; Die Reisen der Tod), die an Fontenelles *Entretiens* erinnern. Er verfasste außerdem unzählige Schriften unterschiedlicher Art, auch naturwissenschaftliche Texte. Der ohnehin schwierige Zugang zu seinem Werk wurde durch seine sprachliche Virtuosität noch weiter erschwert, weshalb G. nie die Anerkennung eines breiten Publikums fand. Der von ihm selbst geprägte Begriff »Pasticciaccio« (Bescherung) scheint schließlich die zutreffendste Bezeichnung, die das nicht unbedingt thematisch, aber sicherlich sprachlich facettenreiche Gesamtwerk G.s verdient.

*Alessia Angiolini*

## Gaddis, William
Geb. 29. 12. 1922 in New York;
gest. 16.12. 1998 in East Hampton,
New York

Nach seinem Studium in Harvard, das er vorzeitig abbrechen musste, arbeitete William Gaddis einige Zeit als Faktenüberprüfer in der Redaktion des *New Yorker* und verbrachte anschließend mehrere Jahre in Mittelamerika und Europa. Sein erster Roman, *The Recognitions* (1955; *Die Fälschung der Welt*, 1998), wirkt wie ein erratischer Block in der relativ homogenen amerikanischen Romanlandschaft der 1950er Jahre. Seine Gelehrsamkeit, sein Hang zum Philosophisch-Spekulativen sowie die Informationsfülle, mit der er den Leser konfrontiert, orientiert sich offensichtlich am Joyceschen Erzählwerk und nimmt spätere Romane von vergleichbarem enzyklopädischem Anspruch um Jahre vorweg. Kritische Anerkennung blieb *The Recognitions* dennoch lange Zeit versagt. Die Rezensenten verrissen es erbarmungslos, und G. wurde von Kritik und Publikum 20 Jahre lang so gut wie (wenn auch nie ganz) vergessen.

Er war ein »postumer Autor« schon zu Lebzeiten, wie er mit charakteristischem Sarkasmus meinte, bis er 1975 seinen zweiten großen Roman, *JR* (*JR*, 1996), herausbrachte, für den er den National Book Award erhielt. Zwar erklärten eine Reihe prominenter Kritiker auch diesen Roman für unlesbar, doch die kritische Unterstützung war diesmal gleichfalls prominent und verhalf G., der zwischenzeitlich in der Werbeabteilung einer pharmazeutischen Firma abgetaucht war, zum literarischen Durchbruch. Mit dem zehn Jahre später veröffentlichten *Carpenter's Gothic* (1985; *Die Erlöser*, 1988) – ein vergleichsweise kurzer und kompakter Text – schien G. dem Publikum ein Stück entgegenzukommen, jedenfalls traf dieser Roman auf breitere Resonanz. G. erhielt den renommierten MacArthur-Preis und wurde in die American Academy of Letters aufgenommen. Die kritische Reaktion auf den nachfolgenden und letzten veröffentlichten Roman, *A Frolic of His Own* (1994; *Letzte Instanz*, 1996), für den er erneut den National Book Award erhielt, machte vollends deutlich, dass G. sich nun endgültig als Meister der zeitgenössischen Erzählliteratur etabliert hatte. Der noch kurz vor seinem Tod abgeschlossene Roman *Agape, Agape* (*Das mechanische Klavier*, 2003) ist 2002 erschienen.

Nicht ganz so konsequent wie Thomas Pynchon, aber aus ähnlicher Überzeugung, verbarg G. zeitlebens die eigene Person hinter (oder auch in) seinem Werk. Im Gegensatz etwa zu Robert Coover, der ein überzeugter und vorzüglicher Leser seiner Prosa ist, verweigerte sich G. der Öffentlichkeit, hasste Lesungen, Interviews und alle performativen Aspekte öffentlicher Selbstdarstellung. Mit bösartig-brillanter Ironie deckt er die moralische Krankheit einer nur am Kommerz orientierten amerikanischen Gesellschaft samt ihres zwischen Kunst und Markt lavierenden Literaturbetriebs auf. Sein unbedingter Kunstbegriff erinnert an die ästhetische Prinzipientreue Henry James', doch drängt ihn sein Gespür für die Widersprüche und Absurditäten seiner Gesellschaft stärker in die Richtung der Satire. Das Vorhersehbare war ihm verhasst. Was ihn interessierte, waren noch ungelöste Probleme des Erzählens, mit denen er sich – aus reiner Selbsterhaltung, wie er meinte – in jedem Roman auf andere Weise auseinandersetzte: »There is an obligation not to bore or be bored yourself in doing your work. If a writer is bored, the reader will be too.«

Die Frage nach der Möglichkeit originärer Schöpfung, nach dem Status des Kunstwerks in einem ökonomischen System, das von der unbegrenzten Reproduzierbarkeit seiner Produkte lebt, ist das zentrale Thema von *The Recognitions*. Schon im Titel wird ›Erkenntnis‹ nicht nur zu einer Vielzahl von Akten des Erkennens relativiert, sondern als ›Wiedererkennen‹ (»re-cognition«) eines bereits Erkannten oder Gemachten ausgewiesen. In der Tat ist *The Recognitions* selbst Produkt eines in diesem Sinne verdoppelnden Erkennens, denn es trägt den Titel eines gleichnamigen frühmittelalterlichen Textes, der *Recognitions* des Clemens von Rom. Entsprechend verweist der Roman auf eine Vielzahl von Texten und Bildern, die von seinen zahlreichen Protagonisten ständig zitiert, kopiert oder plagiiert werden. Der Held des Buches, Wyatt Gwyon ist Maler und Fälscher flämischer Meister, deren Bilder er freilich nicht kopiert, sondern deren Werk er neue Bilder hinzufügt. G. benutzt die Ambiguität des englischen »to forge« als »fälschen«, aber auch – in Anlehnung an die Schlusssätze von James Joyces *Portrait of the Artist as a Young Man* – als »schmieden« (schaffen, schöpfen), denn Wyatt versteht den Künstler als Schöpfer eines meisterhaft gefertigten Kunstobjekts. Dass die gefälschten Meisterwerke unter dem Namen ihres wirklichen Produzenten wertlos würden, ist eine Paradoxie des Kunstmarkts, der umso besser von der Fetischisierung des Originals lebt, je mehr die Reproduzierbarkeit des Einmaligen zum Funktionsprinzip des ökonomischen Lebens wird. In einer Welt, in der es unmöglich ist, zwischen Original, Kopie und Fälschung zu unterscheiden, wimmelt es daher von Fälschern und Falschmünzern aller Art, die im

Namen der Originalität Vorgefundenes endlos duplizieren. Die Suche des Helden nach Anerkennung durch den Vater (der selbst wiederum versucht, durch die Nachahmung des Opfertodes Christi einer zerbrechenden Welt Ganzheit zurückzugeben) impliziert daher die regressive Suche nach Aura und Authentizität, nach einem Zentrum, in dem Tradition und Originalität, Erinnern und Entdecken zusammenfallen. Sein Scheitern ist gleichbedeutend mit dem Scheitern eines Kunstbegriffs, auf den sich die modernistische Ästhetik des Meisterwerks (»the finished product«) noch berufen hatte. In einer ebenso grandiosen wie komischen Episode gegen Ende des Buches spielt einer der vielen Protagonisten auf der Orgel einer italienischen Kirche eine moderne Komposition, deren Klangfülle das fragile Gebäude zum Einsturz bringt. Auf ähnliche Weise ist das moderne Meisterwerk einer spätmodernen Wirklichkeit inkommensurabel geworden, in der nicht nur die Kriterien der Unterscheidung zwischen Original, Fälschung oder Reproduktion, Kunst, Ornament und Reklame suspendiert sind, sondern sich auch die Grenzen zwischen Realität und Fiktion – und damit zwischen Welt und Text – zunehmend verwischt haben. G.' erzählte Welt ist eine Welt aus Texten (der Literatur, der Medien, der Reklame, des sich endlos reproduzierenden gesellschaftlichen »small talk«), in der das Echo von Ursprung, Zentrum, Meisterwerk zwar noch modernistisch nachhallt, die aber in der ironischen Wiederverwendung des durch immer neue Wiederholung längst Abgenutzen postmoderne Strategien des Erzählens vorwegnimmt.

G.' Romane nach *The Recognitions* gehen formal in eine etwas andere Richtung, auch wenn sie allesamt brillante Satiren der amerikanischen Gesellschaft sind. In *JR* treibt G. sein bitter-satirisches Spiel mit Kapitalmarkt und Börse, deren Regeln er durch seinen Helden, den elfjährigen JR, *ad absurdum* führt. JR ist ein ökonomisches Wunderkind, das ohne jedes moralische Bewusstsein, nur fasziniert vom neuen (Kinder-)Spiel, das er brillant beherrscht, von allen Möglichkeiten des Systems Gebrauch macht, bis es kollabiert. Der

Roman beginnt mit: »Money ...? in a voice that rustled« und setzt in einer beispiellosen *tour de force* das Reden über Geld mehr als 700 Seiten lang fort – in einer durch keine Kapitelaufteilung, keinerlei optische Gliederung unterbrochenen Sequenz miteinander, gegeneinander, durcheinander und aneinander vorbei redender Stimmen, denen zudem noch die Stimmen aus Radio, Fernsehen und Telephon übergangslos und daher höchst verwirrend beigemischt sind. Die Intensität der Interagierenden und ihre an Hysterie grenzende Hektik schaffen eine Textoberfläche, deren Komik und atemloses Tempo zwar einerseits an die »slap stick comedies« amerikanischer Filme erinnert, die aber nur die andere Seite einer abgrundtiefen moralischen Leere und Korruptheit ist, der G.' Sarkasmus und Verachtung gilt. In *Carpenter's Gothic* beleuchtet er den moralischen Verfall der amerikanischen Gesellschaft im Umfeld und Nachhall des Vietnamkriegs. Ähnlich wie in Henry James' *The Wings of the Dove* ist G.' Heldin eine reiche Erbin, die von ihren nächsten Verwandten und Bekannten skrupellos ausgebeutet wird, bis am Ende ihr schwaches (weil zu gutes?) Herz versagt. Die gleich am Anfang von Kindern achtlos als Spielball benutzte tote Taube schafft nicht nur den intertextuellen Bezug zu James' Roman, sondern nimmt auch das Ende vorweg, wenn auch – anders als bei James – dem Tod der Heldin keine moralisch erlösende Wirkung zukommt, sondern dieser den Ausbeutern nur neue Möglichkeit verschafft, an deren Geld zu gelangen. In *A Frolic of His Own* inszeniert G. in überaus komischer (wenn auch tief-melancholischer) Überzeichnung die Exzesse des amerikanischen Rechtssystems: die Möglichkeiten, die es eröffnet, anderen zum eigenen finanziellen Vorteil den Prozess zu machen. »Justice? – You get justice in the next world, in this world you have the law«, so fällt der Roman gleich mit dem ersten Satz auf ähnlich brutale Weise in sein Thema wie *JR*. konjungiert dieses dann durch die verschiedensten (Rechts-)Fälle und auf allen sozialen und diskursiven Ebenen: Es geht um Klagen und Verklagungen aller Art, vom Streit über Unfälle, Grundbesitzansprüche und Versicherungen, bis zu jenem Rechtsstreit über Urheberschaft, durch den eine der Hauptfiguren, im Versuch, selbst noch aus einer gescheiterten literarischen Karriere Kapital zu schlagen, Geld und Phantasie verschleißt. Einer der vielen komischen Höhepunkte des Romans bildet die Klage eines Hundehalters gegen die örtliche Verwaltung, weil sich sein Hund in der unübersichtlichen Metallkonstruktion eines öffentlichen Kunstwerks zuerst verfangen hatte und dann vom Blitz erschlagen wurde. Wie in allen seinen Romanen schafft G. auch hier ein dichtes Geflecht intertextueller Bezüge (literarischer, historischer, juristischer Natur) und ein verwirrendes Stimmengemisch, dem er (fiktive) Dokumente der Rechtssprechung und lange Exzerpte aus dem nie aufgeführten Theaterstück der Hauptfigur (dem *casus belli* seiner Rechtsklage) hinzufügt. Obwohl sich G.' Romane in diesem Sinne ganz konkret mit der Wirklichkeit der amerikanischen Gesellschaft auseinandersetzen, brechen seine polyphonen Verfahren rigoros mit den Konventionen realistischen Erzählens. Denn er versucht, gesellschaftliche Korruption vor allem als sprachliche zu erfassen und zu bekämpfen: »Every profession is a conspiracy against the public; every profession protects itself with a language of its own«, heißt es an einer zentralen Stelle des Buches. Vielleicht ist es daher nicht abwegig, G.' literarisches Unternehmen als ein »trying to save the language« zu verstehen, als ein ebenso spätmodernistisches wie moralisches Projekt der Sprachreinigung, dem er sich – gegen die Kräfte der Entropie, an deren Wirksamkeit er glaubte – zur Selbst- und Welterhaltung mit Haut und Haaren verschrieben hatte.

*Heinz Ickstadt*

## Gaiser, Gerd
Geb. 15. 9. 1908 in Oberriexingen/
Württemberg;
gest. 9. 6. 1976 in Reutlingen

»Was uns gestaltlos und unbewältigt umgibt«, wollte G. »in Bildern begreifen«. Als Sohn einer alten Pfarrersfamilie hatte er die ebenso traditionsreichen evangelisch-theologischen Seminare durchlaufen, studierte dann aber an Kunstakademien (Stuttgart, Königsberg), Universitäten (Dresden, Tübingen) und auf Reisen in den romanischen Ländern die bildenden Künste, um ausübender Maler und Zeichenlehrer zu werden, und musste schließlich feststellen, dass auch diese Beschäftigung nicht die seine Absichten befriedigende Ausdrucksform war. Erst der Krieg, an dem er als Jagdflieger und Offizier teilnahm, gab ihm das große eigene Thema; schon in der vom Hitlerstaat gerade noch geduldeten Zeitschrift *Das innere Reich* erschienen Prosatexte, die aus dieser persönlichen Erfahrung entstanden. Sie bildeten die Anfänge des nach Novellen (*Zwischenland*, 1949) und dem Heimkehrer-Roman *Eine Stimme hebt an* (1950) Aufsehen erregenden Romans *Die sterbende Jagd* (1953), der Glanz und Untergang einer deutschen Jagdfliegerstaffel im Zweiten Weltkrieg erzählt. Gerühmt als »Prosaepos auf einsamer Höhe« und »gewiß das beste deutsche Kriegsbuch in Romanform überhaupt«, das, »realistisch und symbolisch zugleich, die technisch-kriegerische Welt in einem hochpoetischen Licht« erscheinen lasse (Hans Egon Holthusen), begründete dieses Buch eine steile Schriftstellerkarriere, die zur raschen Aufnahme weiterer Erzählwerke führte (u. a. *Das Schiff im Berg*, 1955; *Gianna aus dem Schatten. Novelle*, 1957) und in dem Roman *Schlußball* (1958) ihren Höhepunkt fand. G. zeigt hier am Beispiel eines Tanzstundenballs in einer süddeutschen Industriestadt (die als Reutlingen zu entschlüsseln ist) Schatten des bundesrepublikanischen Wirtschaftswunders auf, in dem längst nicht mehr Geist, nur noch Geld regiert. Das breite internationale Echo, das sich in zahlreichen Ehrungen und in einer Fülle von Übersetzungen äußerte, rief eine scharfe, polemische Auseinandersetzung hervor, die eine so hohe Einschätzung G.s kritisierte (u. a. Walter Jens, 1960), seine Qualitäten auf die eines »Heimatdichters« reduzieren und einen Zusammenhang mit der Blut-und-Boden-Literatur des Hitlerstaats herstellen wollte. Diese Auseinandersetzung behinderte die Rezeption des Alterswerks G.s (u. a. *Gazelle grün*, 1965; *Alpha und Anna. Geschichten einer Kindheit*, 1975) und die Veröffentlichung des Nachlasses. Trotz seiner Zeitthematik, so versucht Hermann Bausinger (1983) gerechter zu urteilen, sei G.s Werk zwar »ein Stück Blindheit vor den Realitäten der Zeit, ein schwärmerischer Traum rückwärts; aber an einigen Stellen auch ein hellsichtiger Blick in eine Zukunft, der wir inzwischen nähergekommen sind«.

*Ludwig Dietz*

## Ġālib, Mirzā Asadullāh Ḫān
Geb. 27. 12. 1779 in Agra/Indien;
gest. 15. 2. 1869 in Delhi

Mirzā Asadullāh Ḫān Ġālib, der heute als der bedeutendste Urdu-Dichter des 19. Jahrhunderts gilt und dessen Werke zu den Bestsellern in Indien und Pakistan gehören, stammte aus einer Familie des Dienstadels mit engen Kontakten zum Mogulhof. Er verlor früh seinen Vater, und 1806 starb auch der Onkel, bei dem er aufgewachsen war. 1810 wurde er verheiratet und zog bald darauf nach Delhi, wo er bis zu seinem Tode lebte. Erste Urdu-Gedichte verfasste Ġ. 1806, persische Lyrik etwa ab 1807/08. Als er 1821 seine erste Sammlung von Urdu-Gedichten zusammenstellte, erntete er viel Kritik und Spott. Wegen der ungewohnten Wortwahl und der extravaganten, oft weithergeholten Metaphern und Bilder warf man ihm vor, sein Stil sei exzentrisch, kompliziert und oft unverständlich. In der Folge revidierte Ġ. die Auswahl der Urdu-Verse mehrmals und gab dann 1829 unter dem Titel *Gul-i raʿnā* (Die liebliche Blume) eine neue Auswahl von persischen und Urdu-Versen heraus. Nach weiteren Revisionen erschien 1841 sein erster Urdu-Diwan (*Dīvān-i urdū*), der wegen großer Nachfrage schon 1847 in zweiter und 1862 in erweiterter dritter Auflage herauskam. Die Gesamtausgabe seiner persischen Dichtung (*Kulliyāt-i fārsī*) erschien 1863.

Obwohl Ġ.s persische Dichtung an Umfang seine Urdu-Gaselen übertrifft, waren es doch Letztere, die ihm bleibenden Ruhm brachten. Gaselen, das Kernstück der Urdu-Dichtung überhaupt, sind durch ihr strenges Reimschema und ihre harmonische, melodiöse Klangqualität besonders einprägsam und eignen sich hervorragend für Vertonungen. Ġ.s Gaselen gehören zum Stammrepertoire aller klassischen und populären Sänger Indiens und Pakistans und werden immer wieder neu vertont. Für die Gesangsdarbietungen werden meist eingängige, sprachlich schlichte und eher emotional als intellektuell ansprechende Verse gewählt. Gerade die metaphysisch-spekulativen, von Zweifeln erfüllten Verse Ġ.s sind es jedoch, die ihn als Dichter am Übergang zur Moderne kennzeichnen. Trotz düsterer und schmerzlicher Töne, trotz Hoffnungslosigkeit und Todessehnsucht überwiegen in seinem Werk ein unbändiger Lebenswille, vehemente Selbstbehauptung und die Auflehnung gegen alle Schicksalsmächte. Nach dem Tod seines Rivalen Ẕauq erhielt Ġ. 1854 die langersehnte Stelle als poetischer Mentor und Hofdichter des letzten Mogulkaisers Bahādur Šāh Zafar. Dieser Posten war vor allem eine Sache der Ehre – finanziell brachte er dem stets unter Geldsorgen leidenden Dichter wenig. Mit dem indischen Aufstand von 1857 und der Absetzung und Exilierung des Mogulkaisers 1858 fand diese Anstellung ein vorschnelles Ende.

In seinen letzten Lebensjahren war Ġ. oft durch schwere Krankheiten ans Bett gefesselt, hielt aber durch einen regen Briefwechsel und durch seine zahlreichen Besucher den Kontakt zur Außenwelt aufrecht. Selbst hatte er zwar nie Anleitung bei einem ustād (poetischen Mentor) gesucht, doch nun war er selbst zu einem solchen geworden und äußerte sich zu den Versen seiner Schüler häufig in Briefen. Die erste Sammlung seiner Urdu-Briefe erschien 1868 unter dem Titel *ʿŪd-i hindī* (Die indische Laute), gefolgt 1869 von der erweiterten Fassung *Urdū-i muʿallā* (Das erhabene Heerlager; Bezeichnung für die Urdu-Hochsprache). Wie schon sein Urdu-Diwan wurde auch seine Briefsammlung zu einem der populärsten Bücher des Urdu. Sie wurde kurz nach Erscheinen in den Urdu-Lehrplan der Schulen aufgenommen und erlebte seither zahllose Neuauflagen.

Ġ.s Briefe sind nicht nur literarische Meisterwerke, sondern bieten auch lebendige Einblicke in das Alltagsleben, die literarischen und sprachwissenschaftlichen Kontroversen und die historischen Umwälzungen der Zeit. Die Verwüstung Delhis 1857, zahlreiche persönliche Schicksalsschläge, der fruchtlose Kampf um eine ererbte Leibrente, aber auch seine Faszination für technische und wirtschaftliche Neuerungen, die die Briten eingeführt hatten, fanden ihren Niederschlag in den Briefen. Ebenso äußert sich Ġ. zu literarischen Neuerscheinungen, kommentiert und korrigiert die Verse seiner Schüler und erläutert seinen Standpunkt zu Fragen des richtigen Sprachgebrauchs, insbesondere in Bezug auf das Persische. Ġ. war ein streitbarer Geist, häufig überaus polemisch, andererseits aber auch fähig zur Selbstironie, tolerant und großzügig. Dies alles spiegelt sich in seinen Briefen, die in einem lockeren Konversationston gehalten sind und oft den Eindruck erwecken, als werde ein nur kurz unterbrochenes Gespräch fortgesetzt. Ihre lakonische, nicht selten ironische Sprache eröffnete der Urdu-Prosa völlig neue Wege und macht ihre Lektüre noch heute zu einem unvergleichlichen Genuss.

Werkausgabe: Woge der Rose, Woge des Weins. Hg. A. Schimmel. Zürich 1971.

*Christina Oesterheld*

## Galsworthy, John
Geb. 14. 8. 1867 in Coombe, Surrey;
gest. 31. 1. 1933 in Bury, Sussex

Das Genie ist ein Schrecken für seine Zeit. John Galsworthy war indes ein Schrecken für die Genies seiner Zeit. Der erfolgsverwöhnte Dramatiker und Romancier, der 1921 als erster Sekretär des Internationalen PEN wurde und 1932 für seinen zeitsymptomatischen, genreprägenden Generationenroman *The Forsyte Saga* (1906–21; *Die Forsyte Saga*, 1932) den Literaturnobelpreis erhielt, fiel zu Unrecht Attacken von D.H. Lawrence und Virginia

Woolf zum Opfer, von denen sich sein Ruf bis heute nicht hat erholen können. Dabei waren Vita und Werk des Anwaltssohns kaum klassen- und zeitkonform. Der Harrow-Absolvent frönte zwar in Oxford eher dem Pferderennen als dem Jurastudium, durchwanderte aber die Londoner Slums, engagierte sich für das Frauenwahlrecht, die Gefängnisreform, den Tierschutz und unterhielt 1884–94 eine uneheliche Beziehung mit der Frau seines Cousins, Ada, die er erst nach dem Tod seines Vaters heiratete. Moral und Sexualität der englischen Oberschicht, das Gefahrbergende des Schönen sowie die Postulate des sozialen Gewissens bildeten die Eckkanten eines Œuvres, das sich wiederholt der Zeit widersetzte. – G.s wortkarge, spannungsgeladene, den britischen Unarten nachspürende Dramatik steht im Zeichen eines abgemilderten Naturalismus. In *Strife* (1909; *Streik*, ca. 1960) geht es um die Verbohrtheiten eines Arbeitskonflikts, in *Justice* (1910) um das Inhumane des Justizwesens, in *The Skin Game* (1920; *Bis aufs Messer*, 1934) um Klassenrituale und -dünkel, in *Loyalties* (1922; *Loyalität*, 1924) um britischen Antisemitismus. Die insgesamt 31 abendfüllenden Stücke und zahlreichen Einakter haben allerdings nicht das antik Tragische eines Henrik Ibsen, das Besessene eines August Strindberg, das Poetische eines Gerhart Hauptmann. – Was manchem Westend-Dramatiker längst ein Lebenswerk bedeutet hätte, wird für G. allmählich zum Nebeninteresse. Nach frühen Ansätzen schreibt er 1904 den vagabundierenden *state-of-the-nation*-Roman *The Island Pharisees* (*Pharisäer*, 1933). 1906 gelingt ihm mit *The Man of Property* (*Der reiche Mann*, 1910) ein Epochenwerk. Aus dieser bitteren Abrechnung mit der vom Besitz besessenen, philiströsen, unkreativ-parasitischen Rentierschicht der Forsytes wird die erste Forsyte-Trilogie, aus der Trilogie eine Trilogie von Trilogien: *A Modern Comedy* (1929; *Moderne Komödie*, 1929), *The End of the Chapter* (postum 1935; *Das Ende vom Lied*, 1951). Die literarische Familienchronik, die in den Geburtsjahren des Realismus bei Maria Edgeworth und John Galt entsteht, um zur Zeit des Naturalismus bei Émile Zola und Giovanni Verga neu erfunden zu werden, wird von G. zu dem ausgeformt, was sie gemeinhin noch ist: zu einem stilechten, wortwörtlich ge-räumigen, den Ritualen der Familie und dem Familiensinn gewidmeten, dem Rhythmus der Familienzeit folgenden Heimspiel, der literarischen Entsprechung des künstlerischen Intimismus. Der Hochblüte der Gattung in den Jahren 1906–38 steht G. Pate, den Begriff ›family saga‹ münzt er 1919. Vergleicht man G.s Opus mit den Generationenromanen der Moderne, die bei Lawrence, Roger Martin du Gard, G.B. Stern, William Faulkner oder Woolf mystische, vorexistentialistische oder (post-)impressionistische Wege gehen, so wird zwar die erzähltechnische Konventionalität G.s augenfällig, noch deutlicher tritt aber seine souveräne Gesellschaftsanalytik hervor. Bei G. ist die Familienchronik Erinnerungskultur, Domestikationspathogenese und Sozialspiegel in einem. Was ist der Unterschied zwischen einem Literaturnobelpreisträger und einem Genie? Die Antwort ist nachzulesen in den so unverzichtbaren wie ungerechten Artikeln von Lawrence (»John Galsworthy«, 1928) und Woolf (»Mr Bennett and Mrs Brown«, 1924).

Werkausgabe: The Works of John Galsworthy. 24 Bde. London 1927–34.

*Richard Humphrey*

## Ganghofer, Ludwig

Geb. 7. 7. 1855 in Kaufbeuren;
gest. 24. 7. 1920 in Tegernsee

»›Papa, die Berge! Die Berge! Die Berge!‹«, erinnert sich G. in seinem *Lebenslauf eines Optimisten* (1909 ff.): »Dieses Bild sprang mir mit solcher Kraft in die Seele, daß ich seiner Schönheit hörig blieb durchs ganze Leben.« Sein Vater war Förster und wurde als Ministerialrat Leiter des bayrischen Forstwesens, seine Mutter, die Försterstochter, besaß »Gebetbüchle«, deren Lektüre ihr »Gottesdienst« war: Johann Wolfgang Goethes Gedichte. G. schrieb neben Schauspielen, Erzählungen, Novellen, Gedichten und Kriegsberichten 18 Romane; die Gesamtauflage seines Werks wird auf 30 Millionen Exemplare geschätzt; G. er-

lebte selbst noch die erste seiner mehr als dreißig Verfilmungen: *Die Hochzeit von Valeni* (1913). Er schuf damit eine literarische Welt, in der Gut und Böse, Stark und Schwach, Schön und Hässlich, Natürlich (hochländlich) und Verderbt (zivilisatorisch) unzweifelhaft voneinander geschieden sind und das eine über das andere schließlich siegt.

Als G. nach dem Studium der Literaturgeschichte und Philosophie in München, Berlin und Leipzig (von 1875 bis 1879) und kurzer Tätigkeit als Dramaturg am Wiener Ringtheater (1881) für A. Körner die »oberbayrische Zither« der *Gartenlaube* wurde und bei A. Bonz sein erstes Buch, *Der Jäger von Fall* (1883), erschien, war der Weg des Erfolgs geebnet. Sechs Jahre lang (von 1886 bis 1892) war er Feuilletonredakteur des *Neuen Wiener Tageblatts*. Ab 1895 lebte er als arrivierter Schriftsteller in München. Mit Ernst von Wolzogen und Fritz von Ostini gründete er 1897 die »Münchner Literarische Gesellschaft«, die u. a. Hugo von Hofmannsthals *Der Tor und der Tod* zur Uraufführung brachte. In seinem Jagdhaus »Hubertus« (s. den gleichnamigen Roman *Schloß Hubertus*, 1895) besuchte dieser den »erprobten Freund und Förderer als Jagdgast; auf seinem Landsitz am Tegernsee war Ludwig Thoma Freund und Nachbar. Fast sechzigjährig, meldete sich G. bei Ausbruch des Ersten Weltkriegs freiwillig ins Feld und ließ sich von seinem Verehrer Wilhelm II. zum offiziellen Kriegsberichterstatter, zur *Eisernen Zither* (1914), bestallen. Nach der Niederlage des Deutschen Kaiserreichs war auch G.s feudal orientierte Bergbauern- und Jägerwelt nicht mehr in Ordnung. Zwei Jahre vor seinem Tod begann der Autor des *Klosterjägers* (1892), der *Martinsklause* (1894), des *Schweigens im Walde* (1899), Kriminalromane zu schreiben, die im städtischbürgerlichen Milieu spielten.

*Ernst Kretschmer*

# Gao Xingjian

Geb. 4. 1. 1940 in Ganzhou,
Provinz Jiangsu/China

»Das Ziel der Schriftsteller ist nicht die Veröffentlichung, sondern die Selbsterkenntnis. Wenn Kafka oder Pessoa zur Feder greifen, dann nicht, um die Welt zu verändern. Ich glaube an das, was ich kalte Literatur nenne: eine Literatur der Flucht, um sein Leben zu retten, eine selbstlose Literatur, eine Literatur zur eigenen, geistigen Rettung vor dem Ersticken durch die Gesellschaft« (Interview *Label France*, 2001).

Der erste chinesische Träger des Nobelpreises für Literatur (2000) ist die vielleicht kontroverseste Figur der gegenwärtigen chinesischsprachigen Literaturlandschaft und bezeugt trotz seiner standhaften Weigerung, im Streit um seine Person Position zu beziehen, die Aporien einer Profession, die gleichzeitig vom Weltmarkt abhängig ist und seinen Gesetzen und Verführungen zu widerstehen versuchen muss. Von vielen chinesischen Intellektuellen wurden politische Motive für die Verleihung des Preises an einen französischen Staatsbürger chinesischer Herkunft vermutet, der ein Opfer der Kulturrevolution und der Tian'anmen-Verfolgungen wurde. Andere Stimmen kritisierten die Entscheidung aus ästhetischen Gründen. Bereits während der 1990er Jahre auf vielen Bühnen der Welt präsent, wuchs das Interesse an seinem Werk seit der Nobelpreisverleihung kontinuierlich.

Gao Xingjian bezeichnet seine Kindheit und Jugend als glücklich, da er gute Schulen besuchen konnte und durch die Mutter sehr früh mit moderner Weltliteratur und Musik vertraut gemacht wurde. Französisches experimentelles Theater sowie westliche Romane und Filme wurden zur nachhaltigen Inspiration für das eigene literarische Schaffen. 1957 bis 1962 studierte er am Fremdspracheninstitut Peking Französisch, 1970 wurde er zur Umerziehung aufs Land verschickt. 1975 konnte er nach Peking zurückkehren und wurde dort 1978 der Redaktion der Zeitschrift *China im Aufbau* zugeteilt. Von dort wechselte er bald darauf in den Schriftstellerverband, wo er als Übersetzer und Dolmetscher eingesetzt wurde. Er begleitete in dieser Zeit den Romancier Ba Jin (geb. 1904) nach Europa, übersetzte französische Dramen und begann, eigene Kurzgeschichten und Essays zu publizieren. 1981 erhielt er eine Anstellung am Volkskunsttheater Peking und schrieb bald eigene Stücke. Ein im selben Jahr veröffentlichter Vorschlag G.s, wie man den modernen chinesischen Roman mittels Rezeption westlicher Schreibverfahren reformieren könnte, wurde als politische Provokation aufgefasst und wie die beiden 1982 und 1983 uraufgeführten Stücke *Juedui xinhao* (1982; Alarmsignal) und *Chezhan* (1983; Die Busstation, 1988) kritisiert. Einer mit diesen Ereignissen verflochtenen Kampagne der Partei gegen geistige Verschmutzung entzog sich G. 1982 durch eine mehrmonatige Reise durch das von Revolution und Modernisierung noch weitgehend unberührte Hinterland, von der er unter anderem ein begonnenes Romanprojekt und Tuschmalereien mitbrachte.

Die beiden Motive einer existentiellen Bedrohung des nach Autonomie strebenden Individuums und eines ebenfalls bedrohten, naturwüchsig gesetzten chinesischen Volkstums bestimmen die mittlere Schaffensperiode G.s. Das 1985 mit Regisseur Lin Zhaohua uraufgeführte Schauspiel *Yeren* (1985; Die Wilden, 1988) widmet sich thematisch der Aggressivität zivilisatorischer Weltaneignung sowohl im privaten als auch im öffentlichen Raum und plädiert für einen sensibleren Umgang des Menschen mit sich und seiner Umwelt. In formaler Hinsicht experimentiert G. hier erstmals mit einer ganzheitlichen Theaterästhetik, bei eine wirkungsvolle Komposition von Sprache, Farben, Klängen, Kostümen, Akrobatik und Multimedia-Effekten das Publikum nicht nur intellektuell, sondern auch sinnlich affizieren soll. Solche Vorstellungen leiten den Dramatiker auch bei weiteren Experimenten, wie dem 1989 in Hongkong als Ballett uraufgeführten Schauspiel *Mingcheng* (1988; Die Stadt der Toten), der 2002 in Taipei aufwendig realisierten Oper *Bayue xue* (2000; Schnee im August), aber auch dem nie aufgeführten großen Mythologie-Spektakel *Shanhaijing zhuan* (2001; Aus dem Buch der Berge und Meere).

Das sinnliche Element seines Theaters will G. aber nicht als emotionalen Appell zur Veränderung der Welt missverstanden wissen. Mit dem Konzept einer »kalten Literatur«, das besonders in seinen abstrakteren Dramen, wie z. B. *Bi'an* (1986; *The Other Shore*, 1999), *Shengsijie* (1991; *An der Grenze zwischen Leben und Tod*, 1992), *Duihua yu fanjie* (1993; *JA oder/und NEIN*, 1999) und *Yeyou shen* (1993; *The Nocturnal Wanderer*, 1999) sowie in den beiden Romanen *Lingshan* (1990; *Der Berg der Seele*, 2001) und *Yige ren de shengjing* (1999; *Das Buch eines einsamen Menschen*, 2004) anschaulich wird, überträgt G. Techniken der asketischen Selbstreflexion aus der Tradition des chinesischen Zen- bzw. Chan-Buddhismus auf eine literarische Ebene. Das ursprüngliche Erkenntnisziel des Chan wird dabei suspendiert; wichtig ist für G. das Erwachen des Subjekts zu einer neuen, nicht notwendigerweise religiösen Bewusstseinsstufe.

Werkausgabe: The Other Shore. Plays by Gao Xingjian. Übers. Gilbert C.F. Fong. Hongkong 1999.

*Andrea Riemenschnitter*

## García Lorca, Federico

Geb. 5. 6. 1898 in Fuente Vaqueros, Granada/Spanien; gest. 19. 8. 1936 in Víznar, Granada

Spaniens bedeutendster Dichter Federico García Lorca stammt aus einer wohlhabenden Grundbesitzerfamilie, die ihm seine Studien und dichterischen Anfänge ermöglichte. Das 1915 in Granada aufgenommene Studium der Philosophie, Literatur und Rechtswissenschaften setzte G. L. 1919 in Madrid fort; bis 1928 wohnte er in der Residencia de Estudiantes, wo er Rafael Alberti, Luis Buñuel und Salvador Dalí kennenlernte. In dieser Zeit arrangierte er Theateraufführungen, hielt Dichterlesungen und veröffentlichte seinen ersten Gedichtband (1921, *Libro de poemas*). Seine starke Prägung durch die andalusische Heimat brachte G. L. nicht nur in seiner Lyrik und seinen Dramen zum Ausdruck, sondern auch mit Zeichnungen (eine Ausstellung fand 1927 statt) und in der Musik: So richtete er 1922 gemeinsam mit dem Komponisten Manuel de Falla ein Festival altandalusischer Zigeunermusik aus, die ihn bereits in dem 1921 verfassten Gedichtzyklus *Poema del cante jondo* (1931; *Dichtung vom Cante Jondo*, 1967) beschäftigt hatte. Zwar feierte G. L. einen ersten Bühnenerfolg mit dem historischen Drama *Mariana Pineda* (1925; *Mariana Pineda*, 2002), doch wurde er einem großen spanischen Publikum vor allem mit seinem leidenschaftlichen *Romancero gitano* (1928; *Zigeunerromanzen*, 1953) bekannt. Gleichzeitig wurde er zum führenden Vertreter der spanischen Autorengruppe »Generación del 1927«, die ihren Namen einer Veranstaltung zum 300. Todestag des Barockdichters Góngora im Jahr 1927 verdankte, in deren Verlauf G. L. Góngoras kühne Bilder und Metaphern als Ausdruck der nationalen Tradition würdigte und ihre Bedeutung für die moderne Dichtung betonte. 1929/30 reiste G. L. in die Vereinigten Staaten, studierte an der Columbia Universität und hielt Vorträge. Mit dem Studententheater »La Barraca«, das er nach seiner Rückkehr 1931 gründete, führte er spanische Klassiker vor allem in der Provinz und in Arbeiterstädten auf. Seinen Ruf als einer der großen europäischen Schriftsteller des 20. Jahrhunderts begründen vor allem drei Dramen, die als »ländliche Trilogie« (»trilogía rural«) bezeichnet werden: *Bodas de sangre* (1933; *Bluthochzeit*, 1952), *Yerma* (1934; *Yerma*, 1958) und *La casa de Bernarda Alba* (1945; *Bernarda Albas Haus*, 1954). Mit der zunehmenden Politisierung seiner Schriften hatte sich G. L. den Faschisten verdächtig gemacht; bei Ausbruch des Spanischen Bürgerkriegs wurde er während eines Aufenthalts in Granada von Falangisten ermordet.

Als Lyriker griff G. L. in dem *Poema del cante jondo* auf den volkstümlichen Gesang seiner Heimat zurück und versuchte die

Schwermut und das Leiden der unterdrückten Schichten des alten Andalusien einzufangen. Die meist knappen, sprachlich schlichten Gedichte über die zentralen Themen Tod und Schmerz besitzen eine große Suggestivkraft und verzichten auf Reime. Auch in den 18 Gedichten des *Romancero gitano* rekurriert G. L. auf eine alte Tradition, indem er die Form der volkstümlichen Romanze und die Zigeunerthematik (Liebe, Leidenschaft, Hass, gewaltsamer Tod) mit Hilfe kühner Metaphern und Bruchstücke einer unwirklich anmutenden Handlung zu einer modernen Einheit verschmilzt, die überindividuelles Gefühl und überzeitliche menschliche Erfahrungen zum Ausdruck bringt. Bei seiner USA-Reise erlebte er den Kontrast der Neuen Welt mit der in seinen Gedichten beschworenen archaischen Welt als einen Schock. In dem unter diesen Eindrücken verfassten, aber erst postum veröffentlichten Zyklus *Poeta en Nueva York* (1940; *Dichter in New York*, 1963) erweist er sich als heftiger Kritiker der modernen Zivilisation, die ihm sinnentleert, versteinert und entmenschlicht erschien. Mit dieser Thematik und den surrealistischen Stilelementen nimmt der Gedichtband eine Sonderstellung in G. L.s lyrischem Werk ein.

Sein bereits 1931 abgefasstes experimentelles Drama *El público* (erst 1986 in Deutschland uraufgeführt, *Das Publikum*) bezeichnete G. L. selbst als »unaufführbar«. Das Stück mit maskentragenden typisierten Figuren stellt eine Analogie her zwischen dem Rollenspiel im Leben und auf der Bühne und bezieht Reaktionen eines Publikums ein, das bürgerliche Normen verkörpert und den Figuren die Freiheit der Liebe verwehrt. Schon hier bricht G. L. mit einem spanischen Tabu, indem er das Problem der Homosexualität anspricht. Die Unterdrückung der Sexualität, insbesondere der weiblichen, ist in seinen berühmten späteren Dramen zentral, deren tragischer Ausgang in der Durchsetzung rigider moralischer Normen gegen menschliche Leidenschaften angelegt ist. In den drei Stücken stehen Frauen im Mittelpunkt, deren Recht auf Sexualität in Konflikt gerät mit der traditionellen spanischen Lebenswelt. Somit evozieren diese

Dramen keineswegs die Leidenschaft als urspanisches Element, vielmehr thematisieren sie ihr Scheitern an überkommenen Moralvorstellungen. In *Bodas de sangre* schafft G. L. mit Hilfe von Traumbildern, Vorausdeutungen und bedrohlich wirkenden allegorischen Figuren eine unheilvolle Atmosphäre, die auf den tragischen Ausgang der zwischen Bräutigam und einstigem Verlobtem Leonardo stehenden Braut vorbereitet. Indem er allein Letztgenannten mit einem Eigennamen versieht, nehmen die Figuren überzeitlich-archetypische Züge an. Ihr Handeln ist bestimmt von einem überkommenen Ehrbegriff und vom materiellen Interesse der Familie, in deren Namen der Braut und Leonardo die Erfüllung ihrer Liebe versagt wurde. Die als Holzfäller und alte Frau personifizierten Figuren Mond und Tod sowie die musikalische Untermalung des 3. Akts überhöhen das Geschehen in eine mythische Dimension und versinnbildlichen die Unentrinnbarkeit des Schicksals. Doch trotz der Situierung in einem unwirklichen, archaischen Spanien ist die Tragödie von großer Modernität.

Restriktiv bis zur Unmenschlichkeit verhält sich Bernarda Alba, wenn sie ihren fünf Töchtern eine achtjährige Trauerzeit hinter verschlossenen Türen auferlegt – weniger aus Trauer über den Tod ihres zweiten Ehemannes als um einer überkommenen Tradition und der öffentlichen Meinung, der »opinión«, zu genügen. In einer von unterdrücktem Begehren, gegenseitigem Misstrauen und Neid geladenen Atmosphäre bricht der Konflikt auf, als die jüngste Tochter Adela bei einem Treffen mit dem jungen Pepe belauscht wird. Aus Verzweiflung über die Unmöglichkeit ihrer Liebe nimmt sie sich das Leben, doch erstickt Bernarda den Skandal, indem sie Schweigen über das Geschehene verordnet und Adela als Jungfrau beisetzen lässt.

Yerma schließlich, die Titelfigur von G. L.s drittem großen Drama, leidet – ebenfalls in einer archaisch anmutenden ländlichen Welt – unter dem Makel ihrer unfruchtbaren Ehe mit Juan und flüchtet sich zur Erfüllung ihres Kinderwunsches in den Dämonenzauber. In der Schlussszene dieser mittels Traumvisionen überhöhten »tragischen Dichtung« erwürgt sie ihren Mann, der sie im Dorf der Schande ausgesetzt hatte, und vernichtet damit auch ihre eigene Existenz.

G. L.s Tragödien über das Aufbegehren von Frauen gegen die Unterdrückung ihrer Sexualität und ihrer Freiheit stellen alte spanische Mythen von Ehre und weiblicher Tugend in Frage und besitzen damit eine gesellschaftspolitische Brisanz, die seine faschistischen Gegner sehr wohl erkannten. Die gegenseitige Durchdringung von Traum und Wirklichkeit, der tragische Konflikt zwischen einer überkommenen Werteordnung und den menschlichen Leidenschaften sowie die zentrale Todesthematik verleihen G. L.s Frauenschicksalen eine zeitlose Größe und machen den Autor zum Erneuerer des spanischen Dramas.

Werkausgabe: Werke in drei Bänden. Frankfurt a. M. 1986.

*Wilhelm Graeber*

## García Márquez, Gabriel

Geb. 6. 3. 1928 in Aracataca,
Provinz Magdalena/Kolumbien

*Vivir para contarla* (2002; *Leben, um davon zu erzählen*, 2002) lautet der Titel der Autobiographie von Gabriel García Márquez. In der Tat scheinen Leben und Werk des Autors so miteinander verflochten, dass ein Leben um der Literatur willen geführt wird, das Leben poetische Gestalt annimmt und den Erlebnissen und Erfahrungen eines bewegten Lebens lebendige Literatur scheinbar mühelos entspringt. In der kolumbianischen Karibikregion als erstes von sechzehn Kindern des als Telegraphist, dann als Apotheker tätigen Gabriel Eligio García geboren und aufgewachsen, fühlt sich G. M. schon früh zur Literatur hingezogen, beginnt den Eltern zuliebe ein Jura-Stu-

dium in Bogotá, verkehrt aber immer mehr in literarischen und journalistischen Milieus in Bogotá, Cartagena de las Indias und Barranquilla. Neben der Erwerbsarbeit als Journalist (u. a. in Rom, Paris, Caracas, New York, in der DDR und UdSSR, in Mexico und auf Kuba) veröffentlicht er ab den 1950er Jahren erste Erzählungen und Romane. Zu den Autoren, deren Lektüre ihn beeinflusst hat, zählen William Faulkner, Graham Greene, Franz Kafka, Virginia Woolf, John Dos Passos, Ernest Hemingway, aber auch Gustave Flaubert, Marcel Proust und James Joyce.

In seinen frühen Romanen *La hojarasca* (1955; *Laubsturm*, 1975), *El coronel no tiene quien le escriba* (1961; *Der Oberst hat niemand, der ihm schreibt*, 1968) und *La mala hora* (1962; *Die böse Stunde*, 1966, 1979) bestellt G. M. das thematische Feld, dem schließlich der große Erfolgsroman *Cien años de soledad* (1967; *Hundert Jahre Einsamkeit*, 1970) erwächst. In diesem episch breitangelegten Roman erzählt G. M. vom Aufstieg und Niedergang des karibischen Dorfes Macondo und der Geschichte der Familie Buendía, in der bei allen dramatischen Ereignissen doch zwei Konstanten herrschen: die Weitergabe der männlichen Vornamen Aureliano und Arcadio von Generation zu Generation und die Wiederkehr einer unheilbaren Krankheit, nämlich der Einsamkeit, unter der alle Buendías leiden, deren Kehrseite ein unstillbares Verlangen nach Liebe und Erotik ist, das auch vor Inzest nicht haltmacht. Das Leiden an der Vereinsamung wird besonders sinnbildlich am Schicksal des ersten José Arcadio, der seinen Lebensabend an einen Baum gefesselt verbringt und allmählich dem Vergessen anheimfällt. Der Gegensatz von Einsamkeit (»soledad«) und Solidarität (»solidaridad«) ist für G. M. ein wesentliches Prinzip des Romans, welches das innere Scheitern der Figuren und ihre Verstrickung in das äußere Geschehen erklärt. In das bewegte, dabei sich wiederholende Schicksal der Familie Buendía greifen von außen immer wieder soziale Veränderungen und politische Ereignisse ein. Der historische Zeitraum zwischen 1830 und 1930 zeigt die Geburtswehen und selbstzerstörerischen Prozesse der kolumbianischen Republik. Aufschwung und Niedergang der für die Entwicklung der Region so wichtigen Bananengesellschaft (United Fruit Company) und eine unüberblickbare Abfolge von Aufständen, Revolten und Bürgerkriegen beeinflussen auch die privaten Schicksale, insbesondere den Werdegang der männlichen Familienmitglieder, die – je nach politischen Wechselfällen – als Rebellenführer oder lokale Diktatoren, Kriegshelden oder Kriegsverbrecher »Karriere« machen. Die Saga der Familie Buendía erscheint als Sinnbild der ewigen Wiederkehr des Gleichen, beschwört den mythischen Gehalt von Geschichte, erscheint als Parabel für die Erblasten und das Auf-der-Stelle-Treten von Entwicklungsgesellschaften und die daraus resultierende Verzweiflung.

Mit *Cien años de soledad* hat G. M. den für sein Schaffen wie für die lateinamerikanische Literatur zentralen Roman geschrieben, dem die Verleihung des Nobelpreises 1982 Rechnung trägt. An diesen Erfolgsroman heftet sich auch das Etikett »Magischer Realismus«: eine Literatur, in der die Übergänge zwischen Realwelt und den Reichen der Phantasie, der Mythologie und des Traumes fließend sind und in der Menschen wie selbstverständlich über magische Kräfte verfügen und älter als hundert Jahre werden können. In einer konsequent naturalistischen, an Ernest Hemingways *The Old Man and the Sea* erinnernden Tradition steht hingegen *Relato de un náufrago* (1970; *Bericht eines Schiffbrüchigen*, 1982). Hier schildert G. M. minutiös und spannungsreich, wie ein Seemann eine Schiffskatastrophe erleidet, in einem Rettungsfloss einsam über das Meer treibt und dabei die emotionalen Höhen und Tiefen der Hoffnung und Verzweiflung durchlebt, ehe er schließlich völlig erschöpft, aber lebend an einen Strand gespült und gerettet wird.

Realistisch und zugleich phantastisch ist *El otoño del patriarca* (1975; *Der Herbst des Patriarchen*, 1978), in dem G. M. – mit vielen Metaphern und unter Aussetzung der linearen (Erzähl-)Zeit – den Aufstieg und Fall eines Diktators zeigt. Der irreal alt gewordene Patriarch verkörpert den für die lateinamerikanische Geschichte so charakteristischen Typus des charismatischen, geliebten und gehassten Gewaltherrschers. Von ihm hat G. M. ein literarisches, kritisches Porträt geschaffen, das auch als Parabel über die Kultur der Macht zu lesen ist und das in der für die spanischsprachige Literatur wichtigen Tradition der Diktatorenromane steht.

Als realistischer Erzähler und Meister des »suspense« erweist sich G. M. wiederum mit dem knappen Roman *Crónica de una muerte anunciada* (1981; *Chronik eines angekündigten Todes*, 1981). Von Anfang an beherrscht ein unheilvoller Ton, eine ominöse Vorahnung die Erzählung: Ein Mord wird geschehen. Die beiden Zwillingsbrüder einer Braut, die, da nicht mehr Jungfrau, an ihre Familie zurückgeschickt wird, rächen die Familienschande an einem Unschuldigen. Die Ankündigung des Mordes durch die Täter wird von den Dorfbewohnern teils fatalistisch hingenommen, teils verdrängt. Die Motive und der Hergang des Geschehens werden erst im Lauf der Erzählung klar, an deren Ende die blutige Ermordung des Opfers drastisch geschildert wird.

Die Liebe, dieses große Thema der Literatur, steht im Zentrum von *El amor en los tiempos del cólera* (1985; *Die Liebe in den Zeiten der Cholera*, 1987). In diesem romantischen Roman beschwört G. M. gleich zu Beginn die Macht der Liebe, der man sich nicht entziehen kann und die doch immer auch den bitteren Beigeschmack des Scheiterns in sich trägt und dadurch nur zu einer noch größeren Obsession wird: »Es war unvermeidbar: Der Geruch von bitteren Mandeln ließ ihn stets an das Schicksal verhinderter Liebe denken.« Im Mittelpunkt der Handlung steht das mehr als 51 Jahre währende Warten Florentino Arizas auf die Erwiderung seiner Liebe für Fermina Daza, die mit dem Arzt Juvenal Urbino großbürgerlich in einer Stadt an der kolumbianischen Karibikküste verheiratet ist. Nachdem der Gatte gestorben ist, vollendet sich Florentinos Jugendliebe. Florentino und Fermina unternehmen als eine Art verspäteter Hochzeitsreise eine nicht enden wollende Schifffahrt. Weil Florentino, der es zum Direktor der Karibischen Flussschifffahrtsgesellschaft gebracht hat, auf dem Schiff die Choleraflagge hissen lässt, bleibt nur die Wahl zwischen Quarantäne und endloser Weiterfahrt. Auf die Frage des gereizten Kapitäns, wie lange sie auf dem Fluss »dieses Scheiß-Hin-und-Zurück durchhalten können«, antwortet Florentino: »Das ganze Leben«. G. M. stellt nicht nur eine Lebensreise dar, sondern schildert auch die Veränderung von Landschaft, Menschen und Lebensumständen in Zeiten des Umbruchs von einer scheinbar beschaulichen Kolonialgesellschaft zu einer von technischen Neuerungen und ökologischen Verlusten geprägten Moderne des frühen 20. Jahrhunderts. In dieser wie die Cholera sich ausbreitenden Moderne ist die Liebe eine Konstante. Eine andere Konstante der lateinamerikanischen Moderne ist die permanente Abfolge von Diktaturen. Einen Fall dieses Übels aus der jüngeren Geschichte behandelt G. M. in *La aventura de Miguel Littín clandestino in Chile* (1986; *Das Abenteuer des Miguel Littín. Illegal in Chile*, 1987). In dieser Reportage in Ich-Form wird berichtet, wie ein Ex-Chilene mit falscher Identität nach Chile reist, um dort einen Dokumentarfilm über die Pinochet-Diktatur zu drehen.

G. M. ist Chronist der lateinamerikanischen Kultur und Gesellschaft. Einer quasi archetypischen und mythologischen Gestalt der südamerikanischen Realgeschichte nähert er sich in *El general en su laberinto* (1989; *Der General in seinem Labyrinth*, 1989), worin er das Thema des einsamen charismatischen Führers – vom Oberst über den Patriarchen zum General – wieder aufgreift. Der Roman handelt vom Unabhängigkeitskämpfer, Staatengründer und Lebemann Simón Bolívar (1783–1830) und seiner letzten Reise (wiederum einer Schifffahrt auf dem Magdalena-Fluss), während der die Erfolge und Misserfolge des vorzeitig gealterten, mit 47 Jahren sterbenden Bolívar vorüberziehen. Das Labyrinth ist Metapher nicht nur für die Wechselfälle des bewegten Lebens eines Menschen, der sich zwischen Lebenslust, Literatur und Politik verstrickt, sondern auch für das Geflecht widersprüchlicher Tendenzen im Bestreben der lateinamerikanischen Welt, eine neue politische Ordnung aufzubauen.

Der kurze Roman *Del amor y otros demonios* (1994; *Von der Liebe und anderen Dämonen*, 1994) – sein Titel könnte auch die passende Überschrift für das Gesamtwerk G. M.' abgeben – beschreibt, wie ein vermutlich tollwütiger Hund die zwölfjährige Tochter des Marqués von Casalduero gebissen hat. Obwohl nicht klar ist, ob das Mädchen tatsächlich infiziert ist, wird es »behandelt«; von Quacksalbern und schließlich auf Anordnung des mächtigen Bischofs von einem jungen Pater, dem es nicht gelingt, dem Mädchen den Teufel auszutreiben, der aber stattdessen selbst einem Dämon, nämlich dem der Liebe, unterliegt. Zwischen dem Mädchen und dem Priester entwickelt sich eine leidenschaftliche Liebe, die letztlich beiden zum Verhängnis wird. Der Roman liefert eine prägnante Schilderung des beklemmenden sozialen Klimas einer vom mittelalterlichen Katholizismus geprägten hispanischen Gesellschaft in der zweiten Hälfte des 18. Jahrhunderts und besticht durch die präzise Porträtierung schillernder Charaktere sowie durch die Verdeutlichung emotionaler und institutioneller Mechanismen.

Ein reales Geschehen und dessen realistische Schilderung bietet *Noticia de un secuestro* (1996; *Nachricht von einer Entführung*, 1996). Wie schon in einem früheren Drehbuch mit dem Titel *Viva Sandino!* (1982; *Die Geiselnahme*, 1982) geht es um eine politische Entführung; hier um die einer Gruppe von Personen durch die kolumbianische Drogenmafia, die so die Nichtauslieferung ihrer in kolumbianischen Gefängnissen einsitzenden Bosse an die USA zu erpressen sucht. In dieser erhellenden Darstellung von Gewalt und Geiselhaft zeigt sich G. M. einmal mehr als politisch interessierter Berichterstatter. Als Meister der kleinen Form erweist er sich mit *Memoria de mis putas tristes* (2004; *Erinnerung an meine traurigen Huren*, 2004). In dieser Novelle gibt er in Ich-Perspektive einen Einblick in den einsamen Lebensabend eines Glossenschreibers, der sich zum 90. Geburtstag »eine liebestolle Nacht mit einem unschuldigen Mädchen schenken« möchte. Doch statt zu sexuellen Ausschweifungen kommt es zu zärtlichen Gefühlen des alten Mannes für das

Mädchen. Noch einmal zeigt G. M. die Einsamkeit des Liebenden und wie es ist, vor Liebe verrückt zu sein.

In seinem umfangreichen Werk hat G. M. abwechslungsreich zwischen den Formen der Reportage, der Novelle und dem großen Roman die Möglichkeiten des Erzählens erkundet. Kürzere Erzählungen bzw. Kurzgeschichten sind in mehreren Bänden versammelt (u. a. *Ojos de perro azul*, 1972; *Augen eines blauen Hundes*, 1980; *Doce cuentos peregrinos*, 1992; *Zwölf Geschichten aus der Fremde*, 1993). Neben zahlreichen journalistischen Arbeiten liegen auch einige Drehbücher vor. Einen Einblick in die Mechanismen künstlerischer Kreativität gibt G. M. in *Cómo se cuenta un cuento* (1995; Wie man eine Geschichte erzählt). Ob knallharter Naturalismus oder magischer Realismus, phantasievolle Romantik oder Erkundung eines Bewusstseinsstroms, Geschichtspanorama oder Parabel, G. M.' Literatur beschreibt soziale und psychische Grundbefindlichkeiten, Konstellationen der Gewalt und Obsessionen der Seele. Die Welt, in der die Geschichten des Weltbürgers (mit mehreren Wohnsitzen in Lateinamerika und Europa) G. M. spielen, ist meist die seiner karibisch-kolumbianischen Heimat, die sich aber durch die Mittel seiner Kunst zum Kosmos der *condition humaine* weitet.

*Heinz-Günter Vester*

## Garrett, João Baptista da Silva Leitão de Almeida

Geb. 4. 2. 1799 in Porto/Portugal; gest. 9. 12. 1854 in Lissabon

Schon als Kind musste Almeida Garrett aus politischen Gründen die Heimat verlassen; seine Familie floh vor den französischen Besatzern auf die Azoren. Später trieben ihn seine eigenen Aktivitäten immer wieder ins Exil. Seine Familie hatte eine geistliche Laufbahn für ihn vorgesehen, G. studierte jedoch, 1816 ins Mutterland zurückgekehrt, Rechtswissenschaften in Coimbra. Dort gründete er eine Freimaurerloge. Begeistert schloss er sich als Studentenführer den Aufständischen von 1820 an und verteidigte deren Ideale in der

*Hino patriótico* (1820; Patriotische Hymne), die er im Teatro de São Jão in Porto vortrug. Seine erste Publikation *Retrato de Vénus* (1821; Porträt der Venus) trug G. ein Strafverfahren wegen Missbrauchs der Pressefreiheit ein, und man brandmarkte ihn als Materialisten und Atheisten. Er wurde jedoch 1822 freigesprochen. Bereits im Jahr darauf musste G. nach dem Staatsstreich des Absolutisten Dom Miguel fliehen. In England lernte er die Romantik kennen und entdeckte Lord Byron und Walter Scott, unter deren Einfluss er im französischen Exil *Camões* (1825; Camoens, 1890) verfasste – ein Einfluss, den er allerdings im Vorwort bestritt.

Die Verserzählung berichtet von Camões' Schicksal nach seiner Rückkehr aus dem fernen Osten bis zu seinem Tode. Sie gilt als Beginn der portugiesischen romantischen Dichtung. 1826 amnestiert, musste G. nach der Rückkehr des absolutistischen Kronprätendenten Dom Miguel 1828 erneut fliehen, konnte sich aber nach dem Sieg der Liberalen dauerhaft in Portugal niederlassen und wurde zu einem der bedeutendsten liberalen Politiker des Landes. Als solcher trug er maßgeblich zur Erneuerung des portugiesischen Theaters bei, indem er die Einrichtung einer Generalinspektion des Theaters, den Bau des Nationaltheaters (jetzt Teatro D. Maria II.) und die Schaffung des Konservatoriums für Dramatische Kunst anregte. G. verfasste selbst romantische Theaterstücke, als seine dramatischen Hauptwerke gelten *Um auto de Gil Vicente* (1841; Ein Spiel von Gil Vicente), mit dem er, an die frühe portugiesische Theatertradition anküpfend, einen Stoff aus der Glanzzeit Portugals unter König Manuel I. gestaltete, *O alfageme de Santarém* (1842; Der Schwertfeger von Santarem oder Das Schwert des Connetabel*, 1900), ein Drama über die Zeit der nationalen Krise im 14. Jahrhundert, als die portugiesische Unabhängigkeit von Spanien auf dem Spiel stand, und *Frei Luís de Sousa* (1843), eine Tragödie über die Zeit der Herrschaft der spanischen Könige über Portugal um die Wende vom 16. zum 17. Jahrhundert spielt. Zu seinen bekanntesten Prosawerken gehören *O arco de Sant'Ana. Crónica por-*

*tuense* (I, 1845 und II, 1850; Der Sankt-An-nen-Bogen. Eine Chronik von Porto) und *Viagens na minha terra* (1846; *Der Mönch von Santarem oder Wanderungen in meinem Vaterland*, 1878). In *O arco de Sant'Ana. Crónica portuense* schildert G. den Konflikt zwischen den Bürgern und dem bischöflichen Herrn der Stadt, wobei er die historische Handlung immer wieder durch ironische Anspielungen auf die politischen Verhältnisse seiner Zeit unterbricht. *Viagens na minha terra* ist die Verbindung von Reiseeindrücken mit einer romantischen Liebesgeschichte. Sein lyrisches Schaffen begann G. mit eher konventionellen Versen, in *Flores sem fruto* (1845; Blumen ohne Frucht) und *Folhas caídas* (1853; Gefallene Blätter), die zu den besten lyrischen Werken der portugiesischen Romantik gehören, entwickelte er jedoch einen eigenen Stil.

*Kurt Scharf*

### Gary, Romain (eigtl. Roman Kacev)

Geb. 8. 5. 1914 in Moskau;
gest. 2. 12. 1980 in Paris

Die Beziehung Romain Garys zu Frankreich und zur französischen Sprache wurde von seiner Mutter gefördert, einer russischen Jüdin, die Schauspielerin am französischen Theater in Moskau war. Nach der Oktoberrevolution emigrierte die Familie zuerst nach Polen, dann nach Frankreich, wo G. Jura studierte. Während des Zweiten Weltkriegs schloss er sich Charles de Gaulle in London an. Als Kampfflieger wurden ihm das Kreuz der Ehrenlegion und andere hohe militärische Auszeichnungen verliehen. Aus dem Milieu der Résistance ermunterte ihn besonders der Romancier und Kunsttheoretiker André Malraux zum Schreiben. 1945 erschien der pathetische Erstlingsroman *Éducation européenne* (*General Nachtigall*, 1962) über den polnischen Widerstand; die Widerstandsproblematik durchzieht das gesamte Werk. Im Nachkriegsfrankreich wurde G. vom Außenministerium als Botschaftssekretär nach Sofia und Bern

entsandt. Nach weiteren Stationen führte den Kosmopoliten seine diplomatische Karriere als Generalkonsul nach Los Angeles. Er schied 1961 aus dem diplomatischen Dienst aus, um sich ganz seiner schriftstellerischen Tätigkeit zu widmen. Zwei Versuche als Autorenfilmer, die er wohl auch seiner damaligen Ehefrau, der Schauspielerin Jean Seberg, zuliebe unternommen hatte, konnten die Kritik nicht überzeugen. G. beging 1980 in Paris Suizid.

Das Gesamtwerk besteht, wenn man alle Pseudonyme des Autors berücksichtigt, aus über 20 Romanen, zahlreichen Erzählungen, Essays sowie einigen Dramen und Drehbüchern. In den 1970er Jahren publizierte G. beim Verlag Gallimard unter seinem Namen und bei Mercure de France als Émile Ajar. Das führte dazu, dass ihm 1975 ein zweites Mal der Prix Goncourt zugesprochen wurde, was nach dessen Reglement eigentlich ausgeschlossen ist. Der erste ausgezeichnete Roman, *Les racines du ciel* (1956; *Die Wurzeln des Himmels*, 1957), wurde – auch dank der Verfilmung durch John Huston – zum Welterfolg. In seinem Abenteuerroman um eine bunte Gruppe von Idealisten, die in Französisch-Äquatorialafrika die durch Elfenbeinhändler vom Aussterben bedrohten Elefanten retten will, übte der Autor vehement Zivilisationskritik. Malraux nannte den Roman, der engagierte Literatur mit Exotismus verbindet, anerkennend einen »Mythos«. Nach G. handelt sein Buch, das viele zeitgeschichtliche Bezüge aufweist, »von dem für uns lebenswichtigen Problem des Schutzes der Natur, und diese Aufgabe ist im Zeitalter der Zwangsarbeit, der Wasserstoffbombe, des Elends, des versklavten Denkens, des Krebses, in einem Zeitalter, in dem weitgehend der Zweck die Mittel heiligt, so ungeheuer, dass wir sie nur meistern können, wenn wir unsere ganze Kraft und alle Brüderlichkeit aufbieten, die wir nur irgend besitzen« (*Die Wurzeln des Himmels*, 488). Glaube und Zynismus sowie – oft schwarzer – Humor und Tragik sind die Pole, zwischen denen sich das Werk des Autors bewegt.

Die Konstitution und Zerrüttung von persönlicher Identität schneidet G. bevorzugt über die Gestaltung von Sexualität an, wobei

Nymphomanie und Impotenz mehrfach eine zentrale Rolle spielen, so etwa in *La danse de Gengis Cohn* (1967; *Der Tanz des Dschingis Cohn*, 1970), einer ätzenden Satire über einen jiddischen Komiker, der im Nachkriegsdeutschland als Phantom den Nazi heimsucht, der ihn ermorden ließ und der inzwischen Kommissar ist. Sexualität, Politik und Kunst werden in dem Roman, in dem man einen Schelmenroman des 20. Jahrhunderts sehen kann und der – mit Ausnahme des Schlusses – aus der Perspektive des Komikers erzählt ist, eng verquickt. Neben Elementen des Kolportageromans prägen intertextuelle Verweise, die Bildung demonstrieren und nicht immer erzählerisch motiviert sind, die Bücher G.s.

Auch der zweite ausgezeichnete Roman, *La vie devant soi* (1975; *Du hast das Leben noch vor dir*, 1979), wurde, wie der autobiographisch gefärbte *Clair de femme* (1977; *Frauenlicht*, 1979), von einer Verfilmung flankiert. In seiner Schilderung der Beziehung eines arabischen Jungen zu einer alten jüdischen Exprostituierten, die sich in einem heruntergekommenen Pariser Viertel um die Kinder von Prostituierten kümmert, entgeht er durch den respektlos frischen Ton der Ich-Erzählung geschickt der Melodramatik und den Klischees, von denen das Thema gefährdet ist. Doch vielleicht fasziniert heute weniger das Werk als vielmehr die Gestalt des sich gleichermaßen in autobiographischen Schriften offenbarenden und durch Pseudonym entziehenden Autors, dem auch der Romancier und Medienintellektuelle Bernard-Henri Lévy Bewunderung zollt.

*Michaela Weiß*

## Gautier, Théophile
Geb. 30. 8. 1811 in Tarbes/Frankreich;
gest. 23. 10. 1872 in Neuilly-sur-Seine

Wie kaum ein zweiter Autor des 19. Jahrhunderts scheint Théophile Gautier in seinem Gesamtwerk widersprüchliche künstlerische und gesellschaftliche Tendenzen zu vereinen. Nahezu gleichzeitig tritt er als sozialkritischer Journalist, leidenschaftlicher Verfechter des *l'art pour l'art*, Erfinder unheimlicher und phantastischer Erzählungen, Romancier, Reisereporter, formbewusster Lyriker sowie Literatur- und Kunstkritiker in Erscheinung. Seine legere, anti-bourgeoise Kleidung, mit der er seine Zugehörigkeit zur Bohème nachdrücklich signalisierte, korrespondierte mit einem witzigen, pointierten und ironischen Schreibstil, der vor allem seine Essays und Zeitschriftenartikel prägt. Der Lyrikband *Émaux et camées* (1852; *Edelsteine und Kameen*, 1919) darf als beispielhafte Verwirklichung ästhetizistischer Gestaltungsprinzipien gelten, die für den Stil des »Parnassiens« wegweisend wurden. Bereits im Vorwort zu seinem Roman *Mademoiselle de Maupin* (1835; *Mademoiselle de Maupin*, 1903) hatte G. seine poetologischen Grundideen souverän dargelegt und eine moderne Theorie des *l'art pour l'art* entworfen, die sich diesseits oder jenseits von moralischen und utilitaristischen Zielsetzungen bewegt. G.s zeitgenössische Wirkung und seine außerordentliche literaturgeschichtliche Bedeutung äußern sich nicht zuletzt darin, dass Charles Baudelaire ihm 1857 seinen Gedichtzyklus *Les fleurs du mal* widmet und damit seine große Bewunderung ausspricht. Die außergewöhnliche Vielseitigkeit G.s macht sich in seinen zahlreichen journalistischen Artikeln und Zeitschriftenpublikationen bemerkbar, die ihn als einen typischen, den neuen Medien gegenüber aufgeschlossenen Schriftsteller der Moderne ausweisen. In *La Presse*, *La Chronique* und *Journal des Gens du Monde* erschienen zudem Vorabdrucke seiner Erzählungen, insbesondere auch jener Texte, die der Gattung der »Contes fantastiques« angehören.

Innerhalb der erzählenden Prosa verdienen neben dem Romanwerk die phantastischen Erzählungen besondere Aufmerksamkeit, denn in ihnen gelingt es G., dem Genre des phantastischen Erzählens entscheidende innovative Akzente zu verleihen. Dabei kann G. durchaus auf romantische Vorbilder zurückgreifen, insbesondere auf die Darstellung des Unheimlichen und Zweideutigen in E.T.A. Hoffmanns Erzählprosa. *La morte amoureuse*

(1836; *Die verliebte Tote*, 1923) schildert die Liebesgeschichte zwischen dem Priester Romuald und einer unbekannten Schönen (Clarimonde), die nach ihrem Tod im Verlauf der Handlung als Vampir wiederkehrt, um die erotische Verbindung mit ihrem Geliebten aufrechtzuerhalten. Ein Vorgesetzter Romualds, der Abt Sérapion, setzt der glücklichen Gemeinschaft der Liebenden ein jähes Ende, indem er die Leiche Clarimondes mit Weihwasser besprengt und diese zu Staub zerfällt. Die Erzählung ist charakteristisch für Gautiers kunstvolle Verbindung von phantastischem Geschehen, Erotik, gesellschaftlicher Transgression, Sozialkritik sowie Kritik am Klerus und an der institutionellen Seite des Christentums. Mit jener neuen Akzentuierung von traditionsreichen Gattungselementen erzielte G. nicht allein Spannungsmomente und Überraschungseffekte, sondern er konturierte bereits sehr genau jenen Typ devianter Liebe und Sexualität, den Tzvetan Todorov in seiner *Einführung in die phantastische Literatur* 1970 als gattungskonstitutives Merkmal beschreibt. Grenzerfahrungen wie die abweichende Sexualität und Tabubrüche anderer Art faszinierten G. nicht nur auf dem Gebiet der Literatur und der Fiktion.

Gemeinsam mit seinen Dichterkollegen Arthur Rimbaud und Charles Baudelaire sowie dem Arzt Jacques-Joseph Moreau gründete G. einen Club für Drogenexperimente, den berühmt gewordenen Club des Hashischins. Über jene Erfahrungen publizierte er 1846 einen detaillierten Artikel in der *Revue des Deux Mondes*. Die schwer zu erfassenden und zu beschreibenden Wirkungen von Drogen auf die menschliche Imagination erkundet im Medium des Fiktiven auch die kleine Erzählung *La Pipe d'opium* (1838; *Die Opiumpfeife*).

In den späten Jahren hat sich G. mehr und mehr auf seine essayistische und literaturkritische Produktion konzentriert. Seine Charakteristiken von Schriftstellerkollegen wurden nach seinem Tod in die bei Charpentier 1874 veröffentlichte Werkausgabe unter dem Titel *Portraits contemporains* aufgenommen. Eine Sammlung seiner zahlreichen Kunstkritiken,

*Beaux-Arts en Europe* (Die schönen Künste in Europa) wurde 1855 in Buchform publiziert. Das literaturgeschichtliche Werk G.s, *Histoire du romantisme*, sein Rückblick auf die romantische Epoche, blieb unvollendet und erschien erst postum 1874.

Werkausgabe: Romane und Erzählungen. Hg. D. Oehler. Wiesbaden 2003.

*Annette Simonis*

## Geibel, Emanuel
Geb. 17. 10. 1815 in Lübeck;
gest. 6. 4. 1884 in Lübeck

Nach seinem Tod, so Thomas Mann in seiner Rede *Lübeck als geistige Lebensform*, erzählte man sich, habe eine alte Frau auf der Straße gefragt: »Wer kriegt nu de Stell? Wer ward nu Dichter?« Im Todesjahr des Lübecker »Stadtheiligen« (Paul Heyse) hatten seine ersten *Gedichte* (1840) die einhundertste Auflage erreicht, sein Konterfei zierte Sammeltassen, sein Name die »Geibel«-Havanna. Der Pastorensohn, der in Bonn Theologie und in Berlin Philologie studiert hatte, war als bedeutendster deutscher Lyriker des Jahrhunderts anerkannt, er wurde mit dem Schillerpreis (1869) ausgezeichnet und mit Johann Wolfgang Goethe auf eine Stufe gestellt.

Auf Empfehlung Bettine von Arnims und ihres Schwagers von Savigny hatte er 1838 die Anstellung des Hofmeisters beim russischen Gesandten in Athen erhalten und die griechische Inselwelt bereist; auf Empfehlung Carl Friedrich von Rumohrs erhielt er – nach seiner Rückkehr ohne Beruf, vom Preußenkönig Friedrich Wilhelm IV. eine jährliche Pension von dreihundert Talern. Diesem widmete er dann auch sein erstes Drama *König Roderich* (1844), denn: »Du gabst ein Leben mir vom Staube / Des niedern Marktes unberührt, / Ein Leben, wie's im grünen Laube, / Der freie Vogel singend führt.« Dass »der Sänger mit dem König gehen« solle, meinte 1852 auch der Bayernkönig Maximilian II., als er G. als Honorarprofessor für deutsche Literatur und Metrik und für ein Anfangsgehalt von achthundert

Gulden nach München berief, ihn in den Maximiliansorden und dann – verbunden mit dem persönlichen Adelsschlag – in den Kronenorden aufnehmen ließ. G. wurde zum unbestrittenen Haupt des »Münchner Dichterkreises« des in der Hofburg tagenden königlichen »Symposions« und der privat sich treffenden »Krokodile« –, dem seit 1854 auch der von ihm protegierte Freund Paul Heyse angehörte. Den Jahren in München setzte 1868 der Maximilian-Nachfolger und Wagner-Freund Ludwig II. ein Ende, als er G.s Huldigungsgedicht *An König Wilhelm* mit der Streichung der Bezüge beantwortete. König Wilhelm aber unterließ es seinerseits nicht, dem Heimkehrenden die preußische Pension auf eintausend Taler zu erhöhen, und die Lübecker empfingen ihn mit Fackelzug und Festmahl. In und um Lübeck blieb er, zunehmend unter Magenschmerzen und Schreibhemmungen leidend, bis zu seinem Tod.

    »Nun, das nenn' ich doch Erfolg«, kommentierte 1856 Friedrich Hebbel die vierzigste Auflage der *Gedichte* und setzte hinzu: »Bei solcher Trivialität unglaublich!« Seinen zeitgenössischen Ruhm begründete G. mit der virtuosen Beherrschung des traditionellen Lyrik-Repertoires. Kein klassisches Versmaß, das er nicht makellos, keine romantische Metapher, die er nicht geschmackvoll zu verwenden wusste. Warum aber diese Lyrik »epigonal« blieb, ließ er den *Bildhauer des Hadrian* erklären: »Wohl bänd'gen wir den Stein, und küren, / Bewußt berechnend, jede Zier, / Doch, wie wir glatt den Meisel führen, / Nur vom Vergangnen zehren wir. / O trostlos kluges Auserlesen, / Dabei kein Blitz die Brust durchzückt! / Was schön wird, ist schon da gewesen, / Und nachgeahmt ist was uns glückt.« Sich dabei das Wohlwollen der preußischen Könige zu sichern, fiel dem als »Reichsherold« Gefeierten (*Heroldsrufe*, 1871) nicht schwer. 1846 bezog er lyrisch streitbar gegen Dänemark *Für Schleswig Holstein* Stellung, 1871 dann – »das Maß ist voll, zur Schlacht mit Gott« – gegen den »Erbfeind« Frankreich und für das zu schaffende deutsche Reich, dessen Kaiser Preuße sein sollte.

    G.s *Der Mai ist gekommen* ist berühmt geblieben, sein »Und es mag am deutschen Wesen / Einmal noch die Welt genesen« berüchtigt. Vergessen sind, wie die Mehrzahl seiner Gedichte, die klassizistisch schwerfälligen Dramen, noch heute anerkannt aber seine sensibel nachempfundenen Übersetzungen: *Klassische Studien* (1840, zusammen mit Ernst Curtius), *Spanisches Liederbuch* (1852, zusammen mit Paul Heyse), *Romanzero der Spanier und Portugiesen* (1860, zusammen mit Adolf Friedrich von Schack) und *Fünf Bücher französischer Lyrik* (1862, zusammen mit Heinrich Leuthold).

Werkausgabe: Gesammelte Werke. 8 Bde. Stuttgart 1883/84.

*Ernst Kretschmer*

### Gellert, Christian Fürchtegott
Geb. 4. 7. 1715 in Hainichen/Erzgebirge; gest. 13. 12. 1769 in Leipzig

»An Gellert, die Tugend, und die Religion glauben, ist bey unserm Publico beynahe Eins« – so fassten die *Frankfurter Gelehrten Anzeigen* drei Jahre nach G.s Tod die besondere Bedeutung des Dichters zusammen. Tatsächlich gab es kaum einen Schriftsteller in der ersten Hälfte des 18. Jahrhunderts, der so enthusiastisch gefeiert wurde wie er. Zahlreiche Anekdoten, die schon zu seinen Lebzeiten kursierten, berichteten von der Verehrung, die ihm von allen Seiten und quer durch alle Schichten entgegengebracht wurde: Einfache Landleute versorgten den in bescheidenen Verhältnissen lebenden Dichter mit Esswaren und Brennmaterialien, Adelige holten seinen Rat in Liebesangelegenheiten ein, Fürsten bezeugten ihm ihren Respekt. Sogar Friedrich II., sonst kein Liebhaber der deutschen Literatur, empfing G. zu einer Audienz (1760), um ihm dann aber die nicht sehr freundliche Frage zu stellen, warum es in Deutschland keinen guten Schriftsteller

gebe. Eine solche Frage konnte G. jedoch nicht aus der Fassung bringen, war er sich doch seines eigenen Wertes, der ihm öffentlich so eindrucksvoll bestätigt wurde, durchaus bewusst. Dabei war G. ein eher bescheidener, keineswegs auftrumpfender Mann, der ein zurückgezogenes und anspruchsloses Leben als Junggeselle führte. Aus einer kinderreichen Pastorenfamilie stammend und von Geburt an von schwächlicher Konstitution, wurde er früh an ein einfaches und arbeitsames Leben gewöhnt. Mit Abschreibarbeiten trug er bereits als Kind seinen Teil zum Lebensunterhalt der fünfzehnköpfigen Familie bei. Mit vierzehn Jahren kam er auf die berühmte Meißner Fürstenschule St. Afra, wo er Freundschaft mit Gottlieb Wilhelm Rabener und Karl Christian Gärtner schloss, die ihn später in den Kreis der sogenannten »Bremer Beiträger« einführen sollten. Sein Studium an der Universität Leipzig (von 1734 bis 1738) musste er wegen Geldmangel abbrechen und sich als Hauslehrer in gräfliche Dienste verdingen. Erst 1741 gelang es ihm, nach Leipzig zurückzukehren, wo er sich schließlich mit einer Schrift über die Fabeldichtung habilitieren konnte. Mit dieser Schrift, die ihm 1751 eine außerordentliche Professur für Poesie und Beredsamkeit in Leipzig eintrug, lieferte er die theoretische Rechtfertigung seiner eigenen, in den Leipziger Jahren entstandenen Dichtung, mit der er sich im Rahmen des von Johann Christoph Gottsched u. a. formulierten aufklärerischen Literaturprogramms bewegte.

Ursprünglich ausgelöst war sein eigenes literarisches Schaffen durch die Lektüre des spätbarocken Lyrikers Johann Christian Günther, den er bereits als Schüler las. Die Begeisterung für Günther verwandelte den eher betulichen und förmlichen G. nach seinen eigenen Worten in einen »feuerspeienden Ätna«. Die damals entstandenen Gedichte hat er aber in den Jahren »seines gereinigten Geschmacks nie ohne Ekel in die Hände nehmen können« und später alle vernichtet. Statt subjektivistisch geprägter Liebeslyrik, wie Günther sie schuf, verfasste G. moralische *Fabeln und Erzählungen* (1746–48), in denen er das frühauf-

klärerische Programm in eine gefällige, populäre Form umsetzte. Auch mit seinen *Lehrgedichten und Erzählungen* (1754) und seinen posthum veröffentlichten *Moralischen Vorlesungen* (1770) verschaffte er dem aufklärerischen Tugendbegriff eine breite öffentliche Resonanz.

Mit seinem Roman *Leben der schwedischen Gräfin von G\*\*\** (1746) verließ G. jedoch die überlieferten aufklärerischen Muster. Zum einen wandte er sich einer damals von der Aufklärungspoetik noch sehr verachteten Gattung zu und zum anderen schuf er den ersten deutschen »Originalroman«, in dem Gefühl und Empfindsamkeit erstmals einen legitimierten Raum erhielten. Er bereitete damit sowohl der späteren Empfindsamkeit wie auch der Sturm- und-Drang-Bewegung den Weg. Ein Vorreiter und Mittler war G. auch auf dem Gebiet des Dramas. Seine theoretische und praktische Begründung des »rührenden Lustspiels« (*Pro comoedia commovente*, 1751) im Anschluss an englische und französische Vorbilder öffnete den Weg sowohl für eine neue Komödienform wie auch für das spätere bürgerliche Trauerspiel. Mit der Kategorie des »Rührung« führte G. ein wichtiges Moment in die damalige Diskussion ein. Seine eigenen *Lustspiele* (1747), in denen sich das Bürgertum erstmals nicht mehr in lächerlichen Figuren und Situationen dargestellt sah, waren außerordentlich erfolgreich. Ein Wegbereiter war G. auch auf einem anderen Gebiet. Sein Werk *Briefe, nebst einer praktischen Abhandlung von dem guten Geschmacke in Briefen* (1751), mit dem er gegen den trockenen Kanzleistil seiner Zeit Front machte und für eine kultivierte Natürlichkeit und Lebhaftigkeit plädierte, legte den Grund für die Anerkennung des Briefs als eigener literarischer Gattung und gab dem Briefroman bis hin zu Johann Wolfgang Goethes *Die Leiden des jungen Werthers* (1774) wesentliche Impulse.

Nach Antritt der außerordentlichen Professur ließ G.s literarische Produktivität auffällig nach. Die Verbindung von wissenschaftlicher und literarischer Arbeit gelang ihm nicht. Er konzentrierte sich fortan vor allem auf seine Vorlesungen, die viel besucht waren und ihm den Ruf eines »begnadeten Tugendlehrers« einbrachten.

So sehr G. auch das öffentliche Ansehen genoß, so bewahrte es ihn doch nicht vor Hypochondrie und schweren Depressionen, die das letzte Jahrzehnt seines Lebens überschatteten und ihn zu einem grämlichen Sonderling werden ließen. Beigetragen zu der selbstquälerischen Grundstimmung hat nicht nur sein notorisch schlechter Gesundheitszustand, sondern wohl auch eine Ahnung davon, dass er durch die neuere literarische Entwicklung bereits überholt war. Tatsächlich brach der Gellert-Kult, der bei seinem Tod einen letzten und beispiellosen Höhepunkt erreicht hatte, bald in sich zusammen. Die Tatsache, dass G. zwischen den Zeiten und Epochen stand, führte alsbald zu einer vollständigen Umbewertung seiner Person und zu einer Verkennung seiner eigentlichen Leistung. Bereits 1771 sprachen Jakob Mauvillon und Ludwig August Unzer in ihren *Briefen über den Werth einiger deutscher Dichter* das für die weitere literaturgeschichtliche Rezeption folgenreiche Verdammungsurteil: »Gellert war ein seichter Schriftsteller; als solcher gefiel er den seichten Köpfen und, da diese immer die Mehrheit des lesenden Publikums bilden, so ist es kein Wunder, wenn Gellert der Mann des Tages wurde. Er war der Liebling aller Landprediger und Landpredigerstöchter – welch ungeheures Kontingent von Bewunderern, Verehrern, Lobpreisern.«

Werkausgaben: Gesammelte Schriften. 6 Bde. Hg. von Bernd Witte. Berlin/New York 1988 ff.; Chr. F. Gellerts Briefwechsel. Hg. von John F. Reynolds. 5 Bde. Berlin/ New York 1983 ff.

*Inge Stephan*

### Genet, Jean
Geb. 19. 12. 1910 in Paris;
gest. 15. 4. 1986 in Paris

Jean Genet gilt wegen seiner Romane, Dramen, Gedichte und politischen Essays als einer der kontroversesten Literaten des 20. Jahrhunderts. Seine provokative Kontrastierung gesellschaftlicher Minderheiten mit der dominanten Schicht ist geprägt von einer oft romantisierten und glorifizierten Präsentation von angeblicher Perversion und einer harschen Moralkritik.

Als illegitimes Kind in einer Pflegefamilie aufgewachsen, fühlte sich G. zeit seines Lebens ausgestoßen von einer Gesellschaft, deren einziges Kontinuum für ihn das Ausgestoßensein selbst darstellte. Ein einschlägiges Erlebnis, das diese Wahrnehmung bestätigte, hatte er bereits als Kind, als man ihn eines Diebstahls bezichtigte (vgl. den autobiographischen Roman *Journal du voleur*, 1949; *Tagebuch eines Diebes*, 1982). Obwohl er unschuldig war, bestätigte ihn das eigene Schuldzugeständnis in dem Selbstbild, das ihm seit seiner unehelichen Geburt von der Gesellschaft auferlegt wurde: Er identifizierte sich selbst als gemeiner Charakter, als Randexistenz, was ihn fortan tatsächlich zu Straftaten motivierte. Mit 15 Jahren trat er bereits die erste von zahlreichen Gefängnisstrafen an, während der er die zweite entscheidende Erkenntnis seines Lebens hatte: die Entdeckung seiner Homosexualität. Beide Einsichten sind zentrale Themen in G.s Œuvre.

G.s literarisches Interesse war sehr ausgeprägt; die Einflüsse auf sein Werk reichen von den französischen Romanciers des 19. Jahrhunderts und Modernisten wie Marcel Proust und Fedor Dostoevskij bis zu Pierre de Ronsard, Charles Baudelaire, Arthur Rimbaud, Stéphane Mallarmé und Philosophen wie Hegel, Marx und Rousseau. Erst 1939 begann G., wieder im Gefängnis, Gedichte zu schreiben. Sein erstes Gedicht »Le condamné à mort« (1942; »Der zum Tode Verurteilte«, 1969), wurde Jean Cocteau vorgelegt, der G. in den Folgejahren protegierte. Cocteau war es auch, der sich zunächst 1943 und dann 1948 zusammen mit Jean-Paul Sartre für eine Amnestie G.s einsetzte, dem wegen seiner bisherigen Straftaten eine lebenslange Haft drohte. G.

kam daraufhin 1948 entgültig frei und widmete sich fortan ausschließlich der Schriftstellerei und der Politik.

Sein erster und wohl bekanntester Roman, *Notre-Dame-des-fleurs* (1944; *Notre-Dame-des-fleurs*, 1992), wurde zunächst als Pornographie zensiert. Er handelt von einem jungen Mann aus der französischen Provinz, der in Paris als Strichjunge arbeitet. Innerhalb des Homosexuellen-Milieus gewinnt er bald höchstes Ansehen und nennt sich fortan »Divine«, die Göttliche. Divines emotional und sexuell intensives Leben mit Liebhabern, die zum größten Teil aus der Pariser Unterwelt stammen, steht im Kontrast zu »ihrer« Vergangenheit, der Herkunft aus einer lieblosen Familie. Einer der Liebhaber, Notre-Dame, wird im Verlauf der Geschichte verhaftet, gesteht einen Mord und wird zum Tode verurteilt. Er stirbt einen heldenhaften Tod, da er mit der heroischen Akzeptanz seiner Strafe über die gesellschaftliche Moral triumphiert. Divine selbst verkümmert mit zunehmendem Alter zu einer grotesken Figur, bleibt aber in den Augen des Ich-Erzählers eine Märtyrerin. Neben den homoerotisch expliziten Passagen hat die Glorifizierung des starken, aber moralisch verwerflichen Notre-Dame wohl die größte Kontroverse um den Roman ausgelöst. G. invertiert hier wie in den folgenden oft semi-autobiographischen Texten gezielt gesellschaftliche Werte und Positionen. Gerade die intendierte Selbstdegradierung in ein Milieu von Gewalt, Kriminalität und dem, was gemeinhin als Perversion betrachtet wurde, ermöglicht den Charakteren den Aufstieg zu wahrer Größe. Diese Art der relativen Moralgenese ist nach G. in allen hierarchischen Strukturen erkennbar. Deutlich zeigt sich hier wie auch in den Romanen *Miracle de la rose* (1946; *Das Wunder der Rose*, 1982), *Pompes funèbres* (1947; *Pompes Funèbres. Das Totenfest*, 1986) und *Querelle de Brest* (1947; *Querelle*, 1995) die Hegelsche Dialektik des Herr/Knecht-Verhältnisses, welches die Gesellschaft nicht nur dominiert, sondern sogar erst legitimiert.

Während in *Notre-Dame-des-fleurs* und *Miracle de la rose* noch der stilistische Einfluss romantischer Dichter und der Symbolisten spürbar wird, ist mit *Pompes funèbres* eine deutliche Zäsur in G.s Werk erkennbar. Mit der Abkehr von der Kriminalität wird sein Schreiben immer mehr zum Surrogat für Kriminalität. Der Grad an Gewalt in seinen Texten nimmt spürbar zu und das Resultat ist eine »écriture de cruauté« (Schreibweise der Grausamkeit) im Sinne Antonin Artauds.

Ab 1948 wandte sich G. seinem autobiographischem *Journal du voleur* sowie verstärkt politischen Essays und dem Theater zu. Zu dieser Zeit war G. bereits ein namhafter Schriftsteller. Sein erstes Stück, *Haute surveillance* (1949; *Unter Aufsicht*, 1982), gewann den Prix de la Pléiade, und sowohl *Les bonnes* (1954; *Die Zofen*, 2000) als auch *Le balcon* (1956/57; *Der Balkon*, 1988) weckten die Aufmerksamkeit renommierter Dramaturgen. Das wohl populärste der Stücke, *Les Bonnes*, ist das Porträt zweier Zofen, die sich, durch die Hassliebe zu ihrer Herrin motiviert, entschließen, diese zu ermorden. In ihrem Wunschtraum nach Bestrafung findet sich G.s Glorifizierung des Niedrigen und Gemeinen wieder, durch das die Zofen ihrer Unzufriedenheit mit ihrer sozialen Position zu entgehen hoffen. Nachdem der Anschlag misslingt, spielen die beiden Zofen das Verbrechen bis zur letzten Konsequenz unter sich nach. Das Resultat bietet dem Zuschauer zwei Möglichkeiten der Erlösung an: den (Frei-)Tod oder den »Aufstieg« ins Verbrechen. Mit dieser Inszenierung der Herr/Knecht-Dialektik geht G. einen Schritt weiter als in *Notre-Dame*, hin zu einer kritischen Gesellschaftsanalyse, die die pervertierten Mechanismen der Moralgenese aufs prägnanteste darstellt.

Die karnevaleske Umkehrung von Moralvorstellungen und die Undifferenziertheit zwischen Fakten und Fiktion erreicht in *Le balcon* ihren Höhepunkt. Das hochgradig selbstreferentielle Stück, dessen Schauplatz ein Bordell und dessen Thema die legitimierte Imagination von Identitäten ist, stellt noch radikaler als *Les bonnes* den Absolutheitsanspruch von Illusion, Realität und Moral in Frage. Was in *Le balcon* als eine umfassende gesellschaftspsychologische Kritik erscheint, wird in den letzten beiden Stücken G.s konkreter und weniger experimentell, je mehr sich G. selbst der Politik zuwendet. *Les nègres* (1958; *Die Neger*, 1983) und *Les paravents* (1961; *Die Wände*, 2004) widmen sich dem politischen Ungleichgewicht zwischen ethnischen Minderheiten und der weißen Mehrheit sowie zwischen Franzosen und Algeriern. Beide Dramen präsentieren eine harsche Kritik an der westlichen Ignoranz und dem Desinteresse gegenüber der Diskriminierung ethnischer Minderheiten in westlichen Gesellschaften.

So wie G. sich lebenslang als Ausgestoßener der Gesellschaft identifizierte, starb er 1986 auch – allein, in einem kleinen Hotel in Paris.

Werkausgabe: Gesammelte Werke in Einzelbänden. 7 Bde. Hg. Friedrich Flemming. Gifkendorf 1998-2004.

*Miriam Havemann*

## George, Stefan
Geb. 12. 7. 1868 in Büdesheim;
gest. 4. 12. 1933 in Minusio bei Locarno

Zu Lebzeiten war G. wie weiland Richard Wagner eine umstrittene Größe: den Verehrern standen die Gegner unversöhnlich gegenüber, Neutralität schien es nicht zu geben. Den Jüngern galt er als eine der genialsten Figuren abendländischer Kultur, als eine »antike Natur«. »Nur George hat heute den lebendigen Willen und die menschliche Wesenheit, die zuletzt in Goethe und Napoleon noch einmal Fleisch geworden, die in Hölderlin und Nietzsche zuletzt als körperlose Flamme gen Himmel schlug und verglühte« – so feiert 1920 der anerkannte Literarhistoriker Friedrich Gundolf den Dichter. Diametral entgegengesetzt ist das Urteil Franz Werfels, das die christlich-religiösen Einwände versammelt. In seinem monumentalen Roman *Stern der Ungeborenen* (1946), der eine Bilanz abendländischer Kulturleistungen zieht, steht G.s Name »für alle von Herrschsucht berstenden Kalligraphen, die anstatt in Sack und Asche, mit stark geschweiften Röcken, gebauschten Krawatten und falschen Danteköpfen einherwandeln und ihre Schultern und Hüften drehn, wobei sie einen kranken Lustknaben öffentlich zum Heiland machen und die blecherne Geistesarmut in kostbaren Gefäßen umherreichen, während die von ihnen Verführten dem rohesten und blutigsten aller Teufel schließlich ins Garn gehn«. Auch moderne Würdigungen stehen nicht jenseits der Parteien Hass und Hader. Und das, obwohl es seit den 1930er Jahren um G. gänzlich still wurde, sein Werk auch nach 1945 ohne Resonanz blieb.

Stefan Anton G. war der Sohn eines Weingutsbesitzers und Gastwirts. Aber sein Sinn strebte nach Höherem: Nach dem Besuch des Darmstädter Gymnasiums und dem kurzzeitigen Studium der Romanistik, Anglistik, Germanistik, Philosophie und Kunstgeschichte in Berlin erkannte er seine höhere Bestimmung und verzichtete, da das elterliche Vermögen ihm dies erlaubte, bewusst auf die Ausübung eines Brotberufs. Sein ganzes Leben war ausschließlich der Dichtung und dem »Umdichten« fremdsprachiger Lyrik geweiht, wozu seine Sprachbegabung ihn prädestinierte. Er soll außer Griechisch und Latein, Französisch und Englisch, Italienisch, Spanisch, Holländisch, Dänisch, Norwegisch und Polnisch beherrscht haben. Aus den meisten dieser Sprachen liegen Übersetzungen vor, deren künstlerische Geschlossenheit ihresgleichen sucht. Außer im Elternhaus wohnte G., der ein unstetes Reiseleben führte, bei Freunden, die er aus Altersgenossen, später aus der jüngeren Generation systematisch um sich scharte. Bevorzugte Wohnorte waren München, Bingen, Berlin, Heidelberg, Basel, Würzburg und Marburg.

In G.s Gestalt kulminiert der Wille einer ästhetischen Lebensgestaltung, die konsequent zur Verabsolutierung des Künstlerideals führt. Auf der Suche nach geeigneten Dichterkollegen begegnete G. dem jungen Hugo von Hofmannsthal, der sich freilich nach einer stürmischen Freundschaft vom besitzergreifenden Kollegen distanzierte. Das Scheitern der Verbindung ist einigermaßen symptomatisch; G. konnte nur zweitrangige Genies um sich versammeln; die größeren brauchten zur Entfaltung ihrer Eigenart keinen Schulmeister. Hochgestylter Dichteranspruch und pädagogisches Streben sind bei G. zeitweise so eng miteinander verknüpft, dass seine eigene Dichtung geradezu Lehrbuchcharakter annimmt – freilich nicht den eines Schulbuchs für jedermann, sondern einer Bibel für Eingeweihte. Denn exklusiv wollte G. sein, bis zur totalen Abschirmung gegen die kulturlose Außenwelt, was bereits die konsequente Kleinschreibung und die neugeschaffene Schrifttype indizieren. Hatte G. anfangs nur die Erneuerung der Literatur auf seine Fahnen geschrieben, so weitete er später diesen Anspruch auf die Kultur, die Gesellschaft, den Staat und sogar die Religion aus. In der zweiten Hälfte des 19. Jahrhunderts hatte das etwas wässrig-klassizistische Ideal des Münchner Kreises um Emanuel Geibel und Paul Heyse dominiert; von ihnen und vom vulgären Naturalismus distanzierte sich G. mit Verve. Sätze wie: »In der dichtung ist jeder der noch von der sucht ergriffen ist etwas ›sagen‹ etwas wirken zu wollen nicht einmal wert in den vorhof der kunst einzutreten« und: »Den wert der dichtung entscheidet nicht der sinn sondern die form«, bilden den Kern seiner aus dem französischen Symbolismus (Stéphane Mallarmé, Paul Verlaine, Charles Baudelaire) übernommenen Kunstdoktrin des »l'art pour l'art« (»Kunst um der Kunst willen«). Bezeichnend für seinen Kunstwillen ist die Partialität, mit der er sich ihre Themen und Stoffe aneignete: alles Hässliche (wovon sich bei Baudelaire vieles findet) wurde rigoros ausgeschieden; Aufnahme fand nur das Sittlich-Schöne, das geistig-seelische Erhebung gewährte.

Geistiges Haupterlebnis des jungen G. war neben der Beziehung zu den Symbolisten der Einfluss Friedrich Nietzsches. Persönliche Begegnungen spielten im Grunde eine untergeordnete Rolle; mit Frauen hatte er, nach einer missglückten Beziehung zu Ida Coblenz, die bald darauf aparterweise seinen poetischen Intimfeind Richard Dehmel heiratete, nichts mehr im Sinn; geistigen Kontakt mit ebenbürtigen Männern vermochte er wegen seiner wachsenden Herrschsucht nicht zu pflegen. Die Briefwechsel und die Zeugnisse seines Kreises zeigen auf erschreckende Weise, dass nicht nur die Jüngeren, sondern auch die Gleichaltrigen sich dem Anspruch des Dichters nahezu willenlos unterordneten. Für sie alle galt er als der unfehlbare »Meister«. Gespräche gab es im Grunde nie, die Jünger führten nur seine Anordnungen aus. Wer sich seinem Willen nicht beugte, wurde aus Kreis und Freundschaft verbannt. Dieses Schicksal traf denn auch mit vorhersehbarer Konsequenz die etwas selbständigeren Geister, die Literaturwissenschaftler Friedrich Gundolf (dessen Lebensgefährtin G. nicht zusagte) und Max Kommerell – beide ursprünglich besonders treue Anhänger. Unzweifelhaft prägte G.s Dichtertum ein homoerotisches Moment. Exemplarisch und geradezu tragisch-skurril kommt dieses Erleben in seiner Begegnung mit dem Knaben Maximilian Kronberger zum Ausdruck, in dem er zunächst ein säkulares poetisches Genie zu entdecken glaubte und ihn als moderne Antinous-Figur verherrlichte, jedoch, nach seinem frühen Tod, nachgerade zur religiösen Kultfigur stilisierte. Die blinde Anhängerschar machte diese Farce ergebenst mit: Kronberger erhielt in einer Art Neuauflage der antiken Apotheose den Götternamen »Maximin« und die poetische Unsterblichkeit in G.s Gedichtbuch *Der siebente Ring* (1907; Veröffentlichung 1909). G. selbst verstand sich vorderhand als Prophet des toten Gottes Maximin; spätere Altersweisheit ließ ihn von dieser Abstrusität jedoch Abstand nehmen.

Wie stark der Wille sein dichterisches Schaffen prägte, zeigen die frühen, noch weitgehend epigonalen Werke (*Die Fibel*, 1901). G. ist ausschließlich Lyriker, weil er nur im lyrischen Ausdruck seine esoterische Sprachkunst verwirklichen konnte. Am Beginn selbständiger Produktion stehen die drei Bücher *Hymnen* (1890), *Pilgerfahrten* (1891) und *Algabal* (1892); die Welt des heidnischen Kaisers Heliogabal dokumentiert den Absolutheitsanspruch des Dichter-Schöpfers. Die nächste

Sammlung *Die Bücher der Hirten- und Preisgedichte, der Sagen und Sänge und der Hängenden Gärten* (1895) führen die bukolisch-hymnische Thematik weiter; als Gipfel dieser erlesenen Filigrankunst muss das 1897 erschienene Werk *Das Jahr der Seele* gelten, das G.s reinste Naturgedichte enthält, obgleich seinen Parklandschaften immer etwas Gewaltsames anhaftet: Einzelwahrnehmungen erscheinen ins künstlerische Gebilde gehämmert und mit symbolischem Sinn aufgeladen. Zunehmend macht sich in G.s lyrischem Werk eine konstruktive Tendenz bemerkbar. Wirken bereits die einzelnen Gedichte wie sorgfältig abgewogene Klang- und Reimkörper, so sind die Gedichtsammlungen selbst von streng symmetrischer Architektur. Das Buch *Der Teppich des Lebens und die Lieder von Traum und Tod mit einem Vorspiel* (1899) besteht aus zwei mal 24 in Zweiergruppen angeordneten Gedichten, jedes Gedicht hat 4 Strophen mit vier Versen. Hier kündigt sich die definitive Wendung des Nur-Ästhetikers zum Lehrmeister an, der Dichtung nur noch als Mittel zum Zweck erkennt. Zunehmend treten politische und historische Themen in den Vordergrund; Zeitkritik im Gefolge Nietzsches nimmt im monumentalen Gedichtbuch *Der siebente Ring* (1907) einen beträchtlichen Rang und Platz ein. G. spielte sich nun als dantesker Richter der (wilhelminischen) Gegenwart auf: was nicht in sein konservativ-hieratisches Weltbild passte, wurde schlankweg verworfen und mit maßlosen Schmähungen bedacht. *Der Stern des Bundes* (1914) galt als Gesetzbuch der Bewegung: in den 100 Sprüchen, die sich auf drei Bücher zu je 30 Gedichten, einem Eingang mit 9 Gedichten und einem Schlusschor verteilen, wird Reinheit zum obersten Gebot und zwar in recht äußerlichem Sinn – Frauen, Demokraten und Fremdrassige hatten im Geheimklub nichts zu suchen. Alltagsprobleme waren den erlauchten Mitgliedern zu gewöhnlich; man beschäftigte sich lieber mit epochalen Genies. Ein Spross dieser biographisch-elitären Geisteshaltung ist die Geschichtsschreibung des George-Kreises, der sich immerhin einige hagiographische Meisterwerke verdanken, etwa *Friedrich II.* von Ernst Kantorowicz,

*Napoleon* von Berthold Vallentin, *Goethe* von Friedrich Gundolf, *Wagner und Nietzsche* und *Platon* von Kurt Hildebrandt, *Nietzsche. Versuch einer Mythologie* von Ernst Bertram – allesamt Monumentalwerke, die historische Entwicklungen getreu der Devise »große Männer machen Geschichte« in heroisch frisierter Weise darstellen. Maßgebliches Organ von G.s »Kunstlehre« waren die 1892 gegründeten *Blätter für die Kunst*, die bis 1919 in 12 Folgen erschienen, und das zwischen 1910 und 1912 publizierte *Jahrbuch für die geistige Bewegung*. Über sie gewann G. zeitweilig großen Einfluss auf die deutsche Geisteswissenschaft, zumal zahlreiche Georgeaner den Beruf des Hochschullehrers ergriffen.

Das letzte Gedichtbuch, das ältere und neuere Stücke zusammenfasst, heißt nicht zufällig *Das neue Reich* (1928). Merkwürdigerweise erscheint G.s Anspruch hier zurückgeschraubt: so finden sich neben hellsichtiger Zeitdiagnose *(Der Krieg)* wieder rein lyrische Gebilde von geradezu schlichter Zartheit, die wie eine Rücknahme der früheren Position anmuten. Unverkennbar ist Resignation ein Wesenszug der letzten Jahre des Dichters. Lehnte er früher Dichterehrungen als Ausdruck des verabscheuten Literaturbetriebs prinzipiell ab, so erteilte er Kultusminister Rust, der ihm einen »Ehrenposten« in der deutschen Dichterakademie anbot, auch aus politischen Gründen eine Absage. Seine Ausreise aus Deutschland im Jahr 1933 kann jedoch nicht als Emigration gewertet werden.

G. hat sich als »Ahnherr jeder nationalen Bewegung« verstanden. Seine Haltung gegenüber dem neuen Regime schwankt zwischen Zustimmung und Distanz. Am 19. September 1933 äußerte er gegenüber Edith Landmann, es sei doch immerhin das erste Mal, dass seine (politischen) Auffassungen ihm »von aussen wiederklängen«. Edith Landmanns Hinweis auf die Brutalität des nationalsozialistischen Vorgehens verharmloste er, »im Politischen sind die Dinge anders«. Ähnlich wie bei Ernst Jünger ist seine Distanz weniger Ausdruck des politischen als der aristokratischen Gesinnung: auch wenn er am Nationalsozialismus positive Züge entdeckte, dessen Vertreter waren ihm zu vulgär. Die anfängliche Vereinnahmung seines Werkes und das Faktum, dass viele seiner Anhänger zum nationalsozialistischen Regime umschwenkten, dokumentiert immerhin die Verwandtschaft von ästhetischem Führerkult und politischem Faschismus.

Die Nachwelt teilt sich, wie immer bei polarisierenden Geistern, in die Gruppe der glühenden Anhänger und die Gruppe der erbitterten Gegner. Die Ansicht der dritten, eher unbeteiligten Gruppe manifestiert sich in Bert Brechts nonchalantem Urteil von 1928: »Ich selber wende gegen die Dichtungen Georges nicht ein, dass sie leer erscheinen: ich habe nichts gegen Leere. Aber ihre Form ist zu selbstgefällig. Seine Ansichten scheinen mir belanglos und zufällig, lediglich originell. Er hat wohl einen Haufen von Büchern in sich hineingelesen, die nur gut eingebunden sind, und mit Leuten verkehrt, die von Renten leben. So bietet er den Anblick eines Müßiggängers, statt den vielleicht erstrebten eines Schauenden«.

Werkausgabe: Sämtliche Werke in 18 Bänden. Stuttgart 1982 ff.

*Gunter E. Grimm*

## Gerhardt, Paul

Geb. 12. 3. 1607 in Gräfenhainichen/
Sachsen; gest. 27. 5. 1676 in Lübben
im Spreewald

*O Haupt voll Blut und Wunden, Befiehl du deine Wege, Geh aus mein Herz und suche Freud* oder *Nun ruhen alle Wälder*: Die Lieder G.s gehören zu den wenigen dichterischen Leistungen des 17. Jahrhunderts, die bis heute lebendig geblieben sind. Sie setzen die Tradition des reformatorischen Kirchenlieds fort, verschließen sich aber weder der mit dem Namen von Martin Opitz

verbundenen Literaturreform noch dem Bedürfnis nach einer verinnerlichten Frömmigkeit, das sich als Reaktion auf ein als veräußerlicht empfundenes Christentum und die gelehrte Streittheologie in zahlreichen Erbauungsschriften Ausdruck verschaffte (z. B. Johann Arndts *Vier Bücher vom wahren Christentum*, 1605–09, und *Paradiesgärtlein*, 1612). Die protestantische Lieddichtung öffnet sich zuerst mit Johannes Heermann diesen Tendenzen; das Andachts- und Erbauungslied entsteht. »Doch der ist am besten dran, Der mit Andacht singen kann«, heißt es dann bei G.

*Geistliche Andachten Bestehend in hundert und zwanzig Liedern* (1667) nennt denn auch Johann Georg Ebeling, Herausgeber (und Komponist) der ersten Gesamtausgabe, G.s Texte, die vorher schon nach und nach in verschiedenen Auflagen von Johann Crügers *Praxis Pietatis Melica* (1648 u.ö.) veröffentlicht worden waren. Volkstümliche Schlichtheit und religiöse Innigkeit charakterisieren viele seiner (zuweilen recht langen) Lieder – die Auswahl im *Evangelischen Kirchen-Gesangbuch* bevorzugt Texte dieser Art. Sie basieren etwa zur Hälfte auf Bibelstellen, sprechen von Anfechtung, Kreuz und Buße, aber auch von Trost, Gottvertrauen und Freude, von der Gewissheit der Erlösung. G.s Lieder einer praktischen Frömmigkeit gründen auf den durch die Reformation errungenen Glaubenseinsichten. Die Stärke der lutherischen Überzeugungen ihres Verfassers erhellt das entscheidende Ereignis in seinem im Übrigen wenig ereignisreichen Leben: die Amtsenthebung.

G., Sohn eines Gastwirts und einer Pfarrerstochter, besuchte die Fürstenschule in Grimma und studierte von 1628 an Theologie im streng lutherischen Wittenberg. Anschließend schlug er sich als Hauslehrer durch, zunächst in Wittenberg, dann von etwa 1643 an in Berlin, bis er 1651 zum Propst in Mittenwalde in der Mark berufen und in die Lage versetzt wurde, einen Hausstand zu gründen. Als Diakon an der Berliner Nikolaikirche (seit 1657) wurde er in die Besonderheiten der brandenburgischen Kirchenpolitik verstrickt: Das Herrscherhaus war reformiert, das Territorium lutherisch. Macht- und religionspolitische Gesichtspunkte waren nicht zu trennen. Ein von Kurfürst Friedrich Wilhelm angeordnetes Religionsgespräch blieb ohne Ergebnis, Edikte verlangten Konzessionen von den Lutheranern. G. lehnte es ab, einen Revers zu unterschreiben und die kurfürstlichen Edikte anzuerkennen, die u. a. einen Verzicht auf theologische Auseinandersetzungen, auf den Exorzismus bei der Taufe und auf ein Studium in Wittenberg forderten. Sein »armes Gewissen« ließ auch einen angebotenen Kompromiss nicht zu, die Gefahr für die unverfälschte lutherische Lehre schien ihm zu groß. 1667 wurde er endgültig abgesetzt. Seine letzten Jahre – von 1669 bis zu seinem Tod – verbrachte er als Archidiakonus in Lübben im Spreewald, das zum lutherischen Sachsen-Merseburg gehörte. In seinem Vermächtnis an seinen Sohn schlagen noch einmal die Berliner Erfahrungen durch: »Die heilige Theologiam studiere in reinen Schulen und auf unverfälschten Universitäten, und hüte dich ja vor Synkretisten, denn sie suchen das Zeitliche und sind weder Gott noch Menschen treu.«

Werkausgaben: Geistliche Andachten (1667). Hg. von Friedhelm Kemp. Bern/München 1975; Dichtungen und Schriften. Hg. von Eberhard von Cranach-Sichart. München 1957; Geistliche Lieder. Historisch-kritische Ausgabe. Hg. von Johann Friedrich Bachmann. Berlin 1866, ²1877.

*Volker Meid*

## Gernhardt, Robert
Geb. 13. 12. 1937 in Reval (Estland); gest. 30. 6. 2006 in Frankfurt a. M.

Sein Schreib- und Zeichenstil ist geprägt durch die ständige und langjährige Zusammenarbeit mit F. W. Bernstein, F. K. Waechter, Eckhard Henscheid und anderen, die vorwiegend in den satirischen Zeitschriften *pardon* (seit 1962) und *Titanic* (seit 1979) veröffentlichen. Die Autoren bezeichnen ihre Kooperation als »Neue Frankfurter Schule« in nicht nur ironischer Anlehnung an die Kritische Theorie der Frankfurter Schule. Die »Neue Frankfurter Schule« scheint der bislang letzte einflussreiche und lebendige Literaturzirkel in der bundesdeutschen Nachkriegsliteratur zu sein.

G. trug maßgeblich zur Ausformung eines überindividuellen Stils von Komik bei, der oft imitiert wurde. Seine Nonsensverse und Figuren werden anonym tradiert, als Graffiti variiert und gehören schon heute zum Wortschatz und literarischen Kanon der Deutschen. Vor allem der Deutschen, die mit dem studentischen Protest am Ende der 1960er Jahre, dann mit den Friedens- und Ökologiebewegungen sympathisierten und den bundesrepublikanischen Lebensstil als dumpf und banal empfanden. Die Nonsens-Bildgedichte und Parodien in der *Pardon*-Beilage *WimS* (1964–1976) verwandelten den täglichen und publizistischen Stumpfsinn lustvoll in ein komisches Nichts und trafen damit einen neuen Lebensstil. Die *WimS*-Buchausgabe wurde sogar »eine Art neue Bibel der neuen Generation/ Scene« (Henscheid) genannt.

G. ist vor allem Spieler. Er spielt lustvoll mit Figuren, Szenen, Haltungen und Gesten, mit Verhaltensmustern, mit Mustern der Alltagssprache, mit literarischen Stoffen und Gattungen, die ihm seit seinem Germanistikstudium geläufig und suspekt sind. Neben der Biographie (*Die Wahrheit über Arnold Hau*, 1966), der Reportage, dem Interview ist es vor allem die Textgattung Gedicht, die er seinem parodistischen, travestierenden Spieltrieb überantwortet. Schon die Titel der Gedichtsammlungen geben über die literarische Technik Auskunft: *Besternte Ernte* (1976), *Die Blusen des Böhmen* (1977), *Wörtersee* (1981). G. hält an den klassischen Strophenformen und am Endreim fest und zieht aus beiden größten poetischen und komischen Spielgewinn, z. B. wenn sich »Herr Paster« auf »Laster« reimt und die Verfluchung des Sonetts natürlich in vollendeter Sonettform erfolgt. Die Perspektive des Spielers und des Spaßmachers, der seinen Emotionen dauernd ins Wort fällt und seinem Pathos Beine stellt, wird auch in *Körper in Cafés* (1987) beibehalten. Dort formuliert er auch seinen poetischen Auftrag: Zu wittern »Das, was seit alters her bei jeglicher

Suche/Nach Sinn für sie abfällt: Den Unsinn.« Gleichwohl darf für die Bände *Weiche Ziele* (1994) und *Lichte Gedichte* (1997) das spielerisch gebrochene Pathos durchaus etwas ernster genommen werden – ob G. allerdings weise werde, wie einiger Kritiker ihm unterstellten, bleibt fraglich.

Seine Herzoperation 1996 arbeitet er in unpathetisch und in leichter, nüchternster Manier, in seinem »Herz in Not«-Zyklus auf – die Ernsthaftigkeit der Leidenserfahrung, der Hoffnung und auch der Erleichterung (als alles gut gegangen war) bleibt dabei nicht auf der Strecke.

Die Popularität seiner Gedichte ist durch seine Zeichnungen, Karikaturen und Bildgeschichten mitbedingt. G. hat auch Malerei studiert und verfolgt einen Malstil, der sich »ernsthaft und beharrlich auf den Gegenstand einläßt«. Seine Bilder und Zeichnungen zeigen – in krassem Gegensatz zur wortreich bevölkerten Szenerie der Erzählungen – menschenleere, vergessene Ecken und tote Winkel, triviale Gegenstände in toskanischem Licht. G., der gerne Tiermaler geworden wäre, gibt Zeugnis und Auskunft *Über Malerei* in *Innen und Außen* (1988). Zu Tierbildern von Almut Gernhardt hat er die Geschichten verfasst, die gemeinsam als Kinderbücher publiziert wurden (z. B.: *Mit dir sind wir vier*, 1976).

G. ist Historiograph der deutscher Trivialität, dessen Beobachtungen in den 1970er und 80er Jahren immer differenzierter werden. Er ist ein Volksstimmenimitator und ironischer Bauchredner des Jargons der Uneigentlichkeit. Seine zahlreichen satirischen Erzählungen befassen sich in traditionellem Erzählstil mit den banalen »Standardsituationen« und Problemen aus dem Alltag »unserer Kreise«. Mit Beziehungskrisen, Urlaubskatastrophen, den Eitelkeiten, Skrupeln und rhetorischen Selbsttäuschungen großstädtischer Intellektueller. Das epische Personal rekrutiert sich aus der künstlerisch-akademisch-politischen »Szene«, klassischer Schauplatz ist die Szenenkneipe und die servierten Chianti-Viertel geben das epische Zeitmaß an, das die Erzählungen gliedert. Der Alkoholgenuss ist überhaupt wichtiger Bestandteil der Erzählungen. Nur die Beobachtungen, nicht aber das Urteil des satirischen Erzählers sind unerbittlich. Er nimmt keine didaktische Position ein, die Geschichten kippen aus eigener Kraft ins Komische um, fallen gerne auf den Erzähler selbst zurück (*Kippfigur*, 1986; *Es gibt kein richtiges Leben im valschen*, 1987). Sein Roman *Ich, Ich, Ich* (1982) und das Schauspiel *Die Toscana-Therapie* (1986) variieren die Motive, Schauplätze und Personenkonstellationen der Erzählungen. Seinen eigenen »bösen Blick auf Eiligkeiten und Dunkelheiten«, die komischen Bearbeitungen des »zeittypischen Schwachsinns« bei sich und anderen Autoren hat G. in einer beachtenswerten *Feldtheorie der Komik* beackert. Das idealtypische Komik-Genre-Produkt habe keine Botschaft, nur eine Wirkung. Komik sei die domestizierte und gesellschaftsfähigste Form der Lust, das Bedürfnis nach Veränderung und Aufhebung der Realität. Sie ziele radikal und herzlos auf das Lachen der Leser. Er selbst erstrebe eine Balance: Die abstrakten Gesetze des Komik-Genres zu erfüllen und gleichzeitig doch von sich und seinen unverstellten Gefühlen zu reden.

Die Frage *Was gibt's denn da zu lachen?* (1988) beantwortete G. als Komik-Theoretiker in der monatlichen Titanic-Kolumne *Humorkritik* unter dem kollektiven Pseudonym Hans Menz: Eine fortlaufend notierte kritische Geschichte des zeitgenössischen Humors, in der Witze, Karikaturen, Filme und Vorbilder (Kurt Tucholsky, Fields, Loriot) oder negative Beispiele (Ephraim Kishon, Hanns Dieter Hüsch, Heinrich Böll) diskutiert werden. Seine Bemühungen um die theoretische Begründung seines Schreibens, Malens und Lachens sind besonders glänzend formuliert in der Betrachtung *Glanz in Glück, Glanz, Ruhm* (1983) als Exegese der Bockenheimer »Taverne Wachtelstubb«. Der Autor rekonstruiert Schicht um Schicht den Glanz vergangener Moden am Beispiel dieses Lokals und seiner Besucher und liefert so in Erzählform eine frühe kritische Ästhetik der Postmodernen.

Für eine Geschichte des literarischen Erfolgs bleibt als erstaunlich festzuhalten, dass ein dermaßen innovativer und reflektierender Autor auch Drehbücher zu fünf Filmen mitverfasste, von denen die vier »Otto«-Filme zu

Kassenschlagern wurden (1985, 1987, 1989, 1992). G. betrat 1963 die literarische Landschaft mit dem Pseudonym »Lützel Jeman« (Niemand, Kaum Einer) – ein Pseudonym, dessen Bescheidenheit sich in den satirischen Provinzen und theoretischen Gefilden bald als nicht haltbar erwies.

*Michael Kienzle*

## Gerstäcker, Friedrich
Geb. 10. 5. 1816 in Hamburg;
gest. 31. 5. 1872 in Braunschweig

»Du erhältst hierbei, meine teure Mutter, mein Tagebuch von meinen letzten Jagden in Arkansas; möge es Dir helfen, ein paar Stunden Dich zu zerstreuen.« Als der Schreiber der Zeilen eineinhalb Jahre darauf seinem Tagebuch nach Dresden hinterherreiste, bemerkte er zu seinem Erstaunen, dass nicht nur die Mutter, sondern auch eine Reihe seiner Landsleute Zerstreuung gefunden hatten. Durch einen Freund der Familie waren die Erlebnisse in Robert Hellers Zeitschrift *Rosen* gelangt. Der Abenteurer war zum Schriftsteller geworden; 1844, im Jahr darauf, erschien das Tagebuch unter dem Titel *Streif- und Jagdzüge durch die Vereinigten Staaten von Amerika*. Das Fernweh aus früher Jugend war vorerst gestillt, die frühe Abenteuer- und Reiseliteratur zeigte erste Früchte: G. hatte zunächst als Kaufmann und Landwirt in Döben sein Auskommen gesucht (von 1835 bis 1837), dann aber unter dem Eindruck der Lektüre von James F. Cooper, Charles Sealsfield und Daniel Defoes *Robinson Crusoe* den Ozean überquert. Diese Bücher dienten vielen seiner Zeitgenossen als Reiseführer, wenn sie das Verlangen, der zersplitterten Heimat den Rücken zu kehren, in die Tat umsetzten. Wie froh war man dann in der Fremde, wenn man, so G., feststellen konnte: »Das Truthahnschießen findet hier noch ganz so statt, wie es Cooper so trefflich in seinem *Ansiedler* beschreibt.« Träume und Glücksgefühle nämlich brachen sich häufig an der harten Realität in der Neuen Welt, an dem Überlebenskampf, der dort zu beste-

hen war: G.s abenteuerlicher Lebenswandel als Koch, Matrose, Silberschmied, Unternehmer, Hotelier und Fabrikant, als Jäger, mit der »Büchse und Jagdtasche das Gebiet durchstreifend«, war ein beredter Beweis. Doch die Landsleute lasen es mit Spannung und Vergnügen:»Frei war ich, frei, hoch und froh hob sich mir zum ersten Mal wieder die Brust in dem wundervollen Gefühl gänzlicher Unabhängigkeit.« In den folgenden Jahren verarbeitete er seine Erlebnisse (geschult an Übersetzungen amerikanischer Erfolgsliteratur) in Abenteuer- und Sagenbüchern. Am meisten geschätzt waren beim Publikum die *Regulatoren in Arkansas* (1845, 10. Auflage 1897) und deren Fortsetzungen *Die Flußpiraten des Mississippi* (1848) sowie *Der Deutschen Auswanderer Fahrten und Schicksale* (1847). G. verstand es, mit derben, flächigen Charakterbildern eine äußerst unterhaltende und zuweilen komische Wirkung zu erzielen, die mit ethnischem Wissen und einem Gespür für Sensationen verbunden waren. Auch die Schattenseiten des Ansiedlerlebens blieben nicht unerwähnt:»Als ich hinkam, waren die Wirtshäuser überfüllt von Menschen, die auf Arbeit warteten und gern jeden irgend gebotenen Lohn angenommen haben würden, um nur ihren Lebensunterhalt zu verdienen« (G. über die Stadt Cincinnati). Allerdings blieben zugunsten der äußeren Handlung, der Bevorzugung von Spannungseffekten, Schilderungen geistig-politischer Zusammenhänge zurück, welche die Werke seines Vorbilds Sealsfield auszeichneten. 1849 wurde G. vom Frankfurter Reichsministerium mit 500 Talern ausgestattet, durch die er sich eine Exkursion nach Südamerika und Australien leisten konnte, welche fünf Jahre dauerte und über Kalifornien, Hawaii, die Gesellschaftsinseln und Java führte. 1860 bereiste er Südamerika und 1862 mit dem Naturforscher Alfred Brehm Ägypten und Abessinien. Natürlich änderten sich nach diesen Reisen auch die Schauplätze seiner Romane, die zunehmend zur bloßen Unterhaltungsliteratur tendierten (*Tahiti*, 1854; *Die beiden Sträflinge*, 1856). Erst in *Gold* (1858) sind wir mit G. wieder in Amerika unterwegs. Hier wird der Weg einer Gruppe von Aussiedlern durch das vom Goldrausch kriminalisierte Kalifornien verfolgt, die ein schnelles Glück zu machen erhofft. Die einstmals demokratischen Ansätze und Hoffnungen müssen der Schilderung aus der Halbwelt weichen: »Wüste Gestalten, die mit Revolver und Messer im Gürtel durch die Straßen taumeln oder an Schenktischen lehnend die gemeinsten und widerlichsten Flüche ausstoßen« (*Neue Reisen*, 1869), veranlassen die Protagonisten des Romans, nach Europa zurückzukehren. G. gewann mit derartigen Werken zunehmend einen an der *Gartenlaube* orientierten, nach oberflächlicher Unterhaltung drängenden Leserkreis, dessen Beifall ihn zur Massenproduktion von Abenteuerliteratur verleitete. Nach einer letzten großen Reise 1867/1868 nach Mexiko, Venezuela und Nordamerika lebte G. in Dresden und Braunschweig. Als er 1872 starb, hinterließ er ein vielbändiges Werk, wovon außer den genannten seine Erzählungen und Humoresken *Klabautermann* und *Herrn Malhubers Reiseabenteuer* literarischen Bestand haben.

*Burkhard Baltzer*

## Gerstenberg, Heinrich Wilhelm von

Geb. 3. 1. 1737 in Tondern/Schleswig; gest. 1. 11. 1823 in Altona

Als G. im biblischen Alter von 86 Jahren starb, war er als Autor bereits völlig vergessen.

GERSTENBERG

Und doch hatte er in seiner Jugend zu den Schrittmachern der neuen Epoche des Sturm und Drang gehört, hatte als Dichter und Kritiker neue Akzente gesetzt. Johann Wolfgang von Goethe, der mit scharfen Urteilen nicht geizte, nannte ihn in *Dichtung und Wahrheit* immerhin »ein schönes aber bizarres Talent«, das im Ganzen »wenig Freude« mache. Gehört G. zu den ver-

kannten Genies, ein Repräsentant tragischer Literaturgeschichte?

In Tondern als dänischer Untertan geboren, studierte er seit 1757 Juristerei an der Universität Jena. Dort wurde er in gesellig-poetischem Kreis zu eigenen Dichtungen im Rokokostil angeregt. Seine erste Publikation, die aus Prosa und Versen gemischten *Tändeleien* (1759), waren ein durchschlagender Erfolg, der ihn zum Abbruch seines Studiums veranlasste. Im dänischen Kriegsdienst brachte er es zwar bis zum Rittmeister, aber statt der erhofften Referentenstelle wurde er sogar auf einen Subalternposten abserviert. Die beträchtliche Reduktion des Salärs legte den Grundstein für den Schuldenberg, den er lebenslang vor sich herschob. Verheiratung und siebenfacher Kindersegen trugen ein Übriges zur finanziellen Misere bei. Das Thema des verhungernden Ugolino, das er im gleichnamigen Drama (*Ugolino*, 1768) gestaltete, war insofern nicht lediglich ein bizarrer Einfall, sondern Ausdruck der eigenen existentiellen Furcht. Immerhin fällt in diese von Sorgen bedrückte Zeit seine größte literarische Fruchtbarkeit – seine Mitarbeit an zahlreichen literarischen Rezensionsorganen (*Bibliothek der schönen Wissenschaften und freyen Künste*, 1759–65; *Der Hypochondrist*, 1762; *Briefe über Merkwürdigkeiten der Literatur*, 1766/67; *Hamburgische Neue Zeitung*, 1767–71). In Kopenhagen, wohin er 1763 übergesiedelt war, wurde sein Haus zum Zentrum eines musischen Kreises, zu dem u. a. Friedrich Gottlieb Klopstock, Helferich Peter Sturz, Johann Andreas Cramer und Matthias Claudius zählten. Mit zwei Dichtungen hat er in diesen Jahren Epoche gemacht: sein *Gedicht eines Skalden* (1766) hat die Mode der Bardendichtung ausgelöst, die antike durch nordische Mythologie ersetzen wollte; sein Drama *Ugolino* greift eine Episode aus Dantes *Divina Commedia* auf. Auch wenn sich G. an die aristotelischen drei Einheiten hält, rechnet *Ugolino* nicht mehr zum wirkungsästhetischen Typus. Nicht das rhetorisch definierte »movere«, die Erregung von Schrecken und Mitleid beim Zuschauer, ist das Ziel des Dramatikers, vielmehr die Gestaltung der Leidenschaften und Affekte selbst. So unvollkommen die konkrete Ausführung gelang, so sicher hat G. als Rezensent die neue Zielsetzung verfolgt und neue kritische Maßstäbe gesetzt, die unmittelbar auf Johann Gottfried Herder vorausweisen. Nicht mehr fixierte Normen sollten das Richtmaß für den Rezensenten bereitstellen, sondern das Kunstwerk selbst und die Absicht seines Schöpfers. Verstehen tritt an die Stelle beckmesserischer Kritik. Mit seiner Forderung, der Dichter müsse die lebendige Natur nachbilden, statt poetische Vorbilder imitieren, gehört er zu den Wegbereitern des Sturm und Drang. Seine bahnbrechenden Äußerungen zu William Shakespeare, dem dramatischen Abgott der Sturm-und-Drang-Dichter und zum Geniebegriff dienen demselben Zweck: der Aufwertung der dichterischen Individualität. 1771 wechselte G. in den Zivildienst über, doch erst 1775 erhielt er den Posten eines dänischen Konsuls in Lübeck, der den Schuldenberg indes nicht verringerte. Mit Freunden wurde sogar das Projekt einer Auswanderung nach Tahiti erwogen – ein deutlicher Widerhall der modischen, von Jean Jacques Rousseaus Schriften inspirierten Naturbegeisterung. Der Verkauf seines Amtes, die ausgedehnte Projektmacherei, der Versuch einer Geldheirat – alle diese Anstrengungen, seiner Finanzklemme zu entkommen, blieben ohne Erfolg. Erfolglos war auch sein letzter poetischer Versuch, das Melodram *Minona oder die Angelsachsen* (1785), in dem G. in oratorienhaftem Stil die Entstehung der angelsächsischen Nation feiert. Endlich 1789 schiffte er in den ruhigen Hafen der Lebensanstellung ein; er wurde Mitdirektor beim Altonaer Lotto. Seine erste Frau war 1785 gestorben, 1796 verheiratete er sich ein zweites Mal. Aus der Zwischenzeit gibt es ein recht entlarvendes Zeugnis für seine (nichtsdestoweniger) anwachsende Selbstherrlichkeit und Egozentrik. Obwohl ärmlich lebend, hielt er große Stücke auf äußeren Schein und forderte für seine Söhne die Anrede »Junker«. Er selbst lebte ausschließlich auf seinem Zimmer, ein vom Familienalltag abgehobener Jupiter, von Tabakwolken umdampft. Schlag zwölf trat er aus seinem Zimmer, setzte sich an den Tisch, aß und trank stillschweigend. Nach dem Essen

verließ er ebenso stumm den Raum. In seiner Spätzeit beschäftigte er sich mit ernsthafteren Dingen als Poesie, nämlich mit Mystik und Philosophie, insbesondere mit dem kritischen Werk Immanuel Kants. Die meisten seiner einschlägigen Arbeiten hat er selbst vernichtet. Für die Entwicklung der deutschen Literatur war G. seit Anfang der 1970er Jahre ohne Bedeutung.

Gunter E. Grimm

## Gessner, Salomon
Geb. 1. 4. 1730 in Zürich;
gest. 2. 3. 1788 in Zürich

Die Verlockungen der schweizerischen Natur und die Idyllen G.s hatten Johann Wolfgang von Goethe und seinen Freund Johann Kaspar Lavater auf der Schweizerreise (Mai bis Juli 1775?) motiviert, »ihre frische Jünglingsnatur zu idyllisieren« (*Dichtung und Wahrheit* IV,19) – und nackt zu baden. Man machte ihnen aber schnell begreiflich, »sie weseten nicht in der uranfänglichen Natur, sondern in einem Lande, das für gut und nützlich erachtet habe, an ältern, aus der Mittelzeit sich herschreibenden Einrichtungen und Sitten festzuhalten«. Dieses Land und, noch genauer, seine Vaterstadt Zürich hat G. seit 1750 nach zwei Lehr- und Wanderjahren als Buchhändler in Berlin und Hamburg nie wieder verlassen – und hier starb er 1788 hochgeehrt als Ratsherr im Großen und Kleinen Rat des Kantons, Oberaufseher der städtischen Fronwaldungen, Verleger und Teilhaber einer Porzellanmanufaktur. Schon den 1756 zum erstenmal erschienenen *Idyllen* G.s hätte Goethe allerdings ansehen können, dass sie nicht auf Lebensgenuss und sinnliche Freuden, sondern auf tugendhaftes Handeln in einer empfindsam getönten Natur gerichtet waren: es wurde wenig geküsst in ihnen, dafür viel Edles und Gutes getan – und noch viel mehr empfunden. Goethes Kritik, sie seien nach seines »Herrn Schwehervaters Kupferstichsammlung« und nicht nach der Natur gebildet, ändert nichts an der Attraktivität dieses verbürgerlichten Arkadien für mittelständische Leser: Empfindsamkeit, neoklassizistische Verehrung der Antike und die untergründige Erotik der Rokokodichtung verschmolzen in G.s mit eigenen Kupferstichen illustrierten Idyllen zu einer publikumswirksamen Einheit. Bereits 1750 wurden drei Bände ins Französische übersetzt, von 1780 bis 1793 erschien eine Prachtausgabe mit 72 ganzseitigen Kupferstichen im Quartformat. Das »sanfte Entzücken« an den Erscheinungen der Natur und der kleinen Welt der Familie kann in seiner Detailtreue die Verwandtschaft mit diesen Miniaturen nicht verleugnen. Nach dem großen Erfolg seiner *Idyllen* widmete sich G. tatsächlich nurmehr der Malerei und der Zeichnung, dem eigentlichen Kern seines Werkes.

Werkausgabe: Sämtliche Schriften. Hg. von Martin Bircher. 3 Bde. Zürich 1972–74.

*Claudia Albert/Burkhardt Baltzer*

### Gezelle, Guido

Geb. 1. 5. 1830 in Brügge;
gest. 27. 11. 1899 in Brügge

Weil er Momente des impressionistischen Sprachgebrauchs, der Erlebnislyrik und der *poésie pure* in die flämische Lyrik eingeführt hat, gilt Guido Gezelle als Vorläufer der ästhetischen Moderne in Flandern. G. wurde 1830 als Sohn eines Gärtners und einer Bauerntochter in Brügge geboren. Nach dem Studium der Philosophie und Theologie wurde er 1854 zum katholischen Priester geweiht, arbeitete bis 1861 als Lehrer für Sprachen, Literatur und Philosophie und wurde 1865 Kaplan in Brügge und Kortrijk. 1889 wurde er Direktor der französischen Schwesternschaft Les Filles de l'Enfant Jésus und 1899 ›Chaplain‹ des Englischen Klosters in Brügge. Ein halbes Jahr später starb er an den Folgen einer Infektion.

Parallel zu seiner Tätigkeit als Lehrer und Priester debütierte G. 1858 mit der Gedichtsammlung *Vlaemsche dichtoefeningen* (Flämische Dichtübungen) als Schriftsteller und veröffentlichte danach in unregelmäßiger Folge weitere Lyrikbände (*Kerkhofblommen*, 1858; Friedhofsgedichte; *XXXIII Kleengedichtjes*, 1860; 33 Kleine Gedichte; *Gedichten, gezangen en gebeden*, 1862; Gedichte, Gesänge und Gebete; *Liederen, eerdichten et reliqua*, 1880; Lieder Ehrgedichte und Reliquien; *Tijdkrans*, 1893; Zeitkranz; *Rijmsnoer*, 1897; Reimschnur). Dass zwischen G.s Produktivitätsschüben längere Pausen lagen und er zwischen 1862 und 1880 überhaupt keine neuen Gedichte publizierte, liegt daran, dass er zeit seines Lebens auch aktive Sprachforschung betrieb und seine Tätigkeit als Lehrer mit großem programmatischen Eifer anging. Geistig von der Romantik inspiriert und politisch von der Bewegung zur Erneuerung der flämischen Volkskultur befeuert, wollte er mit den Begabtesten unter seinen Schülern eine christlich-flämische Dichterschule gründen. Dadurch geriet er in Konflikt mit der katholischen Kirche, der solche Ambitionen zu weit gingen und die ihn deswegen mehrmals versetzte. Auch in der Öffentlichkeit geriet G. unter Druck: 1869 wurde die flämische Zeitschrift *'t Jaer 30,* deren Herausgeber er war, zur Zahlung von Schadensersatz verurteilt, weil ein Gericht sie dafür verantwortlich machte, mit ihrer Agitation »gegen das liberale Pack« (*'t Jaer 30*, 11. 7. 1868) zur Brandstiftung aufgerufen zu haben. G.s Gedichte, die vordergründig als Naturlyrik gelesen werden können und literaturgeschichtlich als existenzphilosophische Wortkunstwerke gelten, sind demzufolge Produkte eines Schriftstellers, der sich selbst zuvorderst über sein Engagement als flämischer Patriot und Katholik definiert hat.

»Eure Christenheit ist von Eurem Flämischsein, der Sprache und allem, durchwoben und durchwurzelt.« Mit dem Satz hat G. sein sprachpolitisches Programm umschrieben. Er war am 15. 12. 1864 in der Zeitschrift *'t Jaer 30* zu lesen, deren Titel auf das Jahr 1830 verweist, in dem Belgien seine Unabhängigkeit von den Niederlanden erklärte, und deren Untertitel *Of polietike wegwyzer voor treffelyke lieden* (Politischer Wegweiser für treffliche Leute) auf ihre politische Zielsetzung verweist. Als federführender Redakteur wollte G. nicht nur die flämische Sprache gegenüber dem im neuen belgischen Staat als Amtsprache dominanten Französisch behaupten, sondern außerdem das südwestniederländische *Dietsch* als eigenständige Variante des im Norden gesprochenen Niederländisch erhalten. Neben sprachpflegerischen Ambitionen verfolgte er das Ziel, die traditionell katholische Kultur Flanderns zu stärken, die seiner Meinung nach im bodenständigen *Oud-Vlaams* deutlicher zum Ausdruck kommt als in dem von ihm als oberflächlich und phraseologisch empfundenen Niederländisch. Sprache war für G. also mehr als Kommunikationsmittel; er begriff sie als Ausdruck kultureller Identität: Deshalb hat er schon 1853 damit begonnen, eine lexikographische Sammlung alter südflandrischer Wörter anzulegen. Aus mehr als 100.000 Karteikarten, auf die G.s *Woordentas* im Lauf der Zeit anwuchs, versorgte er das *Woordenboek der nederlandsche taal* mit Einträgen und bestritt zwei von ihm herausgegebene Zeitschriften: die flämische Volkszeitschrift *Rond den heerd* (1865–71; Um den Herd) und die sprachkundliche Zeitschrift *Loquela* (1881–95). Wegen seines Engagements für die flämische Sprache wurde G. 1884 in das Comité Flamand de France aufgenommen. 1886 gehörte er zu den Gründungsmitgliedern der Königlich Flämischen Akademie für Sprach- und Literaturwissenschaft, 1887 wurde er von der Katholischen Universität Löwen mit der Ehrendoktorwürde ausgezeichnet.

Auch ein Teil der Gedichte macht seine sprachpolitische Mission ausdrücklich zum Thema und behandelt sie mehr oder weniger tendenziös (*De vlaamsche tale is wonderzoet*, 1858; Die flämische Sprache ist wundersüß; *Groeningeveld* 1887; *Tot Vleteren*, 1895; Nach Vleteren). G. legt Wert auf die Verwendung oud-vlaamser Wörter und ihrer ursprünglichen Schreibweise. Seine Lyrik lebt aus der Spannung zwischen konventioneller Anschauung, klassizistischer Form und moderner (Selbst-)Reflexion. In ihrer Mehrzahl handelt

es sich um Naturgedichte, die von einem plakativ umrissenen Wahrnehmungsbild ausgehen, das sie in der Folge sprachlich variieren und zuletzt in einem Denkbild auflösen. Aufgrund seines einfühlungsästhetischen Umgangs mit der Sprache haben sowohl die »Tachtigers« (Achtziger) um Willem Kloos als auch die Expressionisten um Paul van Ostaijen G. als Vorläufer einer modernen Kunstauffassung im niederländischen Sprachraum verstanden. In Deutschland wurde er – in der Übersetzung von Rudolf Alexander Schröder von 1917 – zunächst als religiöser Erweckungslyriker rezipiert und seit den 1950er Jahren als *poetus doctus* gelesen, in dessen Texten die Volkssprache Eingang in die klassizistische Form findet und sich idiosynkratische Sprachexperimente der traditionellen Besinnungslyrik andienen.

Werkauswahl: Rauschendes Ried. Hg. Wolfgang Cordan. Düsseldorf 1954.

*Barbara Lersch-Schumacher*

### Ghitani, Gamal al-
Geb. 9. 5. 1945 in der Provinz Suhag/ Ägypten

Gamal al-Ghitani, der Anfang der 1950er Jahre als Kind mit seinen Eltern aus Oberägypten in die im Zuge der massiven Landflucht rasant wachsende Metropole Kairo kam, zählt heute zu den einflussreichsten und produktivsten Literaten Ägyptens. Aus ärmlichen Verhältnissen stammend, profitierte er von den sozialen Verbesserungen und der Aufbruchstimmung nach der Revolution von 1952, so dass er die Grundschule besuchen und 1962 eine Ausbildung als Teppichdesigner abschließen konnte. Früh begann er zu schreiben, Mitte der 1960er Jahre veröffentlichte er erste Texte. Seine kritische Haltung brachte G. den Vorwurf ein, einer verbotenen marxistischen Gruppierung anzugehören; wie zahlreiche Intellektuelle jener Zeit wurde er 1966/67 für ein halbes Jahr in einem Lager inhaftiert. Bald nach seiner Entlassung wandte er sich ganz dem Schreiben zu. 1969 wurde er

Redakteur bei der Tageszeitung *al-Aḫbār* (Die
Nachrichten), 1985 Leiter ihres Feuilletons.
Seit 1993 gibt er die einflussreiche Literaturzeitschrift *Aḫbār al-adab* (Literaturnachrich-
ten) heraus.

Seinem Debüt, dem Erzählband *Aurāq
šābb ᶜāša munḏu alf ᶜām* (1969; Aufzeichnungen eines jungen Mannes, der vor tausend
Jahren lebte) folgte der Roman *al-Zainī
Barakāt* (1974; *Seini Barakat*, 1988), der gegen
Ende der Mamlukenherrschaft und kurz nach
der osmanischen Eroberung Ägyptens 1517
spielt. Als eindrückliche Schilderung der politischen Repressionen und seiner Unterdrü-
ckungs- und Foltermethoden ist der Text nicht
zuletzt eine Parabel auf die Schattenseiten der
Ära Gamal Abdel Nasser.

G. wendet bereits in seinem ersten Roman
ein Stilmittel an, das sein gesamtes Werk auszeichnet: die kreative Adaption klassischer
arabischer Literaturformen. Wechselnde Er-
zählerperspektiven und unterschiedliche Text-
gattungen wie die fiktiven Reiseerinnerungen
eines Venezianers, amtliche Verlautbarungen
oder Predigtauszüge machen *al-Zainī Barakāt*
zu einem der innovativsten Texte der arabischen Moderne. G. gehört damit zu den ersten arabischen Autoren, die sich durch das eigene literarische und kulturelle Erbe inspirieren ließen, um eine authentische arabische
Erzählform zu entwickeln, die sich weder auf
die Nachahmung westlicher Literaturformen
beschränkt, noch einem affirmativen Klassizismus anhängt. Indem er seinen Lesern vertraute Muster und Topoi neu kontextualisiert,
wie etwa das aus der islamischen Mystik bekannte Reisemotiv, das er in dem dreibändigen
*Kitāb al-taǧalliyyāt* (1983-87; Das Buch der
Offenbarungen) aufgreift, entreißt er sie einem
engen religiösen Interpretationshorizont.

Sein Roman *Waqāʾiᶜ ḥārat al-Zaᶜfarānī*
(1976; *Der safranische Fluch oder Wie Impotenz die Welt verbesserte*, 1991) ist eine bitterböse Auseinandersetzung mit der ägyptischen
Gesellschaft unter Nassers Nachfolger Anwar
al-Sadat, für deren Trägheit G. die plötzlich
auftretende Impotenz sämtlicher männlicher
Bewohner eines Kairoer Viertels als Metapher
verwendet. Auch die zehn ineinander ver-

schlungenen Erzählungen in *Risālat al-baṣāʾir
fī al-maṣāʾr* (1989; *Das Buch der Schicksale*,
2001) lesen sich als Abrechnung mit der wirtschaftlichen Öffnungspolitik Sadats. Die radikale Hinwendung zum Kapitalismus führte
nicht nur zum Niedergang der ägyptischen
Mittelschicht, sondern auch zum moralischen
Verfall. Die Erzählungen bilden zusammenge-
nommen das pessimistische Panorama einer
auseinanderbrechenden Gesellschaft, ein Panoptikum ägyptischer Wendeopfer.

*Andreas Pflitsch*

## Ghosh, Amitav
Geb. 11. 7. 1956 in Kalkutta

Amitav Ghosh ist nach Salman Rushdie
der wohl namhafteste Romancier der indischen Diaspora und wie Salman Rushdie
verbindet er postmoderne mit einheimisch
traditionellen Erzählverfahren, um die Konflikte des (nach-)kolonialen Subkontinents zu
fiktionalisieren. G., dessen Familienhinter-
grund im geteilten Bengalen und wissenschaftlicher Werdegang als autobiographisches
Substrat in seinem Erzählwerk wiederkehren,
wuchs im kosmopolitischen Mittelstandsmilieu von Kalkutta auf, studierte Soziologie in
Delhi und Anthropologie in Oxford, war als
Journalist und Universitätsdozent in Delhi tätig und ging schließlich nach New York, wo er
eine Professur für Komparatistik innehat.

G. ist besonders durch vier (vielfach preisgekrönte) Romane und eine autobiographisch-
anthropologische Schrift hervorgetreten. In
dem burlesken Bildungsroman *The Circle of
Reason* (1986; *Bengalisches Feuer oder Die
Macht der Vernunft*, 1989) entwickelt er anhand der verschachtelt fabulierten Abenteuer
eines wissenschaftsgläubigen Webers aus dem
ländlichen Bengalen, den es bis in die arabische Welt verschlägt, bereits typische The-
menkomplexe wie das Verhältnis von Realität
und Fiktion, Tradition und Fortschritt, Ordnung und Chaos und die interkulturelle Erfahrung des Migranten in einer stilistisch fle-
xiblen, diskontinuierlichen Erzählweise. In

*The Shadow Lines* (1988; *Die Schattenlinien*, 1992) verwendet er das Konzept der Familienchronik im zeitgeschichtlichen Rahmen, um anhand der Schicksale einer bengalischen und einer englischen Familie, die über Generationen miteinander verwickelt sind, die »schattenhaften« spät- und nachkolonialen Grenzlinien im bewegten Leben des Einzelnen wie des Kollektivs zwischen Kalkutta, London und Dakha sichtbar zu machen, aber auch deren Überwindbarkeit durch imaginativen Wissensdrang oder opferbereite Liebe anzudeuten. *In an Antique Land* (1992; *In einem alten Land*, 1995) kombiniert die autobiographische Reiseerzählung G.s während eines Studienaufenthalts in einem ägyptischen Dorf mit der sozialgeschichtlichen Rekonstruktion der Geschichte eines jüdischen Händlers und seines indischen »Sklaven« im 12. Jahrhundert und verdeutlicht Korrespondenzen in der jeweiligen interkulturellen Konstellation. – Mit *The Calcutta Chromosome* (1996; *Das Calcutta Chromosom*, 1996) wandte G. sich dem Genre der Science-fiction zu, was ihm ein internationales Breitenpublikum sicherte. Es geht in dem satirischen Roman über »Fieber, Delirium und Entdeckung« um das Aufspüren eines mysteriösen Chromosoms, das aus der Malaria-Forschung im Labor eines englischen Nobelpreisträgers und seiner eigenmächtigen indischen Gehilfen in Kalkutta hervorgegangen ist, den Transfer psychischer Eigenschaften von Körper zu Körper bewirkt und so eine metempsychotische Reinkarnation bewirkt. In seinem Roman *The Glass Palace* (2000; *Der Glaspalast*, 2000) entwirft G. anhand einer Großfamilien-Saga und einer Vielzahl weiterer Figuren aus diversen Milieus ein Panorama der Geschichte von Birma, Indien und Malaysia seit dem späten 19. Jahrhundert im Zeichen der (nach-)kolonialen Wanderbewegungen, das in einer wiederum verschachtelten Erzählung epischen Ausmaßes dargeboten wird.

*Eberhard Kreutzer*

## Gibran, Khalil

Geb. 6. 1.(12.?)1883 in Bscharri/Libanon;
gest. 10. 4. 1931 in New York

Der libanesisch-amerikanische Schriftsteller und Maler Khalil Gibran wurde bereits zu seinen Lebzeiten mit der Titelfigur seines Hauptwerks *The Prophet* (1923; *Der Prophet*, 1973) gleichgesetzt, so dass seine Biographie heute unter einem Berg von Legenden verborgen liegt. Aus wirtschaftlicher Not hatte G.s Mutter 1895 mit ihren Kindern das im nördlichen Libanongebirge gelegene Dorf Bscharri verlassen und war in die USA übergesiedelt; der Vater blieb im Libanon zurück. In Boston, wo die Familie in ärmlichen Verhältnissen lebte, lernte der junge Khalil 1896 den exzentrischen Verleger und Künstler Fred Holland Day kennen, der ihn in die lokalen Künstlerkreise einführte und zum Zeichnen animierte.

Der »schöne syrische Knabe mit den langen schwarzen Haaren und dem traurigen Blick«, wie er von einem Zeitgenossen beschrieben wurde, faszinierte den für den Reiz des Exotischen anfälligen Kreis um Day. Schon früh erkannte G. das in seiner orientalischen Herkunft liegende Potential und lernte seinen Exotenbonus zu nutzen, um der Enge der Bostoner Armenviertel zu entfliehen. Bereits als 16-Jähriger verkaufte er erste Illustrationen; früh trafen ihn aber auch Schicksalsschläge: 1902 starben seine jüngere Schwester und sein älterer Halbbruder; im Jahr darauf die Mutter. Seine erste Ausstellung wurde 1904 von der Kritik wohlwollend aufgenommen. In dieser Zeit lernte er Mary Haskell kennen, die seine Gönnerin und Vertraute wurde und ihm 1908 eine Reise nach Europa ermöglichte. G. hielt sich lange in Paris auf, wo er Auguste Rodin traf und die Kunstszene studierte. Rodin und der englische Symbolist William Blake wurden zu Vorbildern seiner künstlerischen Arbeit.

Während er nach seiner Rückkehr in die USA zunächst vor allem als Maler und Zeichner in Erscheinung trat, begann er sich in der arabischen Welt als Schriftsteller einen Namen zu machen. Seine frühen, in New York verlegten Erzählbände ʿArāʾis al-murūǧ (1906; *Die Nymphen der Täler*, 1999) und al-Arwāḥ al-mutamarrida (1908; *Rebellische Geister*, 1983) sowie der Kurzroman al-Aǧniḥa al-mutakassira (1912; *Gebrochene Flügel*, 1985) sind stark sozialkritisch ausgerichtet. Der Autor kritisiert darin den selbstherrlichen maronitischen Klerus und die Rücksichtslosigkeit der feudalen Elite seiner libanesischen Heimat. Im Zentrum der einfach konstruierten Erzählungen steht zumeist der Topos der an den gesellschaftlichen Konventionen scheiternden Liebe. Der Inhalt ist eher schlicht, die Charaktere bleiben blass und schematisch, der Ton changiert zwischen sentimental und empfindsam. Ungeachtet der offensichtlichen literarischen Mängel wirkte G.s frühe Prosa stilbildend auf die moderne arabische Literatur. Insbesondere der sozialkritische Impetus, aber auch die sprachliche Zurückhaltung waren für die arabische Prosa dieser Zeit revolutionäre Neuerungen. Die noch weitgehend in den strengen Regeln der klassischen Dichtung verhaftete arabische Literatur nahm die ungekünstelt schnörkellose Einfachheit der Werke dankbar auf.

1920 gründete G., der 1912 von Boston nach New York übergesiedelt war, mit anderen syro-amerikanischen Autoren eine Schriftstellervereinigung, deren Präsident er wurde. Von 1918 an veröffentlichte er auch Werke in englischer Sprache, in denen die Thematisierung der sozialen Verhältnisse im Libanon zugunsten philosophisch-abstrakter Inhalte zurücktrat. Die mystische Sehnsucht der Seele nach Vereinigung und Überwindung der Dualismen wird zur Vision G.s, dessen Leben von ebendiesen Dualismen – Amerika und der Libanon, arabische und englische Sprache, Malerei und Schriftstellerei – bestimmt war.

Vor diesem Hintergrund entstand *The Prophet*, bis heute das mit Abstand auflagenstärkste Buch eines arabischen Autors. Der Weise Almustafa verlässt nach langjährigem Aufenthalt die fiktive Stadt Orphalese, um in seine Heimat zurückzukehren. Bevor er das Schiff besteigt, wendet er sich mit zwei Dutzend predigtartigen Reden an die Einwohner der Stadt und spricht zu ihnen ›von der Liebe‹, ›von den Kindern‹ oder ›vom Tod‹. Im Westen ist der Autor längst mit seiner Kunstfigur verschmolzen, so dass er heute kaum als Schriftsteller, sondern eher als weiser Meister wahrgenommen wird. In den Buchhandlungen ist er darum nicht selten in der Abteilung für Religiöses und Esoterik zu finden. Der Erfolg von *The Prophet* setzte den Autor unter Druck; die nachfolgenden Werke konnten die Erwartungen nicht erfüllen. Er begann zu trinken und starb 48-jährig an den Folgen seiner Sucht. Die Urteile über ihn gehen bis heute weit auseinander. Während die einen ihn als Autor stereotyper Erbauungsliteratur schmähen, wird er von den anderen als radikaler Erneuerer der arabischen Prosa gefeiert.

*Andreas Pflitsch*

## Gide, André

Geb. 22. 11. 1869 Paris;
gest. 19. 2. 1951 in Paris

André Gides Werk zeichnet sich durch die kontinuierliche Entwicklung diverser literarischer Formen sowie durch Toleranz für verschiedene Ausprägungen menschlichen Verhaltens aus. Seine Bedeutung als Prosa- und Theaterautor, Essayist und Mitbegründer des Literaturmagazins *Nouvelle Revue Française* wurde 1947 mit der Verleihung des Nobelpreises für Literatur gewürdigt.

Als Kind angesehener calvinistischer Eltern wählt G. unmittelbar nach Beendigung seiner Schulzeit ein Leben als Schriftsteller. Seine religiöse Erziehung und die berufliche Freiheit führen zu einer Spannung zwischen verschiedenen Facetten seiner Persönlichkeit, die sich im gesamten Werk widerspiegelt. Die Einflüsse, die G. aufnimmt, reichen von der klassischen Mythologie über Novalis und Goethe bis zu James Joyce, Virginia Woolf, Marcel Proust, Dekadenzästhetikern wie Oscar Wilde sowie zu Philosophen wie Rousseau, Hegel und Nietzsche. Bereits in seinem ersten, in Tagebuchform geschriebenen Text *Les cahiers d'André Walter* (1891; *Die Aufzeichnungen und Gedichte des André Walter*, 1979) distanziert sich G. von der realistischen Tradition des 19. Jahrhunderts. Die *Cahiers* sind ein erster, wenn auch später vom Autor als misslungen betrachteter Versuch der selbstreflexiven Fiktion, in der das Schreiben thematisiert wird und die Grenzen zwischen Fiktionalität und Realität verwischt werden. Thematisch mit Goethes *Werther* vergleichbar, versucht André Walter vergeblich, durch Verzicht auf Liebe zum Glück zu gelangen. G.s calvinistische Erziehung dient diesem Stoff als moralische Folie. In dem zwei Jahre später erschienenen Roman *La tentative amoureuse* (1893; *Der Liebesversuch*, 1907) verleiht der Autor der anderen Seite seiner dialogischen Persönlichkeit Ausdruck. Doch die hier physisch erfüllte Liebe führt nur zur Erfahrung existentieller Langeweile. Der Prozess des Schreibens allein scheint die beiden einander widerstrebenden Seiten zu versöhnen. Stilistisch unterscheiden sich beide Texte hauptsächlich durch eine frühe romantische und eine später deutlich symbolistisch geprägte Sprache, die eine Fusion von Form und Inhalt intendiert. Die Figuren sind hier als flache Typen ohne individuellen Charakter gezeichnet.

Auch *Le traité du Narcisse* (1891; *Das Traktat vom Narziss*, 1907) und *Le voyage d'Urien* (1893; *Die Reise Urians*, 1955) folgen noch dem Symbolismus, den G. jedoch bald darauf als stagnierende und limitierende Doktrin zu kritisieren beginnt. Mit einer Reise nach Nordafrika 1893 entdeckt er erstmals die Bedeutung der Sinne für die Erkenntnis von Wahrheit. Es verwundert daher nicht, dass G. auf dieser Reise auch seine eigene Homosexualität erkennt. Zwei Bücher bezeugen die Erfahrungen und Entwicklungen des jungen G. auf dieser Reise: *Paludes* (1895; *Paludes*, 1905) ist ein weiterer selbstreferentieller Text, eine satirische »Sotie« (urspr. Narrenspiel), deren Struktur auf vielen Ebenen das Schreiben als existenzberechtigenden Prozess thematisiert und dies im Gegensatz zu G.s früherer Überzeugung zugleich auch satirisch stigmatisiert. *Les nourritures terrestres* (1897; *Uns nährt die*

*Erde*, 1930) ist eine Eloge an die menschlichen Sinne. Als ein stilistisches Fest in lyrischer Sprache präsentiert es den Enthusiasmus des Erzählers für die sinnlich wahrgenommene Welt, ohne einer komplexen Handlung zu folgen. Drei Schlüsselkonzepte stehen dabei im Zentrum: »dénuement« (Entblößung, Entledigung), »disponibilité« (Offenheit, Verfügbarkeit) und »déracinement« (Entwurzelung). Nachdem der Mensch sich der ihn umgebenden Schichten kultureller Regeln und Zwänge entledigt hat, kann er sich für die größtmögliche Befriedigung durch immer neue Erfahrungen öffnen. Damit verbunden ist notwendigerweise eine Entwurzelung von seinen kulturellen, sozialen und familiären Kontexten.

Obwohl G. nicht an dem Stil dieser frühen Texte festhält, ziehen sich die drei Konzepte als Grundprinzipien durch sein gesamtes späteres Œuvre. Formal beginnt er sich ab 1902 von den oft sehr artifiziellen Texten der frühen Jahre zu entfernen und zu einem reiferen literarischen Stil zunächst in Form der psychologischen Novelle zu finden. *L'immoraliste* (1902; *Der Immoralist*, 1905), *La porte étroite* (1909; *Die enge Pforte*, 1909), *Isabelle* (1911; *Isabelle*, 1926) und *La symphonie pastorale* (1919; *Die Pastoral-Symphonie*, 1925) bezeugen immer eindringlicher den Wunsch nach Differenzierung und Gestaltung der Charaktere und Geschichten. Es handelt sich jeweils um retrospektive Ich-Erzählungen, die versuchen, vergangene Ereignisse des Lebens des Erzählers zu erklären. Jede Novelle zeigt die Suche nach dem Absoluten, so etwa in der Unschuld, in der Freiheit oder in der Unterwürfigkeit. Die Erkenntnismöglichkeit von Wahrheit bleibt jedoch durch die distanzierte Retrospektion des Erzählers über sein früheres Ich fragwürdig. Der Prozess der Suche wird als bloßes Artefakt offenbart. Die Anwendung der Schlüsselkonzepte als Erkenntnismethode erweist

sich in den Novellen als generell problematisch: Da das Individuum nach der endgültigen Entwurzelung notwendigerweise, moralisch aber oft bedenklich, jede Verantwortung für seine Mitmenschen ablehnen muss, kollidieren die Konzepte mit den menschlichen Grundbedürfnissen nach sozialer Einbindung und Liebe.

G.s persönliches Dilemma als Homosexueller und Ehemann, der eine platonischen Liebe zu seiner Frau empfindet, und als literarischer Vertreter der menschlichen Freiheit, der mit der Feministin Catherine van Rysselberghe ein Kind außerhalb des misogynen Diktats der Ehe zeugt, spiegelt sich deutlich in diesen literarischen Reflexionen. Die Einführung zunehmend komplexer Perspektiven in ein Genre, das traditionellerweise nur die Perspektive des Erzählers erlaubt, sowie das Thema der unfreien Existenz führen G. zu seiner zweiten »Sotie« *Les caves du Vatican* (1914; *Die Verliese des Vatikans*, 1922), die bereits auf sein Hauptwerk *Les faux-monnayeurs* (1925/26; *Die Falschmünzer*, 1928) verweist.

Wie andere Texte G.s problematisiert auch *Les faux-monnayeurs* als einer der Meilensteine der europäischen Moderne das gewählte Genre, die damals vieldiskutierte Form des Romans. Seine komplexe Struktur widerspricht allen bisherigen realistischen Romanerzählungen, da er ohne augenfällige Kontinuität und Fokussierung auf einen Protagonisten verschiedene Charaktere beleuchtet. Er verleiht ihnen jeweils eine eigene Erzählstimme und garantiert mit dieser Dezentrierung nicht nur ihre Autonomie vom Erzähler, sondern stellt auch den Wahrheitsbegriff des Realismus sowie den Absolutheitsanspruch des Symbolismus gänzlich in Frage. Seine Zeitstruktur ist nicht chronologisch-horizontal, sondern erscheint durch die Synchronisierung der Perspektiven eher vertikal. Der Versuch einer umfassenden Beschreibung der Ereignisse und Szenen scheint bereits den Nouveau roman (vgl. Alain Robbe-Grillet) zu antizipieren. Durch die Perspektivenvielfalt und die Fragmentierung der ›wahren‹ Ereignisse ist der Leser zu einer aktiven Mitgestaltung der

Erzählung angehalten. Dies wiederum wirft die im Titel implizierte Frage nach Originalität und Fälschung auf. Die Geschichte beschreibt eine Periode im Leben dreier Familien, die durch Liebe, Trennungen, ein Internat, das gemeinsame soziale Umfeld sowie durch einen der Erzähler, den Schriftsteller Edouard, verbunden sind. Sie gestaltet sich um einen Kriminalfall von Falschmünzern, ein Motiv, das sich implizit in allen Charakteren wiederfindet, denn sie alle sind ›Falschmünzer‹ ihrer eigenen Identität. Neben der metaphorischen Falschmünzerei ist der Reifeprozess der Charaktere ein weiteres Strukturmerkmal des Romans, was ihn im weitesten Sinne zu einem Bildungsroman macht.

G.s folgende Arbeiten konzentrieren sich auf eine zwischen 1929 und 1936 erschienene Novellentrilogie, *L'école des femmes* (1929; *Die Schule der Frauen*, 1929), *Robert* (1930; *Robert*, 1930) und *Geneviève* (1936; *Geneviève*, 1950), sowie auf einige Theaterstück. Zwar fehlt es den Novellen an literarischer Finesse, dafür reflektieren sie aber mit ihrer didaktischen Intention G.s wachsendes Interesse an sozialen Fragen. G.s Theaterstücke sind zumeist entweder Variationen eigener oder antiker Stoffe, so etwa *Le roi Candaule* (1901; *König Kandaules*, 1905, 1956) und *Saül* (1903; *Saul*, 1909), die thematisch eng an *L'immoraliste* angelehnt sind, oder *Œdipe* (1931; *Ödipus*, 1931) und die Bühnenfassung des Romans *Les caves du Vatican* (1950).

Anders als viele Schriftsteller hat G. stets eine Trennung zwischen Autobiographie und Fiktion angestrebt. Für ihn persönlich waren die essayistischen Werke, die Reisetagebücher und sein *Journal* (1939–50; *Tagebuch*, 1967) wohl weitaus bedeutender als die Prosa, da er hier seinen Versuch realisieren konnte, die Verbindung zwischen Werk und Autor zu komplettieren. Bemerkenswert ist in diesem Zusammenhang der Essay *Corydon. Quatre dialogues socratiques* (1924; *Cordyon. Vier sokratische Dialoge*, 1964), ein Manifest über die Homosexualität als natürliche Form der sexuellen Ausrichtung, mit dem G. Mitte der 1920er Jahre durchaus seine bürgerliche Existenz als Literat, Kritiker, Redakteur und Ehemann riskierte. G. hat mit seiner selbstreflexiven und psychologisierten Prosa maßgeblich zur Weiterentwicklung der Literatur des 20. Jahrhunderts beigetragen und einen großen literarischen Beitrag zur philosophischen Befreiung des Menschen geleistet.

Werkausgabe: Gesammelte Werke. 12 Bde. Hg. R. Theis/H. Hinterhäuser. Stuttgart 2000.

*Miriam Havemann*

## Das Gilgamesch-Epos

Das *Gilgamesch-Epos* wurde im ausgehenden 19. Jahrhundert durch Funde von Tontafeln bekannt, die der assyrische König Assurbanipal um 650 v. Chr. für seine Palastbibliothek in Ninive hatte anfertigen lassen. Das Epos, das in einer Serie von zwölf Tafeln mit jeweils etwa 300 keilschriftlichen Versen in babylonischer Sprache überliefert wurde, dürfte um 1200 v. Chr. entstanden sein. Heute kann es aufgrund von über 100 Textzeugen aus mehreren mesopotamischen Städten weitgehend rekonstruiert werden, obgleich noch immer fast ein Drittel des Textes fehlt. Eine moderne wissenschaftliche Edition legte der britische Assyriologe A.R. George im Jahre 2003 vor.

Der aus Uruk stammende Babylonier Sinleqe-unnini galt als Dichter dieses sog. Zwölf-Tafel-Epos. Als Grundlage seines Werkes diente ihm eine ältere, um 1800 v. Chr. entstandene Fassung des Epos in babylonischer Sprache, die sich in der Mitte des 2. Jahrtausends v. Chr. nicht nur in Mesopotamien, sondern auch an den Königshöfen Syriens, Palästinas und Kleinasiens großer Beliebtheit erfreute und sogar ins Hethitische und Hurritische übersetzt wurde. In das bislang nur bruchstückhaft bekannt gewordene altbabylonische G.-Epos fanden mehrere unabhängige G.-Erzählungen Eingang, die schon im ausgehenden 3. Jahrtausend v. Chr. in sumerischer Sprache überliefert wurden. Es gibt Hinweise darauf, dass sich sogar unter den noch weitgehend unverständlichen literarischen Keilschrifttexten in sumerischer Sprache aus dem 26. Jahrhun-

dert v. Chr. Dichtungen befinden, die von Gilgamesch, dem König von Uruk, künden. Mündliche Überlieferungen von Erzählungen der Abenteuer und Heldentaten des Gilgamesch dürften bis in das frühe 3. vorchristliche Jahrtausend zurückgehen.

Gilgamesch galt in der Überlieferung Mesopotamiens als der größte König aller Zeiten, der Jahrtausende vor der eigenen Zeit die uralte in den Wassern der Sintflut untergegangene städtische Kultur des Zweistromlandes wiederhergestellt hatte. Er soll die monumentale Stadtmauer von Uruk auf ihren vorsintflutlichen Fundamenten wiedererrichtet und so den Menschen aufs neue einen Raum geschaffen haben, in dem die Zivilisation gedeihen konnte. Archäologische Forschungen zeigen, dass Uruk tatsächlich die Keimzelle der mesopotamischen Hochkultur gewesen ist. Reste der ummauerten, von gewaltigen Tempelanlagen, riesigen Verwaltungsgebäuden, Vorratsspeichern und künstlich angelegten Kanälen geprägten Stadtanlage der Frühzeit zeugen heute noch von der Tatkraft und dem Organisationstalent der ersten Könige von Uruk. Im G.-Epos sind Erinnerungen an diese frühe Zeit wachgeblieben.

Das sog. Zwölf-Tafel-Epos schildert Gilgameschs von Abenteuern und Leid geprägten Weg von einem ichbezogenen Herrscher zu einem guten Fürsten, der sich um das Wohl der ihm anempfohlenen Menschen kümmert: Der riesenhafte und über alle Maßen schöne König Gilgamesch, zu einem Drittel Mensch, zu zwei Dritteln Gott, herrscht tyrannisch über seine Stadt Uruk. Um seinem Treiben ein Ende zu bereiten, erschaffen die Götter Enkidu, einen wilden Ur-Menschen, der Gilgamesch in Größe und Schönheit nicht nachsteht. Er soll die Kräfte Gilgameschs binden, damit die Menschen von Uruk zur Ruhe kommen können. Mit der Hilfe einer Dirne lockt man ihn in die Stadt. Enkidu fordert Gilgamesch zum Kampf auf, doch er kann ihn nicht besiegen. So werden die beiden unzertrennliche Freunde.

Auf der Suche nach Ruhm ziehen sie gemeinsam gegen Humbaba, den von den Göttern eingesetzten Wächter des Zedernwaldes im fernen Libanon. Als erste wollen sie die gewaltigen Bäume des den Menschen verbotenen Waldes fällen und für Türen und Dachkonstruktionen prächtiger Bauwerke verwenden, so wie es sich seit Gilgamesch für einen mächtigen König des Zweistromlandes geziemt. Sie töten Humbaba und bemächtigen sich der Zedern. Als sich Ischtar, die Göttin der Liebe und des Krieges, in Gilgamesch verliebt, doch er ihre Angebote verächtlich ablehnt, schickt sie den gewaltigen Himmelsstier gegen Uruk. Gilgamesch und Enkidu wehren sich und töten den Stier. So bringen sie in ihrer Maßlosigkeit die Götter gegen sich auf. Enkidu muss sterben. Gilgameschs unbändige Lust an Kampf, Spiel und Vergnügen weicht einer unendlichen Trauer um den Freund und der Angst vor dem eigenen Tod. Er hört auf, König zu sein, und begibt sich auf die Suche nach dem Geheimnis der Unsterblichkeit. Sie führt ihn in Irrungen und Wirrungen durch die ganze Welt bis in das jenseitige Land der Unsterblichen. Hier trifft er auf den einzigen Menschen, dem je die Unsterblichkeit zuteil wurde, Uta-napischti, den babylonischen Noah. Von ihm erfährt Gilgamesch zwar das Geheimnis, wie der Sintflutheld zum ewigen Leben kam, doch Uta-napischti erteilt Gilgamesch bittere Lehren, die ihn letztlich zu Einsicht und Weisheit bringen. Zwar muss Gilgamesch alle Hoffnungen auf ewiges Leben fahren lassen und scheinbar unverrichteter Dinge nach Uruk zurückkehren, aber dennoch fällt ihm eine Aufgabe zu, die ihn zum größten aller Könige machen wird: Auf Weisung des Uta-napischti wird Gilgamesch die durch die Sintflut zerstörten Tempel, die jahrtausendelang brachgelegen hatten, wieder aufbauen und die alten Kult- und Opferregeln wiederherstellen. Erst dadurch kann die in der Schöpfung eingesetzte und durch die Sintflut zerstörte segenbringende Gemeinschaft von Göttern und Menschen wiedererstehen. Im Schutz der von Gilgamesch errichteten Mauern um Uruk gedeiht so die hohe Kultur Mesopotamiens, die nun für immer mit dem unsterblichen Ruhm Gilgameschs verbunden ist.

Ausgaben: The Babylonian Gilgamesh Epic. 2 Bde. Hg. A.R. George. London 2003. – Das Gilgamesch-Epos. Neu übers. u. kommentiert v. S.M. Maul. München 2005.

*Stefan M. Maul*

## Ginsberg, Allen

Geb. 3. 6. 1926 in Newark, New Jersey; gest. 5. 4. 1997 in New York

»Ich glaube, daß man Inspiration unterrichten kann«, verkündete Allen Ginsberg 1971 vor einer Gruppe von Studenten an der Kent State University. »Wenn man sie wörtlich nimmt – In-spiration ist eine Frage der Atmung«. Die Studenten sollten sich nur aufrecht hinsetzen, den Gürtel lockern, die Luft tief in den Bauch strömen lassen und sie dann mit einem orgasmischen »Huuuumm« wieder ausstoßen; das werde sie in einen »Inspirationsrausch« versetzen. Diese an buddhistische Meditationstechniken angelehnte Form der Stimulierung ist nur eine der vielen Methoden, mit welchen G. über Jahrzehnte hinweg versuchte, sein in einer Endnote zum Gedichtband *Kaddish and Other Poems 1958–1960* (1961; *Kaddisch*, 1962) formuliertes Credo der Bewusstseinserweiterung zu verwirklichen: »*The message is: Widen the area of consciousness.*« Sie ist auch bezeichnend für die außerordentliche Körperlichkeit von G.s Poetik, welche sich vorgeformten mathematischen Versmetren und Reimschemata verweigert und allein die Atemlänge des Dichter-Sprechers zum Maßstab erhebt, sowie für G.s Anspruch, die amerikanische Nachkriegsdichtung aus dem Bereich des Subjektiv-Individuellen in den öffentlichen Raum zu führen.

Im Gegensatz zu seinen späteren Werken waren G.s erste Gedichte noch stark von formstrengen Vorbildern – besonders von den »metaphysical poets« John Donne und Andrew Marvell – geprägt, und auch seine akademische Karriere folgte zunächst bürgerlich-bravem Muster. Nach dem High School-Abschluss schrieb sich G. auf Wunsch seines Vaters 1943 an der konservativen Columbia University in New York ein, um Jura zu studieren. Dort lernte er den vier Jahre älteren Jack Kerouac kennen, der zu seinem literarischen Mentor und für kurze Zeit auch zu seinem Liebhaber wurde. Als der Dekan Kerouac mit G. in dessen Wohnheimzimmer ertappte, wurde G. der Universität verwiesen und zog bei dem Autor William Burroughs ein, der ihn mit dem Drogenschieber und späteren Schriftsteller Herbert Huncke bekannt machte. Huncke versorgte die jungen Literaten nicht nur mit bewusstseinserweiternden Substanzen, er war es auch, von dem sie zum ersten Mal den unter Dealern und Jazzmusikern populären Ausdruck »beat« hörten, jenen Ausdruck, den Kerouac zum »label« für den New Yorker Freundeskreis und schließlich zum Attribut jener Generation stilisierte, deren prominenteste Vertreter G. und er selbst werden sollten. Im Jargon der New Yorker Unterwelt bedeutete »beat« G. zufolge zunächst »exhausted, at the bottom of the world, [...] sleepless, wide-eyed, [...] rejected by society, on your own«. Erst von Kerouac erhielt das Wort durch die Assoziation mit dem Adjektiv »beatific« (»selig«) seine religiöse Bedeutungskomponente: selig sind die gesellschaftlichen Außenseiter, denn ihrer ist das Himmelreich. Einen solchen Auserwählten fanden die Dichter der »Beat Generation« in dem charismatischen Kleinkriminellen Neal Cassady, dessen spontane und katarakthafte Sprechweise zu einem wichtigen stilistischen Vorbild werden sollte: Kerouacs kompositorischer Grundsatz »no revisions« aus seinen »Grundsätzen spontaner Prosa« wie auch G.s berühmtes Diktum »first thought, best thought« scheinen unter dem Eindruck von Cassadys rhetorischer Gabe formuliert zu sein. Zudem wurde der lebenshungrige »cocksman and Adonis of Denver« zum geheimen Helden von G.s »Howl«, jenem Gedicht, welches wegen der teilweise drastischen Darstellung eines verzweifelten Strebens nach Seligkeit inmitten einer als Moloch empfundenen Welt zur gerichtlichen Anklage von G.s Verleger Lawrence Ferlinghetti führte und G. nationale Berühmtheit bescherte. »Howl« ist in vier Abschnitte unterteilter wortgewaltiger Aufschrei, dessen einzige metrische Beschränkung die Kapazität der menschlichen

Lunge ist: Wie die von den »beatniks« verehrten Jazzmusiker kann der Sprecher jeweils nur zu Beginn einer Verszeile für einen kurzen Moment Luft holen, bevor er eine weitere Kaskade von anaphorisch verknüpften Bildern herausschleudert. Der erste Teil des Gedichts schildert in einem einzigen, schier endlosen Satz die selbstzerstörerischen Ausschweifungen der dichterischen Persona und ihrer Generation, ihre Suche nach Spiritualität sowie ihr Aufbegehren gegen das Diktat der vorgeblichen Normalität, gegen den Kapitalismus, gegen das FBI, gegen alles, was von den »hipsters« als Teil des Establishment empfunden wird. Das offene, von Vers zu Vers wechselnde Metrum, welches diese anti-bourgeoise Zügellosigkeit auf formaler Ebene erwidert, übernahm G. von seinem langjährigen Mentor William Carlos Williams. Die charakteristische Langzeile ist ein Erbe Walt  Whitmans, dessen Ausruf »Unscrew the locks from the doors! / Unscrew the doors themselves from their jambs!« G. dem Band *Howl and Other Poems* (1956; *Das Geheul und andere Gedichte*, 1959) als Motto voranstellte: Von den »Türen der Wahrnehmung« (Blake) sollen die Schlösser geschraubt, ja die Türen selbst sollen aus ihren Angeln gehoben werden, um mystisch-entgrenzte Erfahrung möglich werden zu lassen. Den zweiten Teil von »Howl« schrieb G. unter dem Einfluss von Peyote, einer halluzinogenen Kaktus-Art, deren Fleisch nord- und mittelamerikanischen Indianerstämmen traditionell zur Induktion visionärer Zustände dient. In solch einer Vision enthüllt sich dem Sprecher der alttestamentarische Gott Moloch als Personifikation all jener Übel, die die im ersten Teil beklagten »besten Köpfe [s]einer Generation« mental zugrunde gerichtet haben sollen: Einsamkeit, Entfremdung und spirituelle Verarmung. Der dritte Teil ist an den Dichter und »verrückten Heiligen« Carl Solomon adressiert, den G. 1949 während eines achtmonatigen Aufenthalts in einer New Yorker Nervenheilanstalt kennengelernt hatte und dem das gesamte »Geheul« gewidmet ist. Im vierten Teil schließlich, der »Fußnote zu ›Howl‹«, erlangen die nun namentlich genannten Opfer des Moloch nach all ihren Martyrien nicht nur die Selig-, sondern sogar die Heiligkeit (»holy Allen holy Solomon [...] holy Kerouac holy Huncke«), und das mitschwingende Homophon »wholly« (»ganz«) deutet an, dass die zuvor beklagte Fragmentierung des Menschen überwunden werden kann.

1956, im selben Jahr, in dem G. den geistigen Tod der amerikanischen Jugend beklagte, starb seine Mutter Naomi G., eine überzeugte Kommunistin, die die letzten Jahre ihres Lebens wegen paranoider Wahnvorstellungen in der psychiatrischen Abteilung eines Krankenhauses verbracht hatte. Bei ihrer Beerdigung war kein Kaddisch – die traditionelle jüdische Totenklage – gesprochen worden; doch drei Jahre später schrieb G. in einer vierzigstündigen Marathonsitzung seinen eigenen »Kaddish« für die Tote, ein komplexes, persönliches und neben »Howl« wohl G.s bedeutendstes Gedicht. Es schildert in evokativen, meist fragmentarischen Skizzen Kindheits- und Jugenderinnerungen des Dichters an seine Mutter, in einem Stil, den G. später als »Schnappschußpoetik« oder – in Anlehnung an die Terminologie Ezra Pounds – als »phanopoeia« beschreiben sollte: eine Schreibweise, durch die »Bilder auf die geistige Netzhaut des Lesers projiziert werden«. Dabei fühlt sich der Sprecher so intensiv in die dargestellten Szenen und die Visionen der psychisch verwirrten Mutter ein, dass ihre Wahrnehmungen zu den seinen werden. Doch die elegische Vergegenwärtigung der Verstorbenen ist kein protestierendes Aufbäumen gegen ihren Tod – im Gegenteil, der Tod wird gleich zu Beginn des Gedichts als »that remedy all singers dream of« apostrophiert –, sondern ist Anklage gegen ein menschenunwürdiges Leben, nicht zuletzt das Leben des Sängers selbst. Er sei ebenso verrückt wie sie, beteuert der Sprecher seiner Mutter, und identifiziert sich schließlich in einer Vision vollständig mit der Toten: »I've seen your grave! [...] My own – cracked grave!«

Bereits 1948 hatte G. in einer Phase seelischer und geistiger Zerrüttung sein erstes mystisches Erlebnis (eine Vision des prophetischen Dichters William Blake) gehabt, das ihn zu dem Schluss führte, dass er seinen persönlichen Schmerz transzendieren müsse, um für das Leid vieler sprechen zu können. In »Kaddish« wird diese Gabe des überindividuellen, die conditio humana umfassenden Gesichts als Erbe der Mutter erkannt, und in den Augen der Verstorbenen spiegelt sich ein paranoides Panoptikum ihrer gesamten Generation wider. Das Gedicht endet in einer sprachlichen Fuge, mit der das lyrische Ich den Friedhof auf Long Island, die Erinnerungen und die kreischenden Krähen dem »Herrn« überantwortet und schließlich erschöpft hinter sich lässt: »Lord Lord Lord caw caw caw Lord Lord Lord caw caw caw Lord«.

Mit der Veröffentlichung von »Howl« und »Kaddish« war G.s Ruf als einer der wichtigsten amerikanischen Lyriker des 20. Jahrhunderts gesichert. Obwohl G. nach Meinung zahlreicher Kritiker die visionäre Intensität dieser beiden Gedichte später nicht mehr erreichen sollte, wuchs doch seit den 1960er Jahren seine Popularität stetig, nicht zuletzt dank seiner Omnipräsenz in der politischen und akademischen Arena. Er organisierte 1967 – auf dem Höhepunkt der Demonstrationen gegen den Vietnamkrieg und in Anlehnung an die Protestform des »Sit-In« – das »Human Be-In« in San Francisco, gründete in Gedenken an seinen 1969 verstorbenen Jugendfreund die Jack Kerouac School of Disembodied Poetics und bereiste auf seinen Lese- und Vortragsreisen alle Kontinente. Neben seiner Kritik an der US-amerikanischen Drogenpolitik machte sich G. vor allem durch seinen Einsatz für die politische und soziale Gleichstellung von Homosexuellen einen Namen. Er arbeitete mit Musikern wie Bob Dylan und Paul McCartney zusammen und nahm 1993 mit Philip Glass die Oper Hydrogen Jukebox auf. Das Bild von der »Wasserstoff-Jukebox« stammt aus »Howl« und beschreibt G. zufolge den Status quo der westlichen Welt am Ende des Jahrtausends: »a psychological state in which people are at the limit of their sensory input with civilization's military jukebox, a loud industrial roar, or a music that begins to shake the bones and penetrate the nervous system as a hydrogen bomb may do someday [...]« – kurz, jene apokalyptische Musik, gegen die G. zeitlebens als Dichter und politischer Aktivist angesungen hat.

Werkausgaben: Gedichte. München 1999. – Selected Poems 1947–1995. New York 1996. – Collected Poems 1947–1980. New York 1984.

*Florian Werner*

## Ginzburg, Natalia
Geb. 14. 7. 1916 in Palermo;
gest. 8. 10. 1991 in Rom

Als Tochter des Anatomieprofessors Giuseppe Levi und seiner Frau Lidia Tanzi wächst Natalia Ginzburg in Turin in einem gehobenen, bürgerlichen, jüdischen Ambiente auf. Sie gelangt durch ihre Familie bereits früh in Kontakt mit Intellektuellen wie Cesare Pavese (1908–50), Giulio Einaudi (1912– 99), Carlo Levi (1902–75), Vittorio Foa (geb. 1910), mit denen sie ihr Leben lang verbunden bleibt. Im Alter von 17 Jahren schreibt G. 1933 ihre erste Erzählung »Un'assenza« (1964; Eine Abwesenheit), die das Debüt eines umfangreichen Gesamtwerkes werden sollte, das aus zahlreichen Erzählungen, Romanen, Essaysammlungen und Theaterstücken besteht. Bereits in »Un'assenza« werden der thematische Schwerpunkt und der Erzählstil ihres zukünftigen literarischen Werkes deutlich: der Mikrokosmos der Familie als thematischer Bezugspunkt, die Fokussierung zwischenmenschlicher Beziehungen, die Monotonie und Leere, die das Leben der Protagonisten bestimmen. Dabei sind die für G. typischen stilistischen Kennzeichen erkennbar, nämlich ein nackter und nüchterner, parataktischer, dem Neorealismus verwandter Prosastil. 1934 veröffentlicht sie ihre erste Erzählung »I bambini« (Die Kinder) in der Literaturzeitschrift *Solaria*.

1938 heiratet sie den russischen Literaturdozenten Leone Ginzburg, der der antifaschistischen Bewegung »Giustizia e libertà« angehört, und verbringt mit ihm und ihren drei Kindern die Jahre 1940–43 in der Verbannung in den Abruzzen. Dort vollendet sie ihren ersten Roman *La strada che va in città* (*Die Straße in die Stadt*, 1997), den sie 1942, als Reaktion auf die Rassengesetze, unter dem Pseudonym Alessandra Tornimparte veröffentlichen muss. In diesem wie in den folgenden Romanen wird G.s kritische Betrachtung der Familie als Institution sichtbar. Zur gleichen Zeit nimmt sie ihre Arbeit als Übersetzerin auf und überträgt Proust ins Italienische. Nach dem Tod ihres Manns, der 1944 in Rom im Gefängnis an den Folgen von Folter stirbt, kehrt G. mit ihren Kindern nach Turin zurück und beginnt ihre Lektorentätigkeit bei dem Verlagshaus Einaudi. Sie betreut zahlreiche zeitgenössische Autor/innen, u. a. Elsa Morante (1912–1985), zu der sich im Laufe der Zeit eine sehr intensive Freundschaft entwickelt. Die Veröffentlichung des kurzen Romans *È stato così* (1947; *So ist es gewesen*, 1992) bringt ihr ihren ersten Literaturpreis (Premio Tempo) ein. In ihren ersten beiden Romanen und dem 1957 publizierten Erzählband *Valentino* (*Valentino*, 1985) setzt sich G. insbesondere mit der Situation der von sich und der Gesellschaft entfremdeten, marginalisierten Frau auseinander, ein Engagement, das in einem gewissen Widerspruch zu ihrer späteren Ablehnung der Frauenbewegung steht.

Ihre Heirat mit dem Anglisten Gabriele Baldini (1950) führt sie nach Rom. Nach einem zweijährigen Englandaufenthalt mit ihrem Mann veröffentlicht G., die immer »Horror vor Autobiographischem« hatte, 1963 mit *Lessico famigliare* (*Familienlexikon*, 1993) einen autobiographischen, von nostalgischem Ton geprägten Roman, der ihr den begehrten Literaturpreis Premio Strega einbringt. Sie porträtiert darin ihre in Turin ansässige Familie, vorherrschend in den Jahren des Faschismus und des Zweiten Weltkriegs, und ermöglicht gleichzeitig einen kleinen Einblick in das

bürgerliche und intellektuelle Umfeld, in dem sich ihre Familie bewegt hat. In den folgenden Werken widmet sie sich thematisch hauptsächlich der »vaterlosen« Gesellschaft und dem Zerfall familiärer und freundschaftlicher Beziehungen, wie z. B. in den Werken *Caro Michele* (1973; *Caro Michele*, 1974), *La città e la casa* (1984; *Die Stadt und das Haus*, 1986) sowie in *Famiglia* (1977; *Ein Mann und eine Frau*, 1980).

In G.s literarischem Schaffen verläuft die Entwicklung der Familien und der Individuen stets parallel mit der Entwicklung der Gesellschaft und reflektiert deren Veränderung. In diesem Punkt erinnert ihr Werk an das Werk Anton Čechovs (1860–1904), den sie bereits in ihrer Jugend eifrig rezipierte. Ihre Werke sind geprägt von einem existentiellen Pessimismus, der sich auch in ihrer realistischen, alltäglichen, kahlen Sprache zeigt, deren fragmentarische und parataktische Konstruktionen und die häufige Wiederholung von kurzen Segmenten exakt mit der Monotonie und Emotionslosigkeit korrespondieren, die das Leben und die Beziehungen der Protagonisten bestimmen. – Auch wenn G. der Kommunistischen Partei bereits seit den 1950er Jahren nicht mehr angehört, fühlt sie sich dennoch den Idealen der Partei verbunden und lässt sich 1983 im Alter von 67 Jahren und 1987 zum zweiten Mal auf der Liste der KPI zum Mitglied des Parlaments wählen.

*Annette Riedel*

## Giono, Jean

Geb. 30. 3. 1895 in Manosque, Basses Alpes/Frankreich; gest. 9. 10. 1970 in Manosque, Basses Alpes/Frankreich

Der aus bescheidenen familiären Verhältnissen stammende Jean Giono entdeckte als Jugendlicher vor allem über die Literatur der griechischen Antike die Faszination am Lesen. G.s Schaffen wurde im Weiteren entscheidend durch seine Teilnahme am Ersten Weltkrieg geprägt, die zur Grundlage seines überzeugten Pazifismus wurde und in *Le grand troupeau*

(1931; *Die große Herde*, 1932) ihre literarische Gestaltung fand. G. widmete sich in immer stärkerem Maße der Literatur, und als 1929 die Romane *La colline* (*Der Hügel*, 1932) und *Un de Beaumugnes* (*Der Berg der Stummen*, 1933) veröffentlicht wurden, entschloss er sich, seine Tätigkeit als Bankangestellter aufzugeben und als freier Schriftsteller zu leben. Im Vordergrund besonders der Folgeromane (*Le serpent d'étoile*, 1933; *Die Sternenschlange*, 1937; *Jean le bleu*, 1932; *Der Träumer*, 1934; *Le chant du monde*, 1934; *Das Lied der Welt*, 1935) stehen ein lyrisches Erzählen, ein pantheistisches Einheitsgefühl mit der Natur, die teils mythische Verherrlichung der Provence und ihrer erdverbundenen Bewohner. *Que ma joie demeure* (1935; *Bleibe, meine Freude*, 1937) zeichnet das Bild eines auf Gleichberechtigung und Naturverbundenheit ausgerichteten Kollektivs. Vor allem von der Jugend gefeiert, begründete dieser Roman den Ruf G.s als prophetischer Seher, der seine Ablehnung der modernen Technologisierung und Gewinnsucht in dem Essay *Les vraies richesses* (1936; *Vom wahren Reichtum*, 1937) bekräftigte.

Zugleich vertrat G. im Vorfeld des Zweiten Weltkriegs eine radikale Friedenspolitik, aufgrund derer er 1940 eine zweimonatige Gefängnisstrafe verbüßte. Die Beibehaltung dieses konsequenten Pazifismus sowie kleinere Veröffentlichungen unter der deutschen Besatzung lieferten G. 1944 dem Vorwurf der Kollaboration aus. Erneut wurde er inhaftiert und darüber hinaus auf die schwarze Liste verbotener Schriftsteller gesetzt. Erst 1947 konnte er wieder publizieren, doch blieben seine Texte fortan von einem deutlichen Pessimismus geprägt.

Aus den Nachkriegsschriften G.s, der ferner auch Dramen und Drehbücher verfasste, ragen zwei größere Textgruppen heraus. Der »Cycle du hussard« vereint vier Romane (*Angelo*, 1947; *Angelo Pardi*, 1953; *Mort d'un personnage*, 1949; *Die Nonna*, 1950; *Le bonheur fou*, 1957; *Das unbändige Glück*, 1959), in deren Zentrum *Le hussard sur le toit* (1951; *Der Husar auf dem Dach*, 1955) steht, in dem ein auf Unabhängigkeit und Selbstlosigkeit bedachter junger Husarenoberst die von der

Cholera verseuchte Provence durchstreift. Die »Chroniques« wiederum vereinen Geschichten außergewöhnlicher Charaktere, die über eine mittelmäßige Gesellschaft im guten wie im schlechten hinausragen: *Un roi sans divertissement* (1947; *Ein König allein*, 1951), *Noé* (1947; *Noah*, 1957), *Les âmes fortes* (1949; *Die starken Seelen*, 1957), *Le moulin de Pologne* (1952; *Die polnische Mühle*, 1955). 1954 wurde G. als Nachfolger Colettes in die Académie Goncourt gewählt. Die *Récits de la demi-brigade* (1960-65) greifen noch einmal seine Vorliebe für das Abenteuerliche auf.

Die Stärke G.s liegt neben seinen intensiven Landschaftsbeschreibungen, auch in einem Erzählen begründet, das die Leserschaft in den Bann einprägsamer Charaktere und farbenreicher Geschichten zu ziehen vermag.

*Maximilian Gröne*

## Giraudoux, Jean
Geb. 29. 10. 1882 in Bellac/Frankreich;
gest. 31. 1. 1944 in Paris

In seinen Gesprächen mit Frédéric Lefèvre äußerte der Diplomat und Schriftsteller Jean Giraudoux den Wunsch, bei der Lektüre seiner Bücher solle der Leser mit einer »âme vivante« (lebendigen Seele) in Berührung kommen. Die Übersetzung von »âme« als »Gemüt« führt zu einem der Schlüsselbegriffe der deutschen Romantik, mit deren Kunst- und Weltauffassung sich G. insbesondere in *Siegfried et le Limousin* (1922; *Siegfried oder Die zwei Leben des Jacques Forestier*, 1962) auseinandersetzt. Im Vordergrund des in der Zwischenkriegszeit spielenden Romans steht der Konflikt zwischen Franzosen und Deutschen. Der infolge einer Kriegsverletzung unter Amnesie leidende Franzose (Forestier) verwandelt sich zum Modelldeutschen (Siegfried) und wird ein führender Staatsmann in der Weimarer Republik. Die Darstellung des Französischen und des Deutschen zielt nicht nur auf eine Differenz zwischen weiser (französischer) Beschränkung auf das Mögliche, auf die Logik und die Ordnung und einer als typisch deutsch

geltenden unbegrenzten Offenheit, sie ist vielmehr auch auf die Versöhnung dieser Gegensätze ausgerichtet. Der Text stellt darüber hinaus den Versuch der Vereinigung der Grundsätze der französischen Klassik mit der Poesie der deutschen Romantik dar. G.' szenische Adaption des Romans wurde 1928 in der Inszenierung des Regisseurs Louis Jouvet zu einem großen Bühnenerfolg.

Seine eigentliche literarische Bedeutung erlangte G. so vor allem durch sein dramatisches Werk, das eine geschliffene Sprache, Ironie und die Freude am Paradoxen zu spielerischer Eleganz verbindet. Eine bewusste Einschrift in die literarische Tradition seit der Antike beweisen die zahlreichen Mythenbearbeitungen G.', die durchaus Vorkenntnisse der Zuschauers zum Anspruch erhebt und damit eine zusätzliche historische Reflexion integriert. *Amphitryon 38* (1929; *Amphitryon 38*, 1931) stellt die alten Fragen nach Identität und Rolle, Liebe und Ehe, Göttern und Menschen neu und bewirkt durch den komödienhaften Wechsel der Darstellung die Befreiung des Menschen von der Allmacht und Willkür der Götter. Eine vergleichbare Akzentuierung bei Berücksichtigung von zeitkritischen und politischen Aussagen realisiert das Stück *Électre* (1937; *Elektra*, 1957). Thematisiert und reflektiert wird der Anspruch einer kompromisslosen menschlichen Integrität gegen das Machtkalkül und die Interessen der Staatsräson. Die Bearbeitungen von biblischen Stoffen etablieren, wie das Beispiel von *Sodome et Gomorrhe* (1943; *Sodom und Gomorrha*, 1944) zeigt, eine Korrespondenz zum weltpolitischen Geschehen, der Vorherrschaft des Faschismus. Das Gesamtwerk von G. muss unter dem Grundsatz einer Balance zwischen reiner Poesie (Darstellungsformen und Sprache) und moralischem Anspruch (Inhalte und Themen) verstanden werden.

*Angelika Baumgart*

## Glaeser, Ernst
Geb. 29. 7. 1902 in Butzbach;
gest. 8. 2. 1963 in Mainz

G. gehörte nicht zu denjenigen, die im August 1914 auszogen, um das Fürchten zu lernen, dazu war er zu jung. Dennoch wurde ihm der Erste Weltkrieg zum Schlüsselerlebnis. Als 1927/28 die literarische »Wiederkehr des Krieges« mit den Kriegsromanen von Ludwig Renn, Arnold Zweig und Erich Maria Remarque einsetzte, wurde er, der Angehörige einer »Zwischengeneration«, mit *Jahrgang 1902* zu einem der erfolgreichsten Autoren. Das 1928 bei Kiepenheuer & Witsch erschienene und in über zwanzig Sprachen übersetzte Werk machte G.s eigenen Jahrgang zum literarischen Begriff. »La guerre, ce sont nos parents«, ist das Motto des Romans, der – soziologisch verfahrend – ein Bild der wilhelminischen Gesellschaft entwirft, die G., Sohn eines Amtsrichters, beobachtet hatte. Mit literarischen Mitteln, die auch für das weitere Romanschaffen charakteristisch bleiben werden (die Erzählhaltung eines gleichsam erlebenden und berichtenden Ichs, reportageartig und in der Art von Tagebucheinträgen aufzeichnend), wird Anklage erhoben gegen eine im Sexuellen, Moralischen und Politischen »verlogene Gesellschaft der Väter«, die sich dem jungen Ich-Erzähler im Verlaufe der »Großen Zeit« des Ersten Weltkriegs enthüllt.

Dem Widerwillen gegen die Welt seiner Eltern hatte G. in den vorangegangenen fünf Jahren bereits in zwei Stücken Ausdruck verliehen. Der Vater, die Hauptfigur in *Überwindung der Madonna* (1924) wird in den Wahnsinn und schließlich in den Tod getrieben. Sein zweites Stück, *Seele über Bord* (1926), provozierte einen Gerichtsprozess wegen Gotteslästerung. Nach dem Erfolg von *Jahrgang 1902* wurde G. literarischer Leiter des Südwestfunks; gleichzeitig blieb er Mitarbeiter der *Frankfurter Zeitung*. 1929 veröffentlichte er *Fazit. Querschnitt durch die deutsche Publizistik*, eine Sammlung feuilletonistischer Essays, die als beispielhaft für die literarische Neue Sachlichkeit gilt.

G.s Antibürgerlichkeit schlägt sich Ende der Weimarer Republik zunehmend in einer KPD-nahen politischen Tätigkeit nieder. 1931 veröffentlicht er (zusammen mit Franz Carl Weiskopf) *Der Staat ohne Arbeitslose. Drei Jahre ›Fünfjahresplan‹*. Er wird Mitglied des Bundes proletarisch-revolutionärer Schriftsteller und des Internationalen Vereins revolutionärer Schriftsteller, bei dessen zweitem Kongress in Charkow er stürmisch gefeiert wird. Dass seine Bücher 1933 öffentlich verbrannt werden und er selber als »Zersetzer von Familie und Staat« (zusammen mit Erich Kästner und Heinrich Mann) gebrandmarkt wird, ist der Höhepunkt einer schon länger andauernden nationalsozialistischen Hetzkampagne gegen ihn.

Nach seiner Emigration in die Schweiz fühlt sich G. zunehmend isoliert. Möglicherweise ist der Grund darin zu suchen, dass nach der Verbrennung seiner Bücher in Deutschland seine antifaschistischen Romane *Das Gut im Elsaß* (1932) und *Der letzte Zivilist* (1935) gerade bei den literarischen Organen der Kommunistischen Partei auf ablehnende Kritiken stoßen. Jedenfalls lässt sich schon bei der in dem angesehenen Exilverlag Querido erschienenen Novellensammlung *Das Unvergängliche* (1936) ein deutliches Heimweh ablesen; gleichzeitig wendet er sich von einer explizit soziologisch-politischen Auseinandersetzung mit dem Faschismus ab. Es bleibt gewiss »das andere Deutschland«, nach dem sich der Ich-Erzähler (beispielsweise im *Pächter*) sehnt, aber die Grundhaltung ist von einer Politikmüdigkeit geprägt, und der Erzählton ist resignativ.

Der Sehnsucht nach einer inneren Zugehörigkeit gibt er 1939 zum Entsetzen seiner ehemaligen Mitstreiter nach; er wird während des Zweiten Weltkrieges Schriftleiter bei einer Wehrmachtszeitung, was aber keineswegs die Verunglimpfung seiner Bücher durch die nationalsozialistische Literaturkritik (z. B. von Will Vesper und Wilhelm Stapel) mindert. Von Exilautoren wird er zum »literarischen Kriegsverbrecher« (Ulrich Becher) gestempelt; spätestens jetzt gibt es den »Fall« G. in seinem vollen Ausmaß.

Die weiteren zwanzig Jahre seines Lebens

verbringt G. vorwiegend mit journalistischen Tätigkeiten. Ein letzter Roman erscheint 1960: *Glanz und Elend der Deutschen*, der in der Be- und Verurteilung des »Wirtschaftswunders« nach dem Zweiten Weltkrieg manche autobiographischen Züge aufweist. Das Buch wird vorwiegend negativ aufgenommen, die Kritik bemängelt das Abstumpfen seines Talents. »Alle wußten sie, wohin sie gehörten«, sagte der Ich-Erzähler im *Jahrgang 1902*, »wohin sie zu gehen, was sie zu leiden hatten. Ich nicht.« Diese radikale Standortlosigkeit, die das Werk, aber genauso treffend das Leben G.s charakterisiert, führte ihn auf das Abstellgleis der Kritik. Aber es ist vielleicht gerade diese für das 20. Jahrhundert nicht untypische, zu problematischen Verhaltensweisen führende Heimatlosigkeit der Intellektuellen, die G. zum gültigen Sprecher seiner Generation gemacht hat.

*Wolfgang Natter/Red.*

## Gleim, Johann Wilhelm Ludwig

Geb. 2. 4. 1719 in Ermsleben;
gest. 18. 2. 1803 in Halberstadt

G. gehört zu jenen Dichtern, die im 18. Jahrhundert eine rein bürgerliche Literatur schufen. Er kam aus dem Bürgertum, sein Vater war Obersteuereinnehmer. Er besuchte das Lyzeum in Wernigerode, bevor er in Halle Jura und Philosophie studierte (von 1738 bis 1740). Schon auf der Universität schrieb er mit Freunden Verse, die in der Art der hellenistischen Nachahmer des griechischen Lyrikers Anakreon von Wein und Liebe handelten. Wie wenig eigenes Erleben dabei eine Rolle spielte, zeigt ein Epigramm G.s: »A.: Gleim wird von allen bösen Zungen / So schlimm verlästert und betrübt! / B.: Schon Recht, warum hat er von Lieb und Wein gesungen / Und nicht *getrunken*, nicht *geliebt*!« Allerdings haben die deutschen Anakreontiker dazu beigetragen, dass die lyrische Sprache anmutiger und eleganter wurde. G., der immer Junggeselle blieb, war Hauslehrer, dann Sekretär bei verschiedenen Adeligen, bevor er mit 28 Jahren beim Domkapitel in Halberstadt eine einträgliche Stelle als Sekretär bekam, die ihm genug Muße ließ. Sprachlich ist G. nie über den leicht tändelnden, einen energischen Zugriff verweigernden Ton hinausgekommen, den er in seinem *Versuch in Scherzhaften Liedern* (1744) gefunden hat. Dabei hat er, was die Inhalte seiner Gedichte betrifft, immer zu den fortschrittlichsten Köpfen seiner Zeit gehört. So schrieb er vielgelobte, aber von den Soldaten nicht gesungene *Preußische Kriegslieder ... von einem Grenadier* (1758). Auch an Volksliedern versuchte er sich und übersetzte Gedichte der Minnesänger. Seine *Romanzen* (1756) waren in ihrer Nachahmung des Bänkelsangs Muster für spätere Parodien. Auch den Begriff »Zeitgedicht« hat er geprägt (1792). In diesen Versen bezog er Stellung gegen die Französische Revolution, was ihm die Feindschaft deutscher Jakobiner einbrachte. In einer Ode *An Gleim* lobt Klopstock »seinen brennenden Durst, Freunden ein Freund zu sein!« In seiner Begeisterung für seine zahlreichen Freunde sammelte G. ihre Porträts, von denen 138 im Gleimhaus in Halberstadt erhalten sind. Seine Briefe zeigen, dass er ein treuer Weggefährte von Ewald von Kleist, Johann Peter Uz und anderen, ein gestrenger, auch empfindlicher Mentor (Karl Wilhelm Ramler) und ein väterlicher Förderer (Johann Jakob Wilhelm Heinse) sein konnte. Heinrich von Kleist nannte ihn 1801 »einen der rührendsten und interessantesten Greise«. Wenn auch von G. kaum etwas im literarischen Bewusstsein lebendig geblieben ist, er war ein Erkunder neuer Themen, eine herausragende Figur im literarischen Leben des 18. Jahrhunderts und ein eifriger Ratgeber junger Talente.

*Walter Schmähling*

## Glissant, Édouard

Geb. 21. 9. 1928 in Bézaudin/Martinique

Den Namen seines Vaters, eines schwarzen Plantagenverwalters, bekam Édouard Glissant erst beim Eintritt ins Gymnasium zuerkannt. Dies zeigt deutlich das Prestige, das Bildung als Aufstiegschance bei einer breiten kulturell entwurzelten afrikanischstämmigen Bevölkerungsschicht in der französischen Kolonie Martinique, dem heutigen Überseedepartement Frankreichs, genoss. Ein Stipendium ermöglichte G. das Philosophiestudium in Paris, wo er bis 1965 lebte. Seit den Streiks und gewalttätigen Auseinandersetzungen auf Martinique 1959 verfolgte er einen radikalen Kurs der nationalen Unabhängigkeit. Die von ihm mitbegründete Befreiungsfront wurde verboten, und er verbüßte mehrere Haftstrafen. G. gründete in seiner Heimat das Institut martiniquais d'études, dem eine reformpädagogische Schule angeschlossen ist. Er war Chefredakteur des UNESCO-Kuriers und lehrt Literatur in New York.

Eine ›schwarze Literatur‹ französischer Sprache war seit den 1930er Jahren von Léopold Sédar Senghor aus dem Senegal, Léon Gontran Damas aus Guyana und Aimé Césaire aus Martinique um den Begriff der *Négritude* konzipiert worden. G. setzte sich vom vagen und abstrakten Humanismus dieser Autoren ab, die der dominanten europäischen Kultur einen mythologisch wie ontologisch fundierten Entwurf der schwarzen Rasse gegenüberstellten. Seit dem ersten Gedichtband, *Un champ d'îles* (1953; Ein Feld von Inseln), suchte G. in seiner Lyrik, seinem narrativen Werk, seinem Theater und seinen essayistischen Schriften eine karibische Poetik, die der Besonderheit dieses geographisch-kulturellen Raumes gerecht wird, ohne neue Antagonismen zu schaffen. Die lyrische Sprache G.s, die auch in seine Romane Eingang fand, schöpft ihre Intensität aus einer konkreten Bildlichkeit, die primär dem Bereich der Natur entstammt.

Der erste – mit dem Prix Renaudot ausgezeichnete – Roman, *La Lézarde* (1958; Sturzflut. Das Lied von Martinique*, 1959), handelt von einer Gruppe junger Revolutionäre, die 1945 einen politischen Mord verübt. Die Landschaftsschilderungen kontrastieren die Küste und die städtischen Zentren, wo der Handel wie die Plantagenkultur unter den Gesetzen des Kolonialherrn das Leben bestimmen, mit dem Hinterland als Rückzugsgebiet

der Verschwörer. Das Meer steht für einen unergründbaren Erinnerungsort, der die Geschichte der Vorfahren, aus Afrika verschleppter Sklaven, evoziert. Auch die späteren Romane setzen sich – in einem episodenhaften Erzählstil, dessen Handlungsstränge über die einzelnen Romane wieder zusammenlaufen – mit der Geschichte der Insel auseinander. In *Le quatrième siècle* (1964; Das vierte Jahrhundert) und *La case du commandeur* (1981; Die Hütte des Aufsehers*, 1983) kreuzen sich die Schicksale zweier Familien, von denen die eine angepasst die Sklaverei durchlebte und die andere sich als Marrons, d. h. als flüchtige Sklaven, in der Abgeschiedenheit der Bergwelt auf ihr afrikanisches Erbe mit Naturreligion und Wunderglaube besann. Die Thematisierung archaischen esoterischen Wissens wird mit erzählerischen Effekten eines magischen Realismus verbunden. *Malemort* (1975; Brutaler Tod) reiht Geschichten und Fragmente aneinander, umso die Brüchigkeit jeglicher Geschichtsschreibung zu demonstrieren. Das Vokabular G.s ist bisweilen regional gefärbt; verwendet aber nicht das Kreol, das eine jüngere Autorengeneration literaturfähig gemacht hat.

Einen historischen Rückblick mit Aktualitätsbezug leistete auch das Drama *Monsieur Toussaint* (1961; Herr Toussaint), das den Anführer des Sklavenaufstands von Santo Domingo in französischer Gefangenschaft über die Möglichkeiten einer Revolution im karibischen Raum reflektieren lässt. G. hat den Kontext der »antillanité«, seines Identitätskonzepts für die Antillen, im Rahmen seiner *Poétique de la relation* (1990; Poetik der Beziehung), die – unter Bezug auf den Philosophen Gilles Deleuze und den Psychoanalytiker Félix Guattari – Heterogenes in seinem Zusammenspiel beleuchtet, zunehmend erweitert. Seine Betrachtungen und politischen Forderungen haben sich von einem antikolonialistischen zu einem globalisierungskritischen Ansatz entwickelt. Auch die essayistischen Texte, etwa *Le discours antillais* (1981; Zersplitterte Welten, 1986), sind von einem konnotativ dichten ›dunklen‹ Stil geprägt, der auf Anspielungen und Symbolen basiert. In seinem neueren fiktionalen Werk neigt der Autor, der sich intensiv mit William Faulkner beschäftigt hat, dazu, historische Ereignisse zu synthetisieren und auf eine symbolische Ebene zu transferieren, die er oft mit Reflexionen durchsetzt. »G. hat sich erhoben und auf diese zwei Gegensätze hingewiesen: das Bewußtsein von der Ganzheitlichkeit der Welt und das Leiden des einzelnen« (Jean-Marie Gustave Le Clézio).

*Michaela Weiß*

## Goethe, Johann Wolfgang

Geb. 28. 8. 1749 in Frankfurt a. M.;
gest. 22. 3. 1832 in Weimar

Ein Werk hat G. hinterlassen, das, obgleich mittlerweile wohlbekannt, doch niemals als solches benannt worden ist: sein Leben. Wie keine andere bedeutende Figur der Weltgeschichte hat G. – von seinen mittleren Jahren an – jeden Augenblick seines Daseins in Briefen, Tagebüchern, Notizen, in Gesprächen, die zur Niederschrift schon vorherbestimmt waren, aufbewahrt. Dieses »Leben« hätte bloßes Kunstwerk werden können, wenn es dem Dichter gelungen wäre, es ganz und gar selbst aufzuschreiben. Tausend Zufälle jedoch mussten ihm, wie jedem, in den Arm fallen, um ihn davon abzuhalten, und so konnte er, bedauernd und stolz zugleich, nur die »Bruchstücke einer großen Konfession« selbst und bereits als literarisches Werk der Nachwelt überliefern: *Dichtung und Wahrheit* von 1811/12 ein, die *Italienische Reise* (1816/17) und *Die Campagne in Frankreich* (1822).

In *Dichtung und Wahrheit* begleitet die günstigste Konstellation der Gestirne die Geburt des Kindes: am 28. August 1749 geleiten es die Jungfrau, Jupiter und Venus mit freundlichen Blicken in die Welt, Saturn und Mars »verhielten sich gleichgültig«. Von da an hatte auch im wirklichen Leben den Abergläubischen ein freundliches Dreigestirn umgeben: eine bewundernde Schwester, Cornelia, ein verantwortungsbewusster Vater, Johann Caspar und eine liebevolle Mutter, Catharina Elisabeth. Das Haus am Hirschgraben in Frankfurt a. M., in dem G. Kindheit und Jugend verbrachte, war wohlhabend und gesellig. Der Vater, durch eine beträchtliche Geldsumme zum Kaiserlichen Rat ohne große Dienstgeschäfte avanciert, richtete seine Energie vor allem auf sein Haus und auf die Erziehung des Sohns. Der Knabe lernte viele Sprachen und ihre Literaturen kennen: Griechisch, Latein, Hebräisch, Französisch, Englisch, Italienisch. Vor der väterlichen Disziplin konnte er in die freundliche Atmosphäre von Mutter und Schwester entweichen. Gegen die Strenge des Vaters erprobte der Knabe im Schutz der Frauen die Macht seiner Phantasie, aus der Askese befreiten sich so doch immer wieder Sinnlichkeit und Lust. In diesem Milieu wuchs in G. der gebildete Dichter heran, der neue Erfahrungen der Wirklichkeit stets einer gelehrten Tradition anzuvertrauen vermochte.

Zunächst folgte G. dem Wunsch und Rat des Vaters und begann die Ausbildung für einen Brotberuf. 1765 bezog er als Student der Rechte die Universität Leipzig und schloss dieses Studium in Straßburg 1771 mit der Lizentiatenwürde ab. Eine juristische Praxis in Frankfurt a. M. missglückte; G. ging im Mai 1772 als Referendar ans Reichskammergericht nach Wetzlar, von wo er im September schon wieder schied, um sein berufliches Glück noch einmal in Frankfurt a. M. zu versuchen; dort

schloss er eine bald wieder aufgelöste Verlobung mit der reichen Kaufmannstochter Lili Schönemann. Diese freudlosen Stationen des Berufslebens nehmen mit der Begegnung mit dem achtzehnjährigen Erbprinzen von Weimar, Carl August, im September 1775 nur scheinbar ein Ende. Mit dem berühmten *Werther*-Dichter führte nämlich Carl August G. gleichzeitig auch als Verwaltungsbeamten in Weimar ein: Bald wurde er dort Legationsrat im Großen Consilium, besorgte die Rekrutierung von Soldaten, war Mitglied der Wegebaukommission und förderte den Bergbau in Ilmenau. Nicht mit der Ankunft in Weimar also, sondern erst mit der Flucht von dort nach Italien lässt G. den vom Vater verordneten Beruf des Juristen hinter sich.

Schon in Leipzig freilich war G. dem trockenen Studium der Rechte ausgewichen und hatte sich den musischen Figuren der damaligen Weltstadt, vor allem dem Akademiedirektor Friedrich Oeser angeschlossen, der ihn mit den Schriften Johann Joachim Winckelmanns vertraut machte. Mehr als die Liebelei mit der Wirtstochter Anna Katharina Schönkopf mag ihn der Zuspruch des Freundes Ernst Behrisch zu den Annette-Liedern (1767) im anakreontischen Stil angeregt haben; andererseits konnte ihn die harte Kritik, die sein Lehrer Gellert an seiner Poesie übte, auch wieder in eine heftige schöpferische Krise stürzen.

Eine schwere Krankheit brachte den Neunzehnjährigen an seinem Geburtstag wieder nach Hause zurück. Am Krankenbett betreute ihn Susanna von Klettenberg, eine Freundin seiner Mutter, die den Herrnhutern nahestand und den labilen Jüngling zu religiösen Erfahrungen zu bewegen suchte. Seiner Pflegerin hat G. ein nicht gerade schmeichelhaftes Denkmal in den *Bekenntnissen einer schönen Seele* im 6. Buch von *Wilhelm Meisters Lehrjahren* (1795) gesetzt. Es zeigt – wie auch die frühen Romane, *Die Leiden des jungen Werther* (1774) und *Wilhelm Meisters theatralische Sendung* (1777), jene erste, zum größten Teil verworfene Fassung der *Lehrjahre* –, dass G. psychologisch scharf beobachtete: Angebliche Gnadenerfahrungen und Liebesdramen nimmt er als das Material, aus dem Charaktere zu bilden sind.

Dennoch hat G. mit dem *Werther*, dessen biographischer Anlass, die kurze Liebe zu Charlotte Buff in Wetzlar, schon für die Mitwelt so leicht auszumachen war, einen Topos des bürgerlichen Literaturverständnisses begründet, dessen bevorzugter Gegenstand er selbst und seine Poesie denn auch geblieben sind: den des unmittelbaren Zusammenhangs von Erleben und Literatur, vor allem von Poesie und Liebe. Mehr noch als der Prosaschriftsteller scheint der Lyriker der Liebesgeschichten bedurft zu haben, um dichten zu

können. Das Kapitel »G. und die Frauen« eröffnet die Liebeslyrik, die ausdrücklich an Friederike Brion gerichtet ist, die Pfarrerstochter aus Sesenheim, die G. bei seinem Aufenthalt in Straßburg 1770 kennenlernte; Minna Herzliebs Name ist als Wortspiel im Sonetten-Zyklus von 1808/09 wiederzufinden; auch soll sie den Dichter zur Figur der Ottilie in den *Wahlverwandtschaften* (1809) angeregt haben; Marianne von Willemer hat durch eine fast geheime Leidenschaft und Anteilnahme den Zyklus des *West-östlichen Divans* inspiriert; die siebzehnjährige Ulrike von Levetzow, die der Zweiundsiebzigjährige mit einem Heiratsantrag umwarb, gab ihm die Töne der *Trilogie der Leidenschaften* ein.

Nun waren aber die sogenannten Liebeserlebnisse G.s eher gedämpft und für ein langes Leben durchaus auch in ihrer Häufigkeit normal. Im Verhältnis zur Menge der Werke, die jedenfalls ohne die Inspiration durch eine weibliche Muse entstanden, ist der Anteil der an Freundinnen und Geliebte gerichteten Poesie gering. Einer einzigen Frau in G.s Leben wurde bislang der Titel der Muse verweigert: Christiane Vulpius, die er nach der Italienreise in sein Haus nahm und 1806 nach der Schlacht von Jena, die auch Weimar in Mitleidenschaft gezogen hatte, heiratete. Ihre Existenz hat aber so gut wie jede andere ihren Niederschlag in der Dichtung gefunden: in den *Römischen Elegien* (1788–90), in *Alexis und Dora* und vor allem im Thema eines zyklischen Wachstums und Vergehens in der *Metamorphose der Pflanzen* (1790). Die Nachwelt, die an G.s Liebesleben so großen Anteil nahm, hat freilich recht, die fernen Geliebten gegenüber dieser Frau, mit der er einen Hausstand gründete, auszuzeichnen. Alle anderen hat G. selbst in jener Distanz gehalten, in der Musen immer zu bleiben haben. Selbst Charlotte von Stein, mit deren Hilfe er im ersten Weimarer Jahrzehnt seine Poesie und sein Leben neu einrichtete, hatte von sich aus durch Stand, Ehe und Sprödigkeit eine Unnahbarkeit, die der poetischen Inspiration förderlich war.

Letztlich bleiben die Anregungen von Freunden so gut wie die aus der Dichtung der

Vergangenheit und Gegenwart die eigentlichen poetischen Quellen G.s. In den vorweimarer Jahren nahm er eine Fülle von Anregungen auf, vor allem geriet er in Straßburg unter den Einfluss Johann Gottfried Herders, der ihn die deutsche Vergangenheit, das Straßburger Münster, das »Originalgenie« Shakespeare begreifen lehrte und dessen Sammlungen von Volksgut mehr denn die Liebe zu Friederike Brion den Volksliedton seiner frühen Lyrik prägten. Nach einer Rheinreise zu den Brüdern Friedrich Heinrich und Johann Georg Jacobi (1774) unternahm G. 1775 die erste Schweizer Reise mit den beiden Grafen Christian und Friedrich Leopold Stolberg zu Johann Kaspar Lavater und in der Erinnerung an Jean Jacques Rousseau. Diese bewegliche Existenz endete durch das Dazwischentreten des Weimarer Erbprinzen Carl August. Am 7. 11. 1775 traf G. in Weimar ein, das durch die Herzoginmutter Anna Amalia bereits zum »Musenhof« geworden und dessen glänzender Stern Christoph Martin Wieland als Prinzenerzieher war.

Das erste Weimarer Jahrzehnt ist das Jahrzehnt der Fragmente. Die Schwierigkeit, sich dem Hofleben anzupassen, bestimmte G.s Existenz auch als Dichter. Da er neben seinen Amtsgeschäften das Liebhabertheater leitete, entstand eine Anzahl kleinerer Dramen und Singspiele, mit denen er die Hofgesellschaft an ihren Fest- und Geburtstagen unterhielt. Freilich schuf G., bei dem immer Kleines neben Großem, eine Menge von Gelegenheitsdichtung neben genialen Plänen herlief, gleichzeitig den *Egmont* (1790), den *Tasso* (1788) und die Prosafassung der *Iphigenie*, die er selbst in der Rolle der Orest zusammen mit Corona Schröter als Iphigenie 1779 aufs Liebhabertheater brachte.

Die Freundschaft zu Herzog Carl August bewährte sich ein Leben lang, doch gewann nach einer kurzen ersten Zeit des jugendlichen Übermuts G. die nötige Distanz zu ihm, die er als pädagogische Aufgabe definierte: Fürstliche Willkür wollte er zu aufgeklärter Regierung verändern.

In dieser sittlichen Aufgabe realisierte sich ein hervorstechender Wesenszug G.s: die

Angst vor Unruhe und Leidenschaftlichkeit. Die Geste der Beschwichtigung wurde später zur geheimrätlichen Steifheit, die fast alle Besucher an ihm beobachteten, viele beklagten. Dieser Animosität gegen Unruhe unterwarf er sich denn auch selbst in dem nie mehr wieder aufgehobenen Entschluss, seinen Sitz im engen Kreis von Weimar zu nehmen, den er lediglich durch Reisen in die Schweiz, nach Italien und in die böhmischen Bäder unterbrach. Die aristokratische Distanz zur Hofdame Charlotte von Stein unterstützte seine Selbsterziehung. An äußeren Ereignissen ist also die so oft und so breit erzählte Biographie G.s arm; sie hat gar nichts von jener Exzentrizität, die der normale Leser von einem großen Künstler erwartet. Figuren, deren Biographie in der Tat, wie G. meinte, die krankhaften Züge des Genies zeigten, wie Jakob Michael Reinhold Lenz, Friedrich Hölderlin, Heinrich von Kleist, hat er aus seinem Leben denn auch ausgewiesen.

Der jugendliche Übermut, in dem auch der Herzog G. noch kennengelernt hatte, legte sich in Weimar schnell. Zum ersten Mal flüchtet G. 1777 aus dem Treiben des Hofes, als er, statt mit auf die Jagd zu gehen, eine einsame Reise in den Harz unternahm – eine Flucht, welche die nach Italien präludiert. Die Gedichte *Über allen Gipfeln ist Ruh'* und *Harzreise im Winter*, die auf dieser Wanderung entstanden, beweisen, dass G. der unterschiedlichsten lyrischen Töne fähig ist: der stimmungsvollen Erlebnisdichtung wie der symbolisch dunklen Oden- und Hymnendichtung. Während andere Dichter ganz auf einen eigenen Ton festgelegt sind: Friedrich Schiller, Friedrich Hölderlin, Clemens Brentano, Johann Peter Hebel, verfügt G. – und nicht nur in seiner Lyrik – über alle poetischen Stile und Haltungen. Universalität war ihm in der Dichtung in der Tat natürlich und unbewusst; bewusst hingegen schien es sie sich aufzuerlegen in anderen Bereichen der Kultur, vor allem in den Naturwissenschaften. Ohnehin mag es als Zeichen gelesen werden, dass er sich in der einsamen Gegend des Harzes den Gesteinstudien hingab: die naturwissenschaftlichen Forschungen behalten ein Leben lang den Charakter des Eigenbrötlerischen; der Auseinandersetzung mit anderen Gelehrten wich G. eher aus.

Auch die Arbeitsweise, die sich G. in Weimar angewöhnt hatte, diente der Taktik, Unmittelbarkeit aus seinem Schaffen zu verbannen. Im Laufe seines Lebens hat er eine Schar von Hilfskräften, wenig bekannten Schreibern, bekannteren Sekretären und Mitarbeitern wie Riemer, Johann Peter Eckermann, den Kanzler von Müller um sich versammelt, die seine Dichtungen korrigierten, seine Werke herausgaben, seine Archive ordneten und seine Gespräche aufschrieben. Noch vor dem Aufbruch nach Italien plante der Verleger Göschen die erste Gesamtausgabe von G.s Werken, und auch dieses Unternehmen bedeutet einen Einschnitt in der Arbeitsweise des Dichters, indem er von nun an immer im Blick auf die publizistische Verwertung seiner Werke lebte, sich mit ihrer Umarbeitung und Neufassung plagte, kurz: der Plan, die Selbstkontrolle, die Organisation, die gezielte Produktion für die mitlebende Öffentlichkeit und die Nachwelt entstehen als Haltung im ersten Weimarer Jahrzehnt und beherrschen von da an immer mehr G.s Existenz.

Als G. 1786 – am Geburtstag des Herzogs – nach Italien aufbrach, erhoffte er sich im Land der Antike eine Wiedergeburt aus der Enge von Amt, Gesellschaft und Selbstverpflichtung. Die *Italienische Reise*, jene überarbeiteten Briefe aus Italien an Charlotte von Stein, zeigt einen ungemein gutwilligen, aber mit einem nicht allzu sensiblen Auge begabten Adepten Winckelmanns auf der Wallfahrt ins Ursprungsland der Kunst, der auf den Wegen von Rom nach Neapel, Sizilien und zurück stets fleißig an der Fertigstellung seiner Werke, des *Egmont*, des *Tasso*, der in Verse zu fassenden *Iphigenie*, für die erste Werkausgabe arbeitete, und, nach unendlichen Mühen im Zeichenunterricht bei Philipp Hackert und in der Umgebung der Malerfreunde Wilhelm Tischbein und Angelika Kaufmann, erst jetzt einsah, dass er zum Dichter und keinesfalls zum Maler bestimmt sei. Da es ihm also versagt war, Landschaft und Kunst auf dem Papier festzuhalten und sich zu vergegenwärtigen, entschloss er sich, die Kunst als Reliquie

zu verehren: statt eines malenden Originalgenies wurde er zum Kunstsammler, statt des Künstlers zum Kunsthistoriker. Immer wenn bei G. die musische und intellektuelle Begabung versagte, ersetzte er sie durch Fleiß. In seinem späteren Leben konnte er daher die zahlreichen Besucher in seinem geräumigen Palais am Frauenplan nicht nur durch jene ersten Einkäufe aus Italien, die monumentalen Gipskopien von Jupiter und Juno, beeindrucken, sondern auch durch reichhaltige Sammlungen antiker Münzen, Gemmen, von Kupferstichen und Majoliken, Gesteinen und Pflanzen; das Haus des gebildeten Dichters war zum Museum geworden.

Noch enger also begann er, als er 1789 von Italien zurückkehrte, seine Kreise zu ziehen, indem er sich vom beweglichen Gesellschafter und Liebhaber zum sesshaften Hausherrn und endlich, 1806, zum Ehemann entwickelte, zum Weltmann in seinen vier Wänden. Der Bruch mit Charlotte von Stein, möglicherweise von G. unbewusst heraufbeschworen, jedenfalls ausdrücklich von der Freundin ausgesprochen, bedeutete die Begründung des Hausstandes mit Christiane Vulpius, die erst in des Herzogs Jägerhaus, dann am Frauenplan die Wirtschaft führte, durch die auch, wie Charlotte von Stein fand, G. dick und sinnlich wurde. Jedenfalls beginnen allmählich die Empfänge bei G. mit den Tafelfreuden und der Betrachtung seiner Sammlungen. Nachdem er sich so eingezogen hatte, verwundert es auch nicht, wenn die Emphase der ersten Italienreise nicht zu wiederholen war. Als er Anna Amalia nach Venedig begleitete, entstanden in den *Venezianischen Epigrammen* (1796) so missgelaunte wie amüsierende Satiren.

Von den Regierungsaufgaben blieben G. die Aufsicht über das Theater und über die wissenschaftlichen Anstalten in Jena. In diesem Zusammenhang entstanden der *Versuch die Metamorphose der Pflanze zu erklären* (1790) und die Versuche zur Farbenlehre, die ihn insgesamt 43 Jahre seines Lebens beschäftigten und die vor allem ein uneinsichtiger Kampf gegen Isaac Newton begleitete und inspirierte. Das Ergebnis der naturwissenschaftlichen Experimente zielte bei G. dar aufhin, die Gesetze der Natur einem anthropologischen Konzept zu unterwerfen und jede Unruhe aus der Natur zu verbannen. Vor allem der Ausbruch der Französischen Revolution, deren politische Tendenz G. nie akzeptierte, beeinflusste die naturwissenschaftlichen Arbeiten: die Metamorphose, die allmähliche, nicht gewaltsame Entwicklung aller Variationen aus einem Urphänomen, einer Urpflanze, wurde der Gewaltsamkeit jeglicher Revolution entgegengesetzt.

Nachdem G. den Herzog auf den Kriegsschauplatz bei Valmy begleitet hatte, ein Erlebnis, das in der *Campagne in Frankreich* (1822) festgehalten wurde, nahm er sich des aktuellen Themas der Revolution halbherzig in den Dramen *Der Großkophta* (1792) und *Der Bürgergeneral* (1793) an, bis es endlich im Epos *Hermann und Dorothea* (1797) den fernen Horizont bildete, vor dem sich die edle Einfalt der Antike in den Figuren der Moderne nur um so vorbildlicher verwirklichen konnte. Auch in den *Unterhaltungen deutscher Ausgewanderten* (1795) ersetzt die Revolution die Katastrophe, die bei Boccaccio, an dessen *Decamerone* die Novellensammlung erinnert, die Pest ist. Erst die Begegnung mit Napoleon 1808 beim Fürstentag in Erfurt versöhnte G. mit den Folgen der Revolution, da er sie hier von einer »dämonischen« Macht in Ordnung gehalten sah.

Den Versuch, den Roman *Wilhelm Meister* weiterzuführen, der mit der Skizze des 7. Buchs beim Aufbruch nach Italien liegen geblieben war, scheiterte zunächst, bis die anregende Freundschaft mit Friedrich Schiller begann. Die beiden Dichter, in gewisser Weise Konkurrenten, konnten sich einander am ehesten nähern durch ein Gespräch über die Urpflanze nach einem Vortrag in Jena. Schiller erhob in einem werbenden Geburtstagsbrief 1794 G. zum antikischen Dichter in nachantiker Zeit und bestätigte ihm damit die Idee einer Wiedergeburt der Poesie, wie sie G. schon in Italien entworfen hatte. Schiller kam G. außerdem als Theaterdichter gelegen, mit dessen großen Dramen er das Weimarer Theater der 1790er Jahre zum führenden in Deutschland

machte. Obgleich Theaterdirektor, schrieb G. von nun an kaum mehr Dramen. Als letztes Werk dieser Gattung wurde 1803 die *Natürliche Tochter* aufgeführt, ohne dass allerdings die nie endende Arbeit am *Faust* aufhörte. Ohnehin aber meinte G., nur ein gewaltsamer, krankhafter Zustand bringe Tragödien hervor, und so hatte er denn auch seine Dramenfiguren eher als Melancholiker, denn als tragische Helden gebildet. Nun überließ er Schiller das Feld der Tragödie und schuf sich so die Möglichkeit, den Roman *Wilhelm Meisters Lehrjahre* (1796) zu vollenden.

Das Dokument dieser Dichterfreundschaft ist der Briefwechsel, den G. 1828/29 herausgab, und in dem er sich, wie auch in so manchem anderen, etwa dem mit Carl Friedrich Zelter, als der berühmte, aber wenig hingebungsvolle Freund erwies. Die Briefe der nachitalienischen Zeit zeigen G. als den Herrscher, der Geschenke der Geselligkeit entgegennimmt, ohne mehr dafür zu geben als die Aura seiner Anwesenheit.

Auratisch nämlich war G. in den 1790er Jahren durch die frühen Jenaer Romantiker geworden: sie haben ihn zum klassischen Autor der Zeit stilisiert, indem sie vor allem *Lehrjahre* als den romantischen Roman der Ironie zu ihrem Gründungsbuch machten. Aus dem Bewusstsein, das höchste Maß deutscher Literatur zu repräsentieren, bildeten Schiller und G. eine Partei und zettelten mit den *Xenien* (1797), satirischen Distichen auf den Literaturbetrieb, einen unfeinen Literaturkrieg an.

G. jedenfalls konnte ein reservierter Zeitgenosse bleiben, denn die eigentlichen ständigen Begleiter seines Lebens waren zwei literarische Figuren, Wilhelm Meister und Faust. Mit der Publikation der *Lehrjahre* (1795/96) und von *Faust I* (1808) verließen sie ihn nicht. Erst kurz vor seinem Tode, mit *Wilhelm Meisters Wanderjahren* (1821 und 1829) und *Faust II*, der 1831 für die postume Veröffentlichung versiegelt wurde, ließ seine Phantasie von den Gestalten ab. In Wilhelm Meister schuf er im glücklichen Finder, in Faust den ewigen Sucher – ein solch klares Gesicht zumindest zeigen die Figuren bei allem Wandel, den sie in den fünfzig Jahren ihrer Entstehung durchmachten: als Helden eines psychologischen, eines Bildungs- und schließlich utopischen Romans, beziehungsweise eines Volksstücks, eines Sturm-und-Drang-Dramas und allegorischen Zeitstücks. Nach Schillers Tod 1805 verlor Weimar seine gesellschaftliche Bedeutung, sieht man von der Attraktion ab, die G. selbst war. Herder und Anna Amalia starben, die Romantiker zogen, vor allem wegen der Vertreibung des »Atheisten« Johann Gottlieb Fichte, die G. zu verhindern gesucht hatte, vom nahen Jena weg. G. suchte immer häufiger die Bäder auf, Teplitz, Karlsbad, Marienbad, wo er eine internationale Gesellschaft genoss. Seiner Umgebung zeigte er sich sowohl als Papst wie als Kauz. Jedenfalls stehen den von Eckermann überlieferten Weisheiten, die ex cathedra gesprochen sind, die polternden Satiren und derben Witze gegenüber, mit denen sich in J. D. Falks *Erinnerungen* und des Kanzler Müllers *Unterhaltungen* ein lebensfroher, temperamentvoller, übermütiger Dichter vorstellt.

Wäre G.s Denken so marmorn gewesen, wie es Eckermann charakterisierte, so hätte er nicht mehr, wie er es doch bis zuletzt tat, auf alle Strömungen seiner Zeit mit poetischen Versuchen antworten können. Freilich ist der alte G. von großer Eigenart, ja Eigenwilligkeit und Schrulligkeit, und dennoch möchte man ihn geradezu einen modischen Dichter nennen: keine poetische Tendenz der Zeit, in der er sich nicht geübt hätte! Was er in seiner Jugend mit allen Möglichkeiten der vergangenen Literatur machte: der Anakreontik, der Elegie, der französischen Tragödie – sie ausprobieren, um sie fortzuentwickeln; das unternahm er nun mit der Literatur der Zukunft, um sie festzuhalten: er schrieb die *Novelle* (1828) als die neue Form einer quasi-mündlichen Zeitschriftenpublikation und das *Märchen* (1795), wobei er als Titel bewusst nur die Gattungsbezeichnung wählte, wohl wissend, dass in diesen Formen der Stil ein Spiel und kein wesentlicher Inhalt mehr sein konnte. G. machte sich jedoch auch zum historischen Dichter, der, angeregt durch die Freundschaft mit den Sammlern Boisserée, mittelalterliche Bilder,

Madonnen und allerlei Aberglaube in seinem Roman *Die Wahlverwandtschaften* (1809) und in der Erzählung *Joseph II* in den *Wanderjahren* unterbrachte; die Mythenforschung der Romantik fand hier ebenfalls ihren Niederschlag; an der romantischen »Sonettenwut« beteiligte er sich durch den Zyklus *Sonette* (1808/09), den er wiederum nur mit dem Gattungstitel versah; und schließlich schuf er im *West-östlichen Divan* (1814/15) eines seiner großen Alterswerke im Stil der neuen orientalischen Mode. Hier haben ihn Stil, Haltung und Motivik der Poesie des persischen Dichters Hafis zu ganz unbürgerlich losen Liebesszenen und zur Darstellung einer Knabenliebe angeregt. Mit den Schenkenliedern jedenfalls hat G. der deutschen Lyrik eine Heiterkeit gerettet, wie sie das ganze 19. Jahrhundert hindurch in dieser Gattung nicht mehr erlaubt sein sollte. Mit diesen in vielfachem Sinne trunkenen Liedern, die geradezu an die anakreontischen Anfänge G.s erinnern, endet das Werk eines großen Lyrikers, das ganz zuletzt nach dem Tod des lebenslangen Freundes Carl August 1828 in der melancholischen Seligkeit der *Dornburger Gedichte* ausklingt.

Die letzten Arbeiten am *Faust* schuf ein verlassener Dichter, nachdem auch Charlotte von Stein um 1830 in Rom selbst der Sohn gestorben war, der vom Vater das Trinken gelernt und ihm so treu gedient hatte, keine andere Hilfskraft sonst. Die Anekdoten von G.s Tod am 22. 3. 1832 versuchen, die unendlich weiten Horizonte seiner Poesie zu fassen: ob er als Letztes nun sagte: »Mehr Licht« oder, zu seiner Schwiegertochter Ottilie: »Reich mir dein Patschhändchen« – das Nebeneinander dieser geflügelten Worte zeigt nur, dass dem Dichter im Leben wie im Tode der erhabene wie der scherzhafte Ton leicht von den Lippen ging.

Werkausgaben: Werke (Weimarer Ausgabe). 133 Bde. Hg. im Auftrage der Großherzogin Sophie von Sachsen. Abt. 1: Werke. Abt. 2: Naturwissenschaftliche Schriften. Abt. 3: Tagebücher. Abt. 4: Briefe. Weimar 1887–1919 (Nachdr. Tokyo/Tübingen 1975); Sämtliche Werke. Briefe, Tagebücher und Gespräche. 40 Bde. Hg. von Hendrik Birus u. a., Frankfurt a. M. 1985–2004; Sämtliche Werke nach

Epochen seines Schaffens (Münchner Ausgabe). 21
Bde. Hg. von Karl Richter. München 1985–1998.

*Hannelore Schlaffer*

## Goetz, Curt
## (d. i. Kurt Walter Götz)
Geb. 17. 11. 1888 in Mainz;
gest. 12. 9. 1960 in Grabs (Schweiz)

Sein großer Schülertraum, Arzt zu werden
wie sein Schweizer Großvater väterlicherseits,
scheitert am Niedergang der Privatklinik, die
seine verwitwete Mutter in Halle (Saale) geleitet hatte. So beschließt G., Schauspieler zu
werden wie sein Großvater mütterlicherseits.
Sein Mut wird mit ersten Engagements in Rostock (1907), Nürnberg (1909) und Berlin (ab
1911) belohnt, wo der junge Charakterdarsteller vor allem die gerade »aktuellen« Naturalisten spielt. 1911 beginnt G. zu schreiben: *Der
Lampenschirm, kein Stück in drei Akten* heißt
seine erste Komödie, ein früher Versuch
epischen Theaters, dem aber kein zweiter folgt,
wenngleich G. seine Vorliebe für desillusionierende Elemente beibehalten sollte. Daneben
beginnt eine dritte Karriere: 1912 tritt er das
erste Mal vor eine Filmkamera (*Schwarzes
Blut*, Regie: Harry Piel), zahlreiche Rollen im
Stummfilm, später auch Tonfilm folgen. 1923
heiratet er (nach einer ersten, 1917 geschiedenen Ehe) seine Schauspielerkollegin Valérie
von Martens (d. i. Valery Pajér Freiin von Mayersperg; 1894–1986). Das Paar steht ab 1925
an der Spitze eines reisenden Ensembles, das
mit zunehmendem Erfolg das inzwischen angewachsene Œuvre G.' aufführt: die Einakter-
Zyklen *Nachtbeleuchtung* (1918), *Menagerie*
(1919), *Die tote Tante und andere Begebenheiten* (1924), sowie die dreiaktige Komödie
*Ingeborg* (1921). 1927 wird in Stettin *Hokuspokus, ein Reisser in drei Akten* uraufgeführt. Es
ist G.' erster durchschlagender Erfolg. Im Rahmen einer Justizkomödie, bei der sich am
Ende Ermordeter, Geliebter, Mordkomplize
und (in der Zweitfassung von 1953) Verteidiger als ein und dieselbe Person erweisen, hält
er der »verlogenen, sog. Großen Kunst« den
»ehrlichen Hokuspokus« des Zirkusartisten

entgegen. Fast 400mal sind G. und seine Frau
in *Hokuspokus* auf der Bühne, ab 1953 auch im
Kino zu sehen. In den folgenden Stücken: *Der
Lügner und die Nonne* (1929) und *Dr. med.
Hiob Prätorius* (1932; 1949 bearbeitet und mit
G./v. Martens verfilmt) zeigt sich der Autor als
leidenschaftlicher Anwalt eines offenen, nicht
moralisierenden Umgangs mit Sexualität,
Krankheit und Tod.

Nach der Machtergreifung Hitlers ziehen
sich G., der die Schweizer Staatsbürgerschaft
besitzt, und seine Frau an den Thuner See zurück, um im Februar 1939 in die USA zu
emigrieren, wo G. eine Anstellung als Drehbuch-Autor bei *MGM* findet, die er später zugunsten der Führung einer Hühnerfarm aufgibt. Seine Exil-Erlebnisse verarbeitet er in
den Stücken *Nichts Neues aus Hollywood*
(1956) und *Die Bärengeschichte* (1963 veröffentlicht), in den beiden Erzählungen *Tatjana*
(1946) und *Die Tote von Beverly Hills* (1951)
sowie in den *Memoiren*, die seine Frau 1963
vollendet.

In den USA entsteht (als Ausarbeitung der
*Toten Tante*) G.' sicherlich populärstes Stück:
*Das Haus in Montevideo oder Traugotts Versuchung*, das zunächst in englischer Sprache unter dem Titel *It's a Gift* 1945 am Broadway,
dann – nach der Rückkehr des Ehepaares nach
Europa – 1946 am Zürcher Schauspielhaus
Premiere hat. G. erzählt darin die Geschichte
um den vielfachen Vater und »Hyper-Moralisten« Prof. Dr. Traugott Hermann Nägler, der
einst seine – vor kurzem verstorbene – Schwester, die ledig Mutter geworden war, aus dem
Haus getrieben hatte. In ihrem Testament vermacht sie nun demjenigen Mitglied des Hauses
Nägler ein Vermögen, das ebenfalls »unehrenhaft« Mutter werden sollte. Am Ende tritt
Traugotts eigene Frau das Erbe an, da das
Schiff, auf dem ihre Ehe geschlossen wurde,
für einen Trauakt 27 cm zu kurz war, somit die
Kinder, die sie mit dem Moralisten hat,
»Bastarde« sind. 1951 kommt es zur äußerst
erfolgreichen Verfilmung mit G./v. Martens
unter eigener Regie.

Nach der Anerkennung durch das Publikum wird G. auch staatliche Anerkennung
zuteil: 1958 wird er Mitglied der West-Berliner

Akademie der Künste, 1959 erhält er im Fürstentum Liechtenstein den Titel Prof. h. c. Ein Jahr später stirbt er.

Am ausgestaltetsten erscheinen in G.' Stücken die Rollen der »reifen Männer«, die er größtenteils für sich schrieb. Seine Helden sind Ärzte, Advokaten, Geheimräte, die sich mit Witz und Eleganz in der »besseren« Gesellschaft einen Namen gemacht, sich aber nicht an deren moralische Normen verkauft haben. Vor allem in den frühen Stücken tauchen so die traditionellen Motive des Boulevard- und Konversationstheaters auf, zu dessen populärsten deutschsprachigen Autoren G. – wie neuere Statistiken zeigen – immer noch zu rechnen ist: die Eheprobe in *Die Taube in der Hand* (1919), *Ingeborg, Der* Mörder (1924) bzw. der verziehene oder gar begrüßte Ehebruch in *Der Hund im Hirn* (1919), *Tobby* (1918).

Neben den männlichen Hauptrollen wirken bei G. die Gestalten der Ehefrauen häufig farblos. Größeres Interesse ziehen hingegen seine pubertierenden und mädchenhaften Kindfrauen auf sich, deren Sexualität ihn im Laufe seines Schaffens immer mehr beschäftigt. Nach den Anfängen in *Der Spatz vom Dache* (1919) und *Das Märchen* (1924) gipfelt diese Entwicklung in der Prosa: *Tatjana* und *Die Tote von Beverly Hills* erzählen die Geschichten erotomaner Kindfrauen, die etablierte Männer ins Verderben stürzen. Dabei scheut G. in seinen einzigen Erzählungen, die beide noch vor Nabokovs *Lolita* (1955) erschienen sind, keineswegs vor der überdeutlichen Schilderung zurück.

Werkausgabe: Sämtliche Bühnenwerke. Stuttgart 1987.

*Stefan Henze*

## Gogol', Nikolaj

Geb. 1. 4. 1809 in Bol'šie Soročincy,
Bezirk Poltava/Russland;
gest. 4. 3. 1852 in Moskau

Das Gut, auf dem Nikolaj Gogol' in der ukrainischen Provinz aufwuchs, konnte seine Familie nur knapp ernähren, weshalb das Schreiben später auch immer den Lebensunterhalt sichern musste. Zunächst erhielt der junge G. zusammen mit seinem Bruder Privatunterricht, als Zwölfjähriger kam er in das ca. 200 km entfernte Gymnasium von Nežin, das er sieben Jahre später im Juli 1828 mit dem Abschlusszeugnis verließ. Der Briefkontakt zu Mutter und Schwestern – der Vater war bereits 1825 verstorben – blieb auch intensiv, als G. im Winter desselben Jahres nach St. Petersburg abreiste, um dort sein Glück zu machen. Die Literatur und das Theater faszinierten ihn. Schon der Vater hatte Stücke für das Leibeigenentheater seines Gönners Troščinskij geschrieben, G. erprobte sein Talent in der Theatergruppe des Gymnasiums als Kulissenmaler, Schauspieler und Arrangeur. Ein junger Lehrer begeisterte seine Zöglinge für die damaligen literarischen Moden aus Deutschland, insbesondere für Schiller und die Romantik. Auch der Direktor förderte G., indem er ihn in einen Literaturzirkel aufnahm, wo G. seine literarischen Gehversuche präsentierte. Mit vielen Ermunterungen und mit mehreren Texten im Gepäck reiste G. also in die Hauptstadt, darunter *Ganc Kjuchel'garten* (*Hans Küchelgarten*, 1914), eine *Idillija* in zwei Bildern. Sie wurde – mit finanziellem Zuschuss des Verfassers – 1829 publiziert, erhielt aber nur schlechte Kritiken. Erschrocken begab sich G. auf eine mehrwöchige Auslandsreise, auch wenn er sie kaum finanzieren konnte.

Nach Russland zurückgekehrt, machte er sich ernsthaft auf die Suche nach einer Stellung, konnte diese jedoch nur in der untersten Rangstufe der Beamtenhierarchie erlangen. Über landsmannschaftliche Kontakte machte sich G. der Literatenszene bekannt, und führende Literaten wie Žukovskij und Pletnëv empfahlen ihn und bahnten ihm damit Wege. G. begann im März 1831 eine neue, auch wieder wenig glückliche Laufbahn als Lehrer. Er veröffentlichte den Novellenzyklus *Večera na chutore bliz Dikan'ki* (1831/32; *Abende auf dem Gutshof bei Dikanka*, 1910), der wegen der ukrainischen Thematik, die als exotisch und modern galt, gut ankam. Im Jahr 1834 folgte die Erzählung *Povest' o tom kak possorilsja*

*Ivan Ivanovič s Ivanom Nikiforovičem (Die Geschichte, wie sich der Ivan Ivanovič mit dem Ivan Nikiforovič verzankte, 1958)* – auch diese im ukrainischen Milieu angesiedelt. Dieser Text weist schon die wichtigsten Merkmale der für den späteren G. typischen Erzählweise auf: Ein Erzähler voller Pathos und Mitgefühl zeigt zwei reichlich beschränkte und bigotte Gutsbesitzer, die sich selbst für die besten Menschen halten. Der Erzähler folgt ihnen in ihrer Selbsteinschätzung, macht dabei aber nicht deutlich, wo seine eigenen Maßstäbe sind. Immer wieder schweift er bis ins Unsinnige ab und demontiert selbst seine Glaubwürdigkeit, auch in moralischer Hinsicht.

G., der 1832/33 in einer schöpferischen Krise steckte, hatte sich große Hoffnungen auf die Stelle eines Adjunkt-Professors für Geschichte an der Petersburger Universität gemacht, die Stelle auch erhalten, sie aber sogleich wieder verloren, da es ihm an Vorbildung mangelte. Die Alternativen zum Berufsschriftsteller wurden immer weniger. Das Jahr 1835 brachte viele Publikationserfolge: den Zyklus *Mirgorod (Mirgorod*, 1910), die Vampir-Erzählung *Vij (Der Vij*, 1910), eine Sammlung von Erzählungen mit dem Titel *Nevskij prospekt (Der Nevskij-Prospekt*, 1903), die Erzählung »Portret« (»Das Porträt«, 1903) sowie die *Zapiski sumašedščego (Aufzeichnungen eines Wahnsinnigen*, 1839) und *Taras Bul'ba (Taras Bul'ba*, 1844). G., der mittlerweile auch Aleksandr Puškin kennengelernt hatte und zu seinen Förderern zählen konnte, war auf dem Höhepunkt seines Ruhms. Einem breiteren Publikum galt er als komischer, humoristischer Autor, wenngleich die auf Realismus eingestellte Literaturkritik (allen voran Vissarion Belinskij) glaubte, in G. den Vorreiter einer realistischen Strömung erkannt zu haben. Beide Zuschreibungen deckten sich nicht mit der Selbsteinschätzung G.s, der sich als Idealist in der Nachfolge Schillers sah. In der 1836 in Puškins *Sovremennik* veröffentlichten Erzählung »Nos« (»Die Nase«, 1883) spottet der Erzähler offen über den Anspruch vieler Kritiker der damaligen Zeit, die Literatur habe nützlich zu sein. Dagegen setzt er einen erweiterten Realitätsbegriff. Trotz solcher produktiver Re-

aktionen auf das literarische Umfeld war G. durch das Auseinanderfallen von Selbst- und Fremdwahrnehmung höchst verunsichert.

Im April 1836 wurde in St. Petersburg G.s Komödie *Revizor (Der Revisor*, 1854) uraufgeführt. Er hatte sie Ende 1835 schnell geschrieben, weil er Geld brauchte und bemerkt hatte, dass er mit seinem neuen Romanprojekt *Mertvye duši (Tote Seelen)*, nicht schnell genug vorankam. Es heißt, G.s Gönner hätten beim Zaren höchstpersönlich die Zensurfreigabe bewirkt, und dieser soll sich bei der Premiere im Theater köstlich amüsiert haben. G. aber war mit seinem Stück, da er es nun aufgeführt sah, nicht zufrieden. Er besorgte sich einen Reisepass und verließ die Stadt in Richtung Westen. In Paris, wo er seinen Freund Danilevskij besuchte, ereilte ihn die Nachricht vom Tod Puškins, was ihn noch weniger motivierte, bald nach Russland zurückzukehren. Er reiste nach Italien, wo er kurz vor Ostern ankam. Das Osterfest mit seiner Auferstehungsbotschaft und der milde Frühling gaben dem religiös sehr sensiblen G. neuen Mut und verbanden sich auf Dauer mit seinem Begriff von Rom. Auch wenn er in den kommenden Jahren nach Deutschland (der Gesundheit wegen) oder nach Russland (in familiären und literarischen Angelegenheiten) reiste, zog es ihn doch immer wieder nach Rom zurück.

Hier schrieb er den größten Teil der *Mertvye duši*, deren erster Teil im Sommer 1841 abgeschlossen war. Selbstzweifel, eingebildete und tatsächliche Krankheiten hatten die Arbeit immer wieder unterbrochen. Er selbst nannte den Text ein »Poem« – ein deutlicher Hinweis darauf und auf die Reise seines Helden Čičikov durch das ländliche Russland in der Tradition von Dantes Jenseitsreise sah. Wenn Čičikov verstorbene leibeigene Bauern (»Seelen«) den Gutsbesitzern, die für sie noch Steuern zahlen müssen, abkauft, um mit einem Kredit zu erschwindeln, wird eine russische Variante des »Inferno« gezeigt. Auch im Roman selbst gibt es Hinweise auf eine intendierte allegorisch-moralische Lesart, wie Dante sie für seine *Divina Commedia* vorgesehen hatte. Als G. das Buch im Herbst 1841 in Moskau veröffentlichen lassen wollte, lehnte die Zensur ab – man sah darin eine ungehörige Satire auf Russland. Für G. war dies auch finanziell ein schwerer Schlag. Er versuchte es in St. Petersburg, wo er die besseren Beziehungen hatte, und erhielt dort tatsächlich die Druckerlaubnis, allerdings nur für den Titel *Pochoždenija Čičikova ili: Mertvye duši* (1842; *Die Abenteuer Čičikovs oder: Die Toten Seelen*, 1846). Die vielen skurrilen Gestalten, die den Roman bevölkern, die Fabulierlust des Erzählers und seine geschliffenen komischen und bisweilen grotesken Formulierungen haben den Roman schnell zu einem der meistgeschätzten Werke der russischen Literatur werden lassen.

Nach der Veröffentlichung des Romans und der Erzählung »Šinel'« (1842; »Der Mantel«, 1851), die in einer schnell zusammengestellten Werkausgabe erschien, reiste G. im Sommer 1842 sogleich wieder ab, während das lesende Russland sich im G.-Fieber befand. In Rom arbeitete er weiter an den »Mertvye duši« – der zweite Band sollte die Läuterung des Helden vorführen. Unzufrieden mit dem Erreichten und im Bewusstsein, schwer krank zu sein, ging G. wieder auf Reisen in die deutschen und böhmischen Kurorte. Nach Rom zurückgekehrt, verbrannte er im Sommer 1845 fast das ganze Manuskript des zweiten Bandes der »Mertvye duši«.

Die Krankheit veränderte nun auch seine Einstellung zur Literatur: Er schrieb kaum noch Fiktionales, sondern fast nur noch über Literatur, Kunst, Religion, Gesellschaft und Moral. Unter dem Eindruck, nicht mehr viel Zeit zu haben, wollte er nun offen von seiner Botschaft und seiner Sendung als Schriftsteller sprechen. Sein Anliegen war die moralische Erneuerung Russlands aus dem Geist des Christentums; seine Kommunikationsform wurde der Brief. Unermüdlich schrieb er der Familie und den Freunden erbaulich-belehrende Briefe, und als er 1847 den Band *Vybrannye mesta iz perepiski s druzjami* (*Ausgewählte Stellen aus dem Briefwechsel mit Freun-*den, 1913/14) veröffentlichte, reagierte das Publikum mit Unverständnis. Belinskij, der ihn 1835 als Hoffnung der neuen Generation gepriesen hatte, schrieb einen offenen Brief, in dem er G. einen Obskuranten nannte, einen »Prediger der Knute«, weil jener in seinem Loblied auf die angeblich gottgefällige Gentilgesellschaft die Leibeigenschaft gutgeheißen hatte. Der ganz in die Welt der mönchischen Askese eingetauchte G. arbeitete an *Razmyšlenija o Božestvennoj liturgii* (*Betrachtungen über die Göttliche Liturgie*, 1911), einer Deutung der Symbolik des orthodoxen Gottesdienstes, die erst postum (1889) erscheinen konnte. Er versuchte sich weiter am zweiten Band der »Mertvye duši«, verbrannte aber im Februar 1852 auch diesen Text und verweigerte fortan die Nahrungsaufnahme. Er starb im März 1852.

Werkausgaben: Gesammelte Werke. 5 Bde. Hg. A. Martini. Stuttgart 1981-2003. – Gesammelte Werke in Einzelbänden. Berlin/Weimar ⁴1987.

*Norbert Franz*

### Golding, [Sir] William [Gerald]
Geb. 19. 9. 1911 in St. Columb Minor, Cornwall; gest. 19. 6. 1993 in Perranarworthal, Cornwall

Scheinbar unberührt von der britischen Literaturentwicklung der 1950er bis 1980er Jahre schuf William Golding sein sich in der einheimischen literarischen Landschaft monolithisch ausnehmendes Erzählwerk. Als 1983, nach drei Jahrzehnten, mit G. erneut ein britischer Autor mit dem Literaturnobelpreis ausgezeichnet wurde, lautete die offizielle Begründung, sein Romanschaffen beleuchte »mit der Klarheit realistischer Erzählkunst und der Mannigfaltigkeit und Universalität des Mythos die *conditio humana* in unserer heutigen Welt«. Tief prägend für G.s Weltsicht waren seine Zweifel an der liberalistischen Fortschrittsgläubigkeit des Elternhauses und, wenige Jahre nach seinem Oxfordstudium, die Teilnahme des Englisch- und Geschichtslehrers als Marineoffizier am Zweiten Weltkrieg.

Das eigene Erleben von Zerstörung und Tod habe ihn, sagte er 1963, davon überzeugt, dass die Menschheit von einer »schrecklichen Krankheit« befallen sei, deren Wurzeln er in sich selbst – im Individuum – nachspüre.

Schon in seinem ersten Roman wird sie durch den Titel *Lord of the Flies* (1954; *Herr der Fliegen*, 1956) unter Anspielung auf das hebräische *ba'al zebūb* als das Satanische, Böse, Destruktive benannt und im Gang der fiktiven Ereignisse als im Menschen befindlich diagnostiziert. Paradigmatisch für sein weiteres Schaffen entwarf G. eine einfache, jedoch ungewöhnliche Geschichte darüber, wie unter scheinbar idyllischen Umständen unschuldiges Kinderspiel zu grausamem Kinderkrieg pervertiert, eine Geschichte, die er, nachhaltig beeinflusst von der antiken griechischen Tragödie (insbesondere des Euripides), auch als »moralische« bzw. »tragische Lektion« begriff. Ihre oft erhebliche Komplexität erfahren G.s Werke durch gleichnishaft-allegorisierende Verfahren (vom Autor anfänglich als »fable« bezeichnet) und relativierende erzählerische Perspektivierungen – etwa, wenn am Ende von *Lord of the Flies* die Mikrowelt der Kinder mit deren tödlicher Kriegsführung abrupt in die nun als Vordergrundhandlung fungierende Makrowelt der Erwachsenen und des atomaren Weltkriegs ›hinübergerettet‹ wird. Hinzu kommt, dass G.s Romane sich durch eine überaus reiche Intertextualität auszeichnen. Auf solche Weise wird das Erstlingswerk auch zur Anti-Robinsonade und zum ideologieträchtigen Gegenentwurf zu Robert M. Ballantynes viktorianischem Kinder- und Abenteuerroman *The Coral Island* (1858). Bereits in den 1960er Jahren erlangte es wohl auch wegen seiner anti-utopischen und postimperialen Züge den Status eines Kultromans unter der akademischen Jugend, zunächst in den USA. Inzwischen in 26 Sprachen übersetzt und zweimal verfilmt (1963 und 1990), genießt der Roman v.a. als Schullektüre eine anhaltend weltweite Verbreitung.

Nach einer Variation des Themas in Form des ›prähistorischen‹ Romans *The Inheritors* (1955; *Die Erben*, 1964), der als pointierte Absage an H.G. Wells' evolutionären Geschichts-optimismus in *The Outline of History, Being a Plain History of Life and Mankind* (1920) gilt, wandte sich G. der metaphysisch dimensionierten allegorisierenden Darstellung individueller Schicksale zu. Probleme der moralischen Verantwortung des schuldhaft in der Welt verstrickten Menschen und die Notwendigkeit seiner Selbsterkenntnis, jedoch zugleich deren allzu enge Grenzen, welche sich nur in Momenten von Vision (oder Wahn?) öffnen, stehen hier im Vordergrund. So hat ein Marineleutnant in *Pincher Martin* (1956; *Der Felsen des zweiten Todes*, 1960) im Augenblick des Todes die Illusion eines rettenden Felsens, der ihm ermöglicht, vergangene Konflikte in Visionen zu reflektieren. Die Behandlung des Moralitätenthemas überwiegend aus der Perspektive des Lasters ermöglicht die Sicht auf Splitter einer modernen bürgerlichen Biographie, welche variiert zum Objekt ausführlicher Selbst-Rekonstruktion und untröstlicher Einsichten Samuel Mountjoys, des Ich-Erzählers von *Free Fall* (1959; *Freier Fall*, 1963), in seine menschliche Natur wird. *Free Fall* ist an Albert Camus' *La Chute* (1957) angelehnt, während der hauptsächliche motivische Kontext von *The Spire* (1964; *Der Turm der Kathedrale*, 1966) in der mittelalterlichen englischen Kirchenarchitektur liegt. Das Buch handelt vom Bau des höchsten Kirchturms im Lande als Gleichnis auf den hohen menschlichen Preis, den er als »steinernes Gebet« und »Steinhammer« zugleich einfordert. Beide vorgenannten Romane entwerfen fiktive Welten von dualistischer Natur. Die hohe Offenheit seiner Erzählwerke hat die G.-Kritik ihrerseits mit für sie charakteristischen kontroversen Lesarten bei Dominanz der vom Autor für sich selbst stets geltend gemachten religiös-metaphysischen Deutungen nachhaltig bestätigt.

Nach längerem vom Erscheinen des Kurzromans *The Pyramid* (1967; *Oliver*, 1972) unterbrochenen künstlerischen Schweigen leitete *Darkness Visible* (1979; *Das Feuer der Finsternis*, 1980) G.s Spätwerk ein. Das mit dem Titelbezug auf John Miltons *Paradise Lost* (1667–74) gestiftete Motiv des Absturzes in die Hölle überspannt eine tief pessimistische Diagnose des Woher und Wohin der zeitgenössischen Zivilisation. Zeichen der Finsternis und der Warnung vor Destruktion und Chaos durchwalten den einzigen seiner Romane, welchen G. sich stets weigerte zu kommentieren. Gegenüber seinen mitunter obskur anmutenden Verschlüsselungen weisen die abschließenden, noch zu Lebzeiten des Autors veröffentlichten Romane manche überraschende Züge auf. Versteckt in der farcenhaften Handlung von *The Paper Men* (1984; *Papier-Männer*, 1984) vollzieht sich im Ansatz der Versuch einer ironisch verschlüsselten und satirisch verfremdenden ›Bilanz‹ des G.schen Romanschaffens. Im Vordergrund der Handlung steht hier das Thema gegenseitigen Ausgeliefertseins von Schriftsteller und Kritiker in Form einer bissigen Satire auf den modernen Literaturbetrieb. Das Werk kann als fiktionalisiertes Szenario eines öffentlichen Vortrags G.s – veröffentlicht in der Sammlung *A Moving Target* (1982) – verstanden werden, in dem er 1976 bedauerte, mittlerweile zur Verkörperung der Botschaft seines Romans *Lord of the Flies* abgestempelt und mit seinem Schaffen zum »beweglichen Ziel« einer »akademischen Leichtindustrie« geworden zu sein. *The Paper Men* enthält auch eine Anspielung auf den wenige Jahre zuvor erschienenen, mit dem *Booker Prize* ausgezeichneten Roman *Rites of Passage* (1980; *Äquatortaufe*, 1983), der als G.s künstlerisches Meisterwerk gelten kann. Das Buch handelt von einer Schiffsreise, etwa um das Jahr 1813, von England in Richtung der Antipoden und von den fatalen Folgen einer Äquatortaufe, die für den jungen Geistlichen Robert Colley zum auslösenden Akt psychischer Vernichtung und mittelbar seines Todes aus Scham wird. Der Schuld an Colleys Verhängnis wird sich G.s tagebuchführender Ich-Erzähler Edmund Talbot, ein junger arroganter Adliger, nur langsam und teilweise bewusst. G.s namenloses Schiff steht in der Tradition des Narrenschiffs, wobei die grundlegende Bedeutung von Ritual und Zeremonie für die Strukturierung des Lebenszyklus an Bord schon dem auf Arnold van Genneps *Les Rites des Passages* (1909) anspielenden Titel entnehmbar ist. Talbots Zwangslage und große Herausforderung, das Schreiben und das Leben auf dem Schiff gleichzeitig erlernen zu müssen, verwandeln den Roman in eine Werkstatt (selbst-)reflektierenden Schreibens, welches dem Schiff häufig Züge einer Bühne verleiht, auf der die Tragik des fiktiven Rollenspiels nachhaltig von Satire und Farce überlagert wird und das insgesamt durch komplexe Epochenstil-Imitationen zwischen Aufklärung und Romantik brilliert. Für viele überraschend, entschied sich G. für die Fortsetzung seines Reise- und Seeromans und dessen Ausweitung zur zeitgenössischen Odyssee, die ironisch-motivisch häufig dem Kurs von Samuel Taylor Coleridges »The Rime of the Ancient Mariner« (1798/1800) folgt und hierbei die Bildung und Entwicklung Edmund Talbots in den Mittelpunkt stellt: in *Close Quarters* (1987; *Die Eingepferchten*, 1988) die Erziehung seiner Gefühle, in *Fire Down Below* (1989) seiner politischen Ansichten. Wenn Talbot, im Alter, rückblickend über den relativen lebenspraktischen Gewinn seiner Reiseerfahrungen sinniert, findet sich ein Echo dessen auch im Titel der von G. nachträglich zur Trilogie gefügten Talbot-Romane wieder: *To the Ends of the Earth* (1991). Mit gutem Recht darf man ihn als Fazit der humanistischen Bestrebungen und Hoffnungen verstehen, die G. mit seiner Erzählkunst verband: sein von Erfahrungen des Zweiten Weltkriegs und der Nachkriegsdekaden gespeistes besorgtes, immer aktuelles, doch tief skeptisches Warnen vor dem Destruktiven seit *Lord of the Flies*, zu dem im Spätwerk mit *To the Ends of the Earth* ein etwas nachsichtigeres Einräumen menschlicher Besserungsfähigkeit hinzukommt.

*Hans Jochen Sander*

## Goldoni, Carlo
Geb. 25. 2. 1707 in Venedig;
gest. 6. 2. 1793 in Paris

Den Namen Carlo Goldoni assoziiert man im Allgemeinen mit der Reform der Commedia dell'arte. Tatsächlich nimmt G. in der dramatischen Literatur des 18. Jahrhunderts in Italien eine Sonderstellung ein, da er ihr in vielen Punkten neue Impulse zu geben vermochte. Seine schriftstellerische Arbeit wie seine kritischen Reflexionen zeugen von dem Willen, ein bürgerliches Theater zu etablieren. Im Rahmen des Aufklärungsdiskurses und des allmählich erwachenden bürgerlichen Selbstbewusstseins sollten seine Stücke exemplarisch für eine neue Zeit stehen. G. war eigentlich Jurist und recht erfolgreich in der Ausübung seines Berufs. Doch dem Theater fühlte er sich schon seit frühester Jugend verbunden. In diese Zeit fallen auch seine ersten Schreibversuche. Der unerwartete Erfolg der Komödie *Il servitore di due padroni* (1745; *Der Diener zweier Herren*, 1762) mag sicherlich einer der Gründe dafür gewesen sein, dass er 1747 den Beruf des Advokaten in Pisa aufgab, nach Venedig zurückkehrte und sich professionell dem Schreiben von Theaterstücken widmete. Damit begann seine produktivste und vielversprechendste Schaffensperiode, die noch heute seinen Ruf als größter Komödiendichter der italienischen Literatur begründet. Rund 140 Komödien, zahlreiche Opernlibretti und eine Reihe von Szenarien ganz unterschiedlicher Art geben davon Zeugnis. In den Jahren, in denen er zunächst unter dem Direktor Girolamo Medebach für das Teatro Sant'Angelo (1748-53) und danach (bis 1762) unter der Leitung von Antonio Vendramin für das Teatro San Luca tätig war, versuchte er, seine Vorstellungen eines reformierten Theaters zu realisieren. Von zwei ›Büchern‹ hat er sich dabei inspirieren lassen: vom ›Buch der Welt‹ und vom ›Buch des Theaters‹ (»due gran libri, Mondo e Teatro«). Das erste mit seiner Vielfalt an individuellen Schicksalen diente ihm als Fundus für seine Themen und prägte sein Menschenbild. Im zweiten studierte er die theoretischen Grundlagen dramatischer Dichtkunst. Den meisten seiner Bühnenstücke war zwar ein lebhafter und anhaltender Erfolg beschieden, allerdings konnte dieser ihn nicht vor der heftigen Kritik seiner Gegner schützen. Insbesondere Carlo Gozzi polemisierte gegen G.s Theaterreform. Im Gegensatz zum Theater seines großen Rivalen, in dessen ›fiabe teatrali‹ (Theatermärchen) die Freiheit schöpferischer Phantasie und das rein Spielerische

um seiner selbst willen im Vordergrund standen, setzte G. auf die Widerspiegelung der Wirklichkeit seiner Zeit. 1762 ging er auf Einladung der Comédie Italienne nach Paris, wo er am Théâtre Italien aber nicht mehr an seine früheren Erfolge anknüpfen konnte und im Alter von fast 80 Jahren seine Lebenserinnerungen auf Französisch zu Papier brachte. In den *Mémoires de M. Goldoni, pour servir à l'histoire de sa vie et à celle de son théâtre* (1787; *Geschichte meines Lebens und meines Theaters*, 1988) zeichnet er nicht nur seine Lebensgeschichte nach, sondern äußerte sich auch über die ganz individuellen Zusammenhänge von Biographie und Poetik in seinem Werk, über Voraussetzungen und Motivationen des Schreibens und die nicht immer einfache existentielle Erfahrung im Wechselspiel mit der Welt.

Die Memoiren geben zusammen mit den für die meisten Komödien verfassten Begleittexten »L'autore a chi legge« (»Der Autor an den Leser«), dem Vorwort zur ersten Auflage seiner Komödien im Jahr 1750 und dem Bühnenstück *Il teatro comico* (1751; *Das Theater*, 1752) Einblick in G.s Poetik. Neben Fragestellungen struktureller Art widmet er sich vor allem der Funktionsbestimmung seiner Kunst. Diese basiert auf einer vernünftig eingerichteten, sittlich-moralisch geprägten Gesellschaftsordnung, die bürgerliche Lebens- und Verhaltensnormen für alle Schichten verbindlich machen will. Innovativ ist insbesondere seine Einsicht in die Psychologie der Figuren. Seine als »Pièces de caractère« (Charakterstücke) bezeichneten Komödien sollten im Gegensatz zu den typisierten Gestalten des Stegreiftheaters mit individuellen Zügen versehene und psychologisch motivierte Identifikationsfiguren für das einfache Volk in wirklichkeitsnahen Situationen auf die Bühne bringen. Die Schauspieler sollten Gefühle und Leidenschaften unverhüllt, ohne sie den gemeinen Wirklichkeit entrückenden Mas-

ken, zum Ausdruck bringen:»Will er nun Freude oder Schmerz ausdrücken, ob er nun verliebt ist, in Zorn gerät oder scherzt, stets zeigt sich das gleiche banale Gesicht. [...] Heute verlangt man von dem Schauspieler Seele, und Seele unter der Maske ist wie Feuer unter der Asche. Aus diesen Gründen hatte ich mich entschlossen, die Reform der Masken der italienischen Komödie zu unternehmen und die Possen durch Lustspiele zu ersetzen« (*Mèmoires*). Ganz konnte G. dieses Ziel nicht durchsetzen, zu hoch wären die Anforderungen an das die Virtuosität des Stegreifspielers gewohnte Publikum gewesen, als dass er ganz auf Masken hätte verzichten können. Sein bekanntestes Stück *Il servitore di due padroni*, das die Wende hin zum Theater als moralische Anstalt signalisierte, demonstriert dies auf eindrucksvolle Weise. Es steht an der Schwelle zwischen der spontanen Improvisationskunst der Commedia dell'arte und einer textbasierten Komödie, die die Schauspieler in ihrem Handlungsspielraum einschränkte. Hier zeigt sich noch seine Kompromissbereitschaft, zwischen beiden Gegensätzen zu vermitteln. In seiner ursprünglichen Version wurden im Stück nur einige Rollen schriftlich ausformuliert, andere wiederum ließen den Darstellern Raum für humorvolles Maskentheater und selbstinszeniertes Auftreten. Erst 1753 erschien das Stück im Einzeldruck in der endgültigen Fassung mit vorgeschriebenem Text und fester Handlungsstruktur.

Dass er diesen Gegensatz nie ganz aufzulösen vermochte, zeigt auch *Il teatro comico*, das G. in seinen Memoiren eine »poétique mise en action« (»Poetik in der Aktion«) nannte. Mit dem Kunstgriff des Theaters auf dem Theater wird die beabsichtigte Reform Gegenstand einer Diskussion zwischen dem Prinzipal Orazio, der implizit das Horazische Programm des »delectare aut prodesse« propagiert, und den Schauspielern. Auf der Bühne wird das Stück »Il padre rivale del figlio« (»Der Vater als Rivale seines Sohnes«) geprobt, mit dem Auftritt neuer Schauspieler, die ihre Dienste anbieten, jedoch immer wieder gestört. Die Unterbrechungen werden genutzt, um über die alte und neue Theaterpoetik zu diskutieren. Am Ende einigt man sich bezüglich der Dramatisierung des Stückes auf einen Kompromiss; der Prinzipal ist zu Konzessionen an den Publikumsgeschmack bereit. Da es G. hier hauptsächlich darum ging,»meine Methode beim Abfassen meiner Komödien« (»L'autore a chi legge«) zu veranschaulichen, kann *Il teatro comico* als literarisches Manifest angesehen werden.

Trotz des nie ganz gelösten poetologischen Zwiespalts hielt G. an der Funktionalisierung seiner Kunst fest. Seinem dramaturgischen Anliegen gemäß präsentierte er dem Zuschauer ein »modèle à imiter«. Das Theater sollte als Projektionsfläche die Tugenden und Leidenschaften einfangen, dazu anleiten,»dem Laster zu entsagen und die Fehler zu korrigieren« (*Mèmoires*). Die Fokussierung auf die sittlichen und gesellschaftlichen Verhältnisse seiner Zeit dagegen sollte zu einer besseren und vertieften Kenntnis der Welt führen. In diesem Sinne ist auch die Kontrastierung von Personen und Stimmungen zu verstehen: Gestalten wie der geschwätzige dottore (Arzt) oder der heruntergekommene Aristokrat dienen ihm als Kontrastfiguren zum moralisch integren, werteschaffenden Bürger. In *La bottega del Caffè* (1750; *Das Kaffeehaus*, 1975) ist es der ehemalige Diener und jetzt selbständige Geschäftsmann Ridolfo, der sich aufgrund seiner bürgerlichen Rechtschaffenheit in die Herzen der Zuschauer spielt; in *La locandiera* (1753; *Mirandolina*, 1975), die G. in seinen Lebenserinnerungen als die »natürlichste« seiner Komödien bezeichnete und die wohl zu Recht als »dramatisierte Poetik« (Wolfgang Theile) aufgefasst werden kann, fällt diese Rolle der Besitzerin eines Gasthauses zu. Als Frau von Geist und Verstand zeigt sich Mirandolina dem Marchese und dem Conte, die beide um ihre Liebesgunst buhlen, überlegen, und zu guter Letzt entlarvt sie dank ihrer Raffinesse auch den Frauenverächter Cavaliere di Ripafratta als Heuchler. Oft tritt aber die eigentliche Intrige zugunsten der Charakterisierung der Hauptgestalten zurück. Auffallend ist in den der Theaterreform nahestehenden Stücken auch die sprachliche Determinierung der Personen. Hier manifestiert sich G.s stilistische Vielseitigkeit. Neben seinen individualisierenden Charakterzeichnungen hat G. einige venezianische Milieustücke geschrieben, in denen er die Welt der Fischer und ihrer Familien (*Le baruffe chiozzotte*, 1774; *Skandal in Chioggia*, 1957) oder anderer einfacher Leute (*Il campiello*, 1756; *Der kleine Platz*) schilderte und in denen sprachliche Elemente, wie z. B. venezianische Dialektismen, den Realitätscharakter seiner Komödien unterstreichen.

Werkausgabe: Lustspiele. 4 Bde. Hg. von L. Lorme/ M. Schell-von Noé. Darmstadt 1957.

*Sandro Moraldo*

## Goldsmith, Oliver

Geb. 10. 11. 1730 in Kilkenny West/ Irland; gest. 4. 4. 1774 in London

Der Essayist, Versdichter, Romancier und Dramatiker Oliver Goldsmith ist nur noch durch wenige Titel seines umfangreichen Werks bekannt, das der Berufsautor, der nie wirtschaften konnte, aus ständiger Geldnot verfasste. – Nach dem B.A. am Trinity College in Dublin studierte G. in Edinburgh und Leyden Medizin, kehrte jedoch ohne Examen zurück. Dass seine Förderer wie Samuel Johnson ihn »Dr.« nannten, war Teil des häufigen Spotts auf seine Lebensuntüchtigkeit. Hässlich, pockennarbig, labil, gesellschaftsscheu, erklärte Johnson »poor Dr. G.« trotz Mitgliedschaft in seinem literarischem Club für »unclubbable«. So fand Johnson G.s einzigen Roman, *The Vicar of Wakefield* (1766; *Der Pfarrer von Wakefield*, 1963), beim Durchsuchen des Zimmers des wieder einmal in Geldnot betrunkenen Autors nach verkaufbaren Manuskripten.

G.s Bekanntheit begann, nach drei Jahren Gelegenheitsschriftstellerei (»hack-writing« oder »Grub Street«) in London, mit *An Enquiry into the Present State of Polite Learning in Europe* (1759). G.s Klage über den europaweiten Niedergang der Belletristik in der Moderne aufgrund der Inkompetenz oder Geldgier von Verlegern, Theaterdirektoren, Mäzenen und Kritikern klang selbstmitleidig und

verletzte manchen potentiellen Freund, etwa David Garrick, den G. selbst mit seinem vielgerühmten Charme nicht versöhnen konnte. Die *Enquiry* erwies jedoch G.s Talent, höchste Gelehrsamkeit in elegant essayistischer Prosa vermitteln zu können, was ihm später viele Aufträge verschaffte, etwa für seine *History of England* (1764), seine *Roman History* (1769), seine *Grecian History* (1774), seine achtbändige *History of the Earth and Animated Nature* (1774) sowie für zahlreiche Biographien und Übersetzungen, nicht zu zählen die vielen G. nur zugeschriebenen anonymen Werke. Hinzu kamen eine eigene essayistische Wochenzeitschrift, *The Bee* (1759), und zahllose Beiträge für andere Zeitschriften, in der Nachfolge von Richard Steeles und Joseph Addisons *Spectator* (1711–14). So entstanden auch die ›Chinese Letters‹ (1760–61), später als Buch publiziert unter dem Titel *The Citizen of the World* (1762; *Der Weltbürger*, 1781). Wie Montesquieus *Lettres persanes* (1721) ließen sie einen Orientalen auf Besuch in der Hauptstadt Sitten und Institutionen Englands bzw. Frankreichs aus exotischer Außenperspektive beschreiben und mit eigenen vergleichen. Dies erlaubte, wie auch schon in Jonathan Swifts *Gulliver's Travels* (1726), sowohl satirische Geißelung von gewohnten Missständen als auch Neureflexion verkrusteter Strukturen, beides im rationalen Interesse gesellschaftlicher Verbesserungen.

Johnson, mit dem ihn seine aufklärerisch klassizistische Grundüberzeugung und seine essayistische Kunstprosa verband, traf G. 1761. In Johnsons 1763 gegründetem Club lernte der scheue Autor dann viele berühmte Literaten, Künstler, Philosophen und Politiker kennen, u. a. Thomas Percy (der sein erster Biograph wurde), Garrick, James Boswell und Edmund Burke. So bestärkt in seinem schütteren Selbstvertrauen veröffentlichte er, mit Johnsons Hilfe, sein erstes Werk unter seinem Namen: *The Traveller, or, A Prospect of Society* (1764). Auch in diesem typischen klassizistischen Lehrgedicht in »heroic couplets« (paarweise gereimten jambischen Fünfhebern), deren augusteische Diktion die regelgerechte Mitte zwischen Prunk und Volkstümlichkeit hält, wird G.s enzyklopädischer mit seinem melioristischen Anspruch verbunden. Der Reisende als Sprecher des Gedichts schildert, kritisch und von hoher Warte (einem Alpengipfel), die sozialen, politischen und ökonomischen Bedingungen der Staaten und Landschaften Europas (Italien, Frankreich, Holland) im Vergleich mit England. Die Einsamkeit des Wanderers (»Remote, unfriended, melancholy, slow«), seine Empfindsamkeit und seine Klage um den fortschreitenden Verlust ländlicher Idyllen sind Anleihen des Klassizisten bei der Vorromantik. Sie antizipieren G.s vielgelesenes Lehrgedicht *The Deserted Village* (1770; *Das verödete Dorf*, 1772), das in seiner Mischung von Satire und Klage ein zwiespältiges Bild der Landflucht zeichnet. Zum einen bedauerte der Tory G., dass die neureichen Whigs viele Ländereien der alten verarmenden Adligen aufkauften und deren alteingesessene Pächter in die Städte vertrieben. (Diese kommerzielle Revolution wurde dann Hauptgrund für das frühe Einsetzen der Industriellen Revolution in England). Zum anderen verspottet das Gedicht in urbaner Weise Primitivität und Bildungsmangel des Landlebens in den Ironien des klagenden Sprechers, der »sweet Auburn« ebenfalls hatte verlassen müssen.

Ein ähnliches Problem stellt *The Vicar of Wakefield* dar. Es ist die naiv sentimentale rückblickende Ich-Erzählung des Hilfsgeistlichen Primrose, der als komisch pathetischer Hiob schildert, wie über ihn und seine große Familie in ihrer idyllischen Landpfarre Unglücke hereinbrachen, wie er vertrieben wurde, wie Junker Thornhill seine Töchter Sophia und Olivia zu verführen trachtete, wie seine Söhne Moses und George auf der Suche nach Geld betrogen wurden, wie Thornhill ihn in den Schuldturm brachte, wie Thornhills (als Burchell getarnter) Onkel die Intrigen des Neffen aufdeckte und die Primroses rettete – bis hin zur glücklichen Doppelhochzeit in der alten idyllischen Landpfarre. Zu seiner Zeit wurde das kleine Werk europaweit als empfindsamer Roman gelesen: Primrose und seine Söhne erschienen, ähnlich wie Henry Mackenzies Harley, als »fools of quality«, deren tugendhafte Einfalt eine schlechte rationale

Welt demaskiert. Doch liegt eine konträre Lesart nahe. Aus der Perspektive der klassizistischen Komödie G.s erlebt man einen Toren, der sich mit seiner gefährlichen Weltunklugheit ähnlich lächerlich macht wie seine Gattin mit ihrem gefährlichen Standesstreben. Wenn die Familie aus allen Verwirrungen schadlos hervorgeht, verdankt sie das der Klugheit ihres Retters. Jedoch hat, im Unterschied zu Daniel Defoe, G.s rückblickender Erzähler nichts gelernt. Diese schon damals beanstandete Schwerklassifizierbarkeit, weder komischer Entwicklungsroman noch empfindsamer Roman, legt den Verdacht nahe, dass G. aus der Erfahrung seiner eigenen Weltunklugheit zwei konkurrierende Zeitmoden zugleich bedienen wollte. So wurde das Werk erst später zu einem Klassiker der englischen Romangeschichte.

In seinen Komödien dagegen bezog G. klar Position gegen die Literatur der Empfindsamkeit. Seine Schrift *A Comparison between Sentimental and Laughing Comedy* (1773) verteidigte das klassizistische Konzept der komischen Katharsis, dem zufolge die Zuschauer ihre eigenen Torheiten auf der Bühne der Lächerlichkeit preisgegeben sehen und sich davon reinigen sollten. Rational satirische Lasterprügel, nicht rührselige Tugendempfehlung, sei Aufgabe des Komödienschriftstellers. Dieses Programm befolgte G. in seinen beiden Komödien, *The Good-Natured Man* (1768) und *She Stoops to Conquer* (1773; *Irrthum auf allen Ecken*, 1784), Letztere als brillante Verwechslungskomödie mit skurrilen Typen noch häufig gespielt. Die Torheit des jungen Honeywood, Titelheld der ersten Komödie, ist eben seine Weltunklugheit, von der er durch eine Intrige und folgliche Einsicht in die eigene Lächerlichkeit kuriert wird. Der empfindsame Held (»man of feeling«) erscheint, wie auch in Richard Brinsley Sheridans Komödien, entweder als sentimentaler Betrüger oder dessen törichtes Opfer.

Werkausgabe: The Collected Works. Hg. A. Friedman. 5 Bde. Oxford 1966.

*Rolf Lessenich*

# Golširi, Hušang

Geb. am 16. 3. 1938 in Isfahan/Iran;
gest. am 6. 6. 2000 in Teheran

Aus ärmlichen Verhältnissen stammend, verdiente Hušang Golširi seinen Unterhalt zunächst im Basar, nach dem Abitur im Katasteramt und später als Dorfschullehrer. Er studierte in Abendkursen Literaturwissenschaft und erwarb 1962 den Grad eines Bachelors. G. war Mitbegründer der bald von der Zensur geschlossenen Literaturzeitschrift *Ḡong-e Esfahān* (Isfahaner Anthologie), begann zu schreiben und sich politisch zu engagieren, was dazu führte, dass er 1961 verhaftet wurde und fünf Monate in den Verliesen des kaiserlichen Geheimdienstes verbringen musste. Zehn Jahre später folgte eine zweite Inhaftierung, diesmal für sechs Monate. G. war Gründungsmitglied des iranischen Schriftstellerverbandes und im Herbst 1977 einer der Hauptorganisatoren der von diesem und dem Goethe-Institut Teheran organisierten Dichterlesungen, die, von Tausenden junger Leute besucht, als Höhepunkt der kulturell motivierten Proteste gegen das Schahregime gelten. Auch nach der »Islamischen Revolution« gehörte er zu den unbequemen Intellektuellen. Im April 1981 wurden die Räume des Schriftstellerverbandes von den Revolutionswächtern gestürmt und versiegelt. 1994 war G. einer der Hauptinitiatoren des »Aufrufs der 134« für Meinungsfreiheit und für die Gründung eines neuen Schriftstellerverbandes. Obwohl er mehrfach festgenommen wurde, durfte er – wohl wegen seines internationalen Rufs – immer wieder ins Ausland reisen, so 1990 auf Einladung des Hauses der Kulturen der Welt nach Berlin.

Am 28. August 1996 wurde G. unter Bruch des Völkerrechts zusammen mit anderen Schriftstellern im Haus des Kulturreferenten der deutschen Botschaft in Teheran verhaftet. Nachdem er für zwei seiner im Auftrag des iranischen Geheimdienstes ermordeten Schriftstellerkollegen eine ergreifende Grabrede gehalten hatte, konnte er sich in Iran nur noch im Schutz einer von Freunden organisierten Leibwache bewegen. Am Ende seines Lebens litt er an Krebs; er verstarb in einer Teheraner Klinik an Meningitis.

Es wäre indessen verfehlt, in G. nur den politisch engagierten Autor zu sehen. Sein umfangreiches erzählerisches Werk ist voller literarischer und sprachlicher Raffinesse, seine Themen gehen weit über die politische Sphäre hinaus. Der Autor interessiert sich insbesondere für das Seelenleben seiner Figuren, er bemüht sich, ihr kulturelles Umfeld zu erfassen, ihn fasziniert die Gegenüberstellung von Unheimlichem und Übersinnlichem. Seine Bücher sind keine einfache Lektüre, aber dennoch ein spannendes Lesevergnügen; sie sind anspruchsvoll, aber nicht intellektuell überfrachtet. G. beherrscht die literarischen Techniken der westlichen Moderne ebenso wie die traditionellen Erzählweisen seiner Heimat. Er greift auf die islamische Kultur zurück, ist aber kein Islamist. Er wähnt sich nicht im Besitz der Wahrheit, widmet sich aber der kompromisslosen Suche nach ihr und stellt Fragen, auf die es keine einfachen Antworten gibt.

Den literarischen Durchbruch erzielte er mit dem Kurzroman *Šāhzde Eḥteǧāb* (1969; *Prinz Ehtedschab*, 2001). In Deutschland bekannt wurde er vor allem durch diesen Roman, durch einzelne Kurzgeschichten, den Sammelband *Der Mann mit der roten Krawatte* (1998) und den zunächst unter dem Pseudonym Manucher Irani in den USA veröffentlichten Roman *Šāh-e siyāhpušān* (1991; *Der König der Schwarzgewandeten*, 1998).

*Kurt Scharf*

# Gombrowicz, Witold

Geb. 4. 8. 1904 in Małoszyce bei Opatów/Polen;
gest. 25. 7. 1969 in Vence/Frankreich

Witold Gombrowicz gehört zu den bedeutendsten polnischen Prosaikern und Dramatikern des 20. Jahrhunderts. Um sein Lebenswerk zu ehren, erklärte das polnische Parlament das Jahr seines 100. Geburtstags, 2004, zum Witold-Gombrowicz-Jahr. G.' Veröffentlichungen riefen allerdings bei seinen Zeitgenossen nicht nur Bewunderung, sondern auch Unverständnis und Ablehnung hervor. Er debütierte mit dem Erzählband *Pamiętnik z okresu dojrzewania* (1933; Memoiren aus der Epoche des Reifens), der von der Kritik kaum beachtet wurde. Kontrovers wurde dagegen der Roman *Ferdydurke* (1938; *Ferdydurke*, 1960) aufgenommen. Der Ich-Erzähler, ein 30-jähriger Schriftsteller, verwandelt sich in einen Jugendlichen und schildert seine grotesk-absurden Schulerlebnisse. Grund für die Verwandlung ist der Verriss eines seiner Texte, dem von Rezensenten pubertär-kindische Merkmale attestiert wurden. In der Rolle des Jugendlichen will der Erzähler die Unreife der Erwachsenen demaskieren und damit das Inhalts- und Bedeutungslose ihrer Konventionen entlarven.

Die Jahre 1939 bis 1963 verbringt G. in Argentinien. Seine Erfahrungen dort sind Thema des Romans *Trans-Atlantyk* (1953; *Trans-Atlantik*, 1964), der in der Sprache des sarmatischen Barock des 17. Jahrhunderts verfasst ist. Neben der Verhöhnung erstarrter Konventionen und verlogener Gefühle ironisiert G. darin hauptsächlich die traditionellen polnischen Mythen des Patriotismus. Auch in den *Dziennik* (1953-69; *Das Tagebuch*, 1988) versucht er, sich von seinem Polentum zu distanzieren, »um Europäer zu sein und als Europäer wieder Pole zu werden«. Außerdem setzt er sich mit der polnischen Literaturgeschichte auseinander, reflektiert über Philosophie, Religion, Politik, Ästhetik und Erotik. Wie in seinem Tagebuch tritt G. in den Romanen *Trans-Atlantyk*, *Pornografia* (1960; *Verführung*, 1963, *Pornographie*, 1984) und *Kosmos* (1965; *Indizien*, 1966) unter seinem Namen als Figur auf.

Die Intention seiner Werke, die sich durch Zweideutigkeit und Widersprüchlichkeit, durch Infragestellung und gleichzeitige Bestätigung des Dargestellten auszeichnen, kann anhand seiner Biographie erschlossen werden. Im Gespräch mit dem französischen Schriftsteller Dominique de Roux äußerte G. 1968, er stamme aus einer Landadelfamilie, die »in einer nicht sehr klaren gesellschaftlichen Situation zwischen Litauen und Kon-gresspolen, zwischen Dorf und Industrie« angesiedelt war. »Dies ist nur das von diesen ›Zwischen‹«, das »zu meinem Wohnort«, »zu meiner eigentlichen Heimat« wurde. Weiter bekennt G., dass das Absurde, mit dem er in der Jugend konfrontiert wurde, später »zu einem der wichtigsten Elemente« seiner Kunst wurde. Seine Texte wollen den Sinn und die Bedeutung der Kulturwerte, die nicht hinterfragt werden, aus einer spöttisch-ironischen Perspektive zeigen. G. will seine literarische Produktion als »Parodie der Wirklichkeit«, als »Parodie der Kunst« und als »Parodie der Logik« verstanden wissen. Davon zeugen auch seine Theaterstücke. In der Komödie *Iwona, księżniczka Burgunda* (1938; *Yvonne, Prinzessin von Burgund*, 1964) verlobt sich der Thronfolger Prinz Philipp mit einem hässlichen Mädchen, um »gegen das Gesetz der Natur« zu protestieren, dass man nur »anziehende Mädchen zu lieben« habe. Das Drama *Ślub* (1953; *Die Trauung*, 1963) stellt den Alptraum eines polnischen Soldaten dar, der die Ängste des Menschen nach dem Zweiten Weltkrieg symbolisiert. G.' letztes Theaterstück, *Operetka* (1966; *Operette*, 1968), ist eine Groteske über das französische Modeschöpfer-Milieu.

G. war ein Schriftsteller der Moderne, der seine Inspiration aus der Verneinung des Konventionellen bezogen hat und der zu seinem Hauptthema die Ironisierung jeglicher »Form« machte, die er in Gesamtheit aller kulturellen Erscheinungen verstand, darunter philosophische, ästhetische und ideologische Standpunkte, religiöse Riten und nationale Gebräuche, Verhaltensnormen und moralische Werte sowie Sprachgebrauch und Kunstauffassung. Er sieht sich selbst in der europäischen Literaturtradition verankert: »*Ferdydurke* ist gewissermaßen die Parodie einer philosophischen Erzählung im Stile Voltaires. *Trans-Atlantik* die Parodie einer altertümlichen Plauderei. *Pornographie* knüpft an einen gutmütigen polnischen ›ländlichen Roman‹. *Kosmos* ist ein wenig ein Kriminalroman. Mein Theater parodiert Shakespeare, und mein letztes Stück ist in der Form einer Operette gehalten« (Bd. 13, S. 133).

Werkausgabe: Gesammelte Werke. 13 Bde.
Hg. R. Fieguth/F. Arnold. Frankfurt a. M. 1998.

*Georg Mrugalla*

## Gómez de la Serna, Ramón
Geb. 5. 7. 1888 in Madrid;
gest. 12. 1. 1963 in Buenos Aires

Gómez de la Serna zählt zu einer Generation von Schriftstellern, die sich von der ihr vorausgehenden »Generation von 98« durch ein akutes Bewusstsein einer Zeitenwende unterscheidet. Er war nicht nur ein Kenner der europäischen Avantgardebewegungen Futurismus, Dadaismus und Surrealismus, deren künstlerische Positionen er in seiner Zeitschrift *Prometeo* nach Spanien vermittelte – dort erscheint beispielsweise 1909 Filippo Tommaso Marinettis futuristisches Manifest –, vielmehr prägte er den spanischen Modernismus auch durch die eigenen Werke nachhaltig. Allerdings lässt sich G. keiner Schule zuordnen, da er Texte von hoher Originalität verfasste und auch neue Gattungen erfand. Er war der unbestrittene Mittelpunkt eines literarischen Zirkels, der sich in Madrider Kaffeehäusern, insbesondere dem Café Pombo, zu öffentlichen literarischen Gesprächen – den »tertulias« – traf. In diese Zeit fiel auch seine Freundschaft mit dem Philosophen José Ortega y Gasset.

G.' literarische Produktion umfasst Essays über literarische und kulturelle Themen – etwa *Ismos* (1931) über die zahlreichen Avantgardebewegungen der ersten Hälfte des 20. Jahrhunderts –, Tagesglossen, ironische und avantgardistische Gesellschafts- und Liebesromane (*La viuda blanca y negra*, 1918; Das schwarze und das weiße Leben; *El chalet de las rosas*, 1923; *Das Rosenschloß*, 1929; *El rastro*, 1910; Der Madrider Flohmarkt El Rasto), den Stierkämpferroman *Torero Caracho* (1926; *Torero Caracho*, 1991), Theaterstücke (u. a. *Beatriz*, 1909; *La corona de hierro*, 1922; Die Krone aus Eisen; *La casa nueva*, 1922; Das neue Haus; *Los unànimes*, 1922; Die Einmütigen; *Trànsito*, 1922; Durchreise), Künstlerbiographien (*Dalí*, 1977; *Dalí*, 1989; *El Greco*, 1935; *El Greco*,

1990) kunsttheoretische Schriften (*Picasso e il picassismo*, 1945; *Die Wahrheit über Picasso und den Kubismus*, 1990) und autobiographische Schriften (*Automoribundia*, 1948; Das eigene Sterben). Seine literarästhetische Konzeption, die gleichzeitig als eine Art von ironischer Weltanschauung gelten kann, nannte er selbst »ramonismo«. Mit seiner Vorliebe für das geistreiche Sprachspiel und den unkonventionellen Umgang mit der literarischen Metapher prägte er die spanische Romanästhetik tiefgreifend. Zu seinen wichtigsten literarischen Neuerungen gehört die spielerisch aphoristische Gattung – meist extrem kurzen – »greguería«, die G. seit 1910 entwickelte und die auf eine überraschende und anregende, häufig humoristisch-irrationale Weise Geistesblitze kondensiert und dabei häufig an Allerweltsbeobachtungen unerwartete Zusammenhänge enthüllt: »Was tut der Mond wirklich? – Er sonnt sich.« G. schrieb in seinem Leben mehrere Tausend solcher »greguerías«, die zunächst in Zeitungen, später dann mehrfach auch in Sammelbänden erschienen (*Greguerías*, 1917; *Greguerías*, 1994). Die durch das Aufkommen des Radios sich entwickelnden neuen Möglichkeiten der Literatur erkundet G. mit Hörspieltexten, die allerdings nur zum Teil gesendet wurden (*Radiorramonismo*, 1987). G. hielt auf zahlreichen Reisen vor allem in Südeuropa Kontakt mit den Protagonisten der europäischen Avantgarden und ging 1936 ins Exil nach Buenos Aires. Von hier aus schrieb er Kommentare für die falangistische Zeitung *Arriba*. Erst 1961 besuchte er mit seiner jüdischen Frau Luisa Sofovich wieder Madrid.

*Rolf Lohse*

## Gomringer, Eugen
Geb. 20. 1. 1925 in Cachuela Esperanza (Bolivien)

Der Name kaum eines anderen Autors ist so sehr durch nur einen Text und seine Assoziation mit »Konkreter Poesie« bekanntgeworden wie der Name G.s durch das Ideogramm *das schweigen* aus dem Band *Konstellationen* von 1953, das immer wieder als frühes Muster der »Konkreten Poesie« zitiert wird. Der Sohn eines ausgewanderten Schweizers und einer Bolivianerin wurde in der Schweiz polyglott erzogen, studierte in Bern und Rom Nationalökonomie und Kunstgeschichte (von 1944 bis 1953). Für die Propagierung und Agitierung einer literarischen Avantgarde, die in besonderer Weise sich als eine internationale verstand, war G. von Herkunft und Ausbildung also bestens vorbereitet. Bestimmend für G.s Auffassungen wurde der Einfluss durch die »konkreten Maler«, vor allem durch Max Bill, als dessen Sekretär er an der Ulmer Hochschule für Gestaltung von 1954 bis 1958 tätig war. Die Nachkriegszeit hatte in weiten Bereichen, etwa der Architektur und des Industriedesign, ein neues Verständnis in der Formgebung hervorgebracht. G. wandte solche Prinzipien auf die Literatur an, der Auffassung Bills verpflichtet, dass jedes Kunstprodukt, und so auch das literarische, ein Gegenstand zum geistigen Gebrauch zu sein habe. In krasser Opposition zum bürgerlichen Lyrikbegriff stellte G. den visuellen Materialcharakter seiner *Konstellationen* heraus: sie seien »eine realität an sich und kein gedicht über«. Er forderte mit der »Konkreten Poesie« eine Art von Literatur, »die mit dem literaturbetrieb weniger zu tun hat als mit führenden entwicklungen auf dem gebiet des bauens, der malerei und der plastik, der produktgestaltung, der industriellen organisation, mit entwicklungen, denen ein kritisches, doch positiv entschiedenes denken zugrunde liegt« (*vom vers zur konstellation. zweck und form einer neuen dichtung*, erschienen 1954 in der Zeitschrift *augenblick*). Mit dieser Auffassung fand er Bundesgenossen und Nachfolger. In einem eigens gegründeten Verlag publizierte G. von 1960 bis 1965 die deutsch-brasilianische Folge *konkrete poesie/poesia concreta* und betonte so die Internationalität dieser Dichtung, für die er unermüdlich warb und organisatorisch tätig war, wobei er Engagement für die Kunst mit verschiedenen Posten in der Industrie zu verbinden wusste (1959 Werbechef; 1962 Geschäftsführer des Schweizer Werkbundes;

1967 Kulturbeauftragter der Firma Rosenthal AG in Selb). G. ist die erste erfolgreich provozierende Positionsbestimmung der »Konkreten Poesie« im programmatischen Aufbruch der 1950er Jahre zu verdanken. Sein eigener literarischer Beitrag ist auf die *Konstellationen* beschränkt geblieben – Helmut Heißenbüttel edierte die Werksammlung 1969 noch einmal (*EG, worte sind schatten – die konstellationen 1951–1968*) –, sein Engagement für die Sammlung der international verstreuten Richtungen der »Konkreten Poesie« ist bedeutend geblieben.

*Horst Ohde*

### Gončarov, Ivan
Geb. 18. 6. 1812 in Simbirsk/Russland;
gest. 27. 9. 1891 in St. Petersburg

Ivan Gončarov stammte aus einer wohlhabenden Kaufmannsfamilie, konnte ein Studium in Moskau absolvieren und arbeitete dann in verschiedenen Beamtenstellungen, zumeist in St. Petersburg: als Übersetzer für die Außenhandelsabteilung des Finanzministeriums (1835–52), als Zensor (1856–62 und 1863–67), als Chefredakteur einer regierungsnahen Zeitung (1862–63). Zwischen 1852 und 1854 nahm er an einer Schiffsexpedition des Admirals Putjatin teil, die ihn unter anderem nach Japan, China und Südafrika führte. Seine Eindrücke verarbeitete er zu dem Reisebericht *Fregat Pallada* (1858; *Die Fregatte Pallas*, 1925). Bereits während seiner Studienzeit hatte G. gelegentlich Gedichte geschrieben und literarische Übersetzungen veröffentlicht, denen ab Ende der 1830er Jahre Erzählungen im Stil der ›physiologischen Skizze‹ folgten. Seine drei Romane erschienen mit großen Abständen, da er die Arbeit daran mitunter für längere Zeit unterbrach. Seinen Ruhm verdankt er dem zweiten dieser Romane, *Oblomov* (1859; *Oblomov*, 1869), der bisweilen als der Beginn des russischen realistischen Romans betrachtet wird. Thematisch bildet er eine Einheit mit *Obyknovennaja istorija* (1847; *Eine alltägliche Geschichte*, 1885) und *Obryv*

(1869; *Die Schlucht*, 1890), wie auch der Autor nachträglich herausgestellt hat.

*Obyknovennaja istorija* ist als Variante des Bildungsromans zu sehen; G. schildert darin die Geschichte der Desillusionierung eines idealistischen jungen Mannes (Aleksandr Aduev), dessen Ernüchterung und Anpassung an die prosaische Wirklichkeit. Hierauf verweist auch der Titel, der zugleich eine Bestandsaufnahme der zeitgenössischen Wirklichkeit signalisiert. Der Roman setzt sich von der in den 1840er Jahren dominierenden ›natürlichen Schule‹ ab, indem er den Anspruch einer Sozialtypologie vermeidet, wie er auch formal anstelle der sujetlosen Skizzenhaftigkeit die Darstellung und Analyse einer Entwicklung und ihrer Bedingungszusammenhänge setzt.

Das Kernstück des zweiten Romans erschien bereits 1849 unter dem Titel »Son Oblomova« (Oblomovs Traum). Es beschreibt in höchst eigenartiger Weise die Kindheit und Jugend der Titelfigur auf dem elterlichen Landgut. Oblomovka ist nicht einfach ein Landgut, ein Dorf in einem entlegenen Winkel Russlands, sondern eine von der Außenwelt abgeschlossene Welt für sich, in der das Extreme und Aufregende nicht existieren und alle Erscheinungen in gemäßigter Form auftreten. Der Erzähler betont, dass der Himmel sich hier gleichsam an die Erde schmiege, dass die Jahreszeiten regelmäßig nach dem Kalender aufträten, dass die Landschaft gemalten Skizzen gleiche. Die Naturerscheinungen seien berechenbar und zeigten sich stets von ihrer schönen und nützlichen Seite. Die Menschen seien ausgeglichen, ohne große Leidenschaften, und stürben ebenso unauffällig wie sie lebten; der Tod selbst scheint auf ein beinahe unauffälliges Maß herabgedämpft zu sein. In dieser idyllischen Welt sind die Menschen bestrebt, alles Fremde und Unbegreifliche von sich fern zu halten, und richten all ihre Geschäftigkeit auf die Versorgung mit gutem und reichlichem Essen. Oblomov bildet sich sein Lebensprogramm nach diesen frühen Eindrücken, die allerdings auch ihre Kehrseite haben. Das abgeschiedene Glück wird um den Preis des echten, tätigen Lebens

erkauft, wie es der Gutsverwalter Stol'c und dessen Sohn, der Oblomovs Freund wird, verkörpern. Den Mittagsschlaf – Höhepunkt im Tagesablauf der Oblomover – schildert G. als ein »wahrhaftiges Abbild des Todes«. Der erste der vier Teile des Romans, der mit »Oblomovs Traum« schließt, dient als Exposition. Er führt die Person des erwachsenen Oblomov ein, der in St. Petersburg in recht verwahrlosten Verhältnissen lebt, sich der Lethargie hingegeben hat und nicht einmal die notwendigsten Anweisungen für die Verwaltung seines Landguts erteilt. Der zweite Teil zeigt, wie Oblomov durch den Einfluss seines Freundes Andrej Stol'c in Bewegung gerät, erstaunliche Aktivität entwickelt und sich sogar verliebt.

Das Drama dieser Liebe zu Ol'ga Il'inskaja bildet den Handlungskern des zweiten und dritten Teils. Wegen der unbeholfenen und zurückhaltenden Art Oblomovs verstreicht viel Zeit, ehe die beiden sich ihre Liebe gestehen. Dann aber folgen die Schwierigkeiten: Um Ol'ga heiraten zu können, müsste Oblomov eine neue Wohnung finden und einige Dinge auf seinem Gut regeln, stattdessen fällt er aber immer wieder in die alte Lethargie zurück. Ol'ga erkennt, dass Oblomov sich nicht ändern wird, und die Verlobung wird gelöst. Der vierte Teil zeigt Oblomov zunehmend unter dem Einfluss übelwollender Nebenfiguren, die seine Gutmütigkeit in betrügerischer Weise auszunutzen trachten. Das Schlimmste wird jedoch durch den plötzlich auf der Szene erscheinenden Stol'c verhütet. Stol'c und Ol'ga entdecken bei einer zufälligen Begegnung in Paris ihre Zuneigung zueinander und heiraten. Oblomov hingegen richtet sich in seiner neuen Wohnsituation ein. Es entsteht eine Beziehung zu der Vermieterin Agaf'ja Pšenicyna, einer Frau von geringer Bildung und einfältigem Wesen, die aber offensichtlich dem Oblomovschen Lebensrhythmus entspricht und die für Oblomov die ihm aus seiner Kindheit vertraute weibliche Geschäftigkeit verkörpert. Diese beschränkte Lebenssphäre scheint ihm nun zu genügen, obgleich sie bedrückend wirkt und Stol'c mehrfach versucht, ihn aus dieser engen Welt herauszuholen. Mit Agaf'ja hat Oblomov einen Sohn, Andrej, benannt nach dem Freund Stol'c, und er heiratet sie auch. Am Ende stirbt Oblomov plötzlich, aber nicht ganz überraschend, da er durch Untätigkeit und übermäßiges Essen seine Gesundheit ruiniert hat.

Nach seinem Tod besucht Stol'c gelegentlich Oblomovs Witwe und kümmert sich um die Angelegenheiten des Gutes, das Andrej einmal übernehmen wird. Letztlich waren alle Anstöße, Oblomov zur aktiven Teilnahme am Leben zu bewegen, vergebens. Ein Grund dafür ist, dass Oblomov die ihn umgebende Wirklichkeit – das oberflächliche gesellschaftliche Leben seiner Kreise in der russischen Hauptstadt –, zu Recht hohl und banal findet. Es liegt aber auch an der Befindlichkeit der »existentiellen Langeweile« (Walter Rehm), aus der selbst die von ihm aufrichtig geliebte Ol'ga Oblomov nicht zu befreien vermag. Das Familienleben, das er am Ende führt, ist der Versuch, das verlorene Paradies der Kindheit in Oblomovka wiederzuerlangen, doch wird dieses Leben nicht mehr als Idealzustand, sondern als ärmliche, trostlose Existenz gezeigt.

Die soziologische Interpretation des Romans, ausgehend von Nikolaj Dobroljubov, der die Begriffe der »Oblomoverei« und des »überflüssigen Menschen« in die Diskussion eingeführt hat, begreift Oblomov als Repräsentanten des alten Feudalsystems, des Landadels, der vom Wohlstand verweichlicht, durch idealistische Erziehung weltfremd geworden und durch Mangel an Betätigung in Apathie verfallen ist. Dies ist auch von G. so gesehen worden. Jedoch ist Oblomov ein komplexerer Charakter, als es die soziologische Interpretation nahelegt. An ihm stellt G. sowohl das Laster als auch die Poesie der Faulheit dar. Im gesellschaftlichen Sinne ist er zweifellos ein »überflüssiger Mensch«, aber für die ihm nahestehenden Menschen – auch wenn ihnen seine Lebensauffassung fremd ist – ist er vor allem eine ›reine Seele‹.

G.s letzter und umfangreichster Roman Obryv ist – wenngleich (v. a. im Ausland) weniger rezipiert als Oblomov – wegen seiner künstlerischen Qualitäten und philosophischen Tiefe verschiedentlich als sein bedeutendstes Werk betrachtet worden. Er wurde bereits 1849 konzipiert, fällt aber in seiner Endfassung in die Zeit der Reformen Alexanders II. und der Radikalisierung der politischen Opposition. Zentrale Gestalt des recht überschaubaren Figurenensembles ist der junge Adlige Rajskij, ein romantischer Idealist mit künstlerischen Talenten, dem es an einem klaren Ziel und der nötigen Selbstdisziplin fehlt, um irgend etwas zu Ende zu bringen. In seinen zwischenmenschlichen Beziehungen – besonders seinem Werben um die Cousine Vera – scheitert er ebenso wie als Maler und Schriftsteller. Sein Bekannter, der Revolutionär Volochov – *enfant terrible* von fröhlicher Unverfrorenheit – repräsentiert die Irrwege der Nihilisten, die Ivan Turgenev mit seinem Roman Otcy i deti (1862; *Väter und Söhne*, 1869) in die Diskussion brachte und die Fedor Dostoevskij wenig später in seinem Roman Besy (1871/72; *Die Dämonen*, 1888) sehr viel schärfer gestaltete. Vera liebt Volochov heimlich, doch macht er durch seine extreme Haltung ein gemeinsames Glück unmöglich.

Hinter den Zentralfiguren der drei Romane steht ein von der deutschen Klassik beeinflusstes Bildungskonzept, das auf das Ideal eines ganzheitlichen Menschen zielt. Alle – Aduev, Oblomov, Rajskij (auch Volochov) – verfehlen dieses Ideal, sie sind nicht in der Lage, die widerstreitenden Prinzipien des Schönen, Poetischen und des Praktischen, Phantasie und der Wirklichkeit, der Intuition und der Ratio etc. in ein Gleichgewicht zu bringen, selbst wenn sie – wie Oblomov – diesen Ausgleich als notwendig akzeptieren. Sie scheitern, weil es ihnen an Kraft oder Entschlossenheit mangelt, die Gestaltung des eigenen Lebens bewusst anzugehen. Den Scheiternden hat G. als Idealgestalten Figuren wie Stol'c und Tjušin (in *Obryv*) gegenübergestellt. Sie schließen die Kluft zwischen poetischer und praktischer Seite, deren Unüberbrückbarkeit bei Oblomov und Rajskij die Ursache der »existentiellen Langeweile« ist.

*Frank Göbler*

### Goncourt, Edmond de
Geb. 26. 5. 1822 in Nancy;
gest. 16. 7. 1896 in Champrosay
(heute zu Draveil, Essonne)

### Goncourt, Jules de
Geb. 17. 12. 1830 in Paris;
gest. 20. 6. 1870 in Paris

Edmond und Jules de Goncourt lebten in wohlhabenden Verhältnissen, arbeiteten als Historiker und Schriftsteller eng zusammen und publizierten gemeinsam. Sie sammelten Kunst und bereisten Europa und Nordafrika, verfassten Studien über die Kunst, die Gesellschaft und die Sittengeschichte des 18. Jahrhunderts (*L'art au XVIIIe siècle*, 1857–58; *Die Kunst des 18. Jahrhunderts*, 1983; *La femme au XVIIIe siècle*, 1862; *Die Frau im 18. Jahrhundert*, 1986) sowie Biographien von bedeutenden adligen Damen des 18. Jahrhunderts (*Histoire de Marie-Antoinette*, 1858; *Geschichte der Marie-Antoinette*, 1859; *Madame de Pompadour*, 1860; *Madame Pompadour*, 1998). Sie schrieben Romane, die als Vorläufer des Naturalismus gelten; dessen erste grundlegende Theorie entwarfen sie im Vorwort zu *Germinie Lacerteux* (1864; *Germinie Lacerteux*, 1896).

In diesem Roman, einer »klinischen Studie der Liebe«, wie es im Vorwort heißt, wird die Geschichte einer Dienstmagd vom Land erzählt, die im Hause der reichen Mlle de Varandeuil eine Anstellung findet. Ihr Untergang wird eingeläutet, als sie sich in den skrupellosen Jupillon verliebt, der sie ausnutzt und um ihre Ersparnisse bringt. Sie ist gezwungen, das gemeinsame Kind in Pflege zu geben, wird zur Alkoholikerin und Prostituierten und stirbt an der Schwindsucht. Den G.s ging es nicht um soziale Anklage oder darum, Mitleid zu erwecken, sondern um die »objektive« Darstellung und Analyse der pathologischen

Liebe. Ihnen gelingt mit diesem Roman eine der ersten weitgehend wirklichkeitsgetreuen Darstellungen des bisher nicht literaturfähigen Arbeitermilieus und seiner Sprache. Sie stellten aber auch das Pariser Künstlermilieu sowie das industrielle Bürgertum dar.

Ihr erster Roman, *Les hommes de lettres* (1860; *Die Literaten*), ist ein Künstlerroman, in dessen Zentrum die Darstellung der fortschreitenden Geisteskrankheit des Protagonisten Charles Demailly steht. Auch der Roman *Manette Salomon* (1867) spielt in diesem Milieu. In seinem Zentrum steht die Veränderung der Konstellation und der Machtverhältnisse zwischen der Titelheldin und dem Maler Coriolis. Das Modell Manette wird zur Geliebten, zur Ehefrau und schließlich zur Tyrannin des Künstlers. Edmond de G. dramatisierte später diesen Roman ebenso wie *Germinie Lacerteux*. Der Roman *Sœur Philomène* (1861), der wie die meisten Romane der G.s auf einer wahren Begebenheit beruht, erzählt die Geschichte des Waisenmädchens Marie Gaucher, die aus armen Verhältnissen stammt und von ihrer großbürgerlichen Tante und deren Sohn Henry aufgenommen wird, in ihrer Jugend aber in ein kirchliches Waisenhaus gegeben wird. Als Erwachsene muss sie einsehen, dass sich die erhoffte Verbindung mit Henry aus Standesgründen nicht verwirklichen lässt. Sie kehrt ins Kloster zurück und wird zur Krankenschwester Philomène. Ihre Liebe zu dem Arzt Barnier, der nach dem Tod seiner Geliebten Selbstmord begeht, bleibt unerwidert. Der Roman besticht durch die detaillierte Darstellung des Lebens im Kloster und im Krankenhaus. In *Renée Mauperin* (1864; *Renée Mauperin*, [1884], 1964) stellen die G.s das Milieu des industriellen Großbürgertums dar. Die Titelheldin, die gegen die kühle Rationalität ihres Milieus aufbegehrt, verursacht den Tod ihres Bruders Henri, der sich unberechtigt einen Adelstitel zulegt. Sie macht den Träger des Titels ausfindig, der Henri zum Duell fordert und tötet. Renée erkrankt darauf. Der Roman stellt diesen Krankheitsverlauf mit klinischer Genauigkeit dar.

Von großer kulturhistorischer Bedeutung ist das gemeinsam 1851 begonnene *Journal*.

*Mémoires de la vie littéraire* (1887–96, vollst. 1956–58; *Tagebuch. Erinnerungen aus dem literarischen Leben*, 1947), das nach dem Tode Jules' (1870) von Edmond bis 1892 weitergeführt wurde und auf 22 Bände anwuchs. Darin notierten die G.s ihre in den Salons und literarischen Zirkeln gesammelten Eindrücke und die dort geäußerten Gedanken. Heute ist das *Journal* eine unerschöpfliche Quelle von Beobachtungen über das literarische Leben in Frankreich in der zweiten Hälfte des 19. Jahrhunderts von der Umbruchsituation nach der Revolution von 1848 bis in die Dritte Republik. Mit desillusioniertem Blick beobachten beide Autoren den Wandel der Gesellschaft, die in ihren Augen ihre sinnvolle Ordnung einbüßte und mit der Ablösung der Aristokratie durch die Meritokratie im zweiten Kaiserreich zunehmend unberechenbar wurde. Das Tagebuch und der Briefwechsel, u. a. mit Gustave Flaubert, erlauben Einsichten in die ästhetischen und gesellschaftskritischen Positionen der G.s. Edmond de G. stiftete einen der bedeutendsten Literaturpreise Frankreichs, den Prix Goncourt, mit dem seit 1903 jedes Jahr ein französischsprachiger Roman ausgezeichnet wird.

*Rolf Lohse*

## Góngora y Argote, Don Luis de
Geb. 11. 7. 1561 in Cordoba/Spanien; gest. 23. 5. 1627 in Cordoba/Spanien

Don Luis de Góngora y Argote zählt neben Lope de Vega und Francisco de Quevedo y Villegas zu den bedeutendsten Dichtern des spanischen Siglo de oro. Er war überdies Zeitgenosse des überragenden Miguel de Cervantes und des spätmanieristischen Malers Dominikos Theotokopoulos, genannt El Greco. Seiner jesuitischen Schulbildung folgte 1579 das Studium an der Universität von Salamanca, das er ohne jeglichen akademischen Grad beendete. 1585 tritt G., im Rang eines Kanonikers, in den Dienst der katholischen Kirche. Es gelingt ihm, die Aufmerksamkeit von König Philipp III. von Spanien zu gewinnen und 1617 eine Anstellung als Titularkaplan am königlichen Hof zu erhalten. Seine späten Jahre bis zu seinem Tod verbringt G., nach dem Sturz seines Mäzens, des Herzogs von Lerma, in seiner Geburtsstadt.

G. verfasste zahlreiche »Letrillas« (Briefchen), kurze, burlesk-satirische Versepistel mit religiösem oder erotischem Inhalt, Romanzen, Sonette und Dramen. Gemein ist seinen Arbeiten die Modernisierung der strengen Vorgaben der unterschiedlichen literarischen Formen, von denen er manche sogar erst wieder in das Bewusstsein seiner Zeit rückt. Zeigen seine ersten Werke noch den Einfluss der petrarkistischen Dichtung, die er um das der Zeit gemäße Moment der *desengaño* (Enttäuschung) und der *vanitas vanitatum* (Eitelkeit der Welt) erweitert, so löst sich der Dichter bald von den Restriktionen der Renaissancedichtung: Dem Dichter-Propheten setzt G. das Dichter-Genie entgegen, womit er das Primat der Nachahmung durch das der Kreativität aufhebt und damit die Autonomie der Kunst aufruft. Neben der Reform und Revisitation bestehender poetischer Formen zeichnet sich G.s Werk durch einen hochartifiziellen, überaus hermetischen Stil aus, dessen perfektionierte, kunstvolle Rhetorik eine exklusive, rätselgleiche *obscuridad* (Dunkelheit) zeichnet und dessen individuelle Originalität als »Góngorismus« in die Literaturgeschichte eingegangen ist. Dieser sich bewusst an eine aristokratische Bildungselite, an Eingeweihte, wendende »culteranismo« steht mit seinen Metaphern, Neologismen und syntaktischen Permutationen im Kontrast zu dem präzisen »conceptismo« Quevedos und wird unmittelbar in den späten, kürzeren Versdichtungen G.s sinnfällig.

Zu seinen bedeutendsten Werken zählen das epische Gedicht »Panegírico al duque de Lerma« (1627; »Panegyrikum auf den Herzog von Lerma«, 1767) und die Fabel »De Tisbe y

Píramo« (1627; »Die Fabel von Pyramus und
Thisbe«, 1767). Als seine Hauptwerke gelten
außerdem die »Fábula de Polifemo y Galatea«
(1627; »Die Fabel von Poliphem und Galatea«,
1930), für die er auf die *Metamorphosen* Ovids
zurückgreift, und die eine erstrangige Stellung
einnehmenden, unvollendet gebliebenen
»Soledades« (postum 1636; »Die Soledades«,
1934): Die sich sowohl auf den Dichter als
auch auf den schiffbrüchigen Protagonisten
beziehende Einsamkeit – »soledad« – ist dieser
Dichtung als sie überhaupt erst ermöglichende
Voraussetzung eingeschrieben. Darüber hinaus zeichnen sich die »Soledades« als eine »objektive Dichtung« (Karlheinz Barck) aus, die in
der konzentrierten Sprache und den oft unzu-
gänglich anmutenden Bildern einen lebendigen, konkreten Bezug zur Welt entwirft und
bewahrt. Federico García Lorca bezeichnete
das Werk G.s als wegweisend für die moderne
Dichtung Spaniens.

*Sebastian Hartwig*

### Gordimer, Nadine
Geb. 20. 11. 1923 in Springs bei
Johannesburg

Im europäischen und nordamerikanischen
Raum wird Nadine Gordimer nicht erst seit
1991, als sie den Nobelpreis für Literatur erhielt, als ›das Gewissen Südafrikas‹ wahrgenommen. In ihren zahlreichen Romanen und
Kurzgeschichtensammlungen zeichnet G.
schonungslos das Porträt einer rassistischen
und zutiefst zerrissenen Gesellschaft, und
wohl selten hat eine Autorin mit ihren Porträts
einer selbstzufriedenen pseudoliberalen Mittelschicht ihren weißen Landsleuten deutlicher
den Spiegel vorgehalten. Auch als Literaturkritikerin tat G. sich hervor, und ihre Essays sind
zu Recht als subtile Auseinandersetzungen mit
der rassistischen Apartheidgesellschaft und
der Rolle des Autors in einer solchen gerühmt
worden. Obwohl viele ihrer Romane in Südafrika der Zensur zum Opfer fielen, weigerte
sich G. stets, das Land zu verlassen, da sie es
als ihre Aufgabe ansah, von innen heraus den

Apartheidstaat zu kritisieren. Innerhalb Südafrikas wird G.s Rolle jedoch kritischer wahrgenommen: Man verweist auf die privilegierte
Stellung, die ihr Repressionen, wie sie schwarze
Autoren erfahren mussten, ersparte, und bemängelt die manchmal klischeehaften Darstellungen schwarzer Südafrikaner in ihren Romanen. Dennoch finden ihre genaue Beobachtungsgabe und ihr distanzierter, analytischer Stil auch hier ihre Anerkennung.

Aus G.s Kindheit ließ sich die Entwicklung
hin zu einer apartheidkritischen Autorin nicht
unbedingt ableiten: Als Tochter eines jüdischen Einwanderers aus
Litauen und seiner eng-
lischen Frau wuchs G. behütet und abgeschirmt mit den
für die weiße Mittelschicht
typischen Privilegien in einer kleinen Bergbausiedlung
bei Johannesburg auf. G.s
dominante Mutter, die ihre
Tochter länger zu Hause behalten wollte, erfand ein
Herzleiden für G., das es ihr
unmöglich machte, eine öf-
fentliche Schule zu besuchen, und G. verließ
erst spät ihr Elternhaus. In den frühen 1950ern
kam sie mit der damals sehr lebendigen multikulturellen Kulturszene Südafrikas in Kontakt
und entwickelte enge Freundschaften zu anderen Künstlern und Intellektuellen.

G.s kritischer Realismus lässt sich als »Geschichte von innen« (Stephen Clingman) beschreiben. G. dokumentiert die Apartheidzeit
vorwiegend aus der subjektiven Perspektive
ihrer Charaktere heraus, und sie analysiert
subtil die Phobien, Vorurteile und Ambiva-
lenzen, die das Leben unter der Apartheid mit
sich brachte. Zugleich ist ihr Werk selbst in
verschiedener Hinsicht von Widersprüchen
durchzogen: G. äußerte in diversen Interviews,
dass sie eher unfreiwillig zur politischen Autorin geworden sei und sich nur durch die sozio-
politische Situation in Südafrika gezwungen
sah, Stellung zu beziehen und Verantwortung
zu übernehmen. Dieser Zwiespalt schlägt sich
in ihrem Schaffen als ständiger Widerstreit
zwischen dem Privaten und dem Politischen

nieder und verleiht G.s Werk seine vielfach gerühmte psychologische und ästhetische Komplexität. Auch wenn G. erklärtermaßen keine Feministin ist und dem Kampf gegen Rassismus Priorität beimisst, zeichnen sich ihre Werke durch ein fein entwickeltes Gespür für die Lebenswirklichkeit von Frauen in Südafrika aus, was sie nicht nur für die postkoloniale, sondern auch für die feministische Literaturkritik interessant macht. Die kritische Analyse von institutionalisiertem und unterschwelligem Rassismus, seinen Denkmustern und psychologischen Mechanismen bestimmt einen Großteil von G.s Texten. Trotz dieser Fokussierung weist ihr Gesamtwerk jedoch eine erstaunliche Vielfalt in der Bearbeitung ›ihres‹ Themas auf: Eine ihrer frühesten Kurzgeschichten, »Is There Nowhere Else Where We Can Meet?« (1947), thematisiert die Möglichkeiten einer interkulturellen Begegnung. Ein schwarzer Mann stiehlt einer jungen weißen Frau ihre Handtasche, und eine ›Begegnung‹ scheint allein in den Rollen von Täter und Opfer möglich zu sein. Die Schwierigkeiten, den Anderen kennenzulernen und eine ethisch verantwortungsvolle Beziehung zu ihm aufzubauen, zieht sich als ein Leitthema durch G.s Werk und schlägt sich auch in ihren Essays nieder: *The Essential Gesture* (1988) und *Living in Hope and History* (1999; *Zwischen Hoffnung und Geschichte*, 2000).

G.s erster Roman, *The Lying Days* (1953; *Entzauberung*, 1978), ist ein autobiographisch geprägter Entwicklungsroman, der die Politisierung und Sensibilisierung eines jungen Mädchens beschreibt. Helen Shaw, die Hauptfigur, beginnt in einem mühsamen, von Rückschlägen durchzogenen Lernprozess, ihre Position in der Apartheidgesellschaft zu hinterfragen und einen alternativen Ort für sich zu suchen. Auch in *Occasion For Loving* (1963; *Anlaß zu lieben*, 1983) ist das Entwicklungsthema dominant, wenngleich auf zwei weibliche Figuren verteilt: Jessie Stilwell befragt ihre Vergangenheit, um Hinweise auf Gegenwart und Zukunft zu finden, und ihr Hausgast Ann wird zeitweilig zum Katalysator dieser Selbsterforschung. Über die Figur der Ann verflicht

G. die Bildungsgeschichte mit einem brisanten südafrikanischen Thema: dem der Liebe jenseits der Rassengrenze. Die Beziehung zwischen dem Schwarzen Gideon und der Weißen Ann scheitert zwar auch an den persönlichen Unzulänglichkeiten der Figuren, doch wird besonders die rassistische Gesellschaft für ihr Misslingen verantwortlich gemacht.

G.s frühe Romane sind zwar subtile psychologische Analysen ihrer weißen Hauptfiguren und deren Motivationen, bleiben erzähltechnisch jedoch relativ konventionell. Mit dem an die Tradition des burischen *plaasromans* anknüpfenden *The Conservationist* (1974; *Der Besitzer*, 1983), der den *Booker Prize* erhielt, gelingt G. ein auch in narrativer Hinsicht höchst anspruchsvolles Werk. Mehring, ein erfolgreicher Geschäftsmann, sucht an den Wochenenden in der Betätigung als Teilzeit-Landwirt auf seiner Farm Erholung vom städtischen Alltag und sehnt sich nach einer Verbindung zum Land. Der Roman dokumentiert sein Scheitern: Das Land bleibt unfruchtbar, und die nicht zu beseitigende Leiche eines unbekannten Schwarzen ist Sinnbild der Vergeblichkeit von Mehrings Bemühungen. Durch eine raffinierte Verschränkung von Extrakten aus Zulu-Erzählungen und der Darstellung der Bewusstseinswelt Mehrings schafft G. eine spannungsvolle narrative Struktur, die konkurrierende Mythen gegeneinander ausspielt und den religiös verbrämten burischen Anspruch auf das Land dekonstruiert.

Mit ihren beiden großen Anti-Apartheidromanen, *Burger's Daughter* (1979; *Burgers Tochter*, 1981) und *July's People* (1981; *July's Leute*, 1982) gelingt G. auch international der Durchbruch. Zugleich sind sie fiktionales Zeugnis von G.s Auseinandersetzung mit der sie beständig umtreibenden Frage nach einem Platz für Weiße in Südafrika, die sie z. B. in ihrem Essay »Where Do Whites Fit In?« (1959) zu beantworten sucht. Rosa Burger, die Titelfigur von *Burger's Daughter*, ist die Tochter zweier Antiapartheidaktivisten und versucht, sich nach dem Tode der Eltern von deren Erbe zu lösen. Ihre Identitätssuche wird von G. vor dem Hintergrund des Erstarkens der *black consciousness* in den frühen 1970ern thematisiert, und der Roman verschränkt auf subtile Weise das für den Entwicklungsroman typische Familienszenario mit der Analyse von Apartheiddiskurs und Gegendiskursen. Die ausgefeilte Erzähltechnik des Romans mit verschiedenen Erzählerfiguren und *narratees* (fiktionalen Rezipienten) inszeniert Rosas Identitätssuche in einem dialogischen Prozess aus wechselnden Perspektiven. *July's People* hingegen kann als apokalyptisches Werk verstanden werden und beleuchtet das Versagen weißer Liberaler angesichts der Revolution. Der Roman schildert eine Ausnahmesituation: Nach einer gewaltsamen Machtübernahme der Schwarzen in Südafrika ist eine weiße Familie gezwungen, die von bürgerkriegsähnlichen Wirren befallene Stadt zu verlassen, und findet im *homeland* ihres ehemaligen Bediensteten July Unterschlupf. Die Familie muss sich mit der Umkehrung der Rollen von *master* und *servant* auseinandersetzen: Werte und Selbstbilder werden hinterfragt, und vermeintlich stabile Oppositionen wie Schwarz und Weiß, wild und zivilisiert, richtig und falsch brechen zusammen. Mit *A Sport of Nature* (1987; *Ein Spiel der Natur*, 1987) stellt G. eine dritte, ironisch-utopische Lösung der Frage nach einem Platz für Weiße in Südafrika vor. Die Protagonistin dieses im pikaresken Stil gehaltenen Romans, Hillela, überwindet – zumal durch Liebesaffären – mühelos die starren Apartheidschranken und endet schließlich als Ehefrau eines afrikanischen Staatsoberhaupts. G. dekonstruiert durch ihre Hauptfigur verschiedene Rassendiskurse und entwickelt eine alternative Subjektkonzeption jenseits psychologisch-realistischer Vorstellungen.

G.s in der Umbruchzeit nach dem Ende der Apartheid entstandener Roman *None to Accompany Me* (1994; *Niemand, der mit mir geht*, 1995) beschäftigt sich mit der Frage nach der gerechten Verteilung des Landes. Zugleich beleuchtet der Roman kenntnisreich die Querelen und Machtkämpfe innerhalb des ANC nach der ›Wende‹ und zeigt verschiedene Figuren, die auf ihre Weise am Aufbau eines neuen demokratischen Südafrikas

mitwirken. Das emblematische Ende des Romans versetzt die weiße Protagonistin Vera in den Anbau eines nun von einem Schwarzen bewohnten Herrenhauses und fixiert die Übergangssituation so in einem einprägsamen Bild. Der Roman *The House Gun* (1998; *Die Hauswaffe*, 1998) zeugt von G.s Vielseitigkeit als Autorin anspruchsvoller moderner Romane. In diesem Gerichts- und Psychodrama thematisiert sie unter anderem die Umverteilung der Rollen im ›neuen‹ Südafrika: Ein schwarzer Rechtsanwalt übernimmt die Verteidigung eines weißen Mörders. Doch gilt in *The House Gun* G.s Interesse nicht mehr allein den psychischen Verletzungen Schwarzer und Weißer aus der Apartheidzeit, sondern auch der durch die Waffe symbolisierten omnipräsenten Gewalt, die von den Medien seit Anfang der 1990er verstärkt thematisiert wird. Auch nach dem Ende der Apartheid begleitet G. so die Entwicklung Südafrikas hin zu einer demokratischen pluralistischen Gesellschaft kritisch und unterstützend zugleich.

*Nicole Cujai*

## Gorgāni, Faḫro'd-din Asᶜad
Geb. um 1015; gest. um 1074

Vom Leben des bedeutenden Epikers Faḫro'd-din Asᶜad Gorgāni ist wenig bekannt. Der Beiname G. ist eine Herkunftsbezeichnung, die außer für Faḫro'd-din Asᶜad noch für drei weitere, weniger bekannte iranische Dichter verwendet wird, die alle aus dem im Nordosten Irans gelegenen Gorgān stammen. Alle übrigen Angaben zu G. entstammen dessen Hauptwerk *Wis o Rāmin* (Wis und Rāmin). Wie damals bei längeren Dichtungen üblich, stellte der Verfasser der Geschichte eine Einleitung voran, die unter anderem Lobpreisungen des Herrschers und seines Statthalters enthält, daneben aber auch schildert, wie G. zu seinem Auftrag kam, das Werk zu verfassen. Danach gelangte G. im Gefolge des ersten Seldschuken-Sultans Toḡril Beg (1038–1063) nach Isfahan. Auf eine Frage des vom Herrscher eingesetzten Gouverneurs ʿAmid Abu'l-Fatḥ Moẓaffar nach der Legende von Wis und Rāmin habe er erklärt, dies sei eine wunderbare Geschichte, sie sei allerdings in Pahlawi, also mittelpersisch verfasst, sprachlich ziemlich kunstlos – man habe damals nicht viel von Poesie verstanden – und enthalte zudem viele unverständliche Ausdrücke. Daraufhin habe er vom Gouverneur den Auftrag bekommen, diese Geschichte neu zu erzählen und sie so auszuschmücken, wie der Frühling einen Garten verschönere.

Die Meinungen darüber, ob G. sein Epos direkt aus dem Pahlawi übertragen oder ob er eine frühere neupersische Vorlage benutzt hat, gehen auseinander. Es ist anzunehmen, dass die mittelpersische Fassung ebenfalls in Versen geschrieben war, aber in einem Metrum und einer Form, die G. nicht mehr kannte und deren künstlerischen Wert er daher nicht zu schätzen vermochte. Das von ihm geschaffene Epos entstand zwischen 1040 und 1054 und wurde dem Gouverneur zum Mehrgān-Fest überreicht. Es ist eine romantische Liebesdichtung in 8904 Doppelversen und erzählt eine Geschichte, die an *Tristan und Isolde* erinnert. Möglicherweise hat die Dichtung einen historischen Hintergrund und geht auf Ereignisse aus der Zeit der Arsakiden (Parther) (247 v. Chr.–226 n. Chr.) zurück. Dies würde erklären, warum der Verfasser sich über das Inzesttabu hinwegsetzt; denn zur Zeit der Partherherrschaft galt dieses zumindest noch nicht für die Familie der Fürsten.

Die Fabel berichtet vom König Mubad Manikān, der in Liebe zu Frau Šahru entbrennt und um ihre Hand anhält. Sie lehnt ab, verspricht ihm aber, falls sie eine Tochter gebären sollte, ihm diese zur Frau zu geben. Tatsächlich bringt sie bald eine Tochter zur Welt, die sie Wis nennt; diese wird zusammen mit dem jüngsten Bruder des Königs, Rāmin, von derselben Amme aufgezogen. Als die junge Wis mit dem inzwischen – dank der Zauberkraft der Amme – impotent gewordenen greisen Herrscher verheiratet wird, beginnt die Geschichte der leidenschaftlichen Liebe zwischen den beiden jungen Leuten. Sie haben immer wieder neue Einfälle, um den alten König zu

überlisten und ihn lächerlich zu machen. Die Leidenschaft überwindet alle Schranken der Ehre und Moral. Beeindruckend sind die in das Epos eingestreuten Liebes- und Klagelieder. Schließlich findet die Romanze mit dem Tod des Greises ein für die Liebenden glückliches Ende.

Die Dichtung hat nicht nur die spätere persische Literatur, besonders Neẓāmi, beeinflusst, sondern dank einer georgischen Version aus dem 13. Jahrhundert auch das georgische Epos. Außer diesem Werk sind von G. nur drei lyrische Fragmente aus verschiedenen Anthologien erhalten.

*Kurt Scharf*

## Gor'kij, Maksim (eigtl. Aleksej Maksimovič Peškov)

Geb. 28. 3. 1868 in Nižnij Novgorod/Russland; gest. 18. 6. 1936 in Moskau

Maksim Gor'kijs Pseudonym bedeutet »der Bittere« und weist auf die bedrückenden Erfahrungen seiner Wanderjahre als sog. »bosjak« (wörtl. »Barfüßler«, ähnlich dem amerikanischen »hobo«) hin, die den Enkel eines Wolgaschleppers und Sohn eines Tischlers in seiner Jugend durch Südrussland bis nach Georgien führten. In einem Anfall von Lebensüberdruss verletzte er sich 1897 bei einem Selbstmordversuch mit einem Revolverschuss die Lunge und legte so den Keim zu einer Tuberkulose, die trotz zeitweiliger Heilung immer wieder aufflammte. G. erwarb eine höchst unsystematische autodidaktische Bildung und knüpfte früh Kontakte zur revolutionären Bewegung, was ihm bis zum Ausbruch der Oktoberrevolution polizeiliche Überwachung, mehrere Verhaftungen, den Hinauswurf aus der Akademie der Wissenschaften aufgrund einer Intervention des Zaren und schließlich, nach der Revolution von 1905, ein erstes Exil auf Capri einbrachte, das von 1906 bis 1913 dauerte. Ohne Italien wirklich wahrzunehmen oder in sein Werk einfließen zu lassen, empfing G. hier zahlreiche Besucher und las und beurteilte unzählige Manuskripte. Zwei Almanache mit Werken proletarischer Schriftsteller (1914 bzw. 1917) zeugen von der Lese- und Herausgebertätigkeit; verschiedene autobiographisch-pädagogische Broschüren (»Wie ich schreiben lernte«) sollten angehenden Schriftstellern Anleitung und Hilfestellung geben.

G., im Grunde seines Herzens eher ein Sozialromantiker denn ein theoretisch fundierter Sozialist, war ein gläubiger Mensch, fühlte sich jedoch keiner bestimmten Religion oder Konfession zugehörig. Zeitweilig war er von der Lehre vom »Gottbildnertum« (»bogostroitel'stvo«) des Arztes und Philosophen Aleksandr Bogdanov (1873–1928) angezogen, was später auch in die Erzählung *Ispoved'* (1908; *Eine Beichte*, 1909) einfloss. Lenin, den er 1905 kennengelernt hatte, kritisierte diese religiöse Anwandlung unter dem Schlagwort des »Empiriokritizmus« als ideologische Abweichung und sabotierte die Parteischule, die G. 1907 auf Capri eingerichtet hatte, so dass sie aus Mangel an Schülern geschlossen werden musste. 1921 bewegte Lenin G. zu einem Aufenthalt in Deutschland und der Tschechoslowakei. Bevor er sich nach dem Tod Lenins – dem er trotz allem einen begeisterten Nachruf widmete – mit dem Sowjetregime wegen dessen wachsender autoritärer Tendenzen überwarf, verlängerte G., vorgeblich aus Gesundheitsgründen, sein Exil. Von 1927 bis 1931 lebte er in Sorrento.

Im Mittelpunkt seiner ersten, in einer Zeitung in Tiflis veröffentlichten Erzählung *Makar Čudar* (1892; *Makar Tschudar*, 1901) stehen jene Vagabunden, die G. auf seinen Wanderungen kennengelernt hatte; sie atmet den Geist der Sozialromantik, die ihm sein Freund und Mentor Vladimir Korolenko mit harscher Kritik auszutreiben versuchte. Erst später tastete sich G. zu den städtischen Kleinbürgern vor, denen dann sein Hauptinteresse galt. In seiner schriftstellerischen Anfangsphase entstanden unter anderem das Prosapoem *Pesnja o burevestnike* (1901; *Das Lied vom Sturmvogel*, 1901), dessen revolutionärer Gehalt den Zensoren erst nach der Veröffentlichung auffiel und das als eine Art Revolutionshymne weite Verbreitung fand, und 1892 das Gedicht

»Das Mädchen und der Tod«, das Stalin 1931 in einer handschriftlichen Widmung scherzhaft als »stärker als ›Faust‹« bezeichnete – ein Diktum, das nach G.s Tod publik wurde und im Rahmen des Personenkultes um Stalin sogar liebedienerische sprach- und literaturwissenschaftliche Arbeiten zeitigte. 1900 gründete G. den Verlag Znanie (Wissen), in dem er Werke von Schriftstellern des In- und Auslands druckte, unter ihnen der jüdische Erzähler und Dramatiker Scholom Asch.

1906 erschien, basierend auf realen Ereignissen und Personen, zunächst auf englisch *Mother* (*Die Mutter*, 1907), G.s wohl bekanntestes Prosawerk: die Geschichte der Arbeiterin Pelageja Vlasova und ihres Sohnes Pavel, die beide ihre missliche soziale Lage überwinden wollen – Pelageja individuell, ohne politisches Bewusstsein, Pavel als klassenbewusster Revolutionär. Der Roman wurde 1932 von Bertolt Brecht dramatisiert. Der Roman *Foma Gordeev* (1899; *Foma Gordejew*, 1901) handelt vom Scheitern eines perspektivlosen Kaufmannssohnes und spiegelt durch seine zerfasernde Form sinnbildlich den Zustand Russlands vor der Revolution wider. Auch Burmistrov, der Protagonist von *Gorod Okurov* (1909, *Das Städtchen Okurow*, 1926), scheitert an der Richtungslosigkeit seiner Fähigkeiten und an mangelndem Klassenbewusstsein.

Mit dem Standardrat, »ins Volk zu gehen«, um vor dem Schreiben das wirkliche Leben kennenzulernen, schob G. zahlreiche literarische Karrieren an, etwa die von Isaak Babel', dessen Werk *Konarmija* (1926; *Budjonnys Reiterarmee*) anders wohl nicht entstanden wäre, und von Konstantin Paustowskij, der G. einen »Talentefänger« nannte, »einen Menschen, der eine Epoche bestimmte«. Zu den zahlreichen politisch-literarischen Aktivitäten G.s gehörte neben mehreren Zeitungs- und Verlagsprojekten 1915 – gemeinsam mit Fëdor Sologub und

dem Dramatiker und Erzähler Leonid Andreev (1871–1919) – die Gründung einer Gesellschaft zum Studium des jüdischen Lebens in Russland und zum Kampf gegen den Antisemitismus. Im gleichen Jahr erschien zu diesem Thema die sicherlich gut gemeinte, aber folgenlose Anthologie *Ščit* (Der Schild; *The Shield*, 1917, Repr. 2001), zu dessen 3. Auflage 1916 bereits fünfzig z. T. prominente Autoren Beiträge aller Genres geliefert hatten. Nach seiner Rückkehr aus Italien in die UdSSR 1931 wurde G. zum kanonischen Sowjetschriftsteller erhoben. Ab 1932 trug seine Geburtsstadt (bis 1991) den Namen Gor'kij; 1943 wurde er Gründungsvorsitzender des Sowjetischen Schriftstellerverbandes. Das nach ihm benannte Institut für Literatur wurde zur Kaderschmiede der sozialistischen Schriftsteller des In- und Auslandes.

Immer wieder versuchte G., gesellschaftliche Zustände und Wandlungen an Biographien festzumachen, etwa in dem Roman *Delo Artamonovych* (1925; *Das Werk der Artamonws*, 1927), das vom Niedergang einer Industriellen-, also einer Ausbeuterfamilie handelt. Den Ansprüchen der auf dem Eröffnungskongress des Schriftstellerverbandes von ihm selbst proklamierten Doktrin des Sozialistischen Realismus konnte er selbst nie zur Gänze genügen. Sein Versuch, mit der umfangreichen *Romanchronik* (Untertitel) *Žizn' Klima Samgina* (1927–37; *Das Leben des Klim Samgin*, 1952–59) ein Werk im geforderten Sinne zu schaffen, darf als weitgehend gescheitert angesehen werden. Darin lässt der exemplarisch passive Kleinbürger Klim Samgin – »ein Faust neobourgeoiser Prägung« (Barbara Hiller) – die vorrevolutionären und revolutionären Entwicklungen Russlands über sich ergehen, bis er in der Oktoberrevolution als Klassenfeind untergeht.

Von G.s Theaterstücken wurden die in rascher Folge enstandenen *Na dne* (1902; *Nachtasyl*, 1903), das Konstantin Stanislavskij in höchst realistischem Stil 1902 uraufführte, *Meščane* (1902; *Die Kleinbürger*, 1902) und *Dačniki* (1904; *Sommergäste*, 1906) sowie das 1910 entstandene, 1935 grundlegend überarbeitete *Vasa Železnova* (*Wassa Schelesnowa*,

1948) zu internationalen Bühnenklassikern. Sie markieren den Weg vom bloßen Aufzeigen sozialer Missstände hin zu ihrer aktiven Bekämpfung mit revolutionären Mitteln. So wendet sich etwa Varvara Michajlovna, die Protagonistin von *Dačniki*, von dem schwächlichen bürgerlichen Künstler Rjumin ab, um unter Anleitung einer engagierten Ärztin ein neues, aktives Leben im Sinne einer volksverbundenen revolutionären Intelligenz zu beginnen. Die führende Rolle dieser Intelligenz zeigt G.s Einführung der Revolutionärin Rašel in seine Neufassung von *Vasa Železnova* als Gegenentwurf zur Titelfigur. Aktuelle Inszenierungen des Stückes in neuerer Zeit lassen eine Akzentverschiebung weg vom Revolutionsthema hin zur Künstlerproblematik erkennen. Seltener gespielt werden die späteren Dramen wie *Samov i drugie* (1931; *Samow und die anderen*, 1962), *Egor Bulyčov i drugie* (1932; *Jegor Bulytschow und die anderen*, 1946) und *Dostigaev i drugie* (1933; *Dostigajew und die anderen*, 1962). Die für einen unvollendeten Dramenzyklus entstandenen Stücke dringen in die vorrevolutionäre Welt der Kaufleute und Intellektuellen ein, deren verpfuschtes Leben die Notwendigkeit eines Umsturzes evident macht, die ihn aber aus eigener Kraft, d. h. ohne Hilfe der Bolschewiki, nicht herbeiführen können. Ebenfalls von den Spielplänen nahezu verschwunden ist *Deti solnca* (1905; *Kinder der Sonne*, 1906), ein »astronomisches Drama«, das aus einer gescheiterten Gemeinschaftsproduktion mit Andreev hervorging. Mit diesem verband G. eine enge Freundschaft, die unter anderem in einem intensiven Briefwechsel ihren Ausdruck fand.

G. hinterließ einige Porträts von Schriftstellern wie Lev Tolstoj und Anton Čechov, in denen er unter anderem mit selbstkritischem Bezug deren Fähigkeiten rühmt, zielsicher die Fehler seiner frühen Prosawerke zu erkennen. Die autobiographische Trilogie *Detstvo* (1913; *Meine Kindheit*, 1917), *V ljudjach* (1916; *Unter fremden Menschen*, 1918) und *Moi universitety* (1923; *Meine Universitäten/Wanderer in den Morgen*, 1926) wurde von Mark Donskoj aufwendig in drei gleichnamigen Teilen verfilmt

(UdSSR 1938–39). Nicht verstummen wollen Gerüchte, G. sei nicht, wie allgemein behauptet, an einer Lungenentzündung gestorben, sondern auf Geheiß Stalins vergiftet worden.

*Klaus-Peter Walter*

## Görres, Johann Joseph
Geb. 25. 1. 1776 in Koblenz;
gest. 29. 1. 1848 in München

»Er gleicht wirklich einem ungeheuren Turm, worin hunderttausend Gedanken sich abarbeiten und sich besprechen und zurufen und zanken, ohne daß der eine den andern versteht«, urteilte Heinrich Heine bissig über G., der zeit seines Lebens als ideenreicher, widerspruchsvoller und streitbarer Geist galt. Ob G. uns heute, gegen Ende des 20. Jahrhunderts, noch viel zu sagen hat, mag fragwürdig sein. Wenn auch sein umfangreiches und vielseitiges Werk fast in Vergessenheit geraten ist, so wird doch sein Name in liberalen, konservativen und auch in marxistischen Geschichtswerken weiterhin zitiert. Und dieses nicht ohne Grund: denn an G.' lebensgeschichtlicher Entwicklung lässt sich die Geschichte des ausgehenden 18. und der ersten Hälfte des 19. Jahrhunderts ablesen. Sein Denken führte durch fast alle großen Strömungen der Epoche zwischen Aufklärung und Spätromantik. Der Sohn eines Floßhändlers und einer Italienerin schwärmte als Jüngling für Napoleon und die Revolution, änderte aber seine Einstellung, nachdem Napoleon an die Macht gekommen war, und wurde schließlich ein vehementer Verfechter eines Katholizismus mit stark mythischer Tendenz. Umstritten als Dichter und Gelehrter, war er doch allseits anerkannt als einflussreicher politischer Publizist und Journalist der deutschen Romantik. Die Herausgabe zweier Zeitschriften, *Das rote Blatt* (1798) und *Der Rübezahl* (1798/99), machten ihn in seiner prorevolutionären Epoche bekannt. Während der Zeit, in der er Generaldirektor des öffentlichen Unterrichts in den linksrheinischen Provinzen war (von 1814 bis 1816),

verschaffte G. mit der Herausgabe des *Rheinischen Merkur* dem nationalen Gedanken der Deutschen das erste große politische publizistische Organ, das, in ganz Europa bekannt, als »fünfte Weltmacht« gegen Napoleon gerühmt wurde. Den deutschen Regierungen wurde G., der für die Freiheit des Rheins, die Sicherung der Grenzen und eine freie Verfassung kämpfte, unbequem, als er sich gegen den Ungeist der Reaktion und die Rückkehr zum absolutistischen Regiment wandte. Seine Kritik am Versagen der Regierung in der nationalen Frage führte zum endgültigen Verbot der Zeitschrift. In seiner berühmt gewordenen Streitschrift *Teutschland und die Revolution* (1819), die ins Französische, Englische, Niederländische und Schwedische übersetzt wurde, setzte er seine Kritik an der Unfähigkeit und der Willkür der Regierungen fort. Einer Verhaftung durch die preußische Regierung entzog sich G. durch die Flucht nach Straßburg und später in die Schweiz. In seiner Abhandlung *Europa und die Revolution* (1821) versuchte G., in einer geschichtsphilosophischen Gratwanderung nachzuweisen, wie wenig die Staaten und Regierungen auf die sogenannte Volksseele und das Christentum Rücksicht nehmen. Sein besonderes Interesse galt altdeutschen Studien. In den Jahren seiner vielgerühmten Lehrtätigkeit in Heidelberg (von 1806 bis 1808), denen fünf Jahre Professur der Naturgeschichte und Physik an der Sekundärschule in Koblenz vorausgegangen waren, – Joseph Eichendorff, der ihn in Heidelberg hörte, beschrieb seinen Vortrag als ein »prächtiges, nächtliches Gewitter, weckend und zündend für das ganze Leben« – gab er seine Schrift über *Die teutschen Volksbücher* (1807) heraus. Damit begründete G. die germanistischen Studien, die auch Teil von seinen Freunden Clemens Brentano und Achim von Arnim unterstützten Wirkungsgeschichte der mittelalterlichen Kultur waren. Im Zusammenhang mit diesen Arbeiten entstand auch die *Mythengeschichte der asiatischen Welt* (1810), in der er auf die Verwandtschaft der germanischen Poesie mit der orientalischen, insbesondere der persischen, hinweist. Sein letztes, der altdeutschen Literatur gewidmetes Werk erschien 1817: *Die altdeutschen Volks- und Meisterlieder*. Nachdem er aus dem Exil zurückgekehrt war, wurde G. von König Ludwig I. 1826 zum Professor für Geschichte nach München berufen. Hier galt er bald als der Anführer der katholischen Publizistik, die das Kampforgan *Der Katholik* veröffentlichte. Sein fünfbändiges Alterswerk *Die Christliche Mystik* (von 1836 bis 1842), in welchem er die Geschichte der Menschheit im Kampf mit dem Bösen und der Sehnsucht nach Erlösung erzählte, zeigte seine Tendenz, mythisierende Bilder zu entwerfen. Dem Vorwurf des theologischen Dilettantismus musste sich G. immer wieder aussetzen, und dennoch hat gerade sein intuitives Denken zur Wiedererstarkung und Verinnerlichung des Katholizismus wesentlich beigetragen. G. starb unmittelbar vor Ausbruch der revolutionären Erschütterung Europas und der Proklamation des kommunistischen Manifestes. »Tot ist Görres, die tonsurierte Hyäne«, schrieb Heinrich Heine in satirischer Bösartigkeit und bestätigte so zugleich die mächtige Wirkung des attackierten früheren Gegners.

Werkausgabe: Gesammelte Schriften. Hg. von Wilhelm Schellberg u. a., fortgeführt von Heribert Raab. Köln 1926 ff.

*Konstanze Görres-Ohde*

## Gottfried von Neifen
In der ersten Hälfte 13. Jahrhundert

Dieser mittelhochdeutsche Lyriker ist einer der wenigen Autoren des 13. Jahrhunderts, die aus ständischen Gründen auch außerliterarisch fassbar sind: Er stammte aus einem bedeutenden schwäbischen Freiherrengeschlecht, dessen Burg als mächtige Ruine noch heute den Albrand südöstlich von Nürtingen beherrscht. Sein Vater, Heinrich II. von Neifen, ist im Gefolge Kaiser Friedrichs II. bezeugt und war Protonotar von Friedrichs Sohn, Heinrich (VII.). Auch der Sohn Gottfried, der erstmals 1234 in Frankfurt urkundet, gehörte zu dessen Hofkreis. Er wurde in die Auseinandersetzungen Heinrichs (VII.) mit seinem kaiserlichen Vater hineingezogen und in der entscheidenden Schlacht an der Erms im Juni 1235 zusammen mit seinem Bruder von Friedrich II. gefangengenommen, allerdings nicht wie Heinrich nach Apulien verbannt: Schon 1236 erscheint er in Straßburg wieder im Umkreis des Kaisers, was für eine baldige Aussöhnung spricht. Bis zum April 1255 taucht dann G. v. N. immer wieder in schwäbischen Urkunden auf, aus einer ist auch der Name seiner Gattin, Mechthild, zu erfahren, – offensichtlich ein relativ sesshafter Angehöriger des schwäbischen Adels, der sich in seinen freien Stunden der Lyrik widmete.

G. v. N. gehört zu der Gruppe nachklassischer Lyriker, die – zumeist in schmalen Lied-Corpora – das Motiv-, Stil- und Formenschema des klassischen Minnesangs um 1200 weiterführten. Aus ihr ragt er indes schon durch den Umfang seines Werkes (51 Lieder mit 189 Strophen) heraus. Es zeichnet sich aus durch eine virtuose Beherrschung des klassischen Formenarsenals, insbesondere durch eine einzigartige Reimartistik, die seinen Liedern Klangfülle und tänzerische Bewegtheit verleiht. Das Themenspektrum umfasst v. a. traditionelle Hohe-Minne-Klagen, auf welche die Miniatur in Handschrift C anspielt, aber auch einige Beispiele des im 13. Jahrhundert immer beliebter werdenden genre objectif: derb-parodistische Lieder der niederen Minne und pastourellenartige oder schwankhafte Texte (Lied von der Flachsschwingerin, Büttnerlied), z. T. mit ausgelassenen Refrains. Seine 45 Minnelieder werden durch einen die Jahreszeit charakterisierenden sog. ›Natureingang‹ eröffnet, wodurch sie sich in (27) Sommer- und (18) Winterlieder gliedern lassen. Kennzeichnend ist neben der Formvirtuosität ein heiterer Sensualismus: gerühmt als Charakteristikum seiner Lieder wird z. B. das Motiv des roten Mundes der *frouwe*.

Allerdings blieb die Überlieferung der Lieder G.s v. N. – wie auch die literarische Resonanz – offenkundig auf den deutschen Südwesten beschränkt. Das gesamte Liedercorpus ist nur in der Großen Heidelberger Liederhandschrift (C) bewahrt; drei weitere Handschriften überliefern einige Einzelstrophen. Die in C seinen Liedern vorangestellte Miniatur, deren Wappen mit dem Siegel einer Urkunde G.s v. N. übereinstimmt, zeigt einen Werbenden neben einer sich abwendenden Dame.

Auch innerliterarisch finden sich noch Spuren von G.s dichterischem Wirken: er wird erwähnt von dem Schweizer Minnesänger Taler, dem Tiroler Spruchdichter Friedrich von Sonnenburg und von dem Franken Hugo von Trimberg in dessen didaktischem, weitverbreiteten Großwerk *Der Renner* (1300). Bemerkenswert ist weiter, dass G. v. N. zu den wenigen mittelhochdeutschen Dichtern gehört, die Eingang in eine Sagentradition gefunden haben: In der *Ballade vom edlen Moringer*, einer Mythisierung des klassischen Thüringer Dichters Heinrich von Morungen, taucht er als *Her von Nifen* als dessen jüngerer Rivale auf.

Werkausgabe: Dt. Liederdichter des 13. Jh.s. Hg. von Carl von Kraus. Bd. 1 Text. 1952. Bd. 2 Kommentar, bes. v. Hugo Kuhn. Tübingen 1958. 2. Aufl. durchges. v. Gisela Kornrumpf. Tübingen 1978.

*Günther Schweikle*

## Gottfried von Straßburg
Um 1200

*Tristan und Isolde* ist das einzige epische Werk G.s. Sein Name wird dort allerdings nicht genannt. Vielleicht soll der Buchstabe G am Beginn des strophischen Prologs auf den Verfasser hindeuten, vielleicht ist G aber auch als Abkürzung für die Standesbezeichnung »Graf« vor dem im Akrostichon gebildeten Namen Dietrich zu verstehen, einem mutmaßlichen Gönner. Der Name des Autors ist nur durch spätere mittelhochdeutsche Dichter überliefert, z. B. durch den späthöfischen Epiker Rudolf von Ems, der ihn neben Hartmann von Aue und Wolfram von Eschenbach als sein Vorbild preist, so wie später auch Konrad von Stoffeln in seinem Artusroman

(*Gauriel*). Konrad von Würzburg apostrophiert ihn als Autorität in Minnefragen. Außerdem nennen ihn die Fortsetzer seines unvollendet gebliebenen Werkes, Ulrich von Türheim (vor 1240) und Heinrich von Freiberg (um 1300).

Von den Lebensdaten dieses Dichters ist nichts bekannt; offen ist auch die Bedeutung des Beinamens »von Straßburg«: Herkunfts- oder Wirkungsort? Die Große Heidelberger Liederhandschrift überliefert unter G.s Namen nicht nur 81 lyrische Strophen, sondern auch eine u. U. kennzeichnende Miniatur: Sie zeigt das typisierte Bild vermutlich des Dichters in einem Kreis von Zuhörern, die er zu unterrichten scheint, eine Doppeltafel in Händen. In der Bildüberschrift wird er demgemäß (wie auch in anderen mittelalterlichen Zeugnissen) als »meister« (d. i. magister) tituliert. Auf Vertrautheit mit den Artes weist die rhetorische Gelehrsamkeit hin, welche G. in seinem Roman ausbreitet; von Gelehrtheit zeugt auch die kunstvoll ausgesponnene Allegorie der Minnegrotte (ein idealisierter »lieblicher Ort«, an welchem die Liebenden zeitweilig Zuflucht finden). Literarische Bildung beweist G. zudem in der literaturkritischen Übersicht über die Dichter seiner Zeit, die erste ihrer Art in mittelalterlicher volkssprachlicher Dichtung. Dass G. diesen Exkurs anstelle einer ausführlichen Schilderung der Schwertleite des Helden einschiebt, verrät überdies einiges über seine kritische Stellung zur damaligen Rittergesellschaft. – Im Prolog umreißt G. sein ästhetisch-ideologisches Programm: Die mit Nachdruck herausgestellte Minneauffassung als Erfahrung von »liep unde leit« verbindet ihn mit der Ideologie der »Hohen Minne« eines Reinmar. Für sein Werk erwartet er eine esoterische Gemeinde der »edelen herzen«, welche die Geschichte der Verbindung Tristans mit der von ihm für seinen Oheim Marke geworbenen Frau in seiner Sicht akzeptiert. Denn G. stellt

die überkommene Fabel in neue Sinndimensionen, indem er die Magie des Minnetrankes rationalisiert oder allegorisiert: Der Minnetrank bleibt dabei auch für neuzeitliche Interpreten in einem verwirrenden Schwebezustand zwischen Zaubermittel und Symbol für eine naturgegebene Verbindung der beiden Protagonisten, die durch ihre Singularität füreinander bestimmt sind.

G. schreibt einen klassischer Klarheit verpflichteten, in Vers und Sprachduktus eleganten Stil. Ausdrücklich rühmt er den stilverwandten Hartmann von Aue, polemisiert dagegen gegen den dunklen metaphorischen Stil, wie ihn sein großer Antipode Wolfram pflegt, allerdings ohne diesen zu nennen, so wie auch Wolfram in seinen Werken, in denen er auf andere zeitgenössische Dichter allenthalben Bezug nimmt, G. nirgends erwähnt. Auch in der Personengestaltung, bes. im Ritterbild, setzt sich G. markant von dem Wolframs ab: Tristan wird als hochgebildeter, in allen Sparten höfischer Kultur versierter Hofmann vorgeführt, der eher beiläufig auch in Waffenkämpfen brilliert und selbst die List als Mittel der Auseinandersetzung nicht verschmäht, in eklatantem Gegensatz zur ethisch fundierten Kämpfernatur Parzivals. – Die Resonanz für G.s Werk blieb schon im Mittelalter, soweit die handschriftliche Überlieferung (27 Handschriften) als Zeugnis gelten kann, weit hinter Wolframs Werken zurück (*Parzival* 84 Handschriften). Auch in der neuzeitlichen Forschung hat G.s Epos nicht dasselbe Interesse gefunden, nachdem schon der Begründer der germanistischen Textkritik, Karl Lachmann, an der »weichlichen, unsittlichen Erzählung« Anstoß genommen hatte. – Die Gedichte, welche in den drei grundlegenden Minnesanghandschriften (A, B, C) unter G. tradiert sind, wurden ihm von der germanistischen Textkritik alle »abgesprochen«; dafür wird ihm meist ein unter dem Namen Ulrichs von Lichtenstein überliefertes Gedicht *Vom gläsernen Glück* zugelegt, da Rudolf von Ems einen Spruch dieses Titels als Werk G.s rühmt. Trotz aller Einwände in der früheren Forschung behauptet G. heute seinen Platz unter den Klassikern der mittelhochdeutschen Blütezeit.

Werkausgabe: Tristan. Mhd./Nhd. Hg. von Rüdiger Krohn. Stuttgart 1980, 3. Aufl. Bd. 1 u. 2 1985, Bd. 3 1991.

*Günther Schweikle/Red.*

## Gotthelf, Jeremias (d. i. Albert Bitzius)

Geb. 4. 10. 1797 in Murten/Fribourg;
gest. 22. 10. 1854 in Lützelflüh/Bern

Sein Pseudonym war sein Programm. Er entlehnte es seinem literarischen Erstling *Der Bauernspiegel* (1837), der fiktiven Autobiographie des Jeremias Gotthelf. Wie der Prophet warnte und mahnte der Prediger Bitzius vor den »Schweinsblasen des Zeitgeistes«, vor den »brüllhaften Naturen und neumodischen Spekulanten«. Und dabei prägte ihn ein tiefes Vertrauen in den festgefügten Ordo eines bisweilen alttestamentlich anmutenden Gottes, wenn er, dieser »vortreffliche Maler des Volkslebens, der Bauerndiplomatik, der Dorfintrigen, des Familienglücks und Familienleids« (Gottfried Keller, 1849), die bäuerliche Welt des Berner Landes in ihrem Wechselspiel mit den historisch-politischen Umbrüchen der Schweiz des 19. Jahrhunderts in zahlreichen Erzählungen und voluminösen Romanen schilderte.

Der aus einer alten Berner Patrizierfamilie stammende Pfarrerssohn G. wusste, wovon er schrieb: Seine Kindheit verbrachte er seit 1805 in Utzensdorf im unteren Emmental, wo der Vater eine Pfarrstelle übernommen hatte, zu der auch ein landwirtschaftlicher Betrieb gehörte. Ab 1812 besuchte er zunächst das Gymnasium in Bern, um dann in derselben Stadt Theologie zu studieren. Die Vikariatszeit führte ihn 1820 zurück zum Vater; er unterbrach sie 1820/21 für ausgedehnte Studienaufenthalte und Bildungsreisen in Deutschland (Göttingen, Hamburg, Rostock, Weimar, Leipzig, Dresden). Erziehung in einem aufgeklärten Elternhaus, Theologiestudium und eine den regionalen Horizont durchaus überschreitende Bildung begründeten G.s offensiven christlichen Liberalismus, der im Laufe seines Lebens jedoch zunehmend von restaurativen

Tendenzen überlagert wurde (*Zeitgeist und Berner Geist*, 1849). 1824 trat G. eine Vikarsstelle in Herzogenbuchsee an und ging in dieser Funktion 1830 nach Lützelflüh im Emmental, wo er 1832 Pfarrer wurde und dies bis zu seinem Tode dort blieb. Mit Herzogenbuchsee setzte seine reiche und weitgespannte publizistische Tätigkeit ein; dabei »mischte (er) sich in alle Angelegenheiten« (Carl Manuel in der ersten Gotthelf-Biographie, 1857). Er, der den Pädagogen und Sozialreformer Johann Heinrich Pestalozzi persönlich kannte und von dessen Ideen stark beeinflusst war, gehört mit seinen literarisch und in direktem politischen Engagement sich äußernden Reformbestrebungen in die Tradition der Schweizer Volksaufklärung, wenn er gegen *Armennot* (1840), Alkoholismus (*Wie fünf Mädchen im Branntwein jämmerlich umkommen*, 1838; *Dursli der Branntweinsäufer*, 1839), Aberglauben und Kurpfuscherei (*Wie Anne Bäbi Jowäger haushaltet und wie es ihr mit dem Doktern geht*, 1843/44) zu Felde zog, wenn er sich um Alphabetisierung, Auf- und Ausbau des Volksschulwesens und Verbesserung der Lehrerausbildung bemühte (*Leiden und Freuden eines Schulmeisters*, 1838/39), um Erziehung zu Arbeitsamkeit und Selbstdisziplin (*Wie Uli der Knecht glücklich wird*, 1841; *Uli der Pächter*, 1847), wenn er Kalendergeschichten schrieb und den *Neuen Berner-Kalender* redigierte:»In jeder Gemeinschaft muß Zucht und Ordnung aufrecht erhalten werden, sonst zerfällt sie, und in keiner Gemeinschaft duldet man die, welche öffentlich Umsturz, Auflösung dieser Ordnung predigen. In jeder Gemeinschaft sind solche, welche über Aufrechterhaltung der Ordnung wachen und für fortdauerndes stetiges Reformieren, daß Revolution nie nötig werde; denn nur da entsteht Revolution, wo man das Reformieren vergißt« (*Der Bauernspiegel*, 1837). So sah G. auch sich selbst: als konservativen Aufklärer, der noch in seinem Spätwerk Volkserziehung und Sozialkritik zu seinem poetischen Anliegen machte und an die kritische Reflexion der Möglichkeiten, Grenzen und Defizite der Aufklärung anschloss. Sein Realismus weist darum auch auf den inneren Zusammenhang zwischen dem ausgehenden 18. und 19. Jahrhundert hin. Der poetischen Vielschichtigkeit und poetologischen Reflektiertheit tut dieses Literaturprogramm keinen Abbruch. Im Gegenteil. Den literarischen Reichtum dieses Werkes hat die Rezeption noch längst nicht ausgeschöpft.

Werkausgabe: Sämtliche Werke in 24 Bänden und 18 Ergänzungsbänden. Hg. von Rudolf Hunziker, Hans Blösch, Kurt Guggisberg, Werner und Bee Juker. Erlenbach/Zürich 1921–1977.

*Wolfgang Braungart*

## Gottsched, Johann Christoph
Geb. 2. 2. 1700 in Judittenkirchen bei Königsberg; gest. 12. 12. 1766 in Leipzig

Wäre es nach Friedrich Wilhelm I., dem »Soldatenkönig«, gegangen, sähe die Literaturgeschichte des 18. Jahrhunderts in Deutschland anders aus. Seine Soldatenwerber hatten ein Auge auf einen hünenhaften jungen Mann geworfen, der das Gardemaß der »Langen Kerls«, der Elitetruppe des preußischen Königs, besaß. Doch der soeben zum Magister promovierte G. hatte andere Pläne. Er entzog sich der Rekrutierung und floh aus Königsberg nach Leipzig. Mit seiner Ankunft in der sächsischen Universitätsstadt (1724) beginnt für G. eine steile Karriere als Gelehrter und Schriftsteller, die ihm schon bald den Ruhm eines deutschen Literaturpapstes einbringt. Erst um die Jahrhundertmitte wird seine Autorität ins Wanken kommen, später ins Gegenteil umschlagen: Gotthold Ephraim Lessings zornige Polemiken, Spott und Verachtung der jüngeren Generation um Friedrich Gottlieb Klopstock, Johann Gottfried Herder, Johann Wolfgang Goethe prägen ein Bild G.s, das ihn als Vertreter eines altmodischen, pedantischen Klassizismus abstempelt.»Gottsched war nicht der Anfang eines neuen Zeitalters, sondern der Abschluß des alten«, resümiert noch der liberale Literaturhistoriker Hermann Hettner einhundert Jahre später.

Heute ist das Urteil über G. differenzierter geworden. Seine Biographie zeigt den Zwiespalt zwischen einem noch in der feudal-absolutistischen Ordnung befangenen Denken und bürgerlich-aufklärerischen Reformideen. Programmatisch ist die Antrittsvorlesung, die G. 1725 in Leipzig hält: Sie behandelt die rationalistische Philosophie Christian Wolffs, die den Ärger der Theologen heraufbeschwor, weil sie die Einheit von Sein und Denken, von Natur und Vernunft aus Kausalitätsprinzipien ableitete, nicht aus der biblischen Offenbarung. Während die Professorenlaufbahn G.s gediegen voranschreitet – insgesamt fünfmal wird er Rektor an der Leipziger Alma Mater –, erregt seine außerakademische Aktivität größere Aufmerksamkeit. Kaum in Leipzig angekommen, wird G. 1726 Wortführer der »Deutsch übenden poetischen Gesellschaft«, die er schon 1727 zur »Deutschen Gesellschaft« umformt, einem Literaturzirkel, der sich um die Reinigung der deutschen Sprache von barocker Überladenheit bemüht. Dann stürzt er sich in journalistische Arbeiten; als Herausgeber der *Vernünftigen Tadlerinnen* (1725/26) und des *Biedermann* (172729) reiht er sich ein in die noch junge Tradition der Moralischen Wochenschriften, die eine wichtige Stütze der entstehenden bürgerlichen Öffentlichkeit darstellen; allgemeines Aufsehen erregt der junge Gelehrte 1727; er verbindet sich mit der Wandertruppe der Schauspielerin Friederike Caroline Neuber, um auch auf der Bühne »dem guten Geschmack« zum Sieg zu verhelfen. Für die zum untersten Pöbel gerechneten fahrenden Komödianten bedeutete die Gottsched-Neubersche Theaterreform in sozialer wie in künstlerischer Hinsicht eine außerordentliche Aufwertung. Die Verbannung des Harlekin von der Bühne, die Eliminierung der Improvisation, die Verpflichtung auf den Klassizismus der französischen Vorbilder Pierre Corneille, Jean Racine u. a. waren der Preis, den das deutsche Theater zahlte, um aus dem »Zustand der Verwilderung« herauszukommen und am Hof wie im städtischen

Bürgertum gesellschaftsfähig zu werden. Gotthold Ephraim Lessing sprach später das Verdammungsurteil:»Es wäre zu wünschen, daß sich Herr Gottsched niemals mit dem Theater vermengt hätte. Seine vermeinten Verbesserungen betreffen entweder entbehrliche Kleinigkeiten, oder sind wahre Verschlimmerungen.« Weder eine Kleinigkeit noch eine Verschlimmerung war jedoch die Verbindung, die G. zwischen dramatischer Dichtung und dem Theater als erster wiederherstellte. Lessing selbst und die nachfolgenden Dramatiker verdankten diesem entscheidenden Schritt mehr, als sie sich eingestehen wollten.

Was die Positionen G.s so angreifbar machte, war seine Überzeugung, dass sowohl in der Kunst als auch in Natur und Gesellschaft alles nach festen Regeln abliefe, mithin Nachahmung der Natur identisch sei mit der Nachahmung klassischer Muster. 1730 veröffentlichte G. sein poetologisches Hauptwerk, den *Versuch einer Critischen Dichtkunst vor die Teutschen*. Aristoteles, Horaz und die französischen Dichter erscheinen darin als Gesetzgeber und Vorbilder. Wie ein Rezept klingt die Anleitung z. B. zum Verfertigen einer Tragödie:»Der Poet wählet sich einen moralischen Lehrsatz, den er seinen Zuschauern auf eine sinnliche Art einprägen will. Dazu ersinnt er sich eine Fabel, daraus die Wahrheit eines Satzes erhellet. Hiernächst suchet er in der Historie solche berühmte Leute, denen etwas ähnliches begegnet.« Auch darin folgte G. der normativen Barock-Poetik, dass die Tragödie den Göttern, Heroen und Fürsten, die Komödie hingegen Personen niederen Standes vorbehalten sei.

Die Opposition, die sich etwa seit 1740 gegen G. zu formieren beginnt, artikuliert sich zuerst in der literarischen Fehde zwischen G. und den Schweizer Schriftstellern Johann Jakob Bodmer und Johann Jakob Breitinger. Die Jahrzehnte dauernden Auseinandersetzungen zeigen das Ringen um ein neues Bewusstsein von künstlerischer Subjektivität. Klopstock unter den zeitgenössischen, die englischen Dramatiker William Shakespeare und John Milton unter den älteren Dichtern werden zu den neuen Leitbildern. Die Auffassungen G.s verlieren immer mehr an Boden. Fast zum gleichen Zeitpunkt, 1741, trennen sich G. und die Neuberin in heftigem Streit. Aber selbst die Tatsache, dass diese Auseinandersetzungen öffentlich ausgetragen werden, ist etwas Neues, Ungewohntes. Mehr als ein Versuch, Parteigänger um sich zu scharen, ist auch der Aufruf G.s an junge Dramatiker, Beiträge für ein Sammelwerk deutscher Originalautoren einzusenden. Die von 1741 bis 1745 in sechs Bänden veröffentlichte *Deutsche Schaubühne* ist von G. zu Recht als Krönung seines Lebenswerks angesehen worden. Den ursprünglichen Plan, vor allem antike Vorbilder darin abzudrucken, ließ der Herausgeber bald fallen. Zu den französischen Klassikern, die ihre Stelle einnahmen, gesellten sich Autoren wie Ludwig Holberg und Johann Elias Schlegel, nicht zu knapp auch eigene Beiträge, wie G.s Mustertragödie *Der sterbende Cato* (1730); die letzten drei Bände der *Deutschen Schaubühne* enthalten bereits ausschließlich Beiträge deutscher »Originalschriftsteller«. Das Fundament für eine deutsche Nationalliteratur auf dem Gebiet des Dramas, in enger Verbindung mit dem Theater, war damit geschaffen.

Werkausgaben: Ausgewählte Werke. Hg. von Joachim Birke, ab Bd. 6 von Brigitte Birke u. a. Berlin 1968–87.

*Dietrich Kreidt*

## Gottsched, Luise Adelgunde Victoria

Geb. 11. 4. 1713 in Danzig;
gest. 26. 6. 1762 in Leipzig

Es gibt in der deutschen Literatur des 18. Jahrhunderts keine vergleichbar anrührende Gestalt wie Luise Adelgunde Victoria G., die »Gottschedin«, wie sie nach der Sitte der Zeit genannt wurde. Geboren am 11. April 1713 in Danzig als Tochter des Arztes Johann Georg Kulmus und seiner Frau Katharina Dorothea, erregte die poetisch und musikalisch begabte, erst sechzehn Jahre alte Luise das Wohlgefallen des 29-jährigen Gelehrten Johann Christoph Gottsched, der auf der Durchreise im el-

terlichen Haus Station machte. Ihr Vater erlaubte dem an einer Verbindung interessierten, aber beruflich noch nicht fest bestallten Gottsched einen Briefwechsel, der sich über sechs Jahre erstreckte. In dieser Wartephase hat es Gottsched nicht an poetischen Beweisen seines Interesses fehlen lassen. »Schönste Muse deiner Zeit, / Unvergleichliche Louise!« beginnt ein an die Jungfer Kulmus gerichtetes Preisgedicht. Nachdem Gottsched die Leipziger ordentliche Professur für Logik und Metaphysik erlangt hatte, fand die Vermählung am 19. April 1735 in Danzig statt. Die Verbindung war für ihn ein echter ›Glücksfall‹, denn Luise war eine außerordentlich gebildete Frau, die bereits in ihrer Jugend Französisch und Englisch gelernt und später sogar noch Lateinkenntnisse erworben hatte. Offenbar hegte Gottsched, der in den folgenden Jahren zum poetologischen Gesetzgeber und literarischen Impresario avancierte, schon früh den Hintergedanken, seine kenntnisreiche und fähige Frau als Gratis-Hilfe seiner wissenschaftlichen und literarischen Aktivitäten einzusetzen. Da die Ehe kinderlos blieb, konzentrierte sich G. in der Tat auf die Mitarbeit an der Seite ihres Mannes: als »Gehülfin« bzw. Hilfskraft, die selbst Kopier- und Signierarbeiten übernehmen musste.

Nicht nur, dass G. auf Anregung ihres Gatten englische Wochenschriften (*Der Zuschauer* [*Spectator*], 1739–43; *Der Aufseher oder Vormund* [*Guardian*], 1745), poetische Texte (u. a. Addisons *Cato*, Voltaires *Alzire*, de Barbiers *Cornelia*, Popes *Lockenraub* [*The Rape of the Lock*], Marivaux' *Bauer als Emporkömmling* [*Le paysan parvenu*]), Abhandlungen aus dem Bayleschen Wörterbuch (1741–44) und die *Geschichte der königlichen Akademie der schönen Wissenschaften zu Paris* (1749– 57)

übersetzte, zahlreiche eigene Artikel, Abhandlungen und Rezensionen für die *Beyträge zur Critischen Historie der deutschen Sprache, Poesie und Beredsamkeit* (1732–44) und das

*Handlexicon oder Kurzgefasste Wörterbuch der schönen Wissenschaften und freyen Künste* (1760) verfasste, Material sammelte für das Sammelwerk *Nöthiger Vorrath zur Geschichte der deutschen Dramatischen Dichtkunst* (1757), an Editionen mitwirkte und Gottscheds eigene Arbeiten kritisch durchsah, sie führte außerdem die »Wirthschaftsangelegenheiten, an Küche, Wäsche und Kleidungen ... ohne alles Geräusch aufs ordentlichste«.

Die theaterreformerischen Bemühungen ihres Mannes flankierte sie mit erfolgreichen Schauspieltexten. In ihrer ersten Komödie *Die Pietisterey im Fischbein-Rocke Oder die Doctormäßige Frau* (1736) schrieb sie eine französische Jansenistensatire auf den deutschen Meridian um, danach begann sie mit dem Verfassen von Originalwerken, den Lustspielen *Die ungleiche Heirat* (1743), *Die Hausfranzösin* (1744), *Das Testament* (1745), dem Trauerspiel *Panthea* (1744) und dem Nachspiel *Der Witzling* (1745), auf denen ihr Rang in der frühaufklärerischen Literatur beruht (gesammelt in *Die Deutsche Schaubühne*, 1741–45). Zwar greift G. sowohl in der Fabel-Konstruktion als auch in der typisierenden Charakterzeichnung gängige Konventionen auf, doch übertrifft ihr dramatischer Dialog den ihrer Zeitgenossen an munterer Laune und Leichtigkeit des Ausdrucks. Diese Fähigkeit zur poetischen Imagination ist um so erstaunlicher, als die junge Frau an der Seite des in zahlreiche Kämpfe verstrickten Gottsched wohl wenig zu lachen gehabt hat.

Bekannt ist Gottscheds persönliche Ehr- und Geltungssucht, die sich einerseits in pedantischer Rechthaberei, andererseits in lakaienhafter Servilität manifestierte. In seinem Nekrolog auf die Gattin kann er sich nicht genug tun, die Ehrungen, die ihr und vor allem ihm selbst durch Adelige, Fürsten und diverse Majestäten widerfuhren, ins rechte Licht zu rücken. So belanglos die meisten dieser Bekanntschaften auch in geistiger Hinsicht sein mochten, eine Begegnung hat G. selbst aufs höchste beeindruckt: die Audienz (1749) bei der Kaiserin Maria Theresia, die sie in einem Brief an einer vertrauten Freundin anschaulich geschildert hat: »Ja, ich habe Sie gesehen! Die größeste Frau von allen Frauen! Die sich durch sich selbst, weit über alle Thronen erhebt. Ich habe Sie nicht nur gesehen; sondern auch gesprochen; nicht nur gesprochen; sondern drey viertel Stunden lang gesprochen.«

Gottsched selbst fügt dem in seiner Unverstelltheit rührenden Briefdokument die buchhalterische Mitteilung an, die Kaiserin habe der Gattin hernach »eine brillantene Prunknadel von besonderer Erfindung« verehrt, welche »von Kennern auf die 1000 Thaler geschätzet« werde, wogegen er selbst mit einer brillantbesetzten Tabatiere von »wenigstens« dem halben Wert beschenkt wurde. Eine andere Beziehung, die Begegnung mit der Gräfin Sophie Charlotte von Bentinck, führte zu einem leider nicht erhaltenen Briefwechsel, eine von Gottsched selbst sehr bedauerte Tatsache, der ihre Briefe auf eine Stufe mit denen der französischen Marquise Madame de Sévigné stellte.

Angesichts ihrer großen Belastung ist es nicht verwunderlich, dass G. die jahrelange aufopfernde Tätigkeit im Dienste des Gatten zunehmend als Fronarbeit erschien. Unübersehbar wächst im Laufe der Jahre ihre Abneigung gegen Unterdrücker aller Art. Als Gottsched, der sich für keinen Kotau zu schade war, ihr des Preußenkönigs Friedrich II. Interesse an ihren Schriften mitteilte, reagierte sie auffallend kühl – »mit einer großen Unempfindlichkeit«. »Ja als ich des folgenden Tages«, berichtet Gottsched, »ihr die vortheilhaften Urtheile dieses Monarchen, darauf jeder andre witzige Kopf stolz geworden seyn würde, mit nach Hause brachte; nahm sie dieselben sehr kaltsinnig auf, und änderte ihre Gesinnung im geringsten nicht. Alles was preußisch war, floh und haßte sie aufs äußerste.« Ist es ein Wunder, dass sie gegenüber einem Monarchen, der über Sachsen, das größte, von ihr tief empfundene Kriegselend gebracht und der von ihr so hoch verehrte Kaiserin Maria Theresia in lange Kriege verwickelt hat, keine Sympathie empfinden konnte? Und entsprach dieser politischen Einsicht nicht der Erkenntnis ihres persönlichen ›Schreibejochs‹, zu dem sie der eigene Mann erbarmungslos gezwungen hatte? Gottsched selbst berichtet, dass sie in den letzten zwei Jahren ihres Lebens von schwerer Krankheit gezeichnet war, ihr Augenlicht nachließ und ihre Hände zitterten: »Die letzten zwey Jahre nämlich, sind bey ihr fast kein Leben, sondern ein beständiger Gram, und Kummer ... zu nennen gewesen.« Dass er selbst eine Hauptursache war, scheint ihm nicht in den Sinn gekommen zu sein. Als Luise Victorie Adelgunde am 26. Juni 1762 starb, war der Tod für sie eine Erlösung. Der tiefbetrübte Gottsched verfasste eine umfangreiche Lebensbeschreibung der »Wohlseligen«, in der er den Verlust der »jederzeit zärtlich geliebten Freundin« beklagte und eigens bemerkte, »in den letzten Jahren« habe sie ihm »etwas von ihrer Liebe und alten Vertraulichkeit entzogen«, wo er es »gewiß nicht verdienet hatte«. Großzügigerweise betrachtete er diese Abwendung jedoch »mehr für eine betrübte Folge ihrer kränklichen Leibesbeschaffenheit ... als für eine wirkliche Beleidigung«. Weshalb er ihr das auch »in Ansehung ihrer vormaligen ungekünstelten Freundschaft und Zärtlichkeit ... nicht im geringsten zur Last geleget« habe; die von ihm angeführte Tatsache, er habe in Luises Sterbejahr »merklich abgenommen«, sollte wohl seine Anteilnahme aller Welt vor Augen führen. Auch poetisch gab er seiner Trauer beredten Ausdruck in einer Ode mit den Versen: »Du hast mein ganzes Herz besessen, / Hinfort besitzt es keine mehr.« Drei Jahre später heiratete er indes die erst neunzehnjährige Ernestine Susanne Katharina Neueneß; ein Jahr danach starb jedoch auch er. Soweit die offiziöse Lesart ihres auf »Gehilfentum« reduzierten Lebens, das der herrschsüchtige Gatte auch nach ihrem Tod verwalten wollte. Geflissentlich verschwiegen hat er indes eine Beziehung, die seine Frau im Laufe der Jahre aufgebaut hat: zu der Übersetzerin und Schriftstellerin Dorothee Henriette von Runckel.

Diese Freundin hat in den Jahren 1771 und 1772 eine dreiteilige Ausgabe der gesammelten Briefe veranstaltet, von denen die Brautbriefe und der Briefwechsel mit der Herausgeberin besonderen Wert haben. Die Briefe gewähren Einblicke in ein gelehrtes Frauen-Leben, sie sprechen von Begegnungen, von

Lektüre und wissenschaftlicher Tätigkeit, und sie offenbaren auch tiefe persönliche Empfindungen, die sie dem eigenen Mann verschweigen musste. Immer unüberhörbarer wird für die von Krankheit Heimgesuchte der Todeswunsch: »Ich muß Ihnen eine traurige Nachricht melden; ich verliere mein Gesicht fast gänzlich. ... Und wie sehnlich wünsche ich die Stunde meiner Auflösung schlagen zu hören! Fragen Sie nach der Ursache meiner Krankheit? Hier ist sie. Acht und zwanzig Jahre ununterbrochene Arbeit, Gram im Verborgenen und sechs Jahre lang unzählige Thränen sonder Zeugen, die Gott allein hat fließen sehen; und die mir durch meine eigene und hauptsächlich durch die allgemeine Noth und die erlittenen Kriegsdrangsalen so vieler Unschuldigen ausgepreßt worden.« Die beiden Peiniger, der Preußenkönig Friedrich II. und der Haustyrann Gottsched, stehen in einer Reihe. Am Schluss bleibt ihr nur die christliche Hoffnung auf eine »ewige Belohnung« und das baldige Ende des Schreckens: »Wie sehr freue ich mich, daß ich sterblich bin; und dieser Trost macht mir alles Unangenehme erträglich.« Renate Feyl hat dem Martyrium der G. einen bewegenden Roman gewidmet unter dem ironischen Titel *Idylle mit Professor*.

Werkausgabe: Die Deutsche Schaubühne. Mit einem Nachwort von Horst Steinmetz. Stuttgart 1972 (Nachdruck Leipzig 1741–45); Louise Gottsched – »Mit der Feder in der Hand«. Briefe aus den Jahren 1730 bis 1762. Hg. von Inka Kording. Darmstadt 1999.

*Gunter E. Grimm*

## Goytisolo, Juan
Geb. 5. 1. 1931 in Barcelona

Der in Marrakesch und Paris lebende Kosmopolit Juan Goytisolo ist Provokateur und Mythoklast, aber auch ein engagierter Kämpfer für Freiheit und Toleranz. Sohn einer großbürgerlichen Barceloneser Familie und seit seiner Teilnahme an den Studentenunruhen der 1950er Jahre *persona non grata* im franquistischen Spanien, begibt sich G. 1957 ins freiwillige Exil nach Paris und befasst sich im

Verlag Gallimard mit der Vermittlung spanischer und lateinamerikanischer Autoren.

Sein eigenes Werk zeigt einen ausgesprochen internationalen, von der europäischen wie lateinamerikanischen Literatur geprägten Zuschnitt, fügt sich aber auch in die spanische Romanentwicklung der zweiten Hälfte des 20. Jahrhunderts ein. Es umfasst rund 20 Romane und Erzählbände, außerdem Autobiographisches, Reiseberichte, Reportagen sowie politische und literaturkritische Arbeiten.

Die ersten Romane thematisieren vorwiegend die Lebensumstände von durch Kriegsfolgen und bürgerlichem Verhaltenskodex desorientierten Jugendlichen (*Juegos de manos*, 1954; *Die Falschspieler*, 1958; *Duelo en el paraíso*, 1955; *Trauer im Paradies*, 1958). Mit am »sozialistischen Realismus« (Georg Lukács) orientierten Darstellungstechniken, z. B. in *Fiestas* (1958; *Das Fest der anderen*, 1960), einer Beschreibung der Situation andalusischer Migranten in Barcelona, nutzt G. wie viele weitere Vertreter der »generación del medio siglo« (Generation der Jahrhundertmitte) den Roman zur Kritik am Franco-Regime. 1966 erscheint in Mexiko mit *Señas de identidad* (*Identitätszeichen*, 1978) ein Roman der inhaltlichen und formalen Erneuerung, der als Trilogie mit *Reivindicación del conde don Julián* (1970; verb. Ausg. 2004 unter dem Titel *Don Julián*; *Rückforderung des Conde don Julián*, 1976) und *Juan sin tierra* (1975; *Johann ohne Land*, 1981) im Zentrum des Gesamtwerks steht.

In *Señas de identidad* rekapituliert der 32-jährige Pressefotograf Alvaro Mendiola, der aus Paris nach Spanien zurückkehrt, sein bisheriges Leben, wobei Spaniens Geschichte von der Kolonialzeit über den Bürgerkrieg und die unmittelbaren Nachkriegsjahre bis zur Bildung einer Oppositionsbewegung in den Blick gerät. So entsteht eine desillusionierte Diagnose des Zustandes in Spanien um 1963, einem Zeitpunkt, als die Widersprüche zwischen der kapitalistischen Öffnung und der politischen Stagnation des Landes offenbar werden. Der in Collagetechnik gehaltene Roman verfährt achronologisch und mit alternierenden Erzählstimmen. Die folgenden

Werke entfernen sich immer weiter von traditionellen Erzähltechniken, auch ein sprachkritischer Akzent tritt immer deutlicher zutage. Thematisch gewinnt nun G.s Auseinandersetzung mit der arabischen Welt an Gewicht: In historischer Herleitung verbindet er den nationalkatholischen Traditionalismus des »ewigen Spanien« mit der Negierung seines arabischen Kulturerbes. Auch gegen die abendländischen Vorstellungen von Sexualität schreibt G. an, wobei die drastischen, sadistisch-masochistischen Darstellungen weniger als Gegenentwurf denn als Provokation zu lesen sind.

Ganz im Sinne postmoderner Maximen verbindet G. ästhetisches Schaffen mit Literaturkritik. Seine Texte sind, unter dem Einfluss von Formalismus, Strukturalismus, Tel Quel und Intertextualität, hochgradig experimentell. Die spanische Literaturgeschichte unterzieht er einer kritischen Revision, in der er sowohl heterodoxe Autoren rehabilitiert als auch einseitige, einen spanischen Essentialismus propagierende Rezeptionsweisen verwirft (*Disidencias*, 1977; *Dissidenten*, 1984); seine Relektüre des Mystikers San Juan de la Cruz in *Las virtudes del pájaro solitario* (1988; Die Tugenden des einsamen Vogels) hebt dessen Verbindung zur arabischen Sufi-Dichtung hervor. Neben zwei autobiographischen Bänden (*Coto vedado*, 1985; *Jagdverbot. Eine spanische Jugend*, 1994; *En los reinos de Taifa*, 1986; *Die Häutung der Schlange*, 1955) veröffentlicht G. in den 1990er Jahren, z. T. auch in der Tagespresse, Berichte aus Krisengebieten wie Nahost, Tschetschenien und Algerien; das *Cuaderno de Sarajevo* (1993; *Notizen aus Sarajevo*, 1993) ist ein beeindruckendes Zeugnis des Widerstands der bosnischen Moslems, den er in *El sitio de los sitios* (1995; *Das Manuskript von Sarajewo*, 1999) auch ästhetisch verarbeitet. Die narrativen Texte gestalten sich im späteren Werk häufig spielerischer und humorvoller. *La saga de los Marx* (1993, *Die Marx-Saga*, 1996) ist ein ironisch-quijotesker Roman über den Niedergang der kommunistischen Welt. Mit *El lucernario* (2004; Die Lichtluke), einer Arbeit über den Schriftsteller und Politiker Manuel Azaña, schärft G. das kulturelle

Gedächtnis Spaniens für sein republikanisches Erbe. G.s Gesamtwerk wurde vielfach ausgezeichnet, unter anderem 2005 mit dem renommierten lateinamerikanischen Juan Rulfo-Preis.

*Annette Paatz*

## Grabbe, Christian Dietrich

Geb. 11. 12. 1801 in Detmold;
gest. 12. 9. 1836 in Detmold

»Wie Plato den Diogenes sehr treffend einen wahnsinnigen Sokrates nannte, so könnte man unsern Grabbe leider mit doppeltem Recht einen betrunkenen Shakespeare nennen.« Heinrich Heines Vergleich charakterisiert treffend die innere Zerrissenheit der Dichterbiographie. Das Leben des Dramatikers G. glich einer »lebendigen Anomalie«, einer »Natur in Trümmern: von Granit und Porphyr«, wie Karl Immermann, der Freund in den letzten Lebensjahren, das paradoxe Erscheinungsbild des Detmolder »Olympiers« in seinem Nachruf zeichnet. G. begriff sich selbst als eine Zwischenexistenz, Abbild der politischen Zerrissenheit seiner Zeit. Der ständige Rückschritt der Metternichschen Restauration stellt G. in seinen Dramen immer wieder vor die Frage, ob die Geschichte überhaupt Sinn und Entwicklung kennt oder nicht. Die Erfahrung des Scheiterns hochfliegender Pläne an der eigenen provinziellen Beschränkung wird zur biographischen Signatur. Das Zerbrechen eines einheitlichen Stilwillens mit dem Ende der Kunstperiode und die Zweifel am Idealismus als einem tragenden poetischen Prinzip bilden den Ausgangspunkt seiner Geschichtsdramen (*Herzog Theodor von Gothland*, 1819; *Marius und Sulla*, 1823; *Napoleon*, 1831; *Die Hermannschlacht*, 1835). In seinen Protagonisten finden sich autobiographische Züge, etwa die Stilisierung des handelnden Individuums als einsame, tragisch-heroische Figur. Aber das Charisma des Weltenlenkers fällt G.s Faszination am Schrecken, am gewaltsamen Untergang zum Opfer. Die Verzweiflung über eine fehlgeschlagene Sinngebung der Geschichte und das Erkennen der Realität als eine ad absurdum geführte Theodizee erklären den zynisch-sarkastischen Grundton seiner Werke. Ludwig Tieck wies in einem Brief von 1822 auf die bereits im *Gothland*, G.s erstem dramatischen Versuch, vorhandene Ambivalenz hin, die in späteren Stücken noch augenscheinlicher werden sollte: »Ihr Werk hat mich angezogen, sehr interessiert, abgestoßen, erschreckt und meine große Theilnahme für den Autor gewonnen.« Die zwiespältige Welterfahrung bleibt das lebenslange Trauma des »Schnapslumpen Grabbe«, wie ihn die kleinbürgerlichen Spießer in der Enge der kleinen Residenzstadt Detmold hinter vorgehaltener Hand nannten. »Eben dadurch, daß Ihr Werk so gräßlich ist, zerstört es allen Glauben an sich«, heißt es noch in dem Brief Tiecks, dessen Urteil G. sehr am Herzen lag. Das Lustspiel *Scherz, Satire, Ironie und tiefere Bedeutung* (1822) ist wesentlich auf G.s Rezeption der romantischen Literatursatire, vor allem der Stücke Tiecks zurückzuführen. In diese Zeit fällt auch die intensive Beschäftigung mit William Shakespeare, die den unter Zeitgenossen heftig umstrittenen Aufsatz über die *Shakespearo-Manie* (1827) zur Folge hatte. Darin erklärt G. die Grundzüge seines ästhetischen Programms; er polemisiert gegen eine epigonale Aneignung und Vergötterung des englischen Dramatikers und

hält das Prinzip eines nationalen Dramas, wie er es bei Friedrich Schiller entdeckt zu haben glaubte, dagegen. G. trifft mit seiner Polemik die Epigonen und Trivialliteraten seiner Zeit, die als nachromantische Schwärmer und poetische Belletristen in seinen Augen den beispielhaften Rang von Shakespeare abwerteten. Aber auch der ästhetische Anspruch des ›Jungen Deutschland‹ (dem Kern des literarischen Vormärz), radikal von der Literatur weg zum Leben hinzuführen, wird durch G.s zynisch-melancholische Diktion entlarvt. Damit aber ist auch die biographische Diskrepanz formuliert, die G.

in seiner Provinzialität von den Höhentraumata der ›wahren Olympier‹, der Klassiker in Weimar, trennte. Als einziger Repräsentant dieses großbürgerlichen »discours extraordinaire« verblieb Ludwig Tieck als romantisch-ironischer Sachwalter der Shakespeareschen Komödientradition. Im Vormärz jedoch schrieb man andere Verse auf die dramatischen Fahnen: die politische Emanzipation sollte nicht nur Forderung, also ›ästhetische‹ Utopie bleiben, sondern wollte bewirkt, erfahren und realisiert werden. »Wahre Kunst, wahres Leben; Modernismus, Kunst und Kommerz, Literatur und Revolution für ein besseres Leben«. G. war ästhetisch und biographisch Vorbild und Warnung zugleich. Sein Ahnenkult jedoch verbot ihm die »Grabschändung« seines Ahnherrn Shakespeare.

G.s Versuche, während der Jahre des Jurastudiums in Leipzig und Berlin (1820 bis 1823) nicht nur Anschluss an die literarisch bedeutsamen Kreise seiner Zeit zu gewinnen, sondern möglichst auch eine seinen künstlerischen Ambitionen entsprechende Wirkungsmöglichkeit am Theater zu finden, haben trotz seiner schauspielerischen Qualitäten keinen Erfolg. Der Druck des ersten Bandes seiner dramatischen Werke (1827) fällt zeitlich mit der Anstellung als Hilfsauditeur in Detmold zusammen. Fortan bleibt G. in seiner Geburtsstadt, deren Mauern er nur zu zwei kurzen Aufenthalten in Frankfurt bei seinem Verleger Kettembeil und Düsseldorf bei Immermann verlassen hat. Der Widerstand gegen eine ihn vereinnahmende kleinbürgerlich-ärmliche Existenz als Militärgerichtsbeamter fällt in eine literarisch sehr produktive Phase. 1829 erscheint das einzige, zu seinen Lebzeiten aufgeführte Drama *Don Juan und Faust*, zu dem Albert Lortzing eine Bühnenmusik komponierte. G.s Bemühen, trotz seiner chronischen Trunksucht ein bürgerlichen Maßstäben angemessenes Leben zu führen, scheitert ebenso, wie die 1833 geschlossene Ehe mit der um zehn Jahre älteren Louise Clostermeier, die noch kurz vor seinem Tod den Antrag auf Scheidung einreichte. Der »unglückliche und geniale Dichter G.«, wie ihn seine wenigen Freunde nannten, ist in die Schar der sogenannten »Gescheiterten« einzureihen, sein Name wird im gleichen Atemzug mit Georg Büchner, Heinrich von Kleist, Jakob Michael Reinhold Lenz, Frank Wedekind, Georg Heym genannt: Die Reihe ließe sich beliebig fortsetzen; überall nahm er etwas auf, viele beeinflusste er wesentlich in ihrem Schaffen (vgl. Hanns Johst: *Der Einsame*, 1917). Seine Dramen und Theaterkritiken bilden immer noch eine beständige Irritation in der heutigen Diskussion um Dramen- und Theatertheorie, seine Person bildet den Hintergrund von Romanen (z. B. Thomas Valentin, *G.s letzter Sommer*, Ein Roman, 1980). Das »absurde Theater« der Nachkriegszeit sah in G. einen seiner Stammväter, und auch das epische Theater im Sinne Bertolt Brechts hat in G. einen Vorläufer unter anderen. Selbst die Nationalsozialisten glaubten, G.s Werk als völkisch-germanisches Heldenepos verstehen zu können. Dies jedoch dürfte zu den tragischen Irrtümern der Wirkungsgeschichte zu rechnen sein und unterstreicht nur mehr den widersprüchlichen Fragmentcharakter seines Werkes.

Werkausgabe: Werke und Briefe. Hg. von der Akademie der Wissenschaften in Göttingen. Bearbeitet von Alfred Bergmann. 6 Bde. Emschelten 1960–73.

*Thomas Schneider*

## Gracián y Morales, Baltasar

Geb. 8. 1. 1601 in Belmonte bei Calatayud/Spanien;
gest. 6. 12. 1658 in Tarazona bei Zaragoza

Gracián ist mit Calderón der wichtigste Repräsentant des ausgehenden »Goldenen Zeitalters« (Siglo de oro) der spanischen Literatur und der spanischen Moralistik überhaupt. Viel ist nicht bekannt vom Leben des unbequemen Denkers. Sohn einer bürgerlichen Familie, aufgewachsen in Toledo bei seinem Onkel, tritt er 1619 in den Jesuitenorden ein, der ihm Stätte einer umfangreichen Lehrtätigkeit (seit 1628 verschiedene Lehrämter, 1647 bis 1651 Professor und Rektor an mehreren Kollegien), aber auch fortwährender Konflikte sein wird: Den ersten Teil seines Romans *El criticón* (1651–57; *Criticon*, in Teilen 1698, erstmals vollständig 1957) publiziert er ohne Erlaubnis der Ordensleitung unter dem durchsichtigen Pseudonym García de Morlanes, nach der Veröffentlichung des zweiten Teils erhält er Publikationsverbot, der dritte Teil führt vorübergehend zu Inhaftierung und zum Entzug der Lehrbefugnis. Die Tätigkeit im Orden, die er im Wesentlichen nur 1640 für einen kurzen Aufenthalt am Madrider Hof und 1646 als Feldgeistlicher im Katalonienfeldzug unterbricht, garantiert jedoch den nötigen Freiraum für literarisches Schaffen. Entscheidend hierfür ist auch die Unterstützung durch den hochadligen Literaten und Mäzen Juan de Lastanosa, mit dem G. seit 1636 eine enge Freundschaft verbindet.

G. ist Prosaautor; er schrieb zeitlebens weder Lyrik noch Dramen und trotz seines zeitweise großen Ruhmes als Prediger nur einen einzigen religiösen Text, *El comulgatorio* (1655; *Das Kommunionsbuch*). Mit Autoren wie Montaigne, Quevedo, La Rochefoucauld und Lichtenberg steht er in der Tradition der Moralistik, die er als Kunst der Lebenspraxis auf der Basis einer aus Gesellschafts- und Charakterbeobachtung gewonnenen Klugheit (discreción) versteht und die dem Individuum durchaus weniger eine ›Moral‹ im Sinne ethischer Anleitung als ein Instrument zur strategischen Durchsetzung eigener Interessen liefern will. So behandelt G.s erstes Buch, *El héroe* (1637; *Der Held*), in zwanzig Kapiteln je eine Fähigkeit des vollkommenen Aristokraten, wobei der Kanon Bildung und Mut ebenso umfasst wie Verstellung. Er wird leicht variiert aufgegriffen in dem Fürstenspiegel *El político* (1640; *Der Politiker*), der am Beispiel Ferdinands II. von Aragón (1452–1516) die taktischen Fähigkeiten darlegt, mit deren Hilfe der perfekte Regent sich bei Hof durchsetzt. Den naheliegenden Vergleich mit Machiavellis *Il principe* (1532; *Der Fürst*, 1714) hat G. verschiedentlich mit Hinweis auf die Tugendorientierung seines Modells und die allein dem Erfolg verpflichteten Unmoral Machiavellis zurückgewiesen; im Kern existieren jedoch klare Parallelen. Ein dritter Traktat, *El discreto*

(1646; *Der Weltkluge*, 1729) hebt weniger auf das herausragende Individuum ab als auf den erfolgreich unter seinesgleichen agierenden Höfling, der infolge einer dreiphasigen kulturellen (Selbst-)Bildung in der Lage ist, eine günstige öffentliche Erscheinung aufrechtzuerhalten, dabei aber die Täuschung anderer intellektuell zu durchdringen vermag. Die Prinzipien der politisch-moralistischen Traktate hat G. 1648 in den 300 Aphorismen des *Oráculo manual y arte de prudencia* (*Handorakel und Kunst der Weltklugheit*, 1686) kondensiert.

Der Widerstreit von Schein bzw. Täuschung (»engaño«) und Ent-Täuschung im Sinne ihrer Aufhebung durch Erkenntnis (»desengaño«) ist als lebenspraktisches (wie in den Traktaten), aber auch erkenntnistheoretisches Problem Gegenstand von G.s Hauptwerk, dem satirisch-allegorischen Roman *El criticón*. Er erzählt die Reise des lebensklugen Critilo und des naiven, abseits jeder Zivilisation herangewachsenen Andrenio durch Spanien, Frankreich und Deutschland bis nach Rom. Dem Titel gemäß werden Menschen verschiedener Stände und die Verhältnisse an den teils realen, teils fiktiven Orten mit Hilfe der Vernunft *kritisch* durchdrungen; dabei wird in einem wiederkehrenden Schema die anfängliche Täuschung jeder Etappe (ihrerseits »Krisis« genannt, in der griechischen Wortbedeutung einer »Entscheidung«) aufgehoben.

Das Werk steht in der Tradition des Abenteuerromans und verbindet wie etwa Grimmelshausens *Simplicissimus* (1668) oder Voltaires *Candide* (1759) unterhaltende Satire mit philosophischen Problemen. Stärker als beim Abenteuerroman ist die vordergründige Handlung zugleich mehrfach allegorisch überlagert. So reisen die Protagonisten nicht nur durch das Europa zur Zeit G.s, vielmehr wird mit der Geburt, der Ankunft mit dem Schiff und dem Frühling der Kindheit in Madrid, der

Stadt des Trugs, ein Lebensweg eröffnet, der mit dem Lebensabend in Rom, der Stadt vollendeten Weltwissens, und schließlich der Insel der Unsterblichkeit schließt. Ebenso sind zahlreiche Orte (z. B. der ›Quell der Täuschungen‹, I, 7) und Figuren (z. B. die Glückseligkeit symbolisierende Felisinda, die die Protagonisten vergeblich suchen) rein allegorisch zu verstehen, wie auch die Hauptfiguren die Vernunft (Critilo) und die menschliche Natur (Andrenio, von gr. »aner«, »Mensch«) repräsentieren. Der Text greift in äußerst eklektischer Weise auf Mythologie, Moralistik und satirische Dichtung der Antike, mittelalterliche Allegorien, Emblematik sowie auf die italienische und spanische Literatur der frühen Neuzeit zurück, die G. zu einer auf den heutigen Leser oft bizarr wirkenden und schwer lesbaren Einheit zusammenführt, deren unermüdlich wiederholte Essenz die Entwertung der Welt als (günstigenfalls punktuell aufgehobener) Trug ist. Dies macht den *Criticón* zu einem »Haupttext des europäischen Pessimismus« (Hugo Friedrich). Seine überzeitliche literarhistorische Bedeutung geht auf die außerspanische Rezeption zurück – für den deutschen Sprachraum, nicht von ungefähr, auf die Vermittlung Schopenhauers.

Sprachlich ist vor allem der *Criticón* ein Beispiel für die barocke Ästhetik des »conceptismo«, zu deren wichtigstem Theoretiker G. mit seinem einzigen poetologischen Traktat, der *Agudeza y arte de ingenio* (1642, überarb. 1648; *Scharfsinn und Kunst der Erfindung*), wurde. Unter Verweis auf zahlreiche zeitgenössische und antike Textbeispiele erhebt er das »concepto«, eine wortspielerische, metaphernreiche und auf Brillanz des Unerwarteten abzielende gedankliche und sprachliche Verdichtung, zum Ideal, ohne allerdings dem natürlichen Stil grundsätzlich eine Absage zu erteilen. Entgegen der Kritik von klassizistischer (v.a. französischer) Seite, die bis in die Gegenwart als Allgemeinplatz vom inhaltsleeren manieristischen Sprachschwulst des Barock weiterlebt, geht es in G.s Traktat gerade insoweit um ›geistreichen‹ Ausdruck, als dieser eine Erkenntnis jenseits des nur Sprachlichen offenlegt: »Das concepto ist ein Akt des Verstandes (entendimiento), der die Beziehung (correspondencia) zwischen den Dingen ausdrückt.« G. fasst nicht nur die dominante Poetik seiner Zeit in exemplarische Form, es gelingt ihm auch, sie an die philosophische und lebenspraktische Thematik anzubinden und seinem Werk die intellektuelle Geschlossenheit zu geben, deretwegen er als einer der Großen des spanischen Siglo de oro gilt.

Werkausgaben: Das Kritikon. Hg. H. Köhler. Zürich ³2001. – Handorakel und Kunst der Weltklugheit. Freiburg i.Br. 1999.

*Frank Reiser*

### Gracq, Julien (eigtl. Julien Poirier)
Geb. 27. 7. 1910 in Saint-Florent-le-Vieil, Maine-et-Loire/Frankreich; gest. 22. 12. 2007 in Angers/Frankreich

Julien Gracq ist einer der bedeutendsten französischen Schriftsteller der Gegenwart. Sein Werk umfasst in erster Linie Erzählungen und Romane, deren Sprache häufig als »poetische Prosa« beschrieben wird, sowie zahlreiche Essays und literaturtheoretische Reflexionen, in denen G. seiner Bewunderung für die Surrealisten, insbesondere für André Breton, Ausdruck verleiht. Breton zählt neben den deutschen Romantikern, neben Gérard de Nerval, Edgar Allan Poe, Charles Baudelaire, Oswald Spengler und Ernst Jünger zu den wichtigsten Vorbildern G.s, dessen literarisches Werk sich durch eine charakteristische Alltagsferne, durch eingehende Landschaftsbeschreibungen und durch die Betonung mythischer und phantastischer Tiefendimensionen auszeichnet.

G. wird 1910 unweit der Loire-Mündung geboren und verbringt in einem noch agrarisch geprägten Umfeld eine glückliche Kindheit, die durch den Eintritt in ein Internat in Nantes ein abruptes und als traumatisch erlebtes Ende erfährt, das in der späten Erzählung *La forme d'une ville* (1985; *Die Form einer Stadt*, 1989) eingehend beschrieben wird. Seine hervorragenden schulischen Leistungen ermöglichen ihm das Studium in den Vorbereitungsklassen des berühmten Lycée Henri IV in Paris, sodann an der École normale supérieure, wo er in erster Linie Geographie und Geschichte studiert. Während dieser Jahre in Paris ergeben sich erste Kontakte zu den Surrealisten, ferner auch ein kurzfristiges Engagement in der Kommunistischen Partei und in Gewerkschaftskreisen. 1936 schließt G. sein Studium mit dem Staatsexamen (Agrégation) ab und arbeitet danach als Gymnasiallehrer zunächst in Nantes, später in Quimper und nach einer kurzen Zeit als Soldat im Jahr 1940 in Caen. Noch vor dem deutschen Überfall auf Frankreich erscheint seine erste Erzählung *Au château d'Argol* (1938; *Auf Schloß Argol*, 1954). Die Handlung spielt auf einem einsam gelegenen bretonischen Schloss, das der junge Albert erworben hat und auf dem er seinen Freund Herminien und dessen Gefährtin Heide empfängt. Aus dieser Personenkonstellation ergeben sich tragische Konflikte, die in der Ermordung Herminiens und dem Selbstmord Heides kulminieren. Der eigentliche Reiz der Erzählung liegt jedoch nicht in der Entfaltung dieses Erzählkerns, sondern vielmehr in der Virtuosität, mit der G. Motive aus Wagners *Parsifal*, aus der Schauerromantik und aus mittelalterlichen Legenden zu einer surrealistischen Synthese führt.

Nach dem Krieg erhält G. eine Stelle als Gymnasiallehrer in Paris, die er bis zu seiner Pensionierung im Jahr 1970 innehat. Neben der pädagogischen Tätigkeit entsteht ein facettenreiches Werk, zu dessen Höhepunkten der Roman *Le rivage des Syrtes* (1951; *Das Ufer der Syrten*, 1952) zählt, für den G. den Prix Goncourt erhält, den er jedoch aus Vorbehalten gegenüber dem mondänen Pariser Literaturbetrieb ablehnt – eine subversive Geste, die ihn rasch bekannt macht. Im Mittelpunkt des Romans steht der altehrwürdige Staat Orsenna, dessen kulturelle Verfeinerung zahlreiche gesellschaftliche Dekadenzphänomene auslöst und an Geschichtsbilder der Spätantike, an Oswald Spenglers *Untergang des Abendlandes* sowie an Thomas Manns subtile Schilderungen des europäischen Fin de siècle erinnert. Der Protagonist Aldo lässt sich als militärischer Beobachter an das Ufer der Syr-

ten versetzen, um das gegnerische Farghestan zu überwachen. Dabei entsteht der Gedanke eines provozierten Krieges, der als reinigendes Gewitter den Niedergang Orsennas beenden soll. Ein spätes Meisterwerk ist die kurze, surrealistische Erzählung *Les eaux étroites* (1976; *Die engen Wasser*, 1985), in der G. abermals in einen Dialog mit seinen großen literarischen Vorbildern tritt.

*Florian Henke*

## Graf, Oskar Maria
Geb. 22. 7. 1894 in Berg am Starnberger See; gest. 28. 6. 1967 in New York

Zwei Tage nach der Bücherverbrennung (10. Mai 1933) erschien in der *Wiener Arbeiterzeitung* ein Artikel G.s unter dem Titel »Verbrennt mich!«, der danach durch die Weltpresse lief. In die erste Liste verbotener Bücher hatten die Nazis von den 13 selbständigen Titeln G.s nur seine Autobiographie *Wir sind Gefangene* (1927) aufgenommen. Zu recht fragte sich G., womit er die »Unehre« verdient habe, dass sein übriges Werk nicht »der reinen Flamme des Scheiterhaufens« übergeben worden sei.

G., als neuntes Kind eines bayrischen Bäckers geboren, floh 1911 nach dem Tode seines Vaters aus dem brutalen Regiment seines ältesten Bruders nach München, um Schriftsteller zu werden. Hier geriet er in die anarchistische Bohème (Gustav Landauer, Franz Jung, Ernst Toller u. a.) und ans Hungertuch. Er debütierte mit expressionistischer Lyrik, brachte sich aber nur schlecht und recht mit Gelegenheitsarbeiten durch und wurde Ende 1914 zum Militär einberufen. Einer alten Familienchronik hatte G. entnommen, dass die Herrschenden »unser Geschlecht wegen nichts ausgesogen, geschunden, verkrüppelt und zerstückelt haben, solange erinnerlich ist.« G.s Vater reagiert auf jede Uniform allergisch und an seiner Mutter schätzt G. ihre Respektlosigkeit. Bei G. selbst verdichtet sich diese jahrhundertelange Erfahrung der Unterdrückung zu einem antimilitaristischen Widerstand, dessen Form einzigartig ist: Auf dem Exerzierplatz verfällt er in unbändiges Gelächter, tritt in Hunger- und Sprechstreik, wird in Gefängnisse und Irrenhäuser eingewiesen, wo er nah an den Rand des Wahnsinns und des Todes gerät, bis er 1916 aus dem Kriegsdienst entlassen wird. Noch 1938 weigert sich G. als Exilierter in New York zu unterschreiben, dass er bereit sei, für die Freiheit Amerikas die Waffe in die Hand zu nehmen, so dass er Staatenloser bleibt und die US-Staatsbürgerschaft erst zwanzig Jahre später erhält.

G. nimmt an der Münchner Oktober-Revolution 1919 teil, schreibt nach deren Scheitern, nun wisse er, wo er hingehöre, und wird 1920 Dramaturg eines kleinen sozialistischen Arbeitertheaters, das bis in die Inflationszeit durchhält (*Wunderbare Menschen*, 1927). In den 1920er Jahren ist der ehemalige Tölpel vom Lande Mittelpunkt der Münchener Bohème. Seine Künstler- und Atelierfeste sind weit über die bayrische Grenze hinaus berühmt oder berüchtigt. Als Hofnarr der Gesellschaft entdeckt er seine Fähigkeit des mündlichen Erzählens und beginnt, »Bayrisches« zu schreiben. Besonders mit dem *Bayrischen Dekameron* (1928) ist er so erfolgreich, dass er von seiner Schriftstellerei hätte leben können, wenn er nicht völlig unfähig gewesen wäre, mit Geld umzugehen. Außerdem will G. weder ein neuer Ludwig Ganghofer noch ein Ludwig Thoma werden. Gegen seine »Firmierung« als bayrischer Heimatdichter lässt er sich Visitenkarten drucken: »O. M. Graf, Provinzschriftsteller, Spezialität: ländliche Sachen«, d. h.: er kann an die Tradition bayrischer Heimatliteratur nur ironisch anknüpfen, weil er ja aus eigener Erfahrung weiß, wie wenig »Heimat« in den halbfeudalen Verhältnissen des Landes zu finden ist und dass alle Vergoldung des Dörflichen bloße Illusion städtischer Heimatlosigkeit ist.

Über die Grenzen Deutschlands hinaus bekannt wird G. mit seiner Autobiographie *Wir sind Gefangene* (1927). Mit diesem Buch hat er sich freigeschrieben vom dumpfen Druck des Landlebens, vom Nachahmen eines ihm fremden expressionistischen Pathos und von der Gefahr, ein bloß drolliger Unterhaltungsautor zu werden. Das Zu-sich-selbst-Gelangen seines Talents geschieht nur wenige Jahre vor Beginn der Herrschaft des Faschismus (*Bolwieser*, 1931). Auf der Flucht über Wien, Brünn und Prag schreibt G. gegen das Dritte Reich an. Sein erster antifaschistischer Roman *Der Abgrund* (1935), der das Schicksal einer süddeutschen Arbeiterfamilie behandelt, die vor Hitler nach Wien flieht und dort ein zweites Mal dieselben politischen Fehler erleben muss, will eine Diskussion über die vermeidbaren Ursachen dieser entsetzlichen Niederlage eröffnen. Der Druck des Buches in der Sowjetunion wird von deutschen kommunistischen Exilfunktionären behindert, der Roman selbst nach Erscheinen von sozialdemokratischen Funktionären im Exil als »rein kommunistisch« verunglimpft. 1937 erscheint *Anton Sittinger*. Darin behandelt G. das zweite politische Hauptproblem des Antifaschismus. Wie konnte der Nationalsozialismus die Kleinbürger an sich binden? Es gibt kein zweites Buch des Exils, das kleinbürgerlicher Hinwendung zum Faschismus so genau von innen nachspürt.

In New York bemüht sich G. mit aller Kraft um Hilfe für europäische Künstler, die vom Faschismus bedroht sind. Er lebt im deutschen Milieu, lernt kaum Englisch und muss seine z. T. im Selbstverlag gedruckten Bücher eigenhändig unter die Leute bringen. Von den Werken, die er nach 1945 schreibt, gelingen ihm vor allem die biographisch gefärbten (*Das Leben meiner Mutter*, 1946; *Unruhe um einen Friedfertigen*, 1947; *Gelächter von außen*, 1966).

Wenn G. zeitlebens darauf beharrt, nicht bloß ein internationaler Sozialist, sondern auch ein bayrischer Katholik zu sein, so meint er damit die Unterseite halbfeudalkatholischer Herrschaft: das Unbeherrschte, den sinnlichderben Widerstand eines ungleichzeitigen sozialen Unten, der sich bei ihm selbst in einem großen Gelächter kristallisierte. Was diesen Schriftsteller fruchtbar machte, war das Festhalten an zwei widersprüchlichen Protestformen: dem organisierten Widerstand der Beherrschten und dem unmittelbaren Protest unbeherrschter, »katholischer« Sinnlichkeit.

Werkausgabe: Werkausgabe der Büchergilde Gutenberg. Hg. von Wilfried F. Schoeller. Frankfurt a. M. 1982 ff.

*Rainer Stollmann*

## Granin, Daniil (eigtl. Daniil German)

Geb. 1. 1. 1919 in Volyn', Gebiet Kursk/Russland

Daniil Granins Wirkung war bis in die 1980er Jahre hinein fast ausschließlich auf die DDR beschränkt; erst sein Engagement für die Perestrojka-Politik Michail Gorbatschows verschaffte seinen Werken auch in Westdeutschland Resonanz. Der studierte Elektromechaniker verstand sich als Moralist, ob er nun über den Zweiten Weltkrieg schrieb, über technische bzw. wissenschaftliche Innovationen, über Auslandsreisen oder über bemerkenswerte Wissenschaftler oder Militärs. Stets gab er der Aufrichtigkeit den Vorzug vor Parteitreue. Gleichwohl war er nie ein Dissident, seine Kritik behielt stets einen affirmativen Charakter. Aleksandr Solženicyn preist in *Bodalsja telënok s dubom* (*Die Eiche und das Kalb*) sogar seine guten Kontakte zum Geheimdienst. G. bekleidete lange Zeit hohe Ämter im sowjetischen Schriftstellerverband; eine undurchsichtige Rolle spielte er bei der Gründung des russischen PEN-Zentrums, dessen Leitung dann Anatolij Rybakov übernahm. Schon früh ein sog. »Reisekader« mit der Berechtigung zum Besuch auch des westlichen Auslands, begleitete er Partei- und Staatschef Gorbatschow 1989 auf dessen Deutschlandreise.

In *Isaketeli* (1954; *Bahnbrecher*, 1955) gelingt es einem jungen Ingenieur, ein selbsterfundenes Gerät zur Fehlersuche in Leitungssystemen gegen den Widerstand der etablierten Kollegen durchzusetzen und gleichzeitig zu einem anerkannten Mitglied der sozialistischen Gemeinschaft heranzureifen. Dieses dem Produktions- und Entwicklungsroman entlehnte Handlungsschema – das auch Vladimir Dudincev in *Ne chlebom edinym* (1956; *Der Mensch lebt nicht vom Brot allein*, 1957) fast zeit- und inhaltsgleich verwandte – füllte G. immer wieder mit neuer Problematik. Was in *Isaketeli* die Technik ist, sind in *Kartina* (1980; *Das Gemälde*, 1981) der Umweltschutz und der Erhalt einer historisch gewachsenen Umgebung.

Reportagehaft gestaltet sind Porträts wie etwa *Klavdija Vilor* (1975; *Claudia Vilor*, 1977) über einen weiblichen Politkommissar in nazideutscher Kriegsgefangenschaft oder *Ėta strannaja žizn'* (1975; *Ein seltsames Leben*, 1983) über einen Wissenschaftler, der mit geradezu manischer Besessenheit sein komplettes Leben einer systematischen Zeitkontrolle unterwirft. Aus Aussagen von Zeitzeugen kompiliert sind die beiden zusammen mit Aleš' Adamovskij herausgegebenen Bände des *Blockadnaja kniga* (1977–79; *Das Blockadebuch*, 1987, 1984) über die 900tägige Belagerung Leningrads durch die Wehrmacht. Immer wieder äußert G. Kritik an strategisch unsinnigen militärischen Heldentaten. Das Reisebild »Sad kamnej« (*Garten der Steine*, 1973) stellt den Allmachtsanspruch der kommunistischen Erkenntnistheorie in Frage.

*Zubr* (1987; *Der Genetiker*, 1988, *Sie nannten ihn Ur*, 1988) erzählt in romanhafter Form das Leben des Zoologen Nikolaj Timofeev-Resovskij (1900–1981), der ein erklärter Gegner des Biologen Trofim Lysenko (1898–1976) und seiner stalinistischen Irrlehre von der Vererbbarkeit erworbener Eigenschaften war. *Naš dorogoj Roman Avdeevič* (1991; *Unser werter Roman Awdejewitsch*, 1991) ist eine despektierliche Satire auf einen körperlich schrumpfenden KP-Funktionär. Mit *Večera s Petrom Velikim* (2000; *Peter der Große*, 2001) wandte sich G. dem Genre des historischen Romans zu, wobei er vorwiegend einen anekdotischen Zaren darstellt, dessen Zeit allerdings durchaus Parallelen zur Gegenwart aufweist.

*Klaus-Peter Walter*

## Grass, Günter

Geb. 16. 10. 1927 in Danzig

»Als ich zweiunddreißig Jahre alt war, wurde ich berühmt. Seitdem beherbergen wir den Ruhm als Untermieter. Er steht überall rum, ist lästig und nur mit Mühe zu umgehen … Ein manchmal aufgeblasener, dann abgeschlaffter Flegel. Besucher, die glauben, mich zu meinen, blicken sich nach ihm um. – Nur weil er so faul und meinen Schreibtisch belagernd unnütz ist, habe ich ihn in die Politik mitgenommen und als Begrüßgustav beschäftigt: das kann er. Überall wird er ernst genommen, auch von meinen Gegnern und Feinden. Dick ist er geworden. Schon beginnt er, sich selbst zu zitieren … Er läßt sich gerne fotografieren, fälscht meisterlich meine Unterschrift und liest, was ich kaum anlese: Rezensionen.« Es war das Erscheinen der *Blechtrommel* 1959, das das Leben ihres Autors so drastisch veränderte, wie er 13 Jahre später beschreibt. Über Nacht wurde G. aufgrund eines einzigen Buches zu einer nationalen, bald auch zu einer internationalen Berühmtheit. Der Welterfolg der Schlöndorffschen Verfilmung von 1979 zementierte diese zentrale Bedeutung der *Blechtrommel* für die weltweite Reputation von G. noch. G. hat diese Fixierung auf seinen Erstling sowenig gefallen wie Johann Wolfgang Goethe oder Thomas Mann – eine gewisse Berechtigung hatte sie schon, steckte der Autor in der *Blechtrommel* doch den epischen Raum für seine Hauptwerke bis hin zur *Rättin* von 1986 ab – Danzig und die Kaschubei –, erprobte er das Erzählmittel, das bis zum einstweilen letzten Roman dominiert: Ein erzählendes, reflektierendes Ich versichert sich schreibend seiner Vergangenheit – im *Butt* (1977) bis zur Steinzeit –, seiner Gegenwart und, vor allem in der *Rättin*, seiner Zukunft.

Auch das bevorzugte Milieu ist in der *Blechtrommel* schon voll präsent, die »kleinbürgerlichen Verhältnisse«, in denen G. »selbst

… aufgewachsen« ist: 1927 wurde er als Sohn eines Kolonialwarenhändlers in Danzig-Langfuhr geboren, besuchte das Gymnasium, bis die Einberufung als Luftwaffenhelfer und später als Panzerschütze den Schulbesuch beendete. Nach dem Krieg studierte er nach kurzer Tätigkeit im Kalibergbau und einem Steinmetzpraktikum in Düsseldorf (1949 bis 1952) und Berlin (1953 bis 1956) Graphik und Bildhauerei, daneben erschienen erste Gedichte und Kurzprosa. Auch später, als er längst Schriftsteller im Hauptberuf war, kehrte er in Vorbereitungsphasen epischer Großwerke wie *Butt* und *Rättin* immer wieder zu Graphik und Bildhauerei als seinem erlernten Beruf zurück. In Berlin heiratete G. 1954 die Schweizer Ballettstudentin Anna Schwarz und zog mit ihr 1956 zum Abschluss ihrer Ausbildung nach Paris, wo er die Hauptarbeit am *Blechtrommel*-Manuskript leistete. 1958 diente eine erste Polenreise, der viele weitere folgten, letzten Recherchen. 1960 kehrte das Ehepaar mit den 1957 geborenen Zwillingen nach Berlin zurück, wo 1961 und 1965 zwei weitere Kinder geboren wurden. Seine Erfahrungen in Kindheit und Jugend bilden aber nicht nur den Erlebnishintergrund der *Blechtrommel* und ihrer Erweiterung bis 1963 zur *Danziger Trilogie*, sind auch das zentrale Motiv seines politischen Engagements in den 1960er Jahren: Als Jugendlicher hatte er seine eigene Verführbarkeit erlebt, hatte den totalen Krieg begrüßt und an die Gerechtigkeit der deutschen Sache geglaubt – geblieben war ihm ein untilgbares Schuldgefühl und die Angst vor allen Ideologien. Die Angriffe auf den Emigranten Brandt, den Kanzlerkandidaten der SPD und Regierenden Bürgermeister von G.' neuer Heimat im Jahr des Mauerbaus führten zum ersten politischen Engagement im Jahre 1961, dem in den folgenden Wahlkämpfen von 1965, 1969 und 1972 ein für einen deutschen Schriftsteller beispielloser Einsatz folgte: In eigener Regie und auf eigene Kosten führte er 1965 über fünfzig, später jeweils weit über einhundert Wahlveranstaltungen für die SPD in der Bundesrepublik durch – gegen die »Restauration«, für mehr Demokratie, soziale Gerechtigkeit, für eine Aussöhnung mit Polen und Israel. Die antiideologische Konstante blieb, die Angriffsrichtung verschob sich: G., der praktische Erfahrungen nur mit rechten Ideologien hatte, sah sich ab 1967 einer militanten Neuen Linken gegenüber, was vor allem den Wahlkampf von 1969 prägte. Hatte G. sein schriftstellerisches Werk und sein politisches Handeln bis jetzt säuberlich getrennt – verbunden waren sie durch den eingangs genannten »Ruhm«, der auch »Gegner und Feinde« ihn ernst nehmen lässt – so vermischt sich in dieser Phase beides: Von *Die Plebejer proben den Aufstand* (1966) über *örtlich betäubt* (1969) bis zu *Aus dem Tagebuch einer Schnecke* (1972) sind die dichterischen Werke stark von den gleichzeitigen politischen Auseinandersetzungen geprägt.

Nach 1972 zog sich G. aus der Öffentlichkeit zurück – wortwörtlich an einen Zweitwohnsitz in Wewelsfleth in Holstein. Private Gründe – das Scheitern der ersten Ehe, eine neue Beziehung, die Geburt eines Kindes – und die intensive Arbeit am *Butt* wirkten zusammen. 1978 wurde die erste Ehe geschieden, 1979 heiratete G. die Organistin Ute Grunert, die er im *Butt* (1977), in *Kopfgeburten* (1979) und *Die Rättin* (1986) porträtiert. Das optimistische Eintreten für Demokratie und soziale Gerechtigkeit in den 1960er und frühen 70er Jahren wich zu Beginn des achten Jahrzehnts einer tiefen Skepsis: Bereits *Der Butt* gestaltete das Ende aller positiven Zukunftsperspektiven, das bloße »Fortwursteln« im völlig unzulänglichen »Krisenmanagement« angesichts von Kriegen, wachsendem Elend in der Dritten Welt und globaler Umweltzerstörung. Drei Werke der 1980er Jahre sind diesen Themen gewidmet: In *Die Rättin* gestaltet G. in Anlehnung an biblische und apokryphe Apokalypsen das Ende des Äons des Menschen, der an seiner Aggressivität gegenüber seinesgleichen und der gesamten Schöpfung scheitert, und den Anbruch des Äons der Ratten, die zur Solidarität fähig sind. *Zunge zeigen* (1988) berichtet vom Indien-Aufenthalt 1986/87 in einem Essay und einem Motive des Essays verknappenden Langgedicht; Elendsszenen, angesichts deren es G. die Sprache verschlägt, werden in Zeichnungen festgehalten.

*Totes Holz* (1990) bietet in Reproduktionen großformatiger Kohlezeichnungen Bilder vom Kriegsschauplatz Wald, vor denen der Schreiber G. nahezu verstummt.

In *Zunge zeigen* ist die Grundidee des Romans *Ein weites Feld* (1995) bereits angelegt: Schon auf dem Flug nach Indien liest G. ein Vorabexemplar von Joachim Schädlichs Roman *Tallhover* (1986), der Biographie eines Polizeispitzels der Metternich-Zeit bis zur frühen DDR. Mit dessen Tod ist G. nicht einverstanden und will das dem Autor schreiben – die Tallhovers sind unsterblich. Ute G. hat ›Fontane‹ mit auf die Reise genommen – aus der Metonymie wird eine Gestalt, der »Unsterbliche« (Thomas Mann über Fontane), der sie nach Indien begleitet hat. Seit 1986 wartet das symbiotisch verbundene Paar auf seine epische Wiederbelebung, die dann 1989/90 mit Mauerfall und Wiedervereinung erfolgt. Tallhover mutiert zum Stasi-Offizier Hoftaller, und Fontane lebt in der Gestalt des Fontane-Kenners Theo Wuttke als IM wieder auf. Beider Gedächtnis reicht bis zum Vormärz zurück, und mit diesen eineinhalb Jahrhunderten Geschichtsperspektive erleben beide die DDR und ihr Ende und machen so das Werk zum intertextuell komplex komponierten historischen Roman über den Arbeiter- und Bauernstaat und seinen jähen Fall aus der Sicht der Verlierer. Einer seit *Katz und Maus* erprobten Schreibpraxis folgend, schiebt G. jedoch zwischen die Großwerke *Rättin* und *Ein weites Feld* eine kürzere Erzählung *Unkenrufe* (1992): Ein mit G.-Biographica ausgestatteter Erzähler rekonstruiert aufgrund von Archivalien die Geschichte eines polnisch-deutschen ›Versöhnungsfriedhofs‹ in Gdansk, wobei gerade der glänzende Erfolg des Unternehmens den gut gemeinten Ansatz kommerzialisiert und korrumpiert und damit letztlich scheitern lässt. Zugleich dient G. das archivalische Erzählen als Etüde für *Ein weites Feld*, das von einem Kollektiv – »Wir vom Archiv«, i.e. das nie genannte »Fontane-Archiv« – erzählt wird.

Die katastrophale Aufnahme von *Ein weites Feld* in den Medien verletzte den Autor tief und nachhaltig; er flüchtete sich in seinen erlernten Beruf und wandte sich dem Aquarellieren zu. Daraus erwuchs ein den Jahreszeiten folgender Zyklus von Aquarellen aus der nächsten Umgebung in Behlendorf, Dänemark und Portugal, wobei den Blättern jeweils mit dem Pinsel notierte haikuähnliche Kurzverse eingeschrieben sind (*Fundsachen für Nichtleser*, 1997). Zugleich erweist sich der Bildband als Keimzelle für ein neues Großprojekt, aus dem Tagebuch wird ein Jahresbuch, ein ›Centannone‹: *Mein Jahrhundert* (1999), wie G. es zu drei Vierteln selbst erlebt hat und zu einem Viertel aus Erzählungen Älterer kennt, bildet den Rahmen für einhundert Berichte wechselnder Ich-Erzähler, und der Anfang ist jeweils in eine für das Jahr und den Text sprechende aquarellierte Ikone eingedruckt. Viel Beifall fand das streng nach Wendepunkten komponierte Werk *Im Krebsgang. Eine Novelle* (2002), in dem die größte Schiffskatastrophe aller Zeiten, die Versenkung der mit Flüchtlingen überladenen »Wilhelm Gustloff« 1945, vom Leben ihres Namenspatrons bis zur heutigen Neonazi-Szene unter Einbeziehung aller Möglichkeiten des Internet erzählt wird. »Vergegenkunft«, G.' Erzählzeit seit den *Kopfgeburten*, wird hier erzielt, indem der Erzähler »nach Art der Krebse ... den Rückwärtsgang seitlich ausscherend« vortäuscht, »doch ziemlich schnell« vorankommt. Die Erzählung schließt pessimistisch mit einem veritablen ›Krebs‹ wie aus einer Fuge: »Das hört nicht auf. Nie hört das auf.«

1999 krönte nach vielen hohen nationalen wie internationalen Auszeichnungen der Nobelpreis für Literatur G.' Lebenswerk, »weil er in munterschwarzen Fabeln das vergessene Gesicht der Geschichte gezeichnet hat«.

Werkausgabe: Werkausgabe. Hg. von Volker Neuhaus und Daniela Hermes. Göttingen 1997 ff. (wird kontinuierlich um neu erschienene Werke ergänzt).

*Volker Neuhaus*

## Gray, Thomas

Geb. 26. 12. 1716 in Cornhill, London;
gest. 30. 7. 1771 in Cambridge

Mit seinem schmalen, aber bedeutenden lyrischen Werk ist Thomas Gray neben William Collins der wichtigste und einflussreichste englische Dichter der Mitte des 18. Jahrhunderts. Er steht noch unter dem Einfluss klassizistischer Form- und Stilkonventionen – weshalb William Wordsworth seine stilisierte Dichtungssprache (›poetic diction‹) im Vorwort zur zweiten Auflage der *Lyrical Ballads* (1800) angreift –, aber in Thematik und Geist weisen seine Dichtungen deutlich auf die Romantik voraus. Wie bei anderen englischen Vor- und Frühromantikern zeigt sich bei ihm die Tendenz zur Pflege intimer Freundschaften. In diesem Zusammenhang sind seine Etoner Jugendgefährten Richard West, auf dessen frühen Tod er das bewegende Sonett »In Vain to Me the Smiling Mornings Shine« schrieb, und Horace Walpole am wichtigsten. Walpole, der eine Privatdruckerei (Strawberry Hill Press) besaß, war nach einem zeitweiligen Zerwürfnis mit G. dafür verantwortlich, dass die Werke des publikumsscheuen Dichters gedruckt erschienen. Nachdem G. durch seine »Elegy Written in a Country Church-Yard« (1750) Berühmtheit gewonnen hatte, wurde ihm die Würde des englischen Hofpoeten (*Poet Laureate*) angeboten, die er ablehnte.

Der Dichter begann sein lyrisches Œuvre mit Oden. Die »Ode on the Spring«, die er 1742 an West schickte, ohne zu wissen, dass dieser gestorben war, ist noch keine Ode im strengen Sinn des Wortes. Es handelt sich dabei um ein Frühlingsgedicht, in dem der Sprecher von dem Frühlingsleben in der Natur moralisierend zur *conditio humana* übergeht. Am Schluss wird der Moralist als »einsame Fliege« (»solitary fly«) mit unter das Gesetz der Eitelkeit und Vergänglichkeit des menschlichen Lebens gestellt. Eher den Charakter einer Ode hat »Ode on a Distant Prospect of Eton College«. Hier wird beim Anblick von Eton, wo G. seine frühen Jahre verbrachte, der Gegensatz zwischen einer nostalgisch verklärten Kindheit in einer heiteren Landschaft und der trostlosen Realität des Erwachsenendaseins entfaltet. Wie stets generalisiert G. die tragische Isoliertheit des Individuums. Das ganze Menschengeschlecht steht unter dem Gesetz des Scheiterns und Verlusts:»All are men, / Condemn'd alike to groan.«Pessimistischer noch ist die»Ode to Adversity«, an deren Schluss der Sprecher allerdings um die Befreiung von der Verzweiflung und die Fähigkeit zur Liebe und Verzeihung bittet.

G.s größtes Gedicht ist die»Elegy Written in a Country Church-Yard«, die den Höhepunkt in der reichen Tradition der englischen Grabes- und Friedhofslyrik der Vorromantik bildet. Der Dichter feilte fast acht Jahre an der »Elegy«, die trotz ihrer Volkstümlichkeit ein komplex strukturiertes Gedicht ist, in dem sich klassizistische Form- und Ausdruckselemente und romantische Gefühle und Einstellungen verbinden. G. verwendet zwar konventionelle alternierend reimende fünfhebig-jambische Vierzeiler (*heroic stanza*), er bringt aber in der eindringlichen Evokation des ins Dämmerlicht getauchten Landfriedhofs ein neues Naturempfinden, eine neue Gefühlshaftigkeit und eine neue soziale Komponente, das intensive Mitfühlen mit den unbekannten Toten des Friedhofs, zum Ausdruck. G. zeigt sich in dem Gedicht auch als Rhetoriker, indem er auf die intensiv lyrischen Eingangsstrophen rhetorische Verse über den Tod als Gleichmacher folgen lässt, der die Verachtung gegenüber den Armen und allen weltlichen und kirchlichen Pomp Lügen straft. Eindringlich werden auch die nicht verwirklichten Möglichkeiten der toten Dorfbewohner zur Sprache gebracht. Der Reiz dieses Gedichtteils rührt zu einem großen Teil von vielzitierten Sentenzen her wie»The paths of glory lead but to the grave«und»Full many a flower is born to blush unseen.« Der Schlussteil des Gedichts führt vom rhetorischen Plädoyer zurück in die Bereiche des Subjektiv-Innerlichen, wobei sich der Dichter durch ein raffiniertes Projektionsverfahren den Toten auf dem Friedhof zugesellt und ein Epitaph auf sich selbst in die Elegie aufnimmt.

G.s spätere Gedichte stehen im Zusammenhang mit den literarhistorischen Interessen des Dichters, der 1768 zum Professor für Geschichte und moderne Sprachen in Cambridge ernannt wurde. Eines seiner poetischen Ziele war die Wiederbelebung der Pindarischen Ode. Zu dieser Gattung gehört das kraftvolle panegyrische Werk»The Progress of Poesy«(1757), das den Werdegang der Poesie von Griechenland über Rom nach England verfolgt und hymnische Charakterisierungen von William Shakespeare, John Milton und John Dryden enthält. Am Schluss wendet sich der Dichter, der abseits der Menge seinen eigenen Weg geht, in charakteristischer Weise sich selbst zu:»Yet shall he mount, and keep his distant way / Beyond the limits of a vulgar fate.« G.s Beschäftigung mit der keltischen Geschichte und Mythologie spiegelt sich in einer weiteren Pindarischen Ode,»The Bard«, wider, deren Sprecher, ein walisischer Barde, in gewaltigen Worten Edward I und sein nach Wales eingedrungenes englisches Heer verflucht und eine Prophezeiung über den Gang der englischen Geschichte und die Entwicklung der englischen Dichtkunst ausspricht. Diese Ode gelangt durch ihr intensives rhetorisches Pathos und den leidenschaftlich ausgedrückten Zusammenhang von Dichtkunst und politischer Freiheit über die klassizistischen Maßstäbe hinaus. Das Gedicht ist ein Markstein in der Entwicklung des Bardenkults im 18. Jahrhundert. Von G.s Interesse an der skandinavischen Mythologie zeugen»The Fatal Sisters«, das ein altisländisches Gedicht in wuchtigen vierhebigen trochäischen Versen nachgestaltet, und»The Descent of Odin«, das ebenfalls einen skandinavischen Vorwurf hat. G. leistet hier einen Beitrag zur kreativen Rezeption mittelalterlicher Literatur und Kultur, die im 18. Jahrhundert u. a. auch in James Macphersons Ossian-Dichtung in Thomas Percys Balladensammlung und Thomas Chattertons *Rowley Poems* erfolgte.

G. schuf auch komische Gedichte wie die Balladenimitation»A Long Story«und »Ode on the Death of a Favourite Cat«sowie satirische Stücke wie»On Lord Holland's Seat near Margate, Kent«. Er war eine eigenwillige Gelehrten- und Dichterpersönlichkeit, schrieb nie mit dem Blick auf eine größere Leserschaft und versuchte auch nie, den Erfolg eines Gedichts durch weitere, in derselben Schreibweise abgefasste Stücke auszubauen. Seine besondere Leistung liegt in der Kunst der präzisen Formulierung, die er sich durch das intensive Studium klassischer Autoren und durch rigorose Disziplin erwarb und mit deren Hilfe er seine originellen Gedanken und Phantasievorstellungen verdichtet zum Ausdruck brachte. Noch dem Klassizismus verhaftet, war er bereits auf dem Weg zur Romantik.

Werkausgabe: The Complete Poems of Thomas Gray: English, Latin and Greek. Hg. H. W. Starr/ J. R. Hendrickson. Oxford 1966.

*Wolfgang G. Müller*

### Green, Julien
Geb. 6. 9. 1900 in Paris;
gest. 13. 8. 1998 in Paris

Julien Greens Werk – mehr als 20 Romane und Erzählsammlungen, fünf Theaterstücke, eine vierbändige Autobiographie und eines der umfangreichsten Tagebücher der Literaturgeschichte, das die Jahre 1919 bis 1998 umfasst – gehört zu den bedeutendsten des 20. Jahrhunderts und steht zugleich außerhalb der literarischen Neuerungen und Entwicklungen, die das 20. Jahrhundert geprägt haben. G. ist sowohl in formaler Hinsicht als auch in seinem Denken eher der Tradition der großen Romanciers des 19. Jahrhunderts verpflichtet.

Als jüngster Sohn von aus den Südstaaten der USA nach Frankreich emigrierten Amerikanern wuchs G. zweisprachig in einem vor allem von der Mutter und fünf älteren Schwestern dominierten Haushalt in Paris auf; in den USA verbrachte er nur die Studienzeit (1919–21; alte Sprachen, Literatur und Geschichte; ohne Abschluss) nach dem Ersten Weltkrieg, an dem er auf amerikanischer Seite unter anderem als Sanitäter teilnahm, und die Jahre des Zweiten Weltkriegs (1940–45), in denen er unterrichtete und für das Office of War Information arbeitete. Nachdem G. bereits in den 1920er und 30er Jahren literarische Essays (u. a. über William Blake, Charlotte Brontë,

James Joyce und Nathaniel Hawthorne; in: *Suite anglaise*, 1929; *Englische Suite*, 1992) und mehrere Romane veröffentlicht und sogleich großen Erfolg erzielt hatte, knüpfte er, zurück in Paris, an seine Existenz als freier Schriftsteller an. In den folgenden Jahrzehnten erhielt G. zahlreiche internationale Auszeichnungen; 1971 wurde er – als erster Nichtfranzose – in die Académie française aufgenommen.

Schon in G.s erstem Roman *Mont-Cinère* (1926; *Mont-Cinère*, 1928, Neuübers. 1987) finden sich Themen und Motive, die das gesamte Werk durchziehen. Besonders im Frühwerk bleiben die äußere Handlung und die Zahl der Figuren auf ein Minimum beschränkt, werden zentrale Leidenschaften und Konflikte aus der Innenperspektive der Hauptfiguren vermittelt. In *Mont-Cinère* leidet die 16-jährige Emily, gefangen in der zwischenmenschlichen, aber auch konkreten winterlichen Kälte des aus krankhafter Sparsamkeit ungeheizten Hauses ihrer verwitweten Mutter, unter dem Geiz und der Besitzgier von Mutter und Großmutter. Emilys Flucht in eine Ehe, die nur dazu dienen soll, selbst Herrin von Mont-Cinère und über das eigene Leben zu werden, führt in die Katastrophe, weil auch ihr Ehemann Besitzansprüche geltend macht: Emily setzt das Haus, das zugleich ihr Gefängnis und das Objekt ihrer Hoffnung auf ein besseres Leben darstellt, in Brand. Adrienne Mesurat, die Heldin des gleichnamigen Romans (1927; *Adrienne Mesurat*, 1928, 1965), tötet den Wächter ihres Gefängnisses, den eigenen Vater, der alle Regungen seiner beiden Töchter brutal unterdrückt. Während Adriennes Schwester sich durch Flucht entzieht, sieht sie selbst in ihrer Liebe zu einem Arzt die einzige Möglichkeit, den Bedrängnissen des Vaterhauses zu entkommen. Bei einem heftigen Streit kommt es zum Todschlag, nach dem Adrienne kein wirkliches Schuldgefühl empfinden kann. Ihre Verwirrung darüber und die Enttäuschung der Liebeshoffnung führen auch sie in den Wahnsinn. Die »Verschränkung von Leiden und Leidenschaft« (Walter Benjamin) stürzt ebenfalls die Protagonisten von G.s berühmtesten Roman *Léviathan* (1929; *Leviathan*, 1930, 1936) ins Verderben. Als der Privatlehrer Guéret bemerkt, dass sich die von ihm geliebte Angèle anderen Männern für Geld hingibt, überfällt und misshandelt er die früh zur Prostitution Gezwungene in einer Mischung aus Gier, Abscheu und Lebensqual und tötet auf der Flucht einen alten Mann. Auch die übrigen Figuren, etwa die Zuhälterin Adriennes und die Frau von Guérets Arbeitgeber, die Guéret liebt und ihn aus Eifersucht verrät, werden von ihren Obsessionen getrieben und sind zugleich Opfer der in Perversion und Verbrechen umschlagenden Leidenschaften. Viele Erzählwerke G.s sind zugleich fast naturalistische Darstellungen eines beengten, düsteren Daseins und eindringliche Bestandsaufnahmen extremer psychischer Zustände, wobei deren Betrachtung weniger einem bloß psychologischen als vielmehr einem religiösen Interesse entspringt. Nach dem frühen Tod seiner Mutter (1914) konvertierte G. 1916 zum Katholizismus. Nach einer vorübergehenden Abkehr – während er sich unter anderem mit dem Buddhismus beschäftigte (vgl. den Roman *Varuna*, 1940; *Varuna*, 1996) – bekannte er sich nach einem Erweckungserlebnis 1939 dauerhaft zum katholischen Glauben. Vor allem in seiner Jugend (vgl. die Autobiographie *Jeunes années*, 1984; *Junge Jahre*, 1986, *Jugend*, 1987) litt G., insbesondere aufgrund seiner zu dieser Zeit noch uneingestandenen Homosexualität, stark an der Spannung zwischen religiösen Gefühlen und der als sündhaft empfundenen natürlichen Sinnlichkeit. Der Zwiespalt zwischen der Erfahrung, seinen Trieben verfallen, und der Sehnsucht, wie es bei G. heißt,»gerettet« zu sein, ist besonders eindringlich in *Moïra* (1950; *Moira*, 1952) gestaltet, der Geschichte des puritanischen Theologiestudenten Joseph Day. Durch ostentative Keuschheit und zunehmenden religiösen Fanatismus will er sich gegen die sexuelle Versuchung schützen, die die junge Moïra für ihn darstellt. Nachdem er der Versuchung schließlich nachgegeben hat, ermordet er Moïra in einem Anfall von Liebes- und Glaubenswahn. »Wer weiß, ob jene Hälfte des Lebens, da wir zu wachen glauben, nicht ein anderer Schlaf ist« – diese Worte Blaise Pascals bilden den Anfang des Mottos von *L'autre sommeil*

(1931; *Der andere Schlaf*, 1958, 1985), einem kurzen Roman über das Ende einer Kindheit und das Erwachen sexuellen Bewusstseins, das sich in Phantasien und Tagträumen äußert. Das Rätsel der menschlichen Identität ist auch in späteren Werken gestaltet, etwa in *Si j'étais vous* (1947; *Wenn ich du wäre*, 1948, 1961), einem phantastischen Roman über die Möglichkeiten des Identitätswechsels und einen damit verbundenen Teufelspakt, und in *L'autre* (1971; *Der Andere*, 1972), der Geschichte einer unmöglichen Liebe in Kriegs- und Nachkriegszeiten (1939/49) in Kopenhagen, in der nicht nur das geliebte Gegenüber, sondern auch (der abwesende) Gott der Andere, Fremde ist. Das in Wahnsinn und Tod mündende Zerbrechen von Lebenslügen und Fassaden bürgerlicher Anständigkeit durch die Entdeckung bzw. das Aufbrechen von Leidenschaften führte G. etwa in *Épaves* (1932; *Treibgut*, 1932, 1967) und *Chaque homme dans sa nuit* (1960; *Jeder Mensch in seiner Nacht*, 1960) fort, wo Feigheit und sexuelle Gier die Triebkräfte des Nichthandelns bzw. Handels sind. Oft bezeichnen bereits die Titel der z. T., wie G. sie nannte,»extravaganten« Werke – *Le visionnaire* (1934; *Der Geisterseher*, 1934), *Minuit* (1936; *Mitternacht*, 1936), *La nuit des fantômes* (1976; *Die Gespensternacht*, 1989), *Le mauvais lieu* (1970; *Louise*, 1980, *Der verruchte Ort*, 1997), *Histoire de vertige* (1984; *Träume und Schwindelgefühle*, 1992) – die Zwischenbereiche und Abgründe menschlicher Existenz, von denen sie handeln. Äußerlich situiert die Erzählwerke wie auch die – weniger erfolgreichen – Stücke, die die Themen und Konflikte der Prosa aufnehmen, zumeist in der französischen Provinz oder im amerikanischen Süden, aus dem G.s Vorfahren stammen.

G.s Alterswerk ist eine umfangreiche Romantrilogie mit wechselnden Schauplätzen und einem für den Autor ungewöhnlich großen Figurenensemble, die die Welt der amerikanischen Südstaaten in der zweiten Hälfte des 19. Jahrhunderts zum Thema hat. Die junge Elizabeth, die aus England zu ihren reichen Verwandten nach Georgia kommt und in die Südstaatengesellschaft eingeführt wird, steht im Mittelpunkt der vor und während des Sezessionskrieges spielenden Romane, in denen wiederum die Diskrepanz von äußerer Welt – dem durch die Arbeit von Sklaven gewonnenen Reichtum und Prunk der Plantagen und Städte des Südens – und innerer Wirklichkeit – der Unmoral und dem nahen Untergang – eine zentrale Rolle einnimmt. Elizabeths Leiden an nicht zu stillendem Lebenshunger und unerfülltem Liebesverlangen in einer puritanischen Gesellschaft, die alles Nichtkonforme und insbesondere alles Sexuelle unterdrückt und tabuisiert, hält von *Les pays lointains* (1987; *Von fernen Ländern*, 1988) über *Les étoiles du sud* (1989; *Die Sterne des Südens*) bis zu *Dixie* (1995; *Dixie*, 1995) an. Elizabeth heiratet zweimal; ihre Männer und Liebhaber sterben im Duell und auf dem Schlachtfeld, sie bleibt mit ihren Söhnen allein zurück. Wie viele Figuren G.s leidet Elizabeth nicht allein an einem »konkreten Merkmal ihrer Gesellschaft«, sondern auch am »Schrecken des Daseins selbst« (Wolfgang Matz) – nur für Augenblicke kann das Glück der Liebe, des Sich-Aufgehoben-Fühlens, sie »den Schrecken der Welt […] entheben« (*Les pays lointains*). In seinem Tagebuch schrieb G. am 4. 2. 1993: »Ich möchte gerne glauben, daß ich im Laufe meiner Schriftstellerkarriere […] das Problem der absoluten Liebe, die jedem von uns gilt, zumindest gestreift und ein wenig mehr als gestreift habe. In den Konvulsionen des zwanzigsten Jahrhunderts ist es das einzige, was zählt.«

*Axel Ruckaberle*

## Greene, Graham
Geb. 2. 10. 1904 in Berkhamsted, Hertfordshire;
gest. 3. 4. 1991 in Vevey/Schweiz

Das Motto, das Graham Greene seinem Gesamtwerk vorangestellt hätte, stammt aus einem Gedicht Robert Brownings und lautet: »the dangerous edge of things«. G. interessiert das gefährliche Potential des Uneindeutigen, das alles leichtfertige Urteil widerlegt; seine Leser sehen sich demgemäß nicht nur mit paradoxen Konstellationen wie der destruktiven Unschuld oder der rettenden Sünde konfrontiert, sondern auch mit ihrer eigenen Tendenz, solchen Verstörungen durch Etikettieren des Autors etwa als »katholischer Schriftsteller« zu entgehen. – Vielschichtig ist bereits das ebenso umfang- wie erfolgreiche Gesamtwerk, das G. als einer der meistgelesenen englischen Autoren des 20. Jahrhunderts nach einer gut 60-jährigen Schaffensperiode hinterlassen hat. Neben den im Zentrum stehenden Romanen sind hervorzuheben die Kurzgeschichten (besonders »Across the Bridge«, »The Basement Room«, »The Destructors«), der thematisch wichtige Essayband *The Lost Childhood* (1951; *Sämtliche Essays*, 1974) sowie die beiden Autobiographien *A Sort of Life* (1971; *Eine Art Leben*, 1971) und *Ways of Escape* (1980; *Fluchtwege*, 1981). Ergänzend treten Reiseberichte aus Afrika bzw. Südamerika hinzu, die auch für die Romane bedeutsam sind: *Journey Without Maps* (1936) für *The Heart of the Matter* (1948; *Das Herz aller Dinge*, 1949) und *The Lawless Roads: A Mexican Journey* (1939; *Gesetzlose Straßen. Aufzeichnungen aus Mexiko*, 1949) für *The Power and the Glory* (1940; *Die Kraft und die Herrlichkeit*, 1948).

Bei den längeren fiktionalen Texten unterscheidet G. selbst, der sich nie gescheut hat, Formen mit einer Affinität zum Trivialen zu verwenden, zwischen *entertainments* und *novels*. Seine Abenteuergeschichten, Thriller, Detektivromane à la Sir Henry Rider Haggard oder Marjorie Bowen gehen jedoch über die genretypischen Versatzstücke (wie Verfolgung, *showdown*, melodramatische Zuspitzungen) und die damit in der Regel verbundene konservative Ideologie deutlich hinaus. So schließt *The Confidential Agent* (1939; *Jagd im Nebel*, 1951) anhand der Figur des unheroischen Agenten D., der eigentlich Philologe ist, eine Reflexion über die Parallelen zwischen Spion und Schriftsteller ein. Und die Geschichte des völlig harmlosen Vertreters Wormold in *Our Man in Havana* (1958; *Unser Mann in Havanna*, 1959), der Konstruktionszeichnungen von Staubsaugern als Pläne für eine Superwaffe ausgibt, parodiert auf verschiedenen Ebenen die ideologisch staatstragenden James-Bond-Romane Ian Flemings. – Die *novels*, bei denen der Einfluss von Joseph Conrad und Henry James nachweisbar ist, kreisen um die Themen des Engagements und der Orientierung. In überraschenden Grenzsituationen werden die Figuren, oft gegen ihren Willen, in die Uneindeutigkeit menschlicher Bindungen verstrickt. Außer den unbeabsichtigten Folgen ihres Handelns belastet sie der Zweifel an ihrem religiösen Glauben (G. konvertierte 1926 zum Katholizismus) oder an ihrer politischen Überzeugung (G. war einige Wochen Mitglied der Kommunistischen Partei). Die Geschichte des jugendlichen Killers Pinke in *Brighton Rock* (1938; *Am Abgrund des Lebens*, 1948) etwa verbindet die Motive des Thrillers mit dem Thema der Unberechenbarkeit göttlicher Gnade, die möglicherweise dem, der blasphemisch die Hölle wählt, eher zuteil wird als dem Ungläubigen. Dass der Sünder die entscheidenden Kategorien von Gut und Böse wenigstens versteht, selbst wenn er ihnen in seinem Leben nicht gerecht wird, ist dem Afrikaroman *The Heart of the Matter* in einem Zitat von Charles Péguy als Motto vorangestellt. Potentiell ›häretisch‹ ist auch der parabelhafte Weltentwurf von G.s immer noch bekanntestem Roman *The Power and the Glory*, der zeitweise auf dem Index stand: Nicht die verkitschte Märtyrerlegende (die man im Roman den Kindern erzählt) ist das Entscheidende, sondern die Demut des stets betrunkenen Priesters, der alle Gebote übertreten und alle kirchlichen Insignien verloren hat und sich selbst für einen völligen Versager hält. Ebenso an der »dangerous edge« angesiedelt ist die Geschichte des Unheil anrichtenden amerikanischen Idealisten Alden Pyle in *The Quiet American* (1955; *Der stille Amerikaner*, 1956), der den Tod von Menschen für die vermeintlich ›gerechte Sache‹ in Kauf nimmt. Pyles naive Sicht der Indochina-Problematik verändert den Ich-Erzähler Thomas Fowler, einen weiteren Zweifler G.s, vom zynisch-distanzierten ›Reporter‹ zum agierenden ›Korrespondenten‹, der im Engagement Schuld auf sich lädt und dabei seine Humanität gewinnt. Unorthodox ist schließlich der Spionageroman *The Human Factor* (1978; *Der menschliche Faktor*, 1978) über den Doppelagenten

Kim Philby (mit dem G. eine nicht unkritische Beziehung verband). Der plakativen Verurteilung des ›Verräters‹ wird die Uneindeutigkeit eines *halfbeliever* entgegengesetzt, dem weder Christentum noch Marxismus verlässliche Orientierungspunkte liefern können. G. mutet dem traumatisierten nationalen Selbstbewusstsein, das John le Carré zunächst deutlich systemkonformer bedient hatte, das empathische Protokoll der Ambivalenz des Doppelagenten, seiner Motive und Loyalitätskonflikte zu. So gibt es in den Romanen G.s keinen Bereich des reinen Ideals, sondern nur den *human factor* von Unzulänglichkeit, Verstrickung und Misslingen. Eindeutig negativ ist dabei lediglich eines: die Indifferenz gegenüber den Mitmenschen. Am Ende des Haiti-Romans *The Comedians* (1966; *Die Stunde der Komödianten*, 1966) hebt Dr. Magiot vor seiner Ermordung durch das Terror-Regime in einem typischen Gedankengang G.s als Gemeinsamkeit von Katholiken und Kommunisten hervor, sie hätten zwar große Verbrechen begangen, aber nicht beiseite gestanden:»Ich habe lieber Blut an meinen Händen als Wasser wie Pilatus.« Diesen Zusammenhang von Humanität und Engagement greifen auch die Tragikomödien des Spätwerks noch einmal auf: In *Monsignor Quixote* (1982; *Monsignore Quijote*, 1982), einem der letzten Romane, fahren ein Priester und ein ehemaliger kommunistischer Bürgermeister auf den Spuren von Cervantes durch La Mancha.

Werkausgabe: The Collected Edition. London 1970ff.

*Christoph Schöneich*

## Greiffenberg, Catharina Regina von
Geb. 7. 9. 1633 auf Schloss Seyssenegg bei
Amstetten; gest. 8. 4. 1694 in Nürnberg

Ihre Welt war die des protestantischen österreichischen Landadels, eine durch Absolutismus und Gegenreformation bedrohte, aber
auch eine humanistischer Bildung aufgeschlossene Welt. Der Verkehr mit benachbarten Literaten öffnete G. den Zugang zur zeitgenössischen deutschen Dichtung. In Johann
Wilhelm von Stubenberg, einem der bedeutendsten Übersetzer italienischer und französischer Romane des 17. Jahrhunderts, fand sie
ihren »Meister«, der ihre ersten poetischen
Versuche korrigierte, bis er schließlich einräumen musste, dass »anjetzt … die Schülerinn
über den Meister« sei (1659). Er empfahl sie
Sigmund von Birken, dem Oberhaupt des
»Pegnesischen Blumenordens« in Nürnberg,
und dieser war es auch, der die Veröffentlichung ihrer »zu Gottseeligem Zeitvertreib«
erfundenen *Geistlichen Sonnette / Lieder und
Gedichte* (1662) besorgte. Das erste Sonett,
*Christlicher Vorhabens-Zweck*, nennt das »Spiel
und Ziel«, dem g. sich in ihrem Leben und in
ihrer Dichtung verschrieben hatte: Gotteslob,
Lob der göttlichen Vorsehung, der Gnade und
Güte Gottes, Lob Gottes in der Natur und – ein
entscheidendes Paradox – in der Erfahrung
des Leides. Die Musikalität der Sprache und
die häufige Verwendung von ungewöhnlichen
Komposita (»Anlaß-Kerne«, »Herzgrund-Ro-
tes Meer«, »Schickungs-Äpfel«) machen den
ästhetischen Reiz der Gedichte aus.

Zu den »Widerwärtigkeiten«, die G. in vielen Gedichten beklagt und mit christlich-sto-
ischer Gefasstheit zu ertragen willens ist, gehört auch die Werbung ihres dreißig Jahre älteren Onkels um ihre Hand. Ihr »abscheu« hat
dabei möglicherweise weniger mit der Person
Hans Rudolphs von Greiffenberg und der
nahen Verwandtschaft zu tun als mit dem Vorsatz, ihr Leben dem Lob Gottes zu weihen.
1651 war ihr bei einem Gottesdienst in Press-
burg – alle protestantischen Geistlichen waren
1629 aus den österreichischen Erblanden ausgewiesen worden – ein »licht … Angeglimmt

und Aufgegangen«, das ihr die Verherrlichung
Gottes als Aufgabe ihres Lebens gewiesen
hatte. Die Hochzeit fand gleichwohl 1664 in
der Nähe von Nürnberg statt und führte – nach
der Rückkehr nach Österreich – zur Verhaftung Hans Rudolphs. Er wurde schließlich
freigesprochen, und G. lebte fortan als Herrin
auf Seyssenegg. Sie sah sich »in Eine von Aller
Ergetzung leer- und unlustvolle Einsamkeit
verbannt«. Nun widmete sie sich ihrem großen
Vorhaben, den Kaiser zum lutherischen Glauben zu bekehren. Sie reiste mehrmals nach
Wien, suchte ihm, dem »Adler«, Bekehrungs-
schriften zuzuspielen, freilich ohne Ergebnis.
Größeren Erfolg hatten ihre Erbauungsschriften, umfängliche *Andächtige Betrachtungen* über Leben, Wunderwerke und den
Tod Christi (1672, 1678, 1693). Nach dem Tod
ihres Mannes (1677) geriet sie in finanzielle
Schwierigkeiten; 1680 ließ sie sich in Nürnberg nieder und verbrachte hier, anerkannt
und verehrt, die wohl glücklichsten Jahre ihres
Lebens.

Werkausgabe: Sämtliche Werke. Hg. von Martin
Bircher und Friedhelm Kemp. 10 Bde. Millwood,
N. Y. 1983.

*Volker Meid*

## Grillparzer, Franz
Geb. 15. 1. 1791 in Wien;
gest. 21. 1. 1872 in Wien

In G.s Erzählung *Der arme Spielmann*
(1847) begegnet der Leser dem musikalischen
Dilettanten Jakob, der sich selbst als Künstler
überfordert, in der Praxis kläglich scheitert
und mit seinem »Höllenkonzert« die Ohren
der Zuhörer foltert. Dies ist kein Zufall, weitere Unzulänglichkeiten treten zutage: Ist Jakob einmal erotisch erregt, kommt es zu einem
Kuss – aber durch eine Glasscheibe. Oder er
zieht einen Kreidestrich durch das Zimmer,
das er gemeinsam mit zwei Handwerksgesel-
len bewohnt, um zwischen seiner sauberen,
über jeden Verdacht erhabenen Welt und der
Unordentlichkeit seiner Zimmergenossen
deutlich zu trennen – G. rechnet in dieser au-

tobiographischen Studie grotesk-stilisierend und klinisch-kalt mit seinen eigenen Schwächen ab. Über Seiten hinweg dokumentiert er in dieser Erzählung die Auswirkungen der politischen Verhältnisse im Vormärz, dann wiederum demonstriert er mit seiner Erzähltechnik den Übergang von der klassischen Novelle zur realistischen Schilderung.

Seine Tagebücher lassen ihn als einen Autor erkennen, in dem sich die Bewusstseinslage der Vormärzautoren – zwischen Hypochondrie und Verzweiflung schwankend – exemplarisch spiegelt. G. war zwischen 1832 und 1856 Direktor des Hofkammerarchivs – »habe die Archivdirektorsstelle erhalten und so des Menschen Sohn um dreißig Silberlinge verkauft« – und wurde durch die Ansprüche »von oben« und die eigenen Nöte in unlösbare Konflikte getrieben, die schließlich zur Desorientierung, zur Selbstisolation des Dichters führten. Noch die mitteilsam-sarkastischen Selbstanalysen des Vereinsamten in seinen Tagebüchern stehen in krassem Gegensatz zu seinem tief unglücklichen Bewusstsein. Den geschichtlichen Hintergrund dafür bildet der rapide Verfall der königlich-kaiserlichen Monarchie, die einst das Zentrum der Welt dargestellt hatte. Deren offizielle Ideologie wurde als ›kategorischer Traditionalismus‹ bezeichnet. Die Auffassungen des Wiener Hofs von Politik, Gesellschaft und Geschichte spiegelt eine Äußerung des einflussreichen Hofrates und Zensors Friedrich Gentz wider, die der Grazer Historiker Julius Schneller überliefert hat: »Die Aufklärung habe seit dreißig Jahren nur Arges ... gebracht. Jedes Weiterschreiten führe an den Abgrund. Er selbst denke wie Fürst Metternich, und Fürst Metternich erkenne bestimmt, daß die josefinische Epoche ein Wahnsinn sei. Auch das allmähliche und von oben begünstigte Streben nach den neuen Zeitformen sei revolutionär. Man müsse unbedingt festhalten an dem Geschichtlichgewordenen, nicht an dem rein Ausgedachten. Herkommen und Glaube bildeten die wahre Grundlage für Haus, Kirche und Staat.« Durch das raffinierte System von Überwachung, Zensur und Bespitzelung wurde die Friedhofsruhe der Metternich-Ära zum Alptraum vieler österreichischer Autoren. G. verpflichtete dagegen die Herrschaft in seinen Habsburger-Dramen auf die Prinzipien einer wohltätigen, überpersonalen, sakralen Konstitution, und er attackierte die Degeneration des Herrscherhauses (*Alpenszene*, 1838) oder den Machiavellismus Klemenz Wenzels von Metternich: »Der Falsch und Wahr nach seinem Sinne bog,/Zuerst die andern, dann sich selbst belog,/Vom Schelm zum Toren ward bei grauem Haupte,/Weil er zuletzt die eignen Lügen glaubte.« Joseph Roth konnte deshalb in seinem Essay von 1937 G. als den einzigen »konservativen Revolutionär Österreichs« bezeichnen, der von rechts opponierte und den Staat von oben gefährdet sah. Ambivalent sind G.s Beurteilungen der Revolution von 1848: Zuerst pflichtete er der bürgerlichen Befreiung bei; als er aber wahrnahm, dass daraus auch der nationale Separatismus seine Legitimation bezog, wehrte er entschieden ab, denn er sah den Staat dadurch endgültig vom Zerfall bedroht. Solche Widersprüchlichkeit wird bei einem Autor verständlich, der am Habsburgertum festhalten wollte, dessen Repräsentanten aber keineswegs mehr die ideellen Werte verkörperten, die er damit verband.

Als 20-Jähriger schon hat G. in seinem Tagebuch den desolaten psychischen Zustand festgehalten:»Ich kann nicht länger mehr so fort leben! Dauert dieses unerträgliche, lauwarme Hinschleppen noch länger, so werd’ ich ein Opfer meiner Verhältnisse. Dieses schlappe geistertötende Einerlei, dieses immerwährende Zweifeln an meinem eigenen Werte, dieses Sehnen meines Herzens nach Nahrung, ohne je befriedigt zu werden; ich kann es nicht mehr aushalten«. 1820, als gereifter Mann, klagt er in seinem Tagebuch über den »ewigen Wechsel der Empfindungen«, den er durch sein reizbares Wesen verursacht sieht, und in seiner *Selbstbiographie* von 1853, die neben der Erzählung vom *Armen Spielmann* den besten Zugang zu seinem Wesen eröffnet, spricht er von dem Unsteten und »Fließenden«, das ihn ausmacht:»In mir nämlich leben zwei völlig abgesonderte Wesen. Ein Dichter von der übergreifendsten, ja sich überstürzenden Phantasie und ein Verstandesmensch der kältesten und zähesten Art«. Bei G. treffen eine deutliche Veranlagung zur Labilität und die Anforderungen, die das königlich-kaiserliche Beamtentum an ihn stellt, in einem unauflösbaren Widerspruch zusammen. Der tieferliegende Grund dafür mag in einer missglückten Ablösung von der Mutter liegen, die eine stabile Identitätsbildung verhinderte. Überflutungsängste, ozeanische Gefühle, ein »zerstörendes Verstäuben ins Unermeßliche« – so ein Tagebucheintrag von 1819 – spannen G. auf die tägliche Folter. Nicht zufällig endet der *Arme Spielmann* mit einer Überschwemmung, bricht am Ende des *Bruderzwists in Habsburg*, eines seiner späten Stücke (ersch. 1872), das Chaos des 30-jährigen Kriegs herein, während die *Jüdin von Toledo*, ebenfalls in den 1850er Jahren vollendet (ersch. 1872), mit einer verwüsteten Hadeslandschaft schließt. Dämme und Grenzen rücken deshalb bei G. in das Zentrum seiner dichterischen Gestaltung: ethisch als der Gedanke des Maßes, politisch als Bewahrung des restaurativen status quo, ästhetisch als – wenngleich gebrochene – Betonung der Individualität, die noch klassizistisch konturiert wird: Geschlossene Bezirke, Kloster, Tempel, Burg, Turm bilden visuelle Zeichen und Räume, die den Gestalten seiner Dramen als Zufluchtsorte dienen und in denen sie sich vor den von außen drohenden Gefahren bewahren können.

Dagegen lösen Grenzüberschreitungen die Handlung seiner Dramen aus: Rustan in *Traum ein Leben* (1834) ist ein Grenzgänger zwischen Traum und Wirklichkeit; in *Libussa* (uraufgef. 1874) steht die Gründung Prags – Prag bedeutet Schwelle – im Mittelpunkt der Handlung.

G.s eminenter Gelehrsamkeit und polyglotter Begabung steht eine relativ gleichförmige äußere Biographie entgegen: eine königlich-kaiserliche Beamtenlaufbahn mit allen Peinlichkeiten und Segnungen, einige ausgedehnte Reisen nach Deutschland, England, Frankreich, Griechenland und die Türkei – das war die Beweglichkeit, die G.s Leben aufzuweisen hatte. Er blieb unverheiratet, war »ewig verlobt« mit Kathi Fröhlich – zuletzt lebte er mit den vier Schwestern Fröhlich in einem Haushalt zusammen. Der Freitod der Mutter und eines Bruders gehörten zu den einschneidenden persönlichen Erlebnissen, an denen er lange Zeit litt. Als 1838 seine philosophische Komödie *Weh dem, der lügt!* beim Wiener Publikum durchfiel, zog er sich grollend – und für den Rest seines Lebens – von der literarischen Szene zurück. Erst in hohem Alter kamen öffentliche Ehrungen auf ihn zu, als es längst zu spät war. Dabei war die Wiener Kultur der Jahrhundertmitte, die den Schnittpunkt der unterschiedlichsten Traditionen bildete, ohne sein auf Integration bedachtes, zuletzt aber verzweifeltes künstlerisches Talent nicht denkbar. Für den wesentlich späteren Hugo von Hofmannsthal war G. »eine repräsentative Figur«, weil in dessen dramatischen Dichtungen Elemente der antiken Literatur, der spanischen Barocktragödie, des Wiener Volkstheaters und der Weimarer Klassik zu einer einzigartigen Synthese zusammengefunden haben. Nahezu jedes einzelne Drama G.s gehört einer anderen Gattung an – der Schicksalstragödie, dem Künstlerdrama, dem Besserungsstück, dem Geschichtsdrama, dem Traumspiel, der Liebestragödie –, jedes wiederholt aufgrund des von G. mitgetragenen ästhetischen Historismus die gesamte in Europa bekannte Gattungsgeschichte und erprobt neue Ausdrucksmöglichkeiten.

G.s Schaffen bewegt ein grundlegender Dualismus von zeitenthobenem Ordnungsdenken und geschichtlicher Veränderung. Der Widerspruch von ewiger Seinsordnung, die im Rückgriff auf die spanische Barockscholastik verstanden wird, und der entstehenden neuzeitlichen Subjektivität reißt eine Kluft auf, die G. nur scheinbar und tragisch schließen kann. Er betreibt keine geschichtsblinde Restauration, sondern deutet – schon völlig unter den Bedingungen der Moderne stehend – deren Problematik an. In dieser widersprüchlichen Verschränkung liegt die Besonderheit seiner Dichtung. Seine Dramen sind Zeugnis des Habsburger Mythos, gehören aber gleichzeitig zur Vorgeschichte der Moderne.

Werkausgabe: Werke. 6 Bde. Hg. von Helmut Bachmaier. Frankfurt a. M. 1986 ff.; Sämtliche

Werke. Historisch-kritische Gesamtausgabe. Hg. von August Sauer und Reinhold Backmann. 42 Bde. Wien 1909–48.

*Helmut Bachmaier*

## Grimm, Jacob
Geb. 4. 1. 1785 in Hanau;
gest. 20. 9. 1863 in Berlin

## Grimm, Wilhelm
Geb. 24. 2. 1786 in Hanau;
gest. 16. 12. 1859 in Berlin

Eigentlich möchten sie nichts weiter sein als »in stiller Zurückgezogenheit« lebende Gelehrte – jedenfalls behaupten sie dies verdächtig oft. Wenn es aber darauf ankommt, scheuen sie keineswegs den öffentlichen Konflikt. Dann zählen sie zu jenen »Männern, die auch der Gewalt gegenüber ein Gewissen haben«, und sind bereit, dafür geradezustehen. Im Unterschied zu der »Bequemlichkeit« und »Unterwürfigkeit« ihrer meisten Kollegen legen sie Wert auf die Einheit von Gesinnung und Tat: »Die Welt« sei zwar »voll von Männern, die das Rechte denken und lehren, sobald sie aber handeln sollen, von Zweifel und Kleinmut angefochten werden«. Als der neue König von Hannover 1837 die von seinem Vorgänger im Einvernehmen mit den Landständen verkündete Verfassung aufhebt, befinden sich die Brüder Jacob und Wilhelm Grimm unter den (lediglich) sieben Göttinger Professoren, die gegen diese »willkürliche Gewaltmaßregel« das »gegründete Recht des Widerspruchs« geltend zu machen wagen, da der Monarch ein ordentlich verabschiedetes Gesetz nicht »einseitig umstürzen« dürfe.

Sechs Wochen später unterzeichnet Ernst August II., der auf eben jene »unumschränkte Herrschaft« pocht, deren »Zeit« für J. G. spätestens mit der Pariser Julirevolution von 1830 »vorüber« ist, die Entlassungsurkunden: »Nach den heiligen von der göttlichen Vorsehung Uns aufgelegten Pflichten können Wir Männern, welche von solchen Grundsätzen beseelt sind, die Verwaltung des ihnen verliehenen Lehramtes unmöglich länger gestatten, indem Wir sonst mit Recht besorgen müßten, daß dadurch die Grundlagen der Staaten nach und nach gänzlich untergraben würden.« J. G., der die Protestation redigiert hatte, muss gar innerhalb von drei Tagen sein Hoheitsgebiet verlassen. Die Affäre um die »Göttinger Sieben« erregt in ganz Deutschland Aufsehen und führt »in weiten Kreisen« zur Solidarisierung mit den Verbannten.

Wie J. G. in der wenig später erschienen Schrift *Über meine Entlassung* ausführt, gründet der »Widerstand« der Brüder nicht zuletzt in ihrem Amtsverständnis. Vor dem Anspruch der Geschichte und der kritischen Erwartung der Studenten erscheint ihnen der Rückzug des Professors in die akademische Selbstgenügsamkeit unzulässig: »Da kann auch nicht hinterm Berge gehalten werden mit freier Lehre über das Wesen, die Bedingungen und die Folgen einer beglückenden Regierung.« Dies gilt zumal angesichts der gesellschaftlichen Dimension ihres eigenen Faches: »Lehrer der Philologie haben den lebendigen Einfluß freier oder gestörter Volksentwicklung auf den Gang der Poesie und sogar den innersten Haushalt der Sprache unmittelbar darzulegen.«

J. und W. G. sind die wichtigsten Pioniere der bei ihnen nie nationalistisch verengten, sondern auf ein »geschwisterliches« Verhältnis der Völker untereinander bezogenen »deutschen Wissenschaft«, als die sie die ältere der Brüder auf der ersten Germanistenversammlung 1846 in Frankfurt a. M. bezeichnet, zu deren Vorsitzendem er gewählt wird. »Fast alle« ihre »Bestrebungen« richten sich auf die »Erforschung unserer älteren Sprache, Dichtkunst und Rechtsverfassung entweder unmittelbar oder beziehen sich doch mittelbar darauf«. Sie führen damit eine Anregung der »neueren romantischen Dichter« weiter, von denen sie besonders Achim von Arnim eng verbunden bleiben, dessen *Sämtliche Werke*

W.G. ab 1839 herausgibt. Die Parallelität ihrer Anfänge zur französischen Besatzung ist kein Zufall:»Das Drückende jener Zeiten überwinden half [...] der Eifer, womit die altdeutschen Studien getrieben wurden; allein man suchte nicht bloß in der Vergangenheit einen Trost, auch die Hoffnung war natürlich, daß diese Richtung zu der Rückkehr einer anderen Zeit etwas beitragen könne«, da, wie J.G. seinen Bruder ergänzt,»die Denkmäler und Überreste unserer Vorzeit in alle Beziehungen des Vaterlandes einzugreifen scheinen«. Programmatisch heißt es in der Einleitung zu ihrer Zeitschrift *Altdeutsche Wälder* (1813/16):»Wir erkennen eine über alles leuchtende Gewalt der Gegenwart an, welcher die Vorzeit dienen soll.« Auf sämtliche ihrer (von zahllosen Aufsätzen ergänzten) Bücher trifft daher zu, was J.G. in der Widmung zu seiner 1848 erschienenen *Geschichte der deutschen Sprache* behauptet – die er merkwürdigerweise»für seine beste [...] hält«: Es sind»durch und durch politische« Arbeiten.

Während»nach Deutschlands Befreiung« die ihr»vorher abgewandte öffentliche Meinung« für die Germanistik empfänglich und günstig zu werden beginnt, fürchten die Regierungen die darin fortwirkenden liberalen und nationalstaatlichen Energien der antinapoleonischen Kriege. Wie andere Vertreter jener Wissenschaft, welche zur»festeren Einigung unseres gemeinsamen Vaterlands« beitragen will und an»die alte Freiheit des Volks« erinnert, führt diese Ausrichtung auch J.G. schließlich in das Parlament der Paulskirche. Als Monarchist ein Gegner»aller republikanischen Gelüste«, beantragt er dort gleichwohl, den»Begriff von Freiheit [...] an die Spitze unserer Grundrechte zu stellen« und den»rechtlichen Unterschied zwischen Adeligen, Bürgerlichen und Bauern« abzuschaffen. Enttäuscht über die Zwistigkeiten der Debatten und ihre Unergiebigkeit vertauscht er allerdings bereits im Oktober des Revolutionsjahrs 1848 den seinem Bemühen um gesellschaftlichen Ausgleich gemäßen Ehrenplatz im Mittelgang der ersten Reihe des Plenums wieder mit seinen Büchern.

Die Brüder G. haben einen gemeinsamen Lebenslauf:»So nahm uns in den langsam schleichenden Schuljahren *ein* Bett auf und *ein* Stübchen, da saßen wir an einem und demselben Tisch arbeitend, hernach in der Studienzeit zwei Betten und zwei Tische in derselben Stube, im späteren Leben noch immer zwei Arbeitstische in dem nämlichen Zimmer, endlich bis zuletzt in zwei Zimmern nebeneinander, immer unter *einem* Dach in gänzlicher unangefochten und ungestört beibehaltener Gemeinschaft unsrer Habe.« Ihr Vater, seit 1791 Amtmann in Steinau bei Schlüchtern, stirbt schon fünf Jahre später. Da»das Vermögen der Mutter schmal« ist, kommen die Brüder 1798 zu einer Kasseler Tante in Kost und besuchen das dortige Lyzeum. Nach dem väterlichen Vorbild und unter dem Zwang, eine rasche Anstellung zu finden, studieren sie Jura in Marburg. Während W.G. im folgenden Jahr die Staatsprüfung ablegt, begleitet J. Anfang 1805, kurz vor seinem Abschluss, ihren Lehrer Friedrich Karl von Savigny, den Begründer der Historischen Rechtsschule, nach Paris, um ihm bei seinen literarischen Arbeiten zu helfen. In die Heimat zurückgekehrt, erhält er »mit genauer Not [...] endlich den Akzeß beim Sekretariat des (hessischen) Kriegskollegiums« und wird, nach einem»kummervollen Jahr«, in dem er»keinen Pfennig bezogen hatte«, 1808, mit Beginn der französischen Herrschaft, Verwalter der Privatbibliothek König Jérôme Bonapartes von Westfalen in Kassel, wenig später auch Beisitzer im Staatsrat. Die großzügig bemessene Freizeit verwendet er»fast unverkümmert auf das Studium der altdeutschen Literatur und Sprache«. Die gemeinsame volkskundliche Sammeltätigkeit dieser Jahre findet ihren Niederschlag in einer unveröffentlichten Anthologie internationaler Volkslieder, vor allem aber in den *Kinder- und Hausmärchen* (1812/15) – die W.G., dessen Überarbeitungen diese epochemachende Ausgabe ihren einheitlichen Ton ganz überwiegend verdankt, ab der stark veränderten zweiten Auflage allein betreut – sowie in den weit weniger erfolgreichen *Deutschen Sagen* (1816/18).

Nach der Rückkehr des Kurfürsten bewirbt sich J.G. Ende 1813 um eine Stelle im diplomatischen Dienst. Als hessischer Legationssekretär reist er während der beiden folgenden Jahre zweimal in kulturpolitischer Mission nach Paris und nimmt, mit wachsender Verstimmung, am Wiener Kongress teil. »Die ruhigste, arbeitsamste und vielleicht auch die fruchtbarste Zeit« ihres Lebens beginnt, als ihr »liebster Wunsch« eines »gemeinschaftlichen Amts« in Erfüllung geht. Im April 1816 wird J. G. als »zweiter Bibliothekar«, dem auch »das Zensorische größtenteils« obliegt, in Kassel angestellt, wo W. schon zwei Jahre lang tätig ist. »Von Kindesbeinen an« mit »eisernem Fleiße« ausgestattet, legt er, dessen »Freude und Heiterkeit«, anders als bei dem weniger robusten und geselligeren Bruder, »in der Arbeit selbst« besteht, hier den Grundstock zu seiner großen Rekonstruktion des Volksgeistes aus der Trias von Sprache, Recht und Religion. Der *Deutschen Grammatik* (1819/37) – mit der er, so Heinrich Heine, auf dem Gebiet der »Sprachwissenschaft« als einzelner »mehr geleistet« habe als die »ganze französische Akademie seit Richelieu« – folgen die *Deutschen Rechtsaltertümer* (1828), danach die *Deutsche Mythologie* (1835). W. G., der später vornehmlich kritische Editionen mittelhochdeutscher Texte besorgt, vollendet während dieser Jahre das »Hauptwerk seines Lebens«: *Die deutsche Heldensage* (1829). Da ihnen die erstmals erhoffte, »mäßige und gerechte Gehaltszulage verweigert« und damit »weitere Aussicht auf künftige Beförderung abgeschnitten wird«, folgen sie dem im Herbst 1829 ergangenen Ruf nach Göttingen.

Auf Initiative Friedrich Wilhelms IV. von Preußen (bei dem sich einflussreiche Freunde dafür verwenden), kehren sie nach ihrer Entlassung 1841 in Berlin wieder an die Universität zurück. Vier Jahre nach dem Bruder, 1852, verzichtet auch W. G. auf seinen Lehrauftrag, um sich ebenfalls noch einmal ganz auf die Forschung zu konzentrieren, auf die nach »langen Vorbereitungen und Zurüstungen« endlich in Angriff genommene »umfassendste Arbeit ihres Lebens«: das *Deutsche Wörterbuch*, welches für sie ein Dokument der sprachlichen Kontinuität und Einheit des Volkes sein soll, dessen politische Einigung

missglückt war. 1854 erscheint der erste, programmatische Band dieses »Werks von unermeßlichem Umfang«, hinter dem die Brüder im Alter, wie W.s Frau findet, zu »verschimmeln« drohen. Fast einhundert Jahre nach J.s Tod, der noch bis zum Buchstaben F vordringt, wird es vorläufig fertiggestellt.

Werkausgabe: Sämtliche Werke. Hg. von Ludwig E. Schmidt. Berlin ²1885, Reprint Hildesheim 1985.

*Hans-Rüdiger Schwab*

## Grimmelshausen, Hans Jacob Christoph von

Geb. 1621 (oder 1622) in Gelnhausen; gest. 17. 8. 1676 in Renchen/Baden

In der Vorrede zum *Satyrischen Pilgram* (1666/67), G.s erster Veröffentlichung, fragt Momus, der personifizierte literarische Neid, was denn »von einem solchen Kerl wie der Author ist / zu hoffen« sei. Man wisse ja wohl, »daß Er selbst nichts studirt, gelernet noch erfahren: sondern so bald er kaum das ABC begriffen hatt / in Krieg kommen / im zehenjährigen Alter ein rotziger Musquedirer worden / auch allwo in demselben liderlichen Leben ohne gute disciplin und Unterweisungen wie ein anderer grober Schlingel / unwissender Esel / Ignorant und Idioth, Bernheuterisch uffgewachsen« sei. Gewiss, der Autor widerspricht sich selber mit dieser überlegten Verwendung des alten Bescheidenheitstopos, der ja gerade auf seine Bildung, seine Kenntnis literarischer Techniken und Überlieferungen verweist. Andererseits steckt in diesem Stück satirischer Selbstkritik ein Problem, das G. wohl zu schaffen gemacht hat: Seine Biographie trennen Welten vom typischen Lebenslauf eines humanistischen Gelehrtendichters, der aufgrund seiner akademischen Ausbildung einen privilegierten Platz in der Gesellschaft beanspruchen konnte. Allerdings ist es schwierig, die ersten zwanzig Lebensjahre G.s zu rekonstruieren, da es an dokumentarischem Material fehlt. Man muss sich daher, methodisch durchaus fragwürdig, mit Rückschlüssen aus der Biographie von G.s Romanhelden

Simplicius Simplicissimus behelfen, die autobiographische Züge aufzuweisen scheint.

G. wurde im hessischen Gelnhausen, einer
lutherischen Reichsstadt, geboren und wuchs
bei seinem Großvater auf, dem Bäcker Melchior Christoph, der sich nicht mehr »von
Grimmelshausen« nannte. Zunächst besuchte
G. wohl sechs oder sieben Jahre lang die Lateinschule in Gelnhausen, doch im September
1634 wurde die Stadt von kaiserlichen Truppen geplündert und zerstört, und die Bevölkerung floh in die von Schweden und Hessen
besetzte Festung Hanau. Das war für G. das
Ende seiner formalen Ausbildung. Von da an
bestimmte der Krieg sein Leben. Er scheint
nach einigem Hin und Her im kaiserlichen
Heer gedient zu haben, war von 1637 bis 1638
in Westfalen stationiert und gelangte schließlich an den Oberrhein. Er wurde Regiments-
schreiber des schauenburgischen Regiments
in Offenburg – Schriftstücke von seiner Hand
sind ab 1644 überliefert –, kurz vor Kriegsende
nahm er noch einmal, als Regimentssekretär,
an einem Feldzug in Bayern teil. Nach seiner
Rückkehr heiratete die inzwischen zum Katholizismus übergetretene G. am 30. 8. 1649
Catharina Henninger, die Tochter eines angesehenen Zaberner Bürgers und späteren Rats-
herrn. Im selben Jahr trat er in den Dienst
seines früheren Offenburger Kommandanten
und seiner Familie und bekleidete bis 1660 die
Stelle eines »Schaffners« in Gaisbach bei Ober-
kirch (Ortenau), d. h. er war Vermögensver-
walter, Wirtschafts- und Rechnungsführer der
Freiherrn von Schauenburg. Anschließend,
von 1662 bis 1665, versah er eine ähnliche
Verwalterstelle auf der nahegelegenen Ullen-
burg. In den beiden nächsten Jahren betrieb er
dann eine Wirtschaft in Gaisbach (»Zum Silbernen Stern«), bis es ihm 1667 mit der erfolgreichen Bewerbung um die Schultheißenstelle
im benachbarten Renchen endgültig gelang,
die Existenz seiner vielköpfigen Familie – zehn
Kinder wurden zwischen 1650 und 1669 geboren – zu sichern.

Die erhaltenen Dokumente geben keine
Antwort auf die Frage, wie sich Vita und Werk
vereinbaren lassen; wie, wo und wann G. Gelegenheit und Zeit fand, sich die umfangreichen Kenntnisse anzueignen, von denen
seine Schriften zeugen; wie der Abstand zwischen einem tätigen bürgerlichen Leben in
eher untergeordneten Verwaltungspositionen
und dem großen Epiker und souveränen Satiriker zu überbrücken wäre.

Mit Ausnahme zweier bereits 1666 erschienenen Schriften wurde die gesamte literarische Produktion G.s während seiner Ren-
chener Zeit veröffentlicht. Thema der sati-
risch-realistischen Romane und Erzählungen
ist immer wieder der Krieg. *Der Abentheur-
liche Simplicissimus Teutsch* (1668; auf dem
Titelblatt vordatiert auf 1669, um eine längere
Aktualität zu gewährleisten) und die sich anschließende *Continuatio … Oder Der Schluß
desselben* (1669), fiktive Autobiographie in
der Tradition des spanischen Pikaroromans,
weiten die »Beschreibung deß Lebens eines
seltzamen Vaganten« aus zur grellen Schilderung einer heillosen Welt, der Welt des Dreißigjährigen Krieges, deren Verderbnis vor
dem Hintergrund der christlichen Lehre und
verschiedener innerweltlicher Utopien nur
um so deutlicher wird. In engem thematischen und teilweise auch personellen Zusammenhang mit dem *Simplicissimus* stehen
vier weitere Romane und Erzählungen, die
der Autor selbst als Teile seines großen Romans bezeichnet: *Courasche* (1670), *Der
seltzame Springinsfeld* (1670), *Das wunderbar-
liche Vogel-Nest* (2 Teile, 1672 und 1675). Den
Gegenpol zu diesem satirischen »Romanzyklus« bilden die erbaulichen Romane *Dietwalt
und Amelinde* (1670) und *Proximus und
Lympida* (1672), mit denen G. an seinen frühen Josephsroman anknüpft (*Histori vom
Keuschen Joseph in Egypten*, 1666) und Erzählweisen und Motive des höfischen Romans
mit Legendenhaft-Erbaulichem verbindet.
Das erzählerische Werk wird ergänzt durch
Kalenderschriften (*Ewig-währender Calender*,
1670) und eine Reihe von satirischen Traktaten, die zum einen auf ältere Motive zurückgreifen (*Verkehrte Welt*, 1672), zum andern
auch zu aktuellen Fragen der Absolutismus-
und Staatsräsondiskussion Stellung nehmen
(*Zweyköpffiger Ratio Status*, 1670; *Rathstübel
Plutonis Oder Kunst reich zu werden*, 1672).

Nur »ein geringer Dorfschultes«, wie Quirin Moscherosch, Pfarrer in einem Nachbarort, 1674 schreibt, »aber ein Dauß Eß, u. homo Satyricus in folio«: ein Teufelskerl und Satiriker von großem Format.

Werkausgaben: Werke. Hg. von Dieter Breuer. 3 Bde. Frankfurt a. M. 1989–97; Gesammelte Werke in Einzelausgaben. Unter Mitarbeit von Wolfgang Bender und Franz Günter Sieveke hg. von Rolf Tarot. 13 Bde. Tübingen 1967–76.

*Volker Meid*

## Grün, Anastasius (d. i. Anton Alexander Graf von Auersperg)

Geb. 11. 4. 1806 in Laibach;
gest. 12. 9. 1876 in Graz

In Johann N. Nestroys Revolutionsposse *Freiheit in Krähwinkel* (1848) prallen der freiheitlich gesinnte Nachtwächter und der reaktionäre Ratsdiener Klaus zusammen. Jener hatte sich erkühnt zu bemerken: »Wir werd'n so frei sein«, was als »ruchloser Ausdruck« von dem borniertem Amtsbüttel scharf gerügt wird. Dies ist eine Anspielung auf die Schlusspointe in G.s *Salonszene*, wo ein dürftiger Klient, das österreichische Volk, an Klemens Wenzel Metternichs Tür klopft und fleht: »Dürft' ich wohl so frei sein, frei zu sein?« Das Gedicht gehört zu G.s *Spaziergängen eines Wiener Poeten* (1831), die, durch die Juli-Revolution in Paris angeregt, das wohl meistzitierte Werk politischer Dichtung vor 1848 wurden (zunächst anonym erschienen; erst 1838 gab sich G. als Autor zu erkennen). Der Spaziergänger streift durch Wien und stößt überall auf die Anzeichen offener und versteckter Unterdrückung; seine Kritik richtet sich gegen Klerikalismus, Bürokratie, Zensur und den »Naderer« (Polizeispitzel): »Freiheit ist die große Losung, deren Klang durchjauchzt die Welt!« G. bekennt sich zum Josefinismus, der in Österreich im 19. Jahrhundert im Liberalismus eine Fortsetzung fand und dessen Zerfall die Wiener Moderne mitbedingte. Als politischer Lyriker zählt G. zu den Vorläufern Georg Herweghs und Ferdinand

Freiligraths. Die *Rheinische Zeitung* schrieb 1842, dass die Jugend nicht mehr wie Ludwig Christoph H. Hölty reime, sondern mit G. zürne. Seine *Spaziergänge* waren die erste große Kampfansage an das Metternich-System: im Vormärz trat G. für liberale Rechte ein, nach 1848 bekämpfte er reaktionäre Tendenzen; 1848 sah man ihn als Mitglied des Frankfurter Parlaments, ab 1861 gehörte er dem österreichischen Herrenhaus an, wo er für moderne Ehe- und Schulgesetze plädierte und sich gegen das Konkordat erklärte. Sein zukunftsträumerischer Gedicht-Zyklus *Schutt* (1836), der, losgelöst von der politischen Gegenwart Recht, Freiheit, Liebe, Friede und Glück feiert, oder sein Epos *Der Pfaff vom Kahlenberg* (1850) konnten nicht an den großen Erfolg der *Spaziergänge* anknüpfen. G. hat Jura studiert und war früh mit Wiener Autoren wie Eduard von Bauernfeld und Ignaz Castelli sowie mit dem Schwäbischen Dichterkreis (besonders Ludwig Uhland) in Berührung gekommen. Er trat als Übersetzer slowenischer Volkslieder (1850) und als Bearbeiter der englischen Balladen von Robin Hood (1864) hervor; er wurde der Biograph seines Freundes Nikolaus Lenau und Herausgeber seiner Werke (1855). Das Pseudonym Anastasius (= Auferstehender) G. sollte die Wiederbelebung josefinischer Freiheitsprinzipien im österreichischen Staatsleben signalisieren.

*Helmut Bachmaier*

## Grün, Max von der

Geb. 25. 5. 1926 in Bayreuth;
gest. 7. 4. 2005 in Dortmund

1960 kritisiert Walter Jens die gegenwärtige Literaturszene:»Man beschreibt das Individuum, das es sich leisten kann, Gefühle zu haben, den Menschen im Zustand eines ewigen Feiertages, den Privatier für alle Zeiten. Arbeiten wir nicht?« Ganz anders G., der zur gleichen Zeit gemeinsam mit Fritz Hüser die Bildung eines Arbeitskreises plant, welcher sich literarisch-kritisch mit der modernen Arbeitswelt und dem Einfluss der Technik auf menschliches Verhalten auseinandersetzen soll – ein Jahr später konstituiert sich daraus die Dortmunder Gruppe 61. G.s literarische Protokolle der Arbeitswelt kommen nicht von ungefähr: er arbeitet nach amerikanischer Kriegsgefangenschaft und einer Ausbildung zum Maurer zunächst im Baugewerbe. Im Anschluss schuftet er 1951 bis 1963 als Bergmann auf einer Zeche bei Unna, wo er einen schweren Unfall erleidet und sich zum Grubenlokomotivführer umschulen lassen muss. Die Gefahren der Arbeit unter Tage sind es auch, die er zunächst exemplarisch darstellt – es entstehen Romane wie *Irrlicht und Feuer* (1963) und *Männer in zweifacher Nacht* (1962). Neben der vielfältigen Vergegenwärtigung der Arbeitssphäre, der Schilderung der Entfremdung des Menschen von seiner Arbeit aufgrund zunehmender Automatisierung versucht G., die Alltagswelt zu skizzieren, etwa die Situation einer Familie, in der Mann und Frau berufstätig sind. Heinz Ludwig Arnolds Feststellung zum Roman *Zwei Briefe an Pospischiel* (1968, als Fernsehspiel 1974):»Das ist eine Geschichte, banal wie die Wirklichkeit, … welche genau unsere gesellschaftliche Position in diesen Jahren trifft«, lässt sich deshalb eigentlich auf das Gesamtwerk G.s anwenden. Das von G. beschriebene Milieu ist authentisch, weil es sein eigenes war; hinter den Figurationen lassen sich wohl Erfahrungen des Autors selbst entdecken. Die in diesem Kontext zwangsläufige Verzahnung von Politik und Wirtschaftsinteressen, die Auseinandersetzung mit Aktivitäten der Gewerkschaft, als deren kritischen Fürsprecher er sich versteht, machen G. zu einem unbequemen, oft von allen Seiten angefeindeten Autor, einem Vertreter nonkonformistischer Literatur. Im Roman *Die Lawine* (1986) verifiziert G. die Utopie eines von der Belegschaft geleiteten Unternehmens und stellt damit gängige wirtschaftliche wie auch politische Zustände in Deutschland auf den Kopf (»in diesem Land wird sich erst etwas ändern, wenn sich die Eigentumsverhältnisse geändert haben«). Die jüngsten Feindseligkeiten, Vorurteile und versteckten Ängste der Deutschen gegenüber Aussiedlern aus dem Osten und Bürgern der ehemaligen DDR thematisiert G. im Roman *Springflut* (1990), wobei er Stück für Stück die heile deutsche Welt demontiert und deren Scheinheiligkeit und Fragwürdigkeit offenlegt. Gegen Ende der 1980er Jahre ließ das Interesse an den Büchern G.s nach; es war nicht mehr seine Zeit. Denn die zeitkritische Literatur wurde nicht mehr von Schriftstellern, sondern von Fernsehmagazinen geschrieben. Noch einmal in dem Band *Die Saujagd und andere Vorstadtgeschichten* (1995) entwickelt G. seine überwiegend heiteren Erzählungen vor dem heimatlichen Hintergrund Dortmunds und in der vertrauten Welt des Kleinbürgertums. Danach ist G. verstummt. Seine große Wirkung innerhalb der Arbeiterdichtung nach 1945 gehört der Vergangenheit an. Auf seine Bedeutung für Literatur und Gesellschaft angesprochen, meint G.:»Ich habe – mit anderen – eine neue gesellschaftliche Dimension in die Literatur hineingetragen.«

*Carola Hoepner-Peña/Red.*

### Grünbein, Durs
Geb. 9. 10. 1962 in Dresden

»Wie stellt man jemanden vor, den man nur flüchtig kennt? Mir hat nie eingeleuchtet, warum einem ausgerechnet die eigene Person, nur weil sie immer im Weg stand, bekannt sein müsste. So kann ich bis heute nur sagen, dass ich am neunten Oktober 1962 in Dresden geboren wurde und nachher dort aufwuchs, als einziges Kind junger Eltern«, heißt es sachlich in G.s *Kurzer Bericht an eine Akademie* anlässlich der 1995 erfolgten Zuwahl in die Deutsche Akademie für Sprache und Dichtung. Anders klingt die Beschreibung einer Herkunft in dem Gedicht »Trigeminus« aus dem Band *Falten und Fallen* (1994): »Gezeugt im verwunschenen Teil eines Landes / Mit Grenzen nach innen, war er Märchen gewöhnt, / Grausamkeit. Daß der Himmel zu hoch hing, / Grund für die Kindheitsfieber, machte ihn platt. Später ließ es ihn kalt. Dicht wie die Fenster / Hielt er dem Außenraum stand, – ohne Ausblick.«

G., der seit 1984 in Berlin lebt, hat 1987 sein Studium der Theaterwissenschaften abgebrochen. Ein Jahr später debütierte er mit dem Gedichtband *Grauzone morgens*. Grau entspricht als bestimmende Farbe dem Stimmungsbild in jenem Land DDR, in dem G. aufwuchs. Seine Gedichte lassen sich als kalenderblattartige Einführungen in den Tag lesen. Während Zeit vergeht, wird unabänderlich Wiederkehrendes zur Sprache gebracht, doch es entsteht der Eindruck, als würden die Uhren stehen. An solchen Tagen»ist die Gastfreundschaft der Toten geduldig«. Im Bewusstsein, bereits morgens»mundtot« zu sein, gehen»die 80er Jahre zu Ende«. Eine Gesellschaft erstarrt in Agonie, und G. beobachtet, wie dieses Staatsgebilde langsam vergeht, welche Anzeichen von Verfall es gibt, wie es sich auflöst und so gar nichts von den bunten Farben hat, die offiziell bemüht werden.

Dem»Gedichtwort« kommt nach G.s Überzeugung die Funktion zu, Verbindungen »zu den Gedächtnisgründen, den im Erdreich versunkenen Zivilisationen, den allgegenwärtigen Toten« herzustellen, wie es in dem Aufsatz»Mein babylonisches Hirn« aus der Aufsatzsammlung *Galilei vermisst Dantes Hölle und bleibt an den Maßen hängen* (1996) heißt. Der Dichter verhält sich im Benjaminschen Sinne wie ein Archäologe, er dringt in Gebiete vor, die vom Vergessen beherrscht sind, sucht nach Bruchstücken, vermerkt Fundstellen und führt Zwiegespräche mit der Vergangenheit, indem er aufgefundene Reste eingehend und ausdauernd befragt. Diese Haltung des Dichtens vollzieht sich zwar im Abseits, verstanden als eine Möglichkeit,»dem Terror der bloßen Gegenwart zu entkommen«, wie es in»Warum schriftlos leben« (2003) aus dem gleichnamigen Band heißt, aber dennoch verweigert sich G.s Lyrik nicht der Gegenwart, denn seine Texte entstehen mittendrin. Seine Gedichte brechen aus der unmittelbaren Gegenwart aus, verlassen sie aber nicht, denn das Gedicht, auch wenn es den Kontakt zu entfernt liegenden Zeiten und Personen sucht, ist stets unmittelbar im Gegenwärtigen verankert. Ohne Mühe überbrückt G. die Zeiten, bringt er in seinen lyrischen Texten Entlegenes zusammen, indem er Zeitcäsuren aufhebt und Unmittelbarkeit zu längst Vergangenem herstellt.

Aus dieser Bestimmung des eigenen Dichtens, nicht allein dem Aktuellen verpflichtet zu sein, sondern mit der Sprache Gedächtnisräume zu erkunden, resultiert G.s besondere Affinität für das Gehirn, interessiert ihn der Nerv, erkundet er, wie das Denken funktioniert, in welche Richtungen es sich bewegt und wie es dazu kommt, Utopien zu formulieren. Parallel dazu ist sein Interesse auf den Körper gerichtet, denn es sind die Utopien, wie er es in der Rede»Den Körper zerbrechen« aus Anlass der Verleihung des Büchner-Preises (1995) formuliert hat, die »ausgetragen werden ... auf den Knochen zerschundener Körper, bezahlt mit den Biographien derer, die mitgeschleift werden ins jeweils nächste häßliche Paradies.« Darüber hinaus drängt sich für G. die Frage auf, die er in dem Gedichtband *Schädelbasislektion* (1991) stellt:»Wer ist Herr der Opiate / Die das Hirn selbst erzeugt?« Zwischen dem im Innenraum des Schädels funktionierenden Schaltzentrum, das als Ideen- und Utopienspender arbeitet, und dem Körper, der Erdachtes aushalten muss, vermittelt die Sprache, der G.s besondere Aufmerksamkeit gilt.»Das Übel liegt an der Wurzel der Sätze, am Grund / Der Idiome und Stile, die man irgendwann sattkriegt«, beschreibt er die Sprachnotstände in dem Gedicht»Posthume Innenstimmen« aus *Schädelbasislektionen* und kommt in einem anderen Gedicht des Bandes zu dem Schluss:»Singende Hirne, mein Freund, verkapselt wie Mohn, / Hoch montiert auf Stativen: Das sind wir«.

Die »Innenstimmen« verschaffen sich auch in G.s Gedichtband *Falten und Fallen* (1994) vernehmlich Gehör, wenn auch unbestimmt bleibt, zu wem sie gehören – sie sind bedrängend präsent. Anwesend ist in dem Stimmengewirr das»Geflüster Verrat«, und

selbst die Liebe scheint codiert und vorausgeplant. In dem Langgedicht »Variationen auf kein Thema« klingen aber nicht nur Erinnerungen an die DDR an, sondern bei den alltäglichsten Verrichtungen wird das lyrische Ich mit der Geschichte konfrontiert, hängt es Gedanken nach, von denen es besetzt ist, nistet die Geschichten in Falten und stellt dem Gedächtnis Fallen: »Und morgens schießt aus der Dusche ... / Wasser, was sonst?«. Auch in diesem Band ist G. als Lyriker zu erkennen, der »von den Wundrändern her« denkt und Zustände als langsam vernarbende Wunden beschreibt. Erinnernd an den Schmerz, spricht G. über Befindlichkeiten: »Das Gehirn, beinahe täglich stößt es sich, Wort für Wort / Am *factum brutum* der Nöte, verwandelt in Stein.« Gegen das Vergessen arbeitet G. mit dem Tagebuch *Das erste Jahr. Berliner Aufzeichnungen* (2001). Die Jahrtausendwende ist ihm Herausforderung, das erste Jahr nach dieser Wende protokollarisch festzuhalten. Es ist auch das Jahr, in das die Geburt seiner Tochter fällt. Das Kinderalbum in Versen UNA STORIA VERA (2002) ist ein Willkommensgruß für das Menschlein und will mehr als »narzißtischer Flirt« sein.

G., der als Beobachter sezierend-nüchtern ist, weiß um das Zarte, auch wenn er ihm – gefährdet wie es ist – nur einen Augenblick in seinen Gedichten vorbehalten kann. In *Erklärte Nacht* (2002) ruft er in »Was ist das, Frühling?« Strawinsky und dessen »Suche nach Tönen für Tropfen« ebenso auf wie Arnold Schönbergs Dissonanzen in dem Gedicht »Verklärte Nacht«. Zwischen den musikalischen Extremen Strawinsky und Schönberg versucht Grünbein, auch das eigene Dichten zu verorten.

Immer wieder nehmen G.s Gedichte Kontakt mit der Vergangenheit auf, halten sie Zwiesprache mit den Toten. Die 1994 erschienenen Epitaphe *Den teuren Toten* sind nach dem Vorbild antiker Grabinschriften entstanden und verstehen sich als »Sammlung literarischer Zeugnisse des Todes in den verschiedenen Weltkulturen«, wie G. es in »Pseudonym No. 13« formuliert. Dieser Kontakt mit denen, die es »geschafft haben« (»Berlin post-

hum«), aus dem Band *Erklärte Nacht*, ist von Dauer.

Konstant erweist sich auch die Verbindung zur römischen Geschichte, die in dem Gedichtband *Nach den Satiren* (1999) dominant ist. Dabei wandelt G. nicht leichten Fußes durch die Villen der besseren Gesellschaft, sondern er schaut sich in einer Zeit um, die geübt war im lustbetonten Leben und Vergnügen fand an den Leiden der entrechteten Kreatur. »Was ist das Böse?« fragt G. in dem Gedicht »Nach den Satiren«, »das es doch überall gab, wie die Unschuld, wie die Schaulust / Beim Schlachten im Zirkus, wenn die Hirnschalen krachten, / Das zufriedene Blinzeln, als der Jude verreckte am Kreuz / Nicht der Frühling war grausam, der neue Flieder, grausam / War dieser Blick aus verwaschenen Augen, die Trägheit / Hinterm Rücken des Henkers, den seine Ruhe verriet.«

Für G. ist das Gehirn ein »unendlicher Zufluchtsraum« und, so darf hinzugefügt werden, auch ein Aufenthaltsraum, der verschiedenen Gestalten und Epochen der Dichtungs- und Weltgeschichte dauerhaft Platz bietet. Die so stets präsente Vergangenheit, in die G. sich dichtend vortastet, bereist er »in den unwegsamsten Ausläufern nur schriftlich«. Aus guten Gedichten muss der Leser heraushören, »wie die Schädelnähte gesteppt« sind. G.s Gedichte öffnen sich an den Rändern, das Disparate hält sie zusammen und legt eine Spur zu unentdeckten Räumen führt.

Diesem Verfahren ist er auch in dem Cantos vom »Vom Schnee oder Descartes in Deutschland« (2003), einem Langgedicht, verpflichtet, das sich nur auf den ersten Blick in die Zeit des René Descartes flüchtet, bei näherem Hinsehen aber den Kontakt zur Gegenwart nicht kappt. G. interessiert an Descartes auch die Haltung eines Intellektuellen, der sich während des Dreißigjährigen Krieges mit etwas scheinbar Fernem, der *Abhandlung über die Methode*, beschäftigt. Als der Denker Verstandesoperationen erforscht, er nüchtern seziert, dabei nicht verletzt, scharf urteilt, aber den Menschen respektiert, wird einer der grausamsten Kriege geführt, werden Menschen geschlachtet, herrscht Anarchie. Descartes hat nur seinen Federkiel und behauptet sich in widriger Zeit auf dem Papier, das ihm zu einer zweiten Haut wird. Er benutzt Papier, um seine Theorie zu entwickeln, und ist zugleich dünnhäutig, zerreißbar wie Papier – wirklichen Schutz vermag ihm diese Haut in einer unwirklichen Zeit nicht zu bieten. Dieser Descartes steht mit dem, was er tut, jenseits der Zeitenläufe und ist doch mittendrin in einer chaotischen Welt. Besessen träumt er von der Idee, zusammenzuführen, was allein getrennt gedacht wurde, sucht er nach einem überprüfbaren Ordnungsprinzip und widersetzt sich im Denken, indem er das Zweifeln zum Prinzip erklärt.

Zurückzuführen ist das wissenschaftliche Denken dieses Sonderlings allerdings auf eine Tagtraumvision und drei Träume, die sich 1619/20 in der Nähe von Ulm ereignet haben sollen. G. zeigt den Begründer des modernen Rationalismus als einen Träumer, der empfänglich ist für Übersinnliches, als einen Intellektuellen, der autark ist gegenüber dem, was unter Zeitgeist verstanden wird. Mit seinem Text schreibt sich G. in eine in verschiedenen Weißtönen schillernde Landschaft ein, und er tut es mit zarter Hand. Dennoch scheinen in dem Textgebilde Konturen auf, werden Spuren dort sichtbar, wo das Gedicht versucht, unter einem glitzernden, aber auch alles verdeckenden Weiß Verhülltes zu entdecken.

*Michael Opitz*

## Gryphius, Andreas

Geb. 2. 10. 1616 in Glogau;
gest. 16. 7. 1664 in Glogau

»Der Autor uber seinen Geburts-Tag den 29. Septembr. des MDCXVI Jahres«, so lautet die Überschrift eines Sonetts von G. Das Datum ist falsch, der Autor entscheidet sich bewusst gegen die historische und für eine symbolische Wahrheit. Er wählt den Tag als Geburtstag, »An dehm der Engel-Printz den Teuffel triumphirt«, den Tag des Erzengels Michael: Zeichen dafür, dass er sein Leben unter dem besonderen Schutz Christi und seiner »Engel Schar« sieht – und ein Hinweis darauf, dass man im 17. Jahrhundert ein besonderes Verhältnis zur historischen Wahrheit hatte.

G. wurde, und das ist die historische Wahrheit, am 2. Oktober 1616 in Glogau geboren. Der Dreißigjährige Krieg und die damit verbundenen konfessionellen Konflikte prägten seine Jugend. Sein Vater, ein protestantischer Geistlicher, kam auf ungeklärte Weise ums Leben, als Friedrich V. von der Pfalz, der »Winterkönig«, 1621 auf der Flucht durch Glogau zog; das evangelische Gymnasium, das G. seit 1621 besuchte und an dem sein Stiefvater Michael Eder lehrte, wurde im Zuge der Rekatholisierungspolitik Wiens 1628 geschlossen. Erst 1632 konnte G., dessen Mutter inzwischen ebenfalls gestorben war, wieder eine Schule, das Gymnasium in Fraustadt, besuchen. Den Beginn einer besseren Zeit bedeuten die anschließen-

den Jahre in Danzig (1634 bis 1636) und auf dem Gut des angesehenen Rechtsgelehrten Georg Schönborner in der Nähe von Fraustadt (1636 bis 1638). In Danzig vermittelten ihm die Lehrer des Akademischen Gymnasiums auch den Zugang zur neueren deutschen Dichtung – zwei lateinische Herodes-Epen hatte er schon 1634 und 1635 veröffentlicht –, und Georg Schönborner verlieh 1637 seinem Hauslehrer kraft seiner Rechte als Kaiserlicher Pfalzgraf Adelstitel und Magisterwürde und krönte ihn zum Poeten.

Inzwischen waren nämlich G.' erste deutsche Gedichte, die sogenannten *Lissaer Sonette* (1637) erschienen. Sie enthalten bereits einige seiner bekanntesten Texte und nehmen auch schon das Thema auf, das kennzeichnend für sein gesamtes Werk werden sollte: »Ich seh' wohin ich seh / nur Eitelkeit auff Erden.«

Das gute Verhältnis zur Familie Schönborner führte dazu, dass G. die beiden Söhne zum Studium an die calvinistische Universität Leiden begleiten durfte, beliebter Studienort für protestantische Schlesier. G. nutzte die Zeit in

Leiden (1638 bis 1644) zu intensiven Studien, wobei seine besonderen Interessen der Staatslehre und den modernen Naturwissenschaften galten. Zugleich wuchs sein dichterisches Werk: 1639 erschienen die *Son- undt Feyrtags-Sonnete*, die den sonntäglich zur Vorlesung kommenden Evangelienabschnitten folgen, 1643 das erste Buch der Sonette (in dem auch – überarbeitet – die Lissaer Sonette aufgingen), Oden und Epigramme. Entscheidend für seine späteren dramatischen Versuche war die Begegnung mit den Werken des holländischen Dramatikers Joost van den Vondel, die häufig im neuen Amsterdamer Schauspielhaus gegeben wurden. Die folgende Reise (1644 bis 1646) durch Frankreich und Italien brachte ihn nicht nur zu den wichtigsten Sehenswürdigkeiten – ihnen gelten einige Sonette –, sie führte auch zu neuen wissenschaftlichen und literarischen Kontakten und zur Erweiterung seiner Kenntnis des europäischen Theaters: Pierre Corneille in Paris, die Oper und die Commedia dell'arte in Venedig.

Über Straßburg – hier vollendete er sein erstes Trauerspiel *Leo Armenius* – kehrte er 1647 nach Schlesien zurück, erhielt ehrenvolle Berufungen an mehrere Universitäten, lehnte jedoch ab und trat stattdessen 1650 das Amt eines Syndikus in Glogau an. Damit war er Rechtsberater der Landstände in einer Zeit, in der die Habsburger die Gegenreformation in Schlesien weiter voranzutreiben suchten. Im Zusammenhang mit der Abwehr dieser Bestrebungen steht die von G. herausgegebene Dokumentensammlung *Glogauisches Fürstenthumbs Landes Privilegia* (1653).

Das stetige Wachsen seines literarischen Werkes zeigen die Sammelausgaben von 1650 (*Teutsche Reim-Gedichte*, nicht autorisiert), 1657 (*Deutsche Gedichte / Erster Theil*) und 1663 (*Freuden und Trauer-Spiele auch Oden und Sonnette*). Vieles war freilich schon früher, vor seinem Amtsantritt in Glogau, entstanden. Das gilt nicht zuletzt für das dramatische Werk, mit dem G. das deutschsprachige Kunstdrama begründet. In seinem ersten Trauerspiel *Leo Armenius* (1650) spricht er von der Absicht, »die vergänglichkeit menschlicher sachen in gegenwertigem / und etlich folgenden

Trauerspielen vorzustellen«. Diesem Programm sind die folgenden Stücke verpflichtet – *Catharina von Georgien* (1657), *Cardenio und Celinde* (1657), *Carolus Stuardus* (1657, Neufassung 1663), *Papinianus* (1659) –, wenn auch die aktuelle politische Bedeutung gerade der Märtyrerstücke nicht zu übersehen ist: Catharina von Georgien stirbt für »Gott und Ehr und Land«, Papinianus widersetzt sich standhaft dem kaiserlichen Ansinnen, Unrecht zu rechtfertigen, und das aktuelle »Trauer-Spil« um Karl I. (hingerichtet am 30. 1. 1649) vertritt ganz im lutherischen Sinn das göttliche Recht der Könige.

Dass es an der herrschenden Ordnung nichts zu rütteln gibt, lehren auch die Lustspiele *Horribilicribrifax* (1657) und *Peter Squentz* (1658): Wer den ihm angemessenen Platz in der gesellschaftlichen Hierarchie verkennt, wirkt komisch. Die Lustspiele, das opernhafte Festspiel *Majuma* (1657) und ein aktweise wechselndes Mischspiel (*Verliebtes Gespenste. Die gelibte Dornrose*, 1660), sind allerdings eher seltene Ausflüge des tiefsinnigen Melancholikers ins Heitere. Schwerwiegender – auch für eine Interpretation der Lyrik und der Trauerspiele – scheinen die großßenteils postumen Veröffentlichungen von Werken geistlichen Inhalts: Übersetzungen von Erbauungsbüchern des Engländers Richard Baker (1663, 1687), Bearbeitungen von Kirchenliedern Josua Stegmanns (*Himmel Steigente HertzensSeufftzer*, 1665) und die eigenen *Dissertationes Funebres, Oder Leich-Abdanckungen* (1666). Es sind Werke, die zu seinem Vorhaben zurückführen, »die vergänglichkeit menschlicher sachen« vorzustellen, um so den Blick für das, »was ewig« ist, zu schärfen.

Werkausgabe: Gesamtausgabe der deutschsprachigen Werke. Hg. von Marian Szyrocki und Hugh Powell. 10 Bde. Tübingen 1963–83.

*Volker Meid*

## Guarini, Giovanni Battista

Geb. 10. 12. 1538 in Ferrara/Italien;
gest. 7. 10. 1612 in Venedig

Mit seinem Schäferspiel *Il pastor fido* (1589, 1602; *Der treue Schäfer*, 1704) führte Giovanni Battista Guarini an der Wende vom 16. zum 17. Jahrhundert die Schäferdichtung zu einem Höhepunkt. *Il pastor fido* wirkte europaweit stilbildend, fand noch die Bewunderung Voltaires, Giuseppe Parinis und August Wilhelm Schlegels und bildet ein Bindeglied zwischen Torquato Tassos *Aminta* und Johann Wolfgang Goethes *Tasso*.

G. wurde 1538 in Ferrara geboren und folgte Tasso in der Funktion des Hofdichters am dortigen Hof. Er lehrte Rhetorik und Poetik und übernahm in Diensten des Herzogs Alfonso II. mehrere diplomatische Missionen. Ende der 1580er Jahre unternahm er im Auftrag unterschiedlicher Herrscher Reisen in die politischen Zentren Italiens, nach Turin, Mantua, Florenz, Urbino und Rom. Seine Korrespondenz dokumentiert seine bewegte Existenz als Höfling im Italien der Gegenreformation.

G. verfasste Gedichte in manieristischem Stil, eine Komödie und Traktate. Anknüpfend an die mit Jacopo Sannazaros *Arcadia* und Tassos *Aminta* eröffnete neuzeitliche pastorale Tradition, schrieb er sein von ihm selbst innovativ und folgenreich als »Tragikomödie« bezeichnetes Schäferspiel *Il pastor fido*, das 1595 uraufgeführt wurde und, erweitert um ein *Compendio della poesia tragicomica* (*Kompendium der tragikomischen Dichtung*), 1602 in Venedig in der Endfassung veröffentlicht wurde. Das Werk, das – ausgehend von einer Erzählung des Pausanias – die Liebesverwicklungen um den treuen Schäfer Mirtillo und die von ihm geliebte, vom Hirtengott Pan abstammende Amarilli inszeniert und als innovatives Element innerhalb des pastoralen Genres das Motiv der zwei Liebespaare (Amarilli/Mirtillo, Dorinda/Silvio) und der Doppelhochzeit einführt, wurde so berühmt, dass in Italien bis zum 18. Jahrhundert rund 80 Ausgaben der Endfassung von 1602 und Übersetzungen in die meisten europäischen Sprachen entstan-

den. Wie schon in Tassos *Aminta* konnte sich auch hier die höfische Gesellschaft in der stilisierten Empfindsamkeit und idyllischen Kulisse der Schäferwelt spiegeln. Die Pastoraldichtung steigerte sich zu extremer Artifizialität und Virtuosität in der Variation eines begrenzten inhaltlichen und formalen Repertoires.

Werkausgabe: Der treue Schäfer. Übers. H. Assman v. Abschatz. Leipzig/Breslau 1704.

*Gisela Schlüter*

## Guillén, Jorge

Geb. 18. 1. 1893 in Valladolid/Spanien;
gest. 29. 5. 1984 in Málaga

Der spanische Lyriker Jorge Guillén steht im engen Zusammenhang mit dem beispiellosen geistigen Aufschwung in der iberischen Literatur des späten 19. und frühen 20. Jahrhunderts. Schon in der zweiten Hälfte des 19. Jahrhunderts zeugen herausragende Schriftsteller wie Benito Pérez Galdós oder Clarín von einer neuen kulturellen Blüte Spaniens nach dem goldenen Zeitalter der Literatur im 16. und 17. Jahrhundert (Siglo de oro), und im Übergang zum 20. Jahrhundert bringt Spanien große Dichter und Denker wie z. B. Miguel de Unamuno, Rubén Darío oder Juan Ramón Jiménez hervor, die bereits zwischen 1900 und 1915 ihre Spuren auf der literarischen Bühne hinterlassen. Etwas später, 1927, trifft sich in Sevilla ein Gruppe junger Intellektueller, um den 300. Todestag des großen Barockdichters Luis de Góngora zu begehen – die Generación del 27 (Generation von 1927) ist aus der Taufe gehoben, für die häufig der Begriff ›silberfarbenes Zeitalter‹ verwendet wird, um ihre Bedeutung und ihre literarische Qualität gleich nach dem Siglo de oro zu betonen. Dieser Generación del 27 gehören Autoren wie Rafael Alberti, Vicente Aleixandre, Dámaso Alonso,

Luis Cernuda, Federico García Lorca und Pedro Salinas an – allesamt von einer intellektuellen Kraft beseelt, die besonders in der Poesie zum Ausdruck kommt, wo es diesen Dichtern gelingt, traditionelle spanische Dichtungsformen und Motive, auch volkstümliche wie die Romanze, zu verarbeiten und sie zugleich mit avantgardistischen Elementen wie dem Surrealismus zu verbinden.

G. selbst verkörpert einen Intellektuellen par excellence, der wie sein enger Freund Pedro Salinas nicht nur dichtete, sondern auch lehrte. Seine internationale Karriere wie auch die anderer spanischer Literaten seiner Zeit widerlegt das Vorurteil, spanische Intellektuelle seien zu sehr auf ihre eigene Kultur fixiert gewesen. G. arbeitete unter anderem als Lektor an der Sorbonne in Paris (1917–23), wo er Paul Valéry kennenlernte und dessen Gedichte übersetzte; er lehrte als Professor für spanische Literatur in Murcia (1925–28), unterrichtete ab 1929 in Oxford und kam schließlich 1931 nach Spanien zurück, um als Professor in Sevilla die Nachfolge seines Freundes Salinas anzutreten, der schon in Paris sein Vorgänger gewesen war. 1938 verlässt G. nach kurzer Haft in den Wirren des Bürgerkriegs sein Heimatland wieder und geht in die USA, wo er bis in die späten 1950er Jahre als Professor lehrt (unter anderem in Harvard) und bis nach Francos Tod seinen Lebensmittelpunkt hat. Nach dem Ende der Diktatur kehrt er nach Spanien zurück, 1976 wird er mit dem wichtigsten nationalen Literaturpreis, dem Premio Cervantes, ausgezeichnet.

G. gehört zu den spanischen Dichtern seiner Generation, die von der stark metaphorischen und teilweise schwer erfassbaren Lyrik Góngoras, über den er promovierte, geprägt sind, ohne in Bezug auf ihr eigenes literarisches Schaffen Eigenständigkeit einzubüßen. Ähnlich wie Juan Ramón Jiménez sah G. sich als Autor eines einzigen großen Werkes, dementsprechend hat er Ende der 1960er Jahre sein ganzes Schaffen in einem über 1500 Seiten umfassenden Band zusammengefasst: *Aire nuestro* (1968; Unsere Luft). Der Band besteht im Wesentlichen aus den drei Teilen *Cántico* (Lobgesang), einem Zyklus von zunächst 75 Gedichten im Jahr 1928, den G. nach und nach bis auf die Anzahl von 344 im Jahr 1950 erweitert hat, *Clamor* (1960/63; Klage) sowie *Homenaje* (1967; Huldigung). Vor allem *Cántico* gilt als beeindruckendes Zeugnis der modernen spanischen Lyrik schlechthin; die Gedichte, die immer wieder um das Wesen der Schöpfung und des menschlichen Seins kreisen, thematisieren wiederholt die Essenz des Lebens und belegen die Begeisterung des Dichters für das Wunder der Schöpfung: »Es una maravilla respirar lo más claro. / Veo a través del aire la inocencia absoluta, / Y si la luz se posa como una paz sin peso, / El alma es quien gravita con creciente volumen« (»Ein Wunder ist es, das Klarste zu atmen. / Ich sehe durch die Luft hindurch die absolute Unschuld, / und wenn das Licht sich setzt, druckloser Friede, so gravitiert die Seele, wachsend an Volumen«).

Werkausgabe: Ausgewählte Gedichte. Auswahl, Übers. u. Nachwort H. Baumgart. Frankfurt a. M. 1974.

*Martin Diz Vidal*

### Günderrode, Karoline von

Geb. 11. 2. 1780 in Karlsruhe;
gest. 26. 7. 1806 in Winkel/Rhein

Als »sanft und weich in allen Zügen«, als »schüchtern-freundlich und viel zu willenlos, als dass sie in der Gesellschaft sich bemerkbar gemacht hätte«, beschrieb Bettine von Arnim die einstige Freundin, doch das junge Stiftsfräulein, das zu zaghaft war, um das Tischgebet laut herzusagen, verlor und fand sich mitunter in heftigen, gewalttätigen Phantasien, träumte sich aus den Grenzen ihres Geschlechts, in denen sie doch gefangen blieb, da sie Gewalt nur als gegen sich selbst gerichtete auffassen konnte: »Schon oft hatte ich den Wunsch, mich in ein wildes Schlachtgetümmel zu werfen, zu sterben. Warum ward ich kein Mann!« (29. 8. 1801) Der Tod zog sie an; bald in heroischer (oft ossianischer), bald in antiker oder exotischer, bald in mystisch-philosophischer Verkleidung und gepaart mit dem Wunsch nach liebender Selbstpreisgabe und -aufopferung, prägt er ihre Dichtung. Als sich ihr Geliebter, der um neun Jahre ältere, verheiratete Heidelberger Professor und Mythenforscher Friedrich Creuzer nach knapp zweijähriger Bekanntschaft mit einem Abschiedsbrief von ihr lossagte, erstach sie sich mit dem eigenen silbernen Dolch. »Sie konnte nicht leben ohne Liebe, ihr ganzes Leben war aufgelöset in Lebensmüdigkeit«, schrieb die Freundin Susanne von Heyden (28. 7. 1806); eine andere Freundin, Lisette Nees von Esenbeck, urteilte moralisch und intellektuell schärfer: »Sie fiel, ein Opfer der Zeit, mächtiger in ihr würkender Ideen, frühzeitig schlaff gewordener sittlicher Grundsäze: eine unglückliche Liebe war nur die Form unter der dies alles zur Erscheinung kam« (undatiert).

Nach dem frühen Tod des Vaters, des markgräflich-badischen Regierungsrates Hector von Günderrode (1786), hatte G. erst mit Mutter (Louise) und Geschwistern (von fünfen starben drei als Kinder) in Hanau gelebt, ehe sie 1797 ins Frankfurter »von Cronstetten Hynspergische adelige evangelische Damenstift« eintrat, einer standesgemäßen Versorgungsanstalt für unvermögende Töchter aus guter Familie. Ihr Leben dort war, wenn auch nicht klösterlich, so doch geregelt, eingeschränkt; sie hatte kaum Zukunftsaussichten – und sehr viel Zeit, die sie mit Lektüre, mit historischen, philosophischen, philologischen und naturwissenschaftlichen, mythologischen Studien zu füllen suchte, schließlich auch mit eigenen poetischen Versuchen, in denen sie sich Fluchtwelten schuf – und als unzureichend erkannte: »Ist denn Nichts was meine Seele stillet? – Nichts, was dieses Lebens bange Leere füllet? / Dieses Sehnen, wähn' ich, sucht die Vorwelt, / Die Heroenzeit ersehnt mein kranker Geist«; die Liebe, die nach solchen und weiteren Umwegen endlich als Antwort und Erfüllung proklamiert wird (in: *Der Franke in Egypten*), brachte ihr den Tod. Freundschaften konnten sie nicht halten, Friedrich Carl von Savigny, den sie (vor Creuzer) leidenschaftlich und unerwidert geliebt hatte, hat von der »Narzißnatur« der G. gesprochen.

Ihr poetisches Werk ist schmal. 1804 veröffentlichte sie *Gedichte und Phantasien*, 1805 *Poetische Fragmente* (beide Bändchen unter dem männlichen Pseudonym »Tian«); Eine weitere Sammlung von Gedichten und Prosastücken (*Melete* von »Ion«), die schon im Druck gewesen war, wurde nach ihrem Freitod von Creuzer zurückgezogen, dem sie – eine einzige Liebeserklärung – zugeeignet war. Die G. spricht kaum verhüllt von ihrem Begehren, von ihrer Verehrung für den Weisheitslehrer, von ihrer »religiösen« Hoffnung auf den Heilsbringer Creuzer. Ob die *Melete* ihn unsterblich macht, wie Christa Wolf meint, – »ein Angebot, dem er nicht gewachsen war« –, ist zweifelhaft.

Der Nachwelt ist die Dichterin G. stets interessanter, poetischer erschienen als die Schattenwelt ihrer Dichtungen, deren historisch-biographische Bedeutung den ästhetischen Wert wohl übersteigt; Bettine von Arnims Günderrode-Briefbuch und Christa Wolfs Erzählung *Kein Ort. Nirgends.* (1979) sind dafür repräsentative Belege. Friedrich Schiller, Novalis und Clemens von Brentano, Johann Gottfried Herder und F. W. J. Schelling, um nur einige der für sie wichtigen poetischen und philosophischen Lehrer zu nennen, blieben nie erreichte Vorbilder. Dennoch ist ihre Leistung hoch zu schätzen: Sie hatte den Mut zur Selbstpreisgabe, der den schreibenden Frauen ihrer (und nicht nur ihrer) Zeit in aller Regel fehlte. Am unverstelltesten aber und eindrucksvollsten aber zeigt sich G. wohl in ihren Briefen – leider sind zu wenige erhalten geblieben.

Werkausgabe: Sämtliche Werke und ausgewählte Studien. Historisch-kritische Ausgabe. Hg. von Walter Morgenthaler. 3 Bde. Frankfurt 1990.

*Ursula Naumann*

## Gunesekera, Romesh

Geb. 1954 in Ceylon [heute Sri Lanka]

Romesh Gunesekera gehört zu der neuen Generation ethnischer Minoritätenschriftsteller in Großbritannien. Geboren in Ceylon nur wenige Jahre nach der Unabhängigkeit des Landes von den Briten, aufgewachsen dort und auf den Philippinen, geht er 1972 nach England, um in Liverpool Englisch und Philosophie zu studieren. Die ersten Gedichte des inzwischen in London lebenden Schriftstellers erscheinen während seiner Studienzeit. – Der nationale und internationale Durchbruch gelingt G. jedoch erst 1992 mit der Kurzgeschichtensammlung *Monkfish Moon*, in der sich bereits die für sein Werk zentralen und durch die eigene Migrationserfahrung geprägten Themen abzeichnen. In knapper, aber bildreicher Sprache erzählen die Geschichten vom Leben im nachkolonialen Ceylon/Sri Lanka, von den gravierenden politischen und sozialen Umbrüchen des Landes, die weite Kreise ziehen und selbst für die tamilischen und singhalesischen Exilanten in England zu spüren sind. Die alte Heimat bildet den geographischen Fixpunkt der Sammlung, doch G. evoziert keine nostalgisch verklärte Tropenidylle. Die lyrisch anmutenden Natur- und Landschaftsbeschreibungen täuschen nicht darüber hinweg, dass G. ein Paradies am Rande des Abgrunds zeigt, ein Land im Kriegszustand, das der landschaftlichen wie moralischen Verwüstung anheimfällt. Bei aller Kritik an der Situation vermeidet G. eindeutige Schuldzuweisungen oder politische Parteinahme; es sind die emotionalen Realitäten seiner Protagonisten, die ihn interessieren, nicht abstrakte Ideologien. Mit Blick für Nuancen und Details leuchtet er persönliche Geschichten aus, zeigt die Auswirkungen historischer Umwälzungen auf das Privatleben und wirft wiederholt die Frage nach dem verantwortlichem Handeln des Einzelnen in Krisenzeiten auf. – G.s erster Roman, *Reef* (1994; *Riff*, 1996) knüpft stilistisch wie thematisch an die Kurzgeschichten an. Im Mittelpunkt der Ich-Erzählung des ehemaligen Bediensteten Triton steht dessen Arbeitgeber Mr. Salgado, ein gebildeter aber verträumt-lethargischer singhalesischer Aristokrat und Meeresbiologe, der wie seine bourgeoisen Freunde die politischen Unruhen nicht wahrhaben will und ausschweifenden Privatvergnügungen frönt. Aus der Perspektive des jungen *houseboy* skizziert G.

an einem Einzelbeispiel das Psychogramm einer ganzen Gesellschaftsschicht, deren trügerisch-sorglose Harmonie an den äußeren Geschehnissen zerbricht. Im Gegensatz zu *Reef* mit seiner häuslich-abgeschlossenen Welt oszilliert G.s Roman *The Sandglass* (1998; *Sandglas*, 1998) zwischen England und Ceylon/Sri Lanka, zwischen Vergangenheit und Gegenwart. Die Erfahrungen von Exil und Migration, wie sie die Matriarchin Pearl Ducal und der Erzähler Chip in London durchleben, sind verwoben mit der jahrzehntelangen Fehde zweier Familiendynastien in Colombo, den Ducals und den Vatunases, deren intrigante Machtspiele Chip nach Pearls Tod aufzudecken sucht. G. verquickt Chips Spurensuche mit quasi-philosophischen, elegischen Reflexionen über Vergänglichkeit und Verlust, die dem Werk – im Unterschied zu dem humorvolleren *Reef*, aber ebenso wie dem bedrückenden, von einer Liebe im Bürgerkrieg handelnden Roman *Heaven's Edge* (2002; *Am Rand des Himmels*, 2005) – stark melancholische Züge verleihen.

*Susanne Hilf*

## Gunnarsson, Gunnar

Geb. 18. 5. 1889 in Valþjófsstaður,
Fljótdalur/Island;
gest. 21. 11. 1975 in Reykjavík

Das östliche Island, wo Gunnar Gunnarsson auf einem Bauernhof seine Kindheit und Jugend verbrachte, war in der zweiten Hälfte des 19. Jahrhunderts eine äußerst arme Gegend. Viele Menschen verließen das Land, zumeist emigrierten sie nach Kanada, der 18-jährige G. aber machte sich auf nach Dänemark. Dort blieb er von 1907 bis 1939; seine Arbeiten in diesen Jahren schrieb er in dänischer Sprache, doch erschienen sie sehr bald auch auf Isländisch – teilweise von ihm selbst übertragen. Nach zweijährigem Besuch der Volkshochschule in Askov zog G. nach Kopenhagen; während der folgenden Jahre lebte er unter größten Entbehrungen. Nach einem Band *Digte* (1911; Gedichte) brachte das nächste Werk nicht nur den literarischen Durchbruch, sondern auch das Ende seiner materiellen Sorgen.

Die vier Bände *Ormarr Örlygsson* (1912), *Den danske Fru paa Hof* (1913), *Gæst den Enøjede* (1913) und *Den unge Ørn* (1914) fasste er anlässlich der ersten vollständigen Ausgabe unter dem Titel *Borgslægtens Historie* (1915; *Die Leute auf Borg*, 1927) zusammen. Die zentrale Figur der Familiensaga eines isländischen Großbauerngeschlechts ist Ketill, der Pastor der Gemeinde, ein teuflischer Schurke, der mehr und mehr verkommt und schließlich, seiner bösen Handlungen wegen von seinem Bruder Ormarr zutiefst gehasst, verschwindet. 20 Jahre ist er unterwegs auf seiner Bußwanderung, bevor er wieder zu Hause auftaucht und sich mit dem Bruder versöhnt. Diese romantisierende Geschichte von Schuld und Versöhnung ist eine moderne erbauliche Legende. G.s Optimismus aber schwand bald: Die Erinnerung an das Elend der Menschen seiner Heimat und das schreckliche Geschehen auf den Schlachtfeldern des Ersten Weltkriegs führten zu einer radikalen Änderung seines Weltbildes. Die Hauptfiguren der folgenden Romane fragen nach dem Sinn des Lebens, nach der Verantwortung für den Mitmenschen und nach der Existenz Gottes.

In *Livets Strand* (1915; *Strand des Lebens*, 1929) bricht es nach einigen Schicksalsschlägen aus Séra Sturla, einem tiefgläubigen und frommen Geistlichen, verzweifelt heraus: »Men der er ingen Gud ... livet leger med oss« (»Aber es gibt keinen Gott ... das Leben spielt mit uns«). *Varg i Veum* (1916; *Der Geächtete*, 1928) greift das Thema ebenso auf wie *Salige er de Enfoldige* (1920; *Der Haß des Pall Einarsson*, 1921), dessen Handlung 1918 in Reykjavík angesiedelt ist, als die Spanische Grippe viele Menschen dahinraffte. Kosmischer Ausdruck für die Unsicherheit des Lebens ist das stets gegenwärtige dumpfe Grollen und der düster-graue Ascheregen eines brodelnden Vulkans, vor dessen Kulisse die tragischen Ereignisse spielen. Die Schlussworte des Ich-Erzählers, eines stummen, nicht eingreifenden Beobachters, eröffnen einen möglichen Ausweg aus der Verzweiflung der Menschen: »Vær god mod hverandre« (»Seid gut zueinander«).

Diese Erkenntnis durchzieht auch das umfangreiche Werk mit dem Gesamttitel *Kirken paa Bjerget* (Die Kirche auf dem Berg): In fünf Bänden erzählt G. vom Weg Uggis, einem Bauernsohn aus dem östlichen Island, von der Kindheit bis zur Anerkennung als Schriftsteller – die autobiographischen Bezüge sind unverkennbar. Die ersten drei Bände, *Leg med Straa* (1923), *Skibe paa Himlen* (1925; beide Bände als *Schiffe am Himmel*, 1928), und *Natten og Drømmen* (1920; *Nacht und Traum*, 1929), zeigen den Jungen in realistischen Szenen des bäuerlichen Alltags in Island. *Den uerfarene Rejsende* (1927) und *Hugleik den Haardtseilende* (1928; beide Bände als *Der unerfahrene Reisende*, 1931) handeln von Uggis Werdegang zum Dichter. Die Romane gelten als ein Hauptwerk der isländischen Prosa des 20. Jahrhunderts, Halldór Laxness hat sie ins Isländische übertragen. Auf Ereignisse und Gestalten der isländischen Geschichte greift G. in einer Serie weiterer Romane zurück, so z. B. auf die Landnahme im 9. Jahrhundert in *Edbrødre* (1918; *Die Eidbrüder*, 1934), auf die Einführung des Christentums im Jahr 1000 in *Hvide Krist* (1934; *Der weiße Krist*, 1935) und auf den Märtyrertod des letzten katholischen Bischofs in den Wirren der Reformationszeit in *Jon Arason* (1930; *Jon Arason*, 1932). Von G.s Erzählungen ist *Advent* (1937; *Advent im Hochgebirge*, 1937) die eindrucksvollste: Sie berichtet von einem einfachen, wortkargen Schafhirten, der in den Schneestürmen und in der eisigen Kälte im Hochgebirge sein Leben wagt, um Schafe zu suchen, die beim Herbsteintrieb nicht aufgefunden wurden. Das ist seine Weise der Vorbereitung auf das Weihnachtsfest: Der Mensch trägt Verantwortung für jedes Geschöpf auf der Erde.

*Wilhelm Friese*

## Günther, Johann Christian
Geb. 8. 4. 1695 in Striegau/Schlesien;
gest. 15. 3. 1723 in Jena

»Mit dem im Himmel wär es gut, Ach, wer
versöhnt mir den auf Erden?«. Dieser Seufzer,
mit dem das Gedicht *Nach der Beichte an seinen Vater* (1720) beginnt, blieb wie seine anderen Rechtfertigungsgedichte ohne Gehör.
»Fünfmahl hab ich schon versucht, nur dein
Antlitz zu gewinnen, Fünfmahl hastu mich
verschmäht, o was sind denn dies vor Sinnen!«, heißt es in dem letzten Bittgedicht vom
März 1722, mit dem »ein gehorsamer Sohn«
den »Unwillen eines redlichen und getreuen
Vaters« zu besänftigen suchte. Aber wie hätte
G. durch Gedichte und poetische Sendschreiben eine Versöhnung herbeiführen können,
wo doch gerade die Hinwendung zur Poesie
den Konflikt ausgelöst hatte?

G.s Vater war Stadtarzt im schlesischen
Striegau und hatte seinen Sohn ebenfalls für
die medizinische Laufbahn bestimmt. Doch
schon auf dem Gymnasium in Schweidnitz
(1710 bis 1715) fand G. Lehrer, die seine poetische Begabung förderten (und er fand eine
Geliebte, Magdalena Eleonore Jachmann, die
ihn inspirierte); auch in seiner Studentenzeit
in Wittenberg (1715 bis 1717) und Leipzig
(1717 bis 1719) widmete er sich wohl mehr
dem studentischen Leben und der galanten
Poesie als der Medizin. Doch die Versuche, die
Dichtkunst zu einem »Beruf« zu machen,
schlugen fehl: Die große heroische Ode auf den Frieden
von Passarowitz *(Eugen ist
fort. Ihr Musen, nach!)* hatte
nicht die erhoffte Resonanz
bei Prinz Eugen, und eine
von Johann Burckhard Men-
cke, dem späteren Mentor
Johann Christoph Gott-
scheds, angeregte Bewer-
bung beim Dresdener Hof
Augusts des Starken blieb
ohne Erfolg. Zu diesen Fehl-
schlägen kamen literarische
Fehden und Schwierigkeiten
mit der lutherischen Ortho-

doxie in Schlesien, Vorgänge, die ihn seiner
Familie entfremdeten. G. hielt sich mit Gelegenheitsgedichten mühsam über Wasser, fand
hier und da vorübergehend Gönner. 1720 lag
er monatelang krank im Armenhaus von Lau-
ban in Schlesien, versuchte dann noch einmal,
sich im bürgerlichen Leben zu etablieren und
als Arzt niederzulassen. Doch auch dieser Versuch scheiterte. Berühmt wurde er, als ein Jahr
nach seinem Tod die erste *Sammlung von Johann Christian Günthers aus Schlesien, Theils
noch nie gedruckten, theils schon heraus gegebenen, Deutschen und Lateinischen Gedichten*
erschien, der sich bis 1764 Fortsetzungen und
Nachlesen anschlossen.

Sein Werk umfasst die traditionellen lyrischen Gattungen: Lob- und Helden-, Ge-
burts- und Ehren- wie auch andere Glückwün-
schende Gedichte; Vermählungs-Gedichte;
Leichen-Gedichte; Vermischte Gedichte (diese
Sektion enthält auch die religiösen Gedichte);
Verliebte Gedichte. Die Texte zeigen ihn als
einen versierten Gelehrten- und Gelegenheits-
dichter, der souverän über die literarische
Überlieferung verfügt. Das poetologische
Prinzip der Imitatio – Fundament der Renais-
sance- und Barockpoetik – gilt weiter. Es gilt
im Sinn der Nachahmung dichterischer Vorbilder, es hat aber auch den allgemeineren Sinn
der Nachfolge: G., der »deutsche Ovid«, identifiziert sein Schicksal mit dem des exilierten
römischen Dichters; er sieht sich, und das ist
seine zweite dichterische Rolle, mit der er die
Krise seines Glaubens an die göttliche Vorsehung zu meistern sucht, als anderer Hiob.

Entschiedener als jeder andere Dichter der
Zeit bringt G. die eigene Person in die Dichtung ein und bereitet insofern, obwohl die auf-
brechende Subjektivität das Gefüge der traditionellen Poetik noch nicht sprengt, spätere
Entwicklungen vor. Er besaß alles, schreibt Johann Wolfgang von Goethe in *Dichtung und
Wahrheit*, »was dazu gehört, im Leben ein
zweites Leben durch Poesie hervorzubringen,
und zwar in dem gemeinen wirklichen Leben«.

Werkausgaben: Sämtliche Werke. Historisch-
kritische Gesamtausgabe. Hg. von Wilhelm Krämer.
6 Bde. Leipzig 1930–37, Nachdruck Darmstadt

1964; Werke. Hg. von Reiner Bölhoff. Frankfurt a. M. 1998.

*Volker Meid*

## Guo Moruo
Geb. 10. oder 16. 11. 1892 in Shawan, Sichuan/China; gest. 12. 6. 1978 in Peking

Guo Moruo gilt als einer der Pioniere der modernen chinesischen Literatur: Er gehörte zu den ersten Autoren, die ab 1918 Gedichte in der Umgangssprache anstelle der hohen Literatursprache schrieben. Zwischen 1914 und 1923 hielt er sich zum Studium der Medizin in Japan auf. Weil die japanischen Medizin-Lehrbücher auf Deutsch geschrieben waren, lernte er Deutsch lesen. So machte er mit deutscher Dichtung Bekanntschaft, aber auch mit Werken der englischen und amerikanischen Literatur (v.a. Walt Whitmans). Seine aufsehenerregende Übersetzung von Goethes *Leiden des jungen Werther* (1923) unterstreicht jedoch den deutschen Einfluss. Ab 1919, als G.s erste Texte veröffentlicht wurden, setzte eine Phase intensivsten literarischen Schaffens ein. 1921 gründete G. mit einigen Kollegen die literarische Gesellschaft Chuangzao (Schöpfung), die drei Jahre lang eine höchst einflussreiche Zeitschrift gleichen Namens publizierte.

Die frühen Gedichte G.s, die gesammelt im Bändchen *Nüshen* (1921; Göttinnen) erschienen, sind der repräsentative Ausdruck des Lebensgefühls einer Generation von jungen Intellektuellen, die angesichts des Zusammenbruchs der als repressiv empfundenen alten Gesellschaft Chinas den Aufbruch in ein neues Zeitalter von Wissenschaft und Technik ersehnt. Gedichte wie »Tiangou« (Himmelshund) proklamieren geradezu eine Apotheose, die flamboyante Feier des neu gefundenen Ichs und der Individualität. In einem jugendlich-naiv und orientierungslos wirkenden Eklektizismus assoziiert G. frei die Namen von internationalen Kulturheroen mit Anklängen an ganz unterschiedliche Geistesströmungen. Dabei trat auch ein eklatanter Hang zur Selbstverherrlichung zutage.

Bereits um 1923 begann G., sich revolutionären politischen Ideen zuzuwenden, 1925 trat er der Kommunistischen Partei Chinas bei, in der er eine steile Funktionärskarriere durchlief. Als die herrschende Nationalistische Partei 1927 gewaltsam gegen die kommunistischen Verbündeten vorging, floh G. ins Exil nach Japan, wo er ein Jahrzehnt blieb. Er befasste sich dort vor allem mit der Geschichte und Archäologie des Alten China und vollbrachte auf diesen Gebieten vielbeachtete wissenschaftliche Leistungen. Außerdem verfasste er während dieser Jahre auch die ersten von insgesamt neun autobiographischen Prosaschriften, unter denen besonders der erste Teil, *Wo de tongnian* (1929; Meine Kindheit), hervorsticht. In diesen Werken versuchte G., seinen eigenen Werdegang vor allem aus den historischen gesellschaftlichen Bedingungen heraus zu verstehen, was wiederum mit seinem neu entdeckten geschichtlichen Interesse zusammenhing. Bei Kriegsbeginn 1937 wurde G. die Rückkehr nach China gestattet. Er war in den folgenden Jahren insbesondere als Beauftragter für die anti-japanische Propaganda der Kommunisten tätig, verbrachte aber den Großteil des Krieges im von Japan nicht besetzten Chongqing. In diesen Jahren schrieb er fünf historische Dramen, von denen jenes über den antiken Staatsmann und Dichter Qu Yuan (*Qu Yuan*, 1942) am bekanntesten wurde, weil es als politische Allegorie auf die korrupte Regierung der Nationalisten gelesen werden konnte. In der 1949 gegründeten Volksrepublik China stieg G. rasch zum mächtigsten Kulturfunktionär auf und bekleidete hohe Ämter.

*Roland Altenburger*

## Gurnah, Abdulrazak
Geb. 20. 12. 1948 in Sansibar/Tansania

Das literarische Werk von Abdulrazak Gurnah steht für ein Leben zwischen den Welten, zwischen der Herkunftskultur Afrikas, genauer Tansanias, und der Zielkultur Europas, nämlich Großbritanniens. Dort, in Canterbury, lehrt G. afrikanische und karibische Literatur. Er debütierte 1987 mit *Memory of Depar-*

*ture* (1987; Erinnerung an die Abreise). Der Roman spielt in einer ostafrikanischen Küstenstadt zur Zeit der Unabhängigkeit. Die Hauptfigur Hassan kommt aus einer armen Familie – der Vater trinkt, der Bruder kam bei einem Unfall ums Leben, die Schwester treibt sich mit Männern herum. Um seine Ausbildung fortsetzen zu können, fährt Hassan zu seinem Onkel nach Nairobi in Kenia, um seinen Anteil am Familienvermögen ausbezahlt zu bekommen. Hassans Reise bedeutet nicht nur den Abschied von der engsten Familie, er muss auch entdecken, dass sich sein Onkel unter dem Einfluss eines westlichen Lebensstils vollkommen überschuldet hat.

G.s zweiter Roman *Pilgrim's Way* (1988; *Schwarz auf Weiß*, 2004) setzt die thematisch eingeschlagene Reise nach England fort, wo sich der Protagonist mit Jobs über Wasser hält, bis ihn eine Liebesbeziehung dazu veranlasst, sich auf seine Herkunft und seine Ziele zu besinnen. Die Geschichte seiner Heimat erzählt G. im Roman *Paradise* (1994; *Das verlorene Paradies*, 1996). Er beschreibt anschaulich und ruhig das Leben im östlichen Afrika um die Wende zum 20. Jahrhundert, als noch Karawanen auf den Handelswegen verkehrten, sich arabische, indische und afrikanische Bevölkerungsgruppen begegneten und Europäer einen Machtanspruch reklamierten.

Die Begegnung zwischen Europa und Afrika steht im Zentrum des Romans *Admiring Silence* (1996; *Donnernde Stille*, 2000), dem ironischsten Buch G.s, obwohl auch dieses Werk von einem sensiblen, melancholischen Ton geprägt ist. Die Hauptfigur, ein Mann in der Midlife-Krise, kehrt nach einer Amnestie für politische Exilanten zu seiner Familie nach Tansania zurück, die für ihn einen angesehenen Regierungsposten und eine Medizinstudentin als Ehefrau bereithält. Er muss realisieren, dass er in einer Parallelwelt lebte, die er – samt getrennt lebender Ehefrau und entfremdeter Tochter – seiner Verwandtschaft vorenthalten hat. G. leuchtet die emotionalen Folgen des Exils aus und zeigt die Inkompatibilität derart getrennter Lebenswelten. Darüber hinaus zeichnet *Admiring Silence* ein Sozialporträt sowohl Englands als auch Tansa-

nias, denn G. schildert sowohl die in den organisatorischen Tücken des afrikanischen Alltags notwendigen Überlebensmechanismen als auch den Wahnwitz einer erfolglos verlaufenden Entwicklungspolitik des Westens.

Eine Verknüpfung all seiner Themen bietet G. in dem Roman *By the Sea* (2001; *Ferne Gestade*, 2002), in dem ein Exilant aus Tansania auf einem Londoner Flughafen strandet. In Rückblenden erzählt G. vom Leben in Afrika, von der Völkerfreundschaft zwischen Tansania und der DDR, von einer als Willkür empfundenen Ausländerpolitik in Europa. Zurück in die Kolonialvergangenheit führt wiederum der Roman *Desertion* (2005; *Die Abtrünnigen*, 2006), in dem ein in England lebender Erzähler von zwei Liebesgeschichten in seiner afrikanischen Familie berichtet. Der Roman zeigt Zusammenhänge zwischen Vergangenheit und Gegenwart, doch die Sprunghaftigkeit, mit der sich G. zwischen den Zeiten bewegt, erschwert das Verständnis des Textes.

*Manfred Loimeier*

### Gustafsson, Lars
Geb. 17. 5. 1936 in Västerås/Schweden

»In Wirklichkeit bist du niemand.« Diese Formel des schwedischen Lyrikers Gunnar Ekelöf ist auch für das Werk Lars Gustafssons bezeichnend: nicht als pessimistischer Grundton, sondern als geheimes Kraftzentrum. Die eher zum Aufbruch als zur Resignation neigende Unruhe eines labyrinthischen Daseinsgefühls, die sich vor allem auf die existentielle Frage nach der eigenen Identität konzentriert, lässt sich als beständiger Antrieb seiner fiktionalen, lyrischen und essayistischen Produktion ausmachen. Die literarische Umsetzung dieser thematischen Konstante ist allerdings durch verschiedene, sowohl historisch als auch biographisch bedingte Entwicklungsschübe gekennzeichnet, die eine Untergliederung seines Werks in drei Hauptphasen nahelegen.

Das literarische Experiment der frühen Romane *Vägvila* (1957; Wegesrast), *Poeten Brumbergs sista dagar och död* (1959; Des

Dichters Brumberg letzte Tage und Tod), *Bröderna* (1960; Die Brüder), *Följeslagarna* (1962; Die Gefährten) und *Den egentliga berättelsen om herr Arenander* (1966; *Der eigentliche Bericht über Herrn Arenander*, 1969) wurzelt in einem erkenntnistheoretisch begründeten Skeptizismus. Im Gegensatz zum nüchternen philosophischen Fundament dieser Romane steht ihr neoromantisches Kolorit, das sich mit dem rationalen Aussagegehalt zum eigentümlichen Gesamtphänomen eines mystifizierenden Intellektualismus verbindet. Die Konstituierung der persönlichen Identität – so das Resümee dieser ersten Phase – vollzieht sich im dynamischen Gegenüber von Ich und Welt (*Bröderna*), im Festhalten an der eigenen Unentschlossenheit (*Följeslagarna*) sowie im Widerstand gegen den Prozess der inneren »Kristallisation« (*Den egentliga berättelsen om herr Arenander*). Ich und Welt sind unabgeschlossene, im Dichten und Denken immer wieder neu zu entdeckende und zu erprobende Größen – das ist im Kern auch die Haltung, die G.s gattungstheoretischen Überlegungen (*Nio brev om romanen*, 1961; Neun Briefe über den Roman) zugrundeliegt und die sich als roter Faden durch seine in alle Lebensbereiche ausgreifenden Reflexionen, Erzählungen und Gedichtsammlungen zieht. Ein Experiment in diesem Sinne ist auch das von Hans Magnus Enzensberger übersetzte Gedicht »Maskinerna« (1966; »Die Maschinen«, 1967), mit dem G. seinen Durchbruch im deutschsprachigen Raum erzielte.

Die mittlere Phase deckt sich in etwa mit der Entstehungszeit der Romanpentalogie *Sprickorna i muren* (als Sammelwerk 1984; *Die Risse in der Mauer*, 2006 – *Herr Gustafsson själv*, 1971; *Herr Gustafsson persönlich*, 1972; *Yllet*, 1973; *Wollsachen*, 1974; *Familjefesten*, 1975; *Das Familientreffen*, 1976; *Sigismund*, 1976; *Sigismund*, 1977; *En biodlares död*, 1978; *Der Tod eines Bienenzüchters*, 1978). In ihr wird das philosophisch-existentielle Anliegen vorübergehend von gesellschaftlichen und politischen Problemen überlagert. Gleichwohl wird auf der schmalen Grenzlinie zwischen dem Autor und seinen nun konsequent mit autobiographischen Zügen ausgestatteten Figuren die Annäherung an ein authentisches Selbstsein weiter vorangetrieben. Wesentliche Errungenschaften dieser Schaffensperiode sind die Überwindung der auf Angst beruhenden Selbstverschlossenheit der Protagonisten sowie der aus der Sicht einer subjektzentrierten Gesellschaftskritik geführte Kampf gegen die Resignation (»Wir fangen noch einmal an, wir geben nicht auf!«). Paradoxer Höhepunkt des individuellen Aufbegehrens gegen die nivellierenden Kräfte des politischen Systems ist die im letzten Roman der Pentalogie gestaltete Erfahrung des physischen Schmerzes und des bevorstehenden Todes.

Ansätze zur Ausformung eines metaphysisch-religiösen Modells der Selbst- und Weltdeutung schließlich zeigen sich in der dritten Phase. Vorbereitet durch die in *En biodlares död* gestaltete Grenzsituation individuellen Leidens und Sterbens erfolgen in *Sorgemusik för frimurare* (1983; *Trauermusik*, 1983) die ersten Schritte in Richtung auf eine theologisch akzentuierte Betrachtung der eigenen Existenz. Eine noch deutlichere Verschiebung des Identitätsproblems in die Sphäre des Religiösen, realisiert mit dem Instrumentarium postmoderner Erzähltechnik, charakterisiert den Roman *Bernard Foys tredje rockad* (1986; *Die dritte Rochade des Bernard Foy*, 1986), der unter anderem auf Gedanken des kabbalistischen Mystikers Isaak von Luria sowie auf Umberto Ecos Konzeption einer »abwesenden Struktur« zurückgreift. Der als kriminalistisches Versteckspiel getarnte Roman *Historien med hunden* (1993; *Die Sache mit dem Hund*, 1994) schließlich enthält deutliche Hinweise auf ein sich anbahnende ethische Reflexion des Identitätsproblems. Er beschreibt das noch widerwillige, aber unaufhaltsame Auftauchen des Ichs aus dem Labyrinth der Unverbindlichkeiten, das überraschende Ereignis einer Selbstwerdung, wie sie in anderer Weise auch der zynische Werbefachmann Dick Olsson in *Tjänarinnan* (1996; *Geheimnisse zwischen Liebenden*, 1997) erlebt. Sein Sprung über den Abgrund eines scheinbar unüberbrückbaren sozialen Gegensatzes, ermöglicht durch die ihm unerklärliche persönliche Zuneigung zu seiner Hausangestellten, bewirkt die vorübergehende Wiedergeburt des Selbst im Schnittpunkt »zweier Einsamkeiten«.

Insbesondere mit seinen Romanen, aber auch als Lyriker und Essayist hat sich G. international als einer der bekanntesten zeitgenössischen Autoren Skandinaviens etabliert. Besonders im deutschsprachigen Raum erfuhr sein Werk zahlreiche Übersetzungen mit hohen Auflagen, gefolgt von einer kaum zu überschauenden Flut von Rezensionen. Dem überwiegend positiven Echo des Auslandes stand innerhalb Schwedens eine nicht minder intensive, wenngleich kontroverse Rezeption gegenüber. Die hier bisweilen zur persönlichen Polemik neigenden Angriffe galten allerdings weniger dem poetischen und gedanklichen Experimentator als dem oft unbequemen Publizisten und Kritiker des schwedischen Volksheimmodells.

*Ulrike-Christine Sander*

### Gutzkow, Karl

Geb. 17. 3. 1811 in Berlin;
gest. 16. 12. 1878 in Frankfurt a. M.

»Sein Name wird bleiben, aber von seinen Werken nichts«, so urteilte Theodor Fontane; dagegen schrieb der im Lob sparsame Arno Schmidt:»Er saß, wie jeder gute Schriftsteller übrigens, zeitlebens *zwischen* sämtlichen Stühlen.« G. kommt in jeder deutschen Literaturgeschichte vor, aber selten gut weg. Den einen war er, gemessen am Niveau des zeitgenössischen politisch-literarischen Diskurses vom linken Hegelianismus bis hin zum wissenschaftlichen Sozialismus zu liberal – und das galt als zu wenig. Schon die frühe Kritik des damals steckbrieflich gesuchten Georg Büchner an seinem mutigen Förderer G. blieb hier das entscheidende Verdikt über die Qualität des politischen Schriftstellertums, das G. zusammen mit Ludolf Wienbarg, Heinrich Rudolph Laube und Theodor Mundt unter dem Etikett»Junges Deutschland« in der Mitte der 1830er Jahre repräsentierte:»Die Gesellschaft mittelst der Idee, von der gebildeten Klasse aus

reformieren? Unmöglich!« Den anderen war G.s Programm des »Schmuggelhandel der Freiheit: Wein verhüllt in Novellenstroh« ebenfalls zu liberal, aber ihnen ging dieser politisch-literarische»Tendenzschriftsteller« damit zu weit. Zusammen mit den Schriften Heinrich Heines und der jungdeutschen Schriftsteller wurden G.s bisherige Publikationen 1835 verboten, in Preußen sogar auch die künftigen, und erst 1842 wieder zugelassen – ein bis dahin noch nicht da gewesener Akt staatlicher Gewalt gegen freie Schriftsteller, der einem Berufsverbot gleichkam. G. erhielt zusätzlich für seinen Roman *Wally, die Zweiflerin* (1835), in dem er die Kritik an der herrschenden religiösen Orthodoxie provokativ mit der Forderung nach freier Liebe verbunden hatte, einen Monat Gefängnis. Er wurde danach nicht zum Renegaten wie Laube, aber am weiteren Politisierungsprozess der Literatur in den 1840er Jahren nahm er nicht mehr teil. Den Rechtsruck der liberalen Opposition nach 1848 hin zum »Nationalliberalismus« und zu Bismarck machte er jedoch auch nicht mit (schloss dann aber doch Frieden mit dem neuen Kaiserreich).

G., der Sohn eines Pferdeknechts, der soziale Aufsteiger und entlaufene Theologe, war ein Vermittler. Als rastloser Journalist und als Literaturkritiker (*Literaturblatt, Phönix, Augsburger Allgemeine Zeitung, Unterhaltungen am häuslichen Herd* u. a.) vermittelte er die immer noch exklusiven Fragen von Kunst und Literatur mit den aktuellen politischen Problemen der Gesellschaft – im Kampf mit der Zensur und um das tägliche Brot. Als Theaterautor setzte er diese Bemühungen in einer Vielzahl heute vergessener Stücke fort (z. B. *Das Urbild des Tartüffe*, 1844; *Uriel Acosta*, 1847) – und unterlag hier einerseits der sich operativ politisierenden Lyrik vor 1848, andererseits dem dezidiert entpolitisierten historischen Drama Christian Friedrich Hebbels. Als Erzähler schließlich zielte er mit seinem Konzept des »Roman des Nebeneinander« auf den modernen Gesellschaftsroman, in dem die Daguerreotypisierung (d. h. die naturalistische Abbildung) der sozialen Wirklichkeit ebenso vermieden werden sollte wie deren Verklärung

(*Die Ritter vom Geist*, 1850/51; *Der Zauberer von Rom*, 1859/61). Auch hier kam G. gegen die erfolgreicheren Gustav Freytag, Friedrich Spielhagen und Gottfried Keller nicht an, erst recht nicht gegen den englischen und französischen Gesellschaftsroman. G. war einer der ersten deutschen Berufsschriftsteller. Der Zwang, sich auf dem Markt behaupten zu müssen, führte zu wachsender Selbstentfremdung und zu Widersprüchen bei seinem Ziel, den aufrechten Gang durch literarische Aufklärung zu fördern. Er schrieb mehr als Johann Wolfgang von Goethe, änderte ständig um, ohne jemals den eigenen Stil, den glänzenden Erfolg und das sichere Auskommen erringen zu können. Es war ein geschundenes Leben, angefüllt mit unablässigem Streit, manifestem Verfolgungswahn und wachsender Depression: eine der vielen Varianten gestörter deutscher Bürgerlichkeit. G. erstickte (sich), halb betäubt von einem Schlafmittel, im Rauch der umgestürzten Lampe, nachts im Bett. Dieses Leben, das nach Theodor Fontane eine »schon bei Lebzeiten beiseitegeworfene Existenz« war, hat G. – heute noch lesenswert – in seinen Briefen und den Autobiographien *Aus der Knabenzeit* (1852/73) und *Rückblicke auf mein Leben* (1875) selber fesselnd beschrieben.

Werkausgabe: Werke. 15 Teile in 7 Bänden. Hg. von Reinhold Gensel. Hildesheim/New York 1975 (Reprint der Ausg. Berlin 1912).

*Peter Stein*

# H

## Haasse, Hella S.
## (eigtl. Hélène Serafia)
Geb. 2. 2. 1918 in Batavia/Indonesien
(heute Jakarta)

»Schreiben ist nun einmal meine Form des
Daseins.« Mit dem in Interviews und autobiographischen Schriften – *Zelfportret als legkaart*
(1954; Selbstporträt als Kartenspiel), *Persoonsbewijs* (1967; Personalausweis), *Een handvol
achtergrond* (1993; Eine Handvoll Hintergrund), *Zwanen schieten* (1997; Schwäneschie
ßen) – wiederholt geäußerten Satz definiert
Hella S. Haasse sich selbst als eine existentialistische Schriftstellerin. Sie erklärt damit nicht
nur, dass das Aufschreiben von Gedanken und
Geschichten seit früher Jugend zu ihrem Alltag gehört hat, sondern bezeichnet darüber
hinaus das »Dasein« als Sinnproblem. Obwohl
sich die seit 1948 in reger Folge erschienenen
Romane H.s sprachlich und stilistisch stark
verändert haben, sind sie der Frage nach dem
Verhältnis von Ich, Kunst und Leben als ihrem
Leitmotiv treu geblieben. H.s Thema sind die
obsessiven Wirkungen, die das Imaginäre, das
Mythische und Okkulte auf die Menschen ausüben, und die Bedeutung, die es für den Zusammenhalt einer Gesellschaft hat. Wie für
die französischen Existentialisten und für den
Schriftsteller Multatuli, auf den sich H. auch
aufgrund ihrer Kindheit in der ehemaligen
niederländischen Kolonie Indonesien öfter
beruft, schließen sich Phantasie und Engagement für sie nicht aus. Das zeigt sich auch an
den Genres, die sie bevorzugt: der historische
Roman, der Entwicklungsroman und die »unglaubliche Geschichte«.

Nach dem Abschlussexamen an der
Amsterdamer Schauspielschule debütierte H.

1945 mit der Gedichtsammlung *Stroomversnelling* (Stromschnelle). In dieser Zeit trat sie
gelegentlich als Schauspielerin und Kabarettistin auf, brach die Laufbahn aber nach ihrer
Heirat und der Geburt von zwei Töchtern 1946
ab. H.s erste Prosaveröffentlichung, die Novelle *Oereog* (*Der schwarze See*, 1994) erschien
1948 und erzählt von der Freundschaft zwischen einem niederländischen und einem javanischen Jungen. Während Indonesien in
*Oereog* ein Symbol des verlorenen Paradieses
ist, erscheint es in den späteren Indonesienromanen H.s – *Krassen op een rots* (1970; Kratzen auf einen Fels), *Heren van de thee* (1992;
*Die Teebarone*, 1995), *Sleuteloog* (1998; Schlüsselauge) – als ambivalenter Ort, an dem das
Aufeinandertreffen von zwei Kulturen aufgrund der kolonialen Machtverhältnisse auf
beiden Seiten nachhaltige psychohistorische
Wunden geschlagen hat. An den historischen
Romanen lässt sich H.s stilistische Entwicklung am besten verfolgen. Während *Het woud
der verwachting* (1949; *Der Wald der Erwartung*, 1957, 1993) ein traditionell geschriebener, strikt chronologisch aufgebauter Historienroman über Charles von Orléans ist, stellen spätere Geschichts- und Familienromane
ihre Protagonisten mit Hilfe von stilistischen
Mitteln wie dem Wechsel zwischen Selbst-
und Fremdwahrnehmung, Rückblenden, Collagen oder der Variation von Darstellungsformen wie Dialog, Tagebuch, Brief und Bericht in Frage. Zu diesen Werken zählen etwa
*De scharlaken stad* (1952; *Die scharlachrote
Stadt*, 1955, 1994), *De tuinen van Bomarzo*
(1968; *Der kleine Garten*, 1999), *Mevrouw Bentinck* (1978; *Ich widerspreche stets. Das unbändige Leben der Gräfin Bentinck*, 1997) und
*Schaduwbeeld, of Het geheim van Appeltern*

(1989; Schattenbild oder Das Geheimnis von Appeltern).

Als Schlüsseltext für H.s Lebensphilosophie gilt ihr Entwicklungsroman *De ingewijden* (1957; *Die Eingeweihten*, 1961). Im Mittelpunkt steht die Malerin Elin Breksel, die Mann und Kind verlassen hat, um ihr eigenes Leben zu führen und als Künstlerin ihren Weg zu finden. Indem H. diesen Weg in den Wahrnehmungen, Reflexionen und Phantasien anderer Personen bricht, löst sie ihre Figur in eine Symbolgestalt auf, die nicht nur eine Schlüsselrolle in einem modernen Familiendrama spielt, sondern außerdem als mythologische Schicksalsgöttin erscheint und das Prinzip einer weiblichen Produktivität verkörpert. Ebenso wie *De ingewijden* kann man H.s »unglaubliche Geschichten« – z. B. *Huurders en onderhuurders* (1971; *Das Mietshaus*, 2001), *De meester van de neerdaling* (1973; *Das Gemälde*, 1999) und *Berichten van het blauwe huis* (1986; *Das blaue Haus*, 1998) – als Parabeln über das moderne Ich lesen, dem der direkte Weg zu sich selbst verstellt ist und das sich nur über den Umweg einer symbolischen Wiedergeburt findet – der Versenkung in ein Bild, einem Déjà-vue-Erlebnis, einer Eingebung oder zufälligen Lektüre.

H. wurde mit zahlreichen Literaturpreisen ausgezeichnet, darunter dem Constantijn Huygens-Preis (1981), dem P. C. Hooft-Preis (1983), dem Annie Romein-Preis (1995) und dem Niederländischen Literaturpreis (2004). Aufgrund ihrer literaturwissenschaftlichen Arbeiten – u. a. über Pieter Corneliszoon Hooft, Multatuli, Simon Vestdijk, Elias Canetti, Witold Gombrowicz, Willem Frederik Hermans und Louis Paul Boon – wurde ihr von der literaturwissenschaftlichen Fakultät der Universität Utrecht 1988 die Ehrendoktorwürde verliehen. Seit 1991 ist sie Ehrenmitglied der Maatschappij der Nederlandse Letterkunde und seit 1992 Trägerin des goldenen Ehrenordens für Kunst und Wissenschaft des Hauses Oranien.

*Barbara Lersch-Schumacher*

## Haavikko, Paavo
Geb. 25. 1. 1931 in Helsinki

Seit seinem Debüt mit dem Gedichtband *Tiet etäisyyksiin* (1951; Wege in die Ferne) hat sich Paavo Haavikko nach und nach eine Sonderstellung in der finnischen Literatur erobert: schon durch den Umfang seines Œuvres, das nahezu alle Bereiche – Lyrik, Aphorismus, Poem, Drama, Hörspiel, Roman – abdeckt, vor allem aber, weil er in allen diesen Sparten als radikaler Neuerer gewirkt und eigenständige Ausdrucksformen entwickelt hat. Neben seinem literarischen Schaffen war H. nach dem Abitur (1951) 16 Jahre im Immobilienhandel tätig. Von 1967 bis 1983 war er literarischer Leiter des Verlags Otava. 1984 gründete er seinen eigenen Verlag Arthouse.

Mit seinem Erstling reihte sich H. in den Kreis der finnischsprachigen Modernisten ein, der nach dem Zweiten Weltkrieg – international also spät – entstanden war; die modernistischen Kritiker feierten die Sammlung als erstes Werk der finnischen Lyrik, das sich durchgängig einer modernen lyrischen Sprache bediente. Bereits hier wie auch in dem 1949 geschriebenen, aber erst 1975 in der Werkausgabe *Runot 1949–1974* (Gedichte 1949–1974) veröffentlichten Zyklus *Sillat* (Die Brücken) finden sich thematische und sprachliche Elemente, die H.s gesamtes Werk durchziehen: der Rückgriff auf archaisches Bildmaterial, die Verflechtung von Vergangenheit, Gegenwart und Zukunft, die Auseinandersetzung mit der individuellen und nationalen Identität, auch und gerade im Verhältnis zur Sprache. In den drei folgenden Lyriksammlungen – *Tuuliöinä* (1953; In windigen Nächten), *Synnyinmaa* (1955; Heimatland) und *Lehdet lehtiä* (1958; Blätter sind Blätter) – setzt H. seine Erforschung der Beziehung zwischen Mensch, Kultur und Geschichte fort; die Bände enthalten jedoch auch »privatere« Natur- und Liebesgedichte. Ihren Höhepunkt fand die erste Schaffensphase H.s in dem 1959 erschienenen Zyklus *Talvipalatsi* (*Winterpalast*, in: *Die Nacht bleibt nicht stehn*, 1986). In Form eines Dialogs mit sich selbst – die Technik des »vielstimmigen Monologs« verwendete H.

auch in seinen späteren Werken häufig – setzt
sich der Autor hier mit Sprache und Dichtung
auseinander; er schuf damit »eines der wenigen wirklich gelungenen metapoetischen
Werke der finnischen Nachkriegsliteratur«
(Kai Laitinen).

In den 1960er Jahren veröffentlichte H.
nur einen einzigen Gedichtband: *Puut, kaikki
heidän vihreytensä* (1966; Die Bäume, all ihr
Grün) enthält neben ungewohnt aggressiven
gesellschaftskritischen Gedichten drei Zyklen,
die von der Trauer des Dichters über den Tod
seiner ersten Frau, der Schriftstellerin Marja-
Liisa Vartio (1924–66), geprägt sind: »Die
Bäume, all ihr Grün. / Ich wollte dir den Rasen
reichen, / auf offener Hand, / weil Frühling
war. / Ich kam nicht dazu.«

In diesem Jahrzehnt entstand ein Großteil
von H.s erzählender Prosa. Bereits 1960 erschien der Roman *Yksityisiä asioita* (Private
Dinge), die Geschichte eines Geschäftsmannes,
der während des finnischen Bürgerkriegs 1918
und in der chaotischen Zeit danach ein beträchtliches Vermögen erwirtschaftet, wobei
ihn letztlich weder gesellschaftliche Konflikte
noch private Ereignisse, etwa die Krise seiner
Ehe, sonderlich interessieren. H. arbeitet in
diesem wie auch im folgenden Roman *Toinen
taivas ja maa* (1961; Ein anderer Himmel, eine
andere Erde) mit einer narrativen Technik, die
man als »Doppelbelichtung« bezeichnen
könnte; Traumbilder, Erinnerungen, Gedanken, die einer anderen Bewusstseinsebene zu-
gehören, werden eingeblendet und beleuchten
oder erklären die Vorgänge der eigentlichen
Handlungsebene. Konventioneller ist die
Struktur von *Vuodet* (1962; Jahre), das in der
Subkultur finnischer Penner und Alkoholiker
spielt; dieser Kurzroman und die 1964 erschienenen Novellen *Lumeton aika* (Schneelose
Zeit), *Arkkitehti* (Der Architekt) und *Pitkiä
naisia* (Große Frauen) beschreiben die soziale
Wirklichkeit Finnlands in den 1960er Jahren
und behandeln darüber hinaus aber universale
Themen wie gesellschaftliche Entfremdung
und Anpassung.

In *Kaksikymmentä ja yksi* (1974; Zwanzig
und einer) – das elfte Werk, das der Autor als
Poem bezeichnete, zugleich aber sein erstes

zusammenhängendes erzählendes Gedicht –
greift H. erstmals Motive aus dem finnischen
Nationalepos *Kalevala* auf, das er auch in einigen späteren Werken kommentiert und neu
deutet. 21 Männer rudern von Finnland auf
der Route der Waräger nach Byzanz – einer
Stadt, die in H.s Schaffen als historischer wie
auch als symbolischer Ort immer wieder begegnet –, um sich dort den Sampo anzueignen
– im *Kalevala* ein magischer, Wohlstand brin-
gender Gegenstand, bei H. jedoch eine Münz-
prägemaschine. Nachdem sie den geraubten
Sampo wieder verloren haben, begeben sie
sich auf die Suche nach den Quellen des Nils,
dem Ursprung allen Lebens. Erst 300 Jahre
später kehren ihre Nachfahren nach Finnland
zurück. Neben verschiedenen Sprachformen –
dem Finnisch der alten Volksdichtung und des
*Kalevala* sowie unterschiedlichen Nuancen
der Gegenwartssprache – verwebt H. auch
Mythen verschiedener Epochen und Kulturen
miteinander. Insofern ist sein Werk nicht nur
ein »Metaepos« (Aarne Kinnunen), sondern
verdeutlicht zugleich H.s Geschichts- und
Kulturbegriff, in dem Gleichartigkeit und
Wiederholung wichtiger sind als Weiterentwicklung und Veränderung.

Ab Ende der 1950er Jahre trat H. auch als
Dramatiker hervor; insgesamt hat er rund 50
Bühnentexte, Hörspiele, Drehbücher und
Opernlibretti verfasst. Darin untersucht er
häufig die Machtstrukturen historischer Über-
gangsphasen, wobei meist Anspielungen auf
die Gegenwart zu erkennen sind, so etwa in
dem Hörspiel-Zyklus über König Harald den
Langlebigen (1974–83) oder dem 1968 entstandenen Schauspiel *Agricola ja kettu* (Agricola und der Fuchs). Die *Kalevala*-Thematik
griff H. in seinen dramatischen Werken mehrfach auf, besonders umfassend in zwei Werken
aus dem Jahr 1982, dem »mehrstimmigen Monolog« *Kullervon tarina* (Kullervos Geschichte)
und dem Drehbuch zu der Fernsehserie
RAUTA-AIKA (Die Eisenzeit).

Mit seiner ersten Aphorismensammlung
*Puhua, vastata, opettaa* (1972; Reden, antworten, lehren) führte H. die finnische Aphoristik
in eine neue Richtung, indem er die einzelnen
Äußerungen in Reihen einbindet, aus denen

sich ihr Sinn erst erschließt. Hier und in zahlreichen weiteren Aphorismensammlungen, eigenwilligen Geschichtsbüchern und Pamphleten setzt er sich mit politischen und wirtschaftlichen Fragen auseinander, wobei seine Kritik vor allem den Machtapparaten gilt, denen er vorwirft, Realitäten zu verleugnen und bewusst zu missachten.

Während H. in seinen späten Romanen einerseits die literarische Umsetzung der Themen seiner gesellschaftspolitischen Sachprosa vornimmt (*Fleurin koulusyksy*, 1992; *Fleurs mittlere Reife*, 1994), andererseits seine Auffassung von der Geschichte als wucherndem Geflecht sich immer wiederholender Bilder exemplifiziert (*Anastasia ja minä*, 1992; Anastasia und ich), treten in seiner Lyrik seit den 1990er Jahren – etwa in *Runot! Runot 1984–1992* (1992; Gedichte! Gedichte 1984–1992) und in *Prosperon runot* (2001; Prosperos Gedichte) – persönlichere Themen in den Vordergrund – das Altern, die Einsamkeit und die Auseinandersetzung mit dem Tod:»Du hast ein furchtbares, gutes Leben gelebt / ja, das hab ich / Ich mag nicht gehn, noch nicht / Ich mag nicht gehn, nie.«

*Gabriele Schrey-Vasara*

## Habibi, Emil
Geb. 1921 in Haifa; gest. 1996 in Haifa

Der palästinensische Erzähler und Dramatiker Emil Habibi wuchs als Sohn eines Lehrers in Haifa und Akka auf. Nach seiner Schulausbildung wurde er Mitarbeiter des palästinensischen Rundfunks in Jerusalem. 1944 war er Mitbegründer der kommunistischen Zeitung *al-Ittiḥād* (Die Union), die als einziges arabisches Presseorgan die Staatsgründung Israels 1948 überdauerte. H. hatte ranghohe Posten in der israelischen Kommunistischen Partei inne und war für drei Legislaturperioden Abgeordneter der Knesset, bevor er 1972 sein Mandat niederlegte, um sich ganz der publizistischen Arbeit und der Literatur widmen zu können, nachdem bereits vier Jahre zuvor der Kurzgeschichtenzyklus *Sudāsiyyat al-*

*ayyām al-sitta* (1968; Hexalogie der sechs Tage) erschienen war. 1989 gründete er seinen eigenen Verlag Arabesque in Haifa, den er bis zu seinem Tod 1996 führte. 1992 wurde H. als erster arabischsprachiger Autor mit dem israelischen Staatspreis für Literatur ausgezeichnet.

Mit dem Roman *al-Waqā'i' al-ġarība fī ḥtifā' Saʿīd Abī l-Naḥs al-Mutašā'il* (1974; *Der Peptimist oder Von den seltsamen Vorfällen um das Verschwinden Saids des Glücklosen*, 1992) wurde er international bekannt. Der Schelmenroman steckt voller Verweise und Anspielungen auf die arabische wie die europäische Literaturgeschichte und ist mit dokumentarischen Einschüben und betont sachlichen Erläuterungen versetzt. H. konterkariert in diesem Roman vor allem das vom Zionismus geprägte offizielle Narrativ der israelischen Geschichtsschreibung, indem Versatzstücke dieser ideologisierten Selbstsicht – aber auch der idealisierten arabischen Sicht der Ereignisse – subversiv durchbrochen und parodiert werden. Der Titelheld ist nicht nur Optimist und Pessimist in Personalunion; da er, vom Schlimmsten ausgehend, immer wieder positiv überrascht wird, er ist auch zugleich mutig und feige.

Die für H.s Werke charakteristische Vermischung absurd-phantastischer Vorkommnisse mit einer nicht selten bitter realistischen Schilderung der Gegebenheiten in Israel zeichnet auch seinen kurzen Roman *Iḥtayya* (1985; *Das Tal der Dschinnen*, 1993) aus: In Haifa kommt es aus unerklärlichem Grund an einer Kreuzung zum Verkehrschaos. Eine Untersuchungskommission wird eingesetzt, Verhaftungswellen lassen nicht lange auf sich warten, und schnell einigt man sich darauf, die Araber für das Unglück verantwortlich zu machen.

Mit *Sarāyā bint al-ġūl* (1991; *Sarâja, das Dämonenkind*, 1998), seiner letzten größeren Prosaarbeit, knüpft H. an eine an das Märchen von Rapunzel erinnernde palästinensische Legende an. Es handelt sich um eine spielerische Prosa, einen die Gattungen vermengenden Text zwischen historischer Dokumentation, traditioneller Überlieferung und postmoderner Phantasie, in die sich der Autor immer wieder in Form von peniblen, den irrealen Charakter des Erzählten durchkreuzenden Anmerkungen einschaltet. H. begegnet in seinen Werken der bedrückend absurden Situation der israelischen Palästinenser mit einer spöttischen Ironie – und Selbstironie –, die den Ernst der Lage unterstreicht statt ihn zu überspielen.

*Andreas Pflitsch*

## Hacks, Peter

Geb. 21. 3. 1928 in Breslau;
gest. 28. 8. 2003 in Groß-Machnow/Berlin

Am Ende des äsopischen Zeitalters der DDR wandte sich *Theater heute* (Jahrbuch 1990) mit vier Fragen an deren Intellektuelle. Die Antworten des damals in Ostberlin und Mittenwalde/Mark Bandenburg lebenden Dramatikers H.: (1) die politischen Veränderungen in der DDR bedeuten »nichts Neues«; (2) »Nicht Neues« erhofft er sich von den DDR-Theatern; (3) »Dieselben wie immer«, Stücke und Themen, will er sehen; (4) er arbeitet »an Werken«. – Bei der im Westen zum Strafprozess stilisierten »Vergangenheitsbewältigung« (Christa Wolf) der ehemaligen DDR verhielt sich H. bis zu seinem Tod weitgehend abstinent. Tribunale, Verteidigung und Anklage waren ihm aus der eigenen Biographie vertraut – so und so. Nach vier Dramen mit historischen Stoffen entstand 1958 das Gegenwartsstück *Die Sorgen und die Macht* (UA 1960). Es sorgte in der DDR für den ersten ›Fall‹ H.

Die Komödie ist H.' erster Beitrag zur »sozialistischen deutschen Nationalliteratur« im Rahmen des »Bitterfelder Wegs« (1959). Am Beispiel eines Braunkohlewerks demonstriert er die Schwachpunkte der »Tonnenindustrie«. Ein politischer Lernvorgang wird mit einer »sozialistischen Minna-Tellheim-Variante« (J. Maurer) verknüpft. Die SED entdeckte in diesem »Drama der DDR-Übergangsperiode« (Konrad Franke) kleinbürgerliche und vulgärmarxistische Positionen. Als die dritte Fassung

durchfiel, kündigte H. dem Deutschen Theater in Ostberlin seine Mitarbeit auf. Während dieser Kontroverse schrieb H. das zweite Zeitstück, die Vers-Komödie *Moritz Tassow*. Darin thematisiert er Widersprüche der sozialistischen Bodenpolitik. 1965 uraufgeführt, wurde es bald wegen »rüpelhafter Obszönität« abgesetzt. Dabei weicht H. nicht von der offiziellen ideologischen Linie ab. Für ihn existierte das sozialistische Zeitalter real. Die Widersprüche der DDR-Gesellschaft deutet er als nicht-antagonistisch und »auf evolutionärer Weise aufhebbar« (*Versuch über das Theater von Morgen*, 1960). Daraus leitet er seine dramaturgischen Konflikte und deren Lösung ab, bevorzugt in Form der Komödie. H.' Probleme mit seiner Gesellschaft waren vorrangig seine Kunstprobleme.

Der »Fall« H. ließ seinerzeit in der Bundesrepublik jene kalten Krieger verstummen, die dem gebürtigen Schlesier und Wahl-Münchner die bekenntnishafte »Republikflucht« 1954 nach Ostberlin verübelten und seine Stücke ignorierten – später einmal nannte er die DDR einen sauren Apfel und die BRD einen faulen. Denn H.' frühe Historien, mit »plebejischer Perspektive« (Bert Brecht) und einem mechanistisch dialektisch-materialistischen Geschichtsbild, sind aus seiner Auseinandersetzung mit der »bürgerlichen« Bundesrepublik entstanden. So verhandelt er in *Die Schlacht bei Lobositz* (1954) kritisch die westliche Remilitarisierung.

Der Verteidigung seiner Zeitstücke müde, rückte H., der auch als Kinderbuchautor, Nachdichter und Übersetzer erfolgreich arbeitete, von den Widerspiegelungs-Forderungen der SED ab. Er verschrieb sich der poetischen Gestaltung historischer und mythologischer Stoffe, die er in Mustergesellschaften implantierte (*Adam und Eva*, 1972). Vermutungen, er habe resigniert, konterte er mit einer »post-revolutionären Dramaturgie« (1972). Darin distanziert er sich von frühen Arbeiten und Brechts epischem Theater. Das »klassische Drama« sei das neue Theaterstück des gewachsenen DDR-Sozialismus, zeitlos stelle es die Widersprüche dar, »das einzige Thema der Kunst« (*Das Poetische*, 1972).

Zu diesem Ansatz fand H. über die Bearbeitung fremder Stücke (u. a. *Polly oder Die Bataille am Bluewater Chreek* nach John Gay, Uraufführung 1968). Als wichtigster »Klassiker« gilt sein *Amphytrion* (UA 1968). Die – nach Plautus, Molière, Dryden und Kleist – fünfte Bearbeitung wurde im Westen als »Rettungsaktion« eines antiken Stoffs, aber auch als die »gescheiteste« (Horst Laube) gewürdigt. Der virtuos verwendete »gestische, plebejische, dialektische Jambus« war Teil der neuen Klassik (*Versuch über das Theaterstück von morgen*, 1960), H.' Interesse an *Amphitryon* konzentriert sich auf die Grundkonstellation: Was geschieht, wenn ein Gott sich in den Alltag der menschlichen Gesellschaft einblendet. Darin fand er seinen Konflikt wieder – »den zwischen der Welt, die ist, und der, die sein könnte, zwischen dem Sein der Menschen und ihren Möglichkeiten, zwischen Realitäten und Utopie« (Volker Canaris). H. vertraut ungebrochen pointenreich, doppelbödig und ohne Scheu vor Kalauern den Möglichkeiten, die Welt zu vervollkommnen.

Mit *Amphitrion* gelang H. ein großer Wurf. Auch Stücke wie das Lustspiel *Omphale* (UA 1979 in Frankfurt/Main), oder die Nachdichtung von Goethes Posse *Das Jahrmarktsfest zu Plundersweilern* (UA 1975) füllten die Spielpläne. Die ›Hacks-Welle‹ im Westen ebbte allerdings kurzzeitig ab, als der Nationalpreisträger für Kunst und Literatur (1974/77) die Ausweisung von Wolf Biermann (1976/77) durch die DDR-Behörden guthieß. – Der Dramatiker H. als Ankläger. Danach schraubte der »Theaterdichter des Allgemeinmenschlichen, des bereits versöhnten Gattungswesens im ›postrevolutionären‹ Zeitalter« (Wolfgang Emmerich), sein Engagement deutlich zurück. 1988 veröffentlichte H. das Trauerspiel *Jona*, eine Historie aus dem 9. Jahrhundert über den gottgesandten Propheten, aber auch – wie die Stücke davor – ein Drama der sozialistischen Rettungsversuche. Es rückt die politische Entspannung zwischen Ost und West ins Zwielicht. H. mutmaßte den Verrat der »alten großen Sache« an den mächtigen Bruderstaat »BRD«. 1989 schließlich wurde das bizarre Königinnen-Drama *Feder-*

grund (in Braunschweig) uraufgeführt. Wiederum eine anachronistische Rückwendung in Zeiten politischen Wandels. 1992 folgte schließlich *Fafner, die Bisam-Maus* (UA in Krefeld). In dieser Kapitalismus-Komödie stehen sich »Ossis« und »Wessis« gegenüber. Das Stück bewegt sich auf »Stammtisch-Niveau« (Andreas Rossmann), es verfehlt den aktuellen Bezug.

Auf den Exodus des menschenfressenden Irrtums DDR und die Wiedervereinigung reagierte H. mit einem defensiven Notprogramm, wie einst der Mauer-Staat. Zwischen 1991 und 1999 entstanden insgesamt zehn »Späte Stücke«, die sich allesamt ins Historische oder gar Mythologische flüchten, sie erschienen 1999 unter dem gleichnamigen Titel in einer zweibändigen Ausgabe. H. billigt in seinen Nachwende-Stücken dem Subjekt keinerlei Souveränität mehr zu, weil es angeblich seine Chance zur Einflussnahme auf die Welt verspielt hat – so auch in der Bearbeitung des *Genovefa*-Stoffes (UA 1995). Davor legte H. einen Band mit Essays auf (*Die Maßgaben der Kunst*, 1996), in denen er »auf hohem Niveau und mit funkelndem Witz« (Martin Zingg) Fragen seines Schreibens reflektierte, die naturgemäß auch um die Stellung des Schriftstellers in der Gesellschaft kreisen. Darin zeigt der Dichterfürst der DDR, »gegenwartsmüde und vergangenheitsfroh« (Gerhard Stadelmeier), allerdings kaum Bewegung. Ebensowenig in seinen Gedichten, die er von 1998 an in der Zeitschrift *konkret* veröffentlichte. Sie markieren nur die Radikalisierung einer älteren politischen Obsession. Denn auch im Jahrzehnt nach dem Untergang der DDR besingt H. die Berliner Mauer als »der Erdenwunder schönstes« und träumt von den heroischen Zeiten, da Väterchen Stalin noch die Geschicke des real existierenden Sozialismus lenkte. »Kein deutschsprachiger Autor der Gegenwart hat mit ähnlicher Konsequenz und Halsstarrigkeit an einer politisch obsoleten Position festgehalten, keiner ist so sehr mit der Pose des absoluten Nonkonformismus kokettiert wie eben Peter Hacks« (Michael Braun). Die *Jetztzeit*-Gedichte erschienen zusammen mit den älteren lyrischen Arbeiten von H., den Liedern zu Stücken, den Balladen und Gesellschaftsversen (2000).

Was bleibt von diesem Œuvre? Immerhin »schenkte« der ehemalige DDR-Verlag Eulenspiegel H. noch zu Lebzeiten eine *Werkausgabe* (2003). Diese Ehre widerfuhr Heiner Müller nicht, dem zweiten intellektuellen Herrscher und Beherrscher der DDR, Freund, Feind und Konkurrenten H.' Das beantwortet indessen nicht die Frage, wie ein Theaterkonzept, das für eine sozialistische Klassik entstand, in nachsozialistischer Zeit bestehen kann. Vielleicht gilt auch hier H.' Prognose über die Ästhetik Bertolt Brechts (1961): »Jede Leistung des menschlichen Geistes (wird) historisch, vergänglich und ewig.«

Werkausgabe: Werke in 15 Bänden. Berlin 2003.

*Siegmund Kopitzki*

### Hadloub, Johannes
Um 1300

Die Bezeichnung der Großen Heidelberger Liederhandschrift als *Manesse-Kodex* geht auf ein Gedicht dieses Lyrikers zurück: Er berichtet darin, dass die beiden Zürcher Patrizier, Rüdiger Manesse und sein Sohn Johannes (Kustos des Stiftsschatzes, gestorben 1297) Liederbücher gesammelt hätten. Die in Zürich entstandene Große Heidelberger Liederhandschrift könnte auf deren Sammlung einzelner Liederbücher aufbauen; manche Forscher sind auch geneigt, in den Manesse geradezu die Auftraggeber dieser Handschrift zu sehen und H. als den Schreiber des Grundstockes (110 von 140 Abschnitten). Für ein engeres Verhältnis H.s zu dieser Handschrift könnten zwei Besonderheiten sprechen: Seine Sammlung schmückt die größte Initiale der ganzen Handschrift und nur ihm ist eine Doppelminiatur gewidmet mit zwei Szenen aus zweien seiner sog. Erzähllieder, in welchen H. sich als Minnender in der Manier des höfischen Sanges stilisiert. In einem dieser Lieder führt er auch einen Kreis erlauchter Sangesliebhaber vor: neben den Manesse den Konstanzer Bischof von Klingenberg, eine Fürstin von Zürich und

einen Fürsten von Einsiedeln. Aus diesen wenigen Andeutungen lässt sich das Publikum erahnen, für das H. seine Lieder geschaffen hat, vor dem er die vergehenden höfischen Minneideale – gewissermaßen als Erbwalter einer schwindenden ritterlichen Kultur – in städtischer Umgebung nachgespielt haben könnte, dem also H. als eine Art zeitgenössischer Impresario gedient haben mochte.

Nach einer Urkunde vom 4. Januar 1302 hat er am Neumarkt zu Zürich ein Haus gekauft; er gehörte also wohl zu den Bürgern der Stadt. – In seiner Lyrik (etwa 50 Lieder) präsentiert er sich als gelehriger Schüler des traditionellen Minnesangs. Er dichtet Lieder im Stile der Hohen Minne Tagelieder, versucht sich in der lyrischen Prunkform des Leichs (3 Leichs), verfasste aber auch Lieder des sog. Gegensanges im Stile Neidharts oder Steinmars (z. B. das *Herbstlied*) und schuf wohl sogar neue Gattungen wie das *Haussorge-Lied* (das später markant bei Oswald von Wolkenstein begegnet) oder besonders die Erzähllieder (balladenartige Szenen aus dem Minnesang-»Milieu«), weiter ein sich eventuell an die provençalische »serena« anschließendes Nachtlied und schließlich sog. Erntelieder. So vielseitig und wendig sich H. in seinen Gedichten zeigt, so stellen diese doch eine eigenartige Mischung aus thematischer und motivlicher Originalität und etwas biederer Gestaltung dar. Sein Werk blieb, von einer Strophe des Nachtliedes abgesehen, in seiner Wirkung offenkundig auf den Zürcher Kreis beschränkt.

Werkausgabe: Die Gedichte des Zürcher Minnesängers. Hg. von Max Schiendorfer. Zürich 1986.

*Günther Schweikle/Red.*

### Hafis (Ḥāfeẓ)
Geb. zwischen 1317 und 1326 in Schiras/Iran; gest. 1389/90 in Schiras/Iran

Schon sein vollständiger Name Ḥʷāǧe Šamsoʾd-Din Moḥammad Ḥāfeẓ zeigt, in welch hohem Ansehen er bei seinen Zeitgenossen stand, sind doch der erste und der letzte Teil Ehrenbezeugungen. Das persische Ḫwāğe bedeutet soviel wie Lehrer, ehrwürdiger Alter, und das arabische Ḥāfeẓ bezeichnet jemanden, der den Koran auswendig kann. Bis heute gilt H. als der größte Dichter persischer Sprache. Nicht nur in Iran, in der Türkei, den zentralasiatischen Republiken, Afghanistan, Pakistan und Indien lebt sein Nachruhm bis heute fort, sondern dank Goethes *West-östlichem Divan*, dessen »Noten und Abhandlungen« eine immer noch lesenswerte Einführung in das Werk dieses genialen Mannes geben, auch im deutschen Sprachraum.

Über sein Leben ist wenig verbürgt. Sein Vater war ein wohlhabender Handwerker, starb aber früh. So geriet H. bald in Armut, muss aber dennoch eine sorgfältige akademische Ausbildung genossen haben, wofür nicht nur seine gründliche Kenntnis des Korans, sondern auch seine vollkommene Beherrschung des Arabischen spricht sowie seine spätere Berufung zum Lehrer an einer theologischen Hochschule. Aus einem Ghasel, das sich als Nachruf auf einen verstorbenen Sohn deuten lässt, schließt man, dass er verheiratet gewesen ist. Es ist umstritten, ob er einem Sufiorden angehört hat. Viele seiner literarischen Äußerungen sprechen dafür, besonders aber sein bewusst mehrdeutiger Stil. Seine Gedichte lassen sich sowohl als Ausdruck einer sinnenfreudigen Einstellung, als Trink- oder Liebeslieder lesen wie auch als übersinnlich, metaphysisch deuten. Zutreffend ist sicher beides, und der volle Sinn seiner Poesie ist nur mit Hilfe sufischen Gedankenguts zu verstehen. Andererseits finden sich zahlreiche abschätzige Bemerkungen über die Sufis in H.' Werk, so dass die westliche Literaturkritik ihn überwiegend als Freigeist betrachtet. Den gesellschaftlichen Verhältnissen seiner Zeit entsprechend suchte H. Anerkennung und materielle Unterstützung bei den jeweiligen Herrschern, fand diese jedoch nicht immer. Einige schätzten ihn, andere machten ihm das Leben schwer; einer unter ihnen, ein tyrannischer Frömmler, lehnte seine Gedichte wegen ihres unorthodoxen Inhalts ab, ein anderer, der selbst Verse verfasste, missgönnte ihm seinen Ruhm. H.'

Dichtungen schwanken zwischen überschwänglichem Lob für den Monarchen, das man gelegentlich fast als Ironie verstehen möchte, und kritischer Distanz. Wegen eines Zerwürfnisses mit dem Fürsten musste er Schiras für einige Jahre verlassen; seinen Lebensabend verbrachte er jedoch wieder in seiner Heimatstadt, geschätzt und geehrt vom letzten Vertreter der damals dort herrschenden Dynastie.

Mit H. erreicht die persische Lyrik ihren Höhepunkt. Ihr Erfolg beruht auf einer außergewöhnlichen Beherrschung aller Mittel der Dichtkunst; die Formulierungen sind von ungewöhnlicher Eleganz und gleichzeitig von großer Tiefe. Stets lassen sich seine Verse auf mehreren Ebenen deuten. Dies ist auch der Grund dafür, dass sein *Diwān*, der in fast keinem iranischen Haushalt fehlt, häufig als eine Art Orakel benutzt wird. H. baut auf dem auf, was seine Vorgänger geschaffen und womit sie das Persische zur wichtigsten Literatursprache des Orients gemacht hatten. Das Persische bot einen reichen Schatz poetischer Bilder und Metaphern an, aus deren Fundus sich der Dichter bedienen konnte. Standardmetaphern waren z. B. Narzissen für das Auge, Bögen für die Augenbrauen, Pfeile für die Wimpern der/des Geliebten, Rubin für den Mund, Fangnetz für den Bartflaum usw. Auch Metaphernpaare waren beliebt: Rose und Nachtigall, Gazelle und Jäger, König und Bettler waren Chiffren für den/die Geliebte(n) und den/die Liebende(n). Nicht selten sind die Gedichte homoerotisch, oder das Geschlecht des geliebten Wesens bleibt unbestimmt. Außerdem ist H.' Werk voller Anspielungen auf frühere persische Dichtungen, die dem gebildeten Leser, der sie einerseits wiedererkennt und andererseits die neue, abgewandelte Verwendung durch H. wahrnimmt, einen doppelten Genuss bereiten.

Die typische Form dieses Lyrikers ist das Ghasel, ein Gedicht verschiedener Länge mit dem Reimschema aa ba ca da usw., in dessen vorletzten Halbvers der Name des Verfassers eingeflochten wird. Idealerweise formuliert der Dichter in jedem Beyt (»Haus«), wie die Verse genannt werden, einen in sich abgeschlossenen Gedanken. Besondere stilistische Merkmale sind die Hyperbel – eine manieristische Übertreibung, mit der der Dichter höchstes Lob ausspricht und sich gleichzeitig gewissermaßen augenzwinkernd davon distanziert – und die phantastische Ätiologie – die Anführung einer nur in der Phantasie des Dichters existierenden Ursache für ein natürliches Geschehen, so z. B. wenn es heißt, der Westwind werde vom Duft der Locken der/s Geliebten umhergetrieben. In H.' Diwān finden sich authentische wie auch ihm nachträglich zugeordnete Verse, so dass es im Einzelfall nicht immer sicher ist, welche Verse tatsächlich von ihm stammen.

*Kurt Scharf*

## Hagedorn, Friedrich von
Geb. 23. 4. 1708 in Hamburg;
gest. 28. 10. 1754 in Hamburg

Ein ehrlicher Mann müsse nur 45 Jahre lang leben wollen, sagte H. mehrfach; er selbst erreichte das Alter von 46 Jahren. H.s Leben verlief nach anfänglicher Unsicherheit in gemächlichen Bahnen: Geboren 1708 als Sohn eines dänischen Konferenzrates und Residenten, verlor er bereits 1722 den Vater. Die Mutter musste mit geringen Mitteln zwei Kinder erziehen: Friedrich besuchte zunächst das Hamburger Gymnasium, bezog 1726 die Universität Jena, wo er Juristerei mit keinem sonderlichen Eifer, schöne Literatur dagegen mit Hingabe studierte und sie auch »dem zeitverderblichen Bierschwelgen« vorzog. Nach drei Jahren kehrte er, ohne Studienabschluss, nach Hamburg zurück und übernahm 1729 eine Stelle als Privatsekretär des dänischen Gesandten in London, wo er bis 1731 blieb. Vom Londoner Großstadtleben profitierte er gesell-

schaftlich und literarisch: Er eignete sich umfassende Kenntnisse der englischen Sprache und Literatur an. Seine Hoffnungen auf einen Dauerposten im dänischen Dienst erfüllten sich jedoch nicht, und er lebte einige Zeit mehr schlecht als recht in der Heimatstadt Hamburg, zum großen Kummer der standesbewussten Mutter sogar als Hofmeister. 1733 schließlich erhielt er den mit 100 Pfund Sterling wohldotierten und mit freiem Logis gekoppelten Posten eines Sekretärs am »English Court«, einer altehrwürdigen Handelsgesellschaft in Hamburg. Dem selben Zweck der bequemen Lebensversorgung diente allem Anschein nach die Heirat mit einer Engländerin, einer Schustterstochter. Indes scheint H. sich hier vertan zu haben; die Biographen berichten übereinstimmend, das von ihr eingebrachte Vermögen habe nicht seinen Erwartungen entsprochen; leider sei sie auch »weder jung noch schön noch geistreich« gewesen. Immerhin entpuppte sie sich später als fürsorgliche Krankenpflegerin. Für den Rest seines Lebens konnte H. sich ganz seiner Lieblingsbeschäftigung widmen, der Literatur und dem geselligen Umgang. Mitglied verschiedener literarischer Zirkel, pflegte er eine ausgedehnte Korrespondenz und einen ausgewählten Freundeskreis. Das Tagwerk war beschaulich eingerichtet: Tägliche Besuche im Dresserschen Kaffeehause wechselten mit Fahrten zum Klostergut Harvestehude an der Alster. Die Lebensideale dieses liebenswürdig-souveränen Weltmanns waren mildtätige Humanität und lebensfrohe Urbanität – eine im damaligen Deutschland seltene Mischung, die sein modern anmutender Satz nachdrücklich festhält:»Man muß ein Europäer und mehr als das sein, um nicht bloß eine einheimische Vernunft und ein ingenium glebae (eine an die Erdscholle gebundene Phantasie) zu haben.« Zum Habitus dieses musischen und geselligen Lebens gehörte außer der finanziellen auch die geistige Unabhängigkeit: H. schloss sich keiner der literarischen Parteien an, weder der Leipziger Schule um Johann Christoph Gottsched noch den Schweizern (Bodmer/Breitinger), denen er freilich näher stand. »Ich habe«, bekennt er, »es oft für eine nicht geringe Glückseligkeit gehalten, daß es niemals mein Beruf gewesen ist, noch seyn können, ein *Gelehrter* zu heißen. Dafür habe ich die beruhigende Erlaubnis, bei den Spaltungen und Fehden der Gelehrten nichts zu entscheiden. Meine müßigen Stunden genießen der Freiheit, mich in den Wissenschaften nur mit dem zu beschäftigen, was mir schön, angenehm und betrachtungswürdig ist. Meiner Dichterei ist es, wie ich mir schmeichle, nicht nachteilig, daß ich, um weniger unwissend zu sein, die besten Muster der Alten und Neuern mir täglich bekannter mache, obwohl ich dadurch weit mehr suche, gebessert, klüger, oder auch zu Zeiten aufgeräumter, als sinnreich und dichterisch zu werden.« Positive Folge seiner ausgebreiteten und unsystematischen Lektüre war die Selbständigkeit der eigenen dichterischen Produktion. Dilettant im besten Sinne, verwarf er schon früh die steifen Muster des Spätbarock und orientierte sich an englischen und französischen Vorbildern (vor allem an der Eleganz des französischen Fabeldichters Jean de La Fontaine); beim späteren H. rückte der lateinische Klassiker Horaz an den vordersten Platz. Dessen Ideal eines epikuräischen, maßvoll geübten Lebensgenusses machte er sich zur eigenen Devise. In mehreren lyrischen Gattungen hat er sich um eine elegante, metrisch und stilistisch ausgefeilte Diktion bemüht: seine Fabeln und Erzählungen (*Versuch in poetischen Fabeln und Erzählungen*, 1738), seine Oden und Lieder (*Sammlung neuer Oden und Lieder*, 1742–56), aber auch seine »moralischen« Gedichte (*Moralische Gedichte*, 1750) und Epigramme weisen ihn als den unbestrittenen Meister lyrischer Kleinkunst aus. Als er – an den Folgen der Gicht und der Wassersucht – am 28. 10. 1754 starb, war man sich in Deutschland über seine dichterische Bedeutung selten einig. Neben Albrecht von Haller galt er als Vollender der Opitzschen Dichtungsreform; vertrat jener die ernste Lehrdichtung, so repräsentierte H. den Typus einer heiteren, anakreontisch und horazisch beschwingten Rokoko-Poesie, die gerade in ihrer politischen Abstinenz dezidiert bürgerliches Bewusstsein ausdrückte.

Werkausgabe: Poetische Werke. 5 Bde. Hg. von Johann Joachim Eschenburg. Hamburg 1800 u. ö.

*Gunter E. Grimm*

## Hahn-Hahn, Ida

Geb. 22. 6. 1805 in Remplin/ Mecklenburg; gest. 12. 1. 1880 in Mainz

»Das Recht ist von Männern erfunden; man lehrt sie es deuten und anwenden; unwillkürlich kommt es ihrem Vortheil zu gut. Männer dürfen ja Alles thun, Alles wissen, Alles lernen. Sie sitzen zu Gericht und entscheiden, wie Gott selbst, über die Seelen und über Leben und Tod. Sie stehen auf der Kanzel zwischen der Menge, an Wiege und Grab bei dem Einzelnen, und vertheilen Himmel und Hölle. Sie vertheidigen das Vaterland, sie umschiffen die Welt – und wir … wir sehen zu! … Schickt die Mädchen auf die Universität und die Knaben in die Nähschule und Küche: nach drei Generationen werdet ihr wissen, ob es unmöglich ist, und was es heißt, die Unterdrückten sein« (*Der Rechte*, 1838).

Das klingt wie ein feministisches Manifest und entstammt doch der Feder einer ostelbischen Gräfin, deren Wiege noch ganz auf dem Boden des Feudalismus steht und die aufwächst zwischen Landjunkern, deren Ehrgeiz sich in Pferdezucht, Parforcejagden und Tarokspiel erschöpft, und Comtessen, die ihre Tage mit Tapisserienähen, Medisancen und Visiten dahinbringen. Bildung wird in dieser Kastengesellschaft als unnötiger Ballast betrachtet, insbesondere für Mädchen. Die wechselnden Gouvernanten, die für die junge Ida engagiert werden, haben in erster Linie die Aufgabe, sie für das Leben in der Gesellschaft vorzubereiten. Einen regelmäßigen Schulunterricht lernt sie nicht kennen. Hinzu kommt bald die materielle Unsicherheit. Ihr Vater, Karl Friedrich Hahn, jener berüchtigte Theatergraf, hat auf dem Familiensitz ein Theater errichtet und den Schauspielern, als seinen »natürlichen« Kindern, im Schloss Quartier gewährt. Seine Theatervorliebe weitet sich zur zerstörerischen Passion. Der finanzielle Ruin ist unaufhaltsam. Die Eltern trennen sich, und die in Glanz und Reichtum aufgewachsenen vier Hahn-Kinder lernen nun mit der Mutter die Entbehrungen bescheidener Verhältnisse kennen.

Doch für die H. währt dieser Zustand nicht lange. Die bewährte finanzielle Konsolidierung durch die Einheirat in vermögende Verhältnisse funktioniert auch hier. Die Mädchen werden rechtzeitig darauf abgerichtet. Und so akzeptiert die gerade 21-Jährige 1826 den Heiratsantrag ihres reichen Vetters Graf Friedrich Hahn. Schon bald allerdings prallen die Interessengegensätze dieser so unterschiedlichen Menschen aufeinander. Die Gräfin schwärmt für den Dichter Lord Byron, der Graf für Geländeritte. Die Auseinandersetzungen bleiben nicht aus. Es kommt zu Tätlichkeiten von seiten des Mannes. Schon nach dreijähriger Ehe findet die Scheidung statt.

Damit beginnt die zweite Phase in H.s Leben, die Zeit der Reisen und der Selbstfindung. Die Reisen bieten ihr die Möglichkeit, sich von familiärer Bevormundung und dem herrschenden Rollendiktat zu befreien. Sie bedeuten Aufbruch und Ausbruch zugleich. Die Gräfin bereist Deutschland, die Schweiz, England, Italien, Frankreich und Spanien, ja sogar den Orient. Anders als ihre Vorläuferin Lady Mary Wortley Montague, die, in privilegierter Stellung, als Gesandten-Gattin den Orient bereist und das offizielle Kulturprogramm absolviert, versucht H., auch mit der einfachen Bevölkerung in Berührung zu kommen. Sie besucht Märkte und Volksfeste, Schulstuben und Krankenhäuser und erwirkt sich sogar die Erlaubnis, einen türkischen Harem zu besichtigen. »Ich reise, um zu leben«, schreibt sie an ihre Mutter. Auf diesen Streifzügen durch die Welt holt sie ihre vernachlässigte Bildung auf. Sie beobachtet und schreibt das Beobachtete auf; spontan, subjektiv, diskontinuierlich. Der Prozess des Schreibens wird ihr wichtig. So entstehen zwischen 1840 und 1844 die Reisebücher *Jenseits der Berge* (1840), *Reisebriefe* (1841), *Erinnerungen aus und an Frankreich* (1841), *Ein Reiseversuch im Norden* (1843) und *Orientalische Briefe* (1844).

Gleichzeitig entwickelt sie sich zu einer der beliebtesten Romanautorinnen des Vormärz.

In dem Jahrzehnt vor der Revolution von 1848 entstehen jene zehn Gesellschaftsromane, die von ihren Zeitgenossen geradezu verschlungen werden, so vor allem *Cecil* (1844), *Zwei Frauen* (1845), *Der Rechte* (1845), *Gräfin Faustine* (1845), *Sigismund Forster* (1845) u. a. m. Es sind Frauenromane, und zwar nicht nur bezüglich ihrer Autorenschaft, sondern auch ihrem Inhalt nach. Die Frau beherrscht ganz ausdrücklich das Aktionsfeld, genau gesagt die Aristokratin zwischen fünfzehn und dreißig. Nicht zu Unrecht ist H. immer wieder der Vorwurf gemacht worden, dass sie sich lediglich für den Egalitätsanspruch der Damen aus der Aristokratie interessiere und sozusagen Gräfinnenemanzipation betreibe. Doch dabei darf nicht vergessen werden, dass ihr eigener Befreiungsprozess durch ihre diskriminierenden Eheerlebnisse in Gang gesetzt wurde und sie zunächst einmal das beschrieb, was sie kannte: »das »Herrinnen-Privileg« von Mannes-Gnaden.

Mit dem Revolutionsjahr 1848 beginnt H.s dritte Phase, die katholische. Sie konvertiert und verbringt fortan in Mainz ihr Leben im Kloster. Sie schreibt zwar weiterhin Romane, nun aber zur Verherrlichung der römisch-katholischen Kirche. In ihren widersprüchlichen Aktivitäten gehört sie gewiss zu den interessantesten Frauen des 19. Jahrhunderts.

Werkausgabe: Gesammelte Werke. 45 Bde. Regensburg 1902–1905.

*Renate Möhrmann*

## Haller, Albrecht von
Geb. 16. 10. 1708 in Bern;
gest. 12. 12. 1777 in Bern

Schon früh eignete sich H. an, wofür ihn seine Zeitgenossen und die Nachwelt später gleichermaßen bestaunten und bewunderten: ein wahrhaft enzyklopädisches Wissen. So soll H., der Sohn eines Berner Verwaltungsbeamten, der als kränkliches Kind zunächst von Hauslehrern unterrichtet wurde, im Alter von neun Jahren u. a. ein hebräisches und griechisches Wörterbuch sowie eine chaldäische

Grammatik verfasst haben. Auch in der Dichtkunst übte sich H. bereits in diesem Alter und bewies damit – wie H.s Schüler und Biograph Johann Georg Zimmermann rühmte – einmal mehr seinen »ungemeinen Fleiß« und »feurigen Eifer, sich zu erheben« sowie »unumschränkte Gedult in der Arbeit«. Diese Eigenschaften verließen H. auch später ebenso wenig wie seine Fähigkeit, angelesenes Wissen produktiv zu nutzen (H.s Lebenswerk umfasst rund 600 Publikationen). 1720 starb H.s Vater, seine Mutter war schon früher gestorben, und der Vormund schickte H. für zwei Jahre auf das Berner Gymnasium. Anschließend wurde er nach Biel zu einem Arzt in die »Lehre« gegeben. H.s brennendes Interesse an den Naturwissenschaften wurde geweckt, seiner Neigung zur Dichtkunst tat dies jedoch keinen Abbruch. Um an einer Universität seine naturwissenschaftlichen Kenntnisse zu vertiefen, ging H. mit fünfzehn Jahren nach Tübingen. Doch erst als er zwei Jahre später (1725) an die Universität Leyden wechselte, fand er die für ihn optimalen Arbeits- und Studienbedingungen. Vorlesungen in Medizin, Botanik und Chemie hörte er u. a. bei dem berühmtesten Mediziner seiner Zeit, Herman Boerhaave. Auch an den Sektionen des Anatomen Bernhard Siegfried Albinus nahm H. teil. Selbst wenn er ab und zu Gedichte schrieb, ruhten die wissenschaftlichen Studien keineswegs. Im Gegenteil: bereits 1727, mit neunzehn Jahren, erwarb H. den medizinischen Doktorgrad. Bevor H. 1728 nach Basel zog, wo er an der einzigen Schweizer Universität dann v. a. mathematische und botanische Studien betrieb, bereiste H. England und Frankreich. In London und Paris lernte er die bedeutendsten Ärzte kennen, die ihn als Zuschauer an ihren Operationen teilnehmen ließen. Die Eindrücke, die H. 1728 auf einer Studienreise in die Alpen sammelte, wurden für seine Dichtung ebenso wichtig wie für seine botanischen Studien. Da sich die Möglichkeit, an der Baseler Universität zu lehren, zerschlug, entschied sich H. 1729, in seine Vaterstadt Bern zurückzukehren. Hier ließ er sich als praktizierender Arzt nieder und widmete sich in seiner freien Zeit weiterhin der Wissenschaft und seiner, wie er

es nannte, »poetische(n) Krankheit«, dem Dichten. H.s wissenschaftliche Publikationen mehrten sein Ansehen in der gelehrten Welt. Ein anderes Publikum erreichte H. mit der Veröffentlichung seiner gesammelten Gedichte, die 1732 zunächst anonym unter dem Titel *Versuch Schweizerischer Gedichte* erschienen. Dieser schmale Band, der H.s Ruhm als Dichter begründete, enthielt neben einem Liebeslied an Marianne Wyss (*Doris*), seit 1731 H.s Ehefrau, und neben Gedichten philosophischen Inhalts (z. B. den *Gedanken über Vernunft, Aberglauben und Unglauben*) auch solche, die in scharfer satirischer Form Missstände der Zeit anprangerten (z. B. *Die verdorbenen Sitten*). Als die erfolgreiche Gedichtband in der zweiten Auflage unter H.s Namen erschien, konnte und wollte das Berner Patriziat und die religiöse Orthodoxie Verse wie den folgenden nicht mehr ignorieren: »Bei solchen Herrschern wird ein Volk nicht glücklich sein! / Zu Häupten eines Stands gehöret Hirn darein!« Es wundert nicht, dass H.s Bewerbung um eine Professur in Bern abschlägig beantwortet wurde. Immer größer klaffte der Widerspruch zwischen H.s wachsender Reputation als Wissenschaftler, auch im Ausland, und seiner Tätigkeit als Berner Stadtarzt und – seit 1735 – Bibliothekar. Als H. 1736 von der damals noch jungen Universität Göttingen ein Lehrstuhl für Anatomie, Chirurgie und Botanik angeboten wurde, verließ er daher, wenn auch ungern, seine Vaterstadt. Äußerlich erfolgreich verbringt H. in  Göttingen siebzehn Jahre seines Lebens: als anregender Lehrer zieht H. Schüler aus vielen Ländern an; seine wissenschaftlichen Werke, unter anderem ein mehrbändiger Kommentar zu den Vorlesungen seines ehemaligen Lehrers Boerhaave, mehren H.s Ruhm als einen der letzten Universalgelehrten und werden in ganz Europa geachtet. So wird er zum ›Königlich Groß-Britannischen Hofrath und Leib-Medicus‹ ernannt und erhält ehrenvolle Berufungen nach Utrecht und Oxford, die er ebenso ablehnt wie den von Friedrich II. initiierten Ruf nach Berlin. 1749 wird H. in den erblichen Adelsstand erhoben. Sein Wirken festigt den Ruf der Universität, die ihm u. a. den botanischen Garten verdankt. Für den *Göttingischen Gelehrten Anzeiger* schreibt H. einen Großteil der Besprechungen (rund 9000 aus den unterschiedlichsten Bereichen); diese Zeitschrift, deren Leitung H. 1747 übernimmt, wird so zu einem führenden Rezensionsorgan. Überschattet sind all diese Erfolge von persönlichen Schicksalsschlägen: während der Göttinger Jahre sterben H.s geliebte erste Frau Marianne, sein Sohn und seine zweite Frau. Querelen mit den Kollegen und literarische Fehden wollen nicht enden. Der materialistische Philosoph La Mettrie »widmet« 1748 H. aus persönlicher Rache sein damals berüchtigtes Werk *L'homme machine* und versucht so den Anschein zu erwecken, H. sei, wie er selbst, Atheist. Schon sieben Jahre zuvor hatte H. bilanziert: »Ich arbeite, ich leide: darin besteht mein ganzes Leben.« Bereits mit der Übersiedlung nach Göttingen war H.s poetische Produktion fast vollständig versiegt. (1736 entstehen noch das Fragment *Unvollkommenes Gedicht über die Ewigkeit* und die *Trauerode, beim Absterben seiner geliebten Marianne*). Die wichtigsten der rund drei Dutzend Gedichte, die 1777 in der elften und letzten rechtmäßigen Auflage des *Versuch(s) Schweizerischer Gedichte* enthalten sind und an denen H. beinah von Auflage zu Auflage gefeilt hatte, waren also zwischen H.s achtzehntem und achtundzwanzigstem Lebensjahr entstanden. In dieser Zeit erschloss H. der deutschen Lyrik neue Stoffe und gab ihr eine Sprache zu deren Darstellung. Zu Recht wies H., der nach seinen eigenen Worten »in der Dichtung« sich »auszuzeichnen ... weder Hoffnung noch Wunsch« gehabt hatte, 1772 rückblickend auf seine dichterische Leistung hin, die er nur mit Hagedorn zu teilen brauchte: »Wir (H. und Hagedorn) fühlten, daß man in wenigen Wörtern weit mehr sagen konnte, als man in Deutschland bisher gesagt hatte; wir sahen, daß philosophische Begriffe und Anmerkungen sich reimen ließen, und

strebten beyde nach einer Stärke, dazu wir noch keine Urbilder gehabt hatten.« H.s »neue Art zu Dichten« zeigt sich am deutlichsten in seinen schulemachenden philosophischen Lehrgedichten, so z. B. in der einst berühmten Alexandriner-Dichtung *Die Alpen* (1729), in denen sich eigene Naturerfahrung, konkrete Naturschilderung und Zivilisationskritik bzw. Lob des (idealisierten) Älpler-Lebens eindrucksvoll verbinden. Es verwundert nicht, wenn unter den wenigen Büchern, die Schiller 1782 auf seiner Flucht aus Stuttgart mitnahm, die Gedichte H.s waren. Mögen den jungen Schiller die Größe der Gedichtvorwürfe und H.s Diktion fasziniert haben, heute scheint ein anderer Aspekt der Gedichte H.s nicht minder anziehend: ihre Fähigkeit, Aufklärung zu betreiben und gleichzeitig deren Begriffe skeptisch zu hinterfragen. H.s Gedichte beschwören Gott und seine Gerechtigkeit zwar emphatisch, verschweigen aber nicht, wie wenig Gott, Vernunft und Natur im Einklang stehen. Der aufklärerische Zweifel zeigt nicht selten seine Nachtseite, die Verzweiflung. Weniger an der Kundgabe von Gefühlen als an Erkenntnis interessiert, stellt sich der Naturwissenschaftler H. auch als Dichter letztlich die Frage, »weswegen eine Welt vor nichts den Vorzug fund«. Wenn er, »versenkt im tiefen Traum nachforschender Gedanken«, schließlich seine Einsicht in die Begrenztheit und Relativität allen Wissens formuliert, dann klingt in seinen Versen aber doch ein eigener (Gefühls-)Ton mit: »Du hast nach reifer Müh und nach durchwachten Jahren / Erst selbst, wie viel uns fehlt, wie nichts du weißt, erfahren.« Diese Zeilen schrieb H. 1730 in seiner Heimatstadt Bern. Hierher zurückzukehren hoffte H. wohl die ganzen Göttinger Jahre. Bereits Mitte der 1740er Jahre trat H. wieder in Kontakt mit der Berner Regierung. Als H. 1753 schließlich durch Los die Stellung eines Rathausammanns zufiel, verließ er – der berühmte Wissenschaftler, der mit 1200 Kollegen in ganz Europa korrespondierte – Göttingen. Seinen neuen, eher bescheidenen Posten in Bern, hoffte H. bald mit der ersehnten Stelle eines Landvogts zu vertauschen. Diese Hoffnung sollte sich nicht erfüllen. Doch erledigte H., all-

mählich zum rigiden Verteidiger des Althergebrachten in Politik und Religion geworden
und ausgesöhnt mit den Verhältnissen in seiner Heimat, erfolgreich größere und kleinere
(auch diplomatische) Aufgaben im Dienste
der Republik Bern. Seine freie Zeit widmete er
weiterhin der Wissenschaft. Unter den zahlreichen Veröffentlichungen seiner Berner
Jahre, u. a. zu medizinischen, botanischen und
theologischen Fragen, ragen die acht Bände
der *Physiologie* (1757–1766) hervor; mit dieser
monumentalen Arbeit hat H. die moderne
Physiologie begründet.

Kaum Erfolg hatte H. hingegen mit seinen
drei politischen Romanen (*Usong, Alfred, Fa-
bius und Cato*) aus den 1770er Jahren, in denen er die Regierungsformen Tyrannis, gemä-
ßigte Monarchie und Republik nicht primär
erzählerisch, sondern erörternd abbildete. Im
Alter machen H. religiöse Skrupel, Ängste und
Einsamkeit zu schaffen (»Das Alter ist einsam,
meine meiste Freunde sind todt, eine neue
Welt steigt empor, die ich nicht kenne«).
Kränklichkeit und Melancholie, unter denen
er schon lange leidet, nehmen zu. Kraft und
Stimmung zur Arbeit, die ihm stets Therapeu-
tikum und Narkotikum zugleich war, sucht H.
sich in den letzten Jahren seines Lebens durch
Opium zu erhalten. Seine wissenschaftliche
Neugierde, die ihrerseits das Interesse der in
jüngster Zeit vor allem interdisziplinären Hal-
ler-Forschung beflügelt hat, verlässt ihn bis
zuletzt nicht. Ganz Arzt, soll H., das »lebendige Lexikon der allgemeinen menschlichen
Kenntnisse« (J. G. Sulzer), die europäische Berühmtheit, das Mitglied unzähliger Akademien, noch seinen verlöschenden Puls kommentiert haben: »il bat, il bat, il bat – plus«.

Werkausgabe: Gedichte. Hg. und eingel. von
Ludwig Hirzel. Frauenfeld 1882.

*Dietmar Jaegle*

## Hallgrímsson, Jónas
Geb. 16. 11. 1807 in Hraun im
Öxnadalur, Eyjafjörður/Island;
gest. 26. 5. 1845 in Kopenhagen

»Ísland, farsælda frón [...] hvar er þín
fornaldar-frægð, frelsið og manndáðin bezt?«
(Island, gesegnetes Land [...] wo ist dein Vor-
zeit-Ruhm, die Freiheit und die Tüchtigkeit?),
so lauten die ersten Zeilen des Gedichts »Ísland«, das programmatisch den ersten Band
von *Fjölnir* (ein Odinsname, wörtl. der Kenntnisreiche) – ein »Jahrbuch für Isländer« (*Ársrit
handa Íslendíngum*) – eröffnet, das in Kopenhagen von 1835 bis 1839 und von 1843 bis
1847 in insgesamt neun Jahrgängen erschien.
Die Verse stammen von Jónas Hallgrímsson,
einem der vier Begründer und Herausgeber
des Jahrbuchs, das für die nationale Wiedergeburt des Landes eine überaus bedeutsame
Rolle spielte. H., Sohn eines Geistlichen aus
Nordisland, machte sich nach dem Besuch der
Lateinschule von Bessastaðir von 1823 bis
1829 und einer kurzen Tätigkeit im Büro des
Landvogts von Reykjavík auf nach Kopenhagen, um sich ab 1832 dem Studium der Naturwissenschaften zu widmen, ohne aber ein Abschlussexamen abzulegen.

In diesen Jahren veröffentlichte H., von
dem zu Lebzeiten nicht ein Werk in Buchform
erschien, einen großen Teil seiner schriftstellerischen Arbeiten in *Fjölnir*: Die Ergebnisse
seiner naturkundlichen Beobachtungen auf
Island bei Forschungsreisen in den Jahren
1837 und 1839 bis 1842, aber auch viele Gedichte und Prosaarbeiten. Unter dem Einfluss
der national-romantischen Freiheitsbestre-
bungen in Europa im frühen 19. Jahrhundert
setzte er sich leidenschaftlich für die Wiedererweckung Islands ein und bekundete immer
wieder seine Liebe zum Vaterland (»Ást að
ættjörðu«). Er rühmte die Schönheit des Isländischen und bemühte sich um die Reinigung
der Sprache, die Tilgung dänischer Lehnwör-
ter und deutscher Syntax. Die Wiedererrichtung des Alþings, der Parlamentarischen Ver-
sammlung der Isländer, auf þingvellir als
großes nationales Symbol sehnte er in dem
Gedicht »Alþing hið nýja« (1840; Das neue

Alþing) herbei; die Großartigkeit der heimatlichen Landschaft mit ihren Bergen und Gletschern, ihren Gewässern und Tälern zeichnete er in eindrucksvollen Bildern, z. B. in »Fjallið Skjaldbreiður« (Der Berg Skjaldbreiður). Die Liebe zur Natur und zum Land und seiner Vergangenheit verschmelzen in dem Gedicht »Gunnarshólmi« (1837; Gunnarsholm), das an eine bekannte Szene in der mittelalterlichen Njálssaga anknüpft, in der Gunnar beim Ritt zum Schiff, das den Verbannten ins Ausland bringen soll, umkehrt, obwohl er daheim den sicheren Tod durch seine Feinde gewärtigen muss. Auch in »Gunnarshólmi« entschließt sich Gunnar beim Anblick der Schönheit der Natur seiner Heimat, das Land nicht zu verlassen.

Neben politischen Gedichten finden sich bei H. auch Gelegenheitsverse, etwa das nach wie vor beliebte Gedicht »Hvað er svo glatt« (Was ist so lustig), das er für eine Abschiedsfeier von Landsleuten in Kopenhagen schrieb, oder seine Paul Gaimard gewidmeten Verse, denen die isländische Universität (Háskóli Íslands) ihr Motto »Vísindin efla alla dáð« (Die Wissenschaft fördert alles Tun) entnahm. Das Auge des wissenschaftlichen Naturbeobachters verleugnet sich auch nicht in zarten Liebesgedichten, die oft den Schmerz der Sehnsucht zum Ausdruck bringen, so etwa »Ferðalok« (Ende der Reise), doch im Grunde ist H. ein Dichter der Freude, der strahlend leuchtenden Frühlings- und Sommersonne. H. bereicherte die isländische Lyrik mit zuvor unbekannten Strophen- und Versformen: Sonett, Terzine, Oktave und Elegie. Der Einfluss Heinrich Heines, bei dem er die Idee der Freiheit am meisten schätzte und von dem er 13 Gedichte übersetzte, blieb nicht ohne Wirkung auf seine Lyrik und Prosa; Hans Christian Andersen inspirierte ihn zum Schreiben von Märchen. Mit der schlicht und doch kunstvoll gestalteten Kurzgeschichte »Grasaferð« (1847; »Auf der Moossuche«, 1897) zählt H., der bedeutendste Lyriker der neueren isländischen Literatur und häufig als »Liebling der Nation« (»ástmjögur þjóðarinnar«) bezeichnet, zu den Begründern der neueren Erzählkunst Islands.

*Wilhelm Friese*

## Hamann, Johann Georg
Geb. 27. 8. 1730 in Königsberg;
gest. 21. 6. 1788 in Münster

Georg Wilhelm Friedrich Hegel sieht den »gediegenen Inhalt« der Schriften H.s darin, »dieses Christentum mit ebenso tiefer Innigkeit als glänzender geistreicher Energie auszusprechen und gegen die Aufklärer zu behaupten«. H. wehrt sich gegen den Erkenntnisoptimismus der Aufklärung, die ihn gleichwohl in seiner Jugend entscheidend prägt. Der Sohn einer gebildeten Königsberger Arztfamilie studiert an der dortigen Universität Theologie und Jura ohne Abschluss. Er freundet sich mit dem aufgeklärten Kaufmannssohn Johann Christoph Berens und mit Immanuel Kant an. Wohl um Handelsinteressen des Hauses Berens zu vertreten, reist er 1757/58 nach London. Mit dem Scheitern seiner Mission gibt er den Plan auf, Ökonom und Weltmann zu werden. Aufgrund wiederholter Bibellektüre tritt eine vollkommene Veränderung seiner Gedankenwelt ein (dargestellt im *Tagebuch eines Christen* und in *Gedanken über meinen Lebenslauf*). Der Bruch mit Kant und Berens, die dem nach Königsberg Zurückgekehrten weltfremde »Schwärmerei« vorhalten, wird unausweichlich. H. begründet seine Haltung in den *Sokratischen Denkwürdigkeiten* (1759). Darin knüpft er an Sokrates an, den die Aufklärer als Vorbild ansehen. Dessen eingestandene »Unwissenheit« interpretiert H. als »Glaube«, der »kein Werk der Vernunft« darstellt. Der Einsicht in die Grenzen des menschlichen Intellekts entspreche positiv die Zuwendung zu Gottes Liebe und Heilsbotschaft. Kant und Berens sind in der Konstellation dieser Schrift die Sophisten, denen gegenüber Sokrates, in dessen Tradition H. Christus und letztlich sich selbst stellt, die eigentliche »Vernunft« mit priesterlicher Sehergeste zur Geltung bringt.

Drei Jahre später erscheinen die *Kreuzzüge des Philologen* (1762), eine Sammlung von Aufsätzen, deren wichtigsten die *Aesthetica in nuce* darstellt. In ihr polemisiert H. leidenschaftlich gegen die »vernünftige« Bibelexegese: »Nicht Leyer! – noch Pinsel! – eine Wurfschaufel für meine Muse, die Tenne heiliger

Litteratur zu fegen! … Poesie ist die Muttersprache des menschlichen Geschlechts.« Gott ist für H. entsprechend der »Poet am Anfange der Taten«. Als Abglanz seiner Schöpfungstat interpretiert H. die menschliche Kreativität. Wie Christus die gesetzesgläubigen Pharisäer aus dem Tempel vertrieben habe, sei das Genie gegen den Konsens der Aufklärung nicht an Gesetze und Regeln gebunden. »Christ oder Poet. Wundern Sie sich nicht, daß dies Synonyme sind.« Diese religiöse Begründung des Genies, die in Johann Gottlieb Klopstocks Dichtung ihre zeitgenössische Entsprechung findet, unterscheidet H. von der eher prometheischen Schöpfungsästhetik des Sturm und Drang. Die Distanz auch zum befreundeten Johann Gottfried Herder drückt H.s Rezension von dessen Abhandlung *Über den Ursprung der Sprache* (1772) aus, in der er, selbstsicher am Johannesevangelium orientiert, ausdrücklich an ihrem göttlichen Ursprung festhält.

Der »Magus aus dem Norden«, wie ihn Friedrich Karl von Moser nennt, ist ein Gelegenheitsschriftsteller. Er schreibt aus dem Dialog heraus, versucht den Leser in die eigene Argumentation hineinzuziehen. Seinen eigenen Standort drückt er meist nur indirekt aus. Ein bildreicher Wortschatz, Verkürzungen, bewusst arrangierte Widersprüche und zahlreiche Fremdzitate prägen seine Abhandlungen. Ihr antiaufklärerischer Gestus drückt sich in der Zielsetzung »je dunkler, desto inniger« aus.

Sein Geld verdient H. nicht mit seinen Schriften. Er ist Zöllner, später Packhofverwalter in Königsberg. Dort führt er eine unter den Zeitgenossen zunächst viel beredete »Gewissensehe« ohne Heirat mit Anna Regina Schumacher, der ehemaligen Magd seines Vaters. Sein Verhältnis zu Preußen ist kritisch: »Weh dem reichen Fürsten, dessen Untertanen Bettler sind.« In den durch die Behörden erfahrenen Zurücksetzungen sieht H. den Widerspruch zwischen dem humanen Anschein des aufgeklärten Absolutismus und seiner inhumanen Praxis, zwischen Herr und Knecht. Von Gott her seien dem Menschen Freiheit und Selbstbestimmung gegeben, Armut und Würdelosigkeit seien eine Folge des Sündenfalls.

»Man ahndete hier einen tiefdenkenden gründlichen Mann, der, mit der offenbaren Welt und Literatur genau bekannt, doch auch noch etwas Geheimes, Unerforschliches gelten ließ, und sich darüber auf eine ganz eigne Weise aussprach. Von denen, die damals die Literatur des Tages beherrschten, wurde er freilich für einen abstrusen Schwärmer gehalten, eine aufstrebende Jugend aber ließ sich wohl von ihm anziehen. Sogar die Stillen im Lande wendeten ihm ihre Aufmerksamkeit zu« (Goethe).

Werkausgaben: Londoner Schriften. Kritische Neuedition. Hg. von Oswald Bayer. München 1993; Briefwechsel. 7 Bde. Hg. von Walther Ziesemer und Arthur Henkel. Frankfurt a. M. 1979; Sämtliche Werke. Hg. von Josef Nadler. Wien 1949–1957.

*Hans-Gerd Winter*

### Hammett, [Samuel] Dashiell

Geb. 27. 5. 1894 in Saint Mary's County, Maryland; gest. 10. 1. 1961 in New York

Aufgrund des finanziellen Ruins seines Vaters, eines Farmers und erfolglosen Lokalpolitikers, musste Dashiell Hammett früh die Schule verlassen, um seinen Lebensunterhalt zu verdienen. Er nahm eine Reihe schlecht bezahlter Gelegenheitsjobs an, ehe er 1915 eine Tätigkeit bei der berühmten Pinkerton's Detective Agency fand. Acht Jahre lang war er selbst als Detektiv tätig – zunächst in Baltimore, später in San Franciso. Ein Teil seiner Arbeit bei Pinkerton's bestand darin, Berichte über die einzelnen Kriminalfälle zu verfassen. Seine Erinnerungen an die Zeit als Detektiv setzte er später in seinen Kurzgeschichten und Kriminalromanen literarisch um, die die Arbeit eines »private investigators« weit realistischer darstellen, als es in der

Gattung bis dahin üblich war. Wie Ernest Hemingway, William Faulkner und Raymond Chandler diente auch H. als Freiwilliger im Ersten Weltkrieg, wo er schwer an Tuberkulose erkrankte. Die Krankheit sollte fortan sein Leben bestimmen; sein angeschlagener Gesundheitszustand war auch einer der Gründe dafür, dass er seine Tätigkeit bei der Pinkerton-Agentur aufgab und sich dem Schreiben zuwandte. Zwischen 1929 und 1934 verfasste H. fünf Kriminalromane, mit denen er zum Begründer und literarisch führenden Kopf der »hardboiled school« wurde, jener spezifisch amerikanischen Ausprägung des Detektivromans, die Gewalt und Verbrechen in all ihren Schattierungen und Einzelheiten nüchtern beschreibt und in ihrer Darstellung größtmögliche Wirklichkeitsnähe anstrebt. Chandler, einer der größten Bewunderer und literarischer Nachfahre von H., räumte denn auch unumwunden ein, dass H. das eigentliche Verdienst der Etablierung der »hartgesottenen« Kriminalliteratur zukomme.

H.s Karriere als Schriftsteller begann in den frühen 1920er Jahren, als er anfing, Detektivgeschichten für populäre Kriminalliteraturmagazine wie *Pearson's Magazine* und H. L. Menckens *Smart Set* zu verfassen. Relativ schnell etablierte er sich als einer der führenden Autoren von *Black Mask*, einem angesehenen Magazin, das sich mit seinem Anspruch, die »hartgesottene« Kriminalgeschichte zu fördern, aus der Masse der »pulps« – billig aufgemachter Groschenhefte – heraushob. Seine erste Kurzgeschichte, »Arson Plus«, in deren Zentrum der Continental Op(erator) steht, wurde im Oktober 1923 in *Black Mask* veröffentlicht, und 1929 erschien sein erster Roman, *Red Harvest* (*Bluternte*, 1952). Vier weitere Romane folgten: *The Dain Curse* (1929; *Der Fluch des Hauses Dain*, 1954), *The Maltese Falcon* (1930; *Der Malteser Falke*, 1951), *The Glass Key* (1931; *Der gläserne Schlüssel*, 1953) sowie *The Thin Man* (1932; *Der dünne Mann*, 1952), sein letztes literarisches Werk. H. wandte sich vom Schreiben ab, weil er glaubte, an die Grenzen des von ihm begründeten Subgenres gestoßen zu sein, und weil er keine Ent-

wicklungsmöglichkeiten mehr sah: »I stopped writing because I found I was repeating myself. It is the beginning of the end when you discover you have style.«

Im Zentrum eines Großteils seiner Kurzgeschichten und seiner ersten beiden Romane, *Red Harvest* und *The Dain Curse*, steht ein anonym bleibender Ich-Erzähler – der Continental Op. Er ist ein kleiner, dicklicher, schon etwas älterer Detektiv der fiktiven Continental Detective Agency von San Francisco, die nach dem Vorbild der Pinkerton's Detective Agency gezeichnet ist. Erst in den drei folgenden Romanen – *The Maltese Falcon*, *The Glass Key* und *The Thin Man* – erhalten die Detektive richtige Namen: Sam Spade, Ned Beaumont und Nick Charles. H.s Protagonisten sind eiskalte Profis, die, um sich im Dschungel der Großstadt zu behaupten, vor Brutalität nicht zurückschrecken. Sie sind »tough guys«, die in einer chaotischen, von Gewalt, Verbrechen und Korruption beherrschten Welt häufig auf recht zweifelhafte Weise der Gerechtigkeit zum Sieg verhelfen. Die Durchsetzung von Recht und Ordnung erfordert die Anwendung von Gewalt, die mit der sogenannten »violence-is-fun«-Technik verherrlicht wird und beispielsweise in *Red Harvest* in mehr als 20 Toten kulminiert. Die Beschreibung einer chaotischen, von korruptem Gangstertum, Verbrechen und Gewalttaten regierten Welt ist eng an die Wirklichkeit der amerikanischen Großstädte der 1920er und 30er Jahre angelehnt. Die Forderung nach einer realistischen Darstellung dieser Welt schlägt sich auch in der Sprache der Charaktere nieder, die sich durch einen nüchternen, lakonischen, an die Umgangssprache angelehnten Stil auszeichnet, der später von Chandler kopiert und vervollkommnet werden sollte.

*The Maltese Falcon* ist H.s berühmtester und bester Roman; er ist ein Kunstwerk, mit dem H. die engen Grenzen des Genres zu sprengen vermochte. Das Bild Sam Spades ist bis heute untrennbar mit Humphrey Bogart verbunden, der die Detektivfigur in John Hustons Verfilmung von 1941 meisterhaft verkörpert. Spade ist auch der Held von drei Kurzgeschichten, die in der Sammlung *The Adven-*

*tures of Sam Spade and Other Stories* (1945) zusammengefasst sind. Zu H.s Bewunderern zählen – um nur einige zu nennen – Somerset Maugham, Robert Graves, Sinclair Lewis und William Faulkner. Raymond Chandler, der neben H. zweite wichtige Vertreter der amerikanischen »hard-boiled school«, würdigte H.s Verdienst um das Genre der Kriminal- und Detektivliteratur folgendermaßen:»Hammett gave murder back to the kind of people that commit it for reasons, not just to provide a corpse; and with the means at hand, not with hand-wrought duelling pistols, curare, and tropical fish.«

Werkausgaben: Werkausgabe. 10 Bde. Zürich 1981. – Sämtliche Romane. 5 Bde. Zürich 1974.

*Katrin Fischer*

## Hamsun, Knut
## (eigtl. Knud Pedersen)
Geb. 4. 8. 1859 in Lom/Norwegen;
gest. 19. 2. 1952 in Nørholm, Grimstad

»Ich bin wie der Lachs – ich muß gegen den Strom schwimmen – Demokratie und Repräsentationssystem? Nein, das ist nichts für mich, das ist mir zuwider.« Gibt es in Knut Hamsuns schriftstellerischer und persönlicher Entwicklung eine Konsequenz, so ist es der Geist des Widerspruchs, der in diesem Briefzitat zum Ausdruck kommt. Dabei ist allerdings nicht nur an sein respektloses Auftreten gegenüber Mehrheiten und Autoritäten zu denken, seine bis zum Starrsinn getriebene Weigerung, sich allgemeinen Erwartungen und Konventionen zu beugen, sondern vor allem auch an die inneren Widersprüche seiner dichterischen Selbstartikulation, die zugleich den Wert und die Problematik seines vielschichtigen Werkes ausmachen. Im Gesamtwerk H.s lassen sich zwei teils auseinandertretende, teils ineinander verwobene Linien verfolgen: ein überbordender, die objektive Welt im ironischen Spiel unterlaufender Subjektivismus auf der einen und ein von ideologisch rückwärtsgewandter Zivilisationskritik geprägter Realismus auf der anderen Seite.

Bereits mit seiner ersten Schrift, die öffentliches Interesse erregte, markierte H. seine Rolle als Provokateur: Im Anschluss an seinen zweifach gescheiterten Versuch, in Amerika Fuß zu fassen, formulierte er in *Fra det moderne Amerikas Aandsliv* (1889; Vom Geistesleben des modernen Amerika) eine vernichtende Kritik an dem Land, in dessen kapitalistischer Freiheit er es nicht weiter gebracht hatte als bis zum Gleisarbeiter und Straßenbahnschaffner. Auch seinen eigentlichen Durchbruch erzielte H. mit einem Protestwerk, dem ›Anti-Roman‹ *Sult* (1890; *Hunger*, 1890), in dem er den psychosomatischen Überlebenskampf eines namenlosen Schriftstellers beschreibt. Hier findet sich alles umgesetzt, was der mit August Strindberg und Eduard von Hartmann vertraute H. in Vorträgen propagierte und schon bald darauf in seinem literarischen Manifest *Fra det ubevidste Sjæleliv* (1890; Vom unbewussten Seelenleben) niederlegte: Die Entdeckung der Literatur als Instrument einer filigranen Ausleuchtung und Steigerung der psychischen Produktivität – die Erschließung der Seele in ihren unberechenbaren und verborgenen Bewegungen als des eigentlichen Gegenstandes und Schöpfungspotentials der Kunst. Mit Sonderexistenzen, die aufgrund ihrer differenzierten seelischen Konstitution dem von H. beschworenen ›Geistesadel‹ zuzuordnen sind, experimentieren auch der Künstlerroman *Mysterier* (1892; *Mysterien*, 1894) und der auf dem Spannungsverhältnis von neuromantischer Naturmystik und zivilisatorischer Selbstzerrissenheit basierende Roman *Pan* (1894; *Pan*, 1895).

Nachdem sich H. um die Wende zum 20. Jahrhundert mit geringem Erfolg als Schauspiel- und Novellendichter versucht hatte, konzentrierte er sich danach auf die Produktion umfassender Romanzyklen. In der von 1906 bis 1912 entstandenen ›Wanderertrilogie‹ beschreibt der mit dem eigentlichen Namen des Autors ausgestattete Erzähler Knud

Pedersen sein unstetes, im Wechsel verschiedener Arbeits- und Liebesverhältnisse dahintreibendes Leben. Seine äußere und innere Orientierungslosigkeit erscheint als ein Reflex der modernen Gesellschaft, deren Ablehnung sich noch deutlicher in dem Doppelroman *Børn av Tiden* (1913; *Kinder ihrer Zeit*, 1914) und *Segelfoss By* (1915; *Die Stadt Segelfoss*, 1916) sowie in *Konerne ved Vandposten* (1920; *Die Weiber am Brunnen*, 1921) und *Siste Kapitel* (1923; *Das letzte Kapitel*, 1924) abzeichnet. Den Ansatz eines epischen Modells vergangenheitsorientierter Utopie jedoch wagte H. lediglich in *Markens Grøde* (1917; *Segen der Erde*, 1918), dem neben *Sult* und *Pan* bekanntesten seiner Romane, der 1920 mit dem Nobelpreis ausgezeichnet wurde. In diesem Versuch einer mythisierenden Darstellung des Siedelns im norwegischen Ödland ist die für den Autor sonst so typische ironisch-gegenläufige Erzählhaltung weniger deutlich ausgeprägt, so dass eine undifferenzierte Rezeption im Sinne archaisierender Blut-und-Boden-Ideologie hier leichteres Spiel hatte als bei den übrigen Romanen. Gleichwohl ist der Handlungsverlauf keineswegs frei von tragischen Widersprüchen, und der Hauptakteur Isak (»ein Mühlentroll von Gestalt, ein Holzklotz«) ist dem feinnervigen Geistesaristokraten des Fin de siècle ebenso unähnlich wie dem nordischen Herrenmenschen der nationalsozialistischen Propaganda. Die Idylle in der Ödmark enthüllt sich der sorgfältigen Lektüre als ein anachronistisches Kuriosum – im ökonomischen Zusammenhang der Industriegesellschaft nicht weniger als im erzählerischen Gesamtwerk H.s. H. beschloss die Reihe seiner großen Romanzyklen denn auch bezeichnenderweise mit einer weiteren ›Studie der Wurzellosigkeit‹. Im Mittelpunkt der umfangreichen ›August-Trilogie‹ (dt. unter dem Gesamttitel *Landstreicher*, 1928–34) steht wiederum eine jener vieldeutigen Außenseitergestalten, der bindungslose Abenteurer, durchtriebene Gauner und geniale Phantast August, in dessen ambivalenter Darstellung der Autor seine eigene Unentschlossenheit zwischen moralisierendem Antimodernismus und künstlerischer Kreativität reproduzierte.

Alles andere als ein weltanschauliches oder politisches Tendenzwerk ist auch der Roman *Ringen sluttet* (1936; *Der Ring schließt sich*, 1936). Die von Nihilismus und bitterem Zynismus geprägte Geschichte des Aussteigers Abel Brodersen kontrastiert in eigentümlicher Weise mit H.s unverhohlenen Sympathiebekundungen für die nationalsozialistische Bewegung, deren Konsequenzen den letzten Abschnitt seines Lebens überschatteten. Wegen seiner Aufrufe zur Kollaboration mit den deutschen Besatzern und eines verherrlichenden Nekrologs auf Hitler wurde ihm 1947 in Norwegen der Prozess wegen Landesverrats gemacht. Einen wenig erfolgreichen Versuch, seine von der Weltöffentlichkeit und insbesondere von seinen Landsleuten mit Fassungslosigkeit aufgenommene Haltung zu rechtfertigen, unternahm H. in dem Tagebuch-Roman *Paa gjengrodde Stier* (1949; *Auf überwachsenen Pfaden*, 1950), der während der Zeit seiner Inhaftierung entstand.

Die isolierte Stellung, mit der H. seinen Versuch bezahlte, innere Widersprüchlichkeit durch ein ideologisches Credo und einen nach außen gewendeten Widerstand zu kompensieren, ändert nichts an seiner objektiven Bedeutung für die literarische Avantgarde des 20. Jahrhunderts. Seine virtuose Erzählkunst beeindruckte Autoren wie Franz Kafka, Hermann Hesse und Thomas Mann. Besonders in den frühen Romanen finden sich Ansätze der von William Faulkner, James Joyce und Virginia Woolf weiterentwickelten stream-of-consciousness-Technik.

Werkausgabe: Sämtliche Romane und Erzählungen. 10 Bde. München 1970.

*Ulrike-Christine Sander*

## Handke, Peter
Geb. 6. 12. 1942 in Griffen/Kärnten

Wie kaum ein zweiter Autor der Gegenwart ist H. in der literaturkritischen Auseinandersetzung der Anlass von vorbehaltloser Bewunderung wie auch von aggressiver Polemik: Man hebt seinen Mut zu Poesie und Individualismus ebenso hervor wie die sprachliche Genauigkeit in der Wiedergabe von Beobachtetem; auf der anderen Seite stehen Vorwürfe der Realitätsferne, des falschen Pathos und narzisstischer Selbstinszenierung.

H. wurde 1942 in bäuerlich-proletarischen Verhältnissen geboren; die Erfahrungen von Kindheit und Jugend im Berlin der Nachkriegszeit und im ländlichen Kärnten haben Eingang in das stark autobiographisch geprägte Werk gefunden. Bereits die Schulzeit vermittelte grundlegende sprachliche Erfahrungen: »Sollte ich ein Erlebnis beschreiben, so schrieb ich nicht über das Erlebnis, wie ich es gehabt hatte, sondern das Erlebnis veränderte sich dadurch, dass ich darüber schrieb, oder es entstand oft erst beim Schreiben des Aufsatzes darüber, bis ich schließlich an einem schönen Sommertag nicht den schönen Sommertag, sondern den Aufsatz über den schönen Sommertag erlebte« (*Ein autobiographischer Essay*, 1967). 1961 begann H. ein Jurastudium in Graz, wo er sich der Künstlergruppe »Forum Stadtpark« anschloss. Der Veröffentlichung kürzerer Prosatexte folgte eine Mitarbeit beim Rundfunk, für den H. Feuilletons und Buchbesprechungen verfasste. H.s erster Roman, *Die Hornissen*, erschien 1966; diese Publikation veranlasste ihn zur Aufgabe des Studiums und zur Entscheidung für eine freie schriftstellerische Existenz. Anknüpfend an die frühe Erfahrung der Wirklichkeitskonstitution durch Sprache thematisieren *Die Hornissen* das Problem des Erzählens als ein Wechselverhältnis von Inhalt und Form. Auch H.s frühe Stücke, wie *Publikumsbeschimpfung* (1966) und *Kaspar* (1968), beleuchten die Ordnungs- und Zerstörungsfunktion der Sprache; *Kaspar* stellt ein Subjekt vor, das Sprache erleidet und gebraucht und erst in diesem Doppelspiel ein Selbstbewusstsein ausbildet, das freilich nur ein vermitteltes und von immer neu aufbrechender Nicht-Identität gezeichnetes sein kann.

H., inzwischen in die Bundesrepublik übergesiedelt, gelangte zu einiger Publizität, als er 1966 auf der Tagung der »Gruppe 47« in Princeton der zeitgenössischen Literatur »Beschreibungsimpotenz« vorwarf. In program-

matischen Essays (*Die Literatur ist romantisch*, 1966; *Ich bin ein Bewohner des Elfenbeinturms*, 1967) formulierte er seine eigene Position: Literatur ist für ihn ein Mittel, sich »über sich selber, wenn nicht klar, so doch klarer zu werden«. An ein literarisches Werk stellt H. den Anspruch, es solle noch nicht bewusste Möglichkeiten der Wirklichkeit aufzeigen und zur Destruktion konventionalisierter Bedeutungen beitragen, ein Anspruch, den um Realismus bemühte Beschreibungsliteratur nicht einlösen könne. Ebenso bestreitet H. der sog. »engagierten Literatur« den Kunstcharakter: der literarische Gebrauch der Sprache verweise nicht auf die außersprachliche Realität, sondern sei notwendig selbstreflexiv.

Die unter dem Titel *Die Innenwelt der Außenwelt der Innenwelt* (1969) versammelten lyrischen Texte versuchen, H.s theoretischen Einsichten Rechnung zu tragen, und erweisen das Wechselverhältnis von Innen und Außen als sprachlich bedingt. Mit der 1970 erschienenen Erzählung *Die Angst des Tormanns beim Elfmeter*, 1971 von Wim Wenders verfilmt, wird die einmal angeschlagene Thematik weitergeführt. Der Text protokolliert die Wahrnehmung eines aus den stabilen Bedeutungsbeziehungen von Innen und Außen, Zeichen und Bezeichnetem herausgetretenen Bewusstseins.

H., der auch Hörspiele und Filmbücher (berühmt geworden *Der Himmel über Berlin*, Regie: Wim Wenders [1987]) schrieb, lebte 1969/70 in Paris. Die Rückkehr in die Bundesrepublik leitete eine Werkphase ein, die durch die Erzählungen *Der kurze Brief zum langen Abschied* (1972) und *Die Stunde der wahren Empfindung* (1975) markiert ist. Das Attribut »Innerlichkeit«, mit dem H., 1973 Büchner-Preis-Träger, besonders seit den 1970er Jahren belegt worden ist, bezeichnet eine entschlossene Suche nach dem Ich, dem im Rückzug aus der vereinbarten Welt auch die Vereinbarungen des Bewusstseins ungültig werden und dem nurmehr das Ideal eines unverstellten Blicks auf die Welt, gedacht als Erfahrung des authentischen Ichs, bleibt. Momente der Epiphanie, Erfahrungen erkennenden Außersichseins im *Kurzen Brief* verdichten sich in der

*Stunde der wahren Empfindung* zum Glücksprogramm eines befreienden Sichverlierens und -wiederfindens. Nur scheinbar lenkt H. mit der Erzählung *Wunschloses Unglück* (1972), die das Leben seiner Mutter beschreibt, von den das eigene Ich betreffenden Fragen ab, findet er doch in der Figur der Mutter die Spuren seiner selbst.

Die Suche nach Unmittelbarkeit wird im Journal *Das Gewicht der Welt* (1977) fortgesetzt; Wahrheit, Schönheit, Universalität und Natur sind denn auch die Koordinaten seiner neuen Ästhetik, wie H. in der Kafka-Preis-Rede 1979 ausführt. Seit den 1980er Jahren trat H. auch verstärkt als Übersetzer hervor (Emmanuel Bove, Francis Ponge u. a.)

Die Wende zur Positivität wird noch einmal in der Tetralogie *Langsame Heimkehr* (*Langsame Heimkehr*, 1979; *Die Lehre der Sainte-Victoire*, 1980; *Kindergeschichte*, 1981; *Über die Dörfer*, 1981) erzählt, die von den Aufzeichnungen der *Geschichte des Bleistifts* (1982) begleitet wird. Sie dokumentiert auch die Heimkehr des Autors H., der nach einer zweiten Zeit in Paris und mehreren USA-Aufenthalten 1979 nach Österreich zurückkehrte. Das artikulierte »Bedürfnis nach Heil«, entworfen als mystischer Augenblick, in dem Selbstverlust und Selbstfindung in der Erfahrung neuer Sinnhaftigkeit zusammenfallen, findet seine Antwort in einer zunehmend mythisierten Natur. Als ewige Schrift wird sie in der Schau – daher die Betonung des Visuellen in H.s späteren Texten – zum Ursprung der Kunst. Der 1983 erschienene Roman *Der Chinese des Schmerzes* setzt als Ursprungsort des Erzählens das Bild der »Schwelle« ein, das Übergang und Trennung zugleich ist. Seit der Mitte der 1980er Jahre rücken H.s Arbeiten die Materialität des Schreibens selbst in den Mittelpunkt. Dies gilt insbesondere für *Die Wiederholung* (1986) und das »Märchen« *Die Abwesenheit* (1987), die als Allegorien des Schreibens gelesen werden können. In einem ausführlichen Gespräch mit Herbert Gamper, erschienen 1987 unter dem Titel *Aber ich lebe nur von den Zwischenräumen*, gibt H. Auskunft über sein neues, an Buchstabe und Schrift orientiertes poetologisches Selbstver-

ständnis. Mit den drei »Versuchen« – *Versuch über die Müdigkeit* (1989), *Versuch über die Jukebox* (1990), *Versuch über den geglückten Tag* (1991) – nähert sich H., der seit Anfang der 1990er Jahre wieder bei Paris lebt, einer den Formprinzipien des Essays verpflichteten Schreibweise. Sprache, Schrift, Erzählen bleiben die Koordinaten der H.schen Poetologie. Der 1994 erschienene, über tausend Seiten umfassende Roman *Mein Jahr in der Niemandsbucht*, der den Untertitel *Ein Märchen aus den neuen Zeiten* trägt, knüpft an das bereits in früheren Texten H.s präsente Motiv der Verwandlung an und spannt einen im Medium der Schrift erzeugten zeit-räumlichen Bogen, der um nichts als um das Schreiben selbst kreist. Vom reinen Erzählen und vom reinen Lesen handelt schließlich auch der Roman *Der Bildverlust* (2002), der, einmal mehr das Motiv der Reise mit dem Motiv sprachlicher Bewegung zusammenschließend, auf eine Sprache zielt, die alle Bildhaftigkeit, d. h. alle Referenz, hinter sich gelassen hat. Bewegung als Ereignis der Form ist auch das Prinzip von H.s späteren Theaterstücken. Inszeniert *Die Stunde da wir nichts voneinander wußten* (1992) das wortlose Gehen verschiedener Figuren über einen Platz und deren konstruiert zufällige Begegnungen als performatives Rollen-Spiel, zeigt das »Stationendrama« *Untertagblues* (2003) die Stationen einer aus dem Dunkel ins Licht führenden Metrofahrt als »Redestationen«, die Sprache als in Bewegung begriffenes Medium der Erzeugung und Dekomposition von Figuren und Bedeutungen erfahrbar machen.

Für Irritationen sorgte H.s 1996 zuerst in der *Süddeutschen Zeitung* und anschließend als Buch veröffentlichter Text *Eine winterliche Reise zu den Flüssen Donau, Save, Morawa und Drina oder Gerechtigkeit für Serbien*, der den Versuch unternimmt, hinter die nach der Meinung des Erzählers einseitige Medienberichterstattung zum Jugoslawienkrieg zu schauen und ihr das Prinzip der »Augenzeugenschaft« gegenüberzustellen. Vorgeworfen wurden H. u. a. Unkenntnis der Verhältnisse, mangelnde Differenzierung und Befangenheit in subjektiver Selbstbespiegelung. Unbeeindruckt von dieser Kritik erschien 2002, ebenfalls in der *Süddeutschen*, eine gekürzte Version seines 2003 in Buchform veröffentlichten Textes *Rund um das Große Tribunal*, der den Prozess gegen Slobodan Milošević, den ehemaligen serbischen und jugoslawischen Präsidenten, zum Anlass nimmt, nach der Rolle von Angeklagten in Rechtsverfahren, der Wirkung des Gesetzes und Begriffen von Schuld zu fragen. So sehr sich H.s Texte im Lauf der Jahre verändert haben, so konsequent ist die Entwicklung: Immer ist es die Sprache selbst, als Wort und als Schrift, die den Zugang zur Wirklichkeit des Daseins erschließen bzw. ein höheres, epiphanisches Dasein eröffnen soll. Der Versuch, sprachliche Übergangsmomente auf Dauer zu stellen, kann indessen ein Kippen der Balance in stilisierte Gewichtigkeit oder ins Unverbindliche kaum vermeiden.

Werkausgabe: Die Theaterstücke. Frankfurt a. M. 1992; Gedichte. Frankfurt a. M. 1987.

*Martina Wagner-Egelhaaf*

## Hardy, Thomas
Geb. 2. 6. 1840 in Upper Bockhampton, Dorset;
gest. 11. 1. 1928 in Max Gate, Dorchester

Thomas Hardys Werke markieren ebenso wie die Werke Joseph Conrads den Übergang von der spätviktorianischen Zeit zur Moderne. Ein tiefer Pessimismus kennzeichnet das Schaffen beider. H. wurde in einem ländlichen Milieu groß, besuchte die Schule in Dorchester und wurde danach bei den Architekten John Hicks (1856–62) und Arthur Blomfield (1862–67) in London ausgebildet. In den Jahren, in denen er als Architekt arbeitete, eignete er sich – von Freunden unterstützt – eine breite literarische und philosophische Bildung an. Er studierte die griechischen Tragödiendichter, die später seine Erzählkunst zutiefst beeinflussten, und er las die Philosophen und Wissenschaftler, insbesondere des 19. Jahrhunderts, die das Weltbild seiner Zeitgenossen bestimmten. Er selbst nannte Charles Darwin, Thomas Henry Huxley, Herbert Spencer, Au-

guste Comte und John Stuart Mill. Darwins *The Origin of Species* (1859) ließ ihn wie zahlreiche seiner Zeitgenossen in eine religiöse Krise geraten. Mit Darwins Abstammungslehre verloren die überlieferten Vorstellungen vom Ursprung der Schöpfung ihre Gültigkeit. Im Gegensatz zu vielen Viktorianern schloss sich H. nicht einem deterministischen Fortschrittsglauben an, sondern betonte die Spannungen, die den Entwicklungen im Universum und den Bestrebungen des Menschen nach einer ethisch würdigen Existenz inhärent sind. Spencer bestärkte ihn in der Überzeugung, dass eine unbewusste Kraft – *immanent will* genannt –, die den Gang der Ereignisse steuert, sich entwickelt und auf ein Bewusstsein hinstrebt. Mills Essay *On Liberty* (1859) beeindruckte H. wegen der Begründung der Gedankenfreiheit. Enge Freundschaft verband H. mit Leslie Stephen, der mit seinen *Essays on Free Thinking and Plain Speaking* (1873) und *An Agnostic's Apology* (1876) zu einem der führenden Vertreter des englischen Agnostizismus wurde und damit auf H.s Entwicklung einen tiefgreifenden Einfluss ausübte. Dass es auch Wechselbeziehungen zwischen Dichtungen und den philosophischen Ideen von Arthur Schopenhauer und Eduard von Hartmann gibt, wurde mehrfach hervorgehoben. Grundsätzlich ist zu betonen, dass H. niemals versuchte, ein systematisches Weltbild zu entwickeln. Seine Verarbeitung zeitgenössischen Denkens blieb ›impressionistisch‹.

Mit seinem ersten Roman stieß H. bei dem Verlag Chapman and Hall auf Ablehnung; George Meredith, der Lektor, empfahl ihm, sich zunächst mit einem spannungsreichen Sensationsroman dem Publikum vorzustellen. Dies gelang mit *Desperate Remedies* (1871). H. hat sein gesamtes Romanschaffen in drei Gruppen eingeteilt: (a) *Novels of Ingenuity*, Sensations- und Intrigenromane, die vieles dem Vorbild von Wilkie Collins verdanken. Dazu zählen – neben *Desperate Remedies* –

The Hand of Ethelberta (1876) und A Laodicean (1881). (b) *Romances and Phantasies*; dazu gehören *A Pair of Blue Eyes* (1873), *The Trumpet-Major* (1880), *Two on a Tower* (1882) sowie *The Well-Beloved* (1897). Diese Romane sind locker konstruiert und arbeiten mit phantasievollen Einfällen. (c) *Novels of Character and Environment* bilden die gewichtige dritte Gruppe: *Under the Greenwood Tree* (1872), *Far from the Madding Crowd* (1874; *Am grünen Rand der Welt*, 1984), *The Return of the Native* (1878; *Die Heimkehr*, 1949), *The Mayor of Casterbridge* (1886; *Der Bürgermeister von Casterbridge*, 1985), *The Woodlanders* (1887), *Tess of the D'Urbervilles* (1891; *Tess von den D'Urbervilles*, 1895) und *Jude the Obscure* (1895; *Juda, der Unberühmte*, 1901). *Under the Greenwood Tree* – der Titel stammt aus einem Lied in *As You Like It* (II.5) – hat einen weitgehend idyllisch-pastoralen Charakter und ist ein Vorspiel zu den Wessex-Romanen. Künstlerisch am wirkungsvollsten sind die Szenen, in denen das Leben der ländlichen Bevölkerung, insbesondere des aus Handwerkern bestehenden Kirchenchors, dargestellt wird. Diese Menschen verstehen sich als »fellow-creatures« oder »God's creatures« und begegnen allen Schwächen ihrer Mitmenschen mit versöhnlichem Humor. Als mit der Einführung einer Orgel das Ende des Chors gekommen ist, fügen sie sich in diese Entwicklung in fatalistisch-heiterer Weise. H.s erster großer Wessex-Roman, *Far from the Madding Crowd*, ist nach einer Zeile aus Thomas Grays *Elegy Written in a Country Churchyard* (1750) betitelt (Wessex ist ein poetisch-realistisches Bild der Gegend in Südengland, in der H. seine Jugend verbrachte). H. setzte mit diesem Roman die idyllisch-pastorale Tradition in der englischen Literatur fort und baute die Darstellung des bäuerlichen Lebens bei der Ernte, der Schafschur sowie den Festen breit aus. Er charakterisiert eine Skala dörflicher Typen, wobei er sich des Dialekts bedient, den er geschickt zu variieren verstand. Inbegriff der ländlichen Mentalität ist Gabriel Oak, ein opferbereiter, selbstloser Mann, der am Schluss in Bathsheba die Partnerin findet, die sich zunächst dem verführerischen Troy zuwendet (und den sie

heiratet) und die in dem puritanisch aufrecht gesinnten Farmer Boldwood in spielerischer Eitelkeit Erwartungen weckt, die sie nicht zu erfüllen vermag. Den Kontrast zu den bukolischen Szenen bilden die Teile der Handlung, die durch Troy ausgelöst werden. Als Boldwood sich in seinen Hoffnungen, Bathsheba zu gewinnen, endgültig betrogen sieht, erschießt er Troy in einer Aufwallung leidenschaftlichen Zorns. Dies ist das Modell einer Tragödie des Handelns, einer *tragedy of passion*. Troy hat zuvor das Dienstmädchen Fanny Robin betrogen und verlassen; sie erwartet ein Kind von ihm, schleppt sich in höchster Not ins Armenhaus, wo sie mit ihrem Kind stirbt. Es ist dies eine Tragödie des Leidens, wie sie sich im 19. Jahrhundert herausbildete. In seinem nächsten Wessex-Roman wandte H. die dramatische Form am entschiedensten an: In der ursprünglichen Fassung von *The Return of the Native* entsprechen die Bücher I bis V der Form eines Dramas, das die Einheit des Ortes (die Heide Egdon Heath) und der Zeit (ein Jahr) wahrt. Das VI. Buch wurde erst nachträglich als Kompromiss mit dem viktorianischen Lesepublikum eingefügt. Im Vordergrund stehen die Beziehungen und Konflikte zwischen Eustacia Vye, Wildeve und Clym Yeobright. Zunächst (in Buch I) bietet Wildeve Eustacia an, mit ihm nach Amerika zu fliehen, da Egdon Heath für sie ein Gefängnis ist. Doch dann weckt Clym ihre Aufmerksamkeit und Zuneigung, er ist aus Paris zurückgekehrt, um wieder in der Heimat zu leben (dies erklärt den Romantitel). Clym heiratet Eustacia (Buch III) und löst sich gleichzeitig von seiner Mutter. Mit seinem Augenleiden setzt ein Wandel ein: Eustacia wendet sich wieder Wildeve zu, und Clym kehrt (im Buch IV) zu seiner Mutter zurück, allerdings zu spät. Im V. Buch wollen Wildeve und Eustacia Egdon Heath erneut verlassen, kommen aber in einer herbstlichen Naturkatastrophe um. Egdon Heath ist ähnlich wie die Heide in Emily Brontës *Wuthering Heights* (1847) und in *King Lear* ein Symbol: Egdon Heath ist die Schicksalsmacht, die über dem Geschehen herrscht. Während das Schicksal aus der griechischen Tragödie das Schicksal aus der Höhe des göttlichen Willens stammt, kann H.s

Heide ein Schicksal aus der Tiefe einer dämonischen Natur genannt werden. Figuren wie Thomasin, die Schwester Clyms, und der Rötelmann Diggory Venn lassen sich in ihrem Leben ganz von der Natur bestimmen und vermögen der Katastrophe zu entgehen. – The Mayor of Casterbridge ist nach dem Vorbild von Sophokles' König Ödipus gestaltet. Wie bei Ödipus wirkt auch bei Henchard eine weit zurückliegende Schuld in die Gegenwart hinein: Henchard verkaufte im Rausch seine Frau Susan und seine Tochter Elizabeth-Jane einem Matrosen namens Newson. 18 Jahre später ist derselbe Henchard ein wohlhabender Kornkaufmann und Bürgermeister von Casterbridge. Seine Frau, die annimmt, Newson sei ums Leben gekommen, kehrt mit ihrer Tochter zurück. In dem intelligenten Farfrae hat Henchard einen sympathischen Geschäftspartner gewonnen. Vom 15. Kapitel an wendet sich das Schicksal: Er überwirft sich mit Farfrae, Susan stirbt, und er erfährt, dass Elizabeth-Jane nicht seine Tochter ist. Die Vergangenheit holt ihn ein, als er über eine alte Frau richten soll, die seinen ›Frauenverkauf‹ miterlebte. Lucetta, die er heiraten wollte, gibt ihr Jawort Farfrae. Henchard macht bankrott, und als der totgeglaubte Newson zurückkehrt und Elizabeth-Jane die Wahrheit berichtet, zieht sich Henchard verbittert in eine Hütte am Rande von Egdon Heath zurück und stirbt. Henchards Schicksal ist eine Charaktertragödie, in seinem leidenschaftlichen Zorn gleicht er King Lear. Er kennt jedoch auch Reue, Gewissensbisse und gelegentlich auch Güte und Wärme. Er ist letztlich ein gemischter Charakter, der an der angeborenen Natur wie an äußeren Umständen zugrunde geht, in denen sich ein unbarmherziges Gerechtigkeitsprinzip spiegelt. – Mit The Woodlanders nahm H. noch einmal die Form der Pastorale auf, aber es ist nicht zu verkennen, dass er inzwischen zwei tragische Romane geschrieben hatte. Giles Winterborne erinnert an Gabriel Oak, Grace Melbury an Bathsheba, Dr. Fitzpiers und Mrs. Charmond sind die (aristokratischen) Außenseiter, die in die ländliche Ordnung eindringen. Land und Stadt, die niedere und die höhere Gesellschaftsschicht, geraten in Konflikt. Hier ist es letztlich die unpersönliche Macht der Rechtsordnung, die das Schicksal der Menschen bestimmt. Giles, der zugleich mythische Züge trägt und »Autumn's very brother« genannt wird, scheitert in seinen Beziehungen zu Grace, erkrankt und stirbt, von der einfachen Waldarbeiterin Marty South betrauert, die ihn wirklich liebte. Grace und Fitzpiers bleiben in einer Ehe voller Kompromisse miteinander verbunden.

Mit Tess of the D'Urbervilles lieferte H. die umfassendste Darstellung eines tragischen Konflikts. Tess ist für ihn »a pure woman«, schuldlos und schuldig zugleich. Sie ist das Opfer ambivalenter (kreativer und destruktiver) Spannungen in der Natur. Sie ist zugleich das Opfer einer Gesellschaft, die mit ihren engen Konventionen die freie Entfaltung einer Frau wie Tess verhindert. In ihrem Schicksal spiegelt sich auch eine universale Macht, die – wie die Götter, von denen Gloucester in King Lear spricht – den Menschen zu ihrem Vergnügen leiden lässt. Tess' Schicksal lässt sich als Versuch begreifen, ein Leben nach selbstgesetzten Normen der Wahrheit, Liebe und Gerechtigkeit in einer sich auflösenden Gesellschaft zu führen. Sie scheitert an dem Libertin und Verführer Alec, der aus einer neureichen Familie stammt, sie jagt wie ein Tier und schließlich verführt. Und sie scheitert an Angel Clare, dem Sohn eines Pfarrers, der sich zu einer autonomen Ethik bekennt, aber zu schwach ist, bei Tess zu bleiben, als er von ihrer Vergangenheit erfährt. Nachdem er sich gewandelt hat, ist es zu spät: Tess hat Alec aus Rache getötet, und sie stirbt für ihre Schuld. Sie weiß, dass sie gegen die Gerechtigkeitsordnung verstoßen hat, in höherem Sinn aber schuldlos ist. Mit ihrem Bekenntnis zur Wahrheit erreicht sie den Rang einer klassischen Tragödienheldin.

Jude the Obscure spielt an einer Reihe von Schauplätzen in Wessex; das Waisenkind Jude fühlt sich nirgendwo zu Hause. Jude arbeitet zunächst als Steinmetz, widmet sich aber gleichzeitig, angeregt durch den Schulmeister Phillotson, dem Studium der griechischen und römischen Literatur. Sein Ziel ist ein Studium in Christminster (Oxford), und er sieht sich im Traum als Bischof. Diese Träume lassen sich jedoch niemals verwirklichen. Er erhält die ablehnende Antwort, er möge in seinem bisherigen Lebenskreis verbleiben. Vorübergehend denkt Jude daran, einfacher Geistlicher zu werden, aber auch diesen Plan muss er aufgeben, und er vernichtet seine Bücher. Am Ende ist er wiederum der Steinmetz, der er ursprünglich war.

Jude kritisiert die gesellschaftlichen Verhältnisse, die Universität, die Kirche und die bürgerliche Gesellschaft mit Bitterkeit; diese Haltung wird oft durch den Autor gedeckt, ist aber an zahlreichen Stellen durch die ganz persönlichen Erlebnisse von Jude bedingt. Im Mittelpunkt des Romans stehen vier Hauptgestalten: Jude, Arabella Donne, Sue Bridehead und Phillotson. Die Wechselbeziehungen sind geradezu *more geometrico* gestaltet: Es heiraten zunächst Jude und Arabella, die ihn jedoch verlässt und der Bigamie schuldig wird, als sie in Australien eine zweite Ehe eingeht. Sue Bridehead, Judes Cousine, heiratet Phillotson, obwohl sie sich Jude zutiefst verbunden fühlt. In einer späteren Phase dieser zwischenmenschlichen Beziehungen werden beide Ehen geschieden (und der australische Ehepartner Arabellas stirbt). Jetzt sind Jude und Sue frei, und sie könnten eine Ehe eingehen. Sie schrecken jedoch (jeweils im letzten Augenblick) vor einer standesamtlichen wie kirchlichen Trauung zurück. Nicht bedacht haben sie dabei, wie ihr freier Lebensbund auf die Gesellschaft wirkt, welche Schwierigkeiten sich ergeben, als sie mit zwei unehelichen Kindern und Father Time, einem Sohn, der nach Arabellas Aussage das gemeinsame Kind mit Jude gewesen sein soll, keine rechte Unterkunft finden. In Abwesenheit der Eltern beschließt Father Time sich und seine Geschwister zu erhängen: »Done because we are too menny«. Dieser Schock führt dazu, dass Sue einen Zusammenbruch erleidet, wiederum zu Phillotson zurückkehrt, derweilen Arabella erneut mit List versteht, mit Jude eine zweite Ehe zu schließen. Der 30-jährige Jude ist physisch geschwächt; er hat sich ein Lungenleiden zugezogen und stirbt in Christminster. Als er im Sterben liegt, zitiert er eine Stelle aus Hiob 3,

3: »Let the day perish wherein I was born ...«.
*Jude the Obscure* ist ein Desillusionsroman, der bei der zeitgenössischen Kritik auf schärfsten Widerspruch stieß. Die Äußerungen über Ehe und Moral, Religion und Kirche widersprachen den Grundüberzeugungen der Viktorianer; es bedurfte eines D. H. Lawrence, mit den Mitteln seiner Erzählkunst und seinen weltanschaulichen Überzeugungen die H.sche Kritik fortzusetzen.

Nach der Publikation von *Jude the Obscure* widmete sich H. nur noch der Form des Dramas, der Kurzgeschichte und des lyrischen Gedichts. In *The Dynasts* (1904, 1906, 1908), einem dreiteiligen Großdrama, das 19 Akte umfasst, stellt H. die napoleonische Epoche von 1805 bis 1815 dar, die ihn schon in den 1880er Jahren beschäftigt hatte. Er wollte eine moderne *Ilias* schreiben, ist aber inhaltlich wie formal eigene Wege gegangen. Zum einen liefert er eine Fülle von Einzelszenen, die das große politische Geschehen darstellen, zum anderen fügt er Genre-Bilder ein (z. B. aus seiner südenglischen Heimat), die das Leben und Schicksal einfacher Menschen zeigen. Das gesamte Historienspiel ist insofern ein Spiel im Spiel, als es Geisterchören vorgeführt wird, die das Geschehen aus geschichtsphilosophischer Sicht kommentieren. Die Ereignisse sind keine Heldentaten heroischer Größen wie Napoleon, sondern Ausdruck des *immanent will*, der die Figuren wie Marionetten zu führen scheint. Das deterministische Weltbild wird aber auch durch Szenen unterbrochen, in denen die Menschen aus eigener Initiative handeln (oder zu handeln scheinen); dazu kommt der hoffnungsvolle Schluss, in dem die Geisterchöre auf einen Wandel des *immanent will* zum Bewusstsein hinweisen. Damit scheint eine ›meliioristische‹ Sicht zu dominieren.

Bei der Interpretation der Erzählbände *Wessex Tales* (1888), *A Group of Noble Dames* (1891) und *Life's Little Ironies* (1894) entstand die Frage, ob der Begriff ›Short Story‹ überhaupt angemessen sei. Irving Howe hob den Unterschied zu Čechov, Hemingway und Joyce hervor und plädierte für den Begriff ›Tales‹, weil H. hier in einer locker angenehmen, entspannten Weise erzählt und sich damit in die

Tradition der Erzähler einordnet, die der ländlich-mündlichen Darbietungsweise verpflichtet sind. Kirstin Brady hat dieser Deutung widersprochen und zwischen der ›pastoralen Perspektive‹ (*Wessex Tales*), der ›subjektiven Perspektive‹ (*A Group of Noble Dames*) und der ›ironischen Perspektive‹ (*Life's Little Ironies*) unterschieden. Dazu hat Brady das Zusammenspiel von mündlicher und schriftlicher Short-Story-Technik bei H. in treffender Weise mit den Begriffen *raconteur* und *écrivain* gekennzeichnet.

Bereits in seinen Anfängen hat H. Lyrik verfasst;»Hap«, eines seiner bemerkenswerten frühen Gedichte, ist in den Band *Wessex Poems* (1898) eingegliedert. Es folgten die Bände *Poems of the Past and the Present* (1901), *Time's Laughingstocks* (1909), *Satires of Circumstance* (1914), *Moments of Vision* (1917), *Late Lyrics and Earlier* (1922), *Human Shows: Far Phantasies, Songs and Trifles* (1925) und *Winter Words in Various Moods and Metres* (postum 1928). Ähnlich wie die Erzählungen H.s weisen auch die Gedichte traditionelle und moderne Züge auf: Balladen und Kirchenlieder, aber auch die Lyrik Percy Bysshe Shelleys und Algernon Charles Swinburnes haben den Rhythmus, den Klang und die Diktion etlicher seiner Gedichte geprägt, wenngleich er niemals Vorbilder nachahmte, sondern immer transformierte. An die Grenzen seiner Ausdrucksfähigkeit stieß H., wenn er seine weltanschaulichen Themen in didaktisch gefärbte Dichtung umzusetzen versuchte. Am eindrucksvollsten sind die Gedichte, in denen Bild und Reflexion eine Einheit eingehen wie z. B. in »The Darkling Thrush«, einem Gedicht, das als Abgesang auf das 19. Jahrhundert gilt. H. hat fast für jedes Gedicht eine eigene Form gefunden und Rhythmus und Metrik auf die zentrale Thematik abgestimmt. Selbst wenn er ganz persönliche Anlässe verarbeitete wie das Erlebnis des Todes seiner ersten Frau (Emma Lavinia Gifford) und die Erinnerung an die frühe Liebe und die fortschreitende jahrzehntelange Entfremdung schilderte, gelang es ihm, die privaten Erlebnisse zu objektivieren und dabei die traditionelle Form der Elegie zu modifizieren. Liebe, Leid und ein unsentimentales Mitleiden

blieben die Grundthemen seiner Lyrik. – Kritiker wie T. S. Eliot und F. R. Leavis standen in Distanz zu ihm; W. H. Auden und Cecil Day Lewis trugen zu einer gerechteren Bewertung seiner Lyrik bei; die schrittweise Neubewertung findet sich bei Philip Larkin, Ted Hughes und Donald Davie.

Werkausgaben: The Wessex Edition. 24 Bde. London 1912–31. – The Complete Poetical Works. Hg. S. Hynes. 5 Bde. Oxford 1982–95.

*Willi Erzgräber*

## Harig, Ludwig
Geb. 18. 7. 1927 in Sulzbach/Saar

Für H., bekennenden»Saarländer und Hypertoniker«, wie er in einem Essay einmal geschrieben hat, stellt das Wörterspiel sein Lebensspiel dar. *Wer schreibt, der bleibt*, lautet dann auch der Titel eines mehrfach gehaltenen Zyklus von Poetikvorlesungen; darin heißt es diesbezüglich einmal:»mein Wörterspiel ist mein Lebensspiel, Wörter sprechend und Wörter schreibend, sprechend schreibend und schreibend sprechend lebe ich.« Über sein poetologisches Grundverständnis sagt H. weiter:»nur in meinem spielerischen Schreiben selbst würde ich mein Tun erkennen, nur schreibend würde ich das Schreiben beschreiben können.«

Begonnen hat H. mit diesem»spielerischen Schreiben« schon früh. Erste Veröffentlichungen des zum Volksschullehrer ausgebildeten H., der bis 1970 in verschiedenen saarländischen Dörfern als Lehrer gearbeitet hat und erst seit 1974 als freiberuflicher Schriftsteller tätig ist, gehen auf das Jahr 1950 zurück. Nebeneinander finden sich bereits in den frühen 1950er Jahren Übersetzungen aus dem Französischen, Prosaarbeiten, Lyrik sowie ›Gelegenheitsarbeiten‹ für Zeitungen, etwa in Form von Reisegeschichten bzw. -reportagen. Entscheidend wird dann die Begegnung mit Max Bense und dem ›Stuttgarter Kreis‹, die Lektüre Arno Schmidts sowie die von Alfred Andersch herausgegebenen Zeitschrift *Texte und Zeichen*. Hier erkennt H. nämlich nicht nur wahlverwandte Geister, sondern sieht sich in einem Literaturverständnis bestärkt, das unter Anschluss an die frühe europäische Moderne, an die Avantgarden zumal und die Sprachphilosophie eines Ludwig Wittgenstein experimentellen, antimimetischen Schreibweisen das Wort redet. Es geht – in den Worten Max Benses, die auch H. vehement vertreten hat – darum, gegen das deutsche Nivellement in Kultur und Politik, Literatur und Gesellschaft zu opponieren.

1961 erscheint innerhalb der von Bense herausgegebenen Reihe ›rot‹ als Band fünf H.s »Haiku Hiroshima«, dem bereits zwei Jahre später die Textsammlung *Zustand und Veränderungen* folgt. Hierin sind experimentelle Texte aus den Jahren 1956 bis 1962 zusammengefasst: neben Porträts und Versuchen, auf sprachspielerische Weise Urlaubsimpressionen zu verdichten, auch eine politische Zustandsbeschreibung unter dem Titel »Bilanz 61«, worin es am Ende heißt:»auf umfall-station an der mende-marke hoch auf dem selben wagen erich währt am längsten: mein gott was soll aus deutschland werden.« Zusammenfassung und Höhepunkt seiner sprachspielerischen Poetik, in der insbesondere die Mittel der Permutation und des Anakoluth geschickt zur Anwendung gelangen, ist der Roman *Sprechstunden für die deutsch-französische Verständigung und die Mitglieder des Gemeinsamen Marktes, ein Familienroman* von 1971, der neben Gerhard Rühms und Helmut Heißenbüttels Großprojekten als dritter ehrgeiziger Versuch gelten kann, in Romanform das mimetisch-realistische Dogma zu brechen. Als Lehrbuch angelegt, ›handelt‹ der Roman in 78 Lektionen von einer Sprachfamilie, die im Text – dabei andere Texte collagierend und zusammenmontierend, eigene Textbausteine wiederum permutierend – allererst entsteht, wobei H. durchaus aufklärerische, im Trend der Zeit liegende sprach- und ideologiekritische Intentionen verfolgt, wenn er zum Ende hin verlauten lässt:»Rechter Gebrauch der Wörter in einer Sprache ist aber der Gebrauch, der aus Verfinsterung Auffinsterung, folglich Aufklärung macht, und falscher Gebrauch der Wörter in einer Sprache ist der Gebrauch, der

aus Aufklärung Verklärung, folglich Verfinsterung macht.«

Parallel zu diesen Arbeiten entstehen zahlreiche Hörspiele, die H. u. a. als Begründer des sog. ›Neuen Hörspiels‹ ausweisen, in dem die Stereophonie erprobt und der O-Ton eingesetzt sowie wiederum Collage und Montage als probate Stilmittel benutzt werden. Neben dem auf eine Prosaarbeit zurückgehenden Stück *Das Fußballspiel* (1966) und dem Auschwitz-Stück *Ein Blumenstück* (1967) gebührt dem *Staatsbegräbnis* von 1969 ein besonderer Rang, denn es handelt sich um eine reine O-Ton-Collage, in der H. aus 14 Stunden Original-Tondokumenten der Reden, die anlässlich des Todes von Altbundeskanzler Konrad Adenauer gehalten worden sind, ein entlarvendes Zeugnis politisch-staatsmännischen Schwadronierens zusammenstellt und dem Gespött der Zuhörer übergibt. H. versteht dabei seine Arbeit und die eigenen Textvorgaben lediglich als Spielmaterial, das auf die kundige Mitwirkung durch den Regisseur und Dramaturgen, die als gleichberechtigte Partner eingeschätzt werden, wartet. Erst in den 1980er Jahren und entsprechend der (wenn man so will: Rück-)Entwicklung des Hörspiels zu traditionellen Formen der ›inneren Bühne‹ kommt auch H. wieder zum narrativen Hörspiel zurück, etwa in den Hörfolgen *Simplicius Simplicissimus* (1984) und *Till Eulenspiegel* (1984) sowie in dem mit dem Hörspielpreis der Kriegsblinden ausgezeichneten *Drei Männer im Feld* (1986).

Seit den späten 1970er Jahren und der Publikation seines Romans über *Rousseau* (1978) schiebt sich bei H. jedoch immer mehr das Erzählen in den Vordergrund – und zwar ein Erzählen, das, ohne auf gewisse Errungenschaften bzw. Erkenntnisse Max Benses und der ›Konkreten Poesie‹ zu verzichten – diese gleichsam ›aufhebend‹ – doch wieder auf durchaus realistisches Niveau eingeschwenkt ist. H.s Poetik des (Sprach-)Spiels findet in einer Poetik der Erinnerung und des Eingedenkens nun seine Erweiterung und Entgrenzung. All seine Prosaarbeiten – Erzählungen, Novellen, Romane – greifen seit den 1980er Jahren auf autobiographisch beglaubigtes Material, auf persönliche Erlebnisse und subjektive Erfahrungen zurück. Im Mittelpunkt von H.s Erzählwerk, das gewiss auch als Resultat eines Missbehagens über die ausschließlich experimentelle Literatur der ›Stuttgarter Schule‹ entstanden ist, steht seine autobiographische Romantrilogie, die nach dem Auftakt von 1986 mit dem Roman *Ordnung ist das ganze Leben*, dem Buch über H.s Vater, 1990 dann mit *Weh dem, der aus der Reihe tanzt* H.s Kindheit und Jugend im Faschismus und während der Kriegsjahre erzählt, um mit *Wer mit den Wölfen heult, wird Wolf* 1996 noch das Kriegsende und die Entwicklung im Nachkriegsdeutschland durch die 1950er Jahre hindurch zu verfolgen.

In dieser durch die »Neue Subjektivität« und den »Neuen Realismus« (Dieter Wellershoff) erst möglich gewordenen Form eines subjektiven, authentischen Erzählens, dessen Höhepunkt sicherlich bei H. der Vaterroman darstellt, ist ein Erzählton in die deutsche Literatur gekommen, der sich diesseits postmoderner Moden und Accessoires eines großen Lesepublikums erfreut und darüber hinaus als angemessener künstlerischer Ausdruck seiner Zeit gelten darf, worauf nicht zuletzt Marcel Reich-Ranicki verschiedentlich hingewiesen hat: »Wenn man in Zukunft Lust haben wird, die Frage zu stellen, was sich in Deutschland in diesem Jahrhundert [dem 20. Jahrhundert] abgespielt hat, dann wird man auch zu den Romanen von Ludwig Harig greifen.« Alles in allem, so resümiert H. in einem Essay unter dem Titel »Buchstabenkönige. Meine Entdeckung der Ausdruckswelt« von 2003, dabei auf eine literarische Entwicklung von fünfzig Jahren zurückblickend, müsse man die Dinge bei ihm wohl folgendermaßen sehen: »Ich entwickelte für mich selbst eine Sprache des Erzählens, die meiner Arbeit einen plausiblen Fortgang ermöglichte. Und trotzdem herrschen in meinem Rousseau-Roman, meinen Novellen, Erzählungen, Hörspielen – und darüber hinaus in meinen autobiografischen Romanen – immer noch die subtilen Gesetze dieser sprachstrengen Ausdruckswelt. Ich habe ja nichts Sensationelles erlebt, wovon ich hätte erzählen können, alle meine Erlebnisse sind Sprachabenteuer, aufgelesen im ungeschriebenen Buch der Erinnerung und wiedergelesen im unverzichtbaren Hausbuch der Buchstabenkönige. Es gibt meine Erlebnisse aber nur, weil ich sie erzählt habe, von Wort zu Silbe, von Silbe zu Satz in einem Ausdruck schaffenden Lebensspiel.«

Werkausgabe: Werke in 8 Bänden. Hg. von Werner Jung, Benno Rech und Gerhard Sauder. München/ Wien 2004 ff.

*Werner Jung*

## Ḥarīrī, Abū Muḥammad al-Qāsim al-

Geb. 1054 auf Māšān bei Basra/Irak; gest. 11. 9. 1122 in Basra/Irak

Al-Ḥarīrīs *al-Maqāmāt* (*Die Makāmen*), meist als »Bettleransprachen«, auch als »Standpredigten« übersetzt, gelten bis heute als das bedeutendste Sprachkunstwerk der arabischen Literatur. Bereits zu Lebzeiten des Autors wurden sie im arabischen Spanien als Lehrtexte für den für Gebildete erforderlichen brillanten Stil benutzt und kommentiert. Eine dort verbreitete hebräische Übersetzung regte Nachfolgerwerke an. Der spanische Schelmenroman wurde vermutlich ebenfalls von ihnen inspiriert.

Als beliebte Lektüre wurden Handschriften der Maqāmāt seit dem 13. Jahrhundert in Bagdad und Basra mit Farbminiaturen versehen. Mit dem Aufblühen der Orientalistik im 17. Jahrhundert wurden einzelne Maqāmāt al-Ḥ.s in europäische Sprachen übertragen, zuerst in Holland ins Lateinische. Maqāmāt bestehen aus in sich geschlossenen Episoden, bei al-Ḥ. 50, in kunstvollster Reimprosa und voller in semitischen Sprachen relativ leicht zu bildender und beliebter Wort- und Klangspiele, durchflochten von Gedichten. Al-Ḥ. verwendet in Gedichten der »Schulmeister-Maqāma« auch Schriftspiele, die wohl nur im Arabischen möglich sind, so diverse Laute lediglich durch Punkte unter- oder oberhalb identischer Buchstabenformen unterschieden werden. Einigende Elemente der Episoden sind der Held, ein wandernder Schelm, und der Erzähler.

Al-Ḥ.s Schelm Abū Zaid setzt dem hochgebildeten Proletariat und den Straßenunterhaltungen der Zeit ein Denkmal. Der Erzähler, bei al-Ḥ. al-Ḥāriṯ Ibn Hammām, trifft Abū Zaid, stets ohne ihn zunächst zu erkennen, an wechselnden (meist fiktiv gewählten) Orten des islamischen Vorderen Orients und erzählt, wie er in Rollenspielen und Verkleidungen (für seinen Broterwerb), auch mit Gehilfen, ein unterhaltungsbedürftiges Publikum oder Amtspersonen einfallsreich täuscht, um sich später des gelungenen Streichs materiell und poetisch zu erfreuen.

Bei al-Ḥ. sind die erste Maqāma jedes Zehnerblocks und die 50. als letzte (gespielte) fromme »Reue-Maqāmāt«. Er hat also sein Werk sehr bewusst strukturiert. Auch der Erzähler ist wiederholt moralische Instanz. Laut Vorwort schrieb al-Ḥ. das Werk im Auftrag eines ungenannten Ministers. Er wollte mit ihm seinen Vorgänger Badīʿ az-Zamān al-Hamaḏānī (958–1008) in dieser Gattung übertreffen, was ihm gelang. Als Direktor des Post- und Nachrichtendienstes in Basra, damals eine blühende Hafenstadt sowie Kaufmanns- und Gelehrtenzentrum, kannte er die Gesellschaft der Zeit mit ihrem Gelddenken, aber auch ihre intellektuellen, sicher gelegentlich sarkastischen Zirkel und hatte sichtlich genug Muße, dies von seiner nahegelegenen Palmenplantage Mašān aus kunstvoll zu ironisieren.

Die poetische, gut kommentierte Übertragung des deutschen Dichter-Orientalisten Friedrich Rückert (Erstausgabe *24 Maqāmāt*, 1826, leserfreundlich überarb. u. ergänzt *37 Maqāmāt*, 1837 u. ö.) setzt komplizierte arabische Sprach-, Klang-, auch Rätselspiele exzellent um. Rückert übertrug nicht alle Maqāmāt bzw. zog inhaltlich ähnliche zusammen, etwa die erste und die elfte. Zwei Maqāmāt, die um einen derben Streit zwischen dem Helden und seiner selbstbewussten (fiktiven) Frau einer Amtsperson kreisen, verbindet er ebenfalls zu einer. Der kunstvolle ironische Rangstreit um den (sozialen, d.h. finanziellen) Wert einer Rechnung und den eines literarischen Essays zugunsten der Rechnung z.B., teils als Palindrom, dessen Rückwärtslektüre der von vorn gelesenen widerspricht, ist adäquat nicht übertragbar, entsprach aber sicher auch nicht Rückerts Geisteshaltung. Aus dem geistvollen, oft bitteren Sarkasmus des arabischen Originals wird bei Rückert häufig eher biedermeierlich, allerdings ironisch Verspieltes.

Al-Ḥ.s frühestes Werk *Kitāb Durrat al-Ġawwāṣ fi Auhām al-Ḥawwāṣṣ* (Die Perle des Tauchers über die Sprachfehler der Gebildeten) erfasst Sprach- und Stilfehler der Gebildeten seiner Zeit, in der Vertreter der verschiedenen Ethnien im Kalifat, besonders Türken und Perser, vor allem als hochrangige Höflinge und Militärs Hocharabisch als Sprache des *Korans* und Hof- und Amtssprache gut beherrschen sollten, aber meist »muttersprachlich« geprägt waren (Mütter und Kinderfrauen waren oft Sklavinnen unterschiedlicher Herkunft). Es trägt einen kunstvollen Reim- und Ziertitel, wie sie vom 9. bis ins 19. Jahrhundert in der arabischen Literatur üblich waren, und ist ein wichtiges zeithistorisches Zeugnis. Ein Lehrgedicht zur arabischen Grammatik mit Kommentar in der Tradition vorhergehender und folgender Jahrhunderte belegt die sprachdidaktischen Ziele des Autors. Außerdem schrieb er Gedichte und Episteln verschiedenen Inhalts. Die Gattung der Maqāma wurde bis ins 20. Jahrhundert kreativ und oft sozialsatirisch variiert. Werke über die heute meist vom Englischen und/oder Französischen beeinflussten Sprachfehler der Gebildeten gab es z.B. im Irak bis etwa 1980.

Werkausgabe: Die Verwandlungen des Abu Seid von Serug. Übers. F. Rückert. Hg. W. Walther. Leipzig 1989.

*Wiebke Walther*

### Harsdörffer, Georg Philipp
Geb. 1. 11. 1607 in Fischbach bei Nürnberg; gest. 17. 9. 1658 in Nürnberg

1648, kurz vor dem Ende des Dreißigjährigen Krieges, beschäftigte sich der Rat der

Stadt Nürnberg auf drei Sitzungen mit einem Lobgesang H.s auf den schwedischen Feldmarschall Carl Gustaf Wrangel. Man verstand den Text als antikaiserliches und antibayerisches »Pasquill« und befürchtete daher, »daß gemaine hiesige Statt, deßen in vielweg zu endgelden haben dürffte«. Während der Drucker zwei Tage in einem »versperten Thurm« verbringen musste, erhielt der Patrizier H. Hausarrest und wurde zur Rede gestellt, »warumb er dieses, hiesiger Statt sehr nachtheiliges lobgesang nit nur gemacht, sondern wider … außdrückliches Verbott, drucken und außtheilen laßen«. Diese Zensurepisode, welche die schwierige Lage einer lutherischen Reichsstadt während des Dreißigjährigen Krieges illustriert und ein Schlaglicht auf die Bedingungen literarischen Schaffens im 17. Jahrhundert wirft, war möglicherweise der Grund dafür, dass H. erst sehr spät in seinem Leben, nämlich 1655, in den Inneren Rat der Stadt gewählt wurde, eine Position, für die ihn Herkunft, Ausbildung und Ansehen durchaus empfahlen.

H. erhielt eine Ausbildung, die ihm die Teilnahme am öffentlichen Leben der Stadt ermöglichen sollte. Dem Studium der Rechtswissenschaften, Philosophie, Geschichte, Philologie und Mathematik in Altdorf und Straßburg (1623 bis 1626) schloss sich eine mehrjährige Bildungsreise an (1627 bis 1631), die in Genf begann und nach Frankreich, Belgien, England und Italien führte. Nach dieser Reise hat H. Nürnberg nur noch gelegentlich verlassen. 1634 heiratete er Susanne Fürer von Haimendorff, 1637 wurde er zum Assessor am Stadtgericht berufen, eine Stellung, die er innehatte, bis er in den Inneren Rat gewählt wurde.

Trotz der beruflichen Beanspruchung war H.s literarische Schaffenskraft geradezu beängstigend. 20000 Druckseiten, so hat man gezählt, umfasst sein Werk: »Er pflage einen Bogen Zufüllen u. also backwarm unter die Presse Zujagen, sonder das concept zu limiren (feilen) oder 9 tage, zu geschwig Jahre, wie Horatius will, liegen Zulassen«, schrieb Sigmund von Birken 1662 wenig pietätvoll.

Mit den *Frauenzimmer Gesprächspielen* (8 Bde., 1641–49) führte der »Spielende« – unter diesem Namen wurde er 1642 in die »Fruchtbringende Gesellschaft« aufgenommen – eine in den romanischen Ländern gepflegte Gattung auch in Deutschland ein, Spiel- und Konversationsliteratur mit didaktischen Zügen, über weite Strecken hin zugleich ein Lehrbuch der Poetik. Und somit eine Ergänzung zu seinem *Poetischen Trichter* (1647–53), einer Poetik, die besonderen Nachdruck auf die Bildlichkeit, auf Umschreibungen, Gleichnisse und Sinnbilder legt. Als Vermittler romanischer Erzählliteratur tritt H. in seinen umfangreichen Anthologien auf, die trotz (oder wegen) ihrer moralisierenden Anspruchslosigkeit großen Erfolg hatten (u. a. *Der Grosse Schau-Platz jämmerlicher Mordgeschichte*, 1649–50; *Der Grosse Schau-Platz Lust- und Lehrreicher Geschichte*, 1650–51). Zu seinem Werk gehören ferner Andachtsbücher, geistliche Betrachtungen und Lehrgedichte, physikalisch-mathematische Lehrbücher, Briefsteller und höfische Erziehungsschriften, darunter die *Ars Apophthegmatica* (1655), eine Sammlung witziger Aussprüche und »Hofreden«.

1644 und 1645 veröffentlichten H., Johann Klaj und Sigmund von Birken das zweiteilige *Pegnesische Schäfergedicht*, eine Festdichtung für eine Doppelhochzeit, die an Martin Opitz' *Schäfferey Von der Nimfen Hercinie* (1630) anschließt. Mit ihrem Gemeinschaftswerk begründeten die »Nürnberger« – Klaj war aus Meißen gekommen und wirkte später als Pfarrer in Kitzingen, Birken stammte aus Wildstein bei Eger – den »Pegnesischen Blumenorden«; zugleich deutet sich die Neigung zur Schäferdichtung an, die für diese Dichtergesellschaft typisch werden sollte (»Durch die Hirten / oder Schäfer werden verstanden Poeten / durch ihre Schafe / die Bücher«). Hier zeigt sich auch schon jene Vorliebe für daktylische und anapästische Verse, für Klangmalerei und Formexperimente aller Art, die den Werken der Nürnberger ihren besonderen ästhetischen Reiz verleiht.

*Volker Meid*

## Hart, Maarten 't

Geb. 25. 11. 1944 in Maassluis/
Niederlande

»Mein Kontakt zur Welt besteht hauptsächlich aus Schreiben.« So hat sich Maarten 't
Hart mit 33 Jahren und nicht allzu lange nach
seinem Romandebüt *Stenen voor een ransuil*
(1971; Steine für eine Waldohreule) selbst charakterisiert. Hinter der lapidaren Äußerung
verbirgt sich eine gigantische Produktivität
und darüber hinaus 't H.s ästhetisches und
existenzphilosophisches Programm. Allein im
Jahr 1977 veröffentlichte er 130 literatur- und
musikgeschichtliche Rezensionen, Essays und
Kommentare in niederländischen Zeitungen
und Zeitschriften, während er gleichzeitig am
biologischen Institut der Universität Leiden
über den Stichelbarsch forschte und nicht nur
an seiner Dissertation (*De stekelbaars*, 1978;
Der Stichelbarsch), sondern außerdem an zwei
Erzählsammlungen (*Mammoet op zondag*,
1977; Mammut am Sonntag; *Laatste zomer-
nacht*, 1977; Letzte Sommernacht) und einem
Roman (*Een vlucht regenwulpen*, 1978; Ein
Schwarm Regenbrachvögel, 1999) arbeitete.
't H.s Produktivität verdankt sich der Tatsache,
dass er nur fließend am Stück schreiben kann,
weshalb er, wie er selbst sagt, kein Stilist, sondern ein Geschichtenerzähler und »Mitreißer«
sei. Sie ist aber auch Ausdruck dafür, dass er in
der introvertierten Arbeit am Text eine besondere, auf dem Wechselspiel von Einverleibung
und Verausgabung beruhende Form des Welt-
bezugs sieht. Diese Ambivalenz zeigt sich im
Leben des streng calvinistisch erzogenen, seit
1967 verheirateten und als Forscher und
Schriftsteller zurückgezogen auf dem Land lebenden 't H. darin, dass er in den 1970er Jahren nicht nur öffentlich mit Kirche und Religion brach, sondern außerdem mit der Norm
der eindeutigen sexuellen Orientierung (*Ik
had een wapenbroeder*, 1973; Ich hatte einen
Waffenbruder), und sich in den 1990er Jahren
als Transvestit outete (*Een deerne in lokkend
postuur: persoonlijke kroniek*, 1999; Eine Dirne
in verführerischer Haltung. Persönliche Chronik).

Auch 't H.s Romane und Erzählungen leben von der Spannung zwischen den stillen
Naturbetrachtungen des Tierverhaltensfor-
schers, die seine literarischen Texte mit Titeln
wie *Avondwandeling* (1974; Abendspazier-
gang), *De ortolaan* (1984; Die Gartenammer)
oder *Een havik onder Delft* (1992; Ein Habicht
unter Delft) leitmotivisch begleiten, und den
eruptiven Phantasien des Zynikers und Provo-
kateurs. Letztere äußern sich in gnadenlosen
Abrechnungen mit der (calvinistischen) Kirche (*Het vrome volk*, 1975; Das fromme Volk;
*De aansprekers*, 1979; Die Leichenbitter; *Het
woeden der gehele wereld*, 1993; Das Wüten der
ganzen Welt, 1997; *De bril van God*, 2002; Die
Brille Gottes) und in Polemiken gegen den
zeitgenössischen Feminismus (*De vrouw be-
staat niet*, 1982; Die Frau gibt es nicht) ebenso
wie in der Vorliebe für das Genre des Psycho-
krimis oder Thrillers, die den erzählerischen
Rahmen von Romanen wie *De kroongetuige*
(1983; *Die schwarzen Vögel*, 1999), *De nako-
mer* (1996; *Die Netzflickerin*, 1998), *De zon-
newijzer* (2002; *Die Sonnenuhr*, 2005) und
*Lotte Weeda* (2004; *In unnütz toller Wut*, 2004)
bilden.

Schon in seinem frühen Schlüsselroman
*Een vlucht regenwulpen* hat 't H. das Verschlos-
sene und das Exaltierte, das Angepasste und
das Rebellische, das Oberflächliche und das
Tiefsinnige in eine dialektische Beziehung gebracht: Der in bekenntnishaftem Ton über
sich selbst sprechende Ich-Erzähler hat Einsamkeit und Isolation in seiner Kindheit als
fremdbestimmtes Zwangssystem erlebt. Als
junger Erwachsener aber kehrt er freiwillig in
die Einsamkeit der künstlerischen Existenz
zurück, weil nur sie ihm Freiheit und Unabhängigkeit gewährt und es ihm erlaubt, souverän über seine Ideale zu verfügen. Mit einer
Mischung aus sentimentaler und analytischer
Darstellung schreibt 't H. sich in die Tradition
des psychologischen Realismus der ersten
Hälfte des 20. Jahrhunderts ein, die in den
Niederlanden durch Jan van Oudshoorn, Ferdinand Bordewijk und Simon Vestdijk repräsentiert wird. Über Letzteren, mit dem 't H.
nicht nur die obsessive Beziehung zum Schreiben, sondern auch die intensive Beziehung zur
klassischen Musik teilt, hat er 1996 einen ein-

fühlsamen Essay (*Het gebergte. De tweeënvijftig romans van S. Vestdijk*; Das Gebirge. Die 52 Romane von S. Vestdijk) geschrieben. Auch verschiedenen Musikern hat ʼt H. sich in Essays und Biographien genähert und sich dabei selbst zwischen dem kontrolliert arbeitenden Bach (*Johann Sebastian Bach*, 2000; *Bach und ich*, 2000) und dem schwärmerischen Mozart (*Mozart en de anderen*, 2006; *Mozart und ich*, 2006) eingeordnet.

ʼt H.s Romane wurden in verschiedene europäische Sprachen übersetzt. Neben dem Multatuli-Preis (1975) erhielt er den J. Greshoff-Preis (1978) und De Gouden Strop (den goldenen Schlips) für den besten Kriminalroman des Jahres 1995. *Een vlucht regenwulpen* wurde 1981 verfilmt.

*Barbara Lersch-Schumacher*

## Härtling, Peter
Geb. 13. 11. 1933 in Chemnitz

Auf der Flucht mit der Familie aus Böhmen nach Zwettl (Niederösterreich) gerät H.s Vater 1945 in russische Kriegsgefangenschaft und stirbt bald darauf. Als ein Jahr später im schwäbischen Nürtingen die Mutter ihrem Leben ein Ende setzt und H. von Verwandten aufgenommen wird, ist ihm mit seinen 13 Jahren genau das zum fragwürdigen Lebensinhalt geworden, was die Gesellschaft um ihn herum in den folgenden zwanzig Jahren buchstäblich mit Gewinn verschweigt und verdrängt. Die Schule, ein Duckmäuserhort von »Stehengebliebenen«, verlässt er noch vor dem Abitur und wechselt nach kurzer Fabrikarbeit in den schreibenden Beruf (Journalist, von 1956 bis 1962 Redakteur bzw. später Leiter der *Deutschen Zeitung* und bis 1970 Mitherausgeber des *Monat*).

Schon als Junge gilt er als »Vielleser«; er geht mit Literatur als Fundus und Projektionsmöglichkeit für Flucht- und Gegenwelten um. Die ersten Gedichte erscheinen 1953 unter dem Titel *poeme und songs*. Verträumte und poetische Szenerien herbeizaubernde Verse, die mit musikalischen und malerischen Klangassoziationen spielen, durchbrechen gewaltlos die Mauern beengter Wirklichkeit. Auch aus seinen späteren Gedichtwerken (*Unter den Bäumen*, 1958; *Spielgeist – Spiegelgeist*, 1962), die sich teilweise verbindlicheren Perspektiven des Realitätsbezugs öffnen, spricht ein ganz der persönlichen Phantasie und dem inneren Gehör verpflichtetes magisches Wort- und Bildgeflecht, das »Bedeutung« geradezu erst als Variation poetischer Immanenz zuzulassen scheint. Nach einer Auswahlveröffentlichung 1979 und den beiden seinem neueren lyrischen Schaffen gewidmeten Titeln *Vorwarnung* (1983) und *Die Mörsinger Pappel* (1987) liegen seit 1989 alle bis dahin von H. publizierten Gedichte in einem Band gesammelt vor, zu dem Karl Krolow das Vorwort geschrieben hat.

In seiner Lyrik ist auch ein wesentliches Strukturmoment von H.s Erzählkunst zu finden, deren entscheidendes inhaltliches Merkmal als eine poetisch stimulierte und gelenkte Erinnerungstechnik gelten kann. Ihr adäquates stilistisches Medium findet er in der Montage von Erinnerungen, Zitaten, biographischen Belegen und vergegenwärtigender Nachbildung am überkommenen Objekt – aufgefangen, gegeneinander ausgespielt und in den narrativen Rahmen komponiert durch die individuierende Kraft sich erinnernder Phantasie. H. selbst lässt sein eigentliches Erzählerdasein erst mit dem Roman *Niembsch oder Der Stillstand* (1964) beginnen, der von dem spätromantischen Dichter Nikolaus Lenau handelt. In der Titelfigur thematisiert er im Gespinst oszillierender Perspektivenwechsel die Fragwürdigkeit der Zeit- und Geschichtserfahrung für das empirische Ich-Bewusstsein, das im erotisch besetzten Bild der Selbstvergessenheit (Don Juan) den erlösenden Stillstand der Zeit sucht. Während sich der verwaiste, seiner Herkunft ungewisse und deshalb bedrohte *Janek*

(1966) im von den Nationalsozialisten beherrschten Böhmen der schillernden Gestalt des verschwundenen und totgeschwiegenen Vaters in seiner bodenlosen Existenz als Varietésänger»annähert«, sucht H.s akademischer Repräsentant des Geschichtspessimismus, der Professor Lauterbach aus dem *Familienfest* (1969), seine eigene Identität und deren historisch-politischen Ort nach der gescheiterten Revolution von 1848 in einer geschichtsphilosophischen Erinnerungsüberprüfung, faszinierend eingewebt in das lokale und geistige Kolorit einer schwäbischen Kleinstadtwelt des 19. Jahrhunderts. Mit dem *Familienfest* hat H. ein poetisches Experiment skeptizistischer Geschichtsschreibung auf dem nahezu neutralen Feld fremder, fiktiver Biographien abgeschlossen, das ihm die erzählerischen Modalitäten einer Erinnerungsarbeit bis hin zur stark beachteten Geschichte des jüdischen Rechtsanwalts *Felix Guttmann* (1985) ausleuchtet. Inzwischen ist er auch als engagierter Essayist und Kritiker umworben, und der S. Fischer Verlag gewinnt ihn als Cheflektor und Geschäftsführer (1967 bis 1973). Die breite Palette seiner Publikationen zeigt einen Autor, der die geistige und gesellschaftspolitische Auseinandersetzung auch öffentlich sucht. 1970 publiziert H. (»Ich kenne keine Poetik der Revolution, nur eine des Widerstandes«) sein ideologiekritisches Revolutionsstück *Gilles* und beginnt mit ... *und das ist die ganze Familie* eine ansehnliche Reihe von Kinderbüchern, die deutlich die Handschrift eines Vaters tragen, dem sich die Erfahrungen der eigenen Kindheit wie die des politisch hellhörigen Zeitgenossen zu einem humanistischen Auftrag gegenüber den Heranwachsenden gestalten. Nachdem H. mit der Erzählung *Ein Abend, eine Nacht, ein Morgen* (1971) einen Abstecher in die Untiefen der Modethematik »Selbstverwirklichung/Midlife-crisis« gewagt hat, wendet er sich mit der autobiographischen Romanmontage *Zwettl* (1973) nun explizit der Archäologie seiner eigenen Jugend zu, die er sieben Jahre später in dem literarischen Zwiegespräch mit dem oppositionell besetzten Vaterbild fortsetzt *(Nachgetragene Liebe*, 1980). Es scheint, als habe H. jetzt die Stoff- und Fragenkreise methodisch ausgeleuchtet, die seinem Gestaltungswillen die adäquate Bühne stellen können. Fremde Lebensgeschichten, Autobiographisches und Fiktion sind nunmehr gleichrangige und ebenso selbstverständliche Medien wie die poetischen Darstellungstechniken. So zielt der Roman *Eine Frau* (1974) inhaltlich und entstehungsgeschichtlich mitten in die sich entfaltende Emanzipationsdiskussion, während *Das Windrad* (1983) rückblickend der zivilisationsüberdrüssigen Aussteigerromantik nachspürt.

Dagegen erscheint H.s erfolgreichstes Buch *Hölderlin* (1976) – dessen Gestalt ihn allerdings schon Jahrzehnte beschäftigt – in einer Literaturlandschaft oft oberflächlicher Hölderlin-Euphorie, der nicht selten der Protagonist zum bloßen Etikett einer gedankenschwachen und politpropagandistischen Selbstdarstellung gerät. H.s Methode einer intellektuellen, politischen und empfindungsmäßigen »Anverwandlung« mag manchem in philologischer und poetologischer Hinsicht fragwürdig erscheinen, das Faszinosum ihrer atmosphärischen Dichte kann ihr wohl kaum bestritten werden. Eine vergleichbare Resonanz war der Geschichte um Eduard Mörike und Maria Meyer (*Die dreifache Maria*, 1982) allerdings nicht beschieden. Ein weiteres Mal kehrt der Erzähler H. in dieses geschichtliche Umfeld zurück, wenn er mit einem Ausschnitt aus dem Leben des Mörike-Freundes Wilhelm Waiblinger den Umständen nachfragt, unter denen dessen ungestümes und aufbegehrerisches Verlangen nach einer genialischen Einheit von Dichtung und Leben zerbricht (in dem 1987 erschienenen Roman *Waiblingers Augen).*

Geradezu als psychologische Kontrafaktur zu *Eine Frau* liest sich der Roman *Hubert oder die Rückkehr nach Casablanca* (1978). Der autoritäre Charakter einer nationalsozialistischen Vaterfigur treibt Hubert in die Scheinwelt einer Identifikation mit Kinohelden. Übergangslos spielt sich sein gebrochenes Ich nach 1945 rettungsheischend in die von neuen Erfolgsklischees beherrschte Verdrängungsgesinnung. Erst als seine Erinnerung auf schützende Synchronisation verzichtet und lapidar das offene Wort wagt, weist sich ihm ein eigener Weg. Wenn sich H. 1988 den zentralen Motiven von Wilhelm Müllers *Winterreise* – mit zu imaginieren ist dabei immer auch die Vertonung Schuberts – zuwendet, dann entsteht dabei ein Buch, das manche Kritiker bereits als Lebensbilanz einschätzen. Ein prononciert reflektierendes Ich nimmt die beherrschenden Erlebnisse aus der Kindheit – Flucht, Vertreibung, Fremd- und Ausgestoßensein –, die auch auf die wichtigen frühen Stoffe hinführen, auf und prüft, was geblieben ist und womit es in Beziehung stehen mag. Der »erzählende Essay« (Rolf Hackenbracht) resümiert »das Fremdsein« als »die uns zeitgemäße Existenzform«, ohne in die Resignation zu lenken – dem Aufklärer H. geht es immer auch darum, jene Zwänge, Gewaltformen und Mechanismen zu entlarven, die einen allererst zu einem Fremden machen.

Mehrere Ausgaben, zuletzt der Essay-Band *Wer vorausschreibt, hat zurückgedacht,* zwischen 1966 und 1990, dokumentieren eine thematisch weitgestreute, die Auseinandersetzung suchende, keine Tabus fürchtende Tätigkeit des Kritikers, Literatur-Vermittlers und Mahners, der sich um Vergessenes kümmert, sich Gedanken darüber macht, was Lesen für Kinder bedeutet, in den politischen Meinungsstreit eingreift, exemplarische wie dezidiert subjektive Interpretationen vorträgt (vgl. auch seine programmatischen Frankfurter Poetikvorlesungen *Der spanische Soldat oder Finden und Erfinden,* 1984) und immer wieder dort die notwendige Erinnerungsarbeit einfordert, wo so viele verdrängen woll(t)en. Auch die stattliche Reihe zum Teil preisgekrönter Kinderbücher ist Beleg für das aufklärerische Engagement H.s. Besonders hervorgehoben unter den Romanen bzw. Erzählungen für Kinder seien *Das war der Hirbel* (1973), die Geschichte eines in Heime abgeschobenen, schwer hirngeschädigten Kindes, *Oma,* das mit dem Deutschen Jugendbuchpreis (1976) ausgezeichnete Buch um das Zusammenleben verschiedener Generationen, ein Thema, das mit ganz anderem Schwerpunkt 1981 *Alter John* wieder aufnimmt, oder *Fränze* (1989), der Roman eines 13-jährigen Mädchens, das an sich selbst das

Scheitern einer Familie durch Arbeitslosigkeit und fortschreitende Zerrüttung erfährt.

H.s letztes größeres Werk *Herzwand* (1990) heißt im Untertitel programmatisch *Mein Roman* und versammelt in einem erinnernden Spiel biographische, werkgeschichtliche und poetische Stimmen zu den letzten fünf Jahrzehnten von der frühen Gefährdung des Kindes H. im Krieg und auf der Flucht bis hin zur Herzkatheterisierung des bald Sechzigjährigen – genauer und charakteristischer: von dieser zurück zu jenen frühen Erlebnissen. Die Motive und Themen treten in Kontrast, werden aktuellen Fragen und Konflikten, Startbahn West etwa, ausgesetzt und nach all jenen Hinweisen und Verstecken abgesucht, die gültigere Antworten geben könnten, als es die bisherige Erinnerungsarbeit vermochte. Nicht immer gelingen die Übergänge bruchlos. Doch das wäre gerade in diesem Genre auch äußerst überraschend, dürfte es doch zuvörderst zu jenen gehören, die das Wort von der »schmutzigen Ästhetik« (Frankfurter Poetikvorlesungen) einklagt.

Programmatisch lautet 1993 ein Titel *Bücher sind meine Waffe,* und zahlreich sind in der Tat H.s engagiert-kritische Beiträge zur jüngeren Geschichte und Politik wie auch zu gesellschaftspolitischen Dimensionen der Literatur (versammelt etwa im Band *Zwischen Untergang und Aufbruch,* 1990). Seit Ende der 1980er Jahre ist eine gesteigerte essayistische Auseinandersetzung mit Musik und ihrer Geschichte zu beobachten (*Noten zur Musik* (1990); *Notenschrift: Worte und Sätze zur Musik* (1998)). Kompositionsmodelle und Sprachfigurationen des Erzählers und Lyrikers H. sind zwar schon seit seinen Anfängen (etwa im *Niembsch*) dezidiert Erscheinungs- und Wirkungsformen der Musik verpflichtet, doch nun geraten nachdrücklich die Biographien großer Komponisten ins Blickfeld des Erzählers. 1994 las er als Poetik-Dozent an der Hochschule für Musik und Gestaltung »Mozarteum« in Salzburg über *Das wandernde Wasser. Musik und Poesie in der Romantik,* wozu ihn allein schon seine langjährige Beschäftigung mit dem Liedgut Schuberts und anderer empfahl. Mit Franz Schubert, Robert

Schumann und E. T. A Hoffmann wandte H. sich innerhalb von 10 Jahren dann auch drei gebrochenen Künstlerexistenzen aus der Romantik zu. In *Schubert.* *Zwölf Moments musicaux und ein Roman* (1992) erfindet er sich, auf dokumentarisches Material zurückgreifend, einen Lebensbegleiter neu, der mit seinen Liedzeilen »Fremd bin ich eingezogen, fremd zieh wieder aus« bereits dem 15-jährigen Flüchtlingskind als Vertrauter erschienen war. Die Aufnahme des Romans durch die Kritik war zwiespältig. Manchen fiel die H.sche Anverwandlung des Subjekts Schubert zu sentimental-besitzergreifend aus und dafür die musiktheoretischen Einlassungen zu wenig professionell, andere – v. a. auch der inzwischen große Kreis von bekennenden H.-Lesern – sahen den Vorzug des Romans gerade darin, dass H. die sehr intime Annäherung nicht scheut und, statt die Theorie zu bemühen, das Künstler-Ich imaginiert. Diese Ambivalenz in der Aufnahme des H.schen Werks ist spätestens seit seinem *Hölderlin* zu konstatieren. Es ging der *Romanze* (Untertitel) *Hoffmann oder Die vielfältige Liebe* von 2001 nicht anders. Nur sein 1996 veröffentlichter Roman *Schumanns Schatten* setzt sich von dieser Tendenz in der H.-Rezeption etwas ab. Das mag v. a. daran liegen, dass H. in diesem Werk eine Komposition des Stoffs wählte, die den Erzähler immer wieder auf Distanz hält. Er kann sich zwar auch hier (v. a. auf Briefe und Tagebücher gestützt) bis ins Intime der Schumann-Wiek-Existenzen vortasten, doch werden solche Passagen kursorisch abgelöst von längeren, vom Erzähler redigierten Auszügen aus den originalen (unveröffentlichten, aber H. zugänglichen) Krankenberichten, die der behandelnde Arzt der Bonner Nervenklinik über Schumann in seinem Tagebuch festgehalten hatte. Während im Umfeld dieses objektivierenden Verfahrens auch ganz und gar unerfreuliche Seiten der Titelfigur ins Blickfeld rücken und damit dem Roman ein tragendes kritisches Moment verleihen, geriet H. die Hoffmann-Gestalt so forciert zum Vertrauten, zum imaginierten Alter-ego, dass es schwerfällt, den Text zu lesen, ohne immer wieder an die Phantasien des Autors (und eben nicht

eines vermittelnden Erzählers) zu denken. Im Mittelpunkt stehen Hoffmanns Bamberger Jahre, seine leidvollen Versuche, als Musiker zu reüssieren, und v. a. seine amour fou zur 14-jährigen Gesangsschülerin Julia Marc, die – wenn man denn H.s Sichtweise folgen will – zu Hoffmanns Muse auf dem Weg zum Dichterruhm wird.

Neben dem Blick auf Künstlerexistenzen, denen Genie und Scheitern zugleich eingeschrieben scheint, und neben dem umfangreichen lyrischen Opus und den zahlreichen Kinderbüchern war es von Anbeginn seines Schaffens immer auch schon der Blick auf die eigene Herkunft und die Geschichte seiner Familie, die dem Erzähler H. Stoff und Anreize zur Gestaltung und gedanklicher Durchdringung bot, wenn nicht gelegentlich sogar aufdrängte. Im letzten Jahrzehnt galt dies für die Novelle *Boëna* (1994) um das Schicksal einer Tschechin, die erst von den Nazis aus der Universität geworfen und später von ihren Landsleuten – fälschlicherweise – als Kollaborateurin auf »Nazihure« beschimpft und zu Arbeitslager verurteilt wird. H. ging hier der Biographie einer Sekretärin seines Vaters nach, die dieser als Rechtsanwalt während der Besatzungszeit in Mähren beschäftigt hatte. In *Große, kleine Schwester* (1998) entlockt H. dem oft zänkischen alltäglichen Zermürbungsspiel zweier Schwestern die unterschiedlichsten und stets umkämpften Erinnerungen an ihr früheres Leben in der alten Heimat Brünn, von wo sie nach dem Ende der Nazidiktatur ins Süddeutsche verschlagen wurden und nun die nächsten 40 Jahre einander auf engstem Raum ausgeliefert sind. Zuletzt resümierte H. seine eigene Vita, und ein weiteres Mal verleiht seine Erinnerungs- und Vergegenwärtigungsarbeit jenen Jahren eine besonders drastische Gegenwärtigkeit, in denen der Heranwachsende und auch der »Alte« sich durch wechselnde Erfahrungen der Fremde: Böhmen, Niederösterreich, Schwaben, – d. h. *Nachgetragene Liebe* und *Boëna, Zwettl* – ins Leben flüchtet, arbeitet, dichtet. Der spätere H. kommt in diesen *Erinnerungen* mit dem Buchtitel *Leben lernen* (2003) auch ins Bild. Allerdings widmet er der Zeit nach den frühen

1960ern, als er zum gefragten Redakteur und anerkannten Literaten arriviert war, weniger als ein Viertel des Buches. Wohl nicht deshalb, weil das »Leben lernen« zu einem Abschluss gekommen wäre. Da steht das Leben selbst dagegen. Auf der letzten Seite lesen wir, dass der Autor »am 5 März 2003« auf den Besuch der Kinder – und die Welt mit ihm auf einen Krieg warte.

Werkausgabe: Gesammelte Werke. Köln 1993 ff.

*Gerhard Gönner*

## Hartmann von Aue
Um 1200

In der Verslegende *Der Arme Heinrich* stellt sich der Dichter vor als »ritter« (der »geleret was«) und als »dienstman ze Ouwe«. Als Ritter erscheint er auch auf den Miniaturen der Minnesanghandschriften. Sehr viel mehr als diese knappen Angaben ist über das Leben dieses Dichters nicht bekannt, das zwischen 1160 und 1210 angesetzt wird. Für den Beinamen »Ouwe« hat die Forschung vier Möglichkeiten diskutiert: Obernau bei Tübingen, Eglisau (Aargau), die Reichenau und Aue bei Freiburg. Übersehen wurde ein Aue, das im Zusammenhang mit H.s Klagen über den Tod seines (ungenannten) Herrn in zweien seiner Kreuzlieder Bedeutung erhalten könnte, nämlich Hagenau, die damals herausragende Kaiserpfalz, ein Zentrum des staufischen Hofes, an dem auch Dichter wie Friedrich von Hausen, Reinmar und Walther von der Vogelweide zu vermuten sind. Der »Herr« wäre dann Kaiser Friedrich I., dessen Tod auf dem 3. Kreuzzug tatsächlich eine über einen engeren Lebenskreis hinausreichende Erschütterung ausgelöst hat (vgl. den Kreuzleich Heinrichs von Rugge). So gesehen, wäre die Kaiserpfalz H.s »Dienstort« gewesen.

Gesichert ist dagegen H.s literarische Anerkennung im Mittelalter: Schon Gottfried von Straßburg rühmt ihn seiner klaren Sprache und Darstellung wegen. Wolfram von Eschenbach beruft sich auf ihn als Gewährsmann in »Artusfragen«: Dies evtl. eine An-

spielung darauf, dass H. durch zwei komplementär angelegte Werke, *Erec* und *Iwein*, die Artusepik nach dem Vorbild des altfranzösischen Dichters Chrestien de Troyes in der mittelhochdeutschen Literatur begründete. Beide Werke kreisen um das Problem der »mâze«, um die Schwierigkeit, die richtige Mitte zwischen den ritterlichen Pflichten gegenüber der Gesellschaft und denen der Ehefrau zu finden. Während Erec sich »verligt«, seine Aufgaben als Landesherr versäumt, »verrîtet« sich Iwein, vergisst auf einer Turnierfahrt seine Frau und seine Herrscherpflichten.

Beide müssen sich dann in doppeltem Aventiure-Cursus bewähren. Gegenüber den französischen Vorlagen betont H. stärker die didaktischen Implikationen der Fabeln, prangert verantwortungsfreies Aventiure-Rittertum an.

Von H. stammen außerdem zwei höfische Legendenromane mit einer ins Religiöse ausgreifenden Schuldproblematik: *Gregorius*, die Geschichte eines doppelten Inzests (mit Schwester und Mutter), stellt die zentrale These auf, dass keine Schuld so groß sei, dass sie bei echter Reue nicht vergeben werden könne: Der »guote sündaere« Gregorius wird nach übermenschlicher Buße schließlich erhöht – zum Papst. Ironisch gebrochen erscheint die Geschichte in Thomas Manns *Der Erwählte*. – *Der Arme Heinrich* ist die Geschichte eines Ritters, der über dem Besitz aller Güter dieser Welt Gott vergisst, welcher ihn dafür mit Aussatz schlägt. Die Heilung ist nicht durch Fremdopfer (eine unschuldige Jungfrau), wie zunächst geplant, sondern erst nach der Ergebung in das auferlegte Schicksal möglich. – H. verfasste überdies ein minnedidaktisches Verswerk, das sog. *Büchlein*; ein zweites wird gewöhnlich für unecht angesehen. – Außerdem sind von ihm 18 Lieder überliefert. Neben traditionellen Minneklagen, Frauen- und Kreuzliedern (jeweils mit eigenständiger Motivik) stehen als Neuerungen die Klagen über den Tod seines Herrn, die Absage an die Hohe Minne (mit Hinwendung zu »armen wiben«), die radikale Lösung von irdischer Minne (mit Plädoyer für Handlungsethik). H.s Nachruhm beweisen im 13. Jahrhundert mehrere Autoren, die sich auf ihn als Artusdichter berufen: Heinrich von dem Türlin, Pleier, Konrad von Stoffeln, Reinbot von Durne u. a. Meist wird er in einer Klassiker-Trias zusammen mit Gottfried von Straßburg und Wolfram von Eschenbach genannt (z. B. von Rudolf von Ems u. a.). Als Lyriker ist er nur einmal bei Dem von Gliers als Dichter von (nicht erhaltenen) Leichs zitiert.

Werkausgaben: Erec. Mhd. Text u. Übertragung. Hg. von Thomas Cramer. Frankfurt a. M. 1972; Iwein. Eine Erzählung von Hartmann von Aue. Hg. von Georg Friedrich Benecke und Karl Lachmann. 1827. 7. Ausg. neu bearb. von Ludwig Wolff. Berlin 1968; Gregorius. Hg. von Hermann Paul. 13., neubearb. Aufl. bes. von Burghart Wachinger. Tübingen 1984; Der arme Heinrich. Hg. von Hermann Paul. 15. durchges. Aufl. bes. von Gesa Bonath. Tübingen 1984; Lieder. Mhd./Nhd. Hg. von Ernst von Reusner. Stuttgart 1985.

*Günther Schweikle/Red.*

### Hašek, Jaroslav
Geb. 24. 4. 1883 in Prag;
gest. 6. 1. 1923 in Lipnice

Der mit der Figur des »braven Soldaten Schwejk« weltweit bekannt gewordene tschechische Schriftsteller Jaroslav Hašek stammte aus der Familie eines früh verstorbenen Mathematiklehrers. Er brach seine Gymnasialausbildung vorzeitig ab, wurde Drogist und studierte dann an der Handelsakademie. Vorübergehend arbeitete er als Bankangestellter, bevor er sich dem Journalismus und der Literatur widmete. Die Zeitschrift *Národní listy* (Nationalblatt) druckte H.s erste Erzählungen ab. Sie stammen von seinen Reisen durch die Länder der österreichisch-ungarischen Monarchie, besonders aus der Slowakei, aber auch aus anderen Ländern Mittel- und Südosteuropas. Zwar bekannte sich H. politisch zu den Anarchisten, redigierte ihre Zeitschriften und schrieb aufrührerische Feuilletons und Humoresken, wirkte aber auch in politisch anders ausgerichteten satirischen Zeitschriften mit. Vergeblich versuchte er, ein sesshaftes Leben unter anderem als Redakteur von *České slovo* (Das tschechische Wort) und *Svět svířat* (Welt der Tiere) zu führen. Seine erste Frau Jarmila und seinen Sohn Richard verließ er nach Ausbruch des Ersten Weltkriegs; er meldete sich an die russische Front. In russische Gefangenschaft geraten, trat er in die tschechoslowakische Legion ein und arbeitete in Kiew als Redakteur der Legionärszeitschrift *Čechoslovan* (Tschechoslawe). Nach der Oktoberrevolution engagierte er sich in der Roten Armee als Journalist und Kulturmitarbeiter. In seine Heimat kehrte H. 1920 mit seiner zweiten Frau, einer Russin, zurück. Er gab die politische Arbeit auf und schrieb sein Lebenswerk *Osudy dobrého vojáka Švejka za světové války* (1921/23; *Die Abenteuer des braven Soldaten Schwejk während des Weltkrieges,* 1926/27) – zunächst in Prag, dann in Lipnice bei Havlíčkův Brod, wo er starb.

Obgleich H. schon 1903 die Gedichte *Májové výkřiky* (Ausrufe im Mai) als Parodie auf die dekadente Poesie veröffentlicht hatte und sich später parodistisch in dramatischen Sketchen versuchte, lag seine literarische Vorliebe bei der Prosa: Schon mit 17 Jahren schrieb er Satiren, er verfasste insgesamt über 1200 Erzählungen; vor allem aber schrieb er den vierbändigen Roman über den Soldaten Schwejk und den verschollenen Roman *Historie vola* (Die Geschichte eines Ochsen). In seiner frühen Prosa schildert H. Erlebnisse seiner Wanderungen durch die Länder der Monarchie in Form von humoristischen Reportagen, die erst in den 1950er Jahren in dem Band *Črty, povídky a humoresky* (Skizzen, Erzählungen und Humoresken) gesammelt ferschienen. Vor dem Ersten Weltkrieg erschienen einige Bändchen mit Erzählungen, die zuvor in Zeitschriften abgedruckt waren. Der bedeutendste Band war *Dobrý voják Švejk a jiné podivné historky* (1912; Der gute Soldat Schwejk und andere seltsame Geschichtchen), der mit fünf Erzählungen über einen Soldaten eingeleitet wurde, der sich überhaupt nicht soldatenhaft verhielt und den Dienst in der Armee zur Absurdität führte. Die Gestalt wurde schnell populär, und H. stellte sie erneut in den Mittelpunkt des in Kiew verfassten Bandes *Dobrý voják Švejk v zajetí* (1917; Der gute Soldat Schwejk in Gefangenschaft). »Der Dummkopf bei der Kompanie«, wie er den Schwejk ursprünglich nannte, wird darin gegen seinen Willen zum antiösterreichischen Widerstandskämpfer, als er versehentlich seinen Feldwebel erschießt und in russische Gefangenschaft kommt.

Zu Schwejk kehrte H. noch einmal und nun wesentlich ausführlicher nach dem Krieg mit dem umfangreichen humoristischen Roman *Osudy dobrého vojáka Švejka za světové války* zurück, dessen vierten Teil er nicht mehr vollenden konnte. Aus Schwejk wird hier paradoxerweise nicht nur ein Dummkopf, der »für den Herrn Kaiser bis zum letzten Atemzug kämpfen« will, sondern auch ein zersetzendes Element der Kriegsmaschinerie, indem er unsinnige Befehle ausführt. Der Roman ist eine freie Abfolge von Schwejks Auftritten, Gesprächen und Erzählungen. Nur der Held hält die einzelnen Episoden zusammen, die zunächst in Prag, dann in Südböhmen und Ungarn und schließlich in der Nähe der Front im nordrussischen Galitsch spielen. Die improvisierende Leichtigkeit des Romanaufbaus zeigt sich auch in der Sprache. Die auffallend vielen Dialoge sind umgangssprachlich und vulgär, verwenden Jargons, die parodiert werden, sowie verschiedene Sprachen der Habsburger Monarchie und ihrer Nachbarn: neben dem kolloquialen Tschechisch das österreichische Deutsch, das Ungarische und das Polnische. Während die zeitgenössische Kritik das Werk zunächst als unmoralisch und vulgär ablehnte, nahm es die Leserschaft – auch im Ausland – begeistert auf. Die neuartige literarische Form, vergleichbar der des »Don Quijote«, des »Faust« oder des »Hamlet«, fand dank Max Brod den Weg in die deutschsprachigen Länder und schließlich in die ganze Welt. Der *Švejk* wurde zum am häufigsten übersetzten Buch der tschechischen Literatur (54 Sprachen), er wurde häufig dramatisiert (u. a. von Bertolt Brecht) und verfilmt.

*Susanna Vykoupil*

## Hasenclever, Walter

Geb. 8. 7. 1890 in Aachen;
gest. 22. 6. 1940 in Les Milles/
Südfrankreich (Internierungslager)

Der Sohn eines Sanitätsrats aus jüdischem Hause musste zwangsweise Jura studieren (1908– 1909 in Oxford und Lausanne), dies schon ein Ausdruck des »frühzeitigen Konflikts mit überstrengem, ultrakonservativem Vater« (Kurt Pinthus). Er ›entwich‹ jedoch nach Leipzig, war dort mit Kurt Pinthus, Ernst Rowohlt, Kurt Wolff und Franz Werfel befreundet, und studierte mit Unterstützung seiner Großmutter Germanistik und Philosophie, was einem Bruch mit dem Elternhaus gleichkam. Bis zur Einberufung Anfang 1915 war er Student in Bonn. Zunächst Kriegsfreiwilliger (Dolmetscher und Ordonnanz), wurde er nach einem Aufenthalt in einem Lazarett-Sanatorium als nervenkrank und somit kriegsdienstuntauglich eingestuft. Die folgenden Jahre lebte er in Dresden und war mit Oskar Kokoschka und Paul Wegener befreundet. Sein Drama *Der Sohn* (1916 in Prag uraufgeführt und wenige Tage später in Dresden der Zensur wegen vor geladenen Gästen gespielt) hatte laut Vorrede »den Zweck, die Welt zu verändern«. Sein eigenes Vaterverhältnis darin bewältigend, hatte H. den Kern eines Generationskonflikts, den Kampf der Idealisten gegen die feudale Tyrannis der kriegeführenden und alle Gefühle unterdrückenden Väter aufgegriffen. Das Stück wurde zum Inbegriff des Expressionismus, wobei H. darunter lediglich einen Gegenentwurf zum alten Theaterschema verstanden wissen wollte. Die Sprache ist weitgehend naturalistisch und der Freiheitskampf des Sohnes gegen den peitschenschwingenden Vater erinnert an Schillers Pathos, das sich als Euphorie des Ausbrechens, Ekstase und Hedonismus auch in der Lyrik H.s jener Jahre finden lässt (*Der Jüngling* 1913; *Tod und Auferstehung*, 1917). Der Einfluss

des Hillerschen Aktivismus führte zu einer Politisierung H.s, war doch schon *Der Sohn* ein »Vorspiel des Bürgers zum Staat«, die über das Drama *Der Retter* (1916), dem Opfergang eines Dichters in Kriegszeiten, der von einer Friedensmission beseelt ist, hin zum plakativen Pazifismus der *Antigone* (1917) führte, »mit der das Gewissen gegen Krieg und Vergewaltigung protestierte« und »in der der antike Stoff zur Irreführung der Zensur mit zeitlichen Ereignissen durchsetzt war« (H.). Die Vorstellung vom ›neuen Menschen‹, vom Dichter als Verkünder und Führer (»Er wird den großen Bund der Staaten gründen./ Das Recht des Menschentums. Die Republik.« aus: *Der politische Dichter*, 1919) war allerdings nicht lange aufrechtzuerhalten (»schon 1917 erkannte ich die Unmöglichkeit, in Deutschland politische Ideale zu verwirklichen«) und in der Komödie *Die Entscheidung* (1919) rechnet er zeitsatirisch-slapstickhaft mit den Unzulänglichkeiten der Novemberrevolution ab, die er in der *Antigone* vorweggenommen hatte (»Nieder die Fürsten!«). H. hatte sich frühzeitig mit dem neuen Medium Kino auseinandergesetzt und auch beleuchtungstechnisch versucht, die Filmchoreographie der Zeit auf die Bühne zu bringen. Im Schauspiel *Die Menschen* (1918) konzentriert sich alles auf Regieanweisungen bei sonst fast stummer Handlung. Mit *Die Pest* (1920) legte H. laut Vorwort »den ersten Filmtext, der in Buchform gedruckt wurde« vor. Die Unvereinbarkeit von Film und Drama hat H. späterhin allerdings ausdrücklich betont. Durch das Studium der Schriften Swedenborgs, den er übersetzte, und der Reden Buddhas begann eine mystische Phase H.s, die sich in dem zeit- und raumlosen Erlösungsdrama *Jenseits* (1920) widerspiegelt, das die ganze Palette okkulter Vorstellungen bereithält als eine »neue Dimension und Sprache auf der Bühne« (H.) und im *Caligari*-Film ein Pendant hat. Im Rückblick sprach H. davon, sich ins »Abstrakt-Spekulative« verrannt zu haben. Nachdem er 1924 als Schauspieler mit Paul Wegener eine Hollandtournee hinter sich gebracht hatte, lebte er bis 1928 als Korrespondent des Berliner *8-Uhr-Abendblattes* in Paris, wo er sich unter dem Eindruck des französischen Lust-

spiels wie des savoir vivre der Gesellschaftskomödie zuwandte und zu »einem der bühnensichersten Komödiendichter in deutscher Sprache« (Hermann Kesten) wurde. Das Erfolgsstück *Ein besserer Herr* (1926) persifliert die Geschäftstüchtigkeit der Zeit, am Beispiel eines Heiratsschwindlers, und die Macht des Geldes, die alle Gesellschaftsschichten scheinbar miteinander aussöhnt. Die Komödie *Ehen werden im Himmel geschlossen* (1928) brachte H. Anzeigen und Prozesse wegen Gotteslästerung ein, da er das himmlische Personal (Gott, Petrus, Maria) in einen eleganten Salon verlegt, von wo aus irdische Entscheidungen über Leben und Tod mit der Süffisanz eines autokratischen Staatsapparats gefällt werden. Temporeiche, lebendige Dialoge ohne übermäßige psychologische Durchgestaltung der Figuren machten H. zu einer Art neuem Klassiker, der weit vom rein boulevardhaften entfernt ist und an der dunklen Seite, der »Moira der alten Griechen« (H.) festhalten wollte. Von 1929 bis 1932 lebte er in Berlin, unternahm aber zahllose Reisen in Europa und nach Marokko, 1930 war er in Hollywood mit einem Drehbuch für Greta Garbo beauftragt, das Projekt scheiterte jedoch. H.s Misstrauen gegenüber (Macht-)Politik und Politikern wurde farcenhaft aufbereitet in *Napoleon greift ein* (1929, 1930 uraufgef.): Der aus einem Wachsfigurenkabinett entlaufene Napoleon sieht sich mit der modernen Staatspolitik und dem Kult um seine Person konfrontiert. 1933 musste H. ins Exil, zunächst nach Nizza, lebte 1937/38 auf einem erworbenen Landsitz in Italien, wurde interniert, entkam nach London und kehrte zu seinem Unglück 1939 an die französische Riviera (Cagnes-sur-Mer) zurück. Nach mehrmaligen Inhaftierungen nahm er sich angesichts der möglichen Auslieferung im Lager Les Milles 1940 das Leben. Die Stücke des Exils schlagen wieder spirituelle Töne an (*Sinnenglück und Seelenfrieden*, 1936 uraufgef.) oder widmen sich einfühlsam dem Menschenschicksal (*Münchhausen*, 1948 uraufgef., handelt vom betrogenen Greis und seiner jungen Frau). Rassengesetze und Faschismus komödienhaft in biblisches Gewand zu kleiden, so geschehen in *Konflikt in Assy-*

*rien* (uraufgef. 1939 in London) konnte H. nur Kritik einbringen.

Die beiden posthum veröffentlichten Romane H.s sind autobiographischer Natur. *Irrtum und Leidenschaft* (1969), als Parallelisierung von Amourösem und Zeitgeschichtlichem zugleich bitteres Resümee des historischen Versagens des deutschen Bürgertums, zeigt den zunehmend seiner geistigen Traditionen beraubten Dichter, der Roman *Die Rechtlosen* (1963) den im Lager unter demütigenden Bedingungen seiner Freiheit beraubten Menschen.

Werkausgabe: Sämtliche Werke. Hg. von Dieter Breuer und Bernd Witte. Mainz 1989.

*Nicolai Riedel*

## Hauff, Wilhelm
Geb. 29. 11. 1802 in Stuttgart;
gest. 18. 11. 1827 in Stuttgart

Unter dem Pseudonym H. Clauren, dessen sich der preußische Hofrat Karl Heun als erfolgreicher Unterhaltungsschriftsteller bedient, erscheint in der zweiten Augusthälfte 1825 bei dem Stuttgarter Verlag Friedrich Franckh ein Roman mit dem reißerischen Titel *Der Mann im Mond oder der Zug des Herzens ist des Schicksals Stimme.* Als Multiplikator des »Aufsehens«, das diese keineswegs allgemein als solche erkannte Parodie erregt, wirkt der von dem Plagiierten angestrengte Prozeß, in dem Franckh schließlich zu der gemessen am Verkaufsertrag »geringen« Strafe von 50 Reichstalern verurteilt wird. Für den jungen Imitator, der sich nun auch als Verfasser der kurz zuvor anonym erschienenen und von der Kritik günstig aufgenommenen *Mitteilungen aus den Memoiren des Satan* zu erkennen gibt, eines im darauffolgenden Jahr um eine Fortsetzung erweiterten satirischen Kaleidoskops der frühen Restaurationszeit, steht der geschickt provozierte Skandal am Beginn einer steilen Karriere. Rasch avanciert er zu einem umworbenen Mitarbeiter verschiedener belletristischer Zeitschriften und Verlage.

Die Art und Weise, in der H. sich ins Gespräch bringt, zeigt beispielhaft, dass er die Mechanismen des expandierenden Büchermarkts souverän durchschaut und sie seiner Strategie des sozialen Aufstiegs zielstrebig nutzbar zu machen versteht. Durchweg verrät der in Relation zur Entstehungszeit von nicht einmal drei Jahren staunenswerte Ertrag seiner hektischen Produktivität, die nach anfänglichen lyrischen Versuchen ausschließlich der Prosa gilt, ein sicheres Gespür für aktuelle Trends. Die Bereitschaft zur partiellen Anpassung an den Publikumsgeschmack verbindet sich freilich mit dem Anspruch »zeitgemäßer« Innovation. *Lichtenstein* (1826), seine Gestaltung einer (so der Untertitel) »romantischen Sage aus der württembergischen Geschichte« nach dem Vorbild der historischen Romane Walter Scotts, verhilft dieser Gattung in Deutschland zum Durchbruch. H.s Beiträge zum zeitgenössischen »Modeartikel«, der Novelle – *Die Bettlerin vom Pont des Arts* (1826) etwa, *Jud Süß* oder *Das Bild des Kaisers* (beide 1827) –, entfalten programmatisch einen urbanen Erzählgestus jenseits aller literarischen »Schulen«, der breite Kreise für die »allgemeine Bildung« gewinnen und zugleich »den ernster denkenden … fesseln« will. Am berühmtesten geworden sind indes zu Recht seine drei zyklischen »Märchenalmanache«: *Die Karawane* (1825), *Der Scheik von Alessandria und seine Sklaven* (1826) sowie *Das Wirtshaus im Spessart* (1827) mit dem herausragenden Stück *Das kalte Herz.* Sie gehören nach Robert Walser »zum Schönsten und Kostbarsten«, »was in deutscher Sprache jemals gedichtet wurde.«

H. stammt aus einer Familie der alteingesessenen bürgerlichen »Ehrbarkeit« Württembergs. Der Vater, ein kurz vor der Geburt seines zweiten Sohnes als Republikaner denunzierter und zeitweise inhaftierter Jurist im Staatsdienst, stirbt 1809. In Tübingen besucht H. bis 1817 die Lateinschule. Auf Antrag der Mutter wird er bereits ein Jahr früher als üblich aus dem Seminar Blaubeuren 1820 zum Studium der protestantischen Theologie, mit Philologie und Philosophie als Nebenfächern, nach Tübingen entlassen. 1821 schließt er sich einer Nachfolgeverbindung der aufgrund der »Karlsbader Beschlüsse« zwei Jahre zuvor verbotenen Burschenschaft »Germania« an, deren Eintreten für gesellschaftliche Freiheitsrechte (bei gleichzeitiger Distanz zu ihrer Deutschtümelei) er teilt.

Da H. das Pfarramt umgehen will, nimmt er unmittelbar nach seiner Abschlussprüfung im Spätsommer 1824 zunächst für eineinhalb Jahre eine Stelle als Hauslehrer in der Familie des württembergischen Kriegsratspräsidenten an, die ihm genügend Freiraum zur literarischen Arbeit lässt. Die obligatorische große Bildungsreise führt den inzwischen zum Dr. phil. Promovierten 1826 nach Paris, in die Normandie und nach Brüssel, anschließend hält er sich in einigen norddeutschen Städten auf. Die humoristischen *Phantasien im Bremer Ratskeller* (1827) erinnern an eine seiner Stationen.

Mit Beginn des folgenden Jahres übernimmt H. im Verlag von Johann Friedrich Cotta die belletristische Redaktion des angesehenen *Morgenblatts für gebildete Stände*. Auch im Umgang mit dem neuen Dienstherrn behält er sein ausgeprägtes Selbstbewusstsein. »Ich fühle Kraft und Beruf in mir, Gutes, vielleicht, wenn ich reif genug sein werde, sogar Schönes und Erhabenes zu schaffen; daß dies jetzt noch nicht ist, weiß ich selbst«, hatte er am 7. September 1826 einem Freund geschrieben. Der frühe Tod, wenige Tage nach der Geburt seines Kindes, ereilt ihn mitten in neuen dichterischen Plänen und lässt die angekündigten Fortschritte nicht mehr zu, deren Erwartbarkeit die Nekrologe übereinstimmend hervorheben. Selbst mit seinem vorliegenden Werk aber ist H. einer der wenigen wirklich populären »Klassiker« der deutschen Literatur.

Werkausgabe: Sämtliche Werke. Hg. von Sibylle von Steinsdorff. 3 Bde. München 1970.

*Hans-Rüdiger Schwab*

## Hauptmann, Gerhart
Geb. 15. 11. 1862 in Ober-Salzbrunn/Schlesien;
gest. 6. 6. 1946 in Agnetendorf/Schlesien

»Der Sozialismus dieser Zeit ehrt in Ihnen den mitleidigen Dichter der ›Weber‹ und des ›Hannele‹, den Dichter der Armen; und nachdem man der Demokratie alles nachgesagt hat, was ihr nachgesagt werden kann, ist festzustellen, daß sie des Landes geistige Spitzen, nach Wegfall der dynastisch-feudalen, der Nation sichtbar macht: das unmittelbare Ansehen des Schriftstellers steigt im republikanischen Staat, seine unmittelbare Verantwortlichkeit gleichermaßen, – ganz einerlei, ob er persönlich dies je zu den Wünschbarkeiten zählte oder nicht.« In Thomas Manns Rede *Von deutscher Republik*, die H. zum 60. Geburtstag gewidmet war, wird dem Dichter 1922 ein hohes Amt zugewiesen und H. gar als »König der Republik« gefeiert. Heinrich Mann hat im gleichen Jahr ähnlich emphatische Töne gefunden, als er den Jubilar als »Präsident des Herzens« neben den Reichspräsidenten stellte. Das sind fürwahr große Worte für einen Dichter, der 1889 noch von Theodor Fontane als »wirklicher Hauptmann der schwarzen Realistenbande« (14. 9. 1889) bezeichnet und von offizieller Seite des wilhelminischen Kaiserreiches mit Prozessen überzogen worden war. Dennoch ist H. frühzeitig in die Rolle eines Repräsentanten hineingewachsen, den viele Gruppen für sich reklamiert haben, der letztlich aber doch sehr eigenwillige Wege ging. So war H. ein eminent politischer und zugleich auch unpolitischer Dichter. Seine Werke und auch sein öffentliches Auftreten ließen ihn als politischen Anwalt erscheinen, der 1920/21 gar zum Amt des Reichspräsidenten gedrängt werden sollte, aber sein eigenes Selbstverständnis hat ihn mehr in der Rolle des über den Parteien stehenden Dichters gesehen. 1932 hebt er gegenüber Harry Graf Kessler hervor, dass er »der Sozialdemokratie nie eigentlich sehr nahe gestanden« habe, und lehnt es deshalb ab, sich für die rechtmäßige preußische Regierung zu engagieren, denn er wolle sich »prinzipiell nicht in die Tagespolitik einmischen«.

Auch wenn Thomas Manns Karikatur H.s als Mynheer Peeperkorn im *Zauberberg* (1924) überzeichnet ist, so trifft sie dennoch etwas Wesentliches, wenn es heißt:»Ein eigentümlicher, persönlich gewichtiger, wenn auch undeutlicher Mann«. Tatsächlich ist die biographische und künstlerische Kontur bei H. seltsam verschwommen: Aus bescheidenen Verhältnissen kommend, mit unzureichender Schulbildung versehen, hatte der junge H. zunächst einen Beruf in der Landwirtschaft angestrebt, fühlte sich jedoch der schweren Arbeit nicht gewachsen, glaubte sich zur Bildhauerei berufen, besuchte zeitweise eine Kunstschule, studierte aber auch als Gasthörer an den Universitäten Jena und Berlin Geschichte und fand erst in der Mitte der 1880er Jahre Anschluss an Berliner Literatenkreise wie den Verein»Durch«. 1885 sicherte ihn eine reiche Heirat ab und ermöglichte ihm eine freie Schriftstellerexistenz und ein beinahe großbürgerliches Leben, das ab den 1890er Jahren auch durch die reichlichen Tantiemen unterstützt wurde. H. gehörte schon um die Jahrhundertwende zu den erfolgreichsten deutschen Theaterdichtern. Er fand entscheidende Hilfe durch einen so wichtigen Verleger wie Samuel Fischer, einflussreiche Kritiker wie Theodor Fontane, Paul Schlenther und später Alfred Kerr und Theaterdirektoren wie Otto Brahm. Seine Einnahmen erlaubten ein aufwendiges Leben mit wechselnden Wohnsitzen in Berlin, in seinem Haus »Wiesenstein« in Agnetendorf/Schlesien und Hiddensee auf der Insel Rügen.

Beurteilt wird diese Biographie meist unter politischen und ideologiekritischen Aspekten, denn der Dichter der *Weber* schien sich frühzeitig auf eine sozialkritische Haltung festgelegt zu haben. Es hat H. jedoch immer wieder verärgert, dass sein Bild als Dichter vor allem durch seine naturalistische Phase, durch jene wirkungsvollen Theaterstücke wie *Vor Sonnenaufgang* (1889), *Die Weber* (1892), *Der Biberpelz* (1893) geprägt worden ist. Er selbst strebte schon in den 1890er Jahren über diese »Richtung« hinaus und verstand sich als Vertreter einer allgemeineren »deutschen« Dichtung. So kann man mit guter Berechtigung als

Konstante dieses Lebenswegs einen»wesentlich emotional geprägten Nationalismus« (Peter Sprengel) annehmen, denn auch Thomas Mann hat schon 1922 vor allem das»Deutschtum« und»eine Volkstümlichkeit des humansten Gepräges« betont.»Weiland poeta laureatus der deutschen Sozialdemokratie, dann der Barde des wilhelminischen ›Weltkrieg-Deutschland-über-Alles‹, dann Olympier der Weimarer Republik, schließlich Ehrengreis des III. ›Tausendjährigen‹ Reiches« (Walter Mehring) – solche harschen Urteile würden sich unter dem Aspekt des Nationalismus relativieren, denn dann hat dieser»letzte Klassiker« und»Nachfolger Goethes« immer nur danach gestrebt, ein deutscher Dichter in Deutschland zu sein. Biographische Zeugnisse bestätigen diesen Wunsch. Am 17. März 1933 schreibt H. an Rudolf Binding:»daß wir … gegen die Regierung, der wir unterstehen, nicht frondieren dürfen, ist eine Selbstverständlichkeit. Übrigens habe ich das auch als freier Schriftsteller niemals irgendeiner Regierung gegenüber getan. Dazu ist mein Wesen zu positiv eingestellt. Nicht im Gegenwirken sieht es das Heil, sondern im Mitwirken.« Das sind entlarvende Sätze, die H.s Verhalten zu Beginn des Ersten Weltkriegs ebenso erklären wie im Dritten Reich, wo er eine vorsichtige Anpassung und geistige Distanzierung zugleich versuchte.

Die gern als Schutzbehauptung verstandene Aussage im Prozess um die *Weber*, er habe keine»politische Dichtung« schreiben wollen, gewinnt so aus der historischen Perspektive eine veränderte Bedeutung. Dennoch haben gerade die frühen Werke H.s eine starke politische Wirkung gezeigt: *Vor Sonnenaufgang*, als Werk eines»Schnapsbudenrhapsoden« verlästert, schockierte ein bürgerliches Publikum durch die freimütige Darstellung von Sexualität und Trunksucht; *Die Weber* begeisterten ein Proletarierpublikum, das unter Absingen der Arbeiter-Marseillaise das Theater verließ; *Der Biberpelz* wurde durchaus als politische Satire auf den preußischen Obrigkeitsstaat verstanden. Aber es ist bezeichnend, dass H. – auch wenn mit *Fuhrmann Henschel* (1898), *Rose Bernd* (1903), *Die Ratten* (1911) weitere naturalistische Stücke folgten – schon früh die Annäherung an ein bürgerliches Publikum suchte, indem er mit seinem »Märchendrama« *Die versunkene Glocke* (1896) oder mit seinem »Glashüttenmärchen« *Und Pippa tanzt!* (1906) den Weg von den proletarischen, ja klassenkämpferisch anmutenden Themen zu volkstümlich-mythologischen Sujets fand. Diese Stücke haben H. eine starke Resonanz verschafft, waren sie doch eingelagert in eine breitere literarische Strömung symbolistischer und neuromantischer Dichtung um die Jahrhundertwende, die zugleich eine Entpolitisierung anzeigte. Solche Werke versöhnten die herrschende Gesellschaft, die H. nun mit Literaturpreisen, Ehrendoktorwürden und 1912 gar mit dem Nobelpreis belohnte. Am Ende des Kaiserreichs war er ein arrivierter und keineswegs ein verfemter Schriftsteller, der durchaus schon als nationaler Dichter gesehen wurde. Dieser Rolle versuchte er durch die Wahl seiner literarischen Themen gerecht zu werden, indem er sich immer mehr von politischen, sozialen und zeitkritischen Aspekten entfernte und dafür eher nationale bzw. mythologische Stoffe wählte, wie z. B. im Hexameter-Epos *Till Eulenspiegel* (1928) oder in der Atriden-Tetralogie (1941 ff.). Mit den selbstgewählten Vorbildern Aischylos, Euripides und Goethe versuchte H., sich in eine klassische Traditionslinie zu stellen und verlor gerade dadurch vieles von seiner ursprünglichen »modernen« Aussagekraft, die seine frühe Dichtung so wirkungsvoll hat werden lassen.

Werkausgabe: Sämtliche Werke. Hg. von Hans-Egon Hass u. a. 11 Bde. Frankfurt a. M. 1962–1974.

*Helmut Scheuer*

## Haushofer, Marlen

Geb. 11. 4. 1920 in Frauenstein/ Oberösterreich; gest. 21. 3. 1970 in Wien

»Ich schreibe nie über etwas anderes als über eigene Erfahrungen. Alle meine Personen sind Teile von mir, sozusagen abgespaltene Persönlichkeiten, die ich recht gut kenne. Kommt einmal eine mir wesensfremde Figur vor, versuche ich nie in sie einzudringen, sondern begnüge mich mit einer Beschreibung ihrer Erscheinung und ihrer Wirkung auf die Umwelt.« Erst mit der Wiederveröffentlichung ihres Romans *Die Wand* 1983 wurde H.s literarische Bedeutung allgemein anerkannt. Man las das 1963 erstmals erschienene Buch (für das seine Autorin damals den Arthur-Schnitzler-Preis erhalten hatte) im Gefolge der Friedensbewegung als eine frühe Warnung vor der Neutronenbombe, im Gefolge der Frauenbewegung als ein frühes Manifest feministischer Kulturkritik. Die Wand aber, die der Ich-Erzählerin dieses Romans als Isolation von außen wie von innen niedergeht, ist keine politische Chiffre, sondern die radikale Konsequenz ihrer Erfahrungen als Frau im eng umzirkelten Kreis gesellschaftlicher Sozialisation. Die Wurzeln der Daseinstrauer, des klaustrophobischen Eingeschlossenseins, des Wegdenkens von allen Menschen – Züge, die in den meisten Erzählungen und Romanen H.s wiederkehren – liegen, sucht man denn schon nach einer biographisch motivierten Veranlassung, nicht in der Gegenwart, sondern in der Vergangenheit: »Katholische Kindheit und ›Hitlerjugend‹ waren die frühen Tapeten zu Marlen Haushofers Seelenleben« (Dorothea Zeemann). Die schreckliche Erkenntnis, dass einer nie wieder in seine Kindheit zurückkehren könne – mit diesem Bild schließt der Roman *Himmel, der nirgendwo endet* (1966), in dem H. die Autobiographie ihrer ersten zehn Lebensjahre beschrieben hat. Es ist wohl kein Zufall, dass sie mehrere – überaus erfolgreiche – Kinderbücher verfasste (u. a. *Bartls Abenteuer, ein Katzenbuch*, 1964; *Brav sein ist schwer*, 1965; *Schlimm sein ist auch kein Vergnügen*, 1970), die sich in heiterer Mimikry der kindlichen Seele einfühlen. Die Wälder und Berge ihrer Kindheit jedenfalls kehren in fast allen Romanen als Fluchtorte wieder – jetzt freilich in charakteristischer Ambivalenz als Stätten idyllischer Regression und melancholischer Leere. Unbeschwerte Jugend im Oberösterreichischen, wo der Vater Revierförster war; Leidensjahre in einer katholischen Klosterschule; Reichsarbeitsdienst in Ostpreußen; Germanistikstudium in Wien und Graz; frühe Ehe mit einem Partner, von dem sie sich scheiden ließ, um ihn zwei Jahre darauf erneut zu heiraten; schließlich der Krebstod – das sind die Stichwörter ihrer Biographie, die sich fernab aller Öffentlichkeit als Hausfrau und Mutter, als Ordinationshilfe ihres Mannes, eines Zahnarztes, in der oberösterreichischen Kleinstadt Steyr vollzog. Das Schreiben hatte sie aus ihrem Alltag ausgegrenzt – wie die Ich-Erzählerin des Romans *Die Mansarde* (1969) ihre Tätigkeit als Illustratorin und Zeichnerin. Die Mansarde, das Dachzimmer im bürgerlichen Einfamilienhaus, die Alm- und Berghütte in der *Wand* – sie werden den Frauen zu Fluchtorten ihrer unbürgerlichen Ausschweifungen, die sie in der Familie, in der Gesellschaft nicht realisieren können. Immer wieder ereignet sich die Katastrophe als das Normale: »Die Verrücktheit, die meine ganze Generation befallen hat, ist die Folge von Ereignissen, denen wir nicht gewachsen waren.« Alles,was H. geschrieben hat, sind Ehe-Geschichten, ist in der Familie angesiedelt, wird mit dem Blick und dem Wissen einer Frau dargestellt, aber zugleich als Bericht fiktionalisiert, dem es nicht um Identifikation, sondern um schmerzvolle Distanz geht:»Es gibt keine vernünftigere Regung als Liebe … Nur, wir hätten rechtzeitig erkennen sollen, daß dies unsere einzige Möglichkeit war, unsere einzige Hoffnung auf ein besseres Leben … Für ein unendliches Heer von Toten ist die einzige Möglichkeit des Menschen für immer vertan … Ich kann nicht verstehen, warum wir den falschen Weg einschlagen mußten. Ich weiß nur, daß es zu spät ist.« Allen Erzählungen und Romanen H.s (u. a. *Die Tapetentür*, 1957; *Wir töten Stella*, 1958; *Schreckliche Treue*, 1968) liegt dieselbe Situation zugrunde: eine Frau scheitert an der Liebesunfähigkeit der Männer, an der Monstrosi-

tät des Alltags, vor der sie sich nur durch Rückzug, durch Flucht retten kann. Aber allemal zeichnet H. die Frau, »die Parallelschaltung der Ehe widerstandslos mitvollziehend« (Anne Duden), auch als Mitschuldige am Verrat der Männer – mitschuldig durch Wissen, mitschuldig durch Schweigen. Gerade in diesem passiven Entgleiten, in dieser Auflösung des Ich, dessen Blick, dessen Worte von weit her zu kommen scheinen, liegt nicht zuletzt die Faszination, die H.s Bücher auf eine jüngere Generation ausüben:»Leben ist nur noch eine Begleiterscheinung der Verhältnisse« (Anne Duden). Die letzte Tagebucheintragung H.s vom 26. Februar 1970 schließt:»Mach Dir keine Sorgen – alles wird vergebens gewesen sein – wie bei allen Menschen vor Dir. Eine völlig normale Geschichte.«

*Uwe Schweikert*

### Havel, Václav
Geb. 5. 10. 1936 in Prag

Václav Havel ist sowohl als Politiker als auch als Schriftsteller aus der Entwicklung Tschechiens während der letzten vier Jahrzehnte des 20. Jahrhunderts nicht wegzudenken. Sein politisches Engagement stand immer in enger Verbindung zu seinem dramatischen Schaffen, mit dem er Mitte der 1960er Jahre berühmt wurde. H. stammt aus der Familie eines Unternehmers und konnte in den 1950er Jahren aufgrund seiner »bourgeoisen Herkunft« nicht regulär die Mittelschule besuchen. Er machte eine Ausbildung zum Chemielaboranten, absolvierte neben seiner Berufstätigkeit das Abendgymnasium und studierte 1962 bis 1967 an der Theaterakademie der musischen Künste (DAMU) Dramaturgie. In den 60er Jahren arbeitete er an den Prager Theatern ABC und Na zábradlí (Am Geländer)

als Bühnentechniker, Hilfsregisseur und Dramaturg. 1968 bis 1969 war er Vorsitzender des »Kruh nezávislých spisovatelů« (Kreis der unabhängigen Schriftsteller) und engagierte sich – auch publizistisch – für die Erneuerung der tschechoslowakischen Sozialdemokratie. 1969 wurde er der Vorbereitung des Umsturzes der Republik angeklagt und polizeilich verfolgt, er arbeitete im Untergrund weiter. Ab Anfang der 1970er Jahre durfte er weder publizieren noch am Theater arbeiten. Er war vorübergehend als Hilfsarbeiter tätig und widmete sich weiterhin dem Schreiben. H. wurde einer der führenden Autoren, Initiatoren und der erste Sprecher der Charta 77. Wegen seiner politischen Überzeugungen wurde er dreimal verhaftet, 1979 zu viereinhalb Jahren Gefängnis verurteilt und 1983 aus gesundheitlichen Gründen entlassen. In den 1980er Jahren führte er die Opposition im Kampf gegen das kommunistische Regime der Tschechoslowakei an. H. setzte sich politisch, schriftstellerisch und publizistisch für die Demokratisierung seines Landes ein. Er unterhielt enge Kontakte zu demokratischen Politikern und Künstlern im Ausland und erhielt von dort zahlreiche Preise und Ehrungen für seine literarische Tätigkeit und seinen politischen Widerstand. 1989 war er einer der Begründer des Bürgerforums und führte die Verhandlungen mit den damaligen Machthabern. Nach deren Sturz wurde er am 29. Dezember 1989 zum Präsidenten der ČSFR und 1992 zum Präsidenten der Tschechischen Republik gewählt. Am 2. Februar 2003 schied er aus diesem Amt aus. Nach dem Tod seiner ersten Frau Olga im Januar 1996 – sie waren seit 1964 verheiratet –, heiratete H. im Januar 1998 die Schauspielerin Dagmar Veškrnová.

Literarisch produktiv war H. seit Mitte der 1950er Jahre. Sein erstes bekannteres, in Zusammenarbeit mit Ivan Vyskočil verfasstes Stück *Autostop* erschien 1961. H. wurde durch sein erstes eigenständiges, 1963 erschienenes Drama *Zahradní slavnost* (*Gartenfest*, 1967) in Westeuropa mit einem Schlag bekannt – und nach Karel Čapek der berühmteste tschechische Dramatiker. Den Rahmen für das symmetrisch gebaute Stück bildet die Eröff-

nungsfeier eines »Amtes für Auflösung«. Thema ist die zu einem Konglomerat beliebiger Leerformeln verkommene Sprache, die als Medium menschlicher Kommunikation vollständig unbrauchbar geworden ist. Es wird Unsinniges über Unsinniges erzählt; die Figuren verwenden stupide Adjektive, Phrasen, wiederholen Floskeln, Slogans und Sprichwörter. In der jeweiligen konkreten Situation erzeugen ihre Aussagen komische Effekte. Damit greift H. in diesem wie in den folgenden Stücken *Vyrozumění* (1965; *Die Benachrichtigung*, 1965) und *Stížená možnost soustředění* (1968; *Erschwerte Möglichkeit der Konzentration*, 1968) – etwa zeitgleich mit Pavel Kohout u. a. – Techniken des absurden Theaters auf. In den 1960er Jahren publizierte er nicht nur eigene Stücke, sondern auch theoretische Überlegungen zum Drama. Besonders wichtig war ihm dabei die Beziehung des Theaters zu den herrschenden gesellschaftlichen Konventionen. Das Theater sollte seiner Ansicht nach aktuell und von seinem Wesen her politisch sein, es sollte fähig sein, »die Welt in Frage zu stellen« (*Panorama české literatury*).

Auch nach 1969 bildeten detailliert berechnete rationale Konstrukte die Grundlage der Stücke H.s. Auf die Veränderungen der Machtverhältnisse in den Jahren 1968 und 1969 reagierte er mit dem Modellstück *Spiklenci* (1974; *Die Verschwörer*, 1970), einer absurden Groteske über Konspirateure. In den 1970er Jahren publizierte er im Samisdat unter anderem die Stücke *Audience* (1975; *Audienz*, 1989) und *Vernisáž* (1975; *Vernisage*, 1989). Mit diesen Einaktern schuf er die autobiographische Züge tragende Figur des Ferdinand Vaněk, mit der er bei seinen Landsleuten große Popularität erlangte. In den 1980er Jahren erschienen weitere Stücke wie *Largo desolato* (1984; *Largo desolato*, 1985), *Pokoušení*, (1985; *Die Versuchung*, 1986) und *Asanace* (1987; *Sanierung*, 1989) sowie die Essaysammlung *O lidskou identitu* (1984; Identität und Existenz). Seit der ›samtenen Revolution‹ 1989 sind keine neuen literarischen Werke H.s erschienen, doch wurden frühere Werke, Briefwechsel, Essays und Erinnerungen veröffentlicht.

*Susanna Vykoupil*

## Hawthorne, Nathaniel

Geb. 4. 7. 1804 in Salem, Massachusetts;
gest. 19. 5. 1864 in Plymouth, New
Hampshire

Als Nathaniel Hawthorne seiner Frau das
Ende von *The Scarlet Letter* (1850; *Der Schar-
lachbuchstabe*, 1851; *Der scharlachrote Buchstabe*, 1923) vorlas, empfand er es, wie er
schrieb, als »a triumphant success«»[that] it
broke her heart and sent her to bed with a
grievous headache«. In einer solchen Äußerung wird deutlich, dass sich hinter der Fassade des gutaussehenden, liebenswürdigen,
zurückhaltenden Mannes ein Autor verbarg,
der andere so wenig schonen wollte wie sich
selbst, der sich, wie sein zeitweiliger Freund
Herman Melville in seiner berühmten Rezension »Hawthorne and His Mosses« bemerkte,
der »Schwärze der Finsternis« stellte und auch
mit den versöhnlicheren Aspekten am Schluss
seines bekanntesten Romans die Unlösbarkeit
der angesprochenen Lebens- und Normenfra-
gen nicht verdecken wollte. Wenn man H. als
ersten amerikanischen Klassiker der Weltliteratur anerkennt, als meisterhaft in Stil und
Struktur seiner Erzählungen, Skizzen und Romane, so ist es zugleich notwendig, seine
Größe nicht nur in der Gestaltung individueller und historischer Schuld und Tragik zu
sehen, sondern auch in seiner Bereitschaft,
Offenheit zuzulassen, wenngleich er vor der
erkenntnisskeptischen Radikalität Melvilles
zurückschreckte. Kennzeichnend ist außerdem, dass viele seiner Texte auf spezifische
historische und zeitgenössische, politisch-ge-
sellschaftliche und persönlich-biographische
Kontexte beziehbar sind. Die Frage nach der
jeweiligen Interpretationsrelevanz des Besonderen und des Allgemeinen hat zu einer kontroversen Forschungsdiskussion geführt.

H.s neuenglische Familientradition reicht
in die frühe Kolonialzeit zurück, als seine Vorfahren an der puritanischen Quäker- und He-
xenverfolgung beteiligt waren, was ihm eines
seiner zentralen Themen – Last und Erbschuld
auch der amerikanischen Geschichte – geradezu aufdrängte. Obwohl H. seinen Vater bereits mit vier Jahren verlor, wuchs er dank der

Großzügigkeit der Familie seiner Mutter in
relativ komfortablen Umständen auf. Seine
Begabung wurde früh erkannt. Während seiner Studienzeit am Bowdoin College schloss er
nützliche Freundschaften,
z. B. zum nachmaligen Star-
Poeten Henry Wadsworth
Longfellow und dem spä-
teren Präsidenten Franklin
Pierce. Zwölf Jahre lang lebte
er danach im Hause seiner
Mutter; seine damalige Isolation stellte er rückblickend
wohl krasser dar, als sie gewesen war. Es war eine Zeit
des allmählichen, undrama-
tischen Einstiegs in die Lite-
ratur, denn neben und nach einem erfolglosen
Erstlingsroman, den er später zu unterdrücken
versuchte, schrieb er Kurzprosa in der Nachfolge Washington Irvings, Zyklen von Erzählungen mit einer Rahmenhandlung, für die er
jedoch keinen Verleger fand. Zahlreiche Texte
vernichtete er selbst, andere wurden einzeln in
Zeitschriften und Jahrbüchern publiziert, bevor ein erster Sammelband, *Twice-Told Tales*
(1837, erweitert 1842; *Zweimal erzählte Geschichten*, 1852) herauskam und wohlwollend
aufgenommen wurde. Auch die späteren Kurzprosabände *Mosses from an Old Manse* (1846)
und *The Snow Image* (1852) enthalten jeweils
ältere und neuere Texte. Wirtschaftlich sicherte die Schriftstellerei H. nie hinreichend
ab, so dass er sich immer wieder auf Ämter
angewiesen sah, die ihm seine politischen
Freunde aus der Demokratischen Partei vermittelten. Neben den literarischen durchlief H.
also auch eine öffentliche Karriere. Von 1839
bis 1841 arbeitete er im Bostoner Zollamt,
dann investierte er seine Ersparnisse in der
nahegelegenen utopischen Landkommune
Brook Farm, die von George Ripley und anderen Anhängern der Reformbewegung des
Transzendentalismus gegründet wurde, zu denen er auch durch seine Verlobte Sophia Pea-
body und deren Schwester Elizabeth persönliche Beziehungen unterhielt. Doch hier wie
beim Zoll vertrug sich die Arbeitswelt nicht
mit seiner literarischen Tätigkeit; nach einem

halben Jahr gab H. auf. Die Eindrücke jener Zeit verarbeitete er später kritisch in seinem Roman The Blithedale Romance (1852; *Blithedale*, 1852). 1842 heiratete er und zog mit Sophia nach Concord, Massachusetts. Trotz der Nachbarschaft Ralph Waldo Emersons und anderer Transzendentalisten und trotz seiner Freundschaft mit Henry David Thoreau konnte er deren optimistischer Weltsicht wenig abgewinnen. Seine Hoffnung, mit Hilfe literarischer Auftragsarbeiten ein hinreichendes Auskommen für sich und seine wachsende Familie zu finden, erfüllte sich nicht. Von 1846 bis 1849 war H. daher Zollaufseher im Hafen seiner Heimatstadt Salem. Nach der Wahlniederlage der Demokraten verlor er diese Stellung, was er seinen lokalen Gegnern, aber auch einigen Freunden noch lange nachtrug; »The Custom House«, die Einleitungsskizze zu *The Scarlet Letter*, gibt davon Zeugnis. Für die amerikanische Literaturgeschichte war das Ereignis allerdings ein Glücksfall, denn nun baute H. einen von ihm als Erzählung geplanten Text zu seinem berühmtesten Roman aus. Lenox im westlichen Massachusetts, wo er sich mit seinem jüngeren Bewunderer Melville anfreundete, dann wieder der Raum Boston und Concord waren die nächsten Stationen auf der Suche nach einer adäquaten Bleibe. Trotz solcher Unruhe war dies H.s produktivste Phase: Von 1850 bis 1852 erschienen neben mehreren anderen Büchern drei von seinen vier Hauptromanen. Sie waren bei Kritik und Käufern erfolgreich, und H. galt nunmehr als bedeutender Vertreter der amerikanischen Literatur. Dennoch war er dankbar, als Präsident Pierce, dessen Wahlkampfbiographie er 1852 geschrieben hatte, ihn 1853 zum Konsul in Liverpool ernannte. Bis 1857 diente H. seinem Land in dieser ehrenvollen und einträglichen Stellung. Ein anschließender, fast anderthalbjähriger Aufenthalt in Italien lieferte den Stoff für H.s letzten vollendeten Roman, *The Marble Faun; or The Romance of Monte Beni* (1860; *Miriam oder Graf und Künstlerin*, 1862). 1860 kehrten die Hawthornes nach Concord zurück, wo er seine englischen Beobachtungen zu dem Essayband *Our Old Home* (1863) ausarbeitete. Seine weiteren Romanpläne blieben hingegen Fragment. Seine Gesundheit verschlechterte sich rasch, wozu seine Verzweiflung über die nationale Katastrophe des Bürgerkriegs beigetragen haben mag. H. starb 1864 auf einer Erholungsreise mit Franklin Pierce.

H.s literarisches Schaffen ist breiter und umfangreicher als oft angenommen: Aus Neigung oder finanzieller Notwendigkeit schrieb er z. B. Geschichtsdarstellungen sowie modernisierte Fassungen klassischer Mythen und andere Texte für Kinder und Jugendliche. Ihre gesamtkulturelle Einbettung und mancherlei thematische Überschneidungen mit den Romanen und Erzählungen lassen auch diese Arbeiten interessant erscheinen. Doch H.s Hauptleistungen liegen in den letztgenannten Gattungsbereichen. Neben Irving und Edgar Allan Poe gilt er als einer der Begründer einer amerikanischen Tradition der kurzen Prosaerzählung (die später zur eigenen Gattung ernannt wurde, der Short Story). Allerdings muss die Vielfalt seiner Kurzprosa beachtet werden. Sie umfasst u. a. auch Allegorien, parabelartige Texte und Humoresken, daneben Skizzen, die die Wahrnehmungen und Phantasien eines halbdistanzierten Beobachters wiedergeben, wie er sich auch als (nicht unproblematisch voyeuristischer) Ich-Erzähler in *The Blithedale Romance* wiederfindet. Poe formulierte seine Thesen zur Ökonomie sowie zur Gestaltungs- und Wirkungseinheit der Erzählung in seinen Besprechungen von *Twice-Told Tales*. In der Tat gehört eine Reihe von H.s Kurztexten zum Besten, was in diesem Genre in Amerika geschrieben worden ist. Darunter finden sich Initiationsgeschichten wie etwa jene von »Young Goodman Brown« (1835) oder »My Kinsman, Major Molineux« (1831). Im Kontext historischer Situationen – hier zum einen der Hexenglaube im puritanischen Salem des späten 17. Jahrhunderts, zum anderen die politische Situation im vorrevolutionären Boston –, die wiederum mit Vorgängen in H.s eigener Zeit in Beziehung zu setzen sind, wird Archetypisches verhandelt: In beiden Fällen erfährt ein junger Mann die Fraglichkeit bisher als stabil angenommener Wert- und Sozialordnungen (etwa des Geschlechterverhältnisses), die Fragwürdigkeit des Verhaltens von Vorbildern aus der Vätergeneration sowie die undeutlichen Grenzen zwischen Schein und Sein. Die im Extremfall psychisch zerstörerische Desillusionierung hat eine individuelle, eine allgemein-menschliche und eine auf die Schattenseiten der amerikanischen Geschichte bezogene Dimension. Oft ist eine einzelne Zentralidee Ausgangspunkt einer Geschichte, die dann grundsätzliche Möglichkeiten von psychologischer Motivation und zwischenmenschlichem Verhalten auslotet. Für »The Birthmark« (1843) etwa ist dies die Besessenheit von der Idee der Vollkommenheit, die einen Naturwissenschaftler dazu bringt, das Muttermal auf der Wange seiner jungen Frau Georgiana zu entfernen, eine Prozedur, die diese nicht überlebt. Vor der Simplizität einer moralischen Kalendergeschichte wird der Text nicht nur dadurch bewahrt, dass er mehrere Bewertungsweisen dieses Vorgangs anbietet, sondern in für H. typischer Weise auch durch die Vieldeutigkeit des Zentralsymbols selbst, das Schönheit wie Hässlichkeit markiert, irdische Existenz und vor allem weibliche Sexualität, deren sich der Protagonist in einem geradezu freudianischen Traum gewaltsam zu bemächtigen und zu entledigen versucht. In diesem Sinne gerät »The Birthmark« zu einem von vielen Beispielen dafür, wie H. die Prüderie des viktorianischen Zeitalters unterläuft.

Solche Texte sind psychologische Fallstudien nicht des Einmaligen, sondern des Grundlegenden und Typischen. In ähnlicher Weise untersuchen auch die Romane, was H. als »die Wahrheit des menschlichen Herzens« bezeichnete, allerdings mit größerer Komplexität und längeren Entwicklungslinien. Auch sie arbeiten mit reicher Bildlichkeit und der Vieldeutigkeit gerade der Zentralsymbole. In The Scarlet Letter ist es der Buchstabe A, den die Protagonistin Hester Prynne im puritanischen Boston des 17. Jahrhunderts auf ihrer Kleidung tragen muss, nachdem sie in Abwesenheit ihres Mannes, Roger Chillingworth, eine uneheliche Tochter, Pearl, zur Welt gebracht hat. Doch das Zeichen für die Sünde (A = adulteress) – durchaus auch im Sinne von

H.s eigenem viktorianischen Weltbild – ist zugleich eines für gesellschaftsferne Freiheit, da die unbändige Pearl als lebende Verkörperung des scharlachroten Buchstabens geschildert wird. Das Zeichen steht für die Liebe, wenn es an Hesters heimlichen Geliebten, den Geistlichen Arthur Dimmesdale erinnert, und es gewinnt die Konnotationen »able« und »angel«, als Hester sich immer mehr tätiger Nächstenliebe zuwendet. Die Reihe möglicher Bedeutungen ist damit längst nicht erschöpft, so dass sich der Buchstabe zum Zeichen für die Ambiguität bzw. Vieldeutigkeit der Handlung und Figurenmotivation entfaltet. Völligem Bedeutungsrelativismus setzt H. seine Erzählerkommentare entgegen, doch bleibt es letztlich den Lesern überlassen, wie sie etwa die scheinbare ›Sympathie‹ der romantisch geschilderten Natur beurteilen, als sich die Liebenden nach Jahren der Trennung im Wald treffen, oder die frauenrechtlichen Emanzipationsgedanken Hesters, vor denen der Erzähler warnt, aber die so viel Zwingendes haben, dass der Roman besonders in den letzten Jahrzehnten als protofeministischer Text gesehen worden ist. Freiheit, Liebe, Toleranz und Kreativität (in Hesters Stickereien) werden somit nicht exakt definiert, bilden aber einen Bereich der positiven Gegennormen gegen die religiöse und patriarchalische Repressivität der puritanischen Gesellschaftsspitzen oder den szientistischen Rationalismus, mit dem der rachsüchtige Chillingworth die Vernichtung des zwischen Konformität und Ausbruchsphantasien schwankenden Dimmesdale betreibt. Im Ausbleiben eines glücklichen Endes wie im Rück-Emigration Pearls in die Alte Welt deutet sich an, dass H. im Unterschied zu vielen seiner nationalistischen Zeitgenossen Amerika nicht als neues Paradies, sondern als geschichts- und schuldbeladenes Gemeinwesen sieht.

In diesem wie den anderen Romanen, aber auch in einem Großteil der Erzählungen, schreibt H. »romances«, wie er sie in seinen Romanvorworten mehrmals charakterisiert: Texte, die realistische mit erfahrungsübersteigenden Elementen (vor allem dem Übernatürlichen) kombinieren können und durch die

Stilisierung der Figuren, die Symbolik von Handlung und dinglicher Welt sowie durch die strenge Strukturierung zentrale thematische Aspekte besonders klar herauszuarbeiten erlauben. Auch in den weiteren Romanen gehören hierzu das problematische Verhältnis von gesellschaftlicher Normensetzung und individueller Freiheit (die im Extremfall jedoch zur Sünde der Isolation werden kann), wissenschaftliche Hybris, Fortschrittsgläubigkeit und unmenschliches Perfektionsstreben, der Umgang mit eigener und fremder Schuld, aber auch die Frage angemessener ästhetischer Gestaltung. In *The House of the Seven Gables* (1851; *Das Haus der sieben Giebel*, 1851) wird zwar der Fluch aufgehoben, der seit Jahrhunderten auf dem alten Haus lastet, und in der Hochzeit der Liebenden findet auch eine Überwindung von Erbfeindschaft statt, aber die Verwandlung des Außenseiter-Protagonisten zum Besitzbürger hinterlässt Skepsis beim Leser. In *The Blithedale Romance* scheitert reformerischer Idealismus an den Bedürfnissen des Individuums nach Macht, Liebe oder Bindung. *The Marble Faun* schließlich demonstriert an der Gestalt des faunartigen Grafen Donatello, des Menschen vor dem Sündenfall, Menschwerdung durch Liebe und Schuld, und im Kontrast von Figuren der Alten und der Neuen Welt die Unausweichlichkeit von historischer Last und gesellschaftlichem Zwang sowie die Begrenztheit einer amerikanischen Perspektive, die solches leugnet. Diese vor allem von Henry James aufgenommene Kontrastierung ist nur eines der Themen, die H. an seine literarischen Nachfolger weiterreichte, deren oft kreative Auseinandersetzung mit ihm seither ebenso wenig abgerissen ist wie die wissenschaftliche Beschäftigung mit einem der wenigen amerikanischen Autoren, deren Bedeutung seit ihren Lebzeiten außer Zweifel steht.

Werkausgabe: The Centenary Edition of the Works. Hg. W. Charvat u. a. Columbus, Ohio, 1962 ff.

*Helmbrecht Breinig*

## Head, Bessie

Geb. 6. 7. 1937 in Pietermaritzburg/ Südafrika;
gest. 17. 4. 1986 in Serowe/Botswana

Ein heiles Stück des uralten Afrika, das nie von Fremden erobert worden sei, eine jahrhundertealte Gesellschaftsordnung, die eine in sich ruhende und unaufdringliche Größe ausstrahle, ein Land, wo man sich sicher fühlen könne, wo Schwarze die Macht ausüben und wo es folglich möglich sei, die eigene Persönlichkeit zu entwickeln – mit solchen Worten pflegte Bessie Head ihre Wahlheimat Botswana zu preisen. Dort, so hoffte sie, könne man endlich Wurzeln schlagen. 1964 ging sie nach Botswana, um eine Stelle als Lehrerin anzutreten. Das Land befand sich damals an der Schwelle zur Unabhängigkeit, aber noch unter britischem Protektorat. Die Aufbruchsstimmung dieser Übergangszeit sollte etliche Texte, die H. später schrieb, prägen. – H. wurde als Mischling in Südafrika unehelich geboren und litt lange unter der Bürde ihrer unbekannten Herkunft. Die Jahre in einer anglikanischen Missionsschule ohne enge Familienbindung, ihr Kampf gegen Diskriminierung und der gescheiterte Versuch, als Journalistin und Autorin Fuß zu fassen, hatten die Entscheidung nahegelegt, ins Ausland zu gehen, um dort ein neues Leben anzufangen. Die Ängste und Hoffnungen dieser Jahre gestaltete sie in ihrem ersten, 1960–62 geschriebenen, postum veröffentlichten Roman *The Cardinals* (1993; *Sternenwende*, 1997). Südafrika, das sie endgültig hinter sich ließ, kommt in ihrem Erzählwerk (wie etwa in der Geschichte »Life«) nur noch als das Land vor, das Prozesse der Entfremdung und des sittlichen Verfalls auslöst. – Die eigene Identitätssuche und das Bekenntnis zu ihrer neuen Heimat gehen eine Symbiose ein, die sich in dem Bestreben ausdrückt, die Lebensformen und zunehmend auch die politische und soziale Geschichte Botswanas zu dokumentieren.

So werden H.s Werke zu einem umfassenden Porträt afrikanischen Lebens. In *When Rain Clouds Gather* (1969) beschreibt sie ausgiebig, wie landwirtschaftliche Produktionsgenossenschaften unter der besonderen Beteiligung von Frauen organisiert werden können. In *Maru* (1971) prangert sie anhand der Beziehungen zwischen der Mehrheit der Batswana und der Minderheit der San – auf kontroverse Weise – die Praxis rassistischer, sexistischer Unterdrückung an. Die Erzählungen in *The Collector of Treasures and Other Botswana Village Tales* (1977) – halb fiktional, halb faktisch – gehen zum Teil aus der in ihrer soziologischen Studie *Serowe, Village of the Rain Wind* (1981) gesammelten mündlichen Überlieferung hervor. Sie zeigen das Alltagsleben, beleuchten Glaubens- und Kulturkonflikte zwischen Stammestradition und Christentum, belegen die Einwirkung südafrikanischer Verhältnisse durch wirtschaftliche Abhängigkeit, analysieren Geschlechterbeziehungen und preisen die Solidarität von Frauen. H.s Bemühen, sich Botswana auch fiktional zu nähern, kommt am deutlichsten in dem historischen Roman *A Bewitched Crossroad: An African Saga* (1984) zum Ausdruck, einem eher misslungenen Versuch, die Geschichte des Landes im 19. Jahrhundert zu erfassen. H.s Bestreben um Selbstfindung in einer intakt gebliebenen afrikanischen Umgebung, das ihrem Werk eine besondere Glaubwürdigkeit verleiht, findet nicht zuletzt in der fiktionalisierten Dokumentation des eigenen psychischen Zusammenbruchs und ihrer Genesung, dem erschütternden Roman *A Question of Power* (1973; *Die Farbe der Macht*, 1987), seinen vielbeachteten Niederschlag.

*Geoffrey V. Davis*

## Heaney, Seamus
Geb. 13. 4. 1939 in Mossbawn, County Derry/Nordirland

Bevor Seamus Heaney 1995 als zweiter irischer Dichter – nach W. B. Yeats – den Nobelpreis für Literatur erhielt, hatte er sich schon als gewichtige Stimme im Konzert der zeitgenössischen englischsprachigen Dichtung etabliert und für seine verschiedenen Gedichtsammlungen eine Vielzahl von Auszeichnungen im In- und Ausland erhalten. – H. wurde als jüngstes von neun Kindern auf der Farm seines Vaters geboren. Als Stipendiat studierte er Anglistik an der Queen's University in Belfast und begann, an den regelmäßigen Treffen Belfaster Dichter unter der Leitung Philip Hobsbaums teilzunehmen und selbst Gedichte zu schreiben. Nach verschiedenen Stellen als Lehrer übernahm er 1966 eine Englisch-Dozentur an seiner alten Universität in Belfast. 1972 übersiedelte er nach Dublin. Seit 1970 nahm er diverse Gastprofessuren in den USA wahr, seit Mitte der 1990er Jahre ist er Professor of Poetry an der Universität Harvard.

Mit der Veröffentlichung seiner ersten Gedichtsammlungen, von denen *Death of a Naturalist* (1966) ihm nationales Ansehen und eine Reihe von Preisen einbrachte, wurde er über die Grenzen Irlands hinaus bekannt, und inzwischen ist sein Werk in viele Sprachen übersetzt worden. H.s Dichtung war anfangs inspiriert von der Einsicht, dass irische Traditionen, bäuerliche Lebensweisen und Bodenständigkeit mit dem Verschwinden einer eigenen Sprache ihr besonderes Idiom verloren haben und nun in einer diesen besonderen Erfahrungen fremden Sprache wieder zum Sprechen gebracht werden müssen. H.s übergeordnetes Ziel ist deshalb, »to found or refound a native tradition«. Diese Absicht konfrontiert aber H. als katholischen Iren mit einem grundsätzlichen Problem, das sein Landsmann Thomas Kinsella so formuliert hat: »An Irish poet has access to all of this (Yeats, Eliot, Arnold, Wordsworth, Pope) through his use of the English language, but he is unlikely to feel at home in it.« Das Bewusstsein, dass die eigene Kultur durch eine fremde Sprache und Tradition überformt und verdeckt ist, hat auch H. besonders geprägt. 1974 schreibt er: »The literary language, the civilised utterance from the classic canon of English poetry, was a kind of force-feeding. It did not delight us by reflecting our experience; it did not re-echo our own speech in formal and surprising arrangements.« Kultur und Sprache Irlands»vertragen sich nicht mit den Ausdrucksweisen und Einstellungen des Englischen«. Aus dieser Situation ergibt sich folgerichtig ein klar umrissenes poetologisches Programm. Es gilt, die Überfremdung durch diese andere Tradition zu beseitigen, das eigene Sensorium und das eigene Bewusstsein von den Überlagerungen zu befreien, den Wurzeln der eigenen Existenz nachzuspüren und ein Medium zu entwickeln, das, wenn es denn schon kein anderes als das Englische sein kann, dennoch den Eigenheiten der»native tradition« entspricht. H. entwickelt konsequent sich selbst und seine poetische Sprache zum Organ der Transformation eines englischen in ein neues, genuin irisches poetisches Idiom. H. schärft Auge und Ohr sowohl für das, was noch sichtbar Irland ist, wie auch für das Abwesende, Verschüttete, in dem die einheimischen Traditionen Spuren hinterlassen haben, die aber erst wieder lesbar gemacht werden müssen. Das Ich und sein Erleben wird dabei zur entscheidenden Vermittlungsinstanz:»Ich reime, / um mich selbst zu sehen, um die Dunkelheit zum Klingen zu bringen«, schreibt er in dem Gedicht»Personal Helicon«. Mit diesen programmatischen Zeilen am Ende von *Death of a Naturalist* fasst er die Problematik zusammen, der er sich stellt. Das Ich als Quelle der Inspiration, als *Door into the Dark* – so der Titel der 1969 veröffentlichten Gedichtsammlung – findet im elterlichen Bauernhof Mossbawn im County Derry, in der Natur und Landschaft Irlands, in den Gegenständen und Verrichtungen des bäuerlichen Alltags sein objektives Korrelat. Mit dieser Beschränkung auf einen regional eingegrenzten, der eigenen Erfahrung zugänglichen Bereich eröffnet sich H. die Möglichkeit, den irischen Teil der Geschichte seines Erlebens und Empfindens auszusondern. Er koppelt sich damit gewissermaßen auch vom Gegenstandsbereich her aus der englische Tradition der Natur- und Landschaftsbeschreibung aus.

Die Definition des dichterischen Schaffens als Akt der Exhumierung einer versunkenen Tradition, als Ans-Licht-holen umdunkelter Bedeutung weist der»digging«-Metapher ei-

nen zentralen Stellenwert in seinem Selbstverständnis als Dichter zu.»Zwischen meinem Finger und meinem Daumen / Ruht das gedrungene Schreibwerkzeug. / Ich grabe mit ihm« schreibt er in dem programmatischen»Digging«-Gedicht. Es ist daher verständlich, dass H. nach einem integrierenden Bild sucht, das alle Aspekte dieser kulturellen Identität – Natur, Landschaft, Menschen, ihre Geschichte und Gegenwart in der subjektiven Erfahrung des Dichters – zu umfassen und sinnfällig zu machen vermag. Er findet dieses Bild im »Bog«, einem charakteristischen Aspekt der irischen Landschaft:»So entwickelte sich bei mir die Vorstellung vom Moor als Gedächtnis der Landschaft, oder als eine Landschaft, die alles erinnert, was ihr und in ihr geschah.« Der »Bog« verbürgt und verbirgt, konserviert die Spuren der irischen Geschichte, öffnet sie aber auch dem, der danach gräbt, der wie Antaeus in Bodenkontakt bleibt, der die Fundstücke imaginativ aufbereitet und dem gegenwärtigen Bewusstsein verfügbar macht. Im»Bog« findet H. auch»Bilder, die die eigene schwierige Lage angemessen vermitteln können«, eine Lage, die in den Brüchen der eigenen Geschichte ihren Ursprung hat und im Unverständnis der Außenwelt für die irrationalen Antriebe, die hinter dem Geschehen in Nordirland stehen, mündet. Indem das Bewusstsein des Dichters sich in dieses Gedächtnis hineingräbt, stößt es auf Schicht um Schicht sedimentierte und konservierte Vorgeschichte, findet es ein immer dichteres Netz an Bedeutungen, die den Zusammenhang zwischen Gegenwart und Vergangenheit festigen. Wie bei der Aneignung der Landschaft und der Auseinandersetzung mit der Kindheitserfahrung kommt die Einsicht und Gewissheit auch gegenüber dem »Bog« nicht schlagartig, sondern wird langsam und gründlich vorbereitet und erarbeitet.

In *Wintering Out* (1972) weitet sich dann die Perspektive H.s zu einer Gegenwart, Stammesgeschichte und Dichtungsproblematik umfassenden Sicht. Die Überzeugung, ans Ziel gekommen zu sein, artikuliert sich deutlich in der Sammlung *Field Work* (1979), und hier besonders in den »Glanmore Sonnets«. Diese Sonettfolge ist eine poetische Kurzautobiographie, in der er vom sicheren Standpunkt des Erreichten noch einmal Rückschau hält über den Weg, den er zurückgelegt, und die Mühen, die es gekostet hat. H.s Leistung als Lyriker beruht zum wesentlichen Teil nicht auf den Inhalten eines restituierten nationalen Bewusstseins, sondern auf seiner Entschlossenheit, jeden Schritt, jeden Aspekt imaginativ und visuell prägnant zu gestalten. Seine Imagination bewegt sich stets als »Otter of memory in the pool of the moment«, so in dem Otter-Gedicht der Sammlung *Field Work*. Mit der wiederum preisgekrönten Sammlung *The Haw Lantern* (1987; *Die Hagebuttenlaterne*, 1995), mit *Seeing Things* (1991) und mit *The Spirit Level* (1996; *Die Wasserwaage*, 1998) hat H. seine ungebrochene poetische Produktivität unter Beweis gestellt und sein Repertoire an Themen, Bildern und Idiomen noch einmal entscheidend erweitert.

H.s schriftstellerische Tätigkeit beschränkt sich nicht auf Gedichte allein. Als Literaturwissenschaftler hat er auch in poetologischen Reflexionen immer wieder deutlich gemacht, worum es ihm geht. Seine Vortragssammlungen *Preoccupations* (1980), *The Government of the Tongue* (1988) und *The Redress of Poetry* (1995; *Verteidigung der Poesie*, 1996) legen davon beredt Zeugnis ab. Sein vielfältiges Engagement als Herausgeber von Gedichtsammlungen und als Förderer junger Dichter spricht für seine Überzeugung, dass der dichterische Umgang mit Sprache lebenswichtige Sensibilitäten erhält und erzeugt. Im Jahr 2000 hat er die literarische Welt mit einer wunderbar einfühlsamen Übersetzung des altenglischen Epos *Beowulf* überrascht.

Werkausgaben: Opened Ground: Poems 1966–1996. London 1998. – Ausgewählte Gedichte. München 1995.

*Jürgen Schlaeger*

### Hebbel, Christian Friedrich
Geb. 18. 3. 1813 in Wesselburen;
gest. 13. 12. 1863 in Wien

Bereits fünf Jahre vor seinem ersten Tragödienerfolg schrieb H. folgende Selbstbeurteilung nieder: »Ich hege längst die Überzeugung, daß die Poesie nur eine heilige Pflicht mehr ist, die der Himmel den Menschen auferlegt hat, und daß er also, statt in ihr ein Privilegium auf Faulenzerei usw. zu haben, nur größere Anforderungen an seinen Fleiß machen muß, wenn er Dichter zu sein glaubt. Ich kenne ferner zu den Schranken meiner Kunst auch die Schranken meiner Kraft, und weiß, daß ich in denjenigen Zweigen, die ich zu bearbeiten gedenke, etwas werden kann und werde. Diese Zweige sind aber die Romanze und das lyrische Gedicht, vielleicht auch das höhere Drama« (1835).

Der als Sohn eines Maurers in Wesselburen in Norderdithmarschen geborene und in ärmlichsten Verhältnissen aufgewachsene H. musste auf eine weiterführende schulische Ausbildung verzichten; als Schreiber und Laufbursche bei einem Kirchspielvogt eignete er sich durch beständiges Lesen ein erstaunliches, aber ganz und gar unschulmäßiges Wissen an. Erste dichterische Versuche wurden in den regionalen Zeitungen veröffentlicht, doch das Vorhaben, als Schauspieler der Enge der Wesselburener Welt zu entfliehen, scheiterte. Die in Hamburg lebende

Schriftstellerin Amalia Schoppe und seine spätere Geliebte Elise Lensing ermöglichten ihm 1835 einen einjährigen Aufenthalt in Hamburg, doch da es für ein Universitätsstudium zu spät war, begab sich H. auf eine Reise nach München, weil er dort auf bessere Startchancen als angehender Literat hoffte. Hier beschäftigte er sich intensiv mit dem Studium der großen Tragödien des Aischylos, mit William Shakespeares und Friedrich Schillers Dramen, doch hatte er keinen Erfolg. Seine Rückreise nach Hamburg – zu Fuß, allein mit seinem Hund durch den rauhen März des Jahres 1839 wandernd – ist symptomatisch für den unermüdlichen Einzelgänger H. In Hamburg verdingte er sich als Rezensent und Mitarbeiter bei dem von Karl Gutzkow herausgegebenen *Telegraph für Deutschland* und vollendete in dieser Zeit *Judith* (1841), eine Tragödie, in der sich die Jüdin Judith als »maßloses Individuum« das göttliche Recht der Rache am Assyrerkönig Holofernes herausnimmt, weil dieser sie vergewaltigt habe. H. wurde damit beim Theaterpublikum als ungewöhnlicher Dramatiker bekannt. Während der Folgezeit, in der H. sich vergeblich beim dänischen König um eine Stelle bemühte, arbeitete er in seiner Streitschrift *Mein Wort über das Drama* (1843) seine grundlegende Auffassung von Kunst und Drama aus. Dem dänischen Dichter Adam Oehlenschläger hatte er schließlich ein für zwei Jahre bewilligtes Reisestipendium zu verdanken, das es ihm ermöglichte, während eines Parisaufenthalts Heinrich Heine kennen und schätzen zu lernen, ebenso Felix Bamberg, einen Kenner der Hegelschen Philosophie, und Arnold Ruge, den Begründer der *Hallischen Jahrbücher* und radikalen Demokraten. H.s großes Interesse an der Philosophie hat sich auch in seinen Gedichten niedergeschlagen, die er erstmals 1848 in einer Ludwig Uhland gewidmeten Ausgabe herausbrachte. Doch wenn auch die philosophisch-abstrakte Denkweise in seiner Lyrik vorherrschte und nur wenige seiner Gedichte den an sich selbst gestellten Anspruch einlösten (in jedem wahren Gedicht sollten sich das Allgemeinste und Individuellste gegenseitig durchdringen), so haftet doch dem Dichter bis

heute der Makel des Gedankendichters zu Unrecht an.

Zur Zeit der 1848er Revolution, in der H. als engagierter Journalist Partei für eine konstitutionelle Monarchie auf demokratischer Grundlage ergriff, gehörte er seit bereits drei Jahren zu den bekannteren Dichterpersönlichkeiten Wiens. Hier lernte er die Schauspielerin und seine spätere Frau Christine Enghaus (Heirat 1846) kennen, die ihm nicht nur ein von materiellen Sorgen freies Leben bot, sondern ihn auch dem Theater näher brachte. In den Wirren der Revolution entstand das Ehedrama *Herodes und Mariamne* (1850), vier Jahre später konzipierte er seine *Agnes Bernauer* (1855), in welcher der Konflikt zwischen dem Recht des Einzelnen auf freie Existenz und Liebe auf der einen Seite und der allumfassenden Staatsraison auf der anderen Seite im Mittelpunkt steht. Doch zeichnen sich H.s Dramen weniger durch die Dynamik sozialgeschichtlich bemerkenswerter Veränderungen aus, sondern sind getragen von der Idee eines statischen, unveränderlichen Zustands sittlicher Weltordnung; H. beharrte dabei auf der Autonomie der Kunst und hielt an der traditionellen Dramenstruktur fest, auch in seinem Drama *Gyges und sein Ring* (1856).

Ganz in das Umfeld gründerzeitlicher Literaturtendenz fiel H.s *Nibelungen*-Trilogie (1862), für die ihm der Schiller-Preis (1863) zuerkannt wurde; deren vollständige Aufführung erlebte er aber selbst nicht mehr. Was dem heutigen Leser an diesem nationalen Stoff Schwierigkeiten bereitet, dürfte allerdings weniger auf den Inhalt zurückzuführen zu sein als auf die Tatsache, dass deutschnational und -nationalistisch Gesinnte – auf besonders verhängnisvolle Weise im Dritten Reich – diesen Stoff und seinen Autor ihrer Weltanschauung einverleibten. Diese Art der H.-Rezeption hat also ihre eigene Tradition und beeinträchtigt noch heute seinen Ruf nachhaltig. Doch nicht nur die *Nibelungen* haben H. geschadet. Schon seine Zeitgenossen Hermann Hettner und Gottfried Keller warfen ihm die »verkünstelte und verzwickte Motivation« und die »historische Willkür« seiner Stücke vor, und auch sein allzu sehr auf persönlichen Vorteil bedachtes Streben sowie der Ehrgeiz des Autodidakten brachten ihm das Urteil »krankhaft forcierte Genialität« ein. Trotz alledem ist H. wie keinem anderen gerade in den *Nibelungen* die Durchdringung archaischer Monumentalität mit einem individualpsychologischen Realismus gelungen.

Bei seinen Frauengestaltungen nahm er in dem immer wieder zum Ausdruck gebrachten Selbstbehauptungsrecht der Frau gegenüber der drohenden Unterdrückung durch den Mann Themen Henrik Ibsens und August Strindbergs vorweg, so dass noch der junge Georg Lukács behaupten konnte, mit H. beginne die moderne Tragödie (1911). In die meisten Literaturgeschichten ging er allerdings paradoxerweise als »der letzte große (klassische) Tragödiendichter« ein.

Lange Zeit übersehen wurden nicht zuletzt seine Tagebücher, Briefe und kritischen Schriften zur Literatur der Zeit, die aufgrund seiner scharfen Beobachtungsgabe, seines unbestechlichen Geistes und seines aphoristischen Talents zu den interessantesten literarischen Zeugnissen des 19. Jahrhunderts zählen.

Werkausgaben: Werke. 5 Bde. Hg. von Gerhard Fricke, Werner Keller und Karl Pörnbacher. München 1963 ff.; Sämtliche Werke. Historisch-kritische Ausgabe. Hg. von Richard Maria Werner. 3 Abteilungen in 24 Bänden. Berlin 1904–1907.

*Roland Tscherpel/Red.*

### Hebel, Johann Peter
Geb. 10. 5. 1760 in Basel;
gest. 22. 9. 1826 in Schwetzingen

Mit selbstironischer Verwunderung berichtet der knapp 62-Jährige einer guten Bekannten davon, dass aus ihm (wie es in seiner letzten Veröffentlichung, den für den Schulunterricht nacherzählten *Biblischen Geschichten* [1824] über Davids Aufstieg aus einfachen Verhältnissen heißt), offensichtlich »etwas geworden« ist: »Seit 1819 bin ich Prälat, Mitglied der Ersten Kammer und trage das Kommandeurkreuz des Zähringer Löwenordens. Ich

möchte Sie sehen in dem Augenblick, wo Sie dieses lesen«. Nach dem Zeugnis eines frühen Biographen reagiert er auf die Nachricht von seiner Erhebung zu der in der evangelischen Landeskirche Badens bis dahin »noch nie erhörten Würde« mit einer bezeichnenden Reminiszenz: »Was würde meine Mutter sagen!« Im Umgang mit der höheren Gesellschaft nämlich hat H. den Abstand zu seiner Herkunft nie ganz überwunden: »Ihr habt gut reden«, antwortete er, einmal auf diese Scheu angesprochen: »Ihr seid des Pfarrers N. Sohn von X … Ich aber bin … als Sohn einer armen Hintersassen-Witwe zu Hausen aufgewachsen, und wenn ich mit meiner Mutter nach Schopfheim, Lörrach oder Basel ging, und es kam ein Schreiber an uns vorüber, so mahnte sie: ›Peter, zieh's Chäppli ra, 's chunnt a Her‹; wenn uns aber der Herr Landvogt begegnete, so rief sie mir zu, ehe wir ihnen auf zwanzig Schritte nah kamen: ›Peter, blib doch stoh, zieh geschwind di Chäppli ab, der Her Landvogt chunnt!‹ Nun könnt Ihr Euch vorstellen, wie mir zu Mute ist, wenn ich hieran denke – und ich denke noch oft daran – und in der Kammer sitze mitten unter Freiherren, Staatsräten, Ministern und Generalen, vor mir Standesherren, Grafen und Fürsten und die Prinzen des Hauses und unter ihnen der Markgraf«.

Erst verhältnismäßig spät, nach einem »langen Umweg«, beginnt H.s ungewöhnliche Karriere. »Ich habe schon im zweiten Jahre meines Lebens meinen Vater, in dem dreizehnten meine Mutter verloren«; beide Eltern standen im Dienst einer Basler Patrizierfamilie. Heimatliche Gönner ermöglichen dem Waisenjungen 1775 den Besuch des Karlsruher »Gymnasium illustre« und (ab 1778) das Studium der Theologie in Erlangen. Da H.s Examen zwei Jahre später nicht zu ihrer Zufriedenheit ausgefallen zu sein scheint, ziehen sich die bisherigen Mentoren zurück: »Elf Jahre lang, bis in das einunddreißigste meines Lebens, wartete ich vergeblich auf Amt und Versorgung. Alle meine Jugendgenossen waren versorgt, nur ich nicht«. Er arbeitet zunächst als Hauslehrer und Hilfsgeistlicher in Hertingen, bevor er 1783 eine dürftig bezahlte Stelle als Präzeptoratsvikar am Lörracher Pädagogium erhält. Während der später als »glücklich« erinnerten Zeit entstehen enge Lebensfreundschaften. Zugleich trägt er sich der beruflichen Zurücksetzung wegen jedoch »lange mit dem Gedanken, noch umzusatteln und Medizin zu studieren«. Dieser Stillstand endet erst im Herbst 1791. Statt auf eine als idyllisches Wunschbild bis ins Alter hinein beschworene »Landpfarrei« im Südbadischen (zudem erst, nachdem der ursprünglich vorgesehene Kandidat abgelehnt hatte), wird H. als Subdiakon an seine frühere Schule berufen und bereits ein Jahr später zum Hofdiakon befördert. Sein Fächerspektrum reicht von den alten Sprachen bis zu den Naturwissenschaften, in denen er seine Kenntnisse rasch selbständig erweitert. Wenige Jahre später schon ernennen ihn zwei »Naturforschende Gesellschaften« in Jena und Stuttgart zu ihrem Mitglied. Auf H.s pädagogisches Geschick aufmerksam geworden, »vertauscht … das Konsistorium« 1798 seinen »bisherigen Titel mit dem eines Professors« und zieht ihn in der Folge als Berater und Mitarbeiter bei den Aufgaben der kirchlichen Verwaltung heran.

Angeregt durch eine Zeitschrift im Umfeld zeitgenössischer Wiederentdeckung der eigenen »Vorzeit«, beginnt er dreizehn Jahre nach seiner »Minnesänger«-Lektüre von 1787 wieder mit Versen in dem der »altdeutschen Ursprache« verwandten Dialekt seiner »geliebten Heimat«. Die kunstvolle Naivität der in »moralisch veredelnder Absicht genau im Charakter und Gesichtskreis« der einfachen Landbevölkerung bleibenden *Alemannischen Gedichte* (1803) verhilft H. schlagartig zu einem, wie Johann Wolfgang von Goethe in seiner Rezension der zweiten Auflage schreibt, »eigenen Platz auf dem deutschen Parnaß«. Als literarische Berühmtheit gewinnt der nunmehr zum Kirchenrat Ernannte die persönliche Gunst des regierenden Fürsten und erlangt,

obschon er sich weiterhin in den »Wirtshäusern« heimischer fühlt, Zutritt in die »Zirkel, wo die Hofluft weht«.

Zwischen 1807 und 1814, als er nach einer konfessionellen Polemik gegen ihn zurücktritt, dann noch einmal vier Jahre später, redigiert H. in alleiniger Verantwortung den zuvor in eine Absatzkrise geratenen protestantischen Landkalender, der »für den gemeinen Mann ein Stellvertreter der Zeitungen und Zeitschriften« ist. Schon aus dem neu gewählten Titel, *Der Rheinländische Hausfreund*, erhellt sein Selbstverständnis als vertrauter Gesprächspartner der »geneigten Leser«. Seine aus verschiedenen Quellen geschöpften »Artikels« realisieren eine »unterhaltende« Aufklärung »in natürlicher Sprache«, die nicht herablassend doziert, sondern vom »eigentümlichem Geschmack des Volks« ausgeht. Er hat »jene« – im 20. Jahrhundert von Ernst Bloch und Walter Benjamin über Martin Heidegger bis hin zu Elias Canetti und Heinrich Böll vielbewunderte »echte und edle Popularität« im Blick, »die zwischen gebildeten und ungebildeten Lesern keinen Unterschied erkennend aus dem Menschen hervorgeht und den Menschen erfaßt«. Die »Mannigfaltigkeit« der Themen und Stoffe, von Personal und Schauplätzen, löst den Anspruch des »Kalendermachers« auf die Präsentation eines »Spiegels der Welt« ein. Da er mit diesem Konzept »in kurzer Zeit in ganz Deutschland eine seltene Aufmerksamkeit rege gemacht hat«, legt H. 1811 eine geringfügig überarbeitete Auswahl seiner Geschichten vor, das *Schatzkästlein des rheinischen Hausfreundes*.

»Meine Lage ist den Musen nicht so günstig wie ich wünsche. Meine Geschäfte vermehren sich von Jahr zu Jahr statt sich zu mindern, und die gute Laune verliert sich unter ihrer Last und unter ihren Zerstreuungen«, hatte er bereits 1807 auf die Bitte zur Mitarbeit an einem literarischen Almanach geantwortet. In den Briefen aus den letzten Lebensjahrzehnt häufen sich, der gewachsenen Beanspruchung entsprechend, diese Klagen. 1821 zeichnet die Universität Heidelberg den undogmatischen Christen – »Wer aber ohne den Glauben gut handelt, auch dessen wird sich Gott erbarmen« – aufgrund seiner Verdienste bei der Union der lutherischen und reformierten Kirche in Baden mit der theologischen Ehrendoktorwürde aus. Als Schulbuch, das zur Freude des Autors auch in den katholischen Religionsunterricht übernommen wird, erscheinen zwei Jahre später seine *Biblischen Geschichten für die Jugend* bearbeitet. Bis zu seinem Ende lassen die Amtspflichten H. buchstäblich nicht mehr los: er stirbt auf einer Dienstreise, zu der er, schon »in der Qualität eines Patienten«, aufgebrochen war.

Werkausgabe: Sämtliche Schriften. Kritisch hg. von Adrian Braunbehrens, Gustav Adolf Benrath und Peter Pfaff. Karlsruhe/Basel/Frankfurt a. M. 1990 ff.

*Hans-Rüdiger Schwab*

### Hébert, Anne

Geb. 1. 8. 1919 in Sainte-Catherine-de-Fossambault/Kanada

»Ich lebe in Paris, fühle mich aber keineswegs als Pariserin«, meint die kanadische Schriftstellerin noch 1980. Erst 1997 lässt sie sich nach mehr als 30 Jahren wieder in Québec nieder. Nach einer behüteten Kindheit, gefördert von einem literarisch überaus gebildeten Vater und dem Cousin und Dichter Hector de Saint-Denys Garneau, besuchte Anne Hébert erst mit zehn Jahren die öffentliche Schule und sieht sich im Wesentlichen als Autodidaktin. Sehr breit in ihren Interessen, arbeitet sie zunächst für Radio Canada und das Office National du Film, veröffentlicht auf eigene Kosten 1942 ihren ersten Gedichtband *Les songes en équilibre* (Die Träume im Gleichgewicht) und geht 1954 schließlich zum ersten Mal für drei Jahre nach Frankreich. In der Folge pendelt sie zwischen Paris und Québec bis zum Tod ihrer Mutter (1965), danach lebt sie in Paris. »Am Rand«, wie sie sagt, ohne sich diesseits oder jenseits des Atlantiks in die literarischen Zirkel zu mischen. Und doch kann sie sich dem Ruhm nicht entziehen: H. ist seit 1960 Mitglied der Société Royale du Canada und Ehrendoktorin der Universitäten McGill und Toronto sowie der Université du Québec. Ihr

Werk wurde mit zahllosen Preisen ausgezeichnet, 1978 erhielt sie den Prix David für ihr Gesamtwerk; seit 1997 existiert an der Universität Sherbrooke ein Forschungszentrum, das ihr gewidmet ist. Viele ihrer Werke wurden in zahlreiche Sprachen übersetzt, in deutscher Übersetzung liegen jedoch nur einige Kurzgeschichten sowie der Roman *Kamouraska* vor.

H. hat sich als Lyrikerin, Romanschriftstellerin und Dramatikerin einen Namen gemacht. Nach Anfängen in Lyrik und Theater erregt sie 1953 mit *Le tombeau des rois* (Das Grabmal der Könige) Aufsehen, einem Gedichtband, der das Thema des inneren Exils in der Manier von Saint-Denys Garneau fortschreibt. 1960 folgt *Mystère de la parole* (Geheimnis des Worts), in dessen hymnenartigen Texten sich die Aufbruchsstimmung der 1950er Jahre widerspiegelt; auch später Zeit veröffentlicht H. in regelmäßigen Abständen Gedichtbände und ist durch ihre Hörspiele bekannt geworden.

Ihren Ruf als eine der bedeutendsten kanadischen Schriftstellerinnen verdankt sie jedoch den erzählenden Texten, angefangen von den frühen, in der Thematik überraschend kühnen Kurzgeschichten bis zu den Höhepunkten ihrer Erzählkunst, den Romanen *Kamouraska* (1970; *Kamouraska*, 1972), *Les fous de Bassan* (1982; Vögel und Verrückte) und *Les enfants du sabbat* (1975; Die Kinder des Hexensabbat), die allesamt in Québec spielen und von denen die beiden erstgenannten sogar verfilmt wurden. In ihnen artikuliert H. – ähnlich wie Marie-Claire Blais – ein bis dato verschwiegenes und somit scheinbar inexistentes Québec. Unbeirrbar unterläuft sie die Wirklichkeit durch das Imaginäre: Schlaf, Erinnerung, Wahnsinn erlauben ihren Protagonistinnen in jenen Bereich des Realen einzutreten, der »nichts mit der Realität zu tun hat« und der sehr häufig in engster Symbiose mit der Natur steht. Die Welt ihrer Protagonistinnen erscheint als dichtes Netz von ständig

gebrochenen Perspektiven, Stimmen, Aufzeichnungen, erzähltechnischen Experimenten, mit deren Hilfe H. Leidenschaft und Wahnsinn, Ehebruch und Mord, Liebe und Tod gestaltet. Ihre Heldinnen sind starke, zur Gewalt fähige Persönlichkeiten, die gegen eine Welt der Enge revoltieren. Sie entwickeln eine ungeahnte, vielfach zerstörerische Kreativität und suchen das Absolute im Guten wie im Bösen. So paktiert Schwester Julie in *Les enfants du sabbat* mit dem Teufel und gebiert in blasphemischer Umkehr der unbefleckten Empfängnis ein Ungeheuer. Mit dem Zerrbild der patriarchalen Macht, des klerikalen Regimes und der herkömmlichen Rolle der Frau leistet H. einen wesentlichen Beitrag zu einer feministischen Perspektivierung. Obwohl sie im Textexperiment nicht annähernd so weit geht wie Nicole Brossard (geb. 1943), zeigen ihre Romane dennoch – mit Intertextualität, Infragestellung der referentiellen Ebene und Metafiktion – deutlich postmoderne Ansätze.

*Ursula Mathis*

### Hedāyat, Şādeq

Geb. 17. 2. 1903 in Teheran;
gest. 8. oder 9. 4. 1951 in Paris

Şādeq Hedāyat stammte aus der Bildungselite und kam in den Genuss hervorragender Ausbildungsmöglichkeiten. Diese befriedigten ihn ebenso wenig wie andere Privilegien. Nach dem Besuch der französischen Missionsschule St. Louis ging er 1926 zum Studium nach Paris, wechselte aber binnen kurzer Zeit mehrfach sowohl das Studienfach als auch den -ort. 1929 unternahm er einen Selbstmordversuch. Im folgenden Jahr kehrte er ohne Abschluss nach Iran zurück, so dass er sich mit untergeordneten Stellungen begnügen musste. 1936/37 hielt er sich in Bombay auf, dem Zentrum der Parsen, um mittelpersische Texte zu studieren; denn die Nachfahren der vor den muslimischen Eroberern dorthin ausgewichenen zoroastrischen Perser verfügen über eine umfangreiche Literatur in dieser in Iran vor der Islamisierung gesprochenen Sprache. In Bombay veröffentlichte H. auch sein Hauptwerk, den Roman *Buf-e kur* (1960; *Die blinde Eule*, 1960), zunächst als hektographierte Handschrift in nur 50 Exemplaren.

Er interessierte sich für Politik, hielt sich jedoch in den Diskussionen der Teheraner Intellektuellenkreise zurück. Sein Kontakt zur kommunistischen Tude-Partei brach nach kurzer Zeit ab. Drogenmissbrauch verschlimmerte Depressionen und Einsamkeit. Auch seine Flucht im Winter 1950/51 nach Paris half ihm nicht aus der Verzweiflung. Dort setzte er im April des Jahres 1951 seinem Leben ein Ende.

Als Verfasser von Essays und Erzählungen wurde H. zum bedeutendsten iranischen Prosaautor, seine Theaterstücke gelten als weniger gelungen. Die Bewunderung des iranischen Publikums und die Tatsache, dass er in seiner Heimat mehr gelesen wird als irgendein anderer persischer Autor der Neuzeit, sind erstaunlich, denn H. macht es seinen Lesern nicht leicht. Seine Texte sind in sprachlicher Hinsicht meisterhaft, überraschen durch ungewohnte Perspektiven und sind oft kühn in ihrer Anlage; aber sie sind weder unterhaltsam noch leicht zugänglich. Sie bieten keine Sympathieträger und Identifikationsfiguren und zeichnen ein deprimierendes Bild von seinem Vaterland und dessen Herrschern. Unerbittlich schildern sie das Grauen, sind düster, abweisend und negativ.

*Buf-e kur* ist der bedeutendste Beitrag der neupersischen Erzählprosa zur Weltliteratur. Der Roman besteht aus zwei auf vielfache Weise miteinander verschränkten Teilen, deren Einzelheiten einer Alptraumlogik voller Widersprüche entspringen. Er erzählt die Geschichte eines Künstlers, der vom Bemalen von Federkästen lebt. Er schmückt sie mit stets demselben Motiv: Eine Frau von wunderbarer Schönheit hält einem Mann auf der anderen Seite eines Wasserlaufs Blumen entgegen. Der Künstler wird von seinem eigenen Schöpfung so besessen, dass er sie überall in der Stadt sucht. Schließlich begegnet er ihr vor seinem Haus und folgt ihr hinein, aber als sie in seinem Bett findet, ist sie bereits tot. Andererseits wird sie, die aussieht wie seine Mutter, in einem

Opiumtraum zu seiner Ehefrau, die ihn quält und demütigt, indem sie sich anderen Männern hingibt. Als es endlich auch ihm gelingt, mit ihr zu schlafen, tötet er sie – nur um zu entdecken, dass er zu dem von ihm am meisten gehassten und verachteten Nebenbuhler geworden ist. In dem Roman mischen sich Moderne und Tradition. Erkenntnisse der Psychoanalyse und die Überlieferung islamischer Mystiker werden auf surreale Weise miteinander verwoben. H.s Kurzgeschichten dagegen sind von einem schnörkellosen, schlichten Stil geprägt, der in auffallendem Gegensatz zur literarischen Tradition Irans steht, andererseits sind sie voller Sprachwitz. Bewundernswert ist H.s reicher Wortschatz; Quellen sind die Sprache der Oberschicht und die des Volkes gleichermaßen. Damit erweitert er die Ausdrucksmöglichkeiten der persischen Literatursprache. Die Erzählungen enthalten meist realistische, häufig satirische Schilderungen wenig sympathischer, scheiternder Sonderlinge. Eine der wenigen Figuren, denen der Autor uneingeschränkte Sympathie entgegenbringt, ist ein Hund, ein in Iran als unrein geltendes, verachtetes Tier – Titelgestalt der Erzählung *Sag-e wel-gard* (1942; *Hund ohne Herr*, 1961). Auch als Essayist hat H. bedeutende Beiträge zur persischen Literatur geleistet. Am eindrucksvollsten ist wohl *Pajām-e Kafka* (1948; Die Botschaft Kafkas), zu einer Zeit verfasst, als Kafka noch nicht die Weltgeltung genoss, die er heute hat. Die Seelenverwandtschaft beider erklärt, warum H. gelegentlich der »Kafka Irans« genannt wird. Diesen Text darf man getrost mit Navid Kermani als H.s Vermächtnis ansehen.

H. hat für die Entwicklung der modernen persischen Prosa auch als literarischer Vermittler Bedeutendes geleistet – sowohl durch Rückgriff auf vergessene Texte, die er aus dem Mittelpersischen übertrug, als auch durch die Übersetzung von Texten der europäischen Moderne aus dem Französischen (Guy de Maupassant, Anton Čechov, Arthur Schnitzler, Franz Kafka).

*Kurt Scharf*

## Heijden, A. F. Th. van der (Adrianus Franciscus Theodorus)
Geb. 15. 10. 1951 in Geldrop/Niederlande

A. F. Th. van der Heijdens Romane sind groteske Mysterienspiele, deren Protagonisten sich ausschweifenden psychopathischen Exerzitien aussetzen, um ihren geistigen und moralischen Platz in der Geschichte zu finden. Dabei erweisen sich die – wie der Autor – um 1950 geborenen und in ihrer Jugend in die Protestbewegungen und Subkulturen der 1970er und 80er Jahre hineingezogenen Nachkriegskinder als Vertreter einer regressiven und melancholischen Generation, die schon früh das Gefühl hat, zu spät zu kommen, und die der gesellschaftlichen Realität mit einer Mischung aus Größenwahn und Depression entflieht. Dies äußert sich schon in den unter dem Pseudonym Patrizio Canaponi veröffentlichten Debüterzählungen *Een gondel in de Herengracht* (1978) und *De draaideur* (1979; *Die Drehtür*, 1997) darin, dass das Ich, das hier zu Wort kommt, sich einerseits als ›creator deus‹ selbst erfindet, sich aber andererseits in der eigenen Geschichte gefangen fühlt. Das gilt auch für die Hauptfiguren des zwischen 1983 und 1996 in vier Bänden und einem Prolog erschienenen Zyklus *De tandeloze tijd* (*Die zahnlose Zeit*, 2003). Albert Egberts, Felix Boezaardt und Theo Schwantje, deren Vornamen mit den gleichen Initialen beginnen wie das Namenskürzel, das v. d. H. als sein Markenzeichen (seit 2000 ohne Nachnamen) benutzt, sind Rebellen, die versuchen, sich von dem provinziellen Geist, der in ihren Familien herrscht, zu befreien. Obwohl sie aus unterschiedlichen sozialen Schichten stammen, haben alle drei künstlerische Ambitionen und setzen der schlechten Realität, die sie vorfinden, die Vorstellung einer wirklichkeitsentlasteten, expressiven Kunstwelt entgegen. Aber sie alle scheitern, weil sie die Vision von der gesellschaftlichen Gesamtkunstwerks in ihrem Alltag in Alkoholexzessen, Drogenabhängigkeit, endlosem Gerede und verpatztem Sex verlieren und weil sie weder künstlerisch noch politisch von ihren traumatischen Kindheitserfahrungen loskommen.

»Ich wollte in die Welt eingehen, durfte von ihr jedoch weder angetastet noch angefressen werden. Am liebsten sollte die Zeit zahnlos an mir vorbeiziehen«, sagt Egberts im ersten Band des Zyklus (*Vallende ouders*, 1983; *Fallende Eltern*, 1997). Damit bringt er zum Ausdruck, worin die Vision der »zahnlosen Zeit« besteht, nämlich in der Vorstellung einer kindlichen Symbiose mit der Welt und einer unschuldigen oder ›heiligen‹ Existenz. Programmatisch umschreibt Egberts, der wie v. d. H. Philosophie studiert hat, seine Utopie mit der Pathosformel vom »Leben in die Breite«. Darunter versteht er ein »schwindelerregendes Dasein«, das »nicht in die Länge, wie wir es gewöhnt waren, sondern in die Breite verlief, in dem keine irdische Zeit verlorenging, sich alle Ereignisse gleichzeitig abspielten, anstatt zeitraubend aufeinanderzufolgen« (*De slag om de Blauwbrug*, 1983; *Die Schlacht um die Blaubrücke*, 2001). Demnach ist die »zahnlose Zeit« eine angehaltene oder in einen imaginären Raum verlagerte Zeit. Sie hat ihren Schrecken verloren, weil ihr der sprichwörtliche ›Zahn der Zeit‹ gezogen wurde und es in ihr kein Ende und folglich auch keinen Tod gibt.

In seinem zweiten, als Opus magnum mit sieben Bänden angelegten Romanzyklus *Homo duplex* (Der doppelte Mensch) hebt v. d. H. das Motiv der Selbstgeburt und der autonomen Existenz auf eine mythologische Ebene. Im Prolog-Band, der 2003 unter dem Titel *De Movo Tapes. Een carrière als ander* (Die Movo-Bänder. Eine Karriere als anderer) erschien, fasst der wegen eines angeborenen Klumpfußes gehbehinderte und von Minderwertigkeitskomplexen und Todesängsten gepeinigte Tibbolt Satink den waghalsigen Beschluss, ein anderer Mensch zu werden und diesem Anderen, als der er weiterleben möchte, auch den eigenen Tod aufzubürden. Er will Movo werden – der Name stellt eine Abkürzung für die »mo(eilijke) vo(eten)« (»schlimmen Füße«) dar, mit denen er geschlagen ist. Damit definiert er sich selbst als neuer Ödipus, dessen Name ebenfalls »Schwellfuß« bedeutet. Tibbolts Versuch der Selbsterfindung misslingt. Er entkommt dem Schicksal des Ödipus

ebenso wenig wie dieser selbst und erweist sich postum außerdem als eine Kopfgeburt des Apoll, des Gottes der Künste und der Seherschaft, der im Roman unter dem Codenamen einer Überwachungskamera als QX-Q-8 auftritt.

V. d. H.s Romane beziehen ihren Stoff aus der Lebensgeschichte des Autors. Das zeigen auch die autobiographischen Texte, in denen er über seine verstorbenen Eltern nachdenkt (*De sandwich*, 1986; *Asbestemming*, 1994; Aschenbestimmung) und seine Arbeit als Schriftsteller in Briefen und Tagebuchnotizen protokolliert (*Gevouwen woorden*, 2001; Gefaltete Worte; *Engelenplaque*, 2003; *Engelsdreck*, 2006). Dennoch sind seine erzählerischen Texte keine Entwicklungsromane oder Psychodramen, sondern Ideenromane, die nicht nur aufgrund ihres Umfangs und ihrer Weitschweifigkeit in der Tradition des Barock stehen, sondern auch in ihrer episodischen Erzählform und in ihrem als Verweissystem aus Motiven und Konstellationen angelegten Aufbau barocke Züge tragen.

V. d. H. wurde mit dem Anton Wachter-Preis (1979), dem Bordewijk-Preis (1986), dem Multatuli-Preis (1986), mit De Gouden Uil (1997; Die Goldene Eule) und dem Literaturpreis der Generale Bank (1997) ausgezeichnet. Band 4 von *De tandeloze tijd – Advocaat van de hanen* (1990; *Der Anwalt der Hähne*, 1995) – wurde 1995 verfilmt.

*Barbara Lersch-Schumacher*

## Heimann, Moritz

Geb. 19. 7. 1868 in Werder bei Rehfelde/ Mark Brandenburg;
gest. 22. 9. 1925 in Berlin

»Die Geschichte vergißt eines zuerst: die Geschichte, – und mythologisiert sogleich darauf los.« H. ist, gleichsam ein Opfer dieser Einsicht, schon legendär gewesen, als er noch in höchster Wirksamkeit lebte (das Zitat stammt aus dem bibliophilen Druck seiner *Aphorismen* von 1915). »Heimann« war (und bleibt vielleicht) das Synonym für eine Funktion: Verlagslektor, Freund der Schriftsteller, ihr strenger Förderer. Seit 1896 arbeitete er für S. Fischer, Berlin, dessen Verlag, als der literarisch wohl wichtigste der Zeit, von H. mitgeprägt wurde. Wie groß oder wie klein seine Macht im Verlag und sein Einfluss bei den Autoren in Wirklichkeit waren, lässt sich schwer ermessen; H. selbst machte sich keine Illusionen darüber. 1918, als er fünfzig wurde, pries man ihn, zu seinem Verdruss, als »Weisen«, gar als »Vater Heimann«. Ein gesuchter Mann, dessen »Sprechstunden« vielen offenstanden, nicht nur Autoren. Einen »sokratischen Juden« nannte Martin Buber ihn 1918, als »Gesprächskünstler« hatte ihn Stephan Großmann 1928 in Erinnerung. H. war bewundert, geliebt, und er hatte keine Feinde (jedenfalls meldete sich keiner). Als Schriftsteller aber, als Buch- und Bühnenautor wurde er gerade nur respektiert, vielleicht, so Robert Müller 1921, »weil er selbst die Personal-Union mit seinem eigenen Förderer dargestellt haben würde«.

Otto Brahm hatte ihn 1894 entdeckt, als Dramatiker, dem erst noch »die Leviten« zu lesen seien, er hatte ihn im selben Jahr mit Gerhart Hauptmann zusammengebracht; beide empfahlen ihn S. Fischer, ab Mai 1895 erschienen Kritiken von H. in der Neuen Deutschen Rundschau, auch unter den Namen »Hans Pauli« und »Tobias Fischer« (später veröffentlichte er gelegentlich als »Julius«, als »Th. Elsner«, manchmal auch anonym).

Aufgewachsen war H. mit seinen Schwestern Ida und Deborah in dem märkischen Dorf Kagel bei Herzfelde, dort ging er zur Schule, danach bis zum Abitur in Schneidemühl aufs Gymnasium – und zog nach Berlin, wo er unter dem Vorwand, Medizin studieren zu wollen, vornehmlich Philosophie und Germanistik gehört haben soll; zeitweilig lebte H. als strenger Vegetarier, auch war er vermutlich in Russland, zu Besuch bei Tolstoj –: »Ich habe keine Biographie, aber ich besitze alles, was ich versäumt, und alles, was ich verloren habe« (Aphorismus aus dem Nachlass).

Verheiratet war er mit der Bildhauerin Gertrud Heimann, einer der Schwestern Marschalk (durch sie also auch verschwägert mit Gerhart Hauptmann und Emil Strauß). Mit ihr

und dem Sohn Fritz lebte H., wenn er nicht in Berlin war, im heimatlichen Kagel. Alles Persönliche blieb privat. Über seine letzten Jahre – seit 1917 war er herz- und nierenkrank – wird man einiges erfahren können, wenn Oskar Loerkes Tagebücher komplett veröffentlicht sein werden. Loerke, von H. als großer Lyriker erkannt, sein Nachfolger im Amt des Lektors und ein Vertrauter, musste die testamentarisch verfügte Aufgabe übernehmen, die schriftliche Hinterlassenschaft zu vernichten.

H.s Ehrgeiz galt dem Drama. Der Weiberschreck (1898), ein langgezogener Intrigensketch mit Verlobung, das erste gedruckte und erste aufgeführte Stück, blieb ohne Erfolg; Die Liebesschule (1905), ein Lehrstück in schönen Versen, fand wenig Freunde; Joachim von Brandt (1908), Lokalschwank, Konversationsstück, politische Satire und Literaturkomödie in raffinierter Staffelung, hatte einen Achtungserfolg; die Tragödie Der Feind und der Bruder (1911), groß angelegt und perfekt durchgeführt in Vers und Prosa: als Buch gerühmt, auf der Bühne ohne Glück; stark beachtet wurde dann das Presse und Moral traktierende, dialogisch subtil vorgehende Drama Armand Carrel (1920), das einen Nerv der Zeit traf; 1922, aufgeführt erst nach H.s Tod: Das Weib des Akiba, Geschichte einer legendären Ehe, zwölf Szenen mit dem Bar Kochba-Aufstand als politisch-religiösem Hintergrund.

Manche der insgesamt zwölf Erzählungen wurden von Kollegen wie Hugo von Hofmannsthal, Thomas Mann und Arnold Zweig, als Musterstücke einer unaufgeregten Erzählkultur geschätzt, z. B. Die Tobias-Vase und Wintergespinst (beide 1905), Die letzte Ohnmacht (1912), Dr. Wislizenus (1913). Von den Sammelbänden (Gleichnisse, 1905; Novellen, 1913; Wintergespinst, 1921) kam keiner über die erste Auflage hinaus.

H.s Domäne als Schriftsteller war der Essay, wie er selbst lieber sagte: Aufsatz. Hervorgegangen ist seine Form, die er nie schematisch handhabe, aus der literaturkritischen Übung. Auch wenn es um Bücher ging: im Grunde war er 1903 bis 1905 Berliner Theaterreferent für die Wiener Tageszeitung Die Zeit –, schrieb H. bei aller Professionalität immer zugleich noch über etwas anderes, und auch die jeweilige politische Situation war präsent. H.s Kunst bestand darin, dass er erzählend zu argumentieren vermochte, ein gründlicher Lehrer, mit der Energie, sich selber Fragen zu stellen, auch dort, wo sonst keiner fragt. Sein Stil ist geradezu spannend, er steuert auf Pointen nicht zu, sondern setzt sie voraus: »Wenn das Leben einen Sinn hätte, das wäre ebenso furchtbar, als wenn wir ihm keinen gäben« (Aphorismus aus dem Nachlass).

Bewusster Jude, bewusster Preuße, mit Sympathien für den Sozialismus, auch für den Zionismus, dem er gleichwohl fern blieb, märkisch-konservativ und neugierig: H. hielt sich, ökonomisch oft in Nöten, unabhängig. Zwischen 1914 und 1925 schrieb er für die Feuilletons der *Vossischen Zeitung*, des *Berliner Tageblatts*, der *Frankfurter Zeitung*, der *Neuen Freien Presse* und für so programmatische Zeitschriften wie *Der Jude*, die *Sozialistischen Monatshefte*, *Die Schaubühne* (bzw. *Die Weltbühne*) oder *Das Tage-Buch*. Aber als 1918 seine *Prosaischen Schriften* in drei Bänden gesammelt erschienen, wurden sie nicht gekauft. An S. Fischer schrieb H. 1922, er stehe vor dem »niederziehenden Mißerfolg der Schriften«, und wenn er »noch so kalt und fremd auf alle Umstände« blicke, »doch wie vor einem Rätsel«. Jakob Wassermann, der dem Förderer und Freund zweimal ein Denkmal gesetzt hat (mit der Figur des Dichters Melchior Ghisels in seinem Roman *Der Fall Maurizius*, 1928, dann in einem Porträt der *Selbstbetrachtungen*, 1931 und 1933) sah die Gründe für dieses Scheitern vornehmlich in H.s hervorstehenden Qualitäten – »Ferner lag es am Fehlen einer leichten Beimischung von Banalität, jenes Grans von Billigkeit, von Übertreibung, von Selbststeigerung, die ein Autor braucht, um sich durchzusetzen, und die man auch bei den größten Schriftstellern finden wird.«

Werkausgabe: Prosaische Schriften in 3 Bänden. Berlin 1918, Bd. 4: Wintergespinst. Novellen, 1921, Bd. 5: Nachgelassene Schriften, 1926.

*Dierk Rodewald*

## Hein, Christoph
Geb. 8. 4. 1944 in Heinzendorf/Schlesien

»Ja, ich verstehe mich als Chronist, der mit großer Genauigkeit aufzeichnet, was er gesehen hat. Damit stehe ich in einer großen Tradition von Johann Peter Hebel bis Kafka. Aber der Schriftsteller ist kein Prediger, der den Sachverhalt, den er darstellt, auch noch selber kommentiert.«

Mit diesen Worten hat H. im März 1990 seine Haltung als Autor, frühere Aussagen bekräftigend, umrissen. Damit stellt er sich außerhalb des mainstream der DDR-Literatur, die in der Regel die Funktion von Ersatzöffentlichkeit willig annahm, volkspädagogisch wirken und oft auch noch den Propheten spielen wollte. Nicht so H., der sowohl als Bühnenautor als auch als Erzähler sein Material kalt hält, sich um nichts mehr als um sprachliche Präzision bemüht und Autorenkommentare für »geradezu kunstfeindlich« hält. Und doch verschmäht er es nicht, Moralist zu sein: nämlich als Essayist und Publizist, der wie jeder andere Mensch auch Überzeugungen und Meinungen hat und sie in diesem Genre auch vertreten darf. Christoph H. arbeitet nicht als Spezialist in nur einer Gattung, sondern in dreien: als Dramatiker, als Erzähler und als Essayist.

H. entstammt einer schlesischen Pfarrersfamilie und steht damit in einer langen, für die Literatur produktiven Tradition von Lenz über Friedrich Nietzsche bis zu Gottfried Benn. Die Familie flieht zu Kriegsende zunächst nach Thüringen und lässt sich dann in Bad Düben bei Leipzig nieder. Als Pfarrerskind darf Christoph H. die Oberschule in der DDR nicht besuchen und wird deshalb 1958 Internatsschüler an einem humanistischen Gymnasium in West-Berlin. Der Mauerbau 1961 verhindert den dortigen Schulabschluss – H. entschließt sich der Familie wegen, die mittlerweile in Ostberlin wohnt, im Ostteil der Stadt zu bleiben. Erst 1964 kann er in einer Abendschule das Abitur nachmachen. Zwischen 1961 und 1967 schlägt er sich als Montagearbeiter, Kellner und Buchhändler durch und ist für ein Jahr Regieassistent bei Benno Besson an der Volksbühne. Nach mehreren vergeblichen Anläufen, an der Filmhochschule in Potsdam-Babelsberg Dramaturgie zu studieren, nimmt er 1967 ein Philosophie-, später auch Logikstudium an der Universität Leipzig auf, das er, nach einem Wechsel an die Humboldt-Universität in Berlin 1970, im Jahre 1971 abschließt. Im gleichen Jahr wird er, wiederum an der Volksbühne bei Besson, als Dramaturg angestellt und bekommt 1973 einen Vertrag als Hausautor. Die Schriftstellerlaufbahn des Christoph H., der schon seit Kindheitstagen schreibt, hat begonnen, auch wenn noch kein Stück von ihm gespielt, geschweige denn ein Buch gedruckt ist. 1974 wird die Komödie *Schlötel oder Was solls* an der Volksbühne uraufgeführt – ein Stück, das das Scheitern eines vom Pathos der sozialistischen Utopie besessenen Intellektuellen im Brigadealltag in Szene setzt. Vom *Cromwell* (1978/80) an hat H. überwiegend Geschichtsstoffe bearbeitet, freilich auf der Grundlage eines erklärtermaßen »egoistischen« Geschichtsbewusstseins: »Man will seine Väter kennen, um sich zu erfahren«. Auch in dem ›Salonstück‹ *Lassalle fragt Herrn Herbert nach Sonja* (1980) interessiert weniger die historische Person und mehr die Aktualität des Politikers als theatralischer Rollenspieler, dessen lächerliches Zugrundegehen als Privatmann auch sein öffentliches Scheitern bezeichnet.

Auch H.s nächste Stücke *Die wahre Geschichte des AhQ* (1983) wie das Walter-Benjamin-Stück *Passage* (1987) sind der Analyse der von gesellschaftlicher Praxis ausgeschlossenen bzw. sich ihr selbst verschließenden Intellektuellen gewidmet. Der Weg hin zu diesen auch internationalen Theatererfolgen ist dornenreich: 15 geplante DDR-Uraufführungen scheitern im Lauf der 1970er Jahre, und 1979 wird H. – nach Bessons Weggang – von der neuen Volksbühnenleitung genötigt, seine Dramaturgentätigkeit aufzugeben. Seine an Lenz und Büchner geschulte Theaterästhetik, seine heiklen Stoffe passen nicht in die kulturpolitische Landschaft. H. hält sich mit Übersetzungen, Funkfeatures und Kritiken über Wasser.

Mit dem Erzählungsband *Einladung zum Lever Bourgeois* wird H. 1980 endlich zum öffentlichen Autor, und dies als Erzähler. 1982 ist das Jahr seines Durchbruchs: Die Novelle *Der fremde Freund (Drachenblut)* erscheint, und H. gewinnt ein fasziniertes Publikum in der DDR wie in der Bundesrepublik. Die in glänzender, der Ökonomie von Theaterstücken abgeschauter Manier erzählte unerhörte Geschichte handelt von den Deformationen der Zivilisation, in der wir leben, von den Folgekosten der instrumentellen Vernunft – und das provozierte die Leser im Osten wie im Westen. Auch H.s spätere Romane *Horns Ende* (1985) und *Der Tangospieler* (1989) handeln, wie schon die Debüterzählung zur Racine-Gestalt, von vereinsamten, gesellschaftslosen Individuen, die, zumeist unheroisch bis opportunistisch, in einem allem subjektiven Wünschen und Hoffen feindlichen Milieu zugrundegehen. Dabei weigert sich H. strikt, die »Sklavensprache als Kunstmaß« zu bedienen und seine Texte so zu kodieren, dass sie nachträglich vom »wissenden Leser« zurückzuübersetzen sind. Freilich grundieren gerade seine Erzählungen in Rollenprosa einen »Untertext« (Tschechow), der den allzu planen Aussagen der Figuren zuwiderläuft und Defizite kenntlich macht.

Zum Ende der 1980er Jahre hin wurde H., der lange Unterschätzte, zum deutsch-deutschen Erfolgsautor, wozu nicht zuletzt seine als Schlüsselstück auf das SED-Politbüro gedeutete Komödie *Die Ritter der Tafelrunde* (1989) beitrug. 1982 war der Heinrich-Mann-Preis in Ostberlin, 1983 der Kritikerpreis in Westberlin verliehen worden. Im Sommer 1989 war er Inhaber des Poetik-Lehrstuhls an der Folkwang-Schule in Essen. Im gleichen Jahr bekam er den Lessing-Preis (in der DDR) und 1990 den Erich-Fried-Preis (in Wien). In den Monaten und Jahren vor der Wende in der DDR mauserte sich H. zu einem der wichtigsten Autoren, denen es mit dem Konzept »Öffentlich arbeiten« ernst war. Im November 1987 hält er seine vielbeachtete Rede *Die Zensur ist überlebt, nutzlos, paradox, menschen- und volksfeindlich, ungesetzlich und strafbar*, im September 1989 folgt die ebenso mutige Rede *Die fünfte Grundrechenart* gegen die spätstalinistische Heuchelei und Verlogenheit im eigenen Land. Seit Mitte Oktober 1989 war H. Mitglied der »Unabhängigen Untersuchungskommission zu den Ereignissen vom 7./8. Oktober 1989 in Berlin« und sprach auch am 4. 11. 1989 bei der Massenkundgebung auf dem Berliner Alexanderplatz (u. a. von der »Heldenstadt Leipzig«). Für viele überraschend, verweigert er aber im Dezember 1989 seine Unterschrift unter dem Aufruf »Für unser Land«. H. wusste: »Die Selbständigkeit der DDR ist hier verludert und vertan worden – und nicht durch die Schuld Westdeutschlands.« Der unbestechliche, eigensinnige, unwehleidige Autor H., der nie in der SED war, weiß, dass er »als Schriftsteller in diesem Land … eine Chance« hat, »die es weltweit ganz selten gibt: daß man in seiner kurzen Lebenszeit zwei Leben führen« und über beide schreiben kann. Seit der Wende entstanden zwar auch mehrere Theaterstücke (u. a. *Randow*, 1994; *Bruch*, *In Acht und Bann*, *Zaungäste*, *Himmel auf Erden*, 1999; *Mutters Tag*, 2002), aber der Prosaautor H. hatte entschieden mehr Erfolg. Durch eine Vielzahl von Reden und Essays (gesammelt in den Bänden *Die fünfte Grundrechenart* und *Als Kind habe ich Stalin gesehen*, 1990; *Die Mauern von Jericho*, 1996; *Der Ort. Das Jahrhundert*, 2003, und *Aber der Narr will nicht*, 2004) bestätigte H. seinen Ruf, einer der wichtigsten Intellektuellen im Lande zu sein – mit dem Mut der Vernunft, ohne je anmaßend zu sein. Kein anderer wäre geeigneter gewesen, erster Präsident des – nach langen Querelen um Stasi-Verstrickungen einiger ostdeutscher Schriftsteller – wiedervereinigten deutschen PEN zu werden. H. wurde im Oktober 1998 in dieses Amt gewählt. Als Hauptgeschäft H.s hat sich im letzten Jahrzehnt jedoch das Erzählen herausgebildet, wobei Stoffe der jüngeren deutschen Geschichte, die in die Gegenwart hineinragen, dominieren. *Das Napoleonspiel* (1993) war – noch mitten in den Wendekontroversen – erstmals einem dem DDR-Leben fernen Protagonisten gewidmet. Die stark autobiographisch getönte Kindheitserzählung *Von allem Anfang an* (1997) und die beiden Romane *Willenbrock* (2000) und *Landnahme* (2004) erhellen heutige deutsche Zustände durch jenen Blick, den

H. dem Evangelisten Lukas zugeschrieben hat und den er sich offenbar selbst zuschreibt: »Durch seine Augen war er vor allen anderen hervorgehoben und durch seinen besonders gelassenen, gleichgültigen Blick, den er auf den blutüberströmten, mit Nägeln durchbohrten Jesus warf.« Vor allem *Landnahme*, die fast fünf Jahrzehnte umfassende, von fünf Mitlebenden erzählte Biographie eines Mannes, der als heimatvertriebenes Kind in eine sächsische Kleinstadt kommt und gegen alle Widerstände Karriere macht, ist eine bedeutende Chronik des Lebens in der DDR, die sich, so zeigt H., nicht nur durch diktatorische Macht und ideologische Verblendung, sondern ebenso auf der Basis von Opportunismus und Gleichgültigkeit so lange halten konnte.

*Wolfgang Emmerich*

## Heine, Heinrich
Geb. 13. 12. 1797 in Düsseldorf;
gest. 17. 2. 1856 in Paris

»Denk ich an Deutschland in der Nacht, / Dann bin ich um den Schlaf gebracht« (*Nachtgedanken*, 1843) und: »Ein neues Lied, ein besseres Lied, / O Freunde, will ich Euch dichten! / Wir wollen hier auf Erden schon / Das Himmelreich errichten« (*Deutschland. Ein Wintermärchen*, 1844) – zwei extreme Haltungen H.s, deren sehr unterschiedlicher literarisch-politischer Gestus kennzeichnend ist für seine Widersprüchlichkeit und Zerrissenheit: durch das »Herz des Dichters« geht »der große Weltriß« (*Die Bäder von Lucca*, 1830). Doch weder kritische Trauer noch sinnlicher Lebensgenuss entsprachen den Erwartungen der Mehrzahl der Leser in den letzten einhundertfünfzig Jahren. Nicht erst die antisemitische, nationalistische Rechte Ende des 19. Jahrhunderts und die Nationalsozialisten, die unter H.s berühmtes Lorelei-Gedicht »Verfasser unbekannt« schrieben, auch ein Großteil der zeitgenössischen Kritiker denunzierte H. als ichbezogen und originalitätssüchtig, als unmoralisch und gotteslästerlich, als jüdisch und französelnd; der Ruf nach der Verbrennung seiner Bücher wird schon 1827 laut. Diese Ausgrenzung wurde auch von den Liberalen mitvollzogen, und der Radikaldemokrat Ludwig Börne, zeitweise H.s Weggefährte, kritisiert dessen Subjektivität und Ästhetizismus, dessen Immoralität und Areligiosität, eine Position, die sich tendenziell auch in der deutschen Arbeiterbewegung fortsetzte. »Die Wunde Heine« (Theodor W. Adorno) und deren öffentliche Behandlung, z. B. im Denkmalsstreit (1887–93, 1928–33) und in der Auseinandersetzung um die Benennung der Düsseldorfer Universität (1965–72) ist aus der deutschen Misere zu erklären und verweist zugleich auf sie. Denn H.s Schaffen wurde nicht im Kontext der literarischen und politischen Zustände gesehen, vielmehr wurde es ignoriert oder dämonisiert bzw. verklärt, d. h. auf das *Buch der Lieder* (1827) als bürgerlichen Lyrikschatz reduziert.

Harry H., der als Sohn eines jüdischen Kaufmanns zunächst den Beruf seines Vaters ergriff, studierte, unterstützt von seinem reichen Onkel, seit 1819 in Bonn, Berlin und Göttingen die Rechte. 1825 legte er das juristische Examen ab und promovierte; im selben Jahr trat er zum protestantischen Glauben über, als »Eintrittsbillett« in die Gesellschaft. Dennoch scheiterten aus politischen Gründen seine Bemühungen um eine Professur in München. In dieser Zeit, in der er auf der Suche nach einer bürgerlichen Existenz war und auch Vorlesungen bei August Wilhelm Schlegel und Ernst Moritz Arndt, bei Friedrich Carl von Savigny und Georg Wilhelm Friedrich Hegel hörte und in den Berliner Salons verkehrte, veröffentlichte er nach den ersten Gedichten (1817) nicht zufällig seinen ersten Prosatext über *Die Romantik* (1820). Auch in der Gedichtsammlung *Buch der Lieder* wird H.s Nähe zur Romantik, seine Bewunderung für ihre »Volkspoesie«, ihre Übersetzungs- und Sammeltätigkeit (Achim von Arnim, Clemens von Brentano, *Des Knaben Wunderhorn*, 1806/08) deutlich, zugleich aber auch sein ständig wachsender Abstand. Neben konventionell romantischen Liebesgedichten verwendet H. schon ironische Distanzierungen, häufig konzentriert in pointiert desillusionie-

renden Schlussversen. Trotz der einfachen Volksliedform entspringen Naturidylle, Liebesleiden und Todessehnsucht nicht einem unmittelbaren Gefühl, vielmehr verwendet er bewusst romantische Stilmittel, eingebettet in Reflexion und Sentimentalität. Die Welt ist auch für den jungen H. schon brüchig, aber mit seiner Form des »Weltschmerzes« kann er, im Unterschied etwa zu Franz Grillparzer oder Nikolaus Lenau, spielerisch umgehen.

Nicht das weltberühmte *Buch der Lieder*, das immerhin schon zu H.s Lebzeiten dreizehn Auflagen erreichte, sondern seine *Reisebilder* (1826–1831) begründeten seinen frühen literarischen Ruhm. Im Kontext eines allgemeinen Reisefiebers und der damit zusammenhängenden Modeliteratur als Unterhaltung, Belehrung und Gesellschaftskritik schuf H. eine neue Form der Reiseliteratur, die nicht nur bei den Jungdeutschen begeisterte Nachahmer fand. H. verbindet die politische Information und Kritik der Aufklärung mit der Empfindsamkeit und subjektiven Erlebnisweise Laurence Sternes und Jean Pauls sowie mit den romantischen »Wanderungen« zu einem neuen Genre des sich emanzipierenden bürgerlichen

Individuums. Dabei ersetzte die europäische Emanzipation mit ihrer Radikalisierung der Philistersatire in der *Harzreise* bis zur Adels- und Kleruskritik und Revolutionsbegeisterung in *Die Stadt Lucca* (1831) die Selbstbildung als zentrale Thematik und Absicht. Trotz der Ungebundenheit als Reisender, als freier Schriftsteller, als Intellektueller, besteht bei H. jedoch eine unlösbare Verbindung zu Deutschland als seiner Heimat. Vor allem in der *Harzreise* kontrastiert H. die »Banalität« der deutschen Realität mit der Natur, dem Volk mit seinen Märchen und dem Traum. Das veränderte thematische Interesse korrespondiert mit der Auflösung des traditionellen Gattungsgefüges, es entsteht eine »Antireiseliteratur«, gerichtet gegen das klassische Litera-

turideal: Lyrik steht neben Essayistik und Erzählung, Reflexionen neben Stimmungsbil-
dern und autobiographischen Beobachtungen,
an die Stelle einer linearen Komposition treten
Brüche und Assoziationen. Die widersprüchliche Subjektivität des Ich-Erzählers, die Mischung verschiedener Sprachebenen, Konversationston neben scharfer Satire, eine spezifische Bildhaftigkeit (Reise-Bilder) und die
vorherrschende Stilfigur der Antithese führen
zu einer Poetik der Dissonanz, des Fragmenta-
rismus und ansatzweise der Montage in der
Art der literarischen Moderne.

Nach der Julirevolution 1830 setzte H.
diese neue Literaturkonzeption, die in die politischen Geschehnisse eingreifen und Stellungnahme beziehen soll, fort. In einer differenzierten und immer wieder modifizierten
Auseinandersetzung mit Johann Wolfgang
Goethe – H. betont den Indifferentismus, aber
auch den Sensualismus des Weimarers – und
in Abgrenzung zu Hegels Theorem vom »Ende
der Kunst« spricht er vom »Ende der Kunstperiode« und dem Beginn einer neuen Kunst,
»die sogar eine neue Technik hervorbringen
muß«. »Bis dahin möge, mit Farben und Klängen, die selbsttrunkenste Subjektivität, die
weltentzügelste Individualität, die gottfreie
Persönlichkeit mit all ihrer Lebenslust sich geltend machen« (*Französische Maler*, 1834).

H.s Emigration nach Frankreich im Mai
1831 bildet einen tiefen Einschnitt in sein Leben, insbesondere die Erfahrungen mit der
Metropole Paris, in Fortsetzung seiner neuen
Wahrnehmungsweise in London (*Englische
Fragmente*, 1831), der Kontakt in Praxis und
Theorie mit den Frühsozialisten und Kommunisten sowie seine Erfahrungen mit dem Widerspruch von politischer und sozialer Revolution. H. wurde insofern zu einem der wichtigsten Vermittler zwischen Frankreich und
Deutschland, als er für beide Literaturmärkte
schrieb: die Deutschland-Schriften, *Die romantische Schule* (1836) und *Zur Geschichte
der Religion und Philosophie in Deutschland*
(1835), zuerst in französischer Sprache, die
Frankreich-Berichte, *Französische Zustände*
(1833), *Französische Maler* (1834), *Über die
französische Bühne* (1840) und *Pariser Berichte*

(1840–44) für die *Augsburger Allgemeine Zeitung* in deutscher Sprache. Obwohl H. in das
Pariser Leben weitgehend integriert war (er
stand im Kontakt mit Giacomo Meyerbeer,
Victor Hugo, Alexandre Dumas, Pierre Jean de
Béranger, George Sand und Honoré de Balzac;
er heiratete 1841 Augustine Crescence Mirat),
orientierte er sich weiterhin an Deutschland
und hielt sowohl über seine deutschen Besucher als auch durch seine Korrespondenzen
für deutsche Zeitungen einen intensiven Kontakt aufrecht, der auch durch den Beschluss
des Bundestages zum Verbot der Schriften des
Jungen Deutschland (1835) nicht unterbrochen wurde.

Während H. in der *Romantischen Schule*,
einem Gegenbuch zu Mme de Staëls *De l'Alle-
magne*, den französischen Lesern ein kritisches
Bild der deutschen Literatur, speziell der Romantik vorlegt, damit zugleich aber auch ein
»Programm zur deutschen Literatur« liefert,
zeigt er in *Zur Geschichte der Religion und Philosophie in Deutschland* Entwicklungslinien
von der Reformation bis zu Immanuel Kant,
Johann Gottlieb Fichte, Friedrich Wilhelm
Joseph Schelling und Hegel auf. In der späteren »De Staël-Kritik« (*Briefe über Deutschland*, 1844), einer Art Kommentar zu seiner
Geschichte der Philosophie, enthüllt H. das
»Schulgeheimnis«: Hegel ist im Kern revolutionär, und sein berühmter Satz: »Alles was ist, ist
vernünftig«, bedeute eigentlich: »Alles was
vernünftig ist, muß sein.« Aus der Verbindung
dieser linkshegelianischen Position mit Anschauungen des Saint-Simonismus, H.s
»neuem Evangelium« (*Französische Zustände*),
entwickelte er seine Auffassung von der Notwendigkeit einer universalen »sozialen Revolution« (*Französische Zustände*) – »le pain est
le droit du peuple« (*Verschiedenartige Geschichtsauffassung*, 1833/1869). Dieser theoretische Ansatz sowie die sich daraus ergebende
Konsequenz, die Kritik an der Unzulänglichkeit einer politischen Revolution, wie sie H.
nach 1830 erlebte, führte zu heftigen Konflikten mit den deutschen Oppositionsbewegung. Ludwig Börne, einer ihrer Wortführer,
sah in H.s Vernachlässigung der Politik, z. B.
der Frage Republik oder Monarchie, einen

Verrat an den revolutionären Ideen, was zu Vorwürfen und Verdächtigungen führte. H.s »Denkschrift« *Ludwig Börne* (1840) ist deshalb als Verteidigung und zugleich als Abrechnung mit den »neuen Puritanern«, Börnes »Zeitkreis«, zu verstehen, und zwar im Sinne des Aristophanes als Polemik in z. T. unflätigem Ton (vgl. die August-von-Platen-Polemik in *Die Bäder von Lucca*). Obwohl H. die Tendenz der Saint-Simonisten zur Klassenversöhnung nicht akzeptierte, blieb die Antithese von Sensualismus und Spiritualismus, die Proklamation der Gleichheit der Genüsse, der zentrale theoretische Bezugspunkt, auch in der Auseinandersetzung mit dem Kommunismus. Nur so ist zum einen H.s Fehleinschätzung zu verstehen, er habe mit seiner sensualistischen Haltung – »wir stiften eine Demokratie gleichherrlicher, gleichheiliger, gleichbeseligter Götter« – »längst geträumt und ausgesprochen«, was die »Führer« des »Proletariats«, »die Philosophen der großen Schule«, die »von der Doktrin zur Tat« gehen, als »Programm« »formulieren« (»De Staël-Kritik«, *Briefe über Deutschland*). Nur so ist zum anderen, trotz enger Freundschaft und Zusammenarbeit mit Karl Marx, auch H.s zwiespältige Haltung noch 1854 gegenüber dem »schauderhaft nacktesten, ganz feigenblattlosen, kommunen Kommunismus« (*Geständnisse*, 1854) zu verstehen. Immerhin »sprechen zwei Stimmen zu seinen Gunsten«, nämlich »daß alle Menschen das Recht haben, zu essen«, und der Hass auf den »gemeinsamen Feind«, und relativieren das »Grauen« des Künstlers vor den »dunklen Iconoklasten« (Entwurf zur Französischen Vorrede zu *Lutezia*, 1854). Bezugspunkt für diese Haltung bildet ohne Zweifel der Gleichheitskommunismus, insbesondere der Neo-Babouvismus, den H. in den späten 1830er Jahren als herrschende Strömung des Frühsozialismus in Paris kennenlernte. Aufbau und Sprachstil der zentralen Textstellen lassen jedoch auch einen ironischen Gestus H.s vermuten; er macht sich scheinbar die Vorurteile des Bürgertums zu eigen und spielt verdeckt mit deren Angst, gerade auch mit Blick auf seine bürgerlichen Leser. Der Idealisierung des Volkes tritt H.

ebenso entgegen wie dessen Erniedrigung und benennt stattdessen die gesellschaftlichen Ursachen für dessen Hässlichkeit, Bosheit und Dummheit.

In den 1830er Jahren schrieb H. vor allem Prosa, und zwar zumeist in einer neuen literarisch-kritisch-analytischen Form, besonders ausgeprägt in einer Vielzahl aktualisierender Vorreden (*Über den Denunzianten*, 1837; *Der Schwabenspiegel*, 1839) und Vorworten (*Don Quichote*, 1837). Demgegenüber steht H.s Erzählprosa, obwohl mit der Form des historischen Schelmenromans experimentierend (*Der Rabbi von Bacherach*, 1840; bzw. *Aus den Memoiren des Herrn von Schnabelewopski*, 1834) ebenso zurück wie seine frühen Theatertexte (*Almansor*, 1823; *William Ratcliff*, 1823) und seine späten heidnisch-mythischen und phantastischen Stücke und Ballettlibretti (*Der Doktor Faustus. Ein Tanzpoem*, 1851; *Die Göttin Diana*, 1854; *Die Götter im Exil*, 1854).

Stand die Prosa für H. in den 1830er Jahren auch im Vordergrund, so schrieb er doch gleichermaßen eine große Anzahl von Gedichten. Veröffentlicht hat er sie jedoch erst 1844 in seinem zweiten wichtigen Lyrikband, den *Neuen Gedichten*, in dessen drittem Teil, den *Zeitgedichten* (1841–44), H. einen neuen Ton anschlägt: Neben aggressiver Satire auf die Herrschenden (*Der Kaiser von China*, 1843/44) steht die ironische Auseinandersetzung mit der politisch-literarischen Modeströmung der Tendenzpoesie in Deutschland (Ferdinand Freiligrath, Georg Herwegh u. a.) – »Blase, schmettre, donnre täglich« (*Die Tendenz*, 1842). H.s Kritik an ihrem »vagen, unfruchtbaren Pathos« und ihrem »unklaren Enthusiasmus« setzt sich fort und spitzt sich zu in *Atta Troll* (1843/47), dem schlecht tanzenden Tanzbären, der zwar »Gesinnung« hat, aber keine sinnliche Ausdruckskraft – »kein Talent, doch Charakter«. *Atta Troll* ist »das letzte freye Waldlied der Romantik« und zugleich der Beginn der »moderne(n) deutsche(n) Lyrik« (*Geständnisse*, 1854). An den Anfang der *Zeitgedichte* stellte H. als Gegenposition seine *Doktrin* (1842) – er selbst als Tambour-Major, der die Hegelsche Philosophie,

Reveille trommelnd und die Marketenderin küssend, in die Praxis umsetzt. Das beste Gegenbeispiel zu den »gereimten Zeitungsartikeln« bietet H. jedoch mit dem als Flugblatt verteilten und im Pariser *Vorwärts* abgedruckten Gedicht *Die schlesischen Weber* (1844), das den Weberaufstand in das Bild der ein »Leichentuch« für »Altdeutschland« produzierenden Weber fasst, als Ausdruck der historischen Notwendigkeit der Revolution.

Gegen Preußen und die »deutsche Ideologie« wendet sich auch H.s Versepos *Deutschland. Ein Wintermärchen* (1844). Mit Zorn und Liebe stellt H. seinen »Patriotismus« gegen dessen »Maske« und »die der Religion und Moral« (Vorwort) und verspottet gleichermaßen den Anachronismus des germanisch-christlichen Königtums (Kyffhäuser-Sage) wie die Welt der Bourgeoisie (Göttin Harmonia). In diesen »versifizierten Reisebildern« (Brief v. 20. 2. 1844) verbinden sich Volksliedstrophe und volkstümliche Motive aus Sage und Märchen, Mythologie, Religion und Traum, Trauer um Deutschland und diesseitiges Glücksstreben zu einem »neuen Genre« (20. 2. 1844), das H. selbst, in der Tradition von Aristophanes stehend, »radikal, revolutionär« nennt (14. 9. 1844). Politischer Bezugspunkt dieser schärfsten deutschsprachigen Satire des 19. Jahrhunderts bilden der Saint-Simonistische Sensualismus und die Emanzipation des Menschen beim jungen Karl Marx.

Mitte der 1840er Jahre gerät H. in eine Krise – Isolierung von den politischen Freunden, Erbstreitigkeiten, Beginn seiner Krankheit, die ihn ab 1848 ans Bett fesselte; dem Siechtum in der »Matratzengruft« stellte er die Intensität seiner Literaturproduktion entgegen. Die Prosatexte aus dieser Zeit leben vor allem von der Erinnerung: Er arbeitet sein Leben auf – die *Geständnisse* und die erst postum von der Familie zensiert veröffentlichten *Memoiren* (1884) –, und er arbeitet seine *Berichte über Politik, Kunst und Volksleben* für die *Augsburger Allgemeine Zeitung* (von 1840 bis 1844) zu den zwei Büchern der *Lutezia* um. *Romanzero* (1851), H.s dritter großer und sehr erfolgreicher Gedichtband, lebt dagegen ebenso wie die *Gedichte 1853 und 1854* (1854) aus der be-

drückenden Gegenwart. H.s Leiden führt zu Verzweiflung und Widerstand, zu Distanz vom politischen Tagesgeschehen, der deutschen Misere nach 1848 und zur Konzentration auf die Kunst, zur religiösen »Bekehrung« und zu blasphemischen Zweifeln und Fragen nach der Gerechtigkeit angesichts von siegreichem Bösen und hilfloser Armut, wie H. es im *Lazarus*-Zyklus betont. Das letzte Gedicht dieses Abschnitts, *Enfant perdu*, bekenntnishaft wie die meisten Gedichte dieser Zeit, kann als H.s Testament gelesen werden: »Ein Posten ist vakant! – Die Wunden klaffen /Der eine fällt, die andern rücken nach /Doch fall ich unbesiegt, und meine Waffen/ sind nicht besiegt – Nur mein Herze brach.«

H. war trotz Besuchen von Freunden und der Hilfe der Mouche Elise Krinitz (um 1826–1896) nicht erst in der Einsamkeit der Krankheit isoliert. Als Jude war er trotz Assimilation ein Paria und schöpfte aus seiner Bindungslosigkeit die Kraft seiner Utopie; als Intellektueller seiner Klasse, dem Bürgertum, sich entgegenstellend, aber auch außerhalb des heraufkommenden Proletariats stehend, sah er die Gesellschaft mit analytisch-kritischem, mit fremdem Blick; als Schriftsteller wurde er trotz Einfluss und Erfolg Außenseiter, ausgegrenzt nicht zuletzt auch von den Liberalen und Radikaldemokraten. Sein Sensualismus – die Revolution als »Bacchantenzug« – und seine ästhetische Sensibilität machten ihn verdächtig; verdächtig auch wegen der Subversivität seiner Sprache, seiner Ironie, seiner Trauer, seines grellen Lachens, die entgegen Karl Kraus' Verdikt von der Sprachstörung Widerstand gegen Alltagssprache und Alltagsordnung leistet, sich jedoch zunehmend gegen Vereinnahmungstendenzen in Ost und West zu wehren hat: »Die Wunde Heine beginnt zu vernarben, schief« (Heiner Müller).

Werkausgaben: Sämtliche Schriften. 6 Bde in 7 Bänden. Hg. von Klaus Briegleb. München 1975–1985 u. öfter; Sämtliche Werke. Historisch-kritische Gesamtausgabe der Werke. Hg. von Manfred Windfuhr. Hamburg 1975–1997; Säkularausgabe. Werke, Briefwechsel, Lebenszeugnisse. Hg. von den Nationalen Forschungs- und Gedenkstätten der Klassischen Deutschen Literatur und dem Centre

National de Recherche Scientifique. 30 Bde.
Weimar/Paris 1970 ff.

*Florian Vaßen*

## Heinrich von Morungen
Um 1200

In einer Urkunde des Markgrafen Dietrich von Meißen (gest. 1221), des Schwiegersohnes Hermanns, Landgrafen von Thüringen und bekannten Literatur- und Kunstmäzens, ausgestellt am 17. August 1218 in Leipzig, erscheint in der Zeugenreihe ein »Henricus de Morungen«, mit dem Zusatz »miles emeritus« (Ritter »außer Diensten«). Eine weitere Urkunde, die mutmaßlich auf 1217 zu datieren ist, belegt, dass dieser ein Benefiz (Besitzungen mit jährlich 200 Talenten Einkünften), erhalten »propter alta merita« (wegen großer Verdienste), dem Thomaskloster in Leipzig vermachte. In einer wohl aus dem Besitz dieses Klosters stammenden Handschrift des 16. Jahrhunderts wird überliefert, er habe seinen Lebensabend im Thomaskloster verbracht und sei dort 1222 gestorben. Außerdem wird berichtet, er habe eine Indienreise unternommen. – Diese wenigen Daten hat man auf den nur in der Lyriküberlieferung fassbaren Dichter H. bezogen. Ein Ministerialengeschlecht dieses Beinamens ist erst seit 1226 (bis ins 18. Jahrhundert) nachweisbar; es nannte sich nach einer Burg bei Sangershausen in Thüringen, die zum staufischen Reichsgut gehörte. Dies verleitete die Forschung zu dem Schluss, H. habe sich auch am staufischen Hofe aufgehalten und habe das Frauenpreislied, das seine Liedsammlung in der Großen Heidelberger und der Weingartner Liederhandschrift eröffnet, der Kaiserin Beatrix gewidmet.

In der hauptsächlich oberdeutschen Minnesangüberlieferung steht H. im Vergleich mit seinen Zeitgenossen Reinmar und Walther von der Vogelweide etwas abseits. Auch in den Dichternennungen vor allem des 13. Jahrhunderts taucht er selten auf. Erwähnt wird er nur in den didaktischen Werken *Seifrid Helbling* (als »Minnedieb«) und im *Renner* Hugos von Trimberg (um 1300), weiter im Losbuch des

Konrad Bollstätter (15. Jahrhundert, zitiert neben Wolfram von Eschenbach und Reinmar von Brennenberg) und schließlich in der Zimmerischen Chronik (16. Jahrhundert). – H. gehört wie Tannhäuser oder Reinmar von Brennenberg zu den mittelhochdeutschen Dichtern, deren sich die Sage bemächtigt hat: In der *Ballade vom edlen Moringer* (erstmals erwähnt bei Caesarius von Haisterbach um 1220, als Gedicht fassbar erst 1459) wird die Indienfahrt ausgemalt, nach welcher der Heimkehrende seine Frau bei der Hochzeit mit einem anderen Minnesänger, von Nifen, antrifft. – In der Großen Heidelberger Liederhandschrift sind unter seinem Namen 104 Strophen (35 Lieder), in der Kleinen Heidelberger Liederhandschrift 29 Strophen, in der Weingartner Liederhandschrift 25 Strophen überliefert. Diese Lieder setzen sich von denen etwa Reinmars durch ihren ausgeprägten Sensualismus, durch ihre visionäre Schau ab, durch rhythmisch bewegte Versformen (sog. mittelhochdeutsche Daktylen), musikalische Sprache und anschauliche, sinnenhafte Bilder.

H. spiritualisiert und dämonisiert die Minne (vgl. sein *Elbenlied*), betont deren Vergänglichkeit (Spiegelgleichnis) und schwankt zwischen Ergebenheit und drängendem Fordern, das unter dem Einsatz der Liebeskrieg-Metaphorik auch nicht vor Drohungen zurückschreckt, so der Drohung, sich im Sohn einen Rächer zu erziehen oder die Dame auch noch im Jenseits mit seiner Minne zu verfolgen. H. greift nicht nur auf provençalische, sondern auch auf antike Dichtungstraditionen zurück (Ovid; er beschwört Venus und Paris). Auffallend sind seine Licht- und Gestirne-Vergleiche. – Sein schmales Werk ist eine poetische Kostbarkeit, geprägt durch Kunstwerke wie den klangvoll schwebenden sog. Tagelied-Wechsel. Bei ihm finden sich auch erste Ansätze zu einer Beschreibung der sinnlichen Schönheit einer Frau. – Im Unterschied zur eingeschränkteren mittelalterlichen Resonanz

H.s – im Vergleich etwa mit Reinmar – erreichen H.s Lieder einen neuzeitlichen Leser offensichtlich leichter als die hermetischen Texte anderer mittelalterlicher Lyriker. Schon in der Auswahlübersetzung Ludwig Tiecks, *Minnelieder aus dem schwäbischen Zeitalter* (Berlin 1803, Nachdruck 1966), ist H. mit der größten Liederzahl vertreten – noch vor Walther von der Vogelweide.

*Günther Schweikle/Red.*

## Heinrich von Veldeke
Um 1200

Dieser Dichter wurde das Opfer des ersten bekannten literarischen »Kriminalfalles« der deutschen Literaturgeschichte. Er berichtet selbst im Epilog seines höfischen Romans *Eneide*, er habe das Manuskript der Gräfin Margarete von Cleve zu lesen gegeben. Einer ihrer Damen sei es dann, wahrscheinlich 1174, während der Hochzeit der Gräfin mit dem Thüringer Landgrafen Ludwig III. (gestorben auf dem dritten Kreuzzug 1190), von einem Bruder des »Hochzeiters«, Heinrich, gestohlen worden. Damals war das Werk bis zu der Stelle gediehen, wo Aeneas Lavinias Brief liest (v. 10–930). Erst neun Jahre später (und nach dem Tod des gräflichen Bücherdiebs 1180) erhielt H. sein Manuskript zurück. Er scheint es dann am Hof seiner Gönner, des Landgrafen Hermann von Thüringen, eines der wichtigsten Mäzene des Hochmittelalters (und berühmten politischen Opportunisten), und dessen Bruders Friedrich, vollendet zu haben – nach dem berühmten Mainzer Hoffest 1184, das er im Schlussteil des Romans mit der Hochzeit des Aeneas vergleicht.

Die *Eneide* eröffnet eine Reihe mittelhochdeutscher Epen mit antiken Stoffen, für die Thüringen ein Zentrum gewesen zu sein scheint (Albrecht von Halberstadt, *Ovid*; Herbort von Fritzlar, *Liet von Troye*). – Die Daten aus dem Buchraub sind die einzigen, einigermaßen sicheren Lebenszeugnisse über H. Im Epilog der *Eneide* und in den Minnesanghandschriften wird er als »meister« aufgeführt, was

auf geistliche Bildung schließen lässt. Die Forschung weist ihn einem Ministerialengeschlecht zu, das allerdings erst im 13. Jahrhundert urkundlich zu fassen ist. Von dem einstigen Sitz dieses Geschlechts zeugt vielleicht noch die sog. Velkermolen, eine Mühle bei dem Dorfe Spalbeke, westlich von Maastricht in der heute belgischen Provinz Limburg. In diesen Raum weist auch H.s früheres episches Werk, die Heiligenlegende *Sente Servas* (über Servatius, den Stadtheiligen und Namenspatron des Münsters zu Maastricht). Verfasst hat es H. im Auftrag der Gräfin Agnes von Loon und eines Herrn Hassel, Custos des Münsters. Es schließt thematisch und formal noch an die vorhöfische Literatur an und hat dann offenbar in staufischer Zeit keine große Verbreitung mehr gefunden: Es ist nur in einer späten Handschrift (15. Jahrhundert) in spätlimburgischem (niederfränkischem) Dialekt erhalten. H.s Dialekt lässt sich nur aus einigen Servatius-Fragmenten (um 1200) erschließen.

Das Hauptwerk H.s, die *Eneide*, ist dagegen in 12 allerdings ausschließlich hochdeutschen (z. T. fragmentarischen) handschriftlichen Zeugnissen des 13. bis 15. Jahrhunderts erhalten. Diese mittelhochdeutsche *Eneide* ist eine Umgestaltung der *Aeneis* Vergils nach dem Vorbild des um 1160 entstandenen altfranzösischen *Roman d'Enéas* eines unbekannten Normannen. Im altfranzösischen und mittelhochdeutschen Werk ist das lateinische Nationalepos über die Gründung Roms, eine Symbiose aus Mythos und Geschichte, in einen Minneroman verwandelt, in dem Exempla der unglücklichen Liebe (Karthagerkönigin Dido) und der glücklichen (Lavinia, Tochter des Latinerkönigs) einander gegenübergestellt sind. Aeneas wird aber auch hier als Gründer Roms gepriesen.

Die grundlegende literarische Leistung, die H. mit diesem Werk erbrachte (erstmals geschmeidige Handhabung des höfischen Reimverses, stringente Handlungsführung), wurde schon in mittelhochdeutscher Zeit erkannt und gerühmt: So von Gottfried von Straßburg an der Literaturstelle des *Tristan*: »er inpfete daz erste rîs in tiutscher zungen« (v. 4738; »er pfropfte den ersten (Dichtungs-)

Zweig auf den Stamm der deutschen Sprache«). Ähnlich lobt ihn der späthöfische Epiker Rudolf von Ems im *Alexander* (um 1230) als denjenigen,»der rehter rîme alrêrst began« (v. 3114;»der richtige Reimverse als erster schrieb«), ebenso nochmals im *Willehalm von Orlens* (um 1240). Wolfram von Eschenbach bezieht sich auf H. u. a. als»Fachmann in Minnefragen«. – Überliefert sind von H. auch rund 40 Gedichte, meist einstrophige Minnelieder und witzig pointierte Spruchtexte (in oberdt. Sprache mit niederdt. Dialektspuren). In einigen Liedern hat er auch die damals neue Tendenz der hohen Minne aufgenommen. In der anonymen Novelle *Moriz von Crâun* (1190) wird H. auch als Autor einer nicht erhaltenen Geschichte von Salomon und Venus erwähnt.

Werkausgabe: Eneasroman. Mhd./Nhd. Hg. von Dieter Kartschoke. Stuttgart 1986.

*Günther Schweikle/Red.*

# Heinse, Johann Jakob Wilhelm

Geb. 15. 2. 1746 in Langewiesen/
Thüringer Wald;
gest. 22. 6. 1803 in Aschaffenburg

Die äußeren Lebensumstände H.s waren durchaus typisch für die bedrückende Lage der deutschen Intellektuellen im 18. Jahrhundert. Seine Lebensauffassung wich jedoch erheblich von der Norm ab. Schon die frühesten Zeugnisse zeigen ihn in heftiger Opposition zur christlichen Moral und als Verfechter einer Ethik des Lebensgenusses. Die skeptische Zuwendung seines Lehrers Christoph Martin Wieland zur unvollkommenen, aber einzig wirklichen»sublunarischen« Welt verwandelt H. in eine überschwängliche Bejahung der Diesseitigkeit und aller vitalen Kräfte. Seine Verherrlichung des»Natur« und des gesteigerten Lebens ist die Kehrseite einer pauschalen, manchmal anarchistisch gefärbten Ablehnung der bestehenden gesellschaftlichen Verhältnisse. Geboren in einem kleinen»Stadtflecken« eines winzigen Duodezfürstentums, wuchs H. in beengter, orthodox protestantischer Umgebung auf. Sein Vater war Stadtschreiber und Organist, später Bürgermeister; trotzdem führte die zehnköpfige Familie ein kärgliches Leben. Nach Abschluss des Gymnasiums in Schleusingen musste H. sich durch das Studium in Jena (1766) und Erfurt (1768) hindurchhungern, dann mit literarischen Brotarbeiten und Übersetzungen sein Leben fristen. Protegiert von Johann Wilhelm Ludwig Gleim, war er zwei Jahre lang Hauslehrer in Halberstadt. Seit 1774 wohnte H. in Düsseldorf bei den Brüdern Friedrich Heinrich und Johann Georg Jacobi, wo er die kurzlebige Damenzeitschrift *Iris* redigierte.

Die große Italienreise, das Ziel all seiner Wünsche, konnte H. 1780 endlich antreten (zu Fuß, lange vor Johann Gottfried Seume!); wie bei Johann Joachim Winckelmann, Karl Philipp Moritz, Johann Wolfgang von Goethe u. a. war es eine Flucht aus der Misere. Die drei italienischen Jahre wurden der Höhepunkt seines Lebens und weckten schöpferische Energien. Als verspätete, erst im mediterranen Klima gereifte Frucht der Genieperiode erschien 1787 *Ardinghello und die glückseligen Inseln*, der erste deutsche Künstlerroman. Das Werk besteht aus einer Reihe abenteuerlicher Episoden, in denen der Romanheld als Kraft- und Universalgenie des 16. Jahrhunderts gezeichnet wird: Ardinghello ist zunächst Maler, daneben Gelehrter und Virtuose, bewährt sich aber zunehmend auch im aktiven Leben, sei es als Gesellschaftsreformer oder als Pirat. Infolge einer Familienfehde zum Mörder geworden, flieht er aus Venedig und streift durch Italien; Genua, Florenz, Rom und Neapel bilden die Hauptetappen. In Briefen an seinen Freund – der zugleich Erzähler des Romans ist – schildert er seine (meist erotischen) Erlebnisse, entwirft seine Anschauungen der Natur und des natürlichen Menschen und widmet sich eingehenden Kunstbetrachtungen über antike Statuen oder Gemälde der Renaissance. Höhepunkt und Abschluss seiner Wanderjahre ist die Gründung eines Idealstaats auf den»glückseligen Inseln« der Ägäis. Es liegt gewiss nahe, solche Wunschbilder für eine bloße Kompensation der nicht erreichbaren Lebensfülle zu halten. H. war jedoch mit einer bemerkenswerten seelischen Robustheit ausgestattet, er litt weniger als andere unter dem Riss zwischen Anspruch und Wirklichkeit. Natur- und Kunsterlebnisse entschädigten ihn für viele Entbehrungen. Seine Schilderungen erhabener Landschaften und berühmter Kunstwerke werden an Intensität von keinem Zeitgenossen erreicht. H. hatte nie das »Joch« eines bürgerlichen Amtes erstrebt, aber er brauchte schließlich doch ein festes Auskommen. So akzeptierte er 1786 die Stelle als Vorleser und Privatbibliothekar beim Erzbischof bzw. Kurfürsten von Mainz: der grimmige Antiklerikale im Dienst des nach dem Papst mächtigsten Pfaffen! Dem Aufenthalt in der geistlichen Metropole setzten die Revolutionskriege ein Ende; während der Mainzer Republik war H. an den Niederrhein ausgewichen, dann musste er die Bibliothek nach Aschaffenburg begleiten (1794) und seine letzten Jahre, von kleineren Reisen abgesehen, in dieser »öden und freudeleeren« Stadt verbringen. Der späte H. führt eine Art Doppelexistenz: nach außen loyaler und diplomatisch glatter Hofrat, hat er sich zur Abschirmung seiner eigentlichen Individualität mit einem »Futteral« überzogen (wie Georg Forster sagt) und vertraut seine inneren Überzeugungen nur noch monologisch den Tagebüchern an. Die von 1774 bis zum Todesjahr reichenden privaten Aufzeichnungen mehr oder weniger aphoristischen Charakters haben freilich nicht seelische Innenschau, sondern ideologische Selbstverständigung zum Ziel. Für den heutigen Leser macht dieser umfangreiche Nachlass durch die enzyklopädische Weite der Themen und den spontanen Ausdruck einer radikal aufklärerischen Geisteshaltung wohl den interessantesten Teil von H.s Gesamtwerk aus.

Werkausgabe: Sämtliche Werke. Hg. von Carl Schüddekopf und Albert Leitzmann. 10 Bde. (in 13). Leipzig 1902–1925.

*Jürgen Schramke*

## Heißenbüttel, Helmut

Geb. 21. 6. 1921 in Rüstringen;
gest. 19. 9. 1996 in Glückstadt

»Die Überlegungen, die ich mir gemacht habe, sind fast immer in Gang gebracht worden von der Irritation durch herkömmliche Urteile«, bekennt H. in den *Frankfurter Vorlesungen* (1963). In dem Satz schon deutet sich ein besonderes Autorenprofil an, das nicht so sehr durch einschneidende Individualerlebnisse und deren Niederschlag im Werk geprägt ist. Die äußeren Daten seiner Biographie – Kriegsteilnahme, schwere Verwundung, Studium der Kunstgeschichte, Architektur und Germanistik in Dresden, Leipzig und Hamburg, Arbeit als Verlagslektor und von 1959 bis 1981 als Redakteur von »Radio-Essay« am Süddeutschen Rundfunk – finden im Werk nur in der auffälligen Kopplung von poetischen und essayistischen Ansätzen ihren erkennbaren Reflex. Prägender ist eine durchgehaltene, vor allem sprachreflektorische Anstrengung, die aus Zweifel und Neugierde gleichermaßen hervorgeht. Das Werk dokumentiert diesen Vorgang nicht als abgeschlossenes Ergebnis, sondern als immer nur Vorläufiges, als einen offenen Prozess, der sich in einer langen zusammenhängenden Veröffentlichungsreihe von literarischen Experimenten ausdrückt *(Textbücher, Projekte)*, aber auch in einer Vielzahl theoretischer Äußerungen. H. führt so schreibend vor, »daß es nicht auf definitive Lösungen ankommt, sondern darauf, die Fragen so weit voranzutreiben, daß sie ganz deutlich werden oder daß die Sache ganz deutlich wird, auf die die Fragen zielen«. In diesem Sinne ist H.s Werk als experimentelle Literatur angelegt, ohne dass es sich eindeutig auf Gattungsbegriffe oder Strömungen, wie etwa ›Konkrete Poesie‹, festlegen lässt. In der experimentierenden Spracharbeit mag man am ehesten so etwas wie einen autobiographischen Entwurf H.s aufspüren, der keinesfalls als Zusammenhang von personalen ›Geschichten‹ lesbar sein will, sondern als sprachexperimentierender Versuch einer Selbstverständigung. Das sucht Abhängigkeiten aufzudecken, aber auch Möglichkeiten zu erkunden: »Während ich erzählt werde, erzählt sich das zu Erzählende« *(Textbücher).* Ludwig Wittgensteins Sprachphilosophie und vor allem sein Satz: »Die Bedeutung eines Wortes ist sein Gebrauch in der Sprache«, lieferten das nötige Argumentationsmuster für ein Schreiben, das nicht mehr an der Fiktion eines autonomen Subjekts festhielt, sondern sprachliche Denk- und Sprachpartikel montierte, ›kombinierte‹. Dies galt schon für die erste beachtete Nachkriegspublikation *Kombinationen* (1954), auch für die *Topographien* (1956). Diese ›Gedichte‹ münden als Vorstufen ein in die von 1960 bis 1970 erschienene Reihe der *Textbücher 1–6.* Mit ihnen begründete H. ein eigenwilliges Ordnungsprinzip, das eigene Werk als Prozess zu demonstrieren. In den *Textbüchern* entwickelte H. ein Repertoire literarischer »Sprachspiele«, in denen er die Konventionalität gesellschaftlicher Redeformen zu entlarven und aufzubrechen suchte. Im Jahre 1970 beginnt mit dem »Quasi-Roman« *D'Alemberts Ende* als *Projekt Nr. 1* eine neue Publikationsreihe. Dies Werk stellt insofern einen qualitativen Sprung dar, als H. hier nicht mehr Sprachkritik und Sprachexperiment in ›wörtlichen‹ Naheinstellungen und antigrammatischen Detailexerzitien demonstriert, sondern im größeren Textentwurf so »etwas wie ein Gesamtrepertoire heutiger Existenzmöglichkeiten« darzustellen sucht. Dabei entsteht aus Geschichtsteilen und Dialogen ein Handlungs- und Figurenpanorama, dessen groteske Überzeichnung H. selber als »Satire auf den Überbau« verstanden wissen wollte. Die Wirksamkeit dieses und anderer Texte erprobte H. auch erfolgreich im Medium des Hörspiels. Die kritisch-experimentelle Erkundung von Gattungsformen (vor allem erzählenden), die sich mit dem *Projekt Nr. 1* ankündigte, setzte H. in den folgenden Jahren fort. 1974 zitierte das *Projekt Nr. 2* unter dem Titel *Das Durchhauen des Kohlhaupts* die Tradition des »Lehrgedichts«. Von 1978 bis 1980 erschienen – zusammengefasst als *Projekt 3/1–3 – Eichendorffs Untergang und andere Märchen, Wenn Adolf Hitler nicht den Krieg gewonnen hätte. Historische Novellen und wahre Begebenheiten* und *Das Ende der Alter-*native. Mehr und mehr rückte das Augenmerk auf historische Situationen und Figuren, auch auf lebensgeschichtliche Ich-Episoden. Die Texte erproben eine neue Kleinform von Erzählprosa, setzen sich zitierend mit Vorbildern und Mustern auseinander. Immer aber zeigen die Texte auch Sollbruchstellen des Zweifels und erzeugen jene »Irritation«, die zugleich Ausgang von H.s Arbeit und beabsichtigtes Ziel der Wirkung auf den Leser ist. Bis zu den letzten literarischen und poetologischen Arbeiten hält sich so der Impuls, Schreiben als einen offenen Prozess zu verstehen, wodurch H. zu einem der Hauptvertreter experimenteller Literatur geworden ist.

*Horst Ohde*

### Hemingway, Ernest [Miller]
Geb. 21. 7. 1899 in Oak Park, Illinois;
gest. 2. 7. 1961 in Ketchum, Idaho

Wie kaum ein anderer amerikanischer Schriftsteller reflektiert Ernest Hemingway in seinem Leben und Werk die turbulenten Veränderungen in Politik und Gesellschaft der USA zwischen 1900 und 1960 aus der Sicht eines ebenso begabten und kritischen wie exzentrischen Individualisten des amerikanischen Mittelstands. Auch wenn zeitgenössische Entwicklungen selten in H.s Kurzgeschichten, Romanen und Reportagen im Vordergrund des Interesses stehen, prägen sie doch ihre Atmosphäre und Schauplätze. So wird der Leser letztlich mit dem patriotischen Fortschrittsnationalismus eines Theodore Roosevelt und mit der existentialistischen Enttäuschung über den Verlust aller Ideale im Ersten Weltkrieg ebenso konfrontiert wie mit den ausgelassenen 1920er Jahren und der nachfolgenden Depressionszeit oder mit der anti-faschistischen (und teilweise kommunistischen) Re-Idealisierung vor dem

Hintergrund des Spanischen Bürgerkriegs und des Zweiten Weltkriegs und schließlich der Ausbreitung nationalistischer Ideologien während des Kalten Kriegs. H.s Lebensstil entspricht einem Autor, für den persönliche Erfahrung die primäre Quelle künstlerischer Schaffenskraft ist und der sich stets auf der Suche nach neuen Erfahrungen befindet: Er war freiwilliger Teilnehmer an drei Kriegen, Großwildjäger, Hochseefischer, Bewunderer des spanischen Stierkampfs und Liebhaber leiblicher Genüsse. Die Grenzen zwischen der (selbst)inszenierten Medienpersönlichkeit, den autobiographisch gefärbten Figuren seiner Werke und der sich darin in vielfachen Brechungen reflektierenden Persönlichkeit des Autors H. sind freilich oft schwer zu erkennen und bedürfen einer sorgfältigen Differenzierung, die erst von der jüngeren Kritik aufgrund der seit 1975 verfügbar gewordenen Briefe, Manuskripte und postumen Veröffentlichungen ernsthaft vorgenommen werden konnte.

Die Mehrzahl der gegenwärtigen Kritiker gruppiert H.s Werke in drei Schaffensperioden, in das modernistische Frühwerk, eine Phase der Neuorientierung in den 1930er Jahren und eine Spätphase in den 1940er und 50er Jahren. Der letzte Zeitraum wird von manchen als ›Erschöpfungsphase‹ gesehen, von anderen als beachtenswerter, wenngleich unvollendeter Neubeginn in Richtung auf ein postmodernes Literaturverständnis. Nach wie vor besteht in der Kritik Übereinstimmung darüber, dass H.s frühe Erzählungen und Romane zu seinen originellsten Schöpfungen zählen und dass sie einen nachhaltigen Einfluss auf die zeitgenössische Literaturszene ausübten. H.s typischer Stil, der stets mehr andeutet und ausspart als er ausspricht, wird von Kritikern oft mit Etiketten wie »Faktenstil«, »camera eye« oder »phänomenologischer Stil« versehen und vom Autor selbst mit dem Bild eines Eisbergs charakterisiert, von dem bekanntlich nur der kleinste Teil über Wasser und sichtbar ist. In *Death in the Afternoon* (1932; *Tod am Nachmittag*, 1957), einem mit großer Kenntnis geschriebenen Sachbuch über Tradition und Kunst des spanischen Stier-

kampfs, finden sich in der Einleitung weitere wichtige Hinweise zu H.s literarischer Ästhetik, zu deren Wurzeln seine frühen Erfahrungen als Reporter und Korrespondent für den *Kansas City Star* und den *Toronto Star* ebenso zählen wie die poetisch verdichtete Sprache der anglo-amerikanischen Imagisten, zu denen er während seiner Jahre in Paris über Ezra Pound, H[ilda] D[oolittle], Gertrude Stein und andere Mitglieder der »Lost Generation« Kontakt hatte: In seinem knappen Stil bemüht sich H., den Lesern nicht mittels wertender Attribute eine vorgefertigte Interpretation aufzuzwingen, sondern sie mit sorgsam gewählten Worten zur imaginativen Eigenerschaffung und -einschätzung einer Situation anzuregen. Er bietet den Lesern »[t]he sequence of motion and fact that makes the emotion«. Wenngleich T. S. Eliot und H. sonst wenig gemeinsam haben, so zeigt H.s hier erläutertes Verständnis vom Schreiben doch deutliche Affinitäten zu Eliots Konzept des »objective correlative« und dient ebenfalls dem Ziel der Schaffung authentischer Lesererfahrung bei der Lektüre. Dabei wird der Leser aktiv in die Gestaltung der Textbedeutung miteinbezogen, da er – größtenteils unbewusst – die vom Autor gesetzten Leerstellen mit eigenen Erfahrungsinhalten füllt. Weiter verstärkt wird diese Mitwirkung des Lesers bei der Erschaffung des Kunstwerks durch H.s parataktischen Satzbau, da dieser die Herstellung bedeutungstragender Beziehungen zwischen den Satzteilen weitgehend dem Leser überlässt, wenngleich die leitmotivische Symbolik dabei steuernde Funktion übernimmt. Hinzu kommt, dass in vielen seiner Erzählungen auch das eigentliche Thema weitgehend ausgespart bleibt oder in ambivalenter Gestalt erscheint, wie z. B. in den frühen Sammelbänden *In Our Time* (1925; *In unserer Zeit*, 1932) und *Men Without Women* (1927; *Männer ohne Frauen*, 1958) oder auch den Romanen *The Sun Also Rises* (1926; *Fiesta*, 1928) und *A Farewell to Arms* (1929; *In einem anderen Land*, 1930).

Die zentralen Themen in H.s Frühwerk kreisen um Fragen individueller Sinnsuche, Identität und Würde im Spannungsfeld zwischenmenschlicher Beziehungen, häufig eingebettet in Extremsituationen wie Krieg, Kampf oder Jagd, in denen der Erfahrung von Gewalt und Tod tragende Funktion zukommt. Dabei greift H. zwar weitgehend auf persönliche Erfahrungen zurück, doch hat die neuere Kritik mit Recht jene früheren Studien korrigiert, welche die Erzähler beziehungsweise Protagonisten der Texte als weitgehend mit dem Autor identisch verstehen. Zweifellos trägt etwa Nick, die heranwachsende Hauptgestalt in den Geschichten von *In Our Time* und *Men Without Women* auch Züge des jugendlichen Autors, ebenso wie in die Gestaltung von Dr. und Mrs. Adams Eigenarten von H.s sensiblem Vater Clarence und seiner willensstarken Mutter Grace miteingeflossen sind. Die Initiationserlebnisse des jungen Nick, wie sie etwa in »Indian Camp«, »Soldier's Home« oder auch »The Killers« greifbar werden, gehen jedoch weit über das bloß Autobiographische hinaus und entwerfen Nicks Begegnungen mit Tod, Liebe und Gewalt als Schlüsselsituationen des Erwachsenwerdens. Kein anderes Werk H.s gestaltet die tiefgreifende Desillusionierung seiner Generation mit der idealisierenden Weltsicht ihrer Eltern indes schonungsloser und eindringlicher als sein zweiter Roman, *A Farewell to Arms*, der allgemein als künstlerischer Höhepunkt von H.s erster Schaffensphase gilt. Bewusst stellt der Autor seine Schilderung des kollektiven Kämpfens und Sterbens in die noch junge Tradition von Antikriegsromanen – von Stephen Cranes *The Red Badge of Courage*, 1895, bis zu John Dos Passos' *Three Soldiers*, 1921 – und unterläuft alle heroisierenden Vorstellungen vom Krieg als Feuertaufe der Männlichkeit mit lakonischen Schilderungen der tödlichen Banalität und Zufälligkeit des Kriegsalltags. Der Roman thematisiert aber auch jene allgemeine existentielle Sinnkrise der Zwischenkriegszeit, die sich bei H. mehrfach in der Gestalt des »Nichts« (»nada«) manifestiert. Die mit der Kriegshandlung verwobene Liebesgeschichte von Frederic Henry und der britischen Krankenschwester Catherine Barkley erscheint zunächst als positives Refugium vor den Schrecken der Kriegswelt. Als er im Chaos eines ungeordneten militärischen Rückzugs jedoch zum zufälligen Erschießungsopfer der Militärpolizei zu werden droht, schließt Henry seinen berühmten »separate peace« und flüchtet mit der schwangeren Catherine in die Schweiz. Die Geborgenheit der liebevollen *ménage à deux* in einem paradiesischen Gebirgsdorf bei Lausanne erweist sich letztlich indes als vergeblicher Versuch, Schutz vor der Bedrohung des Lebens zu finden: Das Kind wird tot geboren, Catherine stirbt an unstillbaren Blutungen, und der letzte Satz des Romans zeigt Henry allein im Regen auf dem Weg zurück zum Hotel.

Obwohl drei Jahre vorher erschienen, knüpft H.s erster Roman *The Sun Also Rises* thematisch gleichsam an *A Farewell to Arms* an und schildert das entwurzelte Leben einer Gruppe von Vertretern jener »verlorenen Generation«, der – wie Frederic Henry – im Krieg Ideale und Werte abhanden gekommen sind; Schauplätze sind Paris, Pamplona und Madrid. Im Zentrum steht die Beziehung zwischen dem durch eine Kriegsverletzung impotent gewordenen amerikanischen Journalisten Jake Barnes, dem kühl analysierenden Ich-Erzähler des Romans, und der attraktiven Engländerin Lady Brett Ashley, deren Verlobter im Krieg gefallen ist, und die seither vergeblich Erfüllung in zahlreichen Liaisons sucht. Als eine Art Doppelgänger von Jake fungiert der wohlhabende jüdische Amateurboxer und Möchtegern-Schriftsteller Robert Cohn; er ist Jake zwar an intellektueller Potenz unterlegen, nicht aber an körperlicher. Um diese drei Hauptpersonen gruppieren sich Nebenfiguren wie etwa der erfolgreiche junge Matador Pedro Romero, den Jake, der als einziger der Gruppe ein wahrer »aficionado« des Stierkampfs ist, mit Brett zusammenführt, um ihr die Erfüllung zu verschaffen, die er ihr selbst nicht geben kann. In einem für sie erstmaligen Akt der Selbstüberwindung entschließt sich Brett, Romero freizugeben, um ihn nicht zu verderben, und kehrt zu Jake zurück. Der Roman endet mit ihrer Bemerkung »we could have had such a damned good time together« und Jakes Replik »Yes. Isn't it pretty to think so?«

Spätestens der überwältigende Erfolg von

*A Farewell to Arms* etabliert H. als Sprachrohr seiner Generation und festigt seinen Ruf als einer der führenden Schriftsteller seiner Zeit.

Zugleich zeigen sich jedoch Anzeichen für eine persönliche wie auch künstlerische Krise während der 1930er Jahre: *Death in the Afternoon* und der autobiographische Safaribericht *Green Hills of Africa* (1935; *Die grünen Hügel Afrikas*, 1954) werden als öffentliche Selbstinszenierung und Selbstreklame für das Renommee des maskulinen Autors angesehen und ernten zum Teil vernichtende Kritiken; auch der 1933 erschienenen Kurzgeschichtensammlung *Winner Take Nothing* (*Der Sieger geht leer aus*, 1981) bleibt der Erfolg versagt wie seinem einzigen politisch-klassenkämpferischen Roman *To Have and Have Not* (1937; *Haben und Nichthaben*, 1951). 1937 nimmt H. als Kriegsberichterstatter am Spanischen Bürgerkrieg teil und entwickelt unter dem Eindruck der Ereignisse starke, wenngleich oft wenig reflektierte Sympathien für die kommunistische Seite. Er verfasst Teile eines Kommentars für Joris Ivens Propagandafilm THE SPANISH EARTH und veröffentlicht 1938 *The Fifth Column and the First Forty-Nine Stories* (*Die fünfte Kolonne*, 1969). Während *The Fifth Column* als einziges Theaterstück H.s einen gewissen Kuriositätswert hat, wird es allgemein als künstlerischer Nadir des Autors angesehen. *The First Forty-Nine Stories* hingegen enthalten neben bereits früher publizierten Erzählungen auch mehrere neue, darunter »The Snows of Kilimanjaro« (1936) und »The Short Happy Life of Francis Macomber« (1936), deren Wirkungskraft jener der früheren Erzählungen um nichts nachsteht.

Mit dem 1940 veröffentlichten Roman *For Whom the Bell Tolls* (*Wem die Stunde schlägt*, 1941) gelingt H. eine künstlerisch überzeugende Bewältigung seiner Erfahrungen im Spanischen Bürgerkrieg; das Buch ist nicht nur ein künstlerischer Erfolg, es zeigt auch deutlich eine gewandelte Einstellung des Autors zur Sprache, die für seine letzte Schaffensphase charakteristisch ist. Der aussparende ›Faktenstil‹ des Frühwerks ist verschwunden, Sprache, Sprechen und Erzählen werden zu zentralen Themen des Romans und tragen

ebenso wesentlich zur Entwicklung der Hauptfigur Robert Jordan bei wie dessen Liebesbeziehung zu Maria, die sich den Partisanen angeschlossen hat und Opfer faschistischer Gewalt wird. Im Gegensatz zu *A Farewell to Arms*, wo Frederic Henry nach der Zerstörung all seiner Ideale und Hoffnungen im Regen dem »Nichts« entgegengeht, entwickelt sich Robert Jordan vom brillanten Denker, der am liebsten mit sich selbst Zwiesprache hält, zu einem kommunizierenden, fühlenden und verstehenden Mitglied einer sozialen Gemeinschaft; sein Opfertod, der die Überlebenschancen der Partisanengruppe erhöht, versöhnt ihn auch mit seinem eigenen Leben.

Die Hinwendung zur Sprache und zur Gedankenwelt seiner Charaktere prägt das gesamte Spätwerk H.s. Eine weniger gelungene Ausformung findet die neue Schreibweise in *Across the River and into the Trees* (1950; *Über den Fluß und in die Wälder*, 1951), das die letzten drei Tage im Leben des ehemaligen Generals Cantwell schildert, der die ihm noch verbleibende Zeit im Gespräch mit seiner jungen Geliebten Renata und in innerer Zwiesprache in Vorbereitung auf den Tod verbringt. H. greift hier sein vertrautes Thema des rituellen und würdevollen Umgangs mit dem Tod wieder auf, wobei allerdings den Reflexionen des sterbenden Generals jene selbstkritische Dimension fehlt, die dem Tod Harrys in »The Snows of Kilimanjaro« ironische Distanz verleiht. Ähnliches gilt auch für H.s letzten erfolgreichen Roman, *The Old Man and the Sea* (1952; *Der alte Mann und das Meer*, 1952), der ihm 1952 den Pulitzer Preis und 1954 den Nobelpreis für Literatur einbringt. Wie Renata für Cantwell so ist auch der Junge Manolin für den Fischer Santiago zugleich jugendliches Alter ego und Personifikation der Jugend. Trotz symbolischer Überfrachtung gelingt es H. hier überzeugend, Sprache als soziales Ritual zur Kommunikation zwischen dem alten Mann und dem Jungen einzusetzen. Auch in seinem einsamen Kampf mit dem Schwertfisch ruft sich Santiago immer wieder das Bild des Jungen in Erinnerung; als er schließlich, geschlagen aber nicht besiegt, mit seiner von den Haien zum bloßen Skelett reduzierten Trophäe heimkehrt, ist es der Junge, der ihn durch die Wiederaufnahme des Gesprächs und den Hinweis darauf, dass er noch viel von Santiago lernen müsse, ins Leben zurückruft. H. selbst kann den Erfolg seines letzten Romans nur mehr bedingt genießen; 1954 bei zwei Flugzeugabstürzen während einer Afrika-Safari körperlich schwer angeschlagen, leidet er zunehmend auch an Depressionen und setzt 1961 seinem Leben ein Ende. 1960 veröffentlicht er noch für das Magazin *Life* eine Stierkampfreportage, *The Dangerous Summer* (*Gefährlicher Sommer*, 1988).

H.s postum erschienene Schriften umfassen *A Moveable Feast* (1964; *Paris, ein Fest fürs Leben*, 1965), in dem nochmals das aufregende Leben des jungen H. im Paris der 1920er Jahre Revue passiert, sowie Teile eines seit 1945 in Arbeit befindlichen Großprojekts, aus dem 1970 *Islands in the Stream* (*Inseln im Strom*, 1971) und 1986, zu seinem 25. Todesjahr, *The Garden of Eden* (*Der Garten Eden*, 1987) veröffentlicht wurden. Beide zeugen von H.s anhaltender Tendenz zu künstlerischer Selbstreflexion und selbstkritischer Analyse in seinem letzten Lebensabschnitt und erweitern auch das Verständnis früherer Schriften. Die aus Anlass seines 100. Geburtstags 1999 erschienenen Memoiren über die so unglücklich verlaufene Safari des Jahres 1954, *True at First Light* (*Die Wahrheit im Morgenlicht. Eine afrikanische Safari*, 1999), sind vorwiegend von biographischem Interesse.

Werkausgabe: Gesammelte Werke in 10 Bänden. Reinbek 1987.

*Walter Hölbling*

## Henscheid, Eckhard
Geb. 14. 9. 1941 in Amberg/Oberpfalz

Von zahlreichen, zumal von kunstverständigen Lesern längst als inflammierender, wo nicht als gewichtigster Autor deutschsprachiger Gegenwartsliteratur überhaupt angesehen, weist der Schriftsteller H. vor allem ein Merkmal auf, das er mit keinem vergleichbar ranghohen Artisten seines Berufes teilt. Als

Ebenbürtige erlangten beispielsweise weder Brigitte Kronauer noch Ror Wolf die Anerkennung ihrer Arbeit derart massenhaft vom »lesenden Volk« direkt. H. vermochte von Anbeginn, seine Arbeit – vorbei an preisverteilenden Juroren, machthabenden Verlegern und Literaturkritikern – an die Endverbraucher unmittelbar durchzureichen, an eine begierige Leserschaft. Gegen die Medien, die dem Autor lange bloß einen Status als »Oberspaßmacher der Nation«, gar nur als »Klamaukschriftsteller« zubilligen mochten, setzte sich, wachsend, ein primär inspiriertes Lesepublikum durch.

H.s inzwischen bestsellernaher Erfolg ist desto bemerkenswerter, je genauer die Bandbreite seines Œuvres ins Auge gefasst wird. Nahezu sämtliche literarische Gattungen (und nicht eine, wie gemeinhin für hochverkäufliches Produzieren typisch) kommen in diesem, weit über 30 Buchtitel umfassenden Werk gleichmäßig virtuos zur Geltung. Die Leser folgten dem Spektrum von kleinteiligen *Polemiken* und *Satiren*, folgten den schwebeleichten Feuilletons (*Sudelblätter*, 1987; *Die Wolken ziehn dahin*, 1992), den anspruchsvoll musikologischen Fachanalysen (*Verdi ist der Mozart Wagners. Ein Opernführer*, 1992), folgten mit äußerstem Vergnügen selbst den komisch-kritischen Anekdoten (z. B.: *Wie Max Horkheimer einmal sogar Adorno hereinlegte*, 1983), den Fußball-Dramoletten (*Standardsituationen*, 1988) und Kultur-Metakritiken (*Kulturgeschichte der Mißverständnisse*, 1997).

Im Brennpunkt des Leseentzückens stand freilich, und dies von Anbeginn, H.s poetische Prosa – die großen Erzählungen (*Ein scharmanter Bauer*, 1980, *Roßmann, Roßmann …*, 1982; *Frau Killermann greift ein*, 1985), die neuen Märchen (*Die drei Müllerssöhne*, 1989) und *Kleine Poesien* (1992). Selbst gewagten neuen Roman-Formen (*Beim Fressen beim Fernsehen fällt der Vater dem Kartoffel aus dem Maul*, 1981; sowie: *Helmut Kohl. Biographie einer Jugend*, 1985) – zumeist bereits von 1973er Erstling *Die Vollidioten* an – folgte die Leserschaft bis hin in die epischen Zentralmassive der Romanprosa von *Geht in Ordnung – sowieso – – genau – – –* (1977), ja bis hinein in die traumhafte Epik der *Mätresse des Bi-*

*schofs* (als letztem Titel der berühmten, derzeit über 30 Auflagen starken *Trilogie des laufenden Schwachsinns*; erste erschienen 1978).

H.s anspruchsvolle Version eines in der unmittelbaren Gegenwart angesiedelten, neuen Faust-Romans – also erst 1983 mit *Dolce Madonna Bionda* – machte den Lesern endgültig klar, in welche Prosahöhen der Autor sie längst schon verlockt hatte; das Nachklettern begann, beschwerlich zu werden, die langhin lauthals begeisterte Fan-Gemeinde begann zu schrumpfen. Wiederum erst 1988, als H. neuerlich auch die Form der *Novelle*, ja fast der »Idylle« in klassisch Schillerschem Sinn, wiederbelebt hatte, setzte ein Umdenken auch jenseits der primären Leserschaft ein; der Autor avancierte, langsam zwar aber unaufhaltsam, nun auch in den Verwaltungsetagen des Literaturbetriebs. Erst mit der bahnbrechenden Simplizität seiner *Maria Schnee* (1988) gelang H., nach 25 Jahren dichtester Autorarbeit, der Aufstieg zum nun allseits anerkannten Klassiker der Moderne; resümierend hierzu Brigitte Kronauer: »Die hier sich ereignenden Wunder sind weniger spektakulär, aber von nachhaltiger Heilkraft«.

Damit könnte, auf engstem Raum, eins der Erfolgsgeheimnisse der H.schen Schriftstellerarbeit formuliert sein: eine – im mehrfachen Sinn – tatsächlich heilende: Denn, wo auf der einen Seite das Satirische, das Bloßlegen unserer unmerklich tiefkorrumpierten Alltagssprache mitsamt der sie steuernden Wahrnehmungsmuster zur Wirkung kommt (bei der Lektüre etwa des *Dummdeutsch*-Lexikons, 1993; der *Erledigten Fälle*, 1986, sowie anderweitig versammelter Satiren und Glossen von 1969 bis 2003), kommt auf der anderen, weitaus gewichtigeren Seite des H.schen Œuvres ein Natur-, ein Welt-Bild zur Sprache, das den Menschen als nurmehr verzeihliche, mitleidheischende Kreatur voll Erbarmen zum Thema nimmt; heilkräftig für den Leser eben dieser Schreibperspektive wegen, die H. mit keinem Autor der deutschen Gegenwartsliteratur teilt. Ahnherrn der H.schen Prosa finden sich freilich. Abgesehen von den spätitalienischen Tonkünstlern (zumal Verdi, Puccini und einigen ihrer kongenialen Interpreten) dürfte zu-

allererst der Freiherr von Eichendorff, auch Gottfried Keller, prägend gewesen sein; weiterhin die berückenden Labereien Dostojewskis, die komische Kühle der Kafkaschen Prosa, die unauffällige Lebendigkeit der Romankunst Svevos, das elektrisierende Sprechen Vladimir Nabokovs. Dem Oberpfälzer H. von seiner landsmannschaftlichen Herkunft her freilich am Nächsten stehend erweist sich der nachbarliche Genius Jean Paul. Dessen Künste weltumspannender Digressionen dominieren auch die formal gebannte Epik H.s.

Den ›Heimatler‹ H., der seinen katholisch geprägten Geburtsort auch spirituell nie ganz verließ, verschlug, nach Abschluss des Studiums in München als Magister Artium, lediglich pure Zufälle in die Metropole Frankfurt am Main, in die Redaktion der damaligen Satirezeitschrift *pardon* (1968), einen Hort bereits jener Kräfte, denen sich der Name jener Neuen (gegenüber der älteren, Adorno/Horkheimerschen) Frankfurter Schule verdankt: den zeichnenden Dichtern F. W. Bernstein, Robert Gernhardt, F. K. Waechter. Wo überhaupt eine ›Schule‹, war diese es, die dem jugendlichen H. half, rücksichtslos hervorzutreten mit eigenen Ideen, wie eine neue Prosa beschaffen sein könne.

Werkausgabe: Gesammelte Werke in Einzelbänden. Frankfurt a. M. u. a. 2003 ff.

*Bettina Clausen*

## Herbert, George

Geb. 3. 4. 1593 in Montgomery, Wales; gest. 1. 3. 1633 in Bemerton, Wiltshire

George Herbert ist neben John Donne der bedeutendste Vertreter der »metaphysischen Dichtung« (*Metaphysical Poetry*), einer spezifisch englischen Variante der Barocklyrik. Von Donne unterscheidet sich H. dadurch, dass er sich, obwohl durch Begabung und Familienherkunft für eine weltliche Karriere prädestiniert, schon früh (1626) für ein Leben als Geistlicher entschied. Seine Vorstellung vom idealen Leben eines Pfarrers formulierte er in dem Prosatext *A Priest to the Temple: Or, the*

*Country Parson* (1652). Sein Ruhm als Dichter gründet sich auf die Gedichte in »The Church«, das den Hauptteil seines Werks *The Temple* ausmacht. Nach H.s Tod gab sein Freund Nicholas Ferrar 1633 die in dieser Sammlung vereinigten Gedichte heraus, eine Ausgabe, die im 17. Jahrhundert oft nachgedruckt und von den Puritanern als Ausdruck exemplarischer Frömmigkeit bewundert wurde. Im frühen 20. Jahrhundert wurde H. wie andere der *Metaphysical Poets* wiederentdeckt. In den letzten Jahrzehnten ist man weggekommen von dem Stereotyp der schlichten Frömmigkeit H.s und hat die innere Zerrissenheit, die dialektische Potenz und die theologische Brisanz seiner Lyrik sowie deren außerordentliche Wirkung auf den Leser erkannt. Die Versuche einer Gesamtdeutung von *The Temple*, etwa in Analogie zum Gang des Gläubigen durch die Kirche mit ihren einzelnen Orten und Gegenständen oder zum Ablauf des Kirchenjahres, sind problematisch. H. selbst hat sein Buch als »a picture of the many spiritual conflicts that have past betwixt God and my Soul« bezeichnet. Seine Gedichte sind immer neuer Ausdruck des Ringens um den Glauben, des Konflikts und der Versöhnung mit Gott. Vielfach sind die Gedichte an den Tempel als Raum und Institution gebunden, an einzelne Gegenstände, an Elemente des Gottesdienstes, Feste, Riten und bestimmte Teile der Bibel und Theologie. Konkret drückt sich die Ortsbezogenheit von H.s Lyrik im Figurengedicht (*carmen figuratum*) aus. »The Altar« etwa bildet aufgrund seiner metrischen Form und des Druckbilds einen Altar ikonisch nach, wobei sich die Form auch als großes »I« (Ich) deuten lässt. Entsprechend doppeldeutig changiert die ikonische Form von »Easter-Wings« je nach Betrachtungsweise zwischen den Flügeln eines Engels und einem Stundenglas.

Ein grundsätzliches Paradox in H.s Lyrik, die vielfach poetologisch, d. h. Dichtung über Dichtung ist, besteht darin, dass wahres poetisches Sprechen H.s christlicher Auffassung zufolge nur im Einklang mit Gott möglich ist. Es stellt sich in dieser Lyrik somit die Frage, wer Schöpfer des Gedichts ist, der Autor oder Gott, ein Problem, welches das Gedicht »Providence« durch das ›metaphysische‹ Bild (*conceit*) von den Fingern des Dichters ausdrückt, die »sich durch Gott biegen«, um die Feder halten zu können. Diese Paradoxie zeigt sich auch in H.s berühmtesten Gedicht, »The Collar«, das eine leidenschaftliche Auseinandersetzung zwischen zwei antagonistischen Stimmen im Ich darstellt, der Stimme des Zweifels und Protests des Herzens und der Stimme der gottergebenen Vernunft. Zu einer Lösung des Konflikts kommt es am Schluss durch die Intervention Gottes, wobei der Übergang zum inneren Frieden im Einklang mit Gott durch den Wechsel zu metrischem Gleichmaß und zum einfachen alternierenden Reim besiegelt wird. Entsprechend reimt in der Schlussstrophe von »Denial« der letzte Vers mit dem vorletzten, während der Schlussvers in den vorausgehenden Strophen jeweils reimlos war. Die spezifische poetische Form des Gedichts vermittelt auf diese Weise sinnfällig die Aussage, dass durch Gottes Gnade die in der Gottferne durcheinandergeratenen Verse wieder in Ordnung kommen. In Ansehung dieser ›harmonischen‹ Schlüsse sind die in der Zweifelshaltung artikulierten vorausgehenden Hauptteile der Gedichte nach H.s Dichtungsverständnis nicht poetisch im strengen Sinne des Wortes. Der Schluss macht nämlich alles, was in dem Gedicht vorausgeht, zunichte. Die Forschung spricht hier von »self-consuming artifacts« (Stanley Fish) oder »collapsing poems« (Barbara Harman). Zum Gesamttext gehört allerdings auch die Artikulation von Gottferne, Zweifel und innerem Unfrieden. Es gibt bei H. auch Gedichte ohne versöhnlichen Ausklang (»Affliction I«, »Bitter-Sweet«, »Sin«). Auch die durchgängige Selbstanrede findet sich, wie in »Conscience«, wo der Sprecher seine innere Stimme zum Schweigen bringen will (»Peace, pratler«). Mit völliger Befriedung endet der Dialog mit der göttlichen Liebe in »Love III«, dem letzten Gedicht von *The Temple*. Das Echogedicht »Heaven« drückt die Harmonie von Ich und Gott in kunstvollen Echowirkungen von Fragen und Antworten aus.

Als Puritaner wendet sich H. entschieden vom rhetorischen Schmuck (*ornatus*) ab. Er wendet die gewöhnlichsten und vertrautesten Vorstellungen auf das Heiligste an.»The Church-Floor« bezieht die unterschiedlichen Steine des Kirchenbodens auf christliche Tugenden und»The Pulley«die Vorstellung eines Flaschenzugs auf das Verhältnis von Gott und Mensch. Trotz des Plädoyers für den schlichten Stil in den»Jordan«-Gedichten stellt H. große Form- und Argumentationskunst unter Beweis. Ein Beispiel ist das Sonett»Redemption«, dessen Schlusspointe den Sprecher nach langer Suche in der großen Welt Gott endlich ausgerechnet bei Dieben und Mördern finden lässt:»there I him espied, / Who straight, *Your suit is granted*, said, & died.« Der letzte Vers bringt in sprachlicher Kühnheit Christi Tod und die Erlösung des Gläubigen auf engstem Raum zusammen. Als Beispiel für die paradoxale argumentative Kraft von H.s Gedichten lässt sich»Bitter-Sweet« nennen, das auf Gott und den Sprecher bezogene Einzelwortantithesen (Oxymora) polarisiert. Eine besondere Qualität H.s liegt in der Fähigkeit, das gesamte lautliche und semantische Potential von Wörtern zu aktivieren. Der Titel»The Collar« z. B. bringt als Bedeutungen u. a. ›Halskragen des Pfarrers‹, ›Halsband‹, ›Zornanfall‹ (*choler*) und ›rhetorische Figur‹ (lateinisch *color*) sinngebend für das Gedicht ins Spiel. H.s Leistung besteht darin, dass er – stets in seiner Rolle als Dichter – intimste religiöse Erfahrungen ausdrückt und sich zugleich in undogmatischer und komplexer Argumentation mit zentralen Fragen der protestantischen Glaubenslehre wie der Sündhaftigkeit des Menschen und der Gnaden- und Erlösungsproblematik auseinandersetzt.

Werkausgabe: The Works of George Herbert. Hg. F. E. Hutchinson. Oxford 1941.

*Wolfgang G. Müller*

### Herbert, Zbigniew

Geb. 29. 10. 1924 in Lemberg/heute Ukraine; gest. 28. 7. 1998 in Warschau

Zbigniew Herbert, Dichter und Essayist, Verfasser von Theaterstücken und Hörspielen, gehört zu den meistübersetzten Schriftstellern Polens. Wegen seiner herausragenden künstlerischen und moralischen Autorität ist er mit renommierten in- und ausländischen Preisen ausgezeichnet worden. H.s erster Lyrikband *Struna świata* (1956; Lichtsaite) ist in der nachstalinistischen Zeit erschienen, als eine liberalere Kulturpolitik einsetzte und die ideologischen Forderungen der Theorie des Sozialistischen Realismus nicht mehr bindend waren. Die Inspiration für sein literarisches Schaffen bezieht H. aus der griechischen und römischen Mythologie, der antiken Kultur und Zivilisation, der Romantik, der Bibel und der Wissenschaft. Sein Bestreben war es – wie er in der Dankesrede zum Petrarca-Preis 1979 in Verona sagte –, »einen Dialog mit der Vergangenheit«, d. h. mit den kulturellen Fundamenten des Abendlandes zu führen, in die die polnische Tradition eingebettet sei. In der Vergangenheit suchte er Zeichen, die helfen könnten, die gesellschaftspolitischen und soziokulturellen Ereignisse der Gegenwart besser zu deuten und ihre Geheimnisse zu ergründen. Die Zivilisation betrachtete H. als eine Entwicklung von Generationen, die in eine historische Kette von Kriegen und Gewalttaten wie auch in die Geschichte der Kunst und der Vernunft eingeordnet sei. Geschichtliche Ereignisse werden dabei nicht von einer anonymen Macht bewirkt, sondern sind immer an den Menschen gebunden. Auch im zweiten Gedichtband *Hermes, pies i gwiazda* (1957; Hermes, Hund und Stern) und den weiteren kehren solche Themen sowie mythologische und biblische Motive wieder.

Der Protagonist des Lyrikbandes *Pan Cogito* (1974; Herr Cogito, 1974), ein Intellektueller und Dichter, versucht, mit seiner Selbsterkenntnis und Welterfahrung die Grenzen seiner geistigen Kräfte auszuloten und sich allem Opportunistischen zu verweigern. Er »erzählt von der Versuchung Spinozas«, »meditiert über das Leid« und denkt nicht zuletzt »an die Rückkehr in seine Heimatstadt« nach. »Herrn Cogitos Vermächtnis« ist ein programmatisches Gedicht:»Gehe wohin die anderen gingen an das dunkle grenze / suche das Goldene Vlies des nichts deine letzte belohnung /

gehe aufrecht wo andere knien / wo sie sich abwenden in den staub gefallen: [...]« (In: *89 wierszy*, 1998; *Herrn Cogitos Vermächtnis. 89 Gedichte*, 2000). Auch fordert H. vom »wahren Schriftsteller«, dass er niemals etwas schreibe, »was nicht mit seinem künstlerischen Gewissen übereinstimmt«. Seine Dichtung, die sich durch Ironie und Humor auszeichnet, vertritt immer einen moralischen Standpunkt und mahnt zur Treue zu Werten wie Freiheit, Menschenwürde, soziales Engagement und Vaterlandsliebe. In den 1980er Jahren wurden seine Gedichte vertont und in Theatern und kirchlichen Versammlungsräumen vorgetragen. Sie wurden rezipiert »als Kodex einer unabhängigen Ethik, als Ausdruck gesellschaftlichen Widerstands« (Anna Nasiłowska). H.s *Raport z oblężonego miasta* (1983; *Bericht aus einer belagerten Stadt*, 1985) war »die größte dichterische Sensation des Jahrzehnts« (Stanisław Barańczak). In diesem Gedichtband erscheint H. als tragischer Dichter, der hin- und hergerissen wird »zwischen der Vergangenheit und der Gegenwart, dem Erbe der westlichen Zivilisation und der Spezifik des polnischen Alltags, dem Mythos und der Geschichte, der Kultur und der gelebten Erfahrung« (Stanisław Barańczak).

In dem Band *Barbarzyńca w ogrodzie* (1962; *Ein Barbar in einem Garten*, 1965), der Kultur- und Kunstessays enthält, verarbeitete H. seine Reisen nach Frankreich, Italien und Griechenland. In den kunsthistorischen Skizzen begeistert er sich für die gotischen Kathedralen, reflektiert über die Architektur dieser mittelalterlichen Epoche und deren ästhetische Prinzipien und technische Kuriositäten. Die Kulturmonumente werden in breitere geschichtliche oder philosophische Konzepte eingebettet. Die Höhle von Lascaux z.B. betrachtet H. nicht als eine Wohnhöhle, sondern als »ein Sanktuarium, eine unterirdische Sixtinische Kapelle unserer Vorväter«. Gedankliche Brücken schlägt er auch von der altgriechischen Stadt Delphi zu den gotischen Kathedralen. In der Essaysammlung *Martwa natura z wędzidłem* (1993; *Stilleben mit Kandare*, 1994) widmet sich H. der holländischen Malerei des 17. Jahrhunderts und betrachtet

die Kunst auch dabei nicht als isolierten Selbstzweck, sondern als Faktor der soziokulturellen Verhältnisse.

*Georg Mrugalla*

## Herburger, Günter
Geb. 6. 4. 1932 in Isny/Allgäu

»Literatur ist absolut unnütz. Sie ist nicht faßbar – und dadurch überaus mächtig«, sagt H. 1994 in einem Gespräch mit der *Süddeutschen Zeitung* und behauptet dann weiter: »Literatur ist unser aller Gedächtnis. Das, was wir über uns wissen, wissen wir durch Epen, Romane, Lieder.« – H. studierte nach dem Abitur 1951 Philosophie und Sanskrit in München und Paris, übte verschiedene Berufe in Frankreich, Spanien, Nordafrika und Italien aus; er arbeitete z. B. für ein Jahr als Fernsehredakteur beim Süddeutschen Rundfunk in Stuttgart und von 1964 bis 1969 in Berlin. Danach übersiedelte er nach München, ist freier Schriftsteller und Marathonläufer. Er erhielt u. a. den Literaturpreis der Freien Hansestadt Bremen (1973), den Gerrit-Engelke-Literaturpreis der Landeshauptstadt Hannover (1980) sowie den Literaturpreis der Stadt München (1997).

1966 veröffentlichte H. seinen ersten Gedichtband *Ventile*, 1970 folgte dann eine zweite Sammlung mit dem Titel *Training*. Dazwischen lag der polemische, später vielzitierte Essay »Dogmatisches über Gedichte« von 1967, worin H. in klarer Absage an die Traditionen der hermetischen Lyrik wie der ›Konkreten Poesie‹ einer Poetik des Alltags und der Gewöhnlichkeit das Wort redet. Immer beziehe er sich auf sich selbst, heißt es. »Wenn ich schreibe, schreibe ich im Grund nur von mir. Alles, was vorgestellt wird, sind meine Projektionen. Ich bin die Hauptperson.« Gegen Ende dann: »Ich wünsche mir Gedichte wie vollgestopfte Schubladen, die klemmen. Wer Metaphern anfaßt, verbrennt sich die Finger.« Kein Zweifel, dass hier zusätzlich noch eine politische Ästhetik mitgetroffen werden soll, die sich gerade erst formiert und ein Jahr später dann im Rundumschlag alle Literatur als bürgerliche verdammt und abzuschaffen wünscht. H. dagegen setzt auf die Poesie, auf ihre mimetischen wie kathartischen Aspekte. Dafür aber muss sie die Menschen betreffen, müssen die Gedichte wirken und den Menschen etwas zu sagen haben.

Das Spektrum dieser Lyrik reicht vom Ich zur Natur über die Gesellschaft und wieder zurück. Von den Befindlichkeiten eines lyrischen Subjekts, von Ängsten, Hoffnungen und Wünschen, von Erinnerungen an ekstatische Glücksmomente und an ebensolche Schmerzerlebnisse ist häufig die Rede. Dann aber auch von Beschädigungen der Umwelt, von der Verschmutzung der Natur, der Zivilisation und unserer ganzen Denkweise. Dazwischen gestreut, in früheren Dezennien weitaus häufiger, vereinzelte Hoffnungssplitter, Andeutungen von politischen Utopien. Alltagslyrik war und ist H.s Poesie nicht im Sinne einer kruden Gebrauchslyrik, wie vielfach manche Exponenten der sogenannten ›Neuen Subjektivität‹ in den 1970er Jahren ihre Texte und überhaupt Dichtung missverstanden, sondern vielmehr im ganz normalen Wortsinne.

Literatur (und nicht nur die Lyrik) beginnt bei der Darstellung der Normalität und Gewöhnlichkeit alltäglicher Abläufe und Begebnisse. Sie beginnt sozusagen auf der Straße, aber immer mit einer kleinen, unscheinbaren Verrückung des Vertrauten, mit einer Irritation, wie z. B. der einer am Tag brennenden Lampe, um einen Essay Dieter Wellershoffs zu erwähnen, an dessen Poetologie H. gewiss zu einem Gutteil anknüpft. Ein konkreter, jeweils sinnlich erfahrbarer Ausschnitt aus der Wirklichkeit ist Anlass und Gelegenheit für eine realistische Literatur, deren Bezugspunkt – postmodern gesprochen: Referenz – bis zum Schluss das menschliche Leben bleibt. Darauf angesprochen, äußert sich H. in einem Gespräch 1995 einmal so:»Aus dem Alltäglichen, dem Kompost, wuchert das Phantastische. Wir sind umgeben davon. Wir müssen die Wunder nur entdecken, den anderen Blick dafür üben.« Den anderen Blick kann uns, wenn wir schon nicht selbst in der Lage dazu sind, die Lyrik möglicherweise vermitteln.

H. war und ist aber vor allem ein Prosa-autor – ein Autor der langen Strecke. Nach kürzeren Erzähltexten, die Anfang und Mitte der 1960er Jahre entstanden und von einem neuen Realismus der Alltäglichkeit und des kleinen Detailausschnitts inspiriert worden sind, hat er bis heute ein beachtliches Romancœuvre vorgelegt – Romane zumal, darunter eine Trilogie (*Flug ins Herz*, 1977; *Die Augen der Kämpfer I* und *II*, 1980/1983; *Thuja*, 1991), die nicht nur rund 2000 Seiten, sondern auch noch Gott und die Welt, den gesamten Kosmos H.s in Gestalt einer zunächst realistisch anmutenden Geschichte der alten Bundesrepublik wie einer dann immer phantastisch-utopischer werdenden Poesie zum Ende hin in *Thuja* umfasst. Daneben gibt es noch zwei Bücher, die – um ein Gleichgewicht aus poetischem Reisebericht, Sachbuch und poetologischem Essay bemüht – H.s Laufpassion beschreiben; schließlich hat er eine Reihe von Essays und – in letzter Zeit – noch Bücher vorgelegt, die ebenfalls als Eindrücke bzw. poetische Notate von der Laufstrecke entstanden sind und Fotografien mit kurzen Prosatexten unterlegen.

Im Vorwort zu seinem 1973 veröffentlichten Band *Die amerikanische Tochter*, der Gedichte, Aufsätze, ein Hörspiel sowie eine Erzählung versammelt und so die gesamte Reichweite des Schriftstellers ausmisst, heißt es über den Beruf des Schriftstellers:»Er ist kein Täter, sondern ein Sammler, Entdecker, Knüpfer, Chronist, der neue Ordnungen erzeugt und sie wieder verwirft.« Und in dem poetologisch aufschlussreichen Text »Über die Zukunft des Romans« erläutert und bündelt er sein Realismusverständnis:»Der Realismus hilft mir. Ohne ihn kriege ich nichts zustande. … Die Gegenwart einsammelnd, meine ich die Zukunft, die Utopie, die phantastische Absicht, ein wenig Ewigkeit einzuatmen, während ich weiß, daß ich sterben muß, tot sein werde, ein Leichnam mit Gestank und Zerfall, doch die anderen leben weiter, sind noch nicht einmal geboren, entfalten sich spielerisch in unserer verzweifelten Vorstellung. … Ich beginne zu bescheiden wie möglich, im Präsens. Es erlaubt mir die Konzeption der Idealform, dem Roman einer Sekunde, in dem alles enthalten wäre, was vorstellbar und fühlbar ist.«

Wovon H.s Romane handeln? – Von Gott und der Welt, von dem, was die Welt im Innersten zusammenhält oder halten könnte, wenn man einmal die Poeten und Schriftsteller, Anwälte der Totalität, an die verfahrene Sache heranließe. Pausenlos rollen bei H. Bilder ab, einzelne Szenen, Eindrücke, Beschreibungen und Aktionen, ohne dass es dabei den roten Faden gibt, eine Handlung etwa, auf die man alles beziehen könnte. Die verschiedenen Wirklichkeitsebenen und -bereiche türmen sich übereinander, laufen gleichberechtigt parallel, die erste, ausgezeichnete Alltagsrealität wie die der Träume, Tagträume und Phantasien. Realität und Fiktion überkreuzen sich, die Welt der Handlungen und Aktionen und die der Systeme – mögen sie Kinderpsyche oder Naturwissenschaft heißen. Es tauchen sprechende Tiere und handlungstragende Holzkrähen (in *Thuja* etwa) neben fanatischen Computerwissenschaftlern und Systemtheoretikern auf. Die Welt als Traum, als digital vernetztes System, als schlichter Wahnsinn auch. Blitzartig dazwischen dann immer wieder Visionen und Eindrücke von zerstörten Stadt- und Naturlandschaften.

»Kurze und lange Sätze« lautet der Titel-Essay, in dem H. seine »Skizze zu einer kleine Poetik« entwirft. Darin heißt es anfangs:»Wie die Welt, die uns umgibt, in der wir stecken, zu entdecken, zu fassen wäre, ich versuche mich fast jeden Tag darin als Täter, Schriftsteller, der eine Blaupause dessen herstellen möchte, was er fühlt, denkt, von vielen anderen als Lebens- und Sterbensmöglichkeiten bezieht, besonders dann, wenn immer wieder die Angst vor dem Tod durch Gebälk und Nervenstränge summt.« Und wenige Sätze weiter:»Ich sitze in einem Märchenbüro und schreibe, probiere Entwürfe aus, die aus der Gegenwart in eine Zukunft streben, über die Schwelle in das nächste Jahrtausend hinein, von dem ich noch ein Stückchen erleben möchte, vor allem, um meinen Kindern beizustehen, die, obgleich wir sie mit genügend Kenntnissen und Leibestüchtigkeiten bewaffnet haben, wahrscheinlich werden kämpfen müssen wie noch nie.«

Mit einem anderen Autor, dessen Prosaanfänge etwa in dieselbe Zeit fallen wie H.s erste Erzählungen, eben mit Dieter Wellershoff, kann man alles in allem im Blick auf H.s Texte, die sich zu einem einzigen großen Epos zusammenfügen, feststellen, dass es in der Literatur die ›Kategorie: zu privat‹ überhaupt nicht gibt. Ganz im Gegenteil: Literatur ist immer privat, denn das Private ist ein Abdruck und Ausdruck des Allgemeinen, – in alteuropäischer Manier und Terminologie – die Kategorie Besonderheit. Wellershoffs»Arbeitshypothese für eine kritische und konkrete Literatur«:»Indem sie die gesperrten und verstümmelten Kapazitäten des Menschen deutlich macht, zeigt sie den Preis der herrschenden Praxis und zugleich das Potential möglicher Veränderung. Sie ist so der Platzhalter einer Utopie freier menschlicher Kommunikation …« Das hätte 1969, als der Essay geschrieben worden ist, auch in Bezug auf H.s Texte formuliert sein können. Und es gilt noch heute.

Was bleibt, stiften vermutlich auch für H. immer noch die Dichter. Und gewiss ist die Liebe dabei ein wesentlicher Gesichtspunkt. Ein Programm, dessen Zielperspektive H. am Ende des bereits erwähnten Gesprächs von 1995 so umrissen hat:»Ich will in der Welt anwesend sein, und ich möchte mein Land Nirgendwo erreichen, es wenigstens erschreiben.«

Werkausgabe: Texte, Daten, Bilder. Hg. von Klaus Siblewki. Hamburg/Zürich 1991.

*Werner Jung*

### Herculano, Alexandre (eigtl. Alexandre Herculano de Carvalho e Araújo)

Geb. 28. 3. 1810 in Lissabon;
gest. 13. 9. 1877 in Vale de Lobos, Santarém

Alexandre Herculano war mit Almeida Garrett Hauptvertreter der portugiesischen Romantik und mit *O bobo* (1843; Der Narr) Begründer des historischen Romans Portugals. Unter den Schriften des Politikers, Historikers und Literaten stechen *O pároco da Al-deia* (1844; Der Dorfpfarrer), *O monge de Cister* (1848; Der Zisterziensermönch), *Lendas e narrativas* (1851; Legenden und Erzählungen), die unvollendete Geschichte Portugals *História de Portugal* (1846–53) und die *História da origem e do estabelecimento da inquisição em Portugal* (1866) hervor. *O Bobo* spielt in der Zeit vor der Gründung Portugals 1140. Nach der Aufteilung des Königreichs Kastilien-León durch Afonso VI. droht die Grafschaft Coimbra ihre gerade gewonnene Unabhängigkeit wieder zu verlieren, da Dona Teresa, Witwe des Grafen Henrique, die für ihren minderjährigen Sohn Dom Afonso Henrique die Regierungsgeschäfte führt, durch die Liebe zum galizischen Grafen Trava ihrem Sohn und Thronfolger die Loyalität kündigt. Trava gelingt es, seine Gegner ins Schloss von Guimarães zu locken und festzuhalten; ihre Sache scheint verloren. Doch der von Trava gedemütigte Hofnarr Bibas lässt die Getreuen seines verstorbenen Herrn durch Geheimgänge entkommen. Sie verbinden sich mit den anrückenden Truppen des Infanten Dom Afonso Henriques, die Trava schließlich besiegen. Der Narr wird so zum Symbol der Freiheit und mittelalterlicher Werte, die H. erneuert sehen wollte, sowie zur Schlüsselfigur, die indirekt die nationale Unabhängigkeit sichert. Eingewoben in das Werk findet sich das tragische Liebesdrama um Dulce, die Pflegetochter Teresas, und den edlen, verschiedenen Lagern angehörenden Egas Moniz und Garcia Bermudes. Dem Idealismus Madame de Staëls folgend, arbeitet H. mit starken Kontrasten: Der Herrschsucht Teresas stellt er den Verzicht Dulces gegenüber, ihrer moralischen Größe den sittlich-politischen Verfall am Hof. So warnte er vor einem erneuten Aufkommen von Despotismus und stärkte das Nationalgefühl seiner Zeitgenossen.

Die *História de Portugal*, die erste auf wissenschaftlicher Genauigkeit beruhende Geschichtsschreibung Portugals, zeugt vom Einfluss der französischen Historiographie (Guizot/Thierry) und Savignys, der die sozialen Institutionen als vom Individuum organisch unabhängig versteht. Das Werk umfasst die Zeit unmittelbar vor der Unabhängigkeit von León bis 1275, beschäftigt sich mit der Entwicklung der Institutionen und dem Stadtrecht, beleuchtet die Protagonisten der Geschichte und räumt mit den Mythen auf, dass Portugal dem römischen Lusitania entspreche bzw. der Sieg der Portugiesen in der Schlacht von Ourique (1139) durch das Erscheinen Christi entschieden worden sei – was einen ebenso heftigen Streit mit dem Klerus nach sich zog wie die *História da origem e do estabelecimento da inquisição em Portugal*, die Geschichte der Entstehung und Etablierung der portugiesischen Inquisition ab 1547, der unter anderem Briefwechsel zwischen König João III. und der Kurie, Prozessakten sowie Berichte portugiesischer Diplomaten und des Vatikan zugrunde lagen. H. dokumentiert, wie das Ziel der Inquisition, die Reinheit des Glaubens zu wahren, vollkommen unterhöhlt und sie selbst unter Duldung der Päpste Paul III. und Clemens VII. zu einem Machtinstrument des Königs wurde. Durch scharfe Kontrastierung von Fakten wie der Kontroverse zwischen Paul III. und dem Gesandten Portugals im Vatikan gelingt es H. zu Beginn des Liberalismus, vor neuerlich drohendem Absolutismus, klerikaler Macht und Fanatismus zu warnen.

*Klemens Detering*

## Herder, Johann Gottfried

Geb. 25. 8. 1744 in Mohrungen/Ostpreußen; gest. 18. 12. 1803 in Weimar

»Ein rundes Gesicht, eine bedeutende Stirn, eine etwas stumpfe Nase, ein etwas aufgeworfener, aber höchst individuell angenehmer Mund. Unter schwarzen Augenbrauen ein paar kohlschwarze Augen, die ihre Wirkung nicht verfehlten.« So schildert Johann Wolfgang Goethe H., der ihm 1770 in Straßburg begegnete. Diese Begegnung ist für den einundzwanzigjährigen Goethe ein zentrales Erlebnis; denn H. treibt ihm mit Macht allen Leipziger Rokokogeist aus und gibt zentrale Anstöße für seine Entwicklung zum ersten der Sturm-und-Drang-Dichter – so die Einsicht,

»daß die Dichtkunst überhaupt eine Welt- und Völkergabe sei, nicht ein Privaterbteil einiger feinen gebildeten Männer«. 1773 fasst H. seine Moral in einem Brief an seine spätere Frau Caroline Flachsland zusammen:»Jeder handle nur ganz aus sich, nach seinem innersten Karakter, sei sich treu.«Sein Versuch, so zu leben, scheitert immer wieder an der Enge der Ständegesellschaft, was H. in seiner eher antifeudalen Grundeinstellung bestärkt. Seine Wunschbiographie zeichnet er im *Journal meiner Reise 1769,* das er nach seinem freiwilligen Weggang aus Riga aufgrund von »Kontrarietäten« zwischen sich und seinen Ämtern schreibt:»Ich habe nichts auf der Welt, was ich sehe, das Andere haben: Eine Ader für die Bequemlichkeit, wenige für die Wollust, nichts für den Geist. Was bleibt mir übrig als Wirksamkeit und Verdienst? Dazu brenne ich und krieche durch die Welt.« In hochgespanntem Ehrgeiz entwirft sich H. als »Genius« und sozialer Reformer des zurückgebliebenen Livlandes.»Was in einem solchen Geiste für eine Bewegung, was in einer solchen Natur für eine Gärung müsse gewesen sein, läßt sich weder fassen noch darstellen. Groß aber war gewiß das eingehüllte Streben«(Goethe).

Das Studium in Königsberg von 1762 bis 1764 wird die prägende Chance für den in eine »dunkle«, aber nicht dürftige Mittelmäßigkeit« hineingeborenen Sohn eines Mohrunger Küsters und Mädchenschullehrers. Hier wird er nach dem Wort eines Zeitgenossen zu einem»Jüngling für die große Welt«. Er beschäftigt sich über die Theologie hinaus mit Literatur und Literaturkritik. Vor allem hört er mit Enthusiasmus den vorkritischen Immanuel Kant, an dessen Position er im Prinzip zeit seines Lebens festhält. Er freundet sich mit Johann Georg Hamann an, dessen Theologie-, Sprach- und Poesieverständnis ihn tief beeinflussen. 1764 wird er aufgrund seines pädagogischen Talents an die Domschule in Riga berufen, später auch zum Prediger. Wie viele Intellektuelle seiner Zeit sieht er im Pfarrerberuf ein Forum und Medium, um»Kultur und Menschenverstand unter den ehrwürdigen Teil der Menschen zu bringen«,»den wir Volk

nennen«. Den Gestus des volksbezogenen Predigers und Erziehers behält H. auch in seinen Schriften bei. Nach Reisen nach Frankreich, Holland, Hamburg, Eutin, Darmstadt und Straßburg wird H. 1771 Konsistorialrat beim Grafen zu Schaumburg-Lippe in Bückeburg. Während dieser durchaus ehrenvollen Tätigkeit erlebt er die Enge und den Despotismus in einem kleinen Fürstentum.

Immerhin vermag H. als streitbarer Mann nach eigenem Bekunden»der gelehrten Republik von allen Seiten Stoß zu geben«. Er tritt zuerst als Literaturkritiker auf in *Über die neuere deutsche Literatur. Fragmente* (1767) und in *Kritische Wälder. Oder Betrachtungen die Wissenschaft und Kunst des Schönen betreffend* (1769). Hier und in dem preisgekrönten Aufsatz *Ursachen des gesunkenen Geschmacks bei den Völkern, da er geblüht* (1775) entwickelt er – unter anderem an dem englischen Dramatiker William Shakespeare – den für die Sturm-und-Drang-Bewegung richtungweisenden Geniebegriff und das Postulat von der Freiheit des Schriftstellers:»Nun sollte aber die Zeit kommen, wo das Dichtergenie sich selbst gewahr werde, sich seine eigenen Verhältnisse selbst schüfe« – allerdings in Bezug auf die geschichtliche Lage. Später bezeichnet H. den Dichter als »Schöpfer eines Volkes um sich« (in: *Über die Wirkung der Dichtkunst auf die Sitten der Völker in alten und neuen Zeiten,* 1778). Zu dieser neuen Bestimmung des Autors tritt die historische Analyse. So versteht er in der Abhandlung *Über den Ursprung der Sprache* (1772), die von der Berliner Akademie preisgekrönt wurde, entgegen dem Verständnis der Aufklärung Poesie nicht als beruhend auf einem hohen Stand der Zivilisation, sondern als ursprüngliche Äußerungsform des Menschen, an das Genie der Gegenwart allenfalls anknüpfen könne. In *Auch eine Philosophie der Geschichte zur Bildung der Menschheit* (1774), einem»großartigen Handbuch des Historis-

mus« (J. Stadelmann), zeigt H. entgegen der aufklärerischen Verachtung der Geschichte, dass jede Epoche ihre Glückseligkeit »in sich selbst« habe und doch die historische Entwicklung als wenn auch nicht geradliniger Weg von der Kindheit zum Mannesalter verstanden werden könne. Das freilich alles andere als antiquarische Interesse H.s gilt vor allem der eigenen Zeit, deren Errungenschaften er ablehnt. So habe der »policirte Staat« des Absolutismus die organische Gemeinschaft früherer Kulturen zerstört. Der abstrakte Kosmopolitismus der Aufklärung habe die nationalen Individualitäten vernichtet. Schon hier werden – für H.s Folgewirkung wichtig – die slawischen Kulturen in ihrer Eigenständigkeit aufgewertet.

Durch Goethes Vermittlung erhält H. 1776 die Stelle eines Generalsuperintendenten, später eines Vizepräsidenten des Oberkonsistoriums in Weimar. Klagen über das »Wühlen im alten sächsischen Dreck« begleiten schon sehr schnell die umfangreichen Amtsgeschäfte, bei denen er oft die fehlende Unterstützung durch das Beamtentum und den Herzog, aber auch durch Goethe beklagt. H. ist Prediger, Kirchenrevisor, Aufseher über das Schulwesen und das Armen- und Waisenhaus. Neben seinem Amt entfaltet er eine umfangreiche Publikationstätigkeit – eingestandenermaßen auch aus Geldgründen.

H.s theologische Schriften (u. a. *Briefe, das Studium der Theologie betreffend*, 1780/81; *Christliche Schriften*, 1794–98) wollen Christentum und Humanitätsidee miteinander verbinden. So wird er zum Ahnherrn der »liberalen« Theologie. Seine geschichtsphilosophischen Hauptwerke sind die *Ideen zur Philosophie der Geschichte der Menschheit* (1784–1791) und die *Briefe zur Beförderung der Humanität* (1793–94). In ihnen verbindet er seine These vom Eigenwert der jeweiligen Kulturen mit der Idee vom Fortschritt als Entfaltung von »Vernunft und Billigkeit« aufgrund »wachsender wahrer Aufklärung der Völker«. Eine an Naturbedingungen – zum Beispiel Klima, geographische Lage – orientierte Argumentation verbindet sich widersprüchlich mit einem letztlich christlich ge-

prägten Verständnis von Humanität. Den Geschichtsprozess sieht H. aber von Rückschritten, auch von plötzlichen Durchbrüchen – zum Beispiel Revolutionen – geprägt. Seine Grundhaltung unterscheidet H. von Goethes Bevorzugung einer »antirevolutionären«, langsamen Evolution. Entsprechend billigt H. die Französische Revolution bis zur Hinrichtung Ludwigs XVI. 1793 enthusiastisch. Dadurch isoliert er sich am Weimarer Hof und von Goethe, mit dem er nur zeitweise – zum Beispiel bei der panentheistischen Aneignung Baruch Spinozas – ein geistiges Bündnis eingehen kann.

Die Jahre bis zum Tod 1803 sind geprägt durch den immer aussichtsloseren Kampf gegen die idealistische Philosophie seines früheren Lehrers Kant. Dieser will den Menschen zu einem radikal von der Natur getrennten Vernunftwesen machen, während H. zum Beispiel in den *Ideen* »Analogien« zwischen Mensch und Natur, natürlichen Abläufen und menschlicher Geschichte zieht. Ferner verwirft Kant den Individualitätsgedanken H.s; er sieht den Einzelnen, aber auch die einzelne Epoche nur in ihrer Funktion für Gattungs- und Gattungsgeschichte. Kant fehlt das Verständnis für die Vielfalt der Geschichte, die H. in den *Ideen* von den alten Kulturen – auch den nichteuropäischen – bis zur Gegenwart fasziniert und faszinierend vorführt. Ein weiterer wichtiger Dissens betrifft die Kunstauffassung: Gegen Kants Lehre vom interesselosen Schönen hält H. an der humanistisch-moralisch-lebenspraktischen Funktion der Kunst fest (vgl. *Über den Einfluß der schönen in die höhern Wissenschaften*, 1779; *Kalligone*, 1800). Die Ablehnung der idealistischen Philosophie und der ästhetischen Autonomie verhindern eine Verständigung mit Friedrich Schiller und später mit den Romantikern. »Herder verfällt wirklich zusehends und möchte sich zuweilen im Ernst fragen, ob er, der sich jetzt unendlich trivial, schwach und hohl zeigt, wirklich jemals so außerordentlich gewesen ist und sein kann« (Friedrich Schiller, 1801).

H. ist der große Anreger seiner Zeit, seine zum Teil äußerst einflussreichen Ideen widersprüchlich, in seinen Formulierungen oft sprunghaft. Trotz der Breite und Weite ist häufig ein fragmentarischer Grundzug seines Werkes festgestellt worden. Ein Grund dafür liegt neben dem schon von Goethe festgestellten Mangel an Methode an dem zentralen Widerspruch, der seine Biographie prägt: zwischen seinem großen intellektuellen und praktischen Ehrgeiz und der Enge seiner Zeit, den geringen Entfaltungsmöglichkeiten trotz des gelungenen sozialen Aufstiegs.

Werkausgabe: Sämmtliche Werke. 33 Bde. Hg. von Bernhard Suphan. 1877–1913 (Neudruck Hildesheim 1967–1968).

Hans-Gerd Winter

## Hermann, Judith
Geb. 15. 5. 1970 in Berlin

»Sonja war biegsam. Ich meine nicht dieses ›biegsam wie eine Gerte‹, nicht körperlich. Sonja war biegsam – im Kopf. Es ist schwierig zu erklären. Vielleicht – dass sie mir jede mögliche Projektion erlaubte.« H. versteht sich in der Kunst der Andeutung und Aussparung, einer narrativen Reduktion, die der Präzision geschuldet ist, bedacht darauf, die Sprache beim Wort zu nehmen. Die Protagonistin Sonja in der gleichnamigen Erzählung aus ihrem Debütband *Sommerhaus, später* (1998) ist ein solches Kunstprodukt, das nahezu konturenlos und vor allem ohne Stimme sich einem anderen, männlichen Leben an die Seite zu stellen versucht – ohne einen Schatten zu werfen. Das erzählende Ich im Text jongliert mit *Sonja*-Projektionen und entwirft sich dabei selbst. Sonja ist nur eine Irritation, an der sich das Ich abarbeitet:»Manchmal habe ich auf der Straße das Gefühl, jemand liefe dicht hinter mir her, ich drehe mich dann um, und da ist niemand.« Mit H.s Erzählungsband *Sommerhaus, später* sei der »Sound einer neuen Generation« in die deutsche Literatur gekommen, lobt die Kritik enthusiastisch. Endlich habe die junge Generation (die der Autorin) eine eigene Stimme (»Literarisches Quartett«). H.s Buch erscheint zu einem Zeitpunkt, als von der Kritik eine Invasion schreibender»Freundinnen« entdeckt, das »literarische Fräuleinwunder« (*Spiegel* 12/1999) gefeiert wird. »Fräuleinwunder« klingt nach »Nierentisch, Petticoat und bestenfalls Elke Sommer« (zum Ur-Fräuleinwunder wurde in den 1950er Jahren bereits die österreichische Autorin Ingeborg Bachmann gekürt), doch gemeint sind deutschsprachige Schriftstellerinnen um die dreißig, die im letzten Jahrzehnt des 20. Jahrhunderts in erstaunlich großer Zahl debütieren. Das neue literarische Erscheinungsbild offenbart: Die Autorinnen müssen nicht nur jung sein, sondern sich auch gut vermarkten lassen. H.s *Sommerhaus, später* – von der Berliner Autorin Monika Maron (geb. 1941) dem Fischer-Verlag angeboten, nachdem Katja Lange-Müller (geb. 1951) H. als Mentorin mit»intuitivem Textgefühl« zur Seite stand – avanciert zu einem der größten literarischen Ereignisse an der Jahrtausendwende, gegen dessen mediale Wucht die Autorin anzutreten hat.

In Berlin geboren, beginnt H. Germanistik und Philosophie zu studieren, später will sie sich als Reporterin an der Berliner Journalistenschule ausbilden lassen. Doch sie entscheidet sich anders, absolviert ein Praktikum in New York und erhält das Alfred-Döblin-Stipendium der Akademie der Künste. Aus der räumlichen Distanz entstehen während des amerikanischen Aufenthalts erste Texte, mit denen sie sich von»journalistischen Vorgaben« befreit. Prosa, die von und in Berlin handelt, von Berlinern in Ost und West, die doch überall wohnen, lieben und leiden könnten. Da lebt H. schon wieder in Berlin und glaubt, dass die Kurzgeschichte ihre Form des Erzählens ist. »Für mich ist die beste, die ich kenne, eine von Hemingway. Sie heißt ›Das Ende von Etwas‹. In ihr liegt etwas Universelles, Unverrückbares. Ich mag an der Form des Erzählung dieses kurze Türöffnen, das ein Schlaglicht wirft auf einen einzigen kleinen Augenblick ...«»Ende von Etwas« ist auch der Titel einer ihrer Erzählungen, in denen die Liebe eine »Leerstelle« markiert. Während sich Sophie gegenüber einem Du in Erinnerungen an ihre Großmutter übt, dämmert es draußen, wird es schließlich immer dunkler, kälter –

denn parallel dazu »ver-geht« auch die erinnerte Lebenszeit –, probt die Sprache bis in die Syntax hinein den Minimalismus:»Wird dunkel, draußen, beginnt zu regnen. Nieselregen, vielleicht schon Schnee.« Das dem Band vorangestellte Tom-Waits-Motto ist thematisch als Programm zu verstehen:»The doctor says, I'll be alright but I'm feelin' blue« – es umhüllt die Texte wie die Ratlosigkeit der weiblichen Figuren, die damit seltsam zufrieden scheinen. Bei der Entgegennahme des renommierten Heinrich-von-Kleist-Preises 2001 spricht H. vom »Glück am Paradoxon« und fragt: »wer ist der glücklichste aller Schriftsteller, der, welcher nichts veröffentlicht hat, der Kleistpreisträger, der fast nichts veröffentlicht hat?« Denn die Auszeichnung wird von der Fertigstellung ihres zweiten Prosabandes begleitet, der 2003 unter dem Titel *Nichts als Gespenster* erscheint. Wie in *Sommerhaus, später* zeigt sich H.s erzählerische Strategie auch hier in unspektakulären, scheinbar abseitigen Details, die mit fotografischer Präzision aufgespürt und sprachlich subtil wiedergegeben werden – wobei im gewählten Titel des Bandes eine gewisse Ironie mitschwingt, wie mit diesen Studien des Sehens umzugehen ist. Immer wieder betrachten die Erzählerinnen ihr Spiegelbild oder Fotografien, halten sich selbst auf Distanz, verharren von Zeit zu Zeit wie unter einer »Glasglocke«. Vom Sehen und Erschauen handelt auch der Text »Wohin des Wegs«, in dem ein schmaler Spalt Licht den Text durchblitzt, eine Hoffnung, etwas erkannt zu haben, um es im nächsten Augenblick wieder zu verlieren. Wie in einem Spiegel vermag die Ich-Erzählerin sich selbst und den Freund Jacob nur noch im fremden Blick einer Tankwartin zu »fühlen«, die – »mit verschränkten Armen und verschlossenem Gesicht« – beiden beim Abschied nachsieht.

In der eigenen Unsicherheit, zwischen Nähe und Distanz nahezu unbeteiligt zu pendeln, verfremden sich Sehnsüchte und Leidenschaften zu Rudimenten eines »gebremsten Lebens«. Es kostet Kraft, einen vorweggenommenen, gedanklich eingeplanten Schmerz, noch bevor dieser erfahren wird, zu minimieren. Wie in »Ruth (Freundinnen)«, wo die Ich-Erzählerin der Begegnung mit Raoul zwar ungeduldig entgegensieht, sich zugleich aber entfernen will, um der Verletzung zu entgehen. Oft finden sich Geschichten in der Geschichte, die ohne Pointe sind, in denen es um »nichts gehen soll und um alles«. Das Zu-Ende-Gehen von »Etwas«, das sich als permanenter Prozess in allen Texten findet – »ohne daß statt dessen etwas anderes anfangen würde« –, bildet in »Kaltblau« den Erzählkern. Eindeutig und »ohne Schmerz« – und das ist »das Schrecklichste, absolut schmerzlos« – wechseln die Gefühle Joninas von Magnus zu Jonas, deuten sich andere Lebensbahnen an. Sinnlos zu fragen, warum das so ist:»es ist, wie es ist, als wäre eine unnütze Haut von Jonas abgeblättert und darunter wäre der sichtbar geworden, den Jonina lieben will«. Mit dem Titel verweist H. auf jene »blaue Stunde«, wo es auf Island – denn dort befinden sich die Protagonisten – plötzlich hell wird. Das Kompositum »kalt« zielt etymologisch auf ein Gefrieren, das, auf die Beziehungslosigkeit der Protagonisten angewandt, deren Aneinander-vorbei-Lieben metaphorisch auffängt. In diesem Prinzip des schmerzlosen, wie eine »Feder«leichten Wechsels verankert H. die Fähigkeit der literarischen Figuren, sich zu erinnern oder sich gegen Erinnerungen zu stellen, denn jedwede scheint traurig zu sein. Getrieben von einer unbenannten und unbekannten Sehnsucht entfernen sich die durchweg weiblichen Protagonisten in *Nichts als Gespenster* von sich selbst, verlieren sich gekonnt in fremden Landschaften. Die Texte skizzieren keine Topographie von Fluchtbewegungen, man tritt die Reise nicht an, um Abstand zum bisherigen Aufenthaltsort zu gewinnen.»Wir waren zwischen den Jahren, unverankert, irgendwo«, sinniert die Ich-Erzählerin in »Wohin des Wegs« und setzt damit Begegnungen frei, die in den Worten selbst stattfinden:»zwischen mir und mir«.

*Carola Opitz-Wiemers*

## Hermans, Willem Frederik
Geb. 15. 5. 1921 in Amsterdam;
gest. 28. 4. 1995 in Utrecht

Willem Frederik Hermans gilt als moderner Klassiker der neueren niederländischen Literatur. Er war Geologe und lehrte von 1957 bis 1973 am Lehrstuhl für Physikalische Geographie der Universität Groningen. In den literarischen Texten, die er parallel zu seiner wissenschaftlichen Karriere seit 1944 veröffentlichte, machte er den Wissenschaftsbetrieb häufig zum Thema. Namentlich in den Romanen *Onder professoren* (1975; *Unter Professoren*, 1986) und *Uit tallos veel miljoenen* (1981; Aus unzählig vielen Millionen) rechnet er satirisch mit Korruption, Intrigen und Kleinmut im Universitätsmilieu ab. Darüber hinaus reflektiert er in seinen Romanen sein wissenschaftliches Verhältnis zur Wirklichkeit und bezieht die naturwissenschaftliche Methode der Welterkenntnis auch auf seine Arbeit als Schriftsteller:»Romanschreiben ist Wissenschaftbetreiben ohne Beweis.« So hat H. 1964 in einem Essay über experimentelle Romane (*Het sadistische universum I*) ausgeführt, dass er auch von einer subjektiven Gattung wie der Literatur erwarte, wissenschaftlichen Kriterien wie Wahrheit, Genauigkeit und Verallgemeinerbarkeit zu genügen. Dabei besteht die ›Wahrheit‹ eines Romans für H. nicht darin, dass die Geschichte, die erzählt wird, wirklich passiert ist, doch sollen auch literarische Texte auf authentischen Erfahrungen beruhen und einen klar konstruierten Handlungsplan verfolgen. Umgekehrt zieht H. in seinen Romanen die Objektivität der naturwissenschaftlichen Erkenntnis in Zweifel. Seine Protagonisten machen die Erfahrung, dass es auch in rationalen Systemen kein gesichertes Wissen gibt, weil auch sie einer subjektiven Perspektive unterworfen sind.

In fast allen in den 1940er und 1950er Jahren erschienenen Romanen (*Conserve*, 1947; *De tranen der acacia's*, 1949; *Die Tränen der Akazien*, 1968, 2005; *Ik heb altijd gelijk*, 1952; Ich habe immer Recht; *De donkere kamer van Damokles*, 1958; *Die Dunkelkammer des Damokles*, 2001) spielt die Erfahrung des Zweiten Weltkriegs eine bedeutende Rolle. Er ist das traumatische Ereignis, unter dessen Einfluss H.' Figuren von der Lebens- in die Identitätskrise taumeln und angesichts dessen sich der Autor zum unerbittlichen Kritiker des Militarismus entwickelte. Dabei verschont er auch die niederländische Widerstandsbewegung gegen die Nationalsozialisten nicht. Dass H. deren Gewalttätigkeit auf eine Stufe mit der Gewalt der deutschen Besetzer stellt und die Unterdrückten als ebenso klägliche Personen beschreibt wie die Unterdrücker, haben Kritiker ihm als Fatalismus und Zynismus ausgelegt. In der Tat beruht H.' Argumentation auf einer kulturpessimistischen Sicht, in deren Horizont er den Krieg als die andere Seite der Zivilisation versteht und in der Menschheit eine paranoide Gattung (*Paranoia*, 1953) erkennt, der die Fähigkeit zum gesellschaftlich verantwortlichen Handeln grundsätzlich fehlt.

Paranoide ist auch die Art, in der H.' Protagonisten auf den Verlust einer stabilen Weltordnung reagieren. Angesichts der aus den Fugen geratenen Wirklichkeit werden sie an sich selbst irre. Erzähltechnisch kommt dies im Motiv des Doppel- oder Wiedergängers zum Ausdruck, das H. immer wieder variiert. Am eindrucksvollsten geschieht dies in *De donkere kamer van Damokles*, worin der Protagonist, der schwächliche, bartlose und ›unmännliche‹ Henri Osewoudt, unter dem Einfluss seines ›männlichen‹ Doppelgängers Dorbeck zuerst zum Mörder und später selbst erschossen wird. Unabhängig davon, ob es Dorbeck wirklich gibt oder er ein imaginäres Alter ego Osewoudts ist, wird Osewoudt zum Opfer des durch den Krieg entfesselten Männlichkeitswahns. Im Gegensatz dazu überlebt der ebenfalls schwächliche Alfred Issendorf in H.' bekanntestem Roman *Nooit meer slapen* (1966; *Nie mehr schlafen*, 1982, 2002) seinen ihm körperlich und intellektuell überlegenen Gegenspieler Arne. Das lässt sich als kathartische Wende verstehen: Der ehrgeizige Geologe Issendorf findet zwar den Stein der Weisen nicht, nach dem er auf einer Finnmark-Exkursion sucht, und er wird außerdem mitschuldig am tödlichen Unfall Arnes – doch letztlich versöhnen Schmerz, Qual und Hader Issendorf mit sich selbst. Er akzeptiert die Tatsache, dass Leben und Wissenschaft unterschiedlichen Gesetzen folgen und sich deswegen »niemand vorzuwerfen braucht, daß er, was sein Leben angeht, im Dunkeln tappt«. Symbolischer Ausdruck der Identität war für H. die Sprache. In einigen Romanen – z. B. in *De God Denkbaar Denkbaar de God* (1956) und *Het evangelie van O. Dapper Dapper* (1973) – experimentiert er gezielt mit der Wirkung von Klang und Rhythmus. Multatuli, dessen Biographie (*De raadselachtige Multatuli*, 1976; Der rätselhafte Multatuli) er schrieb, steht ihm nicht nur wegen seiner gesellschaftskritischen Gesinnung nahe, sondern auch als »Autor, der das beste Holländisch geschrieben hat«. Auch seine erkenntniskritische Einstellung bezieht H. auf die Sprache. Dabei lehnt er sich an den österreichischen Sprachphilosophen Ludwig Wittgenstein an, dessen *Tractatus* er 1975 ins Niederländische übersetzt und über den er mehrere Aufsätze veröffentlicht hat. Und noch in weiterer Hinsicht steht H.' poetisches Konzept in der Tradition des Kritischen Rationalismus und der Wiener Moderne um 1900: So wie H.' Anspruch, Angelegenheiten der Seele mit wissenschaftlicher Rationalität zu behandeln, auf Robert Musil zurückgeht, erinnert seine Textpsychologie an Arthur Schnitzler, mit dem er eine Vorliebe für den inneren Monolog und die erlebte Rede teilt. Und ähnlich wie Schnitzler stellt H. sich in seinen späteren Romanen dem Problem der ›Weiblichkeit‹: Wie Schnitzlers *Fräulein Else* kämpft die junge, ehrgeizige und intelligente Paulina in *Au pair* (1989; *Au pair*, 2003) um ihre soziale und sexuelle Identität in einer dekadenten und maroden Gesellschaft.

In zahlreichen Polemiken (*Mandarijnen op zwavelzuur*, 1964; Mandarine auf Schwefelsäure) hat der streitbare H. sich mit Schriftstellern und Literaturkritikern, darunter Edgar du Perron, Menno ter Braak und Harry Mulisch, auseinandergesetzt. Aus moralischen und politischen Gründen lehnte er mehrere Literaturpreise wie den Vijverberg-Preis (1966) und den P. C. Hooft-Preis (1972) ab. Den Niederländischen Literaturpreis jedoch nahm er 1977 aus der Hand des belgischen Königs Baudouin entgegen. 1990 verlieh die Universität Lüttich H. ein Ehrendoktorat. Seine Romane sind in den Niederlanden heute Schullektüre; zwei davon wurden verfilmt: *De donkere kamer van Damokles* (als TWEE DRUPPELS WATER, 1963) und *Paranoia* (1967).

*Barbara Lersch-Schumacher*

## Hermlin, Stephan

Geb. 13. 4. 1915 in Chemnitz/ Karl-Marx-Stadt; gest. 6. 4. 1997 in Berlin-Niederschönhausen

In H.s Leben und Werk scheint die Utopie realisiert, die hinter dem marxistischen Begriffszusammenhang des »Erbes« steht; wie keinem anderen deutschen Autor ist es ihm gelungen, in die Solidarität der Arbeiterbewegung einzutreten, ohne die Zivilisation des Großbürgertums, aus dem er stammte, verächtlich zurückzulassen. Der »spätbürgerliche Schriftsteller und Kommunist« (H. in einer Selbstcharakteristik) wurde als Sohn eines Unternehmers und konzertreifen Pianisten geboren, seine Mutter stammte aus Großbritannien. Kosmopolitismus und jene Verbindung aus praktischer Tüchtigkeit und musischer Bildung, die das deutsche Bürgertum einmal auszeichnete, umgaben seine Kindheit. 1931, mit 16 Jahren, trat er von der Straße weg in den Kommunistischen Jugendverband Deutschlands ein. Fast fünfzig Jahre später schrieb das Mitglied der Akademie der Künste der DDR, dreifacher Nationalpreisträger, er habe immer das Gefühl gehabt, das Beste in sich aufgeben zu müssen, »wenn ich je meine Unterschrift, die ich um die Mittagszeit eines beliebigen Tages in einer beliebigen Berliner Straße geleistet hatte, als nicht mehr gültig betrachten würde«. So hing ihm diese Unterschrift an und verdammte ihn zunächst zu einem langen, qualvollen Leben in antifaschistischer Illegalität: bis 1936 als Drucker und illegaler politischer Agitator in Berlin untergetaucht, dann Flucht durch Ägypten, Palästina, England. Beteiligung am Spanischen Bürgerkrieg und in der französischen Résistance, Internierung in Frankreich. In der Schweiz, wohin er mit Unterstützung der Résistance aus dem französischen Lager geflohen war, begann H. eine publizistische Karriere; 1945 waren seine ersten Gedichtbände in Zürich erschienen *(12 Balladen von den großen Städten; Wir verstummen nicht)*. Nach seiner Rückkehr nach Deutschland arbeitete er beim Frankfurter Rundfunk, zusammen mit Golo Mann und Hans Mayer. Der rasch einsetzende Kalte Krieg vertrieb ihn 1947 in die spätere Hauptstadt der DDR. Dort wurde er zum Vizepräsidenten des Deutschen Schriftstellerverbandes gewählt. In seinem schmalen Werk spielt der weltgeschichtliche Abwehrkampf gegen den deutschen Faschismus die Schlüsselrolle, jene eine Bewegung, in der die beiden Welten, denen er angehörte, die bürgerliche und die sozialistische, einen kurzen historischen Moment lang zusammenarbeiten.

In der Realität des Kalten Kriegs zerriss seine Utopie immer mehr. H. schrieb kaum mehr Gedichte: zuletzt erschien *Tod des Dichters* (1958). In der Bundesrepublik unter der Kanzlerschaft Adenauers wurde er mit Schmutz beworfen, in der DDR befand er sich zeitweilig in einer Isolation, die einem Kaltgestelltsein sehr nahe kam. Sein bisher letztes Buch, der autobiographische Prosazyklus *Abendlicht* (1979), steht im Zusammenhang mit H.s Engagement gegen den absurden Rüstungswettlauf der frühen 1980er Jahre. In den beiden Berliner Schriftstellerkonferenzen zur »Friedenserklärung« – Ostberlin 1981, Westberlin 1983 –, mit denen sich ihr federführender Initiator H. einen »Lebenswunsch« erfüllte, versuchte er, in einem Dialog der Intellektuellen den unerbittlichen Machtkampf der beiden Weltmächte zu entkrampfen. Nichts kennzeichnet sein Lebenswerk deutlicher als die melancholische Schönheit von *Abendlicht*, wenn man es mit dem Blick auf diese zwar noblen, aber doch vergeblichen Bemühungen hin liest. Doch stellte sich heraus, dass *Abendlicht*, das man als authentisch gelesen hatte, eine große Fiktion war – eine Alibirekonstruktion als nicht reale, sondern gewünschte sozialistische Autobiographie. Der Redakteur Karl

Corino meinte, H.s Leben als ein »Gesamtkunstwerk der Täuschung« (*FAZ*, 29. 10. 1996) entlarven zu müssen und publizierte im selben Jahr sein Buch *Außen Marmor, innen Gips*. Darin konnte er immerhin nachweisen, dass H. weder aktiv am Spanischen Bürgerkrieg noch am französischen Widerstand beteiligt gewesen war; auch war sein Vater nicht im KZ ermordet worden. Der Fall H. wurde in den Feuilletons heftig debattiert. Er überlagerte noch kurz vor seinem Tode das Bild vom »Ernst Jünger der DDR«, wie man den feinsinnig wirkenden Hermlin im Westen stets gesehen hatte.

*Stephan Wackwitz/Red.*

## Herrmann-Neiße, Max
Geb. 23. 5. 1886 in Neiße;
gest. 8. 4. 1941 in London

H., der sich seit 1917 nach seiner Geburtsstadt *Herrmann-Neiße* nennt, entstammt einem alten schlesischen evangelischen Bauerngeschlecht; der Vater betrieb einen Bierverlag mit einer Schankstube. Früh begeistert sich der körperlich missgebildete Knabe für Theater, Kabarett und Literatur; Neigungen, die Eltern dem einzigen Kind bereitwillig gestatten. Nach dem Besuch des Gymnasiums in Neiße studiert H. von 1905–1909 zuerst in München und dann im heimatlichen Breslau Kunst- und Literaturwissenschaft, ohne an einen Abschluss denken zu müssen. Bereits 1906 erscheint ein kleiner Band mit Gedichten und Skizzen bei J. Singer in Straßburg (der auch Alfred Döblin und René Schickele verlegt hatte); es sind kleine »Jugendtollen« des Kleinstadtbohémiens H., Heine, Liliencron und Bierbaum verpflichtet. 1909 kehrt er ins Elternhaus zurück, unstet, hypochondrisch leidend an der Enge der katholischen Provinzstadt, gleichzeitig den Eltern zutiefst verbunden. In Neiße entstehen u. a. *Das Buch Franziskus* (Hauptstück *Porträte des Provinztheaters*, 1913), und – von seinem Landsmann und Förderer Alfred Kerr lanciert – bei S. Fischer der Gedichtband *Sie und die Stadt* (1914). Nach dem plötzlichen Tod der Eltern, die Mutter nahm sich wenige Monate nach dem Herztod des Mannes das Leben, wagt sich H. mit der ihm seit 1911 verbundenen Leni Gebek nach Berlin und findet rasch Anschluss an die Kulturszene. Neben den Gedichtbänden und Romanen der Berliner Zeit (1917–1933) stehen feuilletonistische Arbeiten; Leni arbeitet als Mannequin; George Grosz, Heinrich Zille, Alfred Polgar gehören u. a. zum Freundeskreis; Else Lasker-Schüler hat sie porträtiert:»Er ist der grüne Heinrich… Lenlein, die Grünheinrichfrau ist eigentlich ein Heiligenmädchen, betet den grünen Heinrich an. Der ist ganz klein, trägt einen Hügel auf dem Rücken, so daß man ihn erst, wenn man mit ihm reden will, besteigen muß und es viel schwieriger fällt, zu ihm zu gelangen wie zu Menschen, die alltäglich in die Höhe, manche nach unten, aufgeschossen sind… Der grüne Heinrich ist ein Dichter, und seine Gedichte sind große pietätsvolle Wanduhren…« Im Nachlassfragment hat H., der zu den bedeutenden Vertretern der expressionistischen und nachexpressionistischen Literatur der 1920er Jahre zu rechnen ist, dem Berliner Freund Heinrich Zille ein poetisches Denkmal gesetzt. Mit dem als Nr. 49 der berühmten Bücherei *Der jüngste Tag* bei Kurt Wolff 1918 erschienenen Band *Empörung, Andacht, Ewigkeit* – die Leitworte des Titels sind inhaltlich wie formalästhetisch programmatisch – reiht sich H. in die expressionistische Bewegung ein; sein Pathos leitet sich von Jakob Böhme, dem schlesischen Mystiker, her; neben mystisch-ekstatischen stehen expressionistische Porträt-Gedichte, die Struktur der Strophen und Verse ist vielschichtig. Im Gedicht auf die Mutter (*Der Mutter*) finden sich die folgenden Abschlusszeilen, die in mancherlei Hinsicht für das sentimentale Pathos und die weiterwirkende spätromantische Schreibart typisch sind:»Ich rann wie Sand / ganz weiß aus deiner spielgewölbten Hand …/ Und wie ich selber mich im Spiel versinne, / fließt Ernst und Lust in deine Hand zurück, / und alles wird, was immer ich beginne, / zu deinem Grame und zu deinem Glück.« H. hat immer wieder sowohl sein ›fortgeschrittenes‹ literarisches Gegenwartsbewusstsein‹ wie sein

schlesisches, Johann Christian Günther und Eichendorff verwandtes Dichtungsverständnis betont:»Unerwartet mir vom Geschick geschenkt (das Gedicht) als ein seltsames Wunder – plötzlich klingt in mir, steht vor meinem geistigen Auge ein Vers, und nachher reiht sich an den einen der nächste und immer noch ein nächster«; und an andrer Stelle:»Nie schrieb ich in Lyrik, Epik, Dramatik eine Zeile, die nicht durch Erleben bedingt war, meine Absicht war immer, die Menschen in den gleichen Erlebnisstrom zu bannen«. Als Leitmotive seines Schaffens benennt er selbst: Naturverbundenheit und Außenseitertum, Hingabe und Misstrauen Menschen gegenüber, Begeisterung und Skepsis, Frauenverehrung und Sadismus. In der Tat beweisen gerade die Werke der Berliner Zeit, die Prosa stärker noch als die Lyrik, die Dissonanzen dieses Lebens, den grundierenden Paroxismus und nervus eroticus, zugleich die auch in den Jahren des Exils durchgehaltene Besorgnis um die Würde des Dichteramtes. 1914 bereits entstanden, erscheint 1920 der Roman *Cajetan Schaltermann*, eine bitterböse Abrechnung mit der Heimatstadt Neiße; eine Art Fortsetzung, nunmehr abwägender und distanzierter, der im Londoner Exil geschriebene und posthum veröffentlichte Roman *Die Bernert-Paula* (1933/34). Unter den zahlreichen Prosaskizzen und Erzählungen ragt die auch stilistisch an Kafka erinnernde *Der Todeskandidat* (1927) – eines der bekanntesten Werke des Dichters – heraus.

1919 war, wiederum bei S. Fischer, wo H. auch kurz im Verlag tätig war, der Gedichtband *Verbannung* erschienen, literarisch zelebrierte Gewissheit fernen Schicksals, »Bekenntnis einer schmerzhaft erlebten Verbannung aus Paradiesen behüteter Gotteskindschaft, heimatlicher Beglückung, schützender Friedfertigkeit« – entscheidend aber: noch nicht die Vertreibung aus seiner einzig wirklichen Heimat, dem deutschen Gedicht. Nacheinander erschienen in der Berliner Zeit *Im Stern des Schmerzes* (1924), *Einsame Stimme* (1927), *Abschied* (1928) – und als letzte Veröffentlichung dem Exil das Bändchen *Musik der Nacht* (Gedichte aus den Jahren 1929–

1932); die Titel bedeuten jeweils Leitthemen seiner Lyrik. Bald nach der Machtübernahme verlässt H. mit seiner Frau Deutschland aus freien Stücken, aus ethischer Gesinnung, keiner politischen Fronde zugehörig. Der Schock des Heimatverlustes ist ablesbar im Gedicht; nach den Zwischenstationen Zürich, Holland, Paris wird London von September 1933 bis zu seinem Tod zu einer kaum mehr leistbaren Prüfung, wichtigster Halt ist wiederum Leni, die auch für das ökonomische Überleben verantwortlich wird. Die einzige Publikation im Exil ist der in Zürich erschienene Band *Um uns die Fremde* (1936), Gedichte, elegische Klagen, die H. früh schon, entscheidend aber mit den grandiosen, im Nachlassband *Mir bleibt mein Lied* versammelten Gedichten aus der Londoner Zeit zum bedeutendsten deutschsprachigen Lyriker der Emigration machen; beispielhaft *Apokalypse 1933; Die Heimatlosen; Immer leerer wird mein Leben* (anlässlich seines 48. Geburtstages); *Fremd ist die Welt und leer; Einst und nun; Herbst in der Verbannung.* Die große Werkausgabe enthält im 2. Band noch viele verstreut gedruckte Gedichte aus der »Londoner Gefangenschaft«, wie sie H. bezeichnete. Die von Leni herausgegebenen Bände *Letzte Gedichte* (1941) und *Mir bleibt mein Lied* (Auswahl aus unveröffentlichten Gedichten 1942) enthalten Verse von nachdrücklicher Einprägsamkeit und einem säkularisierten Pathos, immer wieder die schlesische Heimat mit der fremden Wirklichkeit vergleichend, überblendend: *Hydepark im Schnee* (»Ein heimatlicher Weihnachtswald von Schnee/ ist mitten in der fremden Stadt entstanden …/ Vielleicht, daß in dem fremden Wald von Schnee/ ich die verlorne Jugend wiederfind«), zugleich das Gefühl des absoluten Ausgesetztseins: »Der Erlöser liegt begraben / und wird niemehr auferstehn, … in den verlornen Reichen / nahm das Dunkel überhand, / und es gibt für unsersgleichen / nirgends mehr ein Heimatland« (›*Karfreitag 1939*‹).

Am 8. April 1941 stirbt H. in London, den Epitaph seines gelebten wie ungelebten Lebens hat er sich in dem Gedicht *Ein deutscher Dichter bin ich einst gewesen* selbst gesetzt. Die vielbändige Werkausgabe bestätigt, dass H. nicht nur einer der produktivsten Lyriker der ersten Hälfte des 20. Jahrhunderts, sondern auch einer der dem deutschen Dichtertraum selbst in der Dunkelheit des Exils zutiefst verpflichteten Autoren ist – Mahnung und Auftrag uns, in weniger schlimmen Zeiten lebend, uns seiner zu erinnern.

Werkausgabe: Gesammelte Werke. Hg. von Klaus Völker. 8 Bde. Frankfurt a. M. 1986 ff.

*Karl Hotz*

## Herwegh, Georg

Geb. 31. 5. 1817 in Stuttgart;
gest. 7. 4. 1875 in Lichtental bei
Baden-Baden

Der als Sohn eines Gastwirts geborene H. gerät früh in Opposition zu seiner bürgerlichen Umgebung: Auf die Verschickung zu einem Verwandten aufs Land und die Einweisung in eine Lateinschule durch die Eltern, die sich 1832 scheiden lassen, reagiert der 13-Jährige mit psychischer Erkrankung. Als 19-Jähriger wegen Schulden und Streitereien aus dem Tübinger Stift verwiesen, debütiert er 1837 als Kritiker und Dichter an August Lewalds *Europa* in Stuttgart, wo er sich auch mit einer Lamartine-Übersetzung beschäftigt. 1839 zwangsrekrutiert, kann er sich dem verhassten »Gamaschendienst« nur durch Desertion in die Schweiz entziehen. Seinen Lebensunterhalt bestreitet er zunächst als Feuilletonredakteur der *Deutschen Volkshalle* in Emmishofen und als Mitarbeiter an der *Waage*, dem Beiblatt der *Stuttgarter Allgemeinen Zeitung*. In Zürich entstehen dann 1840/41, unter der Ägide des ehemaligen »Burschenkaisers« August Adolf Ludwig Follen, die überwiegend politischen *Gedichte eines Lebendigen* (1841) – abstrakte Freiheitslyrik, »Tendenzpoesie« (Heinrich Heine), die in den pathetischen Formeln der

Dichtung der Befreiungskriege zum Kampf für politisch-soziale Veränderungen aufruft. Der Erfolg ist, trotz Verbots in den meisten deutschen Staaten, beispiellos: Begünstigt durch die gärende Zeitstimmung und die Möglichkeiten des vormärzlichen »Bücherschmuggels« werden in vier Jahren knapp 16000 Exemplare abgesetzt (2. Teil 1843: rund 7500 Ex.); das »H.-Fieber« ergreift auch Conrad Ferdinand Meyer, Gottfried Keller und Theodor Fontane. Über Nacht ist H. einer der populärsten politischen Lyriker geworden. Seine Deutschlandreise im Herbst 1842 gerät zum Triumphzug, der den Dichter bis in den Audienzsaal des preußischen Königs führt, jedoch ein unvorhergesehenes Ende nimmt: Als Herwegh in einem offenen Brief an Friedrich Wilhelm IV. gegen das Vertriebsverbot einer geplanten Oppositionszeitschrift protestiert, wird er kurzerhand aus Preußen ausgewiesen. Nach der Verheiratung mit der vermögenden Emma Siegmund lässt sich der zum Heros des Republikanismus avancierte H. Ende 1843 in Paris nieder, wo ein aufwendiges Leben führt.

Der tragische Ausgang des abenteuerlichen Feldzugs der »Deutschen Demokratischen Legion« vom April 1848, an dem H. als politischer Führer teilnimmt, wird durch boshafte Verleumdung ins Lächerliche gezogen und setzt H.s Ansehen bei der liberalen Opposition stark herab. Da auch seine literarische Produktivität zurückgeht, erscheint H.s Rolle, poetisch wie politisch, bereits 1852 ausgespielt. Seit 1853 lebt das Ehepaar in Zürich, wo es in seinem Salon Richard Wagner, Franz Liszt, Wilhelm Rüstow, Ferdinand Lassalle und weitere illustre Gäste empfängt. 1866 siedelt es nach Deutschland über, wo H. im Alter von nur 58 Jahren stirbt. Auf seine Verfügung hin wird der Dichter des »Bundeslieds« der deutschen Arbeiterbewegung (»Mann der Arbeit, aufgewacht, / Und erkenne Deine Macht, / Alle Räder stehen still, / Wenn Dein starker Arm es will«) in »freier Schweizer Erde« begraben, in Liestal (Kanton Basel-Land).

H. ist zweifellos zu den talentiertesten Lyrikern seiner Zeit zu zählen. Seine frühen Kritiken zeugen von einer erstaunlichen Belesenheit und einem modern anmutenden Literaturverständnis; obendrein besaß er ein sicheres Urteilsvermögen: H. setzte sich früh für die Anerkennung Georg Büchners und Friedrich Hölderlins ein, verteidigte Goethe sogar gegen sein eigenes Idol Ludwig Börne, versuchte eine »Rettung« Platens und plädierte bereits 1863 für die Errichtung eines Grabdenkmals für Heinrich Heine, in dem er das epochale Genie erkannte. Seinem Spätwerk (darunter auch acht Shakespeare-Übersetzungen) ist vergleichsweise wenig Beachtung geschenkt worden, obgleich die postum erschienene Sammlung *Neue Gedichte* (1877) eine Kontinuität seiner Versdichtung belegt. Seine satirische Zeitbetrachtung, die sich in den letzten Jahren vor allem gegen Bismarcks »Blut-und-Eisen«-Politik und die Errichtung des Kaiserreichs wendete, lässt H. sogar als Vorläufer des politischen Chansons erscheinen, wie es von Kurt Tucholsky, Franz Mehring und andern kunstvoll entwickelt wurde.

Werkausgaben: Werke in drei Teilen. Hg. von Hermann Tardel. Berlin/Leipzig/Wien/Stuttgart [1909]; Werke in einem Band. Hg. von Hans-Georg Werner. Berlin/ Weimar 41980.

*Jan-Christoph Hauschild*

## Herzberg, Judith (eigtl. Frieda Lina)
Geb. 4. 11. 1934 in Amsterdam

»Nun, da alles ist, so wie es geworden ist, / nun, da alles so ist wie es ist, / kommt es trotzdem, vielleicht / trotzdem noch in Ordnung.« So melancholisch beschreibt Judith Herzberg in dem »Tageslicht« überschriebenen Prosagedicht in der 1963 erschienenen Lyriksammlung *Zeepost* die Perspektive, aus der sie als Schriftstellerin die Welt wahrnimmt. Sie beruht, geschichtsphilosophisch betrachtet, auf einer Hoffnung wider besseres Wissen und wurzelt lebensgeschichtlich in H.s Erfahrung als niederländischer Jüdin, die die Shoah als Kind erlebte und der Deportation ins KZ nur entkam, weil verschiedene niederländische ›Leiheltern‹ sie zwischen 1941 und 1945 bei sich aufnahmen. Die Tatsache, Jüdin zu sein, ist der säkular erzogenen H. erst aufgrund der Judenverfolgung bewusst geworden: »Und ich erkenne, nach Chateillon (1544), Grotius (1644), Lightfoot, Lowth, zu meiner Verwunderung Salomo.« Auch wenn H. die ihr historisch auferlegte Identität nicht verwirft, leidet sie unter deren Folgen. Sie bürdet ihr nämlich nicht nur das Schuldgefühl der Überlebenden auf, sondern stellt auch ihr Selbstwertgefühl als Künstlerin in Frage.

Thema der Lyrikerin, Erzählerin, Dramatikerin und Drehbuchautorin ist die Suche nach einer Zeit, die nicht einfach nur verlorengegangen ist und also wiedergefunden werden kann, sondern die durch die Schreckensherrschaft der Nationalsozialisten ein für allemal verhindert wurde. Damit meint H. das ›geliehene‹ Leben, das ihr als Kind aufgezwungen wurde, aber auch die Tatsache, dass sie als Künstlerin nicht – wie sie es eigentlich möchte – in der Tradition der ästhetischen Moderne aufgehen kann, sondern sich aus Trümmerstücken abgebrochener und umgelenkter Kunsttraditionen zunächst selbst definieren muss.

In ihrem Drehbuch zu dem 1980 unter der Regie von Frans Weisz entstandenen Film über die jüdische Berliner Malerin Charlotte Salomon (CHARLOTTE), die 1943 im Alter von 26 Jahren in Auschwitz umkam, stellt H. das Leben der jungen Frau nicht mit Blick auf deren Tod dar, sondern aus der Perspektive der ambitionierten und lebenshungrigen Künstlerin. Wie sie in ihrem Filmtagebuch (*Charlotte. Dagboek bij een film*, 1981) schreibt, will sie die Person der Charlotte Salomon aus der stereotypen Wahrnehmung einer todgeweihten Heldin lösen und sie stattdessen als Frau voller Erwartungen zeigen, deren Ansprüche an die Kunst und das Leben uneingelöst bleiben. Auch in H.s Dramenzyklus *Leedvermaak* (1982; *Leas Hochzeit*, 1984), *Rijgdraad* (1995; *Heftgarn*, 1996) und *Simon* (2002) geht es um uneingelöste Ansprüche. Die Trilogie kreist um die Frage, wie Juden, die der Holocaust um eine autonome Geschichte betrogen hat, nach dem Zweiten Weltkrieg in einer mehrheitlich nichtjüdischen Gesellschaft (weiter-)leben konnten. Protagonistin von *Leed-*

*vermaak* ist die Geigerin Lea, der Herzberg autobiographische Züge verliehen hat. Lea ist Angehörige einer jüdischen Familie, die aus Kaufleuten, Ärzten, Anwälten und Künstlern besteht und äußerlich im Amsterdam der 1970er Jahre gut etabliert ist. Aber auf Familienfeiern, die Herzberg als groteske Gesellschaftsspiele in der Art von Maksim Gor'kij, Anton Čechov oder Botho Strauß in Szene setzt, zeigt sich, dass auch die Kinder und Enkel der vom Naziregime verfolgten Juden vom Gespenst des Holocaust beherrscht werden und es in Form von Angstneurosen und hysterischen Aufführungen ausagieren. Wie das Ich in H.s anderen Gedichten (z. B. in *Vliegen*, 1970; *Zoals*, 1992; Sowie; *Bijvangst*, 1999; Beifang; *Staalkaart*, 2001; Musterkarte) und Stücken (z. B. *De kleine zeemeermin*, 1986; Die kleine Meerjungfrau; *Kras*, 1989; Kratzer; *Een golem*, 1998; *Lieve Arthur*, 2000) leiden sie an der Voraussetzungslosigkeit ihrer Existenz und an der Tatsache, dass sie ihr eigenes Leben als fremdes leben und sich im eigenen Körper »wie ein Transvestit« fühlen. Weil sich die existentielle Selbstfremdheit von H.s Personen auch in ihrem Verhältnis zur Sprache zeigt, flicht H. in ihre Texte häufig englische Passagen ein, und ihre Konversationen kreisen um das Motiv der Stille, in dem sich die unstillbare Sehnsucht nach einem autonomen Ich spiegelt.

Neben ihrer schriftstellerischen Arbeit hat H. Stücke von Euripides, August Strindberg, Henrik Ibsen, Frank Wedekind, Botho Strauß und Ernst Jandl ins Niederländische übersetzt und das *Hohe Lied* in eine Fassung für Kinder (*27 liefdesliedjes*, 1971) übertragen. Vier Theaterstücke – *Rooise Sien* (ROTHAARIGE, 1975), *Mevrouw Katrien* (1979), *Leedvermaak* (LEAS HOCHZEIT, 1989) und *Rijgdraad* (QUI VIVE, 2002) – wurden verfilmt. H. wurde u. a. mit dem Jan Campert-Preis für Theater (1980) und Lyrik (1981), dem Bayerischen Filmpreis (1980), dem Joost van den Vondel-Preis (1984), dem Niederländisch-Flämischen Theaterpreis (1989), dem Constantijn Huygens-Preis (1994) und dem P. C. Hooft-Preis (1997) ausgezeichnet. Seit 1983 lebt sie in Tel Aviv.

*Barbara Lersch-Schumacher*

### Herzmanovsky-Orlando, Fritz
Geb. 30. 4. 1877 in Wien; gest. 27. 5. 1954
Schloss Rametz bei Meran

Als Sohn eines Wiener Ministerialbeamten besuchte er die Eliteschule des Theresianums und studierte anschließend Architektur an der Technischen Hochschule in Wien. Seinen Beruf als Architekt übte H.-O. kaum aus. Gesundheitliche Gründe erzwangen 1916 eine Übersiedlung nach Meran. Finanzielle Unabhängigkeit erlaubte fortan völlige Konzentration auf künstlerisches Schaffen. Bereits zu Beginn des Jahrhunderts lernte er jene Menschen kennen, die ihm in den nächsten Jahrzehnten als Freunde, aber auch in der antirationalistischen bis mystischen Geisteshaltung zur Seite standen: Alfred Kubin, Oskar A. H. Schmitz, Gustav Meyrink, Karl Wolfskehl und der Sammler und Kulturhistoriker Anton Maria Pachinger.

Bestimmende Faktoren für das literarische Schaffen des Autors sind die Herkunft aus einer aus dem Osten stammenden, erst zwei Generationen zuvor nobilitierten Familie, die humanistische Bildung, die schriftstellerische und zeichnerische Doppelbegabung und die kommerzielle Erfolglosigkeit seiner schriftstellerischen Bemühungen. Die Herkunft bestimmte fast kompensatorisch – ähnlich wie bei Hugo von Hofmannsthal oder Joseph Roth – die intensive Auseinandersetzung mit der österreichischen Vergangenheit und Kultur, wobei die umfassende Bildung dazu beitrug, die Geschichte von der Antike an in Schichten zu einem Bild übereinander zu legen, unter Auswertung seriöser wie dubioser Quellen. Die minuziöse Beschreibung gerät dort zum Phantasma, wo der Zeichner H.-O. an die Historie gerät. Die Erfolglosigkeit bedingte – über den Fragmentcharakter als ästhetische Kategorie hinaus – eine gewisse Unabgeschlossenheit der meisten Werke; da keine Notwendigkeit bestand, einen Text zu vollenden, zog sich die Arbeit oft über Jahrzehnte hin, was übrigens eine Datierung sehr erschwert. Der unfertige und skizzenhafte Charakter der Schriften führte in den frühen 1950er Jahren zur Bearbeitung durch Friedrich Torberg, die

zwar den Autor endlich der Öffentlichkeit nicht länger vorenthielt, in den massiven Eingriffen jedoch zu dem mutierte, was »herzmanovskysch« heute im kurrenten Sprachgebrauch bedeutet: zur simplen Chiffre für Verkauztes und Grotesk-Komisches.

1917 lag der erste Roman *Der Gaulschreck im Rosennetz* vor. Nach umfangreichen Eingriffen durch den Verleger Artur Wolf erschien das Werk, mit Illustrationen vom Autor versehen 1928. Es blieb, abgesehen vom Privatdruck *Der Kommandant von Kalymnos*, das einzige zu Lebzeiten des Autors in den Handel gelangende Buch.

Der zweite Teil der österreichischen Trilogie *Rout am Fliegenden Holländer* lag 1921 im Kern vor, erfuhr aber Ende der 1930er, Anfang der 40er Jahre weitere umfangreiche Ergänzungen. Werden im *Gaulschreck* die höchsten Beamtentugenden dem Edlen von Eynhuf zum letalen Verhängnis, so verglüht im *Rout* die ganze Insel Scoglio Pomo samt altösterreichischem Publikum – Abbild »des unvergleichlichen Traumreiches Österreich«. Der dritte Teil der Trilogie *Das Maskenspiel der Genien* war in erster Niederschrift April 1929 beendet. Dieser seltsame utopische Roman – er spielt im Jahre 1966 bzw. 1977 – thematisiert nur vordergründig den Aktäonmythos, dem der Protagonist Cyriak von Pizzicolli zum Opfer fällt. Von allen umfangreicheren Prosatexten wird in diesem Werk die ästhetische Besonderheit des Fragmentcharakters am deutlichsten. Über mehr formale Geschlossenheit verfügen etwa die Novellen *Der Kommandant von Kalymnos* oder *Cavaliere Huscher*.

Verschiedene Erzählungen widmen sich dem anekdotischen Umfeld des Bekanntenkreises H.-O.s *(Dem Andenken des großen Naiven Stella Hohenfels; Don Carlos, Kleine Geschichte um Gustav Meyrink; Beethovens letzte Magd)*; ein Zyklus setzt Anton Maria Pachinger ein Denkmal *(Onkel Tonis verpatzter Heiliger Abend; Onkel Toni und Nietzsche; Onkel Toni und die Klystierspritze)*, einer der beeindruckenden Verwandten Pepi Watzka *(Das Unheil breitet seine Fittiche über die Familie Watzka aus; Das Unglück mit den Wanzen; Das Familienbild; Das Jüngste Gericht).*

Formale Überlegungen ließen den Autor – dessen Werk sich insgesamt schwer literarischen Gattungen zuordnen lässt – Prosatexte auch in Dramenform gestalten. So fand *Der Kommandant von Kalymnos* (erste Niederschrift 1924) in der Folge eine Neugestaltung als Opernlibretto *Die Krone von Byzanz*. Die Novelle *Apoll von Nichts* entstand etwa parallel zur Dramenfassung des Stoffes *Exzellenzen ausstopfen – ein Unfug* um die Mitte der 1930er Jahre, als neben *Die Fürsten von Cythera* eine Reihe weiterer Dramen entstanden (*Kaiser Joseph II. und die Bahnwärterstochter; ›s Wiesenhendl oder Der abgelehnte Drilling; Prinz Hamlet der Osterhase oder »Selawie« oder Baby Wallenstein*). Als Experimente mit neuen Gattungen sind die Hörspielfassung zu *Der verirrte böse Hund* und etliche – nur im Entwurf überlieferte – Filmdrehbücher (*Die Götteraugen von Seringham; Erna Sack; Garibaldi; Im Salonwagen; Der Unbekannte von Collegno*) zu betrachten.

Freundschaften mit Schauspielern und Tänzerinnen förderten nicht nur das Interesse für das Drama. Speziell in Balletten sah der Autor eine »kommende Kunstform«, doch blieb auch diesen (*Der Zaubergarten oder Zweimal tot und lebendig; Die Fahrt ins Traumland; Youghiogheni; Diana und Endymion; Der Raum der Europa; Abduhenendas mißratene Töchter; Das Bajaderenopfer*) der Erfolg einer Aufführung versagt. Fächert sich die thematische Bandbreite von der Antike zur Gegenwart, so lassen sich doch einige Schwerpunkte fixieren: Vertreter patriarchalischer Ordnung unterliegen mutterrechtlicher Herrschaft mit dämonischem Einschlag; Androgynitätsmythos, antike Mythologie wirken bis in die Gegenwart, spielerischer Eklektizismus historischer Phänomene, Kompilationen zahlreicher Exzerpte oft entlegenster Quellen, führen zu Verschiebungen zeitlicher und räumlicher Dimensionen. Dies bewirkte die Etikettierung des Autors als Surrealisten, als der er allerdings mehr im formalen Experiment anzusehen ist. Es ging dem Autor nicht darum, historische Abläufe nachzuzeichnen, vielmehr legte er ein vielschichtiges Resümee vieler vergangener Jahrhunderte vor, als

Schlusspunkt zu einer österreichischen Vergangenheit, die ihm 1918 zu Ende schien. So sah er die Gesellschaft nach dem Zusammenbruch der Monarchie als »vierte Klass Passagiere in einen Zug gepackt, von dem man weiß, daß er irgendwo ins Schienenlose kommen wird.« »Ich versuche das Marionettenhafte der Lebensepochen, die ich überschauen kann, zum Niederschlag zu bringen.« Die Welt als Marionettentheater, an deren Fäden eine mächtige »Gegenordnung« am Werk ist, die sich kausaler und rationaler Logik entzieht.

Werkausgabe: Sämtliche Werke in 10 Bänden. Hg. im Auftrag des Forschungsinstituts Brenner-Archiv. Salzburg/Wien 1983 ff.

*Klaralinda Ma-Kircher/Wendelin Schmidt-Dengler*

## Hesiod
Um 700 v. Chr. aus Askra/Böotien

Auf Hesiods Spuren kann man noch heute wandern: vom Dorf Askra in der mittelgriechischen Landschaft Böotien hinauf auf den Gipfel des Zagora zu dem alten Born bei dem Altar. Das ist die Hippokrene, der Rossquell, an dem H. die Musen tanzen sah. Am Fuß des Berges sind sie dem jungen Schafhirten erschienen und haben ihn zum Dichter berufen – einen der eigentümlichsten und bemerkenswertesten der gesamten europäischen Literatur.

H. ist der erste antike Dichter, der von sich selbst erzählt. Sein Vater kam aus Kyme an der Küste Kleinasiens nach Askra. Die Gründe mögen wirtschaftlicher Natur gewesen sein. H. spricht von Existenznot und Armut, die auch er selbst, zwischen 750 und 720 v. Chr. dort geboren, zur Genüge kennengelernt haben dürfte. Immerhin hatte der Vater als Zusiedler ein kleines Landlos (*kléros*) erhalten, das er seinen beiden Söhnen, Perses und H., vererbte. Aber es kommt zum Streit;

nach H. habe der Bruder die »gabenschluckenden« Richter bestochen und das Recht gebeugt. Dieses Faktum dient ihm als Anlass für seine *Werke und Tage,* die nicht zu Unrecht als Mahnlieder an den Bruder bezeichnet worden sind. Viel später, schon ein gestandener Dichtersänger, fährt er vom Festland hinüber nach Chalkis auf Euböa. Dort nimmt er an den Leichenspielen für den verstorbenen König Amphidamas teil, den man mit einiger Wahrscheinlichkeit in das letzte Viertel des 8. Jh.s datieren kann. H. gewinnt einen Dreifuß, den er den Musen vom Helikon weiht (Pausanias hat ihn noch gesehen). H. muss vertraut gewesen sein mit der epischen Dichtung, wie sie in Ionien entstanden war; sicher durch fahrende Sänger, vielleicht schon durch den Vater. Neu ist der Wahrheitsanspruch seiner Dichtung. »Leicht ist es uns, wenn wir wollen, reine Wahrheit zu sagen«, bedeuten ihm die Musen, als sie ihm den Lorbeerzweig, Zeichen des apollinischen Propheten, zum Herrscherstab geben. Wahrheit aber bedeutet Verbindlichkeit. Ihr verdankt H.s theologischer Entwurf, dass er sich gegenüber anderen durchsetzen konnte. Verbindlichkeit erfordert Schriftlichkeit. H.s Dichtung war von Anfang an schriftlich fixiert, um Zufügungen und spätere Änderungen auszuschließen. Damit gehört der Dichter nicht mehr zu den Aoiden, den improvisierenden fahrenden Sängern. Die antike Tradition bezeichnet ihn als Rhapsoden, als berufsmäßigen Vortragskünstler. Die *Werke und Tage* vermitteln jedoch vielmehr das Bild eines autodidaktischen Dichters aus Berufung, der in der Hauptsache Hirte, später Bauer war und gelegentlich in den Dörfern der Umgebung zum Takt des Stabes (*rhábdos*) eigene Texte skandierte. Sehr wahrscheinlich ist es aber, dass er eine eigene Schule gründete, die die Werke des Meisters tradierte und sicher nach seinem Tod auch neue in seiner Manier hinzufügte. Bereits in der Antike war die Authentizität vieler der unter H.s Namen überlieferten Dichtungen umstritten. Von den meisten haben wir nur noch die Titel, von einigen Fragmente, die ein Urteil hierüber nicht ermöglichen: *Hochzeit des Keyx* (*Kéykos gámos*),

*Gang des Peirithoos in die Unterwelt* (*Peiríthu katábasis*), *Unterweisungen des Cheiron* (*Cheírōnos hypthékai*), eine Sentenzensammlung; ferner Lehrgedichte über die Astronomie (*Astronomía*) und die Deutung der Vogelzeichen (*Ornithomanteía*).

Elementar und tiefgründig erscheint das früheste Werk H.s, die *Theogonía* (der Titel ist sicher jünger), ein Epos über die »Abstammung der Götter«. Sie beginnt mit einem Hymnus an die Musen, dem sich die eigentliche Theogonie anschließt. Zunächst wird von den Urpotenzen Chaos, Gaia und Eros und ihren Nachkommen erzählt; eingefügt sind die Schilderung des Kampfes der Götter gegen die Titanen und die Beschreibung der Unterwelt. Es folgt der Katalog der Ehen des Zeus und seiner Geschwister und schließlich der Verbindungen von Göttinnen mit Sterblichen. Die beiden Schlussverse haben sich als Beginn der *Ehoien* herausgestellt, die demnach unmittelbar anschlossen. Die *Theogonie* ist ein patrilinear strukturierter Großkatalog. Von H.s Gestaltungskraft zeugt vor allem das kunstvoll angewendete Prinzip der Informationsteilung: Einzelheiten werden in verschiedenem Kontext berichtet, ergeben aber zusammengesetzt kein abgestimmtes Bild, sondern vielmehr schillernde Facetten. Durch dieses Stilmittel konnte der Dichter verschiedene genealogische Traditionen berücksichtigen, ohne sie gleichzumachen. Untergeordnet sind diese Motive aber einem Grundgedanken: der Unabdingbarkeit und ewigen Dauer der Herrschaft des Zeus. Der hieraus entstehende Widerspruch zwischen der Festschreibung eines Zustandes bei gleichzeitig fortwährender genealogischer Entfaltung führt zu einer einzigartigen Gestaltung des Sukzessionsmythos: Entwicklung wird als geschlechtliche Zeugung vorgestellt. Dabei folgen einander drei Generationen durch gewaltsamen Wechsel in der Weltherrschaft: Uranos – Kronos – Zeus. Seit der Entdeckung älterer hethitischer Sukzessionsmythen ist der Einfluss orientalischen Gedankenguts auf H. ein intensiv diskutiertes Problem. Wenig ist mit der bloßen Kenntnis solcher Vorbilder gewonnen, zumal der viel interessantere Aspekt des Wie und

Wann der Tradierung völlig im Dunkeln bleibt. Aber deutlicher wird H.s Ausdeutung des Mythos: Er hat die Dreiheit der Generationen eingeführt und durch den Gedanken einer fortwährenden Schuld und Bestrafung verknüpft. Damit schafft er sich die Möglichkeit, die ihm bekannten Götter des griechischen Pantheons nach ihrer Bedeutung im Kult verschiedenen Generationen zuzuordnen und damit auf- bzw. abzuwerten. Die Sukzession führt er dabei konsequent auf Zeus hin. Bei der Komposition seiner Genealogien arbeitet H. nicht nur mit Personifizierungen (die drei Horen sind bei ihm Kinder des Zeus und der Thémis [Satzung] und heißen Díkē [Recht], Eirḗnē [Frieden] und Eunomía [Rechtsordnung]), sondern auch mit dialektischen Gegensätzen: Érebos [Finsternis] und Nyx [Nacht] zeugen Hēméra, den Tag. Zur Beschreibung der Weltentstehung schafft H. Gestalten, die zwischen konkreten Erscheinungen und anthropomorphen Gottheiten stehen, Cháos [das »Gähnen«], Gáia [»Erde«], Úranos [»Himmel«], Póntos [»Meer«]. Insofern sie personifiziert sind, sind sie dem genealogischen System eingegliedert: Uranos und Gaia bilden die älteste Göttergeneration. Als stoffliche Elemente bilden sie die Welt, die die des Zeus ist. In diesen unterschiedlichen Aspekten stehen sie für Entwicklung und Dauer – eben jenen Widerspruch, der die ganzheitliche Welt beschreibt und H.s *Theogonie* in großartiger Weise prägt.

Der heutigen Zeit leichter zugänglich erscheint das zweite große Epos H.s, das unter dem Titel *Érga kai hēmérai* (*Werke und Tage*) überliefert ist. Dieser Titel erscheint erst spät (bei Lukian) und ist nicht zutreffend, da er nur einen Teil der Gesamtdichtung abdeckt, den Kalender der im Jahr anstehenden Arbeiten für den Bauern. Aristoteles zitiert aus dem Epos mit der Bemerkung, es handle sich um Sentenzen mythischer Könige. Inwieweit es ältere Vorbilder für derartige Spruchsammlungen gegeben hat, die H. beeinflussten, ist sehr umstritten. Deutlich ist dagegen, wie sie, in die Kunstsprache des Heldenepos transformiert, einfügt in den großen, von der *Theogonie* her weiterentwickelten kosmischen

Weltentwurf, wie er sie in ein konkretes soziales Umfeld stellt und schließlich durch den Bericht über seine persönlichen Lebensumstände gleichsam siegelt.

Den Bauern seiner böotischen Heimat gelten H.s Ermahnungen und Lebensregeln im zweiten Teil des Epos. Zu seinen Erfahrungen gehört ihr täglicher Kampf um das Überleben des Bauernhofes. In eindringlichen Worten, wie sie sich in der Literatur des Abendlandes so zuerst hier finden, preist er das Ethos der Arbeit des Landmannes, fern von der Verklärung der Bukoliker in späterer Zeit. Daneben denkt er aber auch schon andere Möglichkeiten für den Bauern an, dem wirtschaftlichen Druck zu entgehen: Spezialisierung, Verlegung auf den Handel oder gar Auswanderung. Noch rät der Dichter zu Beschränkung im Rahmen der althergebrachten Wirtschaftsform. Dem Seehandel steht er skeptisch gegenüber, aber schon die folgende Generation der Griechen sollte von jener gewaltigen Auswanderungswelle ergriffen werden, die als Große griechische Kolonisation bekannt ist.

H. gibt freilich kein didaktisch aufbereitetes landwirtschaftliches Lehrbuch. Die Arbeiten, die er erwähnt, stehen vielmehr beispielhaft dafür, wie seiner Auffassung nach einzig der Verfall der Gesellschaft aufgehalten werden kann. Eingestreut sind Schilderungen des Winters und Sommers, die zum Schönsten altgriechischer Poesie gehören. Wichtig ist ihm die Wahl des rechten Zeitpunktes sowohl im natürlichen Lauf des Jahres, als auch innerhalb des lunaren Kalenders, dessen Monatstage er in günstige und ungünstige teilt.

Es kann natürlich keine Rede davon sein, dass H. mit seiner Dichtung in den schwebenden Rechtsstreit mit dem Bruder Perses eingegriffen habe. Dieser ist ihm vielmehr die Folie, vor der er auf das Wirken ethischer Normen und Gesetze abhebt. Illustriert werden sie durch zwei berühmte Mythen: von Prometheus und Pandora und von den Weltaltern. Der eine erklärt die harte Gegenwart als Folge eines einzelnen göttlichen Eingriffs (»Büchse der Pandora«); der andere als stufenweisen Abstieg, als Sukzession verschiedener menschlicher Zeitalter mit negativer

Tendenz. Ideengeschichtlich hat das Bild des paradiesischen Goldenen Zeitalters am stärksten gewirkt. H. selbst legt allerdings alles Gewicht auf die Schilderung der Gegenwart, des ehernen Zeitalters, einer Zeit, in der man am Wert der von ihm besungenen ehrlichen Arbeit zweifeln muss. Dieser Widerspruch ist ihm nicht entgangen. Vor das Lob der Arbeit stellt er deshalb das des Rechtes, der von Zeus gegebenen Rechtsordnung, durch die sich der Mensch vom Tier unterscheidet. Der Prozess mit Perses, über dessen Ausgang er schweigt, ist ihm lediglich der Einzelfall, der den in der Mahnrede entwickelten Gedanken und Argumenten zu größerer Eindringlichkeit verhelfen soll. An dem ihm geoffenbarten Glauben an die Allmacht und Gerechtigkeit des Zeus wird er nicht irre; doch ehrlich bekennt er, gelegentlich angesichts der Gegenwart zu resignieren.»Aber ich hoffe, nicht so läßt es Zeus, der Sinnende, enden.«

Ein drittes Epos war in der Antike unter H.s Namen bekannt und in seiner Echtheit nie angezweifelt, das weitaus umfangreichste: die *Frauenkataloge* (*Katálogoi tōn gynaikōn*) oder *Ehoien*. Es ist erst in jüngerer Zeit aus zahlreichen Papyrusfragmenten wieder bekanntgeworden. Diese lassen sich mit gewisser Sicherheit in eine Ordnung bringen, die der Gliederung des Stoffes bei Pseudo-Apollodor entspricht. Eine der Quellen dieses mythologischen Kompendiums waren einst die *Frauenkataloge* gewesen. Der Auszug gibt nun die Möglichkeit, das Original zu rekonstruieren. Gegliedert werden die *Frauenkataloge* durch eine immer wiederkehrende Formel: *ē hoíē*, woher denn auch der Titel *Ehoien* genommen ist. Dieser Einsatz weist stets zurück auf das Prooemium, in dem die Musen aufgefordert werden,»vom Stamme der Frauen« zu singen,»wie diese einst … oder diese … oder diese …« usw. Der reiche Stoff wird matrilinear angeordnet. Er reicht von der Entstehung des ersten Menschenpaares bis hin zur Werbung der Freier um Helena, um in einem düsteren Bild vom Ende der Welt der Heroen zu enden.

H.s Verfasserschaft ist in der Forschung heftig umstritten, obwohl es die antike Philo-

logie einhellig ihm zugeschrieben und für echt erklärt hat. Bislang hat sich jedoch noch kein eindeutiges Indiz für eine spätere Entstehungszeit gefunden. Der nüchterne Ton der *Ehoien* ist dem Stoff adäquat, der durch Prooemium und Endzeitgemälde in einen größeren epischen Entwurf eingespannt erscheint. Während *Theogonie* und *Werke und Tage* sich im Thema von allen anderen Epen unterscheiden, teilen die *Ehoien* mit diesen, zumal mit *Ilias* und *Odyssee*, die Welt der Heroen. Diese wird aber dort der von H. entwickelten Form des genealogischen Großkatalogs unterworfen. Die Erzählungen der *Ilias* werden vorausgesetzt; ein weitergehendes genealogisches System der Akteure fehlt aber bei Homer. Es nötigt daher Bewunderung ab, wie H. die gewaltige Zahl der in den Heldenepen auftretenden Personen in Stammbäume ordnet, zusammenfasst und unterschiedliche lokale Überlieferungen ausgleicht. Auch Motive der *Odyssee* werden in dem Freierkatalog aufgegriffen und originell weiterentwickelt. Weit davon entfernt, ein bloßer Epigone zu sein, hat der Autor der *Ehoien* auf dem Gebiet der Katalogdichtung, über deren poetische Qualität die Antike entschieden anders urteilte als die Moderne, Vorzügliches geleistet. Im Kern sicher hesiodeisch, sind gleichwohl die *Ehoien* von späteren Zudichtungen nicht verschont geblieben.

Die Alkmene-Ehoie ist als Vorsatzstück für eine solche Zudichtung verwendet worden, die unter H.s Namen überliefert ist: der *Schild* (*Aspís*) des Herakles. Das Kurzepos dürfte dem späten 7. oder 6. Jh. entstammen. Der antike Titel ist nicht ganz exakt, denn es wird vom Zweikampf zwischen Herakles und Kyknos berichtet. Den Kern des Gedichts bildet freilich die ausführliche Beschreibung (*ékphrasis*) eines Kampfschildes, wobei sich viele der beschriebenen Motive der zeitgenössischen Kunst nachweisen lassen. Unter der Maske H.s – ganze Verse werden wörtlich übernommen – tritt der Dichter des *Schildes* in Konkurrenz mit der berühmten Schildbeschreibung Homers (*Ilias* 18, 478–608). Das entlegene Thema des Zweikampfes ist bloße Staffage. Die Beschreibung selbst ist ein buntes

Puzzle. Die einzelnen Szenen wechseln rasch, Fülle und Buntheit und eine stärkere Betonung des Schrecklichen und Abstoßenden sind beabsichtigt. Das große Vorbild wird dem neuen Zeitgeschmack angepasst; darin verrät sich der Epigone.

H.s Nachwirkung ist kaum zu überschätzen. Die Legendenbildung um seine Person setzt zeitig ein und gipfelt in einem eigenartigen und literaturhistorisch interessanten Traktat aus dem 2. Jh. n. Chr. über den *Wettstreit zwischen Homer und Hesiod*. Das zeitliche Verhältnis der beiden großen Dichter war in der Antike umstritten und ist es bis heute. Von den Dichtungen der »hesiodeischen Schule« sind nur noch Fragmente erhalten. Seit dem 3. Jh. v. Chr. genoss H. kultische Verehrung, und aus seinem Werk wird auf Inschriften zitiert. Weit fruchtbarer sind die geistigen Anregungen, die H. auf Dichtung und Philosophie der Antike ausgeübt hat. Heraklit sah in ihm den Lehrer der meisten Philosophen: »Von ihm sind sie überzeugt, er wisse am meisten.« Seine Mythen wurden von den Dramatikern (Aischylos: *Der gefesselte Prometheus*) aufgegriffen. Vor allem verdankt ihm die europäische Literatur die Kunstform des didaktischen Epos, worin u. a. Arat, Nikander von Kolophon, Vergil, Ovid, Columella in seiner Nachfolger stehen. Früh begann auch die philologische Beschäftigung mit seinem Werk; Aristoteles und Plutarch schrieben Kommentare, von dem Neuplatoniker Proklos stammen Scholien.

Die Rezeption H.s im europäischen Abendland, dem er erst 1495 im Original wieder bekanntgeworden ist, litt an dem mangelnden Verständnis seiner archaischen Poesie. Vergils *Georgica* wurden seinen *Werken und Tagen* vorgezogen, die *Theogonie* galt als weithin unverständlich. Einzelne Motive (Prometheus, Weltaltermythos) waren in Kunst und Literatur immer bekannt, aber mit dem Gesamtwerk tat sich die Wissenschaft schwer. Wie bei keinem anderen antiken Autor wurde versucht, durch Streichung und Konjektur aus dem sperrigen Text eine »Urfassung« herzustellen. An die Stelle überzogener Kritik ist in jüngerer Zeit die Interpretation getreten mit dem Ziel, den überlieferten Text insgesamt als hesiodeisch zu erweisen.

Werkausgabe: Werke in einem Band. Hg. von L. und K. Hallof. Berlin 1994 [Übers.].

*Luise Hallof/Klaus Hallof*

## Hesse, Hermann
Geb. 2. 7. 1877 in Calw;
gest. 9. 8. 1962 in Montagnola

»Mit dem *Camenzind*, seinem ersten großen Roman, hatte Hermann Hesse zu Beginn des Jahrhunderts die damalige Jugend begeistert. *Demian* erregte die Generation der Heimkehrer aus dem Ersten Weltkrieg, und ein Vierteljahrhundert später faszinierten die geistige Disziplin Kastaliens, die Kräfte der Meditation und Humanität jene Menschen, die im Chaos eines zerbrochenen Staates und verlorenen Krieges nach neuen Ordnungen suchten« (Bernhard Zeller). Diese Faszination ging von einem Roman H.s aus, in dem einzigartig und bis heute für viele Lesergenerationen erregend der Kulturpessimismus, die Technikfeindlichkeit und der Existentialismus der 1920er Jahre ausgedrückt waren: dem *Steppenwolf* von 1927, mit dem H. in der Gestalt des völlig vereinsamt durch die Welt streifenden Harry Haller die »Krankheit der Zeit« diagnostizieren wollte. Es zeugt von der visionären Kraft dieses »nur für Verrückte« gedachten Romans, dass er noch in den 1970er und 80er Jahren die Nach-Vietnam-Generation, vor allem in den Vereinigten Staaten, durch seine Kritik am Krieg, an der Technik, am Amerikanismus, dem Leistungswillen und der Rationalität in seinen Bann schlug. Die Psychedelics und Hippies der amerikanischen Protestbewegung sahen sich durch die Flucht Harry Hallers in die Sexualität, die Musik, den Drogenrausch und die fernöstliche Philosophie in ihrer

radikalen Verwerfung der herrschenden gesellschaftlichen und politischen Kultur glänzend bestätigt und lasen H. als Aufforderung zu einer neuen, auf Freiheit und Gefühl gegründeten »Gegenkultur«. Nimmt man H.s Roman *Siddhartha* von 1922 als weiteren Riesenerfolg, der den Tod seines Autors überdauerte, mit hinzu, so vervollständigt sich das Paradox eines Lebenswerks, mit dem sich im Verlauf seiner Wirkungsgeschichte immer wieder große Gruppen von Menschen, vor allem der jungen Generation, identifiziert haben, obwohl es zunächst ganz und gar unpolitisch angelegt war und die Individuation einer ebenso sensiblen wie verstörten Einzelseele in den Mittelpunkt stellte.

H. erlebte zwei tiefgreifende persönliche Krisen. Die eine: Flucht aus dem Klosterseminar Maulbronn und der anschließende Prozess der Selbstfindung bis zur Veröffentlichung des *Peter Camenzind* (1904). Die andere: Abwendung vom penetranten Weltkriegsnationalismus und der Schlussstrich, den er mit dem *Demian* (1919), seiner »Seelenbiographie«, unter die erlittenen Erschütterungen und Zerrüttungen zog: Tod des Vaters, lebensgefährliche Erkrankung des Sohns, Ehekrise, die eigene Nervenkrankheit, Sanatoriumsaufenthalt. Vieles spricht dafür, dass H. mit diesen beiden Krisen in das Zentrum der Psychopathologie seiner Generation getroffen hat. Während dieser Krisen fand H. aber auch in der Hinwendung zum Schreiben, in seiner persönlichen Auffassung von Literatur als Form subjektivistischer Entwicklung und Selbstfindung, den inneren Halt, der seiner Generation verlorenzugehen drohte.

Das Elternhaus H.s im kleinstädtischen Calw war durch den Pietismus – H.s »schwäbisch-indischer« Großvater war seit 1836 in der pietistischen Indienmission tätig gewesen – und eine unvermutet weltoffene Gelehrsamkeit so christlich und idealistisch geprägt, dass der frühreife, hochbegabte, aber auch widerspenstige Knabe bereits mit dreizehn Jahren wusste, dass er »Dichter oder garnichts werden« wolle und mit fünfzehn Jahren über von den Eltern gewünschten Ausbildung zum Theologen buchstäblich davonlief. Am 7. März

1892 kommt der verzweifelte Ausreißer bis Baden und Hessen, er verbringt die Nacht bei 7 Grad ohne Mantel und Geld im Freien und kehrt erst am nächsten Mittag, von einem Landjäger begleitet, erschöpft und hungrig ins Maulbronner Seminar zurück. Es folgen Monate der physischen und psychischen Schwäche, er denkt sogar an Selbstmord. Im Mai 1892 verlässt H. Maulbronn für immer und die hilflosen Eltern machen den Fehler, den sensiblen Jungen zu einem befreundeten Exorzisten nach Bad Boll, dann, nach einem Selbstmordversuch aus Liebesschwärmerei, in eine »Anstalt für Schwachsinnige und Epileptische« nach Stetten zu geben. Erbittert reagiert der durchaus vernünftige, sich einer vorübergehenden Nervenschwäche bewusste H. mit einer Absage an Glaube und Elternliebe: »Wenn Ihr mir schreiben wollt, bitte nicht wieder Euren Christus. Er wird hier genug an die große Glocke gehängt ... Ich glaube, wenn der Geist des verstorbenen ›Christus‹, des Juden Jesus, sehen könnte, was er angerichtet, er würde weinen.«

H. beginnt, den Vater mit »Sehr geehrter Herr« anzureden. Beide Eltern denken und empfinden unter strenger Ausrichtung auf Gott, das Ich mit seinen Neigungen und Gefühlen hat daneben kein Recht. Die Mutter klagt über H.s »offene Feindschaft gegen Gott und Sein Lichtreich ... ›Selbst‹ ist sein Gott«. Auch wenn H. nach Abschluss des »Einjährigen-Examens« am Gymnasium in Cannstatt noch ein halbes Jahr bei den Eltern wohnt, bevor er bis Herbst 1895 eine Lehre als Turmuhrenmechaniker in der Calwer Fabrik von Heinrich Perrot hinter sich bringt und seine »Ruhe und Heiterkeit« trotz des Spotts über den »Landexamensschlosser« wiederfindet, ist der Gedankenaustausch mit den Eltern abgerissen. Weil der Vater H.s neue Lesewut, seine Romanlektüre als Wurzel aller »Verirrungen« verurteilt, bleibt dem Jungen nur die entschiedene Trennung von den Eltern: »Ich glaube, wenn ich Pietist und nicht Mensch wäre, wenn ich jede Eigenschaft und Neigung an mir ins Gegenteil verkehrte, könnte ich mit Ihnen harmonieren«, hat er ihnen 1892 geschrieben.

H.s anthropozentrisches Weltbild findet

zunächst in Heinrich Heine und Iwan Turgenjew Bestätigung gegen das Übermaß kirchlicher Frömmelei. Heinrich Heine, der »der Romantik ein Ende« machte und doch »ihre letzten, reifsten Lieder« schrieb, imponiert ihm als Aufklärer und Ironiker, Iwan Turgenjew als antiautoritärer, keinem Prinzip anhängender »Nihilist«. Dann aber, schon 1895 nach der Lehre bei Perrot, erfolgt eine Hinwendung zur Weimarer Klassik, zum Schönheitsideal der Antike, später zu den Romantikern: »Die tollste Sturm-und-Drang-Zeit ist glücklich überstanden ... Hätte ich in Literatur z. B. an einer Hochschule auch nur ein Pünktchen mehr lernen können als privatim? Gewiß nicht«, stellt er 1895 fest. Das alles geht ein in die Novelle *Unterm Rad* (1906), autobiographischer Reflex seines Maulbronner Desasters. Das »Eigenrecht der Literatur« drückt H. nicht leer und formalistisch aus, auch wenn die Gedichte, seit 1896 gedruckt, und die erste Sammlung von Erzählprosa, entstanden während der nächsten Tübinger Buchhändlerlehrjahre von 1895 bis 1899, mit dem Titel *Eine Stunde hinter Mitternacht* (1899), noch im Zeichen einer »für Künstler durch die Ästhetik« ersetzten »Moral« stehen (1897). Die folgenden Basler Jahre als Buchhändler und Antiquar von 1899 bis 1903 bringen den schriftstellerischen Durchbruch und eine allmähliche Abkehr vom blassen Kolorit melancholischer Endzeitstimmung; das im Zentrum der *Hinterlassenen Schriften und Gedichte von Hermann Lauscher* (1901) stehende *Tagebuch 1900* rückt bereits die Basler Kindheitsjahre von 1881 bis 1886 in weitere Entfernung und lässt die »Schönheitsinsel« der ersten Prosa in ungeschminkter Selbstkritik und leidenschaftlicher Selbsterforschung hinter sich. Der Sprung in das eigene Thema der psychologischen Persönlichkeitsbildung, die sich zugleich mit einem zivilisations- und bildungskritischen »Zurück zur Natur« vollzieht, gelingt im *Peter Camenzind* (1904). Dieser ist versetzt mit einem guten Schuss Lebensphilosophie, die von einer ausgiebigen Lektüre des »Umwerters aller Werte«, Friedrich Nietzsche, herrührt. Das frühere Lieblingsbild, Arnold Böcklins »Toteninsel«, weicht nun einem

neuen Realismus im Kreis von Basler Schülern Jacob Burckhardts, in dessen Geist H. zwei Italienreisen antritt. Samuel Fischer, der auf *Hermann Lauscher* aufmerksam geworden war, druckte den *Peter Camenzind* 1903 in der Zeitschrift *Die Neue Rundschau* vorab. Als das Buch 1904 bei S. Fischer erschien, war H. über Nacht berühmt. Camenzind »strebt von der Welt und Gesellschaft zur Natur zurück, er wiederholt im kleinen die halb tapfere, halb sentimentale Revolte Rousseaus, er wird auf diesem Wege zum Dichter«. Spät und treffend hat H. 1951 die literarische Thematisierung der eigenen Biographie beschrieben. Was dieses gegen die Großstadtzivilisation geschriebene Buch vom Tenor der sozialen Schicksalhaftigkeit, mit dem Naturalisten wie Gerhart Hauptmann gerade auf den Plan getreten waren, oder von dem neuen Gemeinschaftserlebnis der bündischen Wandervogeljugend unterschied, war der kompromisslose, gesellschafts- und gemeinschaftsfeindliche Wunsch, sich nicht anzupassen, sondern »eigensinnig nur seinen eigenen Weg zu gehen und die Spannungen zwischen analytischem Denken und sinnlicher Anschauung als individuellen Weg in allen Stufen« auszuhalten: »Beinahe alle Prosadichtungen, die ich geschrieben habe, sind Seelenbiographien, in allen handelt es sich nicht um Geschichten, Verwicklungen und Spannungen, sondern sie sind im Grunde Monologe, in denen eine einzige Person – wie Peter Camenzind, Knulp, Demian, Siddartha, Harry Haller – in ihren Beziehungen zur Welt und zum eigenen Ich betrachtet wird.«

Die folgenden Jahre am Bodensee verbringt H. in einem gemieteten Bauernhaus in Gaienhofen; später lebt er mit den drei Söhnen (Bruno, Heiner und Martin) und der Ehefrau Maria Bernoulli, die er 1904 auf seiner zweiten Italienreise kennengelernt hat, bis 1912 in eigenem Bauernhaus. Diese Jahre erfüllen den ruhelosen H. mit wachsendem Unbehagen am »Philisterland«. Die Schwierigkeiten seiner Künstlerehe gehen in die Romane *Gertrud* (1910) und *Roßhalde* (1914) ein; auch bleibt die zweite Ehe mit Ruth Wenger, von 1924 bis 1927, bleibt ein Übergang, und erst die Altersbeziehung mit Nina Dolbin, geb. Ausländer (ab 1931), besteht bis zum Tod. Das Einzelgängermotiv ist bis zum *Steppenwolf* (1927) durchgehalten, wo es zum Titelsymbol wird:»In meinem Leben haben stets Perioden einer hochgespannten Sublimierung, einer auf Vergeistigung zielenden Askese abgewechselt mit Zeiten der Hingabe an das naiv Sinnliche, ans Kindliche, Törichte, auch ans Verrückte und Gefährliche. Jeder Mensch hat dies in sich«, schreibt er 1928 in *Krisis*.

Die mönchische Askese und doppelgängerische Seelenlage, gespiegelt in *Knulp* (1915), einem Bruder der romantischen Sternbalde, Schlemihle und Taugenichtse, führt zu wachsender Entfremdung von der Familie:»Die Gattin aus dem alten Basler Geschlecht ist viel zu tief in die Ahnenreihe versunken. Festen und froher Geselligkeit ist sie ganz abgeneigt. So bleibt der Künstler ein Eigenbrötler, wenn nicht ein Widersacher; bleibt er der Einsame und Isolierte in einer entlegenen Kammer. Erst 1911 mit einer Reise nach Indien, und eigentlich erst im Kriege, und noch später 1919 mit der Übersiedlung von Bern ins Tessin beginnt die menschliche Anonymität des Autors sich aufzulösen und mitzuteilen«, erinnert sich später Hugo Ball.

Während der an das Leben im Bauernhaus anschließenden Phase von 1912 bis 1919 lebt H. in Bern. Bei Ausbruch des Ersten Weltkriegs meldet er sich zunächst freiwillig zum Militärdienst, wird jedoch wegen hochgradiger Kurzsichtigkeit für felddienstuntauglich erklärt. Unter dem Eindruck der Kriegsereignisse selber, seiner aufopfernden Tätigkeit in der Kriegsgefangenenfürsorge und der chauvinistischen literarischen Musik, mit der die Grauen dieses Weltkriegs begleitet werden, weigert sich H. 1915 in einem Beitrag der *Neuen Zürcher Zeitung* mit dem Titel *Wieder in Deutschland*, angesichts des allerorten vom Krieg gezeichneten Vaterlands und des Elends, unter dem die Gefangenen und die Verwundeten zu leiden haben, »Kriegsnovellen und Schlachtgesänge« zu verfassen. Als er daraufhin der deutschen Presse, u. a. vom *Kölner Tagblatt*, als »vaterlandsloser Geselle« und »Drückeberger« beschimpft wird, bricht er die

letzte Brücke zu Deutschland ab und bewirbt sich um die schweizerische Staatsbürgerschaft, die er 1923 erhält. Von 1915 bis 1919 widmet er trotz großer persönlicher Schwierigkeiten und trotz des sich verschlimmernden Nervenleidens einen erheblichen Teil seiner Arbeitskraft der »Bücherzentrale für deutsche Kriegsgefangene Bern«, redigiert die Schriftenreihe und das Kriegsgefangenenblatt *Pro Captivis*. Mit der Veröffentlichung von *Demian. Die Geschichte einer Jugend* – 1919 zunächst bei S. Fischer unter dem Pseudonym Emil Sinclair erschienen –, *Zarathustras Wiederkehr. Ein Wort an die Deutschen* (1919) und *Sinclairs Notizbuch* (1923) versucht er, die Deutschen nach dem großen Krieg zur inneren Einkehr, zu Pazifismus und zu humanitärem Internationalismus zu bewegen. Unter diesem Vorzeichen werden Romain Rolland, T. S. Eliot, Thomas Mann und Hugo Ball seine Freunde, später treten Carl Gustav Jung, André Gide, Rudolf Alexander Schröder, Hans Carossa und Martin Buber hinzu. Nach der Indienreise von 1911 und der Begegnung mit Sigmund Freud und Jung, vermittelt durch den Jung-Schüler und Psychotherapeuten H.s, Josef Bernhard Lang, gewinnt der Weg zum Selbst als dem »innigeren Verhältnis zum eigenen Unbewußten« (*Künstler und Psychoanalyse*, 1918) die Bedeutung von Lebensnorm, Gott und Sinn. Von nun an bildet die Selbstfindung des Schriftstellers durch seine Bilder und Fiktionen die Voraussetzung zur Lösung der Bewusstseins- und Zeitkrisen. Logos und Mythos verschränken sich zu einem bis zum Ende auszuhaltenden Spannungsverhältnis, ob im menschenzugewandten Taoismus (*Siddhartha*, 1922) oder den späten, auf Chinesisch-Pantheistisches oder auf Humor und Weisheit abzielenden Gedichten.

In den Jahren zwischen den beiden Weltkriegen hat H. in der Öffentlichkeit unermüdlich vor Nationalismus, Rassismus und Kriegstreiberei gewarnt. Als sich im nationalsozialistischen Deutschland diese Gefahren immer deutlicher abzeichnen, beginnt er – der zahllosen Aufrufe, Pamphlete und offenen Briefe müde geworden – eine der erstaunlichsten Korrespondenzen der deutschen Literatur:

von den neuen Herren Deutschlands längst geächtet, schreibt er jährlich etwa eintausend Briefe an junge Deutsche, um auf sie persönlich einzuwirken – der Nachlass umfasst etwa 35000 Briefe. Er verlässt sich aber auch auf die ordnenden Seelenkräfte Kastaliens, einer utopischen Ordensprovinz des Jahres 2200 in der italienischen Schweiz, in dem sein letzter großer Roman, *Das Glasperlenspiel. Versuch einer Lebensbeschreibung des Magister Ludi Josef Knecht samt Knechts hinterlassenen Schriften. Herausgegeben von Hermann Hesse* (1943), spielt. Er schildert in diesem Roman, an dem er seit 1931 (dem Jahr der *Morgenlandfahrt*) gearbeitet hat, den exemplarischen Lebenslauf Josef Knechts, der als Novize in dem heroisch-asketischen Orden der Glasperlenspieler heranwächst. Der glänzend begabte Knecht wird schließlich Meister des Spiels, das sich einer längst vergangenen Geschichtsepoche, dem krisenhaften »feuilletonistischen Zeitalter« des 19. und 20. Jahrhunderts, verdankt. In Knechts vollendetem Umgang mit allen Inhalten und Werten der Weltkultur scheint sich der Kreis zwischen Schüler und Meister, Lernen und Lehre wieder einmal geschlossen zu haben, aber er erkennt, dass Kastalien keine Existenz an sich selbst, sondern eine geschichtliche und damit vergängliche Gestalt der christlich-abendländischen Kultur ist. Er bricht aus dieser Welt aus und ertrinkt in einem See; ein unübersehbares Fragezeichen, das H. selber hinter die Vollkommenheit seiner pädagogischen Provinz, die beziehungsreich den »Morgenlandfahrern« gewidmet ist, gesetzt hat.

Aufgrund seines schlechten Gesundheitszustands, vor allem seiner zunehmenden Sehschwäche, hat H. in seinen letzten Lebensjahren keine größeren Werke mehr geschrieben. Außer Gedichten sind vor allem Prosaskizzen entstanden; daneben arbeitete er zusammen mit seinem Verleger und Freund Peter Suhrkamp an der Neuausgabe seiner in Deutschland vergriffenen oder von den Nationalsozialisten unterdrückten Werke. Es war die Zeit der großen Ehrungen (Goethe-Preis der Stadt Frankfurt a. M., 1946; Nobelpreis für Literatur, 1946; Friedenspreis des Deutschen Buchhandels, 1955). Ähnlich den Jahren nach dem Ersten Weltkrieg setzte nach 1945 eine neue, breite Begeisterung für sein Werk und seine Person als einer Chiffre des Überlebens, der größeren Hoffnung ein, vor der er sich mit einem Schild »Bitte keine Besuche« am Eingang seines Hauses zu schützen suchte. Seinen Lebensabend verbrachte er fast ausschließlich in Montagnola, wo er seit 1931 lebte. 1961 wurde an ihm eine Leukämie diagnostiziert, die schließlich zu seinem Tod führte. Noch in seinen letzten Tagen hat er an einem Gedicht gearbeitet, *Knarren eines geknickten Astes*, die widersprüchliche Summe der menschlichen Existenz in einem trotzig-resignierenden Naturbild bergend.

Im H.-H.-Jahr 2002, zum 125. Geburtstagsjubiläum, wurde die Brückenfunktion seines Werks zwischen christlicher und fernöstlicher Religion deutlich sowie die weltweite Wirkung mit Museengründungen und neuen Ausstellungen bis hin zu Budapest und Seoul und der Gründung einer Internationalen H.-H.-Gesellschaft in Calw. Rezensionen dieses Jahres, vor allem zum *Glasperlenspiel*, ironisierten aus postmoderner Mentalität die ›Übererfüllung‹ epischer Geschlossenheit. Die Einsichten H.s über den Zusammenfall der Gegensätze Yin und Yang, Individualismus und Dienen in der Rezeption östlicher Meditationstechniken und der damit verbundenen Haltung gilt als heute durch die Spiritualismusmode eingeholtes Ideal, das sich als ebenso hohl erwiesen hat, wie die Ideale des ›alten Europa‹. Dennoch bleibt der Ausbruch aus dem selbstgenügsamen Spiritualismus am Romanende seines letzten *magnum opus* und darin impliziert, immer neu einzulösende Postulat einer ›Synthese von Geist und Leben‹ für die stetig wachsende, weltweite Lesergemeinde der *Morgenlandfahrer* auf der Suche nach Lebenssinn gültig.

Werkausgaben: Sämtliche Werke in 20 Bänden. Hg. von Volker Michels. Frankfurt a. M. 2002–2004; Gesammelte Briefe. 4 Bde. Hg. von Heiner Hesse, V. und U. Michels. Frankfurt a. M. 1990; Gesammelte Werke in 12 Bänden. Frankfurt a. M. 2000.

*Volker Wehdeking*

## Hessel, Franz

Geb. 21. 11. 1880 in Stettin;
gest. 6. 1. 1941 in Sanary-sur-Mer

Unter der Überschrift *Die Wiederkehr des Flaneurs* hat Walter Benjamin das folgenreichste Buch H.s angekündigt, den Band *Spazieren in Berlin* von 1929, und damit auf die Tradition hingewiesen, die diesen »sanften Surrealisten« mit der französischen Großstadtpoesie seit Baudelaire verbindet. H. selbst hat sich lieber unter der Maske des »siebenten Zwerges« verborgen, jenes kleinen Wichtes, der das schöne Schneewittchen hoffnungslos aus der Ferne liebt und der gerade durch seine ungeschickte Liebe zur Ursache für ihre Wiedererweckung zum Leben und ihre glückliche Verbindung mit dem Prinzen wird.

Am 21. November 1880 in Stettin geboren, wuchs H. im großbürgerlichen Milieu des Berliner Alten Westens auf, wo sich sein Vater als Bankier niedergelassen hatte. Nach dem Abitur am Joachimsthaler Gymnasium ging er zum Studium nach München, schloss sich aber bald als Jünger Karl Wolfskehls und Freund von Franziska Gräfin Reventlow der Münchener literarischen Bohème an. 1906 siedelte er nach Paris über, wo er mit wenigen Unterbrechungen bis 1913 im Quartier Montparnasse lebte. Hier bekam er durch den Kunsthändler Wilhelm Uhde Zugang zu dem im Café du Dôme tagenden Künstlerzirkel um Jules Pascin, wurde mit der avantgardistischen Kunst des jungen Pablo Picasso und seiner Zeitgenossen bekannt und fand in dem Schriftsteller Henri-Pierre Roché den kongenialen französischen Freund. Dieser donjuaneske Liebhaber führte ihn in die Geheimnisse von Paris ein. Mit ihm verband ihn eine Liebe zu dritt zu der jungen Malerin Helen Grund, die H. 1913 in Berlin heiratete. In seinem 1953 veröffentlichten Roman *Jules et Jim*, der durch die Verfilmung François Truffauts berühmt wurde, erzählt Roché die stürmischen Episoden dieser leidenschaftlichen Beziehung.

Nach dem Krieg, den H. als Landsturmmann in Polen und im Elsass überlebte, siedelte er sich für kurze Zeit mit seiner Familie

– inzwischen waren zwei Söhne geboren – im bayrischen Hohenschäftlarn an, um ab 1920 wieder in Berlin zu leben. Durch die Inflation um sein väterliches Erbe gebracht, arbeitete er seit 1923 als Lektor für den Rowohlt Verlag, gab 1924 dessen Hauszeitschrift *Vers und Prosa* heraus, betreute die Ausgabe des Gesamtwerks von Honoré de Balzac und publizierte Übersetzungen von Werken Stendhals, Balzacs, Giacommo Casanovas und Albert Cohens. 1925 ging er nach Paris zurück und blieb dort bis 1927, um mit Walter Benjamin an der Übersetzung des zweiten und dritten Teils von Marcel Prousts *A la Recherche du Temps Perdu* zu arbeiten. Auch für ihn selbst war diese Rückkehr in die zur zweiten Heimat gewordene Stadt, wie er in seinem Pariser Tagebuch *Vorschule des Journalismus* schreibt, eine Suche nach der verlorenen Zeit.

Nach 1933 hat H. in Deutschland keine eigenen Texte mehr publiziert. Er lebte jedoch weiterhin in Berlin, wo Rowohlt ihn trotz eines Betätigungsverbots durch die Reichsschrifttumskammer heimlich weiterbeschäftigte. Unter anderem betraute er ihn mit der Übersetzung des siebenbändigen Romans *Die guten Willens sind* von Jules Romains. Im Oktober 1938 wurde H. in einer dramatischen Aktion von seiner Frau, von der er seit Mitte der 20er Jahre getrennt lebte, ins französische Exil gerettet, wo er zunächst in Paris, seit 1940 in Sanary-sur-Mer lebte. Nach der Invasion der deutschen Truppen in Frankreich (1940) in dem berüchtigten Lager Les Milles interniert, starb er wenige Monate nach seiner Entlassung am 6. Januar 1941.

H.s literarisches Werk ist durch und durch autobiographisch und zugleich ganz literarisches Spiel. An seinem Anfang steht die Erfahrung des Verlustes. In seiner ersten Veröffentlichung, dem Gedichtband *Verlorene Gespielen* von 1905, sind um Totenklage um die frühverstorbene Schwester und die Sehnsucht nach dem sonnenbeschienenen Garten der verlorenen Kindheit in Stettin zentrale Motive. In Paris schreibt H. den Roman *Der Kramladen des Glücks* (1913), in dem er eine deutschjüdische Bildungsgeschichte im Schwabing der Jahrhundertwende erzählt, wobei er in dem jungen Gustav Behrendt sich selbst, in der Gestalt der Gerda von Broderson die Gräfin Reventlow porträtiert. Konstitutiv für die Weltsicht des Romans ist die Kinderperspektive, die dem Helden die Welt in ein buntes, aus distanzierter Nähe betrachtetes Schauspiel verwandelt. Die Außenseiterstellung des jungen Helden wird in der Erfahrung einer doppelten Fremdheit begründet, der unter den Deutschen und der in seinem eigenen Volk, den Juden.

Am ehesten hat H. sich in Paris zu Hause gefühlt, dessen Stadtlandschaft zum Schauplatz seines zweiten Romans wird, der *Pariser Romanze* von 1920. In den Briefen eines deutschen Soldaten an seinen französischen Freund Claude werden die gemeinsamen Spaziergänge, Begegnungen und Liebesabenteuer im Vorkriegsparis erinnert. Diese idyllische Welt ist jedoch von Anfang an überschattet vom Kriegstod des Erzählers, den der Untertitel *Papiere eines Verschollenen* andeutet, so dass die Stadt in Vorwegnahme surrealistischer Motive in todverfallene, dem Untergang geweihte Natur verwandelt erscheint:»Die steinernen Wände, die seidenden Kleider, die Fetzen und Früchte der Märkte sind uns, während wir sie sehen, schon entrückt wie Erinnerung. Unser Gang durch die Straßen ist ein Traumgleiten, als brauchten wir nicht unsere Glieder zu regen.«

In seinem dritten Roman *Heimliches Berlin* von 1927 entwirft H., auf dem Hintergrund der Inflation und der durch sie bedingten gesellschaftlichen Wandlungsprozesse, die Utopie eines gewaltlosen Berlin, das als märkisches Dorf»an der Landstraße zwischen Rom und Moskau« liegt und dessen Gesellschaft sich in Gesprächen über Freundschaft und Liebe konstituiert.»Dies Buch steht technisch der Photomontage nahe: Hausfrauen, Kinder mondäne Damen, Kaufherren, Gelehrte sind von den schattenhaften Umrissen platonischer und menandrischer Maskenträger scharf überschnitten« (Walter Benjamin).

H.s schriftstellerische Eigenart erfüllt sich in den kurzen Prosatexten, die er zunächst als Feuilletons publiziert, um sie dann in mehreren Bänden gesammelt vorzulegen. In ihnen sind die Charakteristika seines Schreibens, Traumvision und Todesbewusstsein, Perspektive der Kindheit und Intensionslosigkeit am klarsten ausgeprägt. In dem 1929 veröffentlichten Band *Spazieren in Berlin* befreit der Autor als Spaziergänger die ihm begegnenden Menschen und Dinge aus ihrem funktionalen Kontext und verwandelt sie in Zeichen, die sich nach dem Gesetz des Zufalls zu einem anderen Text zusammenfügen, der die Spuren des Uralten, die zugleich die Spuren des eigenen Unbewussten sind, in der Physiognomie der Großstadt lesbar macht.

Im Exil hat H. an einem letzten Roman gearbeitet, in dem noch einmal alle Motive seines Schreibens in der Erinnerung an das Leben im Berlin der Zwischenkriegszeit versammelt sind. Das unabgeschlossene, 1987 unter dem Titel *Alter Mann* erstmals publizierte Werk enthält in einer Kindheitserinnerung die Urszene des H.schen Schreibens:»Man müßte im Alter wieder den Genuß der Kindheit finden, dies erkenntnisreiche Tasten, dies Fühlen, ohne zu greifen, dies Erbeben in Sinnesseligkeiten ohne bestimmtes Begehren. Damals in dem Eckhaus an der Mosel. Da wurde ich einmal in den Apfelkeller getan für eine Stunde. Denn vor der Tür war, glaube ich, ein Kirchenbrand. Da saß ich lange in dem süßen Obstgeruch. Aber ich war viel zu erregt um zu essen. Könnte mir denken, daß ich wieder dahin finde, daß es genug und mehr als genug ist, an der Frucht zu riechen, mehr manchmal, als sie zu essen.«

Werkausgabe: Sämtliche Werke in 5 Bänden. Hg. von Hartmut Vollmer und Bernd Witte. Oldenburg 1999.

*Bernd Witte*

## Heym, Georg
Geb. 30. 10. 1887 in Hirschberg/
Niederschlesien;
gest. 16. 1. 1912 in Berlin

»Ich liebe alle«, notiert H. 1909 in seinem Tagebuch,»die in sich ein zerrissenes Herz haben. Ich liebe Kleist, Grabbe, Hölderlin, Büchner, ich liebe Büchner und Marlowe. Ich liebe alle, die nicht von der großen Menge angebetet werden. Ich liebe alle, die oft so an sich verzweifeln, wie ich fast täglich an mir verzweifle.«

Er hätte sich von der Französischen Revolution begeistern lassen, wäre nach Frankreich geeilt und nicht zuhause »sitzen geblieben« wie »das Schwein Goethe, der überhaupt nichts gemacht hat« (1911). Im 1912 neu zu wählenden Reichstag werde auch bloß »fünf Jahre lang viel geredet« und nicht gehandelt werden, auch nicht, wenn eine sozialdemokratische Mehrheit kommen sollte, denn in Wahlversammlungen sei er schon »vor tödlicher Langeweile unter dem Phrasen-Schwall dieser Miniatur-Robespierrechen gestorben«. Diese grundsätzlich negierende Haltung fasst der Satz zusammen: »Ich wäre einer der größten deutschen Dichter geworden, wenn ich nicht einen solchen schweinernen Vater gehabt hätte« (1911). Johann Wolfgang Goethe, Sozialdemokratie und Vater, ein konservativer Staatsanwalt, sind dabei offensichtlich Stellvertreter von Traditionen und Konventionen, für die er keinerlei Verständnis aufbringen kann, weil sie ihn auf die verschiedenste Weise seiner Freiheit berauben. Und natürlich befriedigen ihn auch sein Studium des Rechts, von 1907 bis 1910 in Würzburg, Jena und Berlin und sein Brotberuf nicht, zuletzt ist er Gerichtsreferendar, denn seine Berufung besteht darin, Dichter zu sein.

Auch über arrivierte dichtende Zeitgenossen, wie etwa Stefan George, findet er die bösesten Worte und macht sich gleichwohl die Errungenschaften der Spracherneuerung zu eigen, die von ihnen ausgeht; denn er kann z. B. Charles Baudelaire nicht anders als in einer Übertragung Georges aufnehmen und Arthur Rimbaud in einer durch George angeregten Übersetzung. Und eben diese Repräsentanten der französischen Moderne sind es, die ihm zwingendes Vorbild werden. Als einen »deutschen Baudelaire« hat ihn deshalb sein erster Verleger Kurt Wolff, damals Partner Ernst Rowohlts, empfunden. Die neuartigen Metaphern und die ungewohnten Themen, die bisher tabuierte Bereiche aufbrechen, widersprachen den Vorstellungen des Bildungs-

bürgertums, zu dem seine Eltern gehörten, das durch Romantik und Biedermeier und eine biedermeierlich und deutschnational umgedeutete Klassik – daher H.s Horror vor Goethe – bestimmt war. So wurde H. in Berlin, dem Zentrum der fortschrittlichen Dichtung, Mitstreiter einer Gruppe jüngster Literaten und nach seinem Tod – er ertrank vierundzwanzigjährig beim Schlittschuhlaufen auf der Havel beim Versuch, den befreundeten Lyriker Ernst Balcke, der in das Eis eingebrochen war, zu retten – als früher Vollender des jungen Expressionismus gefeiert, obwohl er noch durchweg und unübersehbar mit dem literarischen Jugendstil verbunden ist; Johannes R. Becher, Gottfried Benn, Jakob van Hoddis, Ernst M. R. Stadler, Georg Trakl und viele andere danken ihm wesentliche Impulse. Die als befremdend und aktuell zugleich erfahrene neue Thematik machen schon einige Gedichttitel deutlich: *Die Selbstmörder* (1911), *Die Morgue* (1911), *Die Tote im Wasser* (1910), *Die Dämonen der Städte* (1910). Die rhythmisch einprägsame Fülle meist negativer Metaphern, in denen sich die Visionen einer von Katastrophen heimgesuchten Welt äußern, hat dazu geführt, in H. einen Propheten des Ersten Weltkriegs und seines Grauens zu sehen. Seine wenigen Erzählungen scheinen die Auffassung zu bestätigen, es handle sich hier um durchgängig »revolutionäre« Dichtung, obwohl sie eher mit linker Hand geschrieben sind und die neue Thematik und Ausdruckswelt bevorzugen. Es wird jedoch übersehen, dass der Dichter auch viele Verse hinterlassen hat, die sich in alte Traditionen einfügen: vor allem Liebes- und Naturgedichte, von denen man einige zu den »schönsten« (Gottfried Benn) in deutscher Sprache zählt. So wird in H.s Werk die »Zerrissenheit« einer großen, noch nicht fertigen dichterischen Persönlichkeit vielfältig greifbar, von Emmy Ball-Hennings, die ihn in Berlin erlebte, als ihn »halb Rowdy, halb Engel« umschrieben.

Werkausgabe: Dichtungen und Schriften. Gesamtausgabe. Hg. von Karl Ludwig Schneider. 6 Bde. 1960 ff.

*Ludwig Dietz*

## Heym, Stefan (d. i. Helmut Flieg)
Geb. 10. 4. 1913 in Chemnitz;
gest. 16. 12. 2001 in Israel

H.s Leben und Werk ist geprägt von Sozialismus, Judentum und Exil in einer Zeit, in der die Ansichten eines Menschen von keiner Seite als seine Privatsache betrachtet wurden. Schon früh erkannte H. die Schwierigkeiten, die sich aus sozialem Interesse und einem entsprechenden Standpunkt ergaben. Wegen einer antimilitaristischen Gedichtveröffentlichung wird der Kaufmannssohn 1931 vom Chemnitzer Gymnasium verwiesen. Zwei Jahre später flieht er über die Tschechoslowakei in die USA, wo er nach einem Studium an der Universität Chicago die verschiedensten Jobs ergreift: Tellerwäscher, Verkäufer, Kellner, Sprachlehrer, Handelsvertreter, Korrektor, und von 1937 bis 1939 Chefredakteur der antifaschistischen New Yorker Wochenzeitung *Deutsches Volksecho*. In der amerikanischen Armee kämpft er, zuletzt im Rang eines Offiziers, im Zweiten Weltkrieg bei der Invasion in der Normandie und dem Frankreichfeldzug mit, verdammt jedoch Koreakrieg und Kommunistenhetze. Nach der faschistischen Ära ist für H. die Front des Kalten Kriegs bestimmend. 1952 kehrt er in die DDR zurück. Dort begleitet er den Aufbau des Sozialismus vor allem als Redakteur der *Berliner Zeitung* (von 1953 bis 1956). Seine Romane und Erzählungen reflektieren sein journalistisches, später auch sein historisches Interesse an der Zeit und kommentieren sie. H.s erster Roman *Hostages* (1942; unter dem Titel *Der Fall Glasenapp*, DDR 1958; Bundesrepublik 1976) setzt seine publizistische Arbeit fort: Er hatte die Nationalsozialisten und ihren Einfluss in New York bekämpft. Der Film zu dem Roman wurde 1944 angegriffen, weil der Held ein Kommunist sei – 1958 kritisierte das *Neue Deutschland*, in dem Buch über die tschechische Untergrundbewegung käme kein Kommunist vor. In H.s Kriegsromanen, vor allem dem Bestseller *The Crusaders. A Novel of Only Yesterday* (1948; *Kreuzfahrer von heute*, DDR 1950; *Der bittere Lorbeer*, Bundesrepublik 1950), wird seine zunehmend kritische Einstellung gegenüber der US-Gesellschaft deutlich. Die von H. als Sergeant der »Psychological Warfare Unit« der US-Armee verfassten Flugblätter lassen im Nachhinein die Wurzeln der Auseinandersetzung erkennen (*Wege und Umwege*, 1980; *Stalin verläßt den Raum*, 1990). H.s Erzählungen zwischen 1945 und 1953 (*Die Kannibalen und andere Erzählungen*, DDR 1953) zeigen scharf seine Parteinahme für die von der *Freien Wirtschaft* – so der Titel einer Erzählung – Betrogenen. H.s Bitterkeit gegenüber dem US-Kapitalismus und der von diesem eingeführten Korruption kulminiert in *Goldsborough* (DDR 1953; Bundesrepublik 1978), einem Roman über den Bergarbeiterstreik in Pennsylvania 1949/50, den H. unterstützte und miterlebte. H.s Rechtfertigung der kommunistischen Machtübernahme in Prag 1948 in *The Eyes of Reason* (1951; *Die Augen der Vernunft*, DDR 1955; Bundesrepublik 1982) ist danach logisch konsequent. In *Goldsborough* ist ein Arbeiter die Hauptfigur, während der Intellektuelle zu spontan handelt; in *The Eyes of Reason* werden die Interessen

der Unteren durch die Revolution gewahrt, was eine der Hauptfiguren, ein Arzt aus einer Unternehmerfamilie, akzeptiert, während sein Bruder es zwar prinzipiell bejaht, aber als bürgerlicher Künstler damit nicht fertig wird. Aus einem Blick auf die Publikationsdaten kann man schließen, dass mit diesen frühen Romanen sein bundesrepublikanischer Verlag ebenso viele Probleme gehabt zu haben scheint wie sein DDR-Verlag mit seinen späteren. H.s Technik ist – neben seiner Fähigkeit, spannend zu schreiben – durch eine Handlung gekennzeichnet, in deren Verlauf die Hauptperson des Romans zu bestimmten Einsichten gelangt. Durch Signale im Text wird der Leser aufgefordert, diese Entwicklung nachzuvollziehen und für sich daraus zu lernen. Besonders in den Zeitromanen kommen dadurch die Nebenrollen gelegentlich etwas zu kurz, bleiben im Typischen oder im Klischee stecken. Dieser Zug findet sich immer wieder bis hin zu *Auf Sand gebaut* (1990), einem Band mit Erzählungen, die direkt auf die Situation der DDR-Bürger angesichts der Wiedervereinigung eingehen. Sie geben journalistischer Wirklichkeitsnähe bei gleichzeitiger ironischer Distanzierung vor literarischem Abstand den Vorzug.

Seine aus seinem bisherigen Leben und Werk heraus konsequente »Einmischung« zugunsten des Erhalts der DDR wurde von Schriftsteller-Kollegen und Politikern heftig angegriffen (*Einmischung: Gespräche, Reden, Essays*, 1990). In den historischen Romanen ist dieses Charakteristikum kaum sichtbar. 1983 schrieb H. im Vorwort zur Veröffentlichung seiner Magisterarbeit von 1936 über Heinrich Heines *Atta Troll*: »Äußerlich einem wissenschaftlichen Traktat mit all seinen Attributen ähnelnd …, erscheint mir diese kleine Schrift heute fast wie eine Prophetie der Kämpfe meines eigenen Lebens, ein Programm meines eigenen Werks … Es ist, als hätte der Verfasser der Dissertation vorausgesehen, was dem späteren Romanautor immer wieder an den Kopf geworfen wurde: seine realistische Einstellung zu den Dingen, seine Hinwendung zu den Nöten der Menschen, und immer muß etwas passieren – nein, so richtig schöne Dichtung kann man das nicht nennen.« In diesem Hinweis auf die Kontinuität in H.s Werk ist seine wichtigste Waffe der späteren Romane zu erkennen: die Ironie.

In *Die Papiere des Andreas Lenz* (DDR 1963; *Lenz oder die Freiheit*, Bundesrepublik 1965) führt H. mit einem neuen Thema, Bedingung und Möglichkeit der Revolution, die Form des historischen Dokumentarromans ein: Ein Student und Liederdichter (Zeuge der Badischen Revolution von 1849, gefallen in der Schlacht von Gettysburg 1865 als Offizier der Nordstaaten) hinterlässt Papiere, Aufzeichnungen und Exzerpte, die den Aufstand und sein Scheitern beleuchten. H. tritt als Herausgeber der Papiere auf, womit der Text eine Aura der Authentizität und eine vermehrte Autorität erhält. Die Frage der Durchführung einer Revolution ist auch in den folgenden Werken ein zentrales Thema, selbst die psychologische Beschreibung des *Lassalle* (Bundesrepublik 1969; DDR 1974) und die Verdrängungen des vielgeehrten Schriftstellers *Collin* (Bundesrepublik 1979) hängen damit zusammen. Ziel ist wohl, dass sich der Leser der Risiken und Bedingungen einer Revolution bewusst wird und der Rolle des Menschen in ihr. Mittels der Satire drängt H. in *Der König-David-Bericht* (Bundesrepublik 1972; DDR 1973) auf die endliche Verwirklichung des Sozialismus, indem er die Verhältnisse am Hofe König Salomos und das Leben König Davids, der nach H.s marxistischer Bibellektüre die »Revolution vom primitiven Stammeskommunismus hin zum orientalischen Despotismus« durchgeführt hat, Revue passieren lässt. Hineingewoben sind dreitausend Jahre Geschichte mit dem Stalinismus als End- und Höhepunkt. Dieser Roman enthält autobiographische Züge, wie sich H.s Memoiren *Nachruf* (1988) entnehmen lässt. Die konkrete sozialistisch-kommunistische Utopie, die im *König David Bericht* nur anklingt, beherrscht H.s vielleicht bedeutendsten Roman *Ahasver* (1981).

Die Titelgestalt, der – nach H. – gefallene Engel, ewige Jude und Revolutionär Ahasver hofft, durch alle seine Wanderungen hindurch, die Menschen dazu zu bewegen, eine ihren Interessen dienende Revolution zu entfachen, und streitet aus diesem Grunde mit Jesus (»Reb Joshua«). Als Letzterer schließlich durch den eigenen Augenschein überzeugt ist und gegen Gott aufsteht, wird noch in seinem Scheitern die Unzerstörbarkeit der konkreten, diesseitigen Utopie des verwirklichten Sozialismus deutlich, zumal das Schlusskapitel wie die ganze transzendente Ebene in der Lutherschen Bibelsprache gehalten ist, während die Ebene des 16. Jahrhunderts durch einen Barockton und die der Gegenwart durch Wissenschaftler- bzw. DDR-Amtsdeutsch gekennzeichnet sind. Diese sprachliche Stilisierung – in *Die Schmähschrift oder Königin gegen Defoe* (Bundesrepublik 1970; DDR 1974) und im *König David Bericht* erprobt – erlaubt H. starke ironische und satirische Effekte. Der *Bericht* und *Ahasver* bringen in ihren Themen auch H.s jüdische Wurzeln zur Geltung. Erst aus der Autobiographie ist zu erkennen, in wie konkreter Weise H. von dem Massenmord an den Juden betroffen wurde. Das Verstummen angesichts des Grauens wird bereits im *König David Bericht* nicht nur als literarische Figur verwendet, und im *Ahasver* spricht der Teufel im Wechsel mit dem Revolutionär. Ahasver, der wandernde, ewige Revolutionär ist auch ewiger Jude.

Werkausgabe: Werkausgabe. München 1981 ff.

*Christiane Bohnert/Red.*

## Heyse, Paul
Geb. 15. 3. 1830 in Berlin;
gest. 2. 4. 1914 in München

Als erster deutscher Dichter erhielt H. im Jahre 1910 den Nobelpreis. Im Vorschlag hieß es: »Unter den lebenden älteren Dichtern Deutschlands wird Paul Heyse allgemein fast unbestritten als der größte anerkannt«, und in der Verleihungsrede ist von H.s »Goetheähnlicher Künstlerschaft« die Rede. Die Ehrung krönt eine ganze Reihe von Preisen und Auszeichnungen, die H., das vielgeliebte Glückskind bürgerlicher Dichterträume, im Laufe seines langen Lebens angesammelt hat. Geboren als Sohn eines Universitätsprofessors, musste er aus dem Studium der klassischen Philologie, der Kunstgeschichte und der Romanistik von 1838 bis 1851 keinen Brotberuf machen, wohl aber prägte es lebenslang seine Interessen. Nach einem Studienaufenthalt in Italien kam er bereits 1854 in den Genuss einer Einladung des bayrischen Königs Maximilian II., die den Daueraufenthalt in München mit Jahresgehalt einschloss. Neben Emanuel Geibel, von dem er bereits 1848 in den »Tunnel über der Spree« eingeführt worden war, avancierte H. zum Haupt der sogenannten Münchener Schule, einer klassizistischen, überwiegend aus norddeutschen Autoren (»Nordlichtern«) bestehenden Dichtergesellschaft von Königs Gnaden. H.s 1874 fertiggestelltes Haus in der Luisenstraße wurde bis zu seinem Tod zu einem geistig-geselligen Zentrum Münchens; 1899 legte sich der Dichterfürst eine fürs Überwintern gedachte Villa in Gardone

am Gardasee zu. Dennoch war H. kein Fürstendiener. Aus Solidarität mit benachteiligten Kollegen verzichtete er 1869 auf seine Pension, trat 1887 aus dem Kapitel des Maximilianordens und 1891 aus der Jury des Schillerpreises aus. H.s literarische Bedeutung liegt eindeutig auf dem Gebiet der Novelle. Er selbst strebte zeitlebens in allen Gattungen nach poetischen Lorbeeren – in der Lyrik, in der Verserzählung, im Roman und besonders nachhaltig im Drama (über sechzig Stücke), jedoch blieb ihm gerade hier der durchschlagende Erfolg versagt. Der radikale Geschmackswandel, der mit dem Aufkommen des Naturalismus verbunden war, erfasste auch H.s ästhetisches Ideal, die stilisierte Darstellung des Schönen und Edlen. Vom Bildungsbürgertum immer noch goutiert, fiel sein Werk bei den progressiven Künstlern selbst völlig in Misskredit. Conrad Alberti kanzelte den Altmeister schon 1889 ab:»Paul Heyse ist kein einzelner Mensch – er ist ein Symbol, die plastische Verkörperung der ganzen sittlichen Verkommenheit der deutschen Bourgeoisie, welcher die Gemeinheit, die Lüsternheit, die Frechheit, die Schamlosigkeit als das Ideal der Schönheit gilt. Heyse lesen, heißt ein Mensch ohne Geschmack sein – Heyse bewundern, heißt ein Lump sein.« »Sic transit gloria mundi (So vergeht der Welt Ruhm)« – der Dichter, der zu Lebzeiten als der legitime Nachfolger Johann Wolfgang Goethes galt, ist seit Ende des Ersten Weltkriegs völlig in Vergessenheit geraten. Dabei gibt es unter seinen rund 150 Novellen über das Anthologien-Paradestück *L'Arrabiata* (in: *Novellen*, 1855) hinaus zahlreiche Stücke von Rang (z. B. *Villa Falconieri*, 1887). Dem allgemeinen Verdikt über die hemmungslose Überproduktion H.s mit ihrer teilweise oberflächlichen Psychologie fielen auch die farbig und elegant formulierten Erzählungen zum Opfer. Technische Perfektion, stilistische Virtuosität und eine unter den deutschen Zeitgenossen seltene Weltläufigkeit sind Eigen-

arten seiner Prosa, die auch heute ein nicht bloß kulturgeschichtliches Interesse erwecken kann. Die unter seinem Einfluss stehende Schriftstellerin Isolde Kurz hat die gewinnende Persönlichkeit dieses nachgeborenen Olympiers treffend charakterisiert:»Der Zeitraum, in dem er wirkte, hat in Deutschland größere Dichtergenien gesehen, aber keinem wurde gehuldigt wie ihm, und gäbe es bei uns die Würde des Poeta laureatus, so wäre sie fraglos ihm zugekommen. Seine hochkultivierte aristokratische Persönlichkeit mit der weltweiten literarischen Bildung und den diplomatischen verbindlichen Umgangsformen stempelte ihn schon äußerlich dazu. Dieser ausstrahlenden Persönlichkeit, die ihm in der ganzen Welt verdiente Freundschaften gewann, und die vielleicht seine schönste Schöpfung war, verdankte er wohl mehr als seinen schon leise welkenden Werken den Nobelpreis.«

Werkausgabe: Gesammelte Werke. 15 Bde. Stuttgart 1924, Nachdruck Hildesheim 1984–1985.

*Gunter E. Grimm*

### Highsmith, Patricia

Geb. 19. 1. 1921 in Fort Worth, Texas; gest. 4. 2. 1995 in Locarno/Schweiz

Patricia Highsmith ist eine Autorin von Psychothrillern, in denen die Abgründe der menschlichen Seele ausgeleuchtet werden. Ihre Romane und Kurzgeschichten unterlaufen die Konventionen der Gattung Detektivliteratur. Bei H. geht es nicht um das Entschlüsseln eines

kriminalistischen Rätsels, es wird nicht nach dem Mörder gesucht, Indizien und Alibis sind irrelevant, der Schluss ist offen, der Schrecken wirkt fort. H.s Interesse gilt psychologischen Konstellationen, paranoiden oder zwanghaften Persönlichkeitsstrukturen, symbiotischen Beziehungsgeflechten, kurz: den Psychopathologien ihrer Protagonisten.

Von klein auf wollte H. Schriftstellerin werden und möglichst weit weg von zu Hause leben. Ihre Kindheit empfand sie als klaustrophobisch und belastet von den beständigen Auseinandersetzungen zwischen Mutter und Stiefvater. H.s Lieblingslektüre in dieser Zeit bestand aus einem psychiatrischen Lehrbuch mit gruselig anschaulichen Fallgeschichten über Sadisten und Mörder. 1950 veröffentlichte H. den makabren Roman *Strangers on a Train* (*Alibi für Zwei*, 1967; *Zwei Fremde im Zug*, 1974), in dem zwei Männer, die sich zufällig während einer Bahnfahrt kennenlernen, planen, sich wechselseitig bei ihren Mordplänen zu unterstützen: Der eine soll die Ehefrau des anderen umbringen, dafür wird dieser dann den Vater des ersten töten. Damit hätte jeder der beiden entweder ein hieb- und stichfestes Alibi oder aber kein Motiv für die Tat. Aufgrund der Verfilmung dieses Stoffs durch Alfred Hitchcock (USA 1951) – für welche die Drehbuchautoren Raymond Chandler und Czenzi Ormonde das Ende der Romanvorlage stark verharmlosten – wurde H. weltberühmt. Von da an führte sie das unstete Leben einer Autorin im freiwilligen Exil, bereiste Europa, Mexiko und den Südwesten der USA, hielt sich in England (1963–1966) und in Frankreich (1967–1982) auf, bis sie sich schließlich 1982 im Tessin niederließ. Sie zog sich immer mehr zurück, pflegte ihr Einsiedlerdasein, umgab sich mit einer Schar von Katzen, hielt Schnecken, weil deren Zweigeschlechtigkeit sie faszinierte, und produzierte ununterbrochen Romane und Kurzgeschichten. Als eine Journalistin sie einmal fragte, ob sie je versucht habe, mit jemandem zusammenzuleben, bejahte H. mit dem Kommentar, es sei katastrophal gewesen. 1991, wenige Jahre vor ihrem Tod, gestand sie öffentlich ein, die Autorin des lesbischen Kult-Klassikers *The Price of Salt* (1952; *Carol. Roman einer ungewöhnlichen Liebe*, 1990, *Salz und sein Preis*, 2005) zu sein, der ursprünglich unter dem Pseudonym Claire Morgan veröffentlicht worden war. Auch H.s späte Romane *Found in the Street* (1986; *Elsie's Lebenslust*, 1988) und *Small g: A Summer Idyll* (1995; ›*Small g*‹. *Eine Sommeridylle*, 1996) thematisieren Homosexualität.

Meist beginnen H.s Romane und Kurzgeschichten mit der Schilderung von Trivialitäten, aber das Alltägliche ist nicht vertraut und anheimelnd, sondern nimmt unversehens Dimensionen von Bedrohung und Terror an. Die Täter sind von Anfang an bekannt, häufig haben sie einen massiv gestörten Realitätssinn. Sie verstricken sich in zunehmend absurdere Situationen; ein einfacher Ausweg aus der Misere, der sich in den Augen des Lesers anbieten würde, ist für sie nicht gangbar, weil sie ihn schlicht nicht erkennen können. So bleibt ihnen nur das Morden als ein letzter Verzweiflungsschritt. H. stellt aber nicht die Mörder, sondern die Opfer als die wahrhaft verabscheuenswürdigen Monster dar. Die Sympathien des Lesepublikums sind – ungeachtet seiner Verbrechen – deshalb immer beim Mörder, und meist kommt er am Schluss davon.

In *The Talented Mr. Ripley* (1955; *Nur die Sonne war Zeuge*, 1961, *Der talentierte Mr. Ripley*, 1971), dem Beginn des bekannten Romanzyklus um Tom Ripley, mordet der Protagonist beispielsweise aus Habgier, später dann, in *Ripley under Ground* (1970; *Ripley under Ground*, 1972), aus Selbstschutz und schließlich, in *Ripley's Game* (1974; *Ripley's Game oder Der amerikanische Freund*, 1976), nur noch, um ein Spiel zu treiben. Er wird nicht gefasst, heiratet, lebt in einem idyllischen Landhaus in Frankreich, führt ein Leben in Luxus und verspürt keinerlei Schuldgefühle. Weitere Bände in dieser Serie sind *The Boy Who Followed Ripley* (1980; *Der Junge, der Ripley folgte*, 1980) und *Ripley under Water* (1992; *Ripley under Water*, 1993). *The Talented Mr. Ripley* wurde 1961 von René Clément unter dem Titel Plein Soleil (Purple Noon) und 1999 von Anthony Mingella verfilmt.

*Evelyne Keitel*

## Hikmet, Nâzım (Ran)
Geb. 20. 1. 1902 in Saloniki/Türkei;
gest. 3. 6. 1963 in Moskau

»[...] was viele schätzen, / habe ich gemieden seit meinem 21. Lebensjahr: / Moscheen,

Kirchen und Tempel, Synagogen und Zauberer, / doch hin und wieder ließ auch ich mir den Kaffeesatz deuten [...]«, heißt es in Nâzım Hikmets »Otobiyografi«, einem Gedicht in freien Rhythmen, mit dem er 1961 in Ost-Berlin aus der abgeklärten Perspektive des Alternden auf sein Leben zurückblickt. »Mein Lebenslauf« ist zugleich ein politisches Vermächtnis; darin bringt er die Widersprüche zwischen der Hoffnung auf einen weltumspannenden Frieden und den realen Verhältnissen zur Sprache. In den zitierten Zeilen erklärt er sich zum Atheisten, wendet sich gegen jede Form des Glaubens wie des Aberglaubens, gesteht jedoch mit einem Augenzwinkern ein, er sei in dieser Beziehung nicht ganz konsequent. Als Zeitgenosse, politischer und poetischer Freund von Louis Aragon, Bertolt Brecht und Pablo Neruda vertritt er, und darin allerdings sehr konsequent, den Sozialismus bzw. Kommunismus, teils im Wissen darum, dass die diesen Ideologien verpflichteten real existierenden Staatsformen von der Utopie, die er anstrebt, weit entfernt sind.

H. ist als Sohn eines Beamten im Osmanischen Reich geboren, seine Mutter übersetzte unter anderem Texte von Lamartine aus dem Französischen, sein Großvater, Mehmet Nâzım Paşa, war Gouverneur in Aleppo, gehörte dem Mevlevî-Orden an, neigte zum Sufismus und schrieb Ghaselen und Kassiden in der Tradition der Diwan-Poesie. Als Kind zog H. mit seinen Eltern vom Nordwesten des damaligen Imperiums in den Südosten zu den Großeltern nach Aleppo und wuchs dort in einer Atmosphäre auf, die vom höfischen Stil einer untergehenden Epoche geprägt war; dies schloss die Hinwendung zu Westeuropa im Sinne des Kosmopolitischen ein. Die Auflösung des Osmanischen Reichs hat er als Heranwachsender in Istanbul erlebt, nach dem Besuch des Gymnasiums wurde er 1917 Kadett der Marineakademie des Sultans auf Heybeli-Ada, einer der Prinzeninseln in der Nähe Istanbuls. Als 18-Jähriger schloss sich H. dem anatolischen Widerstand gegen die Okkupation des Landes durch die Alliierten an und verfocht die Strategie Mustafa Kemals (später

Atatürk genannt). Fasziniert von der Revolution im ehemaligen Zarenreich, entschied er sich 1922, sein Studium in Moskau fortzusetzen.

Im gleichen Jahr erschien »Açların Gözbebekleri« (»Die Pupillen der Hungernden«); nach dem Vorbild Vladimir Majakovskijs verfasst, gilt es als das erste türkische Gedicht in freien Zeilen – hier sprengt der Inhalt die Form, da Hunger und Elend sich nicht im friedvollen Gleichmaß der Ghaselen ausdrücken lassen. Dem Dichter ging es nicht darum, Experimente um der Experimente willen zu wagen, sondern er leidet mit den Leidenden und sucht ein Ventil, um dieses Leiden auszudrücken. Hier hatte er eine Sprache gefunden, die die einfachen Leute verstehen konnten und die den Herrschenden ein Dorn im Auge war, galten rebellische Gedichte – in rebellischer Form – in dieser Zeit doch als Gefahr für die staatliche Ordnung. Das ungebrochene Pathos, das Leidenschaftliche des Leidens, ist europäischen Leser/innen heute fremd. Gefiltert wird bei H. vieles durch ironische Distanz, die aber nicht auf Kosten der Leidenden geht; es ist eher eine Ironie, die ihn persönlich und seinen Anteil an den Veränderungen, zu denen er aufruft, in Frage stellt.

Seinen Studienaufenthalt in Moskau unterbrach er 1925 und kehrte in die Türkei zurück. Überzeugt von den sozialistischen Zielen der jungen Sowjetunion, hoffte er auf ähnliche Umwälzungen in der Türkei. In Izmir schrieb er unter anderem für die Zeitung *Aydınlık* (Das Licht); die Zeitung wurde verboten und ein Haftbefehl gegen die Mitarbeiter erlassen. Daraufhin lebte H. im Untergrund, kehrte bald, enttäuscht vom politischen Weg Mustafa Kemal Atatürks, nach Moskau zurück und hoffte auf eine Amnestie in der Türkei. Die Erfahrungen als politisch Verfolgter im eigenen Land im Jahr 1925 hat er 1962 zu einem halb-autobiographischen Roman, *Yaşamak Güzel Şey Be Kardeşim* (Mensch, das Leben ist schön), verarbeitet, der auf deutsch unter dem Titel *Die Romantiker* (1988) erschien. Von 1928 an lebte H. wieder in der Türkei, schrieb und veröffentlichte Gedichte, Dramen, Erzählungen und Romane. Sein

episches Gedicht *835 Satır* (835 Zeilen) wurde 1929 publiziert und wirkte, stärker noch als »Açların Gözbebekleri«, bahnbrechend für die weitere Entwicklung der türkischen Literatur; mit diesem Text löste er seine Bindung an überkommene Formen – vorerst – völlig auf. Mitte der 1930er Jahre wurden H.s Theaterstücke aufgeführt und seine Texte begeistert aufgenommen, gleichzeitig aber wurde er von der gerade erst etablierten Obrigkeit misstrauisch beäugt, auch mit Haftbefehlen bedroht, die z. T. vollstreckt wurden. Von 1932 bis 1935 arbeitete er an *Simavne Kadısı Oğlu Şeyh Bedreddin Destanı* (1936; *Das Epos vom Scheich Bedreddin, dem Sohn des Richters von Simavne*, 1977 bzw. 1982), in dem ein Volksaufstand im 15. Jahrhundert als Fiebertraum eines Gefangenen im Mittelpunkt steht. Das historische Gewand für zeitgenössische Aussagen wurde als Mimikry verstanden, nach Erscheinen des Epos erließ der Staat ein Verbot der Publikation seiner Werke bis 1964. Es wurde eingehalten.

Im Januar 1938 musste H. eine Haftstrafe wegen Volksverhetzung – als Dichter – antreten, er verbrachte zwölf Jahre in Gefängnissen. 1950 wurde er amnestiert, ohne Rehabilitation. In diesen Jahren hat er ein Epos geschrieben, das wichtigste Werk der türkischen Literatur des 20. Jahrhunderts: *Memleketimden İnsan Manzaraları* (postum 1966–68; *Menschenlandschaften*, 1980) ist ein fünfbändiges Zeitpanorama nicht nur der 1940er Jahre, sondern weist weit darüber hinaus. Von den ursprünglich verfassten 60.000 Zeilen sind etwa 20.000 erhalten. *Şu Yılında 1941 (In jenem Jahr 1941*, 3. Band, 1963) sollte das Werk heißen und auf diesen Zeitabschnitt begrenzt bleiben. Dann aber muss es eine eigene Dynamik entwickelt und den Dichter mitgerissen, ja dazu verführt haben, Angedeutetes breiter darzustellen, einzelne epische Stränge weiterzuverfolgen zum mäandrierenden Stil, bei dem eine Geschichte aus der anderen hervorgeht; Orientalisches wird mit Europäischem verknüpft und dem Takt der beginnenden Industrialisierung angepasst. Es wäre zu kurz gegriffen, wenn man H. auf eine Sprachlandschaft, eine Tradition festlegen würde, da er sich auf viele literarische Aussageweisen stützte, die in dieses Epos der Moderne eingegangen sind.

Als er, aus dem Gefängnis entlassen, im Frühjahr 1951 einen Einberufungsbefehl zum Militär erhielt, entschloss er sich, wieder nach Moskau zu gehen; laut Evgenij Evtušenko war es die »Ankunft eines Idealisten im Land des Zynismus«. Als Dichter berühmt und weltweit geehrt, reiste H. viel, zu Friedenskongressen und Festspielen in aller Welt, stets als Delegierter der Sowjetunion, ab 1957 mit einem polnischen Pass. Das Exil dauerte bis zu seinem Tod.

*Monika Carbe*

### Hilbig, Wolfgang
Geb. 31. 8. 1942 in Meuselwitz bei Leipzig; gest. 2. 6. 2007 in Berlin

Der Dichter H. ist ein Grenzgänger unter den deutschen Literaten. Er gilt als »großer Naiver« (Helmut Böttiger) im ursprünglichen Schillerschen Sinne; als letzter »Autodidakt der Literatur« (Susanne Messmer), der sich als Arbeiter die ›Moderne‹ erlesen hat und dem (dennoch) Wahlverwandtschaften zu Georg Trakl, Stefan Heym oder Franz Kafka nachgesagt werden; H.s Lyrik und Prosa werden – gemäß dieser Lesart – in der Tradition von Romantik, Expressionismus und Symbolismus gesehen. Der DDR-Bürger H. schließlich, der sich 1985 mit einem befristeten ›Dienstvisum‹ in der Bundesrepublik nieder ließ und heute in Berlin lebt, wird als »Schriftsteller ohne wirkliche Heimat« (Eberhard Rathgeb), emphatischer noch: als ein »Deutsches Schicksal« (Paul F. Reitze) beschrieben. Die Wertschätzung im Literaturbetrieb, die der »konstitutionell Einsame« genießt, der »nie jene Talkshowfähigkeit erwarb, derer es bedarf, um im intellektuellen Establishment zu reüssieren« (Michael Braun), und daher als willkommene »Fehlbesetzung« (Susanne Kunckel) gefeiert wird, schlug sich u. a. im Büchner-Preis (2002) nieder.

Schon sein erster Fürsprecher, der DDR-Schriftsteller Franz Fühmann, rückte den mit dem Gedichtband *abwesenheit* (1979) im Wes-

ten Deutschlands Debütierenden in die Nähe hoher Dichtkunst: H. sei »ein großes Kind, das mit Meeren spielt; ein Trunkener, der Arm in Arm mit Rimbaud und Novalis aus dem Kesselhaus durch die Tagebauwüste in ein Auenholz zieht, dort Gedichte zu träumen, darin Traum und Alltag im Vers sich vereinen«. Diese fulminante Laudatio galt nicht nur der eigentümlichen Formen- und Motivsprache und der ästhetischen Suggestionskraft des Gedichtbandes, dem bald eine weitere Talentprobe mit Erzählungen folgen sollte (*Unterm Neumond*, 1982). Fühmann wollte den »Arbeiterschriftsteller« für die DDR-Literatur retten, auch wenn sich H. – politisch unorganisiert, dennoch saß er einmal ›politisch‹ in Untersuchungshaft – der realistischen Erkundung des sozialistischen Alltags verweigerte und sich stattdessen der abstrakten Avantgarde zuwandte und über Entfremdung, Ängste, Identitäts- und Schreibnöte räsonierte. Zwar konnte Fühmann die Ausreise nicht verhindern, aber er setzte immerhin eine Buchveröffentlichung H.s in der DDR durch (*Stimme, Stimme*, 1983).

Andererseits: Von seiner Heimat, dem Geburtsort Meuselwitz, von Leipzig, vom sächsischen Industrieareal und heute erloschenen Braunkohlerevier hat sich H. nie gelöst. Seine proletarische Herkunft – er wuchs vaterlos bei seinem Großvater auf, einem Bergarbeiter und Analphabeten, lebte später lange Zeit bei seiner Mutter –, seine Arbeit als Bohrwerkdreher, Werkzeugmacher, vor allem als Heizer, seine Kenntnis der Maloche, vergifteter Hoffnungen und zerstörten Lebens geben seiner Prosa »die glühend expressive Leuchtkraft, die metaphorische Dichte, den obsessiven Schub, die sie so sehr auszeichnet« (Wilfried F. Schoeller). Noch in seiner bisher letzten Veröffentlichung, dem Band *Der Schlaf der Gerechten* (2003), lodert in zwei Erzählungen das »Höllenfeuer«, der unterirdisch fressende Brand eines Kohlenflözes, zeichnet er eindrucksvoll flammende Bilder sterbender Natur. Die Geschichte dieses Schriftstellers pendelt zwischen Ost und West. Doch das Gros seines Œuvres spielt ausschließlich in der DDR – die Ausnahme: der autobiographische Roman *Das Provisorium* (2000). Pointiert formuliert: Meuselwitz ist das Maß aller Dinge, auch wenn der Unbehauste in Nürnberg oder (als Stadtschreiber) in Bergen-Enkheim lebt. H. hat die kleine Industriestadt zum Modell einer negativen Utopie gemacht. Aus den Krisen einer Transitexistenz schuf er eine Literatur, die nicht nur den Zerfall des sozialistischen Systems in einer angemessenen Weise – zwischen Alptraum und Wirklichkeit – protokolliert, vielmehr ist sie mit dem stetigen Zerfall der DDR gewachsen.

Als eine erste große »Studie zur Krankengeschichte der DDR« (Kurt Drawert) darf H.s »Der Arbeiter. Ein Essai« gelesen werden, 1975 entstanden und in dem Band *Unterm Neomond* (1982) enthalten. Die Dichtung wurde wegen ihrer gelungenen Synthese von Erzählung und Reflexion gelobt. Hier bereits meldet sich eine exemplarische Doppelexistenz zu Wort – Schriftsteller und Heizer –, die in ihrer realsozialistischen Bessergesellschaft die gleichen ›Beschädigungen‹ davongetragen hat, wie die Menschen im sogenannten ausbeuterischen Kapitalismus. Vom Außenseitertum, vom ›Sklavenstatus‹ im betrieblichen Alltag gar, von entnervenden Belastungen und quälender Ödnis ist in der Erzählung »Der Heizer« die Rede (ebenfalls im Band *Unterm Neomond* abgedruckt). In dieser Erzählung und ihrer drastischen Personenzeichnung entdeckte die Kritik besagte Parallelen zu Kafkas Figur des »Heizers«, die als Symbol für das Lebensgefühl in der Moderne schlechthin gilt. Auch im Fall des Geschichtspessimisten H. ist der Heizer – ein Berufsstand ohne Ansehen, selbst im Arbeiter- und Bauernstaat DDR – zum Sinnbild der literarischen Existenz geworden. Im übrigen: Wie in dieser Erzählung, so vernetzt H. auch seine anderen Geschichten fast immer mit einer zentralen Figur. Seine Prosa kennt keine komplexen Personenkonstellationen, keine wirkliche dramatische Handlung. Im Extremfall gibt H. – wie gesche-

hen – einem ganzen Roman den Titel, der bei ihm Programm geworden ist: *Ich* (1993). Aus dem Verzicht auf traditionelle Erzählmodelle gewinnt dieses Œuvre, das von der Kraft seiner Sprache lebt, darin Thomas Bernhard ähnlich, seine Intensität.

Die scharf konturierten Stücke in *Unterm Neomond* dokumentieren H.s »Entwicklung zum seismographischen Selbst- und Sozialanalytiker« (Harro Zimmermann). In den drei zwischen 1980 und 1981 entstandenen autobiographischen Erzählungen des Bandes *Der Brief* (1985) variiert der Autor sein Thema, wobei der Ton rauher wird – analog zur als »kalt« und »geisterhaft« dargestellten Welt. War bisher von der »Beschädigung« des Ichs die Rede, so wird jetzt dessen Auflösung konstatiert. Die Wirklichkeit, ja selbst die Erinnerung an die eigene Geschichte, ist nur noch als verfälschte Fiktion denk- und erlebbar. H. greift zu grotesk-phantastischen Erzählfiguren, entwickelt hypnotische und rauschhafte Szenerien, um dieses verwunschene Gelände zu beschreiben. Der Schreibprozess selbst ist für diesen Nachtwanderer der Moderne ein »obsessiver Vorgang, in dem die unsicher gewordene Subjektivität sich ständig selbst vergewissern muß und sich in den Buchstabenströmen auflöst« (Helmut Böttiger).

Im Lyrikband *die versprengung* (1986) greift H. das Thema des Gesellschafts- und Wirklichkeitsverlusts erneut auf. Er radikalisiert sein »Programm der selbstquälerischen Inspektion« (Harro Zimmermann) und weiß sich, ein »von Rimbaud geätzter Traumverlorener« (Paul Konrad Kurz), von der sozialistischen und von der bürgerlich geordneten Welt getrennt. Anders fallen dagegen die fünf kleinen Prosastücke *Territorien der Seele* (1986) aus. H. präsentiert sich darin als sensibler Ich-Beobachter, das Lamento über die eigene Beziehungslosigkeit fällt vergleichsweise zurückhaltend aus, an einer Stelle wird sogar über die Möglichkeit spekuliert, »das Glück zu gebrauchen«. Die Stücke passen kaum in diese Reihe der »Poetik der Verwüstung« (Kathrin Hillgruber), an die der Roman *Eine Übertragung* (1989) und wiederum einer Erzählung, nämlich »Alte Abdeckerei« (1991), anknüpfte. Diese vom dunklen Rhythmus der Sprache getragene Prosa verwandelt die zerfallenden Industriestädte der DDR und die vom Tagebau geschundenen Landschaften Sachsens in Orte des endgültigen apokalyptischen Zerfalls und Niedergangs. Heute, nach der plötzlichen Implosion des Ostblocks – und der Auslöschung des »Ödlands« DDR als ihren Höhepunkt –, lesen sich diese Texte »wie literarische Vorboten der totalen politischen Niederlage des realen Sozialismus« (Uwe Wittstock). Während im Sammelband *zwischen den paradiesen* (1992), der H. als phantasievollen, wortmächtigen und formbewussten Erzähler, Lyriker und Essayisten ausweist, die Vergangenheit weiterhin unvollendet fortdauert, deutet sich im Erzählungsband *Grünes grünes Grab* (1993) die Öffnung gegenüber westlichem und gesamtdeutschem Erfahrungsmaterial an. Erst recht in dem Roman *Ich*, der Geschichte des Stasi-Spitzels M. W., (erneut) eines Schriftstellers, der den Decknamen »Camembert« trägt. Der Roman füllt mit surreal anmutenden Erfahrungen Kernbegriffe der ›Aufarbeitung‹ der DDR-Historie – Geist und Macht; Botmäßigkeit und Dissidenz etc. – und wurde von der Kritik als morbider Gesellschaftsroman über die Endzeit der DDR aufgenommen – allein Marcel Reich-Ranicki fertigte das Buch als »gefühliges Gequassel« ab. Gleichzeitig beschreibt das Projekt *Ich* nachhaltig den Ich-Verlust des Protagonisten, die Fremdheit am Leben, die Einsamkeit des Herzens. Schon im ersten Roman *Eine Übertragung* hat H. das Dilemma der Doppelexistenz in einer Gesellschaft, deren Grenze »von Mördern mit Schnellfeuergewehr besetzt war«, am Beispiel eines IM des Ministeriums für Staatssicherheit dargestellt – und das lange bevor das wirkliche Ausmaß der Stasi-Aktivitäten in der ehemaligen DDR in aller Öffentlichkeit klar und zu einem literarischen Modethema wurde.

Nach etlichen eher zweitrangigen Arbeitsproben, darunter der Poetik-Band *Abriss der Kritik* (1995), H.s Auseinandersetzung mit den Mechanismen des Literaturbetriebs, die die sensible Seele eines kritikfürchtenden

Dichters bloßlegt, erschien 2000 *Das Provisorium*. Mit dem Roman kommt H. endlich im Westen an. *Das Provisorium* setzt zu dem Zeitpunkt ein, an dem H. in die Bundesrepublik einreiste: 1985. Und es schließt mit dem Ende der DDR 1990. Im Zentrum des Romans: Der Schriftsteller C., hinter dem sich, nur unschwer zu erkennen, der Schriftsteller H. verbirgt/ entblößt. Im *Provisorium* beschreibt H. nicht nur die Einwanderung eines DDR-Bürgers in den Westen, der in eine schonungslos offen geschilderte Persönlichkeitskrise gerät, sondern des Ostens in den Westen. Der Kontext des Romans spannt virtuos einen großen gedanklichen Bogen um diese individuelle Katastrophe. Er stellt eine subversive Vorausdeutung der Wiedervereinigung dar und – »was das Spannendste ist, eine Nacherzählung der schier religiös-paradiesischen Illusionsbildungen, die die westliche Gegenwelt in der östlichen Mentalität auslöste« (Ursula März).

*Das Provisorium* schließt sich in vielem an die vorangegangenen Prosawerke an. Es gehört ebenfalls zur zivilisationskritischen »Literatur des bösen Blicks«, die H. nach den Regeln einer »Tabula-rasa-Ästhetik« entwickelt und die am Ende wenig Positives hinterlässt. *Das Provisorium* wurde vom Literaturbetrieb hymnisch aufgenommen. Dass H. seinen Ekel vor westdeutschen Verhältnissen nur in Form einer frontalen Kapitalismuskritik formulierte, brachte ihm allerdings Kritik ein – wie auch seine Rede bei der Entgegennahme des sächsischen Literaturpreises 1997, als er die Wiedervereinigung »als eine Art Unzucht mit Abhängigen« geißelte. Dieser ›Blick‹ hat mit H.s Biographie zu tun: Seine Lehrjahre der Imagination hat er in der DDR verbracht.

*Siegmund Kopitzki*

## Hildegard von Bingen
Geb. 1098 in Bermersheim bei Alzey;
gest. 17. 9. 1179 im Kloster Rupertsberg
bei Bingen

An bedeutenden Stellen ihres Werks tritt häufig die Frau in Rüstung auf, die ritterliche

Heroine oder Amazone. In H.s erster Visionsschrift *Scivias* (*Wisse die Wege!*, 1141–1151) ist sie die entscheidende der fünf Gestalten im »Turm des Ratschlusses«. Sie »zertritt … jede von Adam kommende Ungerechtigkeit und kämpft ohne Unterlaß machtvoll wider die Laster des Teufels … Daher erscheint sie auch vom Kopf bis zu den Füßen geharnischt. Ein Helm bedeckt ihr Haupt …« Diese Kampfjungfrau zieht also vollkommen gepanzert ins Feld, mit Eisenhandschuhen und Beinschienen. Sie schützt sich mit einem Schild, trägt am Gürtel das Schwert – wer könnte sie sein? Sie ist die göttliche Siegeskraft, der im letzten Abschnitt des Buchs die übrigen Tugenden huldigen müssen: »O dulcissima bellatrix« (allerheiligste Kriegerin), denn nur sie ist es, die der Schar der Auserwählten Gottes den Sieg erstreitet. In H.s Mysterienspiel *Ordo virtutum* (*Reigen der Tugenden*) geht sie unter dem Namen »Divina victoria« und erweist sich als die überlegene Tugendkraft: »Ich, der Sieg, bin schnell und stark im Kampf. Ich kämpfe mit dem Stein (= mit der Steinschleuder wie David?), zertrete die alte Schlange.« Dem Motiv der Kriegerin im geistlichen Werk der größten Schriftstellerin des Mittelalters entspricht eine historische Epoche, die wildeste Kämpfe sah und grausamen Genozid (schon damals) größten Stils: die ersten Kreuzzüge, vernichtende Fehden, die Ausrottung jüdischer Gemeinden am Rhein und anderswo. Die Sätze, die H. (ausschließlich in Latein) niederschrieb, ähneln daher manchmal den Kampfrufen in alten Heldenliedern, kaum erstaunlich, lebte sie doch im Zeitalter des Heldenlieds (das zum Zeitpunkt ihres Todes in der Dichtung von den *Nibelungen* kulminieren wird).

Diese Verfasserin war eine fromme Frau, Klosteräbtissin, zugleich – wie ihr Leben und ihre schriftstellerische Hinterlassenschaft beweisen – eine kühne Streiterin, wenn auch in einer Rüstung immaterieller Art und versehen mit spirituellen Waffen: Sie Nonne, Visionärin, Prophetin, Mystikerin. Ihre Eltern, Hildebert und Mechthild von Bermersheim, lebten als Edelfreie (Ministerialen) des Hochstifts Speyer. Ihre Tochter H. wurde als zehntes Kind geboren und als Geschenk an Gott, erst acht-

jährig, als »inclusa« (Eingeschlossene) in den Benediktinerkonvent Disibodenberg an der Nahe gegeben, wo sie ihre Erziehung durch die »reclusa« (Klausnerin) Jutta von Spanheim erhielt. Ihre Lektüre beachtlichen Umfangs bestand aus geistlichem Schrifttum: die Bibel, darin bevorzugt der Psalter, liturgische Schriften, Kirchenväter usw. Bereits im jugendlichen Alter hatte sie Visionen. Mit sechzehn Jahren entschied sie sich für ein klösterliches Leben auf Dauer. Nach dem Tod ihrer Erzieherin trat sie deren Erbe als »magistra« (Meisterin) der Klostergemeinschaft an (1136). Sie erwirkte 1147 bei Erzbischof Heinrich I. von Mainz die Verlegung des Konvents auf den Rupertsberg mit Erhebung zur Abtei.

Etwa in dieselbe Zeit fällt auch die Entstehung ihres berühmtesten Buchs, *Scivias*. Dem folgten zwei weitere Visionsschriften, die sich mit der ersten zu einer kosmisch-heilsgeschichtlichen Schau von imponierender Dimension verbinden: *Liber vitae meritorum* (*Das Buch der Lebensverdienste*, zwischen 1160 und 1165 vollendet) und *De operatione Dei* (auch: *Liber divinorum operum*; *Über Gottes Schöpfung*, ca. 1170). Bei der Abfassung dieser und anderer Werke standen ihr, wie sie notiert, der Mönch Volmar, später der Mönch Wibert von Gembloux, dazu die adlige Nonne Richardis von Stade zur Seite. Diese erhielt sehr zeitig vom Erzbischof von Bremen, ihrem Bruder, einen Ruf als Äbtissin nach Bassum (südlich von Bremen), doch wollte H. ihren Wechsel verhindern und geriet deswegen in Zwist mit dem Kirchenfürsten. Über die Streitigkeiten beider verstarb Richardis jung.

Zu den Visionsbüchern H.s – die sie mit bildnerischen Darstellungen entweder selber ausstattete oder ihren Anweisungen gemäß ausstatten ließ (den modernen Werkausgaben meist beigegeben) – kommen noch Werke homiletischen, exegetischen, naturwissenschaftlichen, medizinischen und hagiographischen Charakers (Legenden), etwa siebzig kürzere oder längere Lieder – die von H. selber vertont wurden – und ein Mysterienspiel. Außerdem ist eine erstaunliche Vielzahl an Briefen von ihr erhalten, insgesamt 390. Deren Adressaten waren meistens die Großen der Welt: Päpste,

Bischöfe und andere Prälaten, daneben Kaiser, Könige und Adlige, in zweiter Linie auch niedere Geistliche und einfache Menschen. Das zeigt den immensen Wirkungskreis dieser Ausnahme-Frau, die in den Konflikten, Kontroversen und Beratungen ihrer Zeit zur Instanz wurde, zur *prophetissa teutonica*, der man Gehör schenkte und bereits in der mittelalterlichen *Vita* mit der alttestamentlichen Prophetin Debora (*Buch Richter*, 2. Jtsd. v. Chr.) verglich.

Sie selbst sah sich in die Johannes-Nachfolge gestellt. Der Lieblingsjünger Jesu, den sie mit dem Evangelisten identifizierten, blieb für die Mystikerinnen überhaupt die von ihnen favorisierte Person des Neuen Testaments. Dazu passt, dass H.s Initialvision eine Lichtvision war (entsprechend der Licht-Begeisterung im *Johannes-Evangelium*, 1,4–10). Der Begriff des Evangelisten schließt nicht aus, dass einer so charakterisierten Autor-Persönlichkeit zugleich visionäre Produktivität, mystisches Erleben und die Gabe der Prophetie zugeschrieben wurden. H. betrachtete ihre eigenen Visionsschriften als Erscheinungen aus derselben Quelle wie die Bücher des Alten und Neuen Testaments, von einerlei Herkunft wie diese und in der biblischen Tradition stehend, womit sie, obwohl verfasst von einer Frau, als Dokumente göttlicher Provenienz nobilitiert waren.

Von allen Mystikerinnen, den zeitgenössischen wie den späteren, verbleibt gerade H. am stärksten im Bannkreis des Vatergotts. Er ist allgegenwärtig, ist der ständig und unzerstörbar »Lebendige«. »Gott aber«, so schrieb sie, »der all das vorher Erwähnte geschaffen hat, ist das alleinige Leben, aus dem alles Leben atmet, wie ja auch der Sonnenstrahl aus der Sonne stammt«. Ihr Sinnen und Forschen richteten sich außerdem immer auf die Schöpfung und Geschöpfe des Lebendigen, auf die Natur, was ihre Neigung zu einer Frühform der Naturwissenschaft erklärt. Diese, wie die Gesamtheit ihrer künstlerischen Neigungen, deutet voraus auf den Renaissance-Universalismus. Die Künste galten ihr gleichfalls als Emanation des Lebendigen, weshalb es nicht mehr als geziemend sei, dass das Lob des Schöpfers in ihnen ertöne.

Werkausgaben: S. Hildegardis abbatissae Opera Omnia (…). In: Patrologia latina. Hg. von Jacques Paul Migne. Bd. 197. Paris 1855; Nova S. Hildegardis Opera. In: Analecta Sacra (…). Bd. 8. Monte Cassino 1882; Wisse die Wege. Übers. von Maura Böckeler. Salzburg ⁶1975; Symphonia. Gedichte und Gesänge. Übers. von Walter Berschin/Heinrich Schipperges. Heidelberg 1995; Die Briefe (u. d. T.: Im Feuer der Taube.) Übers. und hg. von Walburga Storch. Augsburg 1997.

*Heidi Beutin*

## Hildesheimer, Wolfgang

Geb. 9. 12. 1916 in Hamburg;
gest. 21. 8. 1991 in Poschiaro (Schweiz)

Die biographische Form und das für ihre Geschlossenheit verantwortliche Kausalitätsprinzip hat H. zeit seines Schreibens zu parodieren versucht, um die »Einsicht der Unvorstellbarkeit« eines Lebensgeschehens zu fördern. Diese Einsicht gewinnt, wer den eigenen Lebenslauf als Diskontinuum erlebt. H., als Sohn eines jüdischen Chemikers in Hamburg geboren, emigriert mit seiner Familie 1933. Der Zögling der berühmten Odenwaldschule wird englischer Public-School-Boy, absolviert 1934 bis 1937 eine Tischlerlehre in Jerusalem, studiert danach in London Zeichnen und Bühnenbildnerei und arbeitet seit 1940, wieder in Palästina, zuerst als Englischlehrer, später als Informationsoffizier der britischen Regierung. 1946 holen die Alliierten H. als Simultandolmetscher zu den Nürnberger Kriegsverbrecherprozessen, deren Protokolle er nach Abschluss der Verhandlungen redigiert. Danach lässt er sich in Ambach am Starnberger See als freier Graphiker und Maler nieder. Darf man H. glauben, so schlägt dort, am 18. Februar 1950, die Geburtsstunde des Dichters – weil es im Atelier zum Malen zu kalt und zu dunkel ist: »Unlustig also nahm ich ein Blatt Papier zur Hand, um wenigstens zu zeichnen, aber wider jegliches Erwarten begann ich eine Geschichte zu schreiben. Am nächsten Tag schrieb ich die zweite, und so wurde ich allmählich Schriftsteller.« Eine Künstleranekdote, gewiss, und H.s erster Erzählband *Lieblose Legenden* (1952) ist reich an

Lügengeschichten über Spätberufene, Doppeltalente und Epigonen. Mit der Eleganz ihres Stils überspielen diese Satiren auf eine politische und kulturelle Restaurationszeit ihre eigentliche Ausgangsposition: das Bewusstsein vom Ende der abendländischen Kunst und Kultur, das scheinbar »lieblos« konstatiert wird. Der Emigrant H. hält mit seinem Debüt den Anschluss zur europäischen Literatur der Moderne, deren Lektüre seinen in Deutschland verbliebenen Altersgenossen während des Krieges verwehrt war. H. nimmt an den Lesungen der »Gruppe 47« teil, mit der Poetik der »Trümmerliteratur« aber, mit dem exoterischen Stil und moralischen Engagement eines Heinrich Böll oder Wolfdietrich Schnurre verbindet ihn nichts. In den 1950er und frühen 60er Jahren vor allem mit Theater- und Hörspielen erfolgreich (*Das Opfer Helena*, *Der Drachenthron*, 1955; *Herrn Walsers Raben*, 1960; *Die Verspätung*, 1961), wählt H. andere Vorbilder: James Joyce und Djuna Barnes, die er später übersetzt, Samuel Beckett oder Albert Camus, dessen Philosophie er ins Pessimistische wendet, indem er auch die »Revolte« gegen das Absurde für sinnlos hält. H. ist der einzige deutsche Autor, der eine Theorie absurder Literatur konzipiert hat (*Erlanger Rede*, 1960; *Frankfurter Vorlesungen*, 1967). Drei Aufgaben soll sie erfüllen: nach Auschwitz das Schweigen auf die Frage nach dem »Sinn der Schöpfung« hörbar zu machen, »Ersatzantworten« der Priester, Wissenschaftler und Politiker in ihrem Ungenügen zu entlarven und zu lehren, dass man sich mit der Vernunftwidrigkeit des Lebens abzufinden und Verzweiflung als »kontinuierliche Lebenshaltung« anzunehmen hat. H.s Romane *Tynset* (1965) und *Masante* (1973) lösen diese Forderungen ein. Statt des satirischen der frühen Werke herrscht nun der melancholische Ton. Geschichte stellt sich für den Erzähler, in beiden Büchern Schriftsteller von Beruf, als ein Trümmerhaufen dar, in dem er vergeblich einen humanen Gedanken sucht, für Parabeln des Absurden aber genügend Stoff findet, vor allem in den Häschergeschichten des Dritten Reiches. Er ist jüdischer Abstammung und, wie H. 1957 in die Schweiz, ein zweites Mal

aus Deutschland emigriert, aus Furcht, die Nazischergen könnten wieder an die Schaltstellen der Macht zurückkehren. Der offen bleibende, aber wahrscheinliche Tod des Erzählers am Schluss von *Masante* signalisiert das Ende des Erzählens überhaupt: »Zeugenschaft geben? Für wen? Wovon? Von Gleichgültigkeit, Dulden, Versagen, Ohnmacht? Lieber ein Ende«. H., 1966 mit dem Georg-Büchner-Preis ausgezeichnet, versteht sich als Schriftsteller einer Endzeit, in der alle Aufzeichnungen vergeblich sind, weil die Realität des Absurden unveränderlich bleibt, diese Botschaft aber kein einverständiges Publikum findet. Der Rest ist deshalb Schweigen, trotz der erfolgreichen Antibiographien *Mozart* (1977) und *Marbot* (1981), in denen H. noch einmal das Entlarven bzw. Herstellen von Legenden demonstriert. 1983 entscheidet er sich, das Schreiben von fiktionaler Literatur aufzugeben. Er zeichnet wieder, stellt Collagen her und engagiert sich in Essays für den Schutz der Natur. 1987 erschien *Nachlese*, eine Sammlung früherer Notizen und 1989 *Klage und Anklage*, das auch nach 1984 entstandene Texte enthält.

Werkausgabe: Gesammelte Werke. 7 Bde. Hg. von Christiaan Lucas Hart-Nibbrig und Volker Jehle. Frankfurt a. M. 1991.

*Günter Blamberger*

### Hippel, Theodor Gottlieb
Geb. 31. 1. 1741 in Gerdauen/
Ostpreußen;
gest. 23. 4. 1796 in Königsberg

H. gehört zu den geistvollsten und dennoch fast unbekannten Prosaschriftstellern der deutschen Spätaufklärung. Erfolgreich und bekannt waren, jedenfalls im 18. Jahrhundert, seine Bücher *Über die Ehe* (1774), *Über die bürgerliche Verbesserung der Weiber* (1792) und vor allem sein Roman *Lebensläufe nach aufsteigender Linie. Nebst Beylagen A. B. C.* (1778–1781) von dem sein Autor, verallgemeinernd, selbst bemerkt: »Wer Romane liest, sieht die Welt im optischen Kasten, ist in Venedig, Paris und London, je nachdem die Bilder vorgeschoben werden.

Dieses sey ein Wort ans Herz für die, welche meinen Lebenslauf zu sehr als Lebenslauf finden, wo die Einheit der Zeit und des Ortes zu eng das Vergnügen verschränkt; denn wenn gleich meine Leser oft nur Thal, Berg und Gesträuch gesehen haben, so war es doch wenigstens nicht durchs Glas.

Ein andermal von der gerechten Klage, über die verkehrte Welt, daß Geschichte in vielen Fällen Roman, und Roman Geschichte geworden.« Aber nicht der Autor wurde bekannt: H. hat auf so strikte wie erfolgreiche Weise seine Anonymität zu wahren gesucht, was mit seinem Berufsverständnis als hoher preußischer Beamter, aber auch mit einer stark ausgeprägten Scheu vor der Öffentlichkeit zusammengehangen haben mag, so dass er gewissermaßen ein Doppelleben führte, das seine Königsberger Freunde, zu denen neben Georg Friedrich Hamann auch Immanuel Kant gehörte, als dies nach seinem Tode bekannt wurde, nicht wenig irritierte.

Geboren in Gerdauen, einer Familie von Pfarrern und Lehrern entstammend, studierte H. zunächst Theologie in Königsberg, war als Hauslehrer tätig, bis er Gelegenheit erhielt, eine größere Reise bis nach St. Petersburg zu unternehmen. In seiner fesselnden Selbstbiographie (aus dem Nachlass 1801), die nicht zuletzt durch das interessant ist, was er verschweigt, berichtet er auch von seiner bescheidenen Herkunft; Armut und Pietismus haben seine Jugend geprägt und waren vielleicht ein Motiv für das spätere Bemühen, das Adelsdiplom der Familie erneuern zu lassen. Von diesen Jugenderfahrungen ist viel auch in die *Lebensläufe* eingegangen, die durch die Autobiographie manche nicht unwichtige Aufhellung erfahren. H. nimmt dann noch einmal ein Jurastudium auf und wird als Advokat und Notar tätig, wobei er die Grundlage für sein später bedeutendes Vermögen legen kann. Er tritt der Freimaurerloge bei, veröffentlicht *Geistliche Lieder* (1772), Logenreden, satirische Arbeiten und verfasst auch einige Theaterstücke, darunter *Der Mann nach der Uhr oder der ordentliche Mann* (1763).

Als Anwalt wie auch später als Beamter erlangte H. großes Ansehen; 1787 wird er dirigierender Bürgermeister und Polizeidirektor von Königsberg und erntet auch hier allgemeines Lob für seine Tätigkeit. Fleiß, Umsicht und Genauigkeit werden ihm in seiner Amtsführung nachgerühmt, die freie Zeit gehört der Lektüre und der heimlich betriebenen Schriftstellerei. Nach den *Lebensläufen* veröffentlicht er einen weiteren Roman, ebenfalls von der Sterneschen Manier geprägt, die *Kreuz- und Querzüge des Ritters A bis Z.* (1793/94), in dem es wiederum mehr um die scharfe, geistreiche Zeichnung von Charakteren geht als um Entwicklung, Handlung und Intrige; Dialog, Satire und philosophische Reflexion überwiegen auch hier. Die letzte Lebenszeit gehört der Niederschrift seiner Lebensgeschichte und kleineren Arbeiten; H. stirbt, nachdem er im preußisch gewordenen Danzig eine offenbar sehr anstrengende administrative Tätigkeit ausgeübt hat, frühzeitig und ohne seine Anonymität als Autor preisgegeben zu haben. Das problematische Inkognito und Widersprüche in seiner Lebensführung scheinen ihn nicht beunruhigt zu haben: der Lobredner der Ehe blieb unverheiratet, der Mann, der republikanische Grundsätze vertrat, war als Polizeidirektor für eine sehr weitgehende Überwachung verantwortlich, der Selbstdenker, der schon in seinem ersten Roman Kantische Gedanken popularisierte (vor dem Erscheinen der drei Kritiken!), scheint sich Höhergestellten gegenüber nicht selten recht subaltern verhalten zu haben, der Mann, der auf innere Unabhängigkeit pochte, war an Karriere und Vermögen offenbar nicht wenig interessiert.

In gewisser Hinsicht mag er geschrieben haben, um im Leben nicht zu verwirklichen wusste, es mindert dies den Wert seiner Schriften in keiner Weise, es würde, ironisch betrachtet, die Anonymität seiner Schriften sogar noch einmal rechtfertigen, und in die Selbstgespräche seiner Romane ist deswegen wohl nicht weniger Lebensbetrachtung, Menschenkenntnis und Welterfahrung eingegangen.

Freilich hat H. als ein Mann der Aufklärung doch vor allem handeln wollen, er hat wohl deshalb seine Amtsgeschäfte so wichtig genommen und Ehrgeiz nicht gering geschätzt. Es mag dabei ein kompensatorisches Moment im Spiel gewesen sein, denn er erkannte bald, dass die einzige Möglichkeit zu handeln in der Ausbildung der Begriffe liegt. So bleibt dem Menschen nicht viel mehr als das Denken.

Hier könnte auch, ähnlich wie bei Lichtenberg, der Ursprung seiner satirischen Neigung liegen: in ihr wie in den moralphilosophischen Grundsätzen versucht sich die Subjektivität gegen das Bestehende zur Wehr zu setzen, dem er doch in seinem Amte stets zu Diensten war – dies aber, wenn man will, durchaus im Sinn der Kantischen *Beantwortung der Frage: Was ist Aufklärung?*

Es mag sein, dass H. aus diesem Widerspruch stammende Überlegungen in den *Lebensläufen* seinem Vater in den Mund gelegt hat:»Niemand kommt aus seinem Vaterlande. Seitdem die neue Welt entdeckt worden, ist sie ein Theil von unserm Geburtsorte. Bin ich im Gefängnisse, beim Gastmahl, am Hofe, in der Stadt, auf dem Lande, in Mitau, im – – Pastorat, ich bin beständig zu Hause. Ein Thor sagt, daß er vertrieben sey, ein Weiser hat nur eine Reise unternommen, wenn er im Exilium ist. Oft ist man in seinem Vaterlande ein Sklave und im Exilium in Freiheit.« Von vielleicht selbstkritischem Sarkasmus zeugt auch die Erwiderung auf die Frage, was treuer sei als ein Kettenhund:»Eine Treue an der Kette ist auf zweierlei Art verdächtig.«

Jean Paul, der H. bewunderte, hat seine witzige Metaphorik gepriesen, für die es in den *Lebensläufen* zahllose Beispiele gibt, wie etwa in der folgenden Reflexion des Erzählers:»Je mehr ich mir Zeit nehme mich zu fassen, desto mehr verlier' ich das Gleichgewicht. – Fast glaub' ich, daß die Fassung so schnell komme als der Schreck, die Hülfe wie die Krankheit, und wenn alle Fassung nur Betäubung wäre?« H. ist durchaus ein Vorläufer Jean Pauls, und beide sind bedeutende Verwandte des Laurence Sterne. So versah Schlichtegroll die Ausgabe der Selbstbiographie H.s mit einer an den Verfasser des *Hesperus* gerichteten Vorrede.

Werkausgabe: Theodor Gottlieb von Hippels Sämtliche Werke. 14 Bde. Berlin 1928/39, Nachdruck Frankfurt a. M. 1971.

*Ralf-Rainer Wuthenow*

## Hłasko, Marek

Geb. 14. 1. 1934 in Warschau; gest. 14. 6. 1969 in Wiesbaden

Marek Hłasko gehört zu den polnischen Schriftstellern, die in der Zeit des politischen Tauwetters debütiert haben. Sein erster Erzählband *Pierwszy krok w chmurach* (1956; Der erste Schritt in den Wolken) wurde von der Kritik wie vom polnischen Lesepublikum begeistert aufgenommen. In einer vulgären Sprache beschreibt H. darin Szenen des trostlosen Alltags im Polen der 1950er Jahre, die sich durch Alkoholexzesse, Perspektivlosigkeit, Ängste und Brutalität auszeichnen. Seine weiteren Werke veröffentlichte H. außerhalb seines Heimatlandes, das er 1958 verließ, um fortan in Frankreich, der Bundesrepublik, den USA und Israel zu leben. Im Gegensatz zu den offiziellen Medien in Polen, von denen er zur »Persona non grata« erklärt wurde, wuchs seine Popularität bei den polnischen Lesern wie auch im Westen, wo er von der Presse als »kommunistischer James Dean« gefeiert wurde.

Das legendenumwobene Leben H.s, einer Kultfigur der polnischen ›Lost Generation‹ der Nachkriegsjahre, war geprägt durch zahlreiche Liebesaffären und Alkoholexzesse. In Verteidigung des jugendlichen Elans sah er die Rebellion »als den wichtigsten Wert der Jugend«. Diese Rebellion gegen die menschenunwürdigen gesellschaftspolitischen Verhältnisse zeigt sich anfangs auch in der literarischen Darstellung der Lebensverhältnisse von Alkoholikern aus sozialen Randgruppen.

Im Pariser Exilverlag veröffentlicht H. 1958 die Erzählung »Cmentarze« (»Die Friedhöfe«, in: *Der achte Tag der Woche und andere Erzählungen*, 1958) sowie den Roman *Następny do raju* (1958; *Der Nächste ins Paradies*, 1960), der die unmenschlichen Arbeitsverhältnisse in den Wäldern der polnischen Berge beschreibt.

»Cmentarze« schildert die Willkür der Miliz während der Stalinzeit. Die Erzählung »Ósmy dzień tygodnia« (1956; »Der achte Tag der Woche«, 1958) thematisiert die entwürdigende Situation der Wohnungsnot in Nachkriegspolen. Die zwischenmenschlichen Beziehungen, selbst der Liebespaare, sind geprägt durch Zynismus und Verzweiflung und enden in moralischem Verfall und Abgestumpftheit. Die Ursache hierfür liegt nicht im Charakter des Einzelnen, sondern in den gesellschaftspolitischen Verhältnissen, deren trügerische Maske sozialistischer Scheinwirklichkeit H. zeigt.

Die Kurzromane *Wszyscy byli odwróceni* (1964; *Alle hatten sich abgewandt*, 1965) und *Brudne czyny* (1964; *Peitsche deines Zorns*, 1964) sowie der Erzählband *Nawrócony w Jaffie. Opowiem wam o Esther* (1966; Bekehrt in Jaffa. Ich erzähle euch von Esther) zählen zu dem sog. »israelischen Zyklus«, der die soziokulturellen Verhältnisse Israels thematisiert. Die Erzählungen des Bandes *Piękni dwudziestoletni* (1966; *Die schönen Zwanzigjährigen*, 2000) weisen autobiographische Züge auf. Konkrete Ereignisse vermischen sich mit erfundenen Begebenheiten, historische Persönlichkeiten stehen neben fiktiven Figuren. H. zeichnet hier ein Bild seiner Generation, die das Vertrauen in die staatliche Regierungsgewalt verloren hat. Die Rebellion gegen die Realität erscheint sinnlos und endet in Resignation oder im Sarkasmus, wie in der Erzählung »Obłęd« (»Geisteskrankheit«), wo dargestellt wird, dass mittels einer vorgetäuschten Geisteskrankheit persönliche Vorteile erschlichen werden können.

*Georg Mrugalla*

## Hochhuth, Rolf
Geb. 1. 4. 1931 in Eschwege/Nordhessen

H. hatte seine Zeitgenossen mit dem ersten von ihm verfassten Theaterstück offenkundig an einem wunden Punkt getroffen. Am 20. Februar 1963 unter der Leitung von Erwin Piscator uraufgeführt, erregte und

schied *Der Stellvertreter* (1963, erw. 1967) die Geister wie kein anderes Stück zuvor: rüde Polemiken, Tumulte, eine Anfrage im Bundestag, aber auch begeisterte Zustimmung, Übersetzungen in fast zwanzig Sprachen, Inszenierungen in ungefähr dreißig Ländern. Warum rührte ein junger, gänzlich unbekannter Autor, der die nationalsozialistische Ära nur als Kind und Jugendlicher miterlebt hatte, an eine derart tabuisierte Frage wie die nach der möglichen Mitschuld Papst Pius XII. am Tode zahlloser Juden, weil sich dieser zu keiner öffentlichen Verurteilung der Hitlerschen Massenmorde bereitfand?

H. entstammt einer traditionsreichen Bürgerfamilie, in der er eine behütete Kindheit verlebt. Nach eigenen Aussagen ein »miserabler Schüler«, aber voller Leidenschaft für Bücher, geht er 1948 nach der Mittleren Reife vom Gymnasium ab und beginnt eine Buchhändler-Lehre. Zwischen 1950 und 1955 arbeitet er in Buchhandlungen in Marburg, Kassel und München, besucht als Gasthörer Vorlesungen, erarbeitet sich im Wesentlichen das Werk der deutschen Realisten und der Historiker des 19. Jahrhunderts. In diese Zeit fallen H.s erste eigene Schreibversuche, sie bleiben unveröffentlicht. 1955 wird er Verlagslektor (bis 1963), 1957 heiratet er. Rückblickend erinnert sich H. besonders an die Tage des Zusammenbruchs des NS-Regimes: »Diese Anschauung von … unerhörten Begebenheiten hat mich geprägt für immer … Und dieses Gefühl hilfloser Unzulänglichkeit … gegenüber der Geschichte traf mich wie ein Erdbeben«. An anderer Stelle führt er aus: »Mein Vater heißt Hitler. Für mich, den ehemaligen Pimpf in Hitlers Jungvolk, den Schwiegersohn einer von Hitler Enthaupteten, den … Augenzeugen vom Abtransport der Juden – für mich liegt die Auseinandersetzung mit Hitler allem zugrunde, was ich … schreibe.« Geschichte gilt H. als schicksalhaft: Sie bestimmt zwar das menschliche Dasein, entzieht sich letztlich aber der Erkenntnis und Beeinflussung. Andererseits bestand – darin unterscheidet er sich etwa von Theodor W. Adorno oder Friedrich Dürrenmatt – auf der Entscheidungsfreiheit und Verantwortlichkeit des Individuums auch in der modernen Massengesellschaft. Maßstab menschlichen Handelns dürften jedoch nicht Ideologien oder Religionen sein – diese unterstellten der Geschichte ein Ziel oder einen höheren Zweck und instrumentalisierten den Menschen dadurch –, sondern nur dessen Moralität. Diese Moralität des individuellen Handelns selbst unter Bedingungen existentieller Bedrohung: das ist H.s Thema; sie auszuloten und gerade von geschichtsmächtigen Personen, wie z. B. Pius XII., unbeirrbar einzufordern, ist wesentliche Aufgabe des Schriftstellers. H. bedient sich dazu einer besonderen Form des Dokumentartheaters. Zwar entfaltet er mittels umfangreicher dokumentarischer Einschübe den historischen Hintergrund seiner Stücke, doch sind Personen und Handlungen in Abhängigkeit von deren Idee teilweise fiktiver Natur. Der Erfolg des *Stellvertreters* war jedoch so spektakulär, dass er ungeachtet dieser Spezifik dem ganzen Genre zum Durchbruch verhalf und eine neue Phase im westdeutschen Nachkriegstheater einleitete. 1963 übersiedelt H. nach Basel, um die Distanz zu gewinnen, die ihm zur konsequenten Erfüllung seiner Aufgabe notwendig erscheint. Hier wird ihm der existentialistische Philosoph Karl Jaspers Freund und Mentor. H. verfasst erste Gedichte, veröffentlicht die Erzählung *Die Berliner Antigone* (1966). 1967 folgt das Winston Churchills Kampf gegen Hitler behandelnde Theaterstück *Soldaten*. In einer Vielzahl von Offenen Briefen mischt er sich in die Politik ein, fordert deren moralische Erneuerung.

In diesen Arbeiten treten sein Menschenbild und politisches Credo deutlich zutage. H. widerspricht der von Karl Marx und Herbert Marcuse vertretenen Auffassung, im Gefolge eines Wandels der Gesellschaft könne der »neue Mensch« entstehen. Nicht der Mensch sei veränderbar, er bleibe der »alte Adam«, neige zum Missbrauch ihm zufallender Macht; wenn überhaupt, dann sei Fortschritt nur möglich durch eine Verbesserung der Institutionen, sie müssten Machtkonzentration verhindern. »Nicht mehr übersehbar«, schreibt H.,»daß *jeder* Goliath unerträglich ist – nicht aber, weil er sich rot verkleidet oder das Gold

liebt oder das Kreuz: sondern weil er ein Goliath ist … Und Übermacht ist immer faschistisch, gleichviel, ob in privater, ob in staatlicher Faust« (*Vorstudien zu einer Ethologie der Geschichte*, 1969–71).

Nicht nur in den Essays, auch in seinen Theaterstücken (der Tragödie *Guerillas*, 1970; den Komödien *Die Hebamme* und *Lysistrate und die NATO*, 1971 und 1973) wendet sich der Autor jetzt der Gegenwart zu, doch bleibt er seinem eigentlichen Thema, der moralisch motivierten Auseinandersetzung mit der Macht, treu. Und wiederum sind es einzelne,»anständige Menschen«, die aufbegehren: der Senator, der mit einer Handvoll Gleichgesinnter die oligarchische Macht der 120 vermögendsten Familien der USA mittels eines Staatsstreichs zu brechen sucht; die Kommunalpolitikerin, die unter bewusster Missachtung geltender Gesetze das Los der Bewohner einer Obdachlosensiedlung verbessert. Diese Rigorosität, mit der H. die ökonomisch Mächtigen einerseits und den ideologisch begründeten Machtanspruch der Linken andererseits attackiert, schafft ihm zahlreiche Gegner. H. sitzt zwischen allen Stühlen. Nach dem Monodram *Tod eines Jägers* (1976), in dem die fiktive Lebensbilanz Ernest Hemingways Anlass ist für Reflexionen über die soziale Verantwortung des Schriftstellers, wendet er sich mit dem Essay *Tell 38* (1976), der Erzählung *Eine Liebe in Deutschland* (1978) und dem Stück *Juristen* (1980) erneut der NS-Zeit zu. Wiederum erweist sich dabei die politische Brisanz seiner Themen: Äußerungen H.s in *Eine Liebe in Deutschland* über die Tätigkeit des damaligen baden-württembergischen Ministerpräsidenten Hans Filbinger als Militärrichter im Dritten Reich führen nach langer öffentlicher Debatte zu dessen Rücktritt im August 1978. Die Stücke *Ärztinnen* (1980) und *Judith* (1984) erreichen mit ihren aktuellen Themen keinen solchen Wirkungsgrad, sie bestätigen jedoch H.s Rolle als rigorose Moralist und Mahner der neueren deutschen Literatur. *Sommer 14. Ein Totentanz* (1989) zeigt in 13 Einzelbildern Europa am Vorabend des Ersten Weltkriegs und führt vor, dass Krieg durch verantwortliches Handeln zu verhindern gewesen wäre. H.s bislang letztes Stück *Wessis in Weimar* (1993) befasst sich mit den Schwierigkeiten des inneren Vereinigungsprozesses in Deutschland.

Die Kritik hat H. immer wieder die mangelnde Beherrschung formaler Mittel vorgeworfen – damit mag sie in der Tendenz recht haben, aber, so fragt Claus Peymann 1980, »enthält dieser (Qualitäts-)Begriff nicht auch Gefahren? ... Ich empfinde eine Lücke, die zwischen unseren theatralischen Ausdrucksmitteln klafft und den blutigen Themen, die sich stellen. Vielleicht könnte H. mit seinen Stücken diese Lücke schließen helfen.« Im Jahr 2001, zu seinem 70. Geburtstag, sind über zweieinhalbtausend Seiten H. erschienen, darunter die Frankfurter Poetikvorlesungen *Die Geburt der Tragödie aus dem Krieg*. Darin begegnet man Schritt auf Tritt den alten Bekannten: Jacob Burckhardt, Theodor Mommsen und Golo Mann, Goethe und Schiller, Churchill und Napoleon, Hitler und natürlich Nietzsche. Von ihm, der so gegen das Übliche philosophierte, wie H. gegen das Angewöhnte schreibt, nahm er den Titel und variierte ihn frei nach Clausewitz. So anregend wie diese Vorlesung waren seine neuesten Stücke nicht: Vor allem *McKinsey kommt*, das 2003 unter großer Presseteilnahme in Brandenburg uraufgeführt wurde, hatte zwar als Antiglobalisierungsstück alle H.schen Skandalisierungsmerkmale, konnte aber, wieder mal, als Theaterstück nicht überzeugen. Und doch gehört H. zur deutschen Literatur wie das Salz an der Suppe. Sogar die *FAZ* schrieb: »Gäbe es ihn nicht – man müßte ihn erfinden.«

Werkausgabe: Alle Erzählungen, Gedichte und Romane. Nachwort von Albert von Schirnding. Reinbek bei Hamburg 2001.

*Christian Pohl/Red.*

## Hoddis, Jakob van (d. i. Hans Davidsohn)

Geb. 16. 5. 1887 in Berlin;
30. 4. 1942 Deportation, Todesdatum und -ort unbekannt

Als Zangengeburt in die Welt gesetzt, der kräftigere Zwillingsbruder tot, der Vater kokainabhängig, Arzt und Materialist, die Mutter schöngeistige Idealistin. Ihr, die er zeitlebens um Geld anging, widmete der 15-Jährige zum 44. Geburtstag ein Heft mit 28 Gedichten, romantisierende und historisierende Verse aus der Märchen- und Sagenwelt. Ihm schrieb der 18-Jährige satirische Epigramme, mit denen er auf Autoritäten, bürgerliche Doppelmoral und wilhelminische Ideale witzig eindrosch. Legte sich mit seinem Deutschlehrer an, als der losgiftete: »Sudermann, Hauptmann, Nietzsche und die anderen Schweine«, ging von der Schule ab, machte als »Wilder« das Abitur nach (1906). Ein Architekturstudium und Baupraktikum in München wurde abgebrochen (1906/1907), dafür in Jena und Berlin Griechisch und Philosophie studiert. Mit seinen Freunden Erwin Loewenson und Kurt Hiller gründete H. den »Neuen Club« (1908), einen literarischen Zirkel, gedacht als Kritik am herkömmlichen Kulturbetrieb und als Förderung einer neuen, avantgardistischen Kultur. In seinem »Neopathetischen Cabaret«, dem sich u. a. Ernst Blass und Georg Heym anschlossen, zog der »Neue Club« seine öffentlichen, turbulenten Lesungen und Aktionen ab. H.' Lyrik galt als repräsentativ für den »Neuen Club«, dem »heiter-siedenden Laboratorium des lebendigen Geistes« (Erwin Loewenson), sie entsprachen Hillers Theorie von »Gehirnlyrik« als einer Verschmelzung aus sensualen, sentimentalen und mentalen Elementen. Angeschrieben wurde gegen bildungsbürgerliche Traditionen, die verlächerlicht werden – Johann Wolfgang von Goethe und die deutsche Klassik im *Italien*-Zyklus etwa –, Erwartungshaltungen wurden zerstört, Wertvorstellungen abgewertet, umgewertet, negiert, parodiert, aufgelöst in schwarzen Humor – weswegen André Breton H. so schätzte – und im Groteskstil zerrieben, der zum Markenzeichen von H. wird. Großstadt wurde ästhetisch umgesetzt, ihre neuen Stoffe, doch auch ihre neuen Erfahrungsweisen (Verkehr, Tempo, Technik, Reklame, Kino, Zeitung, Gleichzeitigkeit, Dichte, Intensität). Bekannt wurde H. vor allem als Autor des *Varieté-Zyklus* (zehn Gedichte) und des *Weltendes* (1911), der »Eröffnung der expressionistischen Lyrik« (Kurt Hiller). »Diese 8 Zeilen entführten uns, keinem sind solche zwei Strophen gelungen« (Johannes R. Becher), die einsetzen: »Dem Bürger fliegt vom spitzen Kopf der Hut«. H. galt als Bürgerschreck: verwahrlost, unrasiert, picklig, ein jähzorniger Maulheld und Einzelgänger, 1.53 m groß (»Krümel« hatten ihn die Mitschüler verspottet). Der Vortrag seiner Gedichte, die er alle stets bei sich trug, muss bestechend gewesen sein. Er schrieb wenig und langsam und verlor viel. Expressionistische Zeitschriften wie *Der Sturm*, *Die Aktion*, *Die neue Kunst* veröffentlichten seine Gedichte, lediglich eine geschlossene Sammlung von sechzehn Gedichten wurde gedruckt (*Weltende*, 1918). Schon früh zeigten sich Hinweise auf eine beginnende Schizophrenie (ab 1911/12), erste Internierungen in Nervenheilanstalten folgten (ab 1912). Zwei Frauen wurden, neben der Mutter, für sein Leben bestimmend: Emmy Hennings (die spätere Frau von Hugo Ball), durch die er vom jüdischen Glauben zum Katholizismus konvertierte, und Lotte Pritzel, in die er sich erfolglos verliebte, bekannt durch ihre lasziv-frommen Puppenschöpfungen (mit denen sich H., geschminkt und verkleidet, identifizierte). Verstärkt schrieb H. religiös übersteigerte Lyrik, die später immer mehr von Sexualphantasien überwuchert wurde. Am 25. 4. 1914 trat H. ein letztes Mal bei einem Autorenabend der *Aktion* auf, danach verliert sich sein Leben in und um Heilanstalten (Jena, Bad Eglersburg, Frankenhain, Tübingen, Göttingen). H. schrieb, malte, spielte Schach, trieb »Spitzenmathematik«, rauchte und onanierte gleichermaßen exzessiv, zog vor jedem Tier, das ihm in Tübingen begegnete, den Hut. Lebte autistisch und schwerhörig friedlich dahin. Lächelte und lachte oft: »Und kann ich die Welt nicht aushalten« darum gab mir Gott das Lachen.« Nur

wenn man ihn waschen wollte, wurde er aufbrausend. Aus der »Israelitischen Heil- und Pflegeanstalt« in Bendorf-Sayn bei Koblenz (ab 1933) wurde er am 30. 4. 1942, laut Gestapoliste, als »lfd. Nr. 8« deportiert (wahrscheinlich ins polnische Belzec, Chelmno oder Sobibor) und bald darauf vernichtet und verscharrt (spätestens am 6. Juni 1942).

Werkausgabe: Dichtungen und Briefe. Hg. von Regina Nörtemann. Zürich 1987.

*Dirk Mende*

## Høeg, Peter
Geb. 17. 5. 1957 in Kopenhagen

Peter Høeg gilt als international bekanntester dänischer Gegenwartsautor. Sein literarisches Werk umfasst mehrere Romane und Erzählungen und wurde in über 30 Sprachen übersetzt. Bereits sein Debütroman *Forestilling om det tyvende århundrede* (1988; *Vorstellung vom zwanzigsten Jahrhundert*, 1992) wurde in Dänemark als ein vielversprechender Erfolg gefeiert. In ironischer und teils bis ins Absurde fabulierender Weise folgt der Erzähler drei Generationen aus unterschiedlichen sozialen Schichten und liefert damit ein facettenreiches Bild des 20. Jahrhunderts in Dänemark. Der Roman zeichnet sich durch eine besondere Mischung von Elementen einer traditionellen, dänischen Familiensaga und einem von Gabriel García Márquez inspirierten magischen bzw. phantastischen Realismus aus.

H.s blühende, nahezu groteske und häufig karikaturistische Phantasie verbindet sich mit einem Hang zur Detailgenauigkeit – die sich nicht zuletzt in intensiver Forschungsarbeit auf seinen Romanen thematisierten Spezialgebieten wie Mathematik, Schiffskonstruktion oder Glaziologie geäußert hat – sowie mit ausgeprägten Sinn für stilistische Perfektion und dem damit verbundenen virtuosen Einsatz unterschiedlicher literarischer Stilmittel, der der studierte Literaturwissenschaftler von seinen großen Vorbildern wie z. B. Joseph Conrad, Jorge Luis Borges und vor allem Karen Blixen übernimmt. Letztere stellt

– mit ihren *Seven Gothic Tales* (1934; *Sieben phantastische Geschichten*, 1962) – die stilistische ›Schirmherrin‹ von H.s Erzählungsband *Fortællinger om natten* (1990; *Von der Liebe und ihren Bedingungen in der Nacht des 19. März 1929*, 1996) dar, in dessen neun Erzählungen die Liebe in verschiedenen Varianten zum Ausgangspunkt des Konflikts zwischen Rationalität und Irrationalität wird.

Die Entlarvung der Schattenseiten der europäischen Kultur und die persiflierende Markierung ihrer Grenzen bilden eine durchgehende Konstante im Romanwerk H.s. Dabei sind es stets Außenseiterfiguren, die die zivilisationskritische Perspektive einnehmen. In seinem bekanntesten, sich des Krimigenres bedienenden Roman *Frøken Smillas fornemmelse for sne* (1992; *Fräulein Smillas Gespür für Schnee*, 1994), der international große Aufmerksamkeit erlangte und auch verfilmt wurde, vermittelt die Hauptfigur Smilla diese Perspektive in ihrer Stellung zwischen grönländischer und dänischer Nationalität, zwischen naturwissenschaftlicher Genauigkeit und magischem »Gespür für Schnee«, zwischen Gefühlsmensch und berechnend-heldenhafter ›Superfrau‹.

H.s Originalität liegt in einem demonstrativ nicht-originellen literarischen Spiel, bei dem eine oder mehrere Genre-Arten nicht nur wiederverwendet, sondern bewusst durchexerziert werden. Die daraus resultierende ironische Distanz dient H.s literarischer Zivilisationskritik, wurde von seinen Kritikern teils aber auch übersehen oder missinterpretiert. So gaben insbesondere H.s jüngere Romane, *De måske egnede* (1993; *Der Plan von der Abschaffung des Dunkels*, 1995), eine als Autobiographie (miss-)verstandene beißende Kritik am autoritären Erziehungssystem einer dänischen Privatschule der 1970er Jahre, und *Kvinden og aben* (1996; *Die Frau und der Affe*, 1997), ein nahe am Trivialroman entworfener ökologischer Spannungsroman, in dem die Frau des Londoner Zoodirektors einen hochbegabten Menschenaffen rettet und ein Liebesverhältnis mit ihm eingeht, Anlass zu heftigen Kontroversen in der dänischen Literaturkritik.

*Hanna Eglinger*

## Hoffmann von Fallersleben, August Heinrich
Geb. 2. 4. 1798 in Fallersleben bei Braunschweig; gest. 19. 1. 1874 auf Schloss Corvey/Westfalen

»Glauben Sie, daß sich nach dem preußischen Landrecht dichten läßt? Ich erkläre nochmals: ich habe nur die Stimmung der Zeit und des Volkes wiedergegeben, denen ich nun einmal angehöre.« Mit diesen Worten verteidigte sich der Kaufmannssohn H. vor den preußischen Richtern, die ihm im Jahre 1842 Berufsverbot erteilten. Er verlor seine Breslauer Professur für deutsche Sprache und Literatur (von 1835 bis 1842) wegen der bei Hoffmann & Campe erschienenen *Unpolitischen Lieder* (1840 ff.). Charakteristisch für die Zeit des Vormärz, hatte H. in seinen Gedichten mit Spottlust das deutsche Philistertum, die »Rückwärtserei«, Pfaffentum und feudale Überheblichkeit ironisiert. Er war kein politischer Vordenker, er war ein Stimmungsmensch, der die aufgewühlten Strömungen der vorrevolutionären Zeit aufnahm und mit ihnen sympathisierte. Seine Naturlyrik, politischen Gedichte und Kinderlieder boten für die Komponisten seiner Zeit reichen Stoff: Louis Spohr, Robert Schumann, Felix Mendelssohn-Bartholdy und Franz Liszt vertonten sie. Einige der heute noch populärsten Kinderlieder, wie *Kuckuck, Kuckuck* oder *Ein Männlein steht im Walde*, stammen aus seiner Feder. Wenig bekannt ist, dass auch das *Lied der Deutschen*, das sogenannte Deutschlandlied, H. zum Verfasser hat. Er schrieb es im Jahre 1841 auf Helgoland, und sein Verleger Campe zahlte ihm umgehend für die Verse den stattlichen Preis von vier Louis d'or. Der chauvinistische Ton des Hymnus ist nicht zu überhören, auch wenn die damaligen Grenzen des Deutschen Bundes grob umrissen wurden. Die Überbetonung des Deutschen – vor allem gegenüber dem »Welschtum« – war eine fatale Tradi-

tion seit den antinapoleonischen Befreiungskriegen, die auch den liberalen H. prägte. Als Wissenschaftler beschäftigte ihn vor allem die mittelalterliche Literatur, später wurde er Mitarbeiter am Grimmschen Wörterbuch. H. galt als Aufrührer und Rebell, bis 1848 wurde er 39mal aus deutschen Landen ausgewiesen. Auch nach der gescheiterten Revolution erhielt er keinen Lehrstuhl. 1854 bot ihm der Herzog von Sachsen-Weimar eine Redakteursstelle bei den *Weimarischen Jahrbüchern für deutsche Sprache und Literatur* an; 1860 siedelte er mit seiner Familie auf Schloss Corvey über, wo er im Dienste des Herzogs von Ratibor Bibliothekar wurde. Zurückgezogen begann er mit der Niederschrift seiner Biographie, die noch zu seinen Lebzeiten in sechs Bänden erschien.

In den Wirren der 1848er Revolution verstummt H., er hält sich fern vom politischen Treiben. Später verfasst er nur noch Naturlyrik und Kinderlieder. Nach der Reichseinigung gehört H. zu den Vormärzlern, die das neue Reich bejubeln, aber schon bald tritt Ernüchterung bei ihm ein, denn das neue Staatswesen entspricht doch nicht seinen republikanischen Vorstellungen.

Werkausgabe: Gesammelte Werke. Hg. von Heinrich Gerstenberg. 8 Bde. Berlin 1880–1893.

*Lerke von Saalfeld*

## Hoffmannswaldau, Christian Hoffmann von
Geb. 25. 12. 1616 in Breslau;
gest. 18. 4. 1679 in Breslau

»Der Herr von Hoffmannswaldau / welcher ein schüler des Opitzes gewesen«, habe gleichwohl einen anderen Weg eingeschlagen, »indem er sich sehr an die Italiäner gehalten / und die liebliche schreibahrt / welche nunmehr in Schlesien herrschet / am ersten eingeführet«, schreibt Benjamin Neukirch 1695 in einem Rückblick auf die Entwicklung der deutschen Literatur im 17. Jahrhundert. Daniel Casper von Lohenstein deutet in seiner »Lob-Rede« auf den verstorbenen Freund lakonisch eine Rangordnung an: »Opitz that es den Alten und Ausländern nach / Unser Herr von Hofmannswaldau aber zuvor.« Dass er die »Welschen« und ihre »guten Erfindungen« schätzte, bekannte H. selber, doch gerade diese Offenheit für den italienischen Concettismus und Sensualismus in der Art Giambattista Marinos war Kritikern von der Aufklärung an oft ein Stein des Anstoßes.

Der Schluss freilich von der freizügigen Behandlung der sinnlichen Liebe auf Leben und Charakter des Dichters, ohnehin unzulässig im barocken Dichtungsverständnis, findet keine Stütze in der Biographie des Breslauer Patriziers. H. erhielt eine standesgemäße Erziehung, unbehelligt von den Schrecken des Dreißigjährigen Krieges. Sie gipfelte – nach dem Besuch des Elisabethgymnasium in Breslau, dem Studium am Akademischen Gymnasium in Danzig (1636 bis 1638) und der Universität Leiden (1638 bis 1639) – in einer zweijährigen Bildungsreise (1639 bis 1641) nach England, Frankreich und Italien. In Rom »drehete er«, wie Lohenstein berichtet, »dem väterlichen Befehle zufolge seine Deichsel dem Vaterlande zu« – geplant war die Weiterreise nach Konstantinopel. Es bedurfte offenbar eines gewissen Druckes, um ihn in Breslau »unbeweglich zu machen« und zur Heirat zu bewegen (1643). Er widmete sich zunächst vorwiegend seinen literarischen und wissenschaftlichen Interessen, bis er 1647 in den Rat der Stadt gewählt wurde, dem er bis zu seinem Tod in verschiedenen Funktionen, zuletzt als Präses, angehörte. Seine Tätigkeit für die Stadt (»Breßlau aber blieb doch sein liebstes Kind«) führte ihn mehrmals zu Verhandlungen nach Wien (1657, 1660, 1669/70). 1657 wurde er zum Kaiserlichen Rat ernannt. Man rühmte seine Höflichkeit, seine Freundlichkeit und seine weltmännische Bildung. Sein Haus wurde zum Mittelpunkt eines regen gesellschaftlichen Lebens, dem auch die Dichtung ihren Platz hatte.

Viele seiner Dichtungen sind schon in den 1640er Jahren entstanden, darunter die scharfsinnig-pointierten *Poetischen Grab-Schrifften*, umfangreiche Übersetzungsarbeiten und ein Großteil der Lyrik. Die berufliche Beanspruchung führte dazu, dass in den folgenden Jahrzehnten nur noch zwei umfangreichere Werke fertiggestellt werden konnten, 1652 die Übersetzung von Giovanni Battista Guarinos *Pastor fido* (*Der getreue Schäffer*) und 1664 die *Helden-Briefe*, fiktive Briefwechsel in der Tradition von Ovids *Heroides*, die andeuten, »was die Liebe vor ungeheure Spiele in der Welt anrichte«. An eine Verbreitung seiner Texte durch öffentlichen Druck dachte H. zunächst nicht. Eine ständisch und regional begrenzte Öffentlichkeit stellten zirkulierende Abschriften her. Erst als dieser Kreis durch unberechtigte Drucke seiner *Grab-Schrifften* (1662 u. ö.) und der *Pastor fido*-Übersetzung (1678) durchbrochen wurde, entschloss er sich zu einer Auswahlausgabe seiner Werke (*Deutsche Übersetzungen Und Gedichte*, 1679), die jedoch einen Teil seiner »Lust-Getichte«, d. h. in erster Linie die weltlichen Oden, nicht enthielt, da ihr Verfasser befürchtete, sie möchten zu »ungleichem« (d. h. unbilligem) Urteil Anlass geben (sie veröffentlichte dann Benjamin Neukirch in der Anthologie *Herrn von Hoffmannswaldau und andrer Deutschen auserlesene und bißher ungedruckte Gedichte*, 1695 ff.). Dafür bringen die *Deutschen Übersetzungen Und Gedichte* Texte, die das einseitige Bild vom ironisch-frivolen Erotiker zu korrigieren vermögen: geistliche Lieder, melancholische Gedanken über die Vergänglichkeit der Welt, lyrische Diskurse, die vom rechten Leben handeln. Der neostoizistische »Entwurff eines standhafftigen Gemüths« gehört ebenso zu H.s dichterischen Rollen wie die »Verachtung der Welt«, die auf petrarkistischen Situationen und Motiven basierenden erotischen Sonette oder die witzig-frivolen Oden, die mit religiöser Bildersprache den sinnlichen Genuss feiern. Lohenstein jedenfalls hatte »kein Bedencken einen Breßlauischen Praeses seiner Sinnreichen Getichte halber zu rühmen«.

Werkausgaben: Sämtliche Werke. Hg. von Franz Heiduk. 5 Bde. Hildesheim 1984 ff.; Benjamin Neukirchs Anthologie. Herrn von Hoffmannswaldau und andrer Deutschen auserlesener und bißher ungedruckter Gedichte erster [-zweiter] theil. Hg. von Angelo George de Capua und Ernst Alfred Philippson. 2 Bde. Tübingen 1961–65.

*Volker Meid*

## Hoffmann, Ernst Theodor Amadeus

Geb. 24. 1. 1776 in Königsberg;
gest. 25. 6. 1822 in Berlin

Der Zeitpunkt, an dem H. als Ausdruck seiner Bewunderung für Mozart seinen dritten Vornamen Wilhelm durch Amadeus ersetzte (1809), fällt in die Jahre, in denen er sich den beiden Seiten seines Künstlertalents widmete, die heute mit seinem Namen erst in zweiter Linie verbunden sind: der Musik und der Malerei. 1810 hatte er am Bamberger Theater die Stelle eines Direktionsgehilfen angenommen, in der er bald als Bühnenarchitekt, bald als Theatermaler und Komponist arbeitete und sich in scharfsinnigen Rezensionen mit Ludwig van Beethovens Kompositionen auseinandersetzte. Entscheidenden Einfluss auf H.s spätere schriftstellerische Tätigkeit übt die leidenschaftliche Liebe zu seiner Gesangsschülerin Julia Marc aus (1811), die in den zwei Frauengestalten Julia und Cäcilia in der Erzählsammlung, den *Fantasiestücken in Callots Manier* (1814–15) und hier besonders in der Erzählung *Nachricht von den neuesten Schicksalen des Hundes Berganza* (1814) ihren Niederschlag findet. Der Bamberger Zeit (von 1808 bis 1813) folgte ein weiteres Jahr, in dem sich H. vorwiegend mit der Musik beschäftigte und seine Oper *Undine* (1812–1814; Text von Friedrich de la Motte-Fouqué) vollendete, »eines der geistvollsten« Werke, »das uns die neuere Zeit geschenkt

hat«, wie Carl Maria von Weber in seiner Rezension schreibt. 1813 wurde H. von Joseph Seconda als Musikdirektor nach Dresden berufen. Nach dem Zerwürfnis mit Seconda (1814) wendet er sich brieflich an seinen alten Freund Theodor Gottlieb von Hippel mit »dem sehnlichsten Wunsch ..., wieder im preußischen Staate angestellt zu werden« und mit der Bitte, ihm »eine Anstellung in irgend einem Staats-Bureau zu verschaffen«, die ihn »nähren« sollte. Die wirtschaftliche Not zwingt H., seinen juristischen Brotberuf wieder aufzunehmen, den er 1806 mit dem Einzug der Franzosen in Warschau, wo erste Kontakte zu den Romantikern entstanden waren (von 1804 bis 1806), verloren hatte. Zunächst arbeitete H. am Berliner Kammergericht ohne festes Gehalt, 1816 wurde er zum Kammergerichtsrat ernannt. Die Doppelexistenz als preußischer Kammergerichtsrat und als Künstler, die H. fortan führt, vor allem nach seiner Ernennung zum Mitglied der »Immediatkommission zur Ermittlung hochverräterischer Verbindungen und anderer gefährlicher Umtriebe« (1819), wird satirisch im *Kater Murr* (1820–22) und der Knarrpanti-Episode im *Meister Floh* (1822) verarbeitet. Die juristische Tätigkeit schärfte H.s Blick für skurrile und groteske Situationen und für die Erscheinungsformen des Spießbürgerlichen, die er in komischen Verwicklungen, im Aufeinanderprallen von (spieß-)bürgerlicher Existenz und dem Künstlerischen und Phantastischen in vielen seiner Erzählungen verarbeitete. Die Jahre als preußischer Beamter sind die Zeit von H.s eigentlicher literarischer Produktion. Besonders *Die Elixiere des Teufels* (1815/16) und die *Nachtstücke* (1816/17) tragen dazu bei, dass er von Zeitgenossen und in der Folgezeit als »Gespenster-Hoffmann« verspottet wurde. Sein Anliegen, die Bedrohung des Menschen durch das Unheimliche und Unbegreifliche und die oft gleitenden Übergänge vom Wunderbaren zum Entsetzlichen, vom Genialen zum Krankhaften zu zeigen, Themen, die auch seine Tagebuchnotizen durchziehen und die Heinrich Heine (1836) dazu veranlassten, H.s Werk als einen »entsetzlichen Angstschrei in 20 Bänden« zu nennen, wird oft durch die kurzweiligen Abenteuer- und Spukgeschichten überdeckt.

Diese Spannung, welche die Erzählungen, vor allem *Die Serapions-Brüder* (1819/20), durchzieht, wird auch in seinen Tagebüchern deutlich: Romantisch-religiöse Eintragungen wechseln sich ab mit bissigen Bemerkungen, Humoristisches wird von überspannten Ideen und bizarren Gedanken abgelöst. Die Bedeutung des Unheimlichen, seine Ambivalenz, zugleich anziehend und abstoßend zu wirken, wird in diesen Notizen des »Meisters des Unheimlichen« (Sigmund Freud) stets betont.

H.s letzte Lebensjahre werden von dem Konflikt zwischen seiner schriftstellerischen Tätigkeit und seinem juristischen Beruf überschattet. Die satirische Verarbeitung seiner Tätigkeit in der »Immediatkommission« führte zur Beschlagnahmung des Manuskripts des *Meister Floh* und zog ein Disziplinarverfahren gegen den schon todkranken H. nach sich (1822). Seine Verteidigung der Knarrpanti-Episode im *Meister Floh* enthält gleichsam sein poetisches Vermächtnis: Ohne böse Nebenabsichten habe er die »scurrilen, ja gänzlich bizarren Abentheuer«, frei dem Flug der Phantasie folgend, verfasst; er habe kein politisches Pamphlet vorlegen wollen, sondern ein Produkt der Phantasie eines »humoristischen Schriftstellers, der die Gebilde des wirklichen Lebens nur in der Abstraction des Humors wie in einem Spiegel auffassend reflectirt. Dieser Gesichtspunkt läßt mein Werk in dem klarsten Lichte erscheinen, und man erkennt, was es sein soll, und wie es wirklich ist.«

Werkausgabe: Sämtliche Werke. Hg. von Wulf Segebrecht u. a. 6 Bde. Frankfurt a. M. 1985 ff.

*Bernhard Zimmermann*

## Hofmannsthal, Hugo von

Geb. 1. 2. 1874 in Wien;
gest. 15. 7. 1929 in Rodaun bei Wien

»Allzugenau war es ihm sichtbar, daß er allüberall auf verlorenem Posten stand: aussichtslos war der Weiterbestand der österreichischen Monarchie, die er geliebt hatte und nie zu lieben aufhörte; aussichtslos war die Hinneigung zu einem Adel, der nur noch ein karikaturhaftes Scheindasein führte; aussichtslos war die Einordnung in den Stil eines Theaters, dessen Größe nur mehr auf den Schultern einiger überlebender Schauspieler ruhte; aussichtslos war es all das, diese schwindende Erbschaft aus der Fülle des maria-theresianischen 18. Jahrhunderts, nun im Wege einer barock-gefärbten großen Oper zur Wiedergeburt bringen zu wollen. Sein Leben war Symbol, edles Symbol eines verschwindenden Österreichs, eines verschwindenden Theaters –, Symbol im Vakuum, doch nicht des Vakuums.«

Wenn H. auf die »formidable Einheit« seines Werks verweist, so scheint sie in Hermann Brochs eindringlicher Analyse auf ihren innersten Begriff gebracht: politische, soziale und künstlerische Aussichtslosigkeit und Vergeblichkeit, denen der Dichter aber dennoch mit seinem Lebenswerk einen unbeirrbaren und beharrlichen Widerstand entgegenzusetzen wusste. Mit dem Zusammenbruch der k. u. k. Monarchie 1918 wurde für H. diese Erkenntnis zum Lebensproblem, »das Paradoxon des scheinbaren Noch-Bestehen-Könnens bei tatsächlichem Ende.« Das Kriegsende bildete denn auch die eigentliche Zäsur in seinem Leben und Werk, die beide aus einem geistig-politischen ›Vorher‹ und ›Nachher‹ zu begreifen sind.

Geboren wird H. in Wien zu einer Zeit, die voller Spannungen ist. Im Jahr der Weltausstellung 1873 kommt es zum großen Börsenkrach, in dem das spekulierende Großbürgertum, darunter auch sein Vater, einen Großteil des Vermögens verliert; trotz des Ausgleichs mit Ungarn von 1867 ist das Nationalitätenproblem im Bunde mit dem erstarkenden Panslavismus, Nationalismus und Antisemitismus eine ständig wachsende Belastung für den Erhalt des Kaiserreichs; Kunst und Literatur antworten auf diese bedrängenden Gegenwartsprobleme mit Flucht in einen unverbindlichen Ästhetizismus, dessen unterschwellige Katastrophenstimmung mit den Schlagwörtern ›décadence‹, ›Fin de siècle‹, ›l'art pour l'art‹, ›Symbolismus‹ oder ›Romantizismus‹

nurmehr kaschiert erscheint. Prägnanter wird die Stimmung der Jahrhundertwende gefasst in den Seitenhieben von Karl Kraus und Hermann Bahr gegen die herrschende Literatenschicht – die »Kaffeehausdekadenzmoderne« als »fröhliche Apokalypse Wiens«. »Die demolirte Litteratur« – zu ihren Vertretern zählt Karl Kraus 1897 ausdrücklich auch den jungen  H., der noch als Gymnasiast in den einschlägigen literarischen Kaffeehauskreisen mit sprachvollendeten Gedichten debütierte und von Bahr und Arthur Schnitzler als Wunderkind gefeiert wurde. Stefan George hatte den jungen Dichter als Mitarbeiter für seine *Blätter für die Kunst* gewonnen, in denen 1892 das dramatische Fragment *Der Tod des Tizian* erscheint; bis 1897 treten neben Gedichte voller Musikalität und Sprachmagie weitere dramatische Arbeiten: *Alkestis* und *Der Thor und der Tod* als das wohl berühmteste Werk des jungen H. Er selbst charakterisiert sie im Rückblick als »Stücke ohne Handlung, dramatisierte Stimmungen«. »Das Bekenntnishafte, das furchtbar Autobiographische daran« ist oft übersehen worden; es enthüllt sich als die Auseinandersetzung des jungen Dichters mit dem Todeserlebnis als Lebensüberfluss; die Schrecklichkeit des Todes wird in allen Dramoletts (*Gestern*; *Der weiße Fächer*; *Die Frau im Fenster*) durch ein gesteigertes dionysisches Lebensgefühl überwunden: Tod und Leben verschmelzen im mystischen Erlebnis zu einer höheren, göttlichen Einheit. Die Hingabe an dieses rauschhafte Daseinsgefühl wird aber bereits in dem *Märchen der 672. Nacht* (1895) in Frage gestellt: »Die tödliche Angst vor der Unentrinnbarkeit des Lebens« führt zur Erkenntnis, dass die humane Existenz jenseits des schönen verarmenden Lebens – von H. als Zustand der »Präexistenz« beschrieben – in Sittlichkeit und in Verantwortung gegenüber der Lebensaufgabe gesucht werden muss. Der Ästhetizismus wird erkannt als ausweglose Verstrickung in eine verführerische Scheinwelt; wie wird er überwunden? 1901 gibt H. die durch Dissertation und Habilitationsschrift in Romanistik vorbereitete Universitätslaufbahn zugunsten des Schriftstellerberufs auf; in demselben Jahr heiratet er und zieht in das»Fuchsschlössel«in Rodaun bei Wien, das er bis zu seinem Tode bewohnt.

Die neuen Verhältnisse zusammen mit der Erschöpfung des lyrisch-subjektiven Jugendstils führen in eine tiefe schöpferische Krise: der»bivalente Zustand zwischen Präexistenz und Verschuldung«, zwischen Ästhetizismus und Lebensschicksal muss entschieden werden. Der sogenannte»Chandos-Brief« (*Brief des Philipp Lord Chandos an Francis Bacon*, 1902) sucht diese Wandlung zu formulieren; in ihm äußert sich nicht nur die Verzweiflung über den Sprachverlust –»die abstrakten Worte zerfielen mir im Munde wie modrige Pilze –, sondern auch die Kritik an der Gefühlsintensität,»das ganze Dasein als eine große Einheit« erleben zu wollen. Die in der Jugendlyrik beschworene Einheit von Mensch, Ding und Traum ist endgültig zerbrochen. Nach dem»Tod des Ästheten« (Richard Alewyn) sucht H. die Rettung aus der Schaffenskrise durch den»Anschluß an große Form«zu finden. Dies bedeutet die Wende zum objektiveren dramatischen Stil und zur Prosa (der Roman *Andreas oder die Vereinigten*, 1907), in denen sich die Sprache als traditionell geprägter Form der Konversation dennoch schöpferisch begegnen lässt. Mit der Umgestaltung von Thomas Otways *Gerettetem Venedig* beginnt 1904 die neue Epoche des Dramatikers, die vielen Bewunderern seines Jugendwerks unverständlich bleibt. Gleichzeitig beginnt sich H. dem griechischen Drama zuzuwenden (*Elektra*, 1904; *Ödipus und die Sphinx*, 1906). In der Zusammenarbeit mit Richard Strauß seit 1906 zeigt sein dramatisches Schaffen vertieferen Ausdruck,»die Erfüllung traditioneller theatralischer Forderung« mit der Oper als»der wahrsten aller Formen«. Die lebenslange enge Verbindung zwischen Dichter und Komponist (*Briefwechsel*, 1927) findet neben *Elektra*, *Ariadne auf Naxos* (1912), *Die Frau ohne Schatten* (1916) und *Arabella* (Hg. 1933) in der triumphalen Aufführung des *Rosenkavaliers* (Dresden 1911) ihren Höhepunkt. Der Stoff aus der Zeit Maria Theresias führt H. zur Entdeckung des Barock und des habsburgischen Mythos; Calderon wird für die Bühne neu zu gewinnen versucht (*Das Salzburger große Welttheater*, 1922; *Dame Kobold*, 1922); die schwierige Umgestaltung des Schauspiels *Das Leben ein Traum* in ein religiös-politisches Trauerspiel der Gegenwart (*Der Turm*, 1927) weist auf die Grenzen dieser Anverwandlung aus dem Geist des spanischen Barock.

Aus demselben Geist der Allegorie entsteht für die von H. mitbegründeten Salzburger Festspiele 1920 die Neufassung des englischen *Jedermann*. Die Überzeugung, dass man»nach verlorenen Kriegen Lustspiele schreiben muß«, die»das Einsame und das Soziale«zusammenfügen, lässt ihn an sein Jugendwerk anknüpfen (*Christinas Heimreise, Silvia im Stern, Der Abenteurer und die Sängerin*). Es entstehen in rascher Folge *Der Schwierige* (1921), *Der Bürger als Edelmann* nach Molière (1918), *Der Unbestechliche* (1923). In diesen Komödien findet das Konversationsstück seinen unüberbietbaren Höhepunkt:»Das erreichte Soziale«.

Die Neubesinnung auf die Rolle Österreichs und seiner kulturellen Grundlagen nach dem Weltkrieg –»Österreichs tausendjähriger Glaube an Europa« – führt H. zu einer verstärkten kulturpolitischen Aktivität, wie sie in der Münchener Rede *Das Schrifttum als geistiger Raum der Nation* (1927) ihren konzentrierten Ausdruck findet. Die dort verkündete Idee einer»konservativen Revolution« als»schöpferischer Restauration« mit dem Ziel einer»neuen deutschen Wirklichkeit« vor dem Hintergrund europäischer Tradition sollte den innenpolitischen Krisen Österreichs und Deutschlands ungehört verhallen. 1929 stirbt H. einige Tage nach seinem Sohn.

Werkausgabe: Sämtliche Werke. Kritische Ausgabe in 38 Bänden. Hg. von Rudolf Hirsch u. a. Frankfurt a. M. 1975 ff.

*Karl-Heinz Habersetzer*

## Holberg, Ludvig

Geb. 3. 12. 1684 in Bergen/Norwegen;
gest. 28. 1. 1754 in Kopenhagen

In die europäische Kulturgeschichte hat sich Ludvig Holberg als der bedeutendste Vertreter der skandinavischen Aufklärung eingeschrieben. Dabei bildete die Dichtung nur eines seiner zahlreichen Betätigungsfelder, zu denen Geschichts- und Rechtswissenschaft ebenso zählen wie Theologie und Philosophie. Nach seinem Examen, das er mit 19 Jahren an der Kopenhagener Universität abgelegt hatte, verschaffte sich H. auf ausgedehnten Reisen durch die führenden Kulturnationen Europas (Holland, England, Deutschland, Frankreich, Italien) einen nachhaltigen Einblick in das neue, vernunftorientierte Denken. Während eines längeren Aufenthalts in England fasste er den Entschluss, »gemeinnützige« Bücher zu schreiben, deren Reihe er mit einem Handbuch der europäischen Geschichte (*Introduction til de fornemste europæiske Rigers Historie*, 1711; Einleitung in die Geschichte der vornehmsten europäischen Reiche) eröffnete.

Seine dichterische Begabung entdeckte H., als er seine nach dem Vorbild von Hugo Grotius und Samuel Pufendorf verfasste *Introduction til Natur- og Folke-Rettens Kundskab* (1716; *Einführung das Natur- und Völkerrecht*, 1748) im polemisch-satirischen Stil gegen den Vorwurf des Plagiats verteidigte. Von ihm selbst auf einen »poetischen Raptus« zurückgeführt, entstanden im Laufe weniger Jahre neben einigen Satiren, Scherzgedichten und dem komischen Alexandrinerepos *Peder Paars* (1719/20; *Peder Paars*, 1750) 25 Komödien, mit denen sich H. den Ruf eines ›nordischen Molière‹ erwarb. In *Peder Paars* bilden parodistische Anspielungen auf das antike Heldenepos (v. a. *Aeneis* und *Odyssee*) den äußeren Rahmen eines satirischen Abbildes der dänischen Gegenwart. Die Polemik wurde indes durch H.s eindeutiges Bekenntnis zum aufgeklärten Absolutismus gemäßigt, so dass die königliche Administration ihn für geeignet hielt, das 1722 gegründete Nationaltheater mit dänischen Komödien zu versorgen. Die meisten zu diesem Zweck verfassten Werke sind Charakterkomödien in der Tradition Molières, deren Hauptanliegen die scherzhafte Bloßstellung menschlicher Unvernunft ist. Unter den verspotteten Protagonisten finden sich Typen wie der handlungsunfähige politische Schwätzer (*Den politiske Kandestøber*, 1723; *Der politische Kannegießer*, 1742), der an Gallomanie leidende Bürgersohn (*Jean de France*, 1723; *Jean de France*, 1741), die launische Frau (*Den Vægelsindede*, 1723; *Die Wankelmütige*, 1744) oder der eingebildete und disputierwütige Gelehrte (*Erasmus Montanus*, 1731; *Erasmus Montanus*, 1744). Das Motiv des »Königs für einen Tag« gestaltet H. in *Jeppe paa Bjerget* (1722; *Der verwandelte Bauer*, 1744), seinem – neben *Den politiske Kandestøber* – bekanntesten Bühnenwerk, das durch die verstärkte Einbeziehung historisch-sozialkritischer und allgemeinmenschlicher Aspekte einen weiteren Horizont eröffnet als die humorvolle Pädagogik der übrigen Charakterkomödien.

Finanzielle Probleme des jungen Theaters sowie das Theaterverbot Christians VI. (1730–46) begünstigten ein Wiedererwachen des ›historischen Raptus‹, doch entstanden in der Zeit von 1729 bis 1745 nicht nur H.s bedeutendste Geschichtswerke (u. a. *Dannemarks Riges Historie*, 1732–35; *Dänische Reichs Historie*, 1743/44), sondern auch der utopische Roman *Nicolai Klimii iter subterraneum* (1741; *Nicolai Klims unterirdische Reise*, 1741). Die beträchtliche Sprengkraft dieses Werks, das in phantastischen Szenarien sowohl positive als auch negative Entwicklungsmöglichkeiten von Staat und Gesellschaft illustriert, wurde durch die Abfassung in lateinischer Sprache sowie eine fingierte Herausgeberschaft gemildert. Zeugnisse eines ›philosophischen Raptus‹, der die letzte Lebensphase des Dichters bestimmte, sind die verschiedensten Themen gewidmeten *Epistler* (5 Bde., 1748–54; *Briefe*, 1749–55) sowie die moralphilosophischen Schriften *Moralske Tanker* (1744; *Moralische Gedanken*, 1744) und *Moralske Fabler* (1751; *Moralische Fabeln*). Den Schlussakt seines schriftstellerischen Lebenswerkes vollzog H. mit der Herausgabe der verschiedensten Themen gewidmeten Altersdramen (*Den Danske Skueplads*, Bd. 6–7, 1753/54; Die dänische Schaubühne).

Für die Wechselwirkung der nationalen Kulturen Europas im 18. Jahrhundert bietet H. eines der einprägsamsten Beispiele. Mit seiner Weltoffenheit, seinem pädagogisch motivierten Wissensdrang und einem sicheren, aber keineswegs unkritischen Gespür für die Tragweite aufklärerischer Ideen wurde er in seiner Heimat zum Vermittler einer neuen Literatur und eines neuen Denkens. Doch die Bewegung, die von den Nachbarländern ihren Ausgang genommen hatte, wendete sich schon bald in die entgegengesetzte Richtung. Einige der wissenschaftlichen Schriften H.s wurden bereits zu seinen Lebzeiten oder in den folgenden Jahrzehnten ins Deutsche, Englische, Französische und Holländische übersetzt. Vor allem in Deutschland avancierten seine unter anderem von Johann Christoph Gottsched übersetzten Komödien zum Standardrepertoire nahezu aller Theater und Wanderbühnen.

Werkausgabe: Komödien. 2 Bde. Hg. H. u. A. Holtorf. Berlin 1943.

*Ulrike-Christine Sander*

### Hölderlin, Friedrich
Geb. 20. 3. 1770 in Lauffen a. N.;
gest. 7. 6. 1843 in Tübingen

»Klare Linien« in etwas so Verworrenem wie einem Menschenleben kommen meistens nur durch Stilisierung zustande. Von Johann Wolfgang Goethe weiß man – scheinbar – deshalb so viel, weil er bewusst ein Bild von sich arrangierte. H. ist als »Klassiker« mit einer Verspätung von über einhundert Jahren entdeckt worden. Ein unstilisiert gelebtes Leben hinterlässt jedoch nach so langer Zeit eine nur noch unklare und missverständliche Spur. Schwach umrissene »Dunkelzonen« entstehen, biographische »Leerstellen«, in denen sich Einfühlung, Phantasie, Fiktion einnisten. Das ist einer der Gründe da-

für, dass H. immer schon ein Lieblingsthema der Dichter war. Bevor man nur daran dachte, eine Biographie über ihn zu schreiben, tauchte H. ja schon als literarische Figur auf – 1811 in Justinus Kerners *Reiseschatten*. Keiner seiner bisherigen Biographen konnte auf Einfühlung, letztlich auf Fiktion verzichten, wenn er sich von H. ein Bild machen wollte.

H. war der Sohn eines schwäbischen Patriziers und herzoglichen Beamten. Sein Vater starb früh, ebenso sein Stiefvater. Mit neun Jahren ist der älteste und einzig leibliche Sohn ohne väterliches Gegengewicht mit der Mutter allein, die wohl warmherzig und bemüht, aber auch engstirnig, wenig einfühlsam war, ebenso Angst vor dem Leben hatte, wie sie selbst Angst verbreitete. Ihren Ehrgeiz für den Sohn richtete sie auf das beruflich höchste Ziel, das an ihrem pietistisch-kleinbürgerlichen Horizont sichtbar war: Er sollte Pfarrer werden, und der sicherste und respektabelste Weg dahin führte über die Klosterschulen, strenge religiöse Erziehungsstätten, und das Tübinger Stift, die theologische Zwangsanstalt des württembergischen Herzogs. Auf diesen Weg wurde H. geschickt, und er hätte ihn vielleicht stumm hinter sich gebracht, wie so viele Generationen vor ihm, wenn das Datum seines Eintritts ins Stift nicht 1788 gelautet hätte. Die Französische Revolution, die H. in der angeregten und unterschwellig aufsässig gestimmten Atmosphäre des Stifts ein Jahr später, mit neunzehn Jahren, erlebte, brachte einen völligen Umsturz aller moralischen, ideellen und politischen Vorstellungen. Es scheint, als habe sie in ihm eine Rebellion gegen die Mutter und ihren Lebensplan ausgelöst. Er schreibt in seinen Briefen, er wolle lieber Jurist werden als Pfarrer (der Beruf des Vaters!); außerdem nimmt er seine Gedichte immer ernster: Schon sind die ersten der *Tübinger Hymnen*, die »eigentliche Revolutionsdichtung« (Christoph Prignitz) erschienen. Wie für die Mutter der Pfarrer das Höchste war, was man erreichen konnte, so scheint es für Friedrich immer mehr der Schriftsteller geworden zu sein. Ein emotionales Duell zwischen Mutter und Sohn beginnt. H. argumentiert gegen die mütterliche Sphäre in seinen Briefen, in einem langangelegten, zähen Überzeugungs-, ja Agitationsversuch will er die Mutter zu sich herüberziehen, ein deutliches Anzeichen dafür, dass er von ihrer Zustimmung ganz elementar abhängig gewesen ist. 1793, nach dem Studium, ringt er ihr zunächst einen Aufschub der Pfarre ab: Friedrich Schiller, die von jetzt ab bestimmende, idealisierte »Vatergestalt«, vermittelt eine Hofmeisterstelle bei Charlotte von Kalb, die mit Schiller und Jean Paul befreundet und Mitglied der Weimar-Jenaer Intellektuellenkreise ist. Die Anstellung dauert nicht lange. Schon einige Monate später siedelt H. nach Jena über, in die intellektuelle Hauptstadt Europas im letzten Jahrzehnt des 18. Jahrhunderts. Er hört Vorlesungen bei Johann Gottlieb Fichte, lernt die Frühromantiker kennen, trifft Johann Wolfgang Goethe, wird von Friedrich Schiller protegiert, der seinen entstehenden Roman *Hyperion* (2 Bde. 1797/99) an den Verleger Cotta in Stuttgart vermittelt. Er schließt Freundschaft mit Isaak von Sinclair, einem demokratisch gesinnten jungen Adeligen aus Homburg vor der Höhe, der bis in die Zeit der großen Krise hinein mit ihm verbunden bleibt und der den Kontakt zur politischen Sphäre, den revolutionären, »jakobinischen« Zirkeln der Zeit herstellt. Für einen jungen Mann mit literarischem Ehrgeiz war H.s Stellung in Jena geradezu ideal. Nach kurzer Zeit jedoch, im Frühsommer 1795, geschieht das Unerwartete, Widersinnige, eigentlich Lebensfeindliche: H. bricht von einem Tag auf den anderen auf und wandert zu Fuß zum mütterlichen Haus nach Nürtingen zurück. Wir wissen nicht, warum. Politische Verwicklungen? Psychotische Episode? Angst vor Friedrich Schillers Nähe? Nach einigen höchst deprimierten Monaten in Nürtingen tritt H. dann eine Stelle an, die inzwischen zu einem der mythischen Schauplätze der deutschen Literaturgeschichte geworden ist: Er wird Hofmeister im großbürgerlichen Haushalt des Bankiers Jakob Gontard in Frankfurt am Main. H. hat in der nun einsetzenden Oden-Dichtung und in seinen Briefen die neue Entwicklung festgehalten: den seit Goethes Briefroman *Die Leiden des jungen Werthers* (1774) archetypischen Konflikt zwischen geistloser bürgerlicher Macht und ohn-

mächtigem bürgerlichen Geist, und – darüber weit hinausgehend – als Substrat dieses Konflikts das ödipale Drama, das seinen Schatten auf die neuen Frankfurter Beziehungen wirft. H. verliebt sich in die Dame des Hauses, die mit ihrem Ehemann – wie es seit langem bürgerliche Konvention ist – nicht dem Gefühl, sondern nur der Rechtsform nach verheiratet war. Susette Gontards »Madonnenkopf« wird das Ideal für H.s »Schönheitssinn«, von dem er in einem Brief schreibt. Neben der realen Mutter wird ein neues, als »Muttergottes« idealisiertes mütterliches Urbild sichtbar, das von H. als »Rettung« schlechthin empfunden worden sein muss. Ein Aufatmen ist der Grundgestus der *Diotima*-Oden aus der Frankfurter Zeit. Die neue, glückliche Symbiose wird jedoch unvermeidlich gestört durch das Dazwischentreten der »bösen Vatergestalt«, die sich als alles bestimmend, als mächtiger erweist: Jakob Gontard feuert den Hauslehrer 1798; die Geliebte bleibt in ihrem Gefängnis zurück. Aus ihren erhalten gebliebenen Briefen und aus ihrem späteren Lebenslauf ist ersichtlich, dass Susette die Affäre wohl im wörtlichen Sinn das Herz gebrochen hat. H. setzt nun alles auf eine Karte: Im nahen Homburg vor der Höhe versucht er, der »guten Vaterfigur« Friedrich Schiller nachzueifern und als Schriftsteller den Durchbruch zu erzwingen. Nach einem Jahr muss er feststellen, dass sein kommerzielles Hauptprojekt, eine literarische Zeitschrift, *Iduna*, nicht zustande kommen kann, weil sich keine prominenten Beiträger finden, und dass Friedrich Schiller an seinem früheren Schüler das Interesse verloren hat.

Die ehrgeizigste literarische Arbeit der Homburger Zeit, die Tragödie *Der Tod des Empedokles*, bleibt Fragment. 1800 kehrt er erneut nach Hause zurück. Nach einem glücklichen Sommer bei Freunden in Stuttgart bahnt sich die seelische Katastrophe an. H. quittiert innerhalb weniger Monate zwei Hofmeisterstellen, eine in der Schweiz, die zweite in Bordeaux, von wo aus er über Paris wieder in die Heimat zurückwandert. Während er noch unterwegs ist, stirbt Susette Gontard an den Röteln. Als er im Sommer 1802 wieder in Schwaben eintrifft, begegnet man einem Geistesgestörten. Im Elternhaus tobt er gegen die Mutter; die idealisierte, in alle Höhen der menschlichen Vorstellungskraft gelobte Seelenfreundin ist tot; die Mutter, die stets sein Leben belastet hat, dieser Schatten ragt mächtiger und größer denn je herein. Bei der Mutter, der er entkommen wollte, ausgerechnet bei ihr muss er jetzt Zuflucht suchen. Die »böse« Vaterrepräsentanz, Jakob Gontard, war Sieger geblieben, die »gute« Vaterrepräsentanz, Friedrich Schiller, hatte sich abgewandt. Vielleicht war das der Moment des endgültigen Zusammenbruchs. Die fieberhafte literarische Aktivität, die jetzt einsetzt und der wir sein weltliterarisch einmaliges Spätwerk verdanken, ist jedenfalls auf dem Hintergrund fortschreitender psychischer Regression zu sehen. Zum Schein wird er in Homburg als Bibliothekar angestellt, wird aus der Privatschatulle des landgräflichen Beamten Isaak von Sinclair bezahlt. Als die Landgrafschaft durch Napoleon aufgelöst wird, bringt man H. nach Tübingen. Der Freund Sinclair hat der Mutter geschrieben, dass sein »Wahnsinn eine sehr hohe Stufe erreicht« habe: »Seine Irrungen haben den Pöbel dahier so sehr gegen ihn aufgebracht, daß bei meiner Abwesenheit die ärgsten Mißhandlungen seiner Person zu befürchten stünden.« H. widersetzt sich heftig, glaubt an eine Entführung, will aus der Kutsche fliehen, gelangt aber schließlich in das Klinikum des Medizin-Professors und Kanzlers J. H. Ferdinand Autenrieth, wo man ihn sofort mit Belladonna- und Digitalis-Präparaten ruhigstellt. Dem unheilbar Erkrankten diagnostiziert der Arzt eine Lebenserwartung von nur noch drei Jahren. Er wird dem Schreinermeister Zimmer in Obhut gegeben. Der erinnert sich: »Im Klinikum wurde es mit ihm noch schlimmer. Damals habe ich seinen Hyperion gelesen, welcher mir ungemein wohl gefiel. Ich besuchte Hölderlin im Klinikum und bedauerte ihn sehr, daß ein so schöner und herrlicher Geist zu Grund gehen soll. Da im Klinikum nichts weiter mit Hölderlin zu machen war, so machte der Kanzler Autenrieth mir den Vorschlag, Hölderlin in mein Haus aufzunehmen, er wüßte kein passenderes Lokal. Hölderlin war und ist noch ein großer Naturfreund und kann

in seinem Zimmer das ganze Neckartal samt dem Steinlacher Tal übersehen.« Gelegentlich wird H. von »Paroxysmen« befallen, muss Stunden und Tage im Bett verbringen, dann musiziert er wieder, empfängt Besuche, schreibt, kämpft mit den Gespenstern der Vergangenheit: »Der edle Dichter des Hyperion ... raset nicht, aber spricht unaufhörlich aus seinen Einbildungen, glaubt sich von huldigenden Besuchern umgeben, streitet mit ihnen,... widerlegt sie mit größter Lebhaftigkeit, erwähnt großer Werke, die er geschrieben habe, andrer, die er jetzt schreibe«, hat Varnhagen von Ense anlässlich eines Besuchs bei dem Kranken festgehalten. Schließlich stirbt H. nach sechsunddreißig Jahren eines dämmernd-wachen Dahinlebens an den Folgen der Brustwassersucht nachts um elf Uhr. H. »habe am Abend noch sehr heiter in den Mond hinaus gesehn und sich an dessen Schönheit gelabt, habe sich dann ins Bett gelegt und sei verschieden«.

Erst einhundert Jahre später wurde sein Werk wiederentdeckt – im Zeichen der kulturrevolutionären Erneuerungsbewegungen des Jahrhundertbeginns. Man erblickte in seinem Leben wie in seinem Werk die Chiffre eines gebrochenen, sehnsüchtig sich an die antiken Anfänge der europäischen Geschichte rückerinnernden Entfremdungsgefühls. Noch in den heutigen Debatten um H.s Leben und Werk ist solche »Rückprojektion« mancher Aporien der Moderne zu beobachten: So in der Diskussion um den »Jakobiner« H. das Problem der Politisierung des modernen Intellektuellen, und in der mit vielen Vorurteilen behafteten Debatte über H.s Krankheit die Pathographie des bürgerlichen Subjekts schlechthin; so schließlich auch im mit Friedrich Nietzsche und Martin Heidegger wieder bewusst gewordenen utopischen Horizont einer als »eigentlicher« Lebensform des menschenwürdigen Daseins rückerinnerten, vorchristlichen Antike.

Werkausgaben: Sämtliche Werke. Frankfurter Ausgabe. Hg. von D. E. Sattler. Frankfurt a. M. 1977–1993; Sämtliche Werke. Große Stuttgarter Hölderlin-Ausgabe. Hg. von Friedrich Beißner u. a. 8 Bde. Stuttgart 1943–1985.

*Stephan Wackwitz/Red.*

## Hölty, Ludwig Heinrich Christoph

Geb. 21. 12. 1748 in Mariensee bei
Hannover; gest. 1. 9. 1776 in Hannover

»Man kann sich ihn aus dem Gebäude der
deutschen Literaturgeschichte hinwegdenken,
ohne daß dieses zusammenbräche, aber es
fehlte ein liebgewordener Schmuck, den wir
ungern vermissen würden« (August Sauer).
Zum Schmuck für den bürgerlichen Salon ist
H. vor allem als Textdichter für Wolfgang
Amadeus Mozart und Johann Friedrich Rei-
chardt, Franz Schubert und Johannes Brahms
geworden. Als Predigerssohn teilt er das
Schicksal zahlreicher Stürmer und Dränger:
das mühsame, nicht zu Ende geführte Theologiestudium in Göttingen von 1769 bis 1772,
die dürftige Existenz als Privatlehrer und
Übersetzer und vor allem die Leidenschaft zur
Dichtung. So war die Gründung des Göttinger
Hainbundes, zu dem sich am 12. 9. 1772 H.,
Johann Heinrich Voß, die beiden Grafen
Christian und Friedrich Leopold Stolberg u. a.
zusammentaten, ein euphorisches Kontrast-
programm gegen die einengende deutsche
Kleinstaaterei, ein Zeichen der Verehrung für
Friedrich Gottlieb Klopstock und ein Versuch,
sich mit dem »natürlichen« Leben des »einfachen Volkes« zu identifizieren. An Johann
Heinrich Voß schrieb H.: »Mein Hang zum
Landleben ist so groß, daß ich es schwerlich
übers Herz bringen würde, alle meine Tage in
der Stadt zu verbringen. Eine Hütte, ein Wald
daran, eine Wiese mit einer Silberquelle und
ein Weib in meiner Hütte ist alles, was ich auf
diesem Erdboden wünsche.« Dass dies eher
der Wunsch eines intellektuellen Stadtbürgers
war, zeigt H.s Entscheidung, im Kreise der
Freunde in Göttingen zu bleiben, wo er sich als
Privatlehrer für Griechisch und Englisch und
mit dem Verfertigen von Gelegenheitsgedichten durchschlug. Im *Göttinger Musenalma-
nach*, dem Forum der Sturm-und-Drang-Ge-
neration, konnte H. seine empfindsamen Gedichte, Idyllen und Balladen veröffentlichen,
von denen die *Frankfurter Gelehrten Anzeigen*
1773 schrieben, dass sie Friedrich Gottlieb
Klopstock in Rhythmus und Sprachbeherr-
schung am nächsten stünden. Bei einer Reise
nach Leipzig verschlimmerte sich H.s tuber-
kulöse Erkrankung so sehr, dass er 1776 nach
Hannover zurückkehren musste, wo er am 1.
September starb. Eine moderne Hommage an
H.s flüchtige und vom Tode gezeichnete Existenz ist Johannes Bobrowskis Widmungsge-
dicht *An Hölty* vom 23. Mai 1965: »Maientanz/
oder Die Schäferin /Blättergeschrei um den
Lorbeer./Windung, im FrostRauch./Der
Atem/gegangen durch das Wasser./Es war eine
Furt/sandig, Wirbelzogen, das Licht/starr. Es
war ein Baum./ Abend. Ein Mund/der sich
dem Salz versagte./War deine Stimme/Mai-
lied/unter der Erde« (aus *Wetterzeichen*).

Werkausgaben: Sämtliche Werke. Kritisch hg. von
Wilhelm Michael. 2 Bde. 1914–1918, Nachdruck
Hildesheim 1969; Gesammelte Werke und Briefe.
Kritische Studienausgabe. Hg. von Walter Hettche.
Göttingen 1998.

             *Claudia Albert/Burkhardt Baltzer*

## Holz, Arno

Geb. 26. 4. 1863 in Rastenburg/
Ostpreußen; gest. 26. 10. 1929 in Berlin

»Vater der Moderne« nannte ihn 1963
Helmut Heißenbüttel. Gemeint war damit der
Vertreter des »konsequenten Naturalismus«,
aber mehr noch der Verfasser einer *Revolution
der Lyrik* (1899) und der *Phantasus*-Gedichte
(erstmals 1898). Theorie und Praxis waren bei
H. immer eng verbunden. Nach Versuchen
mit konventioneller Lyrik – Emanuel Geibel
war sein Vorbild – wurde H. in den 1880er
Jahren zu einem engagierten Vertreter einer
»modernen«, sozialkritischen Dichtung (*Das
Buch der Zeit. Lieder eines Modernen*, 1886).
Junge Schriftsteller, die sich aus der Provinz
nach Berlin gezogen fühlten, diskutierten über
eine neue realistische Kunst. Waren die meisten Mitglieder dieser Berliner Literatenzirkel
Studenten der Universität, die z. T. noch bei
Wilhelm Scherer die Grundzüge einer positi-
vistischen Literaturtheorie kennengelernt hatten, so war H. ein Autodidakt. Aus einer mit-
telständischen Familie stammend, hatte er
zwar das Gymnasium besucht, musste es aber

als bereits 18-jähriger Untersekundaner verlassen. Zunächst versuchte er, sein Geld als Journalist zu verdienen, entschied sich aber bald für eine freie Schriftstellerexistenz. H. hat immer wieder über die schwierige materielle Situation geklagt, denn von seinen Werken konnte er nicht gut leben. Da gab es kleine Literaturpreise, Stipendien, teure Subskriptionsbände seiner Werke und nicht zuletzt Spenden, die Freunde für ihn öffentlich einforderten. Franz Mehring hat von einem hässlichen Spiel mit einem großen Talent gesprochen. H. blieb während seines ganzen Schriftstellerlebens in Berlin, da er sich als Großstadtdichter fühlte (vgl. seine *Phantasus*-Lyrik). Großen Widerhall fand er seit Mitte der 1880er Jahre in einem Kreis junger Intellektueller, der das Theater revolutionieren wollte. Als 1889 der Theaterverein »Freie Bühne« und 1890 die gleichnamige Zeitschrift gegründet wurden, war H. dabei. Zu Beginn der 1890er Jahre ist er mit fast allen bekannten Schriftstellern in Berlin befreundet. Das fehlende Universitätsstudium hat H. durch eifrige Lektüre theoretischer Schriften wettgemacht. Er beschäftigte sich mit den Werken der französischen Positivisten, der englischen Empiristen und setzte sich mit Emile Zolas Theorie auseinander. So wurde er bald der theoretische Kopf der Berliner Naturalisten. Seine Studien befruchteten die Zusammenarbeit mit Johannes Schlaf, mit dem H. eine Reihe von Prosaskizzen (*Papa Hamlet*, 1889; *Neue Geleise*, 1892) und das Drama *Die Familie Selicke* (1890) herausgab. So ungewöhnlich solche Gemeinschaftswerke in der Geschichte der Literatur sind, so sind sie doch ein Ausdruck des gemeinsamen Aufbruchwillens, der die jungen Naturalisten erfasst hatte. Die Werke von H. und Schlaf wurden zum Inbegriff eines konsequenten Naturalismus, der mit Beobachtungsintensität und naturgetreuer Nachahmung (»Sekundenstil«) der Dichtung neue Darstellungsweisen erschloss, deren Wirkung über die sozialkritische Literatur der 1920er Jahre bis zur Dokumentarliteratur der Gegenwart zu verfolgen ist. Der Theoretiker H. hat mit seiner Programmschrift des Naturalismus *Die Kunst. Ihr Wesen und ihre Gesetze* (1. Teil 1891; 2. Teil

1893) zudem sein berühmtes und so missverständliches »Kunstgesetz« verkündet: Kunst = Natur − x.

H. war eine ungewöhnlich ausstrahlungsstarke und dominierende Persönlichkeit, die gern andere Menschen um sich scharte und eine Kreisbildung versuchte. Solche Bindungen − u.a. mit Gerhart Hauptmann und Paul Ernst − waren anregend und belastend zugleich. Besonders Johannes Schlaf hat diese intensive Freundschaft bald als Bürde empfunden und sich in einen hässlichen Streit um den individuellen Anteil am gemeinsamen Werk eingelassen. Auch H. gab bei dieser um 1900 öffentlich geführten Diskussion kein gutes Bild ab. Dennoch ist wohl sein literarischer Anteil am Gemeinschaftswerk höher einzuschätzen, da er der kritischere und engagiertere Autor war. Für den Naturalismus insgesamt wurde allerdings Gerhart Hauptmann im Laufe der 1890er Jahre zum Repräsentanten. Enttäuscht hat sich H., der in Hauptmann nur seinen »Schüler« sah, von der naturalistischen Bewegung abgewandt und in der satirischen Komödie *Sozialaristokraten* (1896) mit den ehemaligen Berliner Freunden abgerechnet.

Während H. in der Folgezeit versuchte, seine Existenzsicherung durch bewusst publikumsbezogene Theaterstücke (*Traumulus*, 1904) zu betreiben, entfaltete er zugleich in der Lyrik seine stärkste Kraft. Hier zeigte er sich als ein besessener Autor, der seine Werke immer wieder überarbeitete. So geriet der *Phantasus* im Laufe der Jahrzehnte zu einem »Riesen-Phantasus-Nonplusultra-Poem«(H.), das durch Wortreihung und Klangmalerei, durch bewusste Rhythmisierung und vor allem durch eine eigenwillige graphische Gestaltung überraschte: die Verse sind an einer imaginären Mittelachse ausgerichtet, »von der die Wortgruppen symmetrisch nach beiden Seiten ausschwingen« (Heißenbüttel). Ebenso überbordend und wortverliebt zeigte sich H. als Satiriker und Parodist, wenn er z. B. in der *Blechschmiede* (1. Fassung 1902) moderne und traditionelle Lyrikformen virtuos zur Verspottung der literarischen Tradition einsetzt oder in *Dafnis. Lyrisches Porträt aus dem 17. Jahrhundert* (1904) die erotische Lyrik des Barock imitiert.

Auch wenn sich H. in autobiographischen Partien im *Phantasus* gern als »der von allen seinen Blutsbrüdern Beschimpfte, Gemiedene, Geächtete, Gehetzte, Gejagte, Geschmähte, Verlassene, Verstoßene, Vertriebene, Verlästerte, Verbannte, Verfluchte, Verwünschte, Verfemte, friedlos Umherirrende« hinstellte, so hatte er doch spätestens in den 1920er Jahren eine starke öffentliche Reputation erreicht: Zum 60. Geburtstag erhält er von Gustav Stresemann persönliche Zeilen und von der Universität Königsberg die Ehrendoktorwürde; 1926 wird er in die Sektion für Dichtkunst der Preußischen Akademie berufen, mehrfach wird er von Vorschlagsberechtigten zum Nobelpreiskandidaten gekürt. Mögen ihn die einen als Genie verklären, die anderen als Größenwahnsinnigen diffamieren, der nur durch die »Propaganda einer Oberlehrer-Clique« (Thomas Mann) ins öffentliche Bewusstsein gedrungen sei, aus der Geschichte der modernen Literatur ist H. nicht mehr fortzudenken, denn dafür waren seine Beiträge zu wirkungsvoll.

Werkausgabe: Werke. Hg. von Wilhelm Emrich und Anita Holz. 7 Bde. Neuwied/Berlin 1961–1964.

*Helmut Scheuer*

## Homer
Mitte 8. Jh. v. Chr.

»Sieben Städte zankten sich drum, ihn geboren zu haben; / Nun, da der Wolf ihn zerriß, nehme sich jede ihr Stück!« So beschrieb Schiller die Wirkung von Friedrich August Wolfs *Prolegomena ad Homerum* von 1795. Gute 150 Jahre lang tobte dann ein Kampf zwischen Analytikern, die zahllose Ungereimtheiten und Widersprüche in Homers *Ilias* und *Odyssee* konstatierten und daraus auf unterschiedliche Autoren schlossen, und Unitariern, die an der einheitlichen Autorschaft festhielten. Heute neigt die große Mehrheit der Philologen, zumal der deutschsprachigen, wieder der These zu, die wohl einem unbefan-

genen Homerleser stets am nächsten gelegen hat, dass nämlich *Ilias* und *Odyssee* dichterische Werke von besonderer poetischer Kraft und hoher Einheitlichkeit sind. Die Argumente der Analytiker sind darum aber durchaus nicht vergebens gewesen, haben sie doch den Blick für die Eigentümlichkeiten der Vorgehensweise H.s sehr geschärft und dazu geführt, dass sozusagen kein Vers seiner beiden großen Epen unumgedreht geblieben ist. Eine wirkliche Wende in der Forschung brachte dabei die Oral poetry-Theorie, die *Ilias* und *Odyssee* mit rein mündlicher, improvisierender Heldendichtung vom Balkan verglich und nachweisen konnte, dass viele formale Eigenschaften von H.s Werken (feststehende Epitheta, deklinierbare Versteile; Verswiederholungen, typische Szenen, Kataloge) nur vor dem Hintergrund einer langen mündlichen Tradition und einer selber noch überwiegend mündlichen Kompositionstechnik verstanden werden können. Vor allem ermöglicht es diese Theorie, gewisse ›Versäuberungskanten‹ im Homertext zuzugeben, ohne dass daraus gleich auf mehrfache Autorschaft geschlossen werden muss. Sie lassen sich vielmehr als Produkt der Einarbeitung des dem H. aus der Sängertradition in Fülle vorliegenden mündlichen Materials erklären. H. steht also an der Grenze zwischen Mündlichkeit und Schriftlichkeit in der griechischen Kultur, wobei man heute davon ausgeht, dass er sich selbst bei der Abfassung seines Werks schon der Schrift bedient hat. Neuere Forschungen zur mykenischminoischen Kultur fügen sich insofern gut in dieses Gesamtbild, als sich jetzt nachweisen lässt, dass eine Reihe von sprachlichen Bezeichnungen, Namen und Gebrauchsgegenständen in H.s Werken auf diese Epoche zurückverweisen, in der seine Geschichten offenbar ihren Ursprung hatten.

Über H.s Leben wissen wir nichts Genaues. Ein auf Ischia gefundener Becher, der auf 730–720 v. Chr. datiert wird, spielt mit seiner Inschrift witzig auf den *Ilias* 11, 632ff. beschriebenen Nestorbecher an und gibt so einen *terminus ante quem*. Ansonsten ist man weitgehend auf Rückschlüsse aus H.s Werk angewiesen. Seine Beschreibung der Adelswelt geschieht eindeutig aus der Innenperspektive, und H. stellt selbst die Sänger als hochgeachtete Mitglieder der Gesellschaft am Fürstenhof dar, so dass man ihn sich in gehobenen Verhältnissen lebend vorstellt. Die ionisch-äolische Kunstsprache, in der er schreibt, wie auch die antike Überlieferung lassen auf das ionische Kleinasien als Geburts- und Hauptwirkungsstätte H.s schließen. Sein Publikum ist offensichtlich der seit dem Zusammenbruch der Zeit um 1200 wieder regenerierte und erfolgreiche Adel, der gerne an große Familientraditionen anknüpft, die bis in die mykenische Zeit zurückreichen. Es zeigen sich aber in H.s Darstellung von Volksversammlungen wie in der Erwähnung international tätiger Kaufleute in der *Odyssee* auch bereits Reflexe veränderter politischer und gesellschaftlicher Verhältnisse (Entstehung der Polis; Erstarken des Bürgertums). H.s Werk – der Ischiabecher, frühgriechische Lyrik und Vasendarstellungen belegen dies – wurde sehr schnell im ganzen griechischen Kulturraum populär, und spätestens ab dem 6. Jh. war er kanonisch für den schulischen Grammatikunterricht. Seine Wirkung auf die griechische Literatur und Kultur ist enorm. Im Grunde gibt es keinen griechischen Autor, der sich ohne Homerkenntnis wirklich verstehen ließe. Über die Jahrhunderte ist H. aber sehr unterschiedlich interpretiert worden. Die Bandbreite reicht von ganz äußerlicher, realistischer bis zu allegorischer Deutung.

Die folgende Darstellung geht aus den eingangs genannten Gründen davon aus, dass *Ilias* und *Odyssee* jeweils als literarische Einheit zu interpretieren sind. Ob beide vom selben Autor stammen, ist eine Frage, die naturgemäß noch weniger endgültig beantwortbar ist. Dass *Ilias* und *Odyssee* in vielfacher Hinsicht sehr unterschiedlich sind, ist völlig unbestreitbar, dass sprachliche Differenzen auch einen gewissen Abstand der Abfassungszeit

nahelegen, plausibel, dass die *Odyssee* die *Ilias* voraussetzt, durch neuere Forschungen bekräftigt. Die These, dass aus beiden Werken letztlich dieselbe Weltsicht und dieselbe Auffassung von Göttlichem und Menschlichem spricht und die Unterschiede aus dem durchaus verschiedenen Sujet und einer Zeitdifferenz, in der ein großer Dichter an sich selbst und seiner Kunst gearbeitet hat, zu erklären sind, lässt sich jedenfalls nicht wirklich widerlegen. Darum wird im Folgenden der antiken Überlieferung gemäß einfach von ›H.‹ gesprochen, ohne dass damit freilich die Autorenfrage als geklärt ausgegeben werden soll.

Die *Ilias* ist nach allgemeiner Ansicht das älteste europäische Literaturwerk überhaupt, sie ist aber, so archaisch sie zunächst anmutet, ein äußerst komplexes, mit erzählerischer Raffinesse gestaltetes Werk, eben das Endprodukt einer langen, für uns nicht mehr greifbaren mündlichen Tradition. Und anders als man es einem gängigen Vorbegriff von ›Epik‹ gemäß erwarten würde, ist sie weder eine Darstellung unfehlbarer Helden noch eine Chronik der militärischen Leistungen bei der Eroberung Trojas (*Ílios'*) durch die Griechen. H. gewinnt sein Thema vielmehr aus der Darstellung eines großen, aber problematischen Charakters, nämlich des Achill, und der Auswirkungen seines charakterbedingten Handelns auf Griechen und Troer, wobei der menschlichen Handlungsebene der große Plan des Zeus übergeordnet ist. Dies kommt gleich im Prooemium (1, 1–7) klar zum Ausdruck: »Den Zorn singe, Göttin, des Peleussohnes Achill, / den verfluchten, der zahllose Schmerzen den Achaiern bereitete / und viele starke Leben dem Hades vorwarf / von Heroen, diese selbst aber zur Beute machte den Hunden / und den Vögeln zum Festmahl, und es erfüllte sich des Zeus Wille, / seitdem zuerst auseinandertraten im Streit / der Atreussohn, der Herr der Männer, und der göttliche Achill.« Das Thema der *Ilias* ist also der aus der Auseinandersetzung mit dem Atreussohn Agamemnon erwachsende Zorn des Achill mit seinen tödlichen Folgen und dessen Einbettung in den Willen des Zeus. H. hält sich konsequent an seine eigene Ankündigung und entwickelt die gesamte, komplexe Struktur der *Ilias* aus dem im Prooemium dargelegten Konzept. Zunächst wird in einem ersten Teil (Buch 1–2) die Exposition gegeben. Agamemnon nimmt Achill in ehrverletzender Weise sein ›Beutestück‹, das Mädchen Briseis, ab, so dass sich dieser, der beste Kämpfer der Griechen, mit seinen Leuten vom Kampf zurückzieht. Achills göttliche Mutter Thetis bittet daraufhin Zeus, ihrem Sohn Genugtuung widerfahren zu lassen, indem die Griechen in Bedrängnis geraten, womit die Götterhandlung gemäß dem Zeusplan einsetzt. Im zweiten Buch wird Agamemnon durch einen Trugtraum dazu veranlasst, ausgerechnet jetzt die militärische Entscheidung gegen die Troer zu suchen. Anschließend werden die sich gegenüberstehenden Heere der Griechen und Troer beschrieben, der Blick also auf die für die Gemeinschaft der Griechen zu erwartenden Folgen des im Grunde persönlichen Konflikts zwischen Achill und Agamemnon gewendet. Nun müssen die (vor allem militärischen) Konsequenzen aus der entstandenen komplizierten Situation dargestellt werden. Eigentlich wäre hierfür ein Vergleich zwischen einem Kampf mit und einem ohne Beteiligung Achills notwendig, was aber, da Achill ja bereits abseitssteht, nur durch eine wenig effektvolle Rückblende geschehen könnte. H. löst das Problem elegant, indem er zugleich der Handlung auf der göttlichen Ebene größeres Gewicht gibt. Er stellt nämlich zunächst in einem zweiten Teil (Buch 3–7) einen ausgeglichenen Kampf zwischen Griechen und Troern dar, wobei Achills Nichtteilnahme kompensiert ist durch das Übergewicht der die Griechen unterstützenden Götter gegenüber den trojafreundlichen. Im dritten, zentralen Teil (Buch 8–17) hindert Zeus jedoch, Thetis' Bitte entsprechend, die Götter am Eingreifen, so dass die Kampfenthaltung Achills volle Wirkung entfaltet und die Troer zu immer größeren Erfolgen kommen. Diese Katastrophe in Etappen führt in Buch 16 dazu, dass die Troer ein Schiff der Griechen in Brand zu setzen vermögen. Selbst das kann Achill jedoch nur dazu bewegen, seinen Freund Patroklos in den Kampf zurückkehren zu lassen. Dieser greift in Achills

Rüstung ein, wird aber nach gewissen Erfolgen von Hektor getötet. In Buch 17 vermögen die Griechen dann nicht einmal zu verhindern, dass Hektor dem Patroklos die Rüstung raubt. Damit ist für die Griechen der militärische Tiefpunkt und für Achill der Umschlagspunkt seines Zorns erreicht.

Im vierten Teil (Buch 18–22) folgt dementsprechend die Wende zugunsten der Griechen. Achills Zorn richtet sich jetzt nicht mehr gegen Agamemnon und die Griechen, sondern gegen die Troer, vor allem gegen Hektor, der ihm den besten Freund erschlagen hat. Thetis lässt Hephaist für ihren Sohn eine neue Rüstung mit kunstvoll gearbeitetem Schild herstellen, der Streit zwischen Achill und Agamemnon wird beigelegt. Zugleich greifen jetzt auch die Götter wieder ein, was in der »Götterschlacht« in Buch 21 gipfelt. Die Präponderanz der griechenfreundlichen Götter und die durch seinen Zorn nur gesteigerte Kampfkraft Achills bewirken einen völligen Umschwung, der freilich nicht zur Katastrophe für die Troer führen müsste, wenn Hektor bei seiner früheren Vorsicht bliebe. Hektor hatte nämlich zuvor eine direkte Konfrontation mit Achill aus gutem Grund stets vermieden. Jetzt zeigt sich jedoch eine weitere raffinierte Folge des Zeusplans. Dadurch, dass Griechen so sehr in Bedrängnis geraten sind, ist nicht nur Achill Genugtuung widerfahren, zugleich ist Hektor durch die Erfolge in Selbstüberschätzung verfallen und wagt deshalb, den offenen Kampf auch nach Achills Wiedereintritt in den Kampf fortzusetzen, was zur verlustreichsten Niederlage der Troer und Hektors Tod im Zweikampf mit Achill führt. Gerade dass die Unternehmung der Griechen fast scheitert, bewirkt also letztlich die Überwindung des entscheidenden Widerstands gegen Trojas Fall. Der fünfte Teil mit den Büchern 23 und 24 schließt die durch die beiden ersten Bücher begonnene Handlung ab, Achills Zorn endet, und auch seine Folgen finden einen – zumindest symbolischen – Abschluss. In Buch 23 wird Patroklos würdig bestattet. Im letzten Buch teilen die Götter Achill durch Thetis mit, dass sie seine Misshandlung von Hektors Leichnam durch Schleifung missbilligen, worauf er sofort davon ablässt. Zugleich sagt seine Mutter ihm seinen baldigen Tod voraus. Dann wagt es der Troerkönig Priamos, ermutigt von der Götterbotin Iris, von Hermes geleitet, geradewegs in das Lager der Griechen zu fahren, um seinen toten Sohn auszulösen. Sein Appell an Achills Mitgefühl bleibt nicht ohne Wirkung, Achill stimmt der Rückgabe der Leiche zu, obwohl sein Hass auf die Troer und Priamos natürlich nicht schlagartig beseitigt ist. Man isst gemeinsam, wobei Priamos, dem Achill den Sohn, und Achill, dem Priamos' Sohn den besten Freund getötet hat, sich verstohlen beobachten und sogar eine gewisse Bewunderung für den gegenübersitzenden Feind entwickeln. Danach schlafen alle Götter und Menschen, Priamos in Achills Zelt, Achill an der Seite der Briseis, wegen der er sich in Buch 1 mit Agamemnon entzweit hatte. Der Zorn des Achill und die daraus resultierende Situation sind damit wirklich gelöst. Priamos kehrt mit dem Leichnam des toten Sohnes nach Troja zurück, die *Ilias* endet auf der Seite der Unterliegenden: drei Frauen klagen um Hektor, seine Gattin Andromache, seine Mutter Hekabe und Helena, wegen der der ganze Krieg überhaupt stattfindet.

Die *Ilias* stellt nur einen kleinen Ausschnitt (51 Tage) der mehrjährigen Ereignisse um Troja dar, zahlreiche Elemente der Vor- und Nachgeschichte sind aber in die Iliashandlung geschickt hineingespiegelt, so dass der Hörer/Leser zu Recht den Eindruck hat, ein imposantes Gesamtbild zu erhalten. So ist aus dem Zusammenhang klar, dass Troja nach Hektors Tod nicht wird standhalten können. Die Totenklage der Frauen blickt schon auf die Eroberung voraus. Andromache ahnt, dass der Sohn Astyanax, den sie mit Hektor hat, von den Griechen getötet werden wird. Im Grunde sind am Ende der *Ilias* Troja gefallen und Achill tot. Auch dies wird zwar nicht direkt dargestellt, aber das Begräbnis des Patroklos steht in gewissem Sinn für das Achills, ein Effekt, der durch die Voraussage seines baldigen Todes durch seine Mutter Thetis verstärkt wird. Bemerkenswert ist, wie H. auch in den Reihen der Griechen das menschlich Problematische nicht nur nicht verschweigt, sondern

ins Zentrum seiner Darstellung stellt. Da ist nicht nur Achill, der von seinem berechtigten Zorn nicht schnell genug abzulassen vermag, sondern auch Agamemnon, der große König, der glaubt, auf Leute wie Achill verzichten zu können, wenn sie sich ihm nicht klar unterordnen, oder Patroklos, der Achills Warnung, nicht zu weit vorzudringen, im entscheidenden Moment vergisst. Bei den Griechen finden sich aber auch besonders umsichtige Leute wie der alte Nestor oder Odysseus, dann aber wiederum wenig hochherzige Figuren wie Thersites. H. vermeidet jegliche Schwarz-Weiß-Zeichnung. Zwar gibt es auf Seiten der Troer verbrecherische Charaktere wie Pandaros, der aus dem Hinterhalt während eines Waffenstillstands auf Helenas Gemahl Menelaos, Agamemnons Bruder, schießt. Der Weiberheld Paris, der die geraubte Helena nicht zurückzugeben bereit ist, setzt sich in der Volksversammlung mit seiner Position gegen den guten Rat des Antenor durch. Aber es gibt eben auch einen Antenor bei den Troern, und Hektor ist als ernstzunehmender Kämpfer und anständiger, edler Mensch dargestellt. Die Begegnung mit seiner Frau Andromache am Skäischen Tor (Buch 6), die zu einer Art vorzeitigem Abschied gerät, weil beide ahnen, dass Hektor am Ende nicht überleben wird, gehört wie die Szene zwischen Priamos und Achill zu den größten Zeugnissen abendländischer Humanität. Aber so ehrenwert Hektor sein mag, die Sache, für die er kämpft, ist es nicht, den Raub der Helena kann Zeus, der Hüter des Gastrechts, nicht ungesühnt lassen. H. stellt also die Troer insgesamt in ein moralisch schlechteres Licht als die Griechen, aber er tut dies in einer dezenten, durchaus nicht plakativen Form, indem er zeigt, dass es auf beiden Seiten eine große Bandbreite von Charakteren gibt. Anlass zu nationaler Selbstgefälligkeit besteht für einen griechischen Hörer des Werks jedenfalls nicht.

Das Prooemium der *Odyssee* scheint zunächst das Thema nicht ganz so präzise anzugeben wie das der *Ilias* (Od. 1, 1–10): »Den Mann sage mir, Muse, den vielgewandten, / der sehr viel umhergetrieben wurde, als er Trojas heilige Stadt zerstört hatte. / Von vielen

Menschen sah er die Städte und ihre Denkart lernte er kennen, / und viele Schmerzen erlitt er auf dem Meer in seinem Mute, / da er bewahren wollte sein Leben und die Heimkehr der Gefährten. / Aber auch so hat er nicht die Gefährten gerettet, so sehr er danach strebte. / Denn durch ihre eigenen Freveltaten gingen sie zugrunde, / die Dummen, die die Rinder Hyperions, des Helios, / verzehrten. Der aber nahm ihnen den Tag der Heimkehr. / Davon – einsetzend, wo immer es sei –, Göttin, Tochter des Zeus, sage auch uns.« H. setzt dann selbstverständlich kunstgerecht an wohlausgewählter Stelle an: Odysseus – so erfahren wir gleich (1, 11–19) – wird seit Jahren von der Nymphe Kalypso festgehalten; er wird ins heimische Ithaka zurückkehren, aber auch dort der »Kämpfe« (*áethloi*) nicht ledig sein. Man könnte nun meinen, diesmal sei das Thema – anders als in der *Ilias* – doch ein mehr äußerliches: Odysseus im Kampf erst mit Meeresungeheuern wie Skylla und Charybdis, dann mit verbrecherischen Freiern, aber der weitere Fortgang zeigt, dass H. auch dieses Thema wiederum primär innerlich, psychologisch auffasst. Sein darstellerisches Interesse konzentriert sich auf die Art und Weise, wie ein Mann nach 20 Jahren gegen alle Widerstände zu seiner Frau und seinem inzwischen erwachsen gewordenen Sohn zurückfindet. Er gliedert das Werk in zwei Hauptteile von je 12 Büchern: I, in dem für alle Betroffenen die Voraussetzungen für Odysseus' Rückkehr gelegt werden; II, in dem die allmähliche Rückkehr in den alten Stand beschrieben ist. Beide Teile bestehen aus je drei Abschnitten à vier Büchern. Wie in der *Ilias* ist auch in der *Odyssee* die menschliche Handlung in eine göttliche eingebettet. Gleich zu Beginn des 1. Abschnitts (Buch 1–4) gestaltet H. eine Götterversammlung, bei der Athene die Abwesenheit des dem Odysseus wegen der Blendung des Kyklopen Polyphem zürnenden Poseidon nutzt, um einen Plan beschließen zu lassen, der Odysseus nach Ithaka bringen wird. Als ersten Schritt wird sie Telemach zu einer Fahrt nach Pylos und Sparta bewegen. Athene weiß natürlich, dass Telemach dabei nichts Wesentliches über den Verbleib seines Vaters herausfinden wird,

sie möchte in Wahrheit, dass er Erfahrungen sammelt und sich als nunmehr erwachsen gewordener Odysseussohn Achtung erwirbt. Auch in der *Odyssee* erfüllen sich die Götterpläne, während die Menschen je nach ihrer Erkenntnisfähigkeit in unterschiedlichem Maße Einsicht in das Geschehen haben. Entsprechend seinem psychologischen Interesse und ganz ähnlich, wie auch in der *Ilias* die Handlung zu erheblichen Teilen weder bei Achill noch überhaupt im griechischen Lager, sondern in Troja spielt und sogar dort endet, lässt uns H. Odysseus also zunächst als Abwesenden erleben. Die langsam unhaltbar werdende Lage der zurückgebliebenen Penelope und Telemach lässt uns mit ihnen seine Rückkehr ersehnen. Die verbrecherischen Freier bedrängen Penelope und verprassen im Haus des seit Jahren Vermissten dessen Hab und Gut. Mit dem Anfang von Abschnitt 2 (Buch 5–8) sind wir endlich bei Odysseus. Er beginnt aber mit einer neuerlichen Götterversammlung, die den weiteren Verlauf bestimmt: Zeus teilt der Nymphe Kalypso durch Hermes mit, dass sie Odysseus gehen lassen soll. Auf der Fahrt erleidet Odysseus Schiffbruch und rettet sich mit Mühe auf die Phäakeninsel Scheria. Dort bewährt er sich bei Hofe und erzählt in Abschnitt 3 (Buch 9–12) ausführlich von seinen Irrfahrten und Abenteuern seit Trojas Fall. Die Station bei den Phäaken macht aus dem völlig Mittellosen wieder einen Mann von geachtetem Status, der mit Geschenken nach Ithaka geleitet wird.

Der Hauptteil II (Buch 13–24) zeigt nun, wie es Odysseus gelingt, auf Ithaka wieder Herr im eigenen Hause zu werden. Wie schon Abschnitt 1 (Buch 13–16) zeigt, rechnet nach all den Jahren im Grunde keiner mehr mit seiner Rückkehr, und seine Identität wird er erst einmal beweisen müssen. Deshalb ist geschicktes Vorgehen, einschließlich List und Lüge, nötig. Odysseus versucht das gleich bei den ersten beiden begegnenden Fremden. Der gibt sich freilich als Athene zu erkennen, die ihm dabei wegen des Betrugsversuchs keineswegs zürnt, sondern ihm im Gegenteil erklärt, sie unterstütze ihn gerade darum stets, weil er unter den Menschen so der Klügste und Umsichtigste sei wie sie unter den Göttern. Dann eröffnet sie ihren Plan. Odysseus soll zum getreuen Schweinehirten Eumaios gehen, derweil wird sie Telemach aus Sparta zurückholen. Dann verwandelt sie Odysseus wieder in einen mittellosen Bettler in Lumpen. So kann er sich zu Beginn von Abschnitt 2 (Buch 17–20) unerkannt in sein Haus einschleichen. Es erfordert freilich große Selbstbeherrschung, die Rolle durchzuhalten, da er von den Freiern übel behandelt wird, mitansehen muss, wie seine Dienerinnen sich mit den Freiern einlassen, und sich nichts anmerken lassen darf, als er nach 20 Jahren seine Frau wiedersieht, obwohl sie schon bei seiner Behauptung, er habe Odysseus einst auf Kreta bei sich zu Gast gehabt, in Tränen ausbricht. Kurz darauf erkennt ihn die alte Amme Eurykleia bei der Fußwaschung an einer Narbe, Odysseus erfasst die Gefahr einer vorzeitigen Entdeckung blitzschnell und nötigt sie mit einem Griff an die Kehle zum Schweigen. Das echte Wiedersehen mit Penelope kommt erst in Abschnitt 3 (Buch 21–24) im Buch 23 nach der Freiertötung zustande. Und wie ergreifend und psychologisch wahr hat H. es gestaltet! Penelope ist Odysseus' würdige Partnerin; so gern sie es glauben möchte, sie bleibt misstrauisch, ob der Fremde wirklich ihr Mann ist, und stellt ihn auf die Probe. Sie gibt nämlich Anweisung, ihm außerhalb ihres Schlafgemachs das von ihm selbst gezimmerte Bett aufzuschlagen. Odysseus ist empört, weiß er doch, dass das Bett einen im Haus wachsenden Ölbaum als Pfosten hatte und also unverrückbar war. Damit ist Penelope seiner Identität gewiss, sie bricht in Tränen aus, umarmt und küsst ihn. Endlich ist der von H. immer wieder hinausgezögerte Moment der Wiedererkennung gekommen. Im letzten Buch begegnet Odysseus seinem alten Vater Laërtes. Dann wollen aufgebrachte Verwandte den Tod der Freier rächen. Laertes tötet mit Athenes Hilfe ihren Anführer, aber da machen Athene und Zeus dem Kampf ein Ende und ermahnen alle Ithakesier, jetzt wieder friedlich zusammenzuleben. Damit ist die Geschichte von Odysseus' Rückkehr abgeschlossen. Insgesamt ist die Struktur der Odyssee wohl nicht ganz so

stringent aus ihrem Kernthema entwickelbar wie die der Ilias. Dies hat seinen Grund nicht zuletzt darin, dass die Odyssee eine Reihe märchenartiger Erzählungen enthält, die zwar sorgfältig auf den Gesamtzusammenhang abgestimmt sind, aber bei denen sich der Erklärer doch schwertut, sie als essentielle Bestandteile der Geschichte zu erweisen, was übrigens die neuplatonischen Allegoresen (Odysseus' Heimkehr als Rückkehr der Seele in ihre intelligible Heimat) begünstigt hat, die gerade diese Passagen in den vermuteten tieferen Sinnzusammenhang einzuordnen vermochten. Trotzdem hat auch die Odyssee keineswegs episodischen Charakter. Ein roter Faden, der sich durch das gesamte Werk vom ersten bis zum letzten Buch hindurchzieht und den Zusammenhalt stärkt, ist der Vergleich zwischen der Umsicht des Odysseus, die seine Heimkehr trotz widrigster Umstände gelingen lässt, und der Arglosigkeit Agamemnons, der kaum zurückgekehrt von Aigisth und Klytaimestra hinterrücks im Bade ermordet wurde.

Für einen neuzeitlichen Leser ist sowohl H.s Psychologie als auch seine Auffassung von der Wirkung des Göttlichen im menschlichen Bereich nicht ohne weiteres verständlich. Die neuere Forschung hat hier aber vieles klarer zu fassen vermocht. Nicht leicht ist es auch, H. als Dichter zu charakterisieren. Für ihn Typisches muss dabei insbesondere von generellen Eigenschaften mündlicher Dichtung abgegrenzt werden. Neben der Fähigkeit, ein psychologisch und theologisch differenziert aufgefasstes Thema ausführlich zu entwickeln und dabei sein Werk trotz des Umfangs stets gedanklich geschlossen zu halten, sind auch einige literarische Techniken offensichtlich eigene Entwicklungen H.s, so die Schaffung von innerem Zusammenhalt durch die Verbindung von Vorausdeutungen und Vorankündigungen mit Wiederaufnahmen, eine damit zusammenhängende Fähigkeit, Angekündigtes, vom Hörer/Leser Erwartetes immer wieder hinauszuzögern, um den Spannungsbogen zu bewahren, und die Verwendung von teilweise breit ausgeführten Gleichnissen, um einen bestimmten Aspekt einer Situation, häufig eine psychologische Befindlichkeit, anschaulich zu machen. Die Dichte der Sinnbezüge und die Feinheit der Detailgestaltung ist bereits bei diesen frühesten Werken der europäischen Literatur so groß, dass sie sich erst bei mehrmaligem Lesen erschließt. Jede Einzelszene ist ein kunstvoll gearbeitetes Juwel, und doch liegt die wahre Schönheit des Werks in dem großen Zusammenhang, in den diese Szenen jeweils gestellt sind, der von großer Humanität und tiefer Religiosität zeugt. Wer H. kennt, wird ihn auch schätzen. Sein Platz in der Geschichte der größten Dichter der Menschheit könnte nur durch Unkenntnis gefährdet werden.

Ausgabe: Odyssee. Hg. H. van Thiel. Hildesheim 1991. – Ilias. Hg. H. van Thiel. Hildesheim 1996.

*Wolfgang Bernard*

## Honglou meng
↗ Traum der roten Kammer, Der

## Hooft, Pieter Corneliszoon
Geb. 16. 3. 1581 in Amsterdam;
gest. 21. 5. 1647 in Den Haag

Pieter Corneliszoon Hooft lebte in einer Umbruchzeit und stand auch geistesgeschichtlich zwischen den Epochen. Sein Leben fällt in die Zeit des Achtzigjährigen Krieges (1568–1648), in dem sich die Republik der Vereinigten Niederlande von Spanien unabhängig machte und als eigenständige Nation formierte. Dabei überlagerte sich der Unabhängigkeitskampf des niederländischen Bürgertums mit dem Glaubenskrieg zwischen Katholiken und Protestanten. H. erlebte den Freiheitskrieg als Kind mit. 1578 war sein Vater, ein Importkaufmann, aus dem Exil nach Amsterdam zurückgekehrt, nachdem die Geusen die Katholiken aus der Stadt vertrieben hatten. Cornelis Hooft, der auch Bürgermeister in Amsterdam war, gewöhnte seinen Sohn aber nicht nur früh an politisches Denken und sorgte für dessen klassische Bildung auf der Latijnse School und an der renommierten Universität Leiden (1606–09), sondern führte ihn auch schon als Jugendlichen in die Red-

nervereinigung (»rederijkerskamer«) *De Eglentier* ein, einen bürgerschaftlichen Kulturverein, der mit Spruchdichtungen, Reden und Theateraufführungen den festlichen Rahmen für städtische Ehren- und Gedenktage, Fürstenbesuche u. a. Ereignisse von öffentlichem Belang setzte.

Ein beträchtlicher Teil von H.s frühen Dichtungen entstand unter dem Einfluss dieses Honoratiorenvereins. Dazu gehören Hochzeitsgedichte wie *Bruiloftspel* (1602; Hochzeitsspiel), *Mommerij* (1602; Maskerade), *De gewonde Venus* (1607; Die verwundete Venus), Nachrufe wie die *Lijkklacht* (1617; Leichenklage) auf Pieter Dircx Hasselaer, den Verteidiger von Haarlem, populäre Minnelieder und Sonette (*Emblemata amatoria*, 1611), aber auch der Lobgesang auf den Waffenstillstand (*Ghedicht op het bestandt*), den Prinz Maurits und der spanische Feldherr Spinola 1609 schlossen, sowie die am klassischen römischen Drama (Tacitus) orientierten Theaterstücke *Achilles en Polyxena* (um 1596), *Theseus en Ariadne* (1602/03) und das Schäferstück *Granida* (um 1605). Zwar gingen in diese Texte auch persönliche Liebesgeschichten und die Erfahrungen ein, die H. zwischen 1598 und 1601 während seiner Lehr- und Wanderjahre in Frankreich und Italien gemacht hatte. Aber obwohl H. Montaigne, Tasso und Ariost gelesen und die italienische Renaissancegesellschaft aus eigener Anschauung kennengelernt hatte, verstand er seine literarischen Produktionen nicht als individuelle Verlautbarungen, sondern als Lehr- und Gebrauchstexte für eine ständische Gesellschaft. Insofern war H. auch als Schriftsteller ein Mann des Übergangs: Zu Beginn des *gouden eeuw* (goldenen Jahrhunderts), in dem die Kunst, Wissenschaft und Philosophie (Rembrandt, Scaliger, Spinoza, Grotius) in den Niederlanden ihre Blütezeit erlebten, brillierte er im mittelalterlichen Genre der Volksliteratur, indem er sie auf das Niveau der bis dato dem lateinischen Diskurs vorbehaltenen humanistischen Philosophie und Rhetorik (Erasmus) brachte. Trotz stilistischer Mängel war H.s Debüt *Achilles en Polyxena* das erste klassische Theaterstück in niederländischer Sprache. Und obwohl sich H. mit seinem Ideal des über den Parteien stehenden ›weisen Fürsten‹ weltanschaulich an das Vorbild der Medici und der Bourbonenkönige anlehnte, machte er sich weder den neoplatonischen Geist der Renaissance noch, wie seine jüngeren Dichterkollegen Joost van den Vondel und Constantijn Huygens, das didaktische Pathos des (deutschen) Barock ungebrochen zu eigen.

Von Prinz Maurits 1609 zum *Drost van Muiden* ernannt, versuchte H., seiner Vorstellung von einem toleranten Landesfürsten auch praktisch zu entsprechen. In dem Maße, in dem der Glaubenskrieg der Niederländer in einen Bürgerkrieg zwischen orthodoxen Protestanten und freisinnigen Remonstranten überging und Maurits, statt zwischen den Parteien zu vermitteln, militant gegen die Remonstranten vorging, geriet H.s Ideal des Volksfürsten ins Schwanken. Freunde, darunter Vondel, haben H., der sich selbst keiner der streitenden Gruppen anschloss, vorgeworfen, dass er sich aus dem Konflikt heraushielt. Literarisch rechtfertigte H. seine Haltung in zwei Theaterstücken – *Geeraerdt van Velzen* (1611) und *Baeto* (1617) –, die beide einen stoischen Helden zum Protagonisten haben, der sich im Konflikt zwischen Recht und Gerechtigkeit gegen das eigene Rechtsempfinden entscheidet, weil er glaubt, seinem Volk damit Unruhe und Gewalt zu ersparen und ihm besser zu dienen. Parallel zur Arbeit an *Baeto*, in dem er den Gründungsmythos der Niederlande nach eincm Text von Tacitus bearbeitete, übersetzte H. Tacitus und andere lateinische Schriftsteller, z. B. Plautus, dessen Komödie *Aulularia* er unter dem Titel *Warenar* (1617) in ein niederländisches Volksstück umschrieb. In seiner *Reden van de waerdicheit der poësie* (*Rede über die Würde der Poesie*), die er um 1615 vor der *Rederijkerskamer* hielt, begründete er seine Überlegungen zur gesellschaftlichen Bedeutung der Schriftkultur auch theoretisch. Die Schrift sah er als einen kollektiven Erinne-

rungsspeicher an, aus dem ein Volk sein Selbstbewusstsein schöpft. Ebensowichtig wie eine lebendige Volksliteratur erschien ihm eine volkstümliche Geschichtsschreibung in der vom Volk gesprochenen Sprache. Konsequenterweise verlegte er seine Arbeit ab 1617 fast ausschließlich auf die Geschichtsschreibung. 1626 veröffentlichte er unter dem Titel *Hendrik de Grote* die Lebensgeschichte des französischen Königs Henry IV., in dem er eine politische Leitfigur auch für die Niederlande sah.

H.s Opus magnum sind die *Nederlandsche historiën* (1642–47), an denen er ab 1624 arbeitete und deren ersten 20 Bände 1642 erschienen. Bis zu seinem Tod schloss er sieben weitere Bände ab. Einsetzend mit dem Jahr 1555, in dem Karl V. die Krone an seinen Sohn Philipp übergab, behandelt H. in dem als Fürstenspiegel angelegten Werk die Geschichte der Niederlande bis ins Jahr 1587. Wie er in der Begleitschrift *Waernemingen op de Hollandsche tael* (1642; Beobachtungen zur holländischen Sprache) ausführt, hat er die *Historiën* vor der Veröffentlichung etliche Male überarbeitet. Dabei ließ er sich auch von sprachkritischen Überlegungen leiten, zu denen ihn der »Muiderkring« anregte, ein Kreis von Künstlern und Intellektuellen, die sich regelmäßig auf Schloss Muider um sich versammelte. Deren Vorschläge zur Sprachreform betrafen sowohl den in Handelssprache und Kanzlerhetorik erstarrten Stil der zeitgenössischen niederländischen Schriftsprache als auch die Handhabung von Orthographie und Grammatik, für deren Vereinheitlichung H. sich stark machte. Seit längerem an Gicht, Rheuma und Nierenproblemen leidend, starb H. 1647 in Den Haag. Unter großer Anteilnahme der Bevölkerung wurde er am 27. 3. 1647 im Grabkeller der Amsterdamer Nieuwe Kerk bestattet. Um seine Verdienste um die niederländische Schriftsprache und Historiographie zu würdigen, wurde zu seinem 300. Todestag der P.C. Hooft-Preis eingeführt, der seither jährlich abwechselnd für Prosa, Essay und Lyrik vergeben wird.

*Barbara Lersch-Schumacher*

## Hopkins, Gerard Manley

Geb. 28. 7. 1844 in Stratford, Essex;
gest. 8. 6. 1889 in Dublin

Der Bildungsweg und die beruflichen Tätigkeiten spiegeln den geistigen Reichtum des Lyrikers Gerard Manley Hopkins. H. wuchs in einer anglikanischen Familie auf und besuchte 1854–63 die Grammar School in Highgate. Dann studierte er klassische Philologie am Balliol College in Oxford. Ein tiefer geistiger Wandel, bedingt durch das *Oxford Movement*, führte dazu, dass er im Jahr 1866 unter dem Einfluss von Kardinal Newman zum katholischen Glauben konvertierte. Einen Schritt weiter ging er noch, als er 1868 beschloss, in den Jesuitenorden einzutreten. Damit änderte sich auch seine Einstellung zu seiner eigenen Kreativität. Er strebte nicht nach Publikation, sondern schrieb zum höheren Lob Gottes. Die folgenden Jahre wurden durch seine Zugehörigkeit zum Jesuitenorden bestimmt: Er studierte zunächst 1870–73 scholastische Philosophie in St. Mary's Hall, Stonyhurst. 1874–77 setzte er seine theologischen Studien in St. Beuno's College in Wales fort, wobei er sich auch eingehend mit der walisischen Poesie befasste. Dazu kam (seit 1872) eine intensive Beschäftigung mit Duns Scotus, die seine ästhetischen Grundüberzeugungen klären half. Die Schiffskatastrophe der »Deutschland« (1875), in der fünf deutsche Franziskanerinnen den Tod fanden, löste in ihm eine dichterische Phase aus, in der seine besten Werke entstanden. 1884 wechselte H. nach Dublin über, wo er am University College einen Lehrstuhl für Griechisch innehatte. Die Lehrtätigkeit war für H. oft physisch wie psychisch belastend, wovon seine *bitter sonnets* Zeugnis ablegen. In Dublin ist er 1889 an Typhus gestorben. Er ist auf dem Glasnevin Friedhof beigesetzt.

H.' künstlerische Entwicklung und seine einmalige Formkunst lassen sich am besten an seinen Sonetten ablesen. Mit »The Windhover«, »the best thing I ever wrote« (Brief an Robert Bridges, 22. 6. 1879) schloss er sich an die italienische Form des Sonettes an. Mit dem romanischen Prinzip der Euphonie des Endreims verband er das germanische Stabreim-

prinzip. Die einzelnen Verse weisen zwar fünf Hebungen auf, H. bevorzugt jedoch die freie Senkungsfüllung. Er nennt sein rhythmisches Modell den *sprung rhythm* (die Länge der Versfüße variiert von eins bis vier Silben). Dazu gebraucht er *outrides*, d. h. nicht gezählte Versfüße. Mit dem zweiten Teil des Sonettes, das insgesamt eine Naturbeobachtung, das Widerspiel der Kräfte von Turmfalke und Wind wiedergibt, wird auch die zweite, in der Widmung »To Christ our Lord« angesprochene, metaphysisch theologische Ebene deutlicher: der Turmfalke ist ein Symbol, das auf das göttliche Sein, auf Christus verweist. H. hat die Sonettform Petrarcas in zweifacher Weise variiert: Mit »Pied Beauty« (Sommer 1877; Gegenstand des Gedichts ist der Lobpreis von Schöpfung und Schöpfer) legte er ein Beispiel für die gekürzte Form des Sonettes, *Curtal Sonnet* vor (es umfasst 1012 Verse); mit dem Gedicht »That Nature is a Heraclitean Fire and of the Comfort of the Resurrection« folgte er dem Vorbild des *sonetto con la coda*, dem ›Schweifreimsonett‹, das bei italienischen Lyrikern des 15. und 16. Jahrhunderts ebenso anzutreffen ist wie bei John Milton im 17. Jahrhundert. In diesem Gedicht verwendet H. eine sechshebige Verszeile, baut Effekte aus der walisischen Metrik ein und verlängert das Sonett um drei Kodas und eine abschließende Kurzzeile mit zwei Haupthebungen. Die Analyse der Bildfelder sowie der thematischen Progression zeigt, dass das Gedicht »That Nature is a Heraclitean Fire« einen dreiteiligen inneren Aufbau aufweist. Die dreigliedrige Gedichtstruktur findet sich wiederholt bei H.; sie ist mitbedingt durch die dreigliedrige Struktur der Meditationsübungen des Ignatius von Loyola, die H.' Leben als Jesuit bestimmten. Das Sonett beginnt mit einer Darstellung des ›pánta rhei‹ (›alles fließt‹), des fortwährenden Wandels und der Regeneration in der Natur (1–9); es folgt (10–16) die

Darstellung der Destruktion, die sich für den einzelnen Menschen aus diesem Weltgesetz ergibt. Die Schlussverse (16–24) nehmen das Bild von der Vergänglichkeit des Menschen auf, setzen ihm jedoch eine hymnisch-visionäre Vergegenwärtigung der Errettung und Auferstehung des Menschen zum ewigen Leben entgegen. Der 22. Vers ist der Schlüssel für das gesamte Gedicht: »I am all at once what Christ is, 'since he was what I am« (»Bin ich sogleich was Christus ist, weil er war was ich bin«).

Bei aller gemeinsamen Grundstimmung der späten Gedichte und Schriften H.' sind es die 1888 entstandenen *terrible sonnets*, die den radikalsten Kontrast zu den Gedichten seiner Frühzeit bilden. Hier herrscht Dunkelheit und – wie es scheint – tiefe Verzweiflung.»I wake and feel the fell of dark« (»Ich wache und fühle den Grimm der Nacht«) spricht offenkundig und eindeutig von der Gottesferne. – Dass H. trotz aller bitteren Erfahrungen *nicht* der Verzweiflung verfiel, beweist eine Stelle aus dem Sonett »Carrion Comfort«, das ebenfalls zu den *terrible sonnets* gehört: »I can; / Can something, hope, wish day come, not choose not to be« (»Ich kann; / Kann etwas, hoffen, wünschen Tages Anbruch, nicht wählen, nicht zu sein«). Hier bestechen statt einer sprachlich blendenden Fülle u. a. ein direkter, einfacher Stil und syntaktisch übersichtliche Formen, Formelemente, die sich als Gewinn erweisen. – Kennzeichnend für H.' Kunst ist, dass sie stets von ästhetischer Reflexion begleitet war. Sein zentrales Thema war die *haecceitas*, die Erfahrung der spezifischen Eigenschaft eines jeden Dinges. Die Gestalt, die jedem Ding eigen ist, nennt H. *inscape*, die Kraft, die diesen »inneren individuellen Wesenskern« (Wolfgang Clemen) hervortreibt, heißt bei H. *instress* – ein Wort, das man mit ›Ausdruck‹ und ›Eindruck‹ zugleich übersetzen kann. H.' Gedichte wurden erst 1918 von seinem Dichterfreund Bridges publiziert; seitdem hat H. eine breite Wirkung auf die Sprache und Rhythmik der modernen Literatur ausgeübt.

Werkausgaben: The Letters of Gerard Manley Hopkins to Robert Bridges. Hg. C. C. Abbott. London 1955 [1935]. – The Note-Books and Papers.

Hg. H. House. London 1937. – The Journals and Papers. Hg. H. House/G. Storey. London 1959. – The Sermons and Devotional Writings. Hg. C. Devlin. London/New York 1959. – The Poetical Works. Hg. N. H. MacKenzie. Oxford 1990. – Selected Letters. Hg. C. Phillips. Oxford 1990. – Gedichte, Schriften, Briefe. Hg. H. Rinn. München 1954.

*Willi Erzgräber*

## Horaz

Geb. 65 v. Chr. in Venusia; gest. 8 v. Chr.

Als sich im Jahre 1993 der Todestag des Horaz zum 2000. Mal jährte, beging man in vielen Ländern das Jubiläum mit Feiern, Vorträgen und wissenschaftlichen Kongressen. Das kann aber nicht darüber hinwegtäuschen, dass der Dichter nicht mehr so im Zentrum des allgemeinen Interesses steht, wie das einmal der Fall war. H. war ja Jahrhunderte lang in der literarischen Welt eine Großmacht: Für die lateinische Lyrik der Renaissance und des Barock war er das entscheidende Vorbild, und die Dichtungstheorien der Frühen Neuzeit gingen alle von seiner *Ars poetica* aus. Im 17. und 18. Jh. erreichte seine Wirkung ihren Höhepunkt. In England war er der Liebling der gebildeten Welt, gerade auch der Weltmann kannte ihn. So zitierten ihn die Politiker in ihren Parlamentsreden mehr als irgendeinen anderen Klassiker – natürlich lateinisch. In Frankreich befreite sich damals die Dichtersprache durch sein Vorbild von der früheren steifen Konvention. Der alte Voltaire weihte ihm eine lange Versepistel, H. war für ihn das Muster moderner Dichtung und Lehrer eines diesseitigen philosophischen Glücks. Im Deutschland des 18. Jh.s war es nicht anders. Hagedorn griff seine Themen auf, Lessing und Herder schrieben über ihn mit Glanz und Esprit, Wieland übersetzte seine Satiren und Episteln in kongenialer Weise, Klopstock und Hölderlin schließlich fanden durch ihn ihren Odenstil. Einen Dichter, der das geistige Leben so geprägt hat, wieder mehr zu lesen, würde lohnen.

Von Geburt und Herkunft her schien für H. ein Aufstieg recht unwahrscheinlich. Er stammte aus der abgelegenen Provinzstadt Venusia, dem heutigen Venosa in Apulien, und sein Vater war Freigelassener, d. h. als Sklave geboren. Im starren Gesellschaftssystem des damaligen Rom hatte man bei einem solchen Ausgangspunkt kaum eine Chance für höhere Bildung und Karriere. Aber der Vater, zu bescheidenem Wohlstand gekommen, schickte H. nicht in die Provinzschule der Heimatstadt, wo blasierte Centurionensöhne auf den Sohn eines Freigelassenen herabgeblickt hätten, sondern führte ihn nach Rom und ließ ihn dort die beste Schule besuchen, auf der die Söhne römischer Ritter und Senatoren studierten. Und damit nicht zufrieden, sandte er den Herangewachsenen nach Athen, das immer noch der Mittelpunkt höherer geistiger Bildung war. Hier hat H. den Grund für seine philosophische Bildung und seine umfassende Kenntnis der griechischen Dichtung gelegt. Die so hoffnungsvolle Entwicklung des jungen Mannes wurde durch den Bürgerkrieg nach Caesars Ermordung jäh unterbrochen. Im August des Jahres 44 kam Brutus nach Athen und suchte dort Anhänger zu gewinnen. Viele folgten ihm und wurden Offiziere in seinem Heer, auch H., der nun zwei Jahre lang an den verschiedenen militärischen Unternehmungen des Brutus teilnahm. Wie er einmal selbst andeutet, muss er sich ausgezeichnet haben (Epistel 1, 20, 23); er wurde schließlich Militärtribun und befehligte eine Legion. Das war ein schwindelnder Aufstieg; denn eine solche Stellung war im Allgemeinen römischen Rittern vorbehalten. Umso härter musste H. die Niederlage und der Tod des Brutus treffen. Er entkam zwar unbeschädigt vom Schlachtfeld, und es gelang ihm auch rasch die Rückkehr nach Italien, dort aber war alles verändert. Der Vater war tot, sein Landgut zur Verteilung an die Veteranen konfisziert. Er selbst hatte als verarmter Anhänger der unterlegenen Partei wenig Aussicht, wieder hochzukommen. Resigniert übernahm er die Stellung eines Schreibers (*scriba quaestorius*), was ihm wenigstens ein bescheidenes Auskommen sicherte.

In dieser Zeit begann er seine ersten Verse zu schreiben, Epoden (*iambi*) in der Art des Archilochos, Satiren (*satirae, sermones*) in der Art des Lucilius. Das waren Muster, die einen aggressiven Ton nahelegten, wie er zu seiner niedergedrückten Lage passte. Und in der Tat finden sich unter den ersten Gedichten, in denen er widerwärtige Zeitgenossen angreift, bittere und grobe Töne. Aber schon in den frühesten Gedichten lässt manches aufhorchen. Vor allem die 16. Epode klingt ganz anders als alles, was wir von der sehr privaten Dichtung der Catullgeneration kennen. H. erscheint hier nicht als gebrochener Verlierer, als die gesellschaftliche Null, die er damals war; vielmehr stellt er sich vor, er trete wie einst Solon oder ein anderer frühgriechischer Dichter vor seine versammelten Mitbürger und rüttle sie auf, von ihrem verhängnisvollen Treiben zu lassen, das zum Untergang führen muss; und er mahnt sie, sich wieder auf die alte, tüchtige Art zu besinnen. Der Rat, auf eine vom Verderben unberührte Insel im westlichen Meer auszuwandern, ist natürlich utopisch, aber das Anprangern des Verhängnisses und der Ruf zur Umkehr sind Worte, die die Zeit und die Zeitgenossesn meinen. Und noch etwas lässt an dem Gedicht aufhorchen. Es ist die formale Vollendung, die keineswegs an ein Erstlingswerk denken lässt. Wenn sich der junge Dichter in Ton und Thema auch sehr von der Catullgeneration unterscheidet, nimmt er doch ihr ästhetisches Programm auf, das von einem literarischen Werk stilistische und formale Durcharbeitung bis ins letzte verlangte.

Vermutlich war es dieses kleine Meisterwerk, das die etwas älteren Dichter Vergil und Varius auf den jungen Kollegen aufmerksam werden ließ. Sie traten mit H. in freundschaftliche Beziehungen und stellten ihn ihrem Gönner, Maecenas, vor, der eine der einflussreichsten Persönlichkeiten im Umgebung des jungen Octavian war und sich insbesondere der Förderung junger Dichter zum Programm gemacht hatte. H. selbst beschreibt sein Vorstellungsgespräch, bei dem er nur mühsam die Worte finden konnte (Satire 1, 6, 56ff.). Aber Maecenas überzeugte sich vom

Talent des jungen Mannes, lud ihn nach einiger Bedenkzeit in seinen Zirkel ein und wurde schließlich sein Freund. Bereits im Frühjahr 37 v. Chr. begleiteten ihn H. und seine Dichterfreunde auf einer diplomatischen Reise nach Brundisium, von der die Satire 1,5 einen heiteren Reisebericht gibt. Was H. durch den Bürgerkrieg verloren hatte, wurde ihm in dieser Verbindung reichlich ersetzt. Insbesondere das Geschenk eines Landgutes in den Sabinerbergen machte ihn finanziell unabhängig und erlaubte ihm, sich ganz seiner Schiftstellerei zu widmen.

Die Verbindung mit dem einflussreichen Politiker führte nicht, wie man meinen könnte, zu einer Politisierung seiner Dichtung – politische Gedichte schrieb er erst sehr viel später –, aber der Charakter seiner Dichtung veränderte sich doch merklich. Seine Epoden und Satiren verloren alle düsteren Züge und die polemische Schärfe. Insbesondere die Satiren wurden nun eher geistreiche Plaudereien: *ridentem dicere verum*, lachend die Wahrheit sagen, war ihr Motto. Fragen des rechten Lebens treten in den Vordergrund, die er in der Weise der Popularphilosophie, der Diatribe, behandelt. H. greift dabei auch auf eigene Erfahrungen zurück und scheut sich nicht, lächelnd Fehler einzugestehen. Dieser autobiographische Zug tritt in einigen Gedichten ganz in den Vordergrund: H. berichtet von der Erziehung durch seinen Vater, die ihm solche Fragen der rechten Lebensführung nahegebracht habe (Satire 1, 6), und schildert dann sein unbeschwertes Alltagsleben, das so ganz frei von der Unrast und Gier vieler Zeitgenossen sei. In der Satire 2, 6 stellt er sein Leben in Rom dem auf dem Landgut gegenüber: In Rom lässt ihn die steigende Bekanntheit als Freund des Maecenas kaum mehr zur Besinnung kommen, aber in den Sabinerbergen kann er sich einer philosophischen Muße und seiner schriftstellerischen Tätigkeit widmen. Er behandelt auch literarische Fragen (Satire 1, 4; 1, 10; 2, 1). Dabei zeigt er ein ausgesprochenes Modernitätsbewusstsein und eine Kunstauffassung, die ihre Maßstäbe den strengen Forderungen des Kallimachos entnimmt. H. weiß sich in diesem Punkt mit allen bedeu-

tenden Autoren der frühaugusteischen Zeit einig (Satire 1, 10, 81–90).

Neben den späten Epoden und Satiren begann H. seine Odendichtung (*Carmina*). Die erste Sammlung in drei Büchern veröffentlichte er 23 v. Chr., nach langem Abstand folgte noch ein 4. Buch nach. Die Oden sind wohl der dichterische Höhepunkt seines Werkes. H. schließt sich an Vers- und Strophenformen und Motive der griechischen Lyrik eines Alkaios und Pindar, aber auch an Hellenistisches an. Sein höchstes Ziel ist es, ebenbürtig unter die griechischen Klassiker eingereiht zu werden (Ode 1, 1), und in dem stolzen Schlussgedicht der Sammlung, *Exegi monumentum aere perennius* am Ende von Buch 3, ist er überzeugt, dieses Ziel erreicht zu haben: Sein Werk werde die Zeiten überdauern. Aber die Horazische Ode ist kein bloßes Abbild griechischer Kunstübung. Gerade durch den Überblick über eine lange Tradition schreibt der Römer viel reflektierter und konzentrierter als die frühen griechischen Lyriker. So entstehen sprachlich funkelnde Gebilde, deren Kunst Friedrich Nietzsche so sehr bewundert hat: »Bis heute habe ich an keinem Dichter dasselbe artistische Entzücken gehabt, das mir von Anfang an eine Horazische Ode gab. In gewissen Sprachen ist das, was hier erreicht ist, nicht einmal zu *wollen*.« Dabei haben diese Gedichte nichts Statisches. Nicht selten führt eine Bewegung von einem Ausgangspunkt oder einer Anfangsstimmung zu etwas Gegensätzlichem, meist weg von einer bedrängten oder erregten Gefühlslage zu einer Lösung der Spannung. Durch solche Gedichtbewegungen kann H. an sich nicht zusammengehörige Motive zusammenführen, so dass motivlich ganz neuartige Verbindungen entstehen. Und fast immer behält seine Lyrik trotz aller sprachlichen Konzentration etwas heiter Beschwingtes, häufig auch Ironisches.

Thematisch sind die Oden von großer Vielfalt. Das Liebesthema ist anders behandelt als in der zeitgenössischen Elegie. Während Tibull und Properz sich in ihren Gedichten rückhaltlos einer überwältigenden Leidenschaft hingeben, weiß H. zwar sehr wohl von der Macht der Leidenschaft und den Reizen ler Welt Aphrodites, aber aus allzu starken emotionalen Bindungen sucht er sich doch lieber zu lösen. Bezeichnend für seine Haltung ist die elegante kleine Ode 1, 5. Man könnte meinen, die Gedichtsituation – eine frühere Geliebte beglückt nun einen Jüngeren – führe bei dem Verlassenen zu Eifersucht, Zorn oder Verzweiflung. Aber weit gefehlt. Vom überlegenen Standpunkt seiner Erfahrung aus bedauert H. eher den sich so glücklich Wähnenden. Er ist davon überzeugt, dass dieser sehr rasch aus dem seligen Traum in finstere Verzweiflung stürzen wird; er weiß ja, in der Liebe gibt es keine Dauer, und man stellt sich besser von vornerein auf dieses Faktum ein. Den vollendeten Ausdruck dieser ›Liebesphilosophie‹ bietet das Dialoggedicht 3, 9. Trennung und Wiederfinden zweier Liebender scheinen hier ganz von leidenschaftlicher Erregung frei zu sein. Der Weg des Gedichtes von der Erinnerung an das vergangene Glück über ein schelmisches Herausstreichen der Vorzüge der neuen Partner bis zu einem heiteren Wiederfinden, das keinen Vorwurf zurücklässt, zeigt keine Spur der leidenschaftlichen Bedrängnis mancher Elegie.

Einen breiten Raum nimmt in den Oden die Freundschaft ein; in vielen Gedichten wird ein Freund angesprochen: Es sind alte Freunde aus dem Heer des Brutus, dann die Dichterkollegen, die neuen Bekannten im augusteischen Rom und immer wieder Maecenas, dem er nicht nur seine Gedichtsammlung widmet, sondern dem er auch menschlich nahe sein will. Der Ort, an dem sich die Freunde treffen und ins Gespräch kommen, ist sehr oft das Symposion. Und wie bei Hafis und Goethe im *West-östlichen Divan* wird in diesen Symposionsgedichten der Wein als die Kraft gefeiert, die die Sorgen löst und über den Alltag erhebt. Freilich will H. auch hier das Übermaß meiden. Anders als einst Alkaios hält er nichts von einer Betäubung der Schmerzen des Lebens in der Besinnungslosigkeit des Rausches und nichts von wilder, lärmender Ausgelassenheit. Der Wein soll zwar das Leben erhellen, aber nicht den klaren Blick darauf trüben. Im Freundesgespräch beim Symposion geht es auch um die alte Frage der Satiren, wie man

leben soll und welche Dinge im Leben die entscheidenden sind. Immer wieder fordert H. seine Freunde auf, sich von den Sorgen zu befreien und offen zu sein für die Freude, die jeder Augenblick schenken kann. Aber auch über solche Anlässe hinaus sind die Oden Gedichte, in denen H. seine Lebensweisheit ausspricht. Wie in den Satiren warnt er vor falschen Lebenszielen, vor einem blinden Streben nach immer mehr Macht und Reichtum; aber mehr als dort tritt das Positive in den Vordergrund. Er preist das Glück der Bescheidung und glaubt, dass das Glück nicht von außen kommt, sondern nur aus dem Menschen selbst. Erst wenn der Mensch die falschen Ziele aufgibt, kann er in heiterer Zufriedenheit im erfüllten Augenblick leben. Mit solchen Vorstellungen ist H. der epikureischen Philosophie nahe, wenn auch alles rein Theoretische und Schulmäßige von seinen Gedichten ausgeschlossen bleibt.

Diese Lebensphilosophie bewährt sich auch im Gedanken an den Tod, einem in den Oden oft wiederkehrenden Motiv. Immer wieder stellt H. sich und seinen Freunden die Bedrohung und Unsicherheit des Lebens vor Augen, in dem jeder Tag der letzte sein kann. Aber gerade dieses klare Vergegenwärtigen der *condicio humana* entwertet viele Ziele, denen die Menschheit nachjagt, und verleiht dem gegenwärtigen Augenblick, der uns allein wirklich zur Verfügung steht, seinen einzigartigen Wert.

Anders als in den Satiren spielt in den Oden die Politik eine Rolle. H. lebte in einer bewegten Zeit, und er wollte von den Problemen dieser Zeit zu seinen Zeitgenossen sprechen. Das Thema der 16. Epode, die Warnung vor dem sittlichen Niedergang und das Rühmen altrömischer Bürgergesinnung wird besonders in den Römeroden wieder aufgenommen. Der Dichter trifft sich hier mit Bestrebungen des Augustus, der die Werte Altroms wiederbeleben wollte. Aber er preist den Herrscher nicht direkt. Man hat diese Gedichte als Höflingspoeme abgewertet. Eine solche Kritik verkennt aber die tiefe Friedenssehnsucht, die die Generation des H. nach den endlosen Bürgerkriegen erfüllte. Für H. ist Augustus vor allem der Friedensbringer; er ist davon überzeugt, dass der Frieden nur durch die Herrschaft des Augustus verbürgt ist.

Nach der Veröffentlichung der ersten Odensammlung im Jahre 23 v. Chr. wendet sich der Dichter wieder dem lockereren Sermonenstil zu. Er wählt nun die Form von Briefen (*Epistulae*), die an unterschiedliche Adressaten gerichtet sind. Wirklich abgesandte Briefe in Versform sind aber die Episteln kaum; die Briefform ist eher ein literarisches Mittel, das einen konkreten Ausgangspunkt und eine einheitliche Gesprächssituation ermöglicht. In der programmatischen Epistel 1,1 begründet H. die Abkehr von der Lyrik: Zu seinem fortgeschrittenen Alter passten philosophische Besinnung und die Konzentration auf Fragen der richtigen Lebensführung besser als die herkömmlichen Themen der Lyrik. Die Lebensphilosophie wird so entschieden in den Mittelpunkt gestellt, aber der Freund und das Gespräch mit ihm ist in den Episteln doch am wichtigsten, und eine heitere Ironie gibt den Sätzen eine schwebende Leichtigkeit.

In den beiden Briefen des 2. Epistelbuches und in der *Ars poetica*, die ebenfalls in Briefform abgefasst ist, wendet sich H. wieder literarischen und poetologischen Fragen zu, die ihn ja schon in einigen Satiren beschäftigt hatten. Sein literarischer Standpunkt wird besonders in der an Augustus gerichteten Epistel 2,1 noch einmal sehr deutlich. Er schüttelt den Kopf über das seiner Ansicht nach wenig kunstverständige Publikum in Rom, das weithin die alten Dichter den neuen vorziehe. Dagegen setzt er die Vorzüge der zeitgenössischen Dichtung, die endlich von den Griechen die wahren Kunstmaßstäbe gelernt habe.

Der lange *Brief an die Pisonen*, der unter dem Titel *Ars poetica* das Grundbuch der klassizistischen Strömungen in der späteren europäischen Literatur wurde, hat eine sehr vielseitige Thematik, aber alle Überlegungen über Stil, Sprache, Gattungsgesetze usw. sind von Anfang an von der Grundüberzeugung geleitet, dass ein literarisches Werk ein einheitliches und wohlgeordnetes Ganzes sein müsse. Die entscheidenden Gesichtspunkte sind Angemessenheit, Klarheit und kunstgerechte Ausarbeitung. Dabei ist die *Ars* kein trockenes Lehrgedicht, sondern ein echter Horazischer *sermo*, der in heiterer Abwechslung und mit lebendigen Beispielen die Aufmerksamkeit des Lesers fesselt. Inhaltlich ist die Kunstlehre vielfach der von Aristoteles herkommenden Tradition der Literaturbetrachtung verpflichtet, aber in der Darstellung zeigt auch dieses Werk noch einmal alle Vorzüge des Dichters.

Das Leben des Dichters verlief nach der bewegten Jugendzeit in ruhigen Bahnen. Mit vielen Menschen der römischen Gesellschaft war H. bekannt, mit nicht wenigen verband ihn Freundschaft, am engsten mit Maecenas, seinem verständnisvollen Gönner. In späteren Jahren suchte auch Augustus eine Verbindung mit ihm, wie einige in vertrautem Ton an ihn gerichtete Briefe zeigen. H. wahrte aber seine Unabhängigkeit: Als ihm der Herrscher einen einflussreichen Posten in seiner unmittelbaren Umgebung anbot, schützte er seinen schwachen Gesundheitszustand vor und lehnte ab. Aber auch Maecenas gegenüber wusste er seine persönliche Freiheit zu wahren, wie die Epistel 1, 7 zeigt.

Äußerer Höhepunkt seines Lebens war, dass er im Jahre 17 v. Chr. den Auftrag bekam, das Festlied für die Saecularfeier zu schreiben (*Carmen saeculare*). Das Gedicht feiert die Segnungen der Friedenszeit, die Augustus gebracht hat. Dass anders als früher zur höchsten staatlichen Feier ein literarisches Werk in Auftrag gegeben wurde, war aber auch eine offizielle Anerkennung der neuen Dichtung als ein wesentliches Element der Zeit.

Ausgaben: Oden und Epoden. Hg. B. Kytzler. Stuttgart ³1984 [lat.-dt.]. – Satiren und Episteln. Hg. O. Schönberger. Berlin ²1991 [lat.-dt.].

*Hans Peter Syndikus*

## Horváth, Ödön von

Geb. 9. 12. 1901 in Fiume (= Rijeka); gest. 1. 6. 1938 in Paris

»Ich wurde in Fiume geboren, bin in Belgrad, Budapest, Preßburg, Wien und München aufgewachsen und habe einen ungarischen Paß – aber ›Heimat‹? Kenn' ich nicht.« Mit dieser autobiographischen Notiz charakterisierte H. das ruhelose Wanderleben, das er, mehr gezwungen als freiwillig, bis zu seinem frühen Tod führte. Seine Arbeit als Schriftsteller begann nach dem Ersten Weltkrieg. Nach ersten literarischen Versuchen, von denen ein Pantomime-Libretto (*Das Buch der Tänze*) 1922 in einem Münchner Verlag erschien, nach einem Zwischenaufenthalt in Murnau, wo er zurückgezogen und intensiv an Entwürfen arbeitete, entschloss sich H., nach Berlin zu gehen. Als er 1924 dort eintrifft, hat sich mit dem Ende der Nachkriegswirren auch der literarische Expressionismus verabschiedet. Die einsetzende Stabilisierungsphase der Weimarer Republik wird begleitet von einem Umschwenken der führenden Dramatiker auf komödiantisches und satirisches Theater: Georg Kaiser und Walter Hasenclever machen den Anfang; Carl Zuckmayers *Der fröhliche Weinberg* (1925) und Bertolt Brechts *Dreigroschenoper* (1928) werden zu den größten Theatererfolgen der 1920er Jahre. H. führte sich 1929 – mit mäßigem Erfolg – mit dem sozialkritischen Stück *Die Bergbahn* ein, einer Umarbeitung des dramatischen Erstlingswerks *Revolte auf Côte 3018*, das zwei Jahre zuvor in Hamburg uraufgeführt wurde. Immerhin nimmt der Ullstein Verlag H. unter Vertrag und bietet dem immer in Geldnöten schwebenden Autor ein schmales Auskommen. Im gleichen Jahr hat H.s nächstes Stück *Sladek der schwarze Reichswehrmann* in Berlin Premiere. Wüste Polemik von nationalsozialistischer Seite, sehr geteilte Kritiken aus dem linken und liberalen Lager sind die Reaktionen. Erst 1931, zwei Jahre, bevor H. sich aus Deutschland absetzen muss, gelingt ihm der Durchbruch zum gefeierten Dramatiker. Für sein Stück *Italienische Nacht* (1931), das die Auseinandersetzung zwischen Faschisten und Fortschrittlern in einem dörflichen Milieu zeigt, erhält er, allen Protesten der Rechtsradikalen zum Trotz, den begehrten Kleistpreis (1931). Carl Zuckmayer hat ihn, zusammen mit Erik Reger, für die Auszeichnung vorgeschlagen. Im gleichen Jahr wird H.s vielleicht

bedeutendstes Stück, *Geschichten aus dem Wienerwald*, in Berlin uraufgeführt.

Heimatlosigkeit – dieses von H. selbst benannte Merkmal seines Lebens steht in merkwürdigem Kontrast zu seiner Absicht, Volksstücke zu schreiben. »Will  man also das alte Volksstück fortsetzen«, erklärte er, »so wird man natürlich heutige Menschen aus dem Volk … auf die Bühne bringen – also Kleinbürger und Proletarier«. Der aus den Fugen geratene »Mittelstand« bildet das Hauptpersonal seiner Stücke, die Provinz den bevorzugten Schauplatz. Ähnlich wie für Marieluise Fleißer, die zur gleichen Zeit in Berlin in Erscheinung tritt, ist für H. die Provinz längst von der Stadt überwältigt, Bildungsjargon statt Dialekt, und umgekehrt: auch in der Großstadt ist die Provinz allgegenwärtig *(Sladek)*. Entwurzelt, fremd geworden, sind beide.

Die Romane *Der ewige Spießer* (1930) und *Ein Kind unserer Zeit* (1938) umkreisen dieses Thema ebenso wie die meisten der 22 Schauspiele, die H. in knapp 12 Jahren schrieb. Einige dieser Stücke (die Posse *Hin und Her*; *Figaro läßt sich scheiden*; *Glaube Liebe Hoffnung*) werden zwischen 1934 und 1936 noch in Zürich und Wien uraufgeführt, *Der Jüngste Tag* (1938) bereits im entlegenen Mährisch-Ostrau. H. selbst ist wieder auf Reisen, auf der Flucht vor den Nazis. Am 1. Juni 1938 wird er bei einem Sturm von einem niederstürzenden Ast auf den Champs-Elysées in Paris erschlagen. Sein eben begonnener Roman trug den Titel *Adieu Europa*.

Werkausgabe: Kommentierte Werkausgabe in Einzelbänden. 15 Bde. Frankfurt a. M. 1938 ff.

*Dietrich Kreidt*

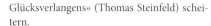

## Houellebecq, Michel
Geb. 26. 2. 1958 auf La Réunion

Würde man eine Rangliste der skandalträchtigsten Autoren der Wende vom 20. zum 21. Jahrhundert aufstellen, so gebührte Michel Houellebecq sicherlich ein Spitzenplatz. Nicht nur sein Roman *Les particules élémentaires* (1998; *Elementarteilchen*, 1999) hatte in Frankreich einen viel beachteten Gerichtsprozess zur Folge, sondern vor allem sein folgender Roman *Plateforme* (2001; *Plattform*, 2002) löste eine weltweite hitzige Debatte aus, denn H. hatte darin den Islam massiv diffamiert.

Früh zeichnete sich bei H. eine polemische Tendenz ab. Schon in der poetologischen Programmschrift *Rester vivant* (1991; Am Leben bleiben) schrieb er:»Jede Gesellschaft hat ihre schwachen Punkte, ihre Wunden. [...] Bestehen Sie auf der Krankheit, der Agonie, der Häßlichkeit. Sprechen Sie vom Tod und vom Vergessen. Von der Eifersucht, der Gleichgültigkeit, der Frustration, der Lieblosigkeit.«Genau diese Themen finden sich in H.s erstem Gedichtband *La poursuite du bonheur* (1992; *Suche nach Glück*, 2000): Immer wieder wird das Problem uneingelöster sexueller Begierden umkreist, wird über Tod, Einsamkeit, körperlichen Verfall und Angst gesprochen. 1994 verarbeitet H. diese Themen erzählerisch in seinem ersten Roman *Extension du domaine de la lutte* (1994; *Ausweitung der Kampfzone*, 1999), der die Geschichte eines dreißigjährigen Informatikers erzählt, der ein ebenso tristes wie ereignisloses Leben führt. Was den Text auszeichnet, sind die weitläufigen Reflexionen des Ich-Erzählers, der sich auf eine

mitleidslose Beobachtung seiner Umwelt spezialisiert hat. In zynischen Analysen entwirft er ein finsteres Bild der modernen Gesellschaft, deren Protagonisten er nach verschiedenen Verlierertypen klassifiziert, die alle früher oder später auf den»Schlachtfeldern des Glücksverlangens«(Thomas Steinfeld) scheitern.

Nach einem weiteren Gedichtband und einer Essaysammlung veröffentlichte H. 1998 seinen zweiten Roman *Les particules élémentaires*. Was in *Extension du domaine de la lutte* weitgehend auf punktuellen Beobachtungen beruhte, wird in *Les particules élémentaires* in epischer Breite entfaltet. Der Roman enthält die Parallelbiographien zweier Halbbrüder, die im Frankreich der 1950er Jahre geboren sind. In die Biographien eingeflochten sind vielfältige Nebenhandlungen, dazu kommen Gedichte und ein Epilog, der den Roman in ein unerwartetes Licht rückt: Es stellt sich heraus, dass der Roman Ende des 21. Jahrhunderts verfasst wurde – in einer Zeit, so die Fiktion, in der man die alten Kämpfe um finanzielle, emotionale und sexuelle Ressourcen nur noch aus Geschichtsbüchern kennt. In der Konfrontation der verschiedenen Biographien beschreibt H. kaleidoskopartig die Krise der westlichen Gesellschaft am Ende des 20. Jahrhunderts. Kommentiert werden die erzählerischen Teile des Romans von begleitenden soziologischen, literarischen, biologischen und mathematischen Reflexionen. H.s Stil- und Sprachgestus wird drastischer, insbesondere was die exzessive Darstellung der sexuellen Praktiken eines der Protagonisten angeht.

Nach einem weiteren Gedichtband und einer Erzählung erschien 2001 *Plateforme*, in dessen Zentrum das heikle Thema Sextourismus steht. *Plateforme* treibt auf die Spitze, was *Les particules élémentaires* angedeutet hatte: Handlung und Charaktere dienen lediglich als Beiwerk für die romaninternen Provokationen. So erreicht dieser Roman bei Weitem nicht das Niveau der früheren Texte: Was dort Kritik war, schlägt hier in Affirmation um.

*Uwe Lindemann*

## Hrabal, Bohumil František
## (eigtl. Bohumil František Kilian)

Geb. 28. 3. 1914 in Brünn-Židenice/
Mähren; gest. 3. 2. 1997 in Brünn

Bohumil Hrabal gehört zu den originellsten tschechischen Schriftstellern des 20. Jahrhunderts. Sein Werk, das an die Erzähltradition von Jaroslav Hašek und Franz Kafka anknüpft, hat die Entwicklung der tschechischen Prosa, des tschechischen Films und Theaters stilistisch wie auch thematisch stark beeinflusst. H. führte, durch den Zweiten Weltkrieg und die politischen Umwälzungen bedingt, ein wechselvolles Leben, dessen Details sich in seinen Werken ungewöhnlich deutlich widerspiegeln. 1916 zog er mit seiner Mutter nach deren Heirat mit František Hrabal von Brünn nach Polná und 1919 nach Nymburk, wo er die Grundschule und das Realgymnasium besuchte. Nach der Matura widmete er sich der Literatur, insbesondere der Poesie, und begann 1936 in Prag Jura zu studieren. Die Schließung der Universitäten 1939 verzögerte seinen Studienabschluss um sechs Jahre. Er arbeitete bei einem Notar und bei der Eisenbahngesellschaft in Nymburk, 1946 wurde er nach kurzem Kriegsdienst Versicherungsvertreter und Handelsreisender. Nach dem Februarumsturz 1948 war H. für die neuen staatseigenen Betriebe, unter anderem in einer Papiersammelstelle, in Kladno tätig.

Seine erste Gedichtsammlung Ztracená ulička (Verlorenes Gässchen) gab er 1948 im Selbstverlag heraus. 1950 erschienen die Verserzählungen Bambino di Praga (Prager Kind) und Krásná Poldi (Die schöne Poldi), 1952 Jarmilka, mit denen er bekannt und bei Jiří Kolář sowie vom Tschechischen Literaturfonds finanziell unterstützt wurde. 1956 heiratete er Eliška Plevová. H. wandte sich nun der Prosa zu, erst ab 1963 arbeitete er als Berufsschriftsteller. Sein erster Erzählband, Skřivánek na niti (Lerche am Faden), durfte aus politischen Gründen zunächst nicht erscheinen, dank der Liberalisierung in den 1960er Jahren konnte H. seine Erzählungen jedoch in Zeitschriften und 1963 in Buchform unter dem Titel Perlička na dně (Perlchen am Meeresgrund) publizieren. In seiner Prosa beschreibt er die tschechische Kleinstadt, die Prager Peripherie, das Hüttenwerk in Kladno und die Papiersammlung; viele seiner Figuren haben ihre Vorbilder in H.s persönlichem Umfeld. Seine Protagonisten sind meist gewöhnliche Menschen, in deren Seele eine »Perle« verborgen liegt. Sie sind »pábitelé« (übersetzt »Bafler«) – ein Wort, das H. im Tschechischen eingebürgert und das seit dem berühmt gewordenen Werk Pábitelé (1964; Die Bafler, 1966) dauerhaft mit seiner Person verbunden ist. Hier wie auch in vielen späteren Erzählungen ist das grundlegende Stilmittel der freie Redefluss in der Umgangssprache. Die Texte kommen oft ohne durchgehende Handlungselemente aus. Ironie, Humor, scharfe Schnitte und großer Detailreichtum kennzeichnen die Erzählung, in der sich Kneipengespräche mit philosophischen Sentenzen abwechseln.

Besonders H.s drittes Buch, Taneční hodiny pro starší a pokročilé (1964; Tanzstunde für Erwachsene und Fortgeschrittene, 1965), basiert auf dem Prinzip des endlosen Redeflusses. Es besteht aus einem einzigen Satz eines alten Mannes zur Unterhaltung und Belehrung des Fräuleins Kamila. Mit der Novelle Ostře sledované vlaky (1964; Reise nach Sondervorschrift, 1968) wandte sich H. kurzzeitig und besonders erfolgreich der traditionellen Erzählform zu. Die Erzählung wurde 1966 mit großem Erfolg verfilmt (Oscar 1967, Gottwald-Preis 1968). Besondere Anerkennung erhielt H. auch für eine Sammlung von sieben Erzählungen, Inzerát na dům, ve kterém už nechci bydlet (1965; Inserat auf ein Haus, in dem ich nicht mehr wohnen mag, 1968), die durch eine autobiographisch geprägte Figur mit dem symbolischen Namen »Kafka« zusammengehalten werden.

Nach der Niederschlagung des Prager Frühlings im August 1968 musste H. wie viele andere seine Hoffnung auf offizielle Publikationen aufgeben und sich in den Untergrund zurückziehen. In dieser Zeit entstanden sein einziger Roman Obsluhoval jsem anglického krále (1980; Ich habe den englischen König bedient, 1988), ein negativer Bildungsroman, und die Erzählung Městečko, kde se zastavil čas

(1973; Das Städtchen, in dem die Zeit stehen blieb). Einen weiteren Höhepunkt seines Schaffens bildet die Novelle *Příliš hlučná samota* (*Allzu laute Einsamkeit*, 1997). Offiziell, doch von der Zensur stark verändert, konnten H.s Werke erst ab 1975 wieder erscheinen. 1987 starb H.s Frau, und im selben Jahr brachten die Vorzeichen der ›samtenen Revolution‹ für ihn einen Wendepunkt: Er wurde in den tschechischen Schriftstellerverband aufgenommen und erhielt den italienischen Literaturpreis Premio Elba für die Erzählung *Příliš hlučná samota*, die 1989 erstmals in einem offiziellen tschechischen Verlag (Odeon) erscheinen konnte. H. wurde offiziell anerkannt und für sein Werk geehrt, das nun eine Vielzahl von Dramatisierungen und Verfilmungen erfuhr. Er konnte seitdem ungehindert publizieren, auch eine Ausgabe seiner gesammelten Schriften konnte ab 1991 erscheinen. 1991 publizierte er auch die Trilogie *Svatby v domě* (*Hochzeiten im Haus*, 1993) sowie *Vita nuova, Proluky* (Neues Leben, Einsenkungen), für die er 1993 mit dem Jaroslav-Seifert-Preis ausgezeichnet wurde. Weitere Erzählungen, Ehrungen und Auslandsreisen folgten. 1996 erkrankte H. Er starb 82-jährig nach dem Sturz aus einem Krankenhausfenster, dessen Umstände ungeklärt sind.

*Susanna Vykoupil*

## Hrotsvit von Gandersheim

Geb. um 935 in Sachsen;
gest. nach 973 – vielleicht erst um 1000 –, wahrscheinlich im Stift Gandersheim

Weit über ein halbes Jahrtausend nach ihrer Entstehung erregen die mittellateinisch verfassten, von ihr selbst in drei chronologisch aufeinanderfolgende »Bücher« – Legenden, Dramen und historische Epen – unterteilten Werke der Gandersheimer Stiftsdame H. beträchtliches Aufsehen bei der zeitgenössischen Intelligenz. Bereits in seiner Einleitung zur Erstausgabe von 1501 kann Conrad Celtis, der acht Jahre zuvor im Regensburger Kloster St. Emmeram einen danach in den Kreisen der deutschen Humanisten kursierenden Kodex der im Mittelalter weitgehend in Vergessenheit geratenen Dichterin entdeckt hatte, die späte, dafür desto überschwänglichere Rezeption dokumentieren. Drei als ungewöhnlich empfundene Faktoren werden dabei vor allem hervorgehoben: dass nämlich schon zu dieser frühen Zeit, im eigenen Land und dazu gar noch von einer Frau jene außerordentliche, der bewunderten Antike zur Seite gestellte Leistung möglich gewesen sei.

Keineswegs nur deshalb, weil es sich bei ihr um die erste bekannte deutsche Dichterin handelt, ist H., worauf verschiedene Preisträgerinnen der zur tausendsten Wiederkehr ihres letzten nachweisbaren Lebensjahrs gestifteten »Roswitha-Medaille der Stadt Bad Gandersheim« mit Recht aufmerksam gemacht haben, als Kronzeugin für den Anspruch von Frauen auf kreative Ebenbürtigkeit vorzüglich geeignet. Wie die in ihrem Brief an einige Gelehrte, denen ein Teil des zweiten »Buches« zur Begutachtung vorlag, gehäuften Bescheidenheitstopoi zeigen, muss sie sich gegen das Vorurteil weiblicher Inferiorität behaupten. Ihre Vorreden und Widmungen, die in der lateinischen Etymologisierung ihres altsächsischen Namens als »Clamor Validus Gandeshemensis« (der starke Ruf – auch: Ruhm – ihres Stifts) gipfeln, lassen gleichwohl auf eine sehr selbstbewusste Frau schließen, die sich, bei aller zugestandenen Kritikwürdigkeit ihrer Schreibweise, des eigenen geistigen Rangs sicher ist: »gefall ich aber nicht, … / so freut doch wenigstens mich selbst, was ich geschafft«.

H.s erklärtes Ziel ist es, durch die literarische Bearbeitung der den Legendarien der Stiftsbibliothek entnommenen Stoffe ihrer ersten beiden »Bücher« »die Kraft Christi, die in den Heiligen wirkt«, zu verherrlichen, wobei sie mit Vorliebe darstellt, wie vermöge dieser gerade »die Zerbrechlichkeit des Weibes siegt / des Mannes Kraft der Schande unterliegt«. »Fall und Bekehrung« sowie die Apotheose einer bis zum Martyrium bewährten »Jungfräulichkeit«, ihrer eigenen Lebensform, sind inhaltliche Konstanten bei H.s auch kompositionell »mit nicht geringer Sorgfalt ausgearbeiteten« Texte. Die zumal mit deren sprachlichen Vorzügen begründete Beliebtheit der teilweise lasziven Komödien des Terenz bei vielen gebildeten Christen veranlasst sie zum bis über das Hochmittelalter hinaus singulär bleibenden Experimentieren mit der Form des (allerdings kaum zur Aufführung bestimmten) Dramas im Dienste ihrer gegenläufigen Aussage. Dass sie dabei selbst »kühne« Szenen nicht scheut, wurde ihr noch von der Forschung des 19. Jahrhunderts verübelt: in *Abraham* etwa, ihrem wohl interessantesten Stück, dessen Handlung rein psychologisch motiviert ist und auf das sonst übliche Eingreifen höherer Mächte verzichtet, vollzieht sich die Bekehrung im Bordell.

Über H.s Leben weiß man kaum etwas. Der aristokratisch-exklusive Charakter des am Westhang des Harzes gelegenen Gandersheimer Stifts, einem der Zentren der die Ansätze zu einer deutschsprachigen Kultur für eineinhalb Jahrhunderte unterbrechenden »ottonischen Renaissance«, über dessen Anfänge eines ihrer beiden historischen Epen handelt, legt die Vermutung nahe, dass sie einer Adelsfamilie der Umgebung entstammt. Gerberg II., ihre etwas jüngere Äbtissin, die, »in der Wissenschaft weiter vorangeschritten«, sie »mit hervorragender Gelehrsamkeit … unterrichtet«, ist eine Nichte Kaiser Ottos I., dessen Politik H. in der Beschreibung seiner »Taten« geschichtstheologisch legitimiert. Im Sinne ihres historischen Umfelds hat Hilde Domin H. daher als eine zeitgeschichtlich »engagierte« Künstlerin bezeichnet.

Werkausgabe: Hrotvita (Gandeshemensis): Opera omnia. Hg. von Walter Berschin. München 2001.

*Hans-Rüdiger Schwab*

## Huber, Therese
Geb. 7. 5. 1764 in Göttingen;
gest. 15. 6. 1829 in Augsburg

»Ich habe gestern Frau Huber besucht, die Morgenblattlaus. Sie wohnt auf Dichterart dem Himmel näher als andere Menschen, im höchsten Stocke des Hauses. Ärmlich genug sieht es bei ihr aus. Sie ist eine Frau in den besten Jahren – für den Ehemann, wenn er jung ist, so zwischen sechzig und mehr, klein und hager, etwas quecksilbern und sehr jovialisch. Sie trägt eine Haube und darüber einen Schleier auf Nonnen- oder Matronenart.« So schilderte Ludwig Börne im November 1820 H., die er in Stuttgart besuchte. Seit 1816 lebte sie zum zweiten Mal in der württembergischen Residenzstadt, wo sie 1817 als erste Frau die Redaktion von Cottas *Morgenblatt für gebildete Stände* übernommen hatte. Zu dieser Zeit war H. bereits eine herausragende, vielbeachtete Schriftstellerin (Romane, Erzählungen, Reisebeschreibungen, Essays und Rezensionen), Übersetzerin aus dem Französischen und Englischen, Redakteurin und emsige Briefschreiberin (über 3800 erhaltene Briefe). H. verkehrte in der württembergischen Oberschicht, hatte Kontakt mit Friedrich Rückert, Justinus Kerner, Ludwig Uhland und empfing in ihrem Haus Besucher von Jean Paul bis Henriette Herz. Zwar war die gebildete, kultivierte und unkonventionelle H. schon in früheren Jahren bei gesellschaftlichen Anlässen ein Anziehungspunkt gewesen, allerdings mehr als Tochter des Göttinger Altphilologen Christian Gottlob Heyne und als Frau des Entdeckungsreisenden Georg Forster. Gegen Ende ihres Lebens hatte es die femme de lettres H. aus eigener Kraft und eigenem Können zu Ansehen und Ruhm gebracht. 1829 starb sie – fast erblindet – in Augsburg. Bis zuletzt hatte sie an der Herausgabe der Briefe ihres ersten Mannes Georg Forster sowie an ihrem Roman *Die Ehelosen* gearbeitet – beides konnte noch 1829 erscheinen. Nach ihrem Tod gerieten die Werke und die bekannte Schriftstellerin H. in Vergessenheit. Erst seit einigen Jahren wird Cottas »Morgenblattlaus« allmählich wiederentdeckt; sie steht jedoch noch immer im Schatten berühmter Frauen ihrer Generation wie Dorothea Schlözer, Rahel Varnhagen oder Bettina von Arnim.

Geprägt war die 1764 in Göttingen geborene H. sowohl durch ihre Herkunft aus einem der angesehensten deutschen Professorenhäuser des 18. Jahrhunderts als auch durch das Leben in Göttingen, das dank seiner fortschrittlichen Universität Georgia Augusta, berühmter Gelehrter sowie dem Dichterkreis des Göttinger Hain ein geistiges Zentrum geworden war. Auf Reisen lernte sie in Weimar Goethe, Herder und Wieland kennen sowie in der Schweiz Lavater und Pestalozzi. 1785 heiratete H. den Professor für Naturgeschichte, Schriftsteller und Entdeckungsreisenden Georg Forster, der einige Jahre zuvor an James Cooks zweiter Weltumsegelung teilgenommen hatte und mit seiner Beschreibung *Reise um die Welt* (deutsch, 1778–80) zu einem vielgelesenen Autor geworden war. Die Forsters zogen für zwei Jahre nach Wilna/Polen, darauf nach Göttingen und von 1788 an nach Mainz, wo Forster die Stelle des Oberhofbibliothekars an der Universitätsbibliothek erhielt. Als in Mainz 1792/93 der erste Versuch einer Republikgründung auf deutschem Boden stattfand, wurde Georg Forster zu einem ihrer aktiven Vertreter, u.a. im Mainzer Jakobinerclub. H. setzte sich in ihrem ersten großen Roman *Die Familie Seldorf* (1795/96) kritisch mit dieser Zeit auseinander.

Während die Spannungen und Krisen in ihrer Ehe immer mehr zunahmen, entwickelte sich zwischen Therese und dem Schriftsteller und sächsischen Legationssekretär Ludwig Ferdinand Huber, der in Mainz als gemeinsamer Freund der Forsters in deren Haus ein- und ausging, ein von Georg Forster toleriertes Liebesverhältnis. Ende 1792 flüchtete Therese aus dem von preußischen Truppen belagerten Mainz – und vor ihrer Dreiecksbeziehung – nach Neuchâtel in der Schweiz. Zu der von ihr angestrebten Scheidung kam es nicht mehr, Georg Forster starb im Januar 1794. Kurz darauf heirateten Therese und Ludwig Ferdinand Huber. Zuerst noch in der Schweiz, dann in Süddeutschland widmete sich H. – neben der Familie und dem Haushalt – mehr und mehr der Schriftstellerei, allerdings erschienen sämtliche Arbeiten unter dem Namen ihres Mannes. Erst 1811, einige Jahre nach dessen Tod im Jahr 1804, gab sie die Anonymität als Schriftstellerin endgültig auf und publizierte unter ihrem Namen. 1810 schrieb sie an ihren Vater:»Weiblicher ging wohl nie ein Weib von der, ihrem Geschlechte vorgeschriebenen, und

es allein beglückenden Bahn ab; als ich. Ich schrieb um meinen Mann die Mittel zu erleichtern Weib und Kind zu ernähren, und nie erfuhr es bis zu Hubers Tod ein Mensch daß ich die Feder ansetze ... So verdiente ich wohl die Hälfte unsers Einkommens indem ich mit dem Kinde an der Brust, neben der Wiege, und in den Nachtstunden wo alles schlief, meinen Kopf dadurch erhellte, daß ich die heftige Gefühle meines Herzens, und den Flug meiner Fantasie in deutliche Bilder einschränkte, und an den Faden meiner Erzählung anreihte.« Nach dem Tod ihres zweiten Mannes verbrachte H. viele von wirtschaftlicher Unsicherheit geprägte Jahre auf Reisen und – lesend und schreibend – als »Einsiedlerinn im Donau Moos« auf dem Gut ihres Schwiegersohns in Günzburg, ehe sie 1816 nach Stuttgart zog und dort acht Jahre lang Cottas *Morgenblatt* herausgab; 1823 wurde sie aufgrund eines Missverständnisses mit dem Verleger entlassen.

Obwohl es H. zu einer erfolgreichen und geachteten Autorin gebracht hatte, fühlte sie sich unter ständigem Rechtfertigungszwang: Ihre Beteuerungen, dass sie trotz der Schriftstellerei keine ihrer weiblichen Aufgaben vernachlässigt habe, ziehen sich wie ein roter Faden durch ihr Leben:»Mir ist das Gedruckt sein immer ein beunruhigendes, schmerzliches, demütigendes Gefühl. Es ziemt dem Weibe nicht. Hätte ich darum je ein paar Strümpfe zu wenig gestrickt, ein Loch ungeflickt gelaßen, eine Näherinn halten müßen, einen Lehrmeister für meine Kinder bezahlt, so hätte ich gefühlt ich handle unweiblich; aber ich habe das nie gethan, ich nehte, strickte, kochte, und lehrte meine Kinder – das Schreiben ausgenommen – alles selbst – da durfte ich schreiben.«

Werkausgaben: Romane und Erzählungen. Hg. von Magdalene Heuser. 12 Bde. Hildesheim 1989 ff.; Briefe. 9 Bde. Hg. von Magdalene Heuser. Tübingen 1999 ff.

*Alexander Reck*

## Huch, Ricarda

Geb. 18. 7. 1864 in Braunschweig;
gest. 17. 11. 1947 in Schönberg/Taunus

Schon früh stand für H. fest, dass sie ohne Schreiben nicht würde leben können: »Seit meinem fünften Lebensjahr hatte ich Gedichte gemacht, später Novellen geschrieben, es war mir immer bewußt, daß dies meine Aufgabe und meine Leidenschaft war.« Das Interesse an Literatur und Kunst scheint in der Familie gelegen zu haben. Zu den Vorfahren gehört der Erzähler Friedrich Gerstäcker. Der Bruder Rudolf und die Vettern Felix und Roderich traten ebenfalls als Schriftsteller hervor, wurden aber schon bald von der erfolgreichen H. in den Hintergrund gedrängt, die, unbeeindruckt von literarischen Strömungen und Moden, ein umfangreiches Werk schuf, das bis auf wenige Ausnahmen fast alle Gattungen umfasste und ihr zahlreiche Ehrungen und Anerkennung einbrachte. Für Thomas Mann war sie die »erste Frau Deutschlands«, und Alfred Döblin nannte sie eine »herrliche Frau«. Zu dieser Hochschätzung mag auch die Unbeirrbarkeit beigetragen haben, mit der H. sich den Vereinnahmungsstrategien der Nationalsozialisten entzog. Sie gehörte zu den wenigen in Deutschland verbliebenen Schriftstellern, die sich offen gegen das Regime erklärten und persönliche und materielle Nachteile in Kauf nahmen. Als sie 1933 durch ein von Gottfried Benn konzipiertes Schreiben aufgefordert wurde, ihre Loyalität den Nationalsozialisten gegenüber zu erklären, antwortete sie: »Was die jetzige Regierung als nationale Gesinnung vorschreibt, ist nicht mein Deutschtum. Die Zentralisierung, den Zwang, die brutalen Methoden, die Diffamierung Andersdenkender, das prahlerische Selbstlob halte ich für undeutsch. Bei einer so sehr von der staatlich vorgeschriebenen Meinung abweichenden Auffassung halte ich es für unmöglich, in einer staatlichen Akademie zu bleiben.« Mit diesen mutigen Worten trat sie aus der Preußischen Akademie der Künste aus, in die sie 1930 als erste Frau berufen worden war.

Hineingeboren in ein ursprünglich großbürgerliches Milieu, löste sie sich schon früh aus den Rollenerwartungen, die auf ihr als Mädchen in besonderem Maße lagen, und erkämpfte sich als eine der ersten Frauen in Deutschland ein Studium in Zürich (Geschichte, Philosophie, Philologie), das sie mit einer historischen Dissertation abschloss. Nach einer kurzen Zeit, in der sie als Sekretärin und Lehrerin arbeitete, machte sie das Schreiben zu ihrem Beruf. Sie begann mit sehr lebendigen und leidenschaftlichen Texten: Den Romanen *Erinnerungen von Ludolf Ursleu dem Jüngeren* (1893) und *Vita somnium breve* (1903; u. d. T. *Michael Unger* 1913), in denen sie, ähnlich Thomas Mann, den Zerfall einer großbürgerlichen Familie beschrieb und die eigene prekäre Situation in diesem Zerfallsprozess zum Thema machte. Später dann, unter dem Eindruck des Ersten Weltkriegs und dem Scheitern ihrer beiden Ehen, aus denen sie als alleinerziehende Mutter einer Tochter hervorging, wandte sie sich von den autobiographischen Formen des Anfangs ab und der Geschichte und Literaturgeschichte zu, um hier eine überzeitliche Objektivierung zu finden. Sie arbeitete über den Dreißigjährigen Krieg, beschäftigte sich mit der Romantik, der Revolution von 1848 und dem italienischen Freiheitskampf im 19. Jahrhundert. Mit dem historischen Roman und dem philosophischen und literaturgeschichtlichen Essay wählte sie selbstbewusst eine traditionell von Männern beherrschte Domäne. Auf »Frauenliteratur« wollte sie sich nicht festlegen lassen. Dichten war für sie eine androgyne Tätigkeit, sich selbst sah sie als »Ausnahmenatur«.

Mit Büchern über Martin Luther, Wallenstein, Garibaldi, den Grafen Confalioneri u. a. begründete sie ihren Ruhm als historische Schriftstellerin. 1923 verfasste sie eine mitreißende und einfühlsame, von Sympathie getragene Biographie des russischen Anarchisten Bakunin. 1946 begann sie mit den Sammelarbeiten zu einem Buch über den deutschen Wi-

derstand, das sie jedoch nicht mehr abschließen konnte.

Die Beschäftigung mit der Geschichte verstärkte die mystischen und spekulativen Strukturen in H.s Denken und führte zu einem
höchst widerspruchsvollen Konservativismus,
der in den Konzept des »Romantischen Sozialismus« seinen problematischen Ausdruck gefunden hat. Weltbürgerlicher Humanismus,
anarchistische Freiheitsideen und Vorstellungen eines alternativen, unentfremdeten Lebens
verbanden sich mit ständischem Reichsden-
ken und nationalem Pathos zu einer politischen Philosophie, die H. zwar unauffällig
gegen den totalitären Zugriff der Nationalsozialisten werden ließ, ihrem späten Werk aber
einen hohen Grad von Abstraktheit und An-
gestrengtheit verlieh.

Werkausgabe: Gesammelte Werke. Hg. von
Wilhelm Emrich. 11 Bde. Köln/Berlin 1966–1974.

*Inge Stephan*

### Huchel, Peter
Geb. 3. 4. 1903 in Berlin;
gest. 30. 4. 1981 in Staufen/Baden

Der schweigsame Mann aus der Mark
Brandenburg hat immer unwirsch seine wenigen Gedichte gegen einseitige biographische
oder politische Interpretation zu bewahren
gesucht, wollte doch jeder Text »für sich selber
stehen und sich nach Möglichkeit behaupten
gegen seine Interpreten, gegen etwaige Spekulationen, Erhellungen und Biographismen«.
Doch wie kaum sonst das Werk eines hermetischen Lyrikers ist gerade »Der Fall Peter Huchel« *(Die Welt)* im Streit zwischen Ost und
West politisch in Anspruch genommen worden. H. verlebte, ähnlich dem befreundeten
Landsmann Günter Eich, seine Kindheit auf
dem Lande, im märkischen Spreewald, auf
dem Hof des Großvaters in Alt-Langerwisch.
Es sind die Bilder dieser Landschaft, ihrer Natur und ihrer Menschen, die vor allem die frühen Gedichte bestimmen und die die Vorstellung vom »Naturlyriker« H. festgelegt haben.
Diese Gedichte entstanden, als H. schon fern

dieser Landschaft in Berlin, Freiburg und
Wien Literatur und Philosophie studierte, als
er, mit wenig Geld und als Gelegenheitsarbeiter, ausgedehnte reisen nach Frankreich, durch
den Balkan und die Türkei unternahm. Politisch fühlte er sich »durch Kunsterlebnisse zur
Linken gezogen«, sympathisierte mit dem
Marxismus, weigerte sich aber, der Partei bei-
zutreten: »unterdessen schlägt sein Herz privat
weiter. Und er lebt ohne Entschuldigungen«
(so H. 1931 über sich selbst). Die Dresdner
Zeitschrift *Die Kolonne*, um 1930 das Forum
einer naturmagischen Schreibweise, verlieh
ihm 1932 ihren Lyrikpreis für den Gedichtzyklus *Der Knabenteich* (1932). Man fand in
den die Kindheit beschwörenden Gedichten
eine besondere Sprache, deren Begriffe »den
Zauber des Vergangenen noch in ihren Falten
wie einen Geruch zu bewahren scheinen…
Die Worte öffnen sich wie Fächer, und es entfällt ihnen die verlorene Zeit« (Martin
Raschke). Zusammen mit Gedichten, die einen Reflex auf seine Zeit im Süden darstellten,
hatte sich mittlerweile erst ein schmales Œuvre
mit verstreuten Einzelveröffentlichungen ergeben, als die Machtübernahme der Nationalsozialisten 1933 die literarische Entwicklung
unterbrach. Ähnlich Günter Eich schrieb H.
von 1933 bis 1938 verschiedene Funkarbeiten,
die gern als dem ›eigentlichen‹ Werke nicht
zugehörig abgetan wurden, die aber, sofern sie
greifbar sind, bei einer genaueren Würdigung
des Gesamtwerkes beachtet werden sollten,
gehören sie doch zu wichtigen Jahren einer
Schreibexistenz in der »Inneren Emigration«:
z. B. *Die Magd und das Kind; Die Herbstkan-
tate*, beide 1935; *Margarete Minde*; 1939. Den
Krieg überstand auch H. als Soldat, kehrte
1945 aus russischer Gefangenschaft nach Berlin zurück und wurde 1946 erster Nachkriegs-
redakteur für Kulturpolitik, schließlich Sende-
leiter und Künstlerischer Direktor beim Ostberliner Rundfunk.

Als erste Buchpublikation H.s erschien
1948 im Aufbau-Verlag der schmale Band *Gedichte* (in der Bundesrepublik 1949), der Texte
aus den Jahren 1925 bis 1947 sammelte und
für den er 1951 den »Nationalpreis der DDR«
(allerdings nur »dritter Klasse«) erhielt. Mit

Unterstützung Johannes R. Bechers übernahm H. 1949 die Chefredaktion einer neuen Zeitschrift, *Sinn und Form*, die er schnell zu einem der wichtigsten Literaturorgane jener Jahre machte. Die unangepasste Redaktionsführung H.s hielt sich dabei an die kulturpolitischen Gründungsbeschlüsse, »diejenige Weltliteratur unserer Zeit bekanntzumachen, die Ausdruck des Veränderungswillens« ist (Hans Mayer).

H. hatte sich für den sozialistischen deutschen Staat entschieden und darum sicher auch versucht, ihm in seinem Sinne zu »dienen«. Die öffentlichen Auftritte H.s in den 1950er Jahren waren durchaus parteilich. Auch seine literarischen Versuche, die gesellschaftliche Entwicklung des Heimatstaates zu stützen – so die Feier der Bodenreform durch das lange Gedichtfragment *Das Gesetz* (1950) –, dürfen nicht als bloße Pflichtübung gesehen werden. Aber H. setzte sich auch für westdeutsche Autoren ein (z. B. Hans Henny Jahnn), riskierte Kritik des eigenen Lagers. Nach dem Tod des Freundes Bertolt Brecht und des Mentors Becher wurde H.s Stellung schwierig, bis er 1962 die Leitung der Zeitschrift *Sinn und Form* aufgeben musste. Die letzte, von ihm redigierte Nummer (V/VI 1962) gestaltete er als programmatisches Bekenntnis, das so auch verstanden wurde. Im gleichen Jahr erhielt er Publikationsverbot. Die Lebensbedingungen verschärften sich noch, als er 1963 den Westberliner Kunstpreis für Literatur annahm und in der Bundesrepublik den zweiten Gedichtband *Chausseen, Chausseen* (1963) veröffentlichte. Bis 1971 lebte H. in Wilhelmshorst praktisch unter Hausarrest und in leidvoller Isolierung, dann durfte er in den Westen ausreisen. Wer nun von den folgenden Gedichtsammlungen *Gezählte Tage* (1972) und *Die neunte Stunde* (1979) Dissidentenlyrik erwartete, wurde enttäuscht. H. blieb auch hier der strenge, hermetische Lyriker, dessen Thema nicht Tagespolitik ist. Es geht ihm um das existentielle Leben in einer bedrohten Welt und darum, seine Entwürfe einer dichterischen Privatmythologie als Rettungsversuche dagegenzusetzen. Denn dies scheint durchgehend das Lebenswerk des Lyrikers zu bestimmen:

ein lyrisch umgesetztes Zeichen- und Bildsystem, das seine Anregung und Basis in der Mystik Jakob Böhmes (»war es vor allem Jakob Böhme, der mich fesselte«) und in den Naturmythen von Johann Jakob Bachofens »Mutterrecht« findet. In den Gedichten aus den Kriegsjahren mit den Bildern von Flucht und Zerstörung *(Chausseen, Chausseen)* erscheinen zeitgeschichtliche Erfahrungen des Grauens am direktesten, und doch trägt auch hier ein Netz von zeitlos mythischen Bildzeichen die Texte. Die späteren Gedichte, in Berlin-Wilhelmshorst aus dem Zwang geschrieben, sich in Chiffren verstecken zu müssen (z. B. *Der Garten des Theophrast; Unter der Wurzel der Distel)* sind in besonderer Weise als Lyrik mit politischen Bezügen interpretiert worden; sicher zu Recht, doch drohte dieser Lyrik dadurch die Gefahr, um wichtige Bereiche verkürzt, für flinke Urteile benutzt zu werden. Dagegen wehrte sich H. und stimmte Interpreten (Axel Vieregg) ausdrücklich zu, die sich um ein komplexeres Verhältnis seiner Gedichte und ihrer Mythenzeichen bemühten. Zehn Jahre lebte H. noch nach seiner Ausreise in den Westen, mit Preisen geehrt, zurückgezogen vom Literaturbetrieb. Nach seinem Tod erschien eine zweibändige Ausgabe seiner Werke (*Gesammelte Werke*, 1984), so dass nun vielleicht leichter ein Urteil zu finden ist, wo der Ort dieser Lyrik ist, die mit den Etiketten »Naturlyrik« und »politischer Lyrik« gleichermaßen verfehlt wird.

Werkausgabe: Gesammelte Werke in 2 Bänden. Hg. von Axel Vieregg. Frankfurt a. M. 1984.

*Horst Ohde*

## Hughes, [James] Langston
Geb. 4. 8. 1902 in Joplin, Missouri; gest. 22. 5. 1967 in New York

Langston Hughes ist ohne Zweifel eine der populärsten Gestalten der afrikanisch-amerikanischen Literatur. In seinem von der Harlem Renaissance bis in die Zeit des »Black Arts Movement« der 1960er Jahre reichenden Schaffen als Lyriker, Erzähler, Dramatiker, Autobiograph und Herausgeber schuf er ein Werk, das in seiner Vielfalt und seiner Ausstrahlung seinesgleichen sucht. Die vermeintliche Simplizität und der Humor seiner Texte, auf denen H.' Popularität beruht, verdecken indes für heutige Leser, die den Kontakt zu den Umständen ihrer Entstehung verloren haben, die unter der Oberfläche verborgene Komplexität und Kühnheit von H.' künstlerischen Innovationen, die ihn zu einer Schlüsselfigur der afrikanisch-amerikanischen Literatur des 20. Jahrhunderts machen.

H.' Weltbild und Selbstverständnis als schwarzer Amerikaner wurden nachhaltig durch die Erfahrungen seiner Kindheit und Jugend geprägt. H. wuchs in einem Umfeld auf, in dem er soziale Not, familiäre Instabilität und Vereinzelung als Konsequenzen der ungleichen Chancen für die schwarze Bevölkerung ebenso kennenlernte wie die positiven, in Geschichte und Gegenwart der schwarzen Gruppe lebendigen Kräfte der Selbstbehauptung und des Widerstands. Der ambitionierte Vater, James Nathaniel H., verließ seine Frau und den dreijährigen Sohn, um in Mexiko seinen Aufstiegstraum zu verwirklichen. Die künstlerisch begabte, von schwarzen und weißen Vorfahren abstammende Mutter, Carrie Langston, war so gezwungen, den kleinen Sohn der Großmutter anzuvertrauen, in deren Obhut er in Lawrence, Kansas, aufwuchs und deren Erzählungen ihn mit der heroischen Geschichte des eigenen Volkes und der eigenen Vorfahren – sie war in erster Ehe mit einem Teilnehmer an John Browns Attacke auf Harper's Ferry verheiratet gewesen – bekannt machten. Von Bedeutung ist ferner seine High-School-Zeit in Cleveland, wohin er nach der Wiederheirat seiner Mutter kam. Während dieser Phase waren der Einfluss einer Englischlehrerin, die ihm die Dichtung Carl Sandburgs nahe brachte, und die Freundschaften mit weißen Mitschülern, meist Söhne osteuropäischer Einwanderer, die H. sozialistisches Gedankengut und die Hoffnung auf eine revolutionäre Überwindung der Rassen- und Klassengesellschaft vermittelten, prägende Momente. Es entstanden die ersten Gedichte, die, wie später das gesamte Werk H.', um die bei-

den Pole des politischen und sozialen Protests und der schwarzen kulturellen Selbstdarstellung kreisen, so z. B. »Steel Mills«, das gegen die Ausbeutung der Arbeiterschaft protestiert, sowie sein berühmtes Gedicht »The Negro Speaks of Rivers«. Das im Stile der Freiverse Sandburgs geschriebene Gedicht entstand spontan, während H. im Zug den Mississippi überquerte, bei dessen Anblick sich dem Sprecher die Leistungen und die Leiden schwarzer Menschen von der Frühzeit bis in die Zeit des jungen Abraham Lincoln erschließen und der sich dabei innerlich mit seinem Volk identifiziert. Mit diesem Gedicht war die Entscheidung gegen den vom Vater gewiesenen bürgerlichen Berufsweg und für die Existenz des Dichters, der sich seiner Gruppe verpflichtet weiß, gefallen.

Die nächsten Schritte führten 1921 nach New York und Harlem, in diesen Jahren ein Magnet für schwarze Migranten aus dem Süden wie für junge Künstler und Intellektuelle, aus denen sich die Harlem Renaissance rekrutieren sollte. Auf ein noch vom Vater finanziertes Jahr an der Columbia University folgten, nach Abbruch des Studiums, einige durch Hilfsarbeiten gefristete Monate in Harlem, dann Schiffsreisen als Kajütenjunge nach Afrika (1923) und Europa (1924). Nach seiner Rückkehr schlug er sich wieder mit Gelegenheitsarbeiten durch, bis er zwischen 1926 und 1929, unterstützt von einer weißen Mäzenin, Mrs. Charlotte Mason, sein Studium an der Lincoln University, Pennsylvania, fortsetzen konnte. Währenddessen erschienen seine ersten Gedichte in den Zeitschriften der sich im Aufbruch befindenden Harlem Renaissance, neben »The Negro Speaks of Rivers« Gedichte wie »The Negro« (später »Proem«), »My People«, »The Weary Blues«, »Aunt Sue's Stories«, »Danse Africaine«, »When Sue Wears Red«, »Jazzonia«, die wenig später in seinen ersten Gedichtband, The Weary Blues (1926), Eingang fanden. Es sind Gedichte, die die Verbindung zwischen afrikanischer Vergangenheit und amerikanischer Gegenwart herstellen, die die Schönheit und die Stärke schwarzer Menschen preisen und die im Kraftstrom ihrer kulturellen Überlieferung, die zu dieser

Zeit in Blues und Jazz einen neuen Ausdruck findet, das Geheimnis ihres Überlebens erblicken. Die Gedichte verraten den Einfluss Walt Whitmans und Carl Sandburgs, in ihnen werden aber auch aus dem Blues und dem Jazz stammende Prinzipien wie das von »call and response« wirksam, die H.' Versen eine ganz neue Spontaneität und Biegsamkeit geben. In seinem Manifest »The Negro Artist and the Racial Mountain« von 1926 verteidigt H. seine Kunst gegen den Einspruch von Freunden und Weggefährten wie Countee Cullen und George Samuel Schuyler, die vor den Gefahren freiwilliger Segregation im Gefängnis der Dialektdichtung warnten. H. war anderer Ansicht. Den Weg des »poet«, der sein Heil in der Fortsetzung weißer Traditionen sucht, als einen Ausdruck von uneingestandenem Selbsthass kritisierend, preist er die Kunst des »Negro poet«, die »racial in theme and treatment« ist, die sich dem Leben der einfachen Leute in den Städten des Nordens zuwendet und die aus den Formen und dem Geist ihrer mündlichen Tradition, aus Spirituals, Blues und Jazz, ihre Inspiration bezieht. H. erweist sich mit diesem Essay als einer der ersten Vertreter einer »black aesthetic«, war jedoch, im Unterschied zu vielen Vertretern des »Black Arts Movement« der 1960er Jahre, kein Separatist, sondern hielt an der Vision einer pluralistisch-offenen Gesellschaft fest. In seinem zweiten Gedichtband, *Fine Clothes to the Jew* (1927), setzte H. diese Programmatik noch konsequenter um und wurde dafür von schwarzen Kritikern, die ihre Aufstiegsaspirationen kompromittiert sahen, als »sewer dweller« attackiert. Die Sprecher der Gedichte, von denen viele der Form des klassischen Blues folgen, sind einfache schwarze Frauen und Männer, die in ihrer Sprache, einem authentischen schwarzen Englisch, von Not, Einsamkeit, Heimweh in den Städten des Nordens und vom Glück und Unglück ihrer Liebe reden. Die Stimme des Protests gegen Unterdrückung und Ausbeutung wird in Gedichten wie »Brass Spittoons« immer wieder laut, prägend für den ganzen Band ist jedoch der Versuch, das Ethos des Blues und der »blues people« einzufangen: »The mood of the *Blues* is almost always despon-

dency, but when they are sung people laugh.« Der Welt einfacher schwarzer Amerikaner und des Blues wendet sich auch sein bedeutender Roman *Not without Laughter* (1930) zu. Der autobiographisch getönte Roman schildert das Heranwachsen des kleinen Sandy in einer Kleinstadt in Kansas im Haus seiner Großmutter und stellt in den Personen der Familie unterschiedliche Reaktionsweisen auf die Erfahrung rassistischer Diskriminierung dar. *Not without Laughter* wäre ohne die finanzielle Unterstützung der dem weißen Primitivismuskult der 1920er Jahre anhängenden Mrs. Mason nicht geschrieben worden. Dass sie H. im Dezember 1930 ihre Unterstützung entzog, war die Konsequenz aus der Unvereinbarkeit ihrer Erwartungen und seiner unter dem Eindruck der Weltwirtschaftskrise sich beschleunigenden Entwicklung zum engagierten politischen Dichter. Der Bruch mit Mrs. Mason markiert jedenfalls das Ende der ersten Schaffensphase in der Karriere von H. wie auch in symbolischer Weise das Ende der von der Kooperation schwarzer und weißer Amerikaner lebenden Harlem Renaissance überhaupt.

Die zweite Periode in H.' Schaffen, die Jahre von 1931 bis 1939, steht im Zeichen der »Great Depression« und ist eine Phase gesellschaftskritischer und politischer Dichtung. H.' politisches Engagement war eine Reaktion auf den Justizskandal um die »Scottsboro boys« sowie die Erfahrungen im segregierten Süden, den er auf Vortragsreisen 1931/32 kennenlernte, und erhielt weiteren Auftrieb aus den positiven Eindrücken während seines Aufenthalts in der Sowjetunion (1932/33). Sein charakteristischer Ausdruck sind Gedichte wie »Good Morning, Revolution« (1932) und »A New Song« (1932), das Titelgedicht des gleichnamigen Bandes von 1938, in denen er, zum Bündnis der Proletarier aller Rassen und Erdteile aufrufend, vom Sieg der kommunistischen Revolution die Überwindung von Ausbeutung und allen Rassenkonflikten erhofft. Neben der politischen Lyrik entstanden in diesen Jahren eine Reihe von in *The Ways of White Folks* (1934) gesammelte Short Stories, in denen H., vielfach mit den Mitteln der Satire arbeitend, ökonomische Motive und verdrängte sexuelle Impulse als Antriebe rassistischer Denk- und Verhaltensweisen seiner weißen Figuren aufzeigt. Diese Erzählungen bieten keine konkreten politischen Handlungsanweisungen, sondern wollen, indem sie Verdrängtes sichtbar machen, den Boden für Reformen bereiten. In diesem Sinne ist die Short Story »Father and Son«, welche die Tragödie des Mulatten Bert zum Thema hat, der, sobald er sich seiner eigenen Würde bewusst wird, den weißen Vater und Unterdrücker tötet, kein revolutionärer Weckruf, sondern eher ein Appell zur Versöhnung. H. adaptierte diese Short Story in seinem Drama »Mulatto«, das 1935 mit Erfolg am Broadway lief. Freilich erreichte sein Appell zur Überwindung rassistischer Spaltung das Publikum des Stücks kaum, denn es wurde in einer melodramatisch verzerrten Inszenierung geboten. Als erfolgreicher in der Vermittlung seiner proletarischen Botschaft erwies sich hingegen sein aus eigenen Gedichttexten montiertes, Blues und Spirituals verbindendes szenisches Panorama schwarzer Geschichte, *Don't You Want to Be Free?*, das in dem 1938 mit Hilfe einer linken Organisation gegründeten Harlem Suitcase Theatre aufgeführt wurde. Die Niederlage der Loyalisten in Spanien und der Hitler-Stalin-Pakt im Jahr 1939 bewirkten jedoch, dass sich H., in seinen konkreten politischen Hoffnungen enttäuscht, von der Rolle des radikalen politischen Dichters zunehmend verabschiedete. Dazu kam, dass er sich seit seinem die christlichen Kirchen attackierenden Gedicht »Goodbye Christ« immer wieder Angriffen durch evangelikale Gruppen und konservative Politiker ausgesetzt sah. 1953 wurde er vor den McCarthy-Ausschuss geladen, vor dem er sich von seiner pro-kommunistischen Dichtung und der »Communist Party« der USA distanzierte, andererseits jedoch sein politisches Engagement als Bestandteil des historischen Freiheitskampfes weißer und schwarzer Amerikaner rechtfertigte. Derartige Erfahrungen veranlassten H., in seiner Autobiographie *The Big Sea* (1940), die sein Leben bis zum Ende der Harlem Renaissance behandelt und ein glänzendes Porträt dieser Periode enthält, und in seinen den 30er Jahren gewidme-

ten Erinnerungen *I Wonder as I Wander* (1956) die Geschichte seines radikalen politischen Engagements weitgehend auszublenden.

H.' dichterische Umorientierung Anfang der 1940er Jahre stand im Zeichen der nach Kriegseintritt der USA veränderten innenpolitischen Situation, die für das schwarze Amerika eine Perspektive der Hoffnung ermöglichte. Franklin D. Roosevelts Executive Order No. 8802 im Jahr 1941 hatte alte Barrieren von Segregation und Diskriminierung aufgehoben und damit eine Entwicklung angestoßen, die sich in der Civil-Rights-Bewegung der 1950er und 60er Jahre fortsetzte. H. reagierte auf diese Entwicklung mit Dichtungen, die ihre moralische Energie aus dem Widerspruch zwischen amerikanischer Realität und den Verheißungen des »American Dream« bezogen. Er war 1941 nach Harlem übergesiedelt, wo er sich dauerhaft niederließ, und auch als Dichter wählte er wieder Harlem als Schauplatz in Gedichtbänden wie *Shakespeare in Harlem* (1942), *One Way Ticket* (1949) und *Montage of a Dream Deferred* (1951), eine Bindung, die sich erst in den Gedichten von *Ask Your Mama: 12 Moods for Jazz* (1961) und dem postumen *The Panther and the Lash* (1969) wieder lockerte. Die erneuerte Bindung an Harlem als Gegenstand und Inspiration seiner Lyrik wurde von H.' Kritikern überwiegend als Rückkehr eines erschöpften Dichters zu den alten Mustern der 1920er Jahre missverstanden. In den neuen Harlem-Gedichten spiegelt sich jedoch der fortschreitende soziale Niedergang der »Promised City« der 20er Jahre zu einem »here on the edge of hell« gelegenen Slum, andererseits legen diese Bände mit der Rückkehr zu Blues und Ballade und mit der Umsetzung von Motiven und Formen aus dem Jazz Zeugnis von der ungebrochenen kulturellen Produktivität Harlems ab. *Montage of a Dream Deferred* verwendet in neuartiger Weise musikalische Prinzipien des Be-bop zur Komposition des ganzen Bandes zu einem vielstimmigen Ganzen, das eine prophetische Antwort auf die Frage »What happens to a dream deferred?« gibt. In seiner Kolumne für die Chicagoer Wochenzeitung *Defender* entwickelte H. in den 1940er Jahren die

Figur des Jesse B. Semple, alias Simple, die er bis in die 60er Jahre am Leben hielt. In den Reflexionen zum Zeitgeschehen und den Mitteilungen aus der Lebensgeschichte dieses Harlemer Jedermann bündeln sich alle Konflikte und Probleme schwarzer Amerikaner in Vergangenheit und Gegenwart. »These feet have stood on every rock from the Rock of Ages to 135th and Lenox. These feet have supported everything from a cotton bale to a hongry woman« führt Simple in »Feet Live Their Own Life« in eindrucksvoller komischer Steigerung aus. Diese kurzen, mit der ironischen Brechung zweier Perspektiven virtuos spielenden »urban folktales« wurden von H. in insgesamt fünf Bänden gesammelt, deren letzter, *Simple's Uncle Sam*, in seinem Todesjahr 1967 erschien. Im Verein mit seinen Gedichten sind sie es vor allem, die H. zum geliebten »folk poet« des schwarzen Amerikas gemacht haben.

Werkausgabe: The Collected Poems of Langston Hughes. Hg. A. Rampersad. New York 1995.

*Hartmut Grandel*

## Hughes, Ted [Edward James]
Geb. 17. 8. 1930 in Mytholmroyd, Yorkshire; gest. 28. 10. 1998 in Devon

Während Ted Hughes postum von der Kritik als eine der markantesten Dichterpersönlichkeiten der zweiten Hälfte des 20. Jahrhunderts auf den Schild gehoben wird, sah er sich zu Lebzeiten nicht selten Anfeindungen ausgesetzt. Primitivismus, Gewaltverherrlichung (»poetry of violence«), thematische Enge lauteten gängige Vorbehalte. Nach dem Freitod von Sylvia Plath, die er 1956 geheiratet hatte, fungierte er für Feministinnen als »one-man gynocidal movement« (Robin Morgan); Seamus Heaney gratulierte 1984 anlässlich der Ernennung H.' zum *Poet Laureate* mit einem kaum verhohlenen Kopfschütteln: »Even though he is immensely popular, he is regarded as slightly beyond«; und ein Jahr später, 1985, liest man in der Monographie von Thomas West: »Hughes represents the extreme fringe of contemporary anti-rationalist, mythopoetic poetry.«

Solche Ausgrenzungs- und Abschiebungsversuche konnten schon deshalb nicht dauerhaft von Erfolg gekrönt sein, weil sie etwas für anachronistisch erklären, was der Kunst jahrtausendelang wesentlich war, nämlich das ›mediumistische‹ Selbstverständnis des Produzenten. Der Anti-Modernist H., für den sich unsere technikgläubige Hochzivilisation als »a nightmare of mental disintegration and spiritual emptiness« darstellt, greift ganz bewusst auf diese historischen Bestände zurück und sieht sich als poetischen Geistheiler und Schamanen, der entsprechend Ort und Zeitpunkt seiner ›Berufung‹ genau angeben kann. 1953 studiert er in Cambridge im zweiten Jahr Anglistik und müht sich mit einem der *weekly essays* ab, über dem er nach Mitternacht erschöpft einschläft: Im Traum sucht ihn ein halbtoter Fuchs-Mensch heim und setzt ein Zeichen: »Then it spread its hand – a human hand as I now saw, but burnt and bleeding like the rest of him – flat palm down on the blank space of my page. At the same time it said: ›Stop this – you are destroying us.‹«

H. nimmt sich die Warnung vor der ›Verphilologisierung‹ zu Herzen, wechselt in die Archäologie und Anthropologie, schlägt sich danach ein paar Jahre als Gärtner, Zoowärter, Nachtwächter und Lektor eines Filmstudios durch, bevor sein Totemtier 1957 in dem poetologischen Meisterstück »The Thought-Fox« am Ende einer Phase literarischer Stagnation zum zweiten Mal erscheint. In Cambridge hinterließ der Fuchs ein Menetekel, eine blutige Warnung vor dem verfehlten Leben; das Gedicht dagegen markiert den Beginn literarischen Gelingens. Hier setzt die Spur jener schöpferischen Einfühlsamkeit und energiegeladenen Sensibilität ein, die sich scheinbar mühelos Pferden und Falken, Forellen und Lachsen, Mücken und Mauerseglern, ja selbst Topfblumen und Disteln anverwandeln kann, ohne ihnen ihre ›Unnahbarkeit‹ und kreatürliche Eigenart zu rauben. Schon in »The Thought-Fox« hütet sich H. nämlich davor, den Fuchs allegorisch zu verflüchtigen. Über der letzten Strophe liegt mit »the hot sharp stink of fox« die Ausdünstung der freien Wildbahn, nicht der aseptische Hauch der Abstraktion. »It is a real fox«, ergänzt H. in *Poetry in the Making* (1967), »as I read the poem I see it move [...]. And I suppose that long after I am gone, as long as a copy of the poem exists, every time anyone reads it the fox will get up somewhere out in the darkness and come walking towards them«.

Das Gedicht lässt also natürlichen Auslauf, weist bevormundende Tierpflege auch über die »super-simple« und »super-crude language« zurück, die H. als Stilideal vorschwebt, will schon gar nicht einhegen wie ein Zoo. Stattdessen versucht uns die Tierlyrik etwa in »The Jaguar« und »The Bull Moses« klarzumachen, dass das Animalische selbst hinter Gittern, selbst hinter Schloss und Riegel ›Freigänger‹ bleibt. Deshalb kommt auch der Fuchs erst im Todesjahr zurück, als H. in seinen *Birthday Letters* (1998; *Birthday Letters*, 1998) die im Wortsinn fatale Begegnung mit Sylvia Plath noch einmal heraufbeschwört und durchlebt. »Epiphany« beschreibt, wie dem frischgebackenen Vater auf dem Weg zur Londoner U-Bahn ein Fuchsjunges angeboten wird, das er – mit denkbar guten Gründen – seinem Besitzer nicht abkauft. Aber die Logik der Poesie ist nicht die guter Geschäfte, und die Bagatelle entpuppt sich als entscheidende Prüfung und Schauplatz eines jämmerlichen Versagens: »Then I walked on / As if out of my own life. [...] I failed. Our marriage had failed.«

Diesem Ungenügen und Scheitern des Intelligenzbegabten, das in deutlichem Kontrast steht zum ›erfüllten‹ Untergang instinktgeleiteten Lebens (»October Salmon«), hat H. 1970 in dem Zyklus *Crow* (*Krähe*, 1986) ein tragikomisches Denkmal gesetzt. Wie zur Exemplifizierung der schamanistischen Lust am heiligen Unernst (»shamanizings are also entertainments, full of buffoonery, mimicry, dialogue and magical contortions«) transportiert er uns hier in die Gegenwelt der Trickster-Figur Krähe, eines nicht umzubringenden Unheilstifters, der die Schöpfung aufmischt und Gott keineswegs nur in »Crow's First Lesson« oder »Apple Tragedy« vorführt. Obwohl die entro-

pische Bewegungsrichtung des Weltprozesses feststeht und H. auch dem apokalyptischen Zeitgeist (»Notes for a Little Play«) Tribut zollt, schließt der Band doch nicht mit der ultimativen Inthronisierung des »King of Carrion«, sondern mit einem beinahe zärtlich anmutenden Lobpreis von »Littleblood«, jenem Fünkchen Leben, das sich in allen und gegen alle Widrigkeiten behauptet und in der letzten Zeile zurücksingt.

»In the end«, hat H. 1980 in einem Interview mit Ekbert Faas wissen lassen, »one's poems are ragged dirty undated letters from remote battles and weddings and one thing or another«. Im Rückblick auf sein Gesamtwerk kann man das allerdings nur als provokante Selbstverkleinerung lesen. In Wirklichkeit hielt sich H. über Jahrzehnte dort auf, wo er in »Hawk Roosting« sprachspielerisch auch den aufgebaumten Falken plaziert: »in the top of the wood [would]«. Von dieser Warte in den Wipfeln der Fiktionen aus war es nicht nur möglich, die Attacken der frühen Kommentatoren mit einem lässigen »perhaps the whole debate is a fieldful of old-fashioned English windmills« zu parieren. H. hatte auch keine Mühe, seine Gedicht-Tiere (»I think of poems as a sort of animal«) weit über das Tiergedicht hinaus ausschwärmen zu lassen. *Wodwo* (1967), *Remains of Elmet* (1979) oder *Moortown* (1979) heißen solche energischen Vorstöße in die menschliche Psyche, die Anwesenheit von (Vor-)Geschichte und den Alltag auf einer Farm in Devonshire, die H. in den 1970ern mitbewirtschaftete. Von Engstirnigkeit kann deshalb bei seinem ausgefuchsten poetischen Spürsinn keine Rede sein, wohl aber tragen diejenigen Scheuklappen, die H. immer noch in Randzonen, die Reservate des Kaltschnäuzigen und Widerborstigen, abzudrängen versuchen.

Werkausgaben: Poetry in the Making: An Anthology of Poems and Programmes from ›Listening and Writing‹. London 1967. – Winter Pollen: Occasional Prose. Hg. W. Scammell. London 1994. – New Selected Poems 1957–1994. London 1995. – Gedichte. Heidelberg 1995. – Etwas muß bleiben. Hg. J. & W. Kaußen. Frankfurt/M. 2002.

*Ulrich Horstmann*

## Hugo, Victor

Geb. 26. 2. 1802 in Besançon/Frankreich;
gest. 22. 5. 1885 in Paris

Der als Hauptvertreter der französischen Romantik geltende Lyriker, Dramatiker und Romancier Victor Hugo bindet sein literarisches Schaffen zeit seines Lebens eng an die französische Geschichte und Politik. Aufgewachsen im familiären Spannungsfeld der zerbrechenden Ehe des Revolutionsanhängers und Offiziers Joseph-Leopold Sigisbert Hugo und seiner royalistisch geprägten Frau Sophie-Françoise, reist der junge H. schon früh durch Europa. Als 1818 die Scheidung der Eltern vollzogen wird, hat der Autor, der François René de Chateaubriand als sein Vorbild benennt, bereits erste lyrische Texte verfasst. Während H.s frühe Werke ausdrücklich im Zeichen der christlich-royalistischen Ideologie der Restauration stehen, wandelt sich etwa ab 1825 die politische Einstellung H.s, der sich schließlich zu Bonapartismus und Liberalismus bekennt und in seinen Texten Kritik an den restriktiven Maßnahmen der Restauration übt. Zwischen 1819 und 1821 wirkt H. als Herausgeber der ultraroyalistischen Zeitschrift *Le Conservateur Littéraire* und ist Mitbegründer von *La Muse Française*. 1822 heiratet er Adèle Foucher, geht jedoch mehrfach auch Verhältnisse mit anderen Frauen ein, etwa mit der Schauspielerin Juliette Drouet. 1825 nimmt H. als bereits bekannter Lyriker offiziell an der Krönung Karls X. teil, ebenfalls 1825 wird er Wortführer und Gastgeber des romantischen Dichterkreises Cénacle.

In den 1830er Jahren schreibt er neben seinem Roman *Notre-Dame de Paris. 1482* (1831; *Notre-Dame von Paris*, 1977) vor allem Dramen. Der zunehmend populäre Künstler wird 1841 in einem zweiten Anlauf zum Mitglied der Académie française gewählt und 1845 zum Pair de France ernannt. 1848 beteiligt sich H. an der Organisation des Widerstandes gegen den Prinzen Louis Napoléon, für dessen Rückkehr er sich noch ein Jahr zuvor eingesetzt hatte. Nach dem missglückten Staatsstreich von 1851 muss er aus Frankreich fliehen; er reist zunächst nach Belgien und schließlich auf die Kanalinseln Guernsey und Jersey. Die 1859 angebotene Amnestie lehnt er ab, im Exil beendet er seinen umfangreichen Roman *Les misérables* (1862; *Die Elenden*, 1968). Erst 1870 kehrt H. nach Paris zurück, wo er im folgenden Jahr zum Abgeordneten der Nationalversammlung gewählt wird. Nach der Wahl zum Senator 1876 setzt er sich für die Rückkehr der Communarden ein. Er stirbt im Mai 1885 und wird mit einem Staatsbegräbnis im Panthéon beigesetzt.

Im Vorwort seines Versdramas *Cromwell* (1827, UA Paris, 28. 7. 1956; *Cromwell*, 1835), das als poetologischer Text mit antiklassischer Ausrichtung zum Manifest der jungen Romantikergeneration avancierte, entwickelt H. ein geschichtsphilosophisches Epochenmodell, in dem er den Epochen unterschiedliche Gattungen zuweist: Der primitiven Vorzeit entspricht die poetische Gattung der Ode, der Antike hingegen das Epos und der Moderne schließlich das Drama, beispielhaft vertreten durch William Shakespeare, den er in dem 1864 erschienenen programmatischen Essay *William Shakespeare* als Prototyp des eigenen Geniebegriffs vorstellt. Nach H. eignet sich das Drama in besonderem Maße dazu, die gesellschaftliche Realität darzustellen, indem es neben dem Schönen auch die Vielfalt des Hässlichen und Grotesken zeigt und so die ganze Welt abbilden kann. In Abgrenzung zum Klassizismus fordert er von der modernen Dichtung eine antithetische Kontrastierung des Grotesken durch das Erhabene, des Schlechten durch das Gute, umso eine Harmonie der Gegensätze zu erwirken. Doch die Umsetzung seiner Dramentheorie bleibt nicht immer unumstritten: Hugos konsequente Missachtung der klassischen Einheitsregel sowie die Konzeption einer Hauptfigur, die moralisch Verwerfliches und Edles in sich vereinigt, führt zum Eklat, als bei der Premiere des Versdramas *Hernani ou l'honneur castillan* (1830, UA

Paris, 25. 2. 1830; *Hernani*, 1968) um die schicksalhafte Liebe des ritterlichen Räubers Hernani zur schönen Doña Sol die Zuschauer während der Aufführung in einen lautstarken Streit verfallen. Die Funktion der Literatur besteht für H. darin, dem Leser Weltgeschichte als Heilsgeschichte zu vermitteln, um ihm moralische, gesellschaftliche und politische Perspektiven aufzuzeigen. Seiner Auffassung nach muss Literatur Sozialkritik üben und Bezug auf politische Prozesse nehmen. H., der auch sein eigenes Leben untrennbar mit der Historie Frankreichs verbunden sah, erreicht dies insbesondere durch Geschichtsbezogenheit. In seinem epischen und dramatischen Werk greift er vorwiegend auf historische Stoffe und Motive zurück, z. B. im Roman *Quatre-vingt-treize* (1874, *Dreiundneunzig*, 1968), der den Bürgerkrieg in der Vendée thematisiert.

Für seinen ersten historischen Roman *Notre-Dame de Paris. 1482* wählt Hugo die Kulisse des mittelalterlichen Paris mit dem zentralen Schauplatz der gotischen Kathedrale Notre-Dame. Erzählt wird das Schicksal der schönen Zigeunerin Esmeralda, die zu Unrecht des Mordes am Offizier Phoebus, dem Rivalen des diabolischen Erzdiakons von Notre-Dame, Claude Frollo, angeklagt und zum Tode verurteilt wird. Beim Gang zum Schafott wird sie vom missgestalteten Glöckner Quasimodo entführt und in der Kathedrale versteckt, die schließlich zum Schauplatz eines Mordes wird, als Quasimodo den von der Zigeunerin nach einem brutalen Annäherungsversuch zurückgewiesenen Frollo vom Turm stürzt. Während die körperlich grotesk gestaltete Quasimodo Moral und Humanität repräsentiert, verkörpert die Figur des Erzdiakons menschliche Niedertracht, Unsittlichkeit, Verbrechen und Ruhmsucht. Die Kathedrale dient sowohl als Knotenpunkt der Erzählung als auch als Allegorie der Architektur – einer die Zeiten überdauernden Kunst, an der historische Prozesse abgelesen und vergegenwärtigt werden können. Zudem ermöglicht sie den vogelperspektivischen Blick auf die Menschenmassen, die H. erstmals literarisch kunstvoll in Szene setzt.

Ähnliche Figurenkonzeptionen, die auf dem Kontrast von Groteskem und Erhabenem bzw. Schönem basieren, finden sich unter anderem auch im nach der Uraufführung wegen Verletzung der Sittlichkeit verbotenen Versdrama *Le roi s'amuse* (1832, UA Paris, 22. 11. 1832; *Der König amüsiert sich*, o. J. [um 1875]). Darin wird der als leichtfertig und vergnügungssüchtig dargestellte Monarch Franz I. der tragischen Figur des grotesken Hofnarren Triboulet entgegenstellt; beide buhlen um die Liebe der jungen Blanche. Soziale und moralische Konflikte bilden einen zentralen Themenkreis in H.s Œuvre und überlagern sich häufig, wie z. B. im sozial-engagierten Versdrama *Ruy Blas* (1838, UA Paris, 8. 11. 1838; *Ruy Blas*, 1902), mit dem H. beispielhaft die eigene Dramentheorie umsetzt, oder dem populären Roman *Les misérables*, der, eingebettet in ein sozialkritisches Gesellschaftstableau, den Läuterungsprozess eines ehemaligen Galeerensträflings vor dem historischen Hintergrund des beginnenden 18. Jahrhunderts mit seinen innenpolitischen und gesellschaftlichen Konflikten erzählt.

Seit seiner Schulzeit verfasst H. zudem Gedichte. Die geschichtsphilosophisch angelegten *Odes et ballades* (1826; *Oden und Balladen*, 1841) weisen den jungen Lyriker noch als konterrevolutionären Monarchisten aus, der in lobpreisender Rhetorik Gestalten und architektonische Symbole der französischen Geschichte beschwört. Daneben stehen intimistische Gedichte, die Liebesgefühle, Melancholie und Todeserwartung thematisieren. In *Les orientales* (1829; Übersetzung in: *Orientalen und Balladen*, 1838), die ein spezifisches Orientbild entwickeln, und in *Les feuilles d'automne* (1831; *Herbstblätter*, 1861) lässt sich eine zunehmende Verfeinerung des lyrischen Stils beobachten, die unter anderem durch die Verwendung ungewohnter Reime, die bildliche Konkretisierung abstrakter Inhalte und Empfindungen und eine hohe Vielfalt der Versmaße sowie insbesondere die mit den *Orientales* vervollkommnete Verwendung der Antithese gekennzeichnet ist. Gemäß seiner Dichtungstheorie setzt H. auf die unvermittelte Kontrastierung von Erhabenem und

Banal-Alltäglichem und steigert deren Wirkung zudem durch effektvolle Dissonanzen sowie Wort- und Reimwiederholungen. Dabei erstrebt er zunehmend die vom lyrischen Text ausgelöste Freisetzung der reinen Imagination, um so zu einer absoluten Dichtkunst zu gelangen. In den 1850er Jahren konzipiert H. ein Tryptychon aus drei Einzelzyklen epischer Lyrik, der *Légende des siècles* (1859; *Die Weltlegende*, 1860), dem um 1855/56 entstandenen unvollendeten Zyklus *Dieu* (1886; Gott) und der epischen Dichtung *La fin de Satan* (1886; Das Ende Satans), die ebenfalls unvollendet bleibt. Mit diesem Konzept eines romantischen Kunstwerks wollte H. die gesamte Schöpfung darstellen, deuten und somit eine moderne »Göttliche Komödie« vorlegen. Hingegen nimmt der 1856 erschienene Gedichtzyklus *Les contemplations* (Die Betrachtungen) noch einmal die romantischen Themen Liebe, Tod, Kindheit, Natur und Einsamkeit auf. Er enthält teilweise autobiographische Elemente und zeichnet sich durch eine hohe stilistische Vielfalt aus. Dem Wort als Instrument des Dichters, der wie Gott mit Worten erschafft, spricht H. im poetologisch lesbaren Gedicht »Suite« eine nahezu magische Omnipotenz und Suggestivkraft zu; er thematisiert damit einen zentralen Gedanken nicht nur seines letzten Gedichtzyklus, sondern der modernen Lyrik überhaupt, die das Wort immer mehr aus seiner repräsentierenden Funktion löst und es zunehmend als Träger eines klanglichen Suggestionspotentials auffasst.

*Katrin Fischer-Junghölter*

## Hugo von Trimberg
um 1300

Dieser Autor mittelhochdeutscher und lateinischer didaktischer Werke war in der zweiten Hälfte des 13. Jahrhunderts am St. Gangolf-Stift in der Teuerstädter Vorstadt Bambergs als weltlicher Vertreter des geistlichen Domscholasters tätig – 42 Jahre lang, wie er am Schluss seines mittelhochdeutschen Hauptwerks, der

sog. *Renner*, angibt. Dieser ist die umfangreichste mittelhochdeutsche Lehrdichtung, welche die Reihe der didaktischen Werke, die mit der höfischen Standeslehre des Thomasin von Zerklaere beginnt, im 13. Jahrhundert repräsentativ abschließt. Der Titel ist aus einer immer wiederkehrenden Wendung im Text abgeleitet, welche auf das Forteilen von Thema zu Thema, aber auch auf das Streben nach dem ewigen Heil hinweisen soll.

Der *Renner* enthält eine Fülle persönlicher Daten, die zwar keine geschlossene Biographie des Dichters ergeben, aber doch einige Blicke auf die Lebensumstände eines Schulmeisters jener Zeit erlauben: H. war verheiratet, hatte für einen größeren Hausstand zu sorgen (12 Personen) und besaß eine für seine Zeit beachtliche Bibliothek von etwa 2000 Bänden. Er beklagt, dass er nicht an einer der berühmten ausländischen Universitäten studieren konnte. Sein Hauptwerk hat er als alter und kranker Mann verfasst und im Jahre 1300 abgeschlossen. Aus zeitgeschichtlichen Anspielungen ergibt sich, dass er noch bis 1313 Ergänzungen vorgenommen hat. Danach ist sein Tod anzusetzen. – Der *Renner* ist eine großangelegte Sündenklage, Bußpredigt, Sittenlehre von über 24 Tausend Reimversen. Den sieben Hauptsünden entsprechend, ist das Werk in sechs Distinktionen und einen umfangreichen Hauptteil *Von den letzten Dingen* eingeteilt. Zwischen die religiösen und moralischen Belehrungen ist mannigfaches Schulwissen (über die Sieben Freien Künste, über Sprache, Literatur, Botanik, Astronomie, Medizin, Jurisprudenz, Wirtschaft, Geldverkehr, Spiele und Turniere usw.) eingestreut, z. T. in Form von Spruchweisheiten, aber auch eingekleidet in Fabeln und Schwänke.

Der *Renner* gehört zu den am reichsten überlieferten Werken neben Wolframs von Eschenbach *Parzival* (über 60 z. T. reich und kostbar illustrierte Handschriften). Er muss zu einer Art »Grundlektüre« der gebildeten Stände geworden sein; z. B. wurde er auch in das berühmte sog. *Hausbuch* des Würzburger Protonotars Michael de Leone aufgenommen, in welchem auch Lieder Reinmars und Walthers von der Vogelweide und die Notiz über dessen Grab stehen. Er wird noch vom Meistersang-Historiographen Cyriacus Spangenberg ausführlich gewürdigt (1598).

Nach einer im *Renner* mitgeteilten Werkbilanz hat H. insgesamt acht deutschsprachige und »viereinhalb« lateinische Bücher verfasst. Von den deutschsprachigen ist nur der *Renner* und eventuell eine Vorstufe dazu, der *Samener*, erhalten. Von den lateinischen Büchern sind dagegen vier überliefert: ein Heiligenkalender *Laurea Sanctorum (Lob der Heiligen)*, eine Sammlung lateinischer Predigtmärlein *Solsequium*, ein Epilog zu einem lateinischen Marienleben und die älteste mittelalterliche lateinische Literaturgeschichte *Registrum multorum auctorum* (Verzeichnis vieler Autoren). – H. nennt sich im *Renner* mit Beinamen »von Trimberg« (evtl. einem frühen »Dienstort«), in seinen lateinischen Werken dagegen »de Wern«, wohl Oberwerrn bei Schweinfurt, das heute als der Ort angesehen wird, wo er um 1230/40 geboren wurde. – H. war ein engagierter Schulmeister, der sich z. T. recht kritisch über die Bedingungen eines Lehrers und über das Interesse der Schüler äußert. – Nachdem sich im 18. Jahrhundert Johann Christoph Gottsched, Johann Gottfried Herder und Gotthold Ephraim Lessing für den *Renner* interessiert hatten, wurde das Werk im 19. Jahrhundert in Verkennung seiner Kompositionstechnik und seines Lektürezweckes als weitschweifig und ungegliedert abgewertet. Erst seit kurzem wird H.s Bedeutung wieder mehr gewürdigt.

Werkausgabe: Der Renner von Hugo von Trimberg. Hg. von Gustav Ehrismann. 4 Bde. Tübingen 1908–1911. Nachdruck mit Nachwort und Ergänzungen von Günther Schweikle. Stuttgart 1970.

*Günther Schweikle/Red.*

## Hulme, Keri
Geb. 9. 3. 1947 in Otautahi, Christchurch/ Neuseeland

Keri Hulme entstammt einer gemischt englisch-schottischen und Maori-Familie. Nach der Schulzeit und einem abgebrochenen Jura-Studium hielt sie sich mit Gelegenheitsjobs (als Tabakpflückerin, Postangestellte usw.) über Wasser und widmete sich dem Schreiben von Geschichten und Gedichten. Sie lebt in einem entlegenen Küstenort auf der Südinsel Neuseelands. Obwohl sie wenig veröffentlicht hatte, bekam sie in den 1970er-80er Jahren mehrere Auszeichnungen. – In ihrem 1982 veröffentlichten ersten Gedichtband, *The Silences Between (Moeraki Conversations)*, schreibt eine Figur gleichsam Traumnotizen (von ›Pausen‹ markierte ›Gespräche‹), die sich locker auf den Küstenort Moeraki beziehen, wo H.s Verwandtschaft gelebt hat und wo die Maori-Tradition besonders präsent ist. Es folgten zwei weitere Gedichtsammlungen, *Lost Possessions* (1985) und *Strands* (1991), sowie der Kurzgeschichtenband *Te Kaihau: The Windeater* (1986; in England als *The Windeater/Te Kaihau*; *Der Windesser* 1989). Außerdem hat H. einprägsame Landschaftsbeschreibungen und autobiographische Reflexionen für die Bildbände *Homeplaces: Three Coasts of the South Island of New Zealand* (Photos von R. Morrison, 1989) und *Hokitika Handmade* (Photos von J. Brooke-White, 1999) verfasst. H. arbeitete lange ergebnislos an zwei Romanen, *Bait* und *On the Shadow Side* – vielleicht deswegen, weil der Welterfolg ihres ersten Romans, *The Bone People* (1983; *Unter dem Tagmond*, 1988), ihr ›Angst vor dem zweiten‹ gemacht hat. Erst 2004 erschien mit *Stonefish*, Kurzgeschichten und Lyrik, H.s nächste Veröffentlichung. Die Idee zu *The Bone People* ist in 17 Jahren, in denen H. von der Traumvision eines stummen, unheimlichen Kindes verfolgt wurde, herangereift. Zunächst als Kurzgeschichte konzipiert, dehnte sich der Stoff zum Roman aus. Das Geschehen dreht sich um das Findelkind Simon, seinen verbitterten, gewalttätigen Stiefvater Joe und die gescheiterte Malerin Kerewin, die als Alkoholikerin zurückgezogen in einem Turm am Meer lebt. Joe und Kerewin sind gemischter Abstammung. Die Frau schützt den Jungen zunächst vor den Schlägen seines Stiefvaters, liefert ihn aber schließlich aus. Als Simon halb totgeprügelt wird und die drei mit lebensbedrohlichen Krankheiten und Selbstmordgedanken konfrontiert werden, erreicht die Handlung einen Tiefpunkt des Zerfalls, bis im Rückgriff auf übernatürliche Maori-Mittel in einem Heilungsprozess alle gerettet werden. Neue Aufgaben, die mit der Pflege der Maori-Gemeinschaft und ihrer Traditionen zusammenhängen, machen aus dieser wiedervereinigten ›Familie‹ die Nachfolger der ›Knochenmenschen‹, der Maori-Ahnen. Anstelle des niedergebrannten Turms entsteht ein symbolträchtig spiralförmiges Zuhause, Hort der multikulturellen Erneuerung nach dem gespaltenen Erbe einer gewaltvollen Vergangenheit. Diese melodramatisch anmutende Handlung wird von einer außerordentlichen Darstellungsvielfalt getragen: Prosaisches verbindet sich mit Lyrischem, objektive Berichterstattung mit subjektivem Bewusstseinsstrom, nicht glossierte Maori-Ausdrücke mit englischer Umgangssprache, realistische Weltdarstellung mit magisch-mythischen Partien. Nach langjähriger erfolgloser Verlagssuche wurde das Buch von einem neuseeländischen Frauenkollektiv (Spiral) veröffentlicht und gewann diverse Preise, einschließlich des *Booker Prize*, löste allerdings auch eine von dem Literaturwissenschaftler und Autor C. K. Stead provozierte Kontroverse um die Authentizität einer ›Achtel-Maori‹ und die prätentiöse Erzählweise aus. Gleichwohl bietet der Roman einen visionären Entwurf der multikulturellen Zukunft Neuseelands, indem er gegenüber polarisierenden Kategorien eines neuseeländischen Selbstverständnisses für das multikulturelle Denken sensibilisiert. Wenn H. trotz der horrenden Gewalt in dem Roman ihrem trockenen Humor Raum gibt und schließlich eine positive Perspektive vermittelt, erlaubt sie sich allerdings in ihrem narrativen und lyrischen Gesamtwerk selten einen solchen Optimismus.

*Gordon Collier*

## Humboldt, Wilhelm von
Geb. 22. 6. 1767 in Potsdam;
gest. 8. 4. 1835 in Tegel

»Im Grunde ist alles, was ich treibe, Sprachstudium. Ich glaube die Kunst entdeckt zu haben, die Sprache als Vehikel zu gebrauchen, um das Höchste und Tiefste und die Mannigfaltigkeit der ganzen Welt zu durchfahren« (an den Philologen Friedrich August Wolf, 1805). Mit und durch die Sprache aber stieß H. auch zum wesentlich dialogischen Charakter seiner Gesamterscheinung vor. Ihre Offenheit bewirkte den Eindruck des merkwürdig Unfertigen und Vorläufigen seines Werks und Wirkens und bedurfte stets, um vollendet zu sein, der Ergänzung durch den Anderen. H. hat deshalb zum »Klassiker des Briefes« (Eduard Spranger) werden können, in dessen Korrespondenz mit seiner Frau Caroline von Dacheröden, mit Friedrich Schiller, Johann Wolfgang Goethe, Theodor Körner u. a. dank seiner Teilnahme am politischen und geistigen Leben der europäischen Metropolen sich facettenreich die damalige Welt- und Geistesgeschichte spiegelt. Sie zeigt aber auch sein lebenslanges Bemühen um Selbstbildung und -vollendung, die ihm nur auf dem Weg über das klassische Altertum erreichbar schien.

Frühzeitig in Verbindung mit der Berliner Aufklärung und dem romantisch empfindsamen Kreis um Henriette Herz, studierte der von Hauslehrern (Joachim Heinrich Campe, Johann Jakob Engel) erzogene H. zuerst in Frankfurt a. d. Oder und 1788 in Göttingen die Rechte, wo er sich erstmals neben den gerade erscheinenden Schriften Immanuel Kants der klassischen Philologie unter Leitung Christian Gottlob Heynes widmete. Nach einer kurzen Zeit im Staatsdienst, für den H. als Angehöriger der Preußen tragenden und prägenden Adelsschicht bestimmt war, schied er kurz vor seiner Heirat 1791 aus dem Amt, um in den folgenden Jahren bis 1802 in finanziell gesicherter Lage als »ein Gebildeter auf der Suche nach seiner Aufgabe und Bestimmung« (G. Masur) zu leben. Vor allem der Freundschaftsbund mit Friedrich Schiller eröffnete ihm diese neue Lebens- und Schaffensepoche, in der H., seit 1794 in Jena ansässig, als Mitherausgeber der *Horen* den ersten Anschluss an den sich bildenden Kreis der Weimarer Kunstfreunde gewann und Goethe persönlich kennenlernte. Staatstheoretische und humanistisch-bildungsphilosophische Arbeiten entstehen nun neben fragmentarischen Entwürfen zu einer universalen Anthropologie, die bereits die für das Spätwerk charakteristische Verbindung von erfahrungswissenschaftlicher Methode und spekulativer Durchdringung des Stoffes zeigen. Zum Abschluss gelangten aber nur als ein grundlegendes Manifest der klassischen Ästhetik die *Ästhetischen Versuche* über Goethes *Hermann und Dorothea* (1799). Von Paris aus, wohin H., der bereits 1789 das revolutionäre Frankreich bereist hatte, 1797 übersiedelte, unternahm er größere Reisen nach Südfrankreich und Spanien, wobei ihn das Studium der baskischen Sprache und Kultur erstmals zur intensiven Beschäftigung mit Sprachproblemen anregte. Dieses Interesse dauerte auch während seiner Tätigkeit als preußischer Resident beim Vatikan in Rom von 1802 bis 1808 an, der sich mit seiner Berufung zum Direktor der »Sektion des Kultus und Unterrichts« im preußischen Innenministerium das von bedeutenden politischen Denkschriften begleitete Jahrzehnt seines eigentlich staatsmännischen Wirkens anschloss. Orientiert an der neuhumanistischen Idee der allgemeinen Menschenbildung, leitete H. eine umfassende Reform des preußischen Unterrichtswesens ein und engagierte sich nach seinem vorzeitigen Entlassungsgesuch (1810) als Diplomat für eine politisch tragfähige Lösung der deutschen Frage nach dem Sturz der napoleonischen Ordnung und dem Verscheiden des alten Reiches. Nicht zuletzt wegen seines wachsenden Widerstands gegen die sich abzeichnende reaktionäre Erstarrung in Preußen entließ man ihn 1819 aus allen Ämtern. H. zog sich daraufhin auf sein Tegeler Schloss zurück und konzentrierte sich auf geschichtstheoretische, vorwiegend aber sprachwissenschaftliche Studien, deren Ergebnisse die grundlegende Einleitung seines Buches über die Kawi-Sprache zusammenfasst. Nach dem Tode seiner Frau (1829) von körperlichen Leiden gezeichnet, gelang ihm in seiner *Rezension von Goethes zweitem römischen Aufenthalt* (1830) noch einmal eine zukunftsweisende Deutung von dessen Dichtungs- und Weltverständnis; zugleich gab er, mit einer Charakteristik Schillers versehen, seinen Briefwechsel mit dem Dichter heraus (1830) – als wollte H., in dessen Todesjahr die erste Eisenbahn von Nürnberg nach Fürth verkehrte und Georg Büchners *Dantons Tod* schrieb, sein Festhalten am Menschenbild und Daseinsentwurf, »daß der Geist doch das Höchste ist und nicht untergehen kann«.

Werkausgabe: Gesammelte Schriften. Im Auftrag der (Königlich) Preußischen Akademie der Wissenschaften. Hg. von Albert Leitzmann u. a. 17 Bde. Berlin 1903–1936, Nachdruck 1967/68.

*Matthias Schmitz*

## Hürlimann, Thomas
Geb. 21. 12. 1950 in Zug/Schweiz

Unter den vielen Fiktionen, die der Autor von sich selbst entwirft, charakterisiert ihn keine so treffend wie die des streunenden »Verhängnisforschers« in der Titelgeschichte seines Prosabandes *Die Satellitenstadt* (1992). Während dort mit der universalen Herrschaft des medialen Prinzips mehr und mehr alle Inhalte und Identitäten verschwinden, bleibt eine Art hyperreale Welt ohne Realität zurück, in der die Menschen trotz fortschreitender psychischer Räude ihre leerlaufenden Rituale weiter aufrechterhalten. H. versteht sich wesentlich als Gestalter des beschleunigten Zeitenbruchs der Moderne, in dem einstmals gültige Normen und Lebensweisen verschwinden, ohne etwas tragfähig Neues zu hinterlassen. Entsprechend fällt die Diagnose auch in den wichtigsten seiner Essays aus (*Das Holztheater*, 1997; *Himmelsöhi, hilf!* 2002): Sie bewegt sich zwischen Kritik an der lebenspraktischen Schwundstufe dessen, was einmal Aufklärung hieß, und dem Wunsch nach ihrer Überschreitung.

Aus sehr eigenständigen Bedingungen hat

der in ästhetischer Hinsicht erklärte »Einzelgänger« ein Werk geschaffen, das – auch international – zu den meistbeachteten innerhalb der deutschsprachigen Gegenwartsliteratur zählt. Strenges formales Kalkül zeichnet ihn ebenso aus wie ein Stilbewusstsein, dem eine Vielzahl von Tonlagen zu Gebote steht. Sie berühren die Extreme zwischen differenzierter Beobachtung und fragilem Pathos, zwischen Komik in all ihren Schattierungen, der analytischen Stimmungskunst des Beiläufigen und streitbarem Räsonnement. Auf diese Weise entstehen Texte von faszinierend komplexer Dichte, die sich im Detail vielfach aufeinander beziehen. Gemeinsam ist ihnen eine – immer virtuoser gehandhabte – Technik polyphoner Spannungsbögen, deren Material sich unablässig zu neuen, oft überraschenden Mustern formiert. Ihren vorläufigen Gipfel erreicht sie in der Novelle *Fräulein Stark* (2001), wo die unterhaltsame Schilderung einer heiklen Pubertät in ihren Tiefenstrukturen auf einen mehrfach gebrochenen Diskurs über sinnliche Erkenntnis und metaphysische Sehnsucht hinausläuft.

In Verbundenheit und Widerspruch ist H.s Schreiben von den Welten der eigenen Herkunft nicht zu trennen. Der Sohn eines langjährigen Schweizer Bundesrats (d. h. Ministers) setzt nach dem Besuch des Stiftsgymnasiums in Einsiedeln sein Philosophiestudium an der FU Berlin fort. Kurzzeitig arbeitet er als Regieassistent und Produktionsdramaturg. 1984 kehrt er in die Schweiz zurück. Dort lebt er zunächst in Ebmatingen bei Zürich, danach in Willerzell/Schwyz. Drei Jahre lang ist er Hausautor am Zürcher Schauspielhaus. Vom Herbst 1999 an lehrt er für drei Semester am Deutschen Literaturinstitut Leipzig, bevor er wieder nach Berlin übersiedelte.

Zum Schlüsselerlebnis, das ihn von der langjährigen Imitation fremder Vorbilder erst zur literarischen Authentizität durchstoßen lässt, wird für H. der Krebstod des jüngeren Bruders. Das Bewusstsein eines unheilbaren Risses durch die Welt begründet zugleich einen Anspruch: die Suche nach der Wahrheit des Lebens angesichts der Unausweichlichkeit seiner finalen Katastrophe. Angefangen mit

dem Erzählband *Die Tessinerin* – der im Herbst 1981 das Programm des neugegründeten Ammann-Verlags eröffnet – ist dieses Motiv in den meisten seiner Texte gegenwärtig, wobei das Bewusstsein der Kontingenz in der Regel mit zeitkritischen Aspekten einhergeht. So wird etwa der Tod im Stück *Stichtag* (1986) auf die Deformationen der Leistungs- und Selbstverwirklichungs-Gesellschaft hin durchsichtig. Umgekehrt lässt der Roman *Der große Kater* (1998) die handlungsleitende Intrige aus dem Zentrum der politischen Macht von einem mythischen Deutungsmuster übergreifen: dem Kampf mit dem Feind des Lebens, der auf die Auslöschung des Menschen zulaufenden Zeit. Im Mittelpunkt der weitverzweigten Handlung des Stücks *Carleton* (1996), das inhaltlich und formal wie ein Abgesang auf das 20. Jahrhundert anmutet, steht der messianische Größenwahn des »achten Schöpfungstags«, welcher die kapitalistische Zivilisation ständig begleitet. Im Delirium fortgesetzter Zurichtungen der Welt erweist sich die Beschränktheit ihrer Protagonisten.

Überhaupt ist deren Status bei H. zuweilen ununterscheidbar: Unterhalb des geregelten Alltags lauern die Verstörungen. So zeichnet die Novelle *Das Gartenhaus* (1989) mit viel Skurrilität das Bild einer gespensterhaften Gesellschaft, wo man hinter hohlen Fassaden weiterlebt, obgleich die Zukunft bereits tot ist. Lebendig Abgestorbene bevölkern auch die Komödie *Der letzte Gast* (1990): Was sie tun und reden, trägt mehr oder weniger sinnlosen Zwangscharakter. Die Wahrnehmung der inneren und äußeren Leere wird entweder verweigert oder im Jargon beschwichtigt. Ganz von der Zerstückelungs-Ästhetik des endlos bewegten Stillstands geprägt ist schließlich das Stück *Synchron* (2002) um drei Paare, die einander abhanden gekommen sind. Formen und Verhaltensmuster menschlichen Unglücks kehren in dieser absurden Tragikomödie rondoartig wieder, denn »Leben ist Wiederholung«. Gleichwohl hält der Autor an der Dringlichkeit der Frage nach dem menschlichen Leid fest.

Von Anfang an fungiert in seinen Arbeiten auch die kritische Auseinandersetzung mit der

Schweiz als Hauptthema: *Großvater und Halbbruder* (1981), H.s Bühnenerstling, richtet sich gegen die Selbstzufriedenheit der Väter-Gesellschaft. Indem deren Vorgeschichte einer Anamnese unterzogen wird, rührt er an Verdrängungen, die sich mit dem Mythos der Neutralität im Zweiten Weltkrieg verbinden: im Hinblick auf Kollaborationsbereitschaft und einen latenten Antisemitismus zumal. Der Entstehung kollektiver Lebenslügen geht das Stück *Der Gesandte* (1991) am Beispiel des schweizerischen Chefdiplomaten in Berlin während der Nazizeit nach, wobei ein spannungsvolles Zueinander von Macht und Ethik, Selbstbehauptung und Opportunismus zutage tritt. Die verkehrte Welt der Schweiz quer durch ihre jüngste Geschichte hindurch arrangiert H. in den vier Episoden der comédie noire *Das Lied der Heimat* (1998).

Ganz andere Bezüge zum eigenen Herkommen weisen demgegenüber seine Experimente mit dem Mundarttheater auf (*Innerschweizer Trilogie*, 1991; *Güdelmäntig*, 1993). Die Hinwendung zu dieser Tradition folgt nicht nur der von ihm – als Widerstand gegen eine zunehmend Gleichförmigkeiten hervorbringende Globalisierung – geforderten Verwurzelung der Kunst im Kleinräumigen. Über den Zugewinn an Vitalität hinaus begreift er die turbulenten Stilmischungen der Dorfkomödie als Versuchsstation für das Theater der Gegenwart. Daneben vermögen sich die einfachen Verhältnisse unversehens zum Menschheitstheater hin zu öffnen. Explizit vollzogen wird diese Bewegung mit dem vor der berühmten Klosterkirche aufgeführten *Einsiedler Welttheater* (2000), wo Calderóns Drama um Erlösung und Gnade skeptisch gebrochen sowie mit Figuren und Geschichten aus dem Dorf versetzt wird. Wie allemal bei H. nämlich gilt hier das Prinzip, wonach sich »im Konkreten … das Allgemeine spiegeln« soll.

*Hans-Rüdiger Schwab*

## Hutten, Ulrich von

Geb. 21. 4. 1488 auf Burg Steckelberg bei Fulda; gest. 29. 8. 1523 auf der Insel Ufenau/Zürichsee

»Er flamme als Haß in uns auf gegen alles Undeutsche, Unfreie, Unwahre; aber glühe auch als Begeisterung in unseren Herzen für die Ehre und Größe des Vaterlandes; er sei der Genius unseres Volkes, wenigstens so lange, als diesem ein zürnender, strafender, mahnender Schutzgeist Not tun werde.« Dieser Appell aus David Friedrich Strauß' Biographie über H. (1858–60) ist durchaus typisch für H.s Wirkung. Leben und Werk des fränkischen Ritters und Humanisten sind verbunden mit der Geschichte des Nationalbewusstseins. So unterschiedliche Autoren wie Friedrich Gottlieb Klopstock, Christoph Martin Wieland, Johann Gottfried Herder, Johann Wolfgang von Goethe, Ludwig Uhland, Ferdinand Freiligrath, Georg Herwegh, Ferdinand Lassalle und Conrad Ferdinand Meyer haben sich in ihren Werken zu H. bekannt. Dabei scheint ein weites Spektrum deutschen Nationalgefühls auf. Für Herder ist H. 1776 der geistvolle Vertreter einer deutschen Kulturnation, »ein Mann von Genie, von Gefühl, vom edlem Triebe«. Für ihn war H. »kein Politicus«, sondern ein Streiter für Freiheit und Wahrheit. Das 19. und mehr noch das 20. Jahrhundert wird H. nur noch als Politiker sehen. Schon in Lassalles *Sickingen*-Drama (1859) ist H. der »Auferwecker der Nation«, bei Conrad Ferdinand Meyer wird er gar zum Künder der hohenzollerschen Monarchie, und der nationalsozialistische Autor Kurt Eggers stilisiert seinen Helden zum Befürworter des Krieges und des Revanchismus, zum Vertreter der »Volkohne-Raum«-Ideologie. Solche Deutungen können mit einiger Berechtigung aus Leben und Werk H.s gewonnen werden, denn tatsächlich ist er einer der frühen Vertreter des deutschen Nationalgefühls. In seinen Schriften lassen sich vielfältige Ansätze der späteren Nationalismus-Argumente finden. H. war nie ein Vertreter der »bonae literae« wie Erasmus, sondern eigentlich immer ein »politischer« Autor. Er wollte sich nicht auf den engen Kreis der humanistischen Gelehrten beschränken, obwohl er deren Anerkennung anstrebte, sondern entwickelte sich im Laufe seines Lebens zu einem Mann, der Geist und Tat zu verbinden trachtete. Diese Mischung von alter ritterlicher Faustrechtsgesinnung und neuer literarischer Streitlust hat schon den Zeitgenossen imponiert und vor allem die Wirkungsgeschichte bestimmt. H.s Lebensweg mit der Flucht des 17-Jährigen aus dem Kloster zu Fulda, seinem anschließenden Vagantenleben, das ihn quer durch Deutschland und auch zweimal nach Italien führte, mit einer Dichterkrönung durch Maximilian in Augsburg (1517), mit lateinischen Schriften für die Erneuerung des mittelalterlichen Imperiums, mit polemisch-sarkastischen Attacken gegen die Papstkirche und die »Mönchlein« in Deutschland musste ihn zwangsläufig an die Seite Martin Luthers führen, dessen theologischen Streit er mit politischen Konturen versah. Politisch wirksam war zudem seine zeitweilig enge Bindung an den erfolgreichen Condottiere des frühen 16. Jahrhunderts, an den kaiserlichen Feldhauptmann Franz von Sickingen, der ihm um 1520 Schutz auf einer seiner Burgen gewährte. Zur Zeit des Wormser Reichstages von 1521 sahen sich Kaiser und Kurie gezwungen, H. auf der Ebernburg in der Pfalz zu hofieren, da sie ihn mehr fürchteten als den Mönch von Wittenberg. Politische Intrigen haben H.s – und auch Sickingens – Wirkung begrenzt; enttäuscht und um sein Leben fürchtend zog sich H. nach dem Tode Sickingens 1522 in die Schweiz zurück, wo er schließlich an den Folgen einer ihn schon lange quälenden »Franzosen-Krankheit« mit 35 Jahren starb.

Ein solches dynamisches und scheinbar selbstbestimmtes Leben hat die Zeitgenossen und mehr noch die Nachwelt beeindruckt, die diese Biographie immer mehr zu einem Mythos gestaltete. Die literarischen Werke traten dabei oft in den Hintergrund bzw. wurden allenfalls als Belege für die Biographie herangezogen, obwohl sie für die Entwicklung der frühneuhochdeutschen Schriftsprache sehr wertvoll waren. H. hatte nämlich von Luther gelernt, wie wichtig es ist, eine breite Ansprache zu suchen. Ab 1519

übersetzte er deshalb seine besten Dialoge ins Deutsche (*Gesprächsbüchlein,* 1521) und schrieb andere Streitschriften gleich deutsch. Ähnlich wie in seinen lateinischen Werken führte er den Deutschen die germanische Vergangenheit bzw. die Blüte mittelalterlicher Kaiserherrlichkeit vor Augen, um ein deutsches Geschichtsbewusstsein und damit auch ein deutsches Nationalgefühl zu wecken. Es ist kein Zufall, dass er eine der großen Figuren für die Geschichte des Nationalbewusstseins entdeckte: 1529 erscheint postum sein *Arminius*-Dialog. Und nicht zuletzt verdanken wir H. eines der schönsten Lieder des 16. Jahrhunderts, in dem sich eine neue Subjektivität kundtut. (*Ich hab's gewagt mit Sinnen*). Dieses Selbstbewusstsein ist nicht unwesentlich durch das ritterliche Ehrgefühl gespeist, aber es sorgt für ungewöhnliche Töne, die die Zeitgenossen aufhorchen ließen. Selbst in einem Entschuldigungsschreiben aus dem Jahre 1520, in dem H. sich und sein Handeln verständlich machen will, finden wir selbstgewisse Formulierungen: »Sonder hab ich als einer, der seinem vatterlandt wol wil, des frommen und nutz zuschaffen, nachtheil und schaden zu fürkommen, gedenckt, der auch gebürlicher freyheit begirig, schandlicher dienstbarkeit verdrieß und beschwaernuß gehabt, von gemeiner teütscher Nation gebrechen, anzeigung gegeben, und vormanung gethon«.

Werkausgabe: Opera Omnia Hutteni. Hg. von Eduard Böcking. 5 Bde. und 2 Supplementbde. Leipzig 1859– 1870, Neudruck Aalen 1963.

*Helmut Scheuer*

## Huxley, Aldous [Leonard]

Geb. 26. 7. 1894 in Godalming, Surrey;
gest. 22. 11. 1963 in Los Angeles

So abwechslungsreich und vielschichtig
wie sein Werk war auch Aldous Huxleys Leben. Er wurde in eine Familie hineingeboren,
zu deren Ahnen wichtige Vertreter der intellektuellen Elite Englands zählten, wie sein Ur-
großvater Thomas Arnold (1795–1842), sein
Großvater Thomas Henry Huxley (1825–95)
oder sein Großonkel Matthew Arnold (1822–
88). H. wurde an der Privatschule Eton (1908–
11) und am Balliol College Oxford (Englische
Literatur, Philosophie; 1913– 16) angemessen
ausgebildet. Schon früh musste er Schicksalsschläge hinnehmen – den Tod seiner Mutter
(1908), eine schwere Augenkrankheit (1911)
und den Selbstmord seines Bruders Trevenen
(1889–1914). H.s Sehbehinderung erlaubte
ihm keinen aktiven Kriegsdienst; während des
Zivildienstes auf Gut Garsington lernte er
1916 in dem pazifistischen Kreis um Philipp
und Lady Ottoline Morrell neben T. S. Eliot,
D. H. Lawrence, Katherine Mansfield, Bertrand
Russell und Virginia Woolf auch Maria Nys
kennen, die er 1919 heiratete, kurz nach der
Übernahme einer Stelle als Buch- und Thea-
terkritiker der Zeitschrift *Athenaeum*, die es
ihm gestattete, die ungeliebte Tätigkeit als
Lehrer aufzugeben. H. vertrat immer offener
pazifistische Positionen und erregte damit
scharfe Kritik; dies gilt noch mehr für die
Übersiedlung in die USA (1937). Sein stei-
gendes Interesse an der Mystik führte H. zum
Kauf einer Ranch am Rande der Mojave-
Wüste (1941) – wo er sich
dem Studium mystischer
Schriften, aber auch der
Landwirtschaft widmete –
und zur Gründung des *Tra-
bucco-College* (1942), eines
spirituellen Zentrums. Nur
wenige Jahre später zog H.
in die Berge der Sierra
Madre (1947), um sich nach
einer langen Europareise
1950 in Los Angeles niederzulassen. 1953 scheiterte H.s
Antrag auf amerikanische Staatsbürgerschaft;
in diese Zeit fallen auch seine ersten Experimente mit Drogen zum Zwecke der Selbst-
transzendenz. 1955 starb seine Frau Maria, ein
Verlust, der H. schwer traf. Nur ein Jahr später
aber heiratete er deren Freundin, die 20 Jahre
jüngere Laura Archera. 1959 wurde er Gastprofessor an der University of California,
Santa Barbara, und hielt Vorträge zur Psychoanalyse. 1960 erkrankte er an Zungenkrebs,
erholte sich jedoch nach einer Radiumbe-
handlung zunächst und trat Reisen nach Europa und Indien an. Am Tag des Kennedy-At-
tentats starb er.

H. bediente sich vieler Genres. Zunächst
trat er mit *The Burning Wheel* (1916) als Poet
an die Öffentlichkeit. Er publizierte noch eine
Reihe weiterer Gedichte (z. B. *Selected Poems*,
1925; *Orion*, 1943), sein Ruhm gründet indes
auf den Romanen. Die frühen, ironisch-satirischen Ideenromane *Crome Yellow* (1921;
*Eine Gesellschaft auf dem Lande*, 1977), *Antic
Hay* (1923; *Narrenreigen*, 1983) und *Those
Barren Leaves* (1925; *Parallelen der Liebe*,
1929) sind von Thomas Love Peacock beeinflusst; arm an Handlung, legen sie das Schwer-
gewicht auf die oftmals essayistischen Monologe der Figuren und weisen in ihrer teils antithetischen Konstellation auf H.s Spätwerk
voraus. In dem multiperspektivisch erzählten
Roman *Point Counter Point* (1928; *Kontra-
punkt des Lebens*, 1930), einem seiner Hauptwerke, zeichnet H. ein satirisch überspitztes
Bild der englischen Gesellschaft der 1920er
Jahre. Die Figuren sind auch hier antagonis-
tisch ausgerichtet; unfähig zu echter Kommunikation scheitern sie in ihrem Streben nach
Harmonie. Auf die Blindheit und Unfreiheit
seiner Zeit spielt *Eyeless in Gaza* (1936;
*Geblendet in Gaza*, 1953) an. Menschliche Hybris kritisiert H. in *After Many a Summer*
(1939; *Nach vielen Sommern*, 1948): Der Earl
of Gonister hat sein extrem langes Leben mit
der Degeneration zum Affen bezahlt. Mystik,
gepaart mit Gesellschaftskritik, steht beim
stark vom tibetanischen *Totenbuch* geprägten
*Time Must Have a Stop* (1944; *Zeit muß enden*,
1950) im Vordergrund. Den Verwicklungen
einer Dreiecksbeziehung widmet sich H. re-

trospektiv im Kurzroman *The Genius and the Goddess* (1955; *Das Genie und die Göttin*, 1956). – Eine zentrale Stellung im Œuvre nehmen utopische Entwürfe ein. Sein Meisterwerk *Brave New World* (1932; *Schöne neue Welt*, 1953) griff H. noch zweimal auf: Im Vorwort der Neuauflage (1946) bedauerte er, die Gefahren der Kernspaltung nicht berücksichtigt zu haben, blieb aber bei seiner Schwerpunktsetzung – ebenso wie in seiner Essaysammlung *Brave New World Revisited* (1958; *Dreißig Jahre danach oder Wiedersehen mit der wackeren neuen Welt*, 1960). 1948 erschien H.s düstere Antiutopie *Ape and Essence* (1948; *Affe und Wesen*, 1951), die in Form eines Drehbuchs einen nachatomaren Teufelsstaat auf dem Gebiet Kaliforniens und dessen barbarische Sitten, vor allem die bestialischen Sexualbräuche, beschreibt. H. bedient sich hier – wie in *After Many a Summer* – des Bildes vom Affen zur Veranschaulichung der menschlichen Degeneration. 1962 veröffentlichte er seinen letzten Roman *Island* (1962; *Eiland*, 1973), in dem er die paradiesische Insel Pala beschreibt, deren Bevölkerung wegen ihrer buddhistischen Tradition und der Moksha-Droge lange von den Problemen westlicher Zivilisation verschont blieb, die wegen der riesigen Ölvorkommen letztlich aber doch von den Nachbarstaaten erobert wird. – Daneben interessierte sich H. auch für historische Themen. In *Grey Eminence: A Study in Religion and Politics* (1941; *Die Graue Eminenz. Eine Studie über Religion und Politik*, 1948) zeichnet er den Lebensweg des Père Joseph (1577–1638), des wichtigsten Beraters Richelieus, nach; *The Devils of Loudun* (1952; *Die Teufel von Loudun*, 1955) schildert die fürchterlichen Ereignisse bei Teufelsaustreibungen im Frankreich des 17. Jahrhunderts. – H. verfasste auch viele Short Stories (z.B. *The Gioconda Smile: A Story*, 1938) und einige Drehbücher (z.B. *Madame Curie*, 1938; *Pride and Prejudice*, 1940; *Jane Eyre*, 1944).

Zeitlebens wandte sich H. in zahlreichen Essays einem breiten Themenspektrum zu. Seine pazifistischen Überzeugungen stellte er in *Ends and Means* (1937; *Ziele und Wege*, 1949) dar; das Plädoyer für Gewaltlosigkeit

und die These, der Zweck rechtfertige nicht die Mittel, waren angesichts der dramatischen Ereignisse in Europa sehr provokativ. *The Perennial Philosophy* (1945) fasste H.s Studien zu Religionen zusammen. In *Science, Liberty and Peace* (1946; *Wissenschaft, Freiheit und Frieden*, 1947) warnte er die Wissenschaft vor einer neuerlichen Vereinnahmung durch die Politik. Seine Erfahrungen mit Drogen verarbeitete H. in den Essaysammlungen *The Doors of Perception* (1954; *Die Pforten der Wahrnehmung*, 1954) und *Heaven and Hell* (1956; *Himmel und Hölle*, 1957), die nicht ohne Kritik blieben. Zuletzt betonte er in *Literature and Science* (1963; *Literatur und Wissenschaft*, 1964) nochmals die ihm sehr wichtige Interdependenz von Geistes- und Naturwissenschaften.

Werkausgabe: The Collected Works. 26 Bde. London 1969–75.

*Christoph M. Peters*

## Huysmans, Joris-Karl (eigtl. Charles Marie Georges)

Geb. 5. 2. 1848 in Paris;
gest. 12. 5. 1907 in Paris

Der aus einer niederländischen Malerfamilie stammende Huysmans arbeitete nach dem Abitur zwischen 1866 und 1898 als kleiner Angestellter im französischen Innenministerium, widmete sich gleichzeitig jedoch seiner schriftstellerischen Karriere. 1870 nahm er am deutsch-französischen Krieg teil, wovon noch die 1880 veröffentlichte Novelle *Sac au dos* ein literarisches Zeugnis ablegt. Seine erste Buchveröffentlichung, eine Sammlung von Prosagedichten im Stile von Charles Baudelaire, *Le drageoir à épices* (1874), die unter dem Pseudonym Joris-Karl Huysmans erschien, musste er aus eigener Tasche finanzieren. 1876 folgte der Roman *Marthe, histoire d'une fille* (*Marthe, Geschichte einer Dirne*, 1987). H. hatte sich mittlerweile der naturalistischen Bewegung angeschlossen und sah in Émile Zola, den er um 1875 persönlich kennenlernte, sein literarisches Vorbild. Die von Abscheu gekennzeichnete Schilderung des Pariser Arbeitermilieus und seines beruflichen und affektiven Elends, deren Drastik als sittenwidrig verurteilt wurde, prägte auch den folgenden Roman *Les sœurs Vatard* (1879). Hier sind es die unglücklichen Liebschaften und Beziehungen zweier Schwestern, die als ärmliche Buchbinderinnen arbeiten, die H. zu einem Sittengemälde der Unterschicht ausgestaltet. Ein weiterer Text dieser naturalistischen Periode, *En ménage* (1881; *Der Junggeselle*, 1905), inszeniert schließlich die Nöte eines Schriftstellers, dessen Schaffenswillen mit seinen libidinösen Trieben in Konflikt gerät, da die Beziehungen zu Frauen vor allem von der Verstrickung in eine erdrückende Trivialität des Alltags begleitet werden.

Seit den 1870er Jahren betätigte sich H. auch als Kunstkritiker, der auf die Bedeutung der symbolistischen Malerei verwies; eine Sammlung von Kritiken erschien 1883 unter dem Titel *L'art moderne*. 1881 musste er sich wegen neurasthenischer Leiden einer Kur unterziehen, die später in sein Hauptwerk *A rebours* (1884; *Gegen den Strich*, 1921) einfließen sollte, das als Höhepunkt der europäischen Dekadenzliteratur gilt und H.' Abkehr vom Naturalismus besiegelte. Der Protagonist, Graf Jean des Esseintes, konstruiert sich eine ästhetizistische Gegenwelt zur Banalität der zeitgenössischen Gesellschaft und sucht in immer neuen luxuriösen Raffinements sinnliche Genüsse und intellektuelle Reize.

H.' Interesse an Exotismus und Sinnlichkeit führte ihn im Weiteren zu einer intensiven Beschäftigung mit dem Okkultismus. Sein literarisches Alter ego, der Künstler Durtal, erkundet in *Là-bas* (1891; *Da unten!*, 1903) die Kräfte der schwarzen Magie und des Satanismus, von denen er sich schließlich angewidert abwendet (die verschlüsselte Darstellung einer Reihe lebender Personen führte im Übrigen zum Bruch der intensiven Freundschaft mit Léon Bloy). Die spirituelle Sinnkrise, unter der H. lange Jahre litt, endete 1892 mit seiner Konversion zum Katholizismus. Sein Aufenthalt in einem Trappistenkloster bildet den Hintergrund für den Roman *En route* (1895; *Vom Freidenkertum zum Katholizismus*, 1910), der

sich nunmehr ganz von der christlichen Glaubensgewissheit durchdrungen zeigt. 1893 wurde H. in die Ehrenlegion aufgenommen, 1895 starb seine langjährige Geliebte Anna Meunier. 1898 entschloss er sich, seinen Dienst am Innenministerium vorzeitig zu quittieren. Im selben Jahr erschien *La cathédrale* (*Die Kathedrale*, 1923), das wichtigste unter den katholischen Spätwerken des Autors, das wie zuvor schon *Là-bas* zu einem großen kommerziellen Erfolg wurde. Die Hauptfigur Durtal gelangt über die ästhetische Bewunderung der Kathedrale von Chartres, die als ewiges Zeugnis der mittelalterlichen religiösen Kunst in allen Einzelheiten beschrieben wird, zu einem mystischen Erweckungserlebnis. 1900 gründete H. mit neun anderen Mitgliedern die Académie Goncourt und wurde zu deren erstem Präsidenten gewählt.

Bereits seit 1898 zog er sich immer wieder in das Benediktinerkloster von Ligugé bei Poitiers zurück, wo 1901 seine Einkleidung als Laienbruder erfolgte – ein Ereignis, auf das der 1903 erschiene Roman *L'oblate* Bezug nimmt. H., der Ende 1901 nach Paris zurückgekehrt war, verstarb 1907 nach einem langen Krebsleiden.

*Maximilian Gröne*

I

## I Ging
↗ Buch der Wandlungen

## Ibn al-ʿArabī, Muḥyī ad-Dīn
Geb. 7. 8. 1165 in Murcia/Spanien; gest. 16. 11. 1240 in Damaskus

Ibn al-ʿArabī, genannt Muḥyī ad-Dīn,»Der Wiederbeleber der Religion«, ist der bedeutendste Vertreter der metaphysischen Richtung des Sufismus, d. h., der islamischen Mystik. Mit seinen zahlreichen, teils bis heute nicht oder unbefriedigend edierten Werken arabischer Prosa und Poesie beeinflusste er die islamische Mystik, auch die volkstümliche, über die Jahrhunderte bis heute. Geboren in Murcia in einer Familie südarabischer Herkunft, begann er nach dem Umzug seines Vaters nach Sevilla achtjährig seine Ausbildung und setzte sie von dort aus in verschiedenen Städten Spaniens und Nordafrikas bei namhaften Lehrern fort. Er soll zwischendurch Sekretär mehrerer Gouverneure gewesen sein. Relativ jung hatte er während einer schweren Krankheit eine Vision, die ihn sein bisheriges Leben als»Zeit der Unwissenheit«, die islamisch-arabische Bezeichnung der vorislamischen Zeit, d. h.»der Unkenntnis« von Gott, dem Schöpfer, sehen ließ. Religiöse Visionen bestimmten auch sein weiteres Leben, besonders wenn er sich bedroht und zur Flucht veranlasst sah. 1194, 30-jährig, ging er nach Tunis, im Jahr darauf nach Fez, wo er 1198 sein erstes kürzeres Werk, *Kitāb al-Isrāʾ* (Das Buch der nächtlichen Himmelsreise), schrieb. Hier stellt er in Dialogen und in Reimprosa und Poesie, ausgehend von der im *Koran* (Sure 17,1)

erwähnten nächtlichen Himmelsreise Muḥammads, die Vision der stufenweisen Nachtreise eines *sālik*, eines»Wanderers«, d. h. seiner selbst, aus dem Erdendasein über die sieben Himmel zur letzten»Station«, der vor Gott, dar. 1202 reiste I. über Tunis, Kairo und Jerusalem nach Mekka. Die Kaʿba, der schwarze Stein in Mekka, das größte Heiligtum des Islams, erschien ihm als der Berührungspunkt der sichtbaren und der unsichtbaren Welt. Er blieb zwei Jahre und begann nach anderen Schriften eines seiner beiden Hauptwerke, *Kitāb al-Futūḥ al-makkiyya* (Das Buch der mekkanischen Eröffnungen), zu verfassen. Den *Tarğumān al-Ašwāq* (Dolmetsch der Sehnsüchte), Liebesgedichte an die schöne, gelehrte Tochter des persischen Gouverneurs der Stadt, begann er hier ebenfalls.

1204 ging er mit anatolischen Pilgern über Bagdad und Mosul nach Konya, dann nach Malatiyya, bald darauf nach Jerusalem, Bagdad und Aleppo. Dort führte er den *Dolmetsch der Sehnsüchte* als mystische Dichtung in der Sprache menschlicher Erotik fort und kommentierte ihn entsprechend. Spätestens seit 1230 lebte er lehrend, lesend und sein Werk vervollständigend in Damaskus. Schutz vor Anfeindungen durch Vertreter der Orthodoxie fand er bei Mitgliedern der herrschenden Ayyubiden-Dynastie und der Familie des Kadis der Stadt, die ihn bei sich aufnahm und in deren Mausoleum bei Damaskus er begraben liegt. In Damaskus beendete er das mehrbändige *Kitāb al-Futūḥ al-makkiyya*. In 560 Kapiteln zu nahezu allen Themen der äußeren und inneren Religiosität umreißen sie sein metaphysisch-mystisches Ideengebäude.

Als sein schwierigstes Werk gilt *Fuṣūṣ al-Ḥikam* (Die Gemmen der Weisheit), seiner

Aussage nach ihm im Traum vom Propheten Muḥammad in Mekka offenbart. Er lässt sich von Erzählungen über 26 koranische und einen nichtkoranischen Propheten von Adam bis Muḥammad, die schon vor ihm mystisch ausgelegt wurden, zu weiteren Interpretationen anregen. Adam z. B., Gottes Liebling und Nachfolger, dem Gott den Odem einhauchte und die Geheimnisse von Himmel und Erde offenbarte, ist für I. das »allumfassende Wesen«. Das wiederum ist Schöpfung und somit Theophanie, denn Gott und seine Schöpfung verschmelzen für I. in eins. In Adam als dem Menschen an sich erscheint Gott am vollkommensten. Zakariyyā, Vater Johannes des Täufers, ebenfalls koranischer Prophet, ist für die islamische Mystik Sinnbild göttlicher Barmherzigkeit, denn sie wurde ihm hochgradig zuteil. In ihr sehen die Sufis, ausgehend vom *Koran* und anderen theologischen Texten, Gottes Hauptattribut. Für I. ist Gottes Barmherzigkeit »Existenz«, die »Existenz und damit die nötige ontologische Herrschaft schafft«.

Muḥammad ist vorweltlich erschaffene, alle Wesen in sich enthaltende Universalidee und Symbol für die Liebe des Mannes zur Frau als Teil seiner selbst: männliche Liebe zu Frauen als Mittel der Selbsterkenntnis und somit Weg zur Gotteserkenntnis.

In kürzeren Werken führte I. koranisches und anderes Erzählgut in mystischem Sinn fort. Er wurde zum einflussreichen Meister der mystischen Erzählkunst. Gott ist für I. seine sich in der Welt manifestierende Liebe. Gläubige aller positiven Religionen können Gott nur partiell erfassen, unter verschiedenen Aspekten. Sie sind darin gleichwertig und sollten sich gegenseitig respektieren. Bis heute gibt es auch kritische Gegenschriften gegen I. aus orthodoxer Sicht.

Werkausgabe: Urwolke und Welt. Texte des großen Meisters [Auswahl]. Übers. A. Giese. München 2002.

*Wiebke Walther*

# Ibn Ḥazm, ʿAlī al-Andalusī

Geb. 994 in Cordoba;
gest. 1064 in Manta Lisham/Südspanien

ʿAlī Ibn Ḥazm war einer der größten spanisch-arabischen religiösen Denker, Juristen und Dichter. Geboren in Cordoba als Sohn eines Ministers am Hof des dortigen Statthalters der damals nur noch formal regierenden spanischen Umajjaden-Dynastie, al-Manṣūr und dessen Sohnes al-Muẓaffar, genoss er eine vorzügliche Ausbildung bei damals bekannten Lehrern. In den politischen Wirren der Zeit, die geprägt war durch den Niedergang der Umajjaden und der arabisch-islamischen Herrschaft in Spanien generell, musste I. wiederholt fliehen. Er wurde inhaftiert, 1023 für ganz kurze Zeit Minister, kam erneut ins Gefängnis und zog sich schließlich ab ca. 1030, als früherer Anhänger der Umajjaden enttäuscht von den politischen Entwicklungen, die er nicht aufhalten konnte, auf das Landgut seiner Familie in Manta Lisham zurück. Hier arbeitete er, las, entwickelte sein theologisch-philosophisches Ideengebäude, verfasste Bücher und kleinere, darunter polemische Schriften. Er lehrte auch, doch gab es offensichtlich Versuche von offizieller Seite, ihn daran zu hindern. Nur wenige mutige Schüler fanden den Weg zu ihm. Über seine letzten Lebensjahre ist wenig bekannt.

Nach Aussage seines Sohnes hinterließ er über 400 Bücher und Schriften, von denen nur wenige erhalten sind. Sein frühestes und in Europa bekanntestes Buch ist *Ṭauq al Ḥamāma* (*Das Halsband der Taube*), geschrieben am Hof von Jatíva um 1022. I. war, bis er 14 wurde, als frühreifer, hochbegabter, sensibler Junge mit guter psychologischer Beobachtungsgabe im höfischen Harem von Cordoba aufgewachsen. Er gibt hier eine Darstellung des Wesens der Liebe und ihrer Erscheinungsformen, wie er sie dort und anderswo bei Männern und Frauen (diese meist schöne, hochrangige Sklavinnen) der spanisch-arabischen Aristokratie beobachtete. Seine Themen sind Treue und Untreue, Trennung und Tod, Keuschheit und Sünde, erläutert auch durch eigene Erlebnisberichte und die anderer »Glaubwürdiger«

sowie durch eigene Verse und die anderer andalusischer Dichter. Als Theologe und religiöser Jurist entschuldigt er sich anfangs für ein »sittlich nicht notwendiges Buch«, um das ihn sein Freund gebeten habe. Das Werk steht in der Tradition arabischer Bücher über die weltliche Liebe, die seit ca. 900, zuerst in Bagdad und bis ins 17. Jahrhundert meist als Kompilationen (Abū l-Farağ) unterschiedlichen Umfangs und mit differierenden Haltungen der Verfasser, oft ebenfalls religiöser Juristen, erschienen. Erzählungen über Liebesleid, über das Läuternde wahrer Liebe überwiegen dabei.

I.s *Ṭauq al Ḥamāma* (wie das Gurren der Taube ein beliebter Topos der arabischen Liebespoesie) ist das bedeutendste Werk der Gattung im arabischen Westen. Es bezeugt eine Form der höfischen Liebe, wie sie wenig später mitteleuropäische Troubadoure, zunächst in Südfrankreich, besangen. Vielleicht hat es diese Art höfischer Dichtung beeinflusst. I. verfasste ferner *ar-Risāla fi Faḍāʾil Ahl al-Andalus* (Das Sendschreiben über die Vorzüge der Bewohner Andalusiens), in dem er besonders durch Gedichte andalusischer Poeten die landschaftliche Schönheit Südspaniens mit ihren Blumen und Gärten und die andalusische Kultur und Dichtung preist. Das arabische Spanien, zunächst lange gegenüber dem Osten des islamischen Reichs kulturell rückständig, hatte diesen eingeholt. Seine führenden Vertreter hatten ihr regionales Selbstbewusstsein, ihren Stolz entwickelt.

Als Theologe und Jurist war I. bedeutendster Vertreter der Ẓāhiriyya, nach der der *Koran* als die wichtigste Grundlage des islamischen Glaubens und religiösen Rechts und die sog. Ḥadīṯ-Literatur als die zweitwichtigste Quelle in ihrem äußeren Wortsinn, ohne theologische Spekulationen auszulegen sind. Die Ḥadīṯ-Literatur, in ihren Hauptwerken im 9./10. Jahrhundert verschriftlicht, enthält in meist sachlich geordneten großen Kompendien Berichte über das, was der Prophet Muḥammad als »das schöne Vorbild« gesagt, getan oder auch nur geduldet haben soll. »Überliefererketten« geben die Quellen an, deren letzte eine Person aus der Umgebung Muḥammads als Augen-/ Ohrenzeuge oder -zeugin sein muss. I. entwickelte als Ẓāhirit und somit in Opposition zur herrschenden religiösen Rechtsschule der Mālikiten eigenständige, für die Zeit liberale Deutungen, etwa zur sozialen Position der Frau. Sein umfangreiches *Kitāb al-Fiṣal fi l-Milal wa-l-Ahwāʾ wa-n-Niḥal* (Das Buch von den Spaltungen in den Religionsgemeinschaften, den religiösen Gruppen und den Sekten), im Arabischen ein Ziertitel in Reimprosa, ist eine Art Religionsgeschichte von früher Zeit an. Im Vergleich der Weltreligionen Judentum, Christentum und Islam zeigt er Toleranz, gibt aber als Muslim dem Islam den Vorrang.

Werkausgabe: Das Halsband der Taube. Von der Liebe und den Liebenden. Übers. M. Weisweiler. Frankfurt a. M. 1941 [Nachaufl. bis 2004].

*Wiebke Walther*

## Ibsen, Henrik

Geb. 20. 3. 1828 in Skien/Norwegen;
gest. 23. 5. 1906 in Kristiania (heute Oslo)

»Zola steigt in die Kloake, um sich darin zu baden, ich aber, um sie zu reinigen.« Diese von Henrik Ibsen überlieferte Selbstabgrenzung gegenüber dem Naturalismus enthält einen wahren Kern, würde allerdings in die Irre führen, wollte man sie als Votum eines dezidierte Botschaften anbietenden Moralisten und Weltverbesserers deuten. Als einer der scharfsichtigsten Analytiker und Kritiker der Selbstauflösung des bürgerlichen Bewusstseins im ausgehenden 19. Jahrhundert war I. weder willens noch in der Lage, die Mittel zu dessen Heilung bereitzustellen. Seine Ethik des Aufbruchs bestand nicht in der rettenden Antwort, sondern im Aufspüren und unbeirrbaren Festhalten an der Frage, in der produktiven Unzufriedenheit, die das Bestehende mit sich selbst konfrontiert, um es so vor dem Stillstand zu bewahren.

Das dramatische Früh-

werk I.s wurde im Wesentlichen durch die Sicht des Theaterpraktikers bestimmt. Als Dramaturg am Nordischen Theater in Bergen (1851–57) mit der Auflage, jährlich ein Stück zu dessen Gründungstag zu verfassen, war er mit seiner vornehmlich auf norwegische Überlieferungen zurückgreifenden Produktion zunächst noch ganz dem zeitgebundenen Projekt der nationalromantischen Selbstbesinnung verpflichtet. Die Überwindung der historisch-rückwärtsgewandten Perspektive wurde allerdings bereits während einer Studienreise im Jahr 1852 eingeleitet, in deren Verlauf I. die an Hebbel exemplifizierte Dramentheorie Hermann Hettners (*Das moderne Drama*, 1852) kennenlernte. Hettner zufolge sollte die Geschichte dem Bühnendichter als Material zur Darstellung seiner eigenen Ideen und zur Spiegelung eines auf die Gegenwart übertragbaren Problembewusstseins dienen. Deutliche Spuren dieses Konzepts zeigt insbesondere das historische Drama *Fru Inger til Østeraad* (1857; *Frau Inger auf Östrot*, 1891), das den seelischen Konflikt einer zwischen historischer Sendung und mütterlichen Gefühlen schwankenden Protagonistin gestaltet. Den einzig nennenswerten Publikumserfolg unter den auf nordischen Saga- und Volksliedstoffen beruhenden Stücken der Bergener Periode verzeichnete das Drama *Gildet paa Solhaug* (1856; *Das Fest auf Solhaug*, 1888).

Nach seinem Wechsel in die Landeshauptstadt, wo er von 1857 bis 1863 als künstlerischer Leiter des Norwegischen Theaters und anschließend als literarischer Berater des Christiania-Theaters tätig war, unternahm I. den ersten Versuch zu einer gesellschaftskritischen Theaterdichtung, die sich ohne historisierende Camouflage im Milieu der Gegenwart präsentierte. Die Thematisierung der Unvereinbarkeit von Liebe und Ehe in *Kjærlighedens Komedie* (1862; *Komödie der Liebe*, 1890) stieß indes auf weitgehendes Unverständnis und trug nicht unwesentlich dazu bei, die ohnehin verhaltene Anerkennung bei Publikum und Kritik zu untergraben. Eine Rehabilitierung brachte erst das Historiendrama *Kongs-Emnerne* (1864; *Die Kronprätendenten*, 1889), das sich mit der Idee des Skandinavis-

mus in die vorherrschende Zeitströmung einreihte. Der eigentliche Durchbruch jedoch und I.s Aufstieg zu einer der wichtigsten Portalfiguren des modernen Dramas erfolgte im Ausland, in Rom, Dresden und München.

Für insgesamt 27 Jahre kehrte der Dichter – abgesehen von einigen Kurzbesuchen – seiner Heimat den Rücken. Die damit einhergehende Horizonterweiterung dokumentieren bereits die in Italien entstandenen Ideendramen *Brand* (1866; *Brand*, 1872) und *Peer Gynt* (1867; *Peer Gynt*, 1881). Mit der Gestalt Brands wird das Experiment eines ethischen Rigorismus durchgeführt, wie er in vergleichbarer Strenge bereits von Søren Kierkegaard vertreten worden war. Faszination und Zweifel hinsichtlich der kompromisslosen Formel des »alles oder nichts« bleiben in der Schwebe. Die Entscheidung für oder wider eine unbedingte Geltung und Anwendbarkeit der kategorischen Prinzipientreue wird ebenso wie die Einordnung des Protagonisten als eines die Bodenhaftung verlierenden Fanatikers oder eines im Scheitern sein Selbst bewahrenden Idealisten dem Zuschauer überlassen. Als Gegenbild Brands kann die Titelfigur des nachfolgenden Dramas betrachtet werden: Innerlich haltlos und ohne jede identitätsstiftende Ethik, verschwendet Peer Gynt sein Leben an einen bunten Reigen unterschiedlichster Aktivitäten und Projekte. In der Darstellung seiner auf Macht und Reichtum gerichteten Unternehmungen erweitert sich die in *Brand* begonnene Strafpredigt gegen den Opportunismus der norwegischen Staats- und Kirchenpolitik zur Abrechnung mit der hegemonialen Hybris der expandierenden Industriegesellschaft Europas. Das antiromantische Stück im romantischen Gewand, das bereits auf die Struktur des Stationendramas hindeutet, hat ebenfalls einen vieldeutigen Ausgang: Peer Gynt erwirbt seine Identität erst an der äußersten Grenze des Todes, und auch dort nicht in sich selbst, sondern in der Liebe Solvejgs, die in unbeirrbarer Treue über 60 Jahre auf ihn gewartet hat. Die Periode der philosophisch akzentuierten Ideendramen beschloss I. mit dem Doppeldrama *Kejser og Galilæer* (1873; *Kaiser und Galiläer*, 1888), seinem zugleich letzten großen

Versuch historisierender Rückprojektion und Versinnbildlichung. Der Konflikt zwischen Heiden- und Christentum wird hier zum gleichnishaften Widerschein der geistig-kulturellen Umbruchsituation in der zweiten Hälfte des 19. Jahrhunderts aufbereitet.

In seiner rezeptionsgeschichtlich bedeutsamsten Schaffensperiode, eröffnet mit *Samfundets støtter* (1877; *Die Stützen der Gesellschaft*, 1878), entwickelte I. den Typus des kritischen Gesellschaftsstücks zur wirkungsmächtigsten Form des modernen Dramas, indem er die analytische Technik der Enthüllung vergangener Ereignisse mit einem dezidierten Wahrheitsethos verband. Im intuitiven Vorgriff auf Erkenntnisse der modernen Tiefenpsychologie geht es ihm vor allem um die Aufdeckung der mit Angst und Unfreiheit verbundenen Lebenslügen, die das Individuum zum Opfer eines von Gesellschaft und Familie ausgehenden Zwanges machte. Die zwiespältige Reaktion der Öffentlichkeit auf diese Bewusstmachung heteronomer Denk- und Verhaltensmuster erreichte einen ersten Höhepunkt mit *Et Dukkehjem* (1879; *Nora*, 1880). Die in ihrer »Musterehe« wie in einem Puppenhaus gefangene und entmündigte Nora wagt das seinerzeit kaum Vorstellbare. Nach dem vergeblichen Warten auf das »Wunder« einer in wechselseitiger Verantwortung gegründeten Lebensgemeinschaft trennt sie sich von Kindern und Ehemann. Das von den Kritikern des konservativen Lagers heftig attackierte Stück entwickelte sich im Gegenzug zu einer der bedeutendsten Kampfschriften der bürgerlichen Frauenbewegung.

Ungeachtet ihrer nicht zu leugnenden Tendenz bildeten *Et Dukkehjem* und *Gengangere* (1881; *Gespenster*, 1884) – ein um das Problem der Vererbung kreisendes Stück, das in seiner Schonungslosigkeit einen noch größeren Skandal auslöste – zugleich den Auftakt einer mehrschichtigen Dramendichtung. Eine wichtige Rolle spielt in diesem Zusammenhang die Vernetzung des Dramentextes durch ein handlungsübergreifendes System symbolischer und motivischer Verweise, das ein weites Spektrum von gesellschaftlichen Fragen bis hin zu den traditionellen Bildern religiöser Wirklichkeitsdeutung umfasst. Mit besonderer Konsequenz wurde das Konzept der leitmotivischen Verknüpfung in *Vildanden* (1884; *Die Wildente*, 1887) umgesetzt. Die Ambivalenz des menschlichen Bewusstseins und Handelns, die I. hier am Beispiel eines in die Katastrophe führenden Wahrheitsidealismus demonstriert, ist auch für die folgenden Dramen kennzeichnend, deren Protagonisten das Zerfallen des selbstbestimmten Individuums und seine unbewusste Lenkung durch seelische Kräfte von selbstzerstörerischem (*Rosmersholm* 1886; *Rosmersholm*, 1887) oder dämonischem (*Hedda Gabler*, 1890; *Hedda Gabler*, 1891) Charakter vorführen.

Zum psychologischen Scharfblick, zur modernen Erkenntnis, dass der Mensch als rationales Subjekt nicht »Herr im eigenen Hause« seiner Psyche ist, gesellt sich insbesondere in I.s späten Werken ein zunehmendes Interesse an der über die zerbrochenen Ideale hinausweisenden Instanz des Gewissens. In *Bygmester Solness* (1892; *Baumeister Solness*, 1893) und *John Gabriel Borkman* (1896; *John Gabriel Borkman*, 1896) lässt der 1891 endgültig nach Norwegen zurückgekehrte Dichter die mit Zügen seiner eigenen Persönlichkeit ausgestatteten Hauptfiguren scheitern, weil sie ihr ethisches Bewusstsein nicht vollständig unterdrücken und das Ziel ihrer mit nietzscheanischer Rücksichtslosigkeit vorangetriebenen Strebens nach Macht und Selbstverwirklichung nicht mit letzter Konsequenz verfolgen können. Seinem Dichtungsverständnis vom »Gerichtshalten über sich selbst« folgte I. auch mit dem im Untertitel als »dramatischer Epilog« bezeichneten Stück *Når vi døde vågner* (1899; *Wenn wir Toten erwachen*, 1899). Der alternde Bildhauer Rubek wird in diesem letzten, bereits ins Surreale tendierenden Drama mit seinen im Dienste des künstlerischen Ideals begangenen menschlichen Verfehlungen konfrontiert. Der symbolische Aufstieg am Ende des dritten Aktes ist, wie in *Brand*, *Bygmester Solness* und *John Gabriel Borkman*, kein Modell eines zum Erfolg führenden Weges. Er bezeichnet vielmehr das letzten Absturz entgegensehende Festhalten an der Frage nach einer möglichen

Synthese von Kunst und Leben, Ideal und Wirklichkeit, Selbstverwirklichung und Mitmenschlichkeit.

In seiner konsequenten Weiterentwicklung traditioneller Dramenformen hat I. der kritisch-realistischen wie auch der antimimetischen Literatur des 20. Jahrhunderts entscheidende Impulse gegeben. Die naturalistische und gesellschaftskritische Oberflächenanalyse transzendierend, erreichten seine Bühnenwerke eine Tiefendimension der menschlichen Problematik, die bis an die Grenzen des sprachlich Vermittelbaren führte und daher den Rückgriff auf eine symbolisch-indirekte Aussageform unabdingbar machte. Der auf diese Weise neuentstandene psychologisch-existentielle Realismus lässt sich in seinem komplexen Menschenbild und seiner ebenso undogmatischen wie unbestechlichen Ethik rückblickend als ein dichterischer Gegenentwurf zu den menschenverachtenden Ideologien materialistischer oder nietzscheanischer Prägung deuten, die in der Folge zum Schmelztiegel der an ihren äußeren und inneren Widersprüchen leidenden Individuen wurden.

Werkausgaben: Sämtliche Werke in deutscher Sprache. 10 Bde. Durchges. u. eingel. v. G. Brandes, J. Elias, P. Schlenther. Berlin 1898–99. – Henrik Ibsens Nachgelassene Schriften. 4 Bde. Hg. J. Elias/ H. Koht. Berlin 1909. – Schauspiele. Übers. H.E. Gerlach. Hamburg ³1977.

*Ulrike-Christine Sander*

### Iffland, August Wilhelm

Geb. 19. 4. 1759 in Hannover;
gest. 22. 9. 1814 in Berlin

»Er sondert seine Rollen so voneinander ab, daß in der folgenden kein Zug von der vorhergehenden erscheint. Dieses Absondern ist der Grund von allem übrigen, eine jede Figur erhält durch diesen scharfen Umriß ihren Charakter, und eben so wie es dadurch dem Schauspieler gelingt bey der einen Rolle die andere völlig vergessen zu machen, so gelingt es ihm auch sich von seiner eigenen Individualität, so oft er will, zu separieren.« So Johann

Wolfgang Goethe 1796 über den Schauspieler I., dessen Stücken man nur von seiner schauspielerischen Praxis her gerecht wird: Sie sind von ihrer Funktion her organisiert, virtuosen Schauspielern Entfaltungsmöglichkeiten zu bieten; deshalb kam und kommt die Literaturgeschichte kaum über das Urteil der Trivialität seiner Stücke hinaus, ohne doch ihrer Spezifik gerecht zu werden. Der Weg des enthusiastisch gefeierten Schauspielers, Regisseurs und nach August von Kotzebue erfolgreichsten Theaterautors der Goethezeit wurde – stilisiert – von ihm selbst beschrieben *(Meine theatralische Laufbahn,* 1798). Der Beamtensohn verlässt, statt Prediger zu werden, heimlich die Familie, um sich der Seylerschen Schauspielergesellschaft in Gotha anzuschließen (1777). Ihr Leiter Ekhof wird sein Vorbild und Freund. Nach der Aufhebung des Gothaer Theaters 1779 geht er an das Mannheimer Nationaltheater. Hier beginnt er, für das Theater zu schreiben. 1796 bewegen ihn die Revolutionskriege, Mannheim zu verlassen; ökonomische Erwägungen sowohl wie seine Ergebenheit gegenüber der Monarchie lassen ihn nach einigen Gastspielen die Stelle des Direktors des Berliner Nationaltheaters annehmen. 1811 wird er Generaldirektor der Königlichen Schauspiele. Zahlreiche Gastspiele von Berlin aus bis nach Prag, Graz und Wien verbreiten seinen Ruhm als Schauspieler. Seine 63 Bühnenwerke erleben Tausende von Aufführungen; allein *Die Jäger* (1785) dürften bis 1850 an die fünfhundert Mal aufgeführt worden sein.

Zusammen mit Kotzebue stellte er mindestens ein Drittel des Repertoires für das Theater der Goethezeit. Und darüber hinaus ist seine Verbreitung an Liebhabertheatern kaum zu überblicken. Die Spezifik von I.s Schauspielkunst deutet sich im angeführten Urteil Goethes an: Die Fähigkeit zum völligen, aber stets kontrollierten Aufgehen in wechselnden Rollen – als neue, unerhörte Virtuosität gefeiert zu einer Zeit, in der die Trennung von Person und Rolle des Schauspielers in Kostüm und Habitus, das Absehen von der eigenen Identität sowohl im Verhalten und Denken der Schauspieler selbst wie die Mentalität des Publikums noch keineswegs selbstverständlich war. Das empathische Rollenspiel auf der Bühne ermöglichte auch einfühlendes Erleben auf der Seite der Zuschauer, ein damals historisch noch junger Modus ästhetischer Erfahrung, und so begeisterte sich das Publikum seiner Zeit an I.s Virtuosität im Rollenwechsel: Bei einem Gastspiel in Magdeburg spielte er z. B. an 22 Abenden hintereinander 25 Rollen, ein andermal an drei Abenden drei verschiedene Rollen im selben Stück. 519 Rollen spielte er insgesamt in 4132 nachgewiesenen Auftritten. Diese Schauspiel- und zugleich Wahrnehmungsweise fundierte, was später Illusionstheater hieß, und mit eben der Formel, die dann Bertolt Brecht zur Distanzierung vom »dramatischen Theater« benutzte, reflektierte I. selbst die Identifikation mit seiner Rolle. Nicht »Ich spielte«, sagte er, sondern »Ich war der junge Ruhberg«; und auch die faszinierten Zeitgenossen charakterisierten so sein Spiel. Die Prinzipien seiner »natürlichen Menschendarstellung« bestimmen entsprechend auch die Art seiner Stücke:»Familiengemälde« meist, Darstellungen des bürgerlichen Alltags mit jenem Personal, dem das Publikum sich gleich wusste. Friedrich Schiller spottete:»Man siehet bei uns nur Pfarrer, Kommerzienräte, Fähnriche, Sekretärs oder Husarenmajors«. Der Beschränkung auf die Darstellung häuslicher Verhältnisse entspricht als ständiger Handlungsort ein bürgerliches Zimmer (»Zimmer-Dramatik«).

Ohne nennenswerte Entwicklung im Schaffen I.s variieren seine Stücke immer wieder das Hausvater-Motiv: Die als formale Rechtsposition durch die familiengeschichtlichen Wandlungen am Ende des 18. Jahrhunderts fraglich gewordene Autorität des Vaters wird durch das Modellieren und Ausspielen von emotionalen Bindungen neu fundiert. Georg Wilhelm Friedrich Hegel:»Hauptsächlich aber war es der Triumph des *Moralischen*, der am häufigsten in diesem Felde gefeiert wurde. Gewöhnlich handelt es sich hier um Geld und Gut, Standesunterschiede, unglückliche Liebschaften, innere Schlechtigkeiten in kleineren Kreisen und Verhältnissen und dergleichen mehr, überhaupt um das, was wir auch sonst schon täglich vor Augen haben, – nur mit dem Unterschiede, daß in solchen moralischen Stücken die Tugend und Pflicht den Sieg davonträgt und das Laster beschämt und bestraft oder zur Reue bewegt wird, so daß die Versöhnung nun in diesem moralischen Ende liegen soll, das alles gutmacht. Dadurch ist das Hauptinteresse in die Subjektivität der Gesinnungen und des guten und bösen Herzens hineingesetzt.« Quasi obligatorisch das happy end mit rührendem Schlusstableau. Schon die Zeitgenossen sahen, dass die (Schein-)Konflikte banal sind, bloß aus Irrtümern und Zufällen entstehen, dass die moralische Besserung nur von außen kommt, dass Natur und Kultur in falschem Gegensatz stehen (Karl August Böttiger). Doch das berührte ihn wenig. Um literarische Qualität an und für sich ging es ihm nicht, ein Stück von ihm sei »bloß nach seinem Effekt auf der Bühne zu beurteilen«. Die Bühne als Kanzel verstehend, war sein Ziel die Vermittlung bürgerlicher Untertanen-Moralität durch theaterspezifische Rühr-Effekte:»Es ist … darauf angelegt, daß nicht leicht jemand mit trockenen Augen herausgehen soll.«

Werkausgabe: Theater von August Wilhelm Iffland. Erste vollständige Ausgabe. 24 Bde. Wien 1843.

*Erich Schön*

## Ikstena, Nora
Geb. 15. 10. 1969 in Rīga/Lettland

»Mein künstlerisches Prinzip ist meine Lebenserfahrung, die ich mit meinen Träumen vereinige und in der lettischen Sprache zur Welt bringe.« Diese Worte Nora Ikstenas stehen für die selbstbewusste Einstellung der jungen Schriftstellergeneration, die nach der Unabhängigkeit Lettlands zu wirken begann. Der alte Realismus ist passé. I., die sich bereits mit ihrem ersten Werk, der Erzählsammlung *Nieki un izpriecas* (1995; Unsinn und Vergnügen), einen Namen machte, formt subtile, aber unbeschwerte Texte mit der Neigung zum Surrealen.

Die Erzählung »Lidojošā pasaka« (1995; Das fliegende Märchen) z. B., die erneut in der Erzählsammlung *Maldīgas romances* (1997;

Abwegige Romanzen) veröffentlicht wurde, handelt von einem Flug einer bunt zusammengewürfelten Gruppe von Reisenden und ihrer strengen Leiterin, der ohne Flugzeug vonstatten geht. Am Start begeben sich alle mit einem kleinen Anlauf in die Luft, wo sie dann zusammengekettet werden – angeblich, damit es besser vorangeht. So fliegt man ohne ersichtliches Ziel dahin. Das Geschehen gewinnt an Dramatik, als die ganze Gruppe ohne Grund zu sinken beginnt und Ballast abgeworfen werden muss. Die Fluggemeinschaft löst sich rasch auf und stürzt nieder, wobei neben dem Gefühl der Angst auch eine gewisse Freude wahrgenommen wird, wieder auf festem Boden stehen zu können. I.s Erzählung kann bildhaft verstanden werden als die Geschichte des Zerfalls der UdSSR. Sie reflektiert aber nicht historische Einzelheiten, sondern umreißt in groben Zügen und mit Hilfe witziger, fabulierter Ausschmückungen, was nach Meinung der Ich-Erzählerin auf psychologisch-zwischenmenschlicher Ebene geschieht.

I. stammt aus einer Rigaer Familie und studierte bis 1992 Lettische Philologie an der Universität Rīga. 1994 ging sie für ein Studienjahr in die USA. Sie ist ebensogut Prosaautorin wie Wissenschaftlerin. Früh begann sie, wissenschaftliche Aufsätze (u. a. über den Einfluss Friedrich Nietzsches auf die lettische Literatur) und Biographien zu publizieren; auch wirkt I. als Herausgeberin und übersetzt Belletristik. Bis 1998 arbeitete sie als Redakteurin bei der Literaturzeitschrift *Karogs*. I. nahm an internationalen literarischen Veranstaltungen teil und wuchs so auch in den Bereich des Kulturmanagements hinein, in dem sie in Lettland tätig ist. Außerdem arbeitet sie als Kolumnistin für die Tageszeitung *Diena* und schrieb das Drehbuch zum Dokumentarfilm Pasaules nepasaule (2001; Der Welt Unwelt), der das Leben von lettischen Schriftstellern im Exil behandelt.

Neben anderen, kürzeren Werken veröffentlichte I. die Romane *Dzīves svinēšana* (1998; Das Feiern des Lebens), *Jaunavas mācība* (2001; Die Lehre der Jungfrau) und die Sammlung *Pasakas ar beigām* (2002; Märchen

mit Enden), mit denen sie sich einen festen Platz in der neueren lettischen Literatur sicherte. Alltäglichkeiten erhalten darin durch ›verrückte‹ Details einen neuen Sinn, in dessen Zentrum oft die Liebe steht. Wesentlich ist für I. auch die Frage nach Identität in einer modernen Welt. In *Jaunavas mācība* z. B. zeigt sich dies anhand der Erlebnisse dreier Frauen, die nicht nur die wechselvolle Geschichte Lettlands im 20. Jahrhundert reflektieren, sondern zudem verschiedene Kultursphären berühren, so etwa das Leben der Liven, einer ethnischen Minderheit. 2004 erschien die Erzählsammlung *Dzīves stāsti* (Erzählungen vom Leben).

*Stephan Kessler*

## Immermann, Karl Leberecht
Geb. 24. 4. 1796 in Magdeburg;
gest. 25. 8. 1840 in Düsseldorf

Es gibt kaum einen Antiquariatskatalog, in dem nicht jenes Werk von I. verzeichnet ist, das bis ins erste Drittel des 20. Jahrhunderts mit über 80 Auflagen sehr erfolgreich gewesen war: *Der Oberhof* (1838/39). Die Popularität dieser Erzählung, die eine abgeschlossene, heile Bauernwelt zeigt und mit der I. auf fatale Weise »zum Ahnherrn der realistischen Dorfgeschichte, der Heimatkunst, schließlich der Blut- und Boden-Literatur« (Friedrich Sengle) geriet, beruhte jedoch auf einem Missverständnis: *Der Oberhof* war keine selbständige Erzählung, sondern ein Kompositionselement innerhalb des zeitkritischen Romans *Münchhausen* (1838/39). Dieser Roman wollte verfallende Adelswelt und idyllisches Landleben ironisch so kontrastieren, dass das beide bedrohende Dritte, der heraufkommende Industriekapitalismus, erkennbar werden sollte. Das misslang gründlich, doch auch nicht ohne Grund. Die Abtrennung des Teiles vom Ganzen, die der Literaturbetrieb gegen den Autor und seine Absichten durchsetzte, ist eben auch als ein Urteil über diesen »halben« Schriftsteller zu verstehen, der als Konservativer liberal, als Liberaler konservativ, als verspäteter Romantiker zu modern und als früher realistischer Romancier noch zu romantisch war. Das Selbstverständnis dieser Übergangsgestalten, die sich mehr als »Nachgeborene« denn als »Vorläufer« empfanden, beschrieb I. selbst so: »Unsere Zeit, die sich auf den Schultern der Mühe und des Fleißes unserer Altvordern erhebt, krankt an einem gewissen geistigen Überflusse. Die Erbschaft ihres Erwerbes liegt zu leichtem Antritte uns bereit, in diesem Sinne sind wir Epigonen.« *Die Epigonen*, so auch der Titel des zwischen 1823 und 1836 entstandenen ersten großen Zeitromans I.s, enden mit der konservativen Utopie eines abgezäunten »grünen Plätzchens«, einer Insel inmitten der sich industrialisierenden Welt.

I. war, im Unterschied zu den zeitgenössischen jungdeutschen Literaten, kein Berufsschriftsteller. Er hatte als Jurastudent an den Befreiungskriegen (Ligny und Waterloo 1815) teilgenommen, trat 1818 in den preußischen Staatsdienst und war ab 1827 Landgerichtsrat in Düsseldorf. Eingezwängt in die Pflichten des Berufes und die Enge der ungeliebten Kleinstadt, strebte er in die Ferne (vgl. seine Reisebeschreibungen) und in die Höhen kultureller Verständigung, die für ihn traditionell mit dem Theater verbunden waren. 1832 gründete er in Düsseldorf einen Theaterverein, ab 1834 wurde er Leiter des Theaters, das er (ohne Erfolg) zu einer an Weimar orientierten »Deutschen Musterbühne« führen wollte, die den Text streng über den Schauspieler und das Rezitieren über das Mimische stellte. I.s eigene, umfangreiche dramatische und satirische Dichtung ist wohl nur noch literarhistorisch interessant, wobei am ehesten die Faust-Adaption *Merlin* (1832) und das komische Epos *Tulifäntchen* (1830) interessieren dürften. Aus den postum veröffentlichten autobiographischen *Memorabilien*, die in den Jahren 1840 bis 1843 erschienen, ragt besonders *Die Jugend vor fünfundzwanzig Jahren* als kulturkritische Reminiszenz an die napoleonische Umbruchszeit hervor.

Werkausgabe: Werke in 5 Bänden. Hg. von Benno von Wiese. Frankfurt a. M. 1971.

*Peter Stein*

## Inoue Yasushi

Geb. 6. 5. 1907 in Asahikawa auf Hokkaidō/Japan;
gest. 29. 1. 1991 in Tōkyō

Als Erzähler und Romancier, Journalist und Dichter hat Inoue Yasushi der japanischen Literatur mit seinen historischen und Gegenwartsstoffen, die den asiatischen Kontinent großräumig einbeziehen, einen weiten Horizont erschlossen. Seine große Beliebtheit gründet in seiner poetischen Sensibilität, die sich mit einer stabilen, harmonischen Weltsicht zu einem romantischen Pessimismus verdichtet.

I. entstammt einer Familie von Medizinern, die über Generationen hinweg einem Feudalherren, dem Daimyo in Yugashima auf der Halbinsel Izu südlich von Tōkyō, gedient hatten. I.s Vater war Militärarzt und oft auf Reisen. Seine Kindheit verbrachte er bei seiner Großmutter, eigentlich die Nebenfrau seines Urgroßvaters. Nach ihrem Tod lebte I. abwechselnd bei Verwandten, in Wohnheimen oder bei seinem Vater. Bereits als Schüler scheint Literatur ihm eine Art Refugium geboten zu haben. Zudem betrieb er intensives Judo-Training und nahm mit Erfolg an zahlreichen Wettkämpfen teil. Statt wie seine Vorfahren ein Medizinstudium aufzunehmen, studierte er Jura, Literatur und Ästhetik in Kyūshū und Kyōto und beteiligte sich nebenher an Wettbewerben für Unterhaltungsliteratur. 1935 heiratete er Fumi, die Tochter des Medizinprofessors Adachi Fumitarō. Aus der Ehe gingen vier Kinder hervor. Nach dem Abschluss seiner ungewöhnlich langen Studienzeit trat I. 1936 in die Redaktion der Zeitschrift *Sandē mainichi* (Zeitung am Sonntag) im Verlagshaus Ōsaka ein. Bis 1951 war er, unterbrochen nur von einer aus Krankheitsgründen abgekürzten Militärzeit in Nordchina (1937–38), im Kulturressort tätig.

Mit der Langerzählung *Ryōjū* (1949; *Das*

*Jagdgewehr*, 1964) begann I.s Karriere als hauptberuflicher Schriftsteller; sie ist zugleich eines der bekanntesten Werke des Autors und wurde allein in Deutschland mehrfach für die Bühne bearbeitet. Der Plot entwickelt sich aus einem Prosagedicht mit gleichem Titel, das der Erzähler in einer Jägerzeitschrift veröffentlicht und das den Anblick eines Mannes mit Jagdausrüstung in winterlicher Landschaft beschreibt. Der Dichter erhält daraufhin einen Brief von einem Mann, der sich selbst in der Gestalt des Jägers im Gedicht wiedererkannte. Er gewährt Einblick in drei an ihn gerichtete Briefe, die aus unterschiedlicher Perspektive dreier Frauen eine im Verborgenen abgelaufene Geschichte tragischer Verstrickungen beleuchten. Diese Briefe bilden den Hauptteil der Erzählung, die um das Thema der Unmöglichkeit aufrichtiger menschlicher Beziehungen und um die daraus resultierende Einsamkeit des Menschen kreist. Für den zwei Monate später veröffentlichten Kurzroman *Tōgyū* (1949; *Der Stierkampf*, 1971), die Geschichte eines kühnen Unternehmens, das am Ende fehlschlägt, erhielt I. 1950 den renommierten Akutagawa-Preis.

Die Gestalt des ehrgeizigen und erfolgreichen, aber auch unnahbaren Mannes, der sich in Situationen der Niederlage seiner Einsamkeit bewusst wird, steht im Mittelpunkt vieler Werke des Autors. In der Erzählung »Hira no shakunage« (1950; »Die Berg-Azaleen auf dem Hira-Gipfel«, 1980) hält ein Gelehrter Rückschau auf sein Leben. Trost findet er in der Vorstellung, nachts im Blütenduft auf dem Berggipfel, fern von lästigen menschlichen Kontakten, den Mond zu sehen – ein Traum, den er sich nun im Alter nicht mehr erfüllen kann. Packender und tiefgründiger noch gestaltet I. das Thema in der Erzählung *Aru gisakuka no shōgai* (1951; *Der Fälscher*, 1999): Ein Kunstjournalist wird von der Familie eines berühmten, vor kurzem verstorbenen Malers beauftragt, dessen Lebensgeschichte zu schreiben. Bei seinen Recherchen stößt er auf Fälschungen, die ein früherer Vertrauter und Freund des Malers angefertigt hat. Der Biograph ist fasziniert von der Geschichte dieses

Unglücklichen, der unbeobachtet im Schatten des Genies lebte, und verfolgt nun dessen Spuren. Eine säkularisierte Form der buddhistischen Idee des Karma bildet den geheimen Tenor der Erzählung.

Der Roman *Hyōheki* (1957; *Die Eiswand*, 1968) erschien zunächst als Fortsetzungsroman in der Zeitung *Asahi shinbun*. Der spannungsgeladenen äußeren Handlung korrespondieren subtile innerpsychische Dramen. Die steile Ostwand des Hodaka-Gebirges wird zum Schicksal zweier Freunde. Die Handlung entfaltet sich in zwei parallelen Entwicklungssträngen, die im Tod der beiden jungen Männer kulminieren und einen gemeinsamen Fluchtpunkt in der Liebe zu ein und derselben Frau besitzen. Diese Liebe tritt kaum in Erscheinung, doch bestimmt sie unverkennbar das Fühlen und Handeln der Personen in der kalten Bergwelt, dem Purgatorium, dem Gegenpol zum »Strudel menschlicher Gefühle«. Unter den extremen Bedingungen der Bergsteigung erliegen die Männer auf selbstzerstörerische Weise ihren die Konventionen sprengenden Sehnsüchten.

I. ist bekannt für die Sorgfalt, mit der er seine Stoffe recherchierte. Auch für seine zahlreichen historischen Romane und Erzählungen, die in verschiedenen Gegenden Asiens spielen, begab er sich auf ausgedehnte Reisen. Eines der bekanntesten Werke dieses Genres ist der 1957 erschienene, im Stil einer Chronik verfasste Roman *Tenpyō no iraka* (*Das Tempeldach*, 1981), der von einer japanischen Gesandtschaft nach China im Jahr 733 handelt. In zahlreichen Erzählungen lässt I. vergangene Epochen und versunkene Kulturen Zentralasiens erstehen. Die Langerzählung *Rōran* (1958, Lou-lan) etwa wurde von einem Ausgrabungsbericht Sven Hedins inspiriert und schildert die tragische Geschichte eines kleinen Stadtstaates in der Gegend des heutigen Ost-Turkestan. Auch in dem Roman *Tonkō* (1959; *Die Höhlen von Dun-huang*, 1986) nimmt I. eine archäologische Ausgrabung zum Ausgangspunkt einer romantischen Fiktion, der Geschichte eines begabten jungen Mannes an der Westgrenze des chinesischen Reiches im Jahr 1026, um dessentwillen eine Uighuren-Prinzessin Selbstmord begeht. Zu ihrer Ehre schreibt er buddhistische Sutren ab und vergräbt sie in den Höhlen westlich der Wüste Gobi, wo sie erst viele Jahrhunderte später wieder durch Forschungsexpeditionen entdeckt werden.

I.s Roman *Oroshiyakoku suimutan* (1966; *Der Sturm*, 1995) handelt vom historisch verbürgten Schicksal eines Japaners, der gegen Ende des 18. Jahrhunderts als Schiffbrüchiger Russland erreichte und nach einer Odyssee, die ihn bis nach St. Petersburg führte, schließlich wieder die Erlaubnis zur Heimkehr erhielt. Doch die lang ersehnte Rückkehr in das nach außen und innen abgeschottete Inselreich endet in einer tragischen Enttäuschung, denn eine Reintegration bleibt ihm verwehrt. Besonders geschätzt wird I.s 1981 veröffentlichter Roman *Honkakubō ibun* (Nachgelassene Schriften des Priesters Honkaku), in dem er dem immer noch geheimnisverhüllten Tod des Teemeisters Sen no Rikyū (1522–91) nachspürt. In die Reflexionen über Tod und Leben vor dem Hintergrund einer von Kriegen erschütterten Epoche scheint I. seine eigene Auseinandersetzung mit dem Tod projiziert zu haben.

In einer Reihe autobiographischer Erzählungen und Romane blickt I. auf seine Kindheit zurück. Der Titel des Romans *Asunaro monogatari* (1954; Geschichten von Asunaro) etwa konnotiert mit seinem lautgleichen ersten Bestandteil »laß es morgen werden« kindliche Ungeduld und Zukunftserwartung. *Shirobanba* (1962; *Shirobamba*, 1995) – der Titel bedeutet »weiß(haarig)e alte Frau« – schildert eine Kindheit auf dem Lande um 1915, ein dörfliches Leben, geprägt vom Rhythmus der Jahreszeiten und Feste, von familiären Ereignissen und häuslichen Katastrophen. Shirobamba heißen dort auch die Insekten, die wie Watteflocken in der dämmrigen Luft tanzen, wenn der Abend über Yugashima hereinbricht. Die Dorfkinder haschen danach, bis eines nach dem anderen zur Heimkehr gerufen und wie durch einen Zauberspruch von seinem Zuhause verschluckt wird. Unter dem Titel *Waga haha no ki* (1975; *Meine Mutter*, 1987) fasste I. drei Erzählungen zusammen, die in eindringlichen Bildern die letzte Lebensphase seiner Mutter schildern.

Dass es gerade die poetischen Momente und nicht etwa dramatische Szenen sind, die als Höhepunkt seiner Werke empfunden werden, deutet darauf hin, dass die Lyrik I.s Wesen als Schriftsteller wohl am nächsten steht. Seine in einfacher Sprache gehaltene Lyrik und Prosadichtung, die er in mehreren Sammlungen zwischen 1958 und 1982 publizierte, hinterlässt starke visuelle und emotionale Eindrücke. I., 1981 bis 1985 Präsident des Japanischen PEN-Zentrums, anschließend Vizepräsident des Internationalen PEN, galt als Anwärter für den Literaturnobelpreis. Sein umfangreiches Erzähl- und Lyrikwerk ist von leiser pessimistisch-fatalistischer Grundtönung und zeugt von tiefer Menschlichkeit.

*Irmela Hijiya-Kirschnereit*

### Ionesco, Eugène

Geb. 26. 11. 1912 in Slatina/Rumänien;
gest. 28. 3. 1994 in Paris

Die Uhr schlägt siebzehn-, sieben-, drei- und fünfundzwanzigmal. Das Ehepaar Smith rätselt über die Identität von Bobby Watson, der männlich, weiblich – kurz jeder und alles sein kann. Die Eheleute Martin stellen nach einer Unzahl von Detailübereinstimmungen in ihren Leben fest, dass sie verheiratet sind. Und schließlich kommen beide Ehepaare gemeinsam auf die Theorie von der Kausalität zwischen dem Klingeln an der Tür und der Tatsache, dass niemand vor der Tür steht. Die Beispiele aus dem in Paris uraufgeführten Einakter *La cantatrice chauve* (1948; *Die kahle Sängerin*, 1959) verdeutlichen, warum das Gesamtwerk von Eugène Ionesco dem »Absurden Theater« zugeordnet wird. Sein Erstling entstand angeregt durch den Versuch der autodidaktischen Sprachaneignung. So übernimmt ei-

gentlich die Sprache oder besser: die »Tragödie der Sprache« die Hauptrolle. Sie, die scheinbar einen logischen und strukturierten Zugriff auf die Welt gewährt, unterliegt nicht der Kontrolle der Akteure: Aus dem monotonen Hersagen von Platitüden erhebt sich am Schluss ein aberwitziger rhythmischer Sprachrausch. Der Vorhang fällt, hebt sich wieder und das Stück beginnt mit einem Rollentausch der Ehepaare Smith und Martin von neuem. Mit der ostentativen Gleichsetzung von Sprach- und Weltverfall verweigert das Stück jede teleologische Vision und rüttelt mit dem Untertitel »Antistück« an den Grundfesten des etablierten Boulevardtheaters.

Mit Les chaises (1952; Die Stühle, 1957) unternahm I. den Versuch der Vereinigung zweier gegensätzlicher Welten: die der Realität des Alltäglichen und die der Realität der Phantasie. Die Akteure, ein betagtes Ehepaar, versammeln die stattliche Summe von 189 Jahren Lebenserfahrung auf der Bühne. Die Sendungseuphorie des Alten, der Erhalt seiner Lebensphilosophie für die Nachwelt, wird Anlass für eine illustre Abendgesellschaft. Nach und nach erscheinen die Gäste, die lediglich als Stuhl- und Spracharrangement der Gastgeber auf der Bühne Präsenz gewinnen. Die imaginierten Gäste sind jeweils das Pendant zu deren Wünschen und Phantasien. Kurz vor dem Höhepunkt, dem Vortrag des eigens engagierten Redners, begehen die beiden Alten Suizid. Der mit deutlichen Insignien des Künstlers ausgestattete Berufsredner entpuppt sich als taubstumm, bringt lediglich Laute wie »gu, hu, he, kr« hervor. Die ursprüngliche Inszenierungsidee sah die Verhaftung des Publikums und damit die eindeutige Zuweisung der Verantwortlichkeit für das Bühnengeschehen vor. Die Szenerie konkretisiert insbesondere I.s rigorose Ablehnung jeder Ideologie in der Kunst. An die Stelle einer propagandistischen Lebensphilosophie tritt das Stammeln der Kunst, gewendet als positive Rückbesinnung auf eine neue Sprache. Die zahlreichen Stücke I.s modellieren ohne jede Utopie in unterschiedlicher Weise die Grundthematik des Sprach- und Weltverfalls.

Einen Wendepunkt in I.s Schaffen stellt Les rhinocéros (1960; Die Nashörner, 1959) dar. Der frustrierte, dem Alkohol verfallene Büroangestellte Bérenger gerät mit seinem Freund, dem Karrieristen Jean, in Streit über die unterschiedlichen Lebenseinstellungen. Ein erstes Nashorn erobert die Szenerie und löst bei den Beobachtern Debatten über die Rassenproblematik und heftigste Nashörner-Diskussionen aus. Epidemisch breitet sich die »Rhinozeritis« in der Provinzstadt aus. Nach dem Motto »Man muß mit der Zeit gehen« verwandeln sich alle Bewohner in Nashörner. Nur einer bleibt übrig, der die bedrohte Humanität verteidigt: Bérenger. Das Stück thematisiert die Entindividualisierung des Menschen in der Massengesellschaft. I. verzichtet hier auf formale Experimente und stellt die Wirklichkeit als ontische Negativität dar.

Aufschlussreich für das Gesamtwerk ist insbesondere die Prosasammlung Notes et contre-notes (1962; Argumente und Argumente, 1964), die verstreut publizierte Artikel, Vortragsmanuskripte, Interviews und Tagebuchnotizen seit den 1950er Jahren vereinigt. Der Leser findet zahlreiche Kommentierungen I.s zu seinem eigenen Werk und auch die Dokumentation seiner lebhaften Auseinandersetzung mit Kritikern, etwa die Londoner Kontroverse mit Kenneth Tynan. Das Werk von I. orientierte sich am Bruch der Konventionen einer einseitig auf literarische Intention ausgerichteten Theaterpraxis.

Werkausgaben: Theaterstücke. 4 Bde. Darmstadt 1959. – Werke. 6 Bde. Hg. F. Bondy/I. Kuhn. München 1985.

*Angelika Baumgart*

## Irving, John [Winslow]
Geb. 2. 3. 1942 in Exeter, New Hampshire

John Irvings facettenreiche Künstlerromane arbeiten mit oftmals komplexen Handlungen auf mehreren Ebenen sowie mit höchst skurrilen Figuren; ihr gleichzeitig komisches wie tragisches Geschehen ist an wiederkehrenden Schauplätzen (Wien und Neuengland) angesiedelt. Eine Reihe von Themen wie etwa

Transsexualität, Prostitution, Vergewaltigung und Terrorismus stehen im Zentrum von I.s fiktionaler Welt. Seine Protagonisten sind bizarren Erlebnissen ausgesetzt und, um ihr Überleben zu sichern, versuchen sie, sich den feindseligen Kräften des Universums entgegenzustellen beziehungsweise dessen Gesetzmäßigkeiten zu entschlüsseln. Diese Versuche scheitern jedoch meist im Laufe der Handlung. I.s Figuren werden häufig verstümmelt oder sterben groteske Tode. So wird T.S. Garp in *The World According to Garp* (1978; *Garp und wie er die Welt sah*, 1979), I.s bestem und erfolgreichstem Roman, von einem Hund ein Ohr abgebissen, Siegfried Javotnik in *Setting Free the Bears* (1968; *Laßt die Bären los!*, 1985) von Bienen zu Tode gestochen. I.s typischer ›Held‹ ist Waise, Schriftsteller und Ringer in einer Person, der sich in einer Welt des Chaos zurechtfinden muss. Dabei orientiert er sich an einem Mit-Helden, den er verehrt, von dessen Einfluss er sich jedoch im Laufe der Handlung befreien muss. Dieses Handlungsschema findet sich in allen Romanen I.s wieder. In *A Widow for One Year* (1998; *Witwe für ein Jahr*, 1999) lässt er sein Protagonistenpaar Ruth Cole und Hannah Grant dieses Paradigma gar offen diskutieren. Die meisten Figuren tragen darüber hinaus androgyne Charakterzüge: Die Männer sind zumeist hingebungsvolle Väter und Hausmänner wie etwa Severin Winter in *The 158-Pound Marriage* (1974; *Eine Mittelgewichtsehe*, 1986), Fred Trumper in *The Water-Method Man* (1972; *Die wilde Geschichte vom Wassertrinker*, 1989) und T.S. Garp in *The World According to Garp*, während die Frauen stark und karrierebewusst sind wie

Jenny Fields und Helen Garp in *The World According to Garp*, Franny Berry in *The Hotel New Hampshire* (1981; *Das Hotel New Hampshire*, 1982) oder auch Melony in *The Cider House Rules* (1985; *Gottes Werk und Teufels Beitrag*, 1988). Als zwei Bollwerke gegen die Schicksalsschläge des Lebens gelten in I.s Romanen die Familie und die Kunst. Seine Protagonisten sind Figuren, die nicht nur eine gewisse Nähe zur Biographie des Autors aufweisen, sondern auch als Sprachrohr für dessen Auffassungen über Kunst und Literatur dienen. Dabei verwendet I. Fragmente seiner eigenen Lebensgeschichte und rekonstruiert sie zu immer neuen Kunstwelten. Dies gilt vor allem für seine ersten fünf Romane, die als Variationen zu I.s eigenem Leben gelesen werden können.

Ein weiteres Markenzeichen I.s sind die zahlreichen metafiktionalen ›Spiegeltexte‹, die seine Romane aufweisen. Meist als Fiktionen seiner Protagonisten gestaltet, greifen sie die Leitmotive der Rahmenhandlung in verschobener und verdichteter Form auf, um so dem Leser neben ihrem hohen Unterhaltungswert eine Orientierungshilfe innerhalb des Handlungsgeflechts zu bieten. I.s berühmtester Spiegeltext, »The Pension Grillparzer«, gilt als literarisches Kleinod innerhalb seines Gesamtwerks und wird in *The World According to Garp* zugleich als Garps Meisterstück bezeichnet.

In späteren Romanen nimmt I. eher auf andere Autoren intertextuell Bezug. In *The Cider House Rules* etwa auf Charles Dickens' Waisenromane *David Copperfield* sowie *Great Expectations* und in *A Prayer for Owen Meany* (1989; *Owen Meany*, 1990) beispielsweise auf Günter Grass' *Die Blechtrommel* und Nathaniel Hawthornes *The Scarlet Letter*. Bei allen Formen metafiktionaler Selbstreferenz – den Spiegeltexten ebenso wie den zahlreichen intertextuellen Anspielungen, die I.s Werk durchziehen und die Grenzen zwischen Fiktion und Realität nachhaltig verwischen – geht es dem Autor in erster Linie darum, den Leser zu unterhalten und die Aussagekraft seiner Fiktion zu potenzieren.

I.s Stil ist von zwei unterschiedlichen literarischen Strömungen des 19. und des 20. Jahrhunderts geprägt. Besonders in der Form und Struktur seiner Romane ist I. Charles Dickens, Thomas Hardy und Joseph Conrad verpflichtet. Diesen Einfluss bezeugen nicht zuletzt die komplexen Handlungsmuster mit ihren zahlreichen Charakteren, die die Handlung umspannenden Pro- und Epiloge, die Betonung der Chronologie der Ereignisse, der Rückgriff auf allwissende und zu eindeutigen moralischen Wertungen neigenden Erzählerfiguren sowie auf Protagonisten, die sich als Waisen in der Gesellschaft behaupten müssen. I.s literarische Vorbilder im 20. Jahrhundert sind Robertson Davies, Kurt Vonnegut und Günter Grass, deren literarische Figuren und Themen er intertextuell aufgreift und variiert. Dieses Mischverhältnis von konservativen und postmodernen Elementen sowie das Ineinanderblenden der fiktionalen und metafiktionalen Ebenen macht den für I. so typischen Erzählstil aus. I. versteht sich – trotz seiner Experimentierfreude in den frühen Romanen – als Entertainer, der altmodische ›lesbare‹ Romane verfassen möchte, und meidet daher solch postmoderne Textverfahren wie das einer radikalen Leserdesorientierung.

Nach wie vor führen I.s Romane vor allem in Europa die Bestsellerlisten an. Mehrere seiner Romane, *The World According to Garp* (1982), *The Hotel New Hampshire* (1984), *A Prayer for Owen Meany* (unter dem Titel SIMON BIRCH, 1998) und *The Cider House Rules* (1999), sind verfilmt worden. Neben seinen Romanen hat I. eine Kurzgeschichtensammlung, *Trying to Save Piggy Sneed* (1993; *Rettungsversuch für Piggy Sneed*, 1993), eine Autobiographie, *The Imaginary Girlfriend* (1996; *Die imaginäre Freundin*, 1996), und ein Buch über die Verfilmung seiner Werke, *My Movie Business: A Memoir* (1999), vorgelegt.

*Hartmut Braun*

## Irving, Washington

Geb. 3. 4. 1783 in New York;
gest. 28. 11. 1859 in Tarrytown, New York

Der erste amerikanische Autor von internationaler Geltung, der erste, dem es gelang, von seiner Schriftstellerei zu leben, der erste, dessen Skizzen und Erzählungen hohen, der Versdichtung vergleichbaren ästhetischen Maßstäben genügten, ein Schriftsteller, der Biographie und Geschichtsschreibung, zumal zu amerikanischen Gegenständen, mit beachtlicher literarischer Qualität verband, der erste kultivierte Literat von der Ostküste, der den Wilden Westen jenseits der Siedlungsgrenze bereiste und beschrieb – ausgerechnet er war auch der erste bedeutende amerikanische Autor, der, als gleichsam expatriierter Intellektueller einen großen Teil seines Lebens in Europa verbrachte. Praktische Gründe waren zunächst dafür ausschlaggebend, aber im Vorwort zu seinem bekanntesten Buch, der Kurzprosa-Sammlung *The Sketch-Book of Geoffrey Crayon, Gent.* (1819/20; *Gottfried Crayons Skizzenbuch*, 1825), nennt Washington Irving andere Aspekte: »[...] never need an American look beyond his own country for the sublime and beautiful of natural scenery. But Europe held forth all the charms of storied and poetical association. There were to be seen the masterpieces of art, the refinements of highly cultivated society, the quaint pecularities of ancient and local custom [...]. I longed to [...] escape [...] from the commonplace realities of the present, and lose myself among the shadowy grandeurs of the past.« Die nostalgische Distanzierung von der Prosaik und mangelnden Komplexität amerikanischer Kultur und Gesellschaft findet sich ganz ähnlich noch bei Nathaniel Hawthorne und Henry James. Bei I. hat sie viel mit der damals in den USA herrschenden Fiktionsskepsis zu tun: Aus Sicht der rationalistischen wie auch der protestantischen Elite der jungen Republik war imaginative Literatur ›verführerisch‹ oder zumindest ›nutzlos‹, und obwohl Roman und Drama damals enorme Popularität gewannen, galt doch die Schriftstellerei als eine eher ›unmännliche‹ Tätigkeit, in jedem Fall aber als schwerlich zum

Beruf taugend. Es ist I.s bleibendes Verdienst, dass er Möglichkeiten vorlebte, die Rollen des öffentlichen Funktionsträgers und des Literaten zu vereinen. Dass sich in seinem Leben politische Ämter und poetische Träumereien ebenso wenig ausschlossen wie in seinen Büchern Tatsachenbericht und romantische Imagination, trug dazu bei, gerade auch der fiktionalen Literatur zu allgemeinerer Akzeptanz zu verhelfen.

I. stammte aus einer wohlhabenden, konservativen New Yorker Kaufmannsfamilie, studierte Jura, machte aber weder die Familienfirma noch das Rechtswesen zu seinem Beruf, sondern war seit jungen Jahren schriftstellerisch tätig. In seinen frühen Zeitschriftenbeiträgen in der Tradition der moralischen Wochenschriften, vor allem in *Salmagundi* (1807–1808; *Eingemachtes*, 1827), mokiert er sich über Ereignisse aus Politik, Theater, Mode und Gesellschaft. Schon hier beginnt er ein Spiel mit diversen Autorenmasken, das es ihm erlaubt, die Gegenstände ironisch und selbstironisch zu behandeln, ohne seine Position allzu sehr offenzulegen; auch seine spätere romantische Essayistik bietet keine Herzensergießungen. Erstmals berühmt wurde I. mit seiner burlesken *History of New York, from the Beginning of the World to the End of the Dutch Dynasty* (1809; *Die Handschrift Diedrich Knickerbockers des Jüngeren*, 1825), angeblich das Werk eines alten New Yorkers kolonialholländischer Herkunft namens Diedrich Knickerbocker. I. persifliert hier die moralisch-didaktischen Ansprüche herkömmlicher Geschichtsschreibung und macht sich über zahlreiche Aspekte der holländischen wie der britischen Kolonialgeschichte mit gelegentlich deftigem Humor lustig; als das 19. Jahrhundert allmählich prüder wurde, sah er sich genötigt, den Text mehrmals zu entschärfen. Trotz aller Komik hat die *History* auch bittere Untertöne, denn letztlich erscheint Geschichte als eine Abfolge von gruppenegoistisch motivierten Gewalttaten. Zugleich thematisiert I. hier ein Problem, das ihn sein Schriftstellerleben lang begleiten sollte: das Verhältnis von faktischem Gegenstand und textueller Konstruktion. Die *History*, zumal in ihrer Urfas-

sung, ist eines der originellsten und wichtigsten Werke des Autors.

Nach dem frühen Tod seiner Verlobten machte I. keine ernsthaften Versuche mehr, eine Familie zu gründen, sondern erkor ein im positiven und negativen Sinn bindungsloses Junggesellendasein zur lebenslangen Existenzform. 1815 ging er nach Liverpool, um die dortige Niederlassung der Familienfirma zu retten. Als dies nicht gelang, entschloss er sich, in England zu bleiben und von der Literatur zu leben, was dadurch erleichtert wurde, dass er auf diese Weise sowohl das britische als auch das amerikanische Copyright in Anspruch nehmen konnte. Nach dem Erfolg des *Sketch-Book* bei Kritik und Publikum auf beiden Seiten des Atlantiks veröffentlichte I. weitere thematisch durchstrukturierte Kurzprosabände. In *Bracebridge Hall* (1822; *Bracebridge Hall, oder die Charaktere*, 1826) dominiert noch die Beschreibung, während *Tales of a Traveller* (1824; *Erzählungen eines Reisenden*, 1825) ganz aus Erzählungen besteht – ein mutiger Schritt in Richtung auf eine rein imaginative Literatur, den I. allerdings wegen der relativ kühlen Rezeption des Bandes bereuen sollte. Er schlug eine neue Richtung ein, indem er 1826 eine Einladung annahm, als Angehöriger der amerikanischen Gesandtschaft nach Madrid zu gehen und dort eine spanische Quellensammlung zu Kolumbus zu bearbeiten. Das Ergebnis, *The Life and Voyages of Christopher Columbus* (1828; *Die Geschichte des Lebens und der Reisen Christoph Columbus'*, 1828), war die erste umfassende Kolumbus-Biographie in englischer Sprache und blieb bis zum Ende des 19. Jahrhunderts die maßgebliche, weil sie literarisch anspruchsvoller und zugleich detailreicher und genauer war als frühere Texte. I. schrieb noch weitere Bücher über Geschichte und Sagenwelt Spaniens, das ihm zur imaginativen zweiten Heimat geworden war. Bevor er 1829 als amerikanischer Botschaftssekretär nach London ging, lebte er eine Zeitlang auf der Alhambra bei Granada, Erlebnishintergrund für *The Alhambra* (1832; *Die Alhambra, oder das neue Skizzenbuch*, 1832), eine Sammlung von Skizzen und Sagenerzählungen, die vor allem in der revidierten Fassung von 1850 eines seiner besten Werke ist und eine Welle der Alhambra-Begeisterung auslöste. 1832 kehrte I. im Triumph nach New York zurück. Dass er auch in 17 Jahren Abwesenheit Amerikaner geblieben war, bewies er seinen Landsleuten mit einer Exkursion bis ins Indianerland jenseits der Siedlungsgrenze im heutigen Oklahoma. Der Reisebericht A Tour on the Prairies (1835; Ausflug auf die Prairien zwischen dem Arkansas und Red-river, 1835) war das unmittelbare Ergebnis. Mit zwei historischen Berichten über Entdeckungsreisen und den Pelzhandel im fernen Westen unterstrich I., dass auch der europaverwöhnte Schöngeist dem aktuellen Thema der amerikanischen Westexpansion etwas abgewinnen konnte. Ab 1835 schuf er sich einen Landsitz im Hudsontal, wo er bis an sein Lebensende wohnen sollte – unterbrochen von vier Jahren als amerikanischer Botschafter in Spanien. Dass von der revidierten Ausgabe seiner Werke, die Putnam 1848–50 herausbrachte, bis 1853 fast 150000 Exemplare verkauft wurden, belegt die Anerkennung, ja Verehrung, die ihm seine Landsleute entgegenbrachten. Mit seinem monumentalen Life of George Washington (1855–59) krönte I. seine Bemühungen um ästhetisch anspruchsvolle Sachliteratur – passender Abschluss auch seiner eigenen Bemühungen um eine Synthese von literarischer und öffentlich-politischer Karriere.

Die für ihn typische Balance von romantischer Imagination und Faktizität erzielt I. in The Sketch-Book und anderen Kurzprosabänden durch die Verbindung von Reiseskizzen, essayistischen Reflexionen und fiktionalen Geschichten. Letztere, besonders »Rip Van Winkle« und »The Legend of Sleepy Hollow«, stehen am Anfang einer eigenständigen amerikanischen Gattungstradition der kurzen Prosaerzählung. I.s Betonung der darstellerischen Ökonomie und strukturellen Geschlossenheit sowie seine Distanzierung von jeder didaktischen Absicht weisen auf Edgar Allan Poe voraus. In den genannten und in einigen weiteren Erzählungen entwirft er dabei, ähnlich wie später Hawthorne, einen Bereich zwischen dem Realen und dem Fiktiv-Ima-

ginären, um Letzteres nicht übermächtig werden zu lassen. Die auf einer deutschen Sage basierende Geschichte vom Taugenichts Rip Van Winkle, der auf einem Jagdausflug den 160 Jahre zuvor gestorbenen Entdecker Henry Hudson und seine Schiffsbesatzung trifft, in einen 20-jährigen Zauberschlaf fällt und bei seiner Rückkehr in sein Dorf verwirrt die Auswirkungen der amerikanischen Loslösung von der britischen Herrschaft zur Kenntnis nehmen muss, wirkt phantastisch genug. Doch I. relativiert den Realitätsstatus der Geschichte, indem er eine ganze Kette von Erzählern und Weitererzählern zwischen Rip und die modernen Leser schiebt, so dass die Möglichkeit bleibt, den Bericht als lokales Lügengarn einzustufen. Die entstehende Fiktionsironie findet sich auch in vielen anderen Werken I.s. Sie trägt zur Vielschichtigkeit ebenso bei wie das Motiv des Zauberschlafs, das eine starke Komprimierung der Darstellung erlaubt und dadurch mehrere Bedeutungsmöglichkeiten zulässt. »Rip van Winkle« kann als Satire auf die Erneuerungswut der Yankees gelesen werden, als Geschichte über (persönliche wie nationale) Identität und die Gefahr des Identitätsverlusts, über Verantwortungsflucht und daraus resultierende Sterilität, und schließlich als selbstreflexiver Text über das Wirken der Phantasie und das Entstehen von Kunst. Zugleich wirkt die Erzählung der von I. beklagten Armut der amerikanischen Landschaft an poetischen und historischen Assoziationen entgegen; die erfundene Geschichte ist längst Teil der regionalen Kulturtradition geworden.

So markant I.s Wendung zur Sachliteratur mit seiner Kolumbusbiographie auch erscheinen mag, so ist doch auch hier derselbe Impuls der Synthese von Fiktion und Faktizität am Werk. I. stellt Kolumbus als romantischen Helden dar, in dessen Vorstellungswelt sich die Leser hineinversetzen können. Nicht nur Rips, sondern auch Kolumbus' hervorstechende Eigenschaft ist die Phantasie, seine visionäre Gabe. Aber im Unterschied zum Dorfbewohner im verschlafenen Hudsontal ist Kolumbus zugleich Realist und Pragmatiker genug, um seine Träume zu verwirklichen. Trotz seiner von I. keineswegs verschwiegenen Fehler, vor allem der Versklavung der Indianer, ist er als »selfmademan« für das amerikanische Publikum eine attraktive Identifikationsfigur, wie es auch der literarische »selfmademan« I. für Generationen von Amerikanern war, denen die Schaffung einer amerikanischen Nationalkultur am Herzen lag.

Werkausgabe: The Complete Works. Hg. R.D. Rust u. a. Madison, WI, 1969–88.

*Helmbrecht Breinig*

## Iskander, Fazil'

Geb. 6. 3. 1929 in Suchumi/Abchasien

Fazil' Iskander stammt aus Abchasien, einer Kaukasusregion mit komplizierter Geschichte und archaisch anmutenden Traditionen, die Hintergrund all seiner ausschließlich auf russisch erschienenen Werke sind. Er ist ein Autor der Sinne, in dessen Texten Farben, Gerüche, plastische Beschreibungen von Menschen, Tieren und (Alltags-)Gegenständen ein lebendiges Panorama seiner Heimat entwerfen, und Verfechter eines menschlichen Humors, der manch satirischen Angriff abmildert. Das in I.s Prosa vielfach verwendete Verfahren der Abschweifung dient dazu, Geschichte, insbesondere die Geschichte Abchasiens, in der Literatur lebendig werden zu lassen.

I. beginnt seine literarische Karriere mit Gedichten, breitere Anerkennung erlangt er indes erst mit dem Kurzgeschichtenband *Zapretnyj plod* (1966; Verbotene Früchte) und dem Kurzroman *Sozvezdie Kozlotura* (1966; *Das Sternbild des Ziegentur*, 1968), einer Satire auf die Landwirtschaftskampagnen der Chruschtschow-Ära. Nach der Erzählsammlung *Derevo detstva* (1970; Der Baum der Kindheit) tritt in *Pervoe delo* (1972; Eine wichtige Angelegenheit) der heranwachsende Tschik als Protagonist auf, später ist er der Titelheld eines weiteren Erzählbandes (*Zaščita Čika*, 1983; *Tschik. Geschichten aus dem Kaukasus*, 1988).

1974 erscheinen in der Sowjetunion, durch die Zensur stark gekürzt, einzelne Abschnitte

des Roman-Zyklus um den Titelhelden Onkel Sandro, eine vollständige Ausgabe erfolgt bei Ardis in Ann Arbor/Michigan unter dem Titel *Sandro iz Čegema* (1979; einzelne Kapitel zuvor bereits in *Onkel Sandro aus Tschegem*, 1976). Den Zyklus komplettieren *Novye glavy. Sandro iz Čegema* (1981; *Belsazars Feste. Aus dem Leben des Sandro von Tschegem*, 1987; *Der Hüter der Berge oder Das Volk kennt seine Helden*, 1987; *Tschegemer Carmen*, 1993). Kreisend um die Person des Titelhelden berührt I. in den 33 Abschnitten des Romans aus der Ich-Perspektive und in oft ironisch-distanzierter wie humorvoller Sprache vielfältige Themen: Liebe und Tod, Heirat, Familie, das Verhältnis von Mensch und Tier, die Sowjetgeschichte, Religion, Politik, so Alltägliches wie Essen und Trinken, aber auch Traditionen der Abchasen, etwa die Blutrache. I. beschreibt im Sandro-Zyklus eine (noch) funktionierende Gesellschaft, die durch die Sowjetisierung Abchasiens letztlich aber zerstört wird.

Weitere Werke sind *Kroliki i udavy* (1980; *Rabbits and Boa Constrictors*, 1989; Kaninchen und Schlangen), *Zaščita Čika: Prazdnik ožidanija prazdnika* (1986; Tschiks Verteidigung. Ein Fest in Erwartung eines Festes) und *Čelovek i ego okrestnosti* (1995; Der Mensch und seine Umgebung); in letztgenanntem zeigt sich ein pessimistischer Unterton, der nur dann schwindet, wenn der Autor sich dem Thema Kindheit zuwendet. I. ist zudem Autor von Essays über das Wesen der Kunst und über Stalin sowie aktiver Verfechter der Rechte Abchasiens und setzt sich – zusammen mit anderen Autoren – für einen postsowjetischen russischen Literaturkanon ein.

So vielfältig I.s Schaffen ist, insgesamt bleibt er doch der Verfasser eines einzigen Buches, das ein umfassendes Bild der abchasischen Geschichte vom letzten Drittel des 19. Jahrhunderts bis in die Zeit der Perestrojka entfaltet – Weltliteratur über die Provinz.

*Michael Düring*

## Ivanauskaitė, Jurga

Geb. 14. 11. 1961 in Vilnius/Litauen;
gest. 17. 2. 2006 in Vilnius/Litauen

Wenn man die litauische Literaturkritik nach der Prosaikerin und Essayistin Jurga Ivanauskaitė befragt, so ist überraschenderweise von Pornographie die Rede, von nihilistischen Romanhelden, von Exaltation der Gefühle und von ästhetischen Neurosen. Alle Schriften I.s haben eine scharfe öffentliche Reaktion hervorgerufen; 1993 wurde aufgrund eines Pornographie-Gesetzes sogar verboten, ihren Roman *Ragana ir lietus* (1993; *Die Regenhexe*, 2002) außerhalb von Erotikshops zu verkaufen. Das war allerdings die beste Werbung für das Buch. I.s Werke erreichen Auflagen bis zu 6000 Exemplaren, was für litauischsprachige Originalproduktionen sehr viel ist.

I., die 1985 ein Grafik-Studium beendete, wurde in der Gorbatschow-Ära mit zahlreichen Novellen und ihrem ersten Roman *Mėnulio vaikai* (1988; Die Kinder des Mondes) bekannt. Sie war damals von der Hippie-Bewegung berührt, die Sowjetlitauen Mitte der 1970er erreichte. Die Figuren ihres ersten Romans sind ›Alternative‹, die die Beatles hören, alles ›Spiritualistische‹ lesen und sich für surrealistische Kunst begeistern. Aber sie sind auch frustriert und destruktiv und werden missverstanden. I. gehörte zum Kreis um die Zeitschrift *Sietynas*, die von 1988 bis 1991 illegal auf hektographierten Blättern verbreitet wurde. Einen wichtigen Abschnitt in ihrem Leben stellt ein Aufenthalt in Indien dar, wo sie 1994 in Dharamsala Buddhismus studierte. In der Folgezeit erschienen reiseberichtartige Essays zur tibetischen Kultur, die breitere Anerkennung fanden. Hierzu gehören etwa die Bücher *Ištremtas Tibetas* (1996; Das verbannte Tibet) und *Kelionė į Šambalą* (1997; Die Reise nach Shambala).

Seit der Wiedererrichtung der Republik Litauen hat I. stetig einfallsreiche Romane geschrieben: außer *Ragana ir lietus* unter anderem *Pragaro sodai* (1992; Die Gärten der Hölle), *Sapnų nublokšti* (2000; Von Träumen verweht) und *Placebas* (2003; *Placebo*, 2005). *Ragana ir lietus* und *Placebas* sind von der deutschsprachigen Kritik vor allem als breitangelegte Bilder des modernen Litauen und als frauenbewegtes Aufbegehren, gewürzt mit zahlreichen trivialen Elementen und etwas zu ausführlicher Erotik, rezipiert worden. Das greift allerdings zu kurz. *Ragana ir lietus* richtet sich gegen eine Kirche, die jede Sexualität verbannt. Der Roman handelt von der scheiternden Liebe einer Frau und eines modernen Priesters bzw. eines mittelalterlichen Einsiedlers. Auf einer dritten Zeitebene sind Jesus und Maria Magdalena das Liebespaar. Unter Rückgriff auf apokryphe Evangelientexte verdeutlicht I., dass der Begründer des Christentums selbst sinnliche Liebe gekannt hat und dass es absurd ist, dass die spätere Kirche diese Seite der Liebe negiert.

Der bildhafte Roman *Placebas* enthält eine grundsätzliche Gegenwartskritik. Die Figuren sind zwischen einem konsum- und libidobestimmten, aber hohlen ›modernen Leben‹ und spirituell ergiebiger, aber unnatürlicher Weltabgewandtheit angeordnet. Für das ›moderne Leben‹ sorgt eine weltweite Verschwörung mit dem Decknamen »Placebo«, eine Inkarnation des Bösen, die alle Figuren zur ›Mitarbeit‹ erpresst. Seine Entscheidung für oder gegen »Placebo« darf man aber, wie I. darzustellen weiß, nicht aus der irdischen Perspektive treffen, sondern nur mit Blick auf das, was nach seinem Tode zu sehen wünscht: Himmel oder Hölle.

*Stephan Kessler*

# J

## Jacobi, Friedrich Heinrich
Geb. 25. 1. 1743 in Düsseldorf;
gest. 10. 3. 1819 in München

In seiner 1857 erschienenen *Geschichte der poetischen Literatur Deutschlands* schreibt Joseph von Eichendorff über J.: »Das Wahre ist, daß der große Zwiespalt der Zeit, den er zu vermitteln unternahm, in ihm selber unvermittelt war, daß er sich einen Glauben eingebildet, den er nicht rechtfertigen wollte und konnte, und daher einen Glauben verfocht, den er im Grunde nicht hatte, und sonach eingestehen mußte, ›wie Alles bei ihm auf die schwermüthige Trauer über die Natur des Menschen hinauslaufe‹. – Er war nichts als ein bedeutsames feuriges Fragezeichen der Zeit, an die kommenden Geschlechter gerichtet, ein redlich Irrender, immerdar schwankend, aber schwankend wie die Wünschelruthe nach dem verborgenen Schatze.« Zwiespalt und Vermittlung zeichnen tatsächlich das geistesgeschichtliche Profil J.s, der zeitlebens versuchte, Philosophie und Literatur, Glaube und Vernunft, Leidenschaft und Moral, geistiges und praktisches Leben zum Ausgleich zu bringen.

Als Sohn eines begüterten Kaufmanns wurde J. im Gegensatz zu seinem älteren Bruder Johann Georg, dem späteren Lyriker und Herausgeber der Zeitschrift *Iris*, zum Beruf des Vaters bestimmt. Nach einer kurzen Lehrzeit in Frankfurt a. M. kam er zur Ausbildung in ein Genfer Handelshaus. In Genf, wo der Mathematiker Lesage sein Mentor und Lehrer wurde, widmete J. einen Großteil seiner Zeit philosophischen und naturkundlichen Studien. Jean Jacques Rousseaus Schriften, insbesondere sein *Émile*, wurden zum wichtigsten Lektüreerlebnis dieser Zeit. 1764 übernahm J.

das väterliche Handelsgeschäft, dem er zu weiterer Prosperität verhalf. Zusammen mit seiner Frau Betty, geb. von Clermont, führte er auf seinem Landsitz Pempelfort bei Düsseldorf das, wie Goethe schreibt, »gastfreiste aller Häuser«, wo neben Goethe selbst Christoph Martin Wieland, die Brüder Alexander und Wilhelm von Humboldt, Franz Hemsterhuis, Denis Diderot, Georg Forster, Wilhelm Heinse und viele andere in den Genuss einer freundschaftlichen, auf die Vermittlung der Individuen bedachten Atmosphäre kamen. 1772 als Wirtschaftsfachmann in die Hofkammer von Jülich-Berg berufen, wurde J. zum Fürsprecher einer liberalen Wirtschaftspolitik im Sinne Adam Smiths.

Tief beeindruckt war J. von Goethe, der 1774 nach Pempelfort kam. Er sah im jungen Goethe die Verkörperung des Genies und schloss eine enthusiastische Freundschaft mit ihm. Goethe war es auch, der J. zu eigener literarischer Produktivität anregte. 1775/76 veröffentlichte J. seinen Briefroman *Eduard Allwills Papiere* (Neufassung 1792 unter dem Titel *Eduard Allwills Briefsammlung*), dessen nicht nur formale Vorbilder Samuel Richardsons Romane und Goethes 1774 erschienener *Werther* waren. Der Charakter des Titelhelden Allwill, des genialisch-schwärmerischen Verführers und Egozentrikers, wird vermittelt über die Briefe der ihn umgebenden Figuren, insbesondere der Frauen, dargestellt. Hatten Richardsons Dandy Lovelace und der junge Goethe selbst das Vorbild für den Entwurf des Typs Allwill abgegeben, zeichnet sich im Roman bereits eine kritische Beurteilung des Sturm- und -Drang-Genies ab, dessen Exzentrizität schließlich nach Maßgabe des natürlichen Sittengesetzes reguliert wird. Der Roman *Woldemar. Eine Seltenheit aus der Naturgeschichte* (1777 in vier Fortsetzungen im *Teutschen Merkur*, als Buch 1779, erweitert 1794), den J. Goethe widmete, stellt auf der Folie von Rousseaus *Julie ou la Nouvelle Héloïse* (1761) abermals einen begeisterten, indes in seinen zwischenmenschlichen Beziehungen scheiternden Gefühlsmenschen in den Mittelpunkt. Der Roman ist eine Antwort auf Rousseaus Ideal der alle sinnliche Gefährdung überwindenden Freundschaft: Ihm stellt J. die Unbeständigkeit des menschlichen Herzens gegenüber. J. wollte in seinen Romanen »Menschheit wie sie ist, erklärlich oder nicht auf das Gewissenhafteste vor Augen stellen« und im individuellen Charakter dem »Dasein« selbst zum Ausdruck verhelfen. Die Beigaben zu den Romanen (etwa die »Vorrede« zum *Allwill* sowie die »Zugabe an Erhard O.«, das Fortsetzungsgespräch zum *Woldemar* »Der Kunstgarten«) unterstreichen die philosophische Motivation der Texte, der gegenüber das literarische Medium kaum seinen eigenständigen Stellenwert zu behaupten vermag. Man hat in J.s Romanen daher ästhetisch riskante Unternehmungen gesehen, aber auch versucht, sie im Sinne einer im Widerspruch gegründeten Modernität zu lesen. In seiner berühmten, von der neueren Forschung auch kritisch gelesenen Rezension des *Woldemar* bemängelt Friedrich Schlegel eben die Unterordnung des Sinnlichen unter ein geistiges Prinzip und die nur scheinbare Auflösung der Widersprüche des Textes »mit einem Salto mortale in den Abgrund der göttlichen Barmherzigkeit«. *Woldemar* führte indessen auch zu einer länger anhaltenden Verstimmung zwischen J. und Goethe, denn dieser hatte im Kreise der Weimarer Hofgesellschaft eine Spottrede auf das Buch des Freundes gehalten und dasselbe an einem Baum ›gekreuzigt‹. Überdies wurde Goethes *Woldemar*-Parodie ohne Wissen ihres Verfassers zum Druck gebracht.

J.s Rolle im sog. Spinozismus-Streit stellt eine weitere Vermittlungsleistung dar, die der Diskussion um Spinozas Pantheismus hitzigen Auftrieb gab. Wieder war Goethe der Anlass: In einem Brief an Moses Mendelssohn berichtet J., er habe 1779 Lessing eine Abschrift von Goethes »Prometheus«-Ode gezeigt, um Lessings Unterstützung gegen die pantheistische Haltung des Gedichtes zu gewinnen. Doch habe sich Lessing daraufhin selbst zum Spinozismus bekannt. Mendelssohn indessen wollte und konnte in Lessing keinen Spinozisten sehen, und es entspann sich ein heftiger Briefwechsel über diese Frage, den J. unter dem Titel *Über die Lehre des Spinoza in Briefen an den Herrn Moses Mendelssohn* (1785) veröffentlichte. Weitere Streitschriften von beiden Seiten folgten. J.s Deutung des spinozistischen Pantheismus, die im übrigen maßgeblich das Spinoza-Bild der Frühromantiker prägte, profiliert zugleich seine eigene philosophisch-theologische Weltanschauung. So lehnte er Spinozas spekulative Philosophie ab, weil er in ihr die ethische Freiheit des Menschen preisgegeben sah und die von Spinoza gesetzte vollkommene göttliche Substanz nur als radikal atheistische Position begreifen konnte. Gleichermaßen lehnte er Kants Ethik als eine der lebendigen Wirklichkeit des Menschen zuwiderlaufende Regelvorgabe ab.

1805 wurde J. von der Bayerischen Akademie der Wissenschaften, die ihn wenig später zu ihrem Präsidenten ernannte, nach München berufen. Die folgenden Jahre waren bestimmt von philosophischen Auseinandersetzungen, insbesondere mit Schelling (*Von den göttlichen Dingen und ihrer Offenbarung*, 1811) und Hegel, in denen J. wiederum die Begründung des Wissens im Glauben zu verteidigen suchte. Der Streit mit Schelling kostete J. schließlich sein Amt des Akademiepräsidenten. Das im Gespräch mit Lessing von J. geprägte, vielzitierte und vielbelächelte Bild von der Notwendigkeit eines »Salto mortale« zur Rettung der geistigen Freiheit gegenüber der Erkenntnis weitgehender deterministischer Zusammenhänge unterstreicht nur den bleibenden Grundwiderspruch im Denken J.s, wie er sich besonders nachdrücklich in einem Brief an Hamann aus dem Jahr 1783 ausspricht:»Licht ist in meinem Herzen, aber so wie ich es in den Verstand bringen will, erlischt es. Welche von beyden Klarheiten ist die wahre? die des Verstandes, die zwar feste Ge-

stalten, aber hinter ihnen nur einen bodenlosen Abgrund zeigt? oder die des Herzens,
welche zwar verheißend aufwärts leuchtet,
aber bestimmtes Erkennen vermissen läßt? –
Kann der menschliche Geist Wahrheit ergrei-
fen, wenn nicht in ihm jene beyden Klarheiten
zu Einem Lichte sich vereinigen? Und ist diese
Vereinigung anders als durch ein Wunder
denkbar?«

Werkausgaben: Werke – Briefwechsel – Doku-
mente. Stuttgart-Bad Cannstatt 1981 ff. (im
Erscheinen); Auserlesener Briefwechsel. Hg. von
Friedrich Roth. 2 Bde. Leipzig. 1825–27,
Nachdruck, Bern 1970.

*Martina Wagner-Egelhaaf*

## Jacobsen, Jens Peter

Geb. 7. 4. 1847 in Thisted/Dänemark;
gest. 30. 4. 1885 in Thisted/Dänemark

Nur selten ist die Eigenständigkeit eines
dichterischen Werkes gegenüber dem programmatischen Kontext seiner Entstehung
greifbarer als im Falle des Dänen Jens Peter
Jacobsen. Als Botaniker und Übersetzer der
Hauptwerke Darwins, dessen Thesen er in
zahlreichen Texten propagierte, war er ein erklärter Vertreter des von den Naturwissenschaften geprägten Welt- und Menschenbildes.
Dem stand ein kontinuierliches Interesse an
der Literatur gegenüber, das sich bereits während der Schulzeit in ersten poetischen Versuchen artikulierte. Dass J. unter dieser Voraussetzung zu einem der engagiertesten Befürworter des ›modernen Durchbruchs‹ wurde –
der Bewegung um Georg Brandes, die sich
eine Literaturreform im Sinne eines neuaufge-
klärerischen Wirklichkeitsideals zum Ziel gesetzt hatte –, ist nicht verwunderlich. Die impressionistische Färbung seiner dichterischen
Produktion jedoch ergibt sich aus der Kombination dieser bewussten, am Naturalismus
orientierten Gestaltungsintention mit einer
überaus sensiblen psychischen Disposition.
Hin- und hergeworfen zwischen subjektiven
Wunschbildern und resignativen Stimmungen, legte sich die innere Wirklichkeit seiner

intensiven Empfindungen und Gemüts-
schwankungen über die äußere Realität und
ließ deren von traditionellen Deutungsmus-
tern gereinigte Konturen ineinander ver-
schwimmen.

Schon J.s frühe lyrische Arbeiten, wie etwa
die später von Arnold Schönberg vertonten
»Gurrelieder« (entst. 1869), lassen neben den
romantisch-epigonalen Zügen ihrer stoff-
lichen Ausrichtung wesentliche Ingredienzen
des späteren Prosawerkes er-
kennen: psychologischen
Scharfsinn, nuancenreiche
Stimmungsmalerei und eine
dem Traum verwandte Spra-
che der gleitenden Über-
gänge. Einen ersten Vorstoß
zur Umsetzung des natura-
listischen Programms unternahm der Dichter mit der
Erzählung *Mogens* (1872;
*Mogens*, 1877), deren anti-
romantischer Ideengehalt
sich in eigentümlicher Weise
mit den farbenprächtigen Lyrismen ihres impressionistischen Stils und dem romantisch-
verträumten Charakter der Titelgestalt über-
schneidet. Die hier demonstrierte Versöhnung
des Menschen mit der Wahrheit seiner von
idealistischer Überhöhung befreiten Triebna-
tur bildet auch einen Leitgedanken des historischen Romans *Fru Marie Grubbe* (1876; *Frau
Marie Grubbe*, 1878). Dem Kompass ihrer angeborenen Neigung folgend, durchläuft die
adelige Protagonistin eine Reihe verschiedener
Ehen und Liebesbeziehungen, bis sie in der
unstandesgemäßen Verbindung mit einem
Fährmann ihre persönliche Erfüllung findet.
Weniger erfolgreich in der Verwirklichung
eines individuellen Lebenskonzeptes ist Niels
Lyhne, die zentrale Figur des 1880 erschienenen, gleichnamigen Romans (*Niels Lyhne*,
1889). Die determinierenden Faktoren von
Vererbung und Erziehung »formen an dem
weichen Ton«, ohne einen Anhaltspunkt für
eine dauerhaft gültige Orientierung bereitzustellen. Auch sein atheistisches Credo vermag
im konkreten Daseinskampf keine identitätsstiftende Kraft zu entwickeln, und so befreit

schließlich den im deutsch-dänischen Krieg Verwundeten erst der qualvolle Tod aus dem Labyrinth unerfüllten erotischen Begehrens und lebensferner Träumereien.

In ihrer eigentümlichen Mischung aus Naturalismus, Psychologismus und stilistischem Romantizismus verfügt J.s Erzählkunst über ein innovatorisches Potential, dessen Wert erst nach dem frühen Tod des Dichters erkannt wurde. Stefan Zweigs Charakterisierung des *Niels Lyhne* als »Werther unserer Generation« spiegelt sowohl die Intensität als auch die Breitenwirkung der in Deutschland und Österreich mit den 1890er Jahren einsetzenden »Jacobsen-Mode«. Autoren wie Rainer Maria Rilke, Hugo von Hofmannsthal, Arthur Schnitzler und Thomas Mann verehrten den Dichter als Schöpfer und Lehrmeister eines neuen Sprachstils.

Werkausgabe: Gesammelte Werke. 3 Bde. Übers. M. Herzfeld. Florenz/Leipzig 1999f.

*Ulrike-Christine Sander*

### Jahnn, Hans Henny
Geb. 17. 12. 1894 in Stellingen bei Hamburg; gest. 29. 11. 1959 in Hamburg

1920 erhielt ein bis dahin völlig unbekannter junger Schriftsteller für sein im Vorjahr als Buch erschienenes Drama *Pastor Ephraim Magnus* durch Oskar Loerke den renommierten Kleist-Preis zugesprochen: Es war J. »Nur keine Literatur wie alle machen, nur das nicht, was man einem in der Schule als Dichtung eintrichtert, nur ja nicht jene Sprache« – dies war J.s Vorsatz, als er 1916/17 in Norwegen das Stück schrieb. Mit dieser einen Veröffentlichung war J. für sein Leben gezeichnet. »Aus der Unterwelt« überschrieb ein noch ernsthafter Rezensent, Julius Bab, seine Polemik, in der er J.s Stück als einen Ausbruch des Wahnsinns charakterisierte, als ein »großartig gräßliches Dokument eines äußersten Zustandes«, das mit Kunst, mit Theater nichts zu tun habe und darum im »Giftschrank der Menschheit« zu bewahren sei. Der Skandal war, dass J. den Verzweiflungen des Körpers die gleiche,

wenn nicht eine größere Bedeutung zumaß als den Abgründen der Seele. »Ich selbst habe keine Ähnlichkeit mit den Gerüchten über mich«, lautete eine seiner Entgegnungen. Wer ihn sah, hätte ihn in seiner zeremoniösen Betulichkeit, in seiner introvertierten Empfindsamkeit eher für einen versponnenen Pastor halten mögen. J.s Vater besaß eine Schiffstischlerei im Hamburger Hafen. Die handwerkliche Geduld und Genauigkeit scheint er seinem Sohn vererbt zu haben. Schon in der Schule war J. Außenseiter. Die gleichgeschlechtliche Liebe zu seinem Mitschüler Gottlieb Friedrich Harms – von beiden Elternseiten heftig bekämpft, so dass sie sich in mehreren Ausbruchsversuchen entlud – ist der Schlüssel zu J.s Leben und Werk: »Allmählich ist die Liebe unser Eigentum geworden.« Mit Harms zusammen emigrierte er während des Ersten Weltkriegs nach Norwegen (von 1915 bis 1918). Dort entstanden, nach zahllosen, meist dramatischen Versuchen noch während der Schulzeit, die ersten gültigen Werke – dichterische Visionen einer als tragisch erkannten Schöpfung, voll heidnischer, antichristlicher Zivilisationskritik. Die Tagebücher, die J. und Harms in Norwegen führten, zeigen, wie das Werk eine Ablösung von der Autobiographie, die Gestaltung eines als unlösbar empfundenen Lebenszwiespalts darstellt. In Norwegen wurde auch der utopische Traum von Ugrino geboren – einer Glaubensgemeinschaft, die J. und Harms 1920 in Eckel bei Klecken, am Nordrand der Lüneburger Heide, gründen. Von den hochfliegend-absurden Plänen einer Wiedergeburt kultischer Archaik – monumentalen Weihe- und Grabbauten im Stil ägyptischer Pyramiden und romanischer Basiliken – erwies sich allein der Ugrino-Verlag als lebensfähig. Dort erschienen u. a. die Gesamtausgaben Arnolt Schlicks, Samuel Scheidts, Vincent Lübecks, Carlo Gesualdos und Dietrich Buxtehudes – mehrstimmiger Musik, die auch in J.s literarischem Werk als Medium der Erinnerung eine zentrale Rolle spielt. Aus dem Zusammenbruch der Ugrino-Idee (1925) rettete J. auch sein Engagement für die Orgel. Bereits 1923 hatte er die vom Zerfall bedrohte barocke Arp-Schnitger-Orgel in der

Hamburger Jakobi-Kirche renoviert. J., der sich in Norwegen autodidaktisch mit der Orgel und ihrer kultischen Funktion beschäftigt hatte, wurde damit zu einem Wegbereiter der sog. Orgel-Reformbewegung der 1920er Jahre. Bis 1933 bestritt er seinen Lebensunterhalt durch Orgelbau und als amtlicher Orgelsachverständiger und hat insgesamt mehr als 100 Orgeln konstruiert oder renoviert. 1926 heiratete er Ellinor Philips und zog wieder nach Hamburg. 1929 vollendete er den Roman *Perrudja*, der noch im selben Jahr mit Hilfe der eigens dafür gegründeten Lichtwark-Stiftung erscheinen konnte. Mit diesem Werk präsentierte er sich als Epiker, der gleichrangig neben Alfred Döblin und James Joyce steht: polyphon, bildgewaltig, sprachschöpferisch; in abgespaltenen, sich verselbständigenden Geschichten die Handlung umkreisend und einkreisend. Wie später in *Fluß ohne Ufer*, liegt auch hier schon dem Erzählten eine Autobiographie des Erzählens zugrunde, die norwegische Landschaft als ein Phantasieraum der inneren Erfahrung – Natur, die den Menschen auf seine kreatürliche Befindlichkeit, das Ausgeliefertsein an Zeugung und Tod, auf das »Unausweichliche« also, hinführt.

Nach der Machtübernahme durch Adolf Hitler verlor J. sein Amt als Orgelsachverständiger, fühlte sich boykottiert und gefährdet. Die Zeit des Nationalsozialismus verbrachte er, nachdem er sich kurzfristig als Gast des mit ihm befreundeten Germanisten Walter Muschg in der Schweiz aufgehalten hatte, von 1934 an auf der zu Dänemark gehörigen, in der Ostsee liegenden Insel Bornholm. Dort hatte er einen Bauernhof gekauft, den er allerdings nur bis 1940 (und mit zweifelhaftem Erfolg) bewirtschaftete. Er verstand sich nicht als Emigrant und hat auch niemals Kontakt zum literarischen Exil gesucht. Er besaß vielmehr einen reichsdeutschen Pass bis 1938 und war Mitglied der Reichsschrifttumskammer. Danach galt er im rechtlichen Sinne als Auslandsdeutscher, konnte aber ohne größere Schwierigkeiten ins Reich reisen und dort sogar veröffentlichen. Auch die Zeit der deutschen Besetzung Dänemarks (von 1940 bis 1945) überstand er im Wesentlichen unbehel-

ligt. J.s und des NS-Regimes Einstellung zueinander darf man wohl als einen beiderseitig ungeklärten Zustand bezeichnen. Auf Bornholm entstand J.s Hauptwerk, die Romantrilogie *Fluß ohne Ufer* (*Das Holzschiff*, 1949; *Die Niederschrift des Gustav Anias Horn* I/II, 1949–51; *Epilog*, unvollendet 1961 aus dem Nachlass). J.s »Romanungeheuer«, das zu den großen Prosawerken des 20. Jahrhunderts gehört, ist ein Versuch über die Schöpfung, den Menschen und seine Einsamkeit. Es ist vieles zugleich: allegorische Detektivgeschichte, Künstlerroman, Erkundung der äußeren und inneren Wirklichkeit – vor allem aber ist es ein Buch über die Zeit gegen die Zeit. Es zeigt den Menschen als »Schauplatz von Ereignissen«. In der Liebe des Komponisten Gustav Anias Horn zu dem Matrosen Alfred Tutein, dem Mörder von Gustavs Verlobter Ellena, wiederholt sich der archetypische Beziehung von Gilgamesch und Enkidu aus den altbabylonischen Epos: »Ich gehe im ›Fluß‹ bis an die Grenze der mir erreichbaren Wahrheit, und ich habe die Unerschrockenheit, die die völlige Einsamkeit gibt, eingesetzt.« 1950 kehrte J. endgültig von Bornholm nach Hamburg zurück. Vielfältig engagierte er sich im letzten Jahrzehnt seines Lebens: kulturpolitisch als Mitglied der Akademien in Hamburg, Mainz und Ostberlin sowie im PEN; politisch als früher, rastloser Warner gegen die atomare Bedrohung der Menschheit. Was er schreibt, wird mit dem bezeichnenden Titel seiner einzigen breiter bekannt gewordenen Veröffentlichung als »nicht geheure Geschichten« abgestempelt und ausgegrenzt; sein Leidens-, sein Lustfanatismus, seine kompromisslose Wahrheitssuche machen ihn verdächtig. Von seinen literarischen Werken erreichte das Schauspiel *Thomas Chatterton* in der Regie Gustaf Gründgens' 1956 einen Achtungserfolg. Ein unvollendeter homoerotischer Liebesroman *Jeden ereilt es* (1968) und das Atomdrama *Der staubige Regenbogen* (1961) erschienen erst aus dem Nachlass. J. war einer der großen Unzeitgemäßen, so genial wie maßlos, Dichter und Orgelbauer, Landwirt und Pferdezüchter, Gründer einer Glaubensgemeinschaft und Hormonforscher – von einer unendlichen

Fülle der Interessen und Überzeugungen, die ihn zum Außenseiter stempeln mussten. Seine Zukunft als großer moderner Autor hat erst begonnen.

Werkausgabe: Werke in Einzelbänden. Hamburger Ausgabe. 12 Bde. Hamburg 1985–1994.

*Uwe Schweikert*

### James, Henry
Geb. 15. 4. 1843 in New York;
gest. 28. 2. 1916 in London

Obwohl der in einer neuenglädischen Gelehrtenfamilie aufgewachsene Henry James (der Philosoph William James war sein älterer Bruder) nach ausgedehnten Europaaufenthalten 1876 seinen Wohnsitz in England nahm und schließlich 1915 englischer Staatsbürger wurde, kann er doch als ein genuin amerikanischer Schriftsteller gelten, der im Vergleich zwischen Alter und Neuer Welt immer wieder den Versuch unternahm, das spezifische zivilisatorische Potential der amerikanischen Gesellschaft zu bestimmen. Sein vielschichtiges Gesamtwerk von 22 Romanen, 114 Erzählungen und Kurzgeschichten, 16 Dramen, 8 Reisebüchern und einer Reihe einflussreicher literaturkritischer Essays und Essaysammlungen ist beeindruckend in der Konsequenz und Kreativität, mit der J. die viktorianische Erziehungsgeschichte über den realistischen Gesellschaftsroman bis hin zur experimentellen literarischen Moderne fortentwickelt. In Rezensionen und literaturkritischen Schriften

formulierte J. zudem Einsichten in die Wirkungsweise verschiedener Erzähltechniken, die zu den Grundlagen der Theorie des Romans im 20. Jahrhundert gehören. Entgegen einer Sicht, die in J.' Interesse an Fragen der literarischen Form nur die Flucht in den Elfenbeinturm eines ›elitären‹ Kunstverständnisses zu sehen vermag, war dieses Interesse seinem eigenen Verständnis nach nie Selbstzweck. Sein Werk stellt vielmehr eine fortlaufende Analyse sozialer Beziehungen und ihrer oft subtilen,»zivilisierten« Herrschaftsmechanismen dar. Um gegen diese Vereinnahmung Widerstand leisten zu können, bedarf es für J. der Ausbildung einer Fähigkeit zur selbständigen Erfahrungsverarbeitung. Die Literatur vermag dazu auf zweierlei Weise beizutragen: Sie kann Charaktere zeigen, die mit eben jener Suche nach Selbständigkeit befasst sind, und sie kann dem Leser Modelle der mentalen Verarbeitung von Erfahrung anbieten. Letzteres erklärt die wichtige Rolle, die die erzähltechnisch innovative Präsentation von Bewusstseinsprozessen im Werk von J. einnimmt, Ersteres macht verständlich, warum Geschichten oft schmerzlicher Lern- und Entwicklungsprozesse im Zentrum seines Werkes stehen.

Das Genre, in dem diese Bewusstwerdungsprozesse erzählerisch entfaltet werden, ist das des internationalen Romans, in dem sich ein ›unschuldiger‹, d. h. sozial noch unerfahrener und unfertiger, aber erfahrungshungriger Amerikaner mit den elaborierten Formen (»manners«) europäischer Zivilisation konfrontiert sieht. Dass die Romane von J. oft im Milieu der europäischen Oberschicht angesiedelt sind, hat nichts mit einem undemokratischen Gesellschaftsverständnis zu tun, sondern damit, dass soziale Beziehungen dort aufgrund eines aristokratischen Verhaltenscodes besonders schwer zu durchschauen und gerade darin besonders ›lehrreich‹ sind. Das repräsentative »American girl« Daisy Miller geht in der gleichnamigen populären Erzählung (»Daisy Miller: A Study«, 1879; *Daisy Miller. Erzählung*, 1959) an ihrer Unfähigkeit zugrunde, dieses soziale Regelwerk zu durchschauen, so wie auch die Titelfigur des Romans *Roderick Hudson* (1876; *Roderick Hudson*, 1983), ein amerikanischer Bildhauer, daran scheitert, das eigene kreative Potential in der Begegnung mit einer übermächtigen europäischen Kunst und Kultur zu entfalten. Selbst dem zupackenden, optimistischen Geschäftsmann Christopher Newman – schon namentlich als Repräsentant der Neuen Welt ausgewiesen – gelingt es in *The American* (1877; *Der Amerikaner,* 1877) nicht, die madonnenhafte Mme. de Cintré aus den Fängen eines europäischen Adelsgeschlechts und einem Geflecht moralischer Schuld zu retten.

Alle diese Werke der 1970er Jahre – zu denen auch der Roman *The Europeans* (1878; *Die Europäer,* 1983) gehört, in dem die Begegnung zwischen Alter und Neuer Welt in ein provinzielles Amerika verlegt ist – erlauben es J., die individuelle Entwicklungsgeschichte in den umfassenderen Zusammenhang eines Zivilisationsvergleichs einzubetten, in dem der Mangel an sozialer Erfahrung, durch den die ›unschuldigen‹ Repräsentanten der Neuen Welt gekennzeichnet sind, mit der in Jahrhunderten gewachsenen, aber moralisch schuldbeladenen ›Zivilisiertheit‹ der Alten Welt konfrontiert wird. Im Gegensatz zu Mark Twain geht es J. dabei jedoch nicht einfach um eine Absage an die Alte Welt, sondern um eine wechselseitige Komplementierung. Für J. besitzt Europa etwas, was der amerikanischen Gesellschaft fehlt:»manners« nicht im Sinne von sozialer Etikette, sondern von sozialer Form, durch die das zivilisatorische Potential des Amerikaners soziale Wirksamkeit erlangen könnte.

Mit den realistischen Romanen *Washington Square* (1880; *Die Erbin vom Washington Square,* 1956) und mit *The Portrait of a Lady* (1881; *Bildnis einer Dame,* 1950), der heute als einer der besten amerikanischen Romane des 19. Jahrhunderts gilt, gibt J. der Geschichte eines exemplarischen Lernprozesses einen neuen Akzent. In beiden Fällen droht die Heldin zum Opfer der ›formvollendeten‹ und daher besonders raffinierten Manipulation durch ihre Umwelt zu werden; in beiden Fällen muss sie einen schmerzlichen Bewusstwerdungsprozess durchlaufen, um Kontrolle über ihr eigenes Schicksal zu erlangen. Mit *The Portrait of a Lady* ist in der Geschichte des amerikanischen Realismus ein Punkt erreicht, an dem der viktorianische Glaube an die Notwendigkeit moralischer Vormundschaft durch die Zuversicht in das inhärente Zivilisierungspotential individueller Erfahrungsprozesse ersetzt wird. Wie bei William Dean Howells beginnt diese Zuversicht jedoch um 1885,

einem verstärkten Bewusstsein von der sozialen Determination derartiger Erfahrungsprozesse zu weichen. Mit dem Beginn seiner ›mittleren Periode‹ wendet sich J. vom internationalen Gesellschaftsroman ab und legt in bewusster Anknüpfung an den französischen Realismus und insbesondere den Sozialroman eines Émile Zola zwei in ihrem Gesellschaftsausschnitt breit angelegte Romane vor, die (seiner Absicht nach) »characteristic of our social conditions« sein sollen. *The Bostonians* (1886; *Die Damen aus Boston,* 1954) ist ein Roman über die »situation of women, the decline of the sentiment of sex, the agitation on their behalf«, *The Princess Casamassima* (1886; *Die Prinzessin Casamassima,* 1954) einer über eine Gruppe politischer Anarchisten in London.

J.s Sozialromane, wie auch der zu dieser Schaffensperiode zählende Theaterroman *The Tragic Muse* (1890), sind forcierte Versuche eines Neubeginns und werden zu Misserfolgen, durch die J. sein mit»Daisy Miller« und *The Portrait of a Lady* gewonnenes Publikum wieder verliert. Sein mit großen Hoffnungen begonnener Versuch, als Dramenautor zu reüssieren, erbringt in den Jahren 1890 bis 1895 weitere Misserfolge und die wahrscheinlich größte Enttäuschung seiner gesamten schriftstellerischen Karriere. Die Krise führt zur Rückbesinnung auf die»Kunst der Fiktion« – die er bereits 1884 in dem mittlerweile klassischen Essay»The Art of Fiction« (*Die Kunst des Romans,* 1984) analysiert hatte – und zu neuen Darstellungsformen, die die 90er Jahre zu einer der produktivsten und interessantesten Phasen in seinem Schaffen machen. Erzählungen wie»The Aspern Papers« (1888; *Asperns Nachlaß,* 1996),»The Figure in the Carpet« (1896),»The Turn of the Screw« (1898;»Die Drehung der Schraube«, 1953; *Die sündigen Engel,* 1954; *Die Tortur,* 1972; *Schraubendrehungen,* 1980), *What Maisie Knew* (1897; *Maisie,* 1955), *The Sacred Fount* (1901; *Der Wunderbrunnen,* 1999) und»The Beast in the Jungle« (1903; *Das Tier im Dschungel,* 1959) sind allesamt durch den eingeschränkten Wahrnehmungs- und Wissenshorizont der Hauptfigur bzw. des Erzählers geprägt und haben jeweils ein nicht auflösbares Geheimnis zum Thema, das den Leser zu immer neuen Interpretationsanstrengungen provoziert und für die moderne Literaturkritik daher zum Gleichnis dessen geworden ist, was sie als unauflösbares Geheimnis der Literatur betrachtet.

Droht sich in den Erzählungen der 1890er Jahre die Vorstellungstätigkeit auf oft unheimliche Weise zu verselbständigen, so wird sie in den drei großen Spätwerken *The Wings of the Dove* (1902; *Die Flügel der Taube*, 1962), *The Ambassadors* (1903; *Die Gesandten*, 1956) und *The Golden Bowl* (1904; *Die Goldene Schale,* 1963) zur Quelle gesteigerter Wirklichkeitserkenntnis, mit deren Hilfe sich das Entwicklungssubjekt erfolgreich in einem komplexen Intrigenspiel zu behaupten vermag. J. entwickelt zu diesem Zweck in *The Ambassadors* eine neuartige Erzählperspektive, die an die Bewusstseinsvorgänge der Hauptfigur gebunden bleibt, diese jedoch nicht aus der Perspektive des Ich-Erzählers, sondern aus auktorialer Distanz präsentiert, so dass die Wahrnehmung von Wirklichkeit und ihre Verarbeitung im Bewusstsein zugleich dargestellt werden können. In allen drei Romanen ist Gesellschaft reduziert auf einen kleinen Kreis repräsentativer Charaktere, die in konstanter Interaktion gezeigt werden und sich fortlaufend wechselseitig beeinflussen. Dabei wird deutlich, dass jede soziale Beziehung vom Ringen um Einfluss und Macht geprägt ist, aber auch, dass die unabschließbare Wechselseitigkeit sozialer Erfahrung die Chance ständiger Erneuerung in sich trägt. Gesteigerte Bewusstseinstätigkeit, für die das J.sche Spätwerk Anregung und Vorbild zugleich ist, und erfolgreiche Selbstbehauptung des Entwicklungssubjekts werden dabei identisch.

Entgegen späterer, seine künstlerische Leistung verzerrender Darstellungen stand die Kunst für J. weder im Gegensatz zur Wirklichkeit noch war sie deren bloßes Abbild. Vielmehr ist sie Modell für eine Form der Wirklichkeitsbearbeitung, durch die erfahrenes Leben erst Struktur und Sinn gewinnt. Im Zusammenhang mit der 26bändigen *New York-Edition* seiner Romane und Erzählungen, mit der J. zwischen 1907 und 1909 so etwas wie einen definitiven Kanon seines (weitaus umfangreicheren) Werkes etablieren wollte und für die er jeweils Vorworte beisteuerte, entsteht im Versuch der Erklärung der eigenen schriftstellerischen Praxis ein theoretisches Werk, das zu einer wichtigen Grundlage nachfolgender Theorien des Romans wurde. Gerade weil für ihn die ästhetische Dimension als Form der Wirklichkeitsbewältigung immer wichtiger wurde, musste ihn der wachsende Materialismus in den USA irritieren. Der Reisebericht *The American Scene* (1907) ist Bilanz seiner Enttäuschung und gehört zu jenen Büchern der Jahrhundertwende, in denen sich die anfängliche Zuversicht des realistischen Zeitalters, Kunst und Literatur könnten eine zivilisationsbildende gesellschaftliche Führungsrolle übernehmen, zu problematisieren beginnt.

Werkausgaben: The Complete Notebooks of Henry James. Hg. L. Edel/L.H. Powers. New York 1987. – The Complete Tales of Henry James. 12 Bde. Hg. L. Edel. London 1962–64. – The Novels and Stories of Henry James. 35 Bde. Hg. P. Lubbock. London 1921–23. – The Novels and Tales of Henry James (New York Edition). 26 Bde. London 1907–17.

*Winfried Fluck*

## Jandl, Ernst
Geb. 1. 8. 1925 in Wien;
gest. 9. 6. 2000 in Wien

»ab 1952 erschienen meine gedichte in zeitschriften, 56 in einem buch, *andere augen*. 55 erfolgte, parallel zu privaten umwälzungen, die zuspitzung zu groteske und experiment. neue freunde, friederike mayröcker, artmann, rühm, regten an, stramm arp schwitters gertrude stein wurden angewandt, die möglichkeit zur publikation endete. 63 sammelte ich meine manuskripte und fuhr damit nach deutschland. in stuttgart traf ich reinhard döhl. er akzeptierte meine experimentellen gedichte und half mir, die isolation zu durchbrechen, in die ich geraten war.« J.s *selbstporträt 1966* markiert sehr genau den wichtigen Einschnitt in der Biographie dieses wohl bekanntesten, weil witzigsten Autors der »Konkreten Poesie«. Die bruchähnliche »Zuspitzung« der Schreibweise aus einer früheren Phase ist nicht ungewöhnlicher Teil der Biographie vieler Avantgardisten. Die prompte wirtschaftliche Sanktion durch den »Markt« mit Publikationsverweigerung und Isolation ist ebenfalls nicht ungewöhnlich. Die Namen von Freunden, etwa aus der »Wiener Gruppe« und aus der Traditionsreihe von Expressionismus, Dadaismus und der französischen Avantgarde signalisieren Anstöße und Einflüsse, die den Wiener Gymnasiallehrer in der Entwicklung seiner vor allem auf das Rezitieren angelegten Form von »Konkreter Poesie« geprägt haben. Trotzdem sollte es nach dem Bruch genau zehn Jahre dauern, bis das »eigentlich erste Buch« erscheinen konnte: *Laut und Luise* (1966), in dem einige der Texte enthalten sind, die J. dauerhaft bekanntgemacht haben *(schtzngrmm, lichtung, wien:heldenplatz)*. Dies nicht zuletzt, weil J.s »Sprechgedichte«, die in der Rezitation durch den Autor recht eigentlich »zur Sprache« kommen, auch durch eine Schallplatte gleichen Titels weite Verbreitung erlangten. J. hatte in den 1960er Jahren mit seinen Gedichten einen so starken Erfolg, weil sie scheinbar mühelos Wirklichkeitsnähe durch Anbindung an das Alltagssprechen erreichten und weil sie milde Gesellschaftskritik mit witzigen Pointen verbanden. J. demonstrierte so eine Leichtigkeit der Kunst, weil er, bei aller Ernsthaftigkeit seiner poetologischen Grundsätze (etwa in *voraussetzungen, beispiele und ziele einer poetischen arbeitsweise*), nicht auf den Spaß an der Sprache und am Sprechen verzichtete. Dies zeigte sich einmal in den Gedichten, die J. in verschiedenen Werksammlungen veröffentlichte (*sprechblasen* 1968; *der künstliche baum* 1970; *serienfuss* 1974). Das zeigte sich auch in verschiedenen Arbeiten für den Hörfunk. J.s Hörspiele, meist in enger Zusammenarbeit mit der Freundin Friederike Mayröcker (»Alles, in diesen letzten zwanzig Jahren, danke ich ihr«) entstanden, gaben dem ›Neuen Hörspiel‹, das Ende der 1960er Jahre reüssierte, entscheidende Impulse. *Fünf Mann Menschen* von J./Mayröcker wurde als gelungenes Beispiel moderner »konkreter Poesie« 1969 mit dem begehrten »Hörspielpreis der

Kriegsblinden« ausgezeichnet. Der Akzent auf Sprechtexte führte J. fast notwendig auch zu dramatischen Versuchen (*parasitäres Stück*, 1970; *Die Humanisten*, 1976). Die Texte – auch die Gedichte (*Die Bearbeitung der Mütze*, 1978; *Der gelbe Hund*, 1980) – wurden böser, indem sie nicht mehr so sehr den Spaß mit der Sprache artikulierten als vielmehr ihre heruntergekommene Verdorbenheit. Der Gedichtband *idyllen* (1989), der Arbeiten von 1982 bis 1989 versammelt, lässt bei der Lektüre »das Lachen auf den Lippen gefrieren« (Ludwig Harig).

Am erfolgreichsten wurde sein Stück *Aus der Fremde* (1979). Aber spätestens hier äußerten sich deutlich, weil rücksichtslos gegen sich selbst, J.s Schreibnot, Alterszweifel und deren thematischer Niederschlag in den Texten. Sie sind bestimmt von resignativen Sarkasmen, die aus einem depressiven, desillusionierten Pessimismus kommen. In den *Frankfurter Vorlesungen* (1984) zeigte J. noch einmal – Texte sprechend, sie überlegen interpretierend und auf Traditionen beziehend – die Möglichkeiten seiner sprachexperimentellen Ansätze. Die Tatsache, dass das Fernsehen fünf Teile aufzeichnete und sendete, gab der Veranstaltung einen besonderen, fast testamentarischen Rang. Denn in diesem Medium konnte sich am angemessensten die Besonderheit der Poesie J.s vorstellen, ihre audiovisuelle Realisation und deren didaktische und amüsierende Wirkung auf das Publikum: »denn was mich wirklich interessiert ist weniger das woraus es gemacht als dass es eine sache ist die gemacht wird damit man sie herzeigen kann, daß die die leute anschauen und über die sich die einen freuen und die andern ärgern, und die zu nichts sonst da ist.«

Mit den *stanzen* (1992), die er im Nachwort als »ein buch erhebender und niederschmetternder sprachkunde« bezeichnet, schließt J., was die Stimmung der epigrammatischen, in niederösterreichischem Dialekt geschriebenen (meist) Vierzeiler betrifft, an die bitteren *idyllen* an; distanziert und in sprachlich reduzierender Verfremdung werden da das eigene Leben und die Rolle der Literatur in der Welt als ephemer, das Schreiben als vergebliche Mühe von Weltbewältigung evoziert. Solch immer skeptischer werdender Weltsicht entspringt auch der Gedichtband *peter und die kuh* (1996), der alle Texte seit 1992 sammelt: »die rache / der sprache / ist das gedicht« formuliert J. das Motto des Bandes, dessen Texte sich zum Teil lesen wie verbitterte Erinnerungen an die eigene Vergangenheit, das eigene vergebliche Leben, das ihm »zuwider« geworden ist. Dazu passen die poetologischen Texte, die immer auch wieder die eigene vergebliche Arbeit des Schreibers/des Schreibens nennen: so dass zum Beispiel ein Gedicht sich wünscht, sein Schreiber hätte es besser vermieden – ebenso wie dessen Eltern auch ihn, den Schreiber, besser vermieden hätten.

Der große Sprachkünstler, der immer auch als Sprachclown rezipiert wurde, hat sich gegen Ende seines Lebens zusehends desillusioniert und verbittert über sein Leben und die Wirkung seines Werks gezeigt – wozu er keinen Grund hatte, was die opulente zehnbändige Ausgabe seiner *poetischen werke* (1997) belegt, die 1999 ergänzt wurde um den elften Band *Autor in Gesellschaft. Aufsätze und Reden*, in dem noch einmal der poetologisch konzipierende und kulturpolitisch argumentierende Autor zu Worte kommt. Und ein Jahr nach seinem Tod erschienen *Letzte Gedichte* (2001), die viele Varianten seines gesamten Werks in nuce vorführen – als wollte er sich doch noch einmal der ganzen Bandbreite seiner poetischen Kunst vergewissern. Dazwischen stehen immer auch Gedichte, die vom Sterben handeln, und vom zuletzt immer skeptischer betrachteten »leben und schreiben«: »aber keine zeile wird am humbug / meines lebens verrotten / kein werk mein leben krönen.«

Werkausgaben: poetische werke. Hg. von Klaus Siblewski. 11 Bde. München 1997–1999; Gesammelte Werke. Gedichte, Stücke, Prosa. Hg.

von Klaus Siblewski. 3 Bde. Darmstadt/Neuwied 1985.

*Horst Ohde/Red.*

## Jansson, Tove
Geb. 9. 8. 1914 in Helsinki;
gest. 27. 6. 2001 in Helsinki

In der Zeit nach dem Zweiten Weltkrieg ist innerhalb der schwedischsprachigen Kinder- und Jugendliteratur – nach einer ersten Blütezeit um die Jahrhundertwende 1900 – ein neuer Aufwind zu beobachten. Neben Astrid Lindgren lässt sich als weitere bedeutende Vertreterin die finnlandschwedische Schriftstellerin und Künstlerin Tove Jansson nennen. Sie wuchs als Tochter der schwedischen Zeichnerin und Illustratorin Signe Hammarsten-Jansson und des finnlandschwedischen Bildhauers Viktor Jansson auf. Als 15-Jährige begann J., in Stockholm Kunst zu studieren. Nach Ende des Studiums unternahm sie eine längere Reise durch Europa, unter anderem nach Italien und Deutschland, bevor sie sich endgültig in Helsinki niederließ und ihren Lebensunterhalt mit Zeichnungen und Karikaturen für renommierte politische Zeitungen verdiente. In den 1940er Jahren entstand die Figur des Mumintrolls, den J. als Signatur unter ihre politischen Karikaturen gegen den Nationalsozialismus setzte. Bald darauf erfand sie die Welt der Muminfamilie, die sie in insgesamt neun mit zahlreichen Illustrationen versehenen Romanen und fünf Bilderbüchern beschrieb. Ein besonderes Kennzeichen von J.s Werk ist, dass sie ihr Leben lang sowohl schriftstellerisch als auch bildkünstlerisch tätig war, was sich besonders in ihren Muminbüchern zeigt, in denen ihr eine einzigartige Verknüpfung von Text und Bild gelingt. Eine Wende in ihrer literarischen Laufbahn bringt die achtmonatige Weltreise, die J. nach dem Tod ihrer Mutter im Jahr 1970 unternimmt; sie fasst den Entschluss, in Zukunft vor allem Literatur für Erwachsene zu verfassen. J. wurden zahlreiche Preise zuerkannt, etwa die Nils-Holgersson-Plakette (1953) und der Preis der Schwedischen Akademie (1994).

Mit ihren Muminbüchern erschuf J. ein eigenes Universum. Um die Mitglieder der Muminfamilie – charakteristisch für ihr Aussehen sind ihre breiten Nasen und ihre weichen Rundungen – versammeln sich zahlreiche andere Einwohner, wie z. B. die kleine My, Hemule und Filifjonkas. Obwohl jedes Wesen seine Eigenart und seine entsprechende Einstellung zum Dasein hat, ist das Zusammenleben äußerst harmonisch. Nur gelegentlich wird die Geborgenheit im Mumintal von Naturkatastrophen, so in *Kometjakten* (1946; *Komet im Mumintal*, 1961), oder von unheimlichen Wesen, wie der Mårra, die mit einer für ihre Umwelt gefährlichen Kälte umgeben ist, etwa in *Pappan och havet* (1965; *Mumins Inselabenteuer*, 1970), erschüttert.

Der 1939 verfasste erste längere Prosatext, *Småtrollen och den stora översvämmningen* (1945; *Mumins lange Reise*, 1962), gilt als Vorstudie. Hier erscheinen bereits die bekanntesten Figuren aus dem Mumintal, ihre Persönlichkeit entwickeln sie jedoch erst mit den späteren Büchern. Den Durchbruch bringt *Trollkarlens hatt* (1948; *Eine drollige Gesellschaft*, 1954), das J., wie auch andere Werke, später überarbeitet hat. Teile davon veröffentlichte J. gemeinsam mit ihrem Bruder Lars auch als Comicversion. Die Produktion der weiteren – rund 20 Bücher umfassenden – Comics übernahm später ihr Bruder. Auch wenn die Muminwelt fern von der Welt der Menschen liegt, tragen alle Wesen menschliche Züge. Die ausgeprägte Phantasie einerseits und die komplexe psychologische Darstellung andererseits mögen eine Erklärung dafür sein, dass J.s Muminliteratur – auch wenn sie stets als Kinder- und Jugendliteratur verkauft und rezipiert wird – Erwachsene gleichermaßen begeistert. Unaufdringlich stellt J. in ihren Muminbüchern Referenzen zu anderen Werken der Weltliteratur her: Bei dem aus Perspektive des Muminvaters verfassten *Muminpappans Bravader* (1950; *Muminvaters wildbewegte Jugend*, 1963) lassen sich z. B. Allusionen auf Goethes *Dichtung und Wahrheit* erkennen. Vorbilder J.s sind *Alice in Wonderland* und die Werke J. R. R. Tolkiens, deren skandinavische Publikationen J. mit Illustrationen versehen hat.

Die für Erwachsene konzipierte Literatur umfasst sowohl Romane als auch Erzählungen. In ihrem autobiographischen Roman *Bildhuggarens dotter* (1968; *Die Tochter des Bildhauers*, 1987) beschreibt J. ihre Kindheit in einem Künstlerelternhaus. Mit der in den letzten Jahrzehnten ihres Lebens verfassten Literatur erlangt J. nicht annähernd dasselbe weltweite Interesse wie mit den Muminbüchern, die in zahlreiche Sprachen übersetzt wurden und die Basis für Zeichentrickfilme bildeten. Die Muminbücher sind das, was ihr Werk einzigartig macht und ihm seinen weltliterarischen Rang sichert.

*Katarina Yngborn*

### Jarry, Alfred

Geb. 8. 9. 1873 in Laval/Frankreich;
gest. 1. 11. 1907 in Paris

Mit dem Fluch »Schreiße« (frz. »merdre«) hebt der Skandalerfolg *Ubu roi* (1896; *König Ubu*, 1959) von Alfred Jarry an. Durch Kombinationen wie »Furz, Schreiße« oder auch »Blumenkohl à la Schreiße« markiert bereits die Sprache den radikalen Bruch mit allen Konventionen des bürgerlichen Theaters. Das Drama setzt die Geschichte der Usurpation des polnischen Throns in Szene und schreibt sich damit in die Tradition der Königstragödie ein. Die eigentliche Urheberin und Anstifterin ist Ubu mère, die allerdings ihre ureigenen Interessen vorantreibt. Die minimalistische Handlung findet im Festgelage des dritten Akts einen Höhepunkt. Kurzerhand werden umfassende Reformen des Staatswesens beschlossen, die Adligen und Staatsbeamten mit der Enthirnungsmaschine hingerichtet und ihre Besitztümer eingezogen. Das Drama ist eine Persiflage auf die Theaterkonventionen und zugleich literarische Parodie. So kann Ubu mère als eine Vulgarisierung von Lady Macbeth verstanden werden. Die parodistischen Übertreibungen und die makabre Komik konkretisieren psychische Vorgänge unmittelbar auf der Bühne. Das Denken und die geistige Haltung des egoistischen, feigen

Kleinbürgers findet in *Ubu roi* eine erbarmungslose Karikatur.

Diese einmalige literarische Figur begleitet das Werk von J. Als Fortsetzung entstand das Drama *Ubu enchaîné* (1899; *Ubu in Ketten*, 1900), in dem sich Ubu in einen Sklaven verwandelt, der mit gleicher Brutalität agiert wie zuvor der König und zum Repräsentanten einer totalen Versklavung wird, die er bequem findet und uneingeschränkt ausfüllt. In *Ubu cocu* (1944; *Ubu der Hahnrei*, 1970) tritt der Held als Doktor der Pataphysik auf, einer neuen Wissenschaft, die später realiter zur Gründung des Collège de Pataphysique führte. Die Pataphysik ist der Entwurf einer Überwissenschaft, in der keine allgemein verbindliche Logik, sondern nur Ausnahmen und Regelwidrigkeiten gelten. Sie ist die theoretische Grundlage zur Befreiung der Sprache von Bildern, Farben und Tönen aus logisch organisierten, funktionalen Zusammenhängen, wie sie der abstrakten Kunst eigentümlich ist, und damit Kunstprogrammatik. Im Stück setzt Mutter Ubu ihrem »Eheliebsten« Hörner auf, insgesamt geht es um die verschiedenen Methoden der Rache.

Unter dem deutschen Titel *Ansichten über das Theater* (1970) erschienen Zeitungsartikel, Briefe und Reden aus den Jahren 1873 bis 1907. Programmatisch legt J. darin die Grundsätze für das Theater fest. Die Gesetze der Logik und Kausalität sollten aufgehoben, der Abbildcharakter des Spiels unterlaufen werden. Die Darstellung des Theaters ziele über die äußere Wirklichkeit hinaus auf eine wesentliche, allgemeingültige und geistige Wahrheit. Um dies zu erreichen, sollten die Theaterkonventionen umgestoßen und die theatralischen Darstellungsmittel revolutioniert werden. Die Auflösung der raumzeitlichen Logik führt zu einem symbolhaften und abstrakten Bühnenbild, zu Schrifttafeln, die den Ortswechsel suggerieren, und zu Attrappen, die den Abgesang auf die Illusionsstiftung der naturalistischen Praxis propagieren. Die Arbeit der Schauspieler orientiert sich am Unpersönlichen und antizipiert durch Gebrauch von Masken den Darstellungsmodus der Marionette. Die Gestaltung sucht die Imagination

der Zuschauer anzuregen und aus der Repräsentation des herkömmlichen Theaters einen gemeinsamen Schöpfungsprozess von Künstlern und Publikum zu generieren.

Mit dem Roman *Gestes et opinions du docteur Faustroll, pataphysicien* (postum 1911; *Heldentaten und Lehren des Doktor Faustroll, Pataphysiker*, 1968) nahm J. das Thema Pataphysik erneut auf. Faustroll ist, vergleichbar mit Ubu, der Führer in einer grotesken wie phantastisch-halluzinatorischen Welt. Er wird im Alter von 63 Jahren geboren, besteht aus $(8 \times 10^{10} + 10^9 + 4 \times 10^8 + 5 \times 10^6)$ Atomdurchmessern, wohnt in einem zwölf Meter langen Bett, das eigentlich ein Boot ist und als Bett-Arche dient. Die gegen die moderne Wissenschaft gerichtete Pataphysik befähigt Faustroll zu phantastischen Taten – so schrumpft er für die Durchführung von Untersuchungen auf die Größe einer Milbe.

J. übte großen Einfluss auf die späteren Künstlergenerationen aus und gilt als unbestrittener Ahnherr der künstlerischen Avantgarden des 20. Jahrhunderts. In seiner Tradition stehen unter anderem Guillaume Apollinaire, Antonin Artaud, Roger Vitrac, die Surrealisten und die Dadaisten; insbesondere Raymond Queneau hat die Theorie und die literarische Praxis der Pataphysik weiterentwickelt.

Werkausgabe: Gesammelte Werke. 6 Bde. Hg. K. Völker. Frankfurt a. M. 1993.

*Angelika Baumgart*

### Jarunková, Klára

Geb. 28. 4. 1922 in Šumiac-Červená Skala, Kreis Banská Bystrica/Slowakei

Klára Jarunková ist eine der bekanntesten slowakischen Schriftstellerinnen. Besonders ihre Romane über Heranwachsende bilden einen wichtigen Beitrag zur Entwicklung der slowakischen Literatur. J. schrieb außerdem Kinderbücher, Reiseprosa, Historisches und journalistische Texte. Die Ausdrucksstärke, Lebendigkeit und Vielfalt ihrer Darstellungen belebten die eintönige offizielle slowakische

Literatur besonders der 1960er und 70er Jahre und kontrastierten vor allem mit den unter dem Dogma des sozialistischen Realismus verfassten Werken, weshalb die Aufnahme ihrer Werke im In- und Ausland beachtlich war. J. wuchs auf dem Land im Kreis Banská Bystrica (Neusohl) am Fuße der Niederen Tatra auf, das Abitur absolvierte sie auf einem Mädchengymnasium in der Kreisstadt. Während des Zweiten Weltkriegs arbeitete sie 1940 bis 1943 als Lehrerin bei Kriváň, danach bis 1947 als Beamtin in Bratislava. 1943 bis 1946 studierte sie nebenbei slowakische Philologie und Philosophie, ohne ihr Studium jedoch zu beenden. Nach mehrjähriger beruflicher Passivität war J. 1953 bis 1954 Redakteurin für das Ressort Literatur beim Tschechoslowakischen Rundfunk in Bratislava. Nach 1955 war sie bis in die 1980er Jahre als Redakteurin bei der satirischen Zeitschrift *Roháč* (Hirschkäfer) tätig. 1980 erhielt sie die »Ehrung der verdienten Künstlerin«; seit 1984 lebt sie im Ruhestand in Bratislava.

Begonnen hat J. ihre literarische Laufbahn 1953 mit Arbeiten für den Rundfunk und dann für *Roháč* und andere Zeitschriften, mit Reportagen und Erzählungen. Mit ihrer ersten Buchveröffentlichung 1960, den humoristischen Skizzen *Hrdinský zápisník* (Heldentagebuch) über ein Schülerdasein, wurde sie als Kinder- und Jugendbuchautorin bekannt. Die Form des Tagebuchs und die Erzählweise in der ersten Person bedeuteten eine Neuerung für die damalige slowakische Literatur. Schon mit ihrem Debüt vertrat J. eine Auffassung von Kinderliteratur, in der die Kinder vom literarischen Objekt zum Subjekt der Darstellung werden. Das Ergebnis war außergewöhnlich – eine Prosa voller Humor, Witz und spielerischer Elemente, hinter denen jedoch die ernsthaften Probleme und Fragen des kindlichen Daseins spürbar werden. Es folgten im selben Stil das Stück *Čierna hodinka plná divov a fantázie* (1961; Die schwarze Stunde voller Wunder und Phantasie) und die Erzählungen *Detí slnka* (1962; Kinder der Sonne) und *Zlatá sieť* (1963; Das goldene Netz). Eine entscheidende Weiterentwicklung gelang J. mit dem Roman *Jediná* (1963; Die Einzige,

1970), der begeistert aufgenommen wurde. Hier fand die Autorin ihr Thema: die Probleme des Heranwachsens junger Menschen und die daraus entstehenden Konflikte mit der Erwachsenenwelt. Die 14-jährige Protagonistin und Ich-Erzählerin des Romans, Oľga Polomcová, reagiert empfindsam auf die Beziehungen in der Familie, in der Schule und in ihrer Umgebung und beurteilt sie aus dem kompromisslosen Blickwinkel der Jugend. Die Erzählweise ist von der dynamischen und emotional-expressiven Umgangssprache der Studentenjugend der 1960er Jahre geprägt. *Jediná* war die erste – in Abkehr vom kodifizierten Slowakisch – durchgehend in Umgangssprache verfasste slowakische Roman. Thematisch ähnlich ist *Brat mlčanlivého Vlka* (1967; Bruder des schweigenden Wolfs). J. stellt darin die dramatische Suche eines Jugendlichen nach innerer Sicherheit in zwischenmenschlichen Beziehungen und in der Beziehung des Menschen zur Natur dar. In dem 1968 erschienenen Roman *Pomstiteľ* (Rächer) führen die Einsamkeit des Helden und die Ablehnung durch seine Umwelt zu Konflikten, die in Destruktion eskalieren.

Mit besonderer Aufmerksamkeit wurde die Novelle *Tulák* (1973; Landstreicher) aufgenommen, mit der J. thematisch an ihr frühes Werk anknüpfte: Der Ich-Erzähler Paľo lebt in einer kleinen Industriestadt bei seinen alten Eltern und entscheidet sich nach scheinbar unlösbaren Konflikten mit der Mutter, aufs Land zu flüchten. Obwohl J.s Erzählungen von autobiographischen Elementen geprägt sind, tragen sie keine memoirenartigen Züge, sondern problematisieren in aktuellen Bezügen sowohl die Konfrontation der Erwachsenenwelt mit der Welt der Kinder als auch die Kinder untereinander. Nach *Tiché búrky* (Stilles Gewitterchen), der Reisenovelle *Stretnutie s nezvestným* (Treffen mit dem Unbekannten) und *Horehronský talizman* (1987; Der Oberhroner Talisman) nimmt *Čierny slnovrat* (1979; Schwarze Sonnenwende) in J.s Werk thematisch eine Sonderstellung ein; hier wendet sie sich erstmals einer mehrdimensionalen und komplexeren Romanform zu: Der Roman spielt in und um Banská Bystrica in der Zeit nach dem slowakischen Nationalaufstand 1944. Nach einigen weiteren Werken für Kinder und Jugendliche erschien 1993 der Mädchenroman *Nízka oblačnost* (Niedrige Bewölkung).

Susanna Vykoupil

### Jean Paul (d. i. Johann Paul Friedrich Richter)

Geb. 21. 3. 1763 in Wunsiedel;
gest. 14. 11. 1825 in Bayreuth

»Ich habe ihn ziemlich gefunden, wie ich ihn erwartete: fremd wie einer, der aus dem Mond gefallen ist, voll guten Willens und herzlich geneigt, die Dinge außer sich zu sehen, nur nicht mit dem Organ, womit man sieht« (Friedrich Schiller an Johann Wolfgang von Goethe, 28. 6. 1796). Den Weimarer Klassikern, auf der Suche nach Bündnispartnern und Gefolgsleuten ihrer Literaturpolitik, muss J. in der Tat, seiner Bildung wie seiner Biographie nach, wie ein herabgeschleuderter Mondbewohner erschienen sein. Wohl bei keinem zweiten Großen der deutschen Literatur klaffen Wirklichkeit und Phantasie, äußeres Dasein und erschriebene Wunschwelt so weit auseinander wie bei J. Die Ereignislosigkeit seines bürgerlichen Lebens, die völlige Verlagerung des Handelns und Denkens nach Innen, die vorausdeutende Darstellung des gelebten Alltags in der Literatur – er hat sie selbst bestätigt, als er seiner früheren Freundin Emilie von Berlepsch, die er damit vor einem Besuch warnen wollte, 1810 schrieb: »Nur versprechen Sie sich … von dem wenig, der …

wenig andere Freuden mehr hat als die, bis zum Sterben zu schreiben und nicht blos von der Feder, sondern auch für die Feder zu leben, müßt' er sie sogar in eignes Blut eintunken.« Johann Paul Friedrich Richter, der sich seit 1792 als Autor Jean Paul nannte, wuchs in beengten, erdrückenden Umständen

auf. Das eingeschränkte, eingeschrumpfte Dasein seiner Idyllenhelden Wutz und Fixlein, denen das geistige Selbststillen die Liebe und der Messkatalog die Bibliothek ersetzen muss (»Vollglück in der Beschränkung«, wird er es nennen) – er hatte dies selbst gekannt, erfahren und erlitten. Der Vater (gest. 1779) war Lehrer, Organist und Pfarrer im oberfränkischen Raum – subalternes Faktotum in Ämtern, deren Inhaber dazu gezwungen waren, in materieller wie geistiger Ausstattung von der Hand in den Mund zu leben. In charakteristischer Verkehrung hat J. später seine harte Kindheit und Jugend zur Idylle verklärt (*Selberlebensbeschreibung*, 1826 aus dem Nachlass veröffentlicht). Die Wurzeln seiner psychischen Frustrationen und Neurosen, seines zwanghaften Schreibens, selbst noch von Fasson und Statur seines Werkes – das fremd im Kunstraum der Klassik und Romantik steht – liegen hier, in der materiellen Not und den Hungerjahren seiner Jugend. Der Heranwachsende entkam den Entbehrungen, aber auch den Forderungen des Alltags durch die Flucht in eine Lesewut, die so kurios wie konsequent war, so verbissen wie abwegig sich nährte. Er las sich durch die Werke aller Wissenschaften; griff nach allen Büchern, die er erreichen konnte und legte sich von allem, was er studierte, Kollektaneen (die sogenannten Zettelkästen) an. Exzerpierte er anfangs noch ganze Gedankengänge, so bald nurmehr Kuriosa und Besonderheiten, ausgefallene und absonderliche Begebenheiten, Erklärungen oder auch nur Worte. Aus dieser enzyklopädischen Belesenheit, aus dieser Verzettelung des Wissens, die noch an der polyhistorischen Gelehrsamkeit der Aufklärung teilhat, bezog J. den unerschöpflichen Vorrat an entlegenen Kenntnissen, an witzigen Gleichnissen, an frostiger Satire, mit denen er in seinen Romanen die Leser immer wieder aus dem Dampfbad der Rührung ins Frostbad der Abkühlung hinaustreibt. Rückblickend hat er diese Jahre, in denen er Werk an Werk – und die meisten fürs Schreibpult – reihte, seine »satirische Essigfabrik« genannt. Nur ein weltfremder Sonderling konnte damals noch mit solcher Ausdauer auf die Satire setzen, eine aus der Mode gekommene Form, die kaum ein Verleger mehr drucken, kaum ein Publikum mehr lesen mochte (*Grönländische Prozesse*, 1783; *Auswahl aus des Teufels Papieren*, 1789). Aus Angst, zwischen Kopf und Herz nicht die richtige Mischung zu treffen, überließ er sich bis Ende der 1780er Jahre – 1781 war er nach Leipzig gezogen, von dort 1784 vor seinen Gläubigern wieder ins heimatliche Franken geflohen, wo er sich seit 1787 als Hofmeister betätigte – einem ganz und gar kopfstimmigen Schreiben. Erst persönliche Schicksalsschläge, die sich am 15. 11. 1790 in einer Todesvision entluden (»an ienem Abend drängte ich vor mein künftiges Sterbebette durch 30 Jahre hindurch, sah mich mit der hängenden Todtenhand, mit dem eingestürzten Krankengesicht, mit dem Marmorauge – ich hörte meine kämpfenden Phantasien in der lezten Nacht«), machten ihn zum Dichter. Sie lösten die Erstarrung, unter der seine schwärmerische Phantasie, seine Alliebe bislang begraben lagen – um so mehr, als er die eigene Wiedergeburt als einen Widerhall jenes Menschheitsmorgens erfuhr, den die deutschen Intellektuellen durch die Französische Revolution angebrochen glaubten. Unmittelbare Frucht dieses Erlebnisses war *Die unsichtbare Loge* (1793) und die dem Roman als Anhang beigegebene Idylle *Leben des vergnügten Schulmeisterlein Maria Wutz in Auenthal*. Mit dem Roman, einer damals im Kanon der poetischen Gattungen jungen Form, hatte J. endlich das Gefährt gefunden, das breit und umfassend genug war, seine entgegengesetzten Stilmittel und Empfindungen, seine Abschweifungen und Extrablätter, eingeschalteten Reflexionen und Anreden an den Leser aufzunehmen und in einer Art Kontrastharmonie dennoch zu einem Ganzen zu binden. Mit der Froschperspektive des *Wutz*, in der die Totalität der Welt durch den naiv-kindlichen Blickwinkel, das Große durch das Kleine relativiert wird; mit der Doppelperspektive des hohen Menschen und des Humoristen, wie sie der *Loge* zugrunde liegt, hatte er sich zugleich des Stils seines Erzählens versichert: jener Mischung aus empfindsam-gefühlvoll die Stimmung des Herzens, die Erregung des Inneren wiedergebender Begeisterung, und aus satirisch-humoristischer Entlarvung der Wirklichkeit. Dieser Stil, diese Romanform (er hat sie in der *Vorschule der Ästhetik*, 1804, auch theoretisch zu rechtfertigen gesucht) wird alle seine weiteren Werke einschließlich des am populärsten gewordenen Romans *Flegeljahre* (1804/1805) kennzeichnen. Den endgültigen Durchbruch beim zeitgenössischen Publikum erzielte J. mit seinem zweiten Roman, *Hesperus* (1795). Er machte J. zum Liebling der Weiber, zum Idol zahlloser Verehrerinnen (u. a. Charlotte von Kalb, Emilie von Berlepsch, Henriette von Schlabrendorff, Caroline von Feuchtersleben), vor deren wirklichem Begehren der platonische Tuttiliebhaber sich jedoch jeweils erschreckt zurückzog; er verschaffte ihm 1796 auch die erste Einladung nach Weimar, das Interesse Goethes und Schillers, die Freundschaft Johann Gottfried Herders und Christoph Martin Wielands und damit den Eintritt in die literarische Welt. Wie sein Wutz blieb J. in all den Verlockungen und Versuchungen das häusliche Schalentier, das sich nicht öffnete. Mit keiner der namhaften Verehrerinnen, die um sein Herz und seine Hand buhlten, sondern ausgerechnet mit Karoline Mayer verheiratete er sich 1801: »Mein Herz wil die häusliche Stille meiner Eltern, die nur die Ehe giebt. Es wil keine Heroine – denn ich bin kein Heros –, sondern nur ein liebendes sorgendes Mädgen; denn ich kenne jezt die Dornen an jenen Pracht- und Fackeldisteln, die man genialische Weiber nent« (16. 6. 1800). Den zeitgenössischen Literaturbetrieb, den klassischen Ästhetizismus, den philosophischen Egoismus Weimars und Jenas studierte er, um ihn dann in seinem »General- und Kardinalroman« *Titan* (von 1800 bis 1803) in all seinen krankhaften wie verbrecherischen Verirrungen abzubilden. Der Einkräftigkeit des Geniewesens, wie die Klassiker und Romantiker es propagierten, setzte er die Allkräftigkeit der harmonischen Bildung entgegen: »Titan solte heissen Anti-Titan; jeder Himmelsstürmer findet seine Hölle; wie jeder Berg zulezt seine Ebene aus seinem Thale macht. Das Buch ist der Streit der Kraft mit der Harmonie.« Wolfgang Harich hat im *Titan* die Gestaltung einer prosaepischen Revolutionsdichtung unter deutschen Verhältnissen gesehen – gleich weit entfernt von der Weimaraner Anpassung ans »*juste milieu*« wie von dessen universalpoetischer Verflüchtigung durch die Jenaer Romantiker. Dass dieser heroischen Utopie keine Wirkung beschieden war, lag sicher nicht allein an der deutschen Misere, sondern war auch Ausdruck einer Überforderung der von Laurence Sterne übernommenen humoristisch-ausufernden Romanform, der J. hier etwas aufzwang, was diese nicht zu leisten vermochte und sie entweder durch Überdehnung oder Ausdünnung auszehren musste. Ungehemmter, vollkommener ist J. dort, wo er, wie im *Siebenkäs* (1796/1797) oder in den *Flegeljahren*, den Doppelroman von Phantast und Humorist, von Idealismus und Realismus schreiben, den Einbruch des Kosmischen ins Häusliche zeigen kann. Beide Male war es seine erklärte Absicht, eine »Synthese des Dualism zwischen Poesie und Wirklichkeit« zu stiften. Beide Male aber überwindet der Schluss nicht die Gegensätze, sondern schreibt sie fest. Beide Romane mussten notwendigerweise offen enden, im Sinne einer auf Lösung zielenden Totalität Fragment bleiben. In den *Flegeljahren* stärker noch als im *Siebenkäs* erscheint der Fragmentcharakter zugleich als die bewusst beabsichtigte Vermittlung zwischen irrealer, weil außerhalb einer Möglichkeit zur Verwirklichung liegender Utopie und realer, jedoch unerträglicher Wirklichkeit. Damit aber schlagen die *Flegeljahre* die Brücke zum ironisch-satirischen Spätwerk, in dem diese Problematik thematisiert wird. Nach seiner Verheiratung zog er J. in immer engerer Annäherung – zunächst 1801 nach Meiningen, 1803 nach Coburg – wieder in seine Heimat zurück. Im August 1804 schließlich übersiedelte er nach Bayreuth – hauptsächlich des guten Bieres wegen (»Bei der Einfahrt eines Bierfasses in Koburg läuft er seliger umher als bei dem Eintritt eines Kindes in die Welt«, schrieb seine Frau schon 1804). Von kurzfristigen Reisen abgesehen (die wichtigsten führten ihn 1817 und 1818 nach Heidelberg, 1819 nach Stuttgart, 1822 nach Dresden) sollte er Bayreuth bis zu seinem Tode nicht mehr verlassen. Jetzt erst

entwickelte und kultivierte er jene philiströsen, spießigen Züge, die sein Bild der Nachwelt überlieferten: wie er, von Frau und Familie mehr und mehr sich zurückziehend, wie ein Junggeselle jeden Morgen von seinem Hund begleitet zur Rollwenzelei, einem malerisch vor den Toren der Stadt gelegenen Wirtshaus zog, wo er, von der Wirtin Dorothea Rollwenzel mütterlich umsorgt, im Garten oder auf seiner Stube sitzend, fast täglich arbeitete. Als Folge der politischen Misere und der persönlichen Resignation zerfiel auch seine von der humoristischen Subjektivität – sein Humor ist die Verschmelzung aus empfindsamem Gefühl, visionärer Utopie und satirischem Witz – gestiftete Romankunst. Nach 1805 kehrte er zur kleineren Form zurück, schrieb Aufsätze und Beiträge für Zeitschriften, politische Flugschriften, Satiren, vereinzelt auch größere satirische Charakterstücke und Erzählungen (*Des Feldpredigers Schmelze Reise nach Flätz*, 1809; *Dr. Katzenbergers Badereise*, 1809; *Leben Fibels*, 1812). Einmal noch griff er zum Roman – in dem von desillusionierender Ironie erfüllten Alterswerk *Der Komet* (von 1820 bis 1822), das ebenfalls Fragment blieb und als dessen innere Fortsetzung man die um das Problem von Todessehnsucht und Unsterblichkeit kreisende Abhandlung *Selina* (Fragment; 1826 aus dem Nachlass) ansehen darf. J.s Bedeutung nach 1806, erst recht nach 1815, lag darin, dass er sich nicht aus der Politik zurückzog, sondern aktiv und mit satirischen Mitteln reagierte und zu wirken versuchte (*Friedens-Predigt an Deutschland*, 1808; *Politische Fastenpredigten*, 1817). Nicht zuletzt diese Haltung kann erklären, warum er für viele Zeitgenossen bis hin zu den Autoren des Jungen Deutschland zum Vorbild wurde. Erst nach der Jahrhundertmitte verfiel er der Vergessenheit. Aber die ästhetischen Voraussetzungen des modernen, experimentellen Romans, dessen Menschenbild und Wirklichkeitszertrümmerung sich in vielem mit den Erfahrungen, den formalen und stilistischen Eigenheiten J.s treffen, haben seiner Kunst aufs Neue Leser zugeführt.

Werkausgabe: Sämtliche Werke. Hist.-krit. Ausgabe. Hg. von Eduard Behrend u. a. Abt. I (Zu Lebzeiten des Dichters erschienene Werke), Bd. 1–19; Abt. II (Nachlass), Bd. 1–5; Abt. III (Briefe), Bd. 1–9. Weimar 1927 ff. (Noch nicht abgeschlossen.)

*Uwe Schweikert*

## Jehoschua, Abraham B.
Geb. 9. 12. 1936 in Jerusalem

»Wenn sie nur imstande wären, sich von ihren eigenen Mythen zu befreien«, sagt der Protagonist des Romans *Ha-Kala Ha-Meschachreret* (2001; *Die befreite Braut*, 2003) über die Israeli. Gemeint sind neben den Mythen der Religion die Mythisierung der Geschichte, des Zionismus, des Staates und des Selbstbildes. Abraham B. Jehoschuas gesamtes Werk lässt sich unter diesem Aspekt lesen, es ist ein Spiegel der Entwicklung Israels, wenngleich sich eine psychologische Lesart ebenso anbietet und es in seinen Romanen stets um Ehen und Familien geht. Diese Vielschichtigkeit erinnert an Samuel Josef Agnon, dessen Lektüre ihn geprägt hat. Der Agnon-Rezeption um 1960 herum ist es zu verdanken, dass bereits J.s Debüt *Mot Ha-Saken* (1962; *Tod des alten Mannes*), das sieben surreale und philosophische Erzählungen enthält, große Anerkennung fand. Die Titelgeschichten der folgenden Erzählbände *Mul Ha-Je'arot* (1968; *Angesichts der Wälder*, 1982) und *Be-Tchilat Kaiz '70* (1972; *Frühsommer 1970*, 1989) zeigen ihn dann als einen temperamentvollen, realistischen Autor, der die existentiellen Fragen seiner Figuren und seiner Gesellschaft unterschwellig mitvermittelt.

Das Studium von Literatur und Philosophie mit Promotion in Jerusalem, Arbeit und Lehrtätigkeit in Paris, die Professur für Vergleichende Literaturwissenschaft in Haifa und internationale Gastdozenturen machen J. zum weltläufigsten der israelischen Autoren. William Faulkner bezeichnet er als seinen zweiten großen Anreger; von ihm hat er das mehrstimmige Erzählen aufgegriffen. So trägt in *Ha-Me'ahev* (1977; *Der Liebhaber*, 1980) ein junger Araber zur Erzählung bei, der ebenso wie die Juden ein Individualist und israelischer Prototyp zugleich ist, ein Liebhaber und ein

Grenzgänger. Dieser tragikomische Roman, der mit vielen Facetten der israelischen Gesellschaft überrascht, hat J.s internationalen Ruhm begründet. Ihm folgten politische Essays, die früh die Rechte beider Seiten anerkannten und für einen sicheren eigenen Staat für jede Seite plädierten.

In *Geruschim Me'ucharim* (1982; *Späte Scheidung*, 1986) kehrt ein Auswanderer wegen seiner Scheidung nach Israel zurück und treibt damit die Desintegration seiner Familie voran. Jedes Kapitel des turbulenten, grotesken und trostlosen Romans wird von einer anderen Person erzählt, steht für eine gefährdete Welt. Aber trotz der sprachlichen und literarischen Experimente ist er kraftvoll und spannungsreich geschrieben. Anspruchsvoll formuliert, komplex und dabei humorvoll ist auch *Molcho* (1987; *Die fünf Jahreszeiten des Molcho*, 1989), die Geschichte eines sefardischen Beamten, der nach dem Tod seiner aschkenasischen Frau auf der Suche nach einer neuen Liebe durch alle Bereiche der israelischen Gesellschaft irrt. Die ganz große Liebe findet er nicht, aber er wird ein neuer, integrativer Israeli.

J. stammt selbst aus einer sefardischen Familie, die Anfang des 19. Jahrhunderts aus Saloniki einwanderte. Diesen Wurzeln folgt er in *Mar Mani* (1990; *Die Manis*, 1993), seinem brillanten »Dialogroman«, der aus fünf an den Erzähler gerichteten Monologen besteht. Darin geht er fünf Generationen von 1982 bis 1848 zurück, stellt fünf historische Phasen aus ungewöhnlicher Sicht dar und befragt damit die Mythen der israelischen Geschichte. Eine räumliche Erweiterung nimmt J. mit *Ha-Schiv'a Me-Hodu* (1994; *Die Rückkehr aus Indien*, 1996) vor, einem psychologisch und philosophisch aufgeladenen Liebes- und Eheroman, der teilweise in Indien spielt, einem Sehnsuchtsland jener Zeit.

Räumlich und zeitlich zugleich greift er mit *Massa El Sof Ha-Elef* (1997; *Die Reise ins Jahr Tausend*, 1999) aus, indem er gegen Ende des ersten Jahrtausends einen Kaufmann aus Tanger mit seinen beiden Frauen und einem muslimischen Partner nach Paris reisen lässt, wo sein Neffe die Handelsbeziehung abzubrechen droht, wenn der Onkel nicht monogam wird. Dieses farbenfrohe, sinnliche Sittengemälde des sefardischen und aschkenasischen Judentums im Mittelalter verweist auf die Hoffnung auf Integration auch für Israel. Auf Kennenlernen und kulturellen Austausch, gegenseitiges Verstehen und Achtung setzt J. auch bezüglich der Araber Israels und der besetzten Gebiete. *Ha-Kala Ha-Meschachreret* ist ebenso bahnbrechend wie seinerzeit *Ha-Meʾahev*: Ein mit einer Richterin verheirateter Professor für Nahost-Geschichte, der über Terror in Algerien forscht, wird von einer arabischen Studentin in deren Welt verstrickt und will zugleich das Scheitern der Ehe seines Sohnes enträtseln. Immer geht es um Grenzen, die eingehalten, aber durchlässig werden sollen. Und wieder erweist sich der tiefsinnige, offene, humorvolle J. als der große souveräne Erzähler Israels.

*Ute Bohmeier*

## Jelinek, Elfriede

Geb. 20. 10. 1946 in Mürzzuschlag/ Österreich

J. ist seit nunmehr über 20 Jahren das »enfant terrible« der deutschsprachigen Literaturszene; immer wieder sorgt die Österreicherin für Aufsehen in den Medien. Schon ihre extravagante Erscheinung reizt die Kritiker. Sie sehen in ihrem gestylten Äußeren eine Maske zur Tarnung einer angeblich ambivalenten Frau, die – Mitglied der kommunistischen Partei (1974 bis 1991) – nicht müde wird, die kapitalistische Konsumgesellschaft zu kritisieren. In ihren literarischen Werken ist J. konsequent. Sie beschreibt das österreichische Kleinbürgertum mit Akribie und wird häufig in einem Atemzug mit Ingeborg Bachmann oder Thomas Bernhard genannt. J. hat eine eigene literarische Ausdrucksform gefunden, deren Anfänge bei den postdadaistischen Experimenten der Wiener Gruppe zu finden sind, zu der sie lange Zeit gehörte. Sie schreibt in allen literarischen Gattungen; eine Aufzählung ihres Œuvres ist hier nicht möglich. Über

kaum eine Autorin dürfte so viel geschrieben worden sein. Was ist das für eine außergewöhnliche Frau, die von sich selbst behauptet, die »meist gehaßte Schriftstellerin« zu sein?

Aufgewachsen ist sie in Wien, wo sie bis heute lebt und arbeitet. Bereits mit vier Jahren kam sie in eine katholische Klosterschule. Da die Mutter berufstätig war, musste sie ganztägig diese Privatschule besuchen. Dort waren, dem hohen Schulgeld entsprechend, überwiegend Kinder aus der Oberschicht. In einem Interview erzählt sie 1991, dass sie erst später registriert habe, »mit den Töchtern bekannter Austrofaschisten, die ja alle Klerikalfaschisten waren«, auf einer Schulbank gesessen zu haben. Diese Erfahrung habe ihr Denken geprägt.

Sie selbst entstammt einem bürgerlichen Elternhaus. Der Vater, Diplomchemiker, war proletarisch-jüdischer Herkunft. Ihr Großvater war Mitbegründer der österreichischen Sozialdemokratie. Die katholische Mutter, mit der sie ein Wiener Reihenhaus teilt, kommt aus großbürgerlichem Hause. Dazu J.: »Ich bin also zweigeteilt aufgewachsen, ein Riß ging durch unsere Familie.« Die Mutter versuchte mit wenig Erfolg, ihre Tochter von den Arbeiterkindern fernzuhalten, mit denen sich J. schon früh enger verbunden fühlte als mit den Eliteschülern ihres Gymnasiums, das sie bis zum Abitur besuchte. Für Ausbruchsversuche blieb jedoch wenig Zeit, denn die Nachmittage galten der musischen Ausbildung am Wiener Konservatorium, wo sie Orgel, Klavier und Blockflöte belegt hatte. Trotz ihrer vorzüglichen Musikausbildung – 1971 schloss sie als staatlich geprüfte Organistin ab – wollte sie nicht Musikerin werden.

Nach der Matura studierte sie 1964 neben Musik an der Universität Wien Theaterwissenschaften, Kunstgeschichte und Sprachen. Diese Studien brach sie nach sechs Semestern ab und entschied sich für die Literatur. Schreiben, meint sie, sei eine spontane Kunst, wobei sie die Sprache als musikalisches Material ansieht. Tatsächlich zeugen alle Texte von J. von einer großen Musikalität. Ob sie zitiert, collagiert oder parodiert, immer wieder komponiert sie ein neues Lied, eine Fuge oder eine ganze Oper mit vielen Kontrapunkten und Missklängen. Weder die Sprache selbst und schon gar nicht der Inhalt sollen im herkömmlichen Sinne gefallen. J. experimentiert häufig mit bereits vorhandenen Texten, nimmt zum Beispiel die Trivialsprache aus Heftchenromanen, entkleidet sie ihrer Unschuld und stellt den latenten Gehalt an Gewalt heraus. So entstand 1970 ihr erster Roman *wir sind lockvögel baby!*, wo sie Elemente der Subkultur, Figuren aus Comic- und Werbetexten, Handlungsmuster des Trivialromans und des Horrorfilms verwendet. All dies verbindet sie zu einer Szenenfolge, die persiflierenden Charakter hat und der Popart nahesteht. Hierzu gehört auch ihr 1972 erschienener Roman *Michael. Ein Jugendbuch für die Infantilgesellschaft*, für den sie eine Collage aus Werbeslogans erstellt hat. Jugendliche leben dort in einer Scheinwelt. J. entlarvt die Verlogenheit der Massenmedien, die nur scheinbare Identifikationsmöglichkeiten bieten. Sie zeigt die Klassenunterschiede auf. Obwohl diese als gravierend erfahren werden, ist jede Klasse auf ihre Art deformiert und korrupt. Es gibt keine Individualität, sondern nur Prototypen und Klischees. J. proviziert häufig durch Kleinschreibung, Austriazismen oder bewusste inhaltliche Brechungen. So schreibt sie in ihrem Roman *Die Liebhaberinnen* von 1975 ironisch:»Für ihr geld können sie hier nicht auch noch naturschilderungen erwarten«. Es handelt sich um eine Anti-Love-Story, in der die Liebe als Waffe im Kampf um eine soziale Besserstellung eingesetzt und die Chancenlosigkeit der Frau geschildert wird. Zwei Akkordarbeiterinnen versuchen, sich durch Unterwerfung und »Muß-Ehen« gesellschaftlich zu verbessern. Während dies bei Brigitte mit ihrem Elektriker Heinz gelingt, scheitert Paulas Ehe mit dem gewalttätigen und trunksüchtigen Erich.

Häufig sind ihre Bücher autobiographisch, am deutlichsten in ihrem Roman *Die Klavierspielerin* von 1983: hier zum Beispiel ihre Kenntnisse der Musik, die Zitate aus der Musikliteratur und die schwierige Mutter-Tochter-Beziehung. Sie thematisiert die Macht und Demütigung in der bürgerlichen Gesellschaft und analysiert festgefahrene Strukturen im ös-

terreichischen Kapitalismus. Die Klavierspielerin leistet mit Rücksicht auf ihre Mutter, mit der sie zusammenlebt, Triebverzicht. Sie kompensiert ihre Sexualität in Kunst, in Kasteiung und Arbeit. Mit diesem Roman erzielt J. internationalen Ruhm, obwohl sie bereits vorher mit vielen Preisen ausgezeichnet worden war. 1969 erhielt sie den Lyrik- und Prosapreis der österreichischen Jugendkulturwoche und den Lyrikpreis der österreichischen Hochschülerschaft. 1972 wurde ihr ein österreichisches Staatsstipendium für Literatur bewilligt. Als man ihr 1978 die Roswitha-Gedenkmedaille der Stadt Bad Gandersheim verlieh, nahm sie

diesen Preis für Frauen nur widerwillig entgegen. Sie kritisierte in ihrer Dankesrede, dass es für schreibende Männer keinen Preis gäbe. 1979 erhielt sie den Drehbuchpreis des Innenministeriums der BRD, 1983 den Würdigungspreis des Bundesministeriums für Unterricht und Kunst. Drei weitere namhafte Preise folgten: 1986 der Heinrich-Böll-Preis, 1987 der Literaturpreis des Landes Steiermark und 1989 der Preis der Stadt Wien für Literatur.

1989 erschien ihr wohl provokativster und meistdiskutierter Roman *Lust*. J. macht den Leser zum Voyeur eines obszönen Ehepaares, dessen Spiele alles andere als lustvoll sind. Der Fabrikdirektor Herrmann missbraucht seine eheliche Macht über seine Frau Gerti, die seine nie versiegende Potenz zu allen Zeiten und in allen Lebenslagen über sich ergehen lassen muss. Während Herrmann sich früher bei Prostituierten austobte, besinnt er sich aus Angst vor Aids nun auf seine legale Ehefrau. Hier wird die Erniedrigung der Frau derart überzeichnet, dass es schwierig ist, diesen Roman mit realistischen Maßstäben zu messen. J. sagte dazu, dass ihre bewusste Überzeichnung männlicher Sexualität und Brutalität eine »exemplarische Analyse von gesellschaftlichen Sachverhalten« aufzeigen solle. Sie ist davon überzeugt, dass der Faschismus 1945 nicht verschwunden sei, sondern sich in die Familien zurückgezogen habe und sich dort im Herrschaftsverhältnis des Mannes über die Frau manifestiere. Wie in all ihren Werken wird die Frau auch hier auf ihre sexuelle Funktion reduziert. Frauen sind bei J. die Unterdrückten in der Klassengesellschaft. Männer bestimmen ihr Leben, spielen die dominierende Rolle und machen sie zum Objekt. Doch auch die Frauen werden kritisch gezeichnet. Sie spielen das Spiel der Unterdrückung lustvoll mit und ziehen das beengte Hausfrauendasein an der Seite von Alkoholikern, Vergewaltigern oder Faschisten einem emanzipierten Leben vor. J. selbst ist seit 1974 mit einem Münchner Informatiker verheiratet, weshalb sie bei Feministinnen oft auf Unverständnis stößt.

Aktuelle politische Probleme nimmt sie auf und ist sich dabei im klaren, keine Lesermassen zu erreichen, sondern nur eine intellektuelle Minderheit. In einem ihrer jüngsten Prosa-Stücke, *Totenauberg* von 1991, reflektiert sie auf die Völkerwanderung aus dem Osten und benutzt dafür die Metapher des Tourismus, anspielend auf Todtnauberg im Schwarzwald, wo der Philosoph Martin Heidegger eine Hütte besaß. Dort traf er sich mit seiner jungen Geliebten Hannah Arendt, mit der er seine Abhandlungen besprach. J. lässt die beiden in einer schwer verständlichen, artifiziellen Sprache miteinander diskutieren. Touristen machen sich heute diesen Ort zur zweiten Heimat, obwohl sie ihn in Wirklichkeit zerstören. Todtnauberg wird als Symbol von Heimat benutzt und als Ideologie entlarvt. *Totenauberg* wurde im September 1992 im Akademietheater in Wien uraufgeführt und vom Publikum mit großem Premierenjubel angenommen. J.s Stücke werden heute auf allen namhaften Bühnen gespielt. Mag sich ihre Hoffnung, dass sich durch ihre Literatur »eine neue Intelligenz formieren« wird, erfüllen.

Die Moralistin J. siedelt ihren Roman *Die Kinder der Toten* (1995) in der Pension »Alpenrose« an. Aber der Eindruck täuscht, denn die Szenerie, die an einen Heimatroman erinnert, wird von Untoten bevölkert. Den drei im Zentrum stehenden Figuren, Edgar Gstranz,

ehemals Angehöriger der österreichischen Ski-Nationalmannschaft (B), die Sekretärin Karin Frenzel und Gudrun Fischler, Studentin der Philosophie, kommt in den engen Beziehungen, die sie zum Tod hergestellt haben, Stellvertreterfunktionen zu. Auf mehr als sechshundert Seiten geht es in dem Roman ums Sterben, um Gewalt und um Widergänger. Dieses postmortale Umfeld bildet die Basis für die Suaden der Autorin gegen den österreichischen Staat, der als Nekropole dargestellt wird und sich durch Geschichtsvergessenheit auszeichnet. Hinter dem, was sichtbar ist, entdeckt J. das Morbide, was lebendig erscheint in der Wirklichkeit, ist für sie vom Tode gezeichnet. Die Wunden der Vergangenheit bluten noch, die Narben sind nicht verheilt.

In dem Stück *Stecken, Stab und Stangl* (1995) thematisiert J. den Sprengstoffanschlag, dem im Februar 1995 vier Roma zum Opfer gefallen sind, als sie ein Schild entfernen wollten, auf dem »Roma zurück nach Indien« stand. In dem Stück hat J. versucht, den sprachlosen eine Stimme zu geben, wobei sie sich fremder Stimmen bedient, was sie in ihrem Theater immer wieder praktiziert: »Das Infremden-Zungen-reden, so wie das Heilige Geist als Zunge über den Köpfen der Gläubigen schwebt, das verwende ich im Theater eigentlich immer«.

Die Auseinandersetzung mit den Toten und der Geschichte, die ebenso wie die Toten nicht Ruhen kann, ist kennzeichnend für J.s Theaterarbeit: »Wir versuchen ständig, die Toten von uns abzuhalten, weil wir mit dieser Schuld nicht leben können; das kann niemand. Das ist eine kollektive Neurose«. Dieser Dialog mit den Toten, der sich wie in dem Stück *Wolken.Heim* (1990) auch über Zitate herstellt, ist eines der zentralen Themen J.s. Wie auch in verschiedenen anderen dramatischen Texten verzichtet die Autorin auf Figurenrede und überlässt die Ordnung des Textmaterials der Inszenierung.

»Ich beschreibe die Gesellschaft exemplarisch«, kennzeichnet die J., die 1998 den Georg-Büchner-Preis erhielt, ihr schriftstellerisches Verfahren, bei dem sie »sezererisch

distanziert« vorgeht. Dieser an Flaubert geschulten Technik hat sie sich bereits in *Lust*
bedient und verwendet sie erneut in dem im
Untertitel als Heimatroman bezeichneten Roman *Gier* (2000), der wegen seiner pornogra-
phischen Abschnitte in der Öffentlichkeit für
Aufsehen sorgte. In *Gier* ist nur eine Lust dominant, die Gier nach Besitz, die sich paart mit
der Lust an Unterdrückung. Kurt Janisch bedient sich zur Lustbefriedigung seines Geschlechts als Machtinstrument, mit dem er
Gewalt ausübt und Unterwerfungsstrategien
praktiziert. Es gibt in diesem Text wie auch in
*Lust* »drastische Stellen«, wie Jelinek in *Der
Sinn des Obszönen* sagt, »aber die sind politisch. … Das Obszöne ist dann gerechtfertigt,
wenn man den Beziehungen zwischen Männern die Unschuld nimmt und die Machtverhältnisse klärt.«

Eine Orgie der Lust wird auch in *Sportstück* (1999), dem mehrstündigen Theaterer-
eignis der 1990er Jahre, gefeiert. Der Kraft-
sportler Andreas Münzer hat seinen Körper zu
einem Lustobjekt gemacht und ihn durch Verwendung von Drogen lustvoll zu einen Körper
geformt, der einem bestimmten gesellschaftlichen Ideal entspricht. Münzer hat seinen
Körper so lange verpackt, bis er unbrauchbar
wird, konzentriert auf den Schein, vernachlässigt er das Sein, bis es ihn einholt. Mit der gestylten äußeren Hülle werden die Anzeichen
des Verfalls nur kaschiert, denn der Körper
funktioniert nicht mehr. Für die Inszenierung
von *Sportstück* bat J. Einar Schleef: »Machen
Sie was sie wollen. Das einzige, was unbedingt
sein muss, ist: griechische Chöre«.

In dem Stück *Die Alpen*, das zusammen
mit *Der Tod und das Mädchen III* (*Rosamunde*)
und *Das Werk*, 2003 in dem Band *Die Alpen*
erschien, beschreibt J. die Katastrophe im Tunnel von Kaprun, bei der 155 Menschen starben,
aus der Sicht der Verunglückten und bringt deren Überlegungen in Beziehung zu Celans *Gespräch im Gebirg* und Texten des frühen Alpi-
nismus. Wiederum ein Text über das Verschwinden und den Tod in einer Gegenwart,
die besessen scheint von der Lust am Risiko.
2004 erhielt J. den Nobelpreis für Literatur.

*Birgit Schütte-Weißenborn/Michael Opitz*

## Jensen, Johannes Vilhelm
Geb. 20. 1. 1873 in Farsø/Schweden;
gest. 25. 11. 1950 in Kopenhagen

Das Werk Johannes V. Jensens ist vielfältig
und über einen Zeitraum von fast 50 Jahren
entstanden; es umfasst nahezu alle Gattungen
von Lyrik über Essayistik und Romanen bis
zur persönlichen Genrekreation einer als
»Mythen« bezeichneten Kurzprosa. Geographisch umspannt es mit den Darstellungen der
jütischen Heimat (zunächst in *Himmerlands-
folk*, 1898; insgesamt drei Sammlungen bis
1910; dt. Auswahl in *Himmerlandsgeschichten*,
1905), den Amerikaromanen *Madame d'Ora*
(1904; *Madame D'Ora*, 1907) und *Hjulet* (1905;
*Das Rad*, 1907), europäischen Reportagen und
den Literarisierungen der Tropen und der
Exotik Asiens alle Erdteile, die der Autor unter
anderem auf einer Weltreise 1902/03 kennengelernt hatte. 1944 wurde ihm der Nobelpreis
für Literatur verliehen.

J. begann sein Schreiben mit Romanen
über dekadente Helden, die er später aus seinem Gesamtwerk eliminieren sehen wollte. Seinen Neubeginn setzte er selbst auf die Jahrhundertwende an, als er mit *Kongens Fald*
(1900/01; *Des Königs Fall*, 1912) einen historischen Roman über Dänemark um 1500 veröffentlichte, der eine Abrechnung mit Ich-
Zentrierung und Handlungsschwäche darstellt. Aus der Perspektive einer Nebenfigur
kommen die historischen Ereignisse um das
Stockholmer Blutbad 1520 in den Blick. Die
Identitätsthematik lässt sich von der historischen auf die Gegenwartsebene übertragen,
doch die Stimmenvielfalt des Textes, die unterschiedlichen Register und Stilebenen rufen
die stets vorhandenen Konterkarierungen von
Modernem und Archaischem, von Gewalt
und Erotik, Ganzheit und Spaltung, Heimat
und Heimatlosigkeit in Erinnerung.

Programmatisch trat J. etwa gleichzeitig
mit einem Reportagenbuch hervor, in dem er
von der Pariser Weltausstellung berichtet und
das eine Huldigung an die Modernität darstellt: »Hör zu, wie diese Stadt, wie gewaltig
diese Stadt da unten singt! Das ist ein Vers aus
Eisen, Reime aus Stahl und Stein [...]. Das

zwanzigste Jahrhundert saust über den Kopf. Ich bekenne mich zur Wirklichkeit, ich bekenne.« Mit seiner Bejahung des Fortschritts reagiert er auf die sich entfaltende Moderne und feiert Technik, Maschinen und die Großstadt. Doch der Titel dieser Programmschrift *Den gotiske Renæssance* (1901; Die gotische Renaissance) verrät den Preis für die Akzeptanz der neuen Realität: Ästhetisch wie ideologisch baut sie auf die Wertsetzungen des »Gotischen«, womit das künstlerische Streben nach Absolutheit und Größe ebenso gemeint ist wie eine als nordisch und überlegen definierte ›Rasse‹. Die Zuschreibung kultureller Leistungen an eine ethnische Gruppierung beruht auf der Abwertung der anderen, das europäische Fortschrittsdenken auf einem imperialistischen Fundament. Bei aller Fragwürdigkeit ist das Pathos der Wirklichkeitsakzeptanz bei J. nicht naiv: Die Konstruktion eines neuen, technisch geprägten Raumes überbrückt die Empfindung existentieller Leere, der Rhythmus der Maschinen ordnet und strukturiert die chaotisch wirkende Umwelt.

Die Sammlung *Digte 1906* (1906; Gedichte 1906) bringt diese kompensatorische Wirklichkeitsauffassung in freien Versen, mit erweitertem, ernüchtertem Lexikon, »ohne lyrisches Gefuchtel« (J.) zum Ausdruck. Die beherrschte, unterkühlte Diktion der Gedichte macht den Willensakt ablesbar, der der Realität eine ordnende Wahrnehmung aufzwingt und auf Verdrängungen baut. Die Leere von Raum und Zeit, wie sie im Gedicht »Interferens« beschrieben wird, drängt den Autor dazu, eine konstruktive Überblendung und Transzendierung von Oppositionen wie Primitivem und Modernem, Natur und Kultur vorzunehmen, der auch mit dem Genre der »Mythen« Ausdruck gegeben wird. Besonders die von der Weltreise inspirierten exotischen Erzählungen wie »Kulien« (1907; Der Kuli) oder »Forsvundne Skove« (1899; Verschwundene Wälder) beziehen sich zwar deutlich auf den kolonialen Diskurs, doch legen sie keine unreflektierte Ausgrenzung und Stigmatisierung des Anderen nahe. Zwar operieren die Texte mit diesen Kategorisierungen des Imperialismus, allerdings um sie durch Ambiva-

lenzen der Bildsprache und wechselnde erzählerische Fokalisierung zu hinterfragen. Das Eigene bleibt als uneindeutige Instanz derselben melancholischen Sehnsucht unterworfen wie das komplex gezeichnete, ebenso heimatlose Andere.

Die erzählerische Reise um die Welt führt J. immer weiter weg von den eindeutigen Botschaften des Darwinismus, den sein Werk beständig aufgreift, insbesondere in dem Romanzyklus *Den lange Rejse* (1908–22; *Die lange Reise*, 1911–26). Die sechs Romane entwerfen eine fiktionale Entwicklungsgeschichte der Menschheit, die ihren Ausgang bei dem die Eiszeit überlebenden ›ersten Menschen‹ nimmt und Zehntausende von Jahren erdgeschichtlicher und kultureller Entwicklung auf ein paar menschliche Generationen projiziert. Evolutionsdenken, ein Naturevangelium und maskulinistische Ursprungs- und Herrschaftsphantasien vereint dieser Zyklus, der J. sowohl Popularität als auch ideologiekritisch motivierten Widerspruch einbrachte.

Annegret Heitmann

## Jiménez, Juan Ramón
Geb. 23. 12. 1881 in Moguer, Huelva/ Spanien;
gest. 29. 5. 1958 in San Juan/Puerto Rico

»¡Inteligencia, dame el nombre esacto de las cosas! Que mi palabra sea la cosa misma, creada por mi alma nuevamente.« (Intelligenz, verhilf mir zum genauen Namen der Dinge! Auf dass mein Wort die Sache selbst sei, neu erschaffen durch meine Seele) *Eternidades* (1918; Ewigkeiten).

Das Leben und Schaffen des spanischen Lyrikers und Essayisten Juan Ramón Jiménez war ein unentwegter Prozess von Höhenflügen, Rückschlägen und Neuorientierungen. Auch sein Werk selbst hat überaus gegensätzliche Reaktionen hinterlassen: Einerseits ist unbestritten, dass J. zu den herausragenden Dichtern Spaniens in der Zeit des Übergangs vom 19. zum 20. Jahrhundert zählt und nicht nur die Anerkennung berühmter Zeitgenossen wie Rubén Darío genoss; zudem war er auch einer der Mentoren der sog. Generación del 27 (Generation von 1927), der spanische Intellektuelle internationalen Ranges wie Federico García Lorca angehörten. Andererseits wirft seine literarische Produktion noch immer Fragen auf; er selbst hat zeit seines Lebens sein Schaffen kritisch hinterfragt und seine Werke zum Teil revidiert oder gar vernichtet. Ähnlich dem Franzosen Stephane Mallarmé betonte J. mehrfach den Charakter seiner Schriften als einziges, großes Werk, dessen einzelne Bestandteile laufend zu überprüfen und zu überarbeiten waren, um sich der poetischen Idealform anzunähern. Als traditionell »schlecht gelesen und noch schlechter verstanden« bezeichnet Javier Blasco im Vorwort zur von ihm herausgegebenen *Antología poética* (1990) das umfangreiche Werk des nimmermüden J., der allein über 25 Bände mit Gedichten und essayistischen Schriften verfasste und zumeist parallel an mehreren Projekten arbeitete. Weiter betont Blasco den Prozess einer ewigen Suche bei J.: nach neuen Stilmitteln und lyrischen Formen, nach poetischer Selbstverwirklichung und Perfektionierung seiner Sprache, nach Überwindung seiner häufigen psychischen Krisen durch das Schreiben.

J. wächst in einer gutsituierten Winzerfamilie in der südspanischen Provinz Huelva auf; schon in seiner Jugend gilt er als übersensibel und zu Depressionen neigend. Er selbst bestätigt, als Kind die Abgeschiedenheit dem Treiben auf der Straße vorgezogen zu haben. Das 1896 in Sevilla begonnene Jurastudium bricht er nach nur zwei Monaten ab, um stattdessen an Malereikursen teilzunehmen. Zu jener Zeit intensiviert sich auch seine Beschäftigung mit Poesie. Die Lektüre von Gedichten vor allem des spanischen Romantikers Gustavo Adolfo Bécquer beeindruckt den jungen J. so sehr, dass er sich ganz der Dichtung widmet; ein Luxus, den er sich dank seiner reichen Eltern leisten kann. Bereits im Alter von 19 Jahren wird J. die Ehre zuteil, auf Einladung der Poeten Francisco Villaespesa und Rubén Darío, die auf ihn aufmerksam geworden waren, erstmals nach Madrid zu reisen. So be-

ginnt der rege Austausch mit anderen Dichtern seiner Zeit, der in der andalusischen Provinz nur bedingt möglich war; des Weiteren publiziert J. neben einigen Beiträgen in Zeitschriften die ersten beiden Gedichtbände *Nínfeas* (Seerosen) und *Almas de violeta* (Violette Seelen).

Beide Bände markieren den Beginn der ersten, stark vom lateinamerikanisch-spanischen »modernismo« (Modernismus) und dem französischen Symbolismus unter anderem eines Paul Verlaine beeinflussten Schaffensperiode. Während die zweite Phase von dem von J. kreierten stilistischen Ideal einer »poesía desnuda« (nackte Poesie,»nackt« im Sinne von»rein«) geprägt ist, ist das Werk der letzten Schaffensperiode stärker als zuvor mystisch-spirituell ausgerichtet. In der ersten Phase dominieren, nach dem Muster des Modernismus, Klänge, Farben und Musikalität seine Sprache, die oft eigene Seelenzustände beschreibt, die ihn schon zu dieser Zeit zu mehreren Sanatoriumsaufenthalten zwingen: »Cuando lloraba yo tanto, cuando tanto yo sufría, mis penas, sólo mis penas fueron constantes amigas...« (Als ich so sehr weinte, als so sehr ich litt, war nur mein Leid ein beständiger Freund;»Salvadoras«, in: *Almas de violeta*). Mit dem Band *Estío* (1915; Sommer) wendet sich J. vom Modernismus ab; die endgültige Abkehr ist mit dem *Diario de un poeta recién casado* (1917; Tagebuch eines jungvermählten Dichters) vollzogen, das von einer Reise in die Vereinigten Staaten im Jahre 1916 und dort vollzogenen Hochzeit mit Zenobia Camprubí berichtet. J. verarbeitet seine Eindrücke aus der Zeit in Übersee einmal in Versform, einmal in kurzer Prosa, wie es auch García Lorca gut zehn Jahre später in *Poeta en Nueva York* (1929; Dichter in New York) auf seine Art vollführt. Erkennbar wird mit dem *Diario* eine Tendenz zu klarer, manchmal schlicht anmutender Sprache, der Versuch, mit einer Reduzierung der Symbolhaftigkeit die Dinge beim Namen zu nennen. Zum Teil entfernt sich J. nun von seinen intellektuellen Weggefährten.

Dies zeigt sich noch deutlicher, als er 1917 die bereits drei Jahre zuvor begonnene »andalusische Elegie« *Platero y yo* (*Platero und ich*. *Eine andalusische Elegie*, 1953) vervollständigt und veröffentlicht: Wegen ihrer gefühlvollen und eingängigen Sprache sowie der teilweise an Märchen und Fabeln erinnernden Struktur wird sie von vielen hochgelobt und für J. ein internationaler Erfolg – es ist das einzige vollständig ins Deutsche übersetzte Werk J.'. Bei manchem Intellektuellen Spaniens allerdings erntet der Dichter Hohn und Spott. Dieser gipfelt in einem Telegramm des Filmemachers Luis Buñuel und dessen Freundes Salvador Dalí, die J. die »dümmste aller Eseleien« attestieren. *Platero y yo* schildert in rund 140 teils kurzen, teils bis zu zwei Seiten langen Prosa-Abschnitten eine Zeitreise über ein Jahr, im Frühling beginnend und im Winter endend, während der der Dichter in Begleitung seines Esels Platero vielfältige Impressionen sammelt – etwa die Beschreibung von Landschaften oder kirchlicher Feste wie Weihnachten. Selbst wenn J. sich zeitweilig von diesem Band distanzierte, musste auch er erkennen, dass das Buch eine enorme Kraft auf die Leserschaft ausübte: Es gilt als das ausschlaggebende Werk des Dichters für die Verleihung des Literaturnobelpreises im Jahr 1956, kurz vor seinem Tod. Die Akademie würdigte mit der Vergabe des Preises nicht nur das umfangreiche Schaffen J.', sondern auch sein Gewicht innerhalb einer großen Reihe von spanischsprachigen Dichtern des späten 19. und frühen 20. Jahrhunderts, die mit dieser Auszeichnung indirekt bedacht worden war.

*Martin Diz Vidal*

### Jirgl, Reinhard
Geb. 16. 1. 1953 in Berlin (DDR)

»Mangels größerer Gegner hat Reinhard Jirgl sich auf den Alltag eingeschossen, das Leben in der Tiefe, das von der Mehrheit gelebt wird, von den geborenen oder selbsternannten Eliten verdrängt. Seine Neugier gilt, gegen den modernen Flachkopfoptimismus, den Kellern (auch den individuellen), nicht den Fassaden. Das provoziert, und deshalb ist sein Name immer noch ein neuer Name.« So hat Heiner Müller den wohl entschiedensten Vertreter eines »deutschen Trümmer-Expressionismus« charakterisiert. Inzwischen gilt der »Weltverfinsterer« als einer der wichtigsten Autoren der neuen deutschen Literatur, dem diese Etikettierung des Feuilletons nur die lakonische Bemerkung abgenötigt hat: »Was gibt es denn noch zu verfinstern?« In seinen Texten ist von zerschundenen, gemarterten und entrechteten Kreaturen die Rede, weniger von Schönheit; es verweist auf die Wundmale der Zivilisation.

J. ist gelernter Elektromechaniker und hat von 1971 bis 75 Elektronik an der Berliner Humboldt-Universität studiert. Danach arbeitet er als Serviceingenieur in der Akademie der Wissenschaften und wechselt 1978 als Beleuchter an die Berliner Volksbühne. Bereits Anfang der 1970er Jahre beginnt er damit, erste Prosaarbeiten zu verfassen, intensiviert wenig später das Schreiben, debütiert aber erst 1990 mit dem zwischen 1980 und 1985 geschriebenen *Mutter Vater Roman*, der wegen politischer Vorbehalte (»nichtmarxistische Geschichtsauffassung«) fünf Jahre im Verlag liegt. Ohne Aussicht darauf, dass seine Texte publiziert werden, schreibt J. weiter, so dass zur Wende 1989 sechs fertige Manuskripte vorliegen.

In der Zeit zwischen 1985 und 1988 entsteht die 2002 erschienene Trilogie *Genealogie des Tötens*. In der 1985 geschriebenen Textcollage *Klitaemnestra Hermafrodit* verschränkt J. Mythologisches mit Gegenwärtigem und überträgt Konfliktkonstellationen aus der griechischen Tragödie in die Jetztzeit und vermag so zu verdeutlichen, wie klassisch gewordene Formen von Gewalt in der Gegenwart weiterexistieren. Sie setzt sich in der Geschichte fort, weshalb der Ausstieg aus dem Mythos in *Klitaemnestra Hermafrodit* misslingt.

Während J. in dem dramatischen Text den gegenwärtigen Horror nicht als Ausnahme, sondern als moderne Variante des antiken Mythos begreift, geht es ihm in *MER – Insel der Ordnung*, entstanden 1988, um die Zerstörung von Harmonieansprüchen und Sehnsüchten. Der Rückzug auf eine Urlaubsinsel die deutlich an ein ostdeutsches Ostseeferiendomizil erinnert, gelingt den handelnden Figuren nicht – als Fluchtraum steht die Insel nicht länger zur Verfügung. Die Männer verschiedenen Alters, die auf Urlaubsabenteuer aus sind, erleben keine Strandidylle, sondern eine Ausnahmesituation, die zur Regel geworden ist. J. buchstabiert in seinen Texten die vielfältigen Formen mörderischer Machtspiele, die er auf den einen, in der Geschichte seit ihren Anfängen dominanten Kern zurückführt, den der Gewalt. Er zeigt verlassene, kalte Orte, in denen Gestrandete, schutzlose Kreaturen, auf der Suche sind, aber den einen Ort nicht finden, der eine Alternative sein könnte. Programmatisch ist der Titel des letzten Textes: *Kaffer. Nachrichten aus dem zerstörten=Leben*, geschrieben 1987.

J. verwendet seit seinem Debüt ein eigenwilliges graphisch-orthographisches Zeichensystem. Dabei handelt es sich nicht um etwas Willkürliches, denn die Funktion literarischer Texte erklärt sich für ihn nicht allein daraus, was in ihnen inhaltlich zur Sprache gebracht wird, sondern es geht vielmehr darum, in der »Literatur die *inhärenten Oppositionspotentiale* freizusetzen: *Umkehrbarkeit und Aufbrechbarkeit* der Bindungen von Sprache und Zeichen an eine herrschende Disziplinargewalt als Widerstand«aufzuzeigen. In dem Essay»Das poetische Vermögen des alphanumerischen Codes in der Prosa« (2003) erklärt J., weshalb die Duden-Norm seinen Ansprüchen an literarische Texte nicht genügen kann, denn »der Bedarf an geronnener Wirklichkeit im Text ist ein größerer geworden, der Blick auf die Wirklichkeiten mitsamt der in ihnen schon enthaltenen ›Wirklichkeit des Kommenden‹ (Canetti) muß folglich ein anderer, ein differenzierter, also ein genauerer Blick sein, ohne dass hierzu unser Zeichenvorrat unserer Schrift-Sprache aufgegeben werden müsste.«

Die von J. entworfenen Erzählräume ähneln Nicht-Orten, selbst wenn – wie in *Im offenen Meer* (Manuskriptabschluss 1988, veröffentlicht 1991) – ein konkreter Ort (Berlin) den Hintergrund für das Romangeschehen liefert. Es gehört zu den strukturellen Besonderheiten von J.s Prosa, dass die Räume, die der Autor in seinen Texten entwirft, sich einer genaueren topographischen Bestimmung entziehen. Die einzelnen Geschichten, diese Wortmeldungen aus einem diffusen Stadtraum, sind Collagen, die sich aus Traumsequenzen, Beobachtungen, Phantasmen und Kommentaren zusammensetzen. Zentral darin ist ein nicht näher beschriebener Protagonist, der im offenen Großstadt-Meer dahintreibt.

Häufig arbeitet J. in seinen Texten nicht mit einem Erzähler, sondern mit einem »Stimmenteppich«. Unterschiedliche Personen nehmen am Erzählten teil. Auch in dem 1995 erschienenen Roman *Abschied von den Feinden*, geschrieben 1993, formen sich Stimmen zu einem »Stimmenchor«. Darin aufgehoben ist die Geschichte zweier verfeindeter Brüder, die auf einen Brudermord hinausläuft, sie ist umlagert von anderen Geschichten, die zusammen ein Textgewebe bilden. Doch das feine Netz von Zusammenhängen, das J. seinen Prosatexten unterlegt, läuft permanent Gefahr, sich aufzulösen und von der Last der erinnerten Bilderfülle zerrissen zu werden. Auch in dem 1996 abgeschlossenen Roman *Hundsnächte* (1997) arrangiert J. Erinnerungsfetzen. Ein Fremder will sich von den ihn umgebenden Stimmen lösen, ohne dass ihm dies gelingt. Denn »IHRE Stimmen, IHR Gerede« hat sich »fest wie Stacheldraht« in ihm verhakt und bleibt »untrennbar« an ihm haften.

J. destruiert aufkeimende Hoffnung und lässt sie an den Zuständen der Wirklichkeit zerschellen. Seine Figuren sind Unbehauste, die Fremde bleiben. Sie finden die Heimat nicht, nach der sie auf der Suche sind. Ständig auf der Flucht, leben sie in provisorischen Räumen. In dem Roman *Uberich. Protokollkomödie in den Tod* (1990), der einem Kammerspiel ähnelt, sind Herr U., seine Mutter Mamke und die Prostituierte Rosi nicht in der Lage, den verwahrlosten Ort zu verlassen, an dem sie leben. Im Chaos führen sie ein penibel organisiertes Leben, wobei für Herrn U. das Tischabwischen zum Ritual wird. In einer vor Schmutz starrenden Umgebung wird durch peinliches Einhalten von Ordnungsverfahren versucht, sich gegen Sinnleere zu behaupten. Radikal räumt nur der Tod auf, der in dem

1990 fertiggestellten Kurzroman *Das obszöne Gebet. Totenbuch* (1994) permanent anwesend ist.

J. zeigt, wie es diesen Vereinzelten nicht gelingt, Klarheit in ihre verworrenen Geschichten zu bringen. Seinen Figuren haftet das Unglück an, sie sind Verkörperungen des Misslingens. Sie hoffen vergeblich, ihre Illusionen stranden permanent, und penetrant kehrt das Immergleiche wieder. Es gibt in J.s Texten Abläufe, die nicht aufhören, Kreisläufe, aus denen es kein Entrinnen gibt. Dabei wird durch das Motto J.s:»Jeder bekommt, was er braucht. Das ist freilich selten das, was man will. So aber kommt man sich selbst am nächsten« auch die ausweglose Geschichte beschrieben, von der J.s Roman *Die atlantische Mauer* (2000) handelt.

Heimatlosigkeit, eines der zentralen Themen J.s, greift er erneut in dem Roman *Die Unvollendeten* (2003) auf. Für die Frauen Johanna, Hanna und Maria bedeutet die Zäsur der Vertreibung aus dem Sudetenland 1945 nicht das Ende der Apokalypse, für sie findet sie auf den Trecks durch Deutschland ihre Fortsetzung. Bis zum Schluss des Romans bleiben die Frauen – die Handlung setzt 1945 ein und reicht bis in die Nachwendejahre –, was sie waren: Unbehauste. Selbst als sie nach Jahren, in denen sie in Provisorien lebten, anzukommen scheinen, sind sie doch Fremde. Die verlorene Heimat ist ihnen eingeschrieben worden und in ihren Erinnerungen aufgehoben. Als Erzähler gibt sich im dritten Teil Annas Sohn zu erkennen, ein Zahnarzt, der seine Familiengeschichte – den eigenen Tod vor Augen – auf der Krebsstation eines Krankenhauses niederschreibt.

Keine von J.s Figuren bleibt unschuldig, zwischen den Mühlsteinen der Geschichte werden sie zerrieben. Allein das Erzählen vermag dem Vergessen Einhalt zu gebieten – eine Herausforderung, der sich J. mit seinen Texten stellt.

*Michael Opitz*

## Johannes von Tepl
Geb. um 1350 in Tepl oder Sitbor; gest. etwa 1415 vermutlich in Prag

Es bedurfte feinen Spürsinns der Forscher, um Stationen der Lebensgeschichte dieses Autors, der (falls wir recht unterrichtet sind) nur ein einziges Buch schrieb, zu rekonstruieren. Mit diesem sicherte er sich seinen Platz in der Literaturgeschichte; es ist das Streitgespräch *Der Ackermann aus Böhmen* (in der Forschung meist gebräuchlicher Titel; im Original: *libellus ackerman*, 1400 oder 1401). Den Beleg für die zunächst bloß erschlossene Autorschaft brachte 1933 der Historiker Heilig. Er fand in dem Freiburger Codex 163 das Widmungsschreiben, gerichtet an den Prager Peter Rothirsch. Hier unterzeichnete J. als Johannes de Tepla, Bürger zu Saaz. In Saaz ist 1378 als Notar der Stadt bezeugt, später in weiteren Ämtern, so als Rektor der örtlichen Lateinschule. Eine Vorstellung von den ihm zufließenden Einnahmen vermittelt die Nachricht, er habe nebenher mit alkoholischen Getränken gehandelt, und er habe auch das Privileg in Anspruch nehmen müssen, von Saazer Schlachtern auf dem Markt je einen Groschen zu erheben. Es fehlen das präzise Geburts- und Sterbedatum. Eine einzige exakte Angabe aus dem Umkreis bietet die Dichtung; hier findet man das Datum des Todes der Ehefrau Margaretha (1. August 1400).

Indes ist eben dies verdächtig. Benötigte J. die Fiktion, um der von seinem literarischen Protagonisten, dem Ackermann, erhobenen Anklage, womit dieser wegen des Verlusts seiner Gattin vor das Gericht Gottes zieht, Authentizität zu verleihen? Vor Gericht streitet er, der mit der Feder »ackert« (daher = der Schriftsteller, der Autor), mit dem Tode (bzw. der Todes-Allegorie) über den Sinn von Leben und Sterben, voller Bitternis, weil dieser ihm sein Weib im Kindbett genommen hat. Die Klage eines Hinterbliebenen war im Spätmittelalter längst literarischer Topos und wurde sogar bereits ironisch gewendet: Im *Libro de Buen Amor* (um 1340) des Juan Ruiz, Erzpriester von Hita, beklagt dieser den Tod seiner altgedienten Kupplerin, der Trotaconventos (der ›Klosterschleicherin‹).

J. gehörte einem Berufsstand an, der nicht nur den Aufbau eines modernen Verwaltungs- und Erziehungswesens vorantrieb, sondern zugleich ein Hauptträger des neuen geistigen Mediums war, des Renaissancehumanismus. Die Humanisten verherrlichten sich selber im Typus des ›Poeten und Orators‹ oder Mannes der Wohlredenheit, der zum Nutzen der Gesamtheit wirkt. In der Reformation erscheint er als Mann des Wortes, nämlich als Prediger. Keinen anderen als den Poeten und Orator konfrontiert J. in seiner Dichtung mit dem Tode, dem »grimmigen Tilger aller Leute«. Der Poet und Orator aber spricht als Anwalt der Menschheit, namens aller vom Tode Bedrohten. Obgleich von diesem zur Anerkennung der Naturgesetzlichkeit des Sterbens bewogen, gibt er dennoch nicht das Recht der Menschengattung auf das Glück im Diesseits preis; sein Terminus dafür: »Freude«. Hier keimt ein Kult, der später, im 18. Jahrhundert, in hymnischen Gesängen »an die Freude« kulminieren wird, in Leugnung der christlichen Vorstellung von der Erde als dem todverfallenen Jammertal.

Als Notar der zweisprachigen Stadträte von Saaz und (seit 1411) der Prager Neustadt sowie als Schulrektor war J. beider Landessprachen mächtig (Deutsch und Tschechisch), als Akademiker darüber hinaus des Lateinischen. Er entschied sich dafür, den Ackermann-Text in (frühneuhoch-) deutscher Prosa zu geben. Merkwürdig dabei ist allerdings: Zwischen der Entstehung (1400/01) und der Frührezeption des Streitgesprächs liegt eine Pause von knapp fünfzig Jahren. Erst dann setzt eine breitere Überlieferung ein, so dass es zum »Lektüreklassiker« wurde (Christian Kiening), allerdings ausschließlich in Süddeutschland. Es ist bezeugt in 16 Handschriften und 17 alten Drucken (die Mehrzahl davon wurde seither neu ediert) zwischen 1449 und 1547. Die Drucke stammen mit zwei Ausnahmen (Bamberg) vom Oberrhein (Basel, Straßburg). Dies gab Anlass zu der Erwägung: War J. gar nicht der Urheber des uns vorliegenden Textes, sondern nur eines »Ur-Ackermann«? Ist der Erfolg erst gekommen, als ein jüngerer süddeutscher Anonymus eine Bearbeitung vorlegte? Wie auch immer, Entstehung und Frührezeption fallen in das Zeitalter des Aufkeimens und der Ausbreitung des Humanismus in Mitteleuropa und in die Ära der Reformationen bis zum Ausgang des Schmalkaldischen Kriegs. Nach einer zweiten – langen – Pause folgte im 20. Jahrhundert die späte Rezeption, angeregt und eingeleitet durch das Interesse, das die Literaturwissenschaft dem Autor zuteil werden ließ. Seither riss die Beschäftigung mit J., seinen Lebenszeugnissen und der Ackermann-Dichtung – die auch mehrmals ins Neuhochdeutsche übertragen wurde – nicht mehr ab.

Werkausgaben: Tepl: Der Ackermann. Fnhd./nhd. Stuttgart 2000; Johannes de Tepla Civis Zacensis: Epistola cum Libello ackerman und Das büchlein ackerman. Hg. und übers. von Karl Bertau. 2 Bde. Berlin etc. 1994.

*Wolfgang Beutin*

## Johnson, Eyvind
Geb. 29. 7. 1900 in Svartbjörnsbyn, Norbotten/Schweden; gest. 25. 8. 1976 in Stockholm

In seiner Heimat Schweden zählt der Nobelpreisträger Eyvind Johnson zu den Arbeiterschriftstellern der 1920er und 30er Jahre. Sie verbindet die Herkunft aus dem Arbeitermilieu, der autodidaktische Bildungsweg und das sozialistisch-antikapitalistische Engagement. J.s experimentelle Erzähltechnik jedoch setzt sich ab von der meist konsequent realistischen Prosa der anderen Vertreter dieser Literatur. Bereits seine ersten Romane, thematisch noch der Arbeiterliteratur zuzurechnen, zeigen stilistisch J.s Aufgeschlossenheit gegenüber aktuellen kontinentalen Strömungen: J. gilt auch als »der Europäer« unter seinen schwedischen Zeitgenossen. Bereits in den 1920er Jahre reist der angehende Schriftsteller nach Paris und Berlin, wo er die literarische Avantgarde kennenlernt und unter Einfluss der Lektüre etwa von André Gide, Marcel

Proust, James Joyce und Thomas Mann seine Suche nach neuen experimentellen Formen der Romantechnik beginnt. Später greift er in seinen Romanen *Minnas* (1928; Sich erinnern) und *Kommentar till ett stjärnfall* (1929; Kommentar zu einer Sternschnuppe) als erster schwedischer Literat die Technik des inneren Monologs auf.

J.s frühe Romane sind entlarvende und oft beißend ironische Schilderungen des schwedischen Kleinstadtlebens, wie etwa der Norrlands-Roman *Stad i mörker* (1927; Stadt in Dunkelheit). Der endgültige Durchbruch in seinem Heimatland gelingt ihm schließlich mit einem Roman autobiographischer Prägung, *Romanen om Olof* (1934–37; *Hier hast du dein Leben*, 1951), der über den Zeitraum 1914 bis 1919 den Werde- und Bildungsgang eines jungen Arbeiters aus dem Norden schildert, hinter dessen Erlebnissen unschwer J.s eigene Jugenderfahrungen zu erkennen sind. Wie sein literarisches Alter ego verlässt der nach einem Arbeitsunfall des Vaters großenteils bei Verwandten aufgewachsene J. seine Heimat bereits im Alter von 14 Jahren, schlägt sich auf dem Weg nach Stockholm als Holzflößer, Arbeiter in einer Ziegelei und in einem Sägewerk, Filmvorführer und Bauarbeiter durch. In der schwedischen Hauptstadt nimmt J.s lebenslang andauerndes politisches Engagement seinen Anfang; er wird Mitarbeiter sozialistischer Zeitungen und Organisationen. Während der späteren Auslandsaufenthalte in Frankreich und Deutschland veröffentlicht J. weiterhin politische Artikel in schwedischen Zeitungen. In den 1930er und 40er Jahren sind seine Artikel vor allem von der schneidenden Absage an die schwedische Neutralitätspolitik und der Aufforderung zum aktiven Widerstand gegen den Nationalsozialismus geprägt. Auch seine Romane weisen mit der Zeit eine immer deutlichere politische Stellungnahme auf. Stärker und früher als den meisten seiner schwedischen (und ausländischen) Zeitgenossen war sich J. der Gefahr für Frieden und Menschlichkeit bewusst, die vom nationalsozialistischen Deutschland ausging. Das wichtigste Romanwerk dieser Zeit ist die großangelegte Trilogie über den Stock-

holmer Makler Krilon und dessen Freunde: *Grupp Krilon, Krilons resa* und *Krilon själv* (1941–43; Die Gruppe Krilon, Krilons Reise, Krilon selbst). In allegorisch-symbolischer Form schildert J. darin den Widerstand eines demokratisch gesinnten Freundeskreises gegen die Mächte des Bösen. Zunächst als eine Art Gesamtbild des Daseins, ein großes Werk über den Menschen in seiner Welt und seiner Zeit geplant, trat die politische Botschaft im Lauf des Arbeitsprozesses immer weiter in den Vordergrund: Das freie, demokratische Gespräch zwischen den Menschen fungiert in J.s Romantrilogie als stärkste Waffe gegen die Gefahren des Nationalsozialismus und als wirkungsvollstes Mittel zur Aufrechterhaltung humanistischer Werte in der Gesellschaft.

Nach dem Ende des Zweiten Weltkriegs lebt J. in der Schweiz und in England; die in dieser Zeit entstehenden Werke kreisen um ein neues zentrales Thema: die Geschichte. J.s historische Romane schildern Ereignisse von der Antike bis in die jüngste Vergangenheit, der überzeitliche Bezug steht dabei stets im Vordergrund. *Strändernas svall* (1946; *Die Heimkehr des Odysseus*, 1949) ist eine ironische Wiedererzählung des Odysseus-Mythos in moderner Sprache, stilistisch angelehnt an William Faulkner und Thomas Mann. In dem drei Jahre später erscheinenden Roman *Drömmar om rosor och eld* (1949; *Träume von Rosen und Feuer*, 1952) greift J. die Thematik der Hexenverbrennungen im Frankreich des 17. Jahrhunderts auf, *Molnen över Metapontion* (1957; *Wolken über Metapont*, 1964) versetzt den Leser abwechselnd in die Zeit der griechischen Antike, des Zweiten Weltkriegs und der 1950er Jahre, *Hans nådes tid* (1960; *Eine große Zeit*, 1966) schildert das Europa Karls des Großen. In seinen letzten Werken, etwa in *Favel ensam* (1968; Favel einsam) und *Några steg mot tystnaden* (1973; *Reise ins Schweigen*, 1975), widmet sich J. noch einmal verstärkt dem Thema der menschlichen Zeiterfahrung und der Funktion des Gedächtnisses. 1974, zwei Jahre vor seinem Tod, erhält er zusammen mit seinem Landsmann Harry Martinsson den Nobelpreis für Literatur.

*Lea Weber*

## Johnson, Samuel [Dr. Johnson]

Geb. 18. 9. 1709 in Lichfield,
Staffordshire; gest. 13. 12. 1784 in London

Samuel Johnson steht in einem symbolischen Verhältnis zum augusteischen Zeitalter. Schon zu Lebzeiten machte er sich einen Namen als Lexikograph, Essayist, Biograph, Herausgeber und nicht zuletzt als Kritiker. Im Urteil der Nachwelt oszilliert J. zwischen Mythos und Karikatur: Wird er einerseits zu einem der letzten Polyhistoren nach Leibniz geadelt, so erscheint er andererseits als gelehrter Kauz. Das stereotype Bild von ihm als einem skurrilen Gelehrten geht auf James Boswells *Life of Johnson* (1791) zurück. – J. wurde als Sohn des Buchhändlers Michael Johnson und seiner Frau Sarah geboren. Nach eher dürftiger Schulbildung und einem aus Gründen der Armut abgebrochenen Studium in Oxford verdiente sich J. als Tutor und Lehrer seinen Lebensunterhalt in Market Bosworth; zwei Jahre nach der Heirat mit Elizabeth Porter zog J. 1737 nach London und schrieb sein einziges Theaterstück *Irene* (1737). Regelmäßig steuerte er in dieser Zeit Beiträge zu Edward Caves *Gentleman's Magazine* bei. J. veröffentlichte Gedichte und Übersetzungen sowie politische Satiren, aber erst mit dem Erscheinen des *Dictionary of the English Language* (1755; *Neues grammatisch-kritisches Wörterbuch der Englischen Sprache für die Deutschen*, 1783) gelangte er – nicht nur in England – zu Ruhm. Er wurde als Lexikograph zu einer Autorität; mit seinen moralischen Wochenschriften *The Rambler* (1750–52) und *The Idler* (1758–60; *Der Müssiggänger*, 1764) entwickelte er sich zum *Praeceptor Britanniae*. J. galt als Meister der Konversation; zu seinen Freunden zählten Fanny Burney, David Garrick, Richard Savage, Joshua Reynolds, Oliver Goldsmith, Adam Smith und Edmund Burke, die teilweise auch dem einflussreichen Literary Club (gegründet 1764) angehörten. 1755 griff J. in seinem »Letter to Lord Chesterfield« das zeitgenössische Patronagesystem scharf an. Nach dem Tod seiner Frau Elizabeth 1752 lebte er bis zu seinem Lebensende allein. J. unternahm Reisen nach Wales, nach Schottland und zu den Hebriden. In reiferem Alter wurden ihm zahlreiche Ehren zuteil: So verlieh ihm beispielsweise die Royal Academy 1769 den Titel eines Honorarprofessors. Nach einem ersten Schlaganfall 1783 erholte sich J. nicht wieder völlig; er starb im Dezember 1784 in London.

In seiner Erstveröffentlichung, der Verssatire »London« (1738), imitiert J. die dritte Satire Juvenals, um ein zynisches Panorama der englischen Wirklichkeit zu entwerfen. Das Gedicht spiegelt die in dieser Zeit typische Xenophobie Franzosen gegenüber, die als Modenarren und Intriganten gezeichnet werden. In der folgenden Verssatire »The Vanity of Human Wishes« (1749), einer Imitation der zehnten Satire Juvenals, illustriert J. an den Beispielen Karls XII. von Schweden und Kardinal Wolseys, wie töricht sich menschliche Wünsche nach Ruhm und Macht angesichts der existentiellen Wechselfälle des Lebens (*vicissitude*) ausnehmen.

Bilanzierung und kritische Beurteilung von Wertesystemen ist auch das Anliegen von J.s *The Rambler*, den er fast völlig allein zwischen 1750 und 1752 verfasste. Anknüpfend an Richard Steeles und Joseph Addisons *The Tatler* und *The Spectator*, nutzt J. die periodische Essayistik, um *sub specie aeternitatis* Prinzipien der Lebensführung zu evaluieren. In den 208 Nummern des *Rambler* beurteilt J. in moralistischer Weise Heirat, Erziehung, Bildung, Gelehrsamkeit, Schriftstellertum, Krankheit und Tod. Der Ernsthaftigkeit der Thematik entspricht der Stil, das vielgerügte *Johnsonese*, eine gestelzt wirkende Prosa, konstruiert in extrem verschachtelter Hypotaxe und gespickt mit Latinismen. J. versteht seinen *Rambler* gleichsam als moralisches Repetitorium, um seine Leser zu Selbsterkenntnis und Reue anzuhalten. In generischer Hinsicht setzt J. auf Vielfalt: Neben orientalischer Geschichte (*oriental tale*), Allegorien und Briefen finden sich Figurenbeschreibungen in der Tradition des *character writing*. Alle Essays stehen im

Dienste erkenntniskritischer Desillusionierung, die im Sinne Montaignes die Hauptaufgabe der Philosophie erfüllen, das »Sterben-Lernen« vorzubereiten. Zu diesem Zweck entlarvt J. die ›Hoffnungslosigkeit des Hoffens‹ und definiert menschliches Glück als Zustand der Täuschung. Die Beiträge J.s im *Idler* und *Adventurer* (1752–54) sind von vergleichsweise leichterer Natur; die Essays wirken mild satirisch aufgeladen. J. arbeitet mit sprechenden Namen (Dick Misty, Jack Snug), wenn er Schriftsteller und Kritiker mit mildem Spott überzieht. Doch auch *The Idler* ist als Monitorium konzipiert: Die im Titel der Sammlung genannte geistige Trägheit war für J. Inbegriff eines verwirkten Lebens, in der *accedia*-Tradition der Theologie als Formel für »lebendiges Totsein« dechiffrierbar. Mit seiner Essayistik warnte er vor exakt jener geistigen und physischen Lethargie, unter der er zeitlebens gelitten hatte. – J. schrieb die Essays des *Rambler*, um sich von den Mühen der Lexikographie zu erholen. Es ist aber dieses *Dictionary of the English Language*, dem J. zweifelsfrei seinen Ruhm in Europa verdankt. Als Konkurrenzprojekt zu den kollektiv entstandenen Lexika der italienischen Accademia della Crusca und der französischen Académie française geplant, knüpfte er in diesem bahnbrechenden Diktionär an Nathan Baileys *Dictionarium Britannicum* (1730) an. Sein in »Plan for a Dictionary of the English Language« (1747) verdeutlichtes Konzept gibt ein historisches Sprachbewusstsein zu erkennen. Seine Methode ist etymologisch geprägt und spiegelt naturgemäß die zahlreichen fehlerhaften Erkenntnisse der Sprachforschung im 18. Jahrhundert. Um eine möglichst naturgetreue Wiedergabe der Sprache zu gewährleisten, präsentiert J. die Lemmata in ihrem originalen Kontext, indem er aus englischer Primärliteratur zitiert. Zu den am meisten zitierten Autoren zählen William Shakespeare, John Milton, Francis Bacon, Thomas Brown, John Dryden, Joseph Addison und Jonathan Swift.

1759 veröffentlichte J. seine philosophische Erzählung *Rasselas: The Prince of Abissinia* (*Die Geschichte von Rasselas, Prinzen von Abessinien: eine morgenländische Erzählung*, 1964).

Er hatte die Geschichte nicht zuletzt geschrieben, um die nach dem Tod seiner Mutter anfallenden Bestattungskosten aufbringen zu können. Rasselas und seine Schwester Nekyah, die in der paradoxen Utopie eines »Glücklichen Tals« abgeschieden von dem Elend der Welt aufwachsen, verlassen zusammen mit der Mentorfigur Imlac ihre statisch-ahistorische Heimat, um sich den Herausforderungen der Welt zu stellen. Die ›wirkliche Welt‹ bietet sich den Protagonisten als verwirrender Ort, für den Glückslehren vermeintlich Orientierung verheißen. *Rasselas* setzt das desillusionierende Programm des *Rambler* mit narrativen Mitteln fort; die Erzählung liest sich wie ein großangelegtes *exagium* traditioneller Formeln der Lebensführung: Stoizismus, Hedonismus, Gelehrsamkeit, Wissenschaft, Ruhm werden auf den Prüfstand der Empirie zitiert. Johnsons Erzählung, die wie Voltaires *Candide* in den Kontext der europäischen Theodizeedebatte einzubeziehen ist, besticht durch die Prägnanz der Formulierungen und eine modern wirkende Zurückhaltung im Urteil. Der berühmte offene Schluss straft jene Kritiker Lügen, die in J. einen Moralapostel sehen.

Ab 1745 trug sich J. mit dem Gedanken, Shakespeares Werke zu edieren, er realisierte seinen Plan erst 1765. Zwar kann J.s editorische Leistung in Bezug auf Kollations- und Emendationstechniken angegriffen werden, aber für die Entstehungszeit muss sie als vorbildlich gelten. Besonders bei seinen Worterklärungen setzte er Maßstäbe und kommentierte schwierige Textstellen bei Shakespeare mit seiner durch die Arbeit am Lexikon gereiften literarischen Kompetenz. In seinem »Preface to Shakespeare« (1765; »Vorwort zum Werk Shakespeares«, 1987) nahm er den Elisabethaner vor jedem Versuch klassizistischer Kritiker in Schutz, die in Shakespeares Dramen Verstöße gegen aristotelische Regelpoetik aufzuspüren trachteten. Für J. besteht Shakespeares unanfechtbare Leistung in seiner Fähigkeit, unmittelbar die Herzen der Menschen anzu schauen zu können. Shakespeares Dramen, so J., böten keine artifiziellen Helden, sondern ›wirkliche‹ Menschen. Den Versuch, Englands Dichter einem breiten Publikum vorzustellen, setze J. mit seinem *Lives of the English Poets* (1779–81; *Johnsons biographische und critische Nachrichten von einigen englischen Dichtern*, 1781–83) fort. Er stellt hier eine Galerie der aus seiner Sicht wichtigsten englischen Autoren zusammen, zu denen Abraham Cowley, Alexander Pope, John Dryden, John Milton, Joseph Addison und Jonathan Swift zählen. Die Texte, die in der Regel eine Dreierstruktur aufweisen, konzentrieren sich nach der Präsentation von Informationen zur Biographie und nach einer knappen Allgemeincharakterisierung auf die jeweilig wichtigsten Werke, die J. kritisch beschreibt und beurteilt. Bis heute viel zitiert wird seine Aussage zu den *Metaphysical Poets* in seinem »Life of Cowley«, in dem sich auch die berühmte Definition eines *conceits* findet, für J. ein Konglomerat aus den »heterogensten Ideen«, die »mit Gewalt zusammengejocht werden«.

J.s *Journey to the Western Islands of Scotland* (1775; *Eine Reise zu den Westlichen Inseln von Schottland*, 1986) und die *Tour to the Hebrides* (1785; *Dr. Samuel Johnson. Leben und Meinungen; mit dem Tagebuch einer Reise nach den Hebriden*, 1981) repräsentieren die im 18. Jahrhundert so beliebte Gattung der Reiseliteratur. J. ist jedoch weniger an Fakten als an Bräuchen, Sitten und Ideen interessiert. Er versucht, die beobachteten Szenerien in einen größeren Zusammenhang zu rücken, und reflektiert über nationale Identität ebenso wie über die Rolle von Bildung und Erziehung. – J.s Einfluss auf seine Zeit war so groß, dass man in ihm zu Recht eine Repräsentationsfigur des Klassizismus gesehen hat. Die intensive Kenntnis seiner Werke legt jedoch den Verdacht nahe, dass jeder Versuch, ihn eindeutig klassifizieren zu wollen, scheitern muss. Zumal die Stereotypisierungen J.s als ›konservativer Moralapostel‹ oder ›humorloser Laienprediger‹ sind nach aufmerksamer Lektüre seiner Werke nicht länger haltbar.

Werkausgabe: The Yale Edition of the Works of Samuel Johnson. Hg. A.T. Hazen/J.H. Middendorf. 16 Bde. New Haven 1958ff.

*Rudolf Freiburg*

## Johnson, Uwe

Geb. 20. 7. 1934 in Kammin/Pommern; gest. 23. 2. 1984 in Sheerness (England)

Schon Mitte der 1950er Jahre erkannte der Leipziger Literaturhistoriker Hans Mayer das große erzählerische Talent des damals zwanzigjährigen Germanistikstudenten J. und empfahl seinen Schüler, der eine hervorragende Diplomarbeit über Ernst Burlach angefertigt hatte, dem westdeutschen Verleger Peter Suhrkamp, nachdem vier namhafte Verlage der DDR dessen frühes Romantyposkript *Ingrid Babendererde* abgelehnt hatten. Zu einer ersten Buchveröffentlichung kam es erst im Herbst des Jahres 1959 (*Mutmaßungen über Jakob*).

J., Sohn eines aus Mecklenburg stammenden Gutsverwalters und späteren Angestellten des Greifswalder Tierzuchtamtes, war in den letzten Kriegsjahren Schüler eines nationalsozialistischen Internats; zwischen 1946 und 1952 besuchte er die Oberschule in der Barlach-Stadt Güstrow. Der plötzliche Wechsel der politischen Systeme, den der Schüler J. anhand des Bildertauschs im Klassenzimmer (Hitler/Stalin) genau registrierte, fand autobiographisch Niederschlag in der ersten seiner Frankfurter Poetik-Vorlesungen (*Zwei Bilder*) im Sommersemester 1979.

Konflikte mit der »Freien Deutschen Jugend«, deren Mitglied J. lange Jahre war, vereitelten eine Anstellung des begabten Germanisten im Staatsdienst und zwangen ihn zu wissenschaftlicher Arbeit am heimischen Schreibtisch. In dieser Zeit entstanden eine neuhochdeutsche Prosabearbeitung des Nibelungenliedes und die Übersetzung von Herman Melvilles *Israel Potter* aus dem Amerikanischen; beide Bücher sind zwar in der DDR, jedoch zunächst ohne Angabe ihres Übersetzers, erschienen. Bemerkenswert sind ferner J.s Gutachten für Verlage aus den Jahren 1956 bis 1958, in denen er Editionspläne für Werkausgaben und Exposés vorlegt (u.a. zu Peter Altenberg, Frank Wedekind, Franz Werfel). Bernd Neumann hat diese bislang unbekannten Dokumente wie auch J.s Klausuren und frühen Prosaskizzen 1992 vorzüglich in den Bänden 3 und 4 der »Schriften des Uwe-Johnson-Archivs« ediert. Als gewissenhafter Philologe hatte sich J. noch einmal in den 60er Jahren erwiesen: er gab Bertolt Brechts *Me-ti* heraus.

Nachdem auch der Suhrkamp Verlag, besonders auf Betreiben des damaligen Mitarbeiters und Lektors Siegfried Unseld, das Manuskript des Jugendwerks, genauer, dessen vierte Fassung, abgelehnt hatte, legte J. eine zweite Arbeit vor, den noch umfangreicheren Roman *Mutmaßungen über Jakob*. Daraus wurde sein erstes Buch, das in einer Erstauflage von 5000 Exemplaren erschien und rasch Gegenstand germanistischer Dissertationen wurde. J. hatte wegen dieser Publikationsmöglichkeit im Westen schweren Herzens seine mecklenburgische Heimat verlassen; er sei, wie er immer wieder in Interviews versicherte, nicht geflohen, sondern »übergesiedelt«.

Während die Existenz eines J. in der DDR bis zum Erscheinen eines Aufsatzes von Horst Drescher in *Sinn und Form* ignoriert wurde, abgesehen von zwei polemischen Attacken in der kulturpolitischen Wochenzeitung *Sonntag* (Hochmuth/ Kessler) und im *Neuen Deutschland* (Hermann Kant) 1962, erkannten die Literaturkritiker des übrigen deutschsprachigen Raums sehr rasch die außerordentliche Belesenheit dieses jungen Autors, sahen in seiner komplexen Erzähltechnik und stilistischen Virtuosität Ähnlichkeiten zu den angloamerikanischen Vorbildern William Faulkner, Ernest Hemingway und James Joyce, konstatierten aber auch Kompositionsmerkmale des ›nouveau roman‹ eines Alain Robbe-Grillet und anderer zeitgenössischer Autoren. Die Reihe der Schriftsteller, mit denen J. in der Folgezeit verglichen wurde, ist endlos lang und reicht von Franz Kafka über Thomas Mann bis Robert Musil und Christa Wolf, Franz Tummler und Fritz Rudolf Fries. Der entscheidende Impuls, der diesem Erstling eines völlig unbekannten Literaten in der

westdeutschen Literaturszene zu so großer Popularität verhalf – gleichzeitig erschienen *Die Blechtrommel* von Günter Grass und Heinrich Bölls *Billard um halb zehn* – ging jedoch nicht so sehr vom stilistischen Gestaltungswillen und dessen Eigenwilligkeit aus, sondern vielmehr von der spezifischen Thematik, die hier aufgegriffen wird: die Spaltung Deutschlands. Dieser thematische Aspekt der *Mutmaßungen über Jakob*, so zeigt es die Wirkungsgeschichte dieses Romans, wurde von der Literaturkritik einhellig überbewertet, zuweilen hypostasiert, was zu einer simplifizierenden Etikettierung J.s (»Dichter der beiden Deutschland« etc.) führte, die die feuilletonistische Publizistik des europäischen Auslands nach dem Erscheinen der Übersetzungen unkritisch übernahm und weiter propagierte. J. wurde für diesen Roman, der nicht nur die sprachliche und menschliche Entfremdung der beiden Teile Deutschlands vielperspektivisch ausleuchtet, sondern auch das politische Klima der 1950er Jahre vergegenwärtigt (Ungarn-Aufstand, Suez-Krise, Aktivitäten des DDR-Staatssicherheitsdienstes), mit dem Fontane-Preis des Berliner Senats ausgezeichnet.

War das Thema der *Mutmaßungen* die detailgenaue Rekonstruktion einer entscheidenden Lebensphase des Reichsbahn-Dispatchers Jakob Abs bis zu dessen tragischem Tod bei einem Arbeitsunfall auf einem Rangiergleis, waren die Protagonisten DDR-Bürger, so ist im zwei Jahre später folgenden Roman (*Das dritte Buch über Achim*, 1961) die handlungstragende Figur ein Hamburger Journalist namens Karsch, der von einer früheren Freundin, einer Schauspielerin, zu Besuch in die DDR eingeladen wird und dort den politisch engagierten Radrennsportler Achim kennenlernt. Dieser Karsch wird von einem DDR-Verlag beauftragt, zu den zwei bereits geschriebenen Biographien über das Sport- und Jugendidol Achim eine dritte zu verfassen, stößt bei seinen Recherchen in der Vergangenheit des gefeierten Rennfahrers jedoch auf Fakten – begeisterter Hitlerjunge, Teilnahme am Aufstand des 17. Juni, die sich mit der ideologischen Konzeption eines staatlichen Verlags nicht in Einklang bringen lassen. Die engen Grenzen der Pressefreiheit erkennend, reist Karsch wieder ab. In diesem Roman, der ja vor dem Mauerbau (13. August 1961) geschrieben wurde, sind noch die Hoffnungen der Entstalinierungsphase spürbar, die Möglichkeiten eine Kooperation zwischen einem westdeutschen Publizisten und einem ostdeutschen Verlag in Sachen Sport werden immerhin zur Diskussion gestellt. Dieser Roman über die Anfänge der Entstehungsgeschichte einer letztendlich gescheiterten deutsch-deutschen Sportler-Biographie liest sich einfacher als sein Vorgänger, wenngleich J. auch hier mit einer Frage-Antwort-Technik arbeitet, die nach einer ersten Textlektüre Fragen offenlässt. Die Kritik nahm das Werk euphorisch auf; namhafte europäische Literaturverlage erkannten dem erst 27-jährigen J. den Internationalen Verlegerpreis (Prix Formentor) zu; Übersetzungen des Romans folgten daraufhin in sieben Sprachen und lösten ein breites Echo in der Presse aus. J. reiste ein erstes Mal in die USA, wo er nicht nur las, sondern auch seinen poetologischen Essay *Berliner Stadtbahn* vorstellte.

Die Mailänder Kontroverse mit Hermann Kesten im Spätherbst 1961 hatte zu einer Diskussion im Deutschen Bundestag geführt; die CDU forderte eine Rücknahme des Villa-Massimo-Stipendiums, des staatlich geförderten Rom-Aufenthalts für Schriftsteller und Künstler; dazu kam es jedoch nicht, da ein Tonband den Beweis erbrachte, dass Kesten den jungen Autor verleumdet hatte.

Im Jahr 1964 betätigte sich J. journalistisch als Kritiker des DDR-Fernsehens für den Westberliner *Tagesspiegel* (*Der 5. Kanal*, 1986); 1965 erschien wieder ein größerer Prosatext (*Zwei Ansichten*), in dem J. auf Stilexperimente und komplizierte Erzählstrukturen verzichtet: er schildert eine Flucht von Ost nach West. Mit Recht ist darauf hingewiesen worden, dass dieser Text eine Zäsur und einen vorläufigen Schlusspunkt in seiner literarästhetischen Entwicklung setzt. Das fiktionale Handlungspotential, das sich aus den Konsequenzen der deutschen Teilung ergab, schien erschöpft. J. wählt für die Jahre 1967/68 New York als seinen neuen Wohnsitz, arbeitet bei Harcourt-Brace-Jovanovich als Schulbuch-Lektor (*Das neue Fenster*, 1967), schließt Freundschaft mit der Verlegerin Helen Wolff, beobachtet die amerikanische Alltagswirklichkeit, liest und archiviert die *New York Times* und sammelt unermüdlich Stoff für seine *Jahrestage*, deren erster Band 1970 erscheint. Die ersten Impressionen des New Yorker Lebens verarbeitet J. in einem kleinen Drehbuch zu einem Film von Christian Schwarzwald (*Summer in the City*, 1968). Detaillierte Milieustudien, der Vietnamkrieg und die Berichterstattung über ihn, Rassenprobleme und Alltäglichkeiten beschäftigen den Autor, der gleichzeitig Quellenstudien zur deutschen Geschichte der jüngsten Vergangenheit treibt, zu Vergleichen findet und langsam ein vielfädiges Erzählgerüst um seine Protagonistin Gesine Cresspahl, die NATO-Sekretärin aus den *Mutmaßungen* spinnt, auf zwei Zeitebenen den Roman vorantreibt und sich als einer der bedeutendsten Erzähler der Nachkriegszeit erweist. Noch bevor die Tetralogie abgeschlossen wird, erst 1983 erscheint der vierte Band, erhält J. den Georg-Büchner-Preis der Deutschen Akademie für Sprache und Dichtung (1971), den Wilhelm-Raabe-Preis der Stadt Braunschweig und den Thomas-Mann-Preis der Hansestadt Lübeck, die höchsten literarischen Ehren, auf die 1983 der Kölner Literaturpreis folgt.

1974 sucht J. freiwillig das Exil; er zieht nach Sheerness-on-Sea, auf eine Themse-Insel, lebt zurückgezogen als »Charles«, gerät infolge einer Ehekrise in eine »Schreibhemmung«, die seine literarischen Projekte verzögert. 1974 erscheint ein schmales Bändchen, ein Nekrolog auf Ingeborg Bachmann (*Eine Reise nach Klagenfurt*); 1977 gibt J. die umfangreiche Autobiographie der Publizistin Margret Boveri unter dem Titel *Verzweigungen* heraus. Sein sachkundiges und faktenreiches Nachwort umfasst 60 Druckseiten und könnte ebenso Monographie gelesen werden. 1979 wird J. Gastdozent für Poetik an der Frankfurter Goethe-Universität und resümiert über den Schriftstellerberuf, reflektiert eigene Erfahrungen, erzählt Anekdoten, gewährt Einblicke in das »Handwerk des Schreibens« und rechnet mit so manchem Zeitgenossen ab (*Begleitumstände, 1980). In einem Beitrag zu einer Festschrift für Max Frisch (1981) verarbeitet J. seine Ehekrise. In sprachlich dichter, zumeist konjunktivischer, überaus steifer Prosa skizziert ein Dr. John Hinterhand sein Unglück. Diese autobiographischen Assoziationen erschienen 1982 als Buch unter dem Titel *Skizze eines Verunglückten.*

Vereinsamt und alkoholkrank starb J. im Februar 1984 in England. Ein Jahr nach seinem Tod entschloss sich der Suhrkamp Verlag, das einstmals verworfene Typoskript *Ingrid Babendererde. Reifeprüfung 1953* zu publizieren, jene politische Schulgeschichte, die mit einer Flucht in den Westen endet und aus der J.s Verbundenheit zu seiner mecklenburgischen Herkunft spricht. J. hat seinen gesamten Nachlass dem Verleger Siegfried Unseld testamentarisch zugesprochen. Der Suhrkamp Verlag hat daraufhin in Verbindung mit der Frankfurter Goethe-Universität ein »Uwe-Johnson-Archiv« eingerichtet, das seine umfangreiche Arbeitsbibliothek und seine Mecklenburgiana-Sammlung sowie zeithistorische Dokumente (Fahrpläne, Adressbücher, Landkarten) beherbergt. Mit dem Fall der Mauer und der Wiedervereinigung Deutschlands ist J.s erzählerisches Werk zunehmend ins Blickfeld germanistischer Interessen gerückt, und durch die szenisch interpretierende, vierteilige Fernseh-Verfilmung (WDR u. a. 2000) seines opus magnum *Jahrestage* hielt der Autor Einzug in die Wohnzimmer auch nicht-lesender Bevölkerungsschichten. Auf dieser medialen Ebene haben Margarethe von Trotta (Regie), Christoph Busch und Peter Steinbach (Drehbuch) einen unschätzbaren Beitrag zur Popularisierung J.s geleistet.

Die Veröffentlichung der Briefwechsel mit dem Schriftsteller-Kollegen Max Frisch (1999), dem Verleger Unseld (1999) hat der Forschung zwar nur wenige neue Impulse geben können, doch das bisher bekannte Lebensbild des Menschen und Denkers J. weiter verdichtet; die Korrespondenz mit der Philosophin Hannah Arendt (2004) setzt die Reihe der Brief-Editionen fort. Eine tiefschürfende Auslotung dieses Dichterlebens war bereits 1994 dem in Trondheim lehrenden Germanisten Bernd Neumann mit einer ersten, umfassenden J.-Biographie gelungen, die schon im Vorfeld ihres Erscheinens lebhafte Diskussionen ausgelöst hat. Im selben Jahr wurde vom Neubrandenburger »Nordkurier« und der Mecklenburgischen Literaturgesellschaft der U.-J.-Preis gestiftet.

*Nicolai Riedel*

## Johst, Hanns

Geb. 8. 7. 1890 in Seerhausen/Oschatz; gest. 23. 11. 1978 in Ruhpolding

Er verbrachte seine Jugend in Leipzig, war als Pfleger in den Bodelschwinghschen Anstalten in Bethel tätig und studierte in München, Wien und Berlin Kunstgeschichte und Philosophie. 1914 meldete er sich freiwillig zu den Heerscharen des Kaisers – er fühlte sich zu Höherem berufen und schrieb nebenbei wie selbstverständlich Dramen und Gedichte. Das Drama *Die Stunde der Sterbenden* erschien im ersten Kriegsjahr, die Bauernkomödie *Stroh* 1916, als man in Frankreich und Flandern längst zum Stellungskrieg übergegangen war, im selben Jahr schob er einen Gedichtband *Wegwärts* nach, von dem eine Luxusausgabe gezogen wurde. Ebenfalls 1916 erschien *Der junge Mensch. Ein ekstatisches Szenarium.* Auch in diesem Fall war eine Luxusausgabe in dreißig numerierten und signierten Exemplaren erhältlich – auf Bütten gedruckt und in Pergament gebunden. Dem Tod auf dem Schlachtfeld, der jetzt täglich tausendfach gestorben wurde, entgegnete er mit dem Motto: »Den Manen meiner ersten Freunde! Es ist eine rasende Wollust: jung sein und um die Verzückung des Todes wissen.«

Am 30. April 1918 saß der junge Bertolt Brecht unter den Zuschauern, als in den Münchner Kammerspielen J.s Drama *Der Einsame. Ein Menschenuntergang* uraufgeführt wurde. Dessen Held, der Dichter Christian Dietrich Grabbe, verkörpert die melancholische Einsamkeit des zu Höherem geborenen Genies, das sich seine Ideale nicht korrumpieren lässt, weder durch den zurückhaltenden

Verleger noch durch die zechenden Ratsherren, sondern – seiner Zeit weit voraus – dem Suff erliegt. Mit diesem in einer pathetischen und herben Sprache geschriebenen Stück gehörte J. zu den erfolgreichen Vertretern des expressionistischen Dramas, das auf eine Erneuerung des Menschen aus war. Bei dem jungen Brecht löste *Der Einsame* keine Zustimmung aus. Er wendet das Ideendrama J.s antibürgerlich, materialistisch und beginnt, an seinem *Baal* zu arbeiten, den er als sinnlichen Gegenentwurf konzipiert:»Baal frißt! Baal tanzt! Baal verklärt sich!« Der Spätexpressionismus ist dabei, sich in zwei Lager zu spalten. Der Weg J.s führt nach rechts.

Als aus den Revolutionswirren von 1918/1919 nicht der ersehnte»neue Mensch«, sondern»nur« die neue demokratische Ordnung der Weimarer Republik und der Versailler Vertrag hervorgingen, war J. enttäuscht. Auf der Suche nach einer passenden ideologischen Heimat geriet er, wie z. B. Arnolt Bronnen und Gottfried Benn, in ein Lager, in dem die geistigen und politischen Vorbereitungen für den Aufbruch ins Dritte Reich getroffen wurden. Seit 1918 als freier Schriftsteller in der Nähe Münchens lebend, veröffentlichte er während der 1920er Jahre recht erfolgreiche Dramen, Romane und Gedichtbände, die einer modischen Gesellschaftskritik das Wort redeten, im Namen des Natürlichen, Ursprünglichen und Volkhaften. So widmete er einen 1924 in der»Sammlung Schollenbücher« erschienenen Aufsatzband *Wissen und Gewissen*»den letzten Goten, den Kreuzfahrern, den Schwarmgeistern und Flagellanten, den Freikorps und Sturmtrupps der deutschen Sehnsucht«, verbreitete sich über das»Ethos der Begrenzung«, über das»Wahre, Gute und Schöne« und huldigte dem»Glauben«. Mit seinen beiden Dramen *Thomas Paine* (1927) und *Schlageter* (1933),»Adolf Hitler in liebender Verehrung und unwandelbarer Treue« gewidmet, bekannte er sich schließlich offen und begeistert zum Nationalsozialismus. Im *Schlageter*, das die 1923 erfolgte Hinrichtung des Freikorpsmanns Albert Leo Schlageter durch die Franzosen als märtyrerhaftes Fanal der nationalsozialistischen Revolution verherrlicht, findet sich der bemerkenswerte Satz: »Wenn ich das Wort Kultur höre, entsichere ich meinen Revolver.« Seine Dienstbarkeit sollte belohnt werden. Zunächst machte er Karriere als Dramaturg in der Reichshauptstadt Berlin. Von 1935 bis 1945 amtierte er als Präsident der Reichsschrifttumskammer und der Preußischen Akademie der Künste und sorgte im Auftrag des Führers für die literarischen Vorbereitungen der»Umschaltung der Massen nach gewonnenem Siege auf die Innerlichkeit«. Er hielt es 1940 für angebracht, die deutsche Literatur der Blitzkriegstrategie Adolf Hitlers zuzuordnen:»Mit seinen Soldaten schafft der Führer das Reich … Mit seinen Baumeistern meistert er den gewonnenen Raum – und mit euch, durch eure Wortgewalt, ist er gewillt in die Geschichte einzugehen! Diese Stunde, deutsche Dichter, ist das höchste Aufgebot, das die deutsche Nation je ergehen ließ! Stellt euch ihm! Schafft geistigen Raum und bevölkert ihn mit euren edelsten Werken, daß es eine Lust ist zu leben, daß die tausendjährigen Klagen über das Jammertal endlich verstummen und das Reich zum Himmelreich werde!« (*Der Dichter in der Zeit*, 1940). Er veröffentlichte während des Dritten Reichs weihevolle Gedichtbände (*Die Straße. Gedichte und Gesänge*, 1942), Aufsätze und ein Requiem (*Fritz Todt*, 1943) oder ließ veröffentlichen: *Erkenntnis und Bekenntnis. Kernsätze aus den Werken und Reden* (1940) und *Hanns Johst spricht zu Dir. Eine Lebenslehre aus seinen Reden und Werken* (1941). 1945 wurde J. von den Alliierten interniert und erhielt bis 1955 Publikationsverbot. Unmittelbar nach dessen Aufhebung erschien der Roman *Gesegnete Vergänglichkeit*, der von der Literaturgeschichte nicht mehr zur Kenntnis genommen wurde. J. starb vergessen in hohem Alter.

*Bernd Lutz*

## Jonke, Gert
Geb. 8. 2. 1946 in Klagenfurt

J. hat in seinem experimentellen Prosastück *Glashausbesichtigung* (1970) sein poetologisches Credo abgelegt:»Ich glaube nicht an normale Erzählungen. Ich kann nur an Erzählungen, die durch andere Erzählungen unterbrochen werden, glauben. Ich glaube, jeder einzelne Satz der Erzählung muß durch einen darauffolgenden Satz einer zweiten oder dritten Erzählung unterbrochen werden. Indem ich jeden Satz der Erzählung vom folgenden Satz der Erzählung durch einen Satz einer zweiten oder dritten Erzählung trenne und erst später einsetze, erhalte ich viele Erzählungen in einer einzigen Erzählung.« Die Struktur seiner Prosa steht demnach unter dem Prinzip der vielfältigen Verschachtelung. Sätze und Textsequenzen werden nicht linear durchgeschrieben, sondern diskontinuierlich aneinandergereiht. Sie fügen sich zu einem Gewebe intertextueller Referenzen zusammen, bilden eine Art Vernetzung von Wortreihen, letztlich eine Serie von Textsegmenten, die durch bestimmte Kompositionsmuster der Musik geordnet werden. Die Wirklichkeit, die aus solcher Sprache entsteht, gleicht einem Gebilde aus dem Baukasten, der das Wort- und Wirklichkeitsmaterial in seinen Elementen archiviert.

Für J.s Literaturbegriff ist charakteristisch, dass die Struktur eines Textes und die Struktur der Wirklichkeit einander entsprechen, und zwar in dem Sinne, dass das Modell des Textes mit dem Modell der Wirklichkeit übereinstimmt. Es gibt für ihn keine bloße Faktizität von Tatsachen, die Wirklichkeit ist nicht an und für sich da, sondern sie wird erzeugt und bildet sich erst im Fortgang der Erzählung heraus. Die Grammatik des Textes gibt dabei die Regeln zu erkennen, nach denen sich Realität herausbildet. Die Transparenz des Glashauses – die Glashausmetaphorik ist ein Rückgriff auf Paul Scheerbarts Theorie der Glasarchitektur, in der die Transparenz zum Zeichen der Moderne schlechthin geworden ist – soll die inneren Abläufe und jene Regeln sichtbar bzw. lesbar machen.

Neben einfache Protokollsätze treten bei J. akribische Miniaturen von scheinbar belanglosen Einzelheiten. Das Geflecht der Sätze ist auf den ersten Blick nicht leicht zu durchdringen, weil die Gegenstände durch ihre Nähe ihr vertrautes Aussehen verloren haben, fremd geworden sind. Paradoxerweise erzeugt diese Genauigkeit eine Verfremdung der Dinge: Dort, wo sie präzise erfasst werden, verflüchtigt sich ihre vertraute Erscheinung.»Manche Sachen scheinen so unverständlich, weil sie so deutlich sind«, bemerkte J. einmal in einem Interview.

Struktur und Ordnung der Texte werden gebildet durch Reihungen, Variationen, Reprisen, Inversionen, durch die Krebs- und die Sonatenform, durch die Fuge, das Rondo, also die Muster musikalischer Formen. Die Kompositionstechnik liefert die Regeln für die Organisation von J.s Sprachexplosionen und Satzkaskaden. Die Musik gerät damit zur eigentlichen Methodik der Wirklichkeit, die Philosophie der Musik zur letzten akzeptablen Metaphysik.

Die Musikästhetik Arthur Schopenhauers, Friedrich Nietzsches und Eduard Hanslicks, aber auch Franz Grillparzers Erzählung vom *Armen Spielmann*, der einmal den lieben Gott spielen will – eine Restauration der Idee der absoluten Musik –: all dies steht im Horizont von J.s Musikgeschichten (bes. *Der ferne Klang*, 1979).

In *Der Kopf des Georg Friedrich Händel* (1988) verwandelt sich der Leib Händels in einen Klangkörper (»Während er schon über seinem eigenen Körper zu schweben glaubte, der als ein durchsichtiges Spiegeln von bisher noch niemals gehörten Klängen empfindbar geworden ist«), nachdem er zuvor durch eine halbseitige Lähmung in zwei Hälften zerrissen wurde: Lähmung, Erstarrung *und* Lebendigkeit, Bewegung sind in einem Leib gefangen. Die menschliche Stimme, der richtige Gesang bleiben wie in Halldór Laxness' Roman *Das Fischkonzert* das Faszinosum und das Geheimnis der Kunst. Händel tritt bei J. als erste Künstler auf, der sich bitten und nichts befehlen ließ.

In der Theatersonate *Sanftwut oder Der Ohrenmaschinist* (1990) vollzieht sich dann endgültig die Identität von Person, Körper und Musik: Der taube Beethoven wird eins mit seiner Tonwelt; er verkörpert – ganz wörtlich genommen – seine Hammerklaviersonate. Er spielt nicht Musik, er *ist* Musik geworden.

Es sind die Zwischentöne, die Zwischenräume, die Zwischenzeiten, die bei J. besonderer Aufmerksamkeit bedürfen. Seine Erzählungen und Romane gleichen Intermezzi, verhalten sich wie Zwischenspiele zur gewöhnlichen Realität. Diese Zwischenspiele der Wirklichkeit drehen sich, kreisen um das Verschwinden, das Verstummen, um die Erinnerung: Zwischen der Anwesenheit und der Abwesenheit des Erzählten steht das Verschwinden; zwischen der Rede und dem Schweigen das Verstummen und zwischen Vergangenheit und Gegenwart die Erinnerung (entsprechend die Umkehrungen wie Erscheinen, Ertönen, Vergessen).

In seiner ersten Veröffentlichung, dem *Geometrischen Heimatroman* (1969), dreht sich alles um einen leeren Dorfplatz, lediglich mit einem Brunnen in der Mitte. Ansonsten erschreibt der Roman eine Wirklichkeit, die abwesend ist; nur die möglichen Beziehungen imaginierter Gegenstände und Personen werden protokolliert. In der *Schule der Geläufigkeit* (1977), diese Erzählung ist eine fiktive Künstlerautobiographie, wird die Gegenwart der Erinnerung in immer neuen Variationen dem Verlöschen entzogen.

Die Leere, die verklungene Erinnerung, die Auflösung des Realen in die Musik – stets erscheinen bei J. solche unbestimmten Zentren, in denen alles zusammenstürzt und sich einigt. Oder er überschreitet die Grenzen des Anfangs und des Endes, wohl wissend, dass der Anfang ebensowenig einholbar ist wie das Ende. Wo beginnt ein Text, wann ein Leben? Und wo endet die Geschichte? Gewiss nicht mit dem Schlusspunkt. Die Leser setzen den Text fort, der damit dem Autor entzogen wird.

J.s literarische Ahnen sind die Autoren der phantastischen Literatur; er ist ein ausgewiesener Jorge Luis Borges-Leser und Robert Walser-Kenner. Geistesverwandt fühlt er sich mit dem Iren Flann O'Brien. Die Filme Federico Fellinis (J. studierte an der Wiener Akademie für Film und Fernsehen, bevor er freier Schriftsteller wurde), die Sprachphilosophie

Fritz Mauthners und Ludwig Wittgensteins Sprachspiele haben ihn lange beschäftigt.

Was an seiner Schreibart hervorsticht, sind seine Vorliebe fürs Detail, für das Kleine und Unscheinbare, dann seine Genauigkeit in der Deskription, schließlich die Verzögerung, die Langsamkeit im Fortgang des Erzählens – kurz: das Minimale, die Akribie, das Retardierende, ähnlich wie bei Adalbert Stifter. In J.s narrativer Genauigkeitsmikrologie verbinden sich Traditionen der klassischen Moderne mit den experimentellen (Wiener Gruppe), phänomenologischen und sprachanalytisch orientierten Richtungen der neueren Literatur. J.s Prosa ist in einem eminenten Sinne der präzise Einstieg in die sprachlich erzeugte Wirklichkeit der Dinge. Die Anerkennung für das Werk blieb nicht aus: 1997 erhielt J. den Erich-Fried-Preis (seine Rede bei der Preisverleihung: *Quer durch das arktische Eis des Papiers*) und 2002 den Großen Österreichischen Staatspreis für Literatur. Neben Theaterstücken (*Es singen die Steine: Ein Stück Naturtheater*, 1998; *Insektarium*, 1999) veröffentlichte er Prosaskizzen und wieder den Themen Stimme und Musik verpflichtete Texte (*Redner rund um die Uhr. Eine Sprechsonate*, 2003; *Chorphantasie*, 2003).

*Helmut Bachmaier*

### Jonson, Ben
Geb. 11. 6. 1572? in London;
gest. 6. 8. 1637 in London

Neben Shakespeare ist Ben Jonson der bedeutendste englische Dramatiker der Renaissance. Als gelehrter Dichter, allerdings ohne jede Weltfremdheit, entwickelte er ein eigenes Profil. Er begründete die Tradition der satirischen Sittenkomödie, die bis ins 18. Jahrhundert lebendig blieb, verstand sich aber immer auch als Lyriker. Er lehnte den ›metaphysischen‹ Stil ab und bemühte sich um Klarheit der Form und des Ausdrucks. Seine Lyrik entwickelte er auf der Grundlage antiker Gattungen wie Epigramm, Epitaph, Epistel und Ode. Seine Rolle in der Genese des Ideals des schlichten Stils (*plain style*) kann nicht überschätzt werden. – J. führte ein wechselvolles Leben, über das Aufzeichnungen seines Freundes William Drummond unterrichten. Als Schauspieler und Theaterautor war er seit 1597 in Diensten von Philip Henslowe. 1598 wurde sein erstes wichtiges Stück, *Every Man in His Humour*, unter Mitwirkung von Shakespeare als Schauspieler aufgeführt. Wegen seiner heftigen Satire eckte J. wiederholt bei den Behörden an und verwickelte sich in eine Fehde mit den Autorenkollegen John Marston und Thomas Dekker. Ein Beitrag zu diesem ›Theaterkrieg‹ ist die satirische Komödie *Poetaster* (1601), die Marston und Dekker angreift. Seine bedeutendsten Stücke entstanden zwischen 1605 und 1614. Diese Lebensphase fand 1616 einen Höhepunkt in der Veröffentlichung seiner Werke in der Folio-Ausgabe, mit der sich J. als Autor ein Denkmal setzte, und in der Gewährung eines Gehalts durch James I, die der Ernennung zum Hofpoeten (*Poet Laureate*) gleichkam. J. erfreute sich der Patronage durch den König. Er schrieb regelmäßig höfische Maskenspiele (*masques*), bei denen er mit dem Architekten Inigo Jones zusammenarbeitete. Eine Neuerung J.s ist die *anti-masque*, ein komisch-groteskes Vorspiel, das den politisch affirmativen, auf Harmonie zielenden Charakter des eigentlichen Spiels umso deutlicher hervortreten lässt. In den ersten drei Dekaden des 17. Jahrhunderts spielte J. eine zentrale Rolle im literarischen Leben Londons. Seine Jünger nannten sich »the sons of Ben«.

J.s Frühphase als Dramatiker ist von seiner Erfindung der *comedy of humours* bestimmt, einer Spielart der *comedy of manners*. Mit dem Begriff *humour* knüpft er an die Theorie der vier Temperamente (Choleriker, Sanguiniker, Melancholiker, Phlegmatiker) an. Er verwendet diese Theorie aber metaphorisch, um die Exzentrizitäten und Affektiertheiten, »the typical manias« (T.S. Eliot) der Menschen im gesellschaftlichen Leben zu charakterisieren. In *Every Man in His Humour* (1598) erscheint das humoralpsychologische Moment lediglich bei zwei Figuren, welche die Modekrankheit der Melancholie kultivieren. Von dieser Ko-

mödie gibt es eine Fassung, die in Italien spielt, und eine spätere überarbeitete Fassung, die den Schauplatz nach England verlegt. J. wandelt die Komödienform von Plautus zu der für ihn charakteristischen Stadtkomödie (*city comedy*) um. Hier geht es um einen Generationenkonflikt, verkörpert in Knowell, der seinen Sohn aus Sorge um dessen Moral bespitzelt. Dabei spielt der Diener Brainworm – in der Tradition der Sklavenfiguren der römischen Komödie und der Lasterfigur (*Vice*) der Moralitäten – als Intrigant und Verwandlungskünstler eine zentrale Rolle. Alle Figuren des Stücks sind durch eine fixe Idee definiert. Die spektakulärste Figur ist Bobadill, ein Feigling, der – in der Nachfolge des antiken *miles gloriosus* – seine soldatische Expertise mit bombastischer Rhetorik und Gestik zur Schau stellt. Perfektioniert ist die figurenbezogene Dramatik J.s in *Every Man out of His Humour* (1599), einem Stück, das sich mit seiner deskriptiven Figurenzeichnung in starkem Maße an die von Theophrast übernommene Form des *character-writing* anlehnt. Die poetologische Grundlage von J.s Charakterisierungskunst ist die Auffassung, dass sich der Mensch durch seine Sprache definiert. In seinem Prosawerk *Timber, or Discoveries* (1640) sagt er: »Language most shewes a man.« Die zweite Innovation von *Every Man out of His Humour* beruht in der Einführung von Kommentarfiguren, die zum einen in der *Induction* auftreten und handlungsextern die ganze Zeit über präsent sind und zum anderen wie der Moralist Macilente und der Lästerer Carlo Buffone handlungsintern die *humour*-Figuren mit Tadel und Spott überziehen. Wenn diese Episierung auch die unmittelbare Dramatik einschränkt, so ist die Satire doch von höchster Qualität. Die satirische Kritik am Höfischen wird in Figuren realisiert, die als Städter (z. B. Fastidius Brisk) oder Landbewohner (z. B. Sogliardo) höfische Verhaltensweisen nachäffen und durch den Erwerb von Attributen des Höflingsstands (Kleidung, Wappen) aufsteigen wollen.

Das heiterste Drama J.s ist *Epicoene, or The Silent Woman* (1609; *Epicoene*, 1799), das auf allen Ebenen der Handlung, der Charakteri-

sierung und der Sprache auf ungemein komische Weise die Opposition zwischen den
Geschlechtern aufhebt. Das auffälligste Beispiel dafür ist die Haupthandlung, in der sich
die schweigsame und duldsame Epicoene nach
der Eheschließung mit Morose als herrsch-
süchtiger Zankteufel und letztendlich als
Mann in Frauenkleidern offenbart. Die De-
konstruktion der Geschlechterrollen wird
auch in kunstvoll in die Haupthandlung einge-
flochtenen Nebenhandlungen behandelt (etwa
anhand der Rollenumkehr im Ehepaar Otter
und bei den Collegiate Ladies).

Unter J.s Meisterwerken sind zwei Gaunerkomödien. *Volpone* (1605; *Volpone*, 1912)
zeichnet sich neben der Charakterisierungskunst durch große Virtuosität in der Handlungsführung aus. Schauplatz ist Venedig, traditionell ein Ort des Lasters und der Aus-
schweifung (*dissoluteness*). Volpone stellt sich
todkrank, um eine Reihe von Erbschleichern,
einen Rechtsanwalt, einen Kaufmann und einen alten Geizhals, zu prellen. Assistiert wird
er von Mosca, der in der Tradition des ge-
witzten Sklaven der antiken Komödie steht.
Das Stück macht einen deutlichen Unterschied
zwischen den betrogenen Betrügern, die aus
Raffgier alle moralischen Prinzipien aufgeben,
und dem zentralen Gaunerpaar, das selbst pre-
kärste Situationen mit Bravour zu meistern
versteht und Genuss aus der brillanten Durchführung der Täuschungsstrategien bezieht.
Volpone sagt:»I glory / More in the cunning
purchase of my wealth, / Than in the glad pos-
session.« Volpone ist ein Meister in der Simu-
lation von Krankheiten, während Mosca virtuos die Sprache als Mittel des Betrugs und der
Heuchelei manipuliert. Im Fortgang ihrer erfolgreichen Täuschungsaktionen überheben
sich die beiden und ihre Partnerschaft zerbricht. Am Ende sehen sie einer drastischen
Bestrafung entgegen. Die Analogie der Figuren zu Tieren – Volpone (Fuchs), Mosca
(Fliege), Voltore (Geier), Corbaccio (Rabe),
Corvino (Krähe) – evoziert die Fabel- und
Bestiarientradition. Sie trägt zur Charakterisierung bei, ohne die Figuren zu bloßen allegorischen Personifikationen zu machen. –
Brillanter noch ist die Kunst der Handlungs-

führung und des Dialogs in *The Alchemist*
(1610; *Der Alchemist*, 1836), J.s zweiter Gaunerkomödie, in welcher ein Diener unter dem
Namen Face während der Abwesenheit seines
Herrn von London zusammen mit dem Alchi-
misten Subtle und der Dirne Doll Common
einer Reihe von Klienten in einem groß angelegten Geflecht von Betrugsaktionen Illusionen verkauft. Das Drama ist eine Satire auf
die zeitgenössische Faszination durch Astrolo-
gie, Alchimie und Quacksalbertum. Aus den
Figuren hebt sich Sir Epicure Mammon hervor, der mit Hilfe des Steins der Weisen exor-
bitante Phantasien von Reichtum und Sinnes-
lust verwirklichen will. Satire auf puritanische
Heuchelei, Fanatismus und Opportunismus
kommt in den Zwillingsfiguren Ananias und
Tribulation Wholesome zur Geltung. Der
Schluss der Komödie verzichtet auf eine drastische Bestrafung der Gaunerfiguren und auf
poetische Gerechtigkeit.

Nach der kunstvollen Verbindung von
Parallelhandlungen mit der Haupthandlung in
den Gaunerkomödien *Volpone* und *The Alchemist* überrascht J. in seinem nächsten Meister-
drama, *Bartholomew Fair* (1614; *Bartholo-
mäusmarkt*, 1912), mit einer andersartigen
Innovation. Schauplatz dieses Dramas ist der
Jahrmarkt, der in Smithfield am 24. August
abgehalten wurde. *Bartholomew Fair* ist keine
Gaunerkomödie, obwohl auch hier Betrügereien vorkommen. Das Werk ist eine Art Re-
vuestück, ein bunter Bilderbogen, der in rasch
wechselnden Szenen die Schicksale von über
30 Besuchern des Markts mit ihren Illusionen
und Obsessionen präsentiert. Die für J. kennzeichnende satirische Darstellungsform findet
sich in der Figur des Puritaners Zeal-of-the-
Land Busy, aber insgesamt dominiert die Komik. Mehr als früher tritt eine Tendenz zum
Realismus hervor. Die ganze Bühnengesell-
schaft versammelt sich am Schluss bei der
Aufführung eines Puppenspiels. Der Puritaner
Zeal, wie die wirklichen Puritaner ein Feind
des Theaters, unterliegt in der Debatte mit einer Puppenfigur über die Moral der Schauspielkunst. Der Richter Adam Overdo, der auf
dem Jahrmarkt nach Monstrositäten (»enor-
mities«) gesucht hat, lädt alle zu sich zum

Abendessen ein, ein versöhnlicher Ausklang der Komödie.

Mit *Bartholomew Fair* hatte J. sein dramatisches Innovationspotential ausgeschöpft, wie seine nächste, deutlich schwächere Komödie, *The Devil is an Ass* (1616; *Der dumme Teufel*, 1836), zeigt. Danach widmete er sich Maskenspielen. Erst nach neun Jahren wandte er sich wieder dem eigentlichen Theater zu: *The Staple of News* (1626), *The New Inn* (1629), *The Magnetic Lady* (1631), *A Tale of a Tub* (1633). Aus der Feder von J. stammen auch zwei Tragödien, *Sejanus, His Fall* (1603; *Der Sturz des Sejanus*, 1912) und *Catiline His Conspiracy* (1611). *Sejanus*, vom Machiavellismus und der machiavellistischen Tacitus-Interpretation geprägt, ist ein düsteres Werk, welches das politische Leben als einen Machtkampf darstellt, der von Ehrgeiz und genereller Skrupellosigkeit beherrscht wird. Sieger wird, wer sich besser verstellen und raffinierter täuschen kann. Die ›guten‹ Figuren in dem Drama sind Opfer. Ihnen bleibt nur der hilflose Kommentar des Geschehens. J. verstand sich als didaktischer Dramatiker, der die horazische Forderung von Unterhaltung und Belehrung befolgte, aber seine Begabung als Dramenautor und sein Gespür für Bühnenwirksamkeit führten ihn über die Didaxe hinaus.

Werkausgabe: Ben Jonson. Hg. C.H. Herford/E. Simpson. 11 Bde. Oxford 1925–52.

*Wolfgang G. Müller*

### Jorge, Lídia
Geb. 18. 6. 1946 in Boliqueime, Algarve/Portugal

Die Literaturprofessorin und Journalistin Lídia Jorge gilt als eine der herausragenden und produktivsten Vertreterinnen der portugiesischen Prosaliteratur nach der Nelkenrevolution. Ihre vielfach preisgekrönten Romane spiegeln die tiefen Traumata einer von sinnlosen Kriegen und jahrzehntelanger Diktatur gebeutelten Gesellschaft und beschreiben den steinigen Weg auf der Suche nach einer neuen nationalen Identität. Die persönliche Erinnerung wird dabei zu einem Schlüsselelement. Der Chor vielfältiger Stimmen und Perspektiven zeichnet ein zugleich individuelles wie kollektives Bild der portugiesischen Befindlichkeiten und kann in seiner generationen- und geschlechterübergreifenden Darstellung sowohl städtischer als auch ländlicher Lebenswelten als Querschnitt durch die Gesellschaft des postrevolutionären Portugals begriffen werden.

Bereits 1980 trat J. mit ihrem Roman *O dia dos prodígios* (1980; *Der Tag der Wunder*, 1989) hervor, der auf komplexe Weise orale Erzählformen mit phantastischen Elementen kombiniert. Darin arbeitet J. die Revolution von 1974 literarisch auf und schildert das lange Warten auf ein angekündigtes Wunder in einem Dorf in der Algarve. *O cais das merendas* (1982; *Der Kai der Brotzeiten*) schließt an diesen Roman an und thematisiert die Schwierigkeiten, nach der Revolution neue Perspektiven zu schaffen, sowie die Gefahr der unkritischen Übernahme von Elementen ausländischer Kulturen. In *Notícia da Cidade Silvestre* (1984; *Nachricht von der anderen Seite der Straße*, 1990) wendet sich Jorge den Auswirkungen der Revolution auf das Leben städtischer Frauen zu. Der Roman kritisiert eine Politik, die – obwohl äußerlich progressiv – wenig für die Verbesserung der Lebensumstände der Frauen leistete. Das spätere *O jardim sem limites* (1995; *Paradies ohne Grenzen*, 1997) fokussiert einen anderen Teil der städtischen Gesellschaft: die Jugend in all ihrer Orientierungslosigkeit und Desillusionierung. Mit *A costa dos murmúrios* (1988; *Die Küste des Raunens*, 1993) lieferte J. ein beklemmendes Zeugnis der kollektiven Wunden und Traumata, die der Kolonialkrieg in Mosambik bei den Portugiesen hinterlassen hat, und der sehr unterschiedlichen Strategien ihrer Verarbeitung.

Ein wichtiges Thema für J. ist das Verhältnis von Männern und Frauen im durch die Diktatur geprägten Portugal. Der Roman *A última dona* (1992; *Die letzte Dame*) wirft die Frage auf, inwiefern die machistische Erziehung in der Salazar-Zeit die Psyche der männlichen Portugiesen nachhaltig beeinflusst hat.

Als Ich-Erzählung aus männlicher Perspektive konzipiert, gewährt er den Leser/innen einen verstörenden Einblick in das verzerrte Frauenbild und die hilflose Aggressivität eines neurotischen erfolgreichen Großstädters. Auch ein Großteil der Kurzgeschichten des Bandes *Marido e outros contos* (1997; Ehemann und andere Erzählungen) thematisiert die Schwierigkeiten des Zusammenlebens von Männern und Frauen. J.s Roman *O vale da paixão* (1998; *Die Decke des Soldaten*, 2000) dagegen verbindet auf vielschichtige Weise viele der Themen der vorangegangenen Romane. Die Protagonistin wendet sich gegen die verkrusteten Strukturen ihrer traditionellen südportugiesischen Familie, macht sich auf die Suche nach ihrem leiblichen Vater, kehrt desillusioniert zurück und verbrennt schließlich in einem Akt der Befreiung jede Erinnerung an ihn, um geläutert ihre eigene Identität finden zu können. Sie steht metaphorisch für ein Portugal, das immer noch auf der Suche nach sich selbst ist und seine Vergangenheit überwinden muss, um sich letztlich auch zu finden.

*Andrea-Eva Smolka*

## José, Francisco Sionil

Geb. 3. 12. 1924 in Rosales, Pangasinan/Philippinen

Als Kind einer Landarbeiterfamilie wuchs Francisco Sionil José in einem kleinen Dorf auf Luzón, der Hauptinsel der Philippinen, auf. Seinen Weg zur Literatur fand er, wie er selbst immer wieder betonte, dank der Bücher der katholischen Leihbibliothek und der einzigen Straßenlaterne im Dorf, unter der er während vieler Abendstunden las. Hautnah erlebte er in Kindheit und Jugend die für das Leben auf den Philippinen charakteristischen Konflikte zwischen Großgrundbesitzern und Landarbeitern und die Dominanz des Katholizismus, aber auch die Bedeutung der eigenen philippinischen Kultur. Schon früh erfuhr er die subtile Erotik des Alltags in den Tropen und die brutale Sexualität im Zeichen unterschiedlicher Gewaltstrukturen. Gewalt war

auf den Philippinen präsent durch die neokolonialen Machthaber in Gestalt der verbliebenen spanischen Haciendéros, der Amerikaner als neuer imperialer Macht sowie der Mestizen und der neuen philippinischen Emporkömmlinge. Für zusätzliche Gewalterfahrungen sorgte die Besetzung durch die Japaner während des Zweiten Weltkriegs und die Rückeroberung durch die Amerikaner. Außerdem versuchten in den Kriegswirren einige politische Gruppen der Filipinos an die Widerstandsbewegungen des späten 19. und frühen 20. Jahrhunderts anzuknüpfen, um die Philippinen aus dem Krieg als eine eigenständige Nation hervorgehen zu lassen.

Seit dem Beginn seines Studiums der Literatur in Manila 1946 begleitete, kommentierte und verarbeitete J. als Journalist und Schriftsteller die Ereignisse seiner Zeit. Manila war nach dem Krieg fast vollständig zerstört, das Leben dort in jeder Hinsicht eine Herausforderung. J. arbeitete für katholische, US-amerikanische, britische und philippinische Medien, spezialisierte sich auf Wirtschaft, Politik und Kulturgeschichte, lernte nach und nach die Machtzentralen in Manila, den USA, Japan und einigen südostasiatischen Ländern von innen kennen. 1965 gründete er eine Buchhandlung mit Galerie und den Verlag »Solidaridad«. So wurde er mit seiner Arbeit und seiner Person zu einem der Kristallisationspunkte der philippinischen Gesellschaft und sicherte sich die Existenzgrundlage für ein Leben als Autor. Dank mehrerer Stipendien verbrachte er längere Zeit im Ausland, insbesondere in den USA und in Japan. Für sein literarisches Werk erhielt er viele nationale und internationale Preise sowie die Ehrendoktorwürde der University of the Philippines. Seine Werke wurden in 24 Sprachen übersetzt. Im März 2002 nominierte das Magazin *Discovery* seinen Roman *Ermita* (1988) als einen der zehn wichtigsten englischsprachigen Romane in Südostasien – neben Werken wie Joseph Conrads *Heart of Darkness* und Graham Greens *The Quiet American*.

Im Zentrum seines Werks steht der *Rosales-Zyklus*. Die fünf Romane des Zyklus schildern am Beispiel des Schicksals einer Familie die Hauptabschnitte der philippinischen Geschichte seit dem Beginn der Unabhängigkeitskämpfe am Ende des 19. Jahrhunderts bis zur Ära des Diktators Marcos am Ende des 20. Jahrhunderts. Als J. in den späten 1950er Jahren die *Rosales*-Saga begann, konnte er auf mehr als 20 Jahre erfolgreicher schriftstellerischer Arbeit zurückblicken. Von daher ist es verständlich, dass er selbstbewusst an das große philippinische Nationalepos *Noli me tangere* (1886) des Freiheitshelden José Rizal anknüpft. Wie in Rizals Roman beginnt die Handlung mit der tödlichen Beleidigung eines Filipinos durch einen spanischen Priester. Anders jedoch als bei Rizal erschlägt der Gedemütigte den Priester. Der Totschlag wird zum Symbol eines verzweifelten Befreiungskampfs gegen die übermächtige Kolonialmacht. Im Verlauf der Romane zeigt J., wie die Spanier durch die Amerikaner, die Japaner und schließlich durch die Machtelite im eigenen Land abgelöst werden. Der Abschlussband *Mass* (1982) erschien in Deutschland unter dem Titel *Szenen aus Manila* (1990) und schildert vor dem Hintergrund des pulsierenden Lebens im Zentrum der Hauptstadt die zweifelhafte Rolle der Intellektuellen, der *Ilustrados*, im Befreiungskampf. Im Mittelpunkt steht die Geschichte von Pepe Samson, einem entfernten Nachfahren der Familie aus Rosales. Er wird von seiner Mutter und einer Tante in einer Kleinstadt großgezogen. Zum Studium geht er nach Manila, wo er bei bürgerlichen Verwandten wohnt. Er studiert mit mäßigem Interesse, aber zunehmendem Erfolg, erlebt die bizarren Schattenseiten der Großstadt mit Drogenhandel, Nachtklubbetrieb und schnellem Geld. Er behält jedoch eine natürliche Distanz zu dieser Art von oberflächlichem Leben und findet so schrittweise zum politischen Engagement in Oppositionsgruppen. Schließlich verlässt er das bürgerliche Refugium der Verwandten, zieht in einen Slum, arbeitet in einer kirchlichen Reformbewegung mit und wagt den Sprung in den politischen Untergrund. Die Schilderung der Entwicklung Pepes bewegt sich dabei im Grenzbereich zwischen Schelmenroman und einem realitätsnahen Porträt der

philippinischen Gesellschaft. J. hat auch in diesen Roman viele autobiographische Elemente einbezogen. Er verarbeitet Erlebnisse aus dem täglichen Leben rund um seinen Buchladen, der im Stadtteil Ermita, mitten im Amüsierviertel, liegt. Für J. ist Ermita der Seismograph für den Ausverkauf der philippinischen Kultur, Politik und Wirtschaft. In dieser Welt lässt er seinen Helden Pepe die grundlegende Erfahrung sammeln, die er sich selbst zum Motto gemacht hat:»Die Feder ist nicht mächtiger als das Schwert.« Intellektuelle Analyse allein reicht nicht aus, um die Gesellschaft zu verändern, deswegen beteiligt sich Pepe schließlich am Widerstandskampf. Dieses Grundmotiv zieht sich durch alle Romane J.s hindurch bis hin zu *Ben Singkol* (2002), in dem er sich ausführlich mit der japanischen Besetzung der Philippinen während des Zweiten Weltkriegs beschäftigt. Ein weiterer wesentlicher Bestandteil des Werks von J. sind seine Kurzgeschichten und Essays. Aufgrund ihrer Prägnanz sind sie vielfach gedruckt und übersetzt worden. So ist»Progress« (Fortschritt) – erschienen in *Waywaya and Other Stories* (1980; Freiheit und andere Kurzgeschichten) – nicht nur die Geschichte einer vergeblich um eine Gehaltserhöhung kämpfenden Lehrerin, sondern zugleich ein Modell für die großartigen Leistungen der philippinischen Frauen im Alltag und immer wieder durch die Korruptheit im Land verspielten Fortschritt.

In seinen Essays hat sich J. immer wieder dezidiert zu den Kernfragen der philippinischen Kultur und Gesellschaft geäußert und dabei auch viele Aspekte der philippinischen Geschichte und Politik behandelt. Der Titel der 1999 in Manila erschienenen Essaysammlung artikuliert die Hauptkomponenten seiner Analysen: *We Filipinos: Our Moral Malaise, Our Heroic Heritage* (Wir Filipinos: Unsere moralische Krankheit, unser heroisches Erbe). Die Korruption der Moral durch die verschiedenen Kolonialmächte und Eroberer hat bisher wirklichen Fortschritt verhindert, aber das heroische Erbe der Filipinos ist weiterhin eine Qualität, an die die Filipinos anknüpfen können und aus der heraus sie in Kooperation mit den Menschen anderer Länder zu einer neuen Stärke finden könnten.

*Rüdiger Sareika*

## Joyce, James [Augustine Aloysius]

Geb. 2. 2. 1882 in Dublin; gest. 13. 1. 1941 in Zürich

James Joyce gilt vielen als der überragende Romancier englischer Sprache im 20. Jahrhundert, und er ist einer der einflussreichsten Klassiker der internationalen Moderne. Der eigenwillige irische Sprachvirtuose und experimentierfreudige Erzählkünstler hat mit vier Prosawerken, die auf seine Heimatstadt als mikrokosmischen Bezugsort rekurrieren, thematisch aber immer weiter ausgreifen, in der Wahl des jeweiligen Erzählkonzepts eine enorme Wandlungsfähigkeit gezeigt. Zumal die wachsende Anspielungsfülle und stilistische Radikalität seiner späteren Romane haben dem Autor eine Aura des Kryptischen verliehen, während er zugleich den Lesern seiner Texte – nicht zuletzt aufgrund der zunehmenden Komplexität – genügend Anreize bietet, die zur Entwirrung eines netzartigen Verweissystems und zum Auskosten der Mehrdeutigkeiten einladen. Ein Ansatz, der J.s Erzählwerk Kontinuität verleiht, ist der schon früh erkennbare spannungsvolle Rückbezug auf sowohl naturalistische wie symbolistische Schreibweisen, der zur Vielschichtigkeit seiner Texte wesentlich beiträgt. In der eigenen Zeit wurden allerdings die eklatanten Tabuverletzungen und die Extravaganz seiner Sprach- und Erzählkunst als Provokation empfunden, die wiederholt auch zu erheblichen Publikationsschwierigkeiten führten. Als maßgeblicher Begründer des Bewusstseinsromans, der das Hauptinteresse ins Innere der Figuren verlagert, hat er einem im 20. Jahrhundert dominanten Erzählkonzept Modelle geliefert und namhafte Autoren wie Virginia Woolf, Samuel Beckett, Vladimir Nabokov oder Salman Rushdie beeinflusst.

J. entstammte einer verarmenden, kinderreichen Kleinbürgerfamilie, die ihm gleichwohl den Besuch der Jesuitenschulen von Clongowes Wood und Belvedere ermöglichte (das Angebot der Priesterlaufbahn schlug er allerdings zugunsten eines Lebens für die Kunst aus). Er studierte Sprachen am University College von Dublin (1898–1902) und ging mit seiner Lebensgefährtin Nora Barnacle 1904 ins freiwillige kontinentaleuropäische Exil, das er hauptsächlich in Triest (1904–14), Zürich (1915–19, 1939–41) und Paris (1920–39) verbrachte. Er blieb Irland, dessen mentale Abhängigkeit von der katholischen Kirche und der spätkolonialen Herrschaft Großbritanniens er dezidiert ablehnte und dessen kulturelle Wiederbelebung einer bodenständigen Tradition in der Irish Renaissance er mit skeptischer Distanz betrachtete, zeitlebens in einer ausgeprägten Hassliebe verbunden. Er schlug sich mit seiner Familie mühsam als Sprachlehrer durch und musste sich wegen eines schweren Augenleidens zahlreichen Operationen unterziehen, Umstände, welche die kompromisslose Hingabe an sein literarisches Werk umso bemerkenswerter erscheinen lassen. Trotz mancher Kontakte zur Pariser Kulturszene mit ihrer Ansammlung internationaler Künstler blieb J. im Grunde ein Einzelgänger, der sich auch mit Kommentaren zum Zeitgeschehen zurückhielt. Dem aufmerksamen Leser seiner Werke wird aber der durch liberale Toleranz, säkulare Skepsis und humorvolle Humanität gekennzeichnete Standpunkt des kosmopolitischen Autors nicht entgehen.

In dem Kurzgeschichtenzyklus *Dubliners* (1914; *Dubliner*, 1969) entwirft J. die Porträts von typischen Kleinbürgern, die den paralysierenden »special odour of corruption« des Dubliner Alltags in exemplarischen Situationen repräsentieren: Gefangene der trostlos erscheinenden Umwelt und zumal der erdrückenden Konventionen von Kirche und Staat, in Beruf und Familie frustriert, sind sie unfähig zur Selbstbefreiung, sehnen sich nach dem wirklichen Leben, flüchten sich in den Alkohol, ins leere Gerede oder die Aggressivität und resignieren in geistig-seelischer Totenstarre, was besonders eindrucksvoll in den Geschichten »Eveline« und »The Dead« demonstriert wird. Die nach Kriterien des Figurenalters, der Erweiterung des Personenkreises und der Verschiebung des Fokus vom privaten ins öffentliche Leben in Geschichtengruppen sorgfältig komponierte Struktur der Sammlung geht einher mit einer aussparenden, andeutenden, kommentarlosen Präsentation, welche die Situation des Einzelnen wie der Gesellschaft in aufschlussreichen Details und durchgängigen Ironien bloßlegt (»a style of scrupulous meanness«) und ihnen durch symbolische Verweise und Parallelen allgemeinere Bedeutung verleiht. – In seinem ersten Roman, *A Portrait of the Artist as a Young Man* (1916; *Ein Porträt des Künstlers als junger Mann*, 1972), fiktionalisiert J. auf autobiographischer Grundlage – D.H. Lawrences *Sons and Lovers* (1913) vergleichbar – die Entwicklung des angehenden Künstlers Stephen Dedalus von der Kindheit im Dubliner Mittelstandsmilieu über das Einzelgängertum im Jesuiteninternat, pubertäre Träume und Erfahrungen sowie das Schwanken zwischen religiöser Krise und mustergültiger Selbstdisziplin bis zur Neuorientierung des Studenten, dessen Interesse sich ganz auf das ästhetische Erleben, Denken und Schaffen verlegt und ihn schließlich aus der Enge Irlands mit seinen »Netzen« der Nationalität, Sprache, Religion und Familie aufbrechen lässt, um auf dem Kontinent – mit »silence, exile and cunning« gewappnet – das freie Leben des Künstlers zu suchen. Der Held mit dem symbolträchtigen Namen erleidet das Martyrium der Auseinandersetzung mit der kleinbürgerlich-rückständigen Umwelt und erwacht zum künstlerischen Bewusstsein des Genius, der dem Labyrinth Dublin entflieht, um mit seinem Werk dem moralischen Bewusstsein seines Landes zu dienen. Dieses selbststilisierende Rollenverständnis wird in *Ulysses* (1922; *Ulysses*, 1972) ironisiert, wenn der aus Paris zurückgekehrte Held dem projizierten Selbstbildnis kaum nähergekommen ist, so wie bereits im ersten Roman seine Entwicklung wiederholt ironisch pointiert wird, wenn die am Kapitelende erreichten Stadien jeweils im Folgenden relativiert werden. Die Textgenese des Romans, von dem Teile einer früheren Fassung unter dem Titel *Stephen Hero* (1944; *Stephen der Held*, 1972) erhalten sind, verdeutlicht einen Schaffensprozess äußerster Verdichtung und stilistischer Feinabstimmung. Der überarbeitete Roman ist von einem dichten Netz von Leitmotiven, Symbolen und Schlüsselwörtern durchzogen, wird unter Verwendung der erlebten Rede perspektivisch erzählt und spiegelt in der modulierten Sprache die Entwicklung des Helden – vom Geplapper des Kleinkinds bis zum philosophischen Diskurs des Erwachsenen. Die künstlerische Sensibilität des Helden wird nicht zuletzt an seinem wachsenden Sprachverständnis, der Explikation seiner Ästhetik und der Demonstration seiner poetischen Praxis vorgeführt. Zu den Strukturmerkmalen des Romans gehört zudem der für das Frühwerk charakteristische Einsatz von »Epiphanien« (Momenten einer Art spiritueller Manifestation im banalen Alltagsleben), wie hier der Erfahrung seiner Berufung zum Künstler angesichts eines Mädchens am Strand, das ihm in einer ästhetizistisch säkularisierten Marien-Metaphorik als Sinnbild seines neuen Lebens erscheint.

Wahrt J. im *Portrait* noch eine Balance zwischen narrativer Tradition und Innovation, so beginnt er in seinem monumentalen Hauptwerk *Ulysses* die Gattungskonventionen des Romans mit dem systematischen Einsatz parodistischer und experimenteller Erzählweisen zu entgrenzen. Im Ansatz wiederum realistisch, präsentiert der Roman den Dubliner Alltag des 16. 6. 1904 im Leben von Stephen Dedalus, Leopold und Molly Bloom in minutiösen Stundenprotokoll anhand typischer Stationen (Frühstück, Begräbnisteilnahme, Arbeitsplatz, Mittagspause, Kneipentreff, Klinikbesuch, Bordellaufenthalt, Nachtruhe), die im topographischen Wechsel einen Großteil des Stadtgetriebes einbeziehen und die Hauptfiguren in diverse – meist flüchtige – Interaktionen mit Freunden, Bekannten und Fremden verwickeln. Die Wiedergabe des äußeren Geschehens dient dabei hauptsächlich als Vorlage für die Demonstration der Vorgänge im Bewusstsein der Personen, die vor der Schwelle inhaltlich wie formal kontrollierter Artikulation ablaufen: momentane Wahrnehmungsreflexe, impulsive Reaktionen, halbbewusste Vorstellungen, unwillkürliche Erinnerungen, endlose Assoziationsketten, improvisierte Gedankengänge, die in der neuen Technik des ›inneren Monologs‹ mit seinem Grundmuster der sprunghaft lockeren Folge bruchstückhaft verkürzter Sätze stilisiert vermittelt werden. Die multiperspektivisch eingesetzten Monologe sind thematisch und stilistisch je nach Figur und Situation differenziert. In der Figurenkonstellation verlagert sich J.s Interesse von dem introvertierten Intellektuellen und ambitionierten Künstler Stephen, der als einzelgängerischer Sucher hier immerhin mit Selbstironie ausgestattet ist, auf Bloom, den jüdischen Zeitungsangestellten, einen kurios eigenwilligen und zugleich sehr menschlichen Kleinbürger, der sich mit den Banalitäten des Hier und Jetzt auseinandersetzt, wiederholt auf seine Außenseiterrolle verwiesen wird und viel Lebenserfahrung, Aufgeschlossenheit und Humor beweist, während seine Frau Molly, die ihren Ehefrust in einer Affäre kompensiert, letztlich aber zu ihrem Mann hält, intuitive Spontaneität und elementare Lebensbejahung verkörpert. Im Verlauf des Romans bewegen sich auch Bloom und Stephen aufeinander zu.

J. lässt das für die Hauptfiguren charakteristische Spannungsverhältnis von Entfremdung und Zugehörigkeit mit der Suche Telemachs, den Irrfahrten des Odysseus und der zuhause wartenden Penelope korrespondieren und baut diese homerischen Mythenparallelen zu einem ausgeklügelten System enzyklopädischer Anspielungen (auf Körperorgane, Farben, Künste, Wissenschaften usw.) aus, die jedem Romankapitel sein eigenes Gepräge geben. Dazu gehört eine jeweils auf die Figur und das Geschehen abgestimmte kapitelspezifische Technik, eine kompositorische Tendenz, die zunehmend ausgefallene Stilexperimente nach sich zieht. So muss sich der Leser auf

ständig wechselnde Schreibweisen einstellen: die Parodie der historischen Folge englischer Prosastile oder journalistischer Aufmacher, die Adaptation des Groschenromans oder des Katechismus, die Imitation musikalischer Techniken wie Ouvertüre und Fuge, die Interpolation eines phantasmagorischen Traumspiels. J. erweist sich in alledem als der Sprachvirtuose *par excellence*. Er zieht alle Register der Sprache, vom archaischen Wortgut bis zur modischen Redensart, von abstrakter Begrifflichkeit bis zu poetischer Bildlichkeit, von hochsprachlicher Rhetorik bis zu unflätigem Slang und deftigem Dialekt, von flüchtiger Umgangssprache bis zu exakten Fachbezeichnungen, von knappster Formulierung bis zur kompliziertesten Periode. Seine sprachliche Kompetenz lässt sich allerdings nicht nur von der Suche nach dem *mot juste* der verfügbaren Sprache leiten, sondern auch von den vielfältigen Möglichkeiten einer spielerischen Mobilisierung der Sprache. Wort- und Namenmanipulationen, Mehrdeutigkeiten, Mischwortgebilde, groteske Komposita, bizarre Lautmalereien oder hybride Sprachenmischung gehören zu einem alle Schichten des Sprachsystems erfassenden und auf multifunktionale Komik und Suggestivität zielenden Spiel mit der Sprache, das weit über das Wortspiel im engeren Sinne hinaus eine nach der Renaissance verlorengegangene Stiltradition wiederbelebt und erweitert.

Hat man schon im Hinblick auf *Ulysses* gesagt, der eigentliche Held des Romans sei die Sprache, so gilt dies im denkbar radikalsten Sinne für das Spätwerk *Finnegans Wake* (1939; *Finnegans Wehg*, 1993), eine sprachspielerische *tour de force*, die schon auf der elementarsten Ebene des Wort-für-Wort-Verständnisses dem Leser ein beispielloses Textlabyrinth und Super-Puzzle präsentiert. Das schemenhaft herauslesbare Geschehen dreht sich um eine Dubliner Kleinbürgerfamilie, die einen Pub betreibt: Earwicker und seine Frau, die in frustrierenden Gegenwart mehr entwickeln; die unterschiedlich veranlagten Söhne, die miteinander rivalisieren und gemeinsam gegen den Vater opponieren; die Tochter, die inzestuöse Neigungen des Vaters auf sich zieht, welche die Mutter argwöhnisch beobachtet, während sie zugleich ihren Mann öffentlich gegen die Gerüchte eines nie konkretisierten Vergehens an zwei Hausmädchen verteidigt. J. unterlegt dem rudimentären Basistext über die archetypische Familie ein Giambattista Vicos Geschichtsphilosophie entlehntes Grundmuster, das die Menschheitsgeschichte in Weltzeitzyklen einteilt und eine infinite Zirkularität suggeriert (entprechend findet der abbrechende Schlusssatz des Romans in dem bruchstückhaft einsetzenden Anfangssatz seine Fortsetzung). – Zur zentralen Thematik des Falls und Aufstiegs, des Werdens und Vergehens gehört Earwickers »Sündenfall«, der mit der titelgebenden Ballade über einen Dubliner Maurer, welcher von der Leiter fällt und, als Scheintoter aufgebahrt, vom Whiskeydunst der Totenfeier wieder zum Leben erweckt wird, verknüpft ist und im universalisierenden Kontext des Romans zahllosen anderen »Fällen« aus Mythologie, Geschichte und Literatur (etwa dem Absturz Satans, Adams, Napoleons, Parnells, Humpty Dumptys) ähnelt. Als »Nachtbuch«-Pendant zum »Tagbuch« *Ulysses* soll *Finnegans Wake* eine dem schlafenden Bewusstsein und der Freudschen Traumarbeit angenäherte Sprache offerieren; und als kulturräumlich und menschheitsgeschichtlich erweiterter Weltalltag soll das Spätwerk eine Art »Über-Sprache« entwickeln. Das Sprachregister wird hier noch stärker in die Alltagskultur von Diskursarten wie Kinderreim, Reklameslogan, Statement, Predigt, Quiz oder Radiosendung ausgedehnt. Anspielungen auf weit über 1000 internationale Lieder tragen zum symphonischen Charakter des mit allen musikalischen Qualitäten der Sprache experimentierenden Textes bei. Polyglottismen aus etwa 60 Fremdsprachen, die als konnotative Ober- oder Untertöne das englische Textsubtrat umspielen, ermöglichen jene Zweit-, Dritt-, Viertbedeutungen, die in die Zehntausende gehen. Aus dieser Grundtendenz zur infiniten sprachspielerischen Vieldeutigkeit ergibt sich zwangsläufig die notorische Crux jeder Interpretation des Romans – der schwer begrenzbare Spielraum verbaler Assoziationen des einzelnen Lesers. Bot J. mit *Ulysses* ein narratives Kompendium der Moderne, so mit *Finnegans Wake* ein die Postmoderne radikal vorwegnehmendes Modell.

Werkausgabe: Werke. Hg. K. Reichert/F. Senn. 7 Bde. Frankfurt a.M. 1969–81.

*Eberhard Kreutzer*

### József, Attila

Geb. 11. 4. 1905 in Budapest;
gest. 3. 12. 1937 in Balatonszárszó

Der ungarische Lyriker Attila József wird als einer der größten Dichter der Zwischenkriegszeit angesehen. Während der kommunistischen Epoche galt er als revolutionärer Dichter des Proletariats, womit sein Werk jedoch schematisch und einseitig missdeutet wurde. J. stammte zwar tatsächlich aus einer vorstädtischen Arbeiterfamilie, wuchs in großer Armut auf, bekannte sich später zum Marxismus und trat sogar für einige Jahre der illegalen Kommunistischen Partei bei, doch war er von seinen dogmatischen Genossen bald enttäuscht und brach mit ihnen; seine labile, komplizierte Persönlichkeit war mit sektiererischer Parteipolitik und Ideologie nicht vereinbar. Darüber hinaus war seine Dichtung viel zu reich und zu widersprüchlich, als dass sie auf politische Programmgedichte beschränkt werden könnte. J.s ganzes kurzes Leben war von schweren seelischen und weltanschaulichen Krisen geprägt, die seine Gedichte ebenso bestimmt haben wie sein politisches Engagement. Dass er ein einsamer, von Zweifeln und Ängsten gequälter, von der bedrohlichen Atmosphäre der 1930er Jahre zerrütteter Dichter war und schließlich Selbstmord beging, wurde von der heroisierenden sozialistischen Kritik vollkommen verdrängt.

1924 bis 1927 studierte J. unter großen Entbehrungen und mit der Hilfe von Gönnern, die sein Talent erkannt hatten, an den Universitäten von Szeged, Wien, Paris und Budapest ungarische und französische Literatur. Er kam in Kontakt mit den avantgardistischen Tendenzen, die seine Ausdrucksweise wesentlich beeinflussten und deren Wirkung sich vor allem in der Metaphernbildung als befreiend erwies. Sein erster Gedichtband *Szépség koldusa* (Bettler der Schönheit) erschien schon 1922, es folgten *Nem én kiáltok* (1925; Nicht ich bin es, der ruft), *Nincsen apám, se anyám* (1929; Ich habe weder Vater noch Mutter) und *Döntsd a tőkét, ne siránkozz!* (1931; Stürz das Kapital, jammere nicht!) – ein Band, den die Staatsanwaltschaft beschlagnahmen ließ und der ein Gerichtsverfahren gegen J. zur Folge hatte – weiterhin *Külvárosi éj* (1932; Nacht in der Vorstadt), *Medvetánc* (1934; Bärentanz) und *Nagyon fáj* (1936; Es tut mir sehr weh). Die erste Periode seiner Lyrik, die etwa bis 1932 dauerte, wurde von jugendlich kecken, spielerischen, experimentellen, in ihrem provozierenden Revoltieren manchmal an François Villon erinnernden Gedichten bestimmt, die neben expressionistischen und surrealistischen auch folkloristische Impulse verwerteten. Diese Tonart setzte sich auch in den mobilisierenden politischen Gedichten fort, die zu den Klassikern der von sozialen Emotionen erhitzten klassenkämpferischen Literatur gehören.

Ab 1932 entwickelte sich J.s Lyrik zu einer umfassenden und suggestiven poetischen Interpretation der in seinen Augen von monströsen Kräften gefährdeten modernen menschlichen Existenz. In gedrängten, intellektuell konzentrierten Metaphern und rigoros strukturierten Strophen brachte er persönliche und universelle Bedrängnisse auf magische Formeln. Armut und Hunger, Einsamkeit und Zurücksetzung, Liebestäuschung und Gemütskrankheit plagten den Dichter, der sich am Rande der Existenz fühlte (»ich sitze am Zweig des Nichts«). Sowohl seine emotionale Labilität als auch die schicksalhafte Vorstellung vom Vergehen im Nichts hatten großen Anteil daran, dass J. an einem geradezu kindlich naiven Schuldbewusstsein litt, das er nur vorübergehend durch die Magie der Dichtung ableiten konnte. Er war zwar in psychoanalytischer Behandlung, doch war das Ende offenbar unvermeidbar: J. beging Selbstmord, indem er sich vor einen Zug warf. Sein emblematisches Leben und Werk hatten in Ungarn eine so enorme Wirkung, dass selbstzerstörerische Intellektuelle J. sogar auf dieselbe Weise in den Tod folgten. J.s Gedichte wurden unter anderem von Franz Fühmann, Peter Hacks, Stephan Hermlin und Ernst Jandl ins Deutsche übersetzt: *Attila József* (1978), *Gedichte* (1978) und *Ein wilder Apfelbaum will ich werden* (2005).

*Miklós Györffy*

## Jung, Franz
Geb. 26. 11. 1888 in Neisse;
gest. 21. 1. 1963 in Stuttgart

»Was suchst du Ruhe, da du zur Unruhe geboren bist?« – als J. Ende 1915 mit diesem Motto des Thomas von Kempen die erste Nummer seiner Zeitschrift *Die freie Straße* aufmachte, formulierte der soeben desertierte kriegsfreiwillige 27-jährige Uhrmachersohn, der einige Semester Jura und Kameralia gehört, aber schon 1912 mit dem Prosaband *Das Trottelbuch* als expressionistischer Literat debütiert hatte, die Losung für seinen persönlichen *Sprung aus der Welt* (1918), den unwiderruflichen Absprung aus den spießigen Sekuritäts-Normen des juste milieu, des kleinbürgerlich-katholischen Elternhauses, der beruflichen Karriere, der bürgerlichen Ehe – da bekannte er sich nicht ohne Verachtung und Trotz zu der exemplarisch »unruhigen« Existenzform des schriftstellernden Bohème-Anarchisten.

Als J. 45 Jahre später dasselbe Motto seiner Autobiographie *Der Weg nach unten* (1961) voranstellte, hatte sich für ihn das janusköpfige Mystiker-Wort in einem anderen Sinne erfüllt: als das Eingeständnis eines von vornherein vergeblichen Versuchs, dem eigenen Leben über allen proklamierten Nonkonformismus hinaus auch ein Moment von sehr wohl ersehnter, neuer »Ruhe« zu geben. Im Gleichnis mit dem fiktiven »Torpedokäfer« (welcher der Autobiographie ursprünglich den Titel geben sollte) verdichtete J. die schonungslose Bilanz seines Lebens: eines Käfers, der sich in absurder Unbeirrbarkeit zu immer neuem Fluge erhebt, obgleich er immer wieder gegen eine unsichtbare und undurchdringliche Wand prallt und zerschmettert zu Boden fällt.»Ich habe«, so J., »den Flug unzählige Male in mir selbst erlebt, bei Tag und bei Nacht: das Ende ist immer das gleiche gewesen: Anprall, Sturz, Kriechen am Boden, sich zurückbewegen zum Ausgangspunkt, zum Startplatz.« Dabei hatte J. zunächst gerade dadurch reüssiert, dass er seiner persönlichen Unruhe literarischen Ausdruck verlieh.

Mit seiner von Gustav Landauers Anarchismus und Otto Gross' Psychoanalyse inspirierten autobiographischen Prosa (*Kameraden*, 1913; *Sophie*, 1915; *Opferung*, 1916) und seinen eigenwilligen Essays über persönliche und gemeinschaftliche Befreiung (*Der Fall Gross*, 1921; *Die Technik des Glücks*, 1921/1923) galt J. innerhalb der radikalisierten Intelligenz zwischen Franz Pfemferts *Aktion* und dem Malik-Verlag, zwischen Dada und Spartakus als ein schillernder»Mephisto« (so Wieland Herzfelde). Und auch in den mit der Novemberrevolution beginnenden ›roten Jahren‹ fand J. als Aktivist an allen Fronten des Klassenkampfes Aufgabe und Bestätigung: am 9. November 1918 bei den Straßenkämpfen in Berlin, im Mai 1920 als Delegierter der rätedemokratischen und antizentralistischen KAPD im Disput mit Lenin in Moskau, im März 1921 bei den Arbeiteraufständen in Sachsen und Thüringen. Buchstäblich als eine andere Art des revolutionären Handelns schrieb er zwischendurch, von der Weimarer Klassenjustiz wiederholt ins Gefängnis verbracht, in einem einzigen Durchgang jene ersten proletarisch-revolutionären Erzählungen, Romane und Dramen (*Joe Frank illustriert die Welt*, 1921; *Proletarier*, 1921; *Die rote Woche*, 1921; *Arbeitsfriede*, 1922; *Die Kanaker*, 1921; *Wie lange noch?*, 1921; *Annemarie*, 1922; *Die Eroberung der Maschinen*, 1923), die in ihrer erfahrungsoffenen, spontanen Parteilichkeit und formalen Suggestivität bis heute lebendig und lesbar geblieben sind, weil sie sich noch nicht, wie die spätere KP-orientierte Literatur, als Bebilderung parteioffizieller Gewissheiten verstand. 1922/23 engagierte sich J. dann auch in der Sowjetunion in Willi Münzenbergs Hun-

gerhilfe und beim Aufbau enteigneter und zerstörter Fabriken – und schrieb auch hierüber aufklärende und mahnende Berichte an die deutschen Genossen (*Hunger an der Wolga*, 1922; *An die Arbeitsfront nach Sowjetrußland*, 1922; *Die Geschichte einer Fabrik*, 1924).

Dann aber, als in Deutschland nicht die sozialistische Revolution, sondern die bürgerliche Republik und in Russland nicht die Räte, sondern die Partei gesiegt hatte, verlor J. den Handlungsraum seines impulsiven und unbedingten politischen Aktivismus – und damit zugleich den Stoff zum Schreiben und den Kontakt zum Leser. Da er weder zum Opportunisten noch zum Sektierer taugte, blieb er auf sich selbst verwiesen – und zwar, wie sich zeigen sollte, endgültig. Während seine Romane und Dramen keine Verleger mehr fanden und seine Mitarbeit an Erwin Piscators Studiobühne Episode blieb, verließ sich J. seit Mitte der 1920er Jahre immer mehr auf seine ökonomischen Kenntnisse und journalistischen Fähigkeiten. Als ebenso unprofessioneller wie umtriebiger Wirtschafts- und Börsenkorrespondent lebte er eine wiederum ganz unbürgerliche Existenz, die es ihm auch nach 1933 ermöglichte, als Einzelkämpfer im Dschungel von illegalem Widerstand und Gegenspionage zunächst in Berlin (als Mitglied der»Roten Kämpfer«), dann in Budapest und Wien (u. a. als Informant für die *Grünen Berichte* der Exil-SPD) zu überleben und dem tödlichen Zugriff der Faschisten zu entkommen.

1945, von den Amerikanern aus dem KZ Bozen befreit, versuchte er zunächst von Italien aus, seit 1948 in den USA, Anschluss zu gewinnen an die prominenten Kreise des literarischen Exils – vergeblich. Ohne eine typische Exil-Karriere weder im Westen noch im Osten Deutschlands heimisch, kam er 1960 in die Bundesrepublik, um seine Autobiographie abzuliefern, die fesselnde Selbstabrechnung eines »wühlenden Beobachters« mit »großer Verachtung für physischen Komfort«, (so ein langjähriger Weggenosse) und ein Stück großer Literatur. Zwei Jahre nach ihrer Veröffentlichung starb er an Herzversagen.

Werkausgabe: Werkausgabe. 14 Bde. Hamburg 2004.

*Martin Rector*

### Jünger, Ernst
Geb. 29. 3. 1895 in Heidelberg;
gest. 17. 2. 1998 in Riedlingen

Ende 1913 hielt es ein verträumter, musisch hochbegabter Apothekersohn in der vom Wilhelminismus geprägten provinziellen Enge seines Heimatortes nicht mehr aus. Berauscht von Fernweh und Abenteuerlust unterzeichnete der Achtzehnjährige einen Vertrag mit der Französischen Fremdenlegion und brannte nach Afrika durch, kehrte jedoch auf Intervention des Vaters bereits fünf Wochen später zurück. Die Erzählung *Afrikanische Spiele* (1936) machte im Rückblick deutlich, dass sich bei dieser romantischen Jugendepisode in J. früh der Drang geregt hatte, den »Tod als Partner, als Zeugen der Wirklichkeit« zu erfahren. Diese makabre Partnerschaft hat J., ob als jugendlicher Legionär, als hochdekorierter Westfront-Grabenkämpfer des Ersten Weltkriegs oder auch als kühner Experimentator in der geistigen Abenteuerlandschaft der Drogen (*Annäherungen*, 1970), sein Leben lang provoziert. Sie markiert einen zentralen Fluchtpunkt seines Werks. Diese Disposition zielt auf eine entschlossene Geistesgegenwart, auf einen erfüllten Zustand des Hier und Jetzt, der noch einmal versucht, bedrohte Traditionen in sich einzubeziehen, bevor diese in der fortschreitenden Geschichtslosigkeit, im Kampf zwischen musischem und technischem Potential versinken. Es handelt sich um ein, keineswegs dekadent-todessüchtiges, Bewusstsein, das lebt und schreibt im Wissen darum, dass jeder Atem- und jeder Schriftzug stets der letzte sein könnten. Dies Bewusstsein spielt in verschiedenen Schattierungen vom Weltkriegs-Tagebuch *In Stahlgewittern* (1920) bis hin zu den Spätwerken *Aladins Problem* (1983) oder *Eine gefährliche Begegnung* (1985) eine Rolle, und es hat entscheidend J.s vielgerühmten, aber auch vielgeschmähten Stil (Fritz J. Raddatz: »Herrenreiterprosa«) geprägt.

Denn dieser Stil strahlt noch im feinsten Detail zwingende Exaktheit und apodiktische Strenge aus; eine Kaltnadeltechnik, die selbst scheinbare Nebensächlichkeiten mit Bedeutung aufzuladen weiß: Im Angesicht des Todes ist kein Ding zu gering, um nicht der Betrachtung und Darstellung wert zu werden. Mit dem als kriegsverherrlichend bezeichneten, bei näherer Betrachtung freilich seltsam distanzierten *In Stahlgewittern* und mit den während der 1920er Jahre entstandenen Arbeiten wie *Der Arbeiter* (1932) erwies sich J. als militanter Konservativer mit Beziehungen zu Ernst Niekisch, Arnolt Bronnen und Carl Schmitt. Doch deuteten Bücher wie das vom Surrealismus beeinflusste *Das abenteuerliche Herz* (1929/1938) bereits an, dass eine bloß ideologiekritische Betrachtung entscheidende Dimensionen des Werks verfehlt. Selbst Bertolt Brecht wehrte Angriffe auf den schillernden Autor und Reichswehroffizier ab:»Laßt mir den Jünger in Ruhe!« Die Mixtur aus Verwandtschaft und Feindschaft, welche die kulturelle Linke J.  gegenüber von Anfang an empfand, kommt in Theodor W. Adornos Bemerkung:»ekelhafter Kerl, der meine Träume träumt«, zum Ausdruck. Überhaupt gehört die analytische Aufmerksamkeit, die J. besonders in seinen zahlreichen, publizierten Tagebüchern der Verschränkung von Traum und Wirklichkeit zollt, zu den Hauptcharakteristika seiner Schreibweise. Auch in diesem Punkt ist die Nähe zum französischen Surrealismus überaus deutlich; insofern ist es nicht zufällig, dass J. in Frankreich erhebliche Wirkung erzielt. Man liest dort J. auch mehr als den bohemistisch-dandyhaften Künstler denn als den politischen Aktivisten, der eine Zeit lang auf der falschen Hochzeit tanzte. Allerdings hatte er aus seiner wesentlich ästhetisch motivierten Verachtung des Nationalsozialismus von Anfang an keinen Hehl gemacht und 1933 den Eintritt in die gleichgeschaltete Deutsche Akademie der

Dichtung abgelehnt. Er schrieb den symbolistisch verschlüsselten, rhythmisch hochstilisierten Prosatext *Auf den Marmorklippen*, der 1939 durchaus als Form der inneren Emigration, aber auch des geistigen Widerstands begriffen wurde. Als Hauptmann gehörte er bis 1944 zur deutschen Besatzung von Paris, wurde jedoch wegen seiner Verbindungen zu den Verschwörern nach dem Attentat vom 20. Juli aus der Wehrmacht entlassen. Bis Kriegsende schwebte er in ständiger Gefahr, vom »Volksgerichtshof« abgeurteilt zu werden. Nach 1945 wurde es still um J., obwohl er regelmäßig publizierte: Utopisch-phantastische Romane wie *Heliopolis* (1949) oder *Gläserne Bienen* (1957), von Martin Heideggers Existentialismus beeinflusste Essays wie *Über die Linie* (1950), zudem weiter Tagebücher, in deren Kombination von subjektiver Beobachtung und verallgemeinernder Abstraktion er die ihm wohl gemäßeste Kunstform fand. Im Gebiet der Naturwissenschaft gilt der weitgereiste Insektenforscher übrigens als eine internationale Kapazität (*Subtile Jagden*, 1967). Als ihm 1982 der Goethe-Preis verliehen wurde, kulminierte die wieder aufgelebte Diskussion um J. erneut. Doch inzwischen war »der Fall« des politikverachtenden »Anarchen« (J. über J.) mit dem platten Etikett »faschistischer Ästhetik« nicht mehr zu erledigen. Mitte der 1970er Jahre hatte Alfred Andersch bereits eine Lanze für J. gebrochen, indem er dessen einzigartige Kunst, naturwissenschaftliche Erkenntnis mit literarischer Darstellung zu verschränken, herausstrich: »Die Gegensätze sollen aufgehoben werden. Versöhnung, nicht durch flaues Friedenstiften, sondern durch subtiles Konstatieren von allem, was beweist, daß jedes Ding viele Seiten hat.« Was Karl-Heinz Bohrer *Die Ästhetik des Schreckens* nannte, bekam 1985 noch eine besondere Pointe, als J. zu seinem 90. Geburtstag mit dem Kriminalroman *Eine gefährliche Begegnung* eine Art Poetik des Verbrechens vorlegte. Die Faszination der Gefahr, des Abenteuers und des Todes, in der sich wie in einem Brennglas das voluminöse Gesamtwerk bündeln ließe, mag dazu beigetragen haben, dass J. in seinem inzwischen

wahrhaft biblischen Alter immer noch produktiv ist.

Produktiv war er auch bis zu seinem Tod in der Definition der eigenen Rolle: der »Krieger« des Ersten Weltkriegs mutierte zum Autor und *Waldgänger* (1951) und schließlich, in seinem Roman *Eumeswil* (1977), zum *Anarchen*, der sich von keiner äußeren Welt mehr beeindrucken lässt. In seinem letzten Essay *Die Schere* (1990) ließ er dann gar die geschichtliche Zeit, die er mit seinen Tagebüchern doch bis zuletzt begleitet und aus immer größerer Distanz kommentiert hat, stillstehen, gleichsam leerlaufen. Während zu seinem hundertsten Geburtstag hin sein Ruhm im Zenith stand und er von Bundespräsident und Bundeskanzler gleichermaßen als repräsentativer deutscher Dichter vereinnahmt wurde, ist seine Literatur nach seinem Tode merkwürdig verstummt. Nur noch in den umfangreichen Briefwechseln mit dem konservativen Staatsrechter Carl Schmitt, dem Maler Rudolf Schlichter und dem Schriftsteller Gerhard Nebel meldet sich eine Zeit zurück, die ins 21. Jahrhundert nicht mehr zu wirken vermag. So dass auch die von ihm selbst stets abgelehnte Publikation seiner einst brisanten politischen Schriften der späten 1920er und frühen 1930er Jahre sich nur noch wie längst erledigte Dokumente einer vergangenen Epoche lesen. Andersch porträtierte ihn 1975 so: »Das Gesicht eines Modells von Picasso, einen mediterranen Bronze-Kopf unter einem Helm aus weißen Haaren … Er sieht nicht wie ein deutscher, sondern wie ein lateinischer Dichter aus … das Picassohafte, Moderne an ihm, (sind) die Brechungen.«

Werkausgaben: Sämtliche Werke 18 Bde. und 4 Suppl.-Bde. Stuttgart 1978–2003; Politische Publizistik. 1919–1933. Hg. von Sven O. Berggötz. Stuttgart 2001.

*Klaus Modick/Red.*

## Jünger, Friedrich Georg
Geb. 1. 9. 1898 in Hannover;
gest. 20. 7. 1977 in Überlingen

Wie es in der Urkunde des Immermann-Literatur-Preises heißt, der dem Dichter 1953 verliehen wurde, verbindet J. die Heiterkeit des Geistes mit klarer Humanität und bewahrt unbeirrbar in unserer schwankenden Zeit das Vertrauen zum Leben in seinem Schaffen. Der Sohn eines Apothekers und jüngere Bruder Ernst Jüngers, mit dem er sich stets innig verbunden fühlte, verbrachte seine Kindheit und Jugend in Hannover und Detmold und lernte die Natur am Steinhuder Meer und im Erzgebirge lieben; 1916 meldete er sich als Freiwilliger an die Front, wo er 1917 in der großen Flandernschlacht so schwer verwundet wurde, dass sein Bruder Ernst den bereits Totgeglaubten erst in letzter Minute retten kann. Nach seinem Abschied als Offizier (1920) studierte J. in Halle und Leipzig Jura und promovierte, aber er schreibt in seinen Jugenderinnerungen *Grüne Zweige* (1951): »Ich erkannte, daß ich weder Richter noch Anwalt werden konnte«. Ab 1928 als freier Schriftsteller in Berlin tätig, wo er den Dialog mit seinem Bruder fortsetzen kann, hat der nachdenkliche junge Mann in dieser hektischen, von geistloser Geschäftigkeit erfüllten Großstadt, in der die politische Unruhe dieser Zeit besonders spürbar ist, häufig gegen ein Gefühl von Entfremdung und Sinnlosigkeit anzukämpfen:»Es gibt einen Punkt, an dem die verständige Ordnung des Lebens uns fragwürdig wird, an dem seine rationale Steuerung zerbricht, und an ihn gelangte ich jetzt oft«, schreibt er in *Spiegel der Jahre* von 1958.

Zunächst trat J. mit Lyrik an die Öffentlichkeit (*Gedichte*, 1934; *Der Taurus*, 1937). Diese frühen antikisierenden Verse, oft Oden und Elegien, setzen die Tradition von Friedrich Gottlieb Klopstock und Friedrich Hölderlin fort; sie feiern die Elemente Wasser und Feuer, die Wildnis und die Stunde des Pan, verherrlichen das griechische Ideal der Harmonie von Geist und Körper. Die nationalsozialistischen Machthaber bezogen zu Recht »das Niedere«, vor dem die Musen fliehen, in

J.s Gedicht *Der Mohn* (1934) auf sich selbst und ließen den Dichter, der zu diesem Zeitpunkt dem Widerstandskreis um Ernst Niekisch nahestand, von der Geheimen Staatspolizei überwachen.

J.s bedeutsamer Beitrag zur Krise der technisierten Gesellschaft erschien 1946 unter dem Titel *Die Perfektion der Technik* und gab eine Antwort auf Ernst Jüngers *Der Arbeiter* (1932); später fand das Buch seine Fortsetzung mit *Maschine und Eigentum* (1949). Der zeitkritische Essay löste bei seinem Erscheinen erregte Diskussionen aus: Damals musste sich der Autor vor allem von linker Seite rückwärtsgewandten Antitechnizismus vorwerfen lassen.

1937 zog der Schriftsteller nach Überlingen, zunächst ins Weinberghaus hoch über der Stadt, dann wohnte er mit seiner Frau Zita an der Seepromenade, ganz nahe dem von ihm so geliebten Wasser: »Es gibt wenige Vorstellungen des Glückes für mich, an denen das Wasser nicht beteiligt ist«. Mit seinen Gedichten *Das Weinberghaus* (1947) verlieh J. seiner Verbundenheit mit der Bodenseelandschaft beredten Ausdruck. Bis zu seinem Tod hat der Lyriker, Essayist und Romancier an das Leben als einen Wert an sich geglaubt, der alle zeitgeschichtlichen Gefährdungen überdauert:»Heil wie du auf diese Welt gekommen, / Unzerstörbar wirst du fortgenommen«. 1983 erschien der Nachlassband *Im tiefen Granit*, der Gedichte aus dem gesamten Schaffenszeit J.s versammelt. Dass J., der in den letzten Jahrzehnten im Schatten seines Bruders Ernst stand, nun wieder etwas mehr zur Kenntnis genommen wird, ist der Veröffentlichung seiner Werkausgabe zu verdanken, und in letzter Zeit auch der Edition seiner Briefwechsel mit Rudolf Schlichter, Ernst Niekisch und Gerhard Nebel *Inmitten dieser Welt der Zerstörung* (2001). Dieser Briefwechsel beleuchtet J.s Stellung zur Weimarer Republik ab 1926, korrigiert die Vorurteile über die Brüder J. im Blick auf ihren konkreten Widerstand gegen den Nationalsozialismus und lässt den nach 1945 entbrannten Streit hinsichtlich ihrer politischen Bewertung in verändertem Licht erscheinen.

Werkausgabe: Werke. Stuttgart 1978–1985.

*Susanne Stich/Red.*

### Jung-Stilling, Johann Heinrich (d. i. J. H. Jung)

Geb. 12. 9. 1740 in Grund
(heute zu Hilchenbach);
gest. 2. 4. 1817 in Karlsruhe

Über 100 einzelne Publikationen umfasst das schriftstellerische, zumeist literarische Werk von J. – allerdings ist es nur einer seiner frühesten Texte, der Gegenstand kultureller Erinnerung geblieben ist: die stark autobiographische Erzählung *Henrich Stillings Jugend* (1777), die J. in drei Folgebänden bis zu seinem Lebensende fortsetzte (*Henrich Stillings häusliches Leben*, 1789; *Henrich Stillings Lehr-Jahre*, 1804; *Henrich Stillings Alter*, 1817, hg. von seinem Enkel W. Schwarz). In der Spätzeit des ›Sturm und Drang‹ wurde die Jugenderzählung zu dem literarischen Höhepunkt des Jahres 1777, das Publikum verschlang die auf Authentizität setzende Erzählung eines Mannes aus dem einfachen Volk in ihrer spezifischen Mischung aus Pietismus, Naturbegeisterung und disziplinierter Selbsterziehung.

Geschadet hat es dem anonym publizierten Band allerdings nicht, dass schon eingeführte Autoren die Hand über ihn hielten, dass zunächst bald nach Erscheinen die Spekulationen über den Autor auf Christoph Kaufmann zielten, jenen Gelehrten, der das Manuskript beim Verleger abgegeben hatte – der nebenbei noch Friedrich Maximilian Klinger dazu überredete, sein Drama *Wirrwarr* in *Sturm und Drang* umzubenennen und damit eine Epochenformel erfand. Kaufmann hatte das Manuskript allerdings von Goethe, dem J. es zugesandt und der es ohne Rücksprache für den Druck vorbereitet hatte. Goethe erscheint hier gleichsam als der ideale Leser des Sturm und Drang, der die im Text verarbeiteten Impulse als leicht marktgängig ausmachte und seinen Erfolg vorwegnahm.

J. hatte Goethe 1771 in Straßburg kennengelernt, war Mitglied in der gleichen Tischgesellschaft und hatte diesem seine Lebensgeschichte nach und nach erzählt, die Goethe so fesselte, dass er auf die Niederschrift drang. J. wuchs im bäuerlich-kleinbürgerlichen Milieu des südwestfälischen Siegerlandes auf, im Umfeld eines strengen bäuerlichen Pietismus. Er fiel schnell durch Auffassungsgabe, Lesebegeisterung und Lernfähigkeit auf, musste aber zunächst das väterliche Schneiderhandwerk lernen – in den Folgejahren immer wieder der Brotberuf in Zeiten der Not. Mit fünfzehn übernahm J. die Schullehrerstelle in einem Nachbardorf, bis 1762 wechselte er sieben Mal zwischen verschiedenen Schul- und Hauslehrerpositionen. Als Privatlehrer im Haus des Elberfelder Industriellen Peter Johann Flender – J. hielt hier ohne Unterbrechung von 1763 und 1771 aus – bot sich ihm endlich die Möglichkeit ausgreifender autodidaktischer Weiterbildung: Sprache, Philosophie, Mathematik, Naturwissenschaften und Anatomie beschäftigten ihn. Ein Handbuch über Augenheilkunde ermöglichte es ihm, größtenteils erfolgreiche Staroperationen vorzunehmen (allein diejenige bei Goethes altem Großonkel Jakob Michael von Loen misslang!). J. stellte die autodidaktisch erworbenen Kenntnisse im Medizinischen durch sein Straßburger Studium (1771/72) auf eine moderne wissenschaftliche Grundlage – und nutzte die Studienzeit einerseits dazu, mit den Leitfiguren der neuen literarischen Bewegung des ›Sturm und Drang‹ in Kontakt zu kommen: Herder, Goethe und Lenz; andererseits nahm er die Gelegenheit wahr, sich vom asketischen Erscheinungsbild des ländlichen Pietisten zu einem etwas weltläufigeren Äußern zu entwickeln. Eine scheinbar paradoxe Konstellation: Für Goethe erschien J. als Repräsentant des naturhaften Volkes, während dieser sich auf das Erscheinungsbild der privilegierten Mitstudenten zuzubewegen suchte.

Nach Studium und (erster) Eheschließung kehrte J. in seinen ehemaligen Wirkungskreis Elberfeld zurück, wo er als Arzt praktizierte, allerdings – auch wegen seiner kostenlosen Staroperationen für Arme – immer am Rande der Zahlungsunfähigkeit. Die Borniertheit der Pietistengemeinde machte den nunmehr freieren, säkularer orientierten J. zum Außenseiter.

Auf diesem Hintergrund kam die Berufung zum Professor für Kameralwissenschaften (Ökonomie) nach Kaiserslautern 1778 willkommen, mit der Akademie wechselte J. 1784 nach Heidelberg und wurde 1787 an die Universität Marburg berufen. Seiner Lehrtätigkeit verdanken sich viele Lehrbücher in wirtschafts-, finanzwissenschaftlichen und medizinischen Bereichen. Als ihn, mittlerweile zum zweiten Mal verwitwet, zum dritten Mal verheiratet, 1803 das Angebot des Badener Großherzogs Friedrich ereilte, entbunden von allen Dienstpflichten nur noch der schriftstellerischen (und damit christlich unterweisenden) Existenz zu leben, nahm J. mit Freuden an – eine Position, die er bis zu seinem Tod genoss.

Bereits vor der Niederschrift von *Henrich Stillings Jugend* und nach dem teilweise befreienden Studienerlebnis war J. schriftstellerisch tätig: Auf Anregung Fritz Jacobis schrieb er 1773 die »orientalische Erzählung« »Ase-Neitha«, von ganz unpietistischer Freigeisterei gekennzeichnet, die Wieland gar in den *Teutschen Merkur* aufnahm; 1775 reagierte er, in seinem religiösen Gefühl gekränkt, mit einer Schmähschrift gegen Friedrich Nicolais satirisch-antiklerikalen *Sebaldus Nothanker*. Die nur leicht fiktionalisierte eigene Lebensgeschichte wurde insgesamt zum Lebenswerk J.s: Nach seinem Tod gab sein Enkel den sechsten Band heraus. Distanziert ist der Ton des Romans-, der Erzähler berichtet in der dritten Person über sein Leben; der Roman ist der pietistischen Praxis verpflichtet, über das Leben autobiographisch Rechenschaft abzulegen, das hier als Produkt göttlicher Vorsehung modelliert wird. Aus diesem Grund muss der Roman auch stärker in der Tradition pietistischer Selbstlebensbeschreibungen gelesen werden als in der des bürgerlichen Bildungs- und Erziehungsromans. Nachdem J. zwischen 1779 und 1783 neben einer Reihe von Erzählungen drei Romane veröffentlicht hatte, arbeitete er unter dem Titel *Theobald der Schwärmer* (1784/85) in Traktat und fiktionaler Biographie die Geschichte des Schwärmerwesens und des Pietismus auf. Der bei Lebzeiten erfolgreichste Roman J.s

wurde das vierbändige *Heimweh* (1794–96), ein Geheimbundroman, der Pietismus und Freimaurertum vermischt und als einziger Text J.s weltliterarische Bedeutung erlangte: Er wurde in kürzester Zeit ins Englische, Russische, Schwedische und sogar Arabische übersetzt. Die symbolische Lebens- und Prüfungsreise Christian (Eugenius) Ostenheims und seines Dieners Hans Ehrlich darf in der Literaturgeschichtsschreibung als weitgehend vergessen gelten, wurde allerdings in anthroposophischem Kontext 1994 wieder publiziert.

Neben (im *Heimweh* schon angedeuteten) okkultistischen Themen (*Theorie der Geisterkunde*, 1808/09) widmet sich J. zeitlebens, verstärkt jedoch in der mäzenatisch geförderten Schriftstellerexistenz seiner letzten anderthalb Lebensjahrzehnte, der Volksmissionierung durch christliche, pietistische Erbauungsliteratur. Medium dieser Texte sind meist selbstverlegte Zeitschriften (z. B. *Erzählungen für Bürger und Bauern*, 1803–1807; *Des christlichen Menschenfreundes biblische Erzählungen*, 1803–1816). Die periodische »Volksschrift« *Der graue Mann*, die von 1795 bis 1816 erschien, geriet schon bald nach ihrem ersten Band in den Blick der Kasseler Zensurbehörde, eine versuchte Maßregelung, auf die J. empfindlich reagierte. Seiner zeitgenössischen Wirkung – weit über die deutschen Grenzen hinaus bis in die deutschstämmigen Auswanderergebiete der jungen Vereinigten Staaten – tat dies allerdings keinen Abbruch.

Werkausgaben: Sämmtliche Schriften. Vollständige Ausgabe. 8 Bde. Stuttgart 1835–38, Nachdruck Hildesheim 1979; Sämmtliche Werke. 12 Bde. Stuttgart 1841–42.

*Benedikt Jeßing*

# K

## Kabbala
Ca. 13 Jahrhundert

Mit dem Begriff »Kabbala«, d. h. »Empfang« (der verborgenen Überlieferung; vom hebräischen »kibbél«, »empfangen«), wird jene einflussreichste Strömung der jüdischen Mystik bezeichnet, die im mittelalterlichen Südfrankreich und vor allem in Nordspanien entstand und gegen Ende des 12. Jahrhunderts im *Sefer ha-Bahir* (Buch der Klarheit; *Editio princeps*, Amsterdam 1651) zuerst greifbar wird. In diesem anonymen, hebräisch verfassten Werk findet sich erstmals die theosophische Lehre von den zehn Sfirot, d. h. den Hypostasen oder Potenzen Gottes, die in ihrer Gesamtheit dessen Einheit und Fülle ausmachen und die im Bild des Weltenbaums oder des Urmenschen dargestellt werden können. Ausgewählte Verse der Bibel, als deren Kommentar sich das Buch *Bahir* gibt, werden in symbolischer Exegese auf diese transzendente Realität der Sfirot bezogen. Weitere im *Bahir* vorkommende Lehren, deren Bedeutung in der späteren K. noch stärker betont wird, handeln von der mystischen »Intention des Herzens« (»Kawanat ha-Lew«) und der Reinkarnation oder Seelenwanderung (Gilgul).

Mehrere geistige Zentren mit je eigenem Profil, aus denen z. T. auch weitere Schriften hervorgingen, waren für die Entwicklung der K. bis ca. 1300 von Bedeutung – genannt seien nur die Kreise um Nachmanides (Mosche ben Nachman) in Gerona und Isaak Ha-Kohen in Soria (Kastilien). Zum Hauptwerk der K. wurde aber das Buch *Sohar* (Buch des Glanzes; zuerst gedruckt in Mantua und Cremona 1558–60), das sich selbst von dem talmudischen Rabbi Schim'on bar Jocha'i her-

schreibt, tatsächlich aber – in eigenartigem, antikisierendem Aramäisch und in Form eines Kommentars zu den fünf Büchern Moses – um 1300 von dem Kabbalisten Mosche Schem Tov de Leon verfasst wurde; die späteren Teile des zusammengesetzten Werkes stammen von seinen Schülern. Die Komplexität des *Sohar* kann nicht in Kürze beschrieben werden. Wegen seiner symbolischen Verwendung biblisch-hebräischer Begriffe ist es auch kaum möglich, seinen Gehalt in einer Übersetzung adäquat zu erfassen. Die Einzigartigkeit des Werkes besteht in seiner vielschichtigen, organischen Verbindung mystischer, theologischer, theosophischer und philosophischer Elemente. Ein Hauptanliegen ist dabei die als Entfaltung des Gottesnamens verstandene Emanation (Azilut) der Sfirot, die im ständig sich erneuernden Schöpfungswerk dem unerkennbaren göttlichen Urgrund (En Sof) entspringen und in einem dynamischen, jedoch dem Menschen grundsätzlich fassbaren Verhältnis zueinander stehen.

Seine große, nur mit der des Talmuds vergleichbare Bedeutung im Judentum erlangte das Buch *Sohar* erst nach der Vertreibung der Juden von der iberischen Halbinsel. Zu seiner Verbreitung trug maßgeblich die Popularität der auf ihm gründenden Lehren Mose Cordoveros, besonders aber Isaak Lurias und seines Kreises bei, die im galiläischen Safed des 16. Jahrhunderts wirkten. Luria öffnete die K. den messianischen Aspekten der jüdischen Tradition, indem er den Gedanken der Erlösung vertiefte und ihn in sein stark mythologisch geprägtes Lehrgebäude einfügte. Dessen tragende Motive sind die der Weltschöpfung vorangehende Selbstkontraktion Gottes (Zimzum) und die uranfängliche Katastrophe des »Bruchs der Gefäße« (Schwirat ha-Kelim), die dazu bestimmt waren, das emanierte göttliche Licht aufzunehmen. Mit diesem Bruch begann zugleich der vom Menschen zu vollendende Prozess der Wiederherstellung (Tikkun) der kosmischen Harmonie – ein Erlösungsvorgang, der auch als Rückführung der Funken (Nizozot) aus ihrem Exil in der gefallenen Welt der zerbrochenen Schalen (Klippot) zu ihrem Ursprung beschrieben werden kann.

Die lurianische K. erzielte eine weitreichende Wirkung: Zum einen bereitete sie dem (später zum Islam konvertierten) »mystischen«, antinomistischen Messias Schabta'i Zwi den Weg, der um die Mitte des 17. Jahrhunderts eine der größten messianischen Bewegungen der jüdischen Geschichte hervorrief (Sabbatianismus), die in ihren Ausläufern im Islam noch weiterlebt (Dönmeh); zum anderen war sie die entscheidende geistige Voraussetzung für die jüdische Erneuerungsbewegung des Chassidismus, die Mitte des 18. Jahrhunderts mit der Gründergestalt des Ba'al Schem Tov einen beispiellosen Siegeszug im Judentum Osteuropas antrat und heute, mit zahlreichen Verzweigungen, zu den wichtigsten religiösen Strömungen im Judentum gehört.

Der Einfluss der K. auf eine Reihe christlicher Theologen war so groß, dass manchmal von einer eigenen, christlichen K. gesprochen wird. Im 15. bis 16. Jahrhundert lassen sich hierfür unter anderem der italienische Humanist Pico della Mirandola (*Conclusiones*, 1486) und dessen Zeitgenosse Johannes Reuchlin (*De Arte Cabalistica*, 1517) anführen. Sie betrachteten die jüdische K. als göttliche Offenbarung, die den Grund und die Wahrheit des christlichen Glaubens auf verborgene Weise enthielt. So fanden sie etwa die Gottheit Christi und die Lehre von der Trinität in der K. angedeutet. Viele jüdisch-kabbalistische Schriften wurden in der Folge von christlichen Hebraisten übersetzt. Lateinische Auszüge aus dem *Sohar* erschienen lange vor dem Erstdruck des aramäischen Originals. C. Knorr von Rosenroth hat in seinem Werk *Kabbala Denudata* (1674–84) auch lurianische Texte vermittelt. Das christlich-religiöse Interesse hielt, namentlich im protestantischen Pietismus, bis ins 18. Jahrhundert an.

Ausgaben: Das Buch Bahir. Übers. G. Scholem. Leipzig 1923, Ndr. Darmstadt ⁴1989. – Die Geheimnisse der Schöpfung. Ein Kapitel aus dem kabbalistischen Buche Sohar. Übers. G. Scholem. Berlin 1935, Ndr. Frankfurt a. M. 1971. – Der Sohar. Das heilige Buch der Kabbala. Übers. E. Müller. Wien 1932, Ndr. München ⁸1997.

*Hans-Jürgen Becker*

## Kadare, Ismail
Geb. 27. 1. 1936 in Gjirokastra/Albanien

Ismail Kadare – die häufig anzutreffende Schreibweise Kadaré stammt aus Frankreich – ist als bekanntester albanischer Autor gleichsam die Stimme und der Chronist seines Heimatlandes. Den historischen Hintergrund seiner Werke bilden die fünf Jahrhunderte Albaniens unter türkischer Oberhoheit, der Zweite Weltkrieg mit der Besetzung durch Italien bzw. nach dessen Kapitulation durch Deutschland sowie die Nachkriegszeit mit den drei engen politischen Allianzen, die Albanien mit dem Jugoslawien Titos, der UdSSR und der VR China einging und 1948, 1960 bzw. 1979 wieder beendete. Die sich anschließende Politik des Isolationismus wurde erst in den 1990er Jahren von einer vorsichtigen Öffnung, auch nach Westen, abgelöst.

K. studierte in Tirana und kurze Zeit am Gor'kij-Institut für Literatur in Moskau, erwarb als Lyriker nationalen und als Erzähler schon früh internationalen Ruhm durch die Verfilmung seines ins Groteske spielenden Romans Gjenerli i ushtrishë së vdekur (1963; *Der General der toten Armee*, 1977) mit Michel Piccoli und Marcello Mastroianni. Darin muss ein namenloser italienischer General des Zweiten Weltkriegs die sterblichen Überreste seiner in Albanien gefallenen Kameraden heimführen; das Land begegnet ihm auch nach dem Ende der Kampfhandlungen feindselig. K.s Verhältnis zur Heimat ist ambivalent: Als hoher Literaturfunktionär war er zwischen 1970 und 1982 Abgeordneter der Einheits-»Partei der Arbeit« und erfreute sich der Gunst von Albaniens unumschränktem Alleinherrscher Enver Hoxha (1908–85), von dem er in zahlreichen Romanen ein positives Bild zeichnet. Er rechtfertigte Hoxhas stalinistische Willkürakte wie z. B. die Hinrichtung des Innenministers Koči Xoxe 1949 nach einem spektakulären Schauprozess und verfasste nach Hoxhas Tod hymnische Nachrufe. Nach dem Fall des Eisernen Vorhangs beklagte er die Verschleppung des Demokratisierungsprozesses durch den neuen Machthaber Alia und bat schließlich 1990 für sich, seine Ehefrau und die beiden Töchter um politisches Asyl in Frankreich, wo seine Bücher erstmals in eine westliche Sprache übersetzt worden waren; bereits kurze Zeit später kehrte er in die Heimat zurück, behielt aber eine Wohnung in Paris.

Die Ereignisse, die ihn ins Exil führten, schildert er – nicht ganz eindeutig – in dem Essayband *Nga nje Dhjetor ne tjetrin* (1991; *Albanischer Frühling*, 1991). Dabei bagatellisiert er die Herrschaft der Kommunisten und beschönigt seine Rolle als privilegierter Schriftsteller. Seine Werke sind durch ein lose geknüpftes figurales Netz miteinander verbunden. Ihnen eigentümlich ist ein pessimistisches Weltgefühl, das dem Franz Kafkas ähnelt, und sie sind erfüllt von den archaischen Traditionen und Überlieferungen Albaniens; sie verschmelzen oft Reales mit Phantastischem, und ihr Geist ist gemäß dem Wort des albanischen Nationaldichters Pashko Vaso, dass »die Religion des Albaners das Albanertum« sei, stets patriotisch, ja nationalistisch. Albanien erscheint als trutziges, sturmumtostes Bergland, das noch nicht völlig in der Gegenwart angekommen ist. Niemals kritisch hinterfragt wird z. B. der Kanun, ein uralter Kodex, der aufs strengste das Leben der in Sippen organisierten Menschen regelt, unter anderem in allen Fragen der Blutrache, die noch bis weit ins 20. Jahrhundert hinein in Albanien praktiziert wurde. Hiervon handelt *Prilli i Thyer* (1980; *Der zerrissene April*, 1989), worin der letzte Lebensmonat eines zur Blutrache freigegebenen jungen Mannes geschildert wird. Dabei handelt es sich keineswegs um ein willkürliches Morden, sondern um den emoti-

onslosen, fast rituellen Vollzug uralter Regelungen, die vom Mörder wie vom Opfer gleichermaßen akzeptiert werden. Die Albaner schildert K. gerne als Kollektiv, wiederholt preist er ihren Widerstandswillen gegen äußere Feinde, vor allem gegen die Türken.

Der Roman *Kështjella* (1970; *Die Festung*, 1988) schildert, wie ein türkisches Heer 1450 trotz gewaltiger Überzahl und überlegener Kriegstechnik an der Belagerung der Feste Kruja scheitert, weil die Belagerten buchstäblich »wie ein Mann« stehen. Individuelles Heldentum gibt es hier nicht, selbst der Volksheld Georg Kastriota, genannt Skanderbeg (1403–68), greift nicht persönlich in den Gang der Ereignisse ein, über ihn berichten nur Dritte. Der Widerstandswille des Volkes ruft grausame Maßnahmen der Gegner hervor. In *Pashallëquet e mëdha* (1978; *Der Schandkasten*, 1990) wird der abgeschlagene Kopf von Ali Tepelena, einem albanischen Aufrührer des frühen 19. Jahrhunderts, zur Abschreckung etwaiger Nachahmer in einer Mauernische in Stambul ausgestellt. Zur Strafe für die Auflehnung wird das Land vom »Geheimen Staatsarchiv« der Türken einer Entnationalisierung unterzogen, die »kra-kra« genannt wird, sich über mehrere Jahrhunderte hinziehen und aus der Vernichtung der Sprache, der Kultur und der Infrastruktur des Landes bestehen soll. Die Maßnahmen zeitigen zunächst Erfolg, doch dann schreibt ein Bauer unter großen Qualen wieder ein, wenngleich noch unvollkommenes, Gedicht in albanischer Sprache. Das »kra-kra« wird abgebrochen. Immer wieder wird die Bedrohung seiner Heimat an der Sprache festgemacht.

Den Bruch mit Moskau z. B. leitet in *Dimri i Madh* (1977; *Der große Winter*, 1987) ein Übersetzungsproblem ein, und die Rückeroberung des Landes nach faschistischer Besetzung in *Nëntori i një Kryeqyeti* (1990; *November einer Hauptstadt*, 1991) erst mit Einnahme des Senders Tirana und der technischen Stimme der Heimat vollzogen. Fremdherrscher und ihre Institutionen können immer als Chiffren für den kommunistischen Staat bzw. den albanischen Geheimdienst Sigurimi gedeutet werden. Aus dem Erscheinen seines

Romans *Pallati i ëndërrave* (1980; *Der Palast der Träume*, 2003), der »als eisige Parabel auf das totalitäre Regime angelegt ist«, erwuchsen K. zeitweilige Schwierigkeiten, wusste er doch als Insider das Funktionieren eines totalitären Systems ebensogut zu schildern wie z. B. der Jugoslawe Milovan Djilas. In *Pallati i ëndërrave* entwirft K. eine albanische Version eines Orwellschen Überwachungsstaates, der die Träume der Menschen sammelt; hier tritt die Nähe zu Kafka besonders deutlich zutage. *Kush e solli Dorotinën?* (1980/81; *Doruntinas Heimkehr*, 1992) spielt in Arberien, einem mittelalterlichen Feudalstaat auf dem Territorium des heutigen Albanien; K. macht daraus eine Phantasiewelt, in der Vergangenheit und Gegenwart, Mythos und Realität ineinanderfließen. Als die im Ausland verheiratete Albanerin Doruntina nach dem Tod ihrer neun Brüder unter dubiosen Umständen wieder in die Heimat zurückkehrt, fragen sich die Menschen, ob ihr Begleiter ein Wiedergänger oder ihr Geliebter war. Ohne das Rätsel aufzulösen, schließt K. mit einem Appell, das Land vorsichtig mit der Welt zu »vermählen« – ein vorsichtiges Bekenntnis des Autors zu Europa. *Ura me tri harge* (1978; *Die Brücke mit den drei Bögen*, 2002) weist Parallelen zu Ivo Andrićs *Na Drini Ćuprija* (*Die Brücke über die Drina*) auf. Hier wie dort symbolisiert die Brücke Neuerung, ihr Bau muss gegen Ewiggestrige und Partikularinteressen durchgesetzt werden. Seiner Heimatstadt Gjirokastra setzte K., aus der Sicht eines Knaben schreibend, in dem autobiographischen Roman *Kronikë në gurë* (1971; *Chronik in Stein*, 1988) ein Denkmal. 2005 erhielt er den erstmals vergebenen Man Booker Prize.

*Klaus-Peter Walter*

## Kafka, Franz
Geb. 3. 7. 1883 in Prag; gest. 3. 6. 1924 in Kierling bei Klosterneuburg

Das »Grenzland zwischen Einsamkeit und Gemeinschaft habe ich äußerst selten überschritten, ich habe mich darin sogar mehr angesiedelt als in der Einsamkeit selbst. Was für ein lebendiges schönes Land war im Vergleich hierzu Robinsons Insel«. Dies stellt K. wenige Jahre vor seinem Tod fest. Noch immer lebt er als Junggeselle im Bereich der elterlichen Familie, die ihn einengt und bevormundet, am Rande sowohl des assimilatorisch gesinnten wie des neuen nationaljüdischen Judentums, in einem Beruf, der ihm »unerträglich« ist, »weil er meinem einzigen Verlangen und meinem einzigen Beruf, das ist der Literatur, widerspricht«, in seiner Geburtsstadt, die er von jeher verlassen will, weil sie ihm Ausdruck dieser Gefangenschaft ist. Alle Fluchtversuche – Heirat, Assimilation, Zionismus, Ortswechsel, vor allem aber eine Existenz als freier Schriftsteller – sind bisher schon in den Anfängen gescheitert.

Der tschechisch-jüdische Vater stammte aus der Provinz und hatte nach der Heirat mit einer wohlhabenden Deutsch-Jüdin in Prag ein Geschäft für Kurzwaren und Modeartikel gegründet. Von vornherein waren die Eltern entschlossen, ihren wirtschaftlichen Erfolg zur Verschmelzung mit der systembejahenden, herrschenden deutschen Oberschicht zu nutzen. Dennoch steht K. zeitlebens über den Vater den Tschechen näher als die meisten seiner deutschjüdischen Altersgenossen und damit zwischen allen drei Völkern Prags. Der Aufstiegswille zeigt sich auch im Bildungsweg des Sohnes: Er hatte das humanistische Gymnasium zu besuchen und Jura zu studieren. 1907 hat K. mit Examen, Doktordiplom und Gerichtsjahr alle Voraussetzungen für den Staatsdienst. – Im Gegensatz zu anderen Autoren des sogenannten »Prager Kreises«, Max Brod, dem lebenslangen Freund und Propagator, Oskar Baum, Willy Haas, Egon Erwin Kisch, Franz Werfel u. a., hat K. noch nichts veröffentlicht. Nur der unmittelbaren Eingebung folgendes Schreiben vermittelt ihm Glück, und stets ist es autobiographisches Interesse, das bei ihm

die literarische Produktion hervortreibt. Daraus folgen Widerwille und Widerstand gegen ihre Veröffentlichung, oft auch die Vernichtung des Geschriebenen, das solchen Maßstäben nicht standhält.

Schon die älteste erhaltene Erzählung *Beschreibung eines Kampfes* (von 1902 bis 1910) formt die späteren Themen und Darstellungsmittel vor: Isolation, Misslingen und Scheitern, Rettungsversuche, Verwandlungen und Tiermetaphern. Kleine Prosa veröffentlicht 1908 erstmals Franz Blei, der in seinen Zeitschriften ausschließlich von ihm entdeckte oder früh geförderte Schriftsteller druckte, wie Rudolf Borchardt, Max Brod, Carl Einstein, René Schickele oder Robert Walser.

Von einer ersten Stelle in einer privaten Versicherungsgesellschaft wechselte K. 1908 zur halbstaatlichen »Arbeiter-Unfall-Versicherungs-Anstalt für das Königreich Böhmen in Prag« und blieb hier bis zu seiner Pensionierung. Böhmen war der am weitesten industrialisierte Raum der Donaumonarchie und die führende Versicherungsanstalt deshalb in ständiger Erweiterung. K. arbeitete bald in leitender Stellung in ihrer wichtigsten »technischen« Abteilung und hatte z. B. über die Klassifizierung der Betriebe nach Gefahrenklassen zu entscheiden und dabei auch Betriebe zu inspizieren. Mit diesem Aufgabenbereich stand er mitten in der modernen Welt: Die Arbeiterschaft und ihre Probleme, das Ausgeliefertsein des Menschen an Mächte, die als anonym erlebt werden, Arbeitgeber, Versicherung, Staat, waren eine tägliche Erfahrung. So hat seine berufliche Tätigkeit K.s Bild von der Welt wesentlich mitgeformt.

Nachhaltigstes Erlebnis dieser Jahre ist die Begegnung mit einer polnisch-jüdischen Theatergruppe, die seit 1910 wiederholt in Prag gastiert. K. faszinieren ihre jiddische Sprache, ihre ostjüdische Religiosität und ihre gebärdenstarken Darbietungen der volkstümlichen Stücke, und er lernt in der Freundschaft mit ihrem Hauptdarsteller Jizchak Löwy »gierig und glücklich originäres Judentum« kennen. Die Verarbeitung der gestenreichen, innere Vorgänge ins Sichtbare wendenden und sich bis zur Groteske steigernden jiddischen Schauspiele bereitet den Durchbruch zum eigentlichen Schreiben vor.

1912 entsteht in einer einzigen Nacht *Das Urteil.* »Nur so kann geschrieben werden, nur in einem solchen Zusammenhang, mit solcher vollständigen Öffnung des Leibes und der Seele«, die Geschichte sei »wie eine regelrechte Geburt mit Schmutz und Schleim« aus ihm herausgekommen. Sie wird nach einer öffentlichen Lesung sofort erkannt als »Durchbruch eines großen, überraschend großen, leidenschaftlichen und disziplinierten Talents«. Gewidmet ist sie Felice Bauer.

Die 24-jährige Berlinerin Felice hatte K. bei Brod kurz gesehen, und eine ihn zerreißende Beziehung begann. Sein umfangreichstes Briefwerk entsteht, in dem er um Felice wirbt, sich darstellt, verteidigt und angreift. Der »Kampf« um Felice, der »andere Prozeß« (Elias Canetti), z. T. zeitgleich mit der Entstehung des Romans *Der Prozeß,* dauert bis Ende 1917: Juni 1914 kommt es zur Verlobung, im Juli wird sie wieder gelöst. 1917 erfolgt die zweite Verlobung, im Dezember die endgültige Trennung, vorgeblich wegen K.s Erkrankung. Den Ausbruch einer offenen Lungentuberkulose sieht K. selbst als befreiende Folge der Auseinandersetzung mit Felice, die er sucht, wenn er nicht schöpferisch tätig ist, und der er flieht mit all ihren bürgerlichen Vorstellungen von Ehe, Reputation und Wohnung, sobald er sich seines Schreibens sicher ist: »So geht es nicht weiter, hat das Gehirn gesagt, und nach fünf Jahren hat sich die Lunge bereit erklärt zu helfen.«

*Das Urteil* steht als erste größere Arbeit K.s in einem Jahrbuch des Kurt-Wolff-Verlags. Mit ihm hatte Brod den Freund auf einer Ferienreise nach Weimar zusammengebracht, wohin sie die Verehrung Johann Wolfgang Goethes führte. Wolff sammelte nach und nach die wesentlichsten, seit 1914 pauschal als »Expressionisten« bezeichneten jungen Dichter; auch K., dessen Bücher nun hier erscheinen, wird deshalb irrtümlich von vielen Zeitgenossen als Expressionist missverstanden. *Das Urteil* und die sofort darauf entstandenen Erzählungen *Die Verwandlung* (1916) und *Der Heizer* (1913), die K. unter dem Titel *Söhne* zusammenfassen wollte, variieren freilich das damals als expressionistisch empfundene Thema des Vater-Sohn-Konflikts, wenn auch auf die eigentümlichste Weise. In jeder der drei Novellen führt der Schuldspruch des Vaters zum Tod des Sohnes, und jedesmal ist eine Art von Verführung der Anlass. In der *Verwandlung* erwacht der Sohn, der als Ernährer der Familie die Rolle des Oberhaupts übernommen hat, eines Morgens als »ungeheueres Ungeziefer«; der Vater kann seine Autorität zurückgewinnen, der Sohn wird allmählich eins mit seiner Mistkäfer-Gestalt und weiß, dass er zu »verschwinden« hat; eine Putzfrau wirft seine Überreste in den Müll. Die scheinbar einsinnige Geschichte ist gleichwohl mehrschichtig angelegt; mythologische, tiefenpsychologische und gesellschaftspolitische Bezüge sind erkennbar, so dass eine Ausdeutung der Vaterfigur möglich oder nötig ist: beispielsweise als Personifikation von Macht schlechthin, die den Menschen zum Tier deformiert, oder präziser, etwa als Kapitalismus, womit die Verwandlung den Prozess der Entfremdung symbolisieren könnte. Die *Verwandlung* ist die erste Erzählung, die eine Tiermetapher geschlossen durchkomponiert; zahlreiche »Tiergeschichten« werden ihr folgen. Der Roman *Der Verschollene* (*Amerika*), 1927, dessen erstes Kapitel der als »Fragment« erschienene *Heizer* darstellt, bleibt wie viele andere Erzählungen unvollendet: Auch darin wiederholt sich das Misslingen im Leben K.s und seiner Gestalten.

Obwohl K. vom Kriegsdienst freigestellt ist, kann er sich dem Krieg nicht entziehen: Prag ist frontnahe Großstadt, und so flüchten vor allem die polnischen Juden aus den Kriegsgebieten hierher. K. vollendet 1914 die zeitkritische Novelle *In der Strafkolonie*, die Kurt Tucholsky nach ihrer Veröffentlichung (erst 1920) als »unbedenklich wie Kleist« rühmen wird. Ein neuer Roman *Der Prozeß* entsteht und bleibt bis 1925 liegen; »Fräulein Bürstner«, Ursache der Verhaftung »K.s« verweist hier mit ihren Initialen auf Felice Bauer wie das Kürzel für die Hauptgestalt auf den Dichter selbst. Im Lauf des Krieges intensiviert sich K.s Verhältnis zum Zionismus, auch der Umgang mit Flüchtlingen nähert ihn dem Ostjudentum. Die Erzählungen des Buches *Ein Landarzt* (1916/17) stehen in Verbindung zu chassidischen Geschichten, wie sie u. a. Martin Buber sammelte, der sich seit langem für das neue Judentum engagiert. K., häufig misstrauisch gegen die eigene Produktion, ist von der Qualität seiner neuen Geschichten so überzeugt, dass er eine »Orgie beim Lesen« zweier in Bubers Zeitschrift *Der Jude* gedruckten »Tiergeschichten« empfindet, und muss »immer erst aufatmen von Eitelkeits- und Selbstgefälligkeitsausbrüchen.« Als die *Landarzt*-Erzählungen 1919 als Buch mit der Widmung »Meinem Vater« erscheinen, sind sie eine Art positiver Abrechnung mit dem Vater und Gegenstück zum *Brief an den Vater* (1919). Dieser Brief, mit einem Umfang von 60 Druckseiten, ist der schonungsloseste biographische Versuch K.s; er geht aus von seinem jüngsten gescheiterten, dritten Heiratsversuch (mit der Pragerin Julie Wohryzek) und stellt seine Entwicklung unter der erdrückenden Person des Vaters, dem »zuschnürenden Ring seines Einflusses« dar, der alle Lebensversuche zum Misslingen verurteilte. Eine weitere leidenschaftliche Beziehung scheitert: Die Übersetzerin seines *Heizers* ins Tschechische, Milena Jesenská, hat K. 1920 brieflich kennengelernt und erfährt sie schnell »als lebendiges Feuer, wie ich es noch nie gesehen habe«; aber sie vermag sich aus ihrer zerrütteten Ehe und ihrem Wiener Bohème-Kreis nicht zu lösen. Ein dritter Roman, *Das Schloß* (1922), der den Kampf des angeblichen Landvermessers »K.« um Aufnahme in die Dorfgemeinschaft und um Annäherung an das Schloss berichtet, hat dieses Geschehen integriert. Mit ihm ist die »Trilogie der Einsamkeit«, wie Brod die drei unvollendet gebliebenen Romane nennt, abgeschlossen.

Sofort nach der endlich erreichten vorzeitigen Pensionierung (Juli 1922) arbeitet die große Erzählung *Forschungen eines Hundes* (1922) K.s wechselndes Verhältnis zum Judentum auf, freilich in der Form der Parabel, die unabhängig vom Leben des Autors Gültigkeit hat. Wiederholt erwägt er die Übersiedlung nach Palästina – neben seinen Hebräisch-Studien (seit 1917) der sicherste Beweis für eine Bejahung der zionistischen Ziele. Da trifft er in den Sommerferien 1923 an der Ostsee auf die etwa zwanzig Jahre alte Ostjüdin Dora Diamant. Von ihr, der Gefährtin seines letzten halben Jahres, wird er sich »gut und zart behütet« fühlen, »bis an die Grenzen irdischer Möglichkeit«. Die Palästina-Pläne sind in dem Versuch, mit Doras Hilfe Prag zu entrinnen und in Berlin zu leben, aufgehoben. Eine Robinsonade, denn die sich verschlimmernde Krankheit lässt ihn mitten im »wilden« Berlin wie auf einer Insel leben, und doch ein Neubeginn mit neuer Aktivität und Produktivität. Der hier entstandene *Bau* (1923/24) und die späteste Erzählung *Josefine die Sängerin* (1924) zeigen die von der Krankheit unberührt gebliebenen, wenn nicht gesteigerten Fähigkeiten K.s. Im März 1924 erzwingt die notwendig gewordene ständige ärztliche Kontrolle die Rückkehr nach Prag. K.s Tod wird nur von wenigen persönlichen Bekannten wahrgenommen. Brod, als Verwalter und Propagator des Werks, wird den Nachlass – ein Vielfaches des von K. selbst Veröffentlichten –, den Nachruhm vorbereitend, begleitend und steigernd, nach und nach publizieren.

Bald darauf machte das Dritte Reich nicht nur der deutsch-jüdischen Symbiose ein Ende, zu deren außergewöhnlichen Ergebnissen eben K.s Werk gehört, es vertrieb auch ihre noch lebenden Repräsentanten und K.s Werk ins Exil. Doch gerade dadurch erhielt dieses Werk nun prophetische Qualität: Die Verfemten und Geflüchteten sahen darin ihre eigene Ohnmacht gegenüber den realen und anonymen Mächten vorweggenommen. Und die eskalierenden Ereignisse – Weltkrieg und Nachkrieg, die Herrschaft des Stalinismus – bestätigten immer wieder von neuem, dass K.s Werk parabolisch die absurde Welt der Gegenwart in präziser Unheimlichkeit darstelle. Im Vorfeld des Prager Frühlings bekam es sogar politische Funktion, indem die Möglichkeiten seiner – zunächst unerwünschten – Interpretation als Instrument zur Befreiung aus dem stalinistischen Totalitarismus verstanden wurden (Kafka-Konferenz in Liblice, 1963). Schon längst war K. in allen westlichen Staaten be-

rühmt, in zahllose Sprachen übersetzt und extensiv interpretiert. Jetzt sollte sein Werk den restlichen Teil der Welt erobern. Denn von keinem anderen Autor des 20. Jahrhunderts ging eine derart starke Aufforderung zur Interpretation, zur Exegese, zur Analyse aus. K.s rätselhafte und verrätselte Dichtungen faszinierten bis hin zum Zwang, sie auszulegen, ihnen nachzuspüren, sie nachzuahmen. Keiner Interpretation – weder der philosophischen, theologischen (jüdischen und christlichen), psychoanalytischen, gesellschaftspolitischen oder rein artistischen, noch deren Mischformen oder Spielarten – schien er sich zu widersetzen. »Ätherisch wie ein Traum und exakt wie ein Logarithmus«, urteilte Hermann Hesse schon 1925 und nannte K. einen »heimlichen Meister und König der deutschen Sprache«.

Werkausgaben: Schriften, Tagebücher, Kritische Ausgabe. Hg. von Jürgen Born, Gerhard Neumann, Malcolm Pasley und Jost Schillemeit. Frankfurt a. M. 1982–1993; Gesammelte Werke. Hg. von Max Brod. Frankfurt a. M. 1950 ff.

*Ludwig Dietz*

## Kaiser, Georg
Geb. 25. 11. 1878 in Magdeburg;
gest. 4. 6. 1945 in Ascona

Vom Tod des Dichters in seinem Hotelzimmer auf dem Monte Verità erfuhr Margarethe Kaiser, geb. Habenicht, Mutter zweier Söhne und einer Tochter, durch das Radio. Seit August 1938 lebte der prominente Dramen-Expressionist, in den 1920er Jahren erfolgreich wie sonst nur noch Gerhart Hauptmann und Bertolt Brecht, im Schweizer Exil. »J'ai gagné la bataille!« soll er zuletzt gesagt haben, nach einem Künstlerleben, das durch Ruhm und Miseren geprägt war. Keine Exaltation des anachronistisch gewordenen Geniekults hatte dieses geborene Theatertalent vermieden, sein Ich grandios zu inszenieren und die Einmaligkeit seiner Idee des »Neuen Menschen« zu verkünden. Monumental ist sein Werk: mehr als siebzig Dramen, daneben Romane (*Es ist genug*, 1932; *Villa Aurea*, 1940), Erzählskizzen, Lyrik, Filmexposés, Fragmentarisches und Briefe.

»Dramenkaninchen« (Alfred Kerr), »Nachahmer«, »Ausdruckstechniker«, »Bluffmann« oder »Boxer des Geistes« nannten ihn seine Verächter, als »Denkspieler« (Bernhard Diebold) und »Ingenieur« des Dramas (Walter Huder) verbuchten ihn Wissenschaft und Kritik. Als rätselhafte Figur gilt er vielen wegen seines egomanen Schreibzwangs und finanzieller Allüren noch heute und sein Werk der Ideologiekritik als unglaubwürdig, wirklichkeitsfremd, subjektivistisch. Berühmt-berüchtigt wurde die Selbsteinschätzung vor Gericht; angeklagt wegen Verpfändung und betrügerischen Verkaufs von Inventar aus einer angemieteten Villa in Tutzing und der Münchner Wohnung, konterte er: »Ich halte mich für einen so exorbitanten Ausnahmefall, daß weder Gesetzgebung noch Psychiatrie ihn aufklären.« Wie Spazierer in *Hölle Weg Erde* (1919) um der Erneuerung der Menschheit willen bestraft wird, sah er sich als Opfer seines Werks.

K. war der fünfte von sechs Söhnen des Versicherungskaufmanns Friedrich Kaiser und seiner Frau Antonie, geb. Anton, beide aus dem bäuerlichen Milieu der Mark Brandenburg stammend. Nach der mittleren Reife begann er mit einer Buchhandelslehre, wechselte in das Ex- und Importfach, »zwischen Kaffeesäcken seinen Platon« lesend, brach als Kohlentrimmer 1898 auf einem Frachtdampfer nach Südamerika auf, arbeitete drei Jahre als Kontorist im AEG-Büro in Buenos Aires, bevor ihn die Malaria zur Rückkehr zwang. Die reiche Heirat 1908 erlaubte ihm die freie Schriftstellerei in Seeheim und Weimar, wo man aufwendig lebte. Im Ersten Weltkrieg war K. freigestellt, kurzzeitig aber beim Roten Kreuz tätig. Mit dem Erfolg der *Bürger von Calais* (2. Fassung, 1914) und des Stationenstücks *Von morgens bis mitternachts* (1916) beginnt der Siegeszug auf dem Theater, eine mit über vierzig Uraufführungen und Inszenierungen in aller Welt unglaubliche Karriere, der 1933 ein Ende bereitet wurde. Sein sozialistisches und antimilitaristisches Engagement (*Die Lederköpfe*, 1928; *Ächtung des Kriegers*, 1929; *Mississippi*, 1930) bezahlt K. mit Verfemung.

1933 provoziert die SA einen Theaterskandal bei der Uraufführung von *Der Silbersee* (1932). Adolf Bartels u. a. diffamieren seine Arbeit als »bolschewistisch« und »verjudet«; von der Mitgliederliste der Preußischen Akademie, der er seit 1926 angehört, wird K. gestrichen. Goebbels' Angebote zur Bejahung des NS-Staates lehnt er ab und entgeht 1938 der Verhaftung durch die Gestapo. In der Schweiz entsteht neben antifaschistischen Stücken ein dramatisches Spätwerk, in dem der isolierte Autor sich selbst und seine Zeit in biblischen und antiken Sujets bespiegelt. Vergebens haben sich Thomas Mann und Albert Einstein für K.s Einreisegenehmigung in die USA eingesetzt. *Der Soldat Tanaka* (1940) wird auf Intervention der japanischen Gesandtschaft vom Spielplan des Züricher Schauspielhauses gestrichen, sein Stück *Der Schuß in die Öffentlichkeit* (1938) nach dem Überfall auf Holland eingestampft.

Das »diffus« und »ziellos« (Manfred Durzak) scheinende Gesamtwerk, das in Stil, Thema und Form oft sicheren Instinkt für intellektuelle Moden und literarische Trends beweist, begann amateurhaft-epigonal mit parodistischen Jugendstücken. Der dramaturgische Ansatz seiner Stücke beruht häufig auf dem »Prinzip der umkehrbaren Thematik« (Wolfgang Paulsen) von Vorlagen und Verhaltensnormen: *Der Fall des Schülers Vehgesack* (geschr. 1901/02) kehrt Frank Wedekinds *Frühlingserwachen* um, *Die jüdische Witwe* (geschr. 1902; 2. Fassung 1908) Friedrich Hebbels *Judith*, *König Hahnrei* (1913) die Tristan-Sage; eine dramaturgische Strategie, die auch das Stück *Der gerettete Alkibiades* (1920) bestimmt, das zu seinen besten gehört. Konstruierte Gegensätzlichkeit von Geist und Leben und starke Abstraktion kennzeichnet auch den »Expressionisten«, die so erfolgreichen Modelle des Verkündigungsdramas und der Stationentechnik gelangen. Die Polarität der Epoche zwischen utopischem Bewusstsein und totaler Zivilisationskritik dokumentiert seine Gas-Trilogie (*Koralle*, 1917; *Gas*, 1918; *Gas Zweiter Teil*, 1920), in der Ambivalenz des Geldes, die Funktionalisierung der Person, die Entfesselung des Produktionsprozesses und die Selbstvernichtung der Menschheit als logische Potenzen (Silvio Vietta) paradigmatisch eingefangen sind. Mit *Nebeneinander* (1923), ironisch »Volksstück« genannt, verbindet K. die expressionistische Stationentechnik und das neusachliche Simultanstück. Seine Enthüllungskomödien, die Wendung zu Revue und Lichtoper, kamen dann dem Publikumsgeschmack immer mehr entgegen (z. B. *Kolportage,* 1924; *Der Zar läßt sich photographieren,* 1927; *Zwei Krawatten,* 1929). Dem korrupten Materialismus der Zeit vermag er jedoch nur den absoluten kreativen Geist und die gesunde Psyche und Physis entgegenzustellen. Quälend bleibt für ihn – Folge seiner extremen Selbstzweifel – die Frage nach Identität und Einheit des Subjekts (z. B. in *Zweimal Oliver,* 1926). Sein Hass auf den Hitler-Faschismus ist, wie seine Verachtung der kapitalistischen Demokratien, unaufhaltbar: nur ohnmächtiges Aufbäumen gegen den Kulturterror ist dem einstigen Starautor geblieben (*Klawitter,* geschr. 1939/40). Selbstmythisierungen enthalten die Dramen der letzten Schaffensphase, immerhin aber auch Gegenentwürfe zum eigenen Ideal-Selbst (*Das Floß der Medusa,* geschr. 1940/43). Die ungerechte Verfolgung des Künstlers durch die Realität ist auch das Thema seines letzten Dramas *Bellerophon* (geschr. 1944). K., der preußische Leistungsethiker, der im Alleingang die Korrektur einer als falsch empfundenen Wirklichkeit aus vitalistischem Impuls zu leisten versuchte, gestand 1920 seinem psychiatrischen Gutachter: »Ich bin ein doppelter Mensch. Ein Georg Kaiser, creator und ein Georg Kaiser, ein Ausgestoßener«. Bertolt Brecht, der ihn den »redseligen Wilhelm« des Theaters nannte, zählte ihn aber doch zu seinen »unehelichen Vätern«.

Werkausgaben: Georg Kaiser in Sachen G. K. Briefe 1916–33. Hg. von Gesa M. Vath. Leipzig/Weimar 1989; Werke. Hg. von Walter Huder. Berlin 1970–1972.

*Michael Stark*

## Kalidasa
Ca. 4./5. Jahrhundert, Indien

Kalidasa gilt als der berühmteste Dichter des alten Indien. Seine genauen Lebensdaten und die Details seiner Biographie sind nicht bekannt. Im Allgemeinen wird er der nach der damals bedeutendsten Herrscherdynastie in Nord- und Mittelindien benannten Guptaperiode (4.–6. Jh.) zugeordnet, die zumindest in kultureller Hinsicht als eine Blütezeit in der Geschichte des alten Indien anzusehen ist. Was die Stationen seines Lebens angeht, gibt es verschiedene Überlieferungen, die aber Gemeinsamkeiten aufweisen. So soll er brahmanischer Herkunft gewesen sein, doch, früh verwaist, von Kuhhirten aufgezogen worden sein. Zur Täuschung wurde er mit einer Prinzessin vermählt. Da er die Göttin Kali verehrte, nach der er benannt ist, soll diese ihm bedeutende Fähigkeiten verliehen haben, so dass er es als Dichter zu hohen Ehren bringen konnte. Möglicherweise war er sogar Hofdichter des Guptaherrschers Chandragupta II. (regierte ca. 375 bis 413 n. Chr.) und/oder dessen Nachfolgers Kumaragupta I. (herrschte etwa bis 455). Während eines Aufenthalts auf Sri Lanka soll er von einer Kurtisane aus Neid ermordet worden sein. Beheimatet war er eventuell in der Stadt Udshayini im westlichen Mittelindien.

K.s Schaffen umfasst Dramen, Kunstepen und lyrische Dichtungen. Die Stoffe, die er darin verarbeitet hat, entnahm er dem reichen Fundus der altindischen Mythologie und Sagenwelt. Das berühmteste seiner Werke ist das Drama *Das Erkennungszeichen der Shakuntala,* das in Europa im späten 18. Jahrhundert, z. B. bei Goethe, große Begeisterung auslöste. Die Heldin des Stücks, Shakuntala, ist die Pflegetochter eines Asketen und lebt mit diesem in einer Einsiedelei. Ein Herrscher, der ihr auf einem Jagdzug begegnet und in sie verliebt, erkennt sie später, nach der Hochzeit, aufgrund eines Fluches nicht wieder. Doch klärt sich, nachdem Shakuntala ihm einen Sohn geboren hat, der Irrtum auf. Die beiden anderen Dramen K.s sind das *Malavikagnimitra (Das Schauspiel von Malavika und Agnimitra)* und das *Vikramorvashiya (Das Schau-*

*spiel von Vikrama und Urvashi).* Auch in ihnen stehen Frauen im Mittelpunkt: in Ersterem eine himmlische Nymphe und im zweiten eine weibliche Angehörige einer Hofgesellschaft, wobei sich am Ende des Stücks herausstellt, dass sie eine Prinzessin ist. Und in beiden Dramen bildet wiederum die Liebe zwischen diesen Frauen und einem König den Kern der Handlung. K.s Heldinnen zeichnen sich durch Gefühlstiefe und hohe moralische Qualitäten aus, worin ein deutlicher Unterschied zur im alten Indien dominierenden Auffassung von der generellen Unterlegenheit und Minderwertigkeit der Frau gegenüber dem Mann besteht.

Der Aufbau der Dramen folgt genauen Regeln: Eingeleitet werden sie etwa mit einem Gebet, gefolgt von einem Vorspiel, in dem der Schauspieldirektor im Gespräch mit einer Schauspielerin oder einer anderen Person die Aufmerksamkeit des Publikums auf das anstehende Stück und den Autor zu lenken bemüht ist. Charakteristisch für die altindische Dramatik und so auch für die Werke K.s sind zudem der Wechsel von Prosa und Versen sowie der durch Geschlecht und soziale Stellung bestimmte Gebrauch verschiedener Sprachen seitens der auftretenden Personen: Sanskrit blieb Herrschern und gelehrten Brahmanen vorbehalten, andere Figuren sprechen diverse Volksdialekte.

K. ist darüber hinaus der Verfasser zweier berühmter Versepen. Die Handlung des *Kumarasambhava* (*Die Geburt des Kriegsgottes*) rankt sich um die Liebesbeziehung und Hochzeit zwischen dem Gott Shiva, einem der drei Hochgötter des Hinduismus, und seiner Gattin Parvati. Der Sohn, der aus dieser Ehe hervorgeht, soll einer Voraussage des Schöpfergottes Brahma zufolge in der Lage sein, einen Dämon zu besiegen, der die Götter ihrer beherrschenden Stellung beraubt hat. Im *Raghuvamsha* (*Das Geschlecht des Raghu*) ist die Geschichte eines mythischen Herrschergeschlechts dargestellt, dem auch Rāma, der Hauptheld eines der großen Sanskritepen, des *Rāmāyana*, angehört. In diesem Werk wurden möglicherweise historische Vorgänge der Guptazeit, insbesondere die Eroberungszüge

der frühen Guptas, literarisch verarbeitet. Auffällig ist, dass es mit dem Niedergang der Herrscherfamilie endet, der letzte dieser Könige überlässt sich ganz seinen sexuellen Vergnügungen. Der Text liegt eventuell nur in einer unvollständigen Version vor.

Zu den bedeutendsten Schöpfungen K.s gehört auch das lyrische Gedicht *Meghaduta* (*Der Wolkenbote*). Sein Ausgangspunkt ist die einjährige Verbannung eines Dieners durch dessen Herrn, den Reichtumsgott Kubera, auf einen hohen Berg. Hier verzehrt sich der Diener vor Sehnsucht nach seiner Gattin und bittet eine vorüberziehende Wolke, ihr eine Botschaft zu überbringen, wobei er genau den Weg beschreibt, den sie nehmen soll. Als Meisterwerk gilt dieses Gedicht nicht nur wegen seiner Gefühlstiefe, sondern auch wegen den eindrucksvollen Beschreibungen von Natur und Ortschaften. Eine weitere Dichtung, die K. zugeschrieben wird, ist der *Ritusamhara* (*Der Kreis der Jahreszeiten*). Gegenüber dem *Meghaduta* weist er jedoch eine geringere literarische Qualität auf, weshalb die Autorenschaft K.s in Zweifel gezogen wurde. Möglicherweise handelt es sich aber einfach nur um das früheste seiner Werke.

Die Weltanschauung K.s, der besonders den Gott Shiva verehrte, ist stark von der hinduistischen Religion, Mythologie und Soziallehre geprägt. In seinen Dramen, abgesehen vom *Malavikagnimitra*, sind die Welt der Menschen und die der Überirdischen auf verschiedene Weise miteinander verbunden. Herrscher werden gebeten, den Göttern im Kampf gegen Dämonen beizustehen, und sie vermählen sich mit Mädchen, deren Mütter himmlische Nymphen sind. Des Weiteren vermitteln die Werke K.s, insbesondere die Dramen und das *Raghuvamsha*, auch Kenntnisse über altindische Vorstellungen über Herrschaft und Königtum, so z. B. über den Pflichten und den rechten Verhalten eines Herrschers. Dieser soll vor allem als Beschützer der Untertanen sowie Bewahrer der religiösen Verhältnisse und der auf der Einteilung der Menschen in vier Stände (Priester, Krieger, Produzenten in Handwerk und Landwirtschaft, Diener) beruhenden sozialen Ordnung fungieren. Der Dichter propagiert auch mehrfach das Ideal der vier Ashramas, der Lebensstufen, die ein Hindu durchlaufen soll (Vedaschüler, Haus- und Familienvater, Waldeinsiedler, umherwandernder Bettelmönch). Die schon aus älteren brahmanischen Schriften bekannte Rinderverehrung klingt bei ihm ebenfalls an. Darüber hinaus liefern besonders die Dramen viele Hinweise auf das Leben und die Kultur an altindischen Königshöfen, zu den Gewohnheiten und Betätigungen von Herrschern sowie zur Stellung und zu den Aktivitäten von Frauen in der höfischen Welt. Da K.s Werke viele Vergleiche mit der Natur enthalten oder auf Naturgegebenheiten Bezug nehmen, ist darin auch einiges über die Pflanzen- und Tierwelt des alten Indien zu erfahren.

Ausgabe: Kalidasa. Werke. Übers., Nachwort und Erklärungen von J. Mehlig. Leipzig 1983.

*Fred Virkus*

## Kamasutra
3. bis 6. Jahrhundert

Das *Kamasutra*, der »Leitfaden der Liebeskunst«, ist der bedeutendste altindische Text zu Liebe und Erotik und eines der wichtigsten Zeugnisse über die Beziehungen zwischen Mann und Frau im alten Indien. Kama, der sinnliche Genuss, gehört neben Artha, d. h. weltlichem Erfolg und materiellem Besitz, und Dharma, der religiösen, sittlichen und rechtlichen Pflichterfüllung, zu den zunächst drei Lebenszielen des Hindu. Später kam noch Moksha, die Erlösung aus dem Kreislauf der Wiedergeburten, dazu. Das K. stellt eine der heute bekanntesten Hervorbringungen des altindischen Schrifttums dar. Seine Datierung ist umstritten, doch wurde es wahrscheinlich zwischen dem 3. und 6. Jahrhundert n. Chr., also in der Guptazeit, verfasst. Über die Lebensumstände des Verfassers, Mallanaga Vatsyayana, ist nur wenig bekannt, wenngleich der Text selbst zu dem gesellschaftlichen Milieu, in dem er sich bewegte, sowie den Anschauungen, denen er anhing, einige Aufschlüsse liefert.

Die Themenpalette des Werkes, das in sieben Hauptabschnitte unterteilt ist, weist eine beachtliche Vielfalt auf. So werden z. B. im ersten Hauptabschnitt ausführliche Angaben über den Lebensstil des Nagaraka, eines vornehmen, wohlhabenden und kultivierten Städters, gemacht. Dieser solle sich vor allem vielfältigen Vergnügungen und Geselligkeiten hingeben. Insbesondere der zweite Hauptabschnitt ist den Techniken der sexuellen Verführung und Liebeskunst gewidmet. Hier werden verschiedene Typen von Liebhabern und Liebhaberinnen und Arten des Geschlechtsverkehrs unterschieden sowie eine ganze Reihe erotischer Praktiken eingehender behandelt, aber auch weitere Aspekte der Beziehungen zwischen den Geschlechtern zur Sprache gebracht. Im dritten Hauptabschnitt geht es um Fragen wie die Auswahl der Braut, die Umwerbung derselben und die Eheschließung; er vermittelt Kenntnisse über Heiratsvorschriften, die Art, wie ein Mann sich einem Mädchen annähern soll, und Hochzeitsbräuche. Doch auch außereheliche Sexualbeziehungen, so Liebesverhältnisse mit der Ehefrau eines anderen Mannes, werden nicht außer Acht gelassen. Gegenstand des sechsten Hauptabschnitts ist die Prostitution, wobei der Autor dieses Thema vornehmlich unter dem Gesichtspunkt des Eigeninteresses der Prostituierten erörtert. Er legt etwa dar, worin die Risiken des Prostituiertendaseins bestehen und welche Arten von Gewinn und Verlust damit verbunden sein können. Daneben gibt er Empfehlungen, wie eine Kurtisane auf Kosten eines Liebhabers ihre Einkünfte erhöhen kann. An anderer Stelle werden die 64 Künste und Fertigkeiten benannt, über deren Kenntnis zumindest die Ganika, eine gehobene Kurtisane, verfügen soll. Spezielle Aufmerksamkeit wird überdies dem Verhalten von Herrschern und sonstigen Machthabern gegenüber Frauen, sowohl den eigenen als auch anderen, und dem Leben in den königlichen Harems zuteil. Auch die Position der Frauen in der altindischen Gesellschaft, ihre Lebensführung und die Tätigkeitsbereiche, denen sie sich zuwandten, thematisiert. So gibt der Text nicht zuletzt Auskünfte über ihre Aufgaben im Haushalt und die ihnen möglichen wirtschaftlichen und religiösen Aktivitäten. Auch die Beziehungen zwischen Frauen, z. B. innerhalb einer Familie, werden genauer behandelt. Vatsyayana führt unter anderem aus, wie sich eine Ehefrau gegenüber ihren Schwiegereltern oder gegenüber ihrem Gatten verhalten soll, wenn sie von diesem gegenüber einer anderen Frau zurückgesetzt wird. In verschiedenen Zusammenhängen gibt er sogar Hinweise zu den geographischen, ethnographischen, religiösen und politischen Gegebenheiten in Indien in der Entstehungszeit des Werkes. Das abschließende Kapitel beschäftigt sich mit den »Geheimmitteln«, z. B. der Zubereitung und Anwendung aphrodisierender und sonstiger Substanzen, den Möglichkeiten, jemanden für sich einzunehmen, oder den Methoden zur Wiedererlangung verlorener Liebesfähigkeit.

Verschiedentlich wurde darauf aufmerksam gemacht, dass das K. im Hinblick auf die Begriffswahl sowie die empfohlenen Vorgehensweisen, z. B. zur Gewinnung einer Frau, Parallelen zum im 3. Jahrhundert v. Chr. und in den folgenden Jahrhunderten entstandenen *Kautiliya Arthashastra* aufweist, dem Staatsrechtslehrbuch des Kautilya, der heute oft als der »indische Machiavelli« bezeichnet wird. Im späteren Mittelalter entstanden in Indien weitere Werke zur Liebeskunst sowie ein Kommentar zum K., der dessen Verständnis teilweise wesentlich erleichtert.

Ausgaben: Das Kamasutra. Übers. K. Mylius. Leipzig 1987. – Kamasutra. Neu übers. und kommentiert v. W. Doniger/S. Kakar. Berlin 2004.

*Fred Virkus*

## Kanafani, Ghassan
Geb. 9. 4. 1936 in Akka/Galiläa;
gest. 8. 7. 1972 in Beirut

Leben und Werk des palästinensischen Journalisten und Schriftstellers Ghassan Kanafani sind eng mit dem Nahostkonflikt verflochten. Er besuchte zunächst eine französische Schule in Jaffa, bevor er mit seiner Familie aufgrund der israelischen Staatsgründung und des ersten arabisch-israelischen Krieges 1948 das Land verlassen musste. Die Familie flüchtete zunächst in den Libanon, später in die syrische Hauptstadt Damaskus, wo K. seine Schulbildung abschloss. 1953 trat er dort eine Stelle als Lehrer an einer Schule für palästinensische Flüchtlinge an. Mitte der 1950er Jahre begann er sich politisch zu engagieren und erste Erzählungen zu schreiben. Zwischen 1956 und 1960 unterrichtete er in Kuwait, bevor er nach Beirut ging – zu dieser Zeit das intellektuelle Zentrum der arabischen Welt, wo sich Schriftsteller, Künstler und politische Aktivisten aus der ganzen Region trafen. K. arbeitete zunächst als Chefredakteur der wichtigsten nasseristischen Tageszeitung außerhalb Ägyptens, 1969 wurde er Chefredakteur des offiziellen Organs der von George Habash geführten »Volksfront für die Befreiung Palästinas« (PLFP), deren Sprecher er im selben Jahr wurde. 1972 fiel er einem israelischen Bombenattentat zum Opfer.

K. war mit seinen Erzählungen und Kurzromanen einer der ersten palästinensischen Schriftsteller, die die für die Palästinenser katastrophalen und traumatischen Erlebnisse der Flucht und der Vertreibung nach 1948 thematisiert und literarisch verarbeitet haben. Da er die kämpferische Rhetorik der dezidiert politischen Literatur ebenso ablehnte wie den programmatischen Optimismus des sozialistischen Realismus und die oberflächliche Sentimentalität und Wehleidigkeit der sogenannten »Literatur der Tränen«, gilt er als Wegbereiter und früher Vertreter des literarischen Realismus in der palästinensischen Prosa. Die Direktheit und Ökonomie seines Erzählens und die Klarheit seines Ausdrucks rücken K.s Werk an die Grenze zwischen Epik und Drama. Heimatverlust und Sehnsucht nach dem verlorenen Land, das Elend in den Flüchtlingslagern und die Entwurzelung werden in den frühen Werken wie der Sammlung *Arḍ al-burtuqāl al-ḥazīn* (1963; *Das Land der traurigen Orangen*, 1983) von den Protagonisten passiv erduldet, während in den späteren Werken, vor allem nach dem mit einem aufrüttelnden Schock verbundenen Niederlage der arabischen Staaten gegen Israel im Juni-Krieg

1967, eher kämpferische und sich gegen ihr Schicksal auflehnende Figuren im Mittelpunkt stehen. Mit seiner Studie *Adab al-muqāwama fī Filasṭīn al-muḥtalla* (1966; Die Widerstandsliteratur im besetzten Palästina) hatte K. bereits vor der Niederlage von 1967 die Aufmerksamkeit der arabischen Öffentlichkeit auf die Situation der palästinensischen Literaten gelenkt und eine Debatte über die politische Aufgabe des Schriftstellers entfacht. In K.s bekanntestem, später auch verfilmten Roman *Riǧāl fī al-šams* (1963; Männer in der Sonne, 1971) werden die Biographien dreier Palästinenser verschiedener Generationen skizziert, die im südirakischen Basra aufeinandertreffen, von wo aus sie, in der Hoffnung auf Arbeit, die Grenze nach Kuwait überqueren wollen. Das Vorhaben endet tragisch: In der sengenden Hitze kommen sie im Tank des Tanklastwagens um, der sie über die Grenze schmuggeln sollte.

*Andreas Pflitsch*

### Kane, Sarah
Geb. 3. 2. 1971 in Essex;
gest. 20. 2. 1999 in London

Das schmale Œuvre der Dramatikerin Sarah Kane, die sich Anfang 1999 im Alter von nur 28 Jahren das Leben nahm, gehört zum Kontroversesten, was die skandalträchtige englische Theaterszene der 1990er Jahre hervorgebracht hat. Doch obwohl K.s Stücke mit ihrer schonungslosen Darstellung physischer und psychischer Grausamkeit einem generellen Trend zu einer gewalttätigen Bühnensprache das Wort zu reden scheinen, unterscheidet sich ihr Werk nicht zuletzt in seiner dramatischen und literarischen Breite von dem anderer Dramatiker ihrer Generation: K. wurde von der Popkultur des ausgehenden 20. Jahrhunderts genauso inspiriert wie von biblischen und mythologischen Motiven und so bedeutenden dramatischen Vorbildern wie Samuel Beckett, Harold Pinter, Edward Bond und Dennis Potter. – Nach ihrem Studium in Bris-

tol und Birmingham und einer ersten Skandalinszenierung auf dem Edinburgher Fringe Festival wurde K. mit *Blasted*, 1995 im Royal Court Theatre Upstairs uraufgeführt (*Zerbombt*, 1997), über Nacht zum *enfant terrible*. Dieses programmatische Stück, in dem sie, wie sie selbst sagt, Bosnien und Großbritannien »einfach zusammengelegt« hat, antizipiert das zentrale Thema ihres Werks: das menschliche Ringen um Liebe und Verständnis in einer zerstörerischen, kranken Welt. In einem Hotelzimmer in Leeds vergewaltigt der todkranke Journalist Ian, ein zynischer Rassist und Frauenhasser, die junge und offensichtlich unerfahrene Cate. Die körperliche und emotionale Brutalität dieses Mikrokosmos spiegelt den draußen tobenden Bürgerkrieg wider, der in Form eines fanatischen Heckenschützen in das Hotelzimmer hineinbricht. In *Blasted* ist zwischenmenschliche Gewalt eingebettet in ihren größeren Zusammenhang, ist das Persönliche tatsächlich das Politische. – Trotz aller Brutalität illustrieren K.s Stücke immer wieder in beinahe naiver Weise den Triumph der Liebe und der Menschlichkeit: *Blasted* endet mit einem anrührenden Tableau, in dem Cate den inzwischen hilflosen und blinden Ian füttert, dessen »Thank you« das Stück auf einer fast optimistischen Note enden lässt. In *Cleansed*, 1998 uraufgeführt (*Gesäubert*, 1999), das in einem konzentrationslagerähnlichen Campusgelände spielt, in dem jede Form der Liebe, außer käuflicher Heterosexualität, verboten ist, zeigt K. das trotzige Aufbäumen des angeblich Abnormen (Homosexualität, Inzest) gegen die Perversionen der Macht. Selbst die graphische Vierteilungsszene am Ende von *Phaedra's Love* (1996; *Phaidras Liebe*, 1998) gestattet dem gelangweilten, von Menschenverachtung wie Gonorrhö zerfressenen Protagonisten Hippolytus einen Moment der Klarheit und Transzendenz: »If there could have been more moments like this.«

Ein solcher – nur bedingt ironischer – Optimismus im Angesicht der Gewalt ist natürlich problematisch und erklärt die Verunsicherung der konservativen wie liberalen Presse Englands, die *Blasted* gleich nach der ersten Aufführung zum »disgusting feast of filth« abstempelte. Anders als andere Autoren ihrer Generation wurde K. zum Opfer einer offensichtlich organisierten Denunziationskampagne, die selbst Edward Bond zur Verteidigung der Autorin auf den Plan rief. Und während K. in Deutschland seit ihrem Debüt begeistert rezipiert wurde (Peter Zadek inszenierte sowohl *Blasted* als auch *Cleansed* im Schauspielhaus Hamburg), begann die englische Kritik erst nach K.s Selbstmord, ihr Werk zu schätzen. Nachdem ihr letztes Stück, *4.48 Psychosis*, 1999 postum aufgeführt wurde (*4.48 Psychose*, 2001), ehrte das Royal Court Theatre seine wohl eigenwilligste Autorin im Jahr 2001 mit einer Werkschau.

Werkausgaben: Complete Plays. London 2001. – Sämtliche Stücke. Hg. C. Brocher/N. Tabert. Reinbek 2002.

*Anja Müller-Wood*

## Kaniuk, Yoram
Geb. 2. 5. 1930 in Tel Aviv

Yoram Kaniuk ist einer der umstrittensten Schriftsteller Israels. Er wurde im Land geboren, kämpfte in der Untergrundbewegung, wurde im Unabhängigkeitskrieg verletzt, half bei der »illegalen Einwanderung« der Shoah-Überlebenden, verbrachte zehn Jahre in Paris und New York und kehrte 1961 zurück.

In seinem autobiographischen Roman *Ha-Jored Le-Ma'ala* (1963; Der hinabsteigt nach oben) ist angelegt, was K. künftig Anstoß erregen ließ: Ein psychisch instabiler Erzähler, dem als Kind die Bestimmung zu Aufstieg und Größe suggeriert worden war, der jedoch immer wieder scheitert, liebt und hasst alles zugleich, seien es Familie, Diaspora-Juden, Israeli, Deutsche oder seine eigene Person. Sein zweiter Roman *Chimmo, Melech Jeruschalajim* (1965; Himmo, König von Jerusalem) brachte seinen Durchbruch in Israel. Er spielt im Unabhängigkeitskrieg, den K. aber nicht konformistisch, heroisierend oder verklärend darstellt, sondern als traumatische Erfahrung, als üblen Zusammenbruch von Werten und Illusionen. Damit traf K. das Lebensgefühl seiner

Generation, die sich noch immer isoliert, belagert und existentiell bedroht fühlte.

Der dritte Roman, *Adam Ben Kelev* (1969; *Adam Hundesohn*, 1989), erregte heftige Ablehnung, erweist sich aber im Rückblick als sein bedeutendster. Er spielt in einer therapeutischen Institution, unter Shoah-Überlebenden, die ihren Erinnerungen nicht entkommen können und sie wie besessen ausagieren. Der Protagonist Adam wird zum »Hund«, zu dem er im KZ gemacht wurde, erkennt in einem traumatisierten Jungen einen zweiten »Hund« und führt ihn zurück in die Realität; er selbst teilt den messianischen Wahn der anderen Patienten und Pfleger, begegnet Gott als KZ-Kommandanten und kehrt in seine Kindheits-Scheinwelt zurück. Dieser Roman ist schockierend, weil er nicht respektvoll, mitleidig oder trauernd von Shoah-Überlebenden erzählt, sondern wild, obszön und aggressiv vom Wahnsinn der Täter wie von der Verrücktheit der Opfer und von ihrer Außenseiterposition in Israel mehr schreit als spricht. Er ist ein einziger Tabubruch, eine Reaktion auf den Eichmann-Prozess 1961 und die beginnende Beschäftigung mit den lang ignorierten Überlebenden, eine Reaktion auch auf die deutsche Literatur, auf Peter Weiss und Günter Grass.

K.s folgende Romane bewegen sich in einem Dreieck aus Herkunftsfamilie, israelischer Zeitgeschichte und Beziehung zu den Deutschen. Im Mittelpunkt steht der Autor, der nostalgisch oder lamentierend oder mit boshaftem Humor schildert, was Vater und Mutter aus ihm gemacht haben und was er ihretwegen nicht werden konnte, der Kriege und Politik Israels scharf kritisiert und die aus ihnen resultierende Entfremdung und Zerrissenheit seiner Generation teilt und der mit Verklärung und Wut den Dialog mit den Deutschen und ihre Anerkennung sucht. Hinter seiner Angriffslust, den ambivalenten Beziehung zu Frauen und der Reizbarkeit gegenüber Autoritäten wird immer wieder die Wut auf die Mutter, die Unterwerfung unter den Vater und die misslungene persönliche Emanzipation erkennbar. So dient *Suss-Ez* (1974; *Wilde Heimkehr*, 1984) der Selbstvergewisserung, *Ha-Sip-*

*pur Al Doda Schlomzion Ha-Gedola* (1976; *Tante Schlomzion die Große*, 1995) verklärt die Pioniergeneration und entlarvt sie zugleich, *Ha-Jehudi Ha-Acharon* (1982; *Der letzte Jude*, 1990) recherchiert Schicksale aus Unabhängigkeitskrieg und Shoah und sucht die Annäherung an die Deutschen, *Bito* (1987; Seine Tochter) attackiert Militär und Führungsschicht Israels, *Tigerhill* (1995; *Das Bild des Mörders*, 1998) klagt die Skrupellosigkeit der Mächtigen an, *Post Mortem* (1992; *Das Glück im Exil*, 1996), K.s Schlüsselroman, zeichnet die Geschichte seiner Eltern, ihrer Mythisierung, seiner Erziehung und Flucht nach.

Unter weiteren Familien- und Liebesromanen fallen drei Werke auf: *Aravi Tov* (1983; *Bekenntnisse eines guten Arabers*, 1988), ein melodramatischer, in seinem Engagement für die Araber wild um sich schlagender Roman; *Odissija Schel Mefaked Ha-Exodus* (1999; *Und das Meer teilte sich*, 1999), ein biographischer Roman über die mutigen Idealisten der »illegalen Einwanderung«; *Ha-Berlini Ha-Acharon* (2004; *Der letzte Berliner*, 2002), eine grobe, larmoyante und bittere Abrechnung mit den Deutschen. K. identifizierte sich mit den Arabern, für deren Rechte er sich seit 1961 eingesetzt hatte, bis sein letzter Gesprächspartner, der Schriftsteller Emil Habibi, 1996 starb. Er hoffte, von den Deutschen gehört und geschätzt zu werden, bis er 1996 einen Eklat mit Günter Grass auslöste. Geblieben ist die furiose Selbstdarstellung. Aber sein literarisches Zerstörungswerk hat mehr erkennbar gemacht, als es ein »Chronist« vermöchte.

*Ute Bohmeier*

## Kant, Hermann
Geb. 14. 6. 1926 in Hamburg

»Auf jeden Fall ist sicher, ohne sie (die DDR) wäre ich nicht der Schriftsteller, der ich bin, das heißt eben … ausgeprägter DDR-Schriftsteller, in dessen Arbeit die DDR so drin ist wie Sauerstoff in der Luft.« Ohne die DDR wäre K. vermutlich gar nicht Schriftsteller geworden, zumindest hat ihm dieser Staat mit Bildung und finanziellen Mitteln auf den Weg geholfen. Aus einer Arbeiterfamilie stammend und stolz auf diese Herkunft, erlernt K. den Beruf des Elektrikers – und verschlingt in seiner Freizeit Unmengen von Büchern. Sechs Monate vor Kriegsende wird er zur Wehrmacht einberufen, am Ende gerät er in polnische Kriegsgefangenschaft. Vier Jahre arbeitet er in Warschaus Trümmern und hat genügend Zeit, um über die »Schuld der Unschuldigen« nachzudenken und zum engagierten Antifaschisten zu werden. Hier macht er seine ersten Erfahrungen mit dem Schreiben: Mit Wandzeitungsartikeln mischt er sich in die Diskussionen der Gefangenen. Dieser Schreibimpuls hält sich durch, »der Streit, der politische Streit« fordert ihn immer wieder heraus. In die damalige sowjetische Besatzungszone zurückgekehrt, holt er auf der Arbeiter- und Bauernfakultät Greifswald das Abitur nach, studiert dann Germanistik in Berlin, wird Hochschulassistent, später Redakteur der *Neuen deutschen Literatur*, der Zeitschrift des Schriftstellerverbands, und politischer Feuilletonist im *Neuen Deutschland*. Seit 1959 ist K. freier Schriftsteller.

In allen Artikeln, Erzählungen und Romanen K.s ist die DDR bzw. ihre Vorgeschichte direkt, unverschlüsselt Gegenstand – auch insofern ist sie »Sauerstoff«. Für die journalistische Arbeit versteht sich das fast von selbst. In diesen Texten zeigen sich schon früh wesentliche Züge seines Stils und seiner Fragestellung: das ironisch-satirische Sprechen, die Vorliebe für das Anekdotische, die Auseinandersetzung mit den kleinen Miseren des Alltags. Das Alltags-Sujet beherrscht vor allem seine Erzählungen (*Ein bißchen Südsee*, 1962; *Eine Übertretung*, 1975; *Der dritte Nagel*, 1981; *Bronzezeit*, 1986; *Die Summe*, 1987). Die Romane verfolgen Etappen der DDR-Geschichte. *Die Aula* (1965) schildert die Aufbaujahre und die erste Studentengeneration der Arbeiter- und Bauernfakultät. Den Aufstieg eines jungen Büchsenmachers zum Minister führt rückblickend *Das Impressum* (1972) vor. Von der Vorgeschichte der DDR, von Kriegsende, Gefangennahme und Gefangenschaft erzählt *Der Aufenthalt* (1977) – exemplarisch vorgeführt am Beispiel des jungen Wehrmachtsoldaten Mark Niebuhr. Die Deformation des Individuums durch den Nationalsozialismus beschäftigt in den 70er Jahren viele DDR-Schriftsteller. K.s Roman spielt dabei nicht die Rolle eines »Vorreiters«, aber er steht – zusammen mit Werken anderer Autoren – am Beginn dieser literarischen Auseinandersetzung. Noch in einer anderen Hinsicht ist K. ein »ausgeprägter DDR-Schriftsteller«. Für ihn besteht eine unmittelbare Beziehung zwischen Schreiben und Politik, denn »Literatur ist nicht für den Zustand der Welt verantwortlich, aber schon für das, was wir über diesen Zustand denken.« K., seit 1949 SED-Mitglied und am Ende hoher Parteifunktionär mit Sitz im Zentralkomitee, wird im Schriftstellerverband Vizepräsident (1969–1978) unter Anna Seghers. Von 1978 bis 1989 ist er Präsident des Verbandes. In der Zeit seines Vorsitzes wird die kulturpolitische Situation der DDR immer komplizierter. Nach der Biermann-Ausbürgerung (1976) kommt es zu heftigen Kontroversen, einige Autorinnen und Autoren werden aus dem Schriftstellerverband ausgeschlossen oder treten selbst aus, andere verlassen die DDR. K. vertritt die offizielle Linie und ist damit an Ausschluss-Politik und Diffamierungen beteiligt. Andererseits bemüht er sich, kritische Autoren zu integrieren und ihre Publikationen durchzusetzen. In seiner Autobiographie *Abspann* (1991) reflektiert K. unter anderem diesen Lebensabschnitt und rechtfertigt seine Politik im Schriftstellerverband: Er sei weder »Hofnarr« noch »Großinquisitor« gewesen. *Kormoran* (1994), das Protokoll einer Geburtstagsparty, auf der sich ›alte Kameraden‹ gegenseitig ihre Verstrickung in den untergegangenen Staat vorhalten, setzt K.s Vergangenheitsbewältigung fort. Aber statt kritischer Reflexion belässt er es bei ironischen Anspielungen und larmoyanten Kommentaren.

In *Okarina* (2002), einem autobiographisch geprägten Roman, der an den *Aufenthalt* anknüpft und die Lebensgeschichte von Mark Niebuhr bis in die Gegenwart weitererzählt, rückt K. erneut die eigene Geschichte in den Mittelpunkt. Er erklärt zwar, warum er »bei der Sache blieb ... wo nötig ihr sogar voranging« – eine Auseinandersetzung mit ›der Sache‹, der sozialistischen Theorie und dem Realsozialismus der DDR, sucht man in diesem Text vergeblich. Statt dessen verliert sich K. in *Okarina* und in *Escape. Ein Word-Spiel* (1995) in Wortspielen und Arabesken, Assoziationen und Abschweifungen. Seine früher als »sozialistisches Barock« gefeierte Schreibweise überwuchert das Sujet und wird zum Selbstzweck.

*Dorothee Schmitz-Köster*

## Kantorowicz, Alfred
Geb. 12. 8. 1899 in Berlin;
gest. 27. 3. 1979 in Hamburg

»Aber ein Schwert sollt ihr mir auf den Sarg legen, denn ich war ein braver Soldat im Befreiungskampf der Menschheit«. Dieses Heine-Zitat verwandte der Literaturwissenschaftler K. in seiner Rede zum 100. Todestag des politischen Dichters im Februar 1956 vor internationaler Öffentlichkeit; und er fährt fort: »Heute und hier, Kampfgefährte Heine, sei willkommen in unserer Mitte, an unserer Spitze!« Auch K.' eigenes Leben, das er als gutbürgerlicher Sohn aus jüdischer Kaufmannsfamilie begann, steht im Zeichen des Kampfes und des Exils. Enthusiastischer Kriegsfreiwilliger 1917/ 18, nach dem Studium von Jura und Germanistik engagierter Kulturkorrespondent in der Nachfolge Kurt Tucholskys in Paris (1928), tritt der nach Berlin zurückgekehrte Journalist aus Angst vor der nationalsozialistischen Machtergreifung, trotz seiner ausgeprägten »Scheu vor gruppenmäßiger organisatorischer Bindung«, 1931 der Kommunistischen Partei bei. Nach seiner Ausbürgerung (1934) durch die Nazis wegen seiner Mitarbeit am *Braunbuch über Reichtagsbrand und Hitlerterror* (1933) findet K., begleitet von seiner späteren Frau Friedel, im Exil in Frankreich eine seiner Liebe zur Literatur gemäße Aufgabe als Gründer und Leiter der »Deutschen Freiheitsbibliothek«, des zeitweiligen Zentrum der verbrannten und verbotenen

Schriftsteller. Dann kämpft der Literat mit Gewehr und Schreibstift gegen den Franco-Faschismus in Spanien, wie seine Reportagensammlung *Tschapaiew*. *Das Bataillon der 21 Nationen* (1938) dokumentiert, die als Aufruf zu internationaler solidarischer Hilfe verstanden wurde. K.' *Spanisches Tagebuch* (1948; 1966 als *Spanisches Kriegstagebuch*) hat in klarer, ungekünstelter und lebhafter Sprache den Alltag der jungen *Freiheitssoldaten* (1936–38) zum Inhalt, durchsetzt von allgemeinen Reflexionen über Ziel und Sinn des antifaschistischen Kampfes. Vor Hitlers Schergen aus Frankreich geflohen (zu seiner Internierung und Illegalität siehe das 1971 erschienene Werk *Exil in Frankreich*), gelangt der Heimatlose nach fünfjähriger Tätigkeit für den Radiokonzern Columbia Broadcasting System in den USA 1946 wieder nach Ostberlin, wo er ab 1947 versucht, mit der Monatsschrift *Ost und West* »eine geistige Brücke der Verständigung zwischen den Deutschen aller Zonen« zu schlagen; das relativ unabhängige Blatt wird 1949 von der SED verboten. Im gleichen Jahr erscheinen unter dem Titel *Deutsche Schicksale* (wiederaufgelegt 1964) K.' verschiedene biographische Porträts u. a. früherer Weggefährten wie Egon Erwin Kisch und Arthur Koestler. Den Versuch über den von ihm verehrten Carl von Ossietzky, Opfer der Naziherrschaft, ein Buch mit anschließender Verfilmung zu erarbeiten, kann der Schriftsteller nicht realisieren.

Seit 1950 wird K., nun renommierter Professor für deutsche Literatur in Berlin, der sich selbst als »Lehrer, Berater, Förderer« der Jugend versteht, von den Machthabern als Repräsentationsfigur gegenüber dem Westen und China benützt. Der Aufstand vom 17. Juni 1953 und der in Ungarn 1956 veranlassen den kritischen Denker, der schon lange den vom Stalinismus verlangten »Kadavergehorsam« ablehnt und nach seiner Weigerung, die Ungarnresolution zu unterschreiben, zunehmend unter staatlichen Druck gerät, zu dem Schluss: »Unsere Gedankenschuld war der Irrglaube, daß der Zweck die Mittel heilige; daß während einer Übergangsperiode humane sozialistische Inhalte notfalls mit Zwang durchgesetzt wer-

den könnten.« Auch jenseits der Demarkationslinie sieht der unangepasste Zeitgenosse »Sturheit, Intoleranz, Vorurteil, Unbedenklichkeit der Kampfmittel, Selbstüberschätzung, Unvernunft und Geistfeindlichkeit«, wie sein *Deutsches Tagebuch* (1. Teil 1959, 2. 1961) belegt, eine Chronik der Jahre 1945–57, ein wichtiges Zeitzeugnis und »langes Selbstgespräch«, worin K. gewissenhaft über seine inneren Zweifel und Kämpfe reflektiert, über die Entwicklung und Veränderung der politischen Landschaft und die Unmoral der Herrschenden. Über zwanzig Jahre lang findet der Literat schließlich doch Zuflucht in der Bundesrepublik, die ihn, der in der DDR nun totgeschwiegen wird, erst 1966 als politischen Flüchtling anerkennt. Eine neue Professur bleibt dem mit dem Makel des Kommunisten Behafteten versagt. Seine Reden und Aufsätze aus den 1960er und 70er Jahren sind 1985 unter dem Titel erschienen: *Etwas ist ausgeblieben* (Zitat aus einem Rilke-Brief von 1923). Hier handelt es sich um Betrachtungen »ganz in der Tradition der Aufklärung«, um das Plädoyer eines Enttäuschten für die Eigenständigkeit der Literatur ohne geistige Bevormundung.

Seit 1963 in Hamburg, wo er 1965 nochmals heiratet, ist K. Mitglied der »Freien Akademie der Künstler« und erhält als späte Würdigung seiner Arbeit 1969 den Thomas-Dehler-Preis. *Politiker und Literatur im Exil* (erschienen 1978) ist K.' letztes Werk. Bis zu seinem Tod bedauert der streitbare Intellektuelle, dass Deutschland die Chance zu einem wirklichen Neubeginn verpasst habe, worunter er vor allem die Rückbesinnung »auf die bürgerlichen Tugenden der Humanität, der Toleranz« versteht. K. bleibt ohne geistige Heimat, ein zunehmend resignierter, doch aufrechter Kämpfer für eine bessere Welt.

*Susanne Stich/Red.*

## Karamzin, Nikolaj

Geb. 12. 12. 1766 in Michajlovka,
Gouvernement Samara/Russland;
gest. 15. 6. 1826 in St. Petersburg

Nikolaj Karamzin ist der einflussreichste
Autor in der russischen Literatur des ausgehenden 18. Jahrhunderts. Aus einer Gutsbesit-
zerfamilie stammend, erhielt er eine gute Ausbildung in Moskau und begann bereits 1783
zu veröffentlichen – zunächst literarische
Übersetzungen aus dem Deutschen, Englischen und Französischen. 1789/90 unternahm er eine Bildungsreise durch Deutschland, die Schweiz, Frankreich und England,
deren Eindrücke er zu dem Roman *Pis'ma rus-
skogo putešestvennika* (1791/92; *Briefe eines
russischen Reisenden*, 1799–1802) verarbeitete.
Nach seiner Rückkehr betätigte er sich als
Herausgeber, Kritiker, Übersetzer und Autor
von Gedichten und Novellen. Einen sensatio-
nellen Publikumserfolg erzielte er mit der Novelle *Bednaja Liza* (1792; *Die arme Lisa*, 1800),
die den Durchbruch für die erzählende Prosa
und für die Strömung des Sentimentalismus
brachte, den er in Aufsätzen propagierte und
gegen den erstarrten Klassizismus absetzte.
Unter dem Einfluss des Sturm und Drang verfasste K. die ersten russischen Kunstballaden
(»Graf Gvarinos«, 1789; »Raisa«, 1791), die
sich nicht an der russischen Volksdichtung,
sondern an westlichen Vorbildern orientierten, gleichwohl zur Etablierung der Gattung wesentlich beitrugen. Ab 1804 war seine
ganze Aufmerksamkeit einer ersten umfassenden Darstellung der russischen Geschichte
gewidmet.

Zwischen 1818 und 1824 erschienen elf
Bände seiner von den Anfängen bis ins 17.
Jahrhundert reichenden *Istorija gosudarstva
rossijskogo* (Geschichte des russischen Staates),
die umfangreiches Quellenmaterial für die
Nachwelt bewahrte und die Geschichtswissen-
schaft in Russland begründete. Die *Briefe eines
russischen Reisenden* sind lange Zeit als Reisebericht im empfindsamen Stil missverstanden
worden, da K. seine Leserschaft über die Tatsache täuschte, dass es sich um fingierte
Schreiben handelt. Die künstlerische Methode

der Verarbeitung des Er-
lebten (Begegnungen, Städte,
Landschaften, Kunstwerke
etc.) besteht darin, es als
subjektives Erleben des Reisenden, als Selbsterfahrung
eines Individuums darzubie-
ten.

Das zentrale Motiv von
*Bednaja Liza* ist die ver-
führte Unschuld: Das Bau-
ernmädchen Liza und der
junge Adlige Èrast lernen
sich zufällig kennen und
verlieben sich ineinander.
Ihre Liebe durchläuft meh-
rere Phasen von den ersten unschuldigen Begegnungen bis hin zum Heiratsversprechen
Èrasts. Sein Interesse erlahmt jedoch bald, er
zieht in den Krieg, und nach dem Verlust seines Vermögens beim Kartenspiel entschließt
er sich zu einer Geldheirat. Als Liza davon erfährt, ertränkt sie sich. Am Schluss wird offenbar, dass Èrast über die Nachricht vom Tod
Lizas untröstlich gewesen sei und den Rest seines Lebens in Trauer und Schuldgefühlen verbracht habe. Die bäuerliche Lebenssphäre Lizas wird als einfach, ursprünglich und natürlich geschildert. Durch die Konfrontation
dieser Welt mit Èrasts, die von Bildung,
Kultur, Wohlstand und Zivilisation geprägt ist,
wird die tragische Ereigniskette in Gang gesetzt. Die Liebe muss scheitern, weil die Kluft
zwischen beiden Welten zu groß ist. Die bewusst auf Rührung angelegte Novelle ist in
ihrer Wirkung durchaus Goethes *Werther* vergleichbar. Stilistisch ist sie an der Umgangssprache des gebildeten Adels orientiert, die K.
gegenüber der hierarchischen Stillehre Michail
Lomonosovs als Literatursprache durchsetzte.

*Frank Göbler*

## Karsch, Anna Louisa
Geb. 1. 12. 1722 in Hammer
bei Züllichau; gest. 12. 10. 1791 in Berlin

»Ohne Vorsatz, ohne Kunst und Unterricht sehen wir sie unter den besten Dichtern ihren Platz behaupten. Mit Bewunderung erfahren wir an ihr, wie die Natur durch die Begeisterung würket und wie ohne dieses kein Vorsatz und keine Bestrebung vermögend ist, dasjenige zu ersetzen, was ohne sie fehlt ... Wie unzweifelhaft es sei, daß unsre Dichterin ihren Beruf allein von der Natur bekommen habe, erhellet am deutlichsten aus den Umständen ihres Lebens.« So urteilt Johann Georg Sulzer über K. in seiner Vorrede zu ihren von ihm und Johann Wilhelm Ludwig Gleim herausgegebenen *Auserlesenen Gedichten* (1764), und es ist damit ein Teil des Musters vorgegeben, das die zahlreiche biographische Literatur über K. durchzieht. Der andere Teil des Musters geht zurück auf Gleim, den anderen Herausgeber der Sammlung. Er ist es, der K. den Beinamen der deutschen Sappho gegeben hat, einer großen Dichterin also, die aus und über Liebe schreibt. K. hat an beiden Vorstellungen mitgearbeitet: Sulzer stellte sie für sein Vorwort ihren Lebensbericht in vier großen Briefen zur Verfügung (zuerst erschienen 1831), Gleim schickte sie in ihrem ersten Brief die Nachdichtung und die Variation einer sapphischen Ode mit. Sie wollte und sollte die Natur und die antike Dichterin verkörpern. Dass sie diese Rollen übernommen hat, trug dazu bei, ihr einerseits den Erfolg zu sichern, andererseits Entwürfe einer natürlichen deutschen Nationalliteratur zu konsolidieren. Dass ihr Werk besonders auf der Folie ihres Lebens interessierte, zeigt das. Die Identifikation mit der Ursprünglichkeit hat sie aber auch belastet. Die Kritik von Moses Mendelssohn und Friedrich Nicolai, die kurz nach dem Erscheinen ihrer Gedichtsammlung erschien, ging, ebenso wie sehr viele der folgenden Ein-

schätzungen in zwei Richtungen: Die Gedichte K.s seien entweder aus dem begnadeten Augenblick heraus entstanden und zu wenig geplant und durchdacht, oder sie seien wegen eines aufgesetzten Formwillens und der Durchsetzung mit mythologischem Ballast unerträglich: Die Natur dichtet zu natürlich, oder die Natur dichtet zu unnatürlich. Beiden Zuschreibungen, so zeigen neuere Untersuchungen, kann mit differenzierter Analyse unter Berücksichtigung des gesellschaftlichen und literarischen Umfelds begegnet werden. Obwohl schon ihre zeitgenössischen Freunde die literarische Qualität ihrer Briefe anerkannten, wurde K. als eine der großen innovativen Briefschreiberinnen des 18. Jahrhunderts – sie korrespondierte unter anderem mit Johann Jakob Bodmer, Johann Arnold Ebert, Johann Wilhelm Ludwig Gleim, Johann Wolfgang Goethe, Johann Christoph Gottsched, Johann David Michaelis, Karl Wilhelm Ramler, Johann Christoph Unzer, Johann Peter Uz, Christoph Martin Wieland, Just Friedrich Wilhelm Zachariä – erst im 20. Jahrhundert entdeckt.

Geboren wurde K. als Tochter des Gastwirtsehepaares Dürbach in Hammer, einem kleinen Anwesen zwischen Croßen und Züllichau. Als sie fünf Jahre alt war, nahm sie ein Großonkel zusammen mit ihrer Großmutter zu sich nach Tirschtiegel. Er brachte ihr Lesen, Schreiben, Rechnen und ein wenig Latein bei. Während dieser Zeit starb ihr Vater, und ihre Mutter verheiratete sich wieder. Kurz darauf wurde die inzwischen etwa Zehnjährige nach Hause geholt, wo sie zunächst die Kinderwärterin ihres Halbbruders, nach dem Umzug der Familie nach Schwiebus dann Rinderhirtin wurde. In diese Zeit fällt ihre Bekanntschaft mit ihrem »Bücherlieferanten« Johann Christoph Grafe, einem etwa gleichaltrigen Hirten, mit dem sie später noch von Berlin aus korrespondieren wird. Mit etwa zwölf Jahren lernte sie einige Zeit Handarbeiten und war Magd bei einer Müllersfrau. Die Familie siedelte nach Tirschtiegel um, nachdem der Großonkel der Großmuter sein Anwesen vererbt hatte. Als auch der Stiefvater starb, wurde sie, noch nicht 16 Jahre alt, mit dem Tuchweber Hiersekorn aus Schwiebus verheiratet. Diese Ehe, aus der vier Kinder hervorgingen, wurde auf Betreiben des Ehemannes geschieden. Die beiden noch lebenden Söhne blieben beim Vater, der, mit dem sie schwanger war, wurde enterbt. Auch die zweite Ehe mit dem Schneider Karsch, in der sie drei Kinder zur Welt brachte, verlief unglücklich. Die Verbindung wurde seit der Einberufung des Mannes zum preußischen Militär 1760 von ihr als getrennt angesehen. Bereits in den sorgenvollen Ehejahren hatte sie mit Gelegenheitsgedichten für den Lebensunterhalt ihrer Familie gesorgt und sich einen gewissen Namen als Panegyrikerin gemacht, die die Siege Friedrichs II. im Siebenjährigen Krieg feierte. Anfang 1761 halfen ihr verschiedene Gönner, die auch für die Versorgung der Kinder Christian Hiersekorn (geb. vermutlich 1748) und Caroline Luise Karsch (die spätere Caroline von Klencke, geb. 1750) aufkamen, aus der schlesischen Provinz nach Berlin zu ziehen. Dort wurde K. bald in den literarischen Kreisen bekannt und in den Gesellschaften als Attraktion bestaunt. Durch die Vermittlung von Ramler lernte sie den anakreontischen Dichter und Domsekretär in Halberstadt Johann Wilhelm Ludwig Gleim kennen, den sie seit einer rokokohaften Tändelei unerwidert liebte und mit dem sie bis zu ihrem Tod korrespondierte. Nach ihrem ersten Besuch bei Gleim in Halberstadt im September 1761 ließ sie sich für ein Jahr in Magdeburg nieder, wo sie im Hause des Kommandanten von Reichmann ein von Versorgungsängsten freies Leben führte. Im Oktober 1762 kehrte sie nach Berlin zurück. Sie wechselte dort häufig die Wohnung und ging den größten Teil ihrer Zeit gesellschaftlichen Verpflichtungen nach, d. h. sie besuchte Freitische, erledigte Auftragsarbeiten oder bot solche an. Gleim besorgte zusammen mit Sulzer die oben erwähnte, auf Subskriptionsbasis herausgegebene Sammlung, die K. einen Gewinn von über 2000 Talern einbrachte. Die Zinsen des von den Freunden fest angelegten Betrages sicherten ihr einen Teil des Lebensunterhalts. Sie war darüber hinaus auf Spenden von wohlhabenden Freunden und auf Nebenverdienste durch Gelegenheitsgedichte, Publikationen in

Zeitschriften und kleine Gedichtsammlungen angewiesen, zumal sie für Brüder, Kinder und Enkelkinder, darunter Wilhelmine von Klencke, die spätere Helmina von Chézy, aufkam. Pläne, noch einmal eine größere Sammlung, vor allem mit den sogenannten 60 sapphischen Liedern – den Liebesgedichten an Gleim – oder eine Briefauswahl zu veranstalten, wurden nie realisiert. Eine größere Gedichtausgabe, die die Tochter besorgte und in der die Gedichte an Gleim fehlen, erschien erst 1792, nach ihrem Tode. Auf die 1763 von Friedrich II. in einer Audienz versprochene Hilfe wartete sie vergeblich. Erst der Nachfolger Friedrich Wilhelm II. ließ ihr in Berlin ein Haus bauen, das sie im Frühjahr 1789 bezog und in dem sie auch starb.

Werkausgaben: Karschin, Anna Louisa: Gedichte und Lebenszeugnisse. Hg. von Alfred Anger. Stuttgart 1987;»Mein Bruder in Apoll«. Briefwechsel zwischen Anna Louisa Karsch und Johann Wilhelm Ludwig Gleim. 2 Bde. Hg. von Regina Nörtemann und Ute Pott. Göttingen 1996.

*Regina Nörtemann*

### Karvaš, Peter
Geb. 25. 4. 1920 in Banská Bystrica (Neusohl)/ČSR;
gest. 28. 11. 1999 in Bratislava

Peter Karvaš gehört zu den produktivsten slowakischen Autoren des 20. Jahrhunderts. Er war Erzähler, Dramatiker, Feuilletonist, Dramentheoretiker, Humorist, Satiriker, Dozent, Kulturjournalist und bei Rundfunk und Fernsehen tätig. K. war Enkel des slowakischen Malers Dominik Skutecký, besuchte das Gymnasium in Banská Bystrica und studierte anschließend in Prag zwei Semester (1938/39) an der Technischen Hochschule und Künstlerisch-gewerblichen Schule. Sein Studium setzte er 1945 in Bratislava an der Philosophischen Fakultät fort und schloss es 1947 mit dem Doktorgrad ab. In den dazwischenliegenden Kriegsjahren ging er verschiedenen Tätigkeiten nach, bis 1941 unter anderem als Beamter und Fotograf. Danach wurde er rassisch verfolgt und war eine Zeitlang in einem

Arbeitslager interniert. Nach seiner Entlassung wirkte er 1943/44 am Kammertheater in der mittelslowakischen Stadt Martin. Während des slowakischen Nationalaufstandes 1944 arbeitete er beim Freien Slowakischen Sender in Banská Bystrica und schrieb für Zeitschriften der Aufständischen.

Nach dem Krieg wurde er Dramaturg beim tschechoslowakischen Rundfunk, arbeitete an der Nová scéna (Neuen Bühne) des Nationaltheaters in Bratislava (1946–49) und wirkte schließlich 1949/50 als Kulturattaché in Bukarest. 1952 bis 1956 war K. Sekretär des slowakischen Schriftstellerverbandes und arbeitete als Redakteur der Zeitschrift *Kultúrny život* (Kulturelles Leben). 1966 wurde ihm der Titel des »Verdienten Künstlers« verliehen. 1956 bis 1974 war er Dozent an der Musikhochschule in Bratislava, später arbeitete er (bis 1980) am dortigen Kulturforschungsinstitut mit.

K. war seit 1937 zunächst für Zeitschriften literarisch tätig; als Buchautor debütierte er 1945 mit *Most* (Brücke), einer Sammlung von Reportagen und Skizzen. In den 1940er Jahren reagierte er mit den psychologischen Novellen und Erzählungen *Niet prístavov* (1946; Keine Häfen) und *Polohlas* (1947; Gedämpfte Stimme) auf die enge Atmosphäre in der Slowakei während des Krieges. Die Zustände während der ersten Tschechoslowakischen Republik verarbeitete er in historisch-sozialen Romanen, so in *Toto pokolenie* (1949; Diese Generation) und *Pokolenie v útoku* (1952; Generation im Angriff), mit denen er eine intensive literarische Diskussion auslöste. Das Erlebnis des Nationalaufstandes schildert er im Prosaband *S nami a proti nám* (1951; Mit uns und gegen uns). K. schrieb bis in die 1990er Jahre hinein auch zahlreiche Reisereportagen und Humoresken, in denen er zumeist aktuelle gesellschaftliche Mängel und negative Eigenschaften und Schwächen des menschlichen Wesens aufdeckte. Der Schwerpunkt seines Schaffens jedoch lag auf dem Drama, und zwar sowohl auf Hörspielen als auch auf Theaterstücken. Darin behandelt er moralische und gesellschaftliche Probleme wie die Wirkung der Macht des totalitären

Systems auf die einzelnen; dabei verurteilte er den Faschismus und alle Formen der Unterdrückung im Namen der freien Entwicklung des Menschen und der humanen gesellschaftlichen Ziele. Viele seiner Stücke behandeln die Kriegs- und Nachkriegszeit, so z. B. die historischen Dramen *Bašta* (1948; Die Bastion) und *Návrat do života* (1949; Rückkehr ins Leben). Besondere Beachtung fand das Aufständischendrama *Polnočná mša* (1959; *Mitternachtsmesse*, 1961), das in einem Prolog und drei Akten ein Bild des slowakischen Kleinbürgertums während des Nationalaufstandes 1944 zeichnet und den deutschslowakischen Konflikt zum Thema hat. Die im Mittelpunkt stehende kleinbürgerliche Familie Kubiš ist sowohl Opfer als auch Nutznießer des Faschismus. An ihr wird die Tragödie des slowakischen Volkes dargestellt, dessen moralische und ethnische Existenz im Zweiten Weltkrieg auf das schwerste getroffen wurde.

Das Spektrum von K.' Themen wie auch das seiner Genres ist beachtlich. *Ľudia z našej ulice* (1951; Menschen aus unserer Straße), *Diplomati* (1958; Diplomaten) und *Zmŕtvychvstanie deduška Kolomana* (1960; Die Auferstehung des Großvaters Koloman) sind Gesellschaftskomödien. Die zeitgenössische sozialistische Gesellschaft beschreibt er unter anderem in *Pacient stotrinást'* (1950; Der Patient hundertdreizehn) und *Srdce plné radosti* (1951; Herz voller Freude). Politischen Opportunismus, Machtmissbrauch und Personenkult karikierte er in *Antigone a tí druhí* (1962; *Antigone und die anderen*, 1966), das in einem Konzentrationslager spielt. Nach dem Erlass des Publikationsverbots während der Zeit der »Normalisierung« in den 1970er Jahren musste er seine Stellung aufgeben, seine Stücke wurden verboten. Erst nach 1989 kehrte er als Dramatiker auf die Theaterbühnen zurück, seine Publikationstätigkeit setzte 1986 mit *Súkromná oslava* (Private Feier) wieder ein. Dramaturgisch arbeitete er nun besonders mit dem Fernsehen eng zusammen, das seine Stücke, Inszenierungen und Verfilmungen zeigte. Zahlreiche theaterwissenschaftliche Abhandlungen haben K.' literarisches Schaffen stets begleitet. Seine Prosa und Dramen sind in viele Sprachen übersetzt.

*Susanna Vykoupil*

## Kasack, Hermann
Geb. 24. 7. 1896 in Potsdam;
gest. 10. 1. 1966 in Stuttgart

Das einzige Kind des Arztes Richard Kasack und seiner Frau Elsbeth besuchte das humanistische Viktoria-Gymnasium zu Potsdam und legte 1914 als Kriegsfreiwilliger das Notabitur ab, wurde aber wegen eines Herzfehlers rasch wieder aus dem Militärdienst entlassen. Von 1914 bis 1920, unterbrochen von Kriegs-Ersatzdienstzeiten, studierte er Germanistik und Philosophie. Er begann sein Studium in Berlin und wechselte dann nach München über. Vom Dezember 1916 bis August 1917 war er zum zivilen Hilfsdienst beim Generalgouverneur von Belgien nach Brüssel eingezogen. Er kehrte 1917 nach Berlin zurück und beendete 1920 sein Studium in München. Er hatte vor, über die Lyrik Friedrich Hölderlins zu promovieren, nahm aber 1920 das Angebot des Verlegers Gustav Kiepenheuer an, als Lektor in dessen Verlag einzutreten. Kiepenheuer war durch seine Lyrik, die Dramen und die Prosa, die in expressionistischen Zeitschriften wie Franz Pfemferts *Aktion*, Wolf Przygodes *Die Dichtung*, Herwarth Waldens *Der Sturm* erschienen, beeindruckt worden. K.s erster Lyrik-Band, *Der Mensch*, erschien 1918 im Roland-Verlag München, der zweite unter dem Titel *Die Insel* im Ernst-Rowohlt-Verlag (1920); er schrieb expressionistische Dramen, von denen als einziges *Die Schwerter* (1918 geschrieben, 1920 veröffentlicht) 1926 aufgeführt wurde. Rezensionen über das Theater erschienen in verschiedenen Zeitschriften. Daneben betrieb K. seine wissenschaftliche Tätigkeit weiter: 1921 erschien die mit Friedrich Seebass gemeinsam herausgegebene Ausgabe der *Gesammelten Werke in vier Bänden* von Friedrich Hölderlin.

Als Lektor und späterer Direktor des Kiepenheuer-Verlags blieb K. bis 1925 in Potsdam, im Mai 1926 trat er als Verlagsdirektor bei S. Fischer in Berlin ein, wo er 15 Monate lang blieb. Einen kleinen Erfolg hatte er 1924 mit seinem Van-Gogh-Drama *Vincent* und veröffentlichte in zahlreichen Zeitschriften Gedichte sowie Essays und Rezensionen. 1925 fand die erste Lyrik-Sendung in der Berliner Funkstunde statt:»Ich verkaufte mich an den Rundfunk, was die Existenz sicherte«, schrieb er später an seinen Sohn. Bis zur Machtübernahme der Nationalsozialisten hatte er an die einhundert eigene Sendungen verfasst und größtenteils selbst gesprochen. 1929 wandte er sich auch der neuen Gattung des Hörspiels zu, schrieb für den Berliner Jugendfunk zehn Hörspiele von *Tull dem Meisterspringer* und beschäftigte sich mit aktuellen Themen wie der Arbeitslosigkeit Anfang der 1930er Jahre. In dieser Zeit kam er über die Rundfunkarbeit mit Günter Eich zusammen.

Im März 1933 wurde ihm mitgeteilt,»daß sein Name im Funk nicht mehr tragbar sei«. Damit war die einzige regelmäßige Erwerbsmöglichkeit verschlossen. Da seine Frau ihre Praxis als Masseurin erweitern konnte und somit den Lebensunterhalt der Familie sicherte, konnte K. als freier Schriftsteller weiter tätig sein und wurde nicht zu Kompromissen mit dem Regime der Nationalsozialisten gezwungen. Nach 1933 führte K., wie es später von seinem Freund Oskar Loerke formulierte,»das Katakombendasein der geistig Verbannten«. Aus dieser Zeit stammen viele Gedichte, die in Zyklen in der *Neuen Rundschau* erschienen, sowie Aufsätze. 1941 trat er die Nachfolge Loerkes als Verlagslektor beim Suhrkamp-Verlag an, wo er bis 1949 tätig war. Er leitete den Verlag, als Peter Suhrkamp 1944 von der Gestapo verhaftet wurde, auch über den Einmarsch der Roten Armee und das Kriegsende hinaus. Während des Kriegs widmete er sich editorischer Arbeit (Friedrich Hölderlin, Johann Gottfried Seume, Ludwig Tieck); 1943 erschien unter dem Titel *Das ewige Dasein* K.s Gedichtsammlung aus 25 Jahren.

Erst nach dem Zusammenbruch von 1945 erschien K.s wichtigstes Prosawerk, *Die Stadt hinter dem Strom* (begonnen 1942, veröffentlicht 1947). Die Kontinuität der inneren Emigration über 1945 hinaus wird an diesem Roman deutlich: Das Buch will verschlüsselt-kritisches Abbild der Naziherrschaft und Utopie in einem sein. Das von dem »Chronisten« Dr. Lindhoff dargestellte visionäre Zwischenreich ist Sinnbild einer totalitären Staatsmaschinerie; K.s Anklage setzt einen idealisierten Subjektivismus voraus, der den gesellschaftlichen Strukturen kaum gerecht wird. Dass eine vom Krieg betroffene Generation K.s zivilisationskritische Momente billigte, ist durchaus verständlich; aber seine Perspektive ist keine Abrechnung mit dem Faschismus, sondern eine Emigration aus der Geschichte. Im Oktober 1947 war er in Berlin Gast des ersten Schriftstellerkongresses mit Vertretern aus allen vier Besatzungszonen und durfte mehrfach zu Lesereisen in die westlichen Zonen fahren. Im April 1948 wurde er zum Vorstandsmitglied des »Schutzverbandes deutscher Autoren« gewählt. Seine Hoffnungen auf eine einheitliche deutsche Literatur (und auf einen einheitlichen PEN-Club) gingen nicht in Erfüllung. Im Februar 1949 übersiedelte er nach Stuttgart. 1952 erschien der Roman *Das große Netz*, 1953 die Erzählung *Fälschungen*; 1955 ein Lyrikband *Aus dem chinesischen Bilderbuch*. Er wurde 1953 zum Präsidenten der »Deutschen Akademie für Sprache und Dichtung« in Darmstadt gewählt. 1956 erschien der Essayband *Mosaiksteine* mit Studien über Ludwig Tieck, Johann Gottfried Seume, Hermann Hesse, Rainer Maria Rilke, Gottfried Benn, Oskar Loerke, dessen Werke und Tagebücher er herausgab, Gertrud Kolmar, Georg Kaiser, Alfred Döblin, Thomas Mann u. a., in dem er aber auch Rechenschaft ablegte über seine Tätigkeit als großer Anreger und Förderer der deutschen Literatur.

*Rhys W. Williams/Red.*

### Kaschnitz, Marie Luise
Geb. 31. 1. 1901 in Karlsruhe;
gest. 10. 10. 1974 in Rom

»Als eine ewige Autobiographin, eine im eigenen Umkreis befangene Schreiberin werde ich, wenn überhaupt, in die Literaturgeschichte eingehen, und mit Recht. Denn meine Erfindungsgabe ist gering. Ich sehe und höre, reiße die Augen auf und spitze die Ohren, versuche, was ich sehe und höre, zu deuten, hänge es an die große Glocke«. *Orte* (1973) heißt der Titel des letzten von K. veröffentlichten Buches. Es sind kurze Prosastücke, selten mehr als eine Druckseite umfassend – isolierte Augenblicke, die aus dem Gedächtnis hervorgeholt werden, ins helle Licht der aufblitzenden Erinnerung gestellt, »als sei jedes dort gesprochene Wort, jede dort gelebte Empfindung Stoff geworden …, als sei es nur nötig, das Außen zu beschwören, um alles andere wieder Gestalt werden zu lassen.« K. ist ein eindrucksvolles Beispiel für jene künstlerische Alterswildheit einer Sprach- und Ausdrucksverknappung, einer Formverdichtung, einer unkonventionellen Absage an die eigene Herkunft. In einem sehr präzisen Sinne – dies enthüllt ihr Spätwerk – hat K. immer Orte beschrieben: Orte des Lebens, Erinnerungsorte, Gedankenorte, aber auch Orte der geschichtlichen Verbrechen, des Todes und des Eingedenkens.

Marie Luise von Holzing-Berstett stammte aus badisch-elsässischem Adelsgeschlecht. Sie wuchs in Berlin auf, wo ihr Vater als General in preußischen Diensten stand. Sie hat diese wohlbehütete, sozial privilegierte Jugend später immer als eine angstbeladene, qualvolle Zeit erinnert. Mag sie schreibend auch eine große Trennung von ihrer Vergangenheit vollzogen haben, so blieb sie in ihrem Lebensumkreis, ihrem Lebenszuschnitt doch von adligen Wertvorstellungen geprägt. Nach einer Lehre als Buchhändlerin kam sie 1924 erstmals nach Rom. Dort befreundete sie sich mit Guido von Kaschnitz-Weinberg, der bis 1932 als Assistent am Deutschen Archäologischen Institut tätig war. 1925 heirateten sie; 1928 wurde die einzige Tochter geboren. Die Universitätslaufbahn ihres Mannes bestimmte die weiteren Lebensstationen: 1932 Königsberg, 1937 Marburg, 1941 Frankfurt a. M., 1953 Rom. Seit 1956 war Frankfurt der ständige Wohnsitz, unterbrochen von längeren, regelmäßigen Aufenthalten in Rom sowie im heimatlichen Schwarzwalddorf Bollschweil bei Freiburg. An der Seite ihres Mannes durchkreuzte K. auf zahllosen Forschungs- und Studienreisen das gesamte Abendland, dessen Grenzen auch die Landkarte ihres Werks abstecken.

Sie scheint nur langsam und unter Mühen zum Schreiben gefunden zu haben. Die frühen Gedichte, Erzählungen und Romane sind überwiegend anempfundene Literatur: klassizistisch in der Form, neuromantisch in der Sprache, unpolitisch in der Mythisierung einer als zeitlos erlebten Natur. Die Auseinandersetzung mit der eigenen Gegenwart – wie in dem Roman *Liebe beginnt* (1933) – bleibt vereinzelt. »All meine Gedichte waren eigentlich nur der Ausdruck des Heimwehs nach einer alten Unschuld oder der Sehnsucht nach einem aus dem Geist und der Liebe neu geordneten Dasein« (*Rede zur Verleihung des Georg-Büchner-Preises*, 1955). Noch die Trümmerpoesie unmittelbar nach dem Zusammenbruch des Faschismus war eine humanistisch überblendete Fluchtliteratur (*Menschen und Dinge 1945*, 1946; *Totentanz und Gedichte zur Zeit*, 1948; *Zukunftsmusik*, 1950). Erst durch die Absage an den Feierton des Ewigmenschlichen findet sie als Lyrikerin in den frühen 1950er Jahren zu einer eigenen Sprache (*Hiroshima*; *Tutzinger Gedichtkreis* – beide 1951). In immer erneuten Ansätzen (so z. B. *Zoon Politikon*, 1964) stellt sie sich in ihren mit dem Vorbild Paul Celans, aber auch mit den unversöhnlichen Widersprüchen der Kunsttheorie des Freundes Theodor W. Adorno auseinandersetzenden Gedichten der Trauerarbeit und dem Eingedenken des Faschismus, der sich in den Katastrophen der Gegenwart fortzeugt. Ihre Lyrik ist Vergegenwärtigung der Leidenswahrnehmung und Leidensfähigkeit – selbstquälerisch und selbstzweifelnd »Kargwort neben Kargwort« (*Müllabfuhr*, 1972) setzend.

Den Tod ihres Mannes 1958 hat sie als einschneidenden Bruch ihrer Biographie erlebt, als Verlust, aber auch als Identitätsgewinn, dem sich nun die Schleusen der Erinnerung öffnen. Erinnerung – wie sie jetzt zum bestimmenden Verfahren ihres Schreibens wird – hat mit Archäologie zu tun; wie diese ist sie Erdarbeit: ein Freilegen des verschütteten Ich. Das wohl konsequenteste Beispiel für die facet-

tierte Schreibweise von K.' autobiographischer Prosa (u. a. *Wohin denn ich*, 1963; *Tage, Tage, Jahre*, 1968; *Steht noch dahin*, 1970) ist die *Beschreibung eines Dorfes* (1966). Sie beschreibt in diesem so eigenwilligen wie vollkommenen Prosatext aber nicht das Dorf Bollschweil, nicht ihre Erinnerung und auch nicht die Wirklichkeit seines gegenwärtigen Zustands, sondern – gleichsam in »Patrouillengängen« (Robert Minder) – die Arbeit, die sie im Vorfeld einer letzten Endes naiv verbleibenden literarischen Abbildung zu leisten hat: »Die Technik der Skizze hat keine andere Funktion, als auf einen eigentlichen Text zu verweisen, der niemals geschrieben werden wird« (Sabina Kienlechner).

Eine Vorkämpferin der Frauenemanzipation war K. nicht. Sie hat sich gerne auf eine »weibliche Position« zurückgezogen, unter der sie dann auch wieder litt, wenn man ihr Werk als »Damenliteratur« apostrophierte. Die karge, gleichsam Bild an Bild, Einstellung an Einstellung reihende Lyrik und Prosa ihrer letzten Jahre, das Aussparen und Überspringen jeder Vermittlung und selbstsicheren Perspektive, als sei das Ganze das Unwahre; die mangelnde epische Fülle und dramatische Vehemenz, die sie zum ästhetischen Prinzip erhebt, all dies erzeugt durch eine Art kindlicher Holzschnittechnik und Schwarzweißmalerei, vergleichbar jenen »traumhaft anmutenden Landschaftsskizzen«, von denen sie Horst Bienek erzählte, sie »mit ganz elenden Kinderbuntstiften ausgeführt zu haben, während mein Mann seinen archäologischen Studien nachging«. Gestorben ist K. in Rom, begraben liegt sie im heimatlichen Bollschweil.

*Rettung durch Phantasie* (1974) überschrieb sie den letzten Vortrag, den sie nicht mehr halten konnte. Der Titel spielt an auf die verwandelnde Kraft der Kunst, an die sie bis zuletzt geglaubt hat: »Adorno hat mir einmal von Gegenbildern gesprochen, die es gälte aufzurichten, um die Bilder des Friedens und der Harmonie erst recht zur Geltung zu bringen.«

Werkausgaben: Tagebücher aus den Jahren 1936–1966. Hg. von Christian Büttrich u. a. Frankfurt a. M. 2000; Gesammelte Werke in 7 Bänden. Hg.

von Christian Büttrich und Norbert Miller. Frankfurt a. M. 1981–1989.

*Uwe Schweikert*

### Kästner, Erich
Geb. 23. 2. 1899 in Dresden; gest. 29. 7. 1974 in München

Zu K.s 50. Geburtstag schrieb Wolfgang Harich folgende Zeilen über die K.-Lektüre seiner Jugendzeit:»Mit seinen Kinderbüchern hatte K. mir, als ich sieben oder acht Jahre alt war, in vorsichtiger, unaufdringlicher, aber äußerst wirksamer Dosierung jene moralisch-humanistischen Gegengifte verabreicht, die später der faschistische Staat unter allen Umständen von uns, von den ›Garanten der Zukunft‹, fernzuhalten wünschte. Trotzdem hätte

ich für meinen Antifaschismus keine Garantie übernehmen mögen, wären mir nicht rechtzeitig K.s ›zersetzende‹ Gedichte gegen Krieg und Militarismus in die Hände gefallen.«

Mit dem »aufklärerisch-moralischen Grundton« und dem Antimilitarismus sind zwei wesentliche Züge von K.s literarischem Werk beschrieben. K., der Satiriker, Moralist, Journalist, Kabarett- und Drehbuchautor, »Gebrauchslyriker« und Romancier für Kinder und Erwachsene hatte eigentlich Lehrer werden wollen, doch die am Fletscherschen Lehrerseminar in Dresden hochgehaltene autoritäre Pädagogik und »Untertaneneinübung« des wilhelminischen Obrigkeitsstaates ließen ihn von diesem Berufswunsch Abstand nehmen. Seine üblen Erfahrungen während einer menschenunwürdigen Rekrutenausbildung 1917 taten ein Übriges, um ihn zu einem entschiedenen Gegner aller autoritären Systeme und zu einem überzeugten, engagierten Pazifisten und Republikaner werden zu lassen. Der aus kleinbürgerlichen Verhältnissen stammende Musterschüler studierte mit dem »Goldenen Stipendium«

der Stadt Dresden in Leipzig, Rostock und Berlin Germanistik, Geschichte, Philosophie und Theatergeschichte und wurde nach seiner Promotion über die *Erwiderungen auf Friedrichs des Großen Schrift »De la Littérature allemande«* (1925) als Journalist verschiedener Zeitungen, vor allem durch seine Theaterrezensionen und sein lyrisches Schaffen: *Herz auf Taille* (1928), *Lärm im Spiegel* (1928), *Ein Mann gibt Auskunft* (1930) und *Gesang zwischen den Stühlen* (1932), schnell bekannt, geliebt und auch gefürchtet; einige seiner Gedichte fanden lebendige Interpreten in den Berliner Kabaretts. Weil K. in erster Linie »Zweckliteratur« schrieb, weil er eine leicht verständliche, sachliche und milieugeprägte Alltagssprache pflegte und eine Welt aus bürgerlicher Sicht porträtierte und nicht zuletzt, weil er die Klaviatur der komischen Töne vom heiteren Humor bis zum bitteren Sarkasmus meisterhaft beherrschte, gelang es ihm wie kaum einem anderen links engagierten Schriftsteller der 1920er Jahre, nicht nur eine literarisch interessierte Minderheit, sondern ganze Volksschichten, die bis dahin von Lyrik nichts gewusst oder nichts gehalten hatten, für seine Verse zu begeistern. 1929 debütierte er mit dem Roman *Emil und die Detektive* als Kinderbuchautor; 1939 erschienen *Pünktchen und Anton* und *Der 35. Mai oder Konrad reist in die Südsee*; 1933 folgte *Das fliegende Klassenzimmer*, Literatur für Kinder, die sich durch ihren humorig-gemüthaften »Kästner-Ton«, die entwaffnenden und einnehmenden Gesten für die »kleinen Helden« und eine gewisse Idyllensehnsucht auszeichnete und auf eine durch Klugheit, Besonnenheit und Mitmenschlichkeit kontrollierte Tugendpraxis zielte.

Doch trotz oder vielleicht auch wegen seiner literarischen Erfolge blieb K. gerade bei der linksbürgerlichen Intelligenz umstritten; seinen schärfsten Kritiker fand er in Walter Benjamin, der ihm und seinen Zeitgenossen Walter Mehring und Kurt Tucholsky in seinem Essay *Linke Melancholie* (1931) zum Vorwurf machte, seine »politische Bedeutung« erschöpfe sich »mit der Umsetzung revolutionärer Reflexe … in Gegenstände der Zerstreuung« und des »Amusements«, die sich »dem

Konsum zuführen« ließen. Wenn auch diese Kritik zu hart ausfiel (Alfred Andersch), so traf sie doch zu, sofern K. mit seinen satirisch-kritischen Gedichten deshalb auf breite Zustimmung in bürgerlichen Kreisen rechnen konnte, weil sein lyrischer Protest »nicht selten ungenau gezielt und unzureichend begründet war« und aus diesem Grunde lediglich ein »literarisch konfektioniertes Unbehagen« zur Folge hatte. Besonders deutlich wurde dies in seinem zeitkritischen Roman *Fabian* (1931), in dem sich K. weitgehend auf eine Widerspiegelung der Krisenphänomene der 1920er Jahre beschränkt und das Scheitern des Moralisten Fabian, der die Menschen »anständig und vernünftig« machen wollte, zum Thema macht. Jegliche Fundierung in einem breiteren sozialgeschichtlichen Rahmen fehlt. Der politischen Rechten, den Prüden und den Moralaposteln war und blieb K. wegen seiner Offenheit, auch in Dingen der Sexualmoral, ein Dorn im Auge. Am 10. Mai 1933 musste er die Verbrennung seiner Bücher unter der Diktatur der Nationalsozialisten erleben. Trotz der gefährlichen Situation, der Verhaftungen und Verhöre emigrierte K. nicht, sondern versuchte, sich mit seinen Kinderbüchern und humoristischer Unterhaltungsliteratur wie *Drei Männer im Schnee* (1934), *Die verschwundene Miniatur* (1935) und *Georg und die Zwischenfälle* (1938; als *Der kleine Grenzverkehr*, 1949), die wie seine anderen Stücke nur im deutschsprachigen Ausland erscheinen durfte, über Wasser zu halten. Als die Nazis erfuhren, dass er unter einem Pseudonym das Drehbuch für eine Verfilmung der *Abenteuer des Barons von Münchhausen* zum 25-jährigen Jubiläum der UFA geschrieben hatte, wurde er 1942 mit dem totalen Schreib- und Publikationsverbot belegt. Die zwölf Jahre innerer Emigration und Isolation hatten ihn, wie er es selbst in seiner Einschätzung der kulturgeschichtlichen Auswirkungen der Naziherrschaft beschreibt, ins »Provinzielle« abgleiten lassen. Seine literarische Abrechnung mit dem autoritären Staat in *Die Schule der Diktatoren* (1956) kann kaum als Beitrag zur intellektuellen Durchleuchtung und Bewältigung der Hitler-Diktatur gelten,

und auch seine 1949 erschienene *Konferenz der Tiere* zeigte, dass er seine moralischen Appelle eher in den aufklärerischen Stil der Tierfabel zu kleiden verstand. Um so entschiedener setzte er sich für den kulturellen Wiederaufbau und für ein entmilitarisiertes Deutschland ein. Als eindringlicher Mahner trat er seinen Lesern mit seinen Tagebuchaufzeichnungen *Notabene 45, ein Tagebuch* (1961) gegenüber, leistete mit seinen kritischen Strophengedichten unverzichtbare Dienste für die Münchner Kabaretts »Die Schaubude« und »Die kleine Freiheit« und blieb auch seinem Engagement für die Jugend treu, indem er die Jugendzeitschrift *Pinguin* herausgab. Vor allem wegen seiner Kinderbücher wurden ihm in vielen Ländern der Welt Preise zuerkannt; 1957 erhielt er den Georg-Büchner-Preis. Trotzdem musste er im Oktober 1965 zum zweiten Mal erleben, dass in Düsseldorf seine Bücher öffentlich verbrannt wurden, dieses Mal von der dortigen Jugendgruppe des Bundes entschiedener Christen.

Werkausgabe: Gesammelte Schriften. 6 Bde. Zürich/ Berlin/Köln 1959.

*Roland Tscherpel/Red.*

# ZEIT-Aspekte

**Das Beste aus der ZEIT zu ausgewählten Autoren dieses Bandes**

# Denker, Dramatiker, Dichter

## Was den amerikanischen Engländer T. S. Eliot zum größten Europäer seiner Zeit macht

*Von Rudolf Walter Leonhardt*

Vor hundert Jahren, am 26. September 1888, wurde Thomas Stearns Eliot in St. Louis geboren. Nach dem Studium in Harvard ging er nach Europa, ließ sich in London nieder und verwandelte sich innerhalb weniger Jahre in den perfekten Engländer. Zusammen mit Ezra Pound, Wyndham Lewis und James Joyce wurde der Dichter, der sein täglich Brot als Bankangestellter verdiente, zum Wegbereiter der literarischen Moderne. 1948 erhielt er den Literaturnobelpreis. Für den Autor steht fest: T. S. Eliot war der bedeutendste Dichter unseres Jahrhunderts.

In einer Welt der Flüchtlinge wird jemand, der den umgekehrten Weg nimmt, so aussehen, als liefe er davon (*»In a world of fugitives l The person taking the opposite direction l Will appear to run away«*). Diese Verse sind die einzigen, die ich aus T. S. Eliots verunglücktem Schauspiel *Der Familientag* behalten habe, längst ehe ich den Dichter kennenlernte.

Sie passen so gut auf den, der sie schrieb. Daß wir in einer Welt der Flüchtigen, der Gehetzten, der sinnlos Getriebenen leben, war das Thema seiner frühen Lyrik. Wenn Dekadenz Faszination durch alle Symptome ungesunden Lebens ist, dann waren diese Gedichte dekadent – und das in einer Kriegszeit, in der von Engländern ungebrochene Stärke gefordert wurde, in der die Patrioten Kipling und die Schöngeister Swinburne deklamierten.

Es machte große Schwierigkeiten, für Eliots Verse einen Verleger zu finden. Aber nachdem die ersten Gedichtbände erschienen waren, als *Prufrock* (1917) erste Bewunderer gefunden, als eine desillusionierte Nachkriegsjugend die gelehrte Ironie des *Waste Land* begeistert sich zu eigen gemacht hatte, da wollte der Gefeierte in dieser Richtung nicht weiter mitgehen. Er erklärte sich 1928 als »Klassizist in der Literatur, Royalist in der Politik, Anglo-Katholik in der Religion« – eine Einordnung, die er bis ans Ende seines Lebens nicht wieder losgeworden ist, so oft er sie auch zu korrigieren versucht hat.

Vier Jahre später wußte er, als Gastprofessor in Harvard, seine Zuhörer mit der Behauptung zu überraschen, daß ein Dichter gern auch einen »gesellschaftlichen Gebrauchswert« hätte und daß das Theater »das unmittelbarste Instrument gesellschaftlicher ›Nützlichkeit‹« sei. Das wüste Land mit seinen kranken Bewohnern schien vergessen. Wir wollen den Mann, der davonzulaufen scheint, weil er sich weigert, dem Strom der Trends und der Erwartungen zu folgen, nicht zu Tode hetzen. Es bleibt festzuhalten, daß Thomas Stearns Eliot (1888–1965), ein bißchen zu korrekt, ein bißchen zu feierlich, ein bißchen zu bombastisch bei aller Bescheidenheit, der große Repräsentant englischer Literatur mehr als zwanzig Jahre lang sehr zu seiner eigenen Überraschung geworden ist. Was nicht ausschließt, daß er es zuweilen genossen hat.

Es gibt keinen anderen Schriftsteller unseres Jahrhunderts, über den so viel geschrieben worden und über den dabei so wenig bekannt ist. Fast alle seine Werke, wenn auch die Gedichte mehr als die Dramen, sind so alexandrinisch dunkel, so voller Anspielungen und Reminiszenzen, daß die Fachgelehrten den Forschungsverlockungen nicht widerstehen konnten. Sein Leben jedoch hat er so weit wie möglich abgeschirmt gegen öffentliches Interesse. Schon 1925 hat er verfügt, daß in diesem Jahrtausend keine offizielle Biographie über ihn erscheinen dürfe.

»Inoffizielle Biographien« gibt es natürlich in großer Zahl – die bisher beste, rechtzeitig zur Hundertjahrfeier bei Suhrkamp auf deutsch erschienen, stammt von dem derzeitigen Wunderknaben der englischen Literatur, Peter Ackroyd.

Ackroyd hält sich an den vorgegebenen und bekannten Rahmen: Gegen Ende des 17. Jahrhunderts wandert die Familie Eliot aus von England nach Neuengland. 1834 geht der Großvater von Boston, dem Stammsitz der Eliots, als Prediger nach Missouri, um den Wilden Westen für die protestantischen Unitarier zu gewinnen. Dort, in St. Louis, wurde Thomas Stearns (nach dem Familiennamen seiner Mutter) als letztes von sieben Kindern einer wohlhabenden, angesehenen Familie am 26. September 1888 geboren. Nach Besuch all der richtigen Schulen landete er 1906 programmgemäß an der Universität Harvard, wo er bis 1914 studierte. 1914 ging er wieder nach Europa, wohin ihn schon 1910/11 eine Studienreise geführt hatte. Und dort blieb er dann, sehr zum Entsetzen seiner Familie. Er heiratete 1915, wurde Lyriker, Lehrer, Lehrbeauftragter, Bankangestellter, Dramatiker, Verleger – und für die einen früher (1923), für die anderen später (1948) »der große T. S. Eliot«.

Eigentlich hatte er 1925 alles geschafft. Denn was kann ein Schriftsteller sich mehr wünschen, als einen eigenen Verlag zu haben (Faber and Gwyer, später Faber and Faber), der seine Werke druckt, und eine eigene Zeitschrift *(The Criterion),* die sie bekannt macht. Zu erklären, daß und warum alles so glatt dann doch wieder nicht gelaufen ist, ist das Hauptverdienst von Peter Ackroyds Biographie.

Die entscheidende Rolle als Starthelfer hatte Ezra Pound gespielt, ein amerikanischer Lyriker auch er, schon fünf Jahre länger als Eliot in London. Während der erste Verleger den *Liebesgesang des J. Alfred Prufrock* als »absoluten Irrsinn« zurückgewiesen hatte, wurde Pound nicht müde, ihn zu preisen als ein Gedicht, das »den Vergleich aushält mit dem besten, was mir je vor Augen gekommen ist«. Pound ist denn auch das Versepos gewidmet, das Eliots Weltruf begründete: *The Waste Land.*

### Ezra Pound entdeckt Eliot

Melodie und Rhythmus sind denen sehr ähnlich, die wir aus den noch früheren Gedichten kennen und die Eliots Lyrik einen so unverkennbaren Klang geben, daß wir ihn noch im Spätwerk *Four Quartets* zu hören vermeinen.

Aus einem unter den frühen Gedichten seien zwei Strophen herausgegriffen, weil sie sehr typisch sind und weil sie Eliot schon bald Kummer gemacht haben – und noch heute, siebzig Jahre nach ihrem Entstehen, Kummer machen. Das Gedicht heißt *Burbank with a Baedeker: Bleistein with a Cigar.*

*»But this or such was Bleistein's way:*
*A saggy bending of the knees*
*And elbows, with the palms turned out,*
*Chicago Semite Viennese*
*.....*
*On the Rialto once*
*The rats are underneath the piles.*
*The Jew is underneath the lot.*
*Money in furs. The boatman smiles ...«*

In einer jener deutschen Übersetzungen, die gerade bei Eliot so schrecklich unnütz sind, weil sie nach Reimen suchen, die die Musik doch nicht wiedergeben können und den Inhalt verfälschen, heißt das so:

»Ganz anders war da Bleisteins Art:
Das Knie geknickt, Ellbein zudem
Gewinkelt, die Innenhand nach außen offenbart:
Chicago, Wien, Jerusalem.
.....
Auf dem Rialto, à propos ...
Die Ratten unterwühln den Bau
Der Jude unterläuft das Gros.
Rebbach in Fell. Der Gondelmann macht seine Schau.«

»Ganz anders«, »Ellbein«, »Jerusalem«, »a propos«, »unterläuft«, »macht seine Schau« – das steht alles nicht da! Um des Reimes willen auf Kieseln zu sitzen, sollte man harmlosen Wieseln überlassen.

Diese Verse jedoch sind nicht harmlos, wollen nicht harmlos sein. »Eine internationale Karawane schäbiger Touristen zieht an uns vorüber ... Die Funktion dieser Gedichte besteht darin, die Fragwürdigkeit und Trivialität der modernen Welt an typischen Figuren zu demonstrieren« (Ernst Robert Curtius). Zweifellos werden die Juden dabei beleidigt. Aber außerdem werden beleidigt (ich zähle sie auf, wie sie beim Durchblättern dieser *Gedichte 1920* kommen): Frauen, das Universum, andere Länder, Konzertsäle, Polen, Hausmädchen, Priapus, die Geschichte, Kentish Town, Golder's Green, der Chefredakteur des *Spectator,* die Kirche und die Kellner.

Man hat antisemitische Züge an dem jungen, auch an dem nicht mehr ganz jungen Eliot entdecken können wie (im Gefolge seiner Vorbilder Maurras und Pound) auch »intellektuell faschistische«. Der Jude Leonard Woolf (Virginias Ehemann) sagte dazu: »Ich glaube, er war ein wenig Antisemit, auf diese vage Art, die ja ziemlich verbreitet ist. Er hätte es sicher guten Gewissens abgestritten.«

Jedenfalls hat er es oft zu entschuldigen versucht. Und als weiser alter Mann schätzte er, und das war wohl nicht nur eine Wiedergutmachungsleistung, das Judentum so ein, wie es in unserem Jahrhundert noch kein Kulturphilosoph seines Ranges fertiggebracht hat. Hellas und Rom gelten (mit Recht) als die Säulen des Abendlandes. T. S. Eliot zählte (mit Recht) als dritte Säule »Israel« dazu (womit natürlich nicht der heutige Staat gemeint sein kann).

In Sachen Abendland war Eliot nun wirklich Fachmann. Das vor allem war es wohl, was einen anderen Fachmann für europäische Kultur, Ernst Robert Curtius, so sehr an *The Waste Land* reizte, daß er es als erster 1927 ins Deutsche übersetzte und im gleichen Jahr durch einen großen Essay Eliot überhaupt erst auf dem europäischen Festland bekannt machte, jedenfalls der akademischen Jugend.

Eliots Lyrik, vor allem das *Waste Land,* aber später auch die *Four Quartets,* ist von jener schwer durchleuchtbaren Dunkelheit, wie sie die Alexandriner liebten, aber auch Blake, Hölderlin, Mallarmé. Das Vergnügen, etwas »herauszukriegen«, spielt bei ihnen gewiß eine Rolle. Aber das ist doch wohl nicht alles.

Der große Romanist Curtius, der sieben Sprachen beherrschte (und noch ein paar andere lesen konnte), bekannte freimütig: »Es kann lange Zeit vergehen, bis einem der Sinn des *Waste Land* ganz aufgeht. Ich behaupte nicht, ihn enträtselt zu haben. Aber schon beim Lesen, vor Jahren, umstrickte mich, hier und dort blitzhaft aufleuchtend, ein tönendes Geheimnis, ein klangvolles Glück.«

Übersetzungen helfen da wenig, und die, die der Suhrkamp Verlag in seiner zum Gedenktag wieder aufgelegten vierbändigen Werkausgabe anbietet, helfen gar nichts.

Ein paar Anmerkungen könnten helfen. Freilich nicht die, die Eliot selber gibt. Die sind, was zu wenig bemerkt worden ist, ein ironisches Gelächter. Am verständnisvollsten sind sie damit erklärt worden, daß Eliot Plagiatsvorwürfe entkräften wollte, und/oder damit, daß 434 Verse auch bei großzügigster Aufmachung ein kleines Bändchen nicht gefüllt hätten.

### Der Polyhistor

Wir erfahren in diesen *Notes on the Waste Land,* Eliot habe als Quellen verwendet: die Bibel, Richard Wagner, Shakespeare, Baudelaire, Dante, John Webster, Vergil, Milton, Thomas Middleton, Andrew Marvell, John Day, Verlaine, Ovid, Sappho, Oliver Goldsmith, Augustinus, Buddha, Hermann Hesse und die Upanischaden.

Außerdem werden wir angehalten, uns, wenn wir Titel, Anlage und Symbolismus des Gedichtes verstehen wollten, mit Sir James Frazers *The Golden Bough* und mit Jessie L. Westons Buch über die Gralssage *From Ritual to Romance* zu beschäftigen.

Eliot betreibt hier ebenso ein Leserverschreck- wie ein Autorversteckspiel. Zwar läßt sich das Ganze auch nicht, wie andere Interpreten uns glauben machen wollen, lesen als eine homoerotische Huldigung an den jungen, im Krieg gefallenen französischen Freund Jean Verdenal, dem der *Prufrock* (1917) gewidmet ist, aber zweifellos hat der Autor neben stupender Gelehrsamkeit auch viel Persönliches hineingeheimnist. Das macht nichts. Ein Leser kann, Eliot weist mit guten Gründen selber darauf hin, eine wichtige Beziehung zu einem Gedicht gewinnen, auch wenn er es nicht völlig verstanden hat.

Dabei gibt es im *Waste Land* zwei vollkommen verständliche, geschulte Leser mögen sagen allzu verständliche, triviale Episoden: die Geschichte von Lil, der der Erzähler (der ja angeblich in jedem Falle Tiresias ist) vorwirft, sie mache sich nicht attraktiv genug für ihren vom Militärdienst zurückkehrenden Mann Albert, und die in einer dankbaren Einladung zum Abendessen endet (Vers 139–169); und die Geschichte von der Sekretärin (Vers 218–256), die ihren Macho-Liebhaber gelangweilt empfängt und gelangweilt befriedigt, »*well now that's done: and I'm glad it's over*«.

Man kann das Epos vom wüsten Land (mit dem, dafür brauchten wir die Gralssage nicht, die Welt der Industriegesellschaften gemeint ist) immer wieder lesen, und immer wieder entdeckt man etwas Neues. Mein Weg zum *Waste Land* führte weder über den Gral noch über Eliots in der Tat komplizierte Erotik, sondern über den Rhythmus des Jazz, den ich bei ihm wiederfand, und über James Joyce' *Ulysses,* der mit seinem Hereinholen der Antike in die Moderne, mit seinem Ineinanderschieben der Zeitebenen ein Pendant in Prosa zu Eliots Versepen ist. Eliot, der Joyce sehr hoch schätzte, hat das ähnlich gesehen.

Das lyrische und später das dramatische Werk des T. S. Eliot werden begleitet von zahlreichen Essays. Zwar war T. S. Eliot als Dichter ein Gelehrter, weil es da auf intuitiv richtiges Erfassen ankommt und nicht so sehr auf ganz genaues Wissen. Er hatte jedoch nicht die Zeit, sich wochenlang mit einem Gegenstand zu beschäftigen. Und als sein Prosastil Mitte der zwanziger Jahre aufhörte, frech und apodiktisch zu sein, fing er an, feierlich ausgewogene Langeweile zu verbreiten.

Eliots Methode war eklektisch. Auf einem weiten Gebiet, das von mythischer Vorzeit bis zu modernster Literatur reicht, sammelte er, was ihm zuträglich war. In den Dramen läßt sich diese Methode vertreten. In der Lyrik entwickelte er daraus seinen eigenen, unverwechselbaren Stil. Die Essays verraten allemal einen scharfen Verstand und umfassende Bildung – aber auch unzureichende Vorbereitung. Es ist ein anderes, sich mit einem Tristan-Zitat zu schmücken, als eine Wagner-Analyse zu schreiben.

Am stärksten ist T. S. Eliot als Essayist dort, wo er sich mit seinen eigenen Dramen beschäftigt. Er beabsichtigte ja nichts Geringeres als eine Erneuerung des englischen Versdramas aus dem Geist der Antike.

Der esoterische Lyriker, der auf dem Theater Popularität suchte, bedurfte eines Anstoßes. Der kam von der Kirche mit dem Auftrag, für Canterbury ein Weihespiel zu schreiben. 1935 wurde es in der Kathedrale aufgeführt: *Mord im Dom* – ein Riesenerfolg.

Das ist das Verwunderlichste an Eliots Theaterstücken: daß sie fast ausnahmslos begeisterte Zuschauer und Kritiker fanden – und dann beinahe spurlos wieder verschwanden: *Mord im Dom* (1935), *Der Familientag* (1939), *Die Cocktail Party* (1949), *Der Privatsekretär* (1953), *Ein verdienter Staatsmann* (1958).

In den Theatern der Bundesrepublik gab es in der Spielzeit 1960/61 noch 18 Inszenierungen von Eliot-Stücken, mit 321 Aufführungen. 1971/72 wurde nur der *Mord im Dom* noch aufgeführt, und das ganze sechs Mal; 1976/77 *Ein verdienter Staatsmann* neun Mal.

Ein paar Verse aus *Mord im Dom* waren übriggeblieben, hatten schließlich in die Komposition nicht hineingepaßt. Sie legten den Grundstein für ein langes Gedicht, das der Autor *Burnt Norton* nannte, nach einem alten Haus in den Cotswolds. Das Hauptthema des Gedichtes klingt an schon in den ersten beiden Versen:

»*Time present and time fast*
*Are both perhaps present in time future ...*«

Eliot fand Gefallen an der neuen Form, in der das Musikalische noch stärker hervortrat als bisher schon in seiner Lyrik, weniger gebrochen jetzt im Rhythmus, elegischer. Er schrieb von 1940 an jedes Jahr noch ein Stück in dieser neuen Bauart und nannte diese neuen Versuche East Coker (1940), The Dry Salvages (1941), Little Gidding (1942). Nur dem Titel nach ist The Dry Salvages ein Außenseiter: Während die anderen drei englische Dörfer und Landsitze bezeichnen (darunter East Coker in Somerset, von wo die Eliots einst nach Amerika ausgewandert sind), liegt die Felsengruppe The Dry Salvages vor der Küste von Massachusetts.

Dem Ganzen gab er den Namen Four Quartets, das musikalische Element noch einmal betonend. Jedes dieser »Quartette« ist übrigens in fünf Teile gegliedert, so wie schon The Waste Land in fünf Teile gegliedert war. Kein Zweifel, Eliot sah die beiden Versepen zusammen als Beginn und Vollendung seines poetischen Meisterwerkes. Das Waste Land und die letzten drei der Vier Quartette, schrieb er 1960 an Ezra Pound, hätten zu schreiben sich gelohnt. (Das erste Quartett wird seiner nicht ganz artreinen Herkunft wegen oft geringer geschätzt; was ich für einen Irrtum halte.)

Das Waste Land, das die meisten Eliot-Freunde wie E. R. Curtius ja auch länger und besser kennen, möchte auf einmal geradezu luzide erscheinen, wenn man aus der Dunkelheit der Quartette kommt. Auch die den einzelnen Stücken zugeordneten Titel sind als Schlüssel unbrauchbar. Mit der Ausnahme wohl von den Dry Salvages, die ja, landbesitzfern, im Meer liegen. Da häufen sich die Meeres-Metaphern: See, Welle, Wasser, Brandung, Strand, Ozean, Strömungen, Fluten, Küste, Ufer, Hafen, Sandbänke, Riff, Seeleute, Schiffer, Fischer, Segeln, Luven, Boot, Linienschiff, Bord, Takelung, Leck, Fischfang, Boje, Möve, Meeresstimmen … sie alle bedeuten selten genau das und nur das, was sie sagen, aber immerhin, sie schaffen ein Ambiente.

Es fehlt auch nicht an Möglichkeiten des Gelehrten, Querverbindungen zu entdecken. So ließ sich der Satz »in my end is my beginning«, der nicht nur die »Pointe« des zweiten Quartetts ist, sondern zu den Leitgedanken gehört, die alle Quartette verbinden, ausmachen als eine wörtliche Übersetzung des Wahlspruchs der Maria Stuart:

>»En ma fin est mon commencement.«

Kehren wir zurück aus dem Dunkel der »time future and time past« ins helle Tageslicht von Künstler- und Gelehrtenkontroversen, dann werden wir bemerken, daß in den zweiundzwanzig Jahren, die vergangen waren zwischen dem ersten Essay, in dem der große Europäer Ernst Robert Curtius seinen Landsleuten vom Kontinent den großen Europäer T. S. Eliot angepriesen hatte, und dem zweiten Eliot-Essay von 1949 eine spürbare Abkühlung eingetreten ist. »Der aufgeschlossene Europäismus von 1920 war eine Verheißung, die sich nicht erfüllt hat« (Curtius über Eliot, 1949).

Anders als 1920 konnte Eliot inzwischen den von ihm so viel zitierten und von Curtius (wie von allen geistesgeschichtlich orientierten Europäern) so geliebten Dante im Original lesen. Er hatte sich weiterhin mit Homer und Vergil, dazu mit Baudelaire und Verlaine beschäftigt. Sein Deutsch hatte er so verbessert, daß er einmal den Plan fassen konnte, Hofmannsthal zu übersetzen.

Schade, daß Ernst Robert Curtius, nach langer Krankheit am 19. April 1956 gestorben, nicht mehr zur Kenntnis nehmen konnte, was Thomas Stearns Eliot über Goethe zu sagen hatte, als ihm 1954 der Hansische Goethepreis verliehen worden war: »Zum europäischen Dichter wird einer nicht allein dadurch, daß er einen bestimmten Platz in der Geschichte einnimmt. Er ist jedem Zeitalter aufs neue von Wert, und jedes wird ihn anders verstehen und wird sich gezwungen sehen, sein Werk wieder neu zu deuten. Und er muß ebenso bedeutend für Leser seines eigenen Volkes, seiner eigenen Sprache, wie für andere sein. Ich glaube, daß es bei drei Dichtern keinen Zweifel geben kann, nämlich bei Dante, Shakespeare und Goethe.«

So schieden die beiden größten Europäer des Geistes, die unser Jahrhundert hervorgebracht hat, unversöhnt. In einem jedoch hat Curtius recht behalten: Es gab keinen Weg, der von den *Four Quartets* hätte weiterführen können.

23.9.1988

# Ein kalter Romantiker

## Über Gustave Flaubert und »Die Erziehung der Gefühle«

*Von Matthias Altenburg*

Es gibt Texte der literarischen Prosa, die nie etwas von ihrer Kraft zu verlieren scheinen. Egal, wie oft man sie schon gelesen hat, bei jeder Lektüre entfalten sie ihren Zauber aufs Neue. Allzu viele sind es nicht, jeder Leser hat seinen eigenen Kanon, aber gewiss gehören dazu: Tschechows *Dame mit dem Hündchen,* jene Passage aus Prousts *Recherche,* als Marcel zum ersten Mal den Mädchen am Strand von Balbec begegnet, der Anfang von Camus' *Der Fremde,* Flauberts *Ein schlichtes Herz* und eben auch und vor allem dessen *L'Éducation sentimentale.* Man liest und staunt und fragt sich: Wie ist das nur gemacht? Weder eine Analyse des Inhalts noch eine des Stils will das Geheimnis preisgeben, und so bleibt zu vermuten, dass all diesen Herzenstexten etwas eignet, was Franz Fühmann in seinem gleichnamigen großen Essay einmal »Das mythische Element in der Literatur« genannt hat: Eine Erfahrung und eine Form finden so glücklich zusammen, dass wir sie künftig nur noch als untrennbare Einheit denken können.

Als Gustave Flaubert am 12. Dezember 1821 im Krankenhaus von Rouen geboren wurde, schüttelte Frankreich soeben mit dem napoleonischen Größenwahn auch die Errungenschaften der Revolution ab. Als er am 8. Mai 1880 in seinem Haus in Croisset an einem Schlaganfall starb, war erstmals, fast 90 Jahre nach dem Sturm auf die Bastille, ein Republikaner zum Präsidenten der Republik gewählt worden.

Dazwischen lag jene lange wechselvolle Phase, in der das Bürgertum seine Macht mit allen Mitteln – friedlichen wie blutigen, legalen wie kriminellen – zu konsolidieren suchte, in der es aber auch einsehen musste, dass ihm große Gesten nicht sonderlich gut stehen. Diese Einsicht war schmerzlich, denn selbst jener, der um die Profanität seiner Bedürfnisse weiß, würde sie doch allzu gerne im Gewand eines Helden befriedigen. Wo aber die Produktion von immer mehr Reichtum das einzige Ziel ist, wird jede Moral, jedes Ideal, jede Tugend zur auswechselbaren Staffage. Der Bürger imitiert den Grafen, die Bankiersgattin gibt sich verworfen wie eine Kurtisane, um endlich doch zur Frömmlerin zu werden, und die Heranwachsenden wechseln ihre Träume wie die Zeit ihre Geister. Alles scheint sich zu drehen, man taumelt beim Tanz, wenn schon nicht durch die Klassen, dann wenigstens über die Partys, und zappelt, um die Fesseln seiner Herkunft oder immerhin die Langeweile loszuwerden. Am Ende aber fällt mit den Schutzzöllen auch die Treuepflicht in der Ehe, und das Individuum, eben noch stolz auf seine frisch gewonnene Selbstbestimmung, steht da: frei, aufgeklärt und gerade so viel wert wie sein Bankkonto.

## Aus großen Leidenschaften wurden mickrige Begierden

Als im Jahr 1856 Flauberts *Madame Bovary* erschien, war die *transformation de Paris* in vollem Gange. Haussmann »schlitzte«, wie er selbst es nannte, »dem alten Paris, dem Quartier der Aufstände und der Barrikaden den Bauch auf«, und die Arbeiter bekamen Lohn dafür, dass sie ihre alten Viertel abrissen, die Straßen zu Boulevards verbreiterten und sich damit selbst aus der Stadt vertrieben. In dieser Atmosphäre, da alles möglich und käuflich schien, reagierte man empört auf den Roman einer provinziellen Ehebrecherin. Empört und entzückt – und beides aus demselben Grund.

Der Autor hatte eine kleine Episode aus dem wirklichen Leben zur Vorlage genommen und daraus etwas Unerhörtes gemacht. »Ich werde der Löwe der Woche werden«, schrieb Flaubert an seinen Bruder Achille, »alle Weibsbilder von Rang reißen sich die *Bovary* aus den Händen, um Obszönitäten darin zu suchen, die sie nicht enthält.« Man klagte ihn an – »Verstoß gegen die öffentliche Moral und die Religion« lautete der Vorwurf; er wurde freigesprochen. Und, wie es immer ist, der Skandal machte das Buch zum Erfolg.

Die eigentliche Sensation des Romans bestand jedoch darin, dass Flaubert der Sensation auswich. Denn hier hatte sich zum ersten Mal ein Autor einer trivialen Begebenheit angenommen, nicht etwa, um daraus kolportagehaftes Kapital zu schlagen, sondern um ebenso minuziös wie mitleidlos die Banalität des bürgerlichen Alltags zu zeigen und gleichzeitig noch dessen Kehrseite, die hochfliegenden romantischen Träume, zu decouvrieren. Es half nichts, dass Flaubert und seine intelligenteren Bewunderer immer wieder auf die literarischen Aspekte der *Madame Bovary* hinwiesen, für das Publikum blieb er der Chronist des Ehebruchs und damit ein Autor, von dem man Pikanterien erwartete.

Diese Hoffnung wurde enttäuscht. Zunächst mit *Salammbô*, und mehr noch mit der *Erziehung der Gefühle,* dem Roman der enttäuschten Hoffnungen schlechthin. »Ich möchte die geistige Entwicklung der Männer meiner Generation darstellen, die gefühlsmäßige Entwicklung, müsste man genauer sagen ... Es ist ein Buch von Liebe und Leidenschaft, aber von heutiger, also passiver Leidenschaft«, schreibt Flaubert an seine Brieffreundin Marie-Sophie Leroyer de Chantepie.

Frédéric Moreau, Student aus der Provinz, verliebt sich in Madame Arnoux, die Frau eines Pariser Kunsthändlers, und hofft mithilfe einer Erbschaft Karriere in der Hauptstadt machen zu können. Mit diesem einen Satz sind die drei Säulen benannt, zwischen denen sich das Leben des unheroischen Helden bewegt: Liebe, Geld, Kunst. Aber Frédéric ist ein ganz und gar unentschlossener, wankelmütiger Mensch. Bevor sich seine Wünsche noch erfüllen können, lässt er sie fallen und versinkt in Müßiggang und Träumerei. Indem Flaubert eine ganz und gar mittelmäßige Hauptfigur wählt (»Mittelmäßige Leute« hätte er das Buch fast genannt), schreibt er den am wenigsten mittelmäßigen Roman, der sich denken lässt.

Frédéric ist von allem ein bisschen, nichts richtig, und manchmal auch das Gegenteil. Während seine republikanischen Freunde über Politik und Kunst debattieren, schaut er aus dem Fenster. Wo ein anderer eine Niederlage zum Ansporn nimmt, will er sich umbringen; und kann sich doch auch dazu – »aus Erschöpfung« – nicht wirklich entschließen. Er hält sich so lange alle Möglichkeiten offen, bis er keine mehr hat. Denn als alles erreicht ist, ist auch alles zu Ende.

Nach 27 Jahren taucht die Angebetete von einst bei ihm auf und gesteht ihm ihre Liebe:»Als sie zurückkehrten, nahm Madame Arnoux den Hut ab. Die Lampe, die auf einer Konsole stand, beleuchtete ihr weißes Haar. Das war wie ein Stoß in die Brust. Um ihr die Enttäuschung zu verbergen, kniete er nieder, und ihre Hände fassend, begann er ihr Zärtlichkeiten zu sagen … Auf dem Trottoir winkte Madame Arnoux eine vorüberkommende Droschke heran. Sie stieg ein. Der Wagen verschwand. Und das war alles.«

*Die Erziehung der Gefühle* bezeichnet also keinen Prozess der Vervollkommnung, sondern einen der Abstumpfung, des Alterns. Und so endet dieses Buch mit der Erinnerung an einen Bordellbesuch und dem Satz:»Das ist doch das Beste, was wir erlebt haben!«

Die großen Leidenschaften erweisen sich als mickrige Begierden, die ehrgeizigen Träume schrumpfen zu hastiger Vorteilnahme. Verwunderung, ungläubiges Staunen entstehen nur dort, wo eine Handlung einmal nicht von Eigennutz diktiert ist. Wer liebt, macht sich lächerlich, vor allem aber verletzlich in diesem Kosmos der Verwertbarkeit. Und so gilt das Eingeständnis zu lieben als ein Zeichen von Schwäche, mehr noch, von Idiotie. Gefühle sind dazu da, verborgen oder bloß behauptet zu werden. Die Lüge wird so sehr zum Normalfall, dass selbst die Lügner sie nicht mehr von der Wahrheit unterscheiden können:»Madame Dambreuse log weniger, als sie glaubte«, heißt es an einer Stelle über jene Großbürgerin, deren Zuneigung zu gewinnen Frédéric günstig erscheint.»Er bediente sich der alten Liebe. Wie durch sie inspiriert, sagte er ihr alles, was Madame Arnoux ihn damals hatte fühlen lassen.«

Als *L' Éducation sentimentale* 1869 erschien – das Second Empire schlitterte seinem Bankrott entgegen, alle Kredite waren verspielt, die Gesten der Empörung hatten sich erschöpft –, traf der Roman auf fast einhellige Ablehnung der führenden Rezensenten. Hatte bei Veröffentlichung von *Madame Bovary* der moralische Skandal noch den ästhetischen überdeckt, so formulierte die Kritik nun endlich ihre wahren, dem Werk Flauberts angemessenen Einwände. Man hielt dem Autor seinen»radikalen Materialismus«vor, dass er, wie d' Aurevilly schrieb,»das Atom aufbläht, den Elefanten dahintüpfelt«, dass seinem Roman die Synthese, der erzählerische Bogen fehle und das Buch stattdessen mit Deskription befrachtet sei. Es waren die Gegner, nicht die wenigen Bewunderer dieser»Geschichte eines jungen Mannes«, die am genauesten die Qualitäten der Arbeitsweise Flauberts beschrieben, indem sie diese als Makel verwarfen.

Die *L'Éducation sentimentale* bezeichnet zugleich den Höhe- und Endpunkt des bürgerlichen Romans. Danach, nein, mit diesem Buch beginnt die Moderne. Hier, sagt Marcel Proust in seinem Aufsatz von 1921, ist»die Revolution vollendet; was bis zu Flaubert Aktion war, wird Impression«. Kaum je zuvor und selten danach ist so gründlich die Erfahrung beschrieben worden, die man später als Entfremdung bezeichnet hat.

Aber Flaubert beklagt sie nicht, er zeigt sie, indem er sie in seine Schreibweise transportiert. Bei ihm sind es nicht die Figuren, die handeln, sondern die Dinge. Die Menschen, während sie noch glauben, Herren ihres Schicksals zu sein, werden gehandelt. Die Kausalitäten haben sich aufgelöst; nicht die Handlung schreitet fort, sondern die Zeit. Der einzige Erzählbogen dieses Romans, der keine Hierarchien kennt, ist ein natürlicher: das Altern. Der einzige Plot: das geschriebene Leben.

Es war ebenfalls Proust, der auf eine andere, geradezu geniale Erfindung in diesem Roman hinwies, auf die Auslassungen, jene *blancs*, die übergangslos das Geschehen von einer in eine andere Zeit springen lassen. Eben noch bekommen wir erschütternde Einzelheiten aus dem Alltag unseres Helden berichtet, dann endet das Kapitel, und ein neues beginnt: »Er reiste. Er lernte die Melancholie der großen Schiffe kennen, das kalte Erwachen im Zelt, den Rausch von Landschaften und Ruinen, die Bitterkeit abgebrochener Freundschaften. Er kehrte zurück. Er ging unter Menschen, hatte noch andere Liebeserlebnisse ... Jahre vergingen; und er litt unter der Untätigkeit seines Verstandes und der Trägheit seines Herzens.«

## Der Künstler muss genauso teilnahmslos sein wie Gott

In der Literaturgeschichte hält sich ein Bild Flauberts, an dem dieser mit großem Eifer selbst gearbeitet hat, nämlich das des kalten Stilisten. Der Künstler, so wiederholt er in zahllosen Briefen, müsse unparteiisch, teilnahmslos und unpersönlich sein wie ein Gott. »Jammern wir über nichts! Über alles klagen, was uns betrübt oder aufreizt, heißt über das Wesen des Daseins selbst klagen. Wir sind geschaffen, um es darzustellen, sonst nichts weiter. Machen wir das zur Religion.« Und schon während der Arbeit an *Madame Bovary* hatte er bekundet, »ein Buch über nichts« schreiben zu wollen, »ein Buch ohne äußere Bezugspunkte, das nur durch die innere Kraft des Stils zusammengehalten würde«. Und: »Ich will, dass es in meinem Buch keine einzige Bewegung oder Reflexion des Autors gibt.«

Und doch ist auch das nur die halbe Wahrheit. Wenn Flaubert kalt gewesen sein sollte, dann nur im Sinne von Alfred Anderschs »kaltem Romantiker«. Denn ebenso zahlreich wie die Belege für seine Stilbesessenheit sind jene für seine Erregbarkeit. »Als ich vorhin das Wort Nervenanfall schrieb«, berichtet er in einem Brief an Louise Colet, »war ich so in Fahrt, ich habe so laut gebrüllt, ich habe so tief gefühlt, was meine kleine Frau empfand, dass ich selber Angst hatte, einen zu bekommen.« Und an Ernest Feydeau: »Die Bürger ahnen nicht, dass wir ihnen unser Herz servieren.«

14.12.2000

# Der heiße Tag. Das Summen wilder Bienen

## »Lichte Gedichte«: Erfolgreich versucht Robert Gernhardt, dem Humorfach zu entrinnen

*Von Dieter E. Zimmer*

Der Umschlag des Heftes, das die Zeitschrift *Text+Kritik* Robert Gernhardt zu seinem bevorstehenden sechzigsten Geburtstag gewidmet hat, zeigt ein Selbstporträt des Gefeierten. Was den Leser anblickt, oder eher durch ihn hindurchblickt, ist ein bitteres, verhärmtes Männergesicht, das genaue Gegenteil von jung und munter. Erst beim zweiten Blick bemerkt man, daß dieses Inbild der Verdrossenheit sich gerade eine Pappnase abgenommen hat.

Und was sagt uns das? Daß uns hier der wahre Gernhardt anblickt, und dem ist nach nichts so wenig zumute wie nach Lachen? Oder ist das Bild gar nicht das böse Selbstgericht, das es scheint, sondern wiederum ein Witz? Ein Witz über das Schemadenken seiner Leser, für die Humor und Ernst, Verdruß und Albernheit unvereinbare Gegensätze sind? Sagt dieses Selbstporträt also: Ich bin weder so noch so? So säuberlich in einen Witz- und Ernstbold gespalten, wie ihr meint, kann niemand sein?

Robert Gernhardt hat ein Problem, und sein Selbstporträt faßt es zusammen. In der großen weiten Kunst herrscht Freiheit; jeder darf alles probieren, er darf sich ändern, wie er mag, er darf ganz nach seinem Vermögen auch witzig sein. Aber wer sich einmal einen Ruf in einem bestimmten Genre erworben hat, als Krimiautor oder Historienmaler oder Humorist, den gibt dieses Fach so leicht nicht wieder frei. Die Erwartungen seines Publikums halten ihn darin fest; bei einem Vertreter des Faches Humor hielte es am Ende noch das Todesstöhnen für einen Gag. Aber der Genrekünstler fesselt sich auch selber; was einer erwiesenermaßen am besten kann, das gibt er nicht leichten Herzens preis.

In Gernhardts neuem Band *Lichte Gedichte* heißt es einmal: »Die meisten Möglichkeiten, / die hellsten Horizonte – / sie alle waren mein, ja mein, / als ich nichts war und konnte … // O führt denn gar kein Weg zurück / ins helle, ins besonnte, / ins unvergeßne frühe Glück, / da ich nichts war und konnte?« Es führt keiner; oder wie Gernhardt ein anderes seiner neuen Gedichte beginnen läßt: »Irgendwann, da hat man es: / Seine Frau und sein Gewicht / Seinen Wein und sein Gesicht …«

Seinen Ruhm (den Gravitätischen suspekt, bei den anderen um so größer) hat sich Gernhardt – mit dem *Arnold Hau,* dem Band *Besternte Ernte,* seinen Beiträgen zur *Welt im Spiegel* der *Titanic* – als »Nonsensdichter« erschrieben. Es war ein Nonsenswort, denn auch die Auflösung von naiven, falschen, voreiligen, hochstaplerischen Sinnposen, die in jenen Gedichten stattfand, ist schließlich ein sinnvolles Unterfangen. Vieles davon gehört zum Hellsten und Schnellsten in der (in Deutschland leider sehr schütteren) Tradition des komischen Gedichts. Manches ist direkt in den Zitatenschatz des Volkes übergegangen, unvergängliche Merkverse wie »Die schärfsten Kritiker der Elche / waren früher selber welche« oder »Lieber Gott, nimm es hin, / daß ich was

Besond'res bin«. Die besten finde ich persönlich nach wie vor seine rekursiven Gedichte, in denen Poesie ihre eigenen Daseinsbedingungen reflektiert, und das nicht theoretisch, sondern praktisch. Es hat etwas, etwas Bleibendes, wie in jenem, das »Sonette find ich sowas von beschissen« anhebt, das Sonett als solches glorios und gestärkt aus seiner unflätigen Schmähung hervorgeht; wie in den Terzinen über die Vergeßlichkeit von Kuno von Hofmannsthal (»Noch spür ich ihren Dingens auf den Wangen …«) auch eine Vergänglichkeit beklagt und bewiesen wird, nämlich die des Gedichts selbst, das auf ein so unzuverlässiges Archiv wie das menschliche Gedächtnis angewiesen bleibt; wie der hohe Dante-Ton nicht denunziert dasteht, wenn er auf den banalen heutigen Alltag angewandt wird, sondern überraschenderweise über diesen triumphiert: »Ich fand mich, grad in unsres Lebens Mitte, / in München Süd, den Wagen aufzutanken …« Für keinen anderen Dichter heute, Peter Rühmkorf ausgenommen, dürfte die lange Geschichte der deutschen Lyrik, vom Minnesang bis zum Schlager, so präsent sein wie für Gernhardt. Wohl betreibt er überall *debunking*, holt das Ätherische auf den Teppich herunter, aber er tut es voller Respekt vor der Leistung der toten Kollegen, geradezu liebevoll, und wenn man seine Entlarvungen näher besieht, erweisen sie sich nicht selten als Entlarvungen des Entlarvers.

Mit seinem neuen Band macht Gernhardt endgültig klar, was sich lange angebahnt hat: daß er die Festlegung auf das Humorfach satt hat. Einerseits zeigt er, daß er sehr wohl noch könnte. Die unentrinnbaren Selbstzweifel des Künstlers, das Prekäre alles Kunstbemühens läßt sich kaum kürzer und damit komischer formulieren als in dem Merkspruch: »Der Künstler geht auf dünnem Eis. / Erschafft er Kunst? Baut er nur Scheiß?« Auch ein rekursives Gedicht ist dabei, diesmal über die Einfallslosigkeit, und beweist, daß sich selbst das Ausbleiben von Einfällen einfallsreich bedichten läßt. In einem anderen führt Gernhardt wieder einmal vor, daß manchmal nicht Zerpflücken oder Beschimpfen die vernichtendste Polemik abgibt, sondern Wörtlichnehmen und Amplifikation: »Spätantike Männerkreise / Haben Jesu Wort verbogen …« – ein Couplet, in dem der Dichter nichts anderes tut, als sich ein Zitat aus einer Kirchenfunksendung auf der Zunge zergehen zu lassen.

Aber in vielen der neuen Gedichte läßt Gernhardt das Humorfach und auch dessen Schleuse zur »ernsten« Literatur, die »Gebrauchslyrik« à la Kästner, tatsächlich hinter sich. So erwartungsvoll man sie auch beäugt: nicht die Spur einer witzigen Pointe. Schafft er es? Der Künstler geht auf dünnem Eis …

Gernhardts »ernste« Gedichte müssen auf eine Dimension verzichten: den Zauberspruchcharakter, den Lyrik in günstigen Momenten haben kann, jenes Geheimnis, jenes schwer bestimmbare magische Etwas, das sich im Ohr festsetzt und die Frage nach dem Sinn zweitrangig werden läßt: »Es war ein Land mit hundert Brunnen. / Nehmt für zwei Wochen Wasser mit« (wie ein Gedicht von Peter Huchel beginnt). Wer wie Gernhardt sein Leben lang anderer Leute Schreibwaren auf falsche Töne abgehorcht (und dabei viele richtige entdeckt) hat; wer sich nicht als Neuerer, als Prophet des Zeitgeistes versteht, sondern eher als Handwerker, der seinen Lesern etwas Solides zu bieten hat – der muß sich alles dunkle Raunen ein für allemal verbieten. So kann er nie in jenen Tiefsinn abstürzen, der vom Unsinn nicht zu unterscheiden ist; er schreibt aber auch jene raren magischen Zeilen nicht. (Das matte und formlose Selbstverständigungsparlando, das in der heutigen Lyrik vorherrscht, ist davon ebenso weit entfernt.)

Bei Gernhardt muß alles hell und luzide bleiben; seine Leser sollen nicht raten müssen. Damit begibt er sich aber auch des Schutzes, den das dunkle Raunen bietet. Es entfällt der Bonus des Geheimnisvollen. Wo der Leser nicht lange grübeln muß, ob er richtig verstanden hat, merkt er sofort, wo es mit dieser oder jener Zeile nicht weit her ist. Mir ging es mit etlichen Gedichten des neuen Bandes so: »Profunder Schmerz / Wir wickeln und wickeln ...« – so etwas ist Papier und wird noch papierner, wenn es sich über drei Seiten wickelt; auch das Heine-Echo verhilft der trockenen rhetorischen Aufzählung zu keiner inneren Spannung.

Viel öfter aber gelingt Gernhardt die Selbstbefreiung aus dem Humorfach sehr wohl – in jenen Gedichten, in denen er ganz ohne Verstellung von dem Verdruß des Alterns spricht, von dessen irreversiblen Verfestigungen und Eingrenzungen, vor allem aber, wenn er als Schriftsteller tut, was er als Maler immer getan hat. In seinen Gemälden war er nie witzig. Da studierte er, fast möchte man sagen demütig, auf jeden Fall geduldig die wundersamen Effekte des Lichts auf den vertrauten Dingen. Die besten seiner neuen Gedichte sind solche Stilleben, denen jede Art von Besserwisserei ausgetrieben ist: »Der heiße Tag. Das Summen wilder Bienen / geht in dem Wein so emsig ein und aus ...« Oder dies: »Von allem viel. Viel Birne, viel Zwetschge. Viel / Traube, viel Pfirsich. Viele Tomaten. Viel ...« Oder dies: »Der Schwamm ist ausgedrückt / Die Lehre ist erteilt ...« (ein Vermeer-Katalog eigener Art). Oder auch dies: »Inventur 96. / Dies ist mein Schreibtisch, dies ist mein Drehstuhl, hier mein Computer, darunter der Drucker ...« Gar nichts weiter; keine Pointe, kein Wortspiel, kein Reim, kein Metrum, und einiges Inventar höchst unpoetisch; seine Poesie bezieht es gerade aus der strikten Verweigerung alles dessen, was man in einem Gedicht über eine Dichterwerkstatt erwartet.

Die Beziehung dieser Gedichte zu seiner Malerei hat er selber bestätigt, indem er zu zehn von ihnen farbige Pastellzeichnungen machte; unter dem Titel *Septemberbuch* stehen sie jetzt mit diesen zusammen in einem schönen, großformatigen Band. Auch in diesem zeigt der Autor ein Doppelgesicht. Hier ist es eines, dessen Träger mit sich einig ist.

14.11.1997

# Historisch, kritisch, gut

## Endlich in zuverlässiger Ausgabe: »Das Gilgamesch-Epos«

*Von Stefan Weidner*

Gilgamesch, das älteste Epos der Menschheit, ist zugleich das jüngste. Zwar geht der Textbestand, wie wir ihn heute kennen, auf das 18. vorchristliche Jahrhundert zurück und beruht auf noch älteren Vorlagen – doch eine verlässliche, historisch-kritische Ausgabe gibt es erst seit 2003. Die erste kleine Gilgamesch-Mode setzte nach der Entdeckung des Epos Ende des 19. Jahrhunderts ein. Dass in dem altbabylonischen Text, also vor der Entstehung der Genesis, von der Sintflut die Rede war, galt als Sensation in einer Zeit, die von der Suche nach der historischen Wahrheit hinter den biblischen Erzählungen besessen war.

Die wichtigsten Elemente des Gilgamesch-Epos waren denn auch bald bekannt: Tyrannisch herrscht der Halbgott Gilgamesch über die Stadt Uruk, bis der bei den wilden Tieren lebende Enkidu von der Hure Schamchat verführt und gezähmt wird. Er nimmt sich vor, Uruk von der Tyrannei Gilgameschs zu befreien. Doch ihr Kampf endet ausgeglichen, und sie werden Freunde. Gemeinsam ziehen sie gegen Humbaba, den als unbesiegbar geltenden Wächter des Zedernwaldes, und töten ihn. Als sich daraufhin Ischtar in Gilgamesch verliebt und er ihre Angebote verächtlich ablehnt, schickt die Göttin den Himmelsstier zum Kampf gegen ihn auf die Erde. Als Enkidu und Gilgamesch den Stier töten, trifft sie der Fluch der Ischtar, Enkidu stirbt.

Der nun folgende zweite Teil des Epos schildert die Trauer des Gilgamesch und seine Suche nach der Unsterblichkeit. Am Rande der Welt trifft er den einzigen unsterblichen Menschen, Uta-napischti, den altbabylonischen Noah. Er kann ihm zwar nicht zur Unsterblichkeit verhelfen, aber er lehrt ihn die durch die Sintflut vergessenen Kulte wieder einzuführen, die heilige Ordnung wiederherzustellen und so wenigstens unsterblichen Ruhm zu erwerben.

Ein großer, mythischer Stoff. Doch so bekannt die Story, so unbekannt der fragmentarisch überlieferte, archaisch spröde Text, der dem Nichtspezialisten überdies nur durch manierierte Übersetzungen zugänglich war. Man brauchte das Gilgamesch-Epos nicht wirklich zu lesen, um von ihm angeregt zu sein, und wer es las, war oft nicht mehr angeregt, sondern befremdet. So versank Gilgamesch lange Zeit in Vergessenheit. Nur die Assyriologen trieben ihre Wühlarbeit unverdrossen weiter und entdeckten ein neues Textfragment nach dem anderen.

2003 erschien dann endlich die lange angekündigte, alle neu entdeckten Textteile berücksichtigende Ausgabe des Londoner Altorientalisten Andrew R. George, der vier Jahre zuvor aufgrund seines damals noch unveröffentlichten Materials bereits eine englische Übersetzung publiziert hatte. Schon diese stieß auf ein breites Echo: Raoul Schrott, poetischer Hans Dampf in allen Gassen, hatte 2001 in einem seiner publizistischen Coups auf der Grundlage von Georges Übersetzung eine eigene Nachdichtung und ein »episches Gilgamesch-Oratorium« vorgelegt und damit die 90 Seiten überlieferter Gilgamesch-Text auf 350 Seiten Schrott aufgebläht. Dank dieser Publikation war das Gilgamesch-Epos wieder Gesprächsstoff, aber der Preis dafür war erneut die Überlagerung des eigentlichen Textes durch die Palimpseste einer emphatischen, allenthalben von »archaischer Wucht« raunenden Rezeption.

Wer wissen will, was es mit dem Gilgamesch wirklich auf sich hat, wird fürderhin zu der Ausgabe greifen müssen, die der Heidelberger Assyriologe Stefan M. Maul nun vorgelegt hat. Im Vergleich zur Ausgabe von George konnte sie noch einmal um fünf wertvolle Stücke erweitert werden und ist damit gegenwärtig die auf dem besten Textbestand beruhende Übersetzung. Die Einleitung, die genaue, überaus hilfreiche Nacherzählung des Geschehens (die man bei Schrott vermisst) und die detaillierte Kommentierung sind vorbildlich. Die Übersetzung ist dezent und dabei weder maneriert noch trocken. Es geht ihr darum, das Original so transparent wie möglich zu machen, und wo sich dies mit sprachlicher Eleganz leisten lässt, tut sie es auch. Der alte sumerische Text ist sichtbar geworden. Was aber zeigt er?

Eine sehr alte, sehr fremde Welt, zu der man, wenn man sich nur ein wenig hineinvertieft, dann doch überraschend viele Anknüpfungspunkte findet. Uta-napischtis zu Recht berühmte Sintflut-Erzählung etwa, 200 Verse auf der elften und letzten Tontafel des Epos, ist noch heute anrührend, dank kleiner, poetischer Vergleiche ebenso wie dank des zugrunde liegenden Mythos. Zum Beispiel kauern da, selbst von Angst ergriffen, »die Götter im Freien, eingerollt in sich selbst so wie Hunde«, und die Göttermutter Beletili, von Reue ergriffen, klagt: »Wie konnte ich nur in der Götterversammlung Böses sprechen / und, um meine Menschen auszurotten, Krieg erklären? Denn / ich bin es doch, die sie gebar! Meine eigenen Menschen sind's doch! / Wie Fische im Schwarm füllen sie jetzt das Meer.«

Es gibt viele solcher bewegender Stellen im Epos, aber es braucht eine sorgfältige, sich Zeit nehmende und das Blättern in den Anmerkungen und der Zusammenfassung nicht scheuende Leseanstrengung, um sie alle zum Klingen zu bringen – nichts für die Schnellleser also, und auch nicht vergleichbar mit einem flott übersetzten Homer. Doch wer würde das von einem 3500 Jahre alten, in Keilschrift auf zerbrochenen Tontafeln zu uns gekommenen Text ernsthaft erwarten? Die Überlieferung, gegen alle Wahrscheinlichkeit, dieses uralten Mythos ist ein Geschenk, angesichts dessen wir Leser erst beweisen müssen, ob wir es wirklich verdient haben.

21.12.2005

# Atelierbesuch bei Günter Grass

**Seine Bücher kennt alle Welt, seine Plastiken und Zeichnungen nicht. Zu Gast in einem Haus, in dem es von der bildenden Kunst zur Literatur nur zwei Schritte sind**

*Von Christof Siemes*

Dieses Atelier ist drei Ateliers, der Arbeitsplatz eines mehrfach Begabten, Zentrum eines Kunstkleinbetriebs von Weltruf. Ursprünglich war es ein Stall. 1986 hat Günter Grass ihn gefunden, irgendwo in der Nähe von Lübeck. Dort wollte er hin, weil ihm die Backsteinhochburg samt der Landschaft drum herum die größtmögliche Annäherung schien an seine Heimat Danzig, Kaschubien. Nun also Behlendorf, eine kleine Villa mit Nebengebäude, Baujahr 1912, errichtet von einem Altonaer Fischhändler, der später sein Geld im Casino von Travemünde verzockte. Im ersten Raum des Stalls, gleich hinter der Eingangstür, wird nun an zwei Stehpulten Weltliteratur verfertigt. Pult eins ist für die Handschrift, Pult zwei trägt eine alte Olivetti-Schreibmaschine, hier hackt Grass alle Texte eigenhändig ein, sonst gelingen sie nicht. Schaut er auf von der Tastatur, sieht er der Absurdität der Welt ins Gesicht – dort hängen acht Blätter aus Goyas Serie der *Caprichos* und das Selbstporträt ihres Schöpfers. »Gedruckt von den Originalplatten!«, sagt Grass stolz. »Fast alle Geschenke meiner Frau.« Im Durchgang zur Bibliothek das Bildnis eines weiteren Säulenheiligen des Nobelpreisträgers: Grimmelshausen. Zwischen den Büchern schließlich der dritte Werkpatron – nein, nicht die Anstaltspackung Zündhölzer für den notorischen Pfeifenraucher, von dem seine Frau sagt: Du rauchst ja gar nicht, du zündest nur an! Patron drei ist Alfred Döblin, ein zierliches Porträt in sanftem Blau.

Keine Tür trennt das zweite Atelier vom ersten. »Ohne Sperre muss ich die Medien wechseln können«, sagt Grass, »so finde ich immer etwas, an dem das Weitermachen lohnt.« Ein Fenster zum Wald liefert das gute Nordlicht, das er zur Arbeit an den Skulpturen braucht. Feucht gewickelt schläft der Ton in einem Steinguttopf, in dem früher Kraut sauer wurde. Geliefert wird die rotbrennende Ware von Frau Elberding aus Ratzeburg, die in ihrer Töpferei auch die Figuren brennt. Obwohl Grass seine Fertigkeiten als bildender Künstler nicht gegeneinander ausspielen will – die Arbeit an einer Skulptur ist ihm doch das Höchste. »Alles ist Auge und Raumgefühl, umgriffig, wunderbar! Für literarische Spekulation ist da wohltuenderweise kein Platz.« Ganz leer der Kopf, Tee die einzige Droge, im Hintergrund geduldet das Kulturradio. »Die einzige Arbeit übrigens, bei der ich nicht rauche. Die haptische Befriedigung ist groß genug.«

Eine Treppe führt hinauf in Atelier drei, das Reich des Zeichners. Wie Blumensträuße stehen Federn in Gläsern, Bechern, Tassen, fürs Zeichnen mit und nach der Natur. In einem Krug sprießt ein Bündel Bleistifte, moosgrüne Faber-Castells, »der erste genormte deutsche Bleistift, schon bei Fontane erwähnt!« Zuletzt hat Grass damit und mit Kreide und Lithotusche ein Motiv in Dutzenden Variationen gezeichnet, eine Fotografin mit einer Agfa-Kastenkamera der dreißiger Jahre auf Motivjagd. Dicht an dicht liegen die Blätter auf dem Boden, übersichtshalber.

Wäre er lieber als Bildkünstler erfolgreich geworden? »Neinneinnein«, sagt Grass, das findet statt im Schatten der Schriftstellerei, und darüber bin ich ganz froh.« Mit 12, 13 wollte er Künstler werden – »und berühmt!«. Einer, wie er sie aus den Zigarettenbildchensammelalben kannte, Feuerbach, Caravaggio, Dürer. Der Schriftsteller Grass entsteht aus dem Geist der Grafik, seine erste Veröffentlichung, den Gedichtband *Die Vorzüge der Windhühner,* illustriert er selbst, die verschachtelten Baupläne seiner Bücher sind Kunstwerke eigenen Rechts, und der Roman *Die Rättin* begann als Skulptur. Die ersten Passagen schrieb ich auf Tonscheiben, die wie Papierblätter gewellt waren. Dem verstörten Leiter des Luchterhand-Verlags rief Grass zu: Ich schreibe jetzt auf Ton, überlegen Sie schon mal, wie man das binden kann!

Noch heute arbeitet er am Text wie ein Bildhauer: im Stehen, bei Tageslicht, im steten Versuch, die Skulptur aus Worten rau zu halten, bis zum Druck noch offen für Veränderungen. Und entspricht nicht das Pralldralle seiner Prosa dem Lebensnahen seiner Zeichnungen und Skulpturen? Mit abstrakter Kunst konnte Grass nie etwas anfangen, schon der Begriff bringt ihn in Wallung: »Alle Kunst ist Abstraktion!« Und das Ungegenständliche? »Zu ideenbeladen, das Wesentliche steht dann immer im Katalog.« Als Grass studierte, Ende der vierziger Jahre, Tür an Tür mit Joseph Beuys, tobte der Konflikt zwischen Informellen und Realisten, »das verlangte von uns Parteinahme«. Grass entschied sich für die Gegenstände, weil er bei den anderen Weltflucht argwöhnte, Kunst gewordene Verdrängung der Nazi-Schrecken. »Als Schreiber brauche ich den Stoff als Widerstand. In der Kunst ist dieser Widerstand das Gegenständliche.«

Sein Atelier ist geradezu ein Widerstandsnest – voller Gegenstände, die Bilder wurden: getrocknete Pilze, das Skelett eines Elchschädels, eine Stabheuschrecke hinter Glas, zwei Tabaksdosen voller getrockneter Frösche. »Haben sie nicht was Tänzerisches?«, fragt Grass und hält eine Mumie am Bein in die Höhe. In Dänemark kauft er den Steinbutt direkt vom Kutter, zeichnet ihn, isst ihn, und dann wird selbst aus den Gräten Kunst. Sogar eine lebende Ratte gehörte mal zu dieser Wunderkammer, ein Weihnachtsgeschenk. Nach dem Tod war ihr noch ein gewisses Nachleben beschieden im Tiefkühlfach des Dichters.

Ein Bestseller ist seine gezeichnete Ratte auf dem Kunstmarkt so wenig geworden wie die anderen Produkte der spezifisch Grassschen Tierliebe. Ihren Wert handelt Grass mit seinem Lübecker Galeristen aus, »abseits von den Schwindelpreisen« des gegenwärtigen Booms. Er macht weiter vor allem in Druckgrafik, »die demokratischste Kunstform, weil sie für beinahe jedermann erschwinglich ist«. Ein akribischer Handwerker, dessen Disziplin auch im 81. Lebensjahr eisern ist: täglich von 10.30 Uhr bis 18.30 Uhr; detaillierte Pläne aller Vorhaben strukturieren Wochen, Monate, Jahre. Am Silvesternachmittag wird mit Hilfe der Arbeitskladde Bilanz gezogen: Was hatte ich mir vorgenommen, was habe ich geschafft? »Ich bin seit Jahrzehnten mein eigener Arbeitgeber, da muss ich mich selbst unter Druck setzen. Die Muse küsst nur, wenn man fleißig ist.«

19.12.2007

# Alles in einem

### Der Dichter der Republik wird 200: Victor Hugo

*Von Elisabeth von Thadden*

Könnte uns, bei aller Versiertheit im Umgang mit echten Dichtern, Folgendes hierzulande passieren? Es wäre der erste Schultag des Jahres, und alle, aber auch alle Schüler des Landes würden sich – auf ministerielle Anordnung hin – zur ersten Schulstunde über literarische Texte ihres größten Dichters beugen, um ihn zu einem Jahrhundertgeburtstag zu ehren? Oder dies: Ein nationaler Wettbewerb würde ausgelobt, wiederum zu Ehren des Dichters der Republik, um alle Gymnasiasten zur Ausarbeitung einer Rede zu animieren, und sie hätten freie Wahl unter dessen politischen Themen – der Kampf für die Rechte der Frau; gegen die Ausbeutung von Kindern; gegen die Todesstrafe; für eine freie Presse; für eine laizistische, tolerante und solidarische Republik; gar: für die Vereinigten Staaten von Europa? Während die Schüler noch überlegen, haben die Zeitungen Extraausgaben zum Dichter der Republik aufgelegt, ausgezeichnete Persönlichkeiten des kulturellen Lebens sitzen in einem nationalen Geburtstagskomitee, das auch so heißt, die Theater des Landes inszenieren die großen Dramen von *Ruy Blas* bis *Hernani,* eine monumentale Biografie (Band eins: knapp 1400 Seiten) wird verfasst, kurzum: Frankreich, wer sonst, ehrt den Dichter, der seinen modernen Ursprungsmythos verkörpert: Victor Hugo, geboren am 26. Februar 1802.

Was für ein Gesamtkunstwerk, der Mann, romantisch, weltlich, universell: Lyriker und Dramatiker war er, Romanschriftsteller und politischer Autor, Europäer, sozialer Demokrat, Parlamentsabgeordneter nach 1848, Exilierter seit 1852, Künder von Gleichheit, Gerechtigkeit und Freiheit, Gatte, prominent betrogener Gatte, viel liebender Liebhaber, vierfacher Vater. Alles in einem, das war: Victor Hugo. Er lebte fast das gesamte 19. Jahrhundert lang, und die Zeitschrift *magazine littéraire* nennt ihn nun den »Botschafter unserer Zukunft«. Das wäre dann ja auch unsere.

So einen hat nicht jeder, Chapeau, die Deutschen bestimmt nicht. Einen, der den sterbenden Gassenjungen unsterblich machte, Gavroche in den *Misérables;* der eine gotische Kathedrale ins Zentrum eines Romans, *Notre-Dame de Paris,* stellte (auch einen Buckligen, ja, auch Esmeralda, besser bekannt durch Anthony Quinn und die Lollobrigida im *Glöckner von Notre-Dame);* einen, der allein durch das Vorwort zum Drama *Cromwell* die erdrückenden Regeln der Klassik abschüttelte und der französischen Romantik einen napoleonischen Satz – »Vom Sublimen zum Lächerlichen ist es nur ein Schritt« – ins Programm schrieb; der im Parlament, ganz unpoetisch, für den unentgeltlichen und obligatorischen Schulunterricht stritt; der Vaterschaft und Kinder durch Verse zum Gegenstand der Hochkultur nobilitierte. Verse, die wenigstens Franzosen nicht aus dem kollektiven Gedächtnis verlieren wie jene berühmten in den *Contemplations,* die der ertrunkenen Tochter gedenken.

Seinen Sarg haben die Pariser Massen begleitet, im Mai 1885. Geboren wurde er, kurz nachdem ein neues Jahrhundert begann, das schon lange zu Ende ist: das der Literatur.                                                                21.2.2002

# Die Welt ist eine Geschichte. Ein Idiot hat sie erzählt.

### Der König stirbt: Ionesco ist tot

*Von Iris Radisch*

Zuletzt sah man ihn den Boulevard du Montparnasse entlangschieben, Kappe auf dem Kopf, Augen geradeaus, Rücken durchgedrückt, gestützt von einer sehr kleinen und einer sehr hochgewachsenen Dame. Zwei alte Chinesen, der eine die pompöse Ausgabe des anderen, und ihr Kind. Familie Ionesco. Rodica Ionesco, »schmal wie ein Eichhörnchen«, 58 Jahre lang mit Eugène verheiratet, und Marie-France, geboren vor fünfzig Jahren, am Tag, an dem Frankreich befreit wurde. Jahrzehntelang haben sie in der kleinen Wohnung 96, Boulevard du Montparnasse gelebt, in der Ionesco letzte Woche gestorben ist, 84 Jahre alt. Am Abend seines Todes spielte man im Pariser Theatre de la Huchette zum 11 944. Mal »Die kahle Sängerin« und »Die Unterrichtsstunde«.

Ionesco, das Rhinozeros der Theater- und Literaturgeschichte. Ein Monument. 1909 in Rumänien geboren, in Frankreich groß-, in Rumänien erwachsen geworden, hat er in Paris seit 1944 das Leben eines alten Großstadt-Bauern geführt: Starrköpfig, unbestechlich dachte er bis zum letzten Montagnachmittag in derselben Wohnung, vereint mit derselben Frau, immerzu über dieselben Fragen nach. Wie ist es möglich, daß es etwas gibt und nicht vielmehr nichts? Warum gibt es nicht etwas anderes? Warum haben die Dinge keinen Sinn? Wie kann man anders als im Paradies leben?

Die alten Fragen. Sie waren sein Unglück, wogen schwer, zumal die gängigsten und erprobtesten Antworten den Zweiten Weltkrieg nicht überlebt hatten. Ionesco hat ihnen trotzdem nicht nachgetrauert. Im Gegenteil. Zusammen mit Nathalie Sarraute, Artaud, Cioran, Queneau, Butor und Camus (und ganz anders als seine deutschen Kollegen) hat er die Werte, Floskeln und Koordinaten des korrumpierten Bürgertums der Nachkriegsjahre kalt lächelnd parodiert, persifliert, unterminiert – frei nach Descartes, der im Geistesleben nur dulden wollte, was die Probe auf rückhaltlose Verneinung bestanden hat.

Der methodische Zweifel hatte es auf dem Theater nicht leicht. Die Premiere der »Kahlen Sängerin« am 11. Mai 1950 im Theatre des Noctambules findet vor leeren Stühlen statt. Monatelang ist Rodica Ionesco Abend für Abend die einzige Zuschauerin, spricht Ionesco Passanten auf der Straße an, um sie dazu zu bewegen, sich sein Theaterstück anzusehen. Weder das Publikum noch die Kritik haben ihn berühmt gemacht. Seinen Erfolg verdankt er dem Einfluß des Pariser Kultur-Establishments. In der Generalprobe der »Kahlen Sängerin« applaudieren Roger Vitrac und Raymond Queneau, bei einer Aufführung der »Stühle« brüllt Jacques Audiberti lauthals »Bravo« über die leeren Reihen hinweg, Andre Breton, Samuel Beckett, Jean Paulhan und Jean Anouilh setzen sich für ihn ein. 21 Jahre nach der Uraufführung der »Kahlen Sängerin« wird Ionesco in die Academie Francaise aufgenommen. Er dankt den *messieurs* im artigen, toreromäßig bestickten Cut, den die Herren dort tragen, reist nach Japan, Südamerika und Finnland, um der Welt die Botschaft vom absurden Theater vorzutanzen. In den siebziger Jahren gehört er zu den meistgespielten Dramatikern der Gegenwart, die »Nashörner« werden ein Welterfolg.

Heute werden seine Stücke außer im Theatre de la Huchette kaum aufgeführt, junge Schauspieler kennen gerade noch den Namen Eugène Ionesco, Studenten vielleicht noch das Standardwerk von Martin Esslin über das »Theater des Absurden«. Ionescos Theater hat seine Pflicht erfüllt. Seine Stücke haben die Bühne leergefegt, den Weg frei gemacht für Handkes Sprech-Theater, für Woody Allens stotternde Liebeshändel, für Lotte aus Remscheid, die Wilson-Marionetten aus Texas, die gregorianischen Zertrümmerungsgesänge des Christoph Marthaler. Ist das neue Theater von gestern heute vergessen? Leider ja. Zumindest die späten Stücke, »Fußgänger der Luft«, »Hunger und Durst«, »Mörder ohne Bezahlung«, sind verstaubtes, rührendes Ideentheater. Mysterienspiele, wortbleiern, plattfüßig wie eine Unterrichtsstunde in neuerer Metaphysik, lehrreiche, aber humorfreie Untersuchungen über die Leichtigkeit des Glücks, die Windigkeit des Ich, die Unwirklichkeit der Wirklichkeit, die Verlorenheit des Menschen und die Unbegreiflichkeit des Todes. An keinen Ort, an keine Zeit gebunden, haben diese szenischen Groß-Metaphern Ort und Zeit nicht überdauert. Das ungeheure Tempo, den klingenden, summenden, gurrenden Wortsalat, den schrillen Witz und die vornehme Anarchie der frühen Stücke haben sie ohnehin nie erreicht. [...]

Die ersten Stücke waren schwerelos, von heiterer Sinnlosigkeit. Die imposanten Grundsatzfragen (warum ist der Mensch dem Menschen fremd, wieso weiß der Mensch, während er redet, nicht, was er sagt et cetera) werden hier noch nicht von der Kanzel des absurden Theaters herab gestellt, sondern blinzeln zwischen dem entfesselten Unsinn beiläufig hervor, wenn in der »Kahlen Sängerin« das Ehepaar Martin erstaunt feststellt, in der gleichen Stadt, der gleichen Straße, im gleichen Haus zu wohnen und im gleichen Bett zu schlafen: »Vielleicht haben wir uns dort getroffen!«, denn irgendwo, so viel ist sicher, haben sie einander schon einmal gesehen [...]

Zielstrebig treiben die ersten drei Stücke, »Die kahle Sängerin«, »Die Stühle« und »Die Unterrichtsstunde«, auf ein heilloses Ende zu, in dem wie nach einem unbeaufsichtigten Kindergeburtstag die Schokolade am Kronleuchter und die Gäste blutig am Boden kleben, Möbel und Sätze zerhackt, Ursache und Wirkung verwechselt werden. Von aller Logik und den guten Sitten befreit, reden sich die Figuren in infantiler Ekstase um den Verstand. Eine Alptraumwelt. Gegenstände haben die Herrschaft übernommen, Leichen wachsen, Stühle und Tassen vermehren sich unkontrollierbar, die Akteure werden erdrückt, von der Bühne gedrängt – falls sie das Theater nicht wie die beiden Alten in den »Stühlen« freiwillig durch einen beherzten Fenstersprung verlassen.

Ähnliche Wort- und Sinn-Zertrümmerungsfeste fanden zur gleichen Zeit in den »Tropismen« Nathalie Sarrautes und den »Stilübungen« von Raymond Queneau statt. Man hat den Autoren vorgehalten, Sprach- mit Kulturkritik verwechselt und die Sache der Avantgarde lediglich in dekorativer Absicht betrieben zu haben, wie überhaupt die französische Zertrümmerungsliteratur der Nachkriegszeit heute oft als Kinderkrankheit und formalistischer Spleen abgetan wird, als ein Sonderweg der Literatur, der sich nur in einem romanischen Land, in einer Kultur hochentwickelter Floskelhaftigkeit durchsetzen konnte. Dieser Vorwurf mißachtet den ernsten Anlaß für das kindliche Zerstörungswerk: den fundamentalen Zweifel an der Erwachsenenwelt, das Mißtrauen am Fortschritt der Kultur. Der sture Kindskopf, der den Autoren des Sprachskeptizismus die Feder führt, mag unerträglich dumm, seine Vergnügungen mögen schrill, seine Obsessionen penetrant sein. Sein Verdienst ist es aber, die schönen Künste nach dem Krieg an einen »Nullpunkt«, einen nackten Ausgangspunkt zurückgeführt zu haben, von dem aus die häßlichen, die unvergeßlichen Ionesco-Fragen gestellt werden konnten. [...]

Die Sprachkritik war seine Art der Gedankenmüllbeseitigung, der Illusionsvernichtung. Das sinnlose Sprachgerümpel, das Ionescos Theater gierig anhäuft, die krächzenden Ehefrauen, die wuchernden Dekors, die lallenden Helden, die immer wilder, immer schneller auf den Höhepunkt der Zerstörung, der Loslösung und des Unsinns zusteuern, alles dient einzig dazu, sich selber zu vernichten und den Blick auf die leere, nackte Welt wieder freizuschaufeln, auf die Ionesco beinahe religiöse Hoffnung setzte. »Metaphysisch entfremdet« nannte er den Menschen. Störrisch und unbeirrbar hat er ausschließlich durch die metaphysische Geistesbrille auf das »metaphysische Zentrum« der Welt gestarrt, das im 20. Jahrhundert aus nichts als altklugen Fragen und ein wenig Licht besteht, das noch aus der Kindheit herüberleuchtet. [...]

Sein schönstes Buch, das jeder lesen sollte, ist »Der Einzelgänger«. Hier hat er sich selber portraitiert: ein Frührentner in kleinbürgerlichen Verhältnissen, geboren, gelebt, gestorben im Ungewissen, ein Monsieur Doof des Existentialismus, ein Tippelbruder, der mit Bedacht am Leben vorbeilebt. Im hohen Alter, jahrzehntelang in seiner Wohnungsgruft vergraben, vom Alkohol betäubt, erfährt er eine Epiphanie, wie sie Ionesco selber an einem hellen Junitag um elf Uhr vormittags in einer kleinen Provinzstadt erlebt haben will: Der Himmel war zum Greifen nah, in der »Intensität eines glühenden, durchdringenden, totalen Lichts ... eine Freude, mehr noch als Freude, hob mich auf, trug mich fort«. Als »Fußgänger der Luft«, als Lichtengel ist er der Verzweiflung einmal entkommen.

8.4.1994

# »Der Prozeß« von Franz Kafka

## Aus der ZEIT-Reihe »Mein Jahrhundertbuch«

*Von Louis Begley*

Das wichtigste Buch des 20. Jahrhunderts? Da muß ich keinen Augenblick überlegen; ich sage sofort: *Der Prozeß* von Franz Kafka. Längeres Nachdenken ändert nichts an meiner Wahl, verlangt mir aber mehr Genauigkeit ab: Nicht ein einziges Buch allein hat diesen Rang. Ich bescheide mich und sage: Dies ist eines der wichtigsten. Zunächst wegen seiner literarischen Qualität. Kafkas Stil, die Besonderheit, die Geschriebenem Zugang zur Ewigkeit verschafft, ist das Paradigma des Schreibens über dieses unselige Jahrhundert, in dem die Vernunft über die Grenze zum Wahnsinn abgeirrt ist und Feuersbrände und gleißende Scheinwerfer *les lumières* verdrängt haben.

Ein Geheimnis von Kafkas Stil liegt in seinem spröden Realismus und seinem unvergleichlichen Auge für entlarvende Details. Der Leser ist gezwungen, das Unmögliche, das Groteske und das unerträglich Grausame als ein Gegebenes hinzunehmen, weil die Darstellung so unerbittlich nüchtern ist. Kafkas Wahrheit kann man sich nicht entziehen. So liegen die Schauplätze der Handlung im *Prozeß* zwar weitgehend im tiefsten Halbdunkel – der Gerichtsraum auf dem Dachboden, das Haus des Advokaten Huld und der Dom, in dem die Parabel vom Gesetz erzählt wird –, und doch wirken die Bilder, die Kafka schuf, paradoxerweise wie Fotos, die in blendend hellem Licht aufgenommen wurden, so daß alles, was im Halbdunkel hätte bleiben müssen, in den Vordergrund gerückt ist und eine Mischung aus Ekel und Scham in uns hervorruft.

Aber in der Hauptsache hat meine Entscheidung für den *Prozeß* den Grund, der auch erklärt, warum das Adjektiv »kafkaesk« ein ebenso gängiges Wort geworden ist wie »dantesk« und »shakespearisch«. Mit einer Genauigkeit, die keiner seiner schreibenden Zeitgenossen so gut beherrschte wie er, brachte Kafka in seinem Gesamtwerk, aber besonders auffallend im *Prozeß,* unser *mal du siècle* zum Ausdruck, die Wunde, an der Menschen und Gesellschaft in der westlichen Welt des 20. Jahrhunderts kranken.

In Josef K., Kafkas Protagonisten, erkennen wir uns selbst wieder. Wie er leiden wir mehr oder weniger bewußt am Gefühl eines Verlustes: Wir haben das Zutrauen verloren, in einer verläßlichen Gemeinschaft mit unseren Mitmenschen zu leben, wir haben das Vertrauen in unseren Wert und die Unverletzlichkeit unserer Person verloren, wir haben die Achtung für Institutionen und Gesetze verloren, und wir haben die Bindung an Gott verloren. Und wir schämen uns, weil wir keinen Ausweg aus unserem Dilemma sehen.

Auch wenn unsere Zeitgenossen mit Raumfähren auf dem Mond gelandet sind (und unsere Kinder wahrscheinlich von Raumfähren zum Mars gebracht werden), auch wenn das Potential für einen noch weit nützlicheren technischen Fortschritt unerschöpflich scheint, haben wir doch wie Josef K. das Gefühl, daß unser Universum hinsichtlich der Moral an Klaustrophobie leidet. Grausamkeit, Gleichgültigkeit und

Doppelzüngigkeit sind die Regel, und uns bleibt nur eine Chance, aus der Vereinsamung auszubrechen: der Geschlechtsakt samt der Zärtlichkeit, die ihn begleiten mag. Wir sehen die Demütigung von Menschen mit an: ein Phänomen, das im Prozeß deutlich wird, wenn Josef K. stirbt »wie ein Hund« oder wenn in anderen Werken Kafkas Gregor Samsa sich »zu einem ungeheuren Ungeziefer verwandelt« findet, wenn ein Hund, ein Affe oder ein namenloses Höhlentier oder ein Volk von Mäusen als Protagonisten und autorisierte Exponenten seiner Auffassung von der *conditio humana* auftreten.

Josef K.s Nöte beginnen wie Hiobs, »ohne daß er etwas Böses getan hatte«. Eines Morgens wird er verhaftet, und bald macht er zwei entscheidende Entdeckungen. Erstens: Er hat niemanden, an den er sich wenden könnte, er steht allein da. Die Bande der Solidarität, der Gewohnheit, sogar der Neigung sind nicht fest genug, um die Belastung zu überdauern, die darin besteht, daß er zum Verdächtigen geworden ist – genauso lösten sich solche Bindungen ein paar Jahre später, als es möglich wurde, einem Juden Bürgerrechte und Eigentum zu nehmen, ihn zu mißhandeln und in ein Konzentrationslager zu deportieren, während frühere Freunde und Nachbarn in steinernem Schweigen zusahen oder gar Beifall klatschten.

Zweitens merkt K., daß er äußerst verwundbar ist. Es spielt keine Rolle, daß die Gerichtsbeamten, die seinen Fall untersuchen, korrupt oder daß die Gesetze, die sie anwenden, unverständlich und jedenfalls geheim sind. Wichtig ist, daß er keine Berufung einlegen und nicht entkommen kann. Er ist in der Gewalt einer unberechenbaren Notwendigkeit. Demütigung und die Scham, die daraus folgt, nehmen Josef K. die Menschenwürde und bringen ihn am Ende um: Die Scham umgreift alles, was er über das Wesen seines Daseins gelernt hat. Und Scham lähmt ihn so, daß er sich nicht gegen die Vollstrecker des Todesurteils wehren kann, die ihn holen kommen: »Alte untergeordnete Schauspieler schickt man um mich.« Im Sterben ist ihm, »als sollte die Scham ihn überleben«.

Ich will nicht behaupten, daß Kafka, als er 1914 mit der Arbeit am *Prozeß* begann, schon die Hekatomben des Ersten Weltkrieges vorausahnte oder gar das, was in den Jahrzehnten danach geschah: Hitlers Wahnsinn und die darauf folgende heillose Veränderung im Verhältnis zwischen Menschen, deren Symbol Auschwitz wurde, oder die Katastrophen, die Stalin, Mao Tse-tung und Pol Pot in ihren Nationen auslösten. Kafka mit seiner außerordentlichen Sensibilität und Intelligenz schmeckte nur aus dem Prager Hexenkessel der Jahre vor dem Ersten Weltkrieg die Elemente heraus, die er für seine Vision brauchte – und die Vision erwies sich später als Vorwegnahme einer Realität, die er nicht mehr erlebte.

Im *Prozeß,* einem Meisterwerk der Erfindung, das zu den bezeichnendsten Mythen unseres Jahrhunderts gehört, hat er dank seiner Genialität dieser Vision Stimme verliehen.

30.12.1998